한 번에 합격,
자격증은 이기적

이렇게
기막힌
적중률

KB192016

자격증 독학, 어렵지 않다!
수험생 합격 전담마크

이기적 스터디 카페

 스터디 만들어 함께 공부

 전문가와 1:1 질문답변

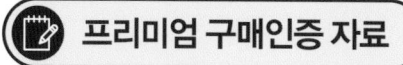 프리미엄 구매인증 자료

 365일 진행되는 이벤트

이기적 스터디 카페 🔍

인증만 하면, **고퀄리티 강의**가 **무료!**

100% 무료 강의

1년 365일 이기적이 쏜다!

365일 진행되는 이벤트에 참여하고 다양한 혜택을 누리세요.

EVENT ❶

기출문제 복원

- 이기적 독자 수험생 대상
- 응시일로부터 7일 이내 시험만 가능
- 스터디 카페의 링크 클릭하여 제보

이벤트 자세히 보기 ▶

EVENT ❷

합격 후기 작성

- 이기적 스터디 카페의 가이드 준수
- 네이버 카페 또는 개인 SNS에 등록 후
  이기적 스터디 카페에 인증

이벤트 자세히 보기 ▶

EVENT ❸

온라인 서점 리뷰

- 온라인 서점 구매자 대상
- 한줄평 또는 텍스트 & 포토리뷰 작성 후
  이기적 스터디 카페에 인증

이벤트 자세히 보기 ▶

EVENT ❹

정오표 제보

- 이름, 연락처 필수 기재
- 도서명, 페이지, 수정사항 작성
- book2@youngjin.com으로 제보

이벤트 자세히 보기 ▶

N Pay 20,000원
네이버페이
포인트 쿠폰

영진닷컴 쇼핑몰 30,000원

- N페이 포인트 5,000~20,000원 지급
- 영진닷컴 쇼핑몰 30,000원 적립
- 30,000원 미만의 영진닷컴 도서 증정

※ 이벤트별 혜택은 변경될 수 있으므로 자세한 내용은 해당 QR을 참고하세요.

이기적 크루를 찾습니다!

WANTED

저자·강사·감수자·베타테스터 상시 모집

저자·강사

- **분야** 수험서 전 분야
  수험서 집필 혹은 동영상 강의 촬영
- **요건** 관련 강사, 유튜버, 블로거 우대
- **혜택** 이기적 수험서 저자·강사 자격
  집필 경력 증명서 발급

감수자

- **분야** 수험서 전 분야
- **요건** 관련 전문 지식 보유자
- **혜택** 소정의 감수료
  도서 내 감수자 이름 기재
  저자 모집 시 우대(우수 감수자)

베타테스터

- **분야** 수험서 전 분야
- **요건** 관련 수험생, 전공자, 교사/강사
- **혜택** 활동 인증서 & 참여 도서 1권
  영진닷컴 쇼핑몰 30,000원 적립
  스타벅스 기프티콘(우수 활동자)
  백화점 상품권 100,000원(우수 테스터)

◀ 모집 공고 자세히 보기

이메일 문의하기 ✉ book2@youngjin.com

기억나는 문제 제보하고 N페이 포인트 받자!
기출 복원 EVENT

성명	이기적	수험번호	2 0 2 4 1 1 1 3

Q. 응시한 시험 문제를 기억나는 대로 적어주세요!

① 365일 진행되는 이벤트   ② 참여자 100% 당첨   ③ 우수 참여자는 N페이 포인트까지

영진닷컴 쇼핑몰
30,000원

N Pay

네이버페이
포인트 쿠폰 **20,000원**

적중률 100% 도서를 만들어주신 여러분을 위한 감사의 선물을 준비했어요.

신청자격 이기적 수험서로 공부하고 시험에 응시한 모든 독자님

참여방법 이기적 스터디 카페의 이벤트 페이지를 통해 문제를 제보해 주세요.
※ 응시일로부터 7일 이내의 시험 복원만 인정됩니다.

유의사항 중복, 누락, 허위 문제를 제보한 경우 이벤트 대상에서 제외됩니다.

참여혜택 영진닷컴 쇼핑몰 30,000원 적립
정성껏 제보해 주신 분께 N페이 포인트 5,000~20,000원 차등 지급

이벤트 페이지 확인하기 ▶

이기적이 다 드립니다

여러분은 합격만 하세요! 이기적 합격 성공세트 BIG 4

영상으로 쉽게 이해하는, 무료 동영상 강의

공부하기 어려운 웹디자인개발기능사 실기 문제도 문제없이!
이기적이 떠먹여주는 시험 대비 강의를 시청하세요.

책과 함께 실제 문제를 풀어볼 수 있는, 부록 자료

이 책의 문제에 사용되는 이미지 및 완성(정답) 파일을 받으실 수 있습니다.
파일을 바탕으로 실제 문제를 풀어보고 답을 맞혀 보세요.

무엇이든 물어보세요, 1:1 질문답변

웹디자인개발기능사 시험에 대한 궁금증, 전문 선생님이 해결해 드려요.
스터디 카페 질문/답변 게시판에 어떤 질문이든 올려주세요.

실기 시험의 전반적인 내용을 이해하는 실기 가이드

구조와 진행 절차를 이해하고, 출제 기준 및 주의사항을 정확히 파악할 수
있는 가이드를 확인하세요.

※ 〈2025 이기적 웹디자인개발기능사 실기 기본서〉를 구매하고 인증한 독자에게만 드리는 자료입니다.

이 모든 혜택 한 번에 보기 ▶

누구나 작성만 하면 100% 포인트 지급
합격 후기 EVENT

이기적과 함께 합격했다면,
합격썰 풀고 네이버페이 포인트 받아가자!

합격 후기
작성 시
100%
지급

네이버페이
포인트 쿠폰

25,000원

카페 합격 후기 이벤트

이기적 스터디 카페에
합격 후기 작성하고 5,000원 받기!

5,000원
네이버 포인트 지급

▲ 자세히 보기

블로그 합격 후기 이벤트

개인 블로그에
합격 후기 작성하고 20,000원 받기!

20,000원
네이버 포인트 지급

▲ 자세히 보기

- 자세한 참여 방법은 QR코드 또는 이기적 스터디 카페 '합격 후기 이벤트' 게시판을 확인해 주세요.
- 이벤트에 참여한 후기는 추후 마케팅 용도로 활용될 수 있습니다.
- 이벤트 혜택은 추후 변동될 수 있습니다.

이기적 스터디 카페 🔍

이렇게
기막힌
적중률

웹디자인개발기능사
실기 기본서

"이" 한 권으로 합격의 "기적"을 경험하세요!

YoungJin.com Y.
영진닷컴

차례

표시된 부분은 동영상 강의가 제공됩니다.
이기적 홈페이지(license.youngjin.com)에 접속하여 시청하세요.

▶ 제공하는 동영상 강의는 1판 1쇄 기준 2년간 유효합니다.
단, 출제기준안에 따라 동영상 내용은 변경될 수 있습니다.

PART 04 최신 기출 유형 문제

STEP 01 실기 가이드를 통해 시험에 대한 내용 확인

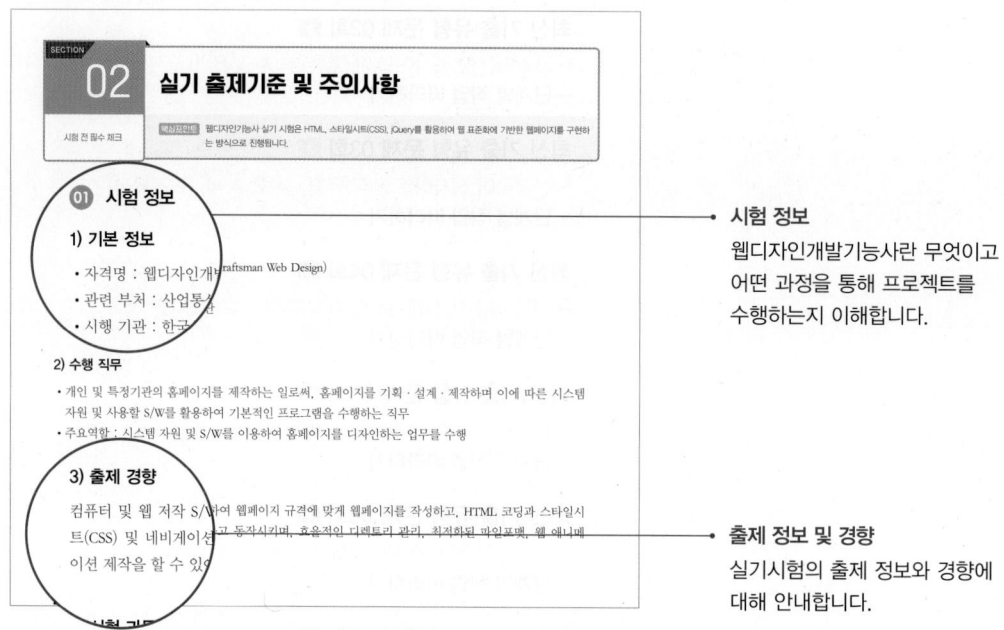

시험 정보
웹디자인개발기능사란 무엇이고 어떤 과정을 통해 프로젝트를 수행하는지 이해합니다.

출제 정보 및 경향
실기시험의 출제 정보와 경향에 대해 안내합니다.

 STEP 02 시험에 나오는 기본 프로그램 학습

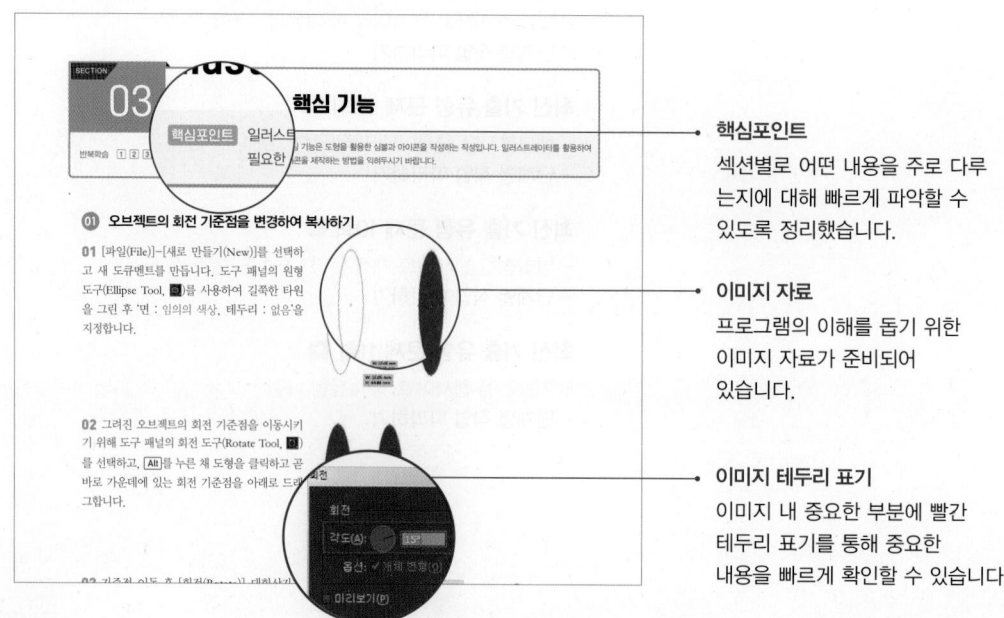

핵심포인트
섹션별로 어떤 내용을 주로 다루는지에 대해 빠르게 파악할 수 있도록 정리했습니다.

이미지 자료
프로그램의 이해를 돕기 위한 이미지 자료가 준비되어 있습니다.

이미지 테두리 표기
이미지 내 중요한 부분에 빨간 테두리 표기를 통해 중요한 내용을 빠르게 확인할 수 있습니다.

최신 기출 유형 문제 및 따라하기를 통한 마무리 학습

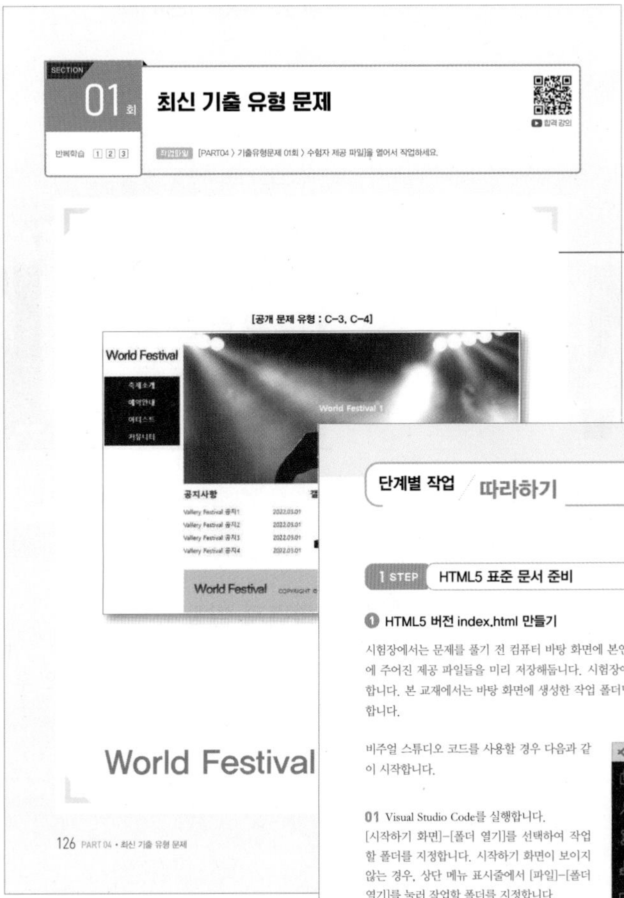

SECTION

01회 최신 기출 유형 문제

반복학습 1 2 3   작업파일 [PART04] 기출유형문제 01회 > 수험자 제공 파일을 열어서 작업하세요.

최신 기출 유형 문제
실제 출제 경향을 반영한 문제들
을 실전처럼 풀어보고 감각을
키워 보세요.

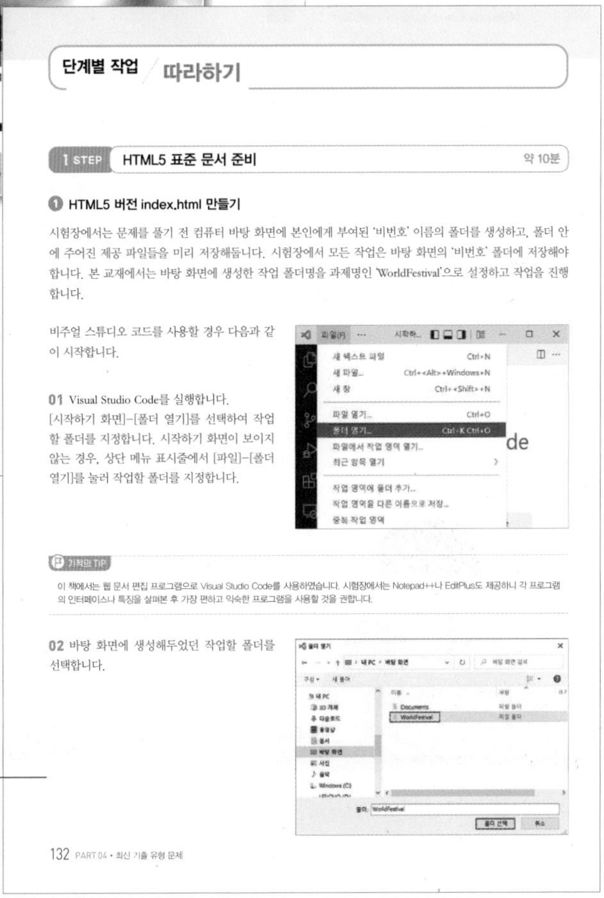

[공개 문제 유형 : C-3, C-4]

World Festival

축제소개
예약안내
아티스트
커뮤니티

World Festival 1

공지사항

Valley Festival 공지1   2022.03.01
Valley Festival 공지2   2022.03.01
Valley Festival 공지3   2022.03.01
Valley Festival 공지4   2022.03.01

World Festival   COPYRIGHT ⓒ

World Festival

126 PART 04 · 최신 기출 유형 문제

단계별 작업 / 따라하기

1 STEP   HTML5 표준 문서 준비   약 10분

❶ HTML5 버전 index.html 만들기

시험장에서는 문제를 풀기 전 컴퓨터 바탕 화면에 본인에게 부여된 '비번호' 이름의 폴더를 생성하고, 폴더 안에 주어진 제공 파일들을 미리 저장해둡니다. 시험장에서 모든 작업은 바탕 화면의 '비번호' 폴더에 저장해야합니다. 본 교재에서는 바탕 화면에 생성한 작업 폴더명을 과제명인 'WorldFestival'으로 설정하고 작업을 진행합니다.

비주얼 스튜디오 코드를 사용할 경우 다음과 같이 시작합니다.

01 Visual Studio Code를 실행합니다.
[시작하기 화면]-[폴더 열기]를 선택하여 작업할 폴더를 지정합니다. 시작하기 화면이 보이지 않는 경우, 상단 메뉴 표시줄에서 [파일]-[폴더 열기]를 눌러 작업할 폴더를 지정합니다.

🄿 기적의 TIP

이 책에서는 웹 문서 편집 프로그램으로 Visual Studio Code를 사용하였습니다. 시험장에서는 Notepad++나 EditPlus도 제공하니 각 프로그램의 인터페이스나 특징을 살펴본 후 가장 편하고 익숙한 프로그램을 사용할 것을 권합니다.

02 바탕 화면에 생성해두었던 작업할 폴더를 선택합니다.

자세한 해설
따라하기 방식을 통해 정답 및
풀이에 대한 자세한 설명을
이해할 수 있도록 하였습니다.

132 PART 04 · 최신 기출 유형 문제

STEP 01 실기 응시 자격 조건

제한 없음

 STEP 02 원서 접수하기

- www.q-net.co.kr에서 접수
- 정기 검정 : 1년에 4회

 STEP 03 시험 응시

- 신분증과 수험표 지참
- 100점을 만점으로 하여 60점 이상

 STEP 04 합격자 발표

www.q-net.co.kr에서 성적 확인 후
자격증 발급 신청

01 시험 과목

필기	웹디자인 구현, 웹페이지 제작
실기	웹디자인 실무작업

02 시험 방법

필기	객관식 4지 택일형, 60문항(60분)
실기	작업형(3시간 정도)

03 합격 기준

필기	100점 만점에 60점 이상 득점자
실기	

04 응시료

- 필기 : 14,500원(수수료 포함)
- 실기 : 20,100원(수수료 포함)

05 실기 변동사항

적용기간	2022.01.01.~ 2024.12.31	2025.01.01.~ 2027.12.31
자격증명	웹디자인기능사	웹디자인개발기능사
작업시간	4시간	3시간

06 실기 출제 기준

- 적용 기간 : 2025.01.01.~2027.12.31
- 웹디자인 실무

프로토타입 기초데이터 수집 및 스케치	기초데이터 수집하기 레퍼런스 조사·분석하기 아이디어 스케치하기
프로토타입 제작 및 사용성 테스트	프로토타입 제작하기 사용성 테스트하기 테스트 수정사항 반영하기
디자인 구성요소 설계	스토리보드 설계하기 심미성 구성요소 설계하기 사용성 구성요소 설계하기 매체성 구성요소 설계하기
디자인 구성요소 제작	스토리보드 제작하기 심미성 구성요소 제작하기 사용성 구성요소 제작하기 매체성 구성요소 제작하기
구현	콘텐츠 구현하기 기능 요소 구현하기 개발 요소 구현하기
구현 응용	콘텐츠 구성하기 기능 요소 활용하기 개발 요소 협업하기

실습 자료 사용 방법

01 실습 자료 다운로드하기

① 이기적 영진닷컴 홈페이지(license.youngjin.com)에 접속하세요.

② [자료실]-[웹디자인] 게시판으로 들어가세요.

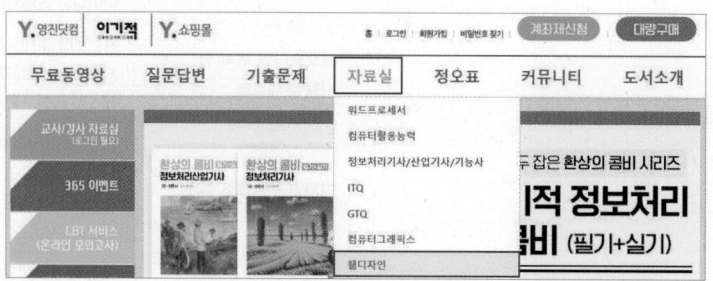

③ '[7654] 2025 이기적 웹디자인개발기능사 실기 기본서_부록 자료' 게시글을 클릭하여 첨부파일을 다운로드하세요.

02 실습 파일 사용하기

① 다운로드받은 '7654' 압축 파일에서 마우스 오른쪽 버튼을 눌러 '7654'에 압축 풀기를 눌러 압축을 풀어주세요.

② 압축이 완전히 풀린 후에 '7654' 폴더를 더블 클릭하세요.

③ 압축이 제대로 풀렸는지 확인하세요. 아래의 그림대로 파일이 들어 있으며, 각 폴더에는 문제를 푸는 데 필요한 소스 파일이 들어있습니다.

03 모범 답안 폴더

모범 답안 폴더에는 파트별 모범 답안 결과 파일이 들어있습니다. 자신이 만든 결과 파일과 모범 답안의 결과 파일을 비교 및 확인해 보세요.

웹디자인은 국가직무능력표준(NCS)에 따른 디지털 디자인 직무에 포함되며, 기업에서는 전문 인력으로 고용될 뿐만 아니라 프리랜서나 재택근무가 가능해 많은 관심을 받고 있습니다. 웹디자인 관련 자격증인 웹디자인개발기능사는 홈페이지 디자인과 콘텐츠 구현 능력을 평가하는 국가 자격증으로, 2017년부터는 국가직무능력표준(NCS) 기반의 평가 방식을 도입했습니다. 또한, 웹 표준화를 기반으로 한 웹페이지 구현을 위해 HTML5를 도입하고, 그래픽 디자인뿐만 아니라 HTML, CSS, jQuery를 활용한 코딩 능력도 주요 평가 요소로 포함하여 웹 표준 및 홈페이지 구현에 대한 이해를 강화하고자 했습니다.

이 책은 변화하는 웹디자인개발기능사 실기 시험에 대비하여 독자들이 적응할 수 있도록 돕기 위해 제작되었습니다. 기초 이론에서부터 실제 시험과 유사한 기출 문제까지 난이도를 점진적으로 높여가며 연습할 수 있도록 구성하였습니다.

웹디자인개발기능사 실기 시험의 변화를 예측하기는 어렵지만, 새로운 정보가 생길 경우 출판사 홈페이지를 통해 제공하고, 다음 판에도 신속히 반영될 수 있도록 하겠습니다. 이 책을 기대하신 모든 독자분들께 양해를 구하며 감사의 말씀을 전합니다. 이 책이 웹디자인개발기능사 시험 준비에 큰 도움이 되길 바라며, 모든 독자분들께 좋은 결과가 있기를 바랍니다.

또한, 이 책을 준비하는 데 도움을 준 모든 분과 책의 완성도를 높이기 위해 노력해 주신 영진닷컴 관계자분들께 진심으로 감사를 드립니다.

윤미선

- 서울여자대학교 초빙교수
- 한국생산성본부 자문위원, 한국지능정보사회진흥원, 국가인재원 자문위원
- 서울여자대학교 우수강사 4회 수상
- 서울디지털대, 서울사이버대, 서경대, 재능대, KMOOC 강의
- 국방부장관상 수상

저서
웹디자인개발기능사 필기 / 웹디자인개발기능사 실기
IEQ 인터넷윤리자격 지도사 / 인공지능 윤리로 갓생살기 등

김지원

- 웹디자인 프리랜서
- (전) ㈜티엠디교육그룹 SW교육콘텐츠개발팀
- 웹디자인, 프로그래밍 강사

웹디자인개발기능사
실기 가이드

학습 방향

웹디자인개발기능사 실기 시험의 직무 이해부터 시작하여 자격 요건, 출제 기준, 주의사
항, 그리고 출제 경향에 이르기까지 모든 요소를 상세히 파악합니다. 이를 바탕으로, 필요
한 준비물과 제공되는 소프트웨어를 체크하고, 합격을 위한 중요 포인트에 초점을 맞춘
작업 순서를 계획합니다. 이러한 계획을 통해 시험 준비에 철저히 임할 수 있는 학습 목
표를 설정합니다.

웹디자인개발기능사란

핵심포인트 웹디자인개발기능사란 사용자들이 웹페이지를 사용할 수 있도록 인터넷 환경에 사용되는 웹페이지를 제작하는 기능인을 의미합니다. 웹디자인개발기능사 자격시험에서는 웹디자인 기초 지식 및 S/W 활용 능력을 측정합니다.

① 웹디자인개발기능사 직무

웹디자인은 국가직무능력표준(NCS)에서 제시하는 직무능력표준의 대분류 중 '문화 · 예술 · 디자인 · 방송 분야'에서 '디지털디자인'에 속하는 직무이며, 디지털디자인은 다음과 같은 과정을 통해 프로젝트를 수행합니다.

> 1. 프로토타입 기초데이터 수집 및 스케치 → 2. 프로토타입 제작 및 사용성 테스트 → 3. 디자인 구성요소 설계 → 4. 디자인 구성요소 제작 → 5. 구현 → 6. 구현 응용

웹디자인개발기능사는 홈페이지 프로젝트를 분석 · 설계하며 제작, 구현 과정을 거쳐 인터넷 환경에 유용한 홈페이지를 제작하는 직무를 담당하며, 웹디자인에 적합한 능력과 역량(지식, 기술, 태도)을 갖춘 기능인으로서 시스템 자원 및 S/W를 이용하여 홈페이지를 디자인합니다.

01. 사업관리	02. 경영·회계·사무	03. 금융·보험	04. 교육·자연·사회과학	05. 법률·경찰·소방·교도·국방	06. 보건·의료	07. 사회복지·종교
08. 문화·예술·디자인·방송	09. 운전·운송	10. 영업판매	11. 경비·청소	12. 이용·숙박·여행·오락·스포츠	13. 음식서비스	14. 건설
15. 기계	16. 재료	17. 화학	18. 섬유·의복	19. 전기·전자	20. 정보통신	21. 식품가공
22. 인쇄·목재·가구·공예	23. 환경·에너지·안전	24. 농림어업				

〈NCS 직무 대분류〉

▶ 국가직무능력표준(NCS)

국가직무능력표준(NCS, National Competency Standards)은 국가가 산업현장에서 직무를 수행하기 위해 요구되는 기초
능력과 역량(지식 · 기술 · 태도) 등을 체계화한 것으로, 인재를 개발하고 국가 경쟁력을 향상시키기 위해 개발되었습니다.
*국가직무능력표준 사이트 : http://www.ncs.go.kr

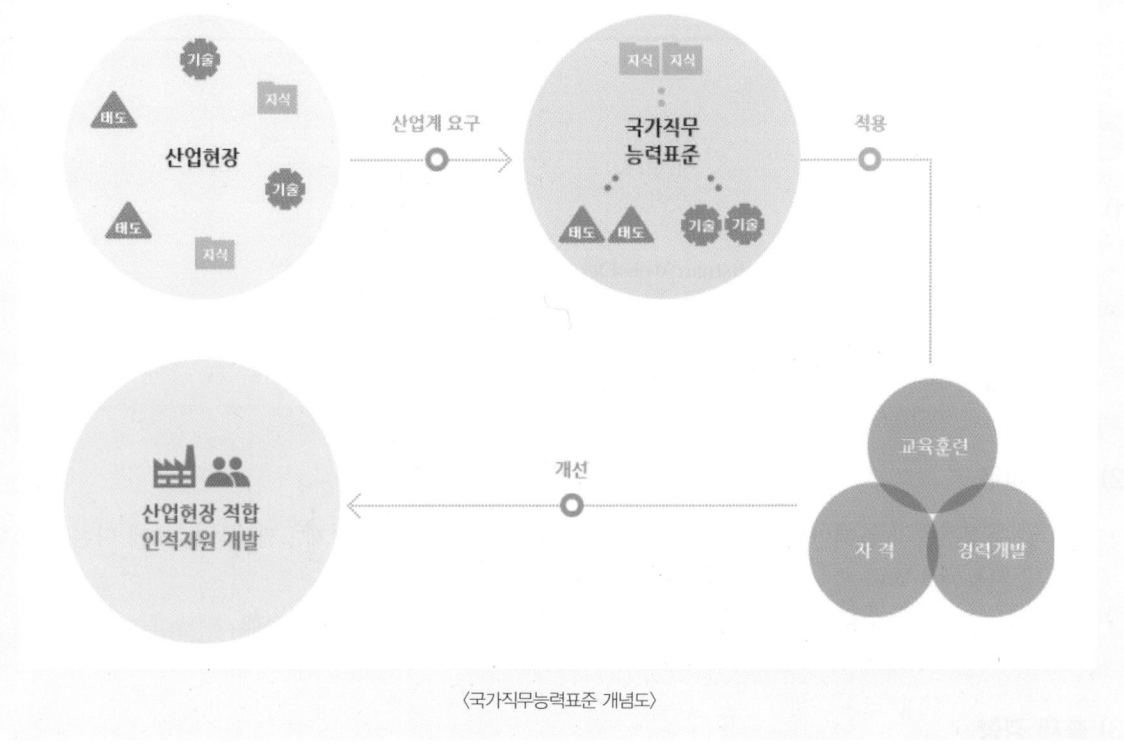

〈국가직무능력표준 개념도〉

② 웹디자인개발기능사의 자격

웹디자인개발기능사 자격시험에서는 웹디자인에 관련한 지식 및 활용 능력을 검증하기 위해 웹페이지를 제작
을 수행할 수 있는지를 측정합니다. 웹디자인개발기능사 자격시험에서 수행해야 할 사항은 다음과 같습니다.

1. 도출된 콘셉트의 방향에 맞게 기초데이터를 수집하고 요구사항에 따른 프로토타입을 제작하고 사용성 테스트를 할 수
   있다.
2. 프로토타입 제작을 바탕으로 한 정보구조 및 설계를 통해 사용성과 매체의 특성을 이해하고 시각적으로 구조화하고, 구
   성요소를 디자인할 수 있다.
3. 결정된 디자인 구성요소 제작을 통한 콘텐츠 정보설계, 디자인과 매체의 특성에 맞는 구체적이고 사용 가능한 완성품으
   로 구현하고 발전시킬 수 있다.

> **핵심포인트** 웹디자인개발기능사 실기 시험은 HTML, 스타일 시트(CSS), jQuery를 활용하여 웹 표준화에 기반한 웹페이지를 구현하는 방식으로 진행됩니다.

① 시험 정보

1) 기본 정보

- 자격명 : 웹디자인개발기능사(Craftsman Web Design & Development)
- 관련 부처 : 산업통상자원부
- 시행 기관 : 한국산업인력공단

2) 수행 직무

- 개인 및 특정기관의 홈페이지를 제작하는 일로써, 홈페이지를 기획 · 설계 · 제작하며 이에 따른 시스템 자원 및 사용할 S/W를 활용하여 기본적인 프로그램을 수행하는 직무
- 주요역할 : 시스템 자원 및 S/W를 이용하여 홈페이지를 디자인하는 업무를 수행

3) 출제 경향

컴퓨터 및 웹 저작 S/W를 사용하여 웹페이지 규격에 맞게 웹페이지를 작성하고, HTML 코딩과 스타일 시트 (CSS) 및 네비게이션을 제작하고 동작시키며, 효율적인 디렉토리 관리, 최적화된 파일포맷, 웹 애니메이션 제작을 할 수 있어야 한다.

4) 시험 과목

필기	실기
웹디자인 구현, 웹페이지 제작	웹디자인 실무작업

5) 검정 방법 및 합격 기준

구분	검정 기준	합격 기준
필기시험	객관식 4지 택일형, 60문항(60분)	100점 만점에 60점 이상 득점자
실기시험	작업형(3시간 정도)	

② 실기 출제기준 살펴보기

직무 분야	문화 · 예술 · 디자인 · 방송	중직무 분야	디자인	자격 종목	웹디자인개발기능사	적용 기간	2025. 1. 1 ~ 2027.12.31

• 직무내용 : 웹디자인에 대한 기초지식을 가지고, 프로젝트의 목적을 효과적으로 달성할 수 있도록 분석, 설계, 구현 과정을 거쳐서 인
터넷 환경에서 유용하게 사용될 수 있도록 웹페이지를 제작하는 직무이다.
• 수행준거 : 1. 도출된 콘셉트의 방향에 맞게 기초데이터를 수집하고 요구사항에 따른 프로토타입을 제작하고 사용성 테스트를 할 수
있다.
　　　　　 2. 프로토타입 제작을 바탕으로 한 정보구조 및 설계를 통해 사용성과 매체의 특성을 이해하고 시각적으로 구조화하고,
구성요소를 디자인할 수 있다.
　　　　　 3. 결정된 디자인 구성요소 제작을 통한 콘텐츠 정보설계, 디자인과 매체의 특성에 맞는 구체적이고 사용 가능한 완성품
으로 구현하고 발전시킬 수 있다.

실기 과목명	주요 항목	세부 항목	세세 항목
웹디자인 실무작업	1. 프로토타입 기초데이터 수집 및 스케치	1. 기초데이터 수집하기	1. 프로젝트에 대한 리뷰를 바탕으로 프로젝트를 이해할 수 있다. 2. 제안요청서에 따라 프로젝트의 취지, 목적, 성격, 내용, 요구사항을 파악할 수 있다.
		2. 레퍼런스 조사 · 분석하기	1. 프로토타입 제작을 위한 스토리보드 구성과 인터렉션, 모션그래픽 또는 애니메이션을 제작할 수 있다. 2. 프로토타입 제작물을 바탕으로 사용성 테스트를 하기 위한 방법론을 적용할 수 있다. 3. 사용성 테스트를 통한 사용성에 대한 정의와 문제점을 도출할 수 있다. 4. 사용성 테스트 결과를 바탕으로 프로토타입 스케치를 수정할 수 있다.
		3. 아이디어 스케치하기	1. 디자인 콘셉트에 따라 아이디어를 스케치할 수 있다. 2. 실제 전달 매체에 맞추어 디자인 스타일, 컬러, 텍스쳐, 모션을 구체화시킬 수 있다. 3. 필요에 따라 전체 스토리보드에 대한 세부 시안을 제 작할 수 있다.
	2. 프로토타입 제작	1. 프로토타입 제작하기	1. 제작을 위한 기초 자료를 수집하고 필요한 이미지 · 동 영상을 촬영하거나 화면을 디자인할 수 있다. 2. 디지털디자인 소프트웨어를 활용하여 화면 구성 요소, 아이콘, 서체를 포함한 디자인 · 애니메이션을 제작하 고 비교할 수 있다. 3. 제작된 화면 디자인에 필요한 사운드나 애니메이션을 구현하여 프로젝트 결과물과 유사한 프로토타입을 제 작할 수 있다.
		2. 사용성 테스트하기	1. 사용성과 선호도 분석을 위한 방향 설정을 통해 대상자 를 선정할 수 있다. 2. 필요에 따라 적절한 방법론을 활용하여 사용자 조사를 실시하고 활용할 수 있다. 3. 사용자 조사 결과 분석에 따라 인사이트를 도출하고 개선 방향을 수립할 수 있다.

	3. 테스트 수정사항 반영하기	1. 사용성과 선호도 테스트 결과를 적용할 수 있는 화면 및 UX(사용자 경험)를 선정할 수 있다. 2. 주어진 기간 내에 적용 가능한 수정사항 반영의 범위를 파악할 수 있다. 3. 수정 보완사항을 중요도별로 구분하며 적용 순서를 정할 수 있다. 4. 수정사항과 반영된 사항을 비교 정리하여 향후 관리를 위한 지침으로 제시할 수 있다.
3. 디자인 구성요소 설계	1. 스토리보드 설계하기	1. 프로젝트 관련 디자인 개발에 필요한 요소를 파악할 수 있다. 2. UI(사용자 인터페이스) 필요 요소와 항목들을 분석할 수 있다. 3. 전체적인 와이어 프레임(Wire frame)을 작성할 수 있다.
	2. 심미성 구성요소 설계하기	1. 서비스, 제작물의 통합적인 아이덴티티를 고려하여 디자인 가이드를 조합할 수 있다. 2. 디자인 요소 중 심미적 요소를 활용하여 조형적 아름다움을 표현할 수 있다. 3. 트렌드 분석을 통해 전략적인 콘셉트를 확보할 수 있다.
	3. 사용성 구성요소 설계하기	1. 사용자 환경에 적합하도록 시각적으로 구조화할 수 있다. 2. 시각적 특성에 맞게 콘텐츠를 구성할 수 있다. 3. 사용자 경험에 따른 데이터를 활용하여 시각적 변화를 예측할 수 있다.
	4. 매체성 구성요소 설계하기	1. 다양한 매체의 특성에 따른 구성 요소를 이해할 수 있다. 2. 매체의 다양성을 고려하여 환경을 설정할 수 있다. 3. 매체의 특성에 따른 다양한 디바이스(Device)의 표준화를 설정할 수 있다.
4. 디자인 구성요소 제작	1. 스토리보드 제작하기	1. 프로젝트 관련된 전체적인 정보설계를 구성할 수 있다. 2. UI(사용자 인터페이스) 필요 요소와 항목들을 분석하여 요소별 적용할 수 있다. 3. 와이어 프레임에 기반을 두어 표현되는 정보와 기능에 따른 상세 스토리보드 흐름(Flow)을 기획할 수 있다.
	2. 심미성 구성요소 제작하기	1. 서비스, 제작물의 통합적인 아이덴티티를 고려하여 기획된 콘텐츠와 디자인 가이드를 조합할 수 있다. 2. 전체적인 시각적 요소인 균형과 조화를 이용하여 심미적 요소가 가미된 조형성을 표현할 수 있다. 3. 동일 계열의 유사브랜드나 경향을 분석하여 전략적인 비주얼 콘셉트를 확보할 수 있다.
	3. 사용성 구성요소 제작하기	1. 프로젝트 분석 · 설계에 따른 사용자 환경을 디자인하고 구조화할 수 있다. 2. 사용성을 고려하여 시각적 특성에 맞게 콘텐츠를 구성할 수 있다. 3. 사용자 경험에 따른 반응, 시간, 데이터를 활용하여 시각적 변화를 예측할 수 있다.

	4. 매체성 구성요소 제작하기	1. 다양한 매체의 특성에 따른 구성 요소를 디자인할 수 있다. 2. 매체의 다양성을 반영한 해상도, 파일포맷 환경을 고려하여 디자인할 수 있다. 3. 매체의 특성을 이해하고 범용성·공용성을 지켜 다양한 디바이스(Device)가 요구하는 표준화를 적용할 수 있다.
5. 구현	1. 콘텐츠 구현하기	1. 정보설계와 디자인 방향성을 기반으로 프로젝트의 전체 콘텐츠를 구성할 수 있다. 2. 구성된 콘텐츠의 구조와 특성에 맞는 시각적인 흐름을 제시할 수 있다. 3. 영역별 콘텐츠에 적용될 멀티미디어적 기능 요소에 따라 기술개발을 제안할 수 있다.
	2. 기능 요소 구현하기	1. 매체 특성에 대한 이해를 기반으로 적합한 콘텐츠를 구현할 수 있다. 2. 다양한 디지털 미디어 기능요소를 제작할 수 있다. 3. 매체 특성에 대한 이해를 기반으로 이에 맞는 개발사항을 구현할 수 있다.
	3. 개발 요소 구현하기	1. 디지털 콘텐츠 서비스를 적용할 매체에 따라 기술 개발과 프로그래밍을 해당 분야 개발진과 협업할 수 있다. 2. 정확한 협업을 위하여 개발에 필요한 디자인 관련 내용을 개발진에 전달할 수 있다. 3. 개발진과 상호 협의를 통해 최적화된 결과물을 도출할 수 있다.
6. 구현 응용	1. 콘텐츠 구성하기	1. 정보설계와 디자인 방향성을 기반으로 프로젝트의 전체 콘텐츠를 구성하고 활용할 수 있다. 2. 구성된 콘텐츠의 구조와 특성에 맞는 시각적인 흐름을 제시하고 구현할 수 있다. 3. 영역별 콘텐츠에 적용될 멀티미디어적 기능 요소에 따라 기술개발을 제안하고 활용할 수 있다.
	2. 기능 요소 활용하기	1. 매체 특성에 대한 이해를 기반으로 표준화된 기준에 적합한 콘텐츠를 구현할 수 있다. 2. 효과적 구현을 위하여 다양한 디지털 미디어 기능 요소를 제작할 수 있다. 3. 매체 특성에 대한 이해를 기반으로 이에 맞는 개발사항을 구현하여 활용할 수 있다.
	3. 개발 요소 협업하기	1. 디지털콘텐츠서비스를 적용할 매체에 따라 기술 개발과 프로그래밍(Programming)을 해당 분야 개발진과 협업하고 활용할 수 있다. 2. 정확한 협업을 위하여 개발에 필요한 디자인 관련 내용을 정리, 문서화하여 개발진에 전달할 수 있다. 3. 개발진과 상호 협의를 통해 본래 의도에 최적화된 결과물을 도출하고 정리할 수 있다.

③ 실기 프로그램 안내

실기 시험 검정장에서는 다음과 같은 프로그램이 제공됩니다. 단, 기존 실기 시험에서 수행되던 Flash 작업은 평가에서 제외되었기 때문에 제공되지 않습니다. Flash 애니메이션 작업 대신 JavaScript, jQuery, CSS를 활용한 애니메이션 구현으로 대체되었습니다.

소프트웨어	규격	비고
Photoshop	CS3 이상	필수 설치
Illustrator	CS3 이상	필수 설치
EditPlus	3.0 이상/한글 또는 영어	필요시 수험자 지참 설치
Notepad++	6.9 이상/한글 또는 영어	필수 설치
Visual Studio Code	–	필수 설치
Microsoft Edge	–	필수 설치
Google Chrome	81.0 이상	필수 설치

※ Dreamwearer는 HTML5 웹 표준 일부 인식 불가로 인해 시험장에서 제공이 종료되었음
※ Brackets는 2021년 9월부터 지원이 중단되어 웹디 실기 시험 제공 프로그램에서 제외되었음
　〈웹디자인개발기능사 실기시험 제공 프로그램(2022년 3월 2일 이후 기준)〉

④ 출제기준에 따른 작업 순서 예시

1) 프로토타입 기초데이터 수집 및 스케치

웹페이지 스타일과 컬러 등 디자인 제약 조건을 확인합니다.

> **기적의 TIP**
>
> 웹디자인 프로젝트 요구 사항을 분석하는 단계에서는 요구 사항 정의서를 토대로 클라이언트의 요구 사항을 분석합니다. 이때 디자인 가이드라인, CI, 색상 등의 디자인 제약 조건을 확인합니다.

> **기적의 TIP**
>
> • 메인 그리드 시스템(Main Grid System) : 메인 화면의 구조를 확인합니다.
> • 컬러 계획(Color Plan) : 메인 페이지, 서브 컬러, 텍스트 컬러 등을 확인합니다.

로고	메인메뉴	Header 영역
메인 이미지 슬라이드		Main Image 영역
공지사항, 정보나눔, 아이콘(3개)		Contents 영역
주소 및 기타 정보 표시		Footer 영역

〈Main Grid System〉

주조색	#4298CC
보조색	#893700
배경색	#FFFFFF
기본 텍스트의 색	#999999

〈Color Plan〉

2) 프로토타입(Prototype) 제작 및 사용성 테스트

프로토타입 제작 단계는 콘텐츠를 올릴 수 있는 기본 구조와 화면 구성 요소, 아이콘 등의 콘텐츠들을 수집·제작하는 단계입니다. 시험에서는 수험자 제공 파일이 주어지므로 이를 활용하여 기본 구조를 구성할 수 있습니다. Visual Studio Code, EditPlus, 메모장 등을 이용하여 HTML 문서의 화면 구성 요소를 만들고, Photoshop과 Illustrator를 이용하여 아이콘 등의 간단한 콘텐츠를 제작합니다.

프로토타입을 제작할 때는 사용성과 선호도를 고려해야 합니다. 출제된 문제의 개요를 확인하면서 개발할 웹사이트의 주요 대상자를 선정하고, 대상자에 적합한 디자인 개발에 필요한 요소를 파악합니다. 파악한 내용은 와이어프레임(Wireframe) 작성과 콘텐츠 제작에 활용합니다.

3) 디자인 구성요소 설계 및 제작

심미성 구성요소 설계 및 제작

시각적 균형과 조화에 맞추어 심미적 요소를 활용하여 웹사이트 레이아웃을 구성합니다.

> **기적의 TIP**
>
> 웹사이트 레이아웃(Layout)이란 콘텐츠를 적절하게 배치시킨 구조 또는 형태를 말합니다. 레이아웃을 구성할 때는 중요한 콘텐츠를 먼저 배치한 후 세부 사항을 결정합니다. 레이아웃은 단순하고 간결해야 하며, 사용자가 쉽게 콘텐츠를 찾을 수 있도록 콘텐츠가 일관되도록 구성합니다.

사용성 구성요소 설계 및 제작

메타포, 사이트맵 등을 활용하여 편리한 사용자 환경(UI)을 디자인하고 구조화합니다.

> **기적의 TIP**
>
> 메타포(Metaphor)란 사용자가 쉽게 연상할 수 있는 요소를 홈페이지에 이용함으로써 사용자의 이해도를 높이고 직관적으로 그 기능과 사용 방법을 알 수 있도록 하는 것입니다.

4) 구현 및 구현 응용

매체 특성을 고려하여 표준화 기준에 적합하도록 콘텐츠를 구현합니다. 영상, 사운드 등 멀티미디어 제작, 복잡한 프로그래밍이 가능한 스크립트 언어를 가진 저작도구 등을 이용하여 콘텐츠를 구현하고, 전체 프로젝트의 여러 단위들을 통합합니다. 마지막으로 최종 마감을 위하여 결과물을 정리하고 재검토합니다. 결과물이 최적화되었는지 확인하고 오류가 있는 경우 보완합니다.

실기 합격 포인트

핵심포인트 웹디자인개발기능사 실기 시험에 HTML5 도입 이후 합격의 당락은 HTML 스타일 시트(CSS), jQuery를 활용한 코딩 부분이 이미지 제작에 비해 주요한 과제로 주어지고 있습니다.

① 기본 소스 준비

시험 문제를 풀기 전 수험자 제공 파일을 자세히 확인한 후 제공된 파일들을 정리해둡니다. 특히, 수험자에게 주어지는 '비번호' 폴더를 이용하여 결과물을 제출하게 되어있으므로 폴더를 먼저 생성한 후 결과물을 저장해 나가는 것이 좋습니다.

보통 기출문제의 결과물은 '비번호' 폴더를 기준으로 그 안에 메인 페이지인 index.html 문서와 하위 폴더인 'css', 'javascript', 'images' 폴더 등에 제작한 자료들을 분류하여 저장하도록 되어있습니다. 따라서 결과물을 저장할 하위 폴더들을 미리 만들어 놓은 후 사용되는 이미지나 파일을 각 폴더에 분류해서 저장해두고 작업해가면 편리합니다.

② HTML5 웹 표준 지키기

웹디자인 실기 시험 합격에서 가장 주요한 포인트는 HTML5 웹 표준 문서로 작성했는가의 여부입니다. 웹 표준을 준수하기 위해서는 다음과 같이 파일을 분류하여 제작합니다.

– HTML 문서 : 웹페이지의 영역을 구분하고 내용을 작성합니다. 이때 HTML5 웹 표준을 지키도록 합니다. 문서의 확장자는 '.html'입니다.

– CSS 문서 : HTML 문서에 작성한 웹페이지의 영역과 내용에 맞는 스타일을 지정합니다. 웹 표준에서 CSS 요소들은 모두 외부 CSS 파일로 작성하고, 별도로 위치시켜서 관리해야 하며, HTML 문서 내에 정의하지 말아야 합니다. CSS 문서의 확장자는 '.css'입니다.

– JavaScript 문서 : 웹페이지에서 동작하는 사항들을 작성합니다. 이때 자바스크립트 라이브러리인 jQuery를 활용합니다. jQuery는 자바스크립트 파일(.js)로 저장되어 있으며, HTML 문서와 연결(설치)해야 그 기능을 사용할 수 있습니다. 시험에서는 jQuery 오픈소스 파일이 수험자 제공 파일로 주어지므로 이 파일을 HTML 문서에 연결해서 사용하면 됩니다.

완성된 웹페이지 파일은 HTML 유효성 검사(W3C validator)에서 오류(error)가 없어야 합니다. 그러나 시험 중에는 인터넷을 통한 W3C 유효성 검사를 제공하지 않으므로 HTML 웹 표준을 잘 이해하고 이에 맞게 작성해야 합니다. 또한, 구글 크롬 브라우저나, 파이어폭스 브라우저를 이용하여 페이지 빈 공간에서 마우스 오른쪽 버튼 누르고 '검사(Inspect)'를 실행하면, 콘솔(Console) 창에서 오류가 나타나는지 확인할 수 있습니다. 자바스크립트 등의 오류를 확인할 수 있으므로 결과물을 제출하기 전에 반드시 확인하도록 합니다.

③ 와이어프레임 레이아웃 유형 익히기

실기 시험에서 웹페이지 디자인은 제시된 조건에 맞게 HTML에서 레이아웃을 구성하고 각 영역에 대한 스타일을 CSS로 지정하는 와이어프레임 작업부터 시작합니다.

최신 기출 시험에서는 다양한 레이아웃으로 변형되어 출제되고 있습니다(PART 04. 최신 기출 유형 문제 참조). 가장 자주 출제되는 유형은 헤더가 위쪽(상단)에 있고 메뉴도 위쪽에 가로로 배치된 가로형 레이아웃, 그리고 헤더가 왼쪽에 있고 메뉴도 왼쪽에 세로로 배치된 세로형 레이아웃입니다. 따라서 이 두 가지 레이아웃을 작성하는 과정은 쉽고 빠르게 코딩이 가능하도록 잘 익혀두어야 합니다.

최근에는 가로형, 세로형 와이어프레임이 브라우저의 창 크기에 따라 변화하도록 한 반응형 레이아웃이 자주 출제되고 있습니다. 레이아웃을 작성하면서 반응형을 적용할 요소를 파악하고 CSS를 통해 설정하는 방법을 잘 익혀두어야 합니다. 또한 웹페이지 전체 레이아웃은 Table 태그 사용이 아닌 CSS를 통한 레이아웃 작업으로 해야 합니다.

④ 동작 처리와 기능 구현하기

실기 시험에서 주로 출제되는 동작은 이미지 슬라이드(Image slide), 이미지 페이드인아웃(Fade-in, Fade-out), 메인-서브메뉴(Main menu, Sub-menu) 구현, 팝업창 기능 등입니다. 이러한 동작은 Javascript와 jQuery를 이용하여 구현합니다. 이러한 동작 구현도 조금씩 변형된 형태로 출제되고 있으므로 코드를 단순히 암기하는 것보다 이해하고 작성함으로써 스스로 변형할 수 있어야 합니다.

02

프로그램 기능
익히기

HTML5, CSS, JavaScript 및 jQuery 기초를 숙달하고, 웹 표준 가이드를 준수하여, 웹디자이너개발기능사 실기시험 합격을 위한 필수 기술을 습득합니다. 이 과정에서 체계적인 실습과 반복 학습을 통해 각 언어의 특성과 사용법을 깊이 이해하며, 문제 해결 능력을 키워나갑니다.

HTML5 익히기

핵심포인트 HTML5는 웹 문서를 제작하기 위한 HTML의 최신 규격입니다. HTML5에서는 스타일 시트(CSS)로 표현이 가능하며 이전 버전의 HTML 태그에서 문제가 되는 태그는 지원이 중지되었으므로 이 점을 유의하여 학습하도록 합니다.

① HTML5 기본 문법

1) HTML 정의와 특징

HTML(HyperText Markup Language)은 웹 표준을 주관하는 W3C에서 발표한 프로그래밍 언어로 웹 문서(웹페이지)를 제작하는 데 사용됩니다. 최신 표준 규격은 2017년 12월에 발표한 HTML5.2로, 별도 프로그램 없이 그래픽 효과를 구현할 수 있고 동영상과 음악을 자유롭게 실행할 수 있습니다. 또한, HTML5는 엑티브X(Active X), 플래시 등 별도의 플러그인 프로그램 없이 해당 기능을 구현할 수 있으며 안드로이드, 아이폰 등 모바일 운영체제에서도 잘 호환이 됩니다.

> ▶ HTML과 CSS 표준 확인
>
> HTML과 CSS 표준에 대해서는 W3C 사이트에서 확인할 수 있습니다.
> http://www.w3.org/standards/webdesign/htmlcss

HTML은 다음과 같은 특징을 가지고 있습니다.

> • HTML 문서는 태그(Tag)라고 부르는 마크업(Markup) 요소를 이용하여 문서를 구현합니다.
> • HTML 문서는 메모장과 같은 일반적인 에디터나 워드프로세서 또는 웹 문서 편집 프로그램을 통해 작성합니다.
> 예 Visual studio code
> • HTML 문서의 확장명은 *.htm 또는 *.html입니다.
> • HTML로 제작된 페이지는 웹 브라우저가 해석하여 이용자에게 보여주게 됩니다.

> ▶ 마크업(Markup)이란?
>
> 마크업이란 문서에 정보를 표시(Marking)하기 위한 방식을 의미합니다.
> 다음은 마크업이 되어있지 않은 문장입니다.
> **"여기부터 한 단락입니다"**
> 다음은 마크업이 표현된 문장입니다.
> **<P>"여기부터 한 문단입니다"</P>**

2) HTML 기본 규칙

HTML은 다음과 같은 기본 규칙을 가지고 있습니다.

- 기본 형식 : 시작 태그 '〈〉'와 종료 태그'〈/〉'한 쌍은 어떤 요소의 범위를 표현함 **예** 〈P〉"여기부터 한 문단입니다"〈/P〉
  - 시작 태그 〈P〉로부터 종료 태그 〈/P〉를 만날 때까지가 하나의 요소 영역이 되며, 시작 태그와 종료 태그 사이의 내용 부분을 하나의 문단으로 만들게 됨

- 일부 요소는 빈 요소로서 종료 태그 없이 사용됨 **예** 〈BR〉
- 시작 태그의 속성 지정 : 〈태그명 속성1=..., 속성2=...〉
  - 속성 : 명령을 구체화하기 위한 것으로 속성을 가지는 태그들이 있음
- 태그 이름 : 태그 이름은 대소문자를 구별하지 않음 **예** <P>와 <p>는 같은 의미임
- HTML 문서 내에 주석 : '〈!--'와 '--〉'사이에 주석 내용을 기입 **예** 〈!-- 이곳부터 콘텐츠 본문 --〉

▶ 빈 요소(Empty Elements) 사용 방법

HTML 요소 중에서 내용(Content) 부분 없이 사용되는 빈 요소(Empty Elements)가 있습니다. 빈 요소는 시작 태그만 있는 것으로 종료 태그 없이 사용합니다(**예** 〈BR〉).

▶ 태그(Tag), 요소(Element), 속성(Attributes)

- 태그(Tag)는 '〈'와 '〉'로 둘러싸인 기호로서 화면에 나타날 내용을 구분할 때 사용하는 꼬리표를 의미합니다. 요소(Element)는 태그를 포함한 모든 명령어 및 영역으로 주로 한 쌍의 태그(Tag)와 내용(Content)으로 이루어집니다.
- 태그명은 스타일 시트(CSS)에서 선택자(Selector)로 사용이 될 수 있습니다. 선택자는 HTML에서 스타일이 적용될 대상을 지정하는 것으로 선택자를 활용하여 HTML의 어떤 요소에 어떤 스타일이나 스크립트 기능을 할 것인지를 지정할 수 있습니다.
- 다음은 HTML에 사용된 요소와 스타일 시트(CSS) 문서에 사용된 선택자를 보여줍니다. 다음과 같이 정의하면 HTML 문서 상에서 해당 SPAN 요소 부분의 색상이 흰색으로 나타나게 됩니다.

[HTML 문서]

<SPAN> 여행가이드에 오신 것을 환영합니다. </SPAN>

[스타일 시트(CSS) 문서]

SPAN { color: #FFFFFF; }

HTML의 문서의 기본 구조는 다음과 같습니다.

```
<HTML>                          − HTML 문서 시작
  <HEAD>                        − 문서 머리 부분 시작
    <TITLE>제목</TITLE>          − 문서 제목
  </HEAD>                       − 문서 머리 부분 종료
  <BODY>                        − 문서 내용 부분 시작
    내용
  </BODY>                       − 문서 내용 부분 종료
</HTML>                         − HTML 문서 종료
```

문서는 〈HTML〉 − 〈HEAD〉 − 〈BODY〉 태그가 순서대로 나오게 되며 시작 태그 '〈〉'와 종료 태그 '〈/〉'를 사용하여 요소 내용의 범위를 구분합니다.

3) HTML5 시맨틱 태그

HTML5에서는 시맨틱 웹을 지원하기 위해 시맨틱 태그라는 새로운 태그를 도입하였습니다. 또한, 스타일 시트(CSS)로 표현이 가능하거나 문제가 되는 태그는 사용을 지양하도록 하거나 사용이 불가하도록 하였습니다. HTML5.2 규격에서 추가되거나 용도가 변경된 주요 시맨틱 태그는 다음과 같습니다.

〈ARTICLE〉...〈/ARTICLE〉	문서 내에서 기사, 게시글 등을 별도의 작은 섹션으로 지정하는 태그
〈ASIDE〉...〈/ASIDE〉	문서 페이지의 본문 콘텐츠를 제외한 별도의 영역을 지정하는 태그
〈AUDIO〉...〈/AUDIO〉	재생할 음악 파일을 정의하는 태그
〈CANVAS〉...〈/CANVAS〉	다양한 그래픽을 표현하는 태그. JavaScript를 함께 사용하며 2D 또는 3D 이미지의 구현이 가능함
〈DATALIST〉...〈/DATALIST〉	미리 정의된 옵션 목록을 지정하는 태그. 주로 〈INPUT〉 태그 안에서 사용됨
〈DETAILS〉...〈/DETAILS〉	사용자의 필요에 따라 클릭하면 보이거나 숨겨지는 세부 정보 영역을 정의하는 태그
〈EMBED〉	HTML이 아닌 외부 응용프로그램이나 대화형 내용을 HTML 문서 내에 포함하는 태그. 닫는 태그 없이 사용함
〈FIGURE〉...〈/FIGURE〉	• 문서 내의 표, 그림, 다이어그램 등 독립적인 콘텐츠에 캡션 내용과 같은 주석을 지정하는 태그 • 〈FIGCAPTION〉 태그와 함께 사용하여 〈FIGURE〉 태그의 내용에 대한 캡션 이름을 정의할 수 있음
〈FOOTER〉...〈/FOOTER〉	바닥글 섹션 영역을 지정하는 태그
〈HEADER〉...〈/HEADER〉	머리글 섹션 영역을 지정하는 태그
〈NAV〉...〈/NAV〉	내비게이션 영역을 지정하는 태그
〈OBJECT〉...〈/OBJECT〉	HTML 문서 내에 오디오, 비디오, PDF 등의 멀티미디어 개체를 포함하는 태그. 〈PARAM〉 태그를 사용하여 〈OBJECT〉 태그에 포함된 플러그인에 매개변수를 전달할 수 있음
〈OUTPUT〉...〈/OUTPUT〉	계산한 결과를 나타내는 데 사용하는 태그
〈SECTION〉...〈/SECTION〉	문서 내에서 섹션을 지정하는 태그

〈SOURCE〉	재생할 음악, 영상, 사진 등에 대한 리소스를 정의하는 태그. 닫는 태그 없이 사용함
〈VIDEO〉...〈/VIDEO〉	재생할 영상 파일을 정의하는 태그

기존에는 사용되었으나 HTML5 표준 규격에서부터 지원되지 않는 태그는 다음과 같습니다.

〈APPLET〉	자바애플릿을 포함하지 않음. 〈EMBED〉나 〈OBJECT〉 태그 사용으로 대체됨
〈BASEFONT〉	스타일 시트(CSS)로 대체됨
〈CENTER〉	스타일 시트(CSS)로 대체됨
〈FONT〉	스타일 시트(CSS)로 대체됨
〈FRAME〉 〈FRAMESET〉 〈NOFRAMES〉	프레임 관련 태그는 지원하지 않음. 〈IFRAME〉 태그를 이용한 인라인 프레임 정의는 가능함
〈STRIKE〉	〈DEL〉 또는 〈S〉 태그 사용으로 대체됨

② HTML5 핵심 기능

1) HTML 문서 머리 부분 작성하기

HTML 문서의 머리 부분에는 다음과 같은 태그들이 사용됩니다.

〈HEAD〉...〈/HEAD〉	문서의 정보를 정의
〈TITLE〉...〈/TITLE〉	브라우저의 제목 표시줄에 문서의 제목을 보여줌
〈META 속성.. 〉...〈/META〉	• 문서의 메타 데이터를 정의 • 작성자, 검색 키워드, 문서 파기 일자 등 브라우저 본문 상에는 실제적으로 나타나지 않는 문서에 대한 정보들을 나타냄
〈LINK〉	• HTML 문서와 외부 리소스(다른 문서) 간의 관계를 나타냄 • 외부 스타일 시트(CSS 문서 파일)를 삽입할 때 사용
〈SCRIPT〉...〈/SCRIPT〉	• 클라이언트 측 스크립트를 정의 • 자바스크립트(JS 문서 파일)를 삽입할 때 사용

〈TITLE〉 태그를 사용하여 HTML 문서 제목 표시하기

〈TITLE〉 태그와 〈/TITLE〉 사이에 HTML 문서의 제목을 기입합니다. 문서 제목은 다음과 같이 웹 브라우저 제목표시줄에 나타나게 됩니다.

```
<TITLE> 코리아은행 </TITLE>
```

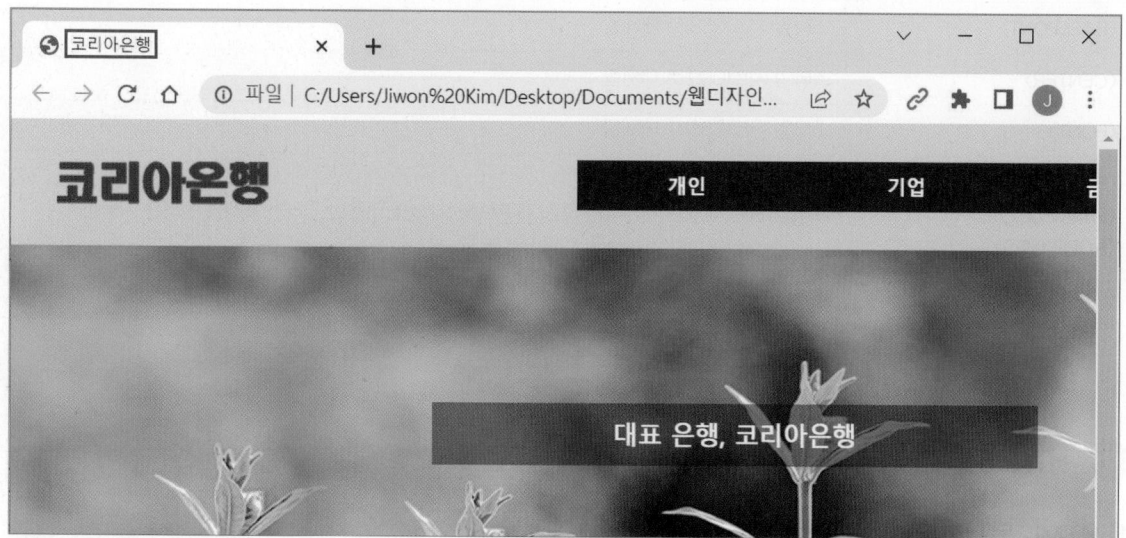

〈META〉 태그를 사용하여 HTML 문서의 문자 세트 표현하기

다음과 같이 〈HEAD〉와 〈/HEAD〉 사이에서 〈META〉 태그와 속성을 사용하여 문자 세트를 표현합니다.

```
<meta http-equiv="Content-Type" content="text/html; charset=utf-8">
```

▶ charset=utf-8

- 컴퓨터가 문자를 처리할 수 있도록 바이트(또는 비트) 형식으로 변환하는 것을 인코딩(Encoding)이라고 합니다. 'charset'은 문자 인코딩의 구성 문자 집합(character set, charset) 또는 문자 세트를 의미합니다.
- HTML 문서에 한글이 포함되어 있는 경우에는 인코딩 방식을 KSC 완성형인 'EUC-KR'을 사용합니다. 만일 한글 폰트 없이도 한글을 볼 수 있게 하려면 'UTF-8' 인코딩을 사용합니다.

▶ http-equiv="Content-Type" content="text/html"

이 부분은 HTML 문서 페이지가 어떤 언어로 제작된 것인지를 알려주는 속성입니다. 앞으로 표시되는 예시에는 이 속성이 표시되어 있으나, HTML5 문서에서는 이 속성 부분을 생략할 수 있습니다(SECTION 04. 웹 표준 가이드 참조).

〈LINK〉 태그를 이용하여 스타일 시트(CSS) 문서 연결하기

〈LINK〉 태그는 외부에 별도로 존재하는 스타일 시트(CSS) 파일을 HTML 본문 문서와 연결할 때 사용합니다.

다음과 같이 〈HEAD〉와 〈/HEAD〉 사이에서 〈LINK〉 태그를 사용하여 'css' 폴더 아래에 있는 'style.css' 문서를 HTML 본문과 연결할 수 있습니다.

```
<link href="css/style.css" type="text/css" rel="stylesheet">
```

▶ 〈LINK〉 태그의 rel 속성

rel 속성은 현재 HTML 문서와 href 속성 값에 의해 지정된 다른 문서와의 관계를 정의할 때 사용합니다. 스타일 시트 문서를 연결할 때는 rel="stylesheet"를 사용합니다.

▶ 스타일 시트(css) 파일을 왜 별도의 파일로 만들까?

스타일 시트(css) 파일은 HTML 문서의 배경, 색상, 글자 모양 및 정렬 등 HTML 문서 스타일을 기록해 둔 것으로 별도의 파일로 만들면 여러 웹페이지에서 하나의 스타일 시트 파일을 로드할 수 있어서 재활용성이 높아지게 됩니다.

〈SCRIPT〉 태그를 이용하여 JavaScript 문서(js) 연결하기

〈SCRIPT〉 태그는 JavaScipt를 정의하거나, JavaScipt 코드를 기록해 놓은 외부 js 문서 파일을 HTML 본문 문서와 연결할 때 사용합니다.

```
<script src="javascript/jquery-1.12.3.js" type="text/javascript"></script>
<script src="javascript/script.js" defer="defer" type="text/javascript"></script>
```

```
1    <html>
2    <head>
3      <meta http-equiv="Content-Type" content="text/html; charset=utf-8">
4      <title>여행가이드</title>
5      <link href="css/style.css" type="text/css" rel="stylesheet">
6      <script src="javascript/script.js" defer type="text/javascript"></script>
7    </head>
8
9    <body>
10   내용
11   </body>
12   </html>
```

▶ defer 속성

- defer는 script의 실행을 지연시키는 속성입니다. 이 속성이 필요한 이유는 언제 스크립트를 실행할 것인지를 지정하기 위해서입니다.
- 웹 브라우저는 HTML 문서를 렌더링하는 과정에서 HTML 문서의 머리인 〈HEAD〉 태그 안에서 스크립트 파일을 만나면 곧바로 실행하게 됩니다. 그러나 defer 속성을 사용하면 HTML 문서의 〈BODY〉 태그까지 모두 렌더링한 후에 스크립트를 시작하게 됩니다.
- defer 속성을 사용하지 않는 경우 〈SCRIPT〉 부분을 〈/BODY〉 태그 다음에 위치시킴으로써 렌더링을 지연시키는 방법도 있습니다.

2) 문서 몸체(BODY) 부분 작성하기

HTML 문서의 몸체 부분에는 다음과 같은 태그들이 사용됩니다.

⟨BODY⟩...⟨/BODY⟩	문서의 몸체 부분을 정의
⟨A 속성⟩...⟨/A⟩	• 앵커(Anchor)를 의미하며 HTML 문서에서 다른 요소를 연결하기 위한 하이퍼링크를 지정 • 속성 : href, name, arget 등 – href : 링크된 문서명이나 URL을 명시 – name : HTML 문서 내에서 특정한 위치 명시. 이 이름을 다른 곳에서 인용하려면 지정된 이름 앞에 #을 붙임 – target : 링크 부분 방문 방법(예 target = _blank : 새 창에서 윈도우 열림)
⟨IMG 속성⟩	• 이미지 삽입 태그 • src라는 속성을 사용하여 파일 경로를 지정해 이미지를 삽입
⟨P⟩...⟨/P⟩	단락을 지정
⟨HEADER⟩...⟨/HEADER⟩	• 머리글 섹션 영역을 지정 • 하나 이상의 제목(Hn 태그 사용), 로고 또는 아이콘 등을 감싸는 용도로 사용
⟨FOOTER⟩...⟨/FOOTER⟩	• 바닥글 섹션 영역을 지정 • 저자, 관련 문서 정보, 저작권 등에 대한 섹션 정보를 나타낼 때 사용
⟨ARTICLE⟩...⟨/ARTICLE⟩	• 문서 내에서 독립적인 콘텐츠 항목을 별도의 작은 섹션으로 지정 • 뉴스 주제, 신문 기사, 블로그 항목 등 별도의 섹션을 나타낼 때 사용
⟨ASIDE⟩...⟨/ASIDE⟩	• 문서 페이지의 본문 콘텐츠를 제외한 별도 섹션 영역을 지정 • 요약글, 사이드바, 광고 등을 나타낼 때 사용
⟨DIV⟩...⟨/DIV⟩	• 문서 내에서 콘텐츠 영역을 지정할 때 사용 • 스타일(Style)을 담는 컨테이너 역할을 하며, 레이어와 가시성을 설정 • class 속성을 이용하여 스타일 시트(CSS) 파일에 지정한 스타일을 연속된 요소 그룹들에 부여할 때 주로 사용함 • 머리글, 바닥글, 내용 영역 등을 지정하는 데 자주 사용되었으나 HTML5에서는 ⟨HEADER⟩, ⟨FOOTER⟩, ⟨ARTICLE⟩, ⟨ASIDE⟩ 요소 등으로 대체됨 • 따라서 DIV 요소를 대체할 수 있는 다른 요소가 있다면 해당 요소를 활용함으로써 독자의 접근성을 높이는 동시에 작성자의 유지 보수를 용이하게 하도록 함
⟨SPAN⟩...⟨/SPAN⟩	• 다른 텍스트와 구분하기 위해 사용하며, 줄을 바꾸지 않고 글자색이나 배경색 등을 변경함 • ⟨DIV⟩ 태그처럼 스타일을 담을 수 있음
⟨PRE⟩...⟨/PRE⟩	사용자가 작성한 내용을 그대로(PRE – described) 나타내고자 할 때 사용하는 태그
⟨Hn⟩...⟨/Hn⟩	• 제목 글자를 나타내는 태그 • n값은 1~6까지이며 값이 작을수록 높은 순위이며, 큰 글자로 나타남
⟨HR⟩	수평선을 그림
⟨FONT 속성⟩...⟨/FONT⟩	• 문자의 크기와 모양을 지정하는 태그 • 속성 : size, color와 글꼴의 종류를 지정하는 face 등
⟨TABLE⟩...⟨/TABLE⟩	• 표의 시작과 끝을 의미하는 태그 • 문서의 레이아웃에 활용하기도 했으나 HTML5에서는 테이블 태그를 레이아웃 용도로 사용하는 것은 지양함 • 속성 : 표의 폭을 지정하는 width, 표의 테두리를 지정하는 border, 표의 배경색을 지정하는 bg-color 등 • 셀 속성 : 셀 사이의 경계선 굵기를 지정하는 cellspacing, 셀과 셀 안의 문자들의 여백을 지정하는 cellpadding 등

〈TR 속성〉...〈/TR〉	• 〈TABLE〉 태그 안에 사용되며, 표에서 행을 만듦(가로 분할) • 속성 : 수평 정렬을 위한 align과 수직 정렬을 위한 valign 등
〈TD 속성〉...〈/TD〉	• 〈TABLE〉 태그 안에 사용되며, 표에서 열을 만듦(세로 분할) • 속성 : 정렬을 위한 align과 valign, 셀 병합을 위한 colspan, rowspan 등
〈TH 속성〉...〈/TH〉	• 〈TD〉와 동일하나, 제목과 관련된 내용일 때 사용 • 〈TD〉보다 약간 굵은 글씨체로 나오게 됨
〈NAV〉...〈/NAV〉	• 내비게이션 영역을 정의 • 내비게이션 메뉴 목록을 만들 때 사용
〈OL〉...〈/OL〉	• 순서를 매긴 숫자 목록을 작성할 때 사용하는 태그 • start 속성에 의해 시작 번호를 변경
〈UL〉...〈/UL〉	• unordered list, 순서가 필요없는 목록을 작성하는 태그 • 숫자가 아닌 특수기호를 사용하여 목록을 작성하는 태그
〈LI 속성〉	• definition list, 용어를 설명하는 목록 작성 〈OL〉, 〈UL〉과 함께 사용되며 목록 각각의 내용을 정의하는 태그 • 속성 : DISC(원반), SQUARE(정사각형), CIRCLE(원) 등
〈FORM 속성〉...〈/FORM〉	• 입력 양식을 지정하기 위한 태그 • 속성 : 폼을 받아서 처리할 목적지 서버의 URL을 위한 action, 폼을 전송하는 방식을 나타내는 method 등
〈INPUT〉	• 〈FORM〉 태그 안에서 사용되는 태그이며, type 속성이 사용됨 • 속성 : checked는 라디오 버튼이나 체크박스 입력 시에 기본 선택 형태가 되도록 함
〈TEXTAREA〉...〈/TEXTAREA〉	2줄 이상의 텍스트를 입력할 수 있는 입력상자를 만드는 태그

〈A〉와 〈IMG〉 태그를 사용하여 이미지에 링크 연결하기

〈A〉 태그를 사용하면 다른 HTML 문서나 URL을 연결할 수 있습니다.

다음과 같이 입력하면 '제주.jpg' 이미지를 클릭할 때 청와대 사이트가 새로운 창에 열리도록 할 수 있습니다.

```
<a href="http://www.jeju.go.kr" target="_blank"><img src="제주.jpg" alt="no"></a>
```

▶ 〈A〉 태그 속성 target 값과 여는 창

• self : 현재의 문서가 있는 상태 창을 열어줌
• parent : 브라우저 현재 문서의 부모(상위) 창을 열어줌
• blank : 새로운 창을 열어줌
• top : 현재 사이트의 최상위 레벨 창을 링크

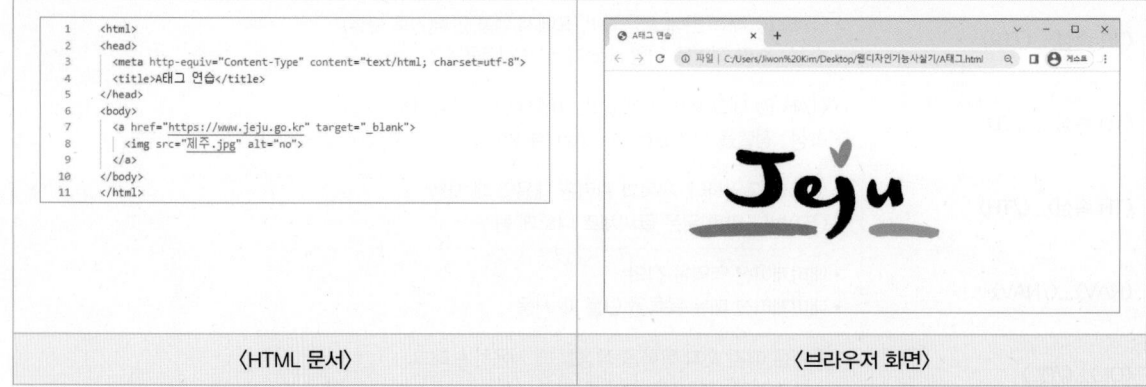

| 〈HTML 문서〉 | 〈브라우저 화면〉 |

〈DIV〉 태그를 사용하여 영역 구분하기

〈DIV〉 태그는 문서 내에서 영역을 구분할 때 사용하는 것으로 넓은 내용 부분에 스타일을 지정하기 위해 사용합니다. 다음과 같이 〈DIV〉 태그를 사용하여 콘텐츠 영역을 구분해 보도록 합니다.

```
<div id="A">
  <p>A-DIV 문단1</p>
  <p>A-DIV 문단2</p>
  <p>A-DIV 문단3</p>
</div>

<div id="B-left">B-DIV 왼쪽</div>
<div id="B-center">B-DIV 가운데</div>
<div id="B-right">B-DIV 오른쪽</div>
```

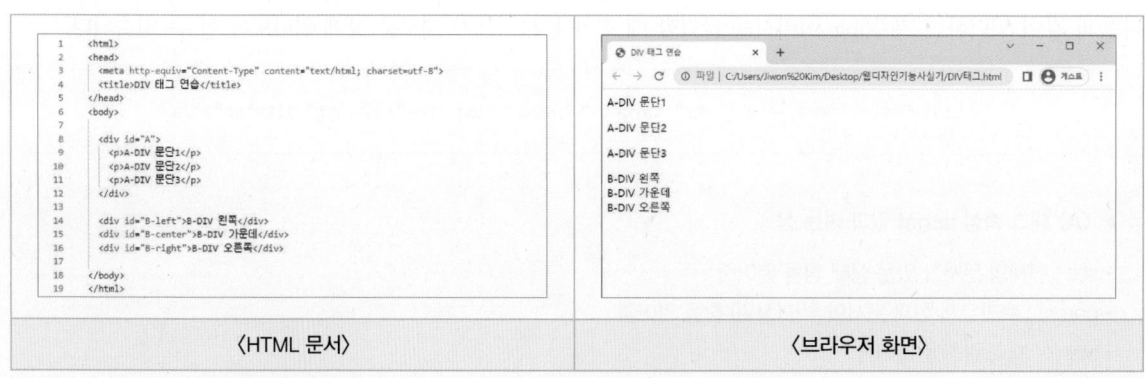

| 〈HTML 문서〉 | 〈브라우저 화면〉 |

다음으로 다음과 같이 〈HEAD〉와 〈/HEAD〉 태그 사이에 〈STYLE〉 태그로 내부 스타일 시트를 작성하여 〈DIV〉 영역에 스타일을 부여합니다.

```
<style type="text/css">
  #B-left {
    width:100px;
    height:300px;
    background-color:red;
    float:left;
  }

  #B-center {
    width:100px;
    height:300px;
    background-color:green;
    float:left;
  }

  #B-right {
    width:100px;
    height:300px;
    background-color:blue;
    float:left;
  }
</style>
```

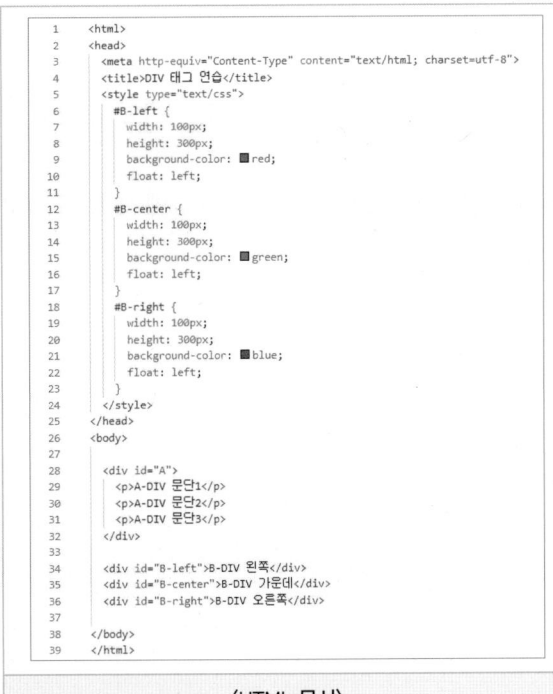

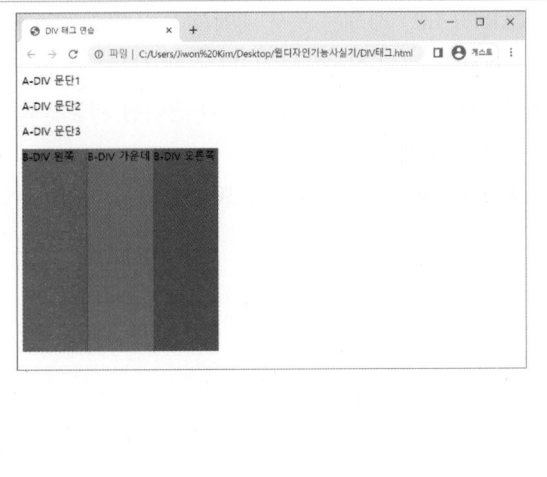

〈HTML 문서〉 〈브라우저 화면〉

▶ ⟨DIV⟩의 id 속성

id 속성은 요소를 구별하기 위해 붙이는 것으로, 스타일 시트(CSS) 파일에서 사용하게 될 선택자 이름입니다. id 속성의 값 (id명)을 활용하여 스타일 시트에서 '#id명' 기호를 붙여 스타일을 작성해주면, HTML 문서 내 id="id명"이 들어간 요소 영역 에 작성한 스타일이 적용됩니다.

[HTML 문서]

⟨DIV id="A"⟩ 환영합니다. ⟨/DIV⟩

[스타일 시트(CSS) 문서]

#A { color: #FFFFFF; }

▶ 요소의 내용 모델(Content Model), 블록(Block)과 인라인(Inline)

HTML4 규격에서는 요소가 내용을 표현하는 방식에 따라 블록(Block) 요소와 인라인(Inline) 요소로 구분했습니다. 블록 은 내용을 단락과 같이 표현하는 것으로 ⟨P⟩, ⟨DIV⟩ 태그와 같이 넓은 범위의 내용을 묶어서 지정하는 방식이고, 인라인은 ⟨IMG⟩, ⟨SPAN⟩ 태그와 같이 블록을 형성하지 않으면서 단락 내 일부 내용을 지정하는 방식입니다. 블록 요소는 다른 블록 요소나 인라인 요소를 포함할 수 있으나 인라인 요소는 다른 블록 요소나 인라인 요소를 포함할 수 없습니다. 또한 ⟨P⟩ 태 그처럼 요소 자체는 블럭 수준에 해당하지만 내용은 인라인으로 나타나는 등의 혼란도 있습니다. 이러한 문제를 보완하기 위해 HTML5 규격에서는 내용 모델을 블록과 인라인으로 구분하지 않으며 스타일 시트(CSS)의 박스 모델(Box Model)을 통해 요소의 형식을 변환하여 내용이 시각적으로 어떤 방식으로 표현할지를 지정하고 있습니다.

⟨DIV⟩ 태그를 대체하는 ⟨ARTICLE⟩, ⟨ASIDE⟩, ⟨FOOTER⟩ 태그로 영역 구분하기

- ⟨ARTICLE⟩ 태그는 문서 내에서 독립적인 콘텐츠 항목들을 작은 섹션으로 지정하는 것으로, 뉴스 주제, 신 문기사, 블로그 항목 등을 나타낼 때 사용하는 태그입니다.
- ⟨ASIDE⟩ 태그는 본문 콘텐츠와 관련된 내용으로서 인용부호(예 따옴표)를 붙인 요약글, 사이드바, 광고 등 을 나타낼 때 사용합니다.
- ⟨FOOTER⟩ 태그는 바닥글 섹션 영역을 지정하는 것으로 저자, 관련 문서 정보, 저작권 등에 대한 섹션 정 보를 나타낼 때 사용합니다.

```
<h1>아티클, 어사이드, 푸터 연습</h1>
<h2>KPOP 소식</h2>
<article>
    <h3>곽진언의 노래 이야기(1)</h3>
    <p> 곽진언 첫 정규 앨범 '나랑갈래'는 11트랙이 수록됐으며, 타이틀곡 역시 앨범명과 동명의 '나랑갈래'다. </p>
</article>

<article>
    <h3>곽진언의 노래 이야기(2)</h3>
    <p> 가수 곽진언이 25일 오후 서울 시청에서 진행된 '2018 행복 뮤직콘서트'에서 열창을 하고 있다. </p>
    <footer>음악구입은 <a href="#">여기</a>로!</footer>
</article>

<aside>
    <h4>(이벤트) 뮤비 공유 이벤트</h4>
    <ul>
    <li><a href="#">콘텐츠1</a></li>
    <li><a href="#">콘텐츠2</a></li>
    <li><a href="#">콘텐츠3</a></li>
    </ul>
</aside>

<h1>푸터 연습</h1>
<footer>
    <p>저작권 © 2018 영진닷컴</p>
</footer>
```

〈HTML 문서〉

〈브라우저 화면〉

〈Hn〉 태그를 사용하여 글씨 크기 조절하기

〈Hn〉 태그는 제목 글자를 나타내는 태그로, 〈H1〉, 〈H2〉, 〈H3〉, 〈H4〉, 〈H5〉, 〈H6〉이 있습니다. 숫자 값이 작을수록 큰 글자로 나타납니다.

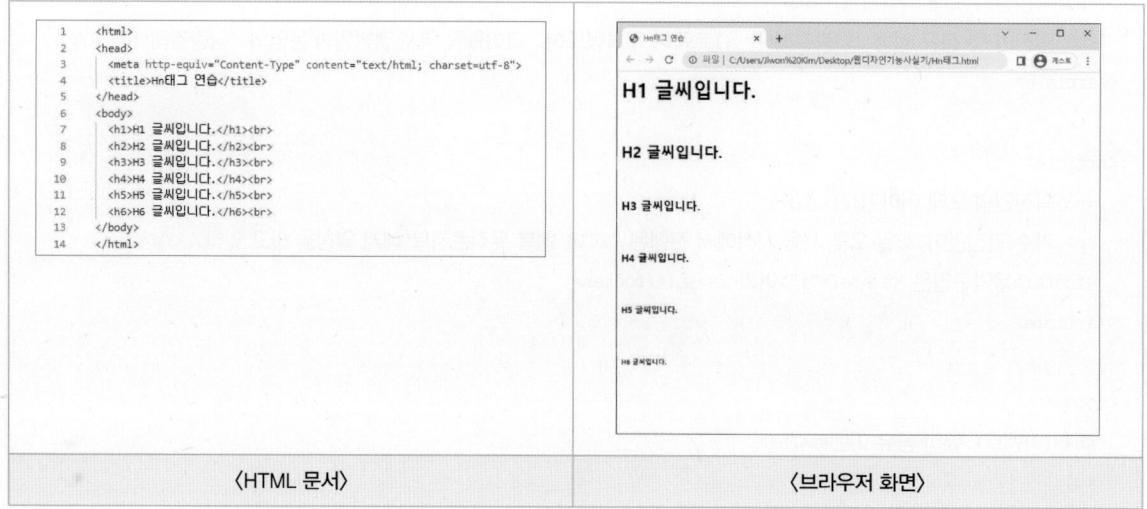

〈HTML 문서〉	〈브라우저 화면〉

〈NAV〉와 〈UL〉 태그를 사용하여 내비게이션 영역 만들기

〈NAV〉 태그는 탐색을 위한 내비게이션 영역을 정의하는 데 사용합니다. 〈UL〉 태그는 순서가 없는 목록을 만드는 것으로 〈NAV〉 태그 내에서 탐색 섹션을 지정하는 데 사용합니다.

```
<nav>
  <ul class="nav">
    <li><a href="#">회사소개</a>
      <ul class="submenu">
        <li><a href="#">비전</a></li>
        <li><a href="#">연혁</a></li>
        <li><a href="#">사업분야</a></li>
      </ul>
    </li>
    <li><a href="#">회사홍보</a>
      <ul class="submenu">
        <li><a href="#">회사영상</a></li>
        <li><a href="#">광고</a></li>
        <li><a href="#">언론보도</a></li>
      </ul>
    </li>
    <li><a href="#">고객지원</a>
      <ul class="submenu">
        <li><a href="#">문의</a></li>
```

```
        <li><a href="#">찾기</a></li>
      </ul>
    </li>
  </ul>
</nav>
```

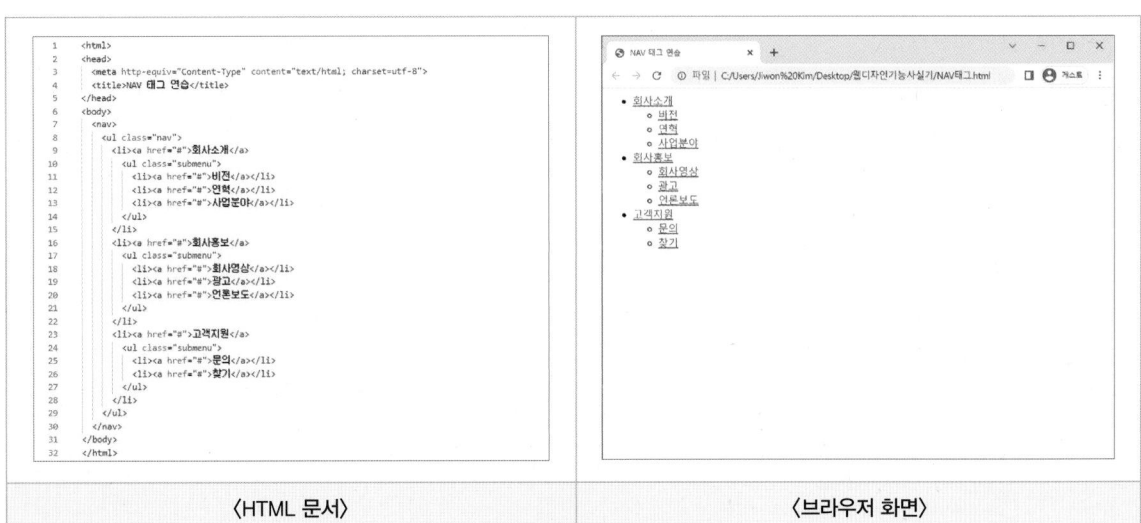

〈HTML 문서〉	〈브라우저 화면〉

〈FORM〉과 〈INPUT〉 태그를 사용하여 입력 폼 만들기

〈FORM〉 태그는 사용자의 입력 데이터를 받아 서버로 제출하기 위한 양식을 지정하기 위한 태그입니다. 〈IN-PUT〉 태그는 〈FORM〉 태그 안에서 사용되며 입력받을 폼의 형식을 지정합니다. 〈TEXTAREA〉 태그는 2줄 이상의 텍스트를 입력할 수 있는 입력상자를 만듭니다.

```
<form>
<table>
  <tr>
    <td>이름</td>
    <td><input type="text" name="name"></td>
  </tr>
  <tr>
    <td>보내실 말씀</td>
    <td><textarea name="message" rows="10" cols="40">메세지를 입력해주세요.</textarea></td>
  </tr>
  <tr>
    <td><input type="submit"></td>
  </tr>
</table>
</form>
```

▶ 〈INPUT〉 태그 Type 속성 값

• text : 한 줄 입력
• checkbox : 체크박스 입력
• radio : 라디오 버튼 입력
• button : 버튼 추가
• password : 암호 입력
• submit : 전송 버튼 생성
• reset : 리셋 버튼 생성
• email : 이메일 입력

```
1    <html>
2    <head>
3        <meta http-equiv="Content-Type" content="text/html; charset=utf-8">
4        <title>FORM 태그 연습</title>
5    </head>
6    <body>
7        <form>
8            <table>
9                <tr>
10                    <td>이름</td>
11                    <td><input type="text" name="name"></td>
12                </tr>
13                <tr>
14                    <td>보내실 말씀</td>
15                    <td><textarea name="message" rows="10" cols="40">메세지를
                     입력해주세요.</textarea></td>
16                </tr>
17                <tr>
18                    <td><input type="submit"></td>
19                </tr>
20            </table>
21        </form>
22    </body>
23    </html>
```

〈HTML 문서〉	〈브라우저 화면〉

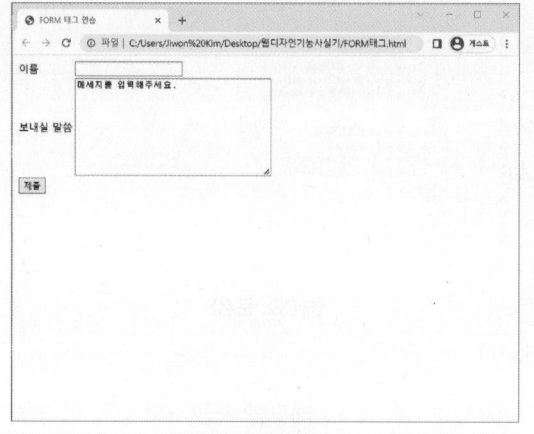

02

CSS 익히기

핵심포인트 CSS는 HTML로 만들어진 문서의 스타일을 꾸미기 위한 것으로 HTML 문서를 어떻게 꾸밀 것인지를 지정해둔 문서 또는 방법입니다. 중요한 부분이므로 사용법을 숙지하도록 합니다.

① CSS 기본 문법

1) CSS 정의와 특징

CSS(Cascading Style Sheet)는 HTML 문서가 사용자에게 표시되는 스타일이나 레이아웃 등의 디자인 서식을 작성하는 언어입니다. CSS를 사용하여 HTML 문서의 글자, 줄, 간격, 여백, 배경, 색상, 이미지 등에 관하여 적용시킬 서식 스타일을 작성한 후 HTML 문서에 적용하면 HTML 문서가 웹 브라우저에서 해당 스타일이 적용된 문서로 변환하여 시각적으로 표시됩니다.

CSS는 HTML 문서 내에 직접 규칙을 포함하여 작성할 수도 있고 스타일 시트를 별도로 만든 후 HTML 문서에 연결하여 사용할 수도 있습니다. CSS의 최신 규격은 CSS3이며, CSS3 버전을 이용하여 HTML5 문서의 스타일을 작성할 수 있습니다.

CSS3는 다음과 같은 특징을 가지고 있습니다.

- CSS를 활용하면 문서의 내용과 형식을 분리할 수 있기 때문에 내용에 대한 접근성이 높아지고 두 개 이상의 문서 형식을 쉽게 작성하고 수정할 수 있습니다.
- CSS는 다양한 브라우저와 플랫폼에 적용이 가능합니다.
- CSS는 메모장과 같은 일반적인 에디터나 워드프로세서 또는 웹 문서 편집 프로그램을 통해 작성합니다.
- CSS를 HTML 문서와 별도로 작성하여 문서로 저장하면 문서 파일의 확장명은 *.css가 됩니다.
- CSS 문서의 파일 이름은 알파벳, 숫자, 하이픈(-), 밑줄(_)만을 사용하여 저장합니다.

2) CSS 기본 규칙

CSS는 다음과 같은 기본 규칙을 가지고 있습니다.

- 기본 형식 : 선택자 { 속성:속성 값; }

  예 SPAN { color:blue; }

  – 선택자(Selector) : 스타일의 대상. 스타일이 적용될 요소 또는 스타일을 적용할 대상/영역
  – 선언부 : 속성과 값을 지정하며, '{'와 '}' 사이에 선언함

– 스타일 이름 –	– 스타일 선언 부분 –
선택자	{속성 : 속성 값 ; }

- 선언은 선언마다 세미콜론(;)으로 끝나며 여러 개의 선언을 연이어 작성할 수 있음
- 마지막에 끝나는 선언인 경우 세미콜론(;)은 생략 가능함
  – 여러 개의 선언을 작성하는 경우 각 선언을 한 줄에 작성해도 되지만, 가독성을 위해 한 줄씩 나누어 작성하는 것을 권장함

```
SPAN { color:blue; font-size:30px; }
```
```
SPAN {
      color:blue;
      font-size:30px;
}
```

- 하나의 선택자에 대한 스타일 신인 부분은 하나만 작성함
- CSS 주석은 '/*'로 시작하고 '*/'로 끝남

---

3) HTML 문서에 CSS 연결하기

스타일 시트 규칙은 HTML 문서 내에 직접 포함되거나 별도로 작성한 후 HTML 문서와 연결하여 사용합니다. CSS를 이용하여 스타일을 정보를 HTML 문서에 적용시키는 방법은 세 가지가 있습니다.

내부 스타일 시트 (Internal stylesheet)	• 내부 스타일 시트는 HTML 문서 내에 스타일 규칙을 정의하는 것으로 〈STYLE〉 태그를 이용하여 HTML 문서 내의 머리 부분(HEAD)에 규칙을 넣는 방법 • CSS 파일을 별도로 두지 않아서 HTML 문서 내에서 바로 스타일 규칙을 수정할 수 있음 • 하지만 여러 HTML 문서에서 같은 스타일이 반복될 경우 해당 스타일 규칙을 HTML 문서마다 반복해서 작성해야 하며, 스타일을 업데이트할 경우 여러 HTML 문서를 모두 업데이트하게 되어 외부 스타일 시트보다 효율적이지 않음
외부 스타일 시트 (External stylesheet)	• HTML 문서에서 스타일 시트 규칙을 분리하여 별도의 파일(*.css)로 저장한 것으로 〈LINK〉 태그를 이용하여 스타일 시트 파일을 연결하는 방법 • 여러 HTML 문서에서 하나의 스타일 시트 파일을 공유 및 로드하여 사용할 수 있어서 재활용성이 높아짐 • 이미 연결된 스타일 시트 파일이 있더라도 다른 스타일 시트 파일을 연결함으로써 빠르게 HTML 문서의 스타일을 변경시킬 수 있음
인라인 스타일 (Inline styles)	• 스타일 시트 문서를 작성한다기보다는 하나의 시작 태그에 스타일 속성을 사용하여 직접 스타일 규칙을 포함시키는 방법으로 'style' 속성으로 스타일을 지정하는 방법 • 이 방법은 'style' 속성을 포함하는 하나의 요소에만 영향을 주게 되는 방법으로 스타일 업데이트 및 유지관리 측면에서 비효율적이며 HTML 문서의 가독성도 떨어져서 사용을 지양함

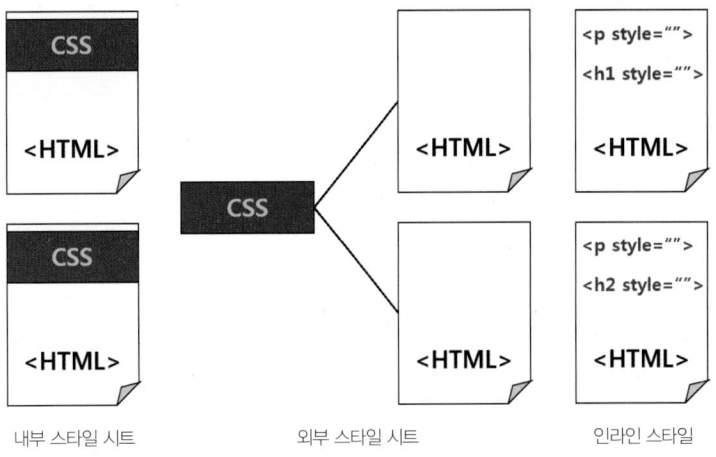

내부 스타일 시트	외부 스타일 시트	인라인 스타일

4) CSS 선택자 이해하기

CSS 선택자(Selector)는 HTML에서 스타일이 적용될 대상이나 영역을 지정하는 것으로 선택자를 활용하여 HTML의 어떤 요소에 어떤 스타일이나 스크립트 기능을 할 것인지를 지정할 수 있습니다. 선택자는 HTML 문서에서 타겟이 되는 태그 요소가 어떤 것인지를 알려주는 역할을 하며 스타일을 지정하기 위해 선언하는 선언부 이름입니다. 선택자는 다음과 같은 종류가 있습니다.

범용 선택자 (Universal Selector)	HTML 문서 내의 전체 태그에 스타일을 적용 예 *{}
타입 선택자 (Type Selector)	• CSS의 기본 선택자 • 태그 요소 이름을 직접적으로 명시하여 사용하는 방법으로 특정 태그에 스타일을 적용 　예 태그가 p인 경우 → p{}
클래스 선택자 (Class Selector)	• 태그에서 class 속성을 사용하여 클래스 이름이 들어간 태그에 스타일을 적용 • 마침표(period) '.'를 클래스 이름 앞에 붙여서 '.클래스'의 형태로 사용 　예 클래스 이름이 logo인 경우 → .logo{}
ID 선택자 (ID Selector)	• 태그에서 id 속성을 사용하여 아이디 이름이 들어간 태그에 스타일을 적용 • '#' 기호를 붙여서 사용 　예 id 이름이 footer인 경우 → #footer
속성 선택자 (Attribute Selector)	정확한 속성을 찾아 스타일을 적용 – [속성] : 해당 속성이 있는 모든 요소를 선택하여 적용 – [속성=값] : 해당 속성이 있는 모든 요소 중 값이 있는 경우에만 선택

선택자는 한 번에 하나씩 사용하기도 하지만 여러 개의 선택자를 결합하여 사용할 수 있습니다. 선택자를 결합하는 방법은 다음과 같습니다.

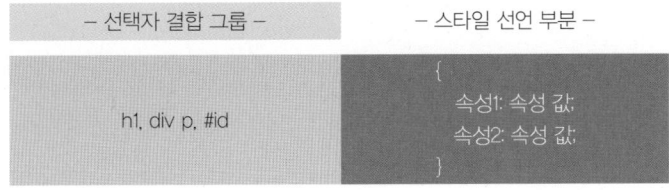

– 선택자 결합 그룹 –	– 스타일 선언 부분 –

h1, div p, #id	{
	속성1: 속성 값;
	속성2: 속성 값;
	}

다중 선택자 (Multiple Selector)	선택자 형식 : A, B A 요소 또는 B 요소 모두에 스타일 적용
자식 선택자 (Child Selector)	• 선택자 형식 : A 〉 B • A 요소의 직접적인 1차 하위 요소인 B 요소에 스타일 적용
후손 선택자 (Descendant Selector)	• 선택자 부분 형식 : A B • A 요소의 1차, 2차 이상(자손의 자손) 하위 요소에 해당하는 모든 B 요소에 스타일 적용

▶ 요소 이름과 id 또는 class 선택자 결합하기

요소 이름과 클래스 또는 아이디 이름을 결합하여 스타일을 적용시킬 수 있습니다.

다음과 같은 HTML 문서에서 〈P〉 태그 부분에만 스타일을 적용하려면 〈P〉 태그 속성에 정의된 id="welcome" 부분이 스타일 시트에서 스타일을 적용시킬 대상으로 선택되어야 합니다.

[HTML 문서]

```
<div id="welcome1">환영합니다.</div>
<p id="welcome">환영합니다.</p>
```

스타일 시트 문서에 〈P〉 태그의 ID 선택자를 활용하여 다음과 같이 지정하면 〈P〉 태그 부분의 글씨만 빨간색으로 나타나게 됩니다. 다만, 요소가 다르다고 하더라도 id 이름이 중복되는 것은 좋은 방법은 아닙니다.

[스타일 시트(CSS) 문서]

```
p#welcome{ color: red; }
```

아이디 이름 대신 클래스 이름일 경우에는 'p.welcome'으로 지정하면 됩니다.

② HTML5 핵심 기능

1) 범용, 타입, 클래스, ID 선택자 사용하기

메모장 또는 Visual Studio Code를 활용하여 HTML 문서와 CSS 문서를 다음과 같이 작성한 후 각각 '.html', '.css' 파일로 저장합니다. 이때 외부 스타일 시트 형식을 이용하기 때문에 HTML 문서 내에서 〈LINK〉 태그를 이용하여 스타일 시트 문서를 연결합니다.

<table>
<tr>
<td>

```html
<html>
<head>
  <meta http-equiv="Content-Type" content="text/html;
  charset=utf-8">
  <title>선택자 연습</title>
  <link href="style1.css" type="text/css"
  rel="stylesheet">
</head>
<body>

  <p class="red">빨간색</p>
  <p class="green">녹색</p>
  <p id="blue">파란색</p>

  <h1>H1 글씨입니다.</h1>
  <h2>H2 글씨입니다.</h2>
  <h3>H3 글씨입니다.</h3>
  <h4>H4 글씨입니다.</h4>
  <h5>H5 글씨입니다.</h5>
  <h6>H6 글씨입니다.</h6>

</body>
</html>
```

</td>
<td>

```css
@charset "utf-8";
/* CSS Document */

/* 범용 선택자 : 전체 문서의 여백과 글꼴 스타일 적용 */
*{
  margin:20;
  font-family:"맑은 고딕";
}

/* 타입 선택자 : body 태그에 배경 색상 설정 */
body{ background: #909090; }

/* 타입 선택자 : p 태그에 폰트 사이즈 적용 */
p{ font-size: 20px; }

/* 클래스 선택자 : 클래스 이름이 들어간 태그에 색상 적용 */
.red{ color: red; }
.green{ color: green; }

/* ID 선택자 : 아이디 이름이 들어간 태그에 색상과 폰트 사이즈 적용 */
#blue{
  color: blue;
  font-size: 12px;
}

/* 타입 선택자 결합: h1, h2, h3 태그에 폰트 스타일 적용 */
h1, h2, h3{
  font-family: sans-serif;
}
```

</td>
</tr>
<tr>
<td align="center">〈HTML 문서〉</td>
<td align="center">〈CSS 문서〉</td>
</tr>
</table>

〈HTML 문서〉

〈CSS 문서〉

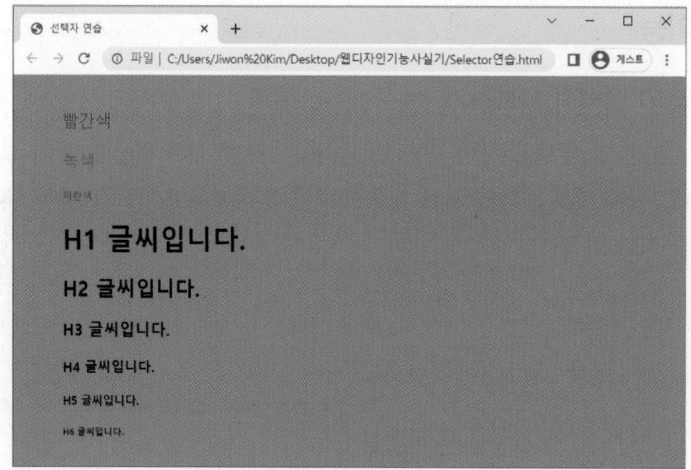

〈브라우저 화면〉

▶ **CSS 선택자 선언 우선순위**

CSS는 선택자를 사용하여 스타일을 지정할 경우, 선언의 우선순위에 따라 HTML 문서에서 나타나는 결과가 달라지게 됩니다. 기본 우선순위는 다음과 같습니다.

1. 선택자가 동일하게 선언되어 있을 경우, 후자에 선언된 것이 우선함

2. ID 선택자 > 클래스 선택자 > 타입(요소) 선택자 순으로 우선함

3. 상속된 스타일보다 직접 대상 요소에 스타일을 선언한 것이 우선함

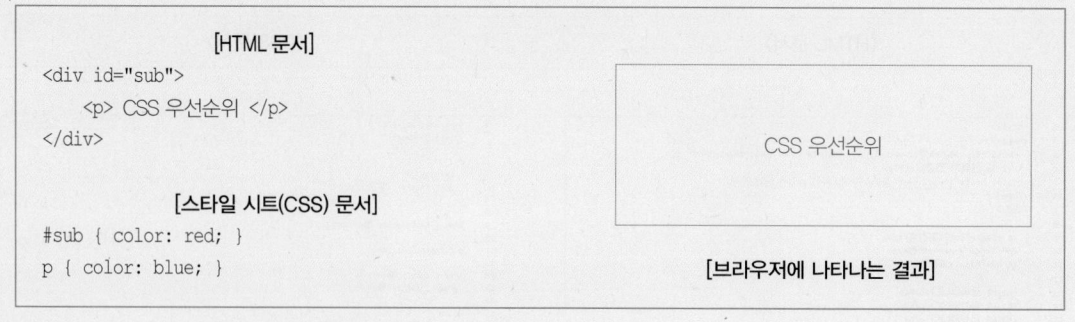

4. 선택자의 상속 등 구체적인 선언일수록 우선함

```
[HTML 문서]
⟨div id="sub"⟩
   ⟨p⟩ CSS 우선순위 ⟨/p⟩
⟨/div⟩

         [스타일 시트(CSS) 문서]
div#sub p { color: red; }
div p { color: green; }
p { color: blue; }
```

CSS 우선순위

[브라우저에 나타나는 결과]

5. !important 속성이 부여된 선택자가 우선함

```
[HTML 문서]
⟨div id="sub"⟩
   ⟨p⟩ CSS 우선순위 ⟨/p⟩
⟨/div⟩

         [스타일 시트(CSS) 문서]
div#sub p { color: red; }
div p { color: green !important }
p { color: blue; }
```

CSS 우선순위

[브라우저에 나타나는 결과]

2) 텍스트 및 폰트 스타일 작성하기

text-align	• 텍스트의 수평 정렬을 지정하는 속성 • text-align: left : 텍스트 왼쪽 정렬 • text-align: right : 텍스트 오른쪽 정렬 • text-align: center : 텍스트 가운데 정렬 • text-align: justify : 텍스트 양쪽 정렬
text-decoration	• 텍스트 장식을 지정하는 속성 • text-decoration: none; : 텍스트 장식 없음 • text-decoration: underline; : 텍스트 밑줄 지정 • text-decoration: overline; : 텍스트 윗줄 지정 • text-decoration: line-through; : 텍스트 중간 취소줄 지정 • text-decoration: blink; : 텍스트를 깜빡임
text-indent	• 텍스트 들여 쓰기를 지정하는 속성 • text-indent: length; : 텍스트를 길이만큼 들여씀
font-size	• 폰트의 크기를 지정 • font-size: 24px; : 폰트의 크기를 픽셀 크기로 지정 • font-size: 1.2em; : 폰트의 크기를 상대적인 크기로 지정 • font-size: 180%; : 폰트의 크기를 화면 비율로 지정
font-family	• 폰트 이름, 산세리프, 세리프 등 폰트 서체를 지정 • serif, sans-serif 등의 속성 값을 지정

font-style	• 폰트의 모양을 지정 • font-style : normal; : 폰트를 일반적인 모양으로 지정 • font-style : italic; : 폰트를 기울임꼴로 지정
font-weight	• 폰트의 굵기를 지정 • font-weight: bold; : 글꼴의 굵기를 굵게 지정 • font-weight: 100; : 글꼴의 굵기를 100으로 지정

> ▶ 글꼴 크기의 단위 em
>
> em 단위는 상위 요소에 대한 상대적인 크기를 나타낼 때 사용합니다. 유동적으로 글꼴 크기에 변화를 줄 때 사용하는 것으로, 1em = 16px = 12pt = 100%에 해당됩니다.

텍스트와 폰트 스타일 지정하기

다음과 같이 다양한 텍스트 및 폰트 속성을 사용하여 스타일을 변경할 수 있습니다.

```
<html>
<head>
  <meta http-equiv="Content-Type" content="text/html;
  charset=utf-8">
  <title>텍스트와 폰트 스타일 연습</title>
  <link href="style2.css" type="text/css" rel="style
  sheet">
</head>
<body>

  <p id="textleft">텍스트를 왼쪽 정렬</p>
  <p id="textcenter">텍스트를 가운데 정렬</p>
  <p id="textright">텍스트를 오른쪽 정렬</p>
  <p></p>

  <p id="px">폰트 크기를 픽셀로 지정(24px)</p>
  <p id="em">폰트 크기를 상대적인 크기로 지정(2.0em)
  </p>
  <p id="per">폰트 크기를 화면 비율로 지정(200%)</p>
  <p></p>

  <p id="i">폰트를 이텔릭으로 지정</p>
  <p id="fa">폰트를 맑은고딕으로 표현</p>
  <p id="bold">폰트를 두껍게 지정(bold)</p>
  <p id="deco-un">폰트에 밑줄 장식</p>

</body>
</html>
```
〈HTML 문서〉

```
@charset "utf-8";

/* font-align */
p#textleft{ text-align: left; }
p#textcenter{ text-align: center; }
p#textright{ text-align: right; }

/* font-size */
p#px{ font-size: 24px; }
p#em{ font-size: 1.2em; }
p#per{ font-size: 300%; }

/* font-style */
p#i{ font-style: italic; }

/* font-family */
p#fa{ font-family: "맑은 고딕"; }

/* font-weigh */
p#bold{ font-weight: bold; }

/* font-decoration */
p#deco-un{ text-decoration: underline; }
```
〈CSS 문서〉

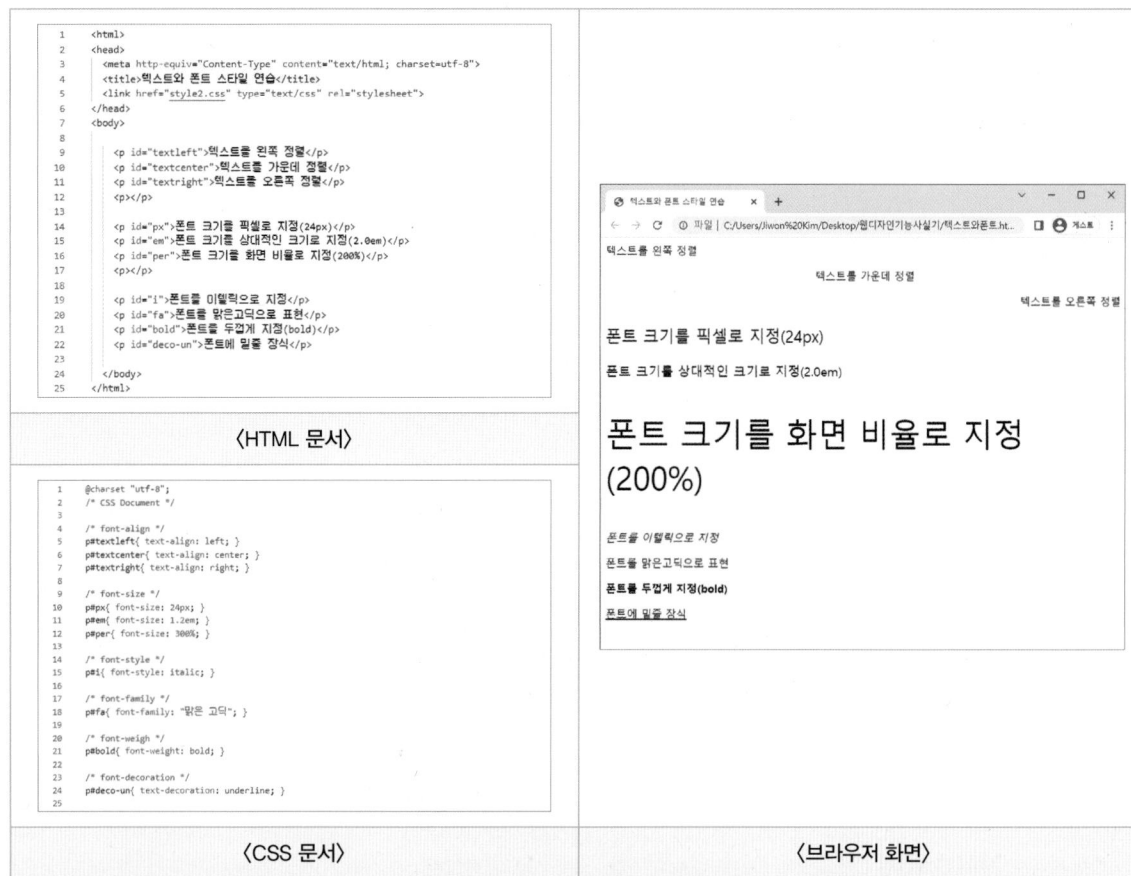

```
1   <html>
2   <head>
3     <meta http-equiv="Content-Type" content="text/html; charset=utf-8">
4     <title>텍스트와 폰트 스타일 연습</title>
5     <link href="style2.css" type="text/css" rel="stylesheet">
6   </head>
7   <body>
8
9     <p id="textleft">텍스트를 왼쪽 정렬</p>
10    <p id="textcenter">텍스트를 가운데 정렬</p>
11    <p id="textright">텍스트를 오른쪽 정렬</p>
12    <p></p>
13
14    <p id="px">폰트 크기를 픽셀로 지정(24px)</p>
15    <p id="em">폰트 크기를 상대적인 크기로 지정(2.0em)</p>
16    <p id="per">폰트 크기를 화면 비율로 지정(200%)</p>
17    <p></p>
18
19    <p id="i">폰트를 이탤릭으로 지정</p>
20    <p id="fa">폰트를 맑은고딕으로 표현</p>
21    <p id="bold">폰트를 두껍게 지정(bold)</p>
22    <p id="deco-un">폰트에 밑줄 장식</p>
23
24  </body>
25  </html>
```
⟨HTML 문서⟩

```
1   @charset "utf-8";
2   /* CSS Document */
3
4   /* font-align */
5   p#textleft{ text-align: left; }
6   p#textcenter{ text-align: center; }
7   p#textright{ text-align: right; }
8
9   /* font-size */
10  p#px{ font-size: 24px; }
11  p#em{ font-size: 1.2em; }
12  p#per{ font-size: 300%; }
13
14  /* font-style */
15  p#i{ font-style: italic; }
16
17  /* font-family */
18  p#fa{ font-family: "맑은 고딕"; }
19
20  /* font-weigh */
21  p#bold{ font-weight: bold; }
22
23  /* font-decoration */
24  p#deco-un{ text-decoration: underline; }
25
```
⟨CSS 문서⟩

⟨브라우저 화면⟩

3) 목록 연습하기

⟨HTML⟩에서 목록은 ⟨OL⟩, ⟨UL⟩, ⟨LI⟩ 태그가 사용됩니다. CSS에서 이러한 태그들로 표현하는 목록 스타일을 변경하려면 'list-style-type', 'list-style-image' 속성을 사용하며 다음과 같은 속성 값이 사용됩니다.

⟨OL⟩ 태그로 순서있는 목록을 작성할 때 list-style-type	• dicimal : '1, 2, 3...'십진수 목록 스타일 지정 • upper-roman : 'I, II, III...'로마자 목록 스타일 지정(lower-roman은 로마자 소문자) • upper-alpha : 'A, B, C...'알파벳 목록 스타일 지정(lower-alpha는 알파벳 소문자) 예 list-style-type: lower-alpha: : ⟨OL⟩ 태그의 목록을 알파벳 목록 스타일로 지정
⟨UL⟩ 태그로 순서가 없는 목록을 작성할 때 list-style-type 속성 값	• disc : ● 원 모양으로 목록 스타일 지정 • circle : ○ 가운데가 비어있는 원 모양으로 목록 스타일 지정 • square : ■ 정사각형 모양으로 목록 스타일 지정 예 list-style-type: disc: : ⟨UL⟩ 태그의 목록을 원 모양의 목록 스타일로 지정
이미지 목록을 작성할 때 list-style-image 속성 값	• list-style-image: url(http://www.anneyoon.com/list.png) : 절대 주소를 사용할 경우 • list-style-image: url(image/list.png) : 상대 주소를 사용할 경우

목록 스타일 지정하기

다음과 같이 목록 속성을 사용하여 목록 스타일을 변경할 수 있습니다. 이미지 목록 속성을 사용할 경우 이미지가 있는 절대 위치 또는 상대 위치를 정확히 표기해야 합니다.

```html
<html>
<head>
  <meta http-equiv="Content-Type" content="text/html;
  charset=utf-8">
  <title>목록 스타일 연습</title>
  <link href="style3.css" type="text/css" rel="style
  sheet">
</head>
<body>

  <ol>
    <li>순서있는 목록</li>
    <li>순서있는 목록</li>
    <li>순서있는 목록</li>
  </ol>

  <ul>
    <li>순서없는 목록</li>
    <li>순서없는 목록</li>
  </ul>

  <ul class="unlist-circle">
    <li>순서없는 목록</li>
    <li>순서없는 목록</li>
  </ul>

  <ul class="unlist-image">
    <li><a href="#">이미지 목록</a></li>
    <li><a href="#">이미지 목록</a></li>
  </ul>

</body>
</html>
```

```css
@charset "utf-8";

ol{
  list-style-type: upper-alpha;
}

ul{
  list-style-type: square;
}

.unlist-circle{
  list-style-type: circle;
}

.unlist-image{
    list-style-image:url(list.png);
}
```

〈HTML 문서〉 〈CSS 문서〉

<table>
<tr><td>

```
1    <html>
2    <head>
3      <meta http-equiv="Content-Type" content="text/html; charset=utf-8">
4      <title>목록 스타일 연습</title>
5      <link href="style3.css" type="text/css" rel="stylesheet">
6    </head>
7    <body>
8
9      <ol>
10       <li>순서있는 목록</li>
11       <li>순서있는 목록</li>
12       <li>순서있는 목록</li>
13     </ol>
14
15     <ul>
16       <li>순서없는 목록</li>
17       <li>순서없는 목록</li>
18     </ul>
19
20     <ul class="unlist-circle">
21       <li>순서없는 목록</li>
22       <li>순서없는 목록</li>
23     </ul>
24
25     <ul class="unlist-image">
26       <li><a href="#">이미지 목록</a></li>
27       <li><a href="#">이미지 목록</a></li>
28     </ul>
29
30   </body>
31   </html>
```

</td></tr>
</table>

〈HTML 문서〉

```
1    @charset "utf-8";
2    /* CSS Document */
3
4    ol {
5      list-style-type: upper-alpha;
6    }
7
8    ul {
9      list-style-type: square;
10   }
11
12   .unlist-circle {
13     list-style-type: circle;
14   }
15
16   .unlist-image {
17     list-style-image: url(list.png);
18   }
19
```

〈CSS 문서〉

A. 순서있는 목록
B. 순서있는 목록
C. 순서있는 목록

■ 순서없는 목록
■ 순서없는 목록

○ 순서없는 목록
○ 순서없는 목록

◆ 이미지 목록
◆ 이미지 목록

〈미리보기 화면〉

4) CSS 박스 모델(Box Model)

CSS 박스 모델(Box Model)은 요소들이 HTML 문서의 페이지 내에서 공간을 차지하는 것에 대한 레이아웃 규칙입니다. HTML 문서 내의 모든 요소는 직사각형 상자로 표시되며 상자는 내용(content), 패딩(padding), 테두리(border), 여백(margin)으로 공간을 차지하게 됩니다. 또한, 테두리(border) 이하의 영역으로서 패딩(padding)과 내용(content) 영역이 배경(background)에 해당됩니다.

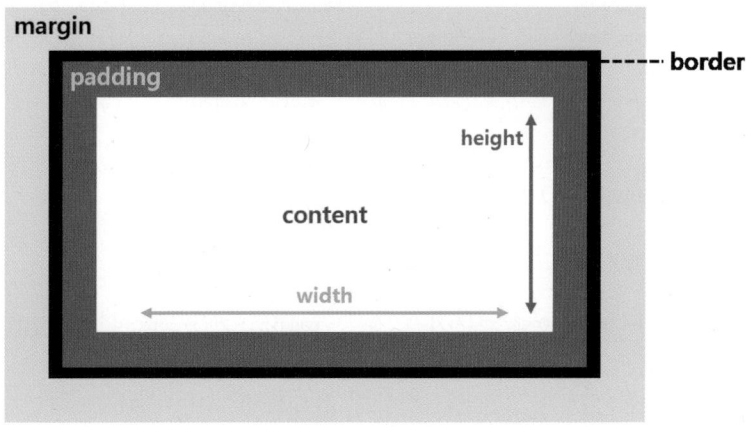

content	• 요소의 내용 영역이며 텍스트, 이미지, 중첩된 자식 요소 등이 배치됨 • width : 내용의 너비를 지정(px 또는 % 값) • height : 내용의 높이를 지정(px 또는 % 값)
padding	• 내용 영역의 주변의 영역으로 내용과 테두리 사이에 위치함 • padding-top: : 패딩의 위쪽 크기 지정(px 또는 % 값) • padding-right: : 패딩의 오른쪽 크기 지정(px 또는 % 값) • padding-bottom: : 패딩의 아래쪽 크기 지정(px 또는 % 값) • padding-left: : 패딩의 왼쪽 크기 지정(px 또는 % 값) **예** padding: 10px 20px 30px 40px; : 순서대로 위쪽, 오른쪽, 아래쪽, 왼쪽 네 면의 패딩 값을 지정
border	• 패딩 바깥쪽 테두리로 패딩과 여백 사이에 위치함 • 실선, 점선 등으로 선을 장식할 수 있음 • border-style: : 테두리 스타일 지정(none(없음), hidden(숨김), dotted(점선), dashed(파선), solid(실선) 등의 값) **예** border : 5px solid black; : 테두리를 두께 5px, 실선, 검정색으로 지정
Margin	• 가장 바깥쪽의 여백 • 여백은 음수 값을 가질 수 있으며 음수 값을 주면 상자가 서로 겹쳐지게 됨 • margin-top: : 여백의 위쪽 크기 지정(px 또는 % 값) • margin-right: : 여백의 오른쪽 크기 지정(px 또는 % 값) • margin-bottom: : 여백의 아래쪽 크기 지정(px 또는 % 값) • margin-left: : 여백의 아래쪽 크기 지정(px 또는 % 값)
background	• 내용, 패딩, 테두리 뒤에 있는 영역(content + padding) • background-image: url(logo.jpg): : 배경을 이미지로 채움 • background-color: red; : 배경색을 빨간색으로 지정

CSS 박스 모델 연습하기

다음과 같이 박스 모델을 조절하는 여러 속성을 활용하여 레이아웃을 변경할 수 있습니다.

```
<html>
<head>
  <meta http-equiv="Content-Type" content="text/html;
  charset=utf-8">
  <title>CSS박스 스타일 연습</title>
  <link href="style4.css" type="text/css" rel="style
  sheet">
</head>
<body>

  <p> CSS 박스모델 - 문단의 너비와 높이 지정하기</p>

  <p id="pad">CSS 박스모델 - 패딩 적용하기</p>

  <p id="margin">CSS 박스모델 - 바깥쪽 여백 적용하기
  </p>

  <p id="border">CSS 박스모델 - 테두리 적용하기</p>

</body>
</html>
```

```
@charset "utf-8";

/* Content */
body{
  background-image: url(logo.jpg);
}
p{
    width: 400px;
    height: 100px;
    background-color: orange;
}

/* Padding */
p#pad{
    padding: 20px 30px;
}

/* Margin */
```

〈HTML 문서〉	〈CSS 문서〉

```
p#margin{
    margin-top: 10px;
    margin-bottom: 10px;
    margin-left: 20px;
    margin-right: 20px;
}

/* Border */
p#border{
    border-style: dotted;
    border-color: purple;
}
```

〈CSS 문서〉

```
1    <html>
2    <head>
3      <meta http-equiv="Content-Type" content="text/html; charset=utf-8">
4      <title>CSS박스 스타일 연습</title>
5      <link href="style4.css" type="text/css" rel="stylesheet">
6    </head>
7    <body>
8
9      <p> CSS 박스모델 - 문단의 너비와 높이 지정하기</p>
10
11     <p id="pad">CSS 박스모델 - 패딩 적용하기</p>
12
13     <p id="margin">CSS 박스모델 - 바깥쪽 여백 적용하기</p>
14
15     <p id="border">CSS 박스모델 - 테두리 적용하기</p>
16
17   </body>
18   </html>
```

〈HTML 문서〉

```
1    @charset "utf-8";
2    /* CSS Document */
3
4    /* Content */ body {
5      background-image: url(logo.jpg);
6    }
7    p {
8      width: 400px;
9      height: 100px;
10     background-color: orange;
11   }
12
13   /* Padding */
14   p#pad {
15     padding: 20px 30px;
16   }
17
18   /* Margin */
19   p#margin {
20     margin-top: 10px;
21     margin-bottom: 10px;
22     margin-left: 20px;
23     margin-right: 20px;
24   }
25
26   /* Border */
27   p#border {
28     border-style: dotted;
29     border-color: purple;
30   }
```

〈CSS 문서〉

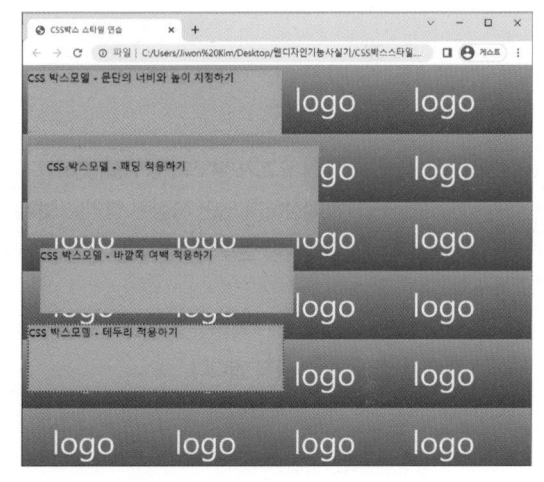

〈브라우저 화면〉

5) 플로트(Float)

HTML에서 박스 요소들은 한 줄(라인) 차지하게 됩니다. 예를 들어 만일 〈P〉 태그를 이용하여 두 개의 문단을 만들게 되면 문단의 너비를 작게 하더라도 두 문단이 왼쪽, 오른쪽으로 나란히 배치되지 않고, 위의 문단, 아래 문단으로 각각 나타나게 됩니다. 이러한 요소 배치의 문제를 해결하기 위해서 플로트(Float) 속성을 사용합니다.

플로트는 박스 요소를 어느 쪽에 띄워서(floating) 정렬할 것인지를 지정하는 것이며, 플로트를 사용하면 이미지 옆에 문단 배치, 문단 옆에 문단 배치 등 박스를 자유롭게 배치할 수 있습니다.

float	• 박스를 어느 쪽으로 띄워서 배치할지를 지정 • left : 박스를 왼쪽으로 띄워서 배치 • right : 박스를 오른쪽으로 띄워서 배치 • none : 박스를 뜨게 하지 않음(기본값) 📌 float:left; : 박스를 왼쪽으로 띄움
clear	• 이전의 플로트 속성을 취소하여 인접되지 않도록 지정 • left : 왼쪽 플로트를 취소 • right : 오른쪽 플로트를 취소 • both : 왼쪽과 오른쪽 플로트를 모두 취소 • none : clear 없음(기본값)

▶ overflow:hidden 속성

• overflow 속성은 내부의 요소가 부모의 범위를 벗어날 때 지정하는 속성입니다.
• overflow:hidden으로 지정하게 되면 지정된 영역을 벗어나 밖으로 넘치는 부분은 보이지 않게 됩니다.
• overflow:hidden은 요소들이 플로트되어 왼쪽, 오른쪽으로 자리를 차지하고 있을 때 플로트 되지 않게 하려는 요소를 위해 적용합니다.
• 부모 요소에 overflow:hidden 속성을 지정하게 되면 플로트 속성을 부여한 요소들 외의 다른 요소들은 플로트 되지 않고 다음 줄로 내려가서 나타나게 됩니다.

플로트를 활용하여 배치하기

다음과 같이 플로트를 조절하여 박스 요소들의 레이아웃을 변경할 수 있습니다.

```html
<html>
<head>
  <meta http-equiv="Content-Type" content="text/html;
  charset=utf-8">
  <title>플로팅(floating) 연습</title>
  <link href="style5.css" type="text/css" rel="style
  sheet">
</head>
<body>

  <div id="wrap">
    <div id="logo">
      <img src="logo.jpg">
    </div>

    <nav>
    <ul>
      <li>센터소개
        <ul>
          <li>연혁</li>
          <li>조직도</li>
          <li>구성원</li>
        </ul>
      </li>
    </ul>
    </nav>
  </div>

  <div>
    <p id="float-p"> 이 부분은 로고 아래에 나타나는 문단
    입니다.</p>
  </div>

  <aside>
    <h4>뮤비 공유 이벤트</h4>
    <ul>
      <li><a href="#">콘텐츠1</a></li>
      <li><a href="#">콘텐츠2</a></li>
      <li><a href="#">콘텐츠3</a></li>
    </ul>
  </aside>

</body>
</html>
```

```css
@charset "utf-8";

/* 영역을 벗어난 요소의 숨김 : 플로트 막음 */
#wrap{
        overflow: hidden;
}

/* float: 로고 왼쪽 배치 */
#logo{
        float: left;
        width: 200px;
        height: 100px;
        padding: 10px;
}

/* float: 메뉴 왼쪽 배치 */
nav{
        float: left;
        width: 200px;
        height: 100px;
        padding: 10px;
}

/* float: 문단 왼쪽 배치 */
#float-p{
        float: left;
        width: 500px;
        padding: 50px;
        background-color: #CCCCCC;
        color: #FFFFFF;
}

/* clear: 왼쪽 플로트 취소 */
aside{
        clear: left;
        width: 200px;
        margin-top: 10px;
        margin-left: 60%;
}
```

〈HTML 문서〉	〈CSS 문서〉

```
1   <html>
2   <head>
3     <meta http-equiv="Content-Type" content="text/html; charset=utf-8">
4     <title>플로팅(floating) 연습</title>
5     <link href="style5.css" type="text/css" rel="stylesheet">
6   </head>
7   <body>
8
9     <div id="wrap">
10      <div id="logo">
11        <img src="logo.jpg">
12      </div>
13
14      <nav>
15        <ul>
16          <li>센터소개
17            <ul>
18              <li>연혁</li>
19              <li>조직도</li>
20              <li>구성원</li>
21            </ul>
22          </li>
23        </ul>
24      </nav>
25    </div>
26
27    <p id="float-p"> 이 부분은 로고 아래에 나타나는 문단입니다.</p>
28    </div>
29
30    <aside>
31      <h4>뮤비 공유 이벤트</h4>
32      <ul>
33        <li><a href="#">콘텐츠1</a></li>
34        <li><a href="#">콘텐츠2</a></li>
35        <li><a href="#">콘텐츠3</a></li>
36      </ul>
37    </aside>
38
39  </body>
40  </html>
```

〈HTML 문서〉

```
1   @charset "utf-8";
2   /* CSS Document */
3
4   /* 영역을 벗어난 요소의 숨김 : 플로트 막음 */
5   #wrap {
6     overflow: hidden;
7   }
8
9   /* float: 로고 왼쪽 배치 */
10  #logo {
11    float: left;
12    width: 200px;
13    height: 100px;
14    padding: 10px;
15  }
16
17  /* float: 메뉴 왼쪽 배치 */
18  nav {
19    float: left;
20    width: 200px;
21    height: 100px;
22    padding: 10px;
23  }
24
25  /* float: 문단 왼쪽 배치 */
26  #float-p {
27    float: left;
28    width: 500px;
29    padding: 50px;
30    background-color: #CCCCCC;
31    color: #FFFFFF;
32  }
33
34  /* clear: 왼쪽 플로트 취소 */
35  aside {
36    clear: left;
37    width: 200px;
38    margin-top: 10px;
39    margin-left: 60%;
40  }
```

〈CSS 문서〉

〈브라우저 화면〉

6) 링크와 가상 클래스(pseudo-classes)를 이용한 선택자 활용

CSS는 사용자가 버튼에 마우스를 올리거나 버튼을 클릭하는 등의 사용자에 의해 활성화되는 요소를 나타내기 위한 가상 클래스(pseudo-classes)가 있습니다. 가상 클래스 CSS에서 선택자로 사용될 때 콜론(:) 기호를 붙여 사용하며 주로 링크의 상태를 표현할 때 사용합니다. 주요 가상 클래스는 다음과 같습니다.

:active	요소가 사용자에 의해 활성화되는 동안 적용되는 것으로 마우스로 링크를 클릭하는 순간의 스타일
:link	아직 방문하지 않은 링크에 적용
:visited	사용자가 방문한 링크에 적용
:hover	사용자가 마우스를 링크 위에 올려놓을 때 적용

링크와 가상 클래스 활용하기

다음과 같이 가상 클래스를 활용하여 링크가 나타나는 방식을 변경할 수 있습니다.

<table>
<tr>
<td>

```html
<html>
<head>
  <meta http-equiv="Content-Type" content="text/html;
  charset=utf-8">
  <title>링크과 가상 클래스 연습</title>
  <link href="style6.css" type="text/css"
  rel="stylesheet">
</head>
<body>

  <h1> 링크 연습 </h1>
  <p><a href="http://www.naver.com/">네이버</a></p>
  <p><a href="http://www.daum.com/">다음</a></p>
  <p><a href="http://www.google.com/">구글</a></p>

  <h1> 내비게이션 링크 연습 </h1>
  <nav>
    <ul class="nav">
      <li><a href="#">회사소개</a>
        <ul class="submenu">
          <li><a href="#">비전</a></li>
          <li><a href="#">연혁</a></li>
          <li><a href="#">사업분야</a></li>
        </ul>
      </li>
    </ul>
  </nav>

</body>
</html>
```

</td>
<td>

```css
@charset "utf-8";


a:active{
    color: yellow;
    text-decoration: none;
}

a:link{
    color: red;
    text-decoration: underline;
}

a:hover{
    color: orange;
    text-decoration: none;
}

a:visited{
    color: purple;
    text-decoration: none;
}

nav ul li a:hover{
    color: green;
    text-decoration: none;
}
```

</td>
</tr>
<tr>
<td align="center">〈HTML 문서〉</td>
<td align="center">〈CSS 문서〉</td>
</tr>
</table>

```
1    <html>
2    <head>
3        <meta http-equiv="Content-Type" content="text/html; charset=utf-8">
4        <title>링크와 가상 클래스 연습</title>
5        <link href="style6.css" type="text/css" rel="stylesheet">
6    </head>
7    <body>
8
9        <h1> 링크 연습 </h1>
10       <p><a href="http://www.naver.com/">네이버</a></p>
11       <p><a href="http://www.daum.com/">다음</a></p>
12       <p><a href="http://www.google.com/">구글</a></p>
13
14       <h1> 내비게이션 링크 연습 </h1>
15       <nav>
16           <ul class="nav">
17           <li><a href="#">회사소개</a>
18               <ul class="submenu">
19               <li><a href="#">비전</a></li>
20               <li><a href="#">연혁</a></li>
21               <li><a href="#">사업분야</a></li>
22               </ul>
23           </li>
24           </ul>
25       </nav>
26
27   </body>
28   </html>
```

〈HTML 문서〉

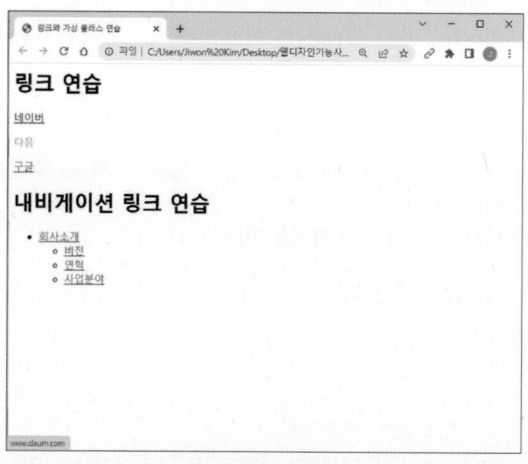

```
1    @charset "utf-8";
2    /* CSS Document */
3
4    a:active {
5        color: yellow;
6        text-decoration: none;
7    }
8
9    a:link {
10       color: red;
11       text-decoration: underline;
12   }
13
14   a:hover {
15       color: orange;
16       text-decoration: none;
17   }
18
19   a:visited {
20       color: purple;
21       text-decoration: none;
22   }
23
24   nav ul li a:hover {
25       color: green;
26       text-decoration: none;
27   }
```

〈CSS 문서〉

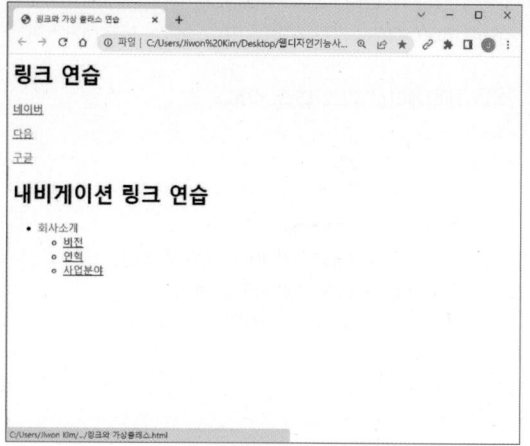

〈브라우저 화면〉

JavaScript와 jQuery 익히기

핵심포인트 자바스크립트는 객체 지향적인 스크립트형 언어로 HTML 문서와 함께 사용하여 대화식 웹 페이지를 제작합니다. 실기 시험에서는 JavaScript를 사용한 간단한 프로그래밍 기능이 출제되므로 핵심 기능을 위주로 익혀두도록 합니다.

❶ JavaScript 기본 문법

1) JavaScript 정의와 특징

자바스크립트는 사용자와 상호작용하는 대화식 웹 페이지를 제작하는 스크립트 프로그래밍 언어입니다. 자바스크립트를 활용하면 HTML 문서를 확장하여 사용자 제어 기능을 추가할 수 있게 됩니다.

> ▶ **스크립트 언어(Script Language)**
>
> 프로그래밍 언어처럼 컴파일러에 의해 번역되는 컴파일 과정 없이 스크립트 해석기(인터프리터)에 의해 직접 해석되는 언어를 의미합니다.

자바스크립트는 다음과 같은 특징을 가지고 있습니다.

- 자바스크립트의 프로그램 코드는 HTML 문서 사이에 직접 기술할 수도 있고 별도의 파일로 만들어 파일로 저장한 후 HTML 문서와 연결하여 사용합니다.
- HTML 문서의 머리 부분(〈HEAD〉...〈/HEAD〉)과 몸체 부분(〈BODY〉...〈/BODY〉)에 입력하여 사용할 수 있으며, 자바스크립트 입력 내용은 〈SCRIPT〉.....〈/SCRIPT〉 사이에 입력합니다.
- 자바스크립트 문서는 메모장과 같은 일반적인 에디터나 웹 문서 편집 프로그램을 통해 작성합니다.
- 자바스크립트 문서의 확장명은 *.js입니다.
- 자바스크립트로 제작된 페이지는 웹 브라우저가 해석하여 이용자에게 보여주게 됩니다.

2) 자바스크립트 기본 규칙

자바스크립트는 다음과 같은 기본 규칙을 가지고 있습니다.

- HTML과 CSS와 달리 대소문자를 구별
- 프로그래밍 한 문장은 선언이 끝날 때마다 세미콜론(;)으로 끝남(단, 만일 한 문장을 한 행에만 작성하면 세미콜론 기호는 생략 가능)
- 자바스크립트에서 특별한 의미로 사용하는 단어(키워드 혹은 예약어)들은 값을 담기 위한 변수 이름으로 사용될 수 없음 (예 function, return, var, if, new, for, while, case, this 등)
- 자바스크립트에서는 변수를 사용할 때 미리 선언하지 않아도 되며, 변수를 미리 선언하여 사용하고 싶으면 var를 사용하여 선언함. 이때 초기 값도 함께 부여할 수 있음(예 var total = 20;)
- 자바스크립트 내에 주석 : '/*'와 '*/' 사이에 주석 내용을 기입(한 줄의 주석은 '//'로 시작)

자바스크립트의 연산자에는 다음과 같은 종류가 있습니다.

문자열 연결 연산자	• + : 문자열 합침 • += : 문자열 추가	• a="문자열"+"문자열" : 두 문자열을 더한 후 변수 a에 할당 • a+="문자열" : 변수 a에 문자열을 추가
할당 연산자	• 대입연산자라고도 하며, 오른쪽의 값을 왼쪽에 할당 • sum=sum+i ⇒ sum+=i	• sum=i : i의 값을 sum에 할당 • sum+=i : sum과 i를 더한 값을 sum에 할당 • sum−=i : sum에서 i를 뺀 값을 sum에 할당 • sum*=i : sum에 i를 곱한 값을 sum에 할당 • sum/=i : sum에서 i를 나눈 값을 sum에 할당 • sum%=i : sum을 i로 나눈 나머지 값을 sum에 할당
산술 연산자	• + : 덧셈 • − : 뺄셈 • * : 곱셈 • / : 나눗셈 • % : 나눈 나머지 값	• x+y : x 더하기 y • x−y : x 빼기 y • x*y : x 곱하기 y • x/y : x 나누기 y • x%y : x를 y로 나눈 나머지 값
증감 연산자	• 선행/후행 증가 • 선행/후행 감소	• ++i : i를 1 증가시킨 후, 변수에 그 값을 전달 • i++ : i의 값을 변수에 전달한 후, i를 1증가 • −−i : i를 1 감소시킨 후, 변수에 그 값을 전달 • i−− : i의 값을 변수에 전달한 후, i를 1감소
논리 연산자	• 조건 만족되면 참(true), 그렇지 않으면 거짓(false) • &&, ||, ^, !, ?:	• && : AND(교집합), a&&b : 두 조건을 만족시키면 true • || : OR(합집합), a||b : 두 조건 중 하나를 만족시키면 true • ^ : XOR(배타적 논리합), a^b : a, b의 값이 다르면 true • ! : NOT(여집합), !a : a의 부정 • (조건) ? A : B : 조건이 true이면 A값, false이면 B값
비교 연산자	연산 결과를 참(true)과 거짓(false)으로 반환	• x==y : x와 y가 같으면 true • x!=y : x와 y가 같지 않으면 true • x〉y : x가 y보다 크면 true • x〈y : x가 y보다 작으면 true • x〉=y : x가 y보다 크거나 같으면 true • x〈=y : x가 y보다 작거나 같으면 true

관계 연산자	두 개의 값을 비교한 후, 참(true)인지 거짓(false)인지 판단	• x>y : x가 y보다 크다 • x<y : x가 y보다 작다 • x>=y : x가 y보다 크거나 같다 • x<=y : x가 y보다 작거나 같다 • x==y : x와 y가 서로 같다 • x!=y : 서로 같지 않다.

이 밖에도 각 자리 비트 간의 연산을 처리하는 비트 연산자(&, |, ^, <<, >>)가 있습니다.

> ▶ **표현식과 연산자**
>
> 표현식이란 문자, 연산자, 변수 등으로 이루어진 것으로, 연산을 수행하기 위한 문장을 말합니다.
>
> 예 x=1 : x라는 변수에 숫자 값 1을 할당하라는 표현식

3) HTML 문서에 자바스크립트 추가하기

자바스크립트는 HTML 문서 내에 직접 포함되거나 별도로 작성한 후 HTML 문서와 연결하여 사용됩니다.

내부 스크립트 (HTML 문서 내에 직접 작성)	• <SCRIPT> ... </SCRIPT> 태그 사이에 포함 • 형식 　<SCRIPT LANGUAGE="JavaScript">자바스크립트 소스 코드 </SCRIPT>
외부 스크립트 (별도의 파일로 작성)	• <SCRIPT> 태그의 src 속성을 사용하여 HTML 문서에 연결 • 형식 　<SCRIPT LANGUAGE="JavaScript" src="자바스크립트파일명"></SCRIPT> 예 <script src="javascript/jquery-1.12.3.js" type="text/javascript"></script>

> ▶ **HTML에 사용되는 스크립트 언어 설정**
>
> HTML 문서와 연관된 스크립트 언어를 지정함으로써 해당 HTML 문서 페이지가 어떤 언어로 제작된 것인지를 명확히 할
> 수 있습니다. 자바스크립트로 제작된 페이지인 것을 알리기 위해서는 다음과 같이 입력합니다.
>
> 　　<meta http-equiv="Content-Script-Type" content="text/javascript">

② 자바스크립트 핵심 기능

1) 변수 사용하기

변수(variable)란 데이터 값을 담을 수 있는 공간을 의미합니다. 자바스크립트에서 변수를 사용하는 방법은 다음과 같습니다.

> • 영문 대소문자, 숫자, 밑줄(_)을 사용할 수 있으며, 첫 글자는 반드시 영문자나 밑줄로 시작
> • 예약어는 변수명으로 사용할 수 없음
> • 대소문자를 구분

- 변수에 값을 대입하면 자료형이 자동으로 정의됨(숫자를 대입하면 숫자형, 문자를 대입하면 문자형)
- 변수의 사용 범위
  - 전역 변수 : 프로그램 내의 전체에서 사용되는 변수이며 함수 밖에서 선언
  - 지역 변수 : 변수가 정의된 함수 내에서만 사용되며, 'var'를 이용하여 선언

변수 선언 연습하기

변수는 선언과 동시에 자료형이 정해지게 됩니다. 다음은 정수형과 문자열 변수를 통하여 값을 입력받는 방법입니다.

```html
<html>
<head>
<meta http-equiv="Content-Type" content="text/html; charset=utf-8">
<title>자바스크립트 변수</title>
</head>
<body>

<script language="JavaScript">
  x = 3;
  str = "자바스크립트변수";
  document.write("x 변수에 담긴 값은 " + x + "입니다") ;
  document.write("<br>");
  document.write(str);
</script>


</body>
</html>
```

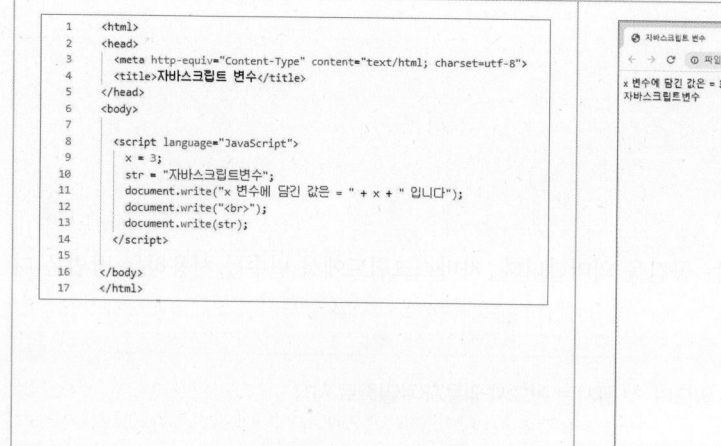

〈HTML 문서〉

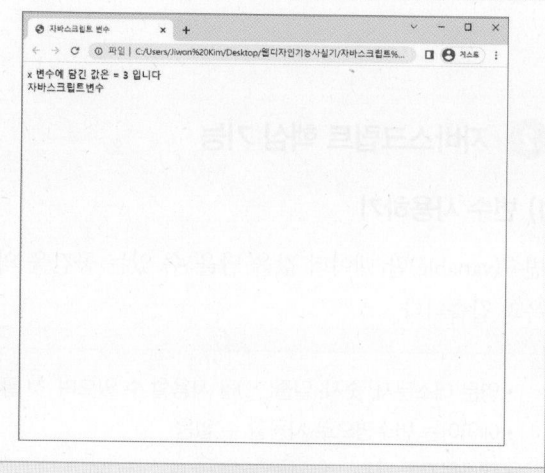

〈브라우저 화면〉

▶ **자바스크립트 자료형**

- 정수 : 10진수, 16진수, 8진수의 세 가지 형태로 제공되며 양수, 음수 모두 가능함
- 문자열 : 인용부호 " "와 ' ' 사이에 들어가는 모든 문자
- 부동소수점 : 10진수 실수
- 부울데이터 : true와 false 두 개의 값을 가질 수 있으며 1비트로 표현됨
- null : 아무 값이 없음

▶ **document.write()**

document는 웹 브라우저의 화면 부분을 나타내는 객체이고, write( )는 화면에 문자열을 보여주는 메소드(객체에 속한 함수)로 브라우저 화면에 출력하기 위해 사용합니다.

2) 자바스크립트 제어문 사용하기

자바스크립트에도 다른 프로그램과 마찬가지로 조건에 따라 프로그램 수행의 흐름을 결정하기 위한 여러 제어문이 있습니다. 대표적인 제어문으로는 if-else, switch-case 형태의 조건문, while, for, do-while 형태의 반복문, break, continue의 반복종료 및 연결문, return과 같은 함수 값 반환문 등이 있습니다.
자바스크립트 조건문은 다음과 같이 사용됩니다.

- if-else : if의 조건을 검사하고 만족되면 실행문을 처리하고, 만족되지 않으면 else를 처리
- switch-case : switch에 입력된 값에 따라 case 구문으로 이동하여 처리

반복문은 다음과 같이 사용됩니다.

- while : 조건이 만족되면 계속 실행, 조건이 만족되지 않을 때까지 실행
- for : while과 비슷하지만, for 문은 초기값을 주고, 그 초기값이 조건을 만족시키는 동안에만 반복 실행
- do-while : 실행문이 최초에 한 번 처리된 후, 조건을 검사하고 그 조건이 만족되지 않으면 계속 반복

제어문 연습하기

다음과 같이 if-else 조건문을 사용하면 조건이 만족될 때와 만족되지 않을 경우 처리되는 실행문이 달라지게 되어 결과가 다르게 나타나게 됩니다.

```
<html>
<head>
  <meta http-equiv="Content-Type" content="text/html; charset=utf-8">
  <title>자바스크립트 제어문 if-else</title>
</head>
<body>
```

```
    <script language="JavaScript">
      p=prompt("한국이시면 '예'라고 적어주세요", " ");
      if(p=="예")
      {
         alert("반갑습니다. 저도 한국인이에요!");
      }
      else
      {
         alert("외국인이시군요! 환영합니다.");
      }
    </script>

</body>
</html>
```

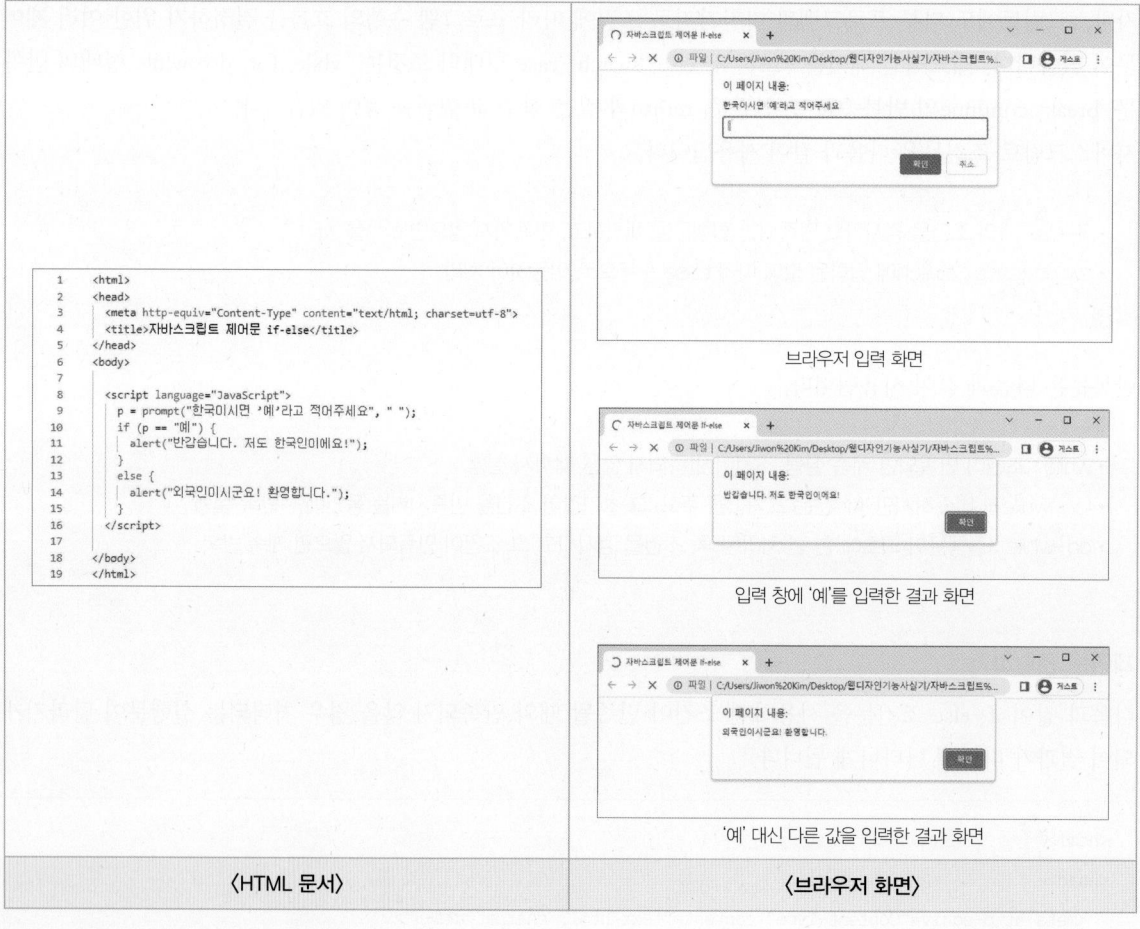

```
1    <html>
2    <head>
3      <meta http-equiv="Content-Type" content="text/html; charset=utf-8">
4      <title>자바스크립트 제어문 if-else</title>
5    </head>
6    <body>
7
8      <script language="JavaScript">
9        p = prompt("한국이시면 '예'라고 적어주세요", " ");
10       if (p == "예") {
11         alert("반갑습니다. 저도 한국인이에요!");
12       }
13       else {
14         alert("외국인이시군요! 환영합니다.");
15       }
16     </script>
17
18   </body>
19   </html>
```

브라우저 입력 화면

입력 창에 '예'를 입력한 결과 화면

'예' 대신 다른 값을 입력한 결과 화면

〈HTML 문서〉 〈브라우저 화면〉

3) 함수 사용하기

함수(Function)는 특정한 작업을 독립적으로 수행하도록 구현한 코드 단위를 의미합니다.
함수는 어떤 값을 매개변수를 통해 입력으로 넘겨받을 수 있으며, 결과 값을 자신을 호출한 곳으로 반환하게
됩니다. 함수에는 이미 정의되어 제공되는 '내장함수'와 사용자가 필요할 때 기능을 정의하여 사용하는 '사용자
정의 함수'가 있습니다. 자바스크립트에서 함수를 사용하는 방법은 다음과 같습니다.

- 함수 호출을 포함하는 경우 〈SCRIPT〉 태그는 HTML 문서의 〈BODY〉와 〈/BODY〉 사이에 사용
- 함수 호출 형식 : 함수 이름( ) 또는 함수 이름(매개변수값1, 매개변수값2, ...)
  - 매개변수 : 매개변수에 따라 수행하는 작업이 달라짐
  - 매개변수가 없는 경우 : 정해진 작업만 수행
- 내장함수는 이미 시스템에서 정의되어 제공되는 함수로서 바로 사용 가능
- 사용자 정의 함수는 다음과 같은 형식으로 정의

  function 함수명(매개변수값1, 매개변수값2,...) {

     함수의 내용;

     [return 값 또는 변수]

  }

▶ **함수가 포함된 스크립트의 위치 옵션**

스크립트의 실행 순서는 〈HEAD〉 태그에 있는 스크립트가 먼저 실행된 후 〈BODY〉 태그에 있는 스크립트가 실행됩니다.
만일 모든 스크립트를 〈HEAD〉 요소에서 사용하게 되면 자바스크립트 코드를 다운로드 받고 해석을 끝낼 때까지 페이지
화면 렌더링이 멈추게 됩니다. 따라서 이러한 스크립트의 실행 특성을 조정하기 위해 defer 또는 async 옵션을 사용할 수
있습니다.

```
<head>
<script type="text/javascript" src="script.js" defer></script>
</head>


<head>
<script type="text/javascript" src="script.js" async></script>
</head>
```

- defer 속성 : 스크립트의 실행을 지연. 전체 문서가 로드된 후에 실행됨
- async 속성 : 비동기적으로 실행. 스크립트가 다운로드되는 즉시 실행됨

대표적인 내장 함수는 다음과 같습니다.

대화상자 창을 여는 함수	• alert() : 사용자에게 알림/경고창을 띄움 • confirm() : 사용자에게 [확인]이나 [취소]를 선택하게 하는 대화상자를 띄움 • prompt() : 사용자가 입력하는 값을 입력받을 수 있는 대화상자를 띄움
시간 처리 관련 함수	• setInterval() : 일정한 간격을 두고 지정된 명령을 반복 수행 • setTimeout() : 일정 시간 후 지정된 처리를 호출
수식을 계산하는 함수	• eval() : 문자열로 입력된 수식을 계산
문자열을 숫자로 변환하는 함수	• parseInt( ) : 인수로 들어온 문자열을 정수로 변환 • parseFloat( ) : 인수로 들어온 문자열을 실수로 변환

함수 연습하기

다음은 알림창을 띄우는 alert 함수의 사용과 버튼을 클릭할 때 지연시간을 두어 실행하게 하는 사용자 정의 함수의 사용을 나타냅니다.

```
<html>
<head>
  <meta http-equiv="Content-Type" content="text/html; charset=utf-8">
  <title>자바스크립트 함수</title>

  <script language="JavaScript">
    alert("Hello World!");

    function btFunction() {
      alert('3초가 지났습니다!');
    }
  </script>

</head>
<body>

  <button onclick="setTimeout(btFunction, 3000)">버튼 클릭(3초뒤 실행)</button>

</body>
</html>
```

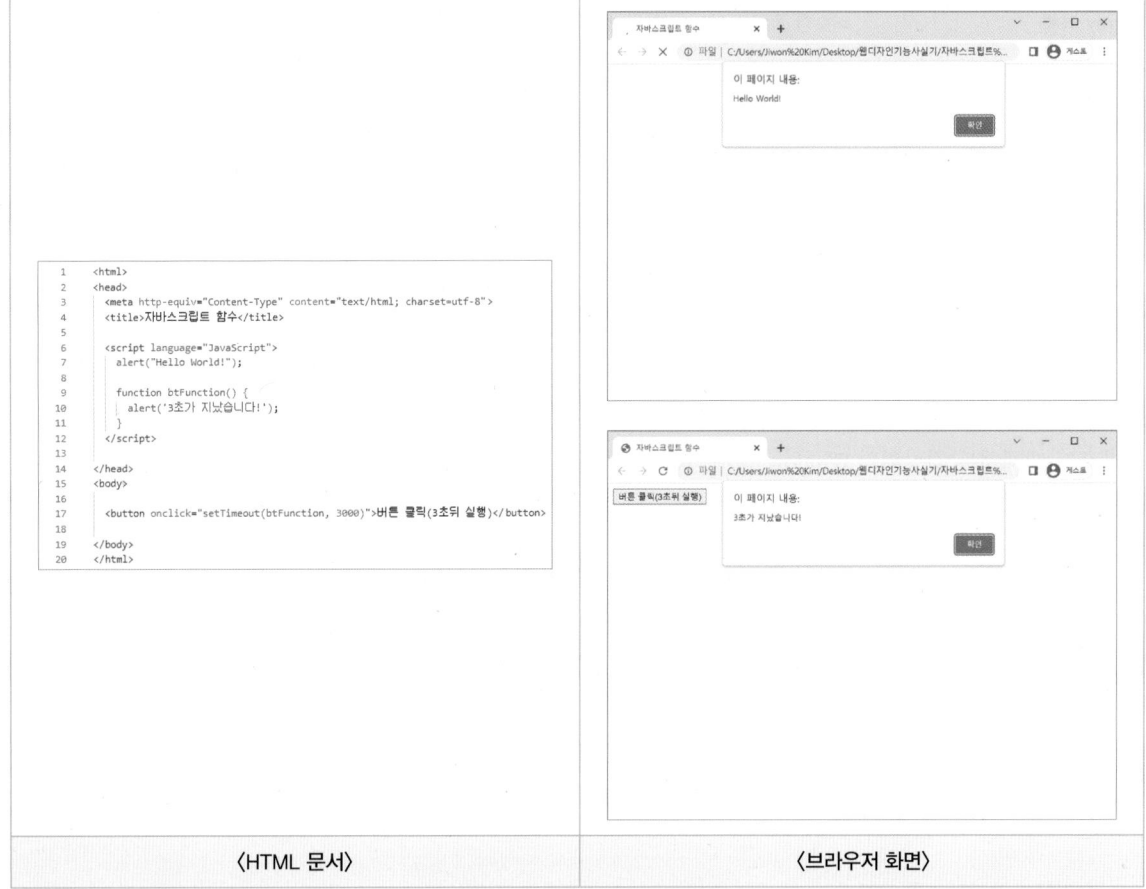

〈HTML 문서〉	〈브라우저 화면〉

4) 객체 사용하기

자바스크립트의 객체(Object)란 상태(속성, Attribute)와 행동(메소드, Method)을 함께 가리키는 단위입니다. 예를 들어 윈도우(창)는 객체인데 높이, 넓이의 상태(속성)를 가지고 있고, 새 창을 열거나 그 크기를 변화시키는 행동(메소드)을 가질 수 있습니다.

또한 객체는 객체의 상태 변화를 유발하는 이벤트(Event)를 가질 수 있으며, 이벤트 발생 시 그 이벤트에 따른 반응을 하도록 하는 것을 이벤트 핸들러(Event Handler)라고 합니다(예 버튼을 누를 때(이벤트) 새 창을 열어줌(메소드)). 객체를 사용하는 방법은 다음과 같습니다.

- 객체의 속성 사용 : 객체이름.속성이름   예   document.title = "여행 사이트";
- 객체의 메소드 사용 : 객체이름.메소드()   예   window.open()

객체의 종류는 이미 정의되어 제공되는 '내장객체', 웹 브라우저 관련 객체인 '브라우저 내장객체', 웹 문서의 요소를 표현하는 '문서 객체 모델', 사용자가 필요할 때 기능을 정의하여 사용하는 '사용자 정의 객체'가 있습니다. 내장객체는 객체를 호출하여 사용하는 것으로 Array 객체, Date 객체, String 객체, Math 객체 등이 있습니다.

Array 객체	비슷한 종류의 데이터를 하나의 배열로 생성
Date 객체	날짜와 시간 처리 객체
String 객체	문자열을 처리하는 객체
Math 객체	수학 계산을 위한 객체
Function 객체	함수 정의용 객체
Number 객체	문자로 되어 있는 숫자를 일반 숫자로 변경하는 객체
Screen 객체	모니터 해상도, 화면 크기 등과 관련된 객체

브라우저 내장객체는 브라우저와 관련된 것으로 창, 문서, 도구 모음, 상태표시줄 등에 해당하는 객체입니다. 브라우저 객체에는 최상위의 Window 객체, Window 객체의 하위 객체인 Document 객체, Location 객체, History 객체 등이 있습니다.

Window 객체	웹 브라우저 창을 위한 속성과 메소드 제공 ⑩ window.open("새 창 파일명", "새 창 이름", "속성 값")
Document 객체	Document 객체 : 웹 브라우저에서 실행되는 HTML의 본문(BODY) 정보 관리 ⑩ document.write("내용")
Location 객체	웹 브라우저 주소표시줄의 URL 주소 정보 제공
History 객체	웹 브라우저의 히스토리 정보(방문 URL)를 이용하여 지나온 페이지로 이동

▶ 브라우저 객체의 계층 구조

브라우저 객체는 계층 구조로 되어 있으며, 하위 객체에 접근할 경우는 다음과 같이 객체의 포함관계 순으로 나열합니다.
⑩ window의 하위 객체인 document의 open() 메소드 접근 : window.document.open( )

Window 객체의 주요 속성, 메소드, 이벤트 핸들러를 살펴보면 다음과 같습니다.

Window 객체 주요 속성	
name	창 이름
opener	open() 메소드로 열린 창에서 현재 창을 연 창 참조
status/defaultStatus	상태표시줄 문자열/상태표시줄 초기 문자열
toolbar/statusbar/scrollbar	바/상태표시줄/스크롤바

Window 객체 주요 메소드	
alert()	알림/경고창을 띄움
open()/close()	새 창을 열어줌 / 닫음
confirm()	사용자가 확인 또는 취소같은 버튼을 클릭할 수 있는 팝업 창을 띄움
focus()/blur()	해당 창에 초점을 맞춤 / 해당 창에서 초점을 제거함
parselent()/parseFloat()	문자열을 숫자로 변환
print()	화면 내용 프린트
prompt()	사용자 입력 창을 띄움
setInterval()	일정한 간격을 두고 지정된 명령을 반복 수행
resizeTo(a, b)	창의 너비와 높이를 절대적인 좌표값 a와 b로 재설정
Window 객체 주요 이벤트 핸들러	
onload	html 문서를 읽을 때 발생하는 이벤트 처리
onunload	html 문서가 사라질 때 발생하는 이벤트 처리
onerror	문서를 읽던 중 에러가 발생할 때의 이벤트 처리
onfocus/onblur	포커스를 얻을 때/포커스를 잃을 때 발생하는 이벤트 처리

Document 객체의 주요 속성, 메소드, 이벤트 핸들러는 다음과 같습니다.

Document 객체 주요 속성	
anchors	책갈피 설정
bgColor/fgColor	배경색 설정/전경색 설정
linkColor/alinkColor/vlink-Color	하이퍼링크 표시/하이퍼링크를 클릭할 때/방문한 이후 색상
images/layers/links	문서에 있는 이미지 배열/레이어 배열/하이퍼링크 배열
title	문서 제목 설정
toolbar/statusbar/scrollbar	바/상태표시줄/스크롤바
Document 객체 주요 메소드	
open()/close()	문서 기록 시작/문서 닫음
clear()	문서 내용 지움
write()	문서 내용을 표시

Document 객체 주요 이벤트 핸들러	
onClick()/onDblClick()	문서에서 마우스를 클릭했을 때/더블 클릭했을 때 발생하는 이벤트 처리
onKeyDown()/onKeyUp()	키보드의 키를 눌렀을 때/키를 눌렀다가 놓을 때 발생하는 이벤트 처리
onKeyPress()	키보드의 키를 누르고 있는 동안 발생하는 이벤트 처리
onMouseDown()	마우스 버튼을 눌렀을 때 발생하는 이벤트 처리
onMouseOver()	마우스를 요소 위로 올릴 때(진입할 때) 발생하는 이벤트 처리
onMouseOut()	마우스를 요소 밖으로 뺄 때(나갈 때) 발생하는 이벤트 처리

객체 연습하기

다음과 같이 Window 객체와 메소드를 사용하여 새로운 창이 열리도록 제어할 수 있습니다.

```html
<html>
<head>
  <meta http-equiv="Content-Type" content="text/html; charset=utf-8">
  <title>자바스크립트 Window 객체</title>
  <script type="text/javascript">
    function winOpen(){
        window.open("http://www.naver.com", "win", "width=500, height=400, toolbar=no")
    }
  </script>
</head>
<body>

  <span onclick="winOpen()">이 글을 클릭하면 사이트가 열립니다.</span>


  <br><br>


  <a href="javascript:winOpen()">링크</a>를 클릭하면 사이트가 열립니다.
</body>
</html>
```

| 〈HTML 문서〉 | 〈브라우저 화면〉 |

3 jQuery 기본 문법

1) jQuery 정의와 특징

제이쿼리는 자바스크립트 작업을 간소화하도록 설계된 자바스크립트 라이브러리입니다. 라이브러리란 프로그램 제작 시 자주 사용하는 서브루틴(Subroutine, 반복되는 부분 프로그램)이나 함수(Function) 등 여러 기능을 미리 구현하여 묶어둔 파일을 의미합니다. 라이브러리를 사용하면 구현된 기능을 가져다가 쓰기 때문에 프로그램을 더욱 간단하게 작성할 수 있으며, 프로그램 코드도 더 간결해집니다.

제이쿼리는 CSS와 같은 표현식을 사용하며, HTML 페이지의 모양이나 내용을 수정하고 사용자와 페이지의 상호작용, 애니메이션 추가 등에 사용합니다. 제이쿼리는 다음과 같은 특징을 가지고 있습니다.

- 제이쿼리는 DOM(Document Object Model) 요소의 속성을 설정합니다.
- DOM 요소를 생성하거나 삭제, 표시 또는 숨깁니다.
- 클릭, 마우스의 이동, 동적 스타일 등의 이벤트를 정의합니다.
- AJAX를 호출합니다.

▶ 문서 객체 모델 DOM(Document Object Model)

HTML, XML 문서를 구조화된 문서로 객체를 표현하고 상호작용하기 위한 프로그래밍 인터페이스입니다.
DOM은 HTML 모든 요소들을 노드, 속성, 메소드를 가지고 있는 객체로서 문서의 구조를 표현하고 있으며, 이들 요소에 접근하는 방법을 제공하여 문서 구조, 스타일, 내용 등을 변경할 수 있게 합니다.

▶ AJAX(Asynchronous Java Script and XML)

AJAX는 클라이언트와 서버 간 대화형 웹을 개발하는 기법으로 문서 표현을 위한 HTML/DHTML/CSS, 동적 제어를 위한 자바스크립트, 비동기적 데이터 교환을 위한 XML 기술 등이 조합된 것입니다.

2) jQuery 기본 규칙

제이쿼리는 다음과 같은 기본 규칙을 가지고 있습니다.

- 제이쿼리를 사용하기 위해서는 먼저 다운로드하여 설치한 후 사용함
- 제이쿼리 작성 기본 형식 : $(선택자).액션();
  - $: 제이쿼리를 의미하며, 제이쿼리를 시작하는 식별자
  - 선택자 : 원하는 요소를 선택
  - 액션 : 선택힌 요소에 원하는 동직을 지징하기 위한 함수와 메소드
  예 $(this).hide() : 해당 HTML 요소를 숨김

– 선택자 –	– 액션 –
$(선택자).	함수(fuction(){ 메소드 });

제이쿼리에서는 CSS에서 사용하는 선택자를 그대로 사용할 수 있습니다.

범용 선택자 (Universal Selector)	HTML 문서 내의 전체 태그에 스타일을 적용 예 *{}
타입 선택자 (Type Selector)	• CSS의 기본 선택자 • 태그 요소 이름을 직접적으로 명시하여 사용 방법으로 특정 태그에 스타일을 적용 • 태그가 p인 경우 → p{}
클래스 선택자 (Class Selector)	• 태그에서 class 속성을 사용하여 클래스 이름이 들어간 태그에 스타일을 적용 • 마침표(period) '.'를 클래스 이름 앞에 붙여서 '. 클래스'의 형태로 사용 • 클래스 이름이 logo인 경우 → .logo{}
ID 선택자 (ID Selector)	• 태그에서 id 속성을 사용하여 아이디 이름이 들어간 태그에 스타일을 적용 • '#' 기호를 붙여서 사용 • id 이름이 footer인 경우 → #footer
다중 선택자 (Multiple Selector)	• 선택자 형식 : A, B • A 요소 또는 B 요소 모두에 스타일 적용

자식 선택자 (Child Selector)	• 선택자 형식 : A 〉 B • A 요소의 직접적인 1차 하위 요소인 B 요소에 스타일 적용
후손 선택자 (Descendant Selector)	• 선택자 부분 형식 : A B • A 요소의 1차, 2차 이상(자손의 자손) 하위 요소에 해당하는 모든 B 요소에 스타일 적용
속성 선택자 (Attribute Selector)	정확한 속성을 찾아 스타일을 적용 • [속성] : 해당 속성이 있는 모든 요소를 선택하여 적용 • [속성=값] : 해당 속성이 있는 모든 요소 중 값이 있는 경우에만 선택 예 A[attr] : A 요소 중 속성 attr를 포함한 요소에 적용 　 A[attr=val] : A 요소 중 속성 attr의 값이 val과 일치하는 요소에 적용
가상 클래스 선택자 (Pseudo Class Selector)	• :active : 요소가 사용자에 의해 활성화되는 동안 적용되는 것으로 마우스로 링크를 클릭하는 순간 　의 스타일 • :link : 아직 방문하지 않은 링크에 적용 • :visited : 사용자가 방문한 링크에 적용 • :hover : 사용자가 마우스를 링크 위에 올려놓을 때 적용 예 A:hover : 사용자가 A 요소 위에 마우스를 올려놓을 때

3) HTML 문서에 jQuery 연결하기

제이쿼리 라이브러리는 자바스크립트 파일(*.js)로 저장되어 있으며, 모든 jQuery 메소드를 담고 있습니다. 제이쿼리는 사용 전에 다운로드한 후 연결(설치)해야 그 기능을 사용할 수 있습니다. 연결하는 방법은 다음과 같습니다.

• jQuery 다운로드
  – http://www.jquery.com에서 다운로드 후 〈SCRIPT〉 태그의 src 속성을 사용하여 HTML 문서에 연결

    ```
    <head> <script src="javascript/jquery-1.12.3.js" type="text/javascript"></script> </head>
    ```

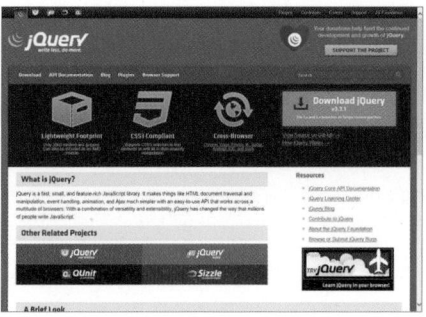

• URL을 이용한 사용
  – 다운로드하지 않고 제이쿼리 라이브러리가 있는 URL을 기입하여 사용

    ```
    <head><script type="text/javascript" src="http://code.jquery.com/jquery-latest.min.js"></script></head>
    ```

• 콘텐츠 전송 네트워크 CDN을 이용
  – CDN(Content Delivery Network)은 효율적인 콘텐츠 분배를 위해 데이터를 여러 서버로 데이터를 분산 저장하여 제공해주는 것으로 제이쿼리 CDN은 Google CDN, Microsoft CDN 등이 있음

    ```
    <head> <script type="text/javascript" src="https://ajax.googleapis.com/ajax/libs/jquery/3.2.1/jquery.
    min.js"></script></head>
    ```

---

4 CSS

1) 함수 사용하기

제이쿼리에서 함수는 다음과 같이 사용됩니다.

$("selector")	요소 선택자 표현식 예 $(".btn") : btn 클래스 선택자
$(element)	직접 요소를 지정 예 $("p") : p요소
$(this)	현재 요소를 지정
$("HTML 문자열")	HTML 문자열을 이용하여 동적으로 요소를 생성
$.function()	jQuery 함수를 실행
$.fn.메소드명=function(매개변수) { }	jQuery 사용자 함수 생성 예 $.fn.myfunc() { }

함수 연습하기

다음과 같이 함수를 사용하여 알림창을 띄울 수 있습니다.

```
<!DOCTYPE html>
<html>
<head>
<title>제이쿼리 연습</title>
<meta charset="utf-8">
<script type="text/javascript" src="http://code.jquery.com/jquery-latest.min.js"></script>
<script type="text/javascript">

    /* 제이쿼리를 이용한 알림창 */
    $(document).ready(function(){
        alert("제이쿼리");
    });

</script>
</head>

<body>

    <p>이 문서에서는 알림창이 나타납니다.</p>

</body>
</html>
```

```
1    <!DOCTYPE html>
2    <html>
3    <head>
4      <title>제이쿼리 연습</title>
5      <meta charset="utf-8">
6      <script type="text/javascript" src="http://code.jquery.com/
     jquery-latest.min.js"></script>
7      <script type="text/javascript">
8
9      /* 제이쿼리를 이용한 알림창 */
10     $(document).ready(function () {
11       alert("제이쿼리");
12     });
13
14     </script>
15   </head>
16
17   <body>
18
19     <p>이 문서에서는 알림창이 나타납니다.</p>
20
21   </body>
22   </html>
```

〈HTML 문서〉	〈브라우저 화면〉

2) 이벤트 메소드와 속성 관련 메소드 사용하기

제이쿼리에서 메소드는 클래스와 관련된 함수입니다. 제이쿼리에서 제공하는 이벤트 관련 메소드는 특정한 효과를 나타내는 메소드, 마우스 동작과 관련한 메소드, 브라우저 관련한 메소드 등이 있습니다. 메소드는 다음과 같은 형식으로 사용됩니다.

> $("선택자").메소드() – 메소드를 바로 사용
> $("선택자").메소드(함수(){}) – 메소드 안에 함수 사용
> **예** : $(selector).slideDown(1000);

주요 이벤트 관련 메소드는 다음과 같습니다.

.animate()	선택한 요소에 대해 맞춤 애니메이션 실행
.bind()	이벤트를 결합
.click()	버튼을 클릭
.dbclick()	버튼을 더블 클릭
.delay()	모든 기능에 대한 지연 설정
.empty()	모든 요소의 내용을 제거
.fadeIn()/.fadeOut()	선택한 요소에 페이드인/페이드 아웃 실행
.focus()	포커스가 주어질 때
.hide()	선택한 요소를 숨김
.keydown()	키를 누르고 있는 상태
.keypress()	키보드 키를 누를 때

.load()	페이지가 모두 로드가 된 상태
.keyup()	키보드 키를 눌렀다 뗄 때 상태
.mousedown()	마우스를 누르고 있는 상태
.mouseenter()	마우스 포인터가 요소 영역 안에 들어올 때
.mouseleave()	마우스 포인터가 요소 영역을 벗어났을 때
.mouseout()	마우스 포인터가 요소 위로 올라왔다가 요소 밖으로 나갈 때
.mouseover()	마우스 포인터가 요소 위에 들어올 때
.mouseup()	마우스 버튼을 눌렀다 뗄 때 상태
.ready()	DOM이 완전히 로드 될 때 실행할 함수를 지정
.remove()	페이지에서 모든 요소를 제거
.resize()	크기 재설정
.scroll()	스크롤바가 스크롤 될 때
.slideUp()/.slideDown()	선택한 요소에 슬라이드 업/슬라이드 다운 애니메이션 실행
.submit()	입력된 값을 서버로 제출하는 것과 관련된 이벤트 첨부

> ▶ document.ready() 함수 사용
>
> document.ready() 함수를 사용는 이유는 jQuery 코드가 문서가 준비되기 전에 실행이 먼저 되는 것을 막기 위한 것입니다. 하나의 페이지에서는 ready()를 한 번만 사용하는 것이 좋습니다.

속성과 관련된 메소드 다음과 같은 형식으로 사용됩니다.

.attr("속성명")	일치하는 요소 집합의 첫 번째 요소에 대한 속성 값을 가져옴
.removeAttr("속성명")	일치하는 요소 집합의 각 요소에서 속성을 삭제
.val()	일치하는 요소 집합의 첫 번째 요소의 현재 값이나 일치하는 모든 요소의 값을 설정
.html()	일치하는 요소 집합에서 첫 번째 요소의 HTML 콘텐츠를 가져옴
.addClass("클래스명")	일치하는 요소 세트의 각 요소에 지정된 클래스 추가
.removeClass("클래스명")	일치하는 요소 집합의 각 요소에서 클래스 제거

메소드 연습하기

다음은 페이드인, 슬라이드 업(Slide Up) 등 다양한 메소드의 활용 방법을 보여줍니다.

```html
<!DOCTYPE html>
<html>
<head>
  <title>제이쿼리 메소드 연습</title>
  <meta charset="utf-8">
  <script type="text/javascript" src="http://code.
jquery.com/jquery-latest.min.js"></script>
  <script src="jquery.js" type="text/javascript"></
script>
</head>

<body>

  <p>이곳은 클릭하면 사라집니다.</p>
  <br><br>

  <p>아래 버튼을 누르면 아래에 박스가 페이드인 됩니다.</
p>
  <button>페이드인 버튼</button><br><br>
  <div id="div" style="width:300px;height:300px;displ
ay:none;background-color:red;"></div><br>

  <p>아래 버튼을 누르면 이 문장은 슬라이드 업 됩니다.</
p>
  <button class="btn">슬라이드 업 버튼</button>
  <br><br>

</body>
</html>
```

〈HTML 문서〉

```javascript
$(document).ready(function(){

/* 클릭하면 <p> 요소 숨김 */
  $("p").click(function(){
    $(this).hide();
  });

/* div 요소를 페이드인 */
  $("button").click(function(){
    $("#div").fadeIn("slow");
  });

/* 버튼을 클릭하면 p 요소 내용이 슬라이드 업 */
  $(".btn").click(function(){
    $("p").slideUp(1000);
  });
});
```

〈jQuery 문서〉

```
1    <!DOCTYPE html>
2    <html>
3    <head>
4      <title>제이쿼리 메소드 연습</title>
5      <meta charset="utf-8">
6      <script type="text/javascript" src="http://code.jquery.com/
       jquery-latest.min.js"></script>
7      <script src="jquery.js" type="text/javascript"></script>
8    </head>
9
10   <body>
11
12     <p>이곳은 클릭하면 사라집니다.</p>
13     <br><br>
14
15     <p>아래 버튼을 누르면 아래에 박스가 페이드인 됩니다.</p>
16     <button>페이드인 버튼</button><br><br>
17     <div id="div" style="width:300px;height:300px;display:none;
       background-color:■red;"></div><br>
18
19     <p>아래 버튼을 누르면 이 문장은 슬라이드 업 됩니다.</p>
20     <button class="btn">슬라이드 업 버튼</button>
21     <br><br>
22
```

〈HTML 문서〉

```
1    $(document).ready(function () {
2
3      /* 클릭하면 <p> 요소 숨김 */
4      $("p").click(function () {
5        $(this).hide();
6      });
7
8      /* div 요소를 페이드인 */
9      $("button").click(function () {
10       $("#div").fadeIn("slow");
11     });
12
13     /* 버튼을 클릭하면 p 요소 내용이 슬라이드업 */
14     $(".btn").click(function () {
15       $("p").slideUp(1000);
16     });
17
18   });
```

〈jQuery 화면〉

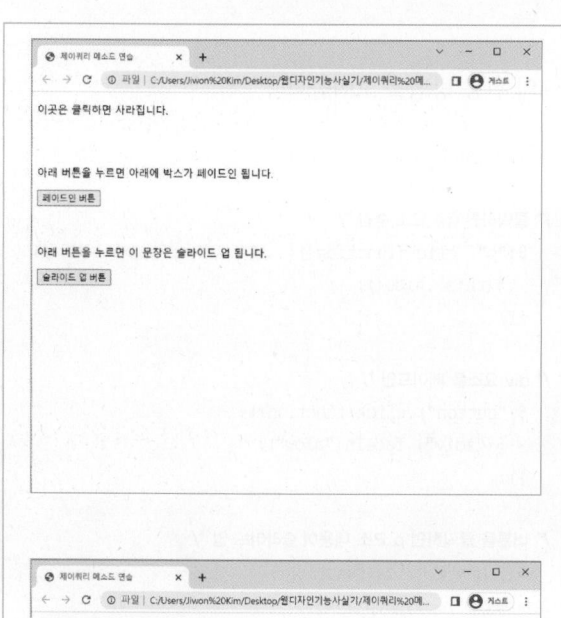

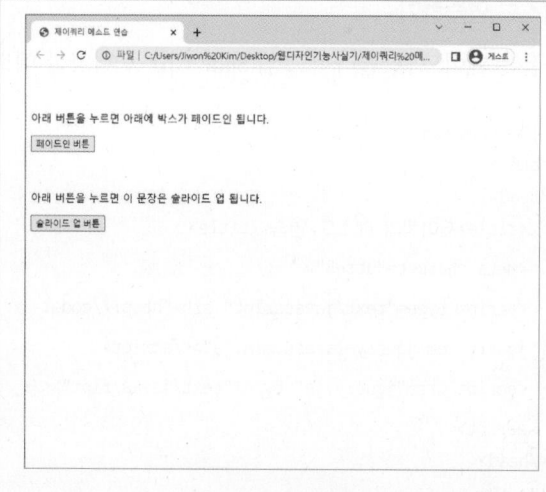

▲ '⟨p⟩' 영역을 눌렀을 때

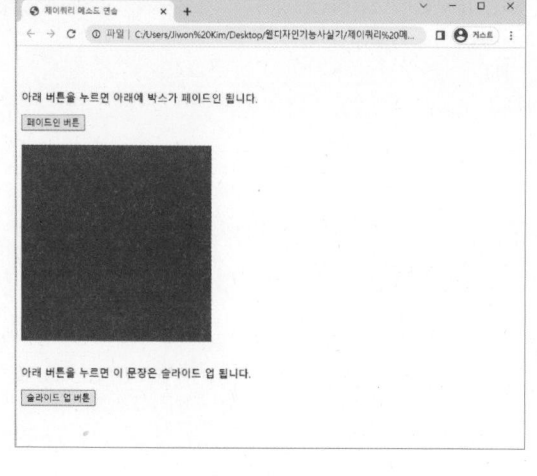

▲ '페이드인 버튼'을 눌렀을 때

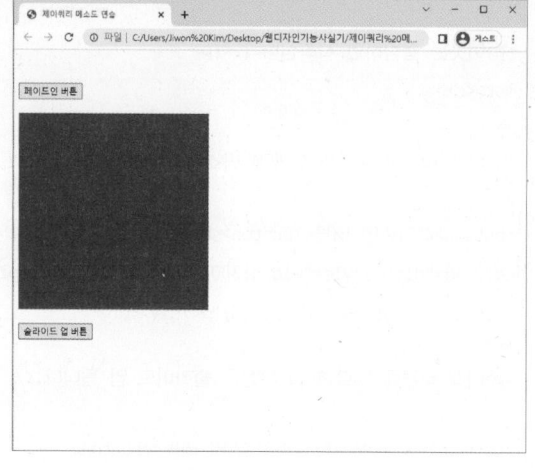

▲ '슬라이드 업 버튼'을 눌렀을 때

〈브라우저 화면〉

시험 전 필수 체크

웹 표준 가이드

핵심포인트 실기 시험에서는 HTML5 기준 웹 표준을 준수하도록 하고 있습니다. 웹 표준 문서를 제작하는 일은 쉬운 일은 아닙니다. 여기에 제시된 가이드 사항만이라도 숙지하고 작업하신다면 시험에서 큰 어려움은 없을 것입니다.

① 표준 문서 형식 선언

1) DTD 선언 : ⟨!DOCTYPE html⟩

DTD(Document Type Definition)는 브라우저가 표준 모드에서 페이지를 렌더링하도록 지정하는 구문을 의미하는 것으로 웹 브라우저마다 코드의 해석 방식이 다르기 때문에 DTD 선언을 통하여 웹 문서를 잘 표현할 수 있도록 하는 것입니다.

DTD 선언을 해야 유효성 검사(Validator)의 기준이 설정되며, 만일 DTD를 생략하거나 잘못 선언하는 경우 웹 브라우저에서 문서가 제대로 표현되지 않을 수도 있습니다.

DTD는 HTML 문서의 최상단에 선언하게 되어있습니다. DTD 선언 이전에 다른 코드가 들어가지 않아야 합니다. 이전 버전인 HTML 4.01으로 작성하는 문서의 경우 다음과 같이 문서의 속성에 대해 참조할 내용을 자세히 선언했습니다.

```
<!DOCTYPE HTML PUBLIC "-//W3C//DTD HTML 4.01 Transitional//EN" "http://www.w3.org/TR/html4/loose.dtd">
```

그러나 HTML5 버전부터는 DTD 코드를 다음과 같이 간단하게 선언할 수 있습니다.

```
<!DOCTYPE html>
```

HTML5 버전에 맞춰 DTD 구문을 정확하게 선언하지 않았을 때, 시맨틱 태그를 사용하지 않고 코딩한 문서는 웹 표준 검사에서 오류가 생길 수 있으며 문서가 제대로 나타나지 않을 수 있습니다.

2) 웹 표준 검사

웹 표준 검사는 비주얼 스튜디오 코드의 '유효성 검사'에서 가능합니다. HTML 편집기에서 문서의 HTML 태그 구문이 올바른지 검사하도록 [파일]-[기본 설정]-[설정]-[확장]-[HTML]에서 Validate를 설정하면서 유효성 검사를 확장합니다. 또는 W3C 공식 사이트인 다음 주소에서 가능합니다.

```
https://validator.w3.org/#validate_by_upload+with_options
```

단, 사이트에서는 외부 CSS 파일 등을 함께 업로드하지 못하기 때문에 CSS 파일이나 jQuery 관련 부분에서는 경고나 오류가 발생할 수도 있습니다. HTML, CSS 단독 파일로만 웹 표준 검사가 가능하며 전체를 하려면 서버에 올리고 사이트 검사를 하여야 합니다. 또한 실기 시험 중에는 인터넷을 통한 유효성 검사를 제공하지 않으므로 웹 표준을 잘 지켜서 작성해야 합니다.

② HTML 요소 사용

1) 문자 세트(Character set) 명시하기

웹 표준에 적합한 코딩을 하려면 META 태그를 이용하여 문자 세트(Character set)를 지정해야 합니다. 그 이유는 인터넷 익스플로러는 문자셋이 선언되어 있지 않더라도 문자코딩을 자동으로 감별하여 표시하는 반면, 모질라 계열의 브라우저(파이어폭스 등)에서는 그렇게 하지 않기 때문에 모든 브라우저에 맞추기 위해서 문자 세트를 지정할 것입니다.

한국어가 들어가는 웹페이지의 경우는 charset을 euc-kr로 지정합니다. 또한, utf-8은 전 세계 모든 문자를 일관되게 표현하는 다국어 환경에 적합한 문자 세트입니다.

문자 세트는 다음과 같이 기출 시험에서 주어지는 조건대로 지정합니다. HTML5에서는 〈meta〉 태그 부분을 다음과 같이 간단히 정의합니다.

[기출 조건] HTML, CSS의 charset은 utf-8로 해야 한다.

[기존 HTML4.01]
```
<meta http-equiv="Content-Type" content="text/html; charset=utf-8" />
```

[HTML5 문서]
```
<meta charset="utf-8"> 또는 <meta charset="utf-8" />
```

---

2) type 속성 포함시키기

웹 표준을 지키려면 모든 script 요소에 다음과 같이 type 속성을 포함해야 합니다.

```
<script type="text/javascript">   </script>
```

자바스크립트를 사용할 때는 script 태그에 LANGUAGE="JavaScript"를 선언해 주거나 type="text/javascript"를 사용해야 합니다.

3) 소문자 사용

HTML에서는 대소문자를 특별히 구분하지 않으므로 대문자로 태그를 사용하기도 했습니다. 그러나 웹 표준을 위해서는 모든 요소(Element)와 속성(Property)은 소문자로 적는 것이 더 좋습니다. 또한, 속성 값을 줄 때는 겹따옴표(")를 사용하는 것을 추천합니다.

```
<div name="xxx">
```

4) 요소의 충첩 및 종료 지정(후행 슬래시)

모든 요소(한 쌍의 태그)는 중첩 순서가 잘 지켜져야 합니다. 또 모든 요소는 종료 태그로 닫아야 유효한 문서가 됩니다. 요소 중에서 내용(Content) 부분 없이 사용되는 빈 요소(Empty Elements, Void Elements)가 있습니다. 빈 요소는 시작 태그만 있는 단독 태그로 HTML5 표준 규격에서 빈 요소는 시작 태그 안에서 후행 슬래시(/)를 사용하여 닫아 주는 방법으로 사용할 수 있습니다. 단, 후행 슬래시는 반드시 사용해야 하는 것은 아니며, HTML5와 XHTML을 함께 사용할 때는 후행 슬래시를 사용하도록 합니다.

```
<br> 또는 <br/>, <hr> 또는 <hr/>, <img src="xxx"> 또는 <img src="xxx"/>
```

5) 섹션 구분

레이아웃을 구성할 때 각 섹션은 〈div〉로 구분합니다. 또 특별한 섹션의 경우는 해당하는 영역에 맞는 시맨틱 태그인 〈header〉, 〈footer〉, 〈section〉를 사용하도록 합니다. 문단은 〈p〉〈/p〉로 감싸서 사용하고 CSS에서 문단에 대한 스타일을 지정하여 사용합니다. 줄바꿈이 아닌 문단 구성의 용도로 〈br/〉 태그를 사용하는 것은 지양합니다. 섹션의 헤딩(타이틀)은 〈h1〉, 〈h2〉 같은 태그를 사용하여 표현합니다.

```
〈div id="contents" class="wrap"〉
〈div class="notice"〉
〈h2〉공지사항〈/h2〉
```

6) 항목 표현

항목을 나타내는 자료는 〈ul〉, 〈ol〉, 〈li〉태그를 이용합니다. 〈center〉, 〈font〉, 〈basefont〉, 〈strike〉 등은 모두 이전 버전의 HTML에서 사용되던 디자인 요소로 이러한 태그로 나타냈던 부분은 모두 CSS를 통해 처리하도록 합니다.

바르지 않은 표현	추천 표현
〈layer〉 〈/layer〉	〈div〉 〈/div〉
〈center〉	CSS에서 표현 : text-align:center
〈u〉	〈DEL〉 또는 〈S〉 태그 사용으로 대체됨

7) class, id 핵심 속성 사용

class, id는 대부분의 태그에서 사용되는 핵심적인 속성입니다. class 속성은 클래스 규칙이나 스타일 규칙을 적용할 때 사용합니다. id 속성은 해당 요소를 다른 요소와 구분 지을 때 사용하는 것으로 이전에 사용되던 name 속성 대신 사용합니다. name 값은 동일한 값을 가진 요소들이 있어도 상관없지만, id는 같은 문서 내에서 동일한 id 값을 가질 수 없습니다.

[이전 버전]
〈input type="password" name="password"〉

[변경 버전]
〈input type="password" id="password"〉

8) 외부 CSS 사용

웹 표준에서 CSS 요소들은 모두 외부 CSS 파일로 별도로 위치시켜서 관리해야 합니다. 즉, HTML 문서 내에서 내부 CSS로 정의하지 말아야 합니다. CSS의 문법은 선택자(Selector), 속성(Property), 속성 값(Value)의 세 가지 요소로 구성됩니다(SECTION 02의 CSS 익히기 참조).

```
#contents{
    height: 500px;
    padding: 20px;
}
```

9) 특수 문자 표현

특수 문자를 표현해야 하는 경우에는 특수 문자를 표현하는 코드(Entity Code)로 표현해야 합니다. 특수문자(〈, 〉, &, " ")들은 특정 목적으로 사용되도록 정의되어 있기 때문에 특수 문자를 변환하지 않는 경우 유효성 검사 (W3C Validator)에서 오류 메시지가 나타나게 됩니다.

```
'&' 표시를 하고 싶은 경우 '&amp'로 표현
```

합격을 위한
핵심 기능

학습 방향

비주얼 스튜디오 코드 사용법을 숙지하고 웹페이지 구성의 핵심 과정을 익혀, 웹디자인 개발기능사 실기 시험의 기본을 탄탄히 다집니다. 또한, 포토샵과 일러스트레이터의 기초 기능을 학습하여 간단한 로고 제작이 가능하게 함으로써, 디자인과 코딩이 융합된 실무적 역량을 갖추도록 합니다.

Visual Studio Code 핵심 기능

핵심포인트 비주얼 스튜디오 코드의 핵심 기능은 HTML, CSS 작성, Java Script 추가, jQuery를 활용한 동적인 기능 구현 등입니다. 비주얼 스튜디오 코드의 기본 기능을 이용하여 웹페이지를 구성하는 과정을 연습해 보겠습니다.

① 비주얼 스튜디오 코드 시작하기

비주얼 스튜디오 코드(Visual Studio Code 또는 VS Code)는 마이크로소프트사가 개발한 소스 코드 편집기입니다. 디버깅 지원, 구문 강조 기능, 오픈소스 분산 버전 제어 시스템인 Git 제어 등이 포함되어 있습니다. 사용자가 편집기의 테마, 단축키, 설정 등을 수정할 수 있어서 가볍고 강력한 소스 코드 편집기로 통용되고 있습니다. 비주얼 스튜디오 코드는 다음과 같은 특징을 가지고 있습니다.

- 코드 자동 완성, 코드 힌트, 매개 변수 목록, 함수 정의 등 편리한 코드 편집 기능인 인텔리센스(IntelliSense) 지원
- 윈도우, 맥OS, 리눅스 등의 운영체제 지원
- 깃허브(Github)가 개발한 소프트웨어 프레임워크(일렉트론)를 기반으로 구동
- 프로그래밍 언어 추가, 디버거, 명령 등 다양한 확장 지원

비주얼 스튜디오 코드(Visual Studio Code) 다운로드

비주얼 스튜디오 코드는 무료 소프트웨어이며, 다음의 주소에서 다운받을 수 있습니다.
https://code.visualstudio.com/

비주얼 스튜디오 코드와 관련한 오픈 소스 코드(OSS repository)는 다음의 주소에서 다운받을 수 있습니다.
https://github.com/Microsoft/vscode

비주얼 스튜디오 코드 시작 화면

비주얼 스튜디오 코드를 설치한 후 실행하면 다음과 같은 화면이 나타납니다.

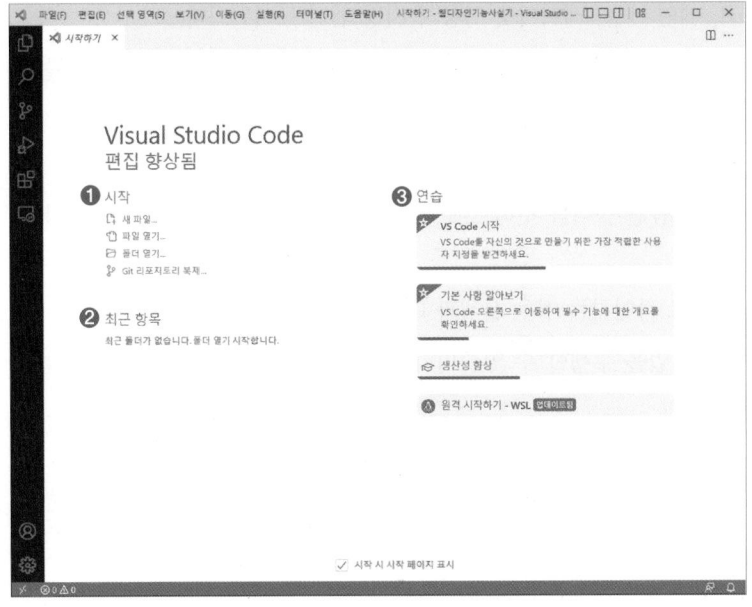

▲ 비주얼 스튜디오 코드 시작 화면

❶ **시작** : 새 파일을 만들거나 기존 파일이나 폴더를 엽니다.

❷ **최근 항목** : 최근에 사용한 파일들이 목록으로 나타나며 최근 편집한 파일을 엽니다.

❸ **연습** : Visual Studio Code를 사용자에 맞게 설정하거나 기능에 대한 도움말을 봅니다.

*해당 '시작하기' 페이지를 다시 보고 싶다면 [메뉴]−[도움말]−[시작하기]를 누릅니다.

비주얼 스튜디오 코드 작업 환경

비주얼 스튜디오 코드의 작업 환경은 다음과 같습니다.

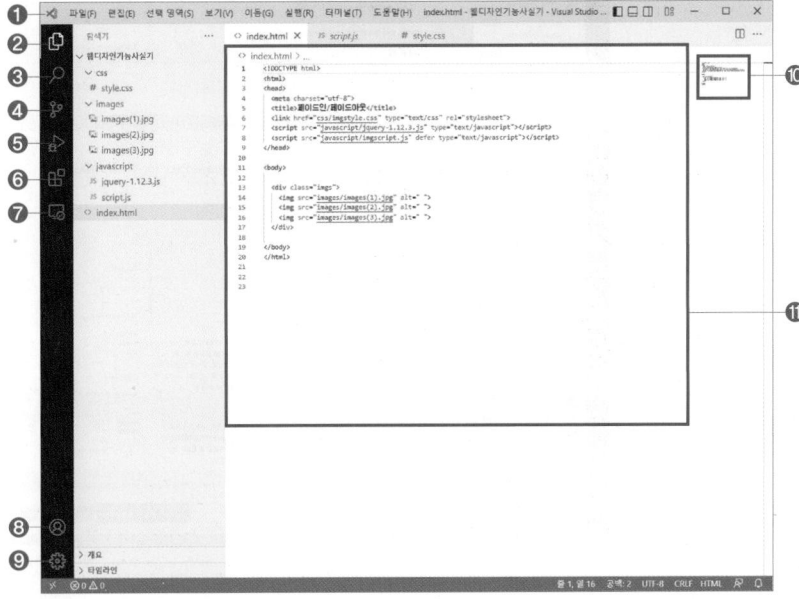

▲ 편집기 화면

❶ **메뉴 모음** : 비주얼 스튜디오 코드 로고, 메인 메뉴, 레이아웃 사용자 지정 탭이 표시됩니다.

❷ **탐색기** : 작업하고 있는 폴더의 구조를 나타내며, PC의 실제 저장 공간과 동기화되어 파일이나 폴더를 생성/복제/삭제 등의 작업을 할 수 있습니다.

❸ **검색** : 작업하고 있는 폴더 내의 모든 파일에서 단어를 검색하고, 바꿀 수 있습니다.

❹ **소스 제어** : 코드 작업을 하고 있는 내용이 담긴 폴더를 깃허브에 게시하거나 기존 리포지토리에 연동할 수 있습니다.

❺ **실행 및 디버그** : 실행 가능한 언어와 코드로 작업하는 경우 실행과 디버깅을 수행합니다.

❻ **확장** : 다양한 확장프로그램을 설치하여 작업을 수행할 수 있습니다. 한글 언어팩을 설치하여 편집기 화면의 언어를 한글로 변환할 수 있습니다.

❼ **원격 탐색기** : 원격 코딩을 하는 경우 서버를 연동하고 서버의 작업 환경을 탐색합니다.

❽ **계정** : 비주얼 스튜디오 코드(마이크로소프트)의 계정을 동기화합니다.

❾ **설정** : 프로그램에 대한 모든 설정 작업을 진행합니다.

❿ **미니맵** : 열려있는 파일에 대한 코드를 미니맵으로 제공합니다. 검색 결과나 오류 내용들을 마킹해줍니다.

⓫ **소스 창** : 소스코드를 입력하는 창입니다.

비주얼 스튜디오 코드 언어 설정

비수얼 스튜디오 코드의 편집기 화면의 언어를 한글로 설정하는 방법은 다음과 같습니다.

01 [확장]에서 검색창에 korean을 입력합니다. 마이크로소프트에서 공식적으로 제공하는 Visual Studio Code용 한국어 팩을 설치합니다.

02 화면 오른쪽 하단에 알림창이 열리고, [Change Language and Restart] 버튼을 눌러 언어를 바로 바꿀 수 있습니다.

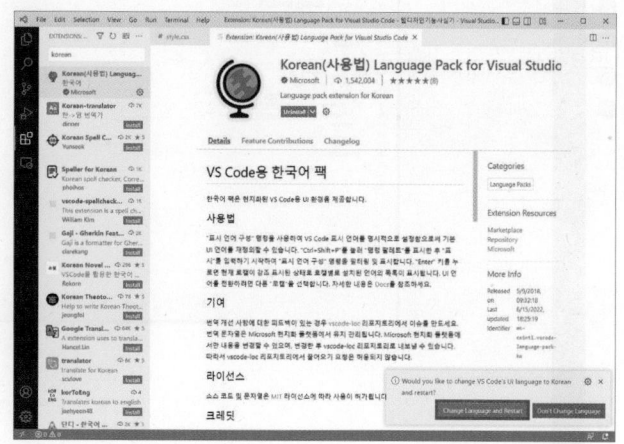

03 알림창을 통해 언어를 변경하지 못했다면 키보드의 [Ctrl]+[Shift]+[P]를 눌러 '명령 팔레트'를 표시한 후 '>configure display language' 또는 '>표시 언어 구성'이라고 입력한 뒤 [Enter]를 누릅니다.

04 설치된 언어에서 한국어를 찾아 [Enter]를 누르면, 확인 창이 나타납니다. 이때 설치 후 프로그램을 다시 시작할 수 있도록 [Restart] 버튼을 누릅니다.

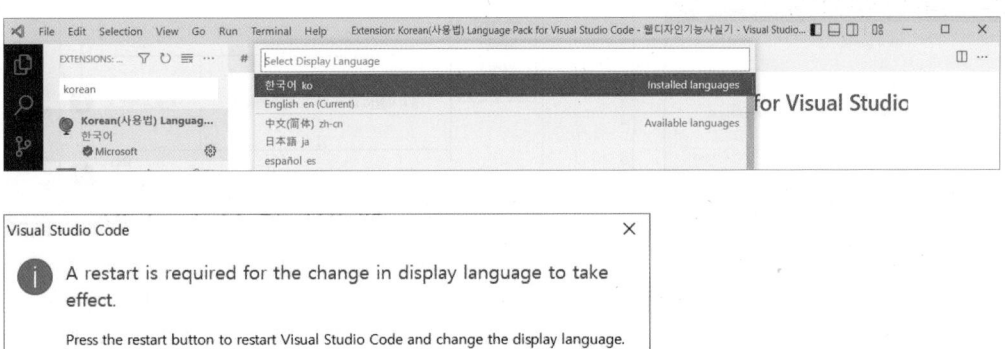

비주얼 스튜디오 코드에서 자주 쓰이는 기본 단축키

비주얼 스튜디오 코드에서 자주 쓰이는 명령에 대한 기본 단축키는 다음과 같습니다.

[Ctrl]+[S] : 현재 파일 저장
[Ctrl]+[K]+[S] : 열려있는 모든 파일 저장
[Ctrl]+[K]+[F] : 코드 자동 정렬
[Ctrl]+[K]+[P] : 코드 탭 이동
[Ctrl]+[/] : 해당 줄 주석 처리
[Ctrl]+[Shift]+[P] : 명령 팔레트 실행

② 문서 레이아웃 만들고 CSS 추가하기

비주얼 스튜디오를 직접 사용해서 와이어프레임에 맞춰 레이아웃을 작성해봅시다.

홈페이지의 레이아웃과 뼈대를 구성하는 것을 와이어프레임(Wireframe)이라고 합니다. 와이어프레임은 기출시험마다 조금씩 변형되어 나오고 있으나, 헤더가 위쪽(상단)에 있는 가로형 레이아웃과 헤더가 왼쪽에 있는 세로형 레이아웃이 자주 출제되고 있습니다.

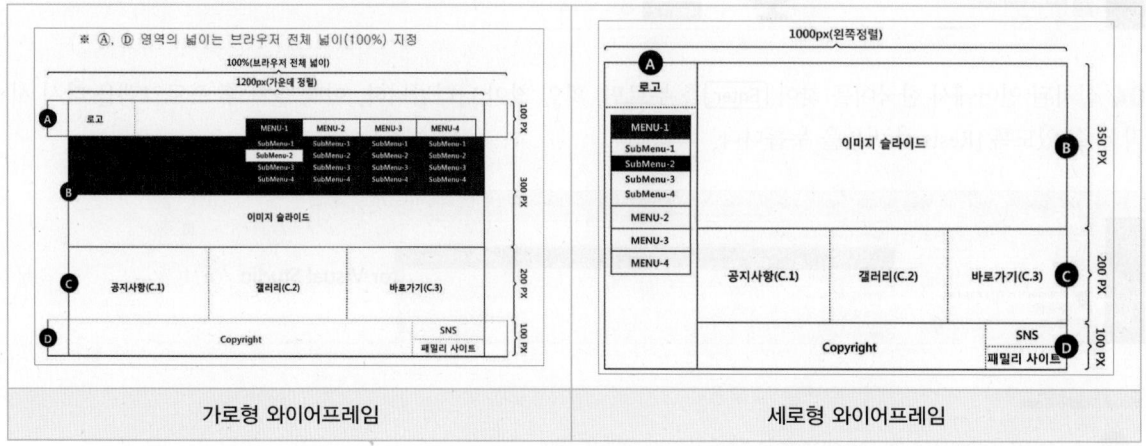

가로형 와이어프레임	세로형 와이어프레임

와이어프레임에서 레이아웃을 잡을 때 〈HEADER〉, 〈FOOTER〉, 〈DIV〉와 같은 태그를 이용하여 작성할 수 있습니다. 여기에서는 HTML과 CSS 코딩을 이용하여 다음과 같은 레이아웃을 작성해 보도록 하겠습니다.

01 Visual Studio Code을 열고, [파일]-[새 파일]을 눌러 파일을 생성한 뒤 다음과 같은 코드를 작성합니다.

⟨header⟩를 이용하여 레이아웃의 최상단 섹션, ⟨div⟩를 이용하여 이미지 슬라이드 섹션과 콘텐츠 섹션, ⟨footer⟩를 이용하여 바닥글 섹션을 작성합니다.

문서는 HTML 파일 형식(*.htm 또는 *.html)으로 저장합니다.

[HTML]

```
1    <!DOCTYPE html>
2    <html>
3    <head>
4      <meta charset="utf-8">
5      <title>와이어프레임 레이아웃</title>
6    </head>
7
8    <body>
9      <header>
10     </header>
11
12     <div class="imgslide">
13     </div>
14     <div class="contents">
15     </div>
16
17     <footer>
18     </footer>
19   </body>
20   </html>
```

```
<!DOCTYPE html>
<html>
<head>
  <meta charset="utf-8">
  <title>와이어프레임 레이아웃</title>
</head>

<body>
  <header>
  </header>

  <div class="imgslide">
  </div>
  <div class="contents">
  </div>

  <footer>
  </footer>
</body>
</html>
```

⟨header⟩ 요소로 머리글에 해당하는 가장 상단의 영역을 지정하고, ⟨div⟩로 이미지 슬라이드 영역과 콘텐츠 영역, ⟨footer⟩로 바닥글에 해당하는 하단의 영역을 지정하였습니다.

02 레이아웃 영역의 크기 및 글꼴, 크기, 플로 [CSS]
팅 등을 지정하기 위해 새 파일을 열고 다음과
같이 스타일 시트를 작성하도록 합니다.

@charset "utf-8";
/* CSS Document */

html, body {
    width: 1200px;
    font-size: 20px;
}
header {
    float: left;
    height: 100px;
    width: 1200px;
}
.imgslide {
    float: left;
    height: 350px;
    width: 1200px;
    background-color: #00FFFF;
}
.contents {
    float: left;
    height: 200px;
    width: 1200px;
    background-color: #FF0000;
}
footer {
    float: left;
    height: 120px;
    width: 1200px;
    background-color: #EEEEEE
}

```
1    @charset "utf-8";
2    /* CSS Document */
3
4    html, body {
5        width: 1200px;
6        font-size: 20px;
7    }
8    header {
9        float: left;
10       height: 100px;
11       width: 1200px;
12   }
13   .imgslide {
14       float: left;
15       height: 350px;
16       width: 1200px;
17       background-color: ▢#00FFFF;
18   }
19   .contents {
20       float: left;
21       height: 200px;
22       width: 1200px;
23       background-color: ■#FF0000;
24   }
25   footer {
26       float: left;
27       height: 120px;
28       width: 1200px;
29       background-color: ▢#EEEEEE
30   }
```

⟨html⟩, ⟨body⟩, ⟨header⟩와 ⟨footer⟩ 요소에 대한 속성을 지정하였으며, ⟨div⟩로 지정한 영역은 미리 지정한
class 선택자를 이용하여 스타일 속성을 지정하였습니다. 각 박스 요소를 어느 쪽에 띄워서 정렬할 것인지를 지
정하는 플로팅은 왼쪽이 되도록 float:left로 지정하였습니다.

▶ **CSS의 속성 기술 순서**

CSS에서 float, height, width 등과 같은 속성들을 지정할 때 속성을 기술하는 순서는 정해진 규칙이 없습니다. 따라서 CSS에서 속성은 순서와 상관없이 자유롭게 기술할 수 있습니다.

그렇지만 코딩을 전문적으로 제작하는 그룹/기업들은 코딩의 가독성과 수정 작업, 유지보수 등을 위해서 속성의 기술 순서에 대해 공통의 규칙을 정하여 사용하고 있습니다. 이러한 코딩에 대한 약속 또는 습관을 코딩 컨벤션(Coding Convention)이라고 합니다. 보통 코딩 컨벤션에서 속성은 레이아웃 기준으로 레이아웃 전체를 아우르는 전역적인 것부터 시작해서 지역적인 속성과 레이아웃과 관련 없는 속성 등으로 기술하는 것이 일반적입니다. 그러나 본 책에서는 참조할 만한 여러 코딩 컨벤션이 있지만 자유로운 코딩 작업을 위해 별도의 규칙을 정하지 않고 속성의 순서를 혼용하여 기술하였습니다.

03 작성한 파일을 CSS 파일 형식(*.css)으로 저장합니다. 이 예시에서는 html 문서가 있는 폴더 안에 'css'라는 새 폴더를 만들고, 'css' 폴더 안에 'style.css'라는 이름으로 저장하였습니다.

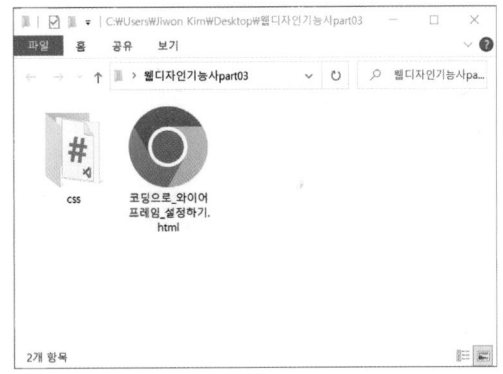

04 HTML 문서로 돌아와서 〈head〉 태그 안에 다음과 같이 입력하여 HTML 파일과 CSS 파일을 연결합니다.

<link href="css/style.css" type="text/css" rel="stylesheet">

[HTML]

```
1   <!DOCTYPE html>
2   <html>
3   <head>
4     <meta charset="utf-8">
5     <title>와이어프레임 레이아웃</title>
6     <link href="css/style.css" type="text/css" rel="stylesheet">
7   </head>
8
9   <body>
10    <header>
11    </header>
12
13    <div class="imgslide">
14    </div>
15    <div class="contents">
16    </div>
17
18    <footer>
19    </footer>
20  </body>
21  </html>
```

05 지금까지 작업한 내용을 모두 저장한 후 HTML 문서를 웹 브라우저에서 열어 현재까지 작업된 사항을 확인합니다.
스타일 시트에서 지정한 값에 의해 영역의 크기와 색상 등이 지정된 것을 볼 수 있습니다.

06 다음으로 각 영역을 세부 영역으로 나누어 보겠습니다.
HTML 문서에서 〈div〉를 이용하여 세부 영역을 지정하고, 세부 영역에 대한 스타일을 CSS 파일에 추가하면 됩니다.
먼저 헤더 영역을 로고 영역과 메뉴 영역으로 분할하기 위해 〈header〉 태그 안에 다음과 같이 입력합니다.

```
<header>
  <div class="top">
    <div class="logo">
      로고 및 메뉴 자리
    </div>
    <nav>
      <ul class="menu">
        <li>소개</li>
        <li>안내</li>
        <li>참여</li>
      </ul>
    </nav>
  </div>
</header>
```

[HTML]

```
1   <!DOCTYPE html>
2   <html>
3   <head>
4     <meta charset="utf-8">
5     <title>와이어프레임 레이아웃</title>
6     <link href="css/style.css" type="text/css" rel="stylesheet">
7   </head>
8
9   <body>
10    <header>
11      <div class="top">
12        <div class="logo">
13          로고 및 메뉴 자리
14        </div>
15        <nav>
16          <ul class="menu">
17            <li>소개</li>
18            <li>안내</li>
19            <li>참여</li>
20          </ul>
21        </nav>
22      </div>
23    </header>
24
25    <div class="imgslide">
26    </div>
27    <div class="contents">
28    </div>
29
30    <footer>
```

header 영역에서 로고와 메뉴가 들어갈 영역을 묶어서 〈div class="top"〉처럼 class 선택자 'top'으로 지정한 후 〈div〉와 탐색 목록을 만드는 〈nav〉를 이용하여 로고 자리와 메뉴 자리를 지정하였습니다.

07 이번에는 CSS 문서에서 'header' 스타일을 찾고 그 아래에 'top'로 지정한 영역의 스타일을 지정합니다.

```css
.top {
    float: left;
    height: 100px;
    width: 1200px;
}
```

[CSS]

```
1    @charset "utf-8";
2    /* CSS Document */
3
4    html, body {
5        width: 1200px;
6        font-size: 20px;
7    }
8    header {
9        float: left;
10       height: 100px;
11       width: 1200px;
12   }
13   .top {
14       float: left;
15       height: 100px;
16       width: 1200px;
17   }
18   .imgslide {
19       float: left;
20       height: 350px;
21       width: 1200px;
22       background-color: □#00FFFF;
23   }
```

08 class 선택자 'top' 아래에서 로고 부분과 메뉴 부분에 해당하는 영역의 스타일을 지정합니다.

```css
.logo {
    float: left;
    height: 100px;
    width: 200px;
    background-color: #EEEEEE;
}
nav {
    float: right;
}
.menu {
    float: right;
    width: 600px;
    background-color: #EEEEEE;
}
.menu>li {
    float: right;
    width: 200px;
}
```

[CSS]

```
13   .top {
14       float: left;
15       height: 100px;
16       width: 1200px;
17   }
18   .logo {
19       float: left;
20       height: 100px;
21       width: 200px;
22       background-color: □#EEEEEE;
23   }
24   nav {
25       float: right;
26   }
27   .menu {
28       float: right;
29       width: 600px;
30       background-color: □#EEEEEE;
31   }
32   .menu>li {
33       float: right;
34       width: 200px;
35   }
36   .imgslide {
37       float: left;
38       height: 350px;
39       width: 1200px;
40       background-color: □#00FFFF;
41   }
```

〈nav〉 요소로 지정된 박스 영역과 class 선택자 'menu'로 지정된 영역은 플로팅을 float:right처럼 오른쪽으로 지정하여 그 안에 만들어지는 메뉴들이 화면상에서 오른쪽에 배치되도록 하였습니다. 메뉴 전체 영역의 너비는 600px, 각 메뉴의 너비는 200px로 지정하였습니다.

> 스타일을 지정할 때 '>' 표시는 자식 선택자를 지정할 때 사용합니다. '.menu>li' 클래스 선택자 menu의 자식 요소인 li 요소를 가리킵니다. 따라서 menu로 지정된 영역의 자식 요소인 li 요소 영역에 스타일을 적용합니다.

09 HTML 문서와 CSS 문서 파일을 모두 저장하고 지금까지 작업한 내용을 웹 브라우저에서 확인해보면 다음과 같이 나타납니다.

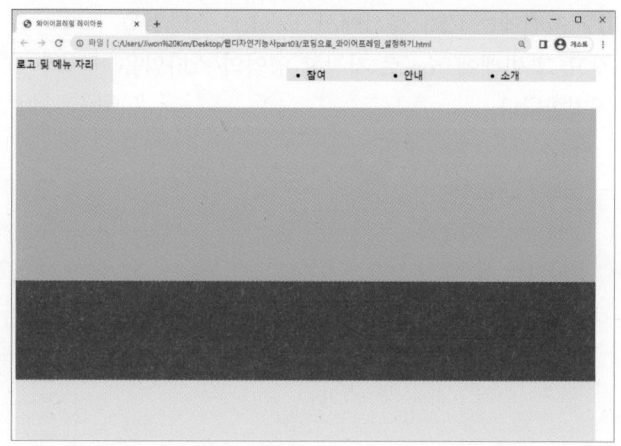

10 다음으로 콘텐츠 영역을 세 개의 세부 영역으로 나누어 보겠습니다.
콘텐츠 영역을 나누기 전에 이미지 슬라이드 영역 부분에 "이미지 슬라이드 자리"라는 글자를 미리 입력합니다.

```
<div class="imgslide">
    이미지 슬라이드 자리
</div>
```

HTML 문서에서 미리 지정해두었던 콘텐츠 영역 자리를 찾아서 다음과 같이 입력합니다.

```
<div class="contents">
   <div class="notice">
      공지사항 자리
   </div>
   <div class="gallery">
      갤러리 자리
   </div>
   <div class="shortcut">
      바로가기 자리
   </div>
</div>
```

[HTML]

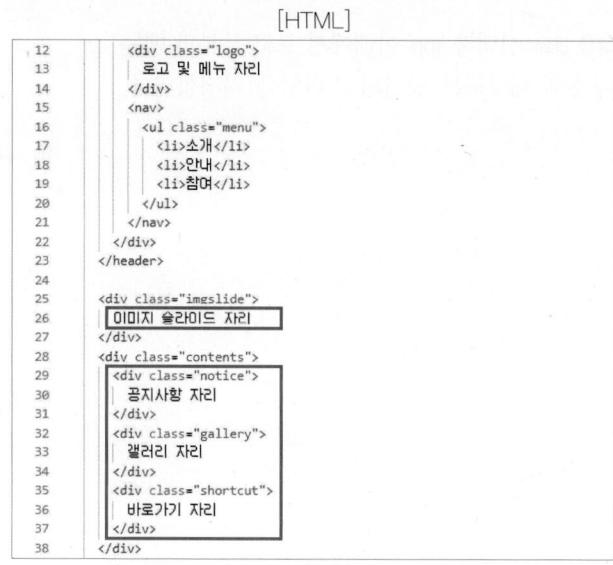

11 구분된 각 영역을 위한 스타일을 지정하기 위해 CSS 문서에서 '.contents' 스타일을 찾고 그 아래에 다음과 같이 입력합니다.

```css
.notice {
    float: left;
    height: 200px;
    width: 400px;
}
.gallery {
    float: left;
    height: 200px;
    width: 400px;
}
.shortcut {
    float: left;
    height: 200px;
    width: 400px;
}
```

[CSS]

```css
36    .imgslide {
37        float: left;
38        height: 350px;
39        width: 1200px;
40        background-color: #00FFFF;
41    }
42    .contents {
43        float: left;
44        height: 200px;
45        width: 1200px;
46        background-color: #FF0000;
47    }
48    .notice {
49        float: left;
50        height: 200px;
51        width: 400px;
52    }
53    .gallery {
54        float: left;
55        height: 200px;
56        width: 400px;
57    }
58    .shortcut {
59        float: left;
60        height: 200px;
61        width: 400px;
62    }
63    footer {
64        float: left;
65        height: 120px;
66        width: 1200px;
67        background-color: #EEEEEE
68    }
```

> 스타일을 지정할 때 선택자의 위치는 어디에 기술해도 상관이 없습니다. 그러나 가독성과 추후 수정 작업을 위해서는 HTML 요소의 순서와 맞춰서 기술하는 것이 좋습니다.

12 HTML 문서와 CSS 문서 파일을 모두 저장하고 지금까지 작업한 내용을 웹 브라우저에서 확인해보면 다음과 같이 나타납니다.

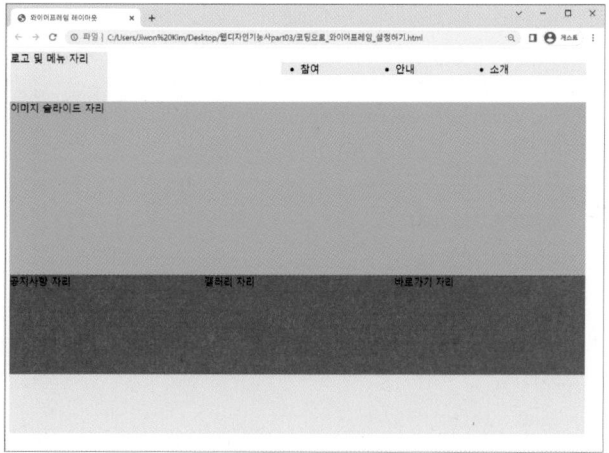

13 다음은 footer 영역을 copyright와 sns, 패밀리 사이트 영역으로 나누어 보겠습니다.
HTML 문서에서 〈footer〉 태그 안에 다음과 같이 입력합니다.

```
<footer>
  <div class="copy">
    copyright 자리
  </div>
  <div class="site">
    <ul>
      <li>sns 자리</li>
      <li>패밀리 사이트 자리</li>
    </ul>
  </div>
</footer>
```

[HTML]

```
35        <div class="shortcut">
36          바로가기 자리
37        </div>
38      </div>
39
40      <footer>
41        <div class="copy">
42          copyright 자리
43        </div>
44        <div class="site">
45          <ul>
46            <li>sns 자리</li>
47            <li>패밀리 사이트 자리</li>
48          </ul>
49        </div>
50      </footer>
51    </body>
52  </html>
```

〈div〉 요소를 사용하여 footer 영역을 copy 영역과 site 영역으로 분할하고, site 자리는 순서가 없는 목록을 작성할 때 사용하는 〈ul〉과 〈li〉 요소를 사용하여 sns와 패밀리 사이트로 구분하였습니다.

14 CSS 문서에서 각 영역에 스타일을 지정합니다.

```
.copy {
    float: left;
    height: 120px;
    width: 800px;
}
.site {
    float: right;
    height: 120px;
    width: 400px;
    background-color: #FFFF00;
}
.site>ul {
    float: left;
    width: 400px;
}
.site>ul>li {
    float: left;
    height: 60px;
    width: 400px;
}
```

[CSS]

```
63    footer {
64      float: left;
65      height: 120px;
66      width: 1200px;
67      background-color: □#EEEEEE
68    }
69    .copy {
70      float: left;
71      height: 120px;
72      width: 800px;
73    }
74    .site {
75      float: right;
76      height: 120px;
77      width: 400px;
78      background-color: □#FFFF00;
79    }
80    .site>ul {
81      float: left;
82      width: 400px;
83    }
84    .site>ul>li {
85      float: left;
86      height: 60px;
87      width: 400px;
88    }
89
```

class 선택자 'copy'로 지정된 영역은 플로팅을 왼쪽으로 지정하고 'site'로 지정된 영역은 오른쪽으로 지정하였습니다. class 선택자 'site' 영역의 너비는 400px로 지정하고 'site' 의 최하위 영역인 sns와 패밀리 사이트 영역에 해당하는 li 영역의 크기는 높이 60px, 너비 400px로 지정하였습니다.

15 HTML 문서와 CSS 문서 파일을 모두 저장하고 와이어프레임 작업이 잘 이루어졌는지 확인합니다.

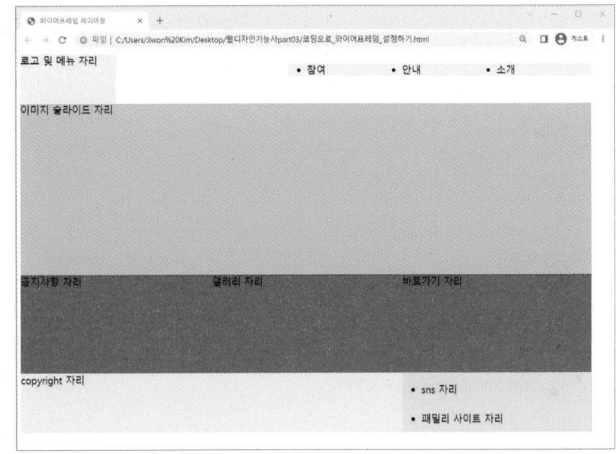

이 예시에서는 메뉴가 들어가는 header 영역이 위쪽(상단)에 있는 가로형 레이아웃을 코딩을 이용하여 작성했습니다. header 영역이 왼쪽에 있는 세로형 레이아웃은 HTML 문서를 변경하지 않고도 CSS 스타일 시트 내의 float, height, width 세 개 속성의 값만 변경하여 만들어낼 수 있습니다.
다음에 주어진 두 개의 스타일 시트 값을 비교하여 가로형 레이아웃을 세로형 레이아웃으로 변환하는 방법을 익혀두시기 바랍니다.

<가로형 레이아웃 CSS 문서>	<세로형 레이아웃 CSS 문서>
| ```css
@charset "utf-8";
/* CSS Document */

body,html{
    width:1200px;
    font-size:20px;
}
header{
    float:left;
    height:100px;
    width:1200px;
    background-color:#FF00EE;
}
.top{
    float:left;
    height:100px;
    width:1200px;
}
.logo{
    float:left;
    height:100px;
    width:200px;
``` | ```css
@charset "utf-8";
/* CSS Document */

body,html{
    width:1200px;
    font-size:20px;
}
header{
    float:left;
    height:670px;
    width:200px;
    background-color:#FF00EE;
}
.top{
    float:left;
    height:600px;
    width:200px;
}
.logo{
    float:left;
    height:100px;
    width:200px;
``` |

```css
    background-color:#EEEEEE;
}
nav{
    float:right;
}
.menu{
    float:right;
    width:600px;
}
.menu>li{
    float:right;
    width:200px;
}
.imgslide{
    float:left;
    height:350px;
    width:1200px;
    background-color:#00FFFF;
}
.contents{
    float:left;
    height:200px;
    width:1200px;
    background-color:#FF0000;
}
.notice{
    float:left;
    height:200px;
    width:400px;
}
.gallery{
    float:left;
    height:200px;
    width:400px;
}
shortcut{
    float:left;
    height:200px;
    width:400px;
}
footer{
    float:left;
    height:120px;
    width:1200px;
    background-color:#EEEEEE;
}
.copy{
    float:left;
    height:120px;
    width:800px;
}
.site{
    float:right;
```

```css
    background-color:#EEEEEE;
}
nav{
    float:left;
}
.menu{
    float:left;
    width:150px;
}
.menu>li{
    float:left;
    width:150px;
}
.imgslide{
    float:left;
    height:350px;
    width:1000px;
    background-color:#00FFFF;
}
.contents{
    float:left;
    height:200px;
    width:1000px;
    background-color:#FF0000;
}
.notice{
    float:left;
    height:200px;
    width:300px;
}
.gallery{
    float:left;
    height:200px;
    width:300px;
}
.shortcut{
    float:left;
    height:200px;
    width:400px;
}
footer{
    float:left;
    height:120px;
    width:1000px;
    background-color:#EEEEEE;
}
.copy{
    float:left;
    height:120px;
    width:600px;
}
.site{
    float:right;
```

```
    height:120px;
    width:400px;
    background-color:#FFFF00;
}
.site>ul{
    float:left;
    width:400px;
}
.site>ul>li{
    float:left;
    height:60px;
    width:400px;
}
```

```
    height:120px;
    width:400px;
    background-color:#FFFF00;
}
.site>ul{
    float:left;
    width:400px;
}
.site>ul>li{
    float:left;
    height:60px;
    width:400px;
}
```

③ **이미지 슬라이드, 페이드인아웃 구현하기**

* 필요한 이미지 및 완성 파일은 'PART03/Visual Studio Code_핵심기능' 폴더에 있습니다.

이미지 슬라이드는 실기 시험에서 반복적으로 출제되고 있습니다. 이미지가 슬라이드 되면서 교체되는 슬라이딩 기능은 jQuery를 이용해서 구현해야 하기 때문에 코딩에 대한 이해를 더욱 필요로 합니다.
여기에서는 이미지 슬라이드 기능을 jQuery로 작성하는 방법을 연습해 보도록 하겠습니다.

01 '소스' 폴더에서 'imageslide.html' 문서를 Visual Studio Code에서 열고 HTML 문서의 내용을 확인합니다.

[imageslide.html]

```
1   <!DOCTYPE html>
2   <html>
3   <head>
4       <meta charset="utf-8">
5       <title>이미지 슬라이드</title>
6   </head>
7
8   <body>
9
10      <div class="imgs">
11          <img src="images/images(1).jpg" alt=" ">
12          <img src="images/images(2).jpg" alt=" ">
13          <img src="images/images(3).jpg" alt=" ">
14      </div>
15
16  </body>
17  </html>
```

02 새 문서를 열고 다음과 같이 스타일 시트를 작성하고, 'css' 폴더에 'imgstyle.css'로 저장합니다.
@charset "utf-8";
/* CSS Document */

.imgs{
    height:350px;

[imgstyle.css]

```
1   @charset "utf-8";
2   /* CSS Document */
3
4   .imgs {
5       height: 350px;
6       width: 1000px;
7       position: relative;
8       overflow: hidden;
9   }
10  .imgs>img {
11      width: 100%;
12      position: absolute;
13      transition: all 1s;
14  }
```

```
    width:1000px;
    position:relative;
    overflow:hidden;
}
.imgs>img{
    width:100%;
    position:absolute;
    transition:all 1s;
}
```

03 HTML 문서로 돌아와서 〈head〉 태그 안에 다음과 같이 입력하여 HTML 파일과 CSS 파일을 연결합니다.

`<link href="css/imgstyle.css" type="text/css" rel="stylesheet">`

[imageslide.html]

```
1   <!DOCTYPE html>
2   <html>
3   <head>
4     <meta charset="utf-8">
5     <title>이미지 슬라이드</title>
6     <link href="css/imgstyle.css" type="text/css" rel="stylesheet">
7   </head>
8
9   <body>
10
11    <div class="imgs">
12      <img src="images/images(1).jpg" alt=" ">
13      <img src="images/images(2).jpg" alt=" ">
14      <img src="images/images(3).jpg" alt=" ">
```

기적의 TIP

HTML 문서에서 이미지 슬라이드 영역은 class 선택자 'imgs'로 지정되어 있으므로 이 선택자를 이용하여 스타일 시트에서 해당 영역에 대한 속성을 지정합니다. imgs 영역에 들어가는 이미지 요소들은 높이 350px, 너비 1000px로 나타납니다.

.imgs의 자식 요소인 img 요소에 있는 이미지에는 'transition:all 1s'를 지정하여 이미지가 다른 이미지로 변경될 때 부드럽게 변경되도록 합니다. 여기서는 1초로 지정하여 다음 이미지로 넘어갈 때 1초에 걸쳐 자연스럽게 넘어가도록 지정했습니다.

'position:relative'는 이미지 요소들이 화면 상단 좌측을 기준으로 하여 처음 위치로부터 어떻게 위치할 것인가를 지정합니다. 여기서는 'overflow:hidden'을 함께 지정함으로써 이미지의 크기가 초기 위치로부터 높이 350px, 너비 1000px만 나타나고 나머지는 숨겨지도록 했습니다. 단, position과 overflow 속성의 사용 여부에 따른 차이는 자바스크립트의 주요 기능을 저장해놓은 'jquery-1.12.3.js' 라이브러리 파일을 연결한 후에 정확한 속성 차이를 확인할 수 있습니다.

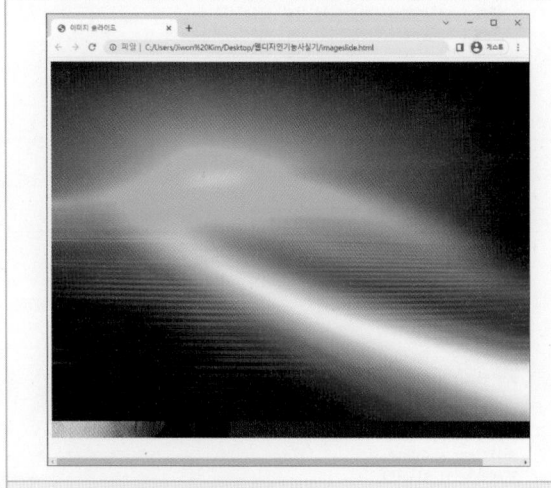
〈position:relative를 지정하지 않았을 때〉

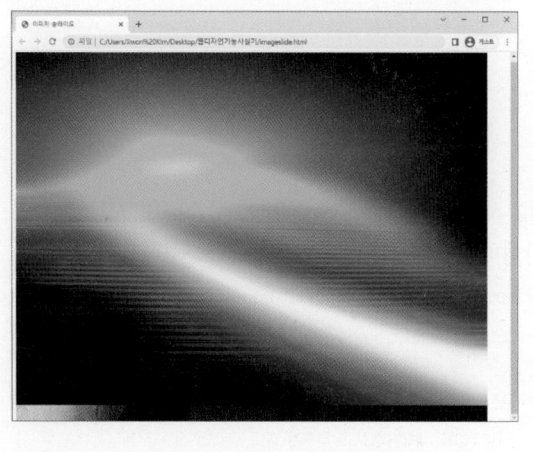
〈overflow:hidden를 지정하지 않았을 때〉

04 'imageslide.html' 문서와 'imgstyle.css' 문서 파일을 모두 저장하고 지금까지 작업한 내용을 웹 브라우저에서 확인해보면 다음과 같이 나타 납니다.

05 주어진 jQuery 파일을 미리 연결합니다. 〈head〉 태그 안에 다음과 같이 입력합니다.

```
<script src="javascript/jquery-1.12.3.js"
type="text/javascript"></script>
```

[imageslide.html]

```
1   <!DOCTYPE html>
2   <html>
3   <head>
4     <meta charset="utf-8">
5     <title>이미지 슬라이드</title>
6     <link href="css/imgstyle.css" type="text/css" rel="stylesheet">
7     <script src="javascript/jquery-1.12.3.js" type="text/javascript"></
    script>
8   </head>
9
10  <body>
11
12      <div class="imgs">
13          <img src="images/images(1).jpg" alt=" ">
14          <img src="images/images(2).jpg" alt=" ">
15          <img src="images/images(3).jpg" alt=" ">
```

06 다음으로 이미지가 슬라이드 되도록 jQuery로 슬라이드 기능을 구현합니다. 새로운 문서를 열고 다음과 같이 작성합니다.
작성한 파일은 'javascript' 폴더 안에 'script.js'로 저장합니다.

```
var imgs = 2;
var now = 0;

start();

function start(){
  $(".imgs>img").eq(0).siblings().css({"margin-left":"-2000px"});

  setInterval(function(){slide();},2000);
}
function slide(){
  now = now==imgs?0:now+=1;
  $(".imgs>img").eq(now-1).css({"margin-left":"-2000px"});
  $(".imgs>img").eq(now).css({"margin-left":"0px"});
}
```

[script.js]

```
1   // JavaScript Document
2
3   var imgs = 2;
4   var now = 0;
5
6   start();
7
8   function start() {
9     $(".imgs>img").eq(0).siblings().css({ "margin-left": "-2000px" });
10    setInterval(function () { slide(); }, 2000);
11  }
12  function slide() {
13    now = now == imgs ? 0 : now += 1;
14    $(".imgs>img").eq(now - 1).css({ "margin-left": "-2000px" });
15    $(".imgs>img").eq(now).css({ "margin-left": "0px" });
16  }
```

start( )는 함수를 호출하기 위한 함수이고 siblings( )는 형제 요소들을 찾습니다. 이미지들이 일련번호로 되어있으면 순서대로 이미지를 찾아줍니다. setInterval은 일정한 간격을 두고 동작을 반복적으로 실행하도록 합니다. 여기에서는 setInterval(function( ){slide( );},2000)으로 지정되어 2초마다 한 번씩 slide( )라는 함수를 실행합니다.

$("imgs>img").eq(0).siblings( ).css("margin-left":"-2000px") 구문은 class 선택자 imgs의 자식 요소인 img 요소들에 대해 CSS 속성 중 margin-left 값이 -2000px로 변경되도록 해줍니다. 이 경우 이미지가 HTML 문서의 왼쪽 화면 밖으로 이동되어 이미지가 나타나지 않게 됩니다.

now = now==imgs?0:now+=1 구문은 변수 'now' 값과 'imgs' 값을 비교해서 두 값이 같으면 now값을 0으로 변경하고 두 값이 다르면 now 값을 1 증가하게 합니다. 이러한 과정으로 이미지 (1) → (2) → (3)으로 계속해서 변경됩니다.

07 HTML 문서에서 〈head〉 태그 안에 다음과 같이 입력하여 JS 문서를 연결해줍니다.

```
<script src="javascript/script.js" defer
type="text/javascript"></script>
```

[imageslide.html]

```
1    <!DOCTYPE html>
2    <html>
3    <head>
4      <meta charset="utf-8">
5      <title>이미지 슬라이드</title>
6      <link href="css/imgstyle.css" type="text/css" rel="stylesheet">
7      <script src="javascript/jquery-1.12.3.js" type="text/javascript"></script>
8      <script src="javascript/script.js" defer type="text/javascript"></script>
9    </head>
10
11   <body>
12
13     <div class="imgs">
14       <img src="images/images(1).jpg" alt=" ">
15       <img src="images/images(2).jpg" alt=" ">
16       <img src="images/images(3).jpg" alt=" ">
```

화면 렌더링과 관련된 대부분의 코드는 HTML과 CSS 문서 안에 포함되어 있습니다. 반면 대부분의 script는 사용자의 액션이 발생한 이후의 동작을 렌더링합니다.

HTML 문서는 처음 〈html〉 요소부터 끝 요소까지 순차적으로 분석되는데 이때 script 파일을 가져오게 되는 구문을 만나면 해당 파일을 가져와서 동기적인 처리를 합니다. 그런데 이 경우 HTML 분석이 끝나기도 전에 script부터 실행될 수 있게 되며 HTML 분석은 그동안 중지됩니다. 결국 HTML과 script의 렌더링 시간 차이로 인해 script가 제대로 동작하지 않게 됩니다. 이를 예방하기 위해 defer 속성을 사용합니다.

〈script〉에 defer 또는 defer="defer"라고 지정하게 되면 HTML 문서의 구문 분석이 완료된 후에 스크립트 파일을 실행하도록 script를 지연시키라고 브라우저에게 지시하게 되는 것입니다. 만일 defer를 사용하지 않는 경우 〈script〉 부분을 〈/body〉 태그 다음에 위치시킴으로써 렌더링을 지연할 수도 있습니다.

08 작업한 모든 문서를 저장한 후 'imageslide. html' 문서를 웹 브라우저에서 열어서 이미지 슬라이드 기능이 잘 동작하는지 확인합니다.

09 이제 페이드인아웃을 구현해 보겠습니다. 페이드인아웃은 jQuery로 구현한 이미지 슬라이드 기능을 변형하여 만들 수 있습니다.
'이미지 페이드인아웃 구현하기' 폴더 중 '소스' 폴더의 'fadeinout.html' 문서를 열고 이 문서에 연결되어 있는 'script.js'을 확인합니다.

[fadeinout.html]

```html
1   <!DOCTYPE html>
2   <html>
3   <head>
4     <meta charset="utf-8">
5     <title>페이드인/페이드아웃</title>
6     <link href="css/imgstyle.css" type="text/css" rel="stylesheet">
7     <script src="javascript/jquery-1.12.3.js" type="text/javascript"></script>
8     <script src="javascript/imgscript.js" defer type="text/javascript"></script>
9   </head>
10
11  <body>
12
13    <div class="imgs">
14      <img src="images/images(1).jpg" alt=" ">
15      <img src="images/images(2).jpg" alt=" ">
16      <img src="images/images(3).jpg" alt=" ">
17    </div>
18
19  </body>
20  </html>
21
```

10 'javascript' 폴더의 'script.js' 문서를 열고 다음과 같이 수정합니다.
이미지를 화면 밖에 위치시키도록 지정한 .css ({"margin-left":"-2000px"}) 부분을 서서히 사라지도록 하는 fadeOut 함수를 사용하여 다음과 같이 수정합니다.
.fadeOut(1000)

이미지를 제자리로 위치시키도록 지정한 .css ({"margin-left":"0px"}) 부분을 요소를 서서히 나타나도록 하는 fadeIn 함수를 사용하여 다음과 같이 수정합니다.
.fadeIn(1000)

fade에 사용하는 값은 1000분의 1초이며 1000을 사용하면 1초가 됩니다.

[script.js] 수정 전

```javascript
1   // JavaScript Document
2
3   var imgs = 2;
4   var now = 0;
5
6   start();
7
8   function start(){
9     $(".imgs>img").eq(0).siblings().css({"margin-left":"-2000px"});
10    setInterval(function(){slide();},2000);
11  }
12  function slide(){
13    now = now==imgs?0:now+=1;
14    $(".imgs>img").eq(now-1).css({"margin-left":"-2000px"});
15    $(".imgs>img").eq(now).css({"margin-left":"0px"});
16  }
```

[script.js] 수정 후

```javascript
1   // JavaScript Document
2
3   var imgs = 2;
4   var now = 0;
5
6   start();
7
8   function start(){
9     $(".imgs>img").eq(0).siblings().fadeOut(1000);
10    setInterval(function(){fadeInOut();},3000);
11  }
12  function fadeInOut(){
13    now = now==imgs?0:now+=1;
14    $(".imgs>img").eq(now-1).fadeOut(1000);
15    $(".imgs>img").eq(now).fadeIn(1000);
16  }
```

setInterval(function(){slide();},2000)
이 구문에서 2000을 setInterval(function(){fadeInOut();},3000)으로 변경하면 3초마다 slide 함수를 실행합니다.

11 작업한 모든 문서를 저장한 후 'fadeinout.html' 문서를 웹 브라우저에서 열어서 이미지 페이드인아웃 기능이 잘 동작하는지 확인합니다.

Photoshop 핵심 기능

핵심포인트 실기시험에서는 홈페이지에 사용될 로고 이미지, 아이콘 이미지 등을 편집하여 사용하도록 하고 있으므로 포토샵을 활용하여 필요한 이미지들을 제작하는 방법을 익혀두시기 바랍니다.

① 로고 이미지 추출하고 저장하기

※ 필요한 이미지 및 완성 파일은 'PART03/2.Photoshop_핵심기능' 폴더에 있습니다.

이미지에서 필요한 부분만 추출하는 간단한 예제를 살펴보겠습니다.

01 포토샵을 실행하고 [파일(File)] – [열기(Open)] 메뉴를 선택하거나, Ctrl + O 를 눌러 소스 폴더의 '여행가이드_LOGO.jpg' 이미지를 도큐먼트 창으로 불러옵니다.

02 이미지에서 필요한 부분은 로고 영역입니다. 로고 영역 외의 부분은 잘라내기 위해 자르기 도구(Crop Tool,)를 선택한 후 로고 이미지 위에서 클릭–드래그하여 자르기 영역을 만듭니다. Enter 를 눌러 이미지를 잘라냅니다.

03 로고 이미지의 배경을 투명하게 만들어 보겠습니다. 배경 레이어인 경우 잘라내기를 하면 배경색이 채워지게 되므로 배경 레이어를 일반 레이어로 변경해야 합니다. [레이어(Layer)] 패널에서 '배경(Background)' 레이어 부분을 더블 클릭합니다.

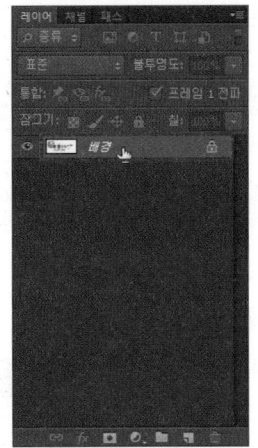

[새 레이어(New Layer)] 대화상자가 나타나면, 레이어 이름을 입력한 후 [확인(OK)] 버튼을 클릭합니다.

배경 레이어가 일반 레이어로 변경되었습니다.

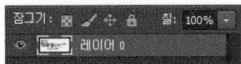

다음으로 도구(Tools) 패널에서 자동 선택 도구(Magic Wand Tool, 🪄)를 선택하고, 자동 선택 도구의 옵션바에서 '허용치(Tolerance) : 10'으로 설정하고 '인접(Contiguous)' 옵션은 선택을 해제합니다.

로고 이미지에서 흰색 배경 부분을 클릭한 후 Delete 를 눌러 선택된 영역을 삭제합니다.

04 로고 이미지를 재단하여 로고 영역의 픽셀만 남기기 위해 [이미지(Image)] 메뉴에서 [재단(Trim)]을 선택합니다.

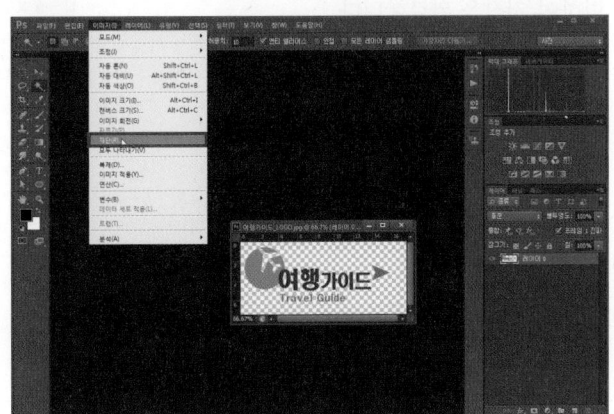

[재단(Trim)] 대화상자에서 '기준(Based On)'을 설정합니다.

위의 로고 이미지 상태에서는 '투명 픽셀(Transparent Pixels)' 또는 '오른쪽 아래 픽셀 색상(Bottom Right Pixel Color)'을 선택하게 되면 투명 픽셀 부분을 중심으로 재단하게 됩니다. 또한 '재단(Trim Away)' 부분은 사방으로 모두 잘라내기 위해 모두 선택하고 [확인(OK)] 버튼을 클릭합니다.

로고 이미지에서 로고 영역만 남기고 재단이 된 것을 확인할 수 있습니다.

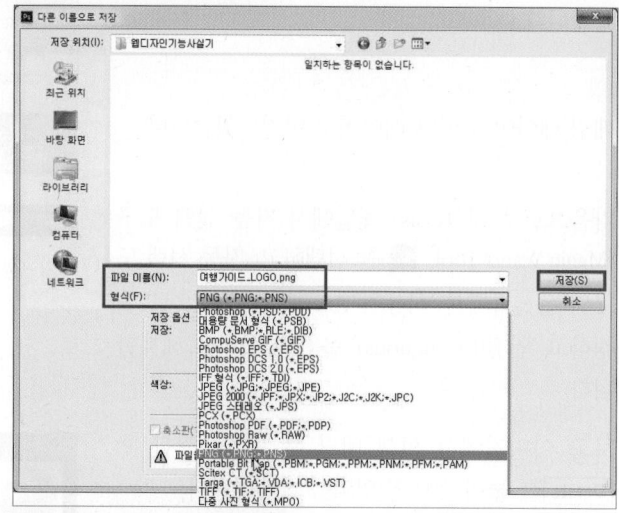

05 투명한 영역이 유지되도록 저장하려면 이미지를 PNG 형식으로 저장해야 합니다.

[파일(File)] 메뉴에서 [다른 이름으로 저장(Save As)] 메뉴를 선택하여 [다른 이름으로 저장(Save As)] 대화상자를 엽니다. 파일 이름을 입력하고 '형식(Save as type)'에서 'PNG'를 선택한 후 [저장(Save)] 버튼을 클릭합니다.

PNG 옵션(PNG Options) 대화상자가 나타나면 기본 옵션을 그대로 둔 채 [확인(OK)] 버튼을 클릭하여 저장을 완료합니다.

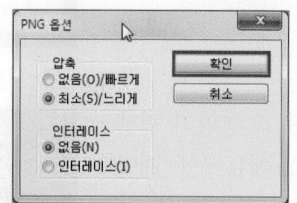

❷ 레이어 스타일과 필터를 활용하여 문자 꾸미기

레이어 스타일과 필터를 활용하여 다음과 같은 이미지 문자를 만들어 보도록 하겠습니다.

01 [파일(File)]−[새로 만들기(New)] 메뉴를 선택하거나, Ctrl+N을 눌러 새로운 문서를 열어줍니다.
[새로 만들기(new)] 대화상자에서 '폭(Width) : 250픽셀, 높이(Height) : 100픽셀, 해상도(Resolution) 72픽셀/인치, 배경 내용(Background Contents) : 흰색(White)'으로 설정한 후 [확인(OK)] 버튼을 클릭합니다.

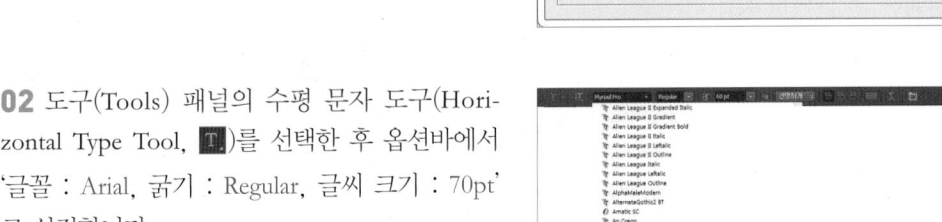

02 도구(Tools) 패널의 수평 문자 도구(Horizontal Type Tool, ⊤)를 선택한 후 옵션바에서 '글꼴 : Arial, 굵기 : Regular, 글씨 크기 : 70pt'로 설정합니다.

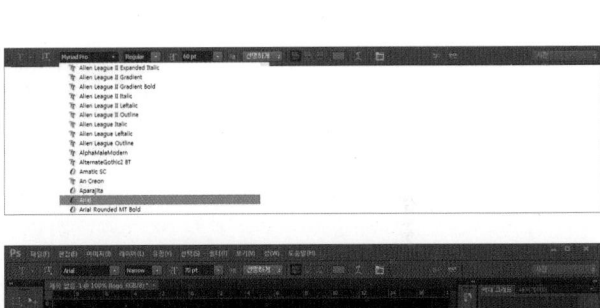

도큐먼트에 다음과 같이 'logo'라는 글자를 입력합니다.

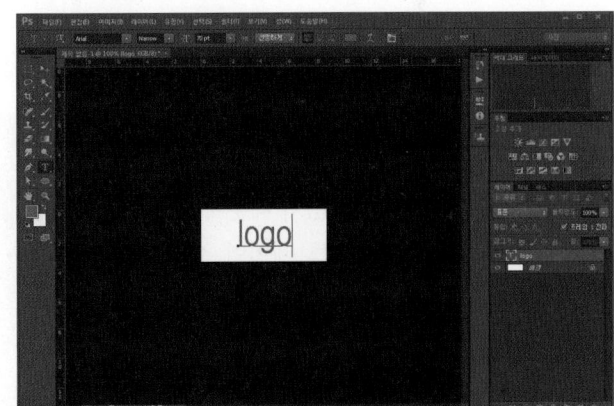

03 문자 레이어를 이용한 효과를 만들기 위해
문자 레이어를 다음과 같은 방법으로 복사합니
다. [레이어(Layer)] 패널에서 'logo' 레이어를 선
택한 후, 새 레이어 버튼(Create a new layer, 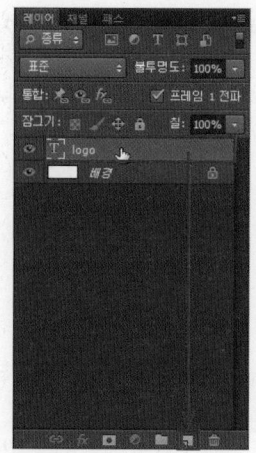)
에 드래그하여 끌어다 놓거나 Ctrl + J 를 누릅
니다.

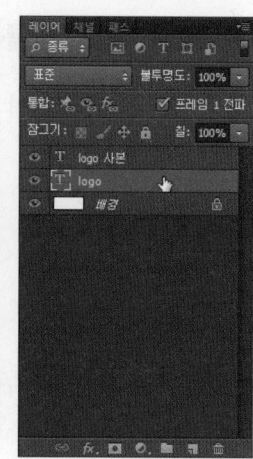

04 문자 레이어 중에서 아래 레이어를 선택한 후 [레이어(Layer)]–[레이어 스타일(Layer Style)]–[그레이디언트
오버레이(Gradient Overlay)] 메뉴를 선택합니다. 또는 [레이어(Layer)] 패널에서 레이어 이름의 옆 공간 부분을
더블 클릭하면 [레이어 스타일(Layer Style)] 대화상자가 나타납니다.

05 [레이어 스타일(Layer Style)] 대화상자의 [그
레이디언트 오버레이(Gradient Overlay)]에서 그
레디언트 종류를 선택한 후 [확인(OK)] 버튼을
클릭합니다.

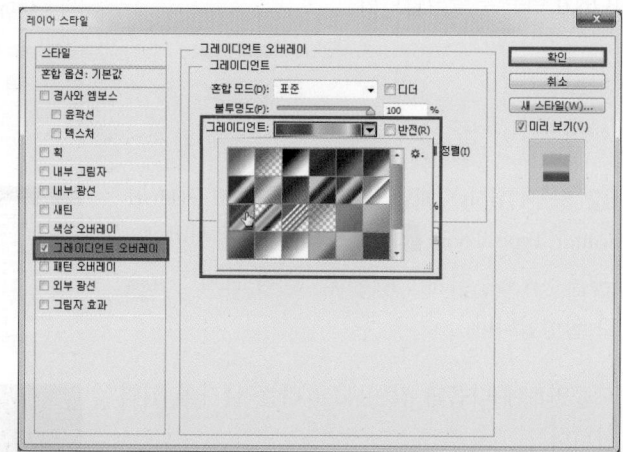

레이어 스타일 지정이 끝난 뒤 작업 중인 문서를
살펴보면 다음과 같이 나타납니다. 가장 위 레이
어가 아래 레이어를 가리고 있기 때문에 아래 레
이어에 들어간 그레이디언트 레이어 스타일은
보이지 않는 상태입니다.

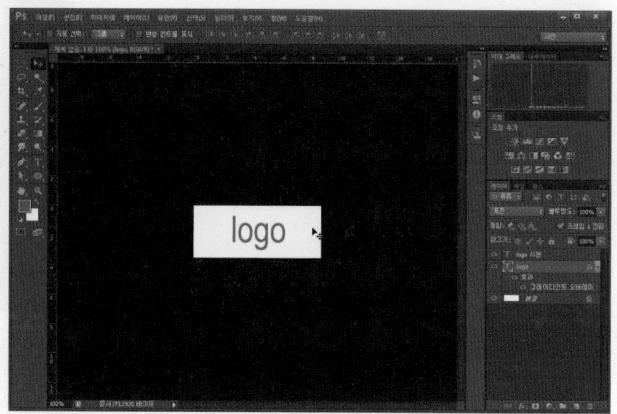

06 문자에 필터를 적용해보겠습니다.
스타일이 적용된 레이어를 선택한 상태에서 [필
터(Filter)]-[흐림 효과(Blur)]-[가우시안 흐림 효
과(Gaussian Blur)] 메뉴를 선택합니다.

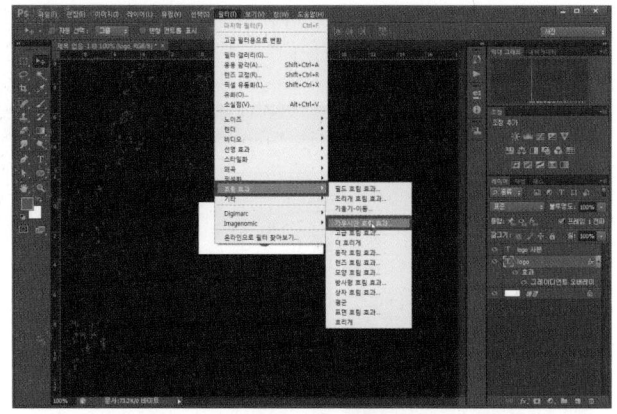

문자 레이어가 벡터 레이어이기 때문에 다음과
같은 경고 메시지 창이 나타나면 [확인(OK)] 버
튼을 클릭합니다. 그렇게 하면 문자 레이어가 래
스터화 되어 픽셀 이미지로 변경됩니다.

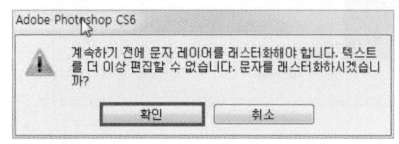

[가우시안 흐림 효과(Gaussian Blur)] 대화상자
에서 '반경 : 2.5'로 설정하고 [확인(OK)] 버튼을
클릭합니다.

07 이번에는 가장 위에 있는 문자 레이어의 글자의 색상을 흰색으로 변경해주겠습니다.
문자 레이어에서 축소판(Thumbnail) 부분(🅣)을 더블 클릭하면 빠르게 전체 문자를 선택할 수 있습니다.

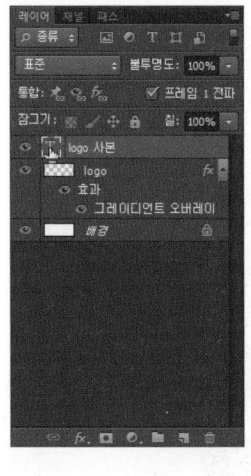

문자가 선택되면 옵션바에서 색상 피커를 열고 글자 색상으로 흰색을 선택합니다. 또는 [도구(Tools)] 패널의 전경색을 변경해 주어도 됩니다.

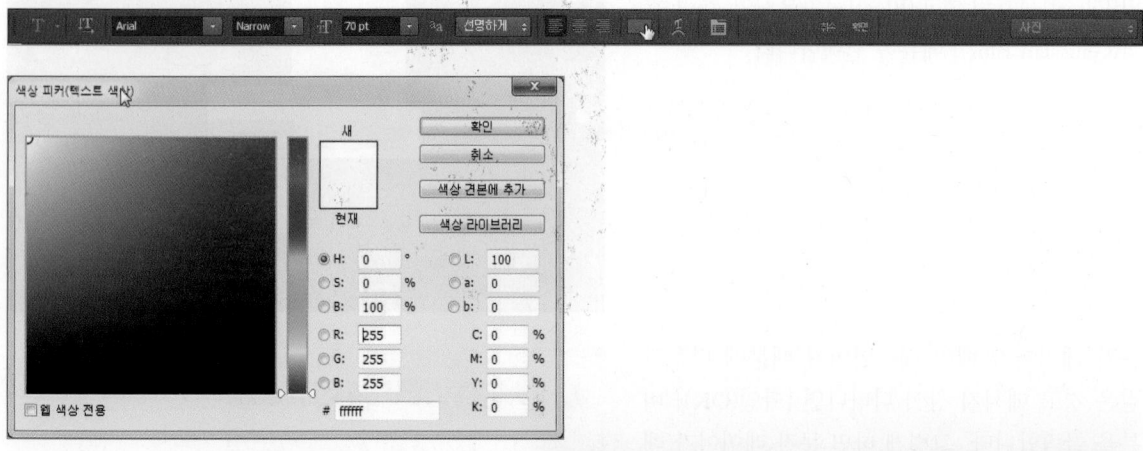

문자 색상을 흰색으로 변경하고 나면 다음과 같이 변경됩니다.

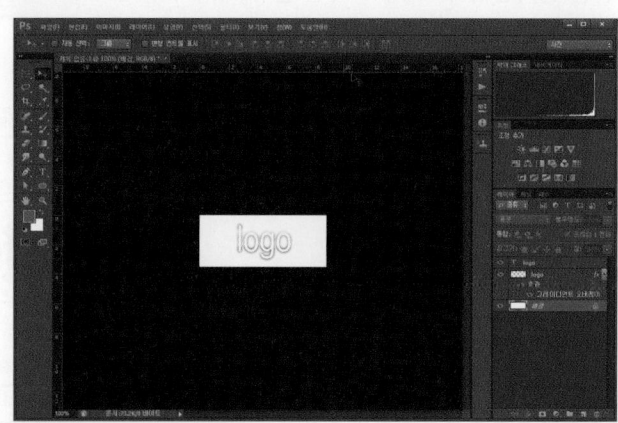

08 레이어를 정렬해보겠습니다.
[도구 (Tools)] 패널의 이동 도구(Move Tool, ⊕)를 선택하고 Ctrl 을 누른 상태에서 레이어(Layer) 패널의 모든 레이어를 클릭하여 모든 레이어를 선택합니다.

이후 이동 도구(Move Tool, ⊕) 옵션바에서 '수평 중앙 정렬 옵션(Vertical Centers)'과 '수직 가운데 정렬 옵션(Horizontal Centers)'을 클릭하면 글자 레이어와 무지개 효과를 준 레이어가 중앙으로 정렬됩니다.

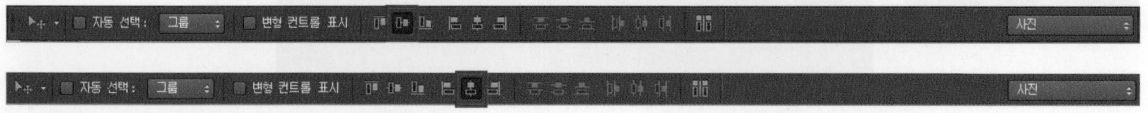

Illustrator 핵심 기능

핵심포인트 일러스트레이터의 핵심 기능은 도형을 활용한 심볼과 아이콘을 작성하는 작성입니다. 일러스트레이터를 활용하여 필요한 심볼이나 아이콘을 제작하는 방법을 익혀두시기 바랍니다.

1 오브젝트의 회전 기준점을 변경하여 복사하기

01 [파일(File)]-[새로 만들기(New)]를 선택하고 새 도큐멘트를 만듭니다. 도구 패널의 원형 도구(Ellipse Tool, ●)를 사용하여 길쭉한 타원을 그린 후 '면 : 임의의 색상, 테두리 : 없음'을 지정합니다.

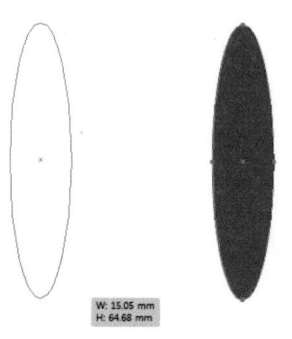

02 그려진 오브젝트의 회전 기준점을 이동시키기 위해 도구 패널의 회전 도구(Rotate Tool, ◐)를 선택하고, [Alt]를 누른 채 도형을 클릭하고 곧바로 가운데에 있는 회전 기준점을 아래로 드래그합니다.

03 기준점 이동 후 [회전(Rotate)] 대화상자가 나타나면 '각도(Angle) : 15°'로 설정하고 [복사(Copy)] 버튼을 클릭합니다.

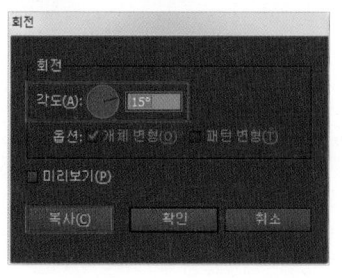

04 입력된 각도에 맞게 오브젝트가 복사되면 계
속해서 도형을 복사하기 위해 Ctrl+D를 누릅
니다.

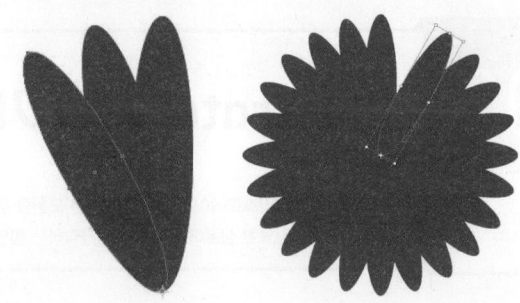

▶ **오브젝트 변형 반복하기(Ctrl+D)**

Ctrl+D를 선택하면 이전에 했던 오브젝트 변형 명령이 반복되어 실행됩니다. 따라서 같은 명령을 여러 번 반복할 때
Ctrl+D를 사용하면 편리합니다. Ctrl+D 대신 [오브젝트(Object)]-[변형(Transform)] 메뉴에서 [변형 반복(Transform
Again)]을 선택해도 됩니다.

05 원하는 모양이 만들어질 때까지 Ctrl+D를
반복해서 눌러 모양을 완성합니다.

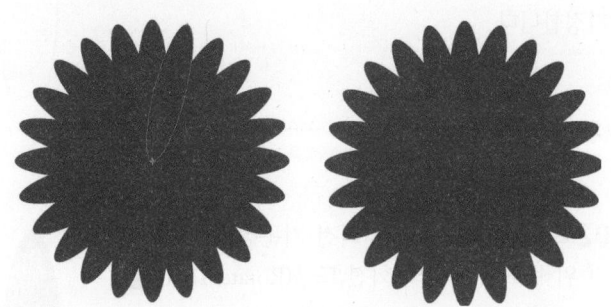

② [왜곡과 변형]을 이용하여 복사하기

01 [파일(File)]–[새로 만들기(New)]를 선택하고 새 도큐멘트를 만듭니다. 도구 패널의 원형 도구(Ellipse Tool, )로 길쭉한 도형을 그린 후 '면 : 임의의 색상, 테두리 : 없음'을 지정합니다.

02 도형을 그린 후 [효과(Effect)]–[왜곡과 변형(Distort & Transform)] 메뉴에서 [변형(Transform)]을 선택합니다.

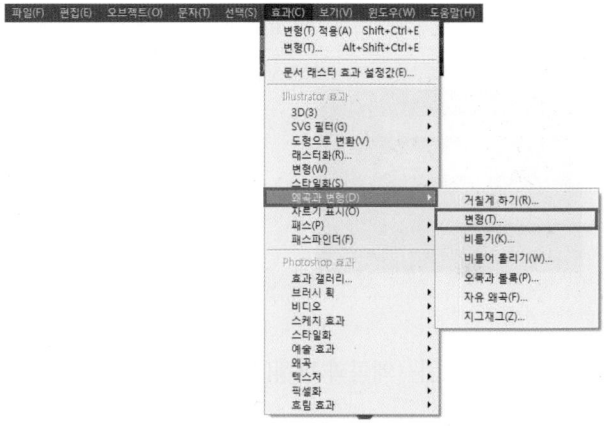

03 [변형 효과(Transform Effect)] 대화상자에서 '각도(Angle) : 30°, 사본(Copies) : 5'로 입력하고 [확인(OK)]을 클릭합니다. 이미 1개의 도형이 있으므로 30°씩 5개의 도형을 더 그리게 되어 빠르게 모양이 완성됩니다.

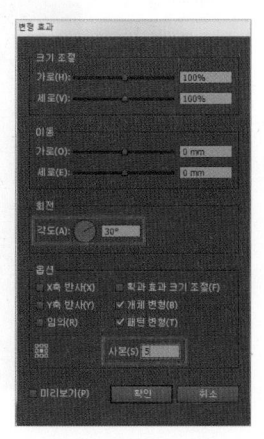

③ 방사형 심볼 그리기

01 [파일(File)]-[새로 만들기(New)]를 선택하
고 새 도큐멘트를 만듭니다. 원형 도구(Ellipse
Tool, ◉)를 선택하고 Shift 키를 누른 채 드래
그하여 정원을 그린 후 '면 : 임의의 색상, 테두
리 : 없음'을 지정합니다. 이후 옵션바에서 '폭
(width) : 25mm, 높이(height) : 25mm'로 수정합
니다.

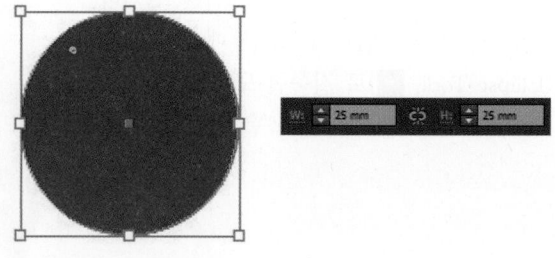

🅑 기적의 TIP

원형을 그리자마자 원형을 클릭하면 나타나게 되는 [원형(Ellipse)] 대화상자에서도 원형의 너비(폭)와 높이 값을 입력하실 수 있습니다.

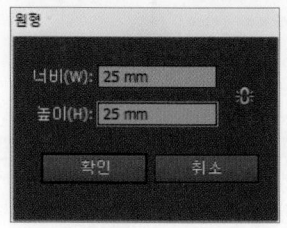

02 [효과(Effect)]-[왜곡과 변형(Distort & Transform)] 메뉴에서 [변형(Transform)]을 선택합니다.

03 [변형 효과(Transform Effect)] 대화상자
에서 '크기 조절(Scale)'에서 가로(Horizontal) :
80%, 세로(Vertical) : 80%', '이동(Move)에서 세
로(Vertical) : 30mm', '옵션(Option)에서 사본
(Copies) : 10'으로 입력한 후 [확인(OK)]을 클릭
합니다.

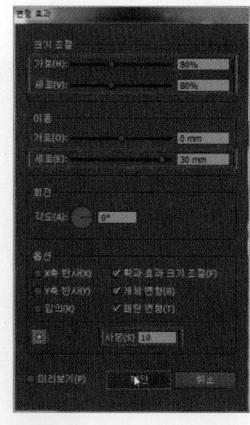
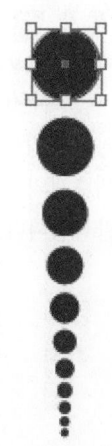

🅑 기적의 TIP

CS4 버전 이하에서는 도형이 복사되는 방향이 반대로 나타날 수 있습니다. 이때는 세로(Vertical) 값에 음수(-30mm)를 입력하면 됩니다.

04 도형이 완성되면 다시 [효과(Effect)]−[왜곡과 변형(Distort & Transform)] 메뉴에서 [변형(Transform)]을 선택합니다. 경고 메시지 창이 나타나면 [새 효과 적용(Apply New Effect)] 버튼을 클릭합니다.

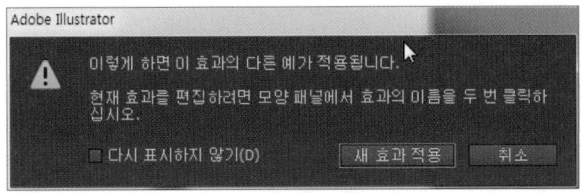

05 [변형 효과(Transform Effect)] 대화상자에서 '각도(Angle) : 36°, 사본(Copies) : 10'을 입력합니다. 이때 회전 기준점(▦)을 위쪽으로 변경하고 [확인(OK)] 버튼을 클릭합니다.

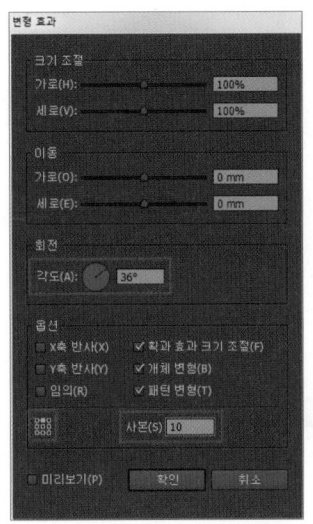

06 다음과 같이 방사형 도형이 완성됩니다.

왜곡과 변형(Distort & Transform)에 의해 만들어진 도형들은 크기 변경이나 회전을 시킬 때 처음 그린 도형에 종속되어 있는 상태로 변경됩니다. 따라서 복사에 의해 만들어진 도형의 일부를 선택하거나 일부 도형만 별도로 변경할 수 없습니다. 만일 복사에 의해 만들어진 도형들이 처음 그린 도형에 종속되지 않게 하고 동등한 속성을 가진 개별 개체가 되게 하려면 [오브젝트(Object)] - [모양 확장(Expand Appearance)] 메뉴를 선택하여 도형을 확장시키면 됩니다.

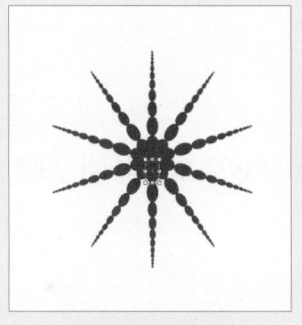

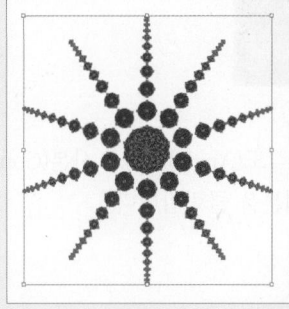

〈모양 확장을 안 한 경우〉

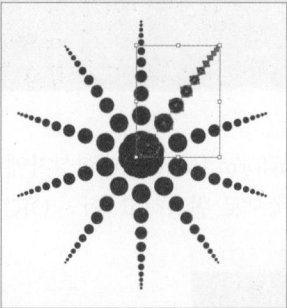

〈모양 확장을 한 경우〉

④ 로고 심볼 그리기

01 [파일(File)]-[새로 만들기(New)]를 선택하고 새 도큐멘트를 만듭니다. 원형 도구(Ellipse Tool, ◉)를 사용하여 타원을 그린 후 '면 : 임의의 색상, 테두리 : 없음'을 지정하고 옵션바에서 '폭(Width) : 15mm, 높이(Height) : 50mm'를 입력합니다.

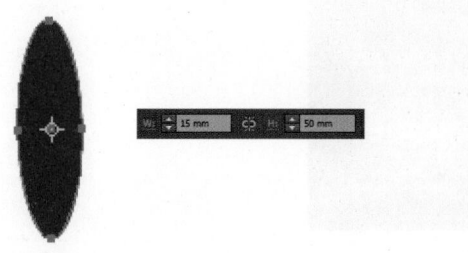

02 그려진 오브젝트의 회전 기준점을 이동시키기 위해 도구 패널에서 회전 도구(Rotate Tool, ◉)를 선택하고, [Alt]를 누른 채 도형을 클릭하고 곧바로 가운데에 있는 회전 기준점을 수직으로 아래로 드래그합니다.

03 기준점 이동 후 [회전(Rotate)] 대화상자가 나타나면 '각도(Angle) : 15˚'를 입력하고 [확인(OK)] 버튼을 클릭합니다.

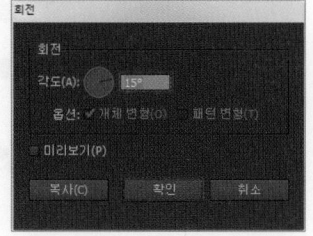

04 도형이 회전되면 [효과(Effect)]-[왜곡과 변형(Distort & Transform)] 메뉴에서 [변형(Transform)]을 선택합니다. '크기 조절(Scale)에서 가로(Horizontal) : 102%, 세로(Vertical) : 102%', '이동(Move)에서 가로(Horizontal) : 10mm', '회전에서 각도(Angle) : 30°', '옵션(Option)에서 회전 기준점 : 오른쪽 상단(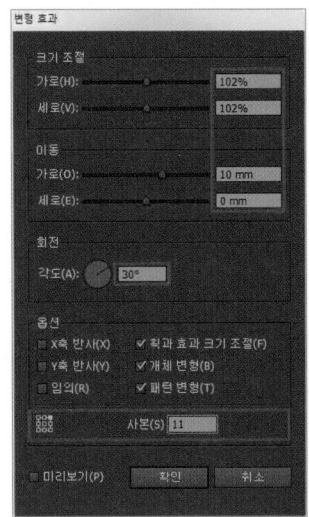), 사본(Copies) : 11'으로 입력한 후 [확인(OK)] 버튼을 클릭합니다.

05 다음과 같이 크기와 각도가 변형된 도형이 만들어지게 됩니다.

최신 기출 유형 문제

이 파트에서 스타일 시트는 클래스 선택자를 위주로 사용하였습니다. 그렇지만 스타일 시트 문법에 익숙한 경우 얼마든지 필요에 따라 선택자뿐만 아니라 스타일 자체도 변경해서 작성하여도 됩니다. 스타일과 자바스크립트 부분은 시험 조건에 자세히 주어지지 않으므로 웹 표준만 지킨다면 수험자 임의로 자유롭게 지정할 수 있습니다.

회차	주제	와이어프레임	레이아웃	슬라이드 효과	탭	레이어
01회	World Festival (유형 : C-3, C-4)		세로형	Fade-in, Fade-out	공지사항, 갤러리 각 탭 별도 구성	모달 레이어
02회	코리아은행 (유형 : A-1, B-1)		가로형	좌-우, 우-좌 슬라이드	공지사항/ 갤러리 탭 구성	레이어 팝업창
03회	한국투어 (유형 : A-2, A-4, B-2, B-4)		가로형	Fade-in, Fade-out	공지사항, 갤러리 각 탭 별도 구성	모달 레이어
04회	전국 미술작품 (유형 : A-3, B-3)		가로형	위-아래, 아래-위 슬라이드	공지사항/ 갤러리 탭 구성	레이어 팝업창
05회	세계맛기행 축제 (유형 : C-3, C-4)		세로형	좌-우, 우-좌 슬라이드	공지사항, 갤러리 각 탭 별도 구성	모달 레이어

회차	주제	와이어프레임	레이아웃	슬라이드 효과	탭	레이어
06회	연꽃마을축제 (유형 : C-1, C-2)		세로형	Fade-in, Fade-out	공지사항, 갤러리 각 탭 별도 구성	모달 레이어
07회	ON쇼핑몰 (유형 : A-1, B-1)		가로형	Fade-in, Fade-out	공지사항/ 갤러리 탭 구성	레이어 팝업창 (모달 레이어)
08회	알뜰 식자재몰 (유형 : D-3, D-4)		세로형	위-아래, 아래-위 슬라이드	공지사항, 갤러리 각 탭 별도 구성	레이어 팝업창
09회	행복봉사단 (유형 : D-1, D-2)		세로형	위-아래, 아래-위 슬라이드	공지사항/ 갤러리 탭 구성	레이어 팝업창
10회	별빛 정원 (유형 : E-1, E-2, E-3, E-4)		세로형	좌-우, 우-좌 슬라이드	공지사항, 갤러리 각 탭 별도 구성	모달 레이어
11회	기능건설 (유형 : F)		가로형	Fade-in, Fade-out	공지사항, 갤러리 탭 구성	레이어 팝업창

SECTION

01회

최신 기출 유형 문제

▶ 합격 강의

반복학습 1 2 3 작업파일 [PART 04 〉 기출유형문제 01회 〉 수험자 제공 파일]을 열어서 작업하세요.

[공개 문제 유형 : C-3, C-4]

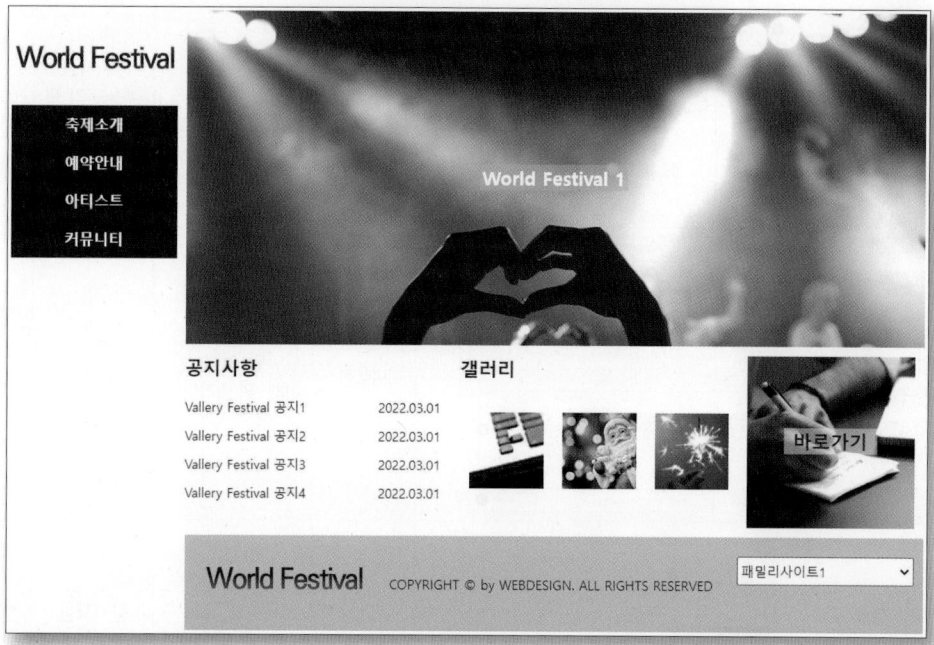

World Festival 웹사이트 제작

자격 종목	웹디자인개발기능사	과제명	World Festival

※ 시험시간 : 3시간

1. 요구사항

※ 다음 요구사항을 준수하여 주어진 자료(수험자 제공 파일)를 활용하여 시험시간 내에 웹페이지를 제작 후 5MB **용량이 초과되지 않게** 저장 후 제출하시오.

※ 웹페이지 코딩은 **HTML5 기준 웹 표준**을 준수하여야 하며, 요구사항에 지정되지 않는 요소들은 주제 특성에 맞게 자유롭게 디자인하시오.

※ 문제에서 지시하지 않은 와이어프레임 영역 비율, 레이아웃, 텍스트의 글자체/색상/크기, 요소별 크기, 색상 등은 수험자가 과제명(가.주제) 특성에 맞게 자유롭게 디자인하시오.

가. 주제 : World Festival 홈페이지 제작

나. 개요

「World Festival」 축제 홍보를 위하여 홈페이지를 제작하려고 한다. 음악공연과 미디어아트, 드론라이브쇼, 전시 등의 프로그램이 예정되어 있는 웹사이트 제작을 요청하였다. 아래의 요구사항에 따라 메인 페이지를 제작하시오.

다. 제작 내용

01) 메인 페이지를 디자인하고 HTML, CSS, JavaScript 기반의 웹페이지를 제작한다. (이때 jQuery 오픈소스, 이미지, 텍스트 등의 제공된 리소스를 활용하여 제작할 수 있다.)

02) HTML, CSS의 charset은 utf-8로 해야 한다.

03) 컬러 가이드

주조색 (Main color)	보조색 (Sub color)	배경색 (Background color)	기본 텍스트의 색 (Text color)
자유롭게 지정	자유롭게 지정	#FFFFFF	#333333

04) 사이트 맵(Site map)

Index page / 메인(Main)				
메인 메뉴(Main menu)	축제소개	예약안내	아티스트	커뮤니티
서브 메뉴(Sub menu)	Festival소개 행사장 안내 조직위원회	예약하기 예약확인/취소 단체예약문의	두유노킹콩 우기욱이 예공주 우빈밴드	공지사항 사진갤러리 영상갤러리

자격 종목	웹디자인개발기능사	과제명	World Festival

05) 와이어프레임(Wireframe)

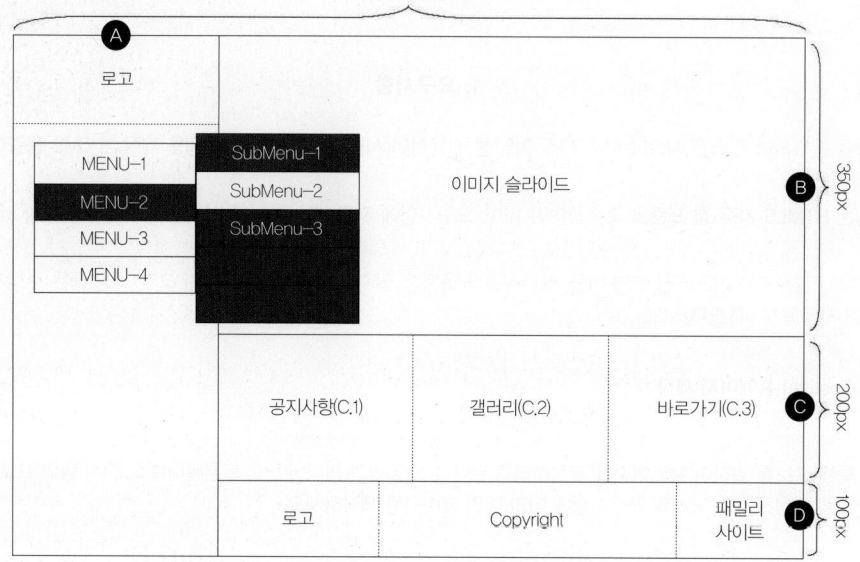

〈C영역 각각의 넓이는 수험자가 판단〉

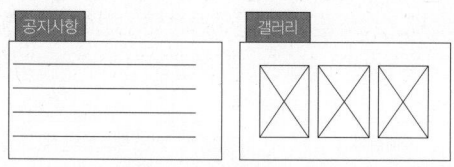

〈공지사항, 갤러리 별도 구성〉

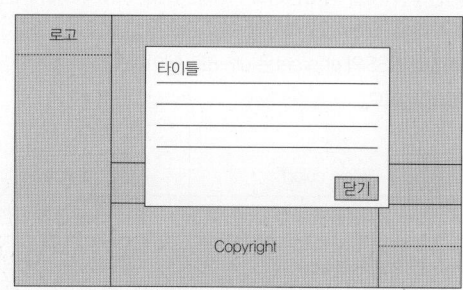

〈모달 레이어 팝업 구성〉

자격 종목	웹디자인개발기능사	과제명	World Festival

라. 세부 영역별 지시사항

영역 및 명칭	세부 지시사항
Ⓐ Header	**A.1. 로고** ○ Header 폴더에 제공된 로고를 삽입한다. 로고의 색은 과제명(가. 주제)에 맞게 반드시 변경하여야 한다. ※ 로고의 크기 변경 시, 가로 세로 비율(종횡비, Aspect ratio)을 유지하여야 한다(가로 세로 비율을 유지하며 크기 변경 가능). **A.2. 메뉴 구성** ※ 사이트 구조도를 참고하여 메인 메뉴(Main menu)와 서브 메뉴(Sub menu)로 구성한다. **(1) 메인 메뉴(Main menu) 효과 [와이어프레임 참조]** ○ 메인 메뉴 중 하나에 마우스를 올리면(Mouse over) 하이라이트 되고, 벗어나면(Mouse out) 하이라이트를 해제한다. ○ 메인 메뉴를 마우스로 올리면(Mouse over) 서브 메뉴 영역이 부드럽게 나타나면서, 서브 메뉴가 보이도록 한다. ○ 메인 메뉴에서 마우스 커서가 벗어나면(Mouse out) 서브 메뉴 영역은 부드럽게 사라져야 한다. **(2) 서브 메뉴 영역 효과** ○ 서브 메뉴 영역은 메인 페이지 콘텐츠를 고려하여 배경색상을 설정한다. ○ 서브 메뉴 중 하나에 마우스를 올리면(Mouse over) 하이라이트 되고 벗어나면(Mouse out) 하이라이트를 해제한다. ○ 마우스 커서가 메뉴 영역을 벗어나면(Mouse out) 서브 메뉴 영역은 부드럽게 사라져야 한다.
Ⓑ Slide	**B. Slide 이미지 제작** ○ [Slide] 폴더에 제공된 3개의 이미지로 제작한다. ○ [Slide] 폴더에 제공된 3개의 텍스트를 각 이미지에 적용하되, 텍스트의 글자체, 굵기, 색상, 크기를 적절하게 설정하여 가독성을 높이고, 독창성이 드러나도록 제작한다. **B. Slide 애니메이션 작업** ※ 위에서 작업한 결과물을 이용하여 슬라이드 작업을 한다. ○ 이미지 슬라이드는 Fade-in, Fade-out 효과를 이용하여 제작한다.(하나의 이미지가 서서히 사라지고, 다른 이미지가 서서히 나타나는 효과이다.) ○ 슬라이드는 매 3초 이내로 하나의 이미지에서 다른 이미지로 전환되어야 한다. ○ 웹사이트를 열었을 때 자동으로 시작되어 반복적으로(마지막 이미지가 사라지면 다시 첫 번째 이미지가 나타나는 방식) 전환되어야 한다.
Ⓒ Contents	**C.1. 공지사항** ○ 공지사항 타이틀 영역과 콘텐츠 영역을 구분하여 표현해야 한다.(단, 콘텐츠는 HTML 코딩으로 작성해야 하며, 이미지로 삽입하면 안 된다.) ○ 콘텐츠는 Contents 폴더의 제공된 텍스트를 적용하여 제작한다. ○ 공지사항의 첫 번째 콘텐츠를 클릭(Click)할 경우 레이어 팝업창(Modal Pop_up)이 나타나며 닫기 버튼을 누르면 해당 팝업창이 닫혀야 한다. [와이어프레임 참조] ○ 레이어 팝업의 제목과 내용은 Contents 폴더의 제공된 텍스트 파일을 사용한다. **C.2. 갤러리** Contents 폴더의 제공된 이미지 3개를 사용하여 가로 방향으로 배치한다. [와이어프레임 참조] **C.3. 바로가기** ○ Contents 폴더의 제공된 파일을 활용하여 편집 또는 디자인하여 제작한다.
Ⓓ Footer	○ 로고를 grayscale(무채색)로 변경하고 사용자의 접근성을 고려하여 배치한다. ○ Footer 폴더의 제공된 텍스트를 사용하여 Copyright, 패밀리 사이트를 제작한다.

마. 기술적 준수사항

01) 웹페이지 코딩은 HTML5 기준 웹 표준을 준수하여야 하며 HTML **유효성 검사(W3C validator)에서** 오류('ERROR')가 없어야 한다.
   ※ HTML 유효성 검사 서비스는 시험 시 제공하지 않는다(인터넷 사용 불가).

02) **CSS는 별도의 파일로 제작하여 링크**하여야 하며, CSS3 기준(**W3C validator**)에서 오류('ERROR')가 없도록 코딩되어야 한다.

03) JavaScript 코드는 별도의 파일로 제작하여 연결하여야 하며 브라우저(**Google Chrome**)에 내장된 개발도구의 Console 탭에서 오류('ERROR')가 표시되지 않아야 한다.

04) 별도로 지정하지 않은 상호작용이 필요한 모든 콘텐츠(로고, 메뉴, 버튼, 바로가기 등)는 임시 링크(예:#)를 적용하고 'Tab'(Tab) 키로 이동 선택할 수 있어야 한다.

05) 사이트는 다양한 화면 해상도에서 일관성 있는 페이지 레이아웃을 제공해야 한다.

06) 웹페이지 전체 레이아웃은 Table 태그 사용이 아닌 CSS를 통한 레이아웃 작업으로 해야 한다.

07) 브라우저에서 CSS를 "사용 안 함"으로 설정한 경우 콘텐츠가 세로로 나열된다.

08) 타이틀 텍스트(Title text), 바디 텍스트(Body text), 메뉴 텍스트(Menu text)의 각 글자체/굵기/색상/크기 등을 적절하게 설정하여 사용자가 텍스트 간의 위계질서(Hierarchy)를 직관적으로 알 수 있도록 한다.

09) 모든 이미지에는 이미지에 대한 대체 텍스트를 표현할 수 있는 alt 속성이 있어야 한다.

10) 제작된 사이트 메인 페이지의 레이아웃, 구성 요소의 크기 및 위치 등은 최신 버전의 **MS Edge와 Google Chrome**에서 동일하게 표시되어야 한다.

바. 제출 방법

01) 수험자는 비번호로 된 폴더명으로 완성된 작품 파일을 저장하여 제출한다.

02) 폴더 안에는 images, script, css 등의 자료를 분류하여 저장한 폴더도 포함되어 있어야 하며, 메인 페이지는 반드시 최상위 폴더에 index.html로 저장하여 제출해야 한다.

03) 수험자는 제출하는 폴더에 index.html을 열었을 때 연결되거나 표시되어야 할 모든 리소스들을 포함하여 제출해야 하며 수험자의 컴퓨터가 아닌 채점 위원의 컴퓨터에서 정상 작동해야 한다.

04) 전체 결과물의 용량은 5MB용량이 초과되지 않게 제출하며 ai, psd 등 웹서비스에 사용되지 않는 파일은 제출하지 않는다.

2. 수험자 유의사항

※ 다음의 유의사항을 고려하여 요구사항을 완성하시오.

01) 수험자 인적사항 및 답안작성은 반드시 검은색 필기구만 사용하여야 하며, 그 외 연필류, 유색 필기구, 지워지는 펜 등을 사용한 답안은 채점하지 않으며 0점 처리됩니다.

02) 수험에 필요한 소프트웨어 및 참고자료가 하드웨어에 설치되어 있는지 확인 후 작업하시오.

03) 참고자료의 내용 중 오자 및 탈자 등이 있을 때는 수정하여 작업하시오.

04) 지참공구[수험표, 신분증, 흑색 필기도구] 이외의 참고자료 및 외부장치(CD, USB, 키보드, 마우스, 이어폰) 등 **어떠한 물품도 시험 중에 지참할 수 없음**을 유의하시오(단, 시설목록 이외의 정품 소프트웨어(폰트 제외)를 설치하고자 할 때에는 감독위원의 입회하에 설치하여 사용하시오).

05) 수험자가 컴퓨터 활용 미숙 등으로 인해 시험의 진행이 어렵다고 판단되었을 때는 감독위원은 시험을 중지시키고 실격처리를 할 수 있음을 유의하시오.

06) **바탕 화면에 수험자 본인의 "비번호" 이름을 가진 폴더에 완성된 작품의 파일만을 저장하시오.**

자격 종목	웹디자인개발기능사	과제명	World Festival

07) 모든 작품을 감독위원 또는 채점위원이 검토하여 복사된 작품(동일 작품)이 있을 때에는 관련된 수험자 모두를 부정행위로 처리됨을 유의하시오.

08) 장시간 컴퓨터 작업으로 신체에 무리가 가지 않도록 적절한 몸풀기(스트레칭) 후 작업하시오.

09) **다음 사항에 대해서는 실격에 해당되어 채점 대상에서 제외됩니다.**

　가) 수험자 본인이 수험 도중 시험에 대한 포기(기권) 의사를 표시하고 포기하는 경우

　나) 작업 범위(용량, 시간)를 초과하거나, 요구사항과 현격히 다른 경우(채점위원이 판단)

　다) <u>Slide가 JavaScript(jQuery포함), CSS 중 하나 이상의 방법을 이용하여 제작되지 않은 경우</u>
　　<u>※ 움직이는 Slide를 제작하지 않고 이미지 하나만 배치한 경우도 실격처리 됨</u>

　라) 수험자 미숙으로 비번호 폴더에 완성된 작품 파일을 저장하지 못했을 경우

　마) 압축프로그램을 사용하여 작품을 압축 후 제출한 경우

　바) 과제 기준 20% 이상 완성되지 않은 경우(채점위원이 판단)

3. 지급재료 목록

일련번호	재료명	규격	단위	수량	비고
1	수험자료 USB 메모리	32GB 이상	개	1	시험장당
2	USB 메모리	32GB 이상	개	1	시험장당 1개씩(채점위원용) ※ 수험자들의 작품 관리

※ 국가기술자격 실기 시험 지급재료는 시험종료 후(기권, 결시자 포함) 수험자에게 지급하지 않습니다.

단계별 작업 / 따라하기

1 STEP **HTML5 표준 문서 준비**   약 10분

❶ HTML5 버전 index.html 만들기

시험장에서는 문제를 풀기 전 컴퓨터 바탕 화면에 본인에게 부여된 '비번호' 이름의 폴더를 생성하고, 폴더 안에 주어진 제공 파일들을 미리 저장해둡니다. 시험장에서 모든 작업은 바탕 화면의 '비번호' 폴더에 저장해야 합니다. 본 교재에서는 바탕 화면에 생성한 작업 폴더명을 과제명인 'WorldFestival'으로 설정하고 작업을 진행합니다.

비주얼 스튜디오 코드를 사용할 경우 다음과 같이 시작합니다.

01 Visual Studio Code를 실행합니다.
[시작하기 화면]-[폴더 열기]를 선택하여 작업할 폴더를 지정합니다. 시작하기 화면이 보이지 않는 경우, 상단 메뉴 표시줄에서 [파일]-[폴더 열기]를 눌러 작업할 폴더를 지정합니다.

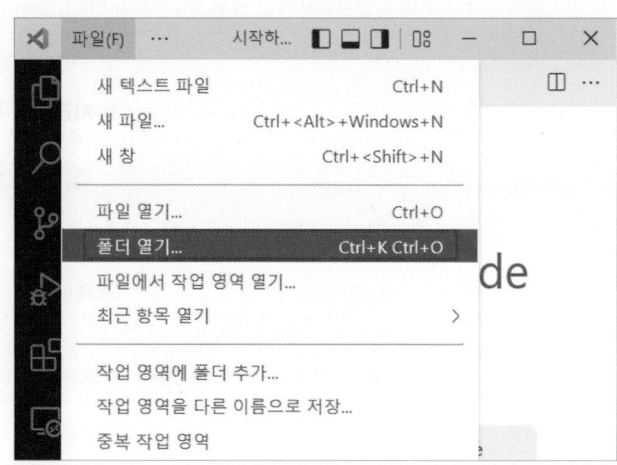

기적의 TIP

이 책에서는 웹 문서 편집 프로그램으로 Visual Studio Code를 사용하였습니다. 시험장에서는 Notepad++나 EditPlus도 제공하니 각 프로그램의 인터페이스나 특징을 살펴본 후 가장 편하고 익숙한 프로그램을 사용할 것을 권합니다.

---

02 바탕 화면에 생성해두었던 작업할 폴더를 선택합니다.

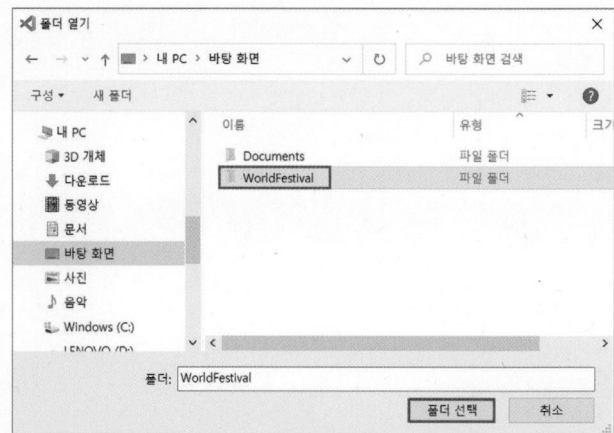

03 HTML5 버전의 문서를 만들기 위해 Visual Stduio Code 왼쪽 화면의 '탐색기'에서 작업 중인 폴더에 마우스를 올립니다.

폴더의 오른쪽에 [새 파일] 아이콘이 생기면 클릭합니다.

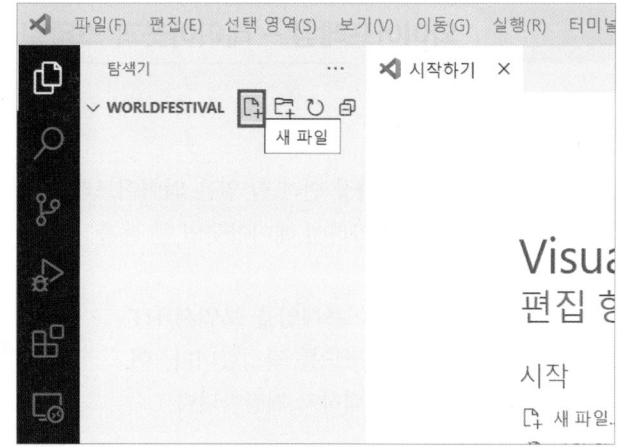

04 작업 폴더의 하위리스트에 새로운 파일이 생성되면 파일명을 'index.html'로 입력한 후 Enter 를 누르거나 여백을 클릭합니다. 파일이 정상적으로 생성되면 오른쪽 코드창에 'index.html' 파일이 열린 것을 확인할 수 있습니다.

Visual Studio Code에서 생성한 파일은 윈도우 탐색기에서도 확인할 수 있습니다.

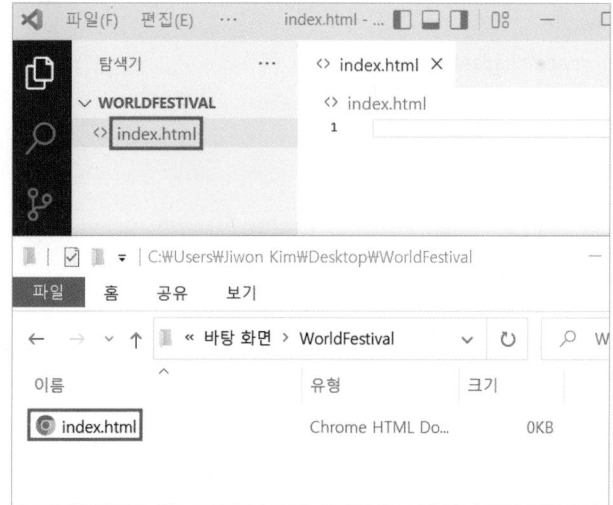

05 코드 창에서 'index.html' 문서에 HTML5 문서 형식에 맞추어 코드를 입력합니다.

```
<!DOCTYPE html>
<html>
<head>
  <meta charset="utf-8">
  <title>World Festival</title>
</head>

<body>
</body>
</html>
```

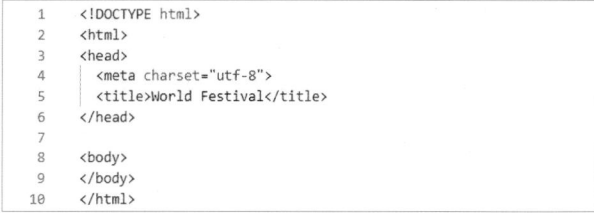

```
1   <!DOCTYPE html>
2   <html>
3   <head>
4     <meta charset="utf-8">
5     <title>World Festival</title>
6   </head>
7
8   <body>
9   </body>
10  </html>
```

기적의 TIP

HTML5 문서는 문서의 시작과 끝, 본문의 시작과 끝을 알리는 태그를 사용하여 코딩을 시작합니다. 이때 HTML5 표준 문서의 선언부인 〈!DOCTYPE HTML〉(대소문자 구분 없음)를 정확히 기입해야 합니다. 또 문자셋(charset)도 주어진 조건에 맞게 기입합니다.

① 레이아웃 작성하기

웹 페이지를 제작할 때 가장 먼저 할 일은 와이어프레임에 맞게 레이아웃을 작성하는 것입니다. 문제에 주어진 구조와 값(수치) 등을 파악하여 레이아웃의 큰 틀을 지정한 후 각 영역의 내용을 채워갑니다.

01 먼저 시험지의 와이어프레임을 보면서 HTML로 영역을 구분하는 코드를 작성합니다. 여기에서는 다음과 같이 입력하고 저장합니다.

```
<!DOCTYPE html>
<html>
<head>
  <meta charset="utf-8">
  <title>World Festival</title>
</head>

<body>

  <header>
    <div class="top">
      <div class="logo">
        로고 자리
      </div>
      <nav class="menu">
        메뉴 자리
      </nav>
    </div>
  </header>

<div class="imgslide">
  이미지 슬라이드 자리
</div>

<div class="contents">
  <div class="notice">
    공지사항 자리
  </div>

  <div class="gallery">
    갤러리 자리
  </div>
```

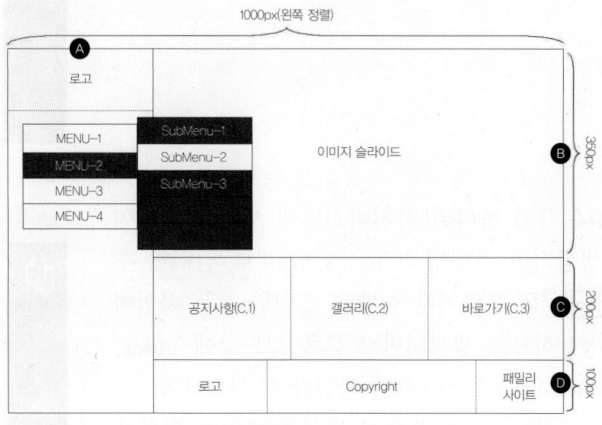

▲ 주어진 와이어프레임 조건

[index.html]

```
1   <!DOCTYPE html>
2   <html>
3   <head>
4     <meta charset="utf-8">
5     <title>World Festival</title>
6   </head>
7
8   <body>
9     <!--와이어프레임 왼쪽 시작-->
10    <header>
11      <div class="top"> <!--top:logo,menu-->
12        <div class="logo">
13          로고 자리
14        </div>
15        <nav class="menu">
16          메뉴 자리
17        </nav>
18      </div> <!--top 끝-->
19    </header>
20    <!--와이어프레임 왼쪽 끝-->
21
22    <!--와이어프레임 오른쪽 시작-->
23    <div class="imgslide"> <!--슬라이드이미지-->
24      이미지 슬라이드 자리
25    </div>
26
27    <div class="contents"> <!--contents:공지사항,갤러리,바로가기-->
28      <div class="notice">
29        공지사항 자리
30      </div>
31
32      <div class="gallery">
33        갤러리 자리
34      </div>
35
```

```
                                                      36        <div class="shortcut">
    <div class="shortcut">                            37            바로가기 자리
        바로가기 자리                                    38        </div>
    </div>                                            39    </div> <!--contents 끝-->
  </div>                                              40
                                                      41    <footer>
                                                      42        <div class="bottom"> <!--bottom:로고,Copyright,패밀리사이트-->
  <footer>                                            43            <div class="btlogo">
    <div class="bottom">                              44                로고 자리
        <div class="btlogo">                          45            </div>
            로고 자리                                   46            <div class="copy">
        </div>                                        47                Copyright 자리
        <div class="copy">                            48            </div>
            Copyright 자리                             49            <div class="familysite">
        </div>                                        50                패밀리사이트 자리
        <div class="familysite">                      51            </div>
            패밀리사이트 자리                            52        </div> <!--bottom 끝-->
        </div>                                        53    </footer>
    </div>                                            54    <!--와이어프레임 오른쪽 끝-->
  </footer>                                           55
                                                      56    </body>
</body>                                               57    </html>
</html>                                               58
```

기적의 TIP

- 각 영역을 구분할 수 있는 글자나 주석을 입력해두면 영역의 혼동없이 코딩 작업을 할 수 있습니다.
- HTML 문서에서 주석은 '⟨!--'로 시작하고 '--⟩'로 끝나도록 합니다. 단, 하이픈(-)이 세 개 이상 사용되지 않도록 주의합니다. 예를 들어 ⟨!----- 주석내용 ----⟩과 같이 입력하지 않아야 합니다.
- 웹 페이지 영역은 ⟨div⟩로 구분합니다. 각 영역에는 CSS 스타일 지정을 위해 미리 클래스(class) 이름을 지정합니다.
- class : 웹 페이지에 사용되는 요소의 이름을 명명하는 속성으로 스타일 시트(CSS) 파일에서 선언될 선택자 이름
- ⟨header⟩ : 헤더(머리글 섹션) 영역을 지정
- ⟨div class="top"⟩ : 로고와 메뉴 영역을 묶어주기 위한 영역 지정
- ⟨nav⟩ : 메뉴 탐색을 위한 내비게이션 영역 지정
- ⟨div class="imgslide"⟩ : 이미지 슬라이드 영역 지정
- ⟨div class="contents"⟩ : 콘텐츠(공지사항, 갤러리, 바로가기) 영역 지정
- ⟨footer⟩ : 푸터(바닥글 섹션) 영역 지정

---

02 파일 탐색기에서 작업 폴더를 찾아 'index. html' 문서를 '크롬(Chrome)' 브라우저에서 열어 작업 결과를 확인할 수 있습니다.

각 영역에 대한 스타일 지정이 되어있지 않기 때문에 글자들만 나타나는 것을 확인할 수 있습니다.

② 레이아웃 영역에 CSS 스타일 지정하기

다음으로 HTML로 작성한 레이아웃에 스타일을 지정하기 위해 CSS 작업을 합니다.

01 Visual Studio Code 왼쪽 화면의 탐색기에서 작업 중인 폴더에 마우스를 올립니다.
폴더 오른쪽에 [새 폴더] 아이콘이 생기면 클릭합니다.

02 작업 폴더의 하위 리스트에 새로운 폴더가 생성되면 폴더명을 'css'로 입력합니다. 새로 생성한 'css' 폴더에서 마우스 오른쪽 버튼을 클릭하고 [새 파일]을 선택합니다.

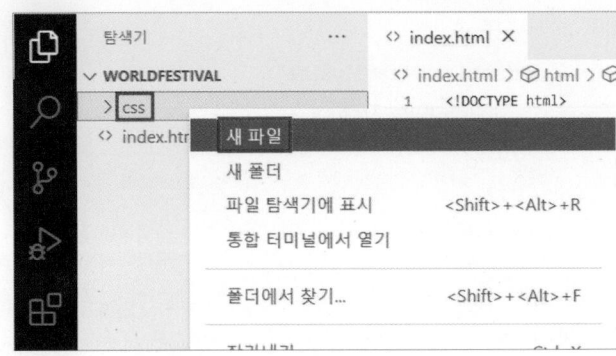

03 파일명을 'style.css'로 입력합니다. 파일이 정상적으로 생성되면 오른쪽 코드창에 'style.css' 파일이 열린 것을 확인할 수 있습니다.
문제 기준에 따라 'style.css' 코드 창에 문자 인코딩 방식을 지정하는 코드를 입력하고 저장합니다.
@charset "utf-8";

[index.html]

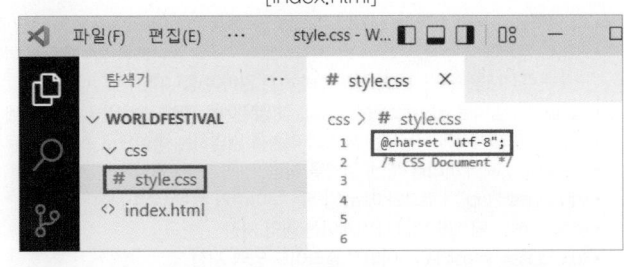

> **F 기적의 TIP**
>
> @(at) 규칙은 스타일 시트에 쓰이는 문자 인코딩을 지정할 때 사용합니다.

04 저장된 CSS 파일을 HTML과 연결하기 위해 'index.html' 문서의 〈head〉 태그 안에 다음과 같이 입력합니다.
<link href="css/style.css" type="text/css" rel="stylesheet">

[index.html]

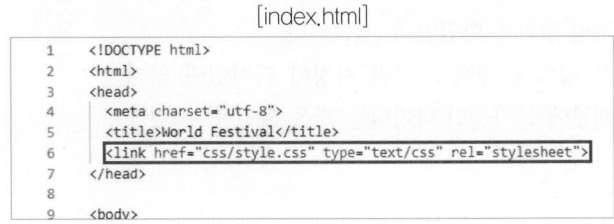

05 문서 연결이 끝나면, 다시 스타일 시트 'style .css' 문서로 돌아와서 다음과 같이 스타일을 입력합니다.

스타일을 지정할 때는 와이어프레임에 제시된 전체 가로폭 1000px, 배경색(Background color) #FFFFFF, 기본 텍스트의 색(Text color) #333333 등을 고려하여 지정합니다.

입력이 끝나면 [파일(File)]−[저장(Save)] 또는 단축키 Ctrl + S 를 선택하여 변경된 내용을 저장합니다.

```css
*{
    margin:0 auto;
    padding:0;
    list-style:none;
    font-family:"맑은 고딕";
    color:#333333;
}
body{
    width:1000px;
    height:650px;
    background-color:#ffffff;
    font-size:20px;
}
a{
    text-decoration:none;
    display:block;
}
```

[style.css]

```css
1    @charset "utf-8";
2    /* CSS Document */
3
4    *{
5        margin: 0 auto;
6        padding: 0;
7        list-style: none;
8        font-family: "맑은 고딕";
9        color: ■#333333; /* 컬러 가이드: 기본 텍스트의 색*/
10   }
11   body{
12       width: 1000px; /* 와이어프레임 너비 */
13       height: 650px; /* 와이어프레임 B+C+D 높이 */
14       background-color: □#ffffff; /* 컬러 가이드: 배경색 */
15       font-size: 20px;
16   }
17   a{
18       text-decoration: none;
19       display: block;
20   }
21
```

기적의 TIP

- 스타일 시트에서 주석은 '/*'로 시작하고 '*/'로 끝납니다.
- * : 모든 엘리먼트에 적용되는 스타일 지정
- margin:0 auto : 좌우 바깥 여백을 자동 할당시켜서 중앙 정렬로 만듦
- padding:0 : 안쪽 여백을 없앰
  - CSS 박스 모델(Box Model)은 HTML 문서의 페이지 내에서 요소가 공간을 차지하는 규칙입니다.
  - 박스 요소는 직사각형 상자로 표시되며 상자는 내용(content), 패딩(padding), 테두리(border), 여백(margin)으로 공간을 차지하게 됩니다. 이 중 여백(margin)은 박스 요소의 가장 바깥쪽의 여백에 해당하며, 패딩(padding)은 내용(content) 영역의 주변에 해당하는 영역입니다. 박스 요소가 차지하는 공간에 대한 자세한 사항은 다음을 참고하세요([참고하기] PART 02 − SECTION 02. CSS 익히기 − 'CSS 박스 모델(Box Model)').
- list-style:none : html 목록 태그(ul, ol, li)를 사용한 부분에 목록 스타일이 나타나지 않도록 지정
- text-decoration:none : 링크가 걸린 텍스트에 자동으로 나타나는 밑줄이 나타나지 않도록 지정
- display:block : 박스 요소를 block 속성으로 표시하며, 요소 앞뒤로 줄바꿈 되도록 함
  - block으로 지정하면 요소가 한 줄 전체(너비 100%)를 차지하게 되어 한 줄에 하나의 요소만 나타나게 됩니다.
- ⟨a⟩ 요소나 ⟨img⟩ 요소 등은 한 줄을 차지하는 블록(block) 요소가 아닌 인라인(inline) 요소입니다. 인라인 요소는 줄바꿈이 되지 않고 나열한 요소가 한 줄에 가로로 나타납니다. 따라서 인라인 요소를 줄바꿈되어 나타나는 블록 요소로 나타나도록 display:block를 지정합니다.
- color:#333333와 같이 색상 값이 #333333처럼 같은 값으로 반복될 경우 3자리 16진수 #333로 간단히 줄여서 사용할 수 있습니다(#333333 = #333, #FFFFFF = #FFF).

- 범용 선택자 '*'와 타입(type) 선택자 'body', 'a' 등은 문서의 가장 기본 스타일을 지정할 때 사용합니다. 예를 들어 문서 전체에 사용되는 조건 (주조색, 보조색, 배경색, 기본 텍스트의 색, 글꼴, 문서 전체 크기 등)을 지정할 때 사용합니다([참고하기] PART 02 – SECTION 02. CSS 익히기 – 'CSS 선택자 이해하기').
- 스타일 속성을 여러 개 나열하는 경우 한 줄에 작성해도 되지만, 가독성을 위해 한 줄씩 나누어 작성하는 것을 권장합니다.
- 이 예시에서는 되도록 클래스(Class) 선택자만 활용하여 스타일을 정의하였습니다. 그러나 조건에 따라 얼마든지 다른 선택자를 활용해도 됩니다. 예를 들어 〈nav〉 요소를 활용한 메뉴 영역과 같이 한 영역에만 고유하게 적용되는 곳은 아이디(id) 선택자를 활용할 수 있습니다.

---

06 다음으로 주어진 조건에 맞게 레이아웃의 각 영역의 크기를 정하고 박스 요소들의 정렬(플로팅)을 맞추기 위해 다음과 같이 입력합니다.

```
header{
    float:left;
}
.top{
    float:left;
    width:200px;
    height:650px;
}
.imgslide{
    float:right;
    width:800px;
    height:350px;
}
.contents{
    float:right;
    width:800px;
    height:200px;
}
footer{
    float:right;
}
.bottom{
    float:right;
    width:800px;
    height:100px;
}
```

[style.css]

```
1    @charset "utf-8";
2    /* CSS Document */
3
4    *{
5        margin: 0 auto;
6        padding: 0;
7        list-style: none;
8        font-family: "맑은 고딕";
9        color: ■#333333; /* 컬러 가이드: 기본 텍스트의 색*/
10   }
11   body{
12       width: 1000px; /* 와이어프레임 너비 */
13       height: 650px; /* 와이어프레임 B+C+D 높이 */
14       background-color: □#ffffff; /* 컬러 가이드: 배경색 */
15       font-size: 20px;
16   }
17   a{
18       text-decoration: none;
19       display: block;
20   }
21   header { /* A영역: 와이어프레임 왼쪽 영역 */
22       float: left;
23   }
24   .top { /* 로고+메뉴 영역 */
25       float: left;
26       width: 200px;
27       height: 650px;
28   }
29   .imgslide { /* B영역: 이미지 슬라이드 영역 */
30       float: right;
31       width: 800px;
32       height: 350px;
33   }
34   .contents { /* C영역: 공지사항+갤러리+바로가기 영역 */
35       float: right;
36       width: 800px;
37       height: 200px;
38   }
39   footer { /* D영역: 와이어프레임 오른쪽 하단 영역 */
40       float: right;
41   }
42   .bottom { /* 로고+Copyright+패밀리사이트 영역 */
43       float: right;
44       width: 800px;
45       height: 100px;
46   }
47
```

- 스타일 시트 내에서 스타일 정의는 순서에 상관없이 입력이 가능합니다. 그러나 쉽게 찾고 수정할 수 있도록 HTML 문서의 태그 순서와 일치시키는 것이 좋습니다(가독성 유지).
- float : HTML5의 박스 요소는 공간을 차지하는 것에 대한 레이아웃 규칙으로, 박스 요소는 한 줄(라인)을 차지하게 됩니다. 즉, 두 문단이 왼쪽, 오른쪽으로 나란히 배치되지 않고, 위의 문단, 아래 문단으로 각각 다른 줄에 나타나게 됩니다. 이러한 요소의 배치의 문제를 해결하기 위해서 플로트(Float) 속성을 사용합니다.
  - float:left : 박스 요소를 왼쪽으로 배치
  - float:right : 박스 요소를 다른 요소에 대해 오른쪽으로 배치
- header : 헤더 요소 영역에 대한 스타일 정의
- .top : 〈div class="top"〉 영역의 스타일 정의. 이 영역은 헤더 영역 안에서 로고 영역과 메뉴 영역을 묶어주기 위한 영역으로서 수험자 제공 파일 중 로고 이미지의 크기(여기에서는 logo.png)를 고려하여 크기를 지정
  - height:650px 값은 와이어프레임에 제시된 각 영역의 높이를 더한 값(350px+200px+100px)
  - width:200px 값은 왼쪽에 배치되는 로고와 메뉴가 들어갈 영역의 너비를 임의로 지정한 값(와이어프레임에 제시된 너비 값이 없으므로 사용자가 임의로 지정 가능)
- .imgslide : 〈div class="imgslide"〉 영역의 스타일 정의. .top에서 왼쪽 메뉴 영역의 크기를 width:200px로 지정했으므로 이미지 슬라이드 영역은 와이어프레임에 제시된 전체 1000px에서 200px를 뺀 width:800px이 됨
- .contents : 〈div class="contents"〉의 스타일 정의. 이 영역에는 공지사항, 갤러리, 바로가기가 들어가는 것으로 이들을 묶어주기 위해 지정
- footer : 푸터 영역에 대한 스타일 정의. 헤더 영역을 기준으로 헤더의 오른쪽에 들어가므로 float:right를 지정
- .bottom : 〈div class="bottom"〉 영역의 스타일 정의. 이 영역에는 로고, Copyright, 패밀리사이트가 들어감. 푸터 영역 내에서 이 영역이 오른쪽에 배치되도록 float:right를 지정

와이어 프레임 가로형/세로형 지정하기

- 시험에서는 와이어 프레임 가로형/세로형, 메뉴 가로형/세로형이 모두 자주 출제됩니다.
  - 와이어 프레임 가로형/세로형은 전체 레이아웃의 스타일을 지정할 때 플로팅(float:right, float:left)과 영역의 너비 값(width)과 높이 값(height)으로 지정합니다.
  - 메뉴 가로형/세로형은 주메뉴와 서브 메뉴의 스타일을 지정할 때 플로팅과 메뉴의 너비 값, 높이 값으로 조정합니다.
- 여기에서 지정한 스타일 값을 다음과 같이 변경하면 가로형 와이어프레임이 됩니다.

```
header{
        float:left;
}
.top{
        float:left;
        width:200px;
        height:650px;
}
.imgslide{
        float:right;
        width:800px;
        height:350px;
}
.contents{
        float:right;
        width:800px;
        height:200px;
}
footer{
        float:right;
}
.bottom{
        float:right;
        width:800px;
        height:100px;
}
```

▲ 세로형 와이어 프레임

```
header{
        float:left;
}
.top{
        float:left;
        width:1000px;
        height:100px;
}
.imgslide{
        float:left;
        width:1000px;
        height:350px;
}
.contents{
        float:left;
        width:1000px;
        height:200px;
}
footer{
        float:left;
}
.bottom{
        float:left;
        width:1000px;
        height:100px;
}
```

▲ 가로형 와이어 프레임

07 이어서 클래스 선택자 '.top' 스타일의 아래에 로고 ⟨div class="logo"⟩와 메뉴 ⟨nav class="menu"⟩가 들어갈 영역에 대한 자세한 스타일을 지정합니다.

```
.logo{
    float:left;
    width:200px;
    height:40px;
    margin-top:30px;
    margin-bottom:30px;
}
.menu{
    float:left;
}
```

[style.css]

```
17    a{
18        text-decoration: none;
19        display: block;
20    }
21    header { /* A영역: 와이어프레임 왼쪽 영역 */
22        float: left;
23    }
24    .top { /* 로고+메뉴 영역 */
25        float: left;
26        width: 200px;
27        height: 650px;
28    }
29    .logo {
30        float: left;
31        width: 200px;
32        height: 40px;
33        margin-top: 30px;
34        margin-bottom: 30px;
35    }
36    .menu {
37        float: left;
38    }
39    .imgslide { /* B영역: 이미지 슬라이드 영역 */
40        float: right;
41        width: 800px;
42        height: 350px;
43    }
44    .contents { /* C영역: 공지사항+갤러리+바로가기 영역 */
45        float: right;
46        width: 800px;
47        height: 200px;
48    }
```

기적의 TIP

로고의 위, 아래로 여백을 주기 위해 margin-top과 margin-bottom 값을 미리 지정합니다.

---

08 콘텐츠 영역에 들어가는 공지사항 ⟨div class="notice"⟩, 갤러리 ⟨div class="gallery"⟩, 바로가기 ⟨div class="shortcut"⟩에 대한 자세한 스타일을 지정합니다.

클래스 선택자 '.contents' 스타일을 찾아 그 아래에 다음의 내용을 지정해줍니다.

```
.notice{
    float:left;
    width:300px;
    height:200px;
}
.gallery{
    float:left;
    width:300px;
    height:200px;
}
.shortcut{
    float:right;
    width:200px;
    height:200px;
}
```

[style.css]

```
44    .contents { /* C영역: 공지사항+갤러리+바로가기 영역 */
45        float: right;
46        width: 800px;
47        height: 200px;
48    }
49    .notice {
50        float: left;
51        width: 300px;
52        height: 200px;
53    }
54    .gallery {
55        float: left;
56        width: 300px;
57        height: 200px;
58    }
59    .shortcut {
60        float: right;
61        width: 200px;
62        height: 200px;
63    }
64    footer { /* D영역: 와이어프레임 오른쪽 하단 영역 */
65        float: right;
66    }
67    .bottom { /* 로고+Copyright+패밀리사이트 영역 */
68        float: right;
69        width: 800px;
70        height: 100px;
71    }
```

공지사항, 갤러리, 바로 가기 각 영역의 너비 width는 정해진 값이 없으므로 임의로 지정합니다.

09 작업 중인 문서를 모두 저장합니다. 작업 폴더에서 'index.html' 파일을 '크롬(Chrome)' 브라우저에서 열어(이미 열려있다면 새로고침하여) 확인하면, 스타일에 의해 각 영역이 구분된 것을 확인할 수 없습니다. 단, 브라우저에서 각 영역의 구분선은 나타나지 않습니다.

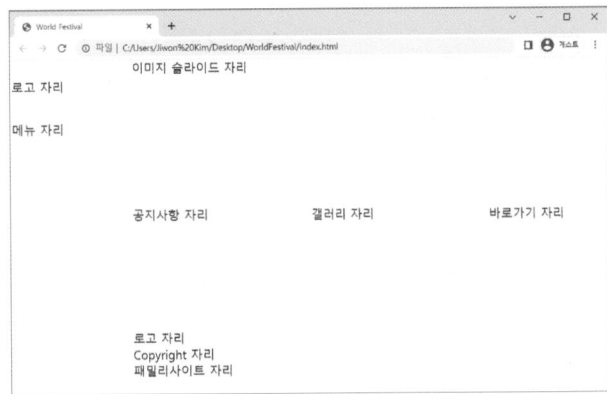

10 다음으로 푸터 영역에 들어가는 각 영역의 스타일을 지정합니다.

푸터 영역은 크게 하단 로고⟨div class="btlogo"⟩, Copyright⟨div class="copy"⟩, 패밀리사이트 ⟨div class="familysite"⟩ 영역으로 이루어져 있습니다.

와이어프레임에 Copyright 영역이 가장 넓게 나타나므로 이를 고려하여 각 영역에 대한 스타일을 적당한 사이즈로 지정합니다.

```
.btlogo{
    float:left;
    width:200px;
    height:100px;
}
.copy{
    float:left;
    width:400px;
    height:100px;
}
.familysite{
    float:right;
    width:200px;
    height:100px;
}
```

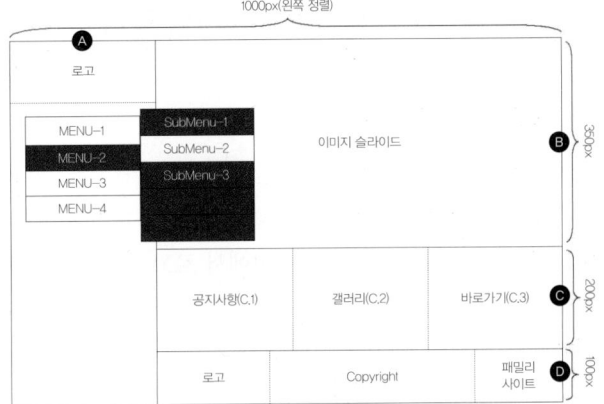

▲ 주어진 와이어프레임 조건

[style.css]

```
64    footer { /* D영역: 와이어프레임 오른쪽 하단 영역 */
65        float: right;
66    }
67    .bottom { /* 로고+Copyright+패밀리사이트 영역 */
68        float: right;
69        width: 800px;
70        height: 100px;
71    }
72    .btlogo {
73        float: left;
74        width: 200px;
75        height: 100px;
76    }
77    .copy {
78        float: left;
79        width: 400px;
80        height: 100px;
81    }
82    .familysite {
83        float: right;
84        width: 200px;
85        height: 100px;
86    }
```

기적의 TIP

'.btlogo'와 '.copy' 영역은 왼쪽부터 내용이 보이고 '.familysite' 영역은 오른쪽에 배치되도록 플로팅을 float:right으로 지정합니다.

11 'style.css' 문서를 저장한 후 'index.html' 문서를 '크롬(Chrome)' 브라우저에서 열어 현재까지 작업된 사항을 확인합니다.

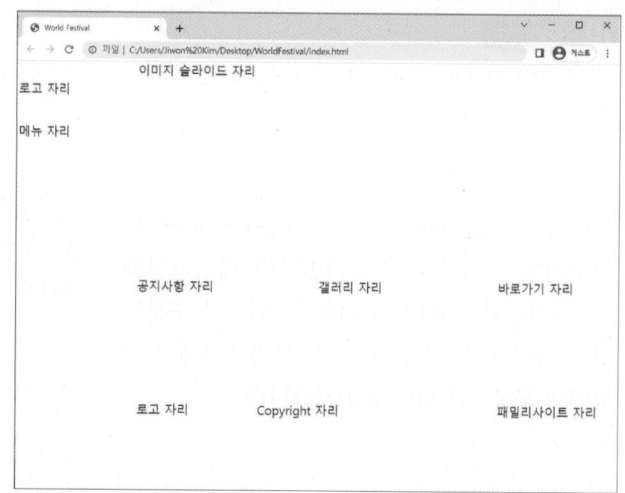

세부 영역별 지시사항 풀기 – Ⓐ Header   약 45분

① 로고 만들기

세부 영역별 지시사항대로 Ⓐ Header 영역에 로고를 추가하도록 합니다.

이 문제에서는 제공된 로고를 추가하도록 하고 있으므로 먼저 로고의 크기와 색상을 확인한 후 조성해두도록 합니다. 단, 세부 영역별 지시사항에서 로고의 크기 변경 시 가로 세로 비율(종횡비)을 유지하도록 하고 있으므로 포토샵을 사용하여 종횡비를 유지하면서 크기를 조정합니다. 크기는 스타일 시트에서 이미지 크기 값을 지정하여 조정해도 됩니다. 그러나 종횡비를 유지하려면 이에 대한 계산을 해서 입력해야 하므로 본 예시에서는 편의를 위해 포토샵을 이용하여 크기를 조정하였습니다.

01 포토샵을 이용하여 로고 크기와 색상을 조정하기 위해서 포토샵을 실행합니다.

02 [파일(File)]–[열기(Open)] 메뉴를 선택하고 주어진 수험자 제공 파일 중에서 'Header' 폴더의 'logo.png'를 엽니다.

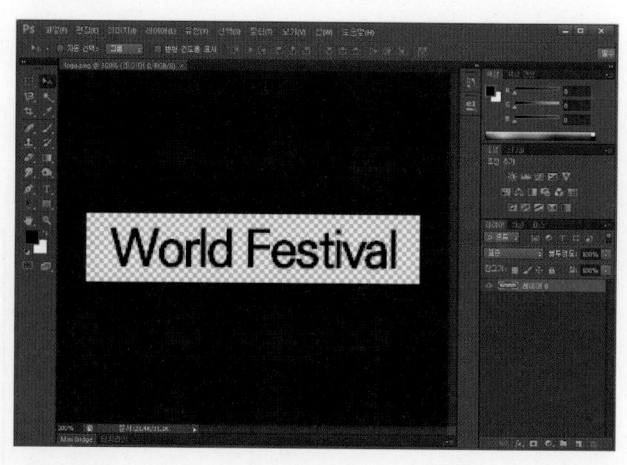

03 세부 지시사항에서 로고의 색을 과제명(가. 주제)에 맞게 반드시 변경해야 함을 명시하고 있으므로 색상을 변경합니다.

로고 이미지가 배경이 투명한 png 파일이므로 영역을 선택하지 않아도 글자의 색상을 변경할 수 있습니다.

여기에서는 [레이어(Layer)]-[레이어 스타일 (Layer Style)]-[그레이디언트 오버레이(Gradient Overlay)]를 선택합니다.

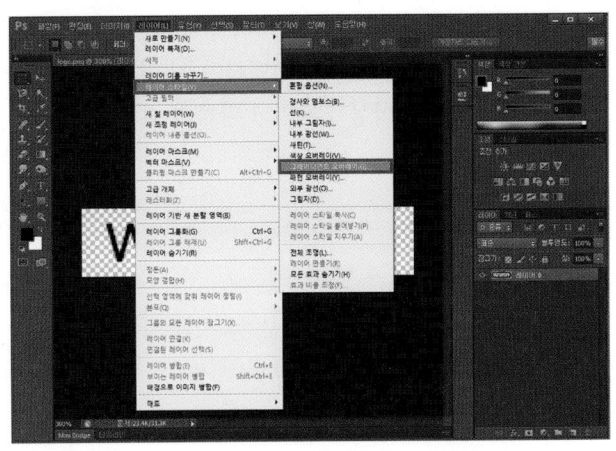

🅟 기적의 TIP

- 로고의 색상 값이나 색상을 변경하는 방법이 지정되지 않은 경우, 수험자 임의로 수정하면 됩니다.
- 포토샵 작업 환경은 [창(Window)] 메뉴의 [작업 영역 (Workspace)]의 설정 상태에 따라 다르게 나타날 수 있습니다.

04 [그레이디언트 오버레이(Gradient Overlay)] 대화상자가 나타나면 적당한 색상을 선택합니다.

🅟 기적의 TIP

로고 색상은 정해진 값이 없으므로 자유롭게 반드시 본 예시처럼 변경하지 않아도 됩니다.

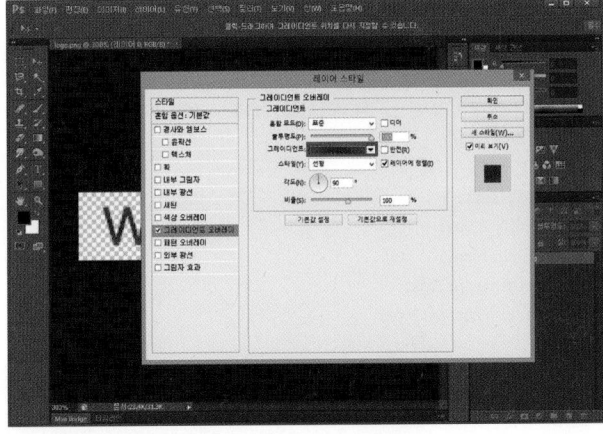

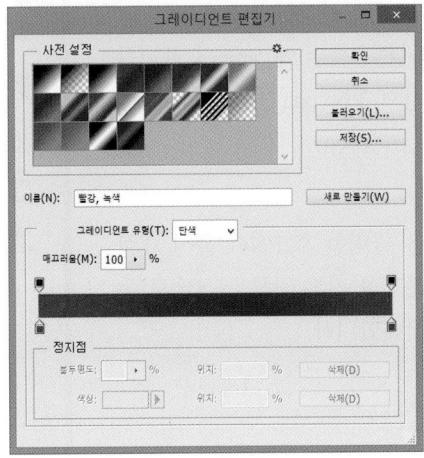

05 이미지 크기를 확인하기 위해 [이미지(Image)]
–[이미지 크기(Image Size)]를 선택하여 [이미지
크기(Image Size)] 대화상자를 열고 다음과 같이
수정합니다.

– 폭(Width) : 200px
– 높이(Height) : 40px
– 스타일 비율 조정(Scale styles) : 선택(체크)
– 비율 제한(Contrain Proportions) : 선택(체크)
– 이미지 리샘플링(Resample Image) : 선택(체크)

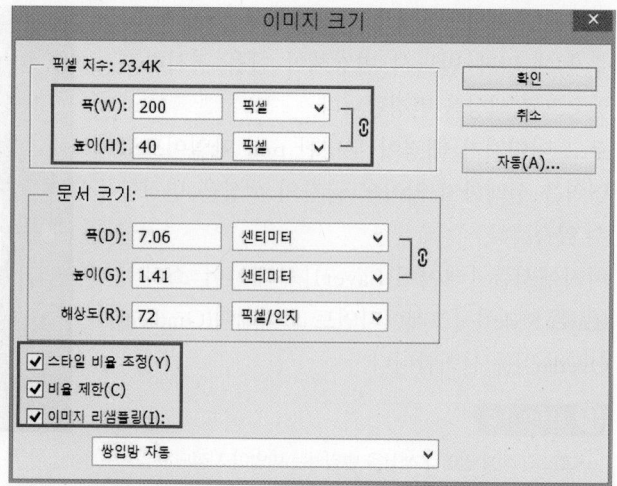

[이미지 크기(Image Size)] 옵션
• 스타일 비율 조정(Scale Styles) : 사용하는 이미지에 스타일이 적용된 레이어가 있을 경우 크기가 변경된 이미지에 나타나는 효과의 비율을
  조정. 단, 비율 제한 옵션과 함께 사용해야 함
• 비율 제한(Constrain Proportions) : 이미지의 원래 너비와 높이 비율(종횡비)을 유지
• 이미지 리샘플링(Resample Image) : 문서의 확대 또는 축소에 따른 리샘플링 방법을 선택. 쌍입방 자동(Bicubic Automatic) 방법은 주변 픽셀
  의 값을 검사하여 픽셀을 조정하는 방법으로, 속도는 느리지만 더 정밀하게 색조의 단계적 변화를 조정할 수 있음
• 이미지 크기는 'Style.css' 문서에서도 임의로 지정할 수 있습니다. 단, 스타일 시트에서 미리 지정해둔 로고 영역 크기를 고려하여 이미지의 크
  기를 조정합니다.

```
.logo{
    float:left;
    width:200px;
    height:40px;
    margin-top:30px;
    margin-bottom:30px;
}
```

---

06 [파일(File)]–[다른 이름으로 저장(Save as)]
을 선택하여 'logo.png'로 저장합니다.
이때 작업 폴더('비번호' 폴더)에 'images' 폴더를
만들고 해당 폴더 내에 'logo.png'를 저장합니다.

– 파일 이름(File name) : logo.png
– 형식(Format) : PNG

[저장(Save)] 버튼을 클릭한 후 PNG 옵션 대화
상자가 나타나면 옵션을 기본 값으로 그대로 둔
채 [확인(OK)]을 클릭합니다.

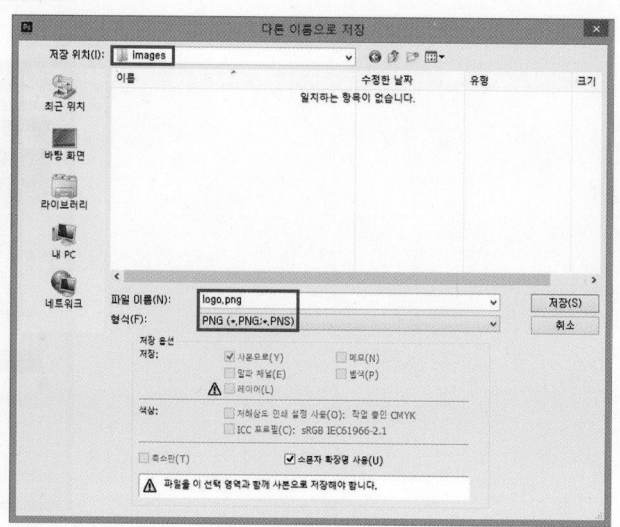

- png 파일 포맷으로 저장하면 이미지의 투명한 영역이 투명하게 유지되면서 저장됩니다.
- 포토샵에서 편집 원본 파일은 *.psd 파일 형식으로 저장합니다. 단, 포토샵 원본 파일은 시험 결과물 제출 시 포함되지 않도록 해야 합니다. 시험에서는 웹 서비스에 사용되지 않는 파일은 제출하지 않도록 하고 있습니다.

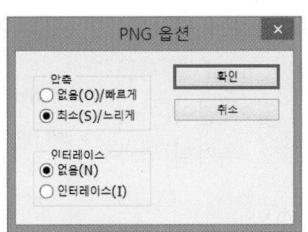

2 HTML에 로고 추가하기

01 다음으로 만든 로고를 'index.html' 문서에 추가합니다.

'index.html' 문서로 돌아와서 헤더 영역 안에 로고 영역으로 구분해 놓았던 〈div class="logo"〉 로고 자리 〈/div〉 부분을 찾아, 그 안에 다음과 같이 입력합니다.

```
<div class="logo">
  <a href="#"><img src="images/logo.png" alt=
"로고"></a>
</div>
```

[index.html]

```
1   <!DOCTYPE html>
2   <html>
3   <head>
4     <meta charset="utf-8">
5     <title>World Festival</title>
6     <link href="css/style.css" type="text/css" rel="stylesheet">
7   </head>
8
9   <body>
10  <!--와이어프레임 왼쪽 시작-->
11  <header>
12    <div class="top"> <!--top:logo,menu-->
13      <div class="logo">
14        <a href="#"><img src="images/logo.png" alt="로고"></a>
15      </div>
16      <nav class="menu">
17        메뉴 자리
18      </nav>
19    </div> <!--top 끝-->
20  </header>
21  <!--와이어프레임 왼쪽 끝-->
22
```

- alt : 이미지의 속성
- 〈a href="#"〉 : 임시 링크 추가
- 콘텐츠를 추가할 때 시험에 주어진 기술적 준수사항을 반드시 지켜야 합니다.
  - '모든 이미지에는 이미지에 대한 대체 텍스트를 표현할 수 있는 alt 속성이 있어야 한다.'고 명시하고 있으므로 이미지를 추가할 때 alt 속성과 값을 기입합니다.
  - '상호작용이 필요한 모든 콘텐츠(로고, 메뉴 Slide, 공지사항, 갤러리 등)는 임시 링크(예:#) 되어야 한다.'고 명시하고 있으므로 추가되는 콘텐츠에 임시 링크를 추가하도록 합니다.
- 로고 이미지 자체에 스타일을 지정하려면 다음과 같이 클래스 선택자 .logo의 후손 선택자인 〈img〉를 사용하여 스타일을 지정할 수 있습니다.

`<div class="logo">`
`    <a href="#"><img src="images/logo.png" alt="로고"></a>`
`</div>`
	`.logo img{`
	`    float:left;`
	`    margin-top:5px;`
	`}`

02 'index.html' 문서와 'style.css' 문서 모두 저장합니다. 작업 폴더에서 'index.html' 문서를 '크롬(Chrome)' 브라우저에서 열어 열어(이미 열려있다면 새로고침하여), 로고가 추가된 결과를 확인합니다.

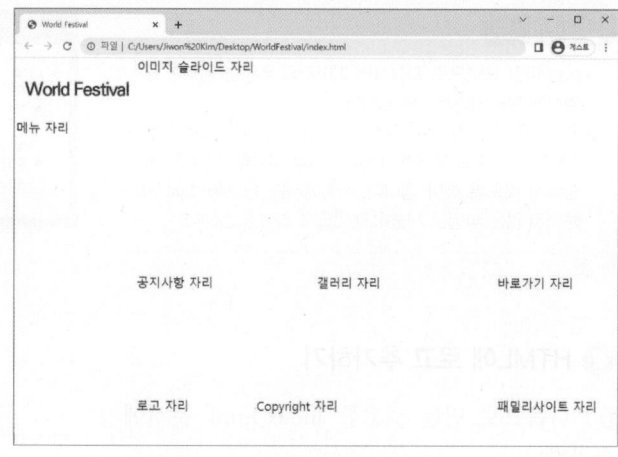

❸ HTML에 메뉴 추가하기

01 헤더 영역 안에 메뉴 영역으로 구분해 놓았던 〈nav class="menu"〉 메뉴 자리 〈/nav〉 부분 안에 다음과 같이 입력하여 메뉴를 추가합니다. 이때 시험에 주어진 '사이트 맵(Site map)'에 따라서 메인 메뉴(Main menu)와 서브 메뉴(Sub menu)를 구분하여 입력합니다.

```
<nav class="menu">
  <ul class="navi">
    <li><a href="#">축제소개</a>
      <ul class="submenu">
        <li><a href="#">Festival소개</a></li>
        <li><a href="#">행사장 안내</a></li>
        <li><a href="#">조직위원회</a></li>
      </ul>
    </li>
    <li><a href="#">예약안내</a>
      <ul class="submenu">
        <li><a href="#">예약하기</a></li>
        <li><a href="#">예약확인/취소</a></li>
        <li><a href="#">단체예약문의</a></li>
      </ul>
    </li>
    <li><a href="#">아티스트</a>
      <ul class="submenu">
        <li><a href="#">두유노킹콩</a></li>
        <li><a href="#">우기욱이</a></li>
        <li><a href="#">예공주</a></li>
```

[index.html]

```
11    <header>
12      <div class="top"> <!--top:logo,menu-->
13        <div class="logo">
14          <a href="#"><img src="images/logo.png" alt="로고"></a>
15        </div>
16        <nav class="menu">
17          <ul class="navi">
18            <li><a href="#">축제소개</a>
19              <ul class="submenu">
20                <li><a href="#">Festival소개</a></li>
21                <li><a href="#">행사장 안내</a></li>
22                <li><a href="#">조직위원회</a></li>
23              </ul>
24            </li>
25            <li><a href="#">예약안내</a>
26              <ul class="submenu">
27                <li><a href="#">예약하기</a></li>
28                <li><a href="#">예약확인/취소</a></li>
29                <li><a href="#">단체예약문의</a></li>
30              </ul>
31            </li>
32            <li><a href="#">아티스트</a>
33              <ul class="submenu">
34                <li><a href="#">두유노킹콩</a></li>
35                <li><a href="#">우기욱이</a></li>
36                <li><a href="#">예공주</a></li>
37                <li><a href="#">우빈밴드</a></li>
38              </ul>
39            </li>
40            <li><a href="#">커뮤니티</a>
41              <ul class="submenu">
42                <li><a href="#">공지사항</a></li>
43                <li><a href="#">사진갤러리</a></li>
44                <li><a href="#">영상갤러리</a></li>
45              </ul>
46            </li>
47          </ul>
48        </nav>
49      </div> <!--top 끝-->
50    </header>
```

```
                <li><a href="#">우빈밴드</a></li>
            </ul>
        </li>
        <li><a href="#">커뮤니티</a>
            <ul class="submenu">
                <li><a href="#">공지사항</a></li>
                <li><a href="#">사진갤러리</a></li>
                <li><a href="#">영상갤러리</a></li>
            </ul>
        </li>
    </ul>
</nav>
```

아직 스타일을 지정하지 않았기 때문에 입력 결과를 브라우저에서 확인해 보면 메뉴 글자들이 일렬로 나타납니다.

④ 메뉴에 스타일 지정하기

세부 영역별 지시사항을 살펴보면, 메뉴를 슬라이드 다운 메뉴(Slide-Down Menu)로 구성하도록 하고 있습니다. 슬라이드 다운 메뉴는 메인 메뉴에 마우스를 올렸을 때(Mouse over) 서브 메뉴를 슬라이드 다운(Slide-Down)으로 보여주고 마우스가 메뉴에서 벗어나면(Mouse out) 슬라이드 업(Slide-Up)되면서 서브 메뉴를 숨겨주는 기능입니다. 메뉴의 모양은 스타일 시트에서 지정하며, 움직이는 동작 기능은 자바스크립트와 제이쿼리(jQuery)를 이용하여 구성합니다.

01 먼저 메뉴에 스타일을 지정하기 전에 와이어프레임에 제시된 메뉴의 모양을 확인합니다. 이 문제에서는 메인 메뉴의 오른쪽으로 서브 메뉴가 펼쳐지게 되어있습니다. 이러한 사항을 고려하여 메뉴에 스타일을 지정합니다.

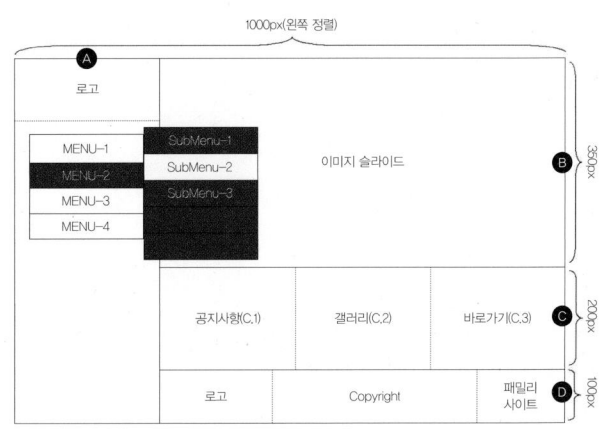

02 스타일 시트 'style.css' 문서에서 타입(type) 선택자 'header'를 찾아 헤더 태그의 속성에 다음의 속성을 추가하여 메뉴 전체의 영역의 위치를 고정합니다.

```
header{
    float:left;
    position:absolute;
}
```

B 기적의 TIP

position:absolute : 상위 컨테이너를 기준으로 절대 좌표값을 가지도록 함

03 클래스 선택자 '.menu'를 찾아 그 안에 다음의 속성을 추가하여 메뉴 전체의 폭과 여백을 지정합니다.

```
.menu{
    float:left;
    top:100px;
    left:10px;
    position:absolute;
    text-align:center;
    z-index:1;
}
```

04 메인 메뉴의 스타일을 지정하기 위해 '.menu' 스타일 아래에 다음의 내용을 추가합니다.

```
.navi>li{
    float:left;
    width:180px;
}
.navi>li>a{
    width:180px;
    height:40px;
    line-height:40px;
    font-size:16px;
    font-weight:bold;
    background-color:#333333;
    color:#ffffff;
}
.navi>li>a:hover{
    background-color:#eeeeee;
    color:#000000;
}
```

[style.css]

```
17    a{
18        text-decoration: none;
19        display: block;
20    }
21    header { /* A영역: 와이어프레임 왼쪽 영역 */
22        float: left;
23        position: absolute;
24    }
25    .top { /* 로고+메뉴 영역 */
26        float: left;
27        width: 200px;
28        height: 650px;
29    }
30    .logo {
31        float: left;
32        width: 200px;
33        height: 40px;
34        margin-top: 30px;
35        margin-bottom: 30px;
36    }
37    .menu {
38        float: left;
39    }
```

[style.css]

```
30    .logo {
31        float: left;
32        width: 200px;
33        height: 40px;
34        margin-top: 30px;
35        margin-bottom: 30px;
36    }
37    .menu {
38        float: left;
39        top: 100px;
40        left: 10px;
41        position: absolute;
42        text-align: center;
43        z-index: 1;
44    }
45    .imgslide { /* B영역: 이미지 슬라이드 영역 */
46        float: right;
47        width: 800px;
48        height: 350px;
49    }
```

[style.css]

```
37    .menu {
38        float: left;
39        top: 100px;
40        left: 10px;
41        position: absolute;
42        text-align: center;
43        z-index: 1;
44    }
45    .navi>li {
46        float: left;
47        width: 180px;
48    }
49    .navi>li>a {
50        width: 180px;
51        height: 40px;
52        line-height: 40px;
53        font-size: 16px;
54        font-weight: bold;
55        background-color: ■#333333;
56        color: □#ffffff;
57    }
58    .navi>li>a:hover {
59        background-color: □#eeeeee;
60        color: ■#000000;
61    }
62    .imgslide { /* B영역: 이미지 슬라이드 영역 */
63        float: right;
64        width: 800px;
65        height: 350px;
66    }
```

- .navi : 〈ul class="navi"〉 영역의 스타일 정의. 이 영역은 메인 메뉴와 서브 메뉴의 목록을 담는 영역임
- .navi〉li : .navi의 자식 요소인 〈li〉 요소의 스타일 지정. 여기에서는 〈li〉 각 요소의 너비도 width:180px로 지정
- .navi〉li〉a : .navi의 자식 요소 〈li〉의 자식 요소인 〈a〉 요소의 스타일 지정. 높이, 너비, 줄 간격(line-height), 글씨 속성, 배경색, 글자색 등을 지정
- .navi〉li〉a:hover : .navi의 자식 요소인 〈li〉의 자식 요소인 〈a〉 요소에 마우스를 올릴 때(hover) 변화되는 스타일을 지정. 마우스를 올리면 메뉴의 배경색이 background-color:#eeeeee로 변경되게 하고, 글자색도 color:#000000로 변경되게 함(#eeeeee는 #eee, #000000는 #000과 같이 16진수로 간단히 줄여서 사용할 수 있음)
- font-size:16px : 메뉴 글자 크기 지정
- font-weight:bold : 메뉴 글자가 굵게 나타나도록 지정
- 줄 간격 line-height을 높이 height와 같은 값을 주게 되면(height:40px, line-height:40px) 글자가 세로 가운데 정렬이 됩니다. 이때 글자 사이즈(font-size:16px)를 기준으로 한 줄 안에서 글자 위아래 여백이 같게 조정되어 글자가 가운데로 나타나게 됩니다. 즉 line-height:40px에서 font-size:16px을 뺀 값, 24px이 반으로 나누어져 글자 위아래로 12px의 여백이 생기게 됩니다.

05 작업 중인 'index.html' 문서와 'style.css' 문서를 모두 저장하고, 지금까지 작업된 결과를 '크롬(Chrome)' 브라우저에서 확인합니다.
메인 메뉴 위에 마우스를 올리면 배경색과 글자색이 변경되는 것을 확인할 수 있습니다.

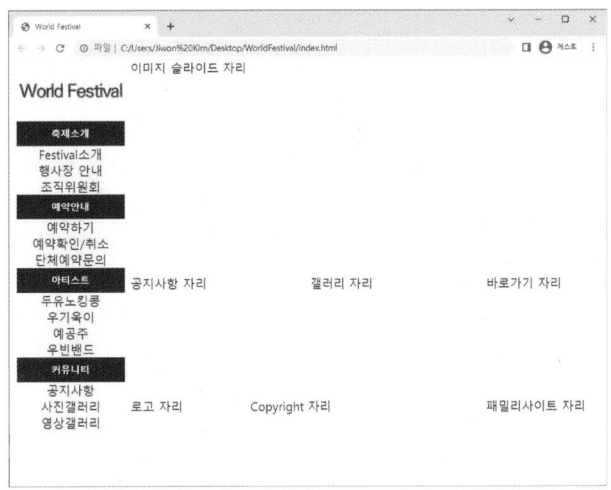

06 서브 메뉴의 스타일을 지정하기 위해 '.navi〉li〉a:hover' 스타일 아래에 다음의 내용을 추가합니다.

```
.submenu{
    float:left;
    width:180px;
    height:100%;
    left:180px;
    top:0px;
    position:absolute;
    background-color:#cccccc;
    display:none;
    z-index:1;
}
.submenu>li>a{
    width:180px;
    height:40px;
    line-height:40px;
    font-size:14px;
```

```
58    .navi>li>a:hover {
59        background-color: ☐#eeeeee;
60        color: ■#000000;
61    }
62    .submenu {
63        float: left;
64        width: 180px;
65        height: 100%;
66        left: 180px;
67        top: 0px;
68        position: absolute;
69        background-color: ☐#cccccc;
70        display: none;
71        z-index: 1;
72    }
73    .submenu>li>a {
74        width: 180px;
75        height: 40px;
76        line-height: 40px;
77        font-size: 14px;
78        font-weight: bold;
79        background-color: ☐#cccccc;
80        color: ☐#ffffff;
81    }
82    .submenu>li>a:hover {
83        background-color: ■#999999;
84        color: ☐#ffff00;
85    }
86    .imgslide { /* B영역: 이미지 슬라이드 영역 */
87        float: right;
88        width: 800px;
89        height: 350px;
```

```
    font-weight:bold;

    background-color:#cccccc;

    color:#ffffff;

}

.submenu>li>a:hover{

    background-color:#999999;

    color:#ffff00;

}
```

- .submenu : 〈ul class="submenu"〉 영역의 스타일 정의. 서브 메뉴 목록에 대한 스타일을 정의함
- height:100% : 서브 메뉴 영역 전체의 높이는 무조건 상위 컨테이너인 메인 메뉴의 〈a〉 요소들을 기준으로 같은 높이로 나타나게 함. '.navi〉li〉a' 스타일에서 각 높이를 height:40px으로 지정하고, 메인 메뉴의 개수가 4개이므로 40px×4=160px의 높이를 가짐. 따라서 서브 메뉴의 개수가 메인 메뉴의 개수와 다르더라도 서브 메뉴 영역은 무조건 메인 메뉴 영역의 높이와 똑같이 160px로 나타나게 됨
- position:absolute : 상위 컨테이너를 기준으로 절대 좌표값을 가지도록 함. 따라서 서브 메뉴의 영역에 대해 상위 컨테이너인 메인 메뉴의 〈a〉 요소의 시작점을 기준으로 절대 좌표값을 가짐
- left:180px : 〈a〉 요소의 시작점을 기준으로 왼쪽으로부터 180px 떨어져서 나타나게 함. '.navi〉li〉a' 스타일에서 메인 메뉴의 너비를 width:180px로 설정했기 때문에 메인 메뉴의 너비 180px만큼 떨어져서 서브 메뉴 영역이 나타남
- top:0px : 〈a〉 요소의 시작점을 기준으로 위쪽으로부터 0px 떨어져서 나타나게 함. 따라서 메인 메뉴의 높이와 같은 높이에서 서브 메뉴 영역이 나타남
- .submenu〉li〉a : .submenu의 자식 요소 〈li〉의 자식 요소인 〈a〉 요소의 스타일 지정. 높이, 너비, 줄 간격(line-height), 글씨 속성, 배경색, 글자색 등을 지정
- .submenu〉li〉a:hover : .submenu의 자식 요소 〈li〉의 자식 요소인 〈a〉 요소에 마우스를 올릴 때(hover) 변화되는 스타일을 지정
- display:none : 해당 요소에 대한 박스 공간을 생성하지 않기 때문에 요소가 보이지 않게 됨. 메인 메뉴만 나타나고 서브 메뉴는 처음에는 나타나지 않도록 하기 위해 설정. 이 속성을 지우면 서브 메뉴가 처음부터 보이게 됨

07 문서를 저장하고 지금까지 작업된 결과를 확인하면, 메인 메뉴만 나타나게 된 것을 확인할 수 있습니다.

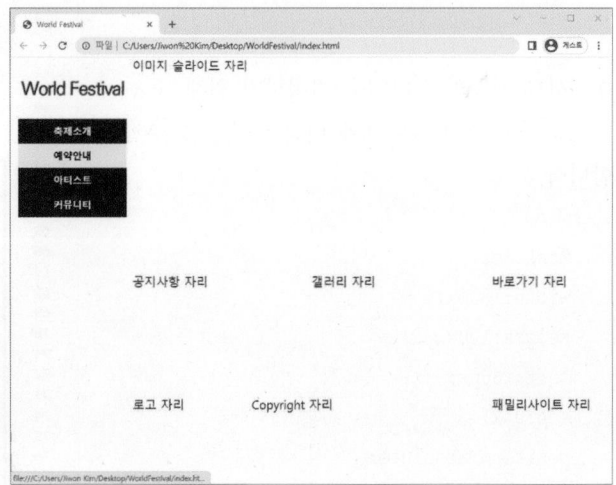

5 메뉴에 슬라이드 다운 기능 구현하기

이번에는 메인 메뉴, 서브 메뉴에 슬라이드 다운(Slide-Down) 기능이 되도록 자바스크립트와 제이쿼리(jQuery)를 활용하여 동적 기능을 만들어줍니다.

01 작업 폴더('비번호' 폴더)에 'javascript' 폴더를 생성한 후 수험자 제공 파일로 주어진 jQuery 라이브러리 오픈소스 파일 'jquery-1.12.3.js'을 'javascript' 폴더로 복사 또는 이동시켜줍니다.

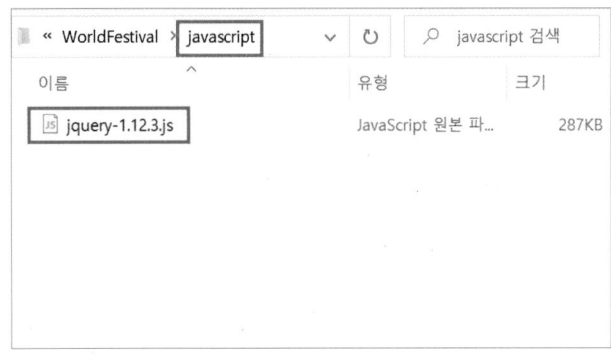

> **기적의 TIP**
>
> Query 라이브러리는 자바스크립트 파일(*.js)로 저장되어 있으며, 모든 jQuery 메소드를 담고 있습니다.
> jQuery는 사용 전에 다운로드받은 후 연결(설치)해야 그 기능을 사용할 수 있습니다.

02 Visual Studio Code 탐색기에서도 'javascript' 폴더가 생성된 것을 확인할 수 있습니다. 자바스크립트 파일을 만들기 위해, 'javascript' 폴더에서 마우스 오른쪽 버튼을 클릭하고 [새 파일]을 선택합니다.

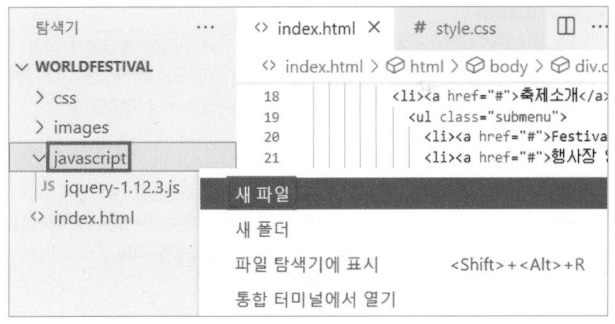

03 'javascript' 폴더의 하위 리스트에 새로운 파일이 생성되면 파일명을 'script.js'로 입력합니다. 파일이 정상적으로 생성되면 오른쪽 코드창에 'script.js' 파일이 열린 것을 확인할 수 있습니다.

04 실제로 슬라이드 다운(Slide-Down) 기능이 동작하도록 'script.js' 파일에 다음과 같이 입력합니다.

```
jQuery(document).ready(function(){

    $('.navi>li').mouseover(function(){
        $(this).find('.submenu').stop().slide
        Down(500);
    }).mouseout(function(){
        $(this).find('.submenu').stop().slideUp(500);
    });

});
```

[script.js]

```
1      // JavaScript Document
2
3   ▽  jQuery(document).ready(function () {
4
5   ▽      $('.navi>li').mouseover(function () {
6      │        $(this).find('.submenu').stop().slideDown(500);
7   ▽      }).mouseout(function () {
8      │        $(this).find('.submenu').stop().slideUp(500);
9          });
10
11     });
12
```

05 지금까지 작업한 모든 문서를 저장합니다.

F 기적의 TIP

- jQuery 문법 : HTML 요소를 선택한 후 그 요소에 수행할 액션을 지정함
- $: jQuery() 함수의 별칭. 선택자와 일치하는 DOM 요소를 배열을 가진 특별한 객체를 반환. 기본 형식 : $(선택자(selector)).action
- $('.navi>li') : .navi의 〈li〉 요소에 mouseover와 mouseout 이벤트 설정
- $(this) : 현재 선택된 요소
- find('.submenu') : 선택된 요소의 자식 요소 중 .submenu와 일치하는 요소를 찾아 반환. 대신 children()를 사용하면 직계 자식 요소를 반환
- stop() : 현재 동작하고 있는 애니메이션 동작을 즉시 중단
- slideDown(), slideUp() : jQuery 라이브러리에서 제공하는 함수로 슬라이딩 애니메이션과 함께 보여주거나 숨김. 선택한 요소의 height 값을 낮추거나 높혀가며 사라지게 함. 숫자값 500은 0.5초를 의미
- **요소(엘리먼트)를 찾아 계층을 이동하는 함수들**

parent()	선택된 요소의 부모 요소
children()	선택된 요소의 자식 요소
sibligs()	선택된 요소의 형제 요소
find()	후손 요소 중 찾고자 하는 특정 요소

---

06 지금까지 작업한 'script.js' 파일과 jquery-1.12.3.js'을 'index.html' 문서 본문에 연결합니다. 〈head〉와 〈/head〉 사이에 다음과 같이 입력합니다.

```
<script src="javascript/jquery-1.12.3.js">
</script>
<script src="javascript/script.js" defer
type="text/javascript"></script>
```

[index.html]

```
1    <!DOCTYPE html>
2    <html>
3    <head>
4      <meta charset="utf-8">
5      <title>World Festival</title>
6      <link href="css/style.css" type="text/css" rel="stylesheet">
7      <script src="javascript/jquery-1.12.3.js"></script>
8      <script src="javascript/script.js" defer type="text/
     javascript"></script>
9    </head>
10
```

F 기적의 TIP

- defer(또는 defer="defer") : script가 잠깐 지연 되도록 하여 HTML 구문 분석이 완료된 후 스크립트를 실행하도록 함
- 화면 렌더링과 관련된 대부분의 코드는 HTML과 CSS 문서 안에 포함되어 있습니다. 반면 대부분의 script는 사용자의 액션이 발생한 이후의 동작을 렌더링합니다. 이러한 렌더링의 시간 차이로 script가 동작되지 않는 것을 예방하기 위해 defer 속성을 사용합니다.
- defer 속성을 사용하지 않는 경우 〈script〉 부분을 〈/body〉 태그 다음에 위치시킴으로써 렌더링을 지연시킬 수 있습니다.

---

07 모든 문서를 저장하고, 지금까지 작업된 결과를 확인합니다. 메인 메뉴와 서브 메뉴의 슬라이드 효과가 잘 동작하는지 확인합니다.

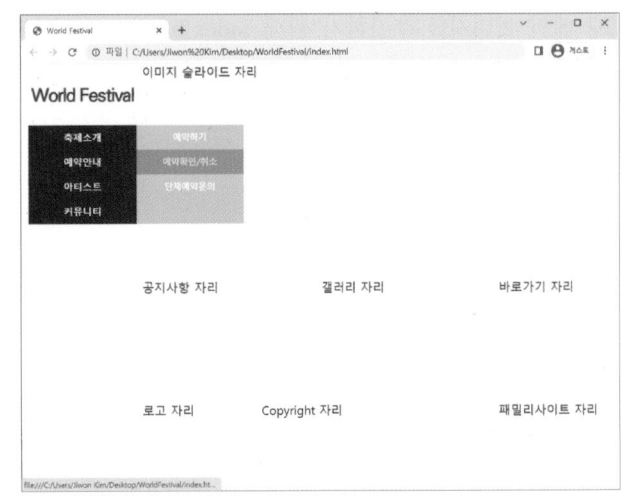

---

① 슬라이드 이미지 추가하기

세부 영역별 지시사항대로 ⓑ Slide 영역에 들어갈 이미지 슬라이드를 제작합니다.
세부 지시사항에서 3개의 이미지를 이용하여 페이드인(Fade-in), 페이드아웃(Fade-out) 효과를 제작하도록 하고 있으므로 'style.css'에서 이미지의 스타일을 지정한 후 자바스크립트에서 제이쿼리(jQuery)를 이용하여 해당 동작을 구현합니다.

01 '수험자 제공 폴더'에서 슬라이드 이미지 3개를 찾고 앞서 만들었던 'images' 폴더에 슬라이드 이미지 3개를 복사합니다.
이때, 주어진 다른 이미지들도 미리 복사해둡니다.

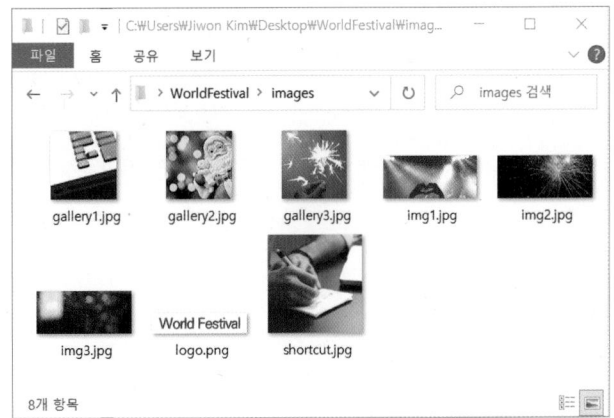

02 메인 이미지를 추가하기 위해 'index.html' 문서에서 〈div class="imgslide"〉 이미지 슬라이드 자리 〈/div〉 부분을 찾은 후 다음과 같이 입력합니다.

```html
<div class="imgslide">
  <a href="#">
    <img src="images/img1.jpg" alt="이미지1" >
    <span class="imgtext">World Festival 1</span>
  </a>

  <a href="#">
    <img src="images/img2.jpg" alt="이미지2" >
    <span class="imgtext">World Festival 2</span>
  </a>

  <a href="#">
    <img src="images/img3.jpg" alt="이미지3" >
    <span class="imgtext">World Festival 3</span>
  </a>
</div>
```

[index.html]

```
49          </ul>
50        </nav>
51      </div> <!--top 끝-->
52    </header>
53    <!--와이어프레임 왼쪽 끝-->
54
55    <!--와이어프레임 오른쪽 시작-->
56    <div class="imgslide"> <!--슬라이드이미지-->
57      <a href="#">
58        <img src="images/img1.jpg" alt="이미지1">
59        <span class="imgtext">World Festival 1</span>
60      </a>
61
62      <a href="#">
63        <img src="images/img2.jpg" alt="이미지2">
64        <span class="imgtext">World Festival 2</span>
65      </a>
66
67      <a href="#">
68        <img src="images/img3.jpg" alt="이미지3">
69        <span class="imgtext">World Festival 3</span>
70      </a>
71    </div>
72
73    <div class="contents"> <!--contents:공지사항,갤러리,바로가기-->
74      <div class="notice">
75        공지사항 자리
76      </div>
77
78      <div class="gallery">
79        갤러리 자리
80      </div>
```

지시사항에서 제공된 3개의 텍스트를 각 이미지에 적용하도록 하고 있으므로 〈span〉 요소를 이용하여 글자도 함께 추가합니다.

기적의 TIP

• 'div' 영역의 class 이름을 'imgslide'으로 지정하였으므로 스타일 시트 파일에서 선택자로 '.imgslide'을 사용하게 됩니다.
• '상호작용이 필요한 모든 콘텐츠(로고, 메뉴 Slide, 공지사항, 갤러리 등)는 임시 링크되어야 한다.'고 명시하고 있으므로 추가되는 이미지에도 임시 링크를 추가합니다.
• 〈span〉 : 다른 텍스트와 구분하기 위해 사용. 줄을 바꾸지 않고 글자색이나 배경색 등을 변경

---

❷ 슬라이드 이미지에 스타일 추가하기

01 슬라이드 이미지 영역을 위한 스타일을 지정하기 위해 스타일 시트 파일 'style.css'에서 메인 이미지 영역의 스타일 지정 부분인 클래스 선택자 '.imgslide'를 찾습니다.

그리고 다음과 같이 '.imgslide' 안에 'position: relative' 속성 값을 추가하고 이어서 다음을 입력합니다.

```
.imgslide{
    float:right;
    width:800px;
    height:350px;
    position:relative;
}
.imgslide>a{
    display:block;
    position:absolute;
}
.imgslide span{
    width:160px;
    text-align:center;
    color:#ffffff;
    font-weight:bold;
    left:40%;
    top:45%;
    position:absolute;
    background-color:rgba(200,200,200,0.5);
}
```

[style.css]

```
82    .submenu>li>a:hover {
83        background-color: #999999;
84        color: #ffff00;
85    }
86    .imgslide { /* B영역: 이미지 슬라이드 영역 */
87        float: right;
88        width: 800px;
89        height: 350px;
90        position: relative;
91    }
92    .imgslide>a {
93        display: block;
94        position: absolute;
95    }
96    .imgslide span {
97        width: 160px;
98        text-align: center;
99        color: #ffffff;
100       font-weight: bold;
101       left: 40%;
102       top: 45%;
103       position: absolute;
104       background-color: rgba(200, 200, 200, 0.5);
105   }
106   .contents { /* C영역: 공시사항+갤러리+바로가기 영역 */
107       float: right;
108       width: 800px;
109       height: 200px;
110   }
111   .notice {
112       float: left;
113       width: 300px;
114       height: 200px;
115   }
116   .gallery {
117       float: left;
118       width: 300px;
119       height: 200px;
120   }
121   .shortcut {
122       float: right;
123       width: 200px;
124       height: 200px;
125   }
```

🅑 기적의 TIP

- 세부 영역별 지시사항 중 'ⓑ Slide'에 '[Slide] 폴더에 제공된 3개의 텍스트를 각 이미지에 적용하되, 텍스트의 글자체, 굵기, 색상, 크기를 적절하게 설정하여 가독성을 높이고, 독창성이 드러나도록 제작한다.'라고 되어있으므로 적절하게 스타일을 지정합니다. 스타일 지정에 대한 자세한 지시사항이나 주어진 값이 없으므로 수험자 임의로 자유롭게 지정하면 됩니다.
- .imgslide : 〈div class="imgslide"〉 영역의 스타일 정의. 이 영역은 슬라이드 이미지와 이미지 위에 나타날 글자 영역을 담는 영역임
- position:relative : static(기본값) 위치에서 상대적으로 위치를 지정
  - 부모 요소에 position:relative를 지정하면 자식 및 후손 요소들은 부모 요소가 가진 공간 안에서 위치가 정해지게 됩니다.
- position:relative와 position:absolute의 관계 : .imgslide로 지정된 〈div class="imgslide"〉에 position:relative을 지정하고 다시 이것의 내부에 있는 '.imgslide〉a'로 지정한 〈a〉 요소에 position:absolute로 지정했습니다. 이렇게 지정하게 되면 position:relative로 지정한 컨테이너를 기준점으로 삼아 position:absolute가 절대 좌표값을 가지게 됩니다. 만일 기준점이 되는 컨테이너가 없으면 문서 화면 전체를 기준으로 절대 좌표값을 가지게 됩니다.
- display:block : 박스 요소를 block 속성으로 표시하며, 요소 앞뒤로 줄바꿈 되도록 함
- .imgslide〉a : .imgslide의 자식 요소 〈a〉 영역의 스타일 정의
- .imgslide span : .imgslide의 후손 요소 〈span class="imgtext"〉 영역의 스타일을 정의
- 선택자 형식 중 'A 〉 B'는 A 요소의 1차 하위 요소인 B 요소에 스타일을 적용합니다. 'A B'와 같이 빈칸을 사용하는 경우 A 요소의 1차 또는 2차 이상(자손의 자손)의 하위 요소, 즉 후손 요소에 해당하는 모든 B 요소에 스타일을 적용합니다([참고하기] PART 02 - SECTION 02. CSS 익히기 - 'CSS 선택자 이해하기').
- width:160px : span 영역의 너비를 160px로 지정

- left:40% : 컨테이너의 시작점을 기준으로 왼쪽에 40%의 여백 지정
- left:40%와 width:160px의 조합 : 〈span〉이 들어가는 영역, 즉 부모 요소에 해당하는 부분은 〈div class="imgslide"〉입니다. imgslide 영역의 너비인 800px의 40%는 320px이므로, 'left:40%'를 지정하면 〈span〉 영역이 왼쪽으로부터 320px 떨어지게 됩니다. 또한 〈span〉 영역의 너비를 160px로 지정했으므로 왼쪽 여백 320px(left:40%)와 span 너비 160px를 더하면 480px이 됩니다. 결국 전체 imgslide 800px-480px=320px이 되어 자연스럽게 〈span〉 영역의 오른쪽에 320px 여백이 생기게 됩니다.

```
.imgslide{
    float:right;
    width:800px;
    height:350px;
}
```

```
.imgslide span{
    width:160px;
    text-align:center;
    color:#ffffff;
    font-weight:bold;
    left:40%;
    top:45%;
    position:absolute;
    background-color:rgba(200,200,200,0.5);
}
```

- background-color:rgba(200,200,200,0.5) : 색상 및 불투명도 지정. r은 red, g는 green, b는 blue 값으로 0~255의 값을 가지며, a 속성은 투명도로 0~1사이의 값을 가짐. a값이 커질수록(1에 가까워질수록) 불투명해짐
- font-weight:bold : 텍스트를 '굵게' 나타냄
- 모든 스타일은 수험자 임의로 자유롭게 지정할 수 있으며 예시에 나타난 것보다 더 간단하게 지정해도 됩니다. 다만 요소들이 잘 배치되는지를 웹 브라우저의 전체 화면 및 축소 화면에서 확인해 보도록 합니다.

---

02 지금까지 작업한 모든 파일을 저장하고, '크롬(Chrome)' 브라우저에서 결과를 확인해 보면 이미지들이 한 곳에 겹쳐서 모여 있고, 그 위에 글자가 나타나는 것을 확인할 수 있습니다.

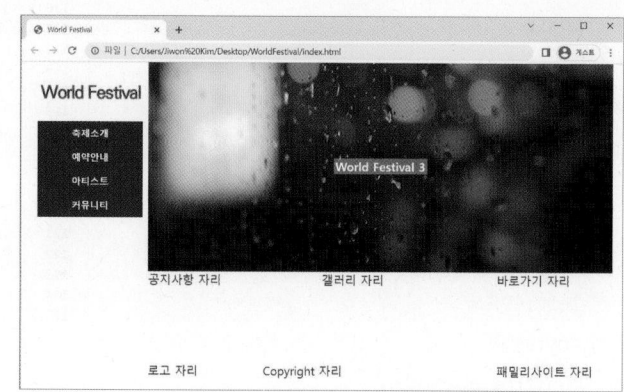

❸ Fade-in, Fade-out 구현하기

01 이미지에 페이드인, 페이드아웃 기능을 구현하기 위해 'script.js' 문서에 다음과 같이 입력합니다.

```
$('.imgslide a:gt(0)').hide();
setInterval(function(){
  $('.imgslide a:first-child')
  .fadeOut(1000)
  .next('a')
  .fadeIn(1000)
  .end()
  .appendTo('.imgslide');
},3000);
```

[script.js]

```
1    // JavaScript Document
2
3    jQuery(document).ready(function () {
4
5      $('.navi>li').mouseover(function () {
6        $(this).find('.submenu').stop().slideDown(500);
7      }).mouseout(function () {
8        $(this).find('.submenu').stop().slideUp(500);
9      });
10
11     $('.imgslide a:gt(0)').hide();
12     setInterval(function () {
13       $('.imgslide a:first-child')
14         .fadeOut(1000)
15         .next('a')
16         .fadeIn(1000)
17         .end()
18         .appendTo('.imgslide');
19     }, 3000);
20
21   });
22
```

- .imgslide a:gt(0) : gt(index)는 index 값보다 더 큰 값(greater)을 가진 요소들을 모두 선택함
  - gt(index)는 0번째부터 계수하여 index 값보다 큰 값을 가져옴. 여기에서는 처음 값이 gt(0)이므로 0보다 큰 요소들인 1, 2, 3번째 요소들을 모두 선택함
- imgslide a:gt(0)'.hide() : imgslide 요소 중 0보다 큰 1, 2,3 번째 요소를 모두 선택하여 숨김
- setInterval(function(){}, 3000 : 일정 시간마다 반복적으로 동작을 실행. 3000은 3000ms(3초)로 3초마다 실행
- ('.imgslide a:first-child').fadeOut(1000) : 'first-child'는 가상 클래스 선택자로서 부모 요소가 가지고 있는 자식 요소 중 첫 번째를 선택. .img-slide의 자식 요소인 〈a〉의 요소 중에서 첫 번째를 선택하여 페이드아웃 실행
  - fadeOut() : 페이드아웃 효과를 나타냄. 만일 fadeOut(1000)과 같이 숫자 값을 기입하면 1초에 걸쳐 페이드아웃 효과가 진행됨
- .next('a').fadeIn() : 다음 요소를 선택하여 페이드인 실행
- end() : 이전 선택요소를 선택
- appendTo('.imgslide') : 선택한 요소를 .imgslide 선택자의 요소의 자식 요소로 추가
- 자바스크립트 코드는 수험자 임의로 자유롭게 지정할 수 있으므로 여기에 제시된 코드를 얼마든지 변경해서 사용해도 됩니다.

Fade-in, Fade-out 코드 다르게 작성해 보기

- 페이드인, 페이드아웃을 구현할 때 정해진 알고리즘은 없습니다. 수험자가 임의로 자유롭게 수정 및 변경해서 사용하시면 됩니다.
- 다음의 오른쪽과 코드를 작성하면 다른 페이드인, 페이드아웃 효과가 나타납니다.

```javascript
$('.imgslide a:gt(0)').hide();
setInterval(function(){
    $('.imgslide a:first-child')
    .fadeOut(1000)
    .next('a')
    .fadeIn(1000)
    .end()
    .appendTo('.imgslide');
},3000);
```

```javascript
$('.imgslide a:gt(0)').hide();
var i = 0;
function slidelist(){
    var list = $('.imgslide a');
    list.eq(i).fadeIn().delay(3000).fadeOut(function(){
        i++;
        if(i % list.length == 0){
            i = 0;
        }
        slidelist();
    });
}
slidelist();
```

- var i = 0 : 변수 i를 선언하고 그 변수에 0값을 담음
- function slidelist() : 함수 slidelist를 선언
- var list = $('.imgslide a') : 변수 list를 선언하고 그 변수에 .imgslide의 자식 요소 〈a〉를 담음
- list.eq(i).fadeIn().delay(3000).fadeOut(function() : list 변수에 담긴 .imgslide의 자식 요소 〈a〉 중에서 i 값을 index 값으로 넣음. delay(3000)을 설정하여 3초간 지연시킨 후 fadeOut을 실행함
  - list.eq(0)이면 list에 들어가는 것 중 첫 번째를 선택함.
  - eq(i) : i(index)에 해당하는 요소를 가져옴. eq(0)=1을 의미
  - (function() : 이와 같이 함수가 괄호로 둘러싸인 경우를 즉시 호출 함수(IIFE, Immediately Invoked Function Expression)라고 함. 즉시 호출 함수는 함수가 생성되자마자 즉시 실행됨
- list.eq(0)이면 list에 들어가는 것 중 첫 번째를 선택함.
  - eq(i) : i(index)에 해당하는 요소를 가져옴. eq(0)=1을 의미
  - (function() : 이와 같이 함수가 괄호로 둘러싸인 경우를 즉시 호출 함수(IIFE, Immediately Invoked Function Expression)라고 함. 즉시 호출 함수는 함수가 생성되자마자 즉시 실행됨
- i++; if(i % list.length == 0) { i = 0; } : list 변수로 들어가는 .imgslide의 자식 요소 〈a〉가 몇 번째 요소인지를 가리키기 위한 index i값을 하나씩 증가시킴. 이때 list 전체 길이가 0과 같아지면 i 값을 0으로 변경
  - .length : 문자열의 길이를 반환. 'abc'.length는 3이 됨
  - list.length : list에 담긴 .imgslide의 자식 요소인 〈a〉 요소의 개수를 반환
  - slidelist() : slidelist()를 호출

02 문서를 저장한 후 '크롬(Chrome)' 브라우저에서 페이드인과 페이드아웃이 실행되는지 확인합니다.

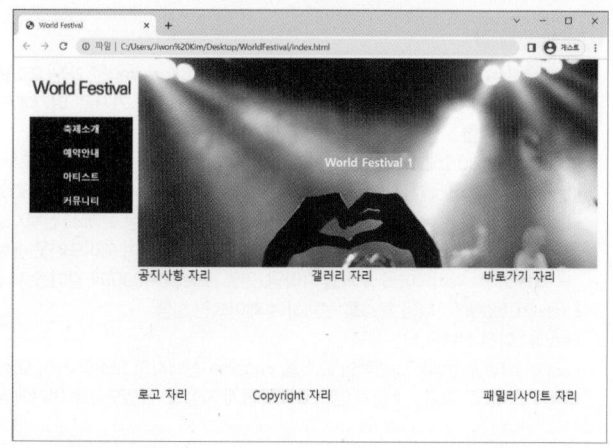

① 공지사항, 갤러리 추가하기

세부 영역별 지시사항대로 ⓒ Contents 영역에 들어갈 공지사항, 갤러리, 바로가기 콘텐츠를 제작합니다.

01 'index.html' 문서에서 ⟨div class="notice"⟩ 공지사항 자리 ⟨/div⟩를 찾고 해당 영역에 다음과 같이 입력하여 공지사항을 작성합니다.

```
<div class="notice">
  <div class="tab"><h4>공지사항</h4></div>
  <ul>
    <li>
      <a href="#">Vallery Festival 공지1<span>
      2022.03.01</span></a>
    </li>
    <li>
      <a href="#">Vallery Festival 공지2<span>
      2022.03.01</span></a>
    </li>
    <li>
      <a href="#">Vallery Festival 공지3<span>
      2022.03.01</span></a>
    </li>
    <li>
      <a href="#">Vallery Festival 공지4<span>2022.03.01</span></a>
    </li>
  </ul>
</div>
```

[index.html]

```
67      <a href="#">
68        <img src="images/img3.jpg" alt="이미지3">
69        <span class="imgtext">World Festival 3</span>
70      </a>
71    </div>
72
73    <div class="contents"> <!--contents:공지사항,갤러리,바로가기-->
74      <div class="notice">
75        <div class="tab"><h4>공지사항</h4></div>
76        <ul>
77          <li>
78            <a href="#">Vallery Festival 공지1<span>2022.03.01</
                 span></a>
79          </li>
80          <li>
81            <a href="#">Vallery Festival 공지2<span>2022.03.01</
                 span></a>
82          </li>
83          <li>
84            <a href="#">Vallery Festival 공지3<span>2022.03.01</
                 span></a>
85          </li>
86          <li>
87            <a href="#">Vallery Festival 공지4<span>2022.03.01</
                 span></a>
88          </li>
89        </ul>
90      </div>
91
92      <div class="gallery">
93        갤러리 자리
94      </div>
95
```

02 다음으로 〈div class="gallery"〉 갤러리 자리 〈/div〉 영역에 다음과 같이 입력하여 갤러리 부분에 이미지를 추가합니다.

```
<div class="gallery">
  <div class="tab"><h4>갤러리</h4></div>
  <ul>
    <li><a href="#"><img src="images/
gallery1.jpg" alt="1"></a></li>
    <li><a href="#"><img src="images/
gallery2.jpg" alt="2"></a></li>
    <li><a href="#"><img src="images/
gallery3.jpg" alt="3"></a></li>
  </ul>
</div>
```

[index.html]

```
86        <li>
87          <a href="#">Vallery Festival 공지4<span>2022.03.01</
            span></a>
88        </li>
89      </ul>
90    </div>
91
92    <div class="gallery">
93      <div class="tab"><h4>갤러리</h4></div>
94      <ul>
95        <li><a href="#"><img src="images/gallery1.jpg"
            alt="1"></a></li>
96        <li><a href="#"><img src="images/gallery2.jpg"
            alt="2"></a></li>
97        <li><a href="#"><img src="images/gallery3.jpg"
            alt="3"></a></li>
98      </ul>
99    </div>
100
101   <div class="shortcut">
102     바로가기 자리
103   </div>
104 </div> <!--contents 끝-->
105
```

❷ 공지사항, 갤러리 스타일 추가하기

01 와이어프레임에 제시된 공지사항과 갤러리 영역의 모양을 확인한 후 스타일을 추가합니다. 공지사항 영역에 스타일을 추가하기 위해 'style. css' 문서에서 클래스 선택자 '.notice' 아래에 다음과 같이 입력합니다.

```
.tab{
    float:left;
    width:300px;
}
.notice h4{
    float:left;
    height:50px;
    line-height:50px;
}
.notice ul{
    float:left;
    width:280px;
    height:30px;
    line-height:30px;
    font-size:14px;
}
.notice li span{
    float:right;
}
.notice li:hover{
    font-weight:bold;
}
```

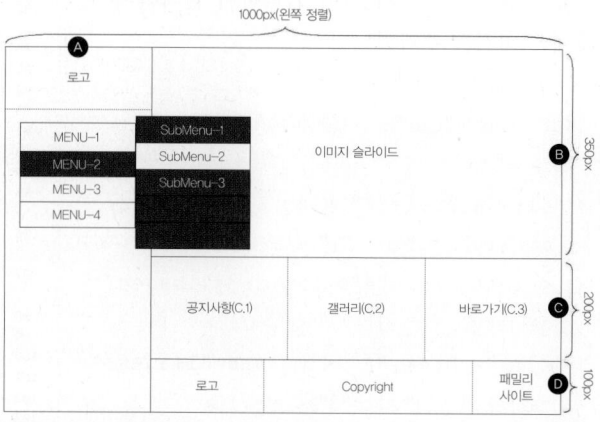

[style.css]

```
111    .notice {
112        float: left;
113        width: 300px;
114        height: 200px;
115    }
116    .tab {
117        float: left;
118        width: 300px;
119    }
120    .notice h4 {
121        float: left;
122        height: 50px;
123        line-height: 50px;
124    }
125    .notice ul {
126        float: left;
127        width: 280px;
128        height: 30px;
129        line-height: 30px;
130        font-size: 14px;
131    }
132    .notice li span {
133        float: right;
134    }
135    .notice li:hover {
136        font-weight: bold;
137    }
138    .gallery {
139        float: left;
140        width: 300px;
141        height: 200px;
142    }
```

---

⑤ 기적의 TIP

- 스타일의 속성 값은 브라우저에서 결과를 확인하면서 값을 조금씩 조정하면서 지정합니다.
- .tab : ⟨div class="tab"⟩ 요소의 스타일 지정. 즉 '공지사항' 글자 영역의 스타일을 지정
- .notice h4 : .notice 요소의 후손 요소인 ⟨h4⟩의 스타일 지정
- height:50px, line-height:50px : 높이 height와 줄 간격(행간) line-height를 같은 값을 지정하여 글자가 세로 가운데 정렬이 되도록 함
  - 높이(height)와 줄 간격(line-height)을 같은 값을 주면(height:50px, line-height:50px) 글자 크기를 중심으로 글자의 위, 아래 여백이 동일하게 지정되어 글자가 세로 가운데 정렬이 됩니다.
- .notice ul : ⟨div class="notice"⟩ 요소의 후손 요소 ⟨ul⟩의 스타일 지정. 즉 공지사항 콘텐츠 영역의 스타일을 지정
  - width:280px : ⟨ul⟩ 요소들이 공지사항 영역(300px) 안에서 280px 너비로 나타나게 함
  - font-size:14px : ⟨ul⟩ 요소 안에 있는 글자의 크기 지정
- .notice li span : .notice 요소의 후손 요소인 ⟨li⟩의 ⟨span⟩에 스타일 지정
- .notice li:hover : .notice 요소의 후손 요소인 ⟨li⟩에 마우스를 올리면 font-weight:bold 글자가 굵게 나타나도록 지정

02 갤러리 영역에 스타일을 추가하기 위해 클래스 선택자 '.gallery'를 찾아 아래에 다음을 추가합니다.

```css
.gallery h4{
    float:left;
    height:50px;
    line-height:50px;
}
.gallery ul li{
    float:left;
    padding:10px;
    margin-top:10px;
}
.gallery img{
    width:80px;
    height:80px;
}
.gallery li:hover{
    opacity:0.5;
}
```

[style.css]

```css
132    .notice li span {
133      float: right;
134    }
135    .notice li:hover {
136      font-weight: bold;
137    }
138    .gallery {
139      float: left;
140      width: 300px;
141      height: 200px;
142    }
143    .gallery h4 {
144      float: left;
145      height: 50px;
146      line-height: 50px;
147    }
148    .gallery ul li {
149      float: left;
150      padding: 10px;
151      margin-top: 10px;
152    }
153    .gallery img {
154      width: 80px;
155      height: 80px;
156    }
157    .gallery li:hover {
158      opacity: 0.5;
159    }
160    .shortcut {
161      float: right;
162      width: 200px;
163      height: 200px;
164    }
```

기적의 TIP

- .gallery h4 : .notice 요소의 후손 요소인 〈h4〉의 스타일 지정. 즉 '갤러리' 글자 영역의 스타일을 지정
- .gallery ul li : .gallery 요소의 후손 요소인 〈ul〉의 〈li〉에 스타일 지정
  - 갤러리 이미지 주변에 padding:10px과 margin–top:10px 여백을 지정
- 패딩(padding)이란 박스 요소의 바깥 테두리(Border)의 바로 안 쪽에 위치한 영역으로서 내용을 둘러싸고 있는 영역을 의미합니다. 만일 padding:10px을 지정하면 박스 요소의 내용(content)에 사방으로 10px의 공간을 지정하는 것을 의미합니다.
  - 패딩은 사방을 한꺼번에 지정하지 않고 위/오른쪽/아래쪽/왼쪽 시계 방향으로 각 면을 별도로 지정할 수 있습니다. 예를 들어 'padding: 10px 20px 30px 40px;'은 순서대로 위쪽, 오른쪽, 아래쪽, 왼쪽 각 면에 패딩을 지정합니다.
- .gallery img : .gallery 요소의 후손 요소 〈img〉의 스타일 크기를 지정. 갤러리 영역 안에 나타나는 이미지들이 각각 너비 80px×높이 80px로 나타나게 함
- .gallery li:hover : .gallery 요소의 후손 요소 〈li〉에 마우스를 올리면 불투명도가 50%(opacity:0.5)로 나타나도록 지정

03 작업 중인 문서를 모두 저장하고 결과를 '크롬(Chrome)' 브라우저에서 확인합니다.

③ 바로가기 입력하고 스타일 지정하기

01 'index.html' 문서에서 ⟨div class="shortcut"⟩ 바로가기 자리 ⟨/div⟩를 찾고 해당 영역에 다음과 같이 입력하여 주어진 바로가기 이미지를 추가합니다.

```
<div class="shortcut">
  <a href="#">
    <img src="images/shortcut.jpg" alt="
    바로가기">
    <span class="sctext">바로가기</span>
  </a>
</div>
```

```
92        <div class="gallery">
93          <div class="tab"><h4>갤러리</h4></div>
94          <ul>
95            <li><a href="#"><img src="images/gallery1.jpg"
              alt="1"></a></li>
96            <li><a href="#"><img src="images/gallery2.jpg"
              alt="2"></a></li>
97            <li><a href="#"><img src="images/gallery3.jpg"
              alt="3"></a></li>
98          </ul>
99        </div>
100
101       <div class="shortcut">
102         <a href="#">
103           <img src="images/shortcut.jpg" alt="바로가기">
104           <span class="sctext">바로가기</span>
105         </a>
106       </div>
107     </div> <!--contents 끝-->
108
109     <footer>
110       <div class="bottom"> <!--bottom:로고,Copyright,패밀리사이트-->
111         <div class="btlogo">
112           로고 자리
113         </div>
```

02 'style.css'에서 바로가기 영역의 스타일을 추가하기 위해 클래스 선택자 '.shortcut'를 찾아 아래에 다음을 추가합니다.

```
.shortcut img{
    float:right;
    width:180px;
    height:180px;
    padding:10px;
}
.sctext{
    width:100px;
    text-align:center;
    font-weight:bold;
    position:absolute;
    background-color:rgba(255,255,255,0.5);
    margin-top:85px;
    margin-left:50px;
}
```

```
157     .gallery li:hover {
158       opacity: 0.5;
159     }
160     .shortcut {
161       float: right;
162       width: 200px;
163       height: 200px;
164     }
165     .shortcut img {
166       float: right;
167       width: 180px;
168       height: 180px;
169       padding: 10px;
170     }
171     .sctext {
172       width: 100px;
173       text-align: center;
174       font-weight: bold;
175       position: absolute;
176       background-color: □rgba(255, 255, 255, 0.5);
177       margin-top: 85px;
178       margin-left: 50px;
179     }
180     footer { /* D영역: 와이어프레임 오른쪽 하단 영역 */
181       float: right;
182     }
```

🅑 기적의 TIP

• .shortcut img : ⟨div class="shortcut"⟩ 요소의 후손 요소 ⟨img⟩의 스타일 크기를 지정
• .sctext : ⟨span class="sctext"⟩ 바로가기 글자 영역의 스타일 지정

03 작업 중인 문서를 모두 저장하고 결과를 '크롬(Chrome)' 브라우저에서 확인합니다.

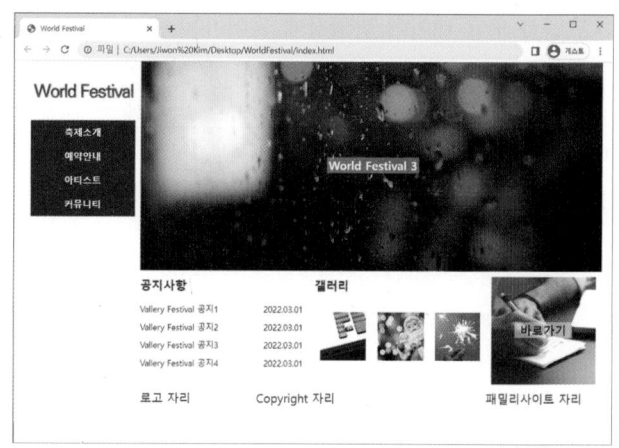

④ 모달 레이어 작성하고 배경 스타일 지정하기

01 세부 지시사항에서 제시한 모달 레이어를 구성합니다. 공지사항의 첫 번째 콘텐츠를 클릭(Click)할 경우 모달 레이어 팝업창(Modal Layer Pop-up)이 나타나야 하며, 닫기 버튼을 누르면 해당 팝업창이 닫히도록 해야 합니다.

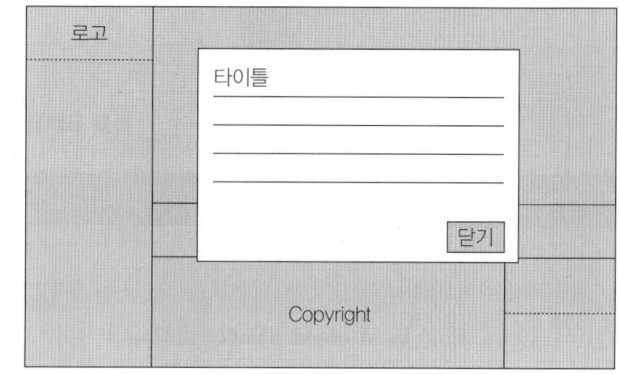

➕ 더 알기 TIP

모달 레이어(Modal Layer) vs. 레이어 팝업창(Layer Pop-up)
- 최근 시험에서는 모달 레이어와 레이어 팝업창이 구분되어 출제되고 있습니다.
- 모달 레이어는 모달 창(Modal Window)이라고도 불리는데, 모달 창이란 UI(User Interface) 측면에서 어떤 프로그램에 종속된 창을 의미하는 것으로 웹에서는 웹 페이지 내에 종속되어 나타나는 창을 의미합니다. 세부 이미지를 크게 표현해주거나 긴급한 내용을 알릴 때 사용합니다.
- 레이어 팝업창(Layer Pop-up)은 새롭게 솟아오르는 레이어 창을 의미합니다. 레이어 팝업창은 웹 페이지에 종속되지 않으며 클릭할 때 관련 정보를 새로운 레이어 계층으로 표시해 줍니다.
- 모달 창은 기본 창을 비활성화(차단)하면서 모달 창 안의 내용을 보여줍니다. 그렇기 때문에 모달 창의 내용을 보는 동안 기본 창은 마치 모달 창의 배경처럼 숨겨지고 기본 창의 내용이 클릭이 안 되는 경우가 많습니다. 그러나 레이어 팝업창은 기본 창과 독립적으로 새롭게 창을 열어서 내용을 보여주며, 기본 창의 내용에는 영향을 미치지 않습니다.
- 모달 레이어나 레이어 팝업창은 모두 〈DIV〉 태그를 이용하여 웹 페이지 내에 새로운 레이어 계층으로 팝업을 띄웁니다. 이 점이 새로운 HTML 문서를 새로운 대화상자 창으로 띄우는 것(winOpen())과 다른 점입니다.

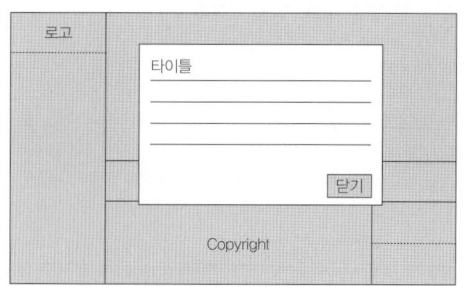

〈모달 레이어(모달 창)〉

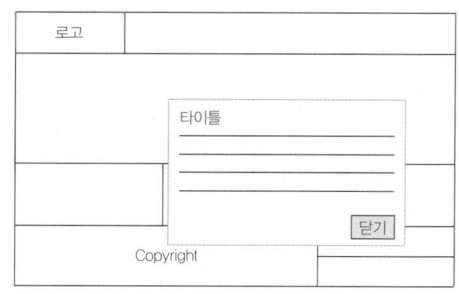

〈레이어 팝업창〉

02 먼저 모달 레이어 팝업창에 들어가는 콘텐츠 부분을 작성합니다. ‘index.html’ 문서에서 〈div class="shortcut"〉…〈/div〉 〈/div〉 다음에 다음과 같이 입력합니다.

```
<div id="modal">
  <div class="modal_up">
    <div class="uptitle">무궁화 축제</div>
    <div class="upbody">
      무궁무궁 무궁화 무궁화는 우리꽃
      피고 지고 또 피어 무궁화라네~
      광복절을 맞이하여 무궁화 축제가 열립니다.
      무궁화 전시, 무궁화 체험, 공연 등 많은 참
      여를 바랍니다.
    </div>
    <div class="btn">닫기</div>
  </div>
</div>
```

[index.html]

```
101      <div class="shortcut">
102        <a href="#">
103          <img src="images/shortcut.jpg" alt="바로가기">
104          <span class="sctext">바로가기</span>
105        </a>
106      </div>
107    </div> <!--contents 끝-->
108
109    <div id="modal"> <!--레이어 팝업창 영역-->
110      <div class="modal_up">
111        <div class="uptitle">무궁화 축제</div>
112        <div class="upbody">
113          무궁무궁 무궁화 무궁화는 우리꽃
114          피고 지고 또 피어 무궁화라네~
115          광복절을 맞이하여 무궁화 축제가 열립니다.
116          무궁화 전시, 무궁화 체험, 공연 등 많은 참여를 바랍니다.
117        </div>
118        <div class="btn">닫기</div>
119      </div>
120    </div> <!--레이어 팝업창 영역 끝-->
121
122    <footer>
123      <div class="bottom"> <!--bottom:로고,Copyright,패밀리사이트-->
124        <div class="btlogo">
125          로고 자리
126        </div>
```

03 모달 레이어 팝업창의 스타일을 지정하기 위해서 ‘style.css’ 문서의 클래스 선택자 ‘.sctext’ 아래에 다음과 같이 입력합니다.

```
#modal{
    width:100%;
    height:100%;
    position:absolute;
    left:0px;
    top:0px;
    background:rgba(0,0,0,0.6);
    z-index:1;
    display:none;
}
#modal.active{
    display:block;
}
```

[style.css]

```
165    .shortcut img {
166        float: right;
167        width: 180px;
168        height: 180px;
169        padding: 10px;
170    }
171    .sctext {
172        width: 100px;
173        text-align: center;
174        font-weight: bold;
175        position: absolute;
176        background-color: ☐rgba(255, 255, 255, 0.5);
177        margin-top: 85px;
178        margin-left: 50px;
179    }
180    #modal {
181        width: 100%;
182        height: 100%;
183        position: absolute;
184        left: 0px;
185        top: 0px;
186        background: ■rgba(0, 0, 0, 0.6);
187        z-index: 1;
188        display: none;
189    }
190    #modal.active {
191        display: block;
192    }
193    footer { /* D영역: 와이어프레임 오른쪽 하단 영역 */
```

기적의 TIP

- 스타일 정의는 순서에 상관없이 입력이 가능하지만, 가독성과 쉽게 찾고 수정할 수 있도록 HTML 문서의 태그 순서와 일치시키는 것이 좋습니다. 여기에서는 클래스 선택자 ‘.sctext’를 찾아 그 아래쪽에 스타일을 추가했습니다.
- #modal : 〈div id="modal"〉 요소로 화면 전체(width:100%, height:100%;)를 background:rgba(0,0,0,0.6) 색상으로 지정하여 채움. 처음엔 나타나지 않도록 display:none를 지정
- #modal.active : #modal에 active 클래스가 추가되면 나타냄
- z-index : 요소의 쌓이는 순서를 결정하는 속성으로 여러 요소가 겹칠 때 어떤 요소가 화면상에서 앞쪽 또는 뒤쪽으로 보이게 할지 우선순위를 결정. 큰 값을 설정한 요소가 화면에서 더 앞쪽으로 보이게 됨
- 만일 어떤 요소에는 z-index 속성을 지정하고 어떤 요소에는 지정하지 않았다면 z-index를 속성을 지정한 요소가 화면상에서 더 앞으로 보이게 됩니다. 이때 주의할 점은 z-index 속성은 position 속성이 설정된 요소에 대해서만 작용하므로 position 속성을 함께 사용해야 합니다.

⑤ 모달 레이어 팝업 기능 구현하기

01 모달 레이어 팝업창 모양은 팝업되는 영역의 스타일을 보면서 지정하기 위해서 먼저 팝업 기능부터 구현합니다.

'script.js' 문서에 다음과 같이 입력하여 팝업 기능을 추가합니다. 이때 마지막 줄인 '});' 안쪽에 입력하도록 합니다.

```
$(".notice li:first").click(function(){
  $("#modal").addClass("active");
});
$(".btn").click(function(){
  $("#modal").removeClass("active");
});
```

[script.js]

```
3   jQuery(document).ready(function () {
4
5     $('.navi>li').mouseover(function () {
6       $(this).find('.submenu').stop().slideDown(500);
7     }).mouseout(function () {
8       $(this).find('.submenu').stop().slideUp(500);
9     });
10
11    $('.imgslide a:gt(0)').hide();
12    setInterval(function () {
13      $('.imgslide a:first-child')
14        .fadeOut(1000)
15        .next('a')
16        .fadeIn(1000)
17        .end()
18        .appendTo('.imgslide');
19    }, 3000);
20
21    $(".notice li:first").click(function () {
22      $("#modal").addClass("active");
23    });
24    $(".btn").click(function () {
25      $("#modal").removeClass("active");
26    });
27
28  });
29
```

기적의 TIP

- (".notice li:first").click() : .notice 요소의 후손 요소 중에서 첫 번째 요소를 클릭
- ("#modal").addClass("active") : #modal과 일치하는 요소에 'active' 클래스 추가
- (".btn").click(function) : .btn 요소를 클릭
- ("#modal").removeClass("active") : #modal의 'active' 클래스를 삭제

---

02 지금까지 작업한 문서를 모두 저장하고, '크롬(Chrome)' 브라우저에서 작업된 사항을 확인합니다.

지금까지의 작업 결과, 클래스 선택자 '.notice' 요소, 즉 〈div class="notice"〉로 지정된 공지사항의 첫 번째 줄을 클릭하면 바탕에 불투명도가 낮아지면서 화면이 변하는 것을 확인할 수 있습니다.

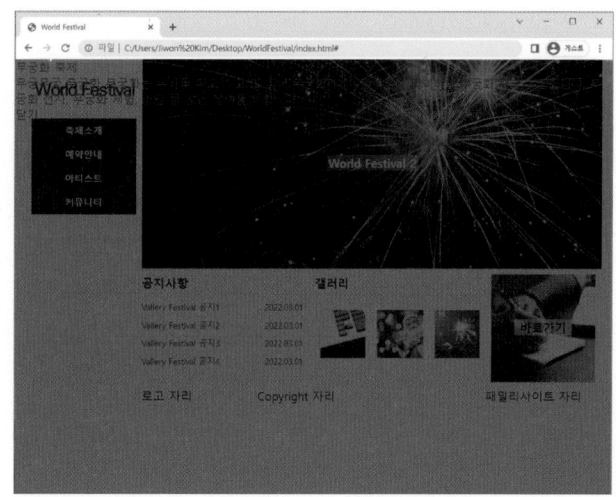

6 **모달 레이어 팝업창 스타일 지정하기**

01 모달 레이어 팝업창의 스타일을 계속해서 지정하기 위해 'style.css' 문서에 다음을 추가합니다.

```css
.modal_up{
    width:400px;
    height:300px;
    position:fixed;
    left:30%;
    top:20%;
    background-color:#ffffff;
}
.uptitle{
    margin-top:30px;
    text-align:center;
    line-height:16px;
    font-size:20px;
    font-weight:bold;
}
.upbody{
    padding:30px;
    text-align:center;
    font-size:16px;
    line-height:30px;
}
.btn{
    width:80px;
    height:20px;
    display:block;
    text-align:center;
    font-size:15px;
    font-weight:bold;
    background:#cccccc;
    position:absolute;
    right:10px;
    bottom:10px;
}
```

[style.css]

```css
190    #modal.active {
191        display: block;
192    }
193    .modal_up {
194        width: 400px;
195        height: 300px;
196        position: fixed;
197        left: 30%;
198        top: 20%;
199        background-color: ☐#ffffff;
200    }
201    .uptitle {
202        margin-top: 30px;
203        text-align: center;
204        line-height: 16px;
205        font-size: 20px;
206        font-weight: bold;
207    }
208    .upbody {
209        padding: 30px;
210        text-align: center;
211        font-size: 16px;
212        line-height: 30px;
213    }
214    .btn {
215        width: 80px;
216        height: 20px;
217        display: block;
218        text-align: center;
219        font-size: 15px;
220        font-weight: bold;
221        background: ☐#cccccc;
222        position: absolute;
223        right: 10px;
224        bottom: 10px;
225    }
226    footer { /* D영역: 와이어프레임 오른쪽 하단 영역 */
227        float: right;
228    }
```

---

⑤ 기적의 TIP

- .modal_up : 모달 레이어가 팝업될 때 나타나는 〈div class="modal_up"〉 영역의 스타일 지정
- .uptitle : 모달 레이어 팝업창의 제목 영역인 〈div class="uptitle"〉 스타일 지정
- .upbody : 모달 레이어 팝업창의 내용 영역인 〈div class="upbody"〉 스타일 지정
- .btn : 팝업창 안에 나타나는 버튼 영역의 스타일 지정

---

02 작업한 모든 문서를 저장하고, '크롬(Ch-rome)' 브라우저에서 모달 레이어 팝업창이 잘 나타나고 사라지는지 결과를 확인합니다.

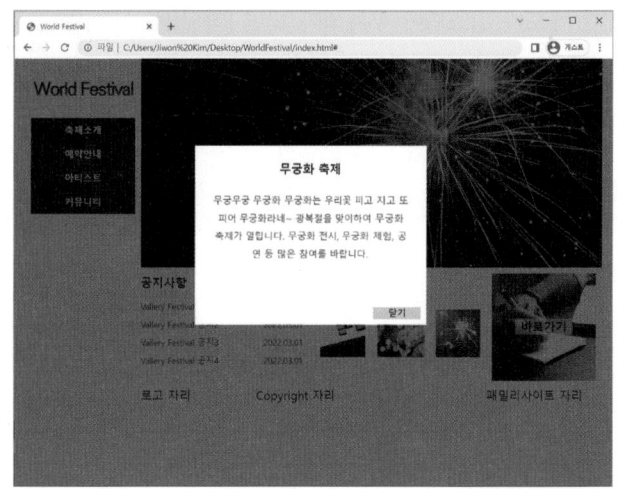

---

6 STEP **세부 영역별 지시사항 풀기 – ⓓ Footer** 약 25분

① Footer 영역 하단 로고 만들기

세부 영역별 지시사항대로 Footer 영역을 제작합니다. 이 문제에서는 제공된 로고를 grayscale(무채색)으로 변경하여 Footer 영역에 추가하도록 하고 있으므로 먼저 로고를 무채색으로 조정해 두도록 합니다. 여기에서는 포토샵을 이용하여 조정하였습니다.

01 포토샵을 실행한 후, [파일(File)]-[열기(Open)] 메뉴를 선택하여 images 폴더에 저장되어 있는 로고 이미지 'logo.png'를 엽니다.

02 로고를 무채색으로 변경하기 위해서 [이미지(Image)]-[조정(Adjustments)]-[채도 감소(Desaturate)]를 선택합니다.

기적의 TIP

- 채도 감소의 단축키는 Shift + Ctrl + U 입니다.
- 채도를 감소하기 위해 [이미지(Image)]-[조정(Adjustments)]-[색조/채도(Hue/Saturation)] 메뉴를 선택하여 채도(Saturation)에서 '-100'을 입력하여 변경해도 됩니다.
- [색조/채도(Hue/Saturation)] 메뉴의 단축키는 Ctrl + U 입니다.
- 로고의 색상 값이나 색상을 변경하는 방법이 지정되지 않은 경우 수험자 임의로 수정하면 됩니다.

03 채도가 감소되어 무채색이 되면 [파일(File)]
–[다른 이름으로 저장(Save as)]을 선택하여 'im-
ages' 폴더 안에 'logo_bottom.png'로 저장합니다.

– 파일 이름(File name) : logo_bottom.png

– 형식(Format) : PNG

[저장(Save)] 버튼을 클릭한 후 PNG 옵션 대화
상자가 나타나면 옵션을 기본값으로 그대로 둔
채 [확인(OK)]을 클릭합니다.

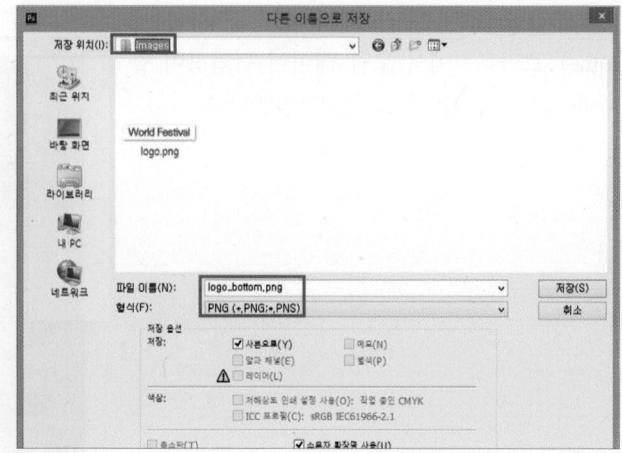

---

② Footer 영역 작성하기

제공된 텍스트와 이미지를 사용하여 하단 로고, Copyright, 패밀리사이트를 제작합니다.

01 'index.html' 문서에서 〈footer〉 〈/footer〉
영역에서 미리 입력해 두었던 로고 자리, Copy-
right 자리, 패밀리사이트 자리에 'Footer' 폴더
에 제공된 텍스트를 사용하여 다음과 같이 입력
합니다.

```
<footer>
  <div class="bottom">
    <div class="btlogo">
      <a href="#"><img src="images/logo_
      bottom.png" alt="하단로고"></a>
    </div>
    <div class="copy">
      COPYRIGHT ⓒ by WEBDESIGN. ALL RIGHTS
      RESERVED
    </div>
    <div class="familysite">
      <select name="sitelist">
        <option value="#">패밀리사이트1</option>
        <option value="#">패밀리사이트2</option>
        <option value="#">패밀리사이트3</option>
      </select>
    </div>
  </div>
</footer>
```

[index.html]

```
122    <footer>
123      <div class="bottom"> <!--bottom:로고,Copyright,패밀리사이트-->
124        <div class="btlogo">
125          <a href="#"><img src="images/logo_bottom.png"
               alt="하단로고"></a>
126        </div>
127        <div class="copy">
128          COPYRIGHT ⓒ by WEBDESIGN. ALL RIGHTS RESERVED
129        </div>
130        <div class="familysite">
131          <select name="sitelist">
132            <option value="#">패밀리사이트1</option>
133            <option value="#">패밀리사이트2</option>
134            <option value="#">패밀리사이트3</option>
135          </select>
136        </div>
137      </div> <!--bottom 끝-->
138    </footer>
139    <!--와이어프레임 오른쪽 끝-->
140
141  </body>
142  </html>
143
```

❸ Footer 영역 스타일 지정하기

01 푸터 영역에 스타일을 지정하기 위해 'style. css' 문서에서 클래스 선택자 '.bottom' 영역을 찾아서 다음과 같이 속성을 추가합니다.

```
.bottom{
    float:right;
    width:800px;
    height:100px;
    background-color:#cccccc;
}
```

이어서 '.btlogo' 영역 아래에 다음과 같이 하단 로고 이미지의 스타일을 추가합니다.

```
.btlogo{
    float:left;
    width:200px;
    height:100px;
}
.btlogo img{
    float:left;
    width:200px;
    height:40px;
    margin-top:25px;
    margin-left:10px;
}
```

[style.css]

```
226   footer { /* D영역: 와이어프레임 오른쪽 하단 영역 */
227       float: right;
228   }
229   .bottom { /* 로고+Copyright+패밀리사이트 영역 */
230       float: right;
231       width: 800px;
232       height: 100px;
233       background-color: #cccccc;
234   }
235   .btlogo {
236       float: left;
237       width: 200px;
238       height: 100px;
239   }
240   .btlogo img{
241       float:left;
242       width:200px;
243       height:40px;
244       margin-top:25px;
245       margin-left:10px;
246   }
247   .copy {
248       float: left;
249       width: 400px;
250       height: 100px;
251   }
252   .familysite {
253       float: right;
254       width: 200px;
255       height: 100px;
256   }
```

🅕 기적의 TIP

- .btlogo : 〈div class="btlogo"〉 영역의 스타일 정의. 로고는 왼쪽에 배치되도록 float:left를 지정
- .btlogo img : 〈div class="btlogo"〉 영역의 후손 요소 〈img〉 요소에 대한 스타일 지정. 이미지 크기는 종횡비가 달라지지 않도록 원래의 이미지 크기를 그대로 지정. 여백은 임의로 지정

---

02 작업한 모든 문서를 저장하고, '크롬(Chrome)' 브라우저에서 로고가 잘 나타나는지 결과를 확인합니다.

03 푸터 영역에 스타일을 지정하기 위해 'style.css'에서 클래스 선택자 '.copy' 영역을 찾아서 다음과 같이 속성을 추가합니다.

```
.copy{
    float:left;
    width:400px;
    height:100px;
    text-align:center;
    font-size:14px;
    line-height:100px;
}
```

[style.css]

```
229    .bottom { /* 로고+Copyright+패밀리사이트 영역 */
230        float: right;
231        width: 800px;
232        height: 100px;
233        background-color: ■#cccccc;
234    }
235    .btlogo {
236        float: left;
237        width: 200px;
238        height: 100px;
239    }
240    .btlogo img{
241        float:left;
242        width:200px;
243        height:40px;
244        margin-top:25px;
245        margin-left:10px;
246    }
247    .copy {
248        float: left;
249        width: 400px;
250        height: 100px;
251        text-align: center;
252        font-size: 14px;
253        line-height: 100px;
254    }
255    .familysite {
256        float: right;
257        width: 200px;
258        height: 100px;
259    }
```

04 마지막으로 패밀리사이트 드롭다운 목록의 스타일을 지정하기 위해 클래스 선택자 '.familysite' 영역을 찾아서 그 아래에 다음과 같이 스타일을 추가합니다.

```
.familysite{
    float:right;
    width:200px;
    height:100px;
}
.familysite select{
    float:right;
    height:30px;
    width:190px;
    margin-top:20px;
    margin-right:10px;
    font-size:14px;
}
```

[style.css]

```
240    .btlogo img{
241        float:left;
242        width:200px;
243        height:40px;
244        margin-top:25px;
245        margin-left:10px;
246    }
247    .copy {
248        float: left;
249        width: 400px;
250        height: 100px;
251        text-align: center;
252        font-size: 14px;
253        line-height: 100px;
254    }
255    .familysite {
256        float: right;
257        width: 200px;
258        height: 100px;
259    }
260    .familysite select {
261        float: right;
262        height: 30px;
263        width: 190px;
264        margin-top: 20px;
265        margin-right: 10px;
266        font-size: 14px;
267    }
268
```

[F] 기적의 TIP

• .familysite select : .familysite 요소의 후손 요소 (select)에 스타일 지정
• 스타일 시트의 속성과 값은 임의로 지정한 값이며 얼마든지 변경할 수 있습니다. 정확히 제시된 값이 없으므로 사용자가 임의로 지정 가능합니다.

05 작업한 모든 문서를 저장하고, '크롬(Chrome)' 브라우저에서 결과를 확인합니다.

<table>
<tr><td>**7 STEP**</td><td>**최종 검토하기**</td><td>약 10분</td></tr>
</table>

최종 결과물 Checklist

최종 작업이 끝나면 다음과 같이 최종 문서를 확인합니다.

1. 모든 작업은 바탕 화면의 '비번호' 폴더에 저장되어 있어야 합니다.

2. 최종 본문 파일은 가장 상위 폴더에 'index.html'로 저장되어 있어야 합니다.

3. 제작한 자료들은 '비번호' 폴더 내에 'css', 'javascript', 'images' 폴더별로 분류되어 저장되어 있어야 합니다.

4. 최종 결과물인 '비번호' 폴더의 용량이 5MB을 초과되지 않아야 합니다.

5. 웹페이지 코딩은 HTML5 기준 웹 표준을 준수하여야 합니다.

- HTML 유효성 검사(W3C validator)에서 오류(ERROR)가 없어야 합니다. 단, HTML 유효성 검사 서비스
는 인터넷으로 이루어지기 때문에 시험 시 확인할 수 없습니다.

- 따라서 오류를 방지하기 위해서 다음과 같은 방법을 사용하여 확인합니다.

① 구글 크롬 브라우저나, 파이어폭스 브라우저를 이용하여 페이지 빈 공간에서 오른쪽 버튼을 누르고 '검
사(Inspect)'를 실행합니다.

② 콘솔(Console) 창에서 오류가 나타나는지 확인합니다. 시험 최종 결과물에서 이 오류가 나타나서는 안됩
니다.

③ 오류가 있을 경우 콘솔 창에 오류 메시지가 나타나게 됩니다.

④ 오류를 발견하면 오류가 있는 코드를 수정하여 오류를 바로 잡습니다.

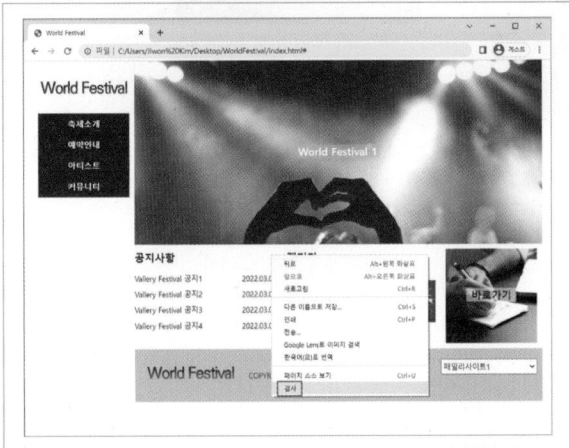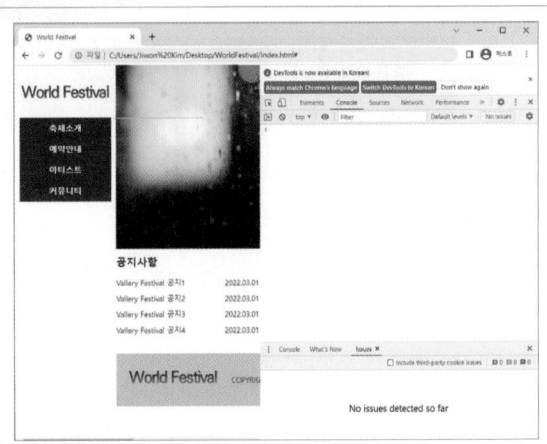

〈구글 크롬 브라우저 오류 검사〉

작업파일 [PART 04 〉 기출유형문제 02회 〉 수험자 제공 파일]을 열어서 작업하세요.

[공개 문제 유형 : A-1, B-1]

코리아은행 웹사이트 제작

자격 종목	웹디자인개발기능사	과제명	코리아은행

※ 시험시간 : 3시간

1. 요구사항

※ 다음 요구사항을 준수하여 주어진 자료(수험자 제공 파일)를 활용하여 시험시간 내에 웹페이지를 제작 후 5MB **용량이 초과되지 않게** 저장 후 제출하시오.

※ 웹페이지 코딩은 **HTML5 기준 웹 표준**을 준수하여야 하며, 요구사항에 지정되지 않은 요소들은 주제 특성에 맞게 자유롭게 디자인하시오.

※ 문제에서 지시하지 않은 와이어프레임 영역 비율, 레이아웃, 텍스트의 글자체/색상/크기, 요소별 크기, 색상 등은 수험자가 과제명(가.주제) 특성에 맞게 자유롭게 디자인하시오.

가. 주제 : 코리아은행 홈페이지 제작

나. 개요

「코리아은행」은 인터넷 뱅킹 홈페이지를 개편하고자 한다. 「코리아은행」만의 아이덴티티(Identity)를 살려 인터넷 뱅킹 서비스를 이용하는 사용자에게 편리한 은행 업무 서비스를 제공할 수 있는 웹사이트 제작을 요청하였다. 아래의 요구사항에 따라 메인 페이지를 제작하시오.

다. 제작 내용

01) 메인 페이지를 디자인하고 HTML, CSS, JavaScript 기반의 웹페이지를 제작한다. (이때 jQuery 오픈소스, 이미지, 텍스트 등의 제공된 리소스를 활용하여 제작할 수 있다.)

02) HTML, CSS의 charset은 utf-8로 해야 한다.

03) 컬러 가이드

주조색 (Main color)	보조색 (Sub color)	배경색 (Background color)	기본 텍스트의 색 (Text color)
자유롭게 지정	자유롭게 지정	#FFFFFF	#333333

04) 사이트 맵(Site map)

Index page / 메인(Main)				
메인 메뉴(Main menu)	축제소개	예약안내	아티스트	커뮤니티
서브 메뉴(Sub menu)	조회 이체 공과금 예금/신탁	조회 이체 전자결제 수표/어음	저축상품 대출상품 투자상품	카드정보 카드신청 이용내역조회

05) 와이어프레임(Wireframe)

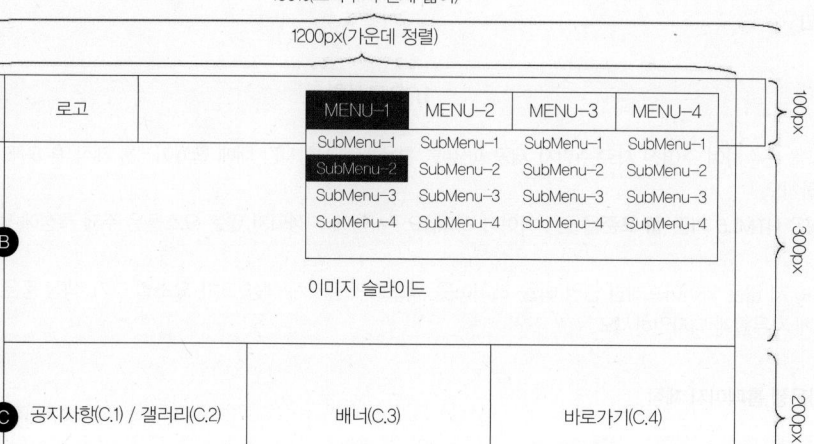

〈C영역 각각의 넓이는 수험자가 판단〉

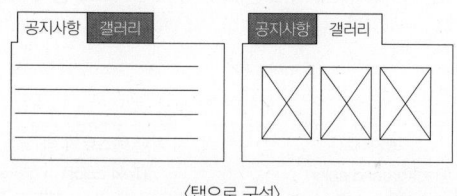

〈탭으로 구성〉

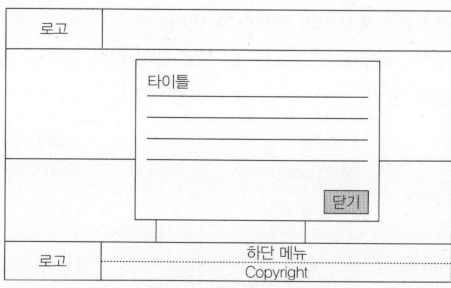

〈레이어 팝업창 구성〉

자격 종목	웹디자인개발기능사	과제명	코리아은행

라. 세부 영역별 지시사항

영역 및 명칭	세부 지시사항
Ⓐ Header	**A.1. 로고** ○ Header 폴더에 제공된 로고를 삽입한다. 로고의 색은 과제명(가. 주제)에 맞게 반드시 변경하여야 한다. ※ 로고의 크기 변경 시, 가로 세로 비율(종횡비, aspect ratio)을 유지하여야 한다(가로 세로 비율을 유지하며 크기 변경 가능). **A.2. 메뉴 구성** ※ 사이트 구조도를 참고하여 메인 메뉴(main menu)와 서브 메뉴(sub menu)로 구성한다. **(1) 메인 메뉴(main menu) 효과 [와이어프레임 참조]** ○ 메인 메뉴 중 하나에 마우스를 올리면(mouse over) 하이라이트 되고, 벗어나면(Mouse out) 하이라이트를 해제한다. ○ 메인 메뉴를 마우스로 올리면(Mouse over) 서브 메뉴 영역이 부드럽게 나타나면서, 서브 메뉴가 보이도록 한다. ○ 메인 메뉴에서 마우스 커서가 벗어나면(Mouse out) 서브 메뉴 영역은 부드럽게 사라져야 한다. **(2) 서브 메뉴 영역 효과** ○ 서브 메뉴 영역은 메인 페이지 콘텐츠를 고려하여 배경 색상을 설정한다. ○ 서브 메뉴 중 하나에 마우스를 올리면(Mouse over) 하이라이트 되고 벗어나면(Mouse out) 하이라이트를 해제한다. ○ 마우스 커서가 메뉴 영역을 벗어나면(Mouse out) 서브메뉴 영역은 부드럽게 사라져야 한다.
Ⓑ Slide	**B. Slide 이미지 제작** ○ [Slide] 폴더에 제공된 3개의 이미지로 제작한다. ○ [Slide] 폴더에 제공된 3개의 텍스트를 각 이미지에 적용하되, 텍스트의 글자체, 굵기, 색상, 크기를 적절하게 설정하여 가독성을 높이고, 독창성이 드러나도록 제작한다. **B. Slide 애니메이션 작업** ※ 위에서 작업한 결과물을 이용하여 슬라이드 작업을 한다. ○ 이미지만 바뀌면 안 되고, 이미지가 좌에서 우 또는 우에서 좌로 이동하면서 전환되어야 한다. ○ 슬라이드는 매 3초 이내로 하나의 이미지에서 다른 이미지로 전환되어야 한다. ○ 웹사이트를 열었을 때 자동으로 시작되어 반복적으로(마지막 이미지가 슬라이드 되면 다시 첫 번째 이미지가 슬라이드 되는 방식) 슬라이드 되어야 한다.
Ⓒ Contents	**C.1. 공지사항** ○ 공지사항 타이틀 영역과 콘텐츠 영역을 구분하여 표현해야 한다. (단, 콘텐츠는 HTML 코딩으로 작성해야 하며, 이미지로 삽입하면 안 된다.) ○ 콘텐츠는 Contents 폴더의 제공된 텍스트를 적용하여 제작한다. ○ 공지사항의 첫 번째 콘텐츠를 클릭(Click)할 경우 레이어 팝업창(Layer Pop_up)이 나타나며, 레이어 팝업창 내에 닫기 버튼을 두어서 클릭하면 해당 팝업창이 닫혀야 한다. [와이어프레임 참조] ○ 레이어 팝업의 제목과 내용은 Contents 폴더의 제공된 텍스트 파일을 사용한다. **C.2. 갤러리** ○ Contents 폴더의 제공된 이미지 3개를 사용하여 가로 방향으로 배치한다. [와이어프레임 참조] ○ 공지사항과 갤러리는 탭 기능을 이용하여 제작하여야 한다. ○ 각 탭을 클릭(Click) 시 해당 탭에 대한 내용이 보여야 한다. [와이어프레임 참조] **C.3. 배너** ○ Contents 폴더의 제공된 파일을 활용하여 편집 또는 디자인하여 제작한다. **C.4. 바로가기** ○ Contents 폴더의 제공된 파일을 활용하여 편집 또는 디자인하여 제작한다.
Ⓓ Footer	○ 로고를 grayscale(무채색)로 변경하고 사용자의 접근성을 고려하여 배치한다. ○ Footer 폴더의 제공된 텍스트를 사용하여 Copyright, 패밀리 사이트를 제작한다.

자격 종목	웹디자인개발기능사	과제명	코리아은행

마. 기술적 준수사항

01) 웹페이지 코딩은 HTML5 기준 웹 표준을 준수하여야 하며 HTML **유효성 검사(W3C validator)에서** 오류('ERROR')가 없어야 한다.
   ※ HTML 유효성 검사 서비스는 시험 시 제공하지 않는다(인터넷 사용 불가).

02) **CSS는 별도의 파일로 제작하여 링크**하여야 하며, CSS3 기준(**W3C validator**)에서 오류('ERROR')가 없도록 코딩되어야 한다.

03) JavaScript 코드는 별도의 파일로 제작하여 연결하여야 하며 브라우저(**Google Chrome**)에 내장된 개발도구의 Console 탭에서 오류 ('ERROR')가 표시되지 않아야 한다.

04) 별도로 지정하지 않은 상호작용이 필요한 모든 콘텐츠(로고, 메뉴, 버튼, 바로가기 등)는 임시 링크(예:#)를 적용하고 'Tab'(Tab) 키로 이동 선택할 수 있어야 한다.

05) 사이트는 다양한 화면 해상도에서 일관성 있는 페이지 레이아웃을 제공해야 한다.

06) 웹페이지 전체 레이아웃은 Table 태그 사용이 아닌 CSS를 통한 레이아웃 작업으로 해야 한다.

07) 브라우저에서 CSS를 "사용 안 함"으로 설정한 경우 콘텐츠가 세로로 나열된다.

08) 타이틀 텍스트(Title text), 바디 텍스트(Body text), 메뉴 텍스트(Menu text)의 각 글자체/굵기/색상/크기 등을 적절하게 설정하여 사용 자가 텍스트 간의 위계질서(Hierarchy)를 직관적으로 알 수 있도록 한다.

09) 모든 이미지에는 이미지에 대한 대체 텍스트를 표현할 수 있는 alt 속성이 있어야 한다.

10) 제작된 사이트 메인 페이지의 레이아웃, 구성 요소의 크기 및 위치 등은 최신 버전의 **MS Edge와 Google Chrome**에서 동일하게 표 시되어야 한다.

바. 제출 방법

01) 수험자는 비번호로 된 폴더명으로 완성된 작품 파일을 저장하여 제출한다.

02) 폴더 안에는 images, script, css 등의 자료를 분류하여 저장한 폴더도 포함되어 있어야 하며, 메인 페이지는 반드시 최상위 폴더에 index.html로 저장하여 제출해야 한다.

03) 수험자는 제출하는 폴더에 index.html을 열었을 때 연결되거나 표시되어야 할 모든 리소스들을 포함하여 제출해야 하며 수험자의 컴 퓨터가 아닌 채점 위원의 컴퓨터에서 정상 작동해야 한다.

04) 전체 결과물의 용량은 5MB용량이 초과되지 않게 제출하며 ai, psd 등 웹서비스에 사용되지 않는 파일은 제출하지 않는다.

2. 수험자 유의사항

※ 다음의 유의사항을 고려하여 요구사항을 완성하시오.

01) 수험자 인적사항 및 답안작성은 반드시 검은색 필기구만 사용하여야 하며, 그 외 연필류, 유색 필기구, 지워지는 펜 등을 사용한 답안 은 채점하지 않으며 0점 처리됩니다.

02) 수험에 필요한 소프트웨어 및 참고자료가 하드웨어에 설치되어 있는지 확인 후 작업하시오.

03) 참고자료의 내용 중 오자 및 탈자 등이 있을 때는 수정하여 작업하시오.

04) 지참공구[수험표, 신분증, 흑색 필기도구] 이외의 참고자료 및 외부장치(CD, USB, 키보드, 마우스, 이어폰) 등 **어떠한 물품도 시험 중에 지참할 수 없음**을 유의하시오(단, 시설목록 이외의 정품 소프트웨어(폰트 제외)를 설치하고자 할 때에는 감독위원의 입회하에 설치하 여 사용하시오).

05) 수험자가 컴퓨터 활용 미숙 등으로 인해 시험의 진행이 어렵다고 판단되었을 때는 감독위원은 시험을 중지시키고 실격처리를 할 수 있음을 유의하시오.

06) 바탕 화면에 수험자 본인의 "비번호" 이름을 가진 폴더에 완성된 작품의 파일만을 저장하시오.

07) 모든 작품을 감독위원 또는 채점위원이 검토하여 복사된 작품(동일 작품)이 있을 때에는 관련된 수험자 모두를 부정행위로 처리됨을 유의하시오.

08) 장시간 컴퓨터 작업으로 신체에 무리가 가지 않도록 적절한 몸풀기(스트레칭) 후 작업하시오.

09) **다음 사항에 대해서는 실격에 해당되어 채점 대상에서 제외됩니다.**

가) 수험자 본인이 수험 도중 시험에 대한 포기(기권) 의사를 표시하고 포기하는 경우

나) 작업 범위(용량, 시간)를 초과하거나, 요구사항과 현격히 다른 경우(채점위원이 판단)

다) **Slide가 JavaScript(jQuery포함), CSS 중 하나 이상의 방법을 이용하여 제작되지 않은 경우**

※ **움직이는 Slide를 제작하지 않고 이미지 하나만 배치한 경우도 실격처리 됨**

라) 수험자 미숙으로 비번호 폴더에 완성된 작품 파일을 저장하지 못했을 경우

마) 압축프로그램을 사용하여 작품을 압축 후 제출한 경우

바) 과제 기준 20% 이상 완성이 되지 않은 경우(채점위원이 판단)

3. 지급재료 목록

일련번호	재료명	규격	단위	수량	비고
1	수험자료 USB 메모리	32GB 이상	개	1	시험장당
2	USB 메모리	32GB 이상	개	1	시험장당 1개씩(채점위원용) ※ 수험자들의 작품 관리

※ 국가기술자격 실기 시험 지급재료는 시험종료 후(기권, 결시자 포함) 수험자에게 지급하지 않습니다.

1 STEP   HTML5 표준 문서 준비   약 10분

1 HTML5 버전 index.html 만들기

시험장에서는 문제를 풀기 전 컴퓨터 바탕 화면에 본인에게 부여된 '비번호' 이름의 폴더를 생성하고, 폴더 안에 주어진 제공 파일들을 미리 저장해둡니다. 시험장에서 모든 작업은 바탕 화면의 '비번호' 폴더에 저장해야 합니다. 본 교재에서는 바탕 화면에 생성한 작업 폴더명을 과제명인 '코리아은행'으로 설정하고 작업을 진행합니다.

비주얼 스튜디오 코드를 사용할 경우 다음과 같이 시작합니다.

01 Visual Studio Code를 실행합니다.
[시작하기 화면]–[폴더 열기]를 선택하여 작업할 폴더를 지정합니다. 시작하기 화면이 보이지 않는 경우, 상단 메뉴 표시줄에서 [파일]–[폴더 열기]를 눌러 작업할 폴더를 지정합니다.

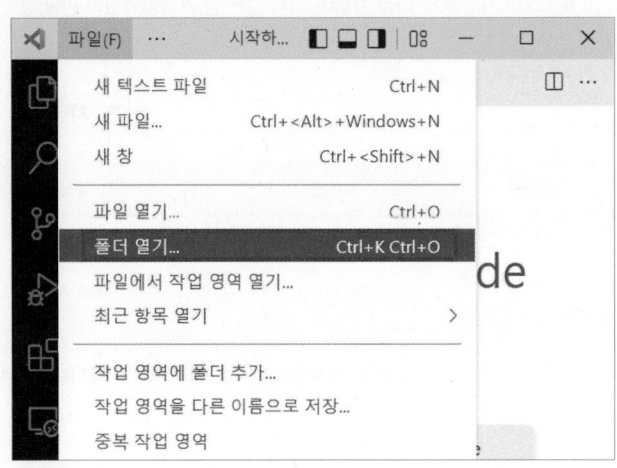

🅕 기적의 TIP

이 책에서는 웹 문서 편집 프로그램으로 Visual Studio Code를 사용하였습니다. 시험장에서는 Notepad++나 EditPlus도 제공하니 각 프로그램의 인터페이스나 특징을 살펴본 후 가장 편하고 익숙한 프로그램을 사용할 것을 권합니다.

---

02 바탕 화면에 생성해두었던 작업할 폴더를 선택합니다.

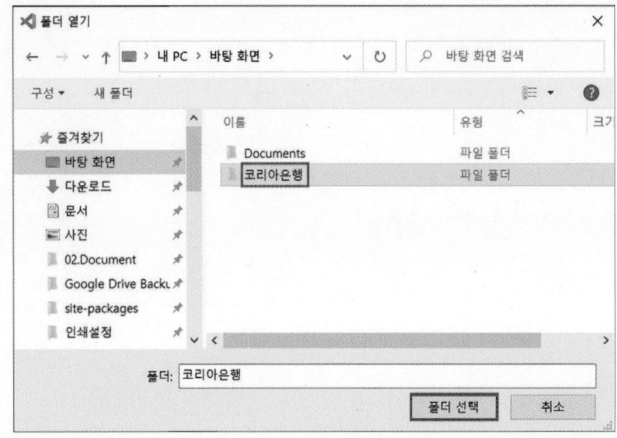

03 HTML5 버전의 문서를 만들기 위해 Visual Stduio Code 왼쪽 화면의 '탐색기'에서 작업 중인 폴더에 마우스를 올립니다.
폴더의 오른쪽에 [새 파일] 아이콘이 생기면 클릭합니다.

04 작업 폴더의 하위리스트에 새로운 파일이 생성되면 파일명을 'index.html'로 입력한 후 Enter 를 누르거나 여백을 클릭합니다. 파일이 정상적으로 생성되면 오른쪽 코드 창에 'index.html' 파일이 열린 것을 확인할 수 있습니다.
Visual Studio Code에서 생성한 파일은 윈도우 탐색기에서도 확인할 수 있습니다.

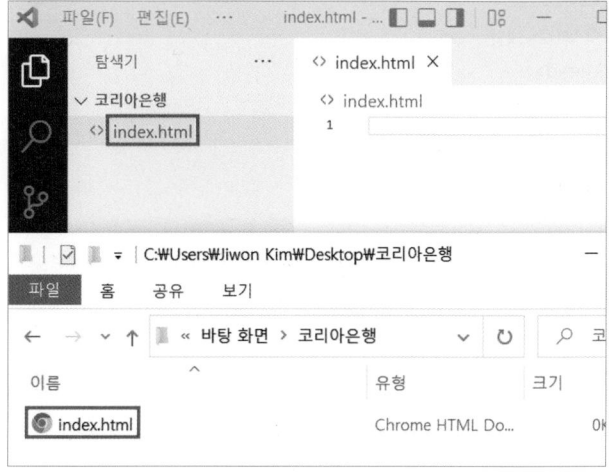

05 코드 창에서 'index.html' 문서에 HTML5 문서 형식에 맞추어 코드를 입력합니다.

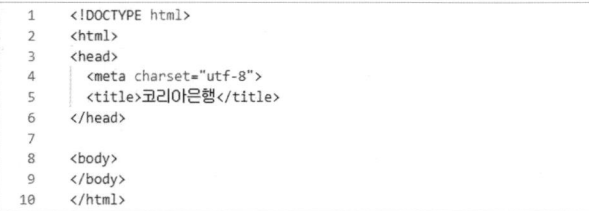

```
<!DOCTYPE html>

<html>

<head>

  <meta charset="utf-8">

  <title>코리아은행</title>

</head>


<body>

</body>

</html>
```

기적의 TIP

HTML5 문서는 문서의 시작과 끝, 본문의 시작과 끝을 알리는 태그를 사용하여 코딩을 시작합니다. 이때 HTML5 표준 문서의 선언부인 또는 〈!DOCTYPE HTML〉(대소문자 구분 없음)를 정확히 기입해야 합니다. 또 문자셋(Charset)도 주어진 조건에 맞게 기입합니다. 입력이 끝나면 작업 폴더 안에 'index.html'로 저장합니다.

---

1 레이아웃 작성하기

웹 페이지를 제작할 때 가장 먼저 할 일은 와이어프레임에 맞게 레이아웃을 작성하는 것입니다. 문제에 주어진 구조와 값(수치) 등을 파악하여 레이아웃의 큰 틀을 지정한 후 각 영역의 내용을 채워갑니다.

01 먼저 시험지의 와이어프레임을 보면서 'index .html' 문서에서 태그를 사용하여 영역을 구분하는 코드를 작성합니다. 여기에서는 다음과 같이 입력하고 저장합니다.

```
<!DOCTYPE html>
<html>
<head>
  <meta charset="utf-8">
  <title>코리아은행</title>
</head>

<body>

  <header>
  <div class="wrap">
    <div class="logo">
      로고 자리
    </div>
    <nav class="menu">
      메뉴 자리
    </nav>
  </div>
  </header>

  <div class="bodywrap">
    <div class="imgslide">
      이미지 슬라이드 자리
    </div>
    <div class="contents">
      콘텐츠 자리
    </div>
  </div>

  <footer>
  <div class="wrap">
    <div class="btlogo">
      로고 자리
    </div>
```

▲ 주어진 와이어프레임 조건

[index.html]

```
1   <!DOCTYPE html>
2   <html>
3   <head>
4     <meta charset="utf-8">
5     <title>코리아은행</title>
6   </head>
7
8   <body>
9   <!--와이어프레임 상단 시작-->
10  <header>
11    <div class="wrap"> <!--wrap:logo와 menu 묶어줌-->
12      <div class="logo">
13        로고 자리
14      </div>
15      <nav class="menu">
16        메뉴 자리
17      </nav>
18    </div>
19  </header>
20  <!--와이어프레임 상단 끝-->
21
22  <!--슬라이드 + 콘텐츠 영역 시작-->
23  <div class="bodywrap"> <!--bodywrap:imgslide와 contents 묶어줌-->
24    <div class="imgslide">
25      이미지 슬라이드 자리
26    </div>
27    <div class="contents"> <!--contents:공지사항/갤러리,배너,바로가기-->
28      콘텐츠 자리
29    </div>
30  </div> <!--bodywrap 끝-->
31  <!--슬라이드 + 콘텐츠 영역 끝-->
32
33  <!--와이어프레임 하단 시작-->
34  <footer>
35    <div class="wrap"> <!--wrap:btlogo와 site 묶어줌-->
36      <div class="btlogo">
37        로고 자리
```

```
        <div class="site">
            <div class="btmenu">
                하단 메뉴 자리
            </div>
            <div class="copy">
                Copyright 자리
            </div>
        </div>
    </div>
    </footer>

</body>
</html>
```

```
39          <div class="site"> <!--site:btmenu와 copy 묶어줌-->
40              <div class="btmenu">
41                  하단 메뉴 자리
42              </div>
43              <div class="copy">
44                  Copyright 자리
45              </div>
46          </div> <!--site 끝-->
47      </div>
48  </footer>
49  <!--와이어프레임 하단 끝-->
50  </body>
51  </html>
```

기적의 TIP

• 각 영역을 구분할 수 있도록 넣은 글자(로고 자리, 메뉴 자리...)는 각 영역의 내용을 채울 때 지우도록 합니다.
• 웹페이지 영역은 〈div〉로 구분합니다. 각 영역에는 CSS 스타일 지정을 위해 미리 클래스(class) 이름을 지정합니다.
• 〈header〉 : 헤더(머리글 섹션) 영역을 지정
• 〈div class="wrap"〉 : 로고와 메뉴 영역을 묶어주기 위한 영역 지정
• 〈nav〉 : 메뉴 탐색을 위한 내비게이션 영역 지정
• 〈div class="bodywrap"〉 : 이미지 슬라이드 영역과 콘텐츠 영역 전체를 묶어주는 영역 지정
• 〈div class="imgslide"〉 : 이미지 슬라이드 영역 지정
• 〈div class="contents"〉 : 콘텐츠(공지사항 갤러리 탭, 배너, 바로가기) 영역 지정
• 〈footer〉 : 푸터(바닥글 섹션) 영역 지정
• HTML 문서에서 주석은 '〈!--'로 시작하고 '--〉'로 끝나도록 합니다. 단, 하이픈(-)이 세 개 이상 사용되지 않도록 주의합니다. 예를 들어
  〈!---- 주석내용 ----〉과 같이 하이픈이 세 개 이상 연결된 것은 사용하지 않도록 합니다.

02 다음으로 콘텐츠 영역 안에 들어가는 공지사항, 갤러리 배너, 바로가기 영역을 다음과 같이 입력하여 나누어 줍니다. 탭으로 구성하도록 되어있는 공지사항과 갤러리 영역은 〈div〉가 아닌 〈ul〉과 〈li〉를 사용하여 영역을 구분합니다.

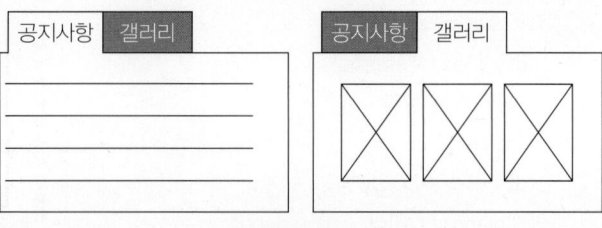

▲ 탭으로 구성

[index.html]

```
22    <!--슬라이드 + 콘텐츠 영역 시작-->
23    <div class="bodywrap"> <!--bodywrap:imgslide와 contents 묶어줌-->
24      <div class="imgslide">
25        이미지 슬라이드 자리
26      </div>
27      <div class="contents"> <!--contents:공지사항/갤러리,배너,바로가기-->
28        <ul class="tabmenu"> <!--tabmenu:notice와 gallery 붙어줌-->
29          <li>
30            <div class="notice">
31              공지사항 자리
32            </div>
33          </li>
34          <li>
35            <div class="gallery">
36              갤러리 자리
37            </div>
38          </li>
39        </ul>
40
41        <div class="otherwrap"> <!--otherwrap:banner와 shortcut 묶어줌-->
42          <div class="banner">
43            배너 자리
44          </div>
45          <div class="shortcut">
46            바로가기 자리
47          </div>
48        </div>
49      </div>
50    </div> <!--bodywrap 끝-->
51    <!--슬라이드 + 콘텐츠 영역 끝-->
```

```
<div class="bodywrap">
  <div class="imgslide">
    이미지 슬라이드 자리
  </div>
  <div class="contents">
    <ul class="tabmenu">
      <li>
        <div class="notice">
          공지사항 자리
        </div>
      </li>
      <li>
        <div class="gallery">
          갤러리 자리
        </div>
      </li>
    </ul>

    <div class="otherwrap">
      <div class="banner">
        배너 자리
      </div>
      <div class="shortcut">
        바로가기 자리
      </div>
    </div>
  </div>
</div>
```

(B) 기적의 TIP

• 〈ul class="tabmenu"〉 : 콘텐츠 영역 내의 공지사항 갤러리 탭 영역 지정
• 〈div class="otherwrap"〉 : 콘텐츠 영역 내에서 배너와 바로가기 영역을 묶어주는 영역 지정

03 파일 탐색기에서 작업 폴더를 찾아 'index. html' 문서를 '크롬(Chrome)' 브라우저에서 열어 작업 결과를 확인할 수 있습니다.

각 영역에 대한 스타일 지정이 되어있지 않기 때문에 글자들만 나타나는 것을 확인할 수 있습니다.

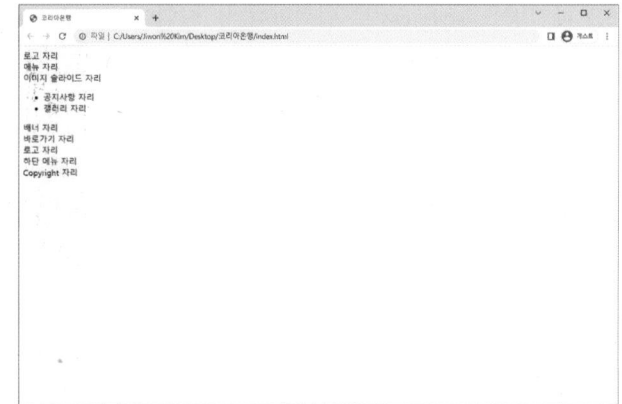

② 레이아웃 영역에 CSS 스타일 지정하기

다음으로 HTML로 작성한 레이아웃에 스타일을 지정하기 위해 CSS 문서를 작성합니다.

01 Visual Studio Code 왼쪽 화면의 탐색기에서 작업 중인 폴더에 마우스를 올립니다.

폴더 오른쪽에 [새 폴더] 아이콘이 생기면 클릭합니다.

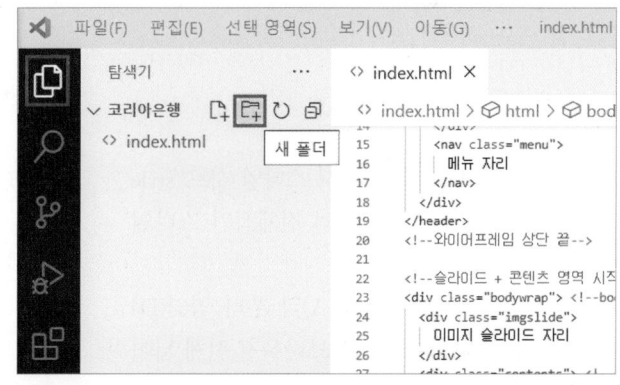

02 작업 폴더의 하위 리스트에 새로운 폴더가 생성되면 폴더명을 'css'로 입력합니다. 새로 생성한 'css' 폴더에서 마우스 오른쪽 버튼을 클릭하고 [새 파일]을 선택합니다.

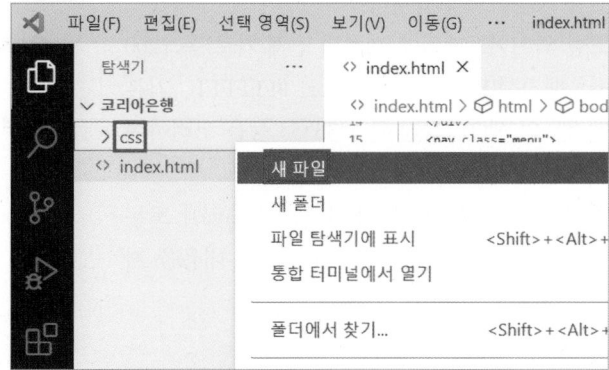

03 파일명을 'style.css'로 입력합니다. 파일이 정상적으로 생성되면 오른쪽 코드창에 'style.css' 파일이 열린 것을 확인할 수 있습니다. 문제 기준에 따라 'style.css' 코드 창에 문자 인코딩 방식을 지정하는 코드를 입력하고 저장합니다.

@charset "utf-8";

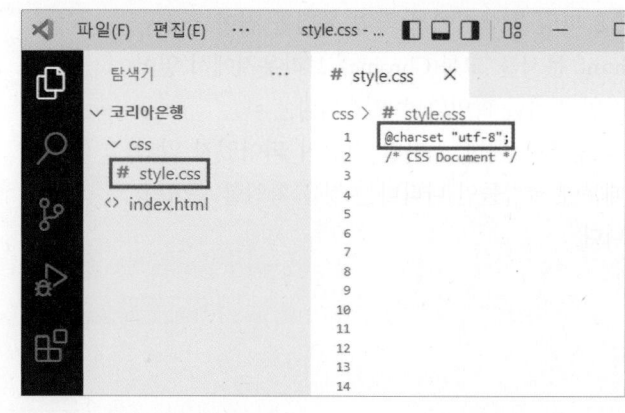

🅱️ 기적의 TIP

@(at) 규칙은 스타일 시트에 쓰이는 문자 인코딩을 지정할 때 사용합니다.

04 저장된 CSS 파일을 HTML과 연결하기 위해 'index.html' 문서의 〈head〉 태그 안에 다음과 같이 입력합니다.

<link href="css/style.css" type="text/css" rel="stylesheet">

[index.html]

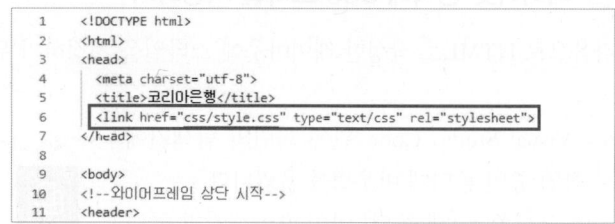

05 문서 연결이 끝나면, 다시 스타일 시트 'style.css' 문서로 돌아와서 문서의 전체적인 스타일을 입력합니다.

와이어프레임 중 헤더 영역(A)과 푸터 영역(D)은 1200px을 차지하면서도, 브라우저 전체 넓이의 100%를 차지하므로 이 점에 유의해서 스타일을 지정하도록 합니다.

또한 와이어프레임에 제시된 전체 가로 폭 1200px, 배경색(Background color) #FFFFFF, 기본 텍스트의 색(Text color) #333333 등을 고려하여 지정합니다.

입력이 끝나면 [파일(File)]-[저장(Save)] 또는 단축키 Ctrl + S 를 선택하여 변경된 내용을 저장합니다.

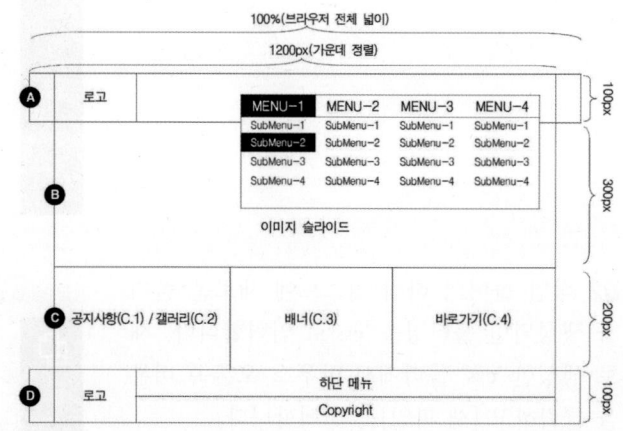

```css
* {
    margin:0 auto;
    padding:0;
    list-style:none;
    font-family:"맑은 고딕";
    color:#333333;
}
html, body{
    min-width:1200px;
    background-color:#ffffff;
    font-size:20px;
}
a{
    text-decoration:none;
    display:block;
}
```

[style.css]

```css
1    @charset "utf-8";
2    /* CSS Document */
3
4    * {
5        margin: 0 auto;
6        padding: 0;
7        list-style: none;
8        font-family: "맑은 고딕";
9        color: ■#333333;
10   }
11   html, body {
12       min-width: 1200px;
13       background-color: □#ffffff;
14       font-size: 20px;
15   }
16   a {
17       text-decoration: none;
18       display: block;
19   }
20
```

🅱 기적의 TIP

- * : 모든 엘리먼트에 적용되는 스타일 지정
- margin:0 auto : 좌우 바깥 여백을 자동 할당하여 중앙 정렬로 만듦
- padding:0 : 안쪽 여백 없앰
  - CSS 박스 모델(Box Model)은 HTML 문서의 페이지 내에서 요소가 공간을 차지하는 규칙입니다. 박스 요소는 직사각형 상자로 표시되며 상자는 내용(Content), 패딩(Padding), 테두리(Border), 여백(Margin)으로 공간을 차지하게 됩니다. 이 중 여백(Margin)은 박스 요소의 가장 바깥쪽의 여백에 해당하며, 패딩(Padding)은 내용(Content) 영역의 주변에 해당하는 영역입니다. 박스 요소가 차지하는 공간에 대한 자세한 사항은 다음을 참조하세요([참고하기] PART 02 – SECTION 02. CSS 익히기 – 'CSS 박스 모델(Box Model)').
- list-style:none : html 목록 태그(ul, ol, li)를 사용한 부분에 목록 스타일이 나타나지 않도록 지정
- color:#333333 : 컬러 가이드에 주어진 색상을 입력
  - 색상 값이 #333333처럼 같은 값으로 반복될 경우 16진수로 #333처럼 간단히 줄여서 사용할 수 있습니다(#333333 = #333).
- min–width:1200px : 최소 넓이를 1200px로 유지
  - min–wdtih는 100%를 차지하면서도 최소 너비가 유지되게 할 때 사용합니다. 주로 반응형 웹과 같이 기기의 종류마다 크기가 달라질 것을 대비하여 사이즈를 지정할 때 min–width 또는 max–width의 속성을 사용합니다.
- background–color:#ffffff : 문서의 배경색을 흰색으로 지정
- background–color 또는 background 속성은 배경 색상을 지정할 때 사용합니다. background–color는 색상만 지정할 수 있는 반면, background 속성은 여러 옵션을 사용하여 색상, 이미지 등을 배경으로 지정할 수 있습니다.
- text–decoration:none : 링크가 걸린 텍스트에 자동으로 나타나는 밑줄이 나타나지 않도록 지정
- display:block : 박스 요소를 block 속성으로 표시하며, 요소 앞뒤로 줄바꿈 되도록 함
  - block으로 지정하면 요소가 한 줄 전체(너비 100%)를 차지하게 되어 한 줄에 하나의 요소만 나타나게 됩니다.
- 〈a〉 요소나 〈img〉 요소 등은 한 줄을 차지하는 블록(Block) 요소가 아닌 인라인(Inline) 요소입니다. 인라인 요소는 줄바꿈이 되지 않고 나열한 요소가 한 줄에 가로로 나타납니다. 따라서 인라인 요소를 줄바꿈 되어 나타나는 블록 요소로 나타나도록 display:block을 지정합니다.
- 범용 선택자 '*'와 타입(Type) 선택자 'body', 'a' 등은 문서의 가장 기본 스타일을 지정할 때 사용합니다. 예를 들어 문서 전체에 사용되는 조건(주조색, 보조색, 배경색, 기본 텍스트의 색, 글꼴, 문서 전체 크기 등)을 지정할 때 사용합니다.
- 스타일 속성을 여러 개 나열하는 경우 한 줄에 작성해도 되지만, 가독성을 위해 한 줄씩 나누어 작성하는 것을 권장합니다.
- 이 예시에서는 되도록 클래스(class) 선택자만 활용하여 스타일을 정의하였습니다. 그러나 조건에 따라 얼마든지 다른 선택자를 활용해도 됩니다. 예를 들어 〈nav〉 요소를 활용한 메뉴 영역과 같이 스타일이 한 영역에만 고유하게 적용되는 곳은 아이디(id) 선택자를 활용할 수 있습니다([참고하기] PART 02 – SECTION 02. CSS 익히기 – 'CSS 선택자 이해하기').
- 스타일 시트 내에서 스타일 정의는 순서에 상관없이 입력이 가능합니다. 그러나 쉽게 찾고 수정할 수 있도록 HTML 문서의 태그 순서와 일치키는 것이 좋습니다(가독성 유지).

06 다음으로 주어진 조건에 맞게 레이아웃의 각 영역의 크기를 정하고 박스 요소들의 정렬(플로팅)을 맞추기 위해 다음과 같이 입력합니다.

```
header{
    width:100%;
    height:100px;
    background:#dddddd;
}
.wrap{
    width:1200px;
}
.bodywrap{
    width:1200px;
    height:500px;
}
.imgslide{
    width:1200px;
    height:300px;
}
.contents{
    float:left;
    width:1200px;
    height:200px;
}
footer{
    width:100%;
    height:100px;
    background-color:#30a3f3;
}
```

[style.css]

```css
16  a {
17    text-decoration: none;
18    display: block;
19  }
20  header {          /* A영역:상단 영역 */
21    width: 100%;    /* 상단 너비(브라우저100%) */
22    height: 100px;  /* 상단 높이 */
23    background: #dddddd;
24  }
25  .wrap {           /* 헤더와 푸터 영역 콘텐츠 묶어줌 */
26    width: 1200px;  /* 헤더와 푸터 영역 콘텐츠 너비 */
27  }
28  .bodywrap {       /* imgslide와 contents 묶어줌 */
29    width: 1200px;  /* imgslide + contents 너비 */
30    height: 500px;  /* imgslide + contents 높이 */
31  }
32  .imgslide {       /* B영역:이미지 슬라이드 영역 */
33    width: 1200px;  /* 이미지 슬라이드 너비 */
34    height: 300px;  /* 이미지 슬라이드 높이 */
35  }
36  .contents {       /* C영역:tabmenu와 otherwrap 묶어줌 */
37    float: left;
38    width: 1200px;  /* 콘텐츠(탭메뉴,배너,바로가기) 너비 */
39    height: 200px;  /* 콘텐츠(탭메뉴,배너,바로가기) 높이 */
40  }
41  footer {          /* D영역:하단 영역 */
42    width: 100%;    /* 하단 너비(브라우저100%) */
43    height: 100px;  /* 하단 높이 */
44    background-color: #30a3f3;
45  }
46
```

- 스타일의 속성 값은 웹 브라우저에서 결과를 확인하면서 값을 조금씩 조정하면서 지정합니다.
- header : 와이어프레임 상단, 헤더 요소 영역에 대한 스타일 정의
  - 상단 헤더 영역이 브라우저 전체 넓이 100%로 나타나야 하므로 width=100%를 지정
  - 헤더 영역의 배경 색은 임의로 지정(background:#dddddd 또는 background-color:#dddddd. 여기에서는 회색 계열로 지정함)
  - background 속성은 배경 색상을 지정할 때 사용합니다. background 속성은 여러 옵션을 사용하여 색상, 이미지 등을 배경으로 지정할 수 있습니다. 반면 background-color는 색상만 지정할 수 있습니다.
- .wrap : 〈div class="wrap"〉 영역의 스타일 정의
  - 이 영역은 헤더 영역 안에서 로고 영역과 메뉴 영역을 묶어주기 위한 컨테이너. 추후 삽입할 로고 이미지의 크기를 고려하여 크기를 지정
  - width:1200px : 헤더 영역이 브라우저 전체 넓이 100%로 나타나지만 헤더 영역 안의 로고와 메뉴 등 전체 콘텐츠는 1200px로 나타나야 하므로 너비를 1200px로 지정
- .bodywrap : 〈div class="bodywrap"〉 영역의 스타일 정의
  - height:500px : 이 영역은 이미지 슬라이드 영역과 콘텐츠 영역을 묶어주기 위한 컨테이너. 와이어프레임에 제시된 이미지 슬라이드 영역의 높이(300px) + 콘텐츠 영역의 높이(200px)을 더하여 높이를 입력(height:500px)
- .imgslide : 〈div class="imgslide"〉 영역의 스타일 정의
- .contents : 〈div class="contents"〉의 스타일 정의
  - 이 영역에는 공지사항/갤러리 탭, 배너, 바로가기가 들어가는 것으로 이 영역들을 묶어주기 위해 지정
  - float:left : 박스 요소를 왼쪽으로 띄워서 배치
- float : HTML5의 박스 요소가 공간을 차지하는 것에 대한 레이아웃 규칙으로, 박스 요소는 한 줄(라인)을 차지하게 됩니다. 즉, 두 문단이 왼쪽, 오른쪽으로 나란히 배치되지 않고, 위의 문단, 아래 문단으로 각각 다른 줄에 나타나게 됩니다. 이러한 요소의 배치의 문제를 해결하기 위해서 플로트(Float) 속성을 사용합니다.
- footer : 푸터 영역에 대한 스타일 정의
  - 하단 푸터 영역이 브라우저 전체 넓이의 100%로 나타나야 하므로 width:100%를 지정
  - 푸터 영역의 배경 색은 임의로 지정(background-color:#30a3f3; 여기서는 하늘색 계열로 지정함)

07 작업 중인 문서를 모두 저장하고, '크롬 (Chrome)' 브라우저에서 작업된 내용을 확인합니다. 이때 브라우저 크기를 '최대화'한 후 상단 헤더 영역과 하단 푸터 영역이 브라우저 전체 크기 100%로 나타나는지를 확인합니다.

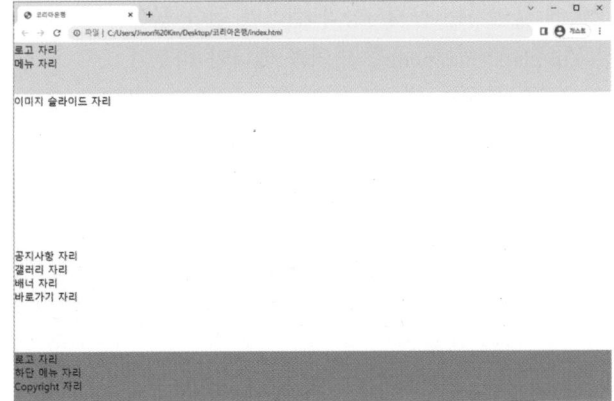

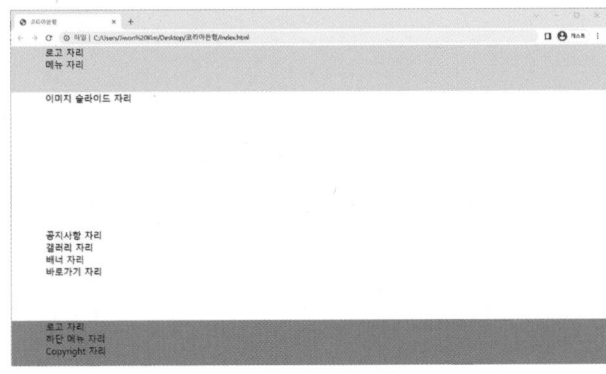

08 이어서 클래스 선택자 '.wrap' 아래에 로고 〈div class="logo"〉와 메뉴 〈nav class="menu"〉 영역의 크기에 대한 스타일을 지정합니다.

```
.logo{
    float:left;
    width:250px;
    height:100px;
}
.menu{
    float:right;
    width:800px;
    height:100px;
}
```

> **기적의 TIP**
>
> 로고 영역의 플로팅은 float:left로 지정하여 좌측에 배치하고 메뉴 영역의 플로팅은 float:right로 지정하여 우측에 배치합니다.

09 계속해서 스타일 시트 'style.css' 문서에 콘텐츠 영역에 대한 스타일을 지정합니다. 콘텐츠 영역에 들어가는 공지사항과 갤러리 탭을 묶어준 〈ul class="tabmenu"〉 영역과 배너와 바로가기 영역을 묶어준 〈div class="otherwrap"〉, 그리고 배너와 바로가기 영역에 대한 자세한 스타일을 지정합니다.

클래스 선택자 '.contents' 스타일을 찾아 그 아래에 다음의 내용을 지정해 줍니다.

```
.tabmenu{
    float:left;
    width:400px;
    height:200px;
}
.otherwrap{
    float:right;
    width:800px;
    height:200px;
}
.banner{
    float:left;
    width:400px;
    height:200px;
```

[style.css]

```
20    header {              /* A영역:상단 영역 */
21        width: 100%;      /* 상단 너비(브라우저100%) */
22        height: 100px;    /* 상단 높이 */
23        background: #dddddd;
24    }
25    .wrap {               /* 헤더와 푸터 영역 콘텐츠 묶어줌 */
26        width: 1200px;    /* 헤더와 푸터 영역 콘텐츠 너비 */
27    }
28    .logo {               /* 로고 영역 스타일 */
29        float: left;
30        width: 250px;     /* 로고 영역 너비 */
31        height: 100px;    /* 로고 영역 높이 */
32    }
33    .menu {               /* 메뉴 영역 스타일 */
34        float: right;
35        width: 800px;     /* 메뉴 영역 너비 */
36        height: 100px;    /* 메뉴 영역 높이 */
37    }
38    .bodywrap {           /* imgslide와 contents 묶어줌 */
39        width: 1200px;    /* imgslide + contents 너비 */
40        height: 500px;    /* imgslide + contents 높이 */
41    }
42    .imgslide {           /* B영역:이미지 슬라이드 영역 */
43        width: 1200px;    /* 이미지 슬라이드 너비 */
44        height: 300px;    /* 이미지 슬라이드 높이 */
45    }
46    .contents {           /* C영역:tabmenu와 otherwrap 묶어줌 */
47        float: left;
48        width: 1200px;    /* 콘텐츠(탭메뉴,배너,바로가기) 너비 */
49        height: 200px;    /* 콘텐츠(탭메뉴,배너,바로가기) 높이 */
50    }
```

[style.css]

```
38    .bodywrap {           /* imgslide와 contents 묶어줌 */
39        width: 1200px;    /* imgslide + contents 너비 */
40        height: 500px;    /* imgslide + contents 높이 */
41    }
42    .imgslide {           /* B영역:이미지 슬라이드 영역 */
43        width: 1200px;    /* 이미지 슬라이드 너비 */
44        height: 300px;    /* 이미지 슬라이드 높이 */
45    }
46    .contents {           /* C영역:tabmenu와 otherwrap 묶어줌 */
47        float: left;
48        width: 1200px;    /* 콘텐츠(탭메뉴,배너,바로가기) 너비 */
49        height: 200px;    /* 콘텐츠(탭메뉴,배너,바로가기) 높이 */
50    }
51    .tabmenu {            /* 공지사항/갤러리 탭메뉴 영역 */
52        float: left;
53        width: 400px;
54        height: 200px;
55    }
56    .otherwrap {          /* banner와 shortcut 묶어줌 */
57        float: right;
58        width: 800px;
59        height: 200px;
60    }
61    .banner {
62        float: left;
63        width: 400px;     /* 배너 영역 너비 */
64        height: 200px;    /* 배너 영역 높이 */
65    }
66    .shortcut {
67        float: right;
68        width: 400px;     /* 바로가기 영역 너비 */
69        height: 200px;    /* 바로가기 영역 높이 */
70    }
71    footer {              /* D영역:하단 영역 */
72        width: 100%;      /* 하단 너비(브라우저100%) */
73        height: 100px;    /* 하단 높이 */
74        background-color: #30a3f3;
75    }
76
```

```
}
.shortcut{
    float:right;
    width:400px;
    height:200px;
}
```

10 다음으로 푸터 영역에 들어가는 각 영역의 스타일을 지정합니다.

푸터 영역은 로고 〈div class="btlogo"〉 영역 그리고 하단 메뉴와 Copyright 영역을 묶어준 〈div class="site"〉로 구분되어 있습니다.

〈div class="site"〉 영역은 다시 하단 메뉴 〈div class="btmenu"〉와 Copyright 〈div class="copy"〉로 구분되어 있습니다.

각 영역에 대한 스타일을 지정하기 위해 타입(Type) 선택자 'footer' 스타일 아래에 다음과 같이 입력합니다.

```
.btlogo{
    float:left;
    width:250px;
    height:100px;
}
.site{
    float:right;
    width:600px;
    height:100px;
}
.btmenu{
    width:600px;
    height:50px;
}
.copy{
    width:600px;
    height:50px;
}
```

[style.css]

```
51    .tabmenu {          /* 공지사항/갤러리 탭메뉴 영역 */
52       float: left;
53       width: 400px;
54       height: 200px;
55    }
56    .otherwrap {        /* banner와 shortcut 묶어줌 */
57       float: right;
58       width: 800px;
59       height: 200px;
60    }
61    .banner {
62       float: left;
63       width: 400px;     /* 배너 영역 너비 */
64       height: 200px;    /* 배너 영역 높이 */
65    }
66    .shortcut {
67       float: right;
68       width: 400px;     /* 바로가기 영역 너비 */
69       height: 200px;    /* 바로가기 영역 높이 */
70    }
71    footer {            /* D영역:하단 영역 */
72       width: 100%;      /* 하단 너비(브라우저100%) */
73       height: 100px;    /* 하단 높이 */
74       background-color: ■#30a3f3;
75    }
76    .btlogo {
77       float: left;
78       width: 250px;     /* 하단 로고 영역 너비 */
79       height: 100px;    /* 하단 로고 영역 높이 */
80    }
81    .site {             /* btmenu와 copy 묶어줌 */
82       float: right;
83       width: 600px;     /* 하단 메뉴 + Copyright 너비 */
84       height: 100px;    /* 하단 메뉴 + Copyright 높이 */
85    }
86    .btmenu {
87       width: 600px;     /* 하단 메뉴 너비 */
88       height: 50px;     /* 하단 메뉴 높이 */
89    }
90    .copy {
91       width: 600px;     /* Copyright 너비 */
92       height: 50px;     /* Copyright 높이 */
93    }
94
```

11 작업 폴더에서 'index.html' 문서를 '크롬(Chrome)' 브라우저에서 열어(이미 열려있다면 새로고침하여), 현재까지 작업된 사항을 확인합니다. 만일 변경 사항을 저장할지를 묻는 대화 상자가 나타나면 저장하도록 합니다.

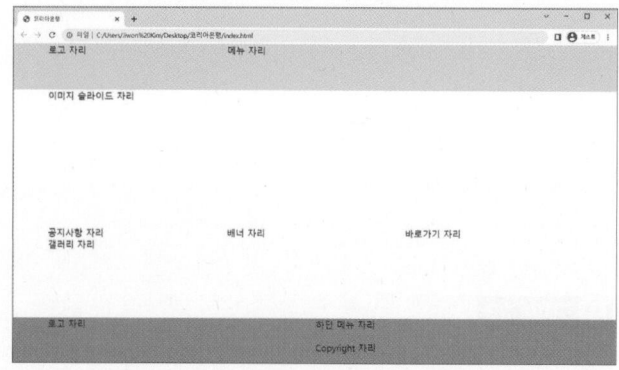

---

3 STEP 세부 영역별 지시사항 풀기 - Ⓐ Header   약 45분

❶ 로고 만들기

세부 영역별 지시사항대로 Ⓐ Header 영역에 로고를 추가하도록 합니다.

이 문제에서는 제공된 로고를 추가하도록 하고 있으므로 먼저 로고의 크기와 색상을 확인한 후 조정해두도록 합니다. 단, 세부 영역별 지시사항에서 로고의 크기 변경 시 가로 세로 비율(종횡비)을 유지하도록 하고 있으므로 포토샵을 사용하여 종횡비를 유지하면서 크기를 조정합니다. 크기는 스타일 시트에서 이미지 크기 값을 지정하여 조정해도 됩니다. 그러나 종횡비를 유지하려면 이에 대한 계산을 해서 입력해야 하므로 본 예시에서는 편의를 위해 포토샵을 이용하여 크기를 조정하였습니다.

01 포토샵을 이용하여 로고 크기를 조정하기 위해서 포토샵을 실행합니다.

02 [파일(File)]-[열기(Open)] 메뉴를 선택하고 주어진 수험자 제공 파일 중에서 Header 폴더의 제공된 로고 이미지 'logo.png'를 엽니다.

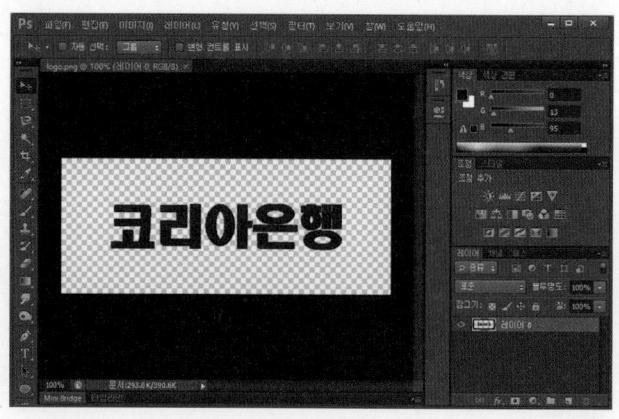

> 🅱 **기적의 TIP**
>
> 포토샵 작업 환경은 [창(Window)] 메뉴의 [작업 영역(Work space)]의 설정 상태에 따라 다르게 나타날 수 있습니다.

03 세부 지시사항에서 로고의 색을 과제명(가. 주제)에 맞게 반드시 변경하고 있으므로, 색상을 변경합니다.

로고 이미지가 배경이 투명한 png 파일이므로 영역을 선택하지 않아도 글자의 색상을 변경할 수 있습니다.

색상을 변경하기 위해서 [이미지(Image)]−[조정(Adjustments)]−[색조/채도(Hue/Saturation)]를 선택합니다.

> **기적의 TIP**
>
> 색상을 변경하는 방법은 수험자 임의로 프로그램이나 기능을 선택하여 사용할 수 있습니다.

04 [색조/채도(Hue/Saturation)] 대화상자가 나타나면 색조(Hue)에서 '−180'을 입력하고 [확인(OK)]를 클릭합니다.

> **기적의 TIP**
>
> 로고의 색상 값이 별도로 제시되지 않은 경우 수험자 임의로 변경하면 됩니다.

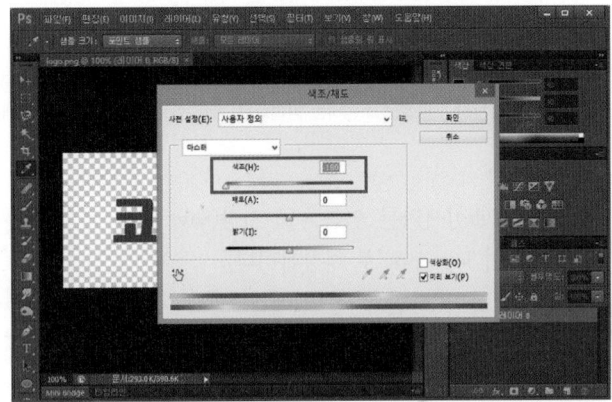

05 다음으로 로고 이미지 크기를 변경하기 위해 [이미지(Image)]−[이미지 크기(Image Size)]를 선택합니다.

[이미지 크기(Image Size)] 대화상자가 나타나면 다음과 같이 입력합니다.

– 폭(Width) : 250px

– 높이(Height) : 100px

– 스타일 비율 조정(Scale Styles) : 선택(체크)

– 비율 제한(Contrain Proportions) : 선택(체크)

– 이미지 리샘플링(Resample Image) : 선택(체크)

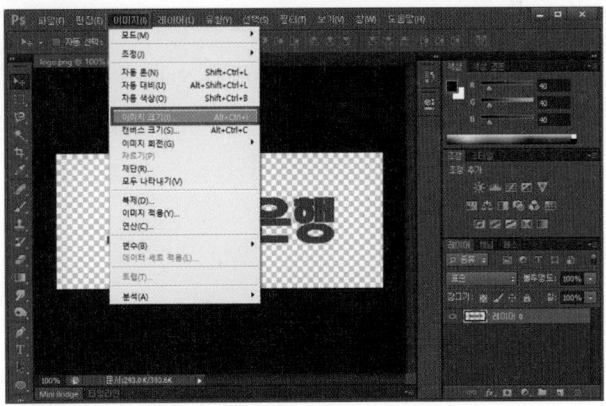

이미지 크기는 임의로 지정할 수 있습니다. 단, 스타일 시트
에서 미리 지정해둔 로고 영역 크기를 고려하여 이미지의
크기를 조정합니다.

```
.logo{
    float:left;
    width:250px;
    height:100px;
}
```

세부 지시사항에서 로고의 크기 변경 시 가로 세로 비율(종
횡비)을 유지하도록 하고 있으므로 이미지의 가로 세로 종
횡비를 유지하기 위해서 반드시 '비율 제한(Contrain Pro-
portions)'을 선택(체크)한 채 크기를 변경합니다.

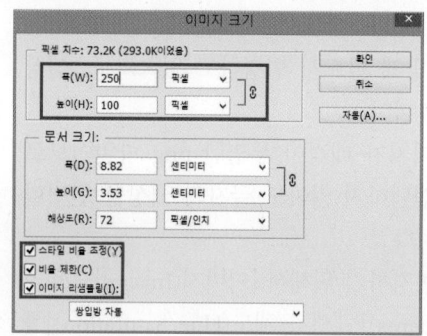

[이미지 크기(Image Size)] 옵션
- 스타일 비율 조정(Scale Styles) : 사용하는 이미지에 스타일이 적용된 레이어가 있을 경우 크기가 변경된 이미지에 나타나는 효과의 비율을
  조정. 단, 비율 제한 옵션과 함께 사용해야 함
- 비율 제한(Contrain Proportions) : 이미지의 원래 너비와 높이 비율(종횡비)을 유지
- 이미지 리샘플링(Resample Image) : 문서의 확대 또는 축소에 따른 리샘플링 방법을 선택. 쌍입방 자동(Bicubic Automatic) 방법은 주변 픽셀
  의 값을 검사하여 픽셀을 조정하는 방법으로, 속도는 느리지만 더 정밀하게 색조의 단계적 변화를 조정

06 [파일(File)]-[다른 이름으로 저장(Save as)]
을 선택하여 'logo.png'로 저장합니다.
이때 작업 폴더('비번호' 폴더)에 'images' 폴더
를 만들고 해당 폴더 내에 'logo.png'를 저장
합니다.

– 파일 이름(File name) : logo.png
– 형식(Format) : PNG

[저장(Save)] 버튼을 클릭한 후 PNG 옵션 대
화상자가 나타나면 옵션을 기본 값으로 그대
로 둔 채 [확인(OK)]을 클릭합니다.

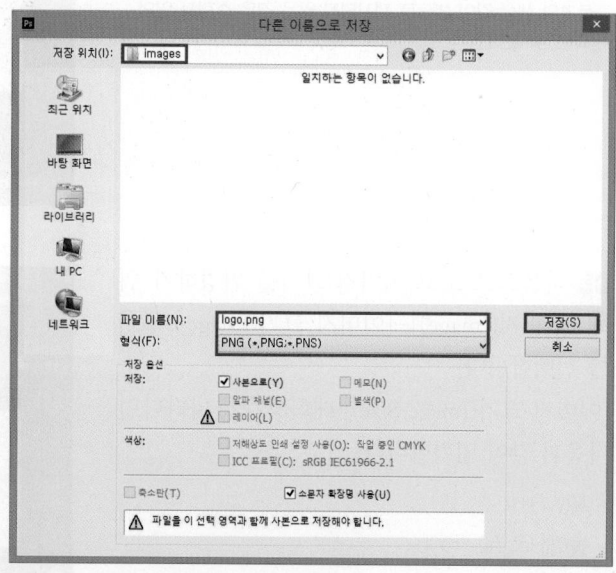

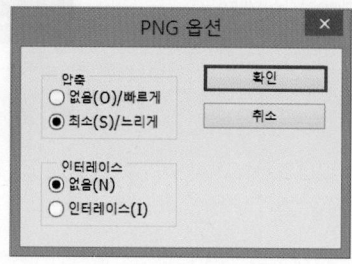

② HTML에 로고 추가하기

01 앞서 만든 로고를 'index.html' 문서에 추가합니다.

'index.html' 문서로 돌아와서 헤더 영역 안에 로고 영역으로 구분해 놓았던 〈div class="logo"〉 로고 자리 〈/div〉 부분을 찾아, 그 안에 다음과 같이 입력합니다.

```
<div class="logo">
<a href="#"><img src="images/logo.png" alt="로고"></a>
</div>
```

[index.html]

```
1   <!DOCTYPE html>
2   <html>
3   <head>
4     <meta charset="utf-8">
5     <title>코리아은행</title>
6     <link href="css/style.css" type="text/css" rel="stylesheet">
7   </head>
8
9   <body>
10  <!--와이어프레임 상단 시작-->
11  <header>
12    <div class="wrap"> <!--wrap:logo와 menu 묶어줌-->
13      <div class="logo">
14        <a href="#"><img src="images/logo.png" alt="로고"></a>
15      </div>
16      <nav class="menu">
17        메뉴 자리
18      </nav>
19    </div>
20  </header>
21  <!--와이어프레임 상단 끝-->
22
23  <!--슬라이드 + 콘텐츠 영역 시작-->
24  <div class="bodywrap"> <!--bodywrap:imgslide와 contents 묶어줌-->
25    <div class="imgslide">
26      이미지 슬라이드 자리
27    </div>
```

🅕 **기적의 TIP**

- alt : 이미지의 속성
- 〈a href="#"〉 : 임시 링크 추가
- 콘텐츠를 추가할 때, 시험에 주어진 기술적 준수사항을 반드시 지켜야 합니다.
  - '모든 이미지에는 이미지에 대한 대체 텍스트를 표현할 수 있는 alt 속성이 있어야 한다.'고 명시하고 있으므로 이미지를 추가할 때 alt 속성과 값을 기입합니다.
  - '상호작용이 필요한 모든 콘텐츠(로고, 메뉴 Slide, 공지사항, 갤러리 등)는 임시 링크(예:#) 되어야 한다.'고 명시하고 있으므로 추가되는 콘텐츠에 임시 링크를 추가하도록 합니다.
- 로고 이미지 자체에 스타일을 지정하려면 다음과 같이 클래스 선택자 .logo의 후손 선택자인 img를 사용하여 스타일을 지정할 수 있습니다.

```
<div class="logo">
<a href="#"><img src="images/logo.png" alt="로고"></a>
```

```
.logo img{
        float:left;
        margin-top:5px;
}
```

---

02 작업 중인 'index.html' 문서와 'style.css' 문서를 모두 저장합니다.

작업 폴더에서 'index.html' 파일을 '크롬(Chrome)' 브라우저에서 열어(이미 열려있다면 새로고침하여), 로고가 추가된 결과를 확인합니다.

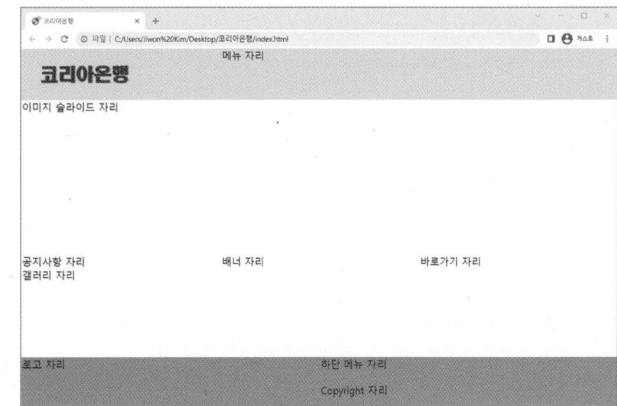

❸ HTML에 메뉴 추가하기

01 헤더 영역 안에 메뉴 영역으로 구분해 놓았던 〈nav class="menu"〉 메뉴 자리 〈/nav〉 부분 안에 다음과 같이 입력하여 메뉴를 추가합니다. 이때 시험에서 제공된 텍스트 파일을 이용하여 메인 메뉴(Main menu)와 서브 메뉴(Sub menu)를 구분하여 입력합니다.

```
<nav class="menu">
<ul class="navi">
  <li><a href="#">개인</a>
    <ul class="submenu">
      <li><a href="#">조회</a></li>
      <li><a href="#">이체</a></li>
      <li><a href="#">공과금</a></li>
      <li><a href="#">예금/신탁</a></li>
    </ul>
  </li>
  <li><a href="#">기업</a>
    <ul class="submenu">
      <li><a href="#">조회</a></li>
      <li><a href="#">이체</a></li>
      <li><a href="#">전자결제</a></li>
      <li><a href="#">수표/어음</a></li>
    </ul>
  </li>
  <li><a href="#">금융상품</a>
    <ul class="submenu">
      <li><a href="#">저축상품</a></li>
      <li><a href="#">대출상품</a></li>
      <li><a href="#">투자상품</a></li>
    </ul>
  </li>
  <li><a href="#">카드</a>
    <ul class="submenu">
      <li><a href="#">카드정보</a></li>
      <li><a href="#">카드신청</a></li>
      <li><a href="#">이용내역조회</a></li>
    </ul>
  </li>
</ul>
</nav>
```

[index.html]

```
9   <body>
10  <!--와이어프레임 상단 시작-->
11  <header>
12    <div class="wrap"> <!--wrap:logo와 menu 묶어줌-->
13      <div class="logo">
14        <a href="#"><img src="images/logo.png" alt="로고"></a>
15      </div>
16      <nav class="menu">
17        <ul class="navi">
18          <li><a href="#">개인</a>
19            <ul class="submenu">
20              <li><a href="#">조회</a></li>
21              <li><a href="#">이체</a></li>
22              <li><a href="#">공과금</a></li>
23              <li><a href="#">예금/신탁</a></li>
24            </ul>
25          </li>
26          <li><a href="#">기업</a>
27            <ul class="submenu">
28              <li><a href="#">조회</a></li>
29              <li><a href="#">이체</a></li>
30              <li><a href="#">전자결제</a></li>
31              <li><a href="#">수표/어음</a></li>
32            </ul>
33          </li>
34          <li><a href="#">금융상품</a>
35            <ul class="submenu">
36              <li><a href="#">저축상품</a></li>
37              <li><a href="#">대출상품</a></li>
38              <li><a href="#">투자상품</a></li>
39            </ul>
40          </li>
41          <li><a href="#">카드</a>
42            <ul class="submenu">
43              <li><a href="#">카드정보</a></li>
44              <li><a href="#">카드신청</a></li>
45              <li><a href="#">이용내역조회</a></li>
46            </ul>
47          </li>
48        </ul>
49      </nav>
50    </div>
51  </header>
52  <!--와이어프레임 상단 끝-->
53
```

[브라우저 미리보기 화면]

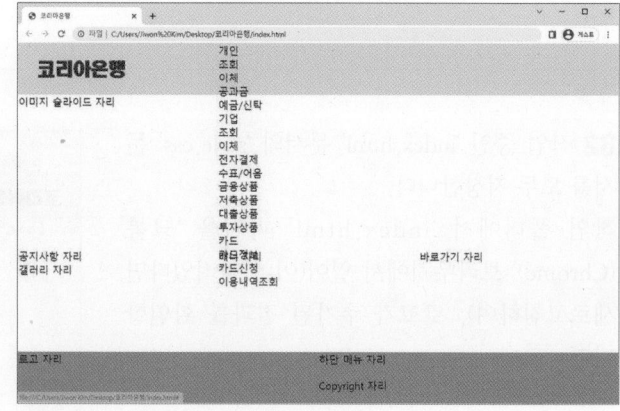

브라우저에서 결과를 살펴보면 메뉴 스타일을 지정하지 않았기 때문에 메뉴 글자들이 일렬로 나타나게 됩니다.

④ 메뉴에 스타일 지정하기

세부 영역별 지시사항을 살펴보면, 메뉴를 슬라이드 다운 메뉴(Slide-Down Menu)로 구성하도록 하고 있습니다. 슬라이드 다운 메뉴는 메인 메뉴에 마우스를 올렸을 때(Mouse over) 서브 메뉴를 슬라이드 다운(Slide-Down)으로 보여주고 마우스가 메뉴에서 벗어나면(Mouse out) 슬라이드 업(Slide-Up)되면서 서브 메뉴를 숨겨주는 기능입니다. 메뉴의 모양은 스타일 시트에서 지정하며, 움직이는 동작 기능은 자바스크립트와 제이쿼리(jQuery)를 이용하여 구성합니다.

01 메뉴에 스타일을 지정하기 전에 와이어프레임에 제시된 메뉴의 모양을 확인합니다.
이 문제에서는 메인 메뉴의 아래쪽으로 서브 메뉴 전체가 펼쳐지도록 되어있습니다.

.menu{

　float:right;

　width:800px;

　height:100px;

　z-index:1;

}

02 먼저 스타일 시트 'style.css' 문서에서 클래스 선택자 '.menu'를 찾아 그 안에 다음과 같이 z-index 속성을 추가하여 메뉴 요소가 화면상에서 가장 앞쪽으로 나타날 수 있도록 지정합니다.

[style.css]

```
28   .logo {              /* 로고 영역 스타일 */
29     float: left;
30     width: 250px;      /* 로고 영역 너비 */
31     height: 100px;     /* 로고 영역 높이 */
32   }
33   .menu {              /* 메뉴 영역 스타일 */
34     float: right;
35     width: 800px;      /* 메뉴 영역 너비 */
36     height: 100px;     /* 메뉴 영역 높이 */
37     z-index: 1;
38   }
39   .bodywrap {          /* imgslide와 contents 묶어줌 */
40     width: 1200px;     /* imgslide + contents 너비 */
41     height: 500px;     /* imgslide + contents 높이 */
42   }
43   .imgslide {          /* B영역:이미지 슬라이드 영역 */
44     width: 1200px;     /* 이미지 슬라이드 너비 */
45     height: 300px;     /* 이미지 슬라이드 높이 */
46   }
```

03 각 메인 메뉴의 스타일을 지정하기 위해 '.menu' 스타일 아래에 다음의 내용을 추가합니다.

```css
.navi{
    float:right;
    margin-top:30px;
    margin-right:10px;
}
.navi>li{
    float:left;
}
.navi>li>a{
    width:180px;
    height:40px;
    line-height:40px;
    font-size:16px;
    font-weight:bold;
    text-align:center;
    background-color:#333333;
    color:#ffffff;
}
.navi>li>a:hover{
    background-color:#30a3f3;
}
```

[style.css]

```css
28    .logo {              /* 로고 영역 스타일 */
29        float: left;
30        width: 250px;     /* 로고 영역 너비 */
31        height: 100px;    /* 로고 영역 높이 */
32    }
33    .menu {              /* 메뉴 영역 스타일 */
34        float: right;
35        width: 800px;     /* 메뉴 영역 너비 */
36        height: 100px;    /* 메뉴 영역 높이 */
37        z-index: 1;
38    }
39    .navi {              /* 전체 메뉴 스타일 */
40        float: right;
41        margin-top: 30px;
42        margin-right: 10px;
43    }
44    .navi>li {           /* 각 메인 메뉴 스타일 */
45        float: left;
46    }
47    .navi>li>a {         /* 각 메인 메뉴의 <a> 요소 스타일 */
48        width: 180px;
49        height: 40px;
50        line-height: 40px;
51        font-size: 16px;
52        font-weight: bold;
53        text-align: center;
54        background-color: ■#333333;
55        color: □#ffffff;
56    }
57    .navi>li>a:hover {   /* <a> 요소에 마우스를 올릴 때 스타일 */
58        background-color: ■#30a3f3;
59    }
60    .bodywrap {          /* imgslide와 contents 묶어줌 -/
61        width: 1200px;    /* imgslide + contents 너비 */
62        height: 500px;    /* imgslide + contents 높이 */
63    }
64    .imgslide {          /* B영역:이미지 슬라이드 영역 */
65        width: 1200px;    /* 이미지 슬라이드 너비 */
66        height: 300px;    /* 이미지 슬라이드 높이 */
67    }
```

🅱 기적의 TIP

- .navi : 메인 메뉴와 서브 메뉴의 목록인 〈ul class="navi"〉 영역의 스타일 정의
  - float:right : 메뉴 영역을 다른 요소에 대해 오른쪽으로 배치
  - margin-top:30px : 메뉴 영역 위쪽으로 30px 여백 지정
  - margin-right:10px : 메뉴 영역 오른쪽으로 10px 여백 지정
- .navi〉li : .navi의 자식 요소 〈li〉 요소의 스타일 지정. 여기에서는 〈li〉 각 요소의 너비도 width:180px로 지정
  - float:left : 메뉴 영역을 다른 요소에 대해 왼쪽으로 배치
- .navi〉li〉a : .navi의 자식 요소 〈li〉의 자식 요소인 〈a〉 요소의 스타일 지정. 높이, 너비, 줄 간격(line-height), 글씨 속성, 배경색, 글자색 등을 지정
  - 색상 값이 #ffffff처럼 같은 값으로 반복될 경우 16진수로 #fff처럼 간단히 줄여서 사용할 수 있습니다(#ffffff = #fff).
- .navi〉li〉a:hover : .navi의 자식 요소인 〈li〉의 자식 요소인 〈a〉 요소에 마우스를 올릴 때(hover) 변화되는 스타일을 지정. 마우스를 올리면 메뉴의 배경색이 background-color:#30a3f3로 변경되게 함
- font-size:16px : 메뉴 글자 크기 지정
- font-weight:bold : 메뉴 글자 볼드체 지정
- 줄 간격 line-height을 높이 height와 같은 값을 주게 되면(height:40px, line-height:40px) 글자가 세로 가운데 정렬이 됩니다. 이때 글자 사이즈(font-size:16px)를 기준으로 한 줄 안에서 글자 위아래 여백이 같게 조정되어 글자가 가운데 나타나게 됩니다. 즉 line-height:40px에서 font-size:16px을 뺀 값인 24px이 1/2으로 나뉘어져서 글자 위아래로 12px씩 여백이 생기게 됩니다.

04 'index.html' 문서와 'style.css' 문서를 모두 저장하고, 지금까지 작업된 결과를 '크롬(Chrome)' 브라우저에서 확인합니다. 메인 메뉴위에 마우스를 올리면 배경색과 글자색이 변경되는 것을 확인할 수 있습니다.

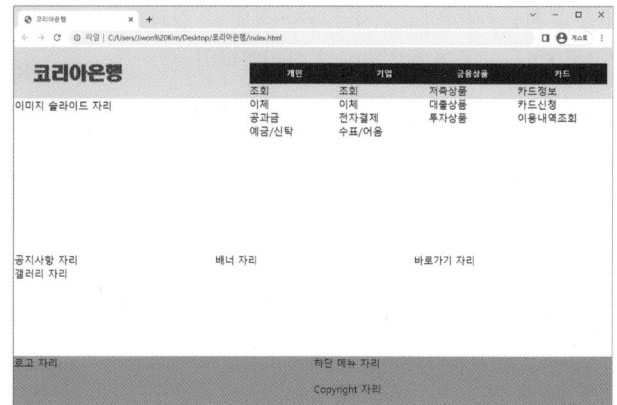

05 서브 메뉴의 스타일을 지정하기 위해 '.navi>li>a:hover' 스타일 아래에 다음의 내용을 추가합니다.

```
.submenu{
    width:180px;
    height:160px;
    position:absolute;
    display:none;
    z-index:1;
    background:#ffffff;
}
.submenu>li>a{
    width:180px;
    height:40px;
    line-height:40px;
    font-size:14px;
    font-weight:bold;
    text-align:center;
    background:#ffffff;
    color:#333333;
}
.submenu>li>a:hover{
    background-color:#30a3f3;
}
```

[style.css]

```
47    .navi>li>a {      /* 각 메인 메뉴의 <a> 요소 스타일 */
48        width: 180px;
49        height: 40px;
50        line-height: 40px;
51        font-size: 16px;
52        font-weight: bold;
53        text-align: center;
54        background-color: ■#333333;
55        color: □#ffffff;
56    }
57    .navi>li>a:hover {  /* <a> 요소에 마우스를 올릴 때 스타일 */
58        background-color: ■#30a3f3;
59    }
60    .submenu {          /* 서브 메뉴 영역 스타일 */
61        width: 180px;
62        height: 160px;
63        position: absolute;
64        display: none;
65        z-index: 1;
66        background: □#ffffff;
67    }
68    .submenu>li>a {        /* 각 서브 메뉴의 <a> 요소 스타일 */
69        width: 180px;
70        height: 40px;
71        line-height: 40px;
72        font-size: 14px;
73        font-weight: bold;
74        text-align: center;
75        background: □#ffffff;
76        color: ■#333333;
77    }
78    .submenu>li>a:hover { /* <a> 요소에 마우스를 올릴 때 스타일 */
79        background-color: ■#30a3f3;
80    }
81    .bodywrap {        /* imgslide와 contents 묶어줌 */
82        width: 1200px;  /* imgslide + contents 너비 */
83        height: 500px;  /* imgslide + contents 높이 */
84    }
```

🅑 기적의 TIP

position:absolute : 상위 컨테이너를 기준으로 절대 좌표값을 가지도록 함

06 문서를 저장하고, 지금까지 작업된 결과를 '크롬(Chrome)' 브라우저에서 확인합니다.

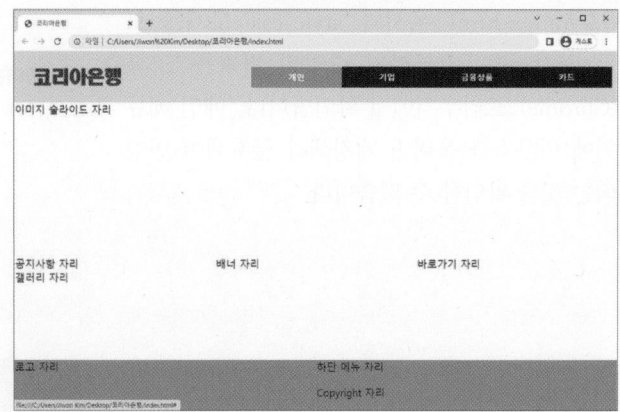

만일 서브 메뉴 영역 스타일 .submenu에서 설정한 'display:none' 속성을 지우고 살펴보면 서브 메뉴가 나타나게 됩니다.

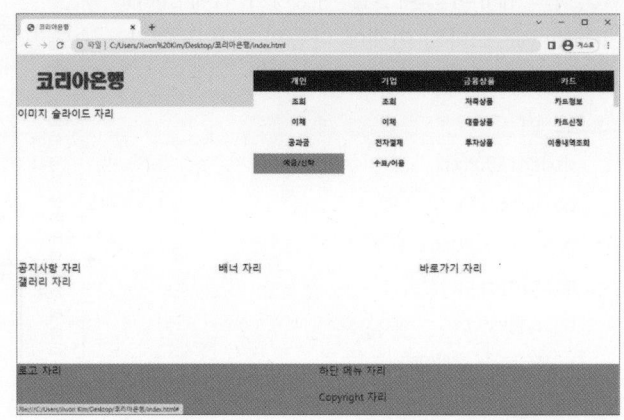

⑤ 메뉴에 슬라이드 다운 기능 구현하기

이번에는 메인 메뉴, 서브 메뉴에 슬라이드 다운(Slide-Down) 기능이 되도록 자바스크립트와 제이쿼리(jQue-ry)를 활용하여 동적 기능을 만들어줍니다.

01 작업 폴더('비번호' 폴더)에 'javascript' 폴더를 생성한 후, 수험자 제공 파일로 주어진 jQuery 라이브러리 오픈소스 파일 'jquery-1.12.3.js'을 'javascript' 폴더로 복사 또는 이동시켜줍니다.

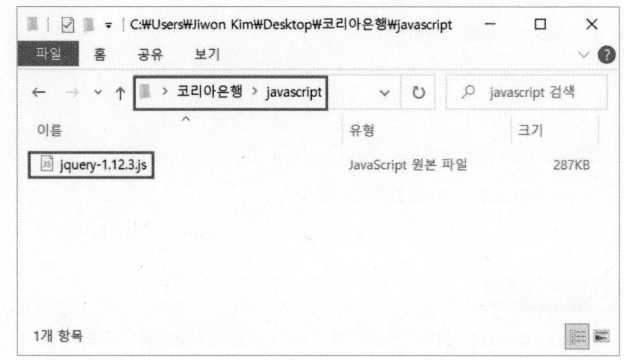

🅑 기적의 TIP

jQuery 라이브러리는 자바스크립트 파일(*.js)로 저장되어 있으며, 모든 jQuery 메소드를 담고 있습니다.
jQuery는 사용 전에 다운로드 받은 후 연결(설치)해야 그 기능을 사용할 수 있습니다.

02 Visual Studio Code 탐색기에서도 'javas-cript' 폴더가 생성된 것을 확인할 수 있습니다. 자바스크립트 파일을 만들기 위해, 'javascript' 폴더에서 마우스 오른쪽 버튼을 클릭하고 [새 파일]을 선택합니다.

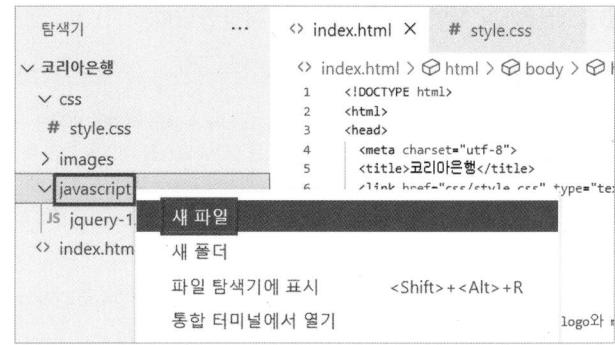

03 'javascript' 폴더의 하위 리스트에 새로운 파일이 생성되면 파일명을 'script.js'로 입력합니다. 파일이 정상적으로 생성되면 오른쪽 코드창에 'script.js' 파일이 열린 것을 확인할 수 있습니다.

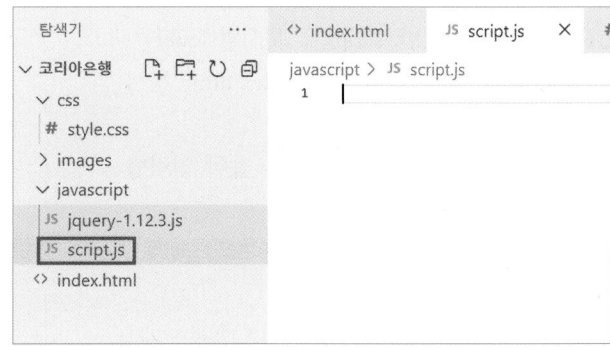

04 실제로 슬라이드 다운(Slide-Down) 기능이 동작하도록 하기 위해 'script.js' 문서에 다음과 같이 입력합니다.

```
jQuery(document).ready(function(){

  $('.navi>li').mouseover(function(){
      $('.submenu').stop().slideDown(500);
  }).mouseout(function(){
      $('.submenu').stop().slideUp(500);
  });

});
```

```
 1    // JavaScript Document
 2
 3    jQuery(document).ready(function () {
 4
 5      $('.navi>li').mouseover(function () {
 6        $('.submenu').stop().slideDown(500);
 7      }).mouseout(function () {
 8        $('.submenu').stop().slideUp(500);
 9      });
10
11    });
12
```

05 지금까지 작업한 모든 문서를 저장합니다.

06 지금까지 작업한 'script.js' 문서와 jquery-1.12.3.js' 문서를 다음과 같이 'index.html' 문서 본문에 연결합니다.

⟨head⟩와 ⟨/head⟩ 사이에 다음과 같이 입력합니다.

```
<script src="javascript/jquery-1.12.3.js">
</script>
<script src="javascript/script.js" defer
type="text/javascript"></script>
```

[index.html]

```
1   <!DOCTYPE html>
2   <html>
3   <head>
4     <meta charset="utf-8">
5     <title>코리아은행</title>
6     <link href="css/style.css" type="text/css" rel="stylesheet">
7     <script src="javascript/jquery-1.12.3.js"></script>
8     <script src="javascript/script.js" defer type="text/javascript"></
      script>
9   </head>
10
11  <body>
12  <!--와이어프레임 상단 시작-->
13  <header>
14    <div class="wrap"> <!--wrap:logo와 menu 묶어줌-->
15      <div class="logo">
16        <a href="#"><img src="images/logo.png" alt="로고"></a>
17      </div>
18      <nav class="menu">
```

07 지금까지 작업한 모든 문서를 저장하고, 작업된 결과를 '크롬(Chrome)' 브라우저에서 확인합니다.

메인 메뉴와 서브 메뉴의 슬라이드 효과가 잘 동작하는지 확인합니다.

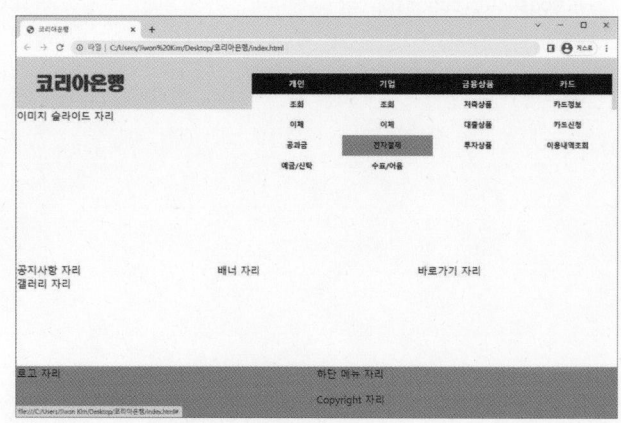

❶ 슬라이드 이미지 추가하기

세부 영역별 지시사항대로 Ⓑ Slide 영역에 들어갈 이미지 슬라이드를 제작합니다.

세부 지시사항에서 3개의 이미지를 이용하여 좌—우 슬라이드 효과를 제작하도록 하고 있으므로 CSS 파일에서 이미지의 스타일을 지정한 후, 자바스크립트에서 jQuery를 이용하여 해당 동작을 구현합니다.

01 앞서 만들었던 'images' 폴더에 수험자 제공 파일로 주어진 슬라이드 이미지 3개를 복사합니다. 이때, 주어진 다른 이미지들도 미리 복사해둡니다.

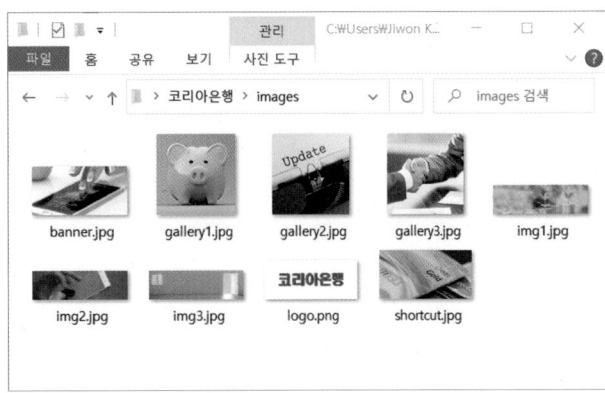

02 'index.html' 문서에서 〈div class="imgslide"〉 이미지 슬라이드 자리 〈/div〉 부분을 찾은 후 이미지들을 추가합니다.

이때 지시사항에서 제공된 3개의 텍스트를 각 이미지에 적용하도록 하고 있으므로 〈span〉 요소를 이용하여 글자도 함께 추가합니다.

```
<div class="imgslide">
  <div class="slidelist">
    <ul>
      <li>
        <a href="#">
          <span>대표 은행, 코리아은행</span>
          <img src="images/img1.jpg" alt="이미지1">
        </a>
      </li>
      <li>
        <a href="#">
          <span>차원이 다른 코리아은행</span>
          <img src="images/img2.jpg" alt="이미지2">
        </a>
      </li>
```

[index.html]

```
52          </div>
53        </header>
54        <!--와이어프레임 상단 끝-->
55
56        <!--슬라이드 + 콘텐츠 영역 시작-->
57        <div class="bodywrap"> <!--bodywrap:imgslide와 contents 묶어줌-->
58          <div class="imgslide">
59            <div class="slidelist">
60              <ul>
61                <li>
62                  <a href="#">
63                    <span>대표 은행, 코리아은행</span>
64                    <img src="images/img1.jpg" alt="이미지1">
65                  </a>
66                </li>
67                <li>
68                  <a href="#">
69                    <span>차원이 다른 코리아은행</span>
70                    <img src="images/img2.jpg" alt="이미지2">
71                  </a>
72                </li>
73                <li>
74                  <a href="#">
75                    <span>더욱 쉬운 오픈뱅킹 서비스</span>
76                    <img src="images/img3.jpg" alt="이미지3">
77                  </a>
78                </li>
79              </ul>
80            </div>
81          </div>
82          <div class="contents"> <!--contents:공지사항/갤러리,배너,바로가기-->
83            <ul class="tabmenu"> <!--tabmenu:notice와 gallery 묶어줌-->
84              <li>
85                <div class="notice">
86                  공지사항 자리
87                </div>
```

```
        <li>
          <a href="#">
            <span>더욱 쉬운 오픈뱅킹 서비스</span>
            <img src="images/img3.jpg" alt="이미지3">
          </a>
        </li>
      </ul>
    </div>
</div>
```

🇧 기적의 TIP

• 'div' 영역의 class 이름을 'imgslide'으로 지정하였으므로 스타일 시트 파일에서 선택자로 '.imgslide'을 사용하게 됩니다.
• ⟨div class="slidelist"⟩ : 좌에서 우로 전환되는 슬라이드 이미지 효과를 위해 이미지들을 묶어줌
• '상호작용이 필요한 모든 콘텐츠(로고, 메뉴 Slide, 공지사항, 갤러리 등)는 임시 링크되어야 한다.'고 명시하고 있으므로 추가되는 이미지에도 임시 링크를 추가합니다.
• ⟨span⟩ : 다른 텍스트와 구분하기 위해 사용. 줄을 바꾸지 않고 글자색이나 배경색 등을 변경

② 슬라이드 이미지에 스타일 추가하기

01 지금까지 작업된 결과를 확인해보면 다음과 같이 메인에 추가한 텍스트와 이미지들이 아래로 줄지어 나타납니다.

텍스트와 이미지가 정해진 영역 안에서만 나타나고 그 외의 영역에서는 나타나지 않도록 스타일을 추가하도록 합니다.

02 스타일 시트 'style.css' 문서에서 클래스 선택자 '.imgslide'를 찾은 후 이미지와 텍스트에 대한 스타일을 추가합니다.

먼저 '.imgslide' 안에 'position:relative'와 'overflow:hidden' 속성을 추가합니다.

이어서 각 이미지와 이미지 위에 나타나는 텍스트에 대한 상세한 스타일을 입력합니다.

```
.imgslide{
    width:1200px;
    height:300px;
    position:relative;
    overflow:hidden;
}
.slidelist{
    width:3600px;
}
.slidelist ul li{
    width:1200px;
    float:left;
}
.slidelist span{
    width:500px;
    height:50px;
    position:absolute;
    text-align:center;
    color:#ffffff;
    font-weight:bold;
    line-height:50px;
    background-color:rgba(40,40,40,0.5);
    margin-left:350px;
    margin-top:125px;
}
```

[style.css]

```
81    .bodywrap {          /* imgslide와 contents 묶어줌 */
82        width: 1200px;   /* imgslide + contents 너비 */
83        height: 500px;   /* imgslide + contents 높이 */
84    }
85    .imgslide {          /* B영역:이미지 슬라이드 영역 */
86        width: 1200px;   /* 이미지 슬라이드 너비 */
87        height: 300px;   /* 이미지 슬라이드 높이 */
88        position: relative;
89        overflow: hidden;
90    }
91    .slidelist {
92        width: 3600px;
93    }
94    .slidelist ul li {
95        width: 1200px;
96        float: left;
97    }
98    .slidelist span {
99        width: 500px;
100       height: 50px;
101       position: absolute;
102       text-align: center;
103       color: #ffffff;
104       font-weight: bold;
105       line-height: 50px;
106       background-color: rgba(40, 40, 40, 0.5);
107       margin-left: 350px;
108       margin-top: 125px;
109   }
110   .contents {          /* C영역:tabmenu와 otherwrap 묶어줌 */
111       float: left;
112       width: 1200px;   /* 콘텐츠(탭메뉴,배너,바로가기) 너비 */
113       height: 200px;   /* 콘텐츠(탭메뉴,배너,바로가기) 높이 */
114   }
```

🅱 기적의 TIP

- 시험 문제 중 '⑧ Slide의 세부 지시사항'에 '[Slide] 폴더에 제공된 3개의 텍스트를 각 이미지에 적용하되, 텍스트의 글자체, 굵기, 색상, 크기를 적절하게 설정하여 가독성을 높이고, 독창성이 드러나도록 제작한다.'라고 되어 있으므로 적절하게 스타일을 지정합니다. 스타일 지정에 대한 자세한 지시사항이나 주어진 값은 없으므로 수험자 임의로 자유롭게 지정하면 됩니다.
- .imgslide : <div class="imgslide"> 영역의 스타일 정의. 슬라이드 이미지와 이미지 위에 나타날 텍스트 영역을 담은 컨테이너
- overflow:hidden : 이미지가 지정된 영역 안에서만 보이고, 영역 밖으로 넘친 부분은 보이지 않도록 지정
- .slidelist : .imgslide의 하위 컨테이너인 <div class="slidelist"> 영역의 스타일 정의
- width:3600px : <div class="slidelist"> 영역의 너비를 3600px로 지정
  - 이 영역은 슬라이드 이미지와 텍스트 영역을 담은 컨테이너로서 이 컨테이너에 슬라이드 효과를 구현하여 이미지와 텍스트가 함께 슬라이딩 되도록 합니다.
  - 각 이미지의 너비가 1200px일 때 세 개의 이미지를 일렬로 나열하면 가로 너비가 3600px이 됩니다.
  - 세 개의 이미지를 일렬로 나열하여 3600px이 되게 한 후 1200px씩 이동시키면 이미지가 좌→우 또는 우→좌 방향으로 슬라이딩되는 효과를 구현할 수 있습니다.

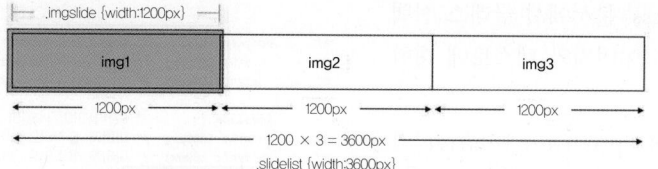

- .slidelist span : .slidelist의 후손 요소인 〈span〉 영역의 스타일 정의. 이미지 위에 나타나는 텍스트의 스타일
- 선택자 형식 중 'A 〉 B'는 A 요소의 1차 하위 요소인 B 요소에 스타일을 적용합니다. 'A B'와 같이 빈칸을 사용하는 경우 A 요소의 1차 또는 2차 이상(자손의 자손)의 하위 요소, 즉 후손 요소에 해당하는 모든 B 요소에 스타일을 적용합니다([참고하기] PART 02 – SECTION 02. CSS 익히기 – 'CSS 선택자 이해하기').
- width:500px, height:50px : 텍스트 영역의 너비와 높이
- position:absolute : 상위 컨테이너를 기준으로 절대 좌표값을 가짐
- margin-left:350px, margin-top:125px : 텍스트 영역 왼쪽으로 350px, 위쪽으로 125px 여백 지정
  - 이미지 슬라이드 전체 영역의 크기가 너비 1200px, 높이 300px인 상태에서 이 영역 안쪽에 들어가는 텍스트 영역은 너비 500px, 높이 height:50px이고 여백을 왼쪽 350px, 위쪽 125px을 지정하였으므로 텍스트 영역은 가운데에 위치하게 됩니다(1200px-500px=700px, 700px÷2=350px, 300px-50px=250px, 250÷2=125px).
  - 텍스트 영역의 크기나 여백 값은 여기에서 입력한 것과 똑같이 사용하지 않아도 됩니다. 이러한 값은 수험자가 임의로 지정 가능합니다. 스타일의 속성 값은 웹 브라우저에서 결과를 확인하면서 값을 조금씩 조정하면서 지정합니다.
- background-color:rgba(40,40,40,0.5) : 색상 및 불투명도 지정. a 속성은 투명도를 의미하며, 0~1 사이의 값을 가짐. 반드시 설정해야 하는 것은 아니며 글자를 잘 보이게 하기 위해 설정한 것으로 삭제 및 임의로 지정 가능
- left:50%, top:50% : 컨테이너의 시작점을 기준으로 50%의 여백. 여백 값은 임의로 지정 가능
- position:relative와 position:absolute의 관계 : .imgslide로 지정된 〈div class="imgslide"〉에 position:relative을 지정하고 다시 이것의 내부에 있는 '.imgslide〉a'로 지정한 〈a〉에 요소에 position:absolute로 지정했습니다. 이렇게 지정하게 되면 position:relative으로 지정한 컨테이너를 기준점으로 삼아 position:absolute가 절대 좌표값을 가지게 됩니다. 만일 기준점이 되는 컨테이너가 없으면 문서 화면 전체를 기준으로 절대 좌표값을 가지게 됩니다.

---

03 지금까지 작업한 모든 문서를 저장하고, '크롬(Chrome)' 브라우저에서 결과를 확인해 보면 이미지들이 한 곳에 겹쳐서 모여 있고, 그 위에 글자가 나타나는 것을 확인할 수 있습니다.

③ 슬라이드 애니메이션 구현하기

01 이미지에 슬라이드 기능을 구현하기 위해 'script.js' 문서에 다음과 같이 입력합니다. 이때 처음에 입력했던 스크립트의 마지막 줄인 '});'의 안쪽에 입력하도록 합니다.

```
setInterval(function(){
  $('.slidelist').delay(2000);
  $('.slidelist').animate({marginLeft : -1200});
  $('.slidelist').delay(2000);
  $('.slidelist').animate({marginLeft : -2400});
  $('.slidelist').delay(2000);
  $('.slidelist').animate({marginLeft : 0});
  $('.slidelist').delay(2000);
});
```

[script.js]

```
1    // JavaScript Document
2
3    jQuery(document).ready(function () {
4
5        $('.navi>li').mouseover(function () {
6            $('.submenu').stop().slideDown(500);
7        }).mouseout(function () {
8            $('.submenu').stop().slideUp(500);
9        });
10
11       setInterval(function () {
12           $('.slidelist').delay(2000);
13           $('.slidelist').animate({ marginLeft: -1200 });
14           $('.slidelist').delay(2000);
15           $('.slidelist').animate({ marginLeft: -2400 });
16           $('.slidelist').delay(2000);
17           $('.slidelist').animate({ marginLeft: 0 });
18           $('.slidelist').delay(2000);
19       });
20
21   });
22
```

🅑 기적의 TIP

- setInterval(function(){} : 일정 시간마다 반복적으로 동작을 실행. 2000은 2000ms(2초)로 2초마다 실행
- delay(2000) : delay(ms)와 같이 사용하며, 실행 중인 함수를 지정한 시간만큼 지연시킴. 2000은 2초에 해당됨
  - 슬라이드는 매 3초 이내로 다른 이미지로 슬라이드 전환되어야 하므로 delay() 사용 시 3000 이내의 값을 입력하여 다른 이미지가 3초 이내에 나타나도록 해야 합니다.
- animate() : 애니메이션 효과를 지정
  - animate() 문법은 '$(선택자).animate({properties(CSS 스타일} [, duration(지속 시간)] [, easing(여유 함수)] [, complete](콜백 함수))'입니다. 이 중 {properties} 부분은 필수 매개변수로 CSS 속성과 값을 정의하며, 나머지는 선택적 매개변수입니다. {properties}의 형식은 '키:값'이 쌍으로 이루어지기 때문에 중괄호 { }를 사용하여 '{속성:값}'으로 작성해야 합니다.
- animate({marginLeft : -1200}) : 애니메이션 효과를 줄 속성으로 marginLeft를 사용하고, 그 값을 -1200으로 변경. 요소의 왼쪽 여백을 '-1200px'로 지정해 주기 때문에 요소가 왼쪽으로 밀려서 이동하는 것처럼 동작함
  - animate({marginLeft : 1200})에 사용된 marginLeft 속성은 자바스크립트에서 사용되는 속성입니다. 이 속성을 CSS에서 사용되는 속성으로 변경하면 margin-left입니다. 그러나 자바스크립트의 변수 이름에는 대시(-)가 사용될 수 없기 때문에, 만일 CSS 속성 margin-left를 사용하려면 다음과 같이 따옴표를 사용하여 작성합니다.

```
animate({marginLeft : -1200}) = animate({"margin-left" : "-1200"})
```

02 작업한 문서를 저장한 후 '크롬(Chrome)' 브라우저에서 이미지 슬라이드가 좌→우, 우→좌 방향으로 실행되는지 확인합니다.

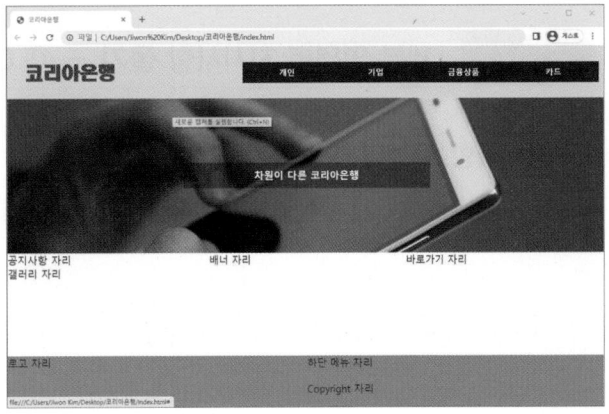

위–아래, 아래–위 슬라이드 작성해보기

- 이미지 슬라이드 기능은 좌–우, 우–좌 슬라이드 또는 위–아래, 아래–위 슬라이드 기능이 출제됩니다.
- 좌–우, 우–좌 슬라이드 코드를 이용하여 위–아래, 아래–위 슬라이드 기능을 만들 수 있습니다.

	좌–우 방향 이미지 슬라이드	위–아래 방향 이미지 슬라이드
1. CSS 변경	```.imgslide{ width:1200px; height:300px; position:relative; overflow:hidden; } .slidelist{ width:3600px; } .slidelist ul li{ width:1200px; float:left; }```	```.imgslide{ width:1200px; height:300px; position:relative; overflow:hidden; } .slidelist{ height:900px; } .slidelist ul li{ height:300px; float:left; }```
2. 자바스크립트 변경	```setInterval(function(){ $('.slidelist').delay(2000); $('.slidelist').animate({marginLeft:-1200}); $('.slidelist').delay(2000); $('.slidelist').animate({marginLeft:-2400}); $('.slidelist').delay(2000); $('.slidelist').animate({marginLeft:0}); $('.slidelist').delay(2000); });```	```setInterval(function(){ $('.slidelist').delay(2000); $('.slidelist').animate({marginTop:-300}); $('.slidelist').delay(2000); $('.slidelist').animate({marginTop:-600}); $('.slidelist').delay(2000); $('.slidelist').animate({marginTop:0}); $('.slidelist').delay(2000); });```

- 좌–우 슬라이드 기능은 이미지의 너비가 1200px인 세 개의 이미지를 가로로 일렬로 나열하여 3600px이 되게 한 후 animate({margin Left:-1200})로 1200px씩 이동시킴으로써 슬라이딩되는 효과를 구현했습니다.
- 위–아래 슬라이드 기능은 이미지의 높이 300px을 기준으로 세 개의 이미지를 세로로 일렬로 나열한 후 animate({marginTop:-300})로 변경하여 사용합니다.

---

5 STEP 세부 영역별 지시사항 풀기 – ⓒ Contents 약 40분

❶ 공지사항, 갤러리 내용 추가하기

세부 영역별 지시사항대로 ⓒ Contents 영역에 들어갈 공지사항, 갤러리, 바로가기 콘텐츠를 제작합니다.

01 'index.html' 문서에서 〈div class="notice"〉 공지사항 자리 〈/div〉를 찾고 해당 영역에 다음과 같이 입력하여 공지사항을 작성합니다.

```html
<div class="notice">
  <ul>
    <li>
      <a href="#">
        대한은행 홈페이지 개편 안내
        <span>2022.03.01</span>
      </a>
    </li>
    <li>
      <a href="#">
        종합생활금융 플랫폼 코리아은행
        <span>2022.03.01</span>
      </a>
    </li>
    <li>
      <a href="#">
        시스템 정기 점검 안내
        <span>2022.03.01</span>
      </a>
    </li>
    <li>
      <a href="#">
        오픈뱅킹 앱 사용법 안내
        <span>2020.03.01</span>
      </a>
    </li>
  </ul>
</div>
```

[index.html]

```
82    <div class="contents"> <!--contents:공지사항/갤러리,배너,바로가기-->
83      <ul class="tabmenu"> <!--tabmenu:notice와 gallery 묶어줌-->
84        <li>
85          <div class="notice">
86            <ul>
87              <li>
88                <a href="#">
89                  대한은행 홈페이지 개편 안내
90                  <span>2022.03.01</span>
91                </a>
92              </li>
93              <li>
94                <a href="#">
95                  종합생활금융 플랫폼 코리아은행
96                  <span>2022.03.01</span>
97                </a>
98              </li>
99              <li>
100               <a href="#">
101                 시스템 정기 점검 안내
102                 <span>2022.03.01</span>
103               </a>
104             </li>
105             <li>
106               <a href="#">
107                 오픈뱅킹 앱 사용법 안내
108                 <span>2020.03.01</span>
109               </a>
110             </li>
111           </ul>
112         </div>
113       </li>
114       <li>
115         <div class="gallery">
116           갤러리 자리
117         </div>
118       </li>
119     </ul>
120
121     <div class="otherwrap"> <!--otherwrap:banner와 shortcut 묶어줌-->
122       <div class="banner">
123         배너 자리
124       </div>
```

02 공지사항 타이틀 이름을 지정하기 위해 〈ul class="tabmenu"〉 아래의 〈li〉을 찾고 다음과 같이 수정합니다.

```html
<ul class="tabmenu">
  <li class="active"><a href="#">공지사항</a>
```

🅕 기적의 TIP

class="active"를 지정하여 활성화되는 탭 타이틀의 스타일을 지정하고 자바스크립트에서 활성화시킬 탭 요소를 구분하는 데 사용합니다.

[index.html]

```
82    <div class="contents"> <!--contents:공지사항/갤러리,배너,바로가기-->
83      <ul class="tabmenu"> <!--tabmenu:notice와 gallery 묶어줌-->
84        <li class="active"><a href="#">공지사항</a></li>
85          <div class="notice">
86            <ul>
87              <li>
88                <a href="#">
89                  대한은행 홈페이지 개편 안내
90                  <span>2022.03.01</span>
91                </a>
92              </li>
93              <li>
94                <a href="#">
95                  종합생활금융 플랫폼 코리아은행
96                  <span>2022.03.01</span>
97                </a>
98              </li>
```

03 다음으로 ⟨div class="gallery"⟩ 갤러리 자리 ⟨/div⟩ 영역에 다음과 같이 입력하여 갤러리 부분에 이미지를 추가합니다.

갤러리 이미지는 'Contents' 폴더에서 'images' 폴더로 미리 옮겨놓은 제공된 이미지 3개를 사용하여 가로 방향으로 배치합니다.

```html
<div class="gallery">
  <ul>
    <li>
      <a href="#"><img src="images/gallery1.
      jpg" alt="갤러리1"></a>
    </li>
    <li>
      <a href="#"><img src="images/gallery2.
      jpg" alt="갤러리2"></a>
    </li>
    <li>
      <a href="#"><img src="images/gallery3.
      jpg" alt="갤러리3"></a>
    </li>
  </ul>
</div>
```

[index.html]

```html
105              <li>
106                <a href="#">
107                오픈뱅킹 앱 사용법 안내
108                <span>2020.03.01</span>
109                </a>
110              </li>
111            </ul>
112          </div>
113        </li>
114        <li>
115          <div class="gallery">
116            <ul>
117              <li>
118                <a href="#"><img src="images/gallery1.jpg"
                   alt="갤러리1"></a>
119              </li>
120              <li>
121                <a href="#"><img src="images/gallery2.jpg"
                   alt="갤러리2"></a>
122              </li>
123              <li>
124                <a href="#"><img src="images/gallery3.jpg"
                   alt="갤러리3"></a>
125              </li>
126            </ul>
127          </div>
128        </li>
129      </ul>
130
131      <div class="otherwrap"> <!--otherwrap:banner와 shortcut 묶어줌-->
132        <div class="banner">
133        배너 자리
134        </div>
135        <div class="shortcut">
136        바로가기 자리
137        </div>
138      </div>
139    </div>
140  </div> <!--bodywrap 끝-->
141  <!--슬라이드 + 콘텐츠 영역 끝-->
```

04 갤러리 탭 타이틀을 지정하기 위해 ⟨div class="gallery"⟩ 바로 위의 ⟨li⟩을 찾고 다음과 같이 수정합니다.

```html
<li><a href="#">갤러리</a>
  <div class="gallery">
```

[index.html]

```html
105              <li>
106                <a href="#">
107                오픈뱅킹 앱 사용법 안내
108                <span>2020.03.01</span>
109                </a>
110              </li>
111            </ul>
112          </div>
113        </li>
114        <li><a href="#">갤러리</a>
115          <div class="gallery">
116            <ul>
117              <li>
118                <a href="#"><img src="images/gallery1.jpg"
                   alt="갤러리1"></a>
119              </li>
120              <li>
121                <a href="#"><img src="images/gallery2.jpg"
                   alt="갤러리2"></a>
122              </li>
123              <li>
124                <a href="#"><img src="images/gallery3.jpg"
                   alt="갤러리3"></a>
125              </li>
126            </ul>
127          </div>
128        </li>
129      </ul>
```

② 공지사항, 갤러리 스타일 추가하기

01 와이어프레임을 살펴보면, 공지사항과 갤러리 타이틀 부분이 나란히 붙어있는 탭 메뉴로 지정되어있는 것을 확인할 수 있습니다.
또 활성화된 탭 타이틀은 밝은 색, 활성화되지 않은 타이틀은 어두운 색으로 표시되어 탭 타이틀의 활성화 여부에 따라 색상이 구분되어 나타나고 있습니다.
이렇게 스타일을 지정하기 위해 'style.css' 문서에서 클래스 선택자 '.tabmenu'을 찾습니다.

```
.tabmenu{
    float:left;
    width:400px;
    height:200px;
}
```

위와 같이 미리 입력해둔 스타일을 아래와 같이 수정합니다.

```
.tabmenu{
    float:left;
    width:395px;
    height:180px;
    margin-top:10px;
    margin-bottom:10px;
}
```

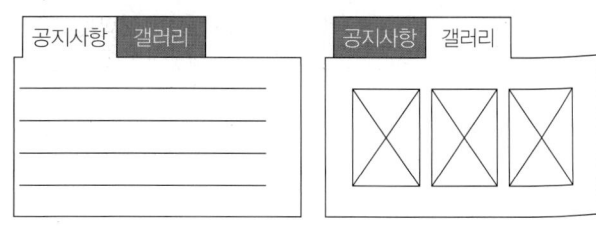

[style.css]

```
110    .contents {        /* C영역:tabmenu와 otherwrap 묶어줌 */
111      float: left;
112      width: 1200px;   /* 콘텐츠(탭메뉴,배너,바로가기) 너비 */
113      height: 200px;   /* 콘텐츠(탭메뉴,배너,바로가기) 높이 */
114    }
115    .tabmenu {         /* 공지사항/갤러리 탭메뉴 영역 */
116      float: left;
117      width: 395px;
118      height: 180px;
119      margin-top: 10px;
120      margin-bottom: 10px;
121    }
122    .otherwrap {       /* banner와 shortcut 묶어줌 */
123      float: right;
124      width: 800px;
125      height: 200px;
126    }
127    .banner {
128      float: left;
129      width: 400px;    /* 배너 영역 너비 */
130      height: 200px;   /* 배너 영역 높이 */
131    }
132    .shortcut {
133      float: right;
134      width: 400px;    /* 바로가기 영역 너비 */
135      height: 200px;   /* 바로가기 영역 높이 */
136    }
```

🅱 기적의 TIP

- .tabmenu : 〈ul class="tabmenu"〉 영역의 스타일 정의. 이 영역은 공지사항과 갤러리를 묶어주는 영역임
  - width:395px : 공지사항과 갤러리 탭 영역의 너비를 지정. 오른쪽에 줄 여백 5px을 감안하여 395px으로 지정
  - height:180px : 공지사항과 갤러리 탭 영역의 높이를 지정
  - margin-top:10px : 공지사항과 갤러리 탭 영역 위쪽으로 10px 여백을 둠
  - margin-bottom:10px : 공지사항과 갤러리 탭 영역 아래쪽으로 10px 여백을 둠
- 〈ul class="tabmenu"〉 영역의 상위 컨테이너는 〈div class="contents"〉입니다. 이 영역에 대한 스타일은 앞서 '.contents'에 입력해두었습니다. 이 콘텐츠 영역의 높이를 height:200px로 지정하였으므로, 공지사항 갤러리 탭 영역의 높이도 height:200px 값을 가지게 됩니다. 여기에서는 탭 영역의 위쪽과 아래쪽에 10px의 여백을 두었기 때문에 탭 영역의 높이는 콘텐츠 영역의 높이 200px에서 10px(위쪽)과 10px(아래쪽)을 뺀 값인 180px 값을 가지게 됩니다. 이러한 속성과 값은 임의로 지정한 값이며 얼마든지 변경할 수 있습니다.

02 다음으로 탭 영역 타이틀 부분의 스타일을 지정하기 위해서 계속해서 '.tabmenu' 스타일 아래에 다음과 같이 입력합니다.

```css
.tabmenu>li{
    float:left;
    width:100px;
    line-height:30px;
}
.tabmenu>li>a{
    display:block;
    font-size:16px;
    text-align:center;
    background-color:#cccccc;
    border:1px solid #dddddd;
    border-bottom:none;
}
.tabmenu>li>a:hover{
    background-color:#eeeeee;
}
.tabmenu>li:first-child a{
    border-right:none;
}
.tabmenu>li.active>a{
    background-color:#ffffff;
}
```

[style.css]

```css
110     .contents {          /* C영역:tabmenu와 otherwrap 묶어줌 */
111       float: left;
112       width: 1200px;     /* 콘텐츠(탭메뉴,배너,바로가기) 너비 */
113       height: 200px;     /* 콘텐츠(탭메뉴,배너,바로가기) 높이 */
114     }
115     .tabmenu {           /* 공지사항/갤러리 탭메뉴 영역 */
116       float: left;
117       width: 395px;
118       height: 180px;
119       margin-top: 10px;
120       margin-bottom: 10px;
121     }
122     .tabmenu>li {        /* 탭 타이틀 영역 스타일 */
123       float: left;
124       width: 100px;
125       line-height: 30px;
126     }
127     .tabmenu>li>a {      /* 탭 타이틀 영역 <a> 요소 스타일 */
128       display: block;
129       font-size: 16px;
130       text-align: center;
131       background-color: #cccccc;
132       border: 1px solid #dddddd;
133       border-bottom: none;
134     }
135     .tabmenu>li>a:hover {    /* <a>요소에 마우스를 올릴 때 스타일 */
136       background-color: #eeeeee;
137     }
138     .tabmenu>li:first-child a { /* 탭 타이틀 첫 번째 <a> 요소 */
139       border-right: none;
140     }
141     .tabmenu>li.active>a {   /* active 클래스가 할당된 <a> 요소 */
142       background-color: #ffffff;
143     }
144     .otherwrap {         /* banner와 shortcut 붂어줌 */
145       float: right;
146       width: 800px;
147       height: 200px;
148     }
149     .banner {
150       float: left;
151       width: 400px;    /* 배너 영역 너비 */
152       height: 200px;   /* 배너 영역 높이 */
153     }
```

기적의 TIP

- .tabmenu>li : .tabmenu의 자식 요소 〈li〉의 스타일 지정. 공지사항과 갤러리 탭의 타이틀 영역으로 이 영역의 높이와 너비 등을 지정
- .tabmenu>li>a : .tabmenu의 자식 요소 〈li〉의 자식 요소인 〈a〉 요소에 대해 스타일 지정
- display:block : 박스 요소를 block 속성으로 표시하며, 요소 앞뒤로 줄바꿈 되도록 함
- background-color::#cccccc : 〈li〉의 자식 요소인 〈a〉 요소 영역에 배경색 지정
- border:1px solid #dddddd : .tabmenu의 자식 요소 〈li〉의 자식 요소인 〈a〉 요소 영역에 테두리를 지정. 테두리 굵기는 1px, 선의 종류는 실선 solid, 선의 색상은 #dddddd로 지정
- border-bottom:none : .tabmenu>li>a에 테두리를 주게 되면, 이후 탭 타이틀의 아래 테두리와 탭 내용의 위쪽 테두리가 겹쳐보이게 됨. 따라서 탭 타이틀의 아래 테두리를 보이지 않게 지정하여 경계선에서 두 개의 테두리가 겹쳐 보이지 않도록 함

공지사항	갤러리

공지사항	갤러리

▲ border-bottom:none을 설정한 경우　　　　　▲ border-bottom:none을 설정하지 않은 경우

- .tabmenu>li>a:hover : .tabmenu의 자식 요소 〈li〉의 자식 요소인 〈a〉 요소 영역에 마우스가 올라오면 나타날 스타일 지정
  – 배경색 background:#cccccc에서 마우스를 올리면 background-color:#eeeeee로 변경됨
- .tabmenu>li:first-child a : .tabmenu>li 요소 중 첫 번째 자식 요소 중 〈a〉 요소에 대한 스타일을 지정. 해당 부분은 공지사항 탭 타이틀 영역으로 여기에 border-right:none를 설정함으로써 오른쪽 테두리가 나타나지 않도록 지정. 이렇게 하지 않을 경우 공지사항과 갤러리 탭 타이틀 사이의 경계선 테두리가 겹쳐 보이게 됨. 따라서 중간 경계선에서 두 개의 테두리가 겹쳐 보이지 않도록 함
- .tabmenu>li.active>a : .tabmenu>li 요소 중 active 클래스가 할당된 〈a〉 요소에 대한 스타일 지정. 현재 'index.html' 〈li class="active"〉〈a href="#"〉공지사항〈/a〉로 설정되어 있기 때문에 공지사항 탭 타이틀 영역의 색상이 background-color:#ffffff로 나타나게 됨. 이후 자바스크립트에서 갤러리 탭 타이틀 영역을 클릭하면 active 클래스가 할당되어 색상이 변경되어 구현하도록 함

여기에서 탭 타이틀 영역인 .tabmenu〉li 스타일에서 〈li〉 요소의 높이는 글자의 줄 간격(행간)을 조정하는 line-height 속성을 사용하여 지정하였습니다. 그 이유는 〈li〉 요소에 높이를 지정하는 경우 해당 영역이 〈/li〉로 닫혀있다면 height 속성으로도 높이를 조정할 수 있지만, 이 문제에서는 다음과 같이 'index.html' 문서에서 탭 타이틀 영역 안에 다시 〈div〉 영역으로 탭 콘텐츠 내용을 구성하고 있기 때문에 height 속성으로는 높이를 설정해도 나타나지 않게 됩니다. 따라서 line-height 속성을 이용하여 행간으로 탭 타이틀의 높이를 조정하였습니다.

```
<li class="active"><a href="#">공지사항</a>
<div class="notice">
<ul>
```

만일 height 속성을 사용하고자 한다면 〈li〉 요소의 하위 요소 〈a〉 요소(.tabmenu〉li〉a)에 height 속성을 사용하여 높이를 지정할 수 있습니다.

03 다음으로 공지사항 콘텐츠 영역의 스타일을 추가하기 위해 다음을 추가합니다.

```
.tabmenu>li div{
    position:absolute;
    left:0px;
    height:0px;
    overflow:hidden;
}
.tabmenu>li.active div{
    width:393px;
    height:148px;
    border:1px solid #dddddd;
    z-index:1;
}
.notice ul{
    float:left;
    width:393px;
    margin-top:12px;
    margin-bottom:12px;
}
.notice li{
    height:32px;
    line-height:32px;
    font-size:15px;
    margin-left:10px;
    margin-right:10px;
}
.notice li:nth-child(2n){
    background-color:#cccccc;
}
.notice li span{
    float:right;
}
.notice li:hover{
    font-weight:bold;
}
```

[style.css]

```
138    .tabmenu>li:first-child a { /* 탭 타이틀 첫 번째 <a> 요소 */
139        border-right: none;
140    }
141    .tabmenu>li.active>a {        /* active 클래스가 할당된 <a> 요소 */
142        background-color: #ffffff;
143    }
144    .tabmenu>li div {     /* 탭 콘텐츠 영역 스타일 */
145        position: absolute;
146        left: 0px;
147        height: 0px;
148        overflow: hidden;
149    }
150    .tabmenu>li.active div {     /* active 클래스가 할당된 영역 스타일 */
151        width: 393px;
152        height: 148px;
153        border: 1px solid #dddddd;
154        z-index: 1;
155    }
156    .notice ul {          /* 공지사항 콘텐츠 영역 스타일 */
157        float: left;
158        width: 393px;
159        margin-top: 12px;
160        margin-bottom: 12px;
161    }
162    .notice li {          /* 공지사항 리스트 영역 스타일 */
163        height: 32px;
164        line-height: 32px;
165        font-size: 15px;
166        margin-left: 10px;
167        margin-right: 10px;
168    }
169    .notice li:nth-child(2n) {   /* 공지사항 중 2배수 리스트 스타일 */
170        background-color: #cccccc;
171    }
172    .notice li span {     /* <span>요소로 구성한 날짜 영역 스타일 */
173        float: right;
174    }
175    .notice li:hover {    /* 공지사항 리스트 영역에 마우스를 올릴 때 스타일 */
176        font-weight: bold;
177    }
178    .otherwrap {         /* banner와 shortcut 묶어줌 */
179        float: right;
180        width: 800px;
181        height: 200px;
182    }
```

- .tabmenu>li div : 〈ul class="tabmenu"〉의 자식 요소인 〈li〉의 후손 요소인 〈div〉들에 대한 스타일 지정. 즉, 공지사항과 갤러리 탭 콘텐츠 영역의 스타일을 지정
  - position:absolute : 탭 콘텐츠 영역의 위치는 상위 컨테이너를 기준으로 절대 좌표값을 가지도록 함. 공지사항과 갤러리 탭 콘텐츠 영역이 모두 같은 자리에 나타나야 하므로 이 속성을 지정. 이 속성을 사용하지 않으면 갤러리 탭 콘텐츠 영역의 시작 위치가 변경됨
  - left:0px : 탭 콘텐츠 영역을 left로부터 0px, 즉 여백을 두지 않음. 따라서 콘텐츠 영역이 왼쪽에 붙어서 나타남. position:absolute을 함께 사용해야 공지사항과 갤러리 탭 콘텐츠 영역이 모두 같은 자리에 나타나게 되며 둘 중 하나의 속성을 사용하지 않으면 갤러리 탭 콘텐츠 영역이 밀려나게 됨
  - height:0px : 탭 콘텐츠 영역의 높이는 0으로 지정하여 보이지 않도록 함. 활성화될 때만 높이를 지정하여 콘텐츠가 보이도록 함
  - overflow:hidden : 다른 영역과 겹쳐 보이는 부분을 가림. 이 옵션을 사용하지 않을 경우 다음과 같이 탭 콘텐츠 영역이 서로 겹쳐서 보이게 됨

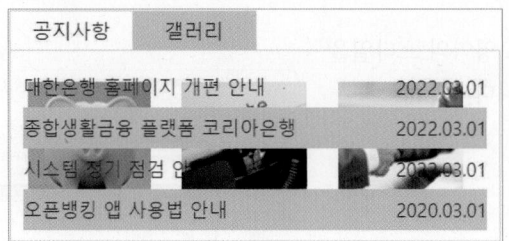

- .tabmenu>li.active div : .tabmenu>li 요소 중 active 클래스가 할당된 〈div〉 후손 요소 영역에 대한 스타일 지정. 현재 HTML 문서에서 〈li class="active"〉〈a href="#"〉공지사항〈/a〉〈div class="notice"〉로 설정되어 있기 때문에 공지사항 탭 콘텐츠 영역에 먼저 스타일이 적용됨. 이후 자바스크립트에서 갤러리 탭 타이틀 영역을 클릭하면 active 클래스가 할당되도록 구현하면 탭 콘텐츠 영역도 변경되어 나타나게 됨
  - width:393px : active 클래스가 할당된 〈div〉 탭 콘텐츠 영역의 너비를 393px로 지정. 이 값은 .tabmenu에 지정한 탭 영역의 크기 395px(width:395px) 중에서 border:1px이 좌우로 차지하는 2px를 제외시킨 값임
  - height:148px : active 클래스가 할당된 〈div〉 탭 콘텐츠 영역의 높이를 148px로 지정. 이 값은 .tabmenu에 지정한 탭 영역의 크기 180px(height:180px은 200px에서 위 여백 10px과 아래 여백 10px을 뺀 값) 중에서 탭 타이틀 영역 line-height:30px과 border:1px이 상하로 차지하는 2px를 제외시킨 값임
  - border:1px solid #dddddd : .tabmenu>li 요소 중 active 클래스가 할당된 〈div〉 후손 요소의 영역에 테두리를 지정. 테두리 굵기는 1px, 선의 종류는 실선 solid, 선의 색상은 #dddddd로 지정. 테두리 값이 상하좌우로 1px씩 차지하므로 이를 고려하여 width와 height 값을 지정
  - z-index:1 : .tabmenu>li 요소 중 active 클래스가 할당된 〈div〉 후손 요소가 화면 상에서 더 앞쪽에 나타나도록 우선순위를 지정
- .notice ul : 〈div class="notice"〉 요소의 자식 요소 〈ul〉에 스타일 지정. 즉 공지사항 콘텐츠 영역의 스타일을 지정
  - margin-top:12px, margin-bottom:12px : 공지사항 콘텐츠 영역에 위, 아래 12px 여백 지정
- .notice li : 〈div class="notice"〉 요소의 자식 요소 〈li〉의 스타일 지정. 공지사항 콘텐츠 각 리스트의 스타일을 지정
  - height:32px, line-height:32px : 높이 height와 줄 간격(행간) line-height을 같은 값을 지정하여 글자가 세로 가운데 정렬이 되도록 함
  - margin-left:10px, margin-right:10px : 각 리스트에 좌.우 10px 여백 지정
- .notice li:nth-child(2n) : .notice 요소의 후손 요소 〈li〉의 2배수 요소(2, 4, 6.. 번째를 의미)의 스타일 지정
- .notice li span : .notice 요소의 후손(하위 요소에 해당하는 모든) 요소 〈li〉의 〈span〉에 스타일 지정
- .notice li:hover : .notice 요소의 후손 요소 〈li〉에 마우스를 올리면 font-weight:bold 글자가 굵게 나타나도록 지정

04 갤러리 영역의 스타일을 추가하기 위해 '.notice li:hover' 영역 아래에 다음을 추가합니다. 세부 지시사항에 갤러리의 이미지에 마우스 오버(Mouse over) 시 투명도(Opacity)에 변화가 있도록 하고 있으므로 이 점에 유의하여 스타일을 지정합니다.

```
.gallery li{
    float:left;
    margin-top:15px;
    margin-left:5px;
}
```

```
175    .notice li:hover {      /* 공지사항 리스트 영역에 마우스를 올릴 때 스타일 */
176      font-weight: bold;
177    }
178    .gallery li {           /* 갤러리 콘텐츠 영역 스타일 */
179      float: left;
180      margin-top: 15px;
181      margin-left: 5px;
182    }
183    .gallery img {          /* 갤러리 콘텐츠 이미지 영역 스타일 */
184      width: 100px;
185      height: 100px;
186      padding: 10px;
187    }
188    .gallery li:hover {     /* 갤러리 콘텐츠에 마우스를 올릴 때 스타일 */
189      opacity: 0.5;
190    }
191    .otherwrap {            /* banner와 shortcut 묶어줌 */
192      float: right;
193      width: 800px;
194      height: 200px;
195    }
```

```
.gallery img{
    width:100px;
    height:100px;
    padding:10px;
}
.gallery li:hover{
    opacity:0.5;
}
```

05 공지사항과 갤러리 탭 영역인 〈ul class="tabmenu"〉의 상위 컨테이너인 〈div class="contents"〉의 위치가 절대 좌표값을 가지도록 클래스 선택자 '.contents' 스타일을 찾아 다음처럼 'position:absolute' 속성을 추가해 줍니다.

```
.contents{
    float:left;
    width:1200px;
    height:200px;
    position:absolute;
}
```

[style.css]

```
110    .contents {        /* C영역:tabmenu와 otherwrap 묶어줌 */
111        float: left;
112        width: 1200px;  /* 콘텐츠(탭메뉴,배너,바로가기) 너비 */
113        height: 200px;  /* 콘텐츠(탭메뉴,배너,바로가기) 높이 */
114        position: absolute;
115    }
116    .tabmenu {         /* 공지사항/갤러리 탭메뉴 영역 */
117        float: left;
118        width: 395px;
119        height: 180px;
120        margin-top: 10px;
121        margin-bottom: 10px;
122    }
123    .tabmenu>li {      /* 탭 타이틀 영역 스타일 */
124        float: left;
125        width: 100px;
126        line-height: 30px;
127    }
```

06 작업 중인 문서를 모두 저장하고 '크롬(Ch-rome)' 브라우저에서 결과를 확인합니다.

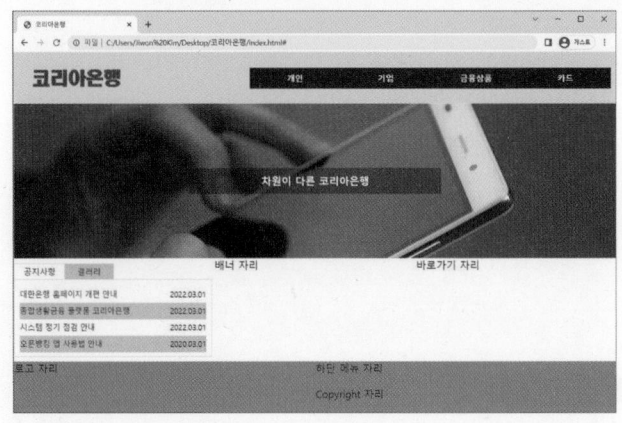

③ 공지사항, 갤러리 탭 전환 기능 구현하기

이번에는 공지사항과 갤러리 탭이 전환되도록 자바스크립트와 제이쿼리(jQuery)를 활용하여 동적 기능을 만들어줍니다.

01 공지사항 탭과 갤러리 탭이 전환되는 기능을 구현하기 위해 'script.js' 문서에 다음과 같이 입력합니다. 이때 마지막 줄인 '});' 안쪽에 입력하도록 합니다.

```
$(function(){
  $('.tabmenu>li>a').click(function(){
    $(this).parent().addClass("active")
      .siblings()
      .removeClass("active");
    return false;
  });
});
```

[script.js]

```
1    // JavaScript Document
2
3    jQuery(document).ready(function () {
4
5      $('.navi>li').mouseover(function () {
6        $('.submenu').stop().slideDown(500);
7      }).mouseout(function () {
8        $('.submenu').stop().slideUp(500);
9      });
10
11     setInterval(function () {
12       $('.slidelist').delay(2000);
13       $('.slidelist').animate({ marginLeft: -1200 });
14       $('.slidelist').delay(2000);
15       $('.slidelist').animate({ marginLeft: -2400 });
16       $('.slidelist').delay(2000);
17       $('.slidelist').animate({ marginLeft: 0 });
18       $('.slidelist').delay(2000);
19     });
20
21     $(function () {
22       $('.tabmenu>li>a').click(function () {
23         $(this).parent().addClass("active")
24           .siblings()
25           .removeClass("active");
26         return false;
27       });
28     });
29
30   });
```

기적의 TIP

- ('.tabmenu>li>a').click : .tabmenu 요소의 자식 요소 〈li〉의 자식 요소인 〈a〉 요소 영역을 클릭
- (this).parent().addClass("active") : 현재 요소의 부모 요소를 찾아 'active' 클래스 추가. 〈a〉 요소의 부모 요소는 〈li〉이므로 클릭하면 〈li〉에 'active' 클래스를 추가
- .siblings().removeClass("active") : 다른 형제요소를 찾은 후 'active' 클래스 삭제
- return false : 클릭 이벤트 처리를 중단하고 함수를 호출한 곳으로 즉시 돌아가도록 함
- HTML에서 요소들은 중첩되어 있습니다. 그래서 〈a〉 요소를 클릭하면 이 요소를 감싸고 있는 부모 요소들도 클릭한 것처럼 이벤트에 반응하게 됩니다. 이런 것을 이벤트 버블링(Bubbling)이라고 합니다. 따라서 현재 이벤트를 중지시키고 그 이벤트가 부모 요소에 전달되지 않도록 중지하기 위해서 return false를 사용합니다. 단, return false을 사용하면 자바스크립트 해석기가 이 구문을 만나는 즉시 코드 실행을 중지하기 때문에 return false 다음에 다른 문장을 쓰지 않도록 주의합니다.

• 요소(엘리먼트)를 찾아 계층을 이동하는 함수들

parent()	선택된 요소의 부모 요소
children()	선택된 요소의 자식 요소
sibligs()	선택된 요소의 형제 요소
find()	후손 요소 중 찾고자 하는 특정 요소

02 작업 중인 문서를 모두 저장합니다. 그리고 '크롬(Chrome)' 브라우저에서 탭 전환 기능이 잘 동작하는지 결과를 확인합니다.

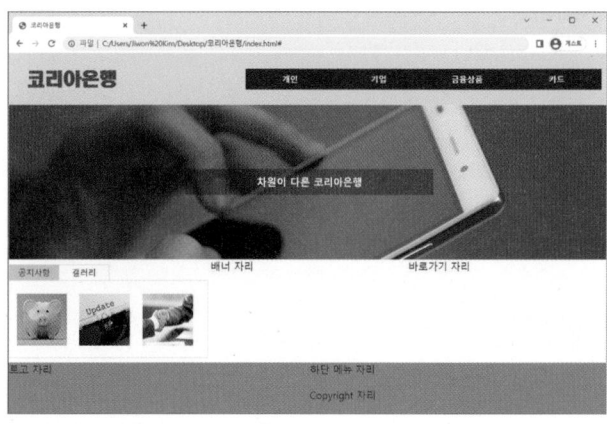

④ 배너, 바로가기 입력하고 스타일 지정하기

01 'index.html' 문서에서 〈div class="banner"〉 배너 자리 〈/div〉와 〈div class="shortcut"〉 바로가기 자리 〈/div〉를 찾고 해당 영역에 다음과 같이 입력합니다.

```
<div class="otherwrap">
  <div class="banner">
    <a href="#">
      <h4 class="bntext">배너</h4>
      <img src="images/banner.jpg" alt= "배너">
    </a>
  </div>
  <div class="shortcut">
    <a href="#">
      <h4 class="sctext">바로가기</h4>
      <img src="images/shortcut.jpg" alt="바로가기">
    </a>
  </div>
</div>
```

[index.html]

```
123              <li>
124                <a href="#"><img src="images/gallery3.jpg"
                       alt="갤러리3"></a>
125              </li>
126            </ul>
127          </div>
128        </li>
129      </ul>
130
131      <div class="otherwrap"> <!--otherwrap:banner와 shortcut 묶어줌-->
132        <div class="banner">
133          <a href="#">
134            <h4 class="bntext">배너</h4>
135            <img src="images/banner.jpg" alt="배너">
136          </a>
137        </div>
138        <div class="shortcut">
139          <a href="#">
140            <h4 class="sctext">바로가기</h4>
141            <img src="images/shortcut.jpg" alt="바로가기">
142          </a>
143        </div>
144      </div>
145    </div>
146  </div> <!--bodywrap 끝-->
147  <!--슬라이드 + 콘텐츠 영역 끝-->
```

02 'style.css' 문서에서 배너 영역의 스타일을 추가하기 위해 클래스 선택자 '.banner'를 찾습니다. 미리 입력해둔 스타일에서 아래와 같이 너비 width:400px을 width:395px로, 높이 height:200px을 height:180px로 수정하고, 새로운 속성도 추가해 줍니다.

```css
.banner{
    float:left;
    width:395px;
    height:180px;
    margin-top:10px;
    margin-bottom:10px;
}
```

[style.css]

```
189    .gallery li:hover {   /* 갤러리 콘텐츠에 마우스를 올릴 때 스타일 */
190      opacity: 0.5;
191    }
192    .otherwrap {        /* banner와 shortcut 묶어줌 */
193      float: right;
194      width: 800px;
195      height: 200px;
196    }
197    .banner {
198      float: left;
199      width: 395px;     /* 배너 영역 너비 */
200      height: 180px;    /* 배너 영역 높이 */
201      margin-top: 10px;
202      margin-bottom: 10px;
203    }
204    .shortcut {
205      float: right;
206      width: 400px;     /* 바로가기 영역 너비 */
207      height: 200px;    /* 바로가기 영역 높이 */
208    }
209    footer {            /* D영역:하단영역 */
210      width: 100%;      /* 하단 너비(브라우저100%) */
211      height: 100px;    /* 하단 높이 */
212      background-color: #30a3f3;
213    }
```

B 기적의 TIP

- .banner : 〈div class="banner"〉 영역의 스타일 정의.
  - width:395px : 배너 영역의 너비를 지정. 400px에서 바로가기 방향으로 남게 될 오른쪽 여백 5px을 감안하여 395px을 사용함
  - height:180px : 공지사항과 갤러리 탭 영역의 높이와 똑같이 지정
- 콘텐츠 영역의 너비는 1200px로 지정되어 있으며 이 영역에는 순서대로 공지사항 갤러리 탭 메뉴, 배너, 바로 가기가 들어갑니다. 각 영역의 너비는 각각 400px씩 가정하였습니다. 탭 메뉴 스타일(.tabmenu)에서 float:left, 왼쪽 여백 5px, 너비 395px을 지정했기 탭 메뉴 전체 너비 400px 중에서 오른쪽에는 5px이 남아있는 셈이 됩니다. 따라서 탭 메뉴와 배너 사이에는 5px의 여백이 생깁니다. 이 값을 고려하여 배너 영역의 너비를 395px로 입력했습니다. 아직 내용을 입력하지 않은 바로가기 영역은 float:right, 너비 400px을 사용합니다. 이렇게 되면 '콘텐츠 영역 너비 1200px = (탭 메뉴 너비 395px) + (남은 여백 5px) + (배너 너비 395px) + (남은 여백 5px) + (바로가기 너비 400px)'로 구성됩니다.

03 계속해서 배너 영역에 들어가는 이미지와 글자 영역의 스타일을 추가합니다. 클래스 선택자 '.banner' 아래에 다음과 같이 입력합니다.

```css
.banner img{
    float:left;
    width:395px;
    height:180px;
}
.bntext{
    float:left;
    width:300px;
    height:40px;
    position:absolute;
    text-align:center;
    color:#ffffff;
    font-weight:bold;
    line-height:40px;
    background-color:rgba(40,40,40,0.3);
    left:450px;
```

[style.css]

```
197    .banner {
198      float: left;
199      width: 395px;     /* 배너 영역 너비 */
200      height: 180px;    /* 배너 영역 높이 */
201      margin-top: 10px;
202      margin-bottom: 10px;
203    }
204    .banner img {       /* 배너 이미지 스타일 */
205      float: left;
206      width: 395px;
207      height: 180px;
208    }
209    .bntext {           /* 배너 글자 스타일 */
210      float: left;
211      width: 300px;
212      height: 40px;
213      position: absolute;
214      text-align: center;
215      color: #ffffff;
216      font-weight: bold;
217      line-height: 40px;
218      background-color: rgba(40, 40, 40, 0.3);
219      left: 450px;
220      top: 80px;
221    }
222    .banner img:hover { /* 배너 이미지에 마우스를 올릴 때 스타일 */
223      opacity: 0.5;
224    }
225    .shortcut {
226      float: right;
227      width: 400px;     /* 바로가기 영역 너비 */
228      height: 200px;    /* 바로가기 영역 높이 */
229    }
```

```css
        top:80px;
    }
    .banner img:hover{
        opacity:0.5;
    }
```

- .banner img : ⟨div class="banner"⟩ 요소의 후손 요소 ⟨img⟩의 스타일 크기를 지정
- .bntext : ⟨h4 class="bntext"⟩ 배너 글자 영역의 스타일 지정
  - background-color:rgba(40,40,40,0.3) : 색상 및 불투명도 지정. a 속성은 투명도를 의미하며 0~1사이의 값을 가짐. 반드시 설정해야 하는 것은 아니며 삭제 및 임의로 지정 가능
- .banner img : ⟨div class="banner"⟩ 요소의 후손 요소 ⟨img⟩의 스타일 크기를 지정
- .bntext : ⟨h4 class="bntext"⟩ 배너 글자 영역의 스타일 지정
  - background-color:rgba(40,40,40,0.3) : 색상 및 불투명도 지정. a 속성은 투명도를 의미하며, 0~1사이의 값을 가짐. 반드시 설정해야 하는 것은 아니며 삭제 및 임의로 지정 가능
- .banner img:hover : 배너 이미지에 마우스가 올라오면 약간 투명하게(opacity:0.5) 보이도록 지정

---

04 다음으로 바로가기 영역의 스타일을 추가합니다. 클래스 선택자 '.shortcut'를 찾아 다음과 같이 높이를 수정하고 여백도 추가해 줍니다.

```css
.shortcut{
    float:right;
    width:400px;
    height:180px;
    margin-top:10px;
    margin-bottom:10px;
}
```

바로가기 이미지와 글자 영역의 스타일도 다음과 같이 추가합니다.

```css
.shortcut img{
    float:right;
    width:400px;
    height:180px;
}
.sctext{
    float:right;
    width:300px;
    height:40px;
    position:absolute;
    text-align:center;
    color:#ffffff;
    font-weight:bold;
```

[style.css]

```css
225    .shortcut {
226      float: right;
227      width: 400px;    /* 바로가기 영역 너비 */
228      height: 180px;   /* 바로가기 영역 높이 */
229      margin-top: 10px;
230      margin-bottom: 10px;
231    }
232    .shortcut img {    /* 바로가기 이미지 스타일 */
233      float: right;
234      width: 400px;
235      height: 180px;
236    }
237    .sctext {          /* 바로가기 글자 스타일 */
238      float: right;
239      width: 300px;
240      height: 40px;
241      position: absolute;
242      text-align: center;
243      color: ☐#ffffff;
244      font-weight: bold;
245      line-height: 40px;
246      background-color: ◼rgba(40, 40, 40, 0.3);
247      left: 850px;
248      top: 80px;
249    }
250    .shortcut img:hover { /* 바로가기 글자에 마우스를 올릴 때 스타일 */
251      opacity: 0.5;
252    }
253    footer {           /* D영역:하단 영역 */
254      width: 100%;     /* 하단 너비(브라우저100%) */
255      height: 100px;   /* 하단 높이 */
256      background-color: ◼#30a3f3;
257    }
```

```
    line-height:40px;
    background-color:rgba(40,40,40,0.3);
    left:850px;
    top:80px;
}
.shortcut img:hover{
    opacity:0.5;
}
```

> **기적의 TIP**
>
> - .shortcut img : <div class="shortcut"> 요소의 후손 요소 <img>의 스타일 크기를 지정
> - .sctext : <span class="sctext"> 바로가기 글자 영역의 스타일 지정
> - .shortcut img:hover : 마우스가 이미지 위에 올라오면 불투명도 50%(opacity:0.5)가 되어 약간 투명하게 보이도록 지정

05 작업 중인 문서를 모두 저장하고 '크롬(Chrome)' 브라우저에서 배너와 바로가기를 입력한 결과를 확인합니다.

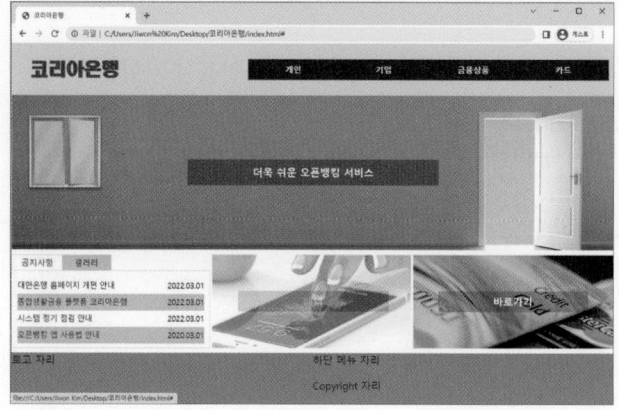

⑤ 레이어 팝업창 작성하고 스타일 지정하기

01 세부 지시사항에 지시된 레이어 팝업창을 구성합니다. 공지사항의 첫 번째 콘텐츠를 클릭(Click)할 경우 레이어 팝업창(Modal Layer Pop_up)이 나타나야 하며, 닫기 버튼을 누르면 해당 팝업창이 닫히도록 해야 합니다.

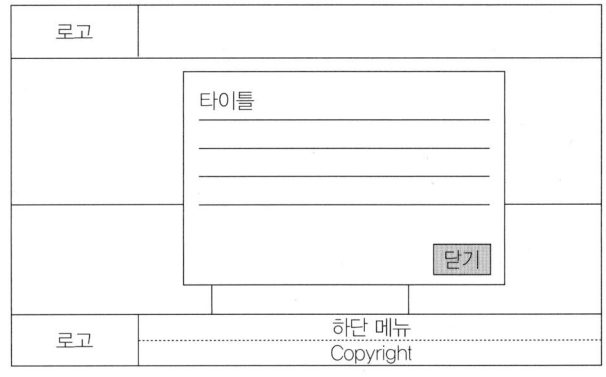

기적의 TIP

레이어 팝업창(Layer Pop-up) vs. 모달 레이어(Modal Layer)

- 최근 시험에서는 레이어 팝업창과 모달 레이어가 자주 출제되고 있습니다.
- 레이어 팝업창(Layer Pop-up)은 기본 창과 독립적으로 새롭게 레이어 창을 열어서 내용을 보여주는 것을 의미합니다. 레이어 팝업창은 웹페이지에 종속되지 않으며 클릭할 때 관련 정보를 표시해 줍니다.
- 모달 창은 기본 창을 비활성화(차단)하면서 모달 창 안의 내용을 보여줍니다. 그렇기 때문에 모달 창의 내용을 보는 동안 기본 창은 마치 모달 창의 배경처럼 숨겨지고 기본 창의 내용이 클릭이 안 되는 경우가 많습니다. 그러나 팝업은 기본 창과 독립적으로 새롭게 창을 열어서 내용을 보여주며, 기본 창의 내용에는 영향을 미치지 않습니다.
- 모달 레이어나 레이어 팝업창은 모두 〈DIV〉 태그를 이용하여 웹페이지 내에 새로운 레이어 계층으로 팝업을 띄웁니다. 이 점이 새로운 HTML 문서를 새로운 대화상자 창으로 띄우는 것(winOpen())과 다른 점입니다.

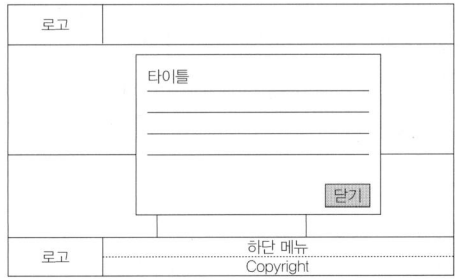

▲ 레이어 팝업창

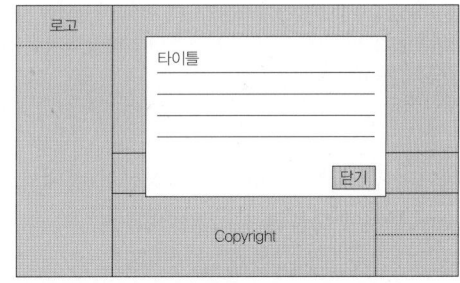

▲ 모달 레이어(모달 창)

02 먼저 레이어 팝업창에 들어가는 콘텐츠 부분을 작성합니다. 'index.html' 문서에서 〈div class="bodywrap"〉 영역을 종료하는 〈/div〉 요소 다음에 다음과 같이 입력합니다.

```
<div id="layer">
  <div class="layer_up">
    <div class="uptitle">
    코리아은행 기업 서비스 개선 안내
    </div>
    <div class="upbody">

    - Contents 폴더에 제공된 텍스트 입력 -

    </div>
    <div class="btn">닫기</div>
  </div>
</div>
```

[index.html]

```
138          <div class="shortcut">
139            <a href="#">
140              <h4 class="sctext">바로가기</h4>
141              <img src="images/shortcut.jpg" alt="바로가기">
142            </a>
143          </div>
144        </div>
145      </div>
146    </div> <!--bodywrap 끝-->
147    <!--슬라이드 + 콘텐츠 영역 끝-->
148
149    <div id="layer"> <!--레이어 팝업창 영역-->
150      <div class="layer_up">
151        <div class="uptitle">
152          코리아은행 기업 서비스 개선 안내
153        </div>
154        <div class="upbody">
155          코리아은행에서는 더 나은 금융서비스를 제공하고자
156          기업 금융서비스를 전면 개편하였습니다.
157          이번 개편을 통해 금융뿐만 아니라 고객 데이터 분석,
158          비금융 서비스 등을 제공하는 기업 종합금융 플랫폼으로
159          거듭나게 되었으며, 모든 금융계좌의 통합관리,
160          자금 수금 및 지급 실행 등 통합자금관리 서비스를
161          무료로 제공합니다.
162        </div>
163        <div class="btn">닫기</div>
164      </div>
165    </div> <!--레이어 팝업창 영역 끝-->
166
167    <!--와이어프레임 하단 시작-->
168    <footer>
169      <div class="wrap"> <!--wrap:btlogo와 site 묶어줌-->
```

기적의 TIP

레이어 팝업창 콘텐츠 영역을 〈div class="bodywrap"〉 영역의 밖에 입력한 이유는 콘텐츠 영역인 〈div class="contents"〉 영역의 스타일에 'position:absolute'을 설정했기 때문입니다. 만일 이 영역에 안에 〈div id="layer"〉 영역이 포함되면 position:absolute 속성의 영향을 받게 되어 레이어 팝업창의 위치도 영향을 받게 됩니다. 따라서 이 문제에서는 레이어 팝업창 영역이 상위 요소 영역의 속성에 영향을 받지 않도록 별도의 영역에 입력하였습니다.

---

03 레이어 팝업창의 스타일을 지정하기 위해서 'style.css' 문서에 다음과 같이 입력합니다.

```
#layer{
    position:absolute;
    z-index:1;
    display:none;
}
#layer.active{
    display:block;
}
.layer_up{
    width:500px;
    height:400px;
    position:fixed;
    left:30%;
    top:20%;
    background-color:#ffffff;
}
```

[style.css]

```
237    .sctext {          /* 바로가기 글자 스타일 */
238      float: right;
239      width: 300px;
240      height: 40px;
241      position: absolute;
242      text-align: center;
243      color: □#ffffff;
244      font-weight: bold;
245      line-height: 40px;
246      background-color: ■rgba(40, 40, 40, 0.3);
247      left: 850px;
248      top: 80px;
249    }
250    .shortcut img:hover { /* 바로가기 글자에 마우스를 올릴 때 스타일 */
251      opacity: 0.5;
252    }
253    #layer {            /* 레이어 팝업창 기준 배경 스타일 */
254      position: absolute;
255      z-index: 1;
256      display: none;
257    }
258    #layer.active {
259      display: block;
260    }
261    .layer_up {              /* 레이어 팝업창 스타일 */
262      width: 500px;
263      height: 400px;
264      position: fixed;
265      left: 30%;
266      top: 20%;
267      background-color: □#ffffff;
268    }
269    footer {            /* D영역:하단 영역 */
270      width: 100%;      /* 하단 너비(브라우저100%) */
271      height: 100px;    /* 하단 높이 */
272      background-color: ■#30a3f3;
273    }
```

기적의 TIP

- #layer : 〈div id="layer"〉 요소로 화면 레이어 팝업창의 배경에 해당함. 'display:none'을 지정하여 이 영역이 보이지 않도록 지정함
- #layer.active : #layer에 active 클래스가 추가되면 나타냄
- z-index : 요소가 화면상에서 앞쪽으로 보이도록 우선순위를 지정
- .layer_up : 레이어가 팝업될 때 나타나는 〈div class="layer_up"〉 영역의 스타일 지정. 팝업창의 크기, 위치 등을 지정
  - 너비 width:500px, 높이 height:400px 크기로 팝업창이 나타남
  - 화면을 기준으로 left:30%, top:20% 위치에 고정되어 나타남
  - position:fixed : 화면 상의 위치에 그대로 고정됨(스크롤을 이동해도 고정됨)
- 레이어 팝업창의 스타일 지정에 대한 자세한 지시사항이나 주어진 값은 없으므로 수험자 임의로 자유롭게 지정하면 됩니다.

04 계속해서 레이어 팝업창 안의 타이틀, 내용, 버튼에 대한 스타일을 추가합니다.

```
.uptitle{
    margin-top:30px;
    text-align:center;
    line-height:16px;
    font-size:20px;
    font-weight:bold;
}
.upbody{
    padding:30px;
    text-align:center;
    font-size:16px;
    line-height:30px;
}
.btn{
    width:80px;
    height:20px;
    display:block;
    text-align:center;
    font-size:15px;
    font-weight:bold;
    background:#cccccc;
    position:absolute;
    right:10px;
    bottom:10px;
}
```

[style.css]

```
258    #layer.active {
259        display: block;
260    }
261    .layer_up {              /* 레이어 팝업창 스타일 */
262        width: 500px;
263        height: 400px;
264        position: fixed;
265        left: 30%;
266        top: 20%;
267        background-color: □#ffffff;
268    }
269    .uptitle {
270        margin-top: 30px;
271        text-align: center;
272        line-height: 16px;
273        font-size: 20px;
274        font-weight: bold;
275    }
276    .upbody {
277        padding: 30px;
278        text-align: center;
279        font-size: 16px;
280        line-height: 30px;
281    }
282    .btn {
283        width: 80px;
284        height: 20px;
285        display: block;
286        text-align: center;
287        font-size: 15px;
288        font-weight: bold;
289        background: ■#cccccc;
290        position: absolute;
291        right: 10px;
292        bottom: 10px;
293    }
294    footer {                 /* D영역:하단 영역 */
295        width: 100%;         /* 하단 너비(브라우저100%) */
296        height: 100px;       /* 하단 높이 */
297        background-color: ■#30a3f3;
298    }
```

기적의 TIP

- .uptitle : 레이어 팝업창 안의 제목 영역인 〈div class="uptitle"〉 스타일 지정
- .upbody : 레이어 팝업창 안의 내용 영역인 〈div class="upbody"〉 스타일 지정
- .btn : 레이어 팝업창 안에 나타나는 버튼 영역의 스타일 지정. 버튼의 모양은 임의로 지정

⑥ 레이어 팝업창 기능 구현하기

01 레이어 팝업창 모양은 팝업되는 영역의 스타일을 보면서 지정하기 위해 먼저 팝업 기능부터 구현합니다.

'script.js' 문서에서, 공지사항의 첫 번째 콘텐츠를 클릭할 경우 레이어 팝업창이 나타나야 하므로 공지사항 클래스 선택자 '.notice'를 사용하여 지정합니다. 이때 마지막 줄인 '});' 안쪽에 입력하도록 합니다.

```
$(".notice li:first").click(function(){
  $("#layer").addClass("active");
});
$(".btn").click(function(){
  $("#layer").removeClass("active");
});
```

[script.js]

```
1    // JavaScript Document
2
3    jQuery(document).ready(function () {
4
5      $('.navi>li').mouseover(function () {
6        $('.submenu').stop().slideDown(500);
7      }).mouseout(function () {
8        $('.submenu').stop().slideUp(500);
9      });
10
11     setInterval(function () {
12       $('.slidelist').delay(2000);
13       $('.slidelist').animate({ marginLeft: -1200 });
14       $('.slidelist').delay(2000);
15       $('.slidelist').animate({ marginLeft: -2400 });
16       $('.slidelist').delay(2000);
17       $('.slidelist').animate({ marginLeft: 0 });
18       $('.slidelist').delay(2000);
19     });
20
21     $(function () {
22       $('.tabmenu>li>a').click(function () {
23         $(this).parent().addClass("active")
24           .siblings()
25           .removeClass("active");
26         return false;
27       });
28     });
29
30     $(".notice li:first").click(function () {
31       $("#layer").addClass("active");
32     });
33     $(".btn").click(function () {
34       $("#layer").removeClass("active");
35     });
36
37   });
38
```

🅑 기적의 TIP

- (".notice li:first").click() : .notice 요소의 후손 요소 중에서 첫 번째 요소를 클릭
- ("#layer").addClass('active') : #layer과 일치하는 요소에 'active' 클래스 추가
- (".btn").click(function) : .btn 요소를 클릭
- ("#layer").removeClass('active') : #layer의 'active' 클래스를 삭제

---

02 작업한 문서를 모두 저장하고, '크롬(Chrome)' 브라우저에서 현재까지 작업된 사항을 확인합니다.

지금까지의 작업 결과, 클래스 선택자 '.notice' 요소, 즉 〈div class="notice"〉로 지정된 공지사항의 첫 번째 줄을 클릭하면 레이어 팝업창이 나타나는 것을 확인할 수 있습니다.

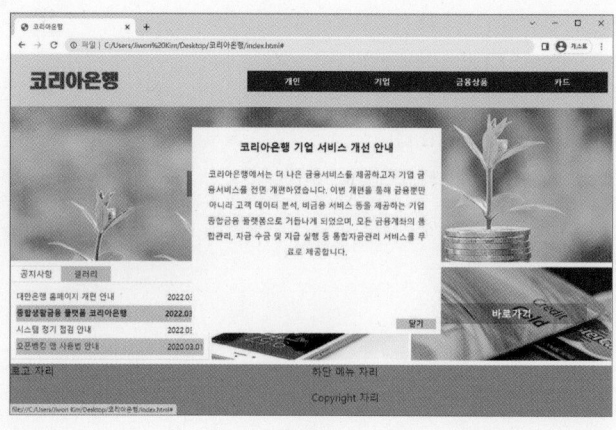

① Footer 영역 하단 로고 만들기

세부 영역별 지시사항대로 Footer 영역을 제작합니다.
이 문제에서는 제공된 로고를 grayscale(무채색)으로 변경하여 Footer 영역에 추가하도록 하고 있으므로 먼저
로고를 무채색으로 조정해두도록 합니다. 여기에서는 포토샵을 이용하여 조정하였습니다.

01 포토샵을 실행한 후, [파일(File)]-[열기
(Open)] 메뉴를 선택하여 images 폴더에 저장되
어 있는 로고 이미지 'logo.png'를 엽니다.

02 로고를 무채색으로 변경하기 위해서 [이미
지(Image)]-[조정(Adjustments)]-[색조/채도
(Hue/Saturation)]를 선택합니다.

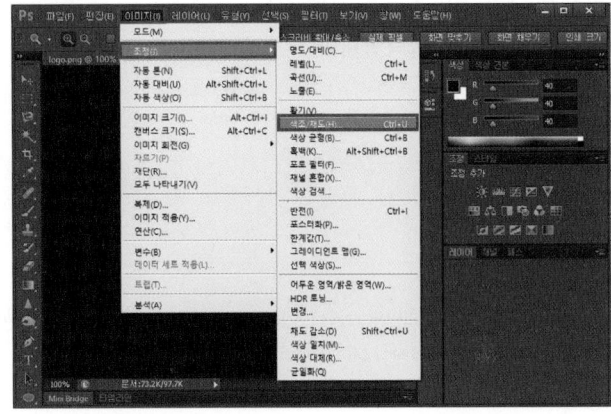

---

③ 기적의 TIP

로고의 색상 값이나 색상을 변경하는 방법이 지정되지 않은 경우 수험자 임의로 편한 방법으로 수정하면 됩니다.

---

03 [색조/채도(Hue/Saturation)] 대화상자가 나
타나면 '채도(Saturation)'에서 무채색으로 만들
기 위해 '-100'을 입력하고 [확인(OK)]을 클릭
합니다.

– 채도(Saturation) : -100

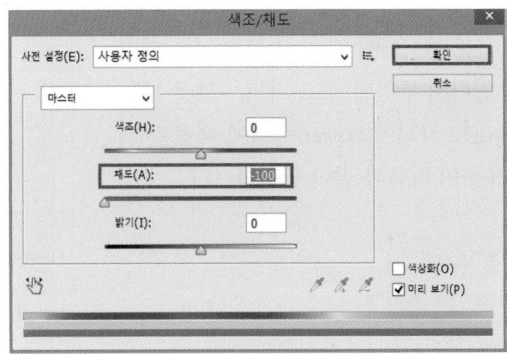

04 색상 변경이 끝나면 [파일(File)]–[다른 이름으로 저장(Save as)]를 선택하여 'images' 폴더 안에 'logo_bottom.png'로 저장합니다.

– 파일 이름(File name) : logo_bottom.png
– 형식(Format) : PNG

[저장(Save)] 버튼을 클릭한 후 PNG 옵션 대화상자가 나타나면 옵션을 기본 값으로 그대로 둔 채 [확인(OK)]을 클릭합니다.

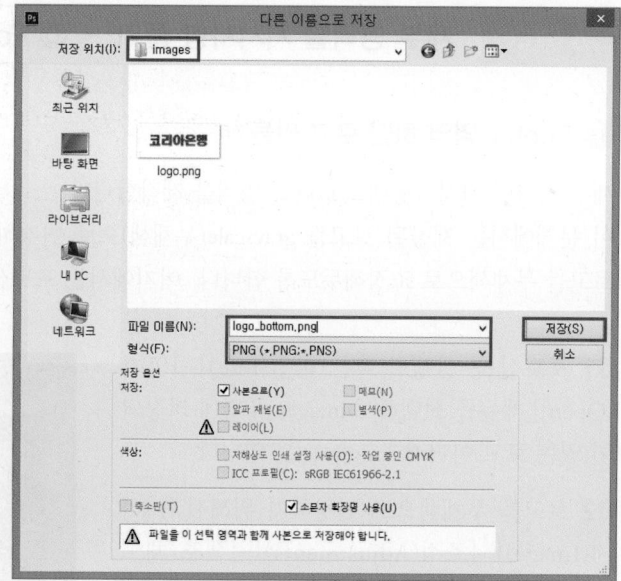

🅕 기적의 TIP

포토샵에서 편집 원본 파일은 *.psd 파일 형식으로 저장합니다. 단, 포토샵 원본 파일은 시험 결과물 제출 시 포함되지 않도록 해야 합니다. 시험에서는 웹서비스에 사용되지 않는 파일은 제출하지 않도록 하고 있습니다.

---

② Footer 영역 작성하기

제공된 텍스트와 이미지를 사용하여 하단 로고, Copyright, 하단 메뉴를 제작합니다.

01 'index.html' 문서에서 〈footer〉 〈/footer〉 영역에서 미리 입력해 두었던 로고 자리, 하단 메뉴 자리, Copyright 자리에 Footer 폴더에 제공된 텍스트를 사용하여 다음과 같이 입력합니다.

```
<footer>
<div class="wrap">
  <div class="btlogo">
    <a href="#">
      <img src="images/logo_bottom.png" alt=
      "하단로고">
    </a>
  </div>
  <div class="site">
    <div class="btmenu">
      <ul>
        <li><a href="#">하단메뉴1</a></li>
```

[index.html]

```
168    <footer>
169      <div class="wrap"> <!--wrap:btlogo와 site 묶어줌-->
170        <div class="btlogo">
171          <a href="#">
172            <img src="images/logo_bottom.png" alt="하단로고">
173          </a>
174        </div>
175        <div class="site"> <!--site:btmenu와 copy 묶어줌-->
176          <div class="btmenu">
177            <ul>
178              <li><a href="#">하단메뉴1</a></li>
179              <li><a href="#">하단메뉴2</a></li>
180              <li><a href="#">하단메뉴3</a></li>
181            </ul>
182          </div>
183          <div class="copy">
184            COPYRIGHT © by WEBDESIGN. ALL RIGHTS RESERVED
185          </div>
186        </div> <!--site 끝-->
187      </div>
188    </footer>
189    <!--와이어프레임 하단 끝-->
190    </body>
191    </html>
```

```
            <li><a href="#">하단메뉴2</a></li>
            <li><a href="#">하단메뉴3</a></li>
        </ul>
    </div>
    <div class="copy">
        COPYRIGHT © by WEBDESIGN. ALL RIGHTS RESERVED
    </div>
  </div>
</footer>
```

③ Footer 영역 스타일 지정하기

01 푸터 영역에 스타일을 지정하기 위해 'style. css'에서 클래스 선택자 '.btlogo' 영역을 찾아서 그 아래에 다음과 같이 로고 이미지 스타일을 추가합니다.

```
.btlogo{
    float:left;
    width:250px;
    height:100px;
}
.btlogo img{
    float:left;
    width:200px;
    margin-top:10px;
    margin-left:25px;
}
```

[style.css]

```
299    .btlogo {
300        float: left;
301        width: 250px;    /* 하단 로고 영역 너비 */
302        height: 100px;   /* 하단 로고 영역 높이 */
303    }
304    .btlogo img {        /* 로고 이미지 스타일 */
305        float: left;
306        width: 200px;
307        margin-top: 10px;
308        margin-left: 25px;
309    }
310    .site {              /* btmenu와 copy 묶어줌 */
311        float: right;
312        width: 600px;    /* 하단 메뉴 + Copyright 너비 */
313        height: 100px;   /* 하단 메뉴 + Copyright 높이 */
314    }
315    .btmenu {
316        width: 600px;    /* 하단 메뉴 너비 */
317        height: 50px;    /* 하단 메뉴 높이 */
318    }
319    .copy {
320        width: 600px;    /* Copyright 너비 */
321        height: 50px;    /* Copyright 높이 */
322    }
```

> **기적의 TIP**
>
> • 로고, 하단 메뉴, Copyright에 대해 와이어프레임에 주어진 너비 값이 없으므로 임의로 지정 가능합니다.
> • .btlogo : <div class="btlogo"> 영역의 스타일 정의. 로고는 왼쪽에 배치되도록 float:left를 지정
> • .btlogo img : <div class="btlogo"> 영역의 후손 요소 〈img〉 요소에 대한 스타일 지정. 이미지 크기는 종횡비가 달라지지 않도록 width:200px만 지정하여 높이가 자동으로 나타나게 함. 이미지 여백은 임의로 지정 가능

02 하단 메뉴와 Copyright 영역의 스타일을 지정합니다. 미리 입력해 두었던 클래스 선택자 '.btmenu'와 '.copy' 영역을 찾은 후 다음과 같이 속성을 추가합니다. 또 하단 메뉴 리스트에 대한 스타일도 추가합니다.

```css
.btmenu{
    width:600px;
    height:50px;
    text-align:center;
    font-size:18px;
    line-height:30px;
}
.btmenu li{
    margin-top:10px;
    display:inline-block;
    width:100px;
}
.btmenu li:hover{
    font-weight:bold;
}
.copy{
    width:600px;
    height:50px;
    text-align:center;
    font-size:16px;
    line-height:50px;
}
```

[style.css]

```css
310    .site {              /* btmenu와 copy 묶어줌 */
311      float: right;
312      width: 600px;      /* 하단 메뉴 + Copyright 너비 */
313      height: 100px;     /* 하단 메뉴 + Copyright 높이 */
314    }
315    .btmenu {
316      width: 600px;      /* 하단 메뉴 너비 */
317      height: 50px;      /* 하단 메뉴 높이 */
318      text-align: center;
319      font-size: 18px;
320      line-height: 30px;
321    }
322    .btmenu li {
323      margin-top: 10px;
324      display: inline-block;
325      width: 100px;
326    }
327    .btmenu li:hover {
328      font-weight: bold;
329    }
330    .copy {
331      width: 600px;      /* Copyright 너비 */
332      height: 50px;      /* Copyright 높이 */
333      text-align: center;
334      font-size: 16px;
335      line-height: 50px;
336    }
337
```

⑤ 기적의 TIP

- 로고, 하단 메뉴, Copyright에 대해 와이어프레임에 제시된 너비 값이 없으므로 임의로 지정 가능
- .btmenu : <div class="btmenu"> 영역 스타일 정의. 하단 메뉴 영역에 대한 스타일을 지정
- .btmenu li : <div class="btmenu"> 영역의 후손 요소 ⟨li⟩ 요소에 대한 스타일 지정. 각 하단 메뉴(리스트)에 대한 스타일을 지정하는 것으로 하단 메뉴의 너비와 여백 등을 지정
  − display:inline−block : 하단 메뉴(리스트)가 한 줄(행)에 표시되도록 inline과 block의 속성을 같이 가지고 있도록 변경
- .btmenu li:hover : .btmenu 요소의 후손 요소 ⟨li⟩, 즉 하단 메뉴(리스트)에 마우스를 올리면 font−weight:bold 글자가 굵게 나타나도록 지정

03 작업한 모든 문서를 저장하고, '크롬(Ch-rome)' 브라우저에서 결과를 확인합니다. 이때 브라우저 크기를 확대하거나 '최대화' 한 후 상단 헤더 영역과 하단 푸터 영역이 제시된 와이어프레임처럼 브라우저 전체 크기 100%로 나타나는지를 확인합니다.

---

7 STEP 최종 검토하기   약 10분

최종 결과물 Checklist

최종 작업이 끝나면 다음과 같이 최종 문서를 확인합니다.

1. 모든 작업은 바탕 화면의 '비번호' 폴더에 저장되어 있어야 합니다.

2. 최종 본문 파일은 가장 상위 폴더에 'index.html'로 저장되어 있어야 합니다.

3. 제작한 자료들은 '비번호' 폴더 내에 'css', 'javascript', 'images' 폴더별로 분류되어 저장되어 있어야 합니다.

4. 최종 결과물인 '비번호' 폴더의 용량이 5MB을 초과되지 않아야 합니다.

5. 웹페이지 코딩은 HTML5 기준 웹 표준을 준수하여야 합니다.
   - HTML 유효성 검사(W3C validator)에서 오류(ERROR)가 없어야 합니다. 단, HTML 유효성 검사 서비스는 인터넷으로 이루어지기 때문에 시험 시 확인할 수 없습니다.
   - 따라서 오류를 방지하기 위해서 다음과 같은 방법을 사용하여 확인합니다.
   ① 구글 크롬 브라우저나, 파이어폭스 브라우저를 이용하여 페이지 빈 공간에서 오른쪽 버튼을 누르고 '검사(Inspect)'를 실행합니다.
   ② 콘솔(Console) 창에서 오류가 나타나는지 확인합니다. 시험 최종 결과물에서 이 오류가 나타나서는 안됩니다.
   ③ 오류가 있을 경우 콘솔 창에 오류 메시지가 나타나게 됩니다.
   ④ 오류를 발견하면 오류가 있는 코드를 수정하여 오류를 바로 잡습니다.

최신 기출 유형 문제

작업파일 [PART 04 〉 기출유형문제 03회 〉 수험자 제공 파일]을 열어서 작업하세요.

[공개 문제 유형 : A-2, A-4, B-2, B-4]

한국투어 웹사이트 제작

자격 종목	웹디자인개발기능사	과제명	한국투어

※ 시험시간 : 3시간

1. 요구사항

※ 다음 요구사항을 준수하여 주어진 자료(수험자 제공 파일)를 활용하여 시험시간 내에 웹페이지를 제작 후 **5MB 용량이 초과되지 않게** 저장 후 제출하시오.

※ 웹페이지 코딩은 **HTML5 기준 웹 표준**을 준수하여야 하며, 요구사항에 지정되지 않은 요소들은 주제 특성에 맞게 자유롭게 디자인하시오.

※ 문제에서 지시하지 않은 와이어프레임 영역 비율, 레이아웃, 텍스트의 글자체/색상/크기, 요소별 크기, 색상 등은 수험자가 과제명(가.주제) 특성에 맞게 자유롭게 디자인하시오.

가. 주제 : 한국투어 홈페이지 제작

나. 개요

한국의 대표 여행 회사인 「한국투어」는 온라인 상품 판매 홈페이지를 신규 제작하려고 한다. 사용자에게 좋은 품질의 여행 상품을 소개하고 판매하여 매출을 올릴 수 있는 웹사이트 제작을 요청하였다. 아래의 요구사항에 따라 메인 페이지를 제작하시오.

다. 제작 내용

01) 메인 페이지를 디자인하고 HTML, CSS, JavaScript 기반의 웹페이지를 제작한다. (이때 jQuery 오픈소스, 이미지, 텍스트 등의 제공된 리소스를 활용하여 제작할 수 있다.)

02) HTML, CSS의 charset은 utf-8로 해야 한다.

03) 컬러 가이드

주조색 (Main color)	보조색 (Sub color)	배경색 (Background color)	기본 텍스트의 색 (Text color)
자유롭게 지정	자유롭게 지정	#FFFFFF	#333333

04) 사이트 맵(Site map)

Index page / 메인(Main)				
메인 메뉴(Main menu)	축제소개	예약안내	아티스트	커뮤니티
서브 메뉴(Sub menu)	동남아/대만 중국/홍콩 유럽/두바이 미주/하와이	서울/경기 강원 충청 경상/전라	버스여행 자유여행 호텔/펜션	국내 렌터카 국외 렌터카

05) 와이어프레임(Wireframe)

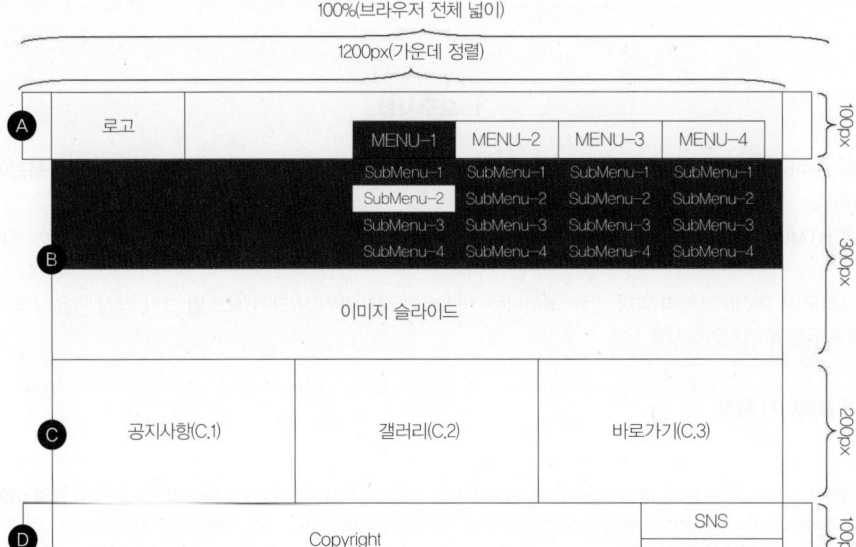

〈C영역 각각의 넓이는 수험자가 판단〉

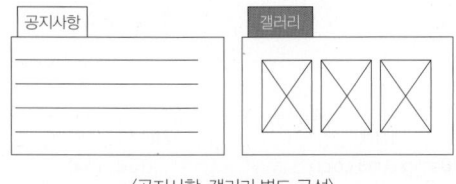

〈공지사항, 갤러리 별도 구성〉

〈모달 레이어 팝업 구성〉

자격 종목	웹디자인개발기능사	과제명	한국투어

라. 세부 영역별 지시사항

영역 및 명칭	세부 지시사항
Ⓐ Header	**A.1. 로고** ㅇ 가로 세로 200픽셀×40픽셀 크기로 웹사이트의 이미지에 적합한 로고를 직접 디자인하여 삽입한다. ㅇ 심벌 없이 로고명을 포함한 워드타입으로 디자인한다. 로고명은 Header 폴더의 제공된 텍스트를 사용한다. **A.2. 메뉴 구성** ※ 사이트 구조도를 참고하여 메인 메뉴(Main menu)와 서브 메뉴(Sub menu)로 구성한다. **(1) 메인 메뉴(Main menu) 효과 [와이어프레임 참조]** ㅇ 메인 메뉴 중 하나에 마우스를 올리면(Mouse over) 하이라이트 되고, 벗어나면(Mouse out) 하이라이트를 해제한다. ㅇ 메인 메뉴를 마우스로 올리면(Mouse over) 서브 메뉴 영역이 부드럽게 나타나면서, 서브 메뉴가 보이도록 한다. ㅇ 메인 메뉴에서 마우스 커서가 벗어나면(Mouse out) 서브 메뉴 영역은 부드럽게 사라져야 한다. **(2) 서브 메뉴 영역 효과** ㅇ 서브 메뉴 영역은 메인 페이지 콘텐츠를 고려하여 배경 색상을 설정한다. ㅇ 서브 메뉴 중 하나에 마우스를 올리면(Mouse over) 하이라이트 되고 벗어나면(Mouse out) 하이라이트를 해제한다. ㅇ 마우스 커서가 메뉴 영역을 벗어나면(Mouse out) 서브 메뉴 영역은 부드럽게 사라져야 한다.
Ⓑ Slide	**B. Slide 이미지 제작** ㅇ [Slide] 폴더에 제공된 3개의 이미지로 제작한다. ㅇ [Slide] 폴더에 제공된 3개의 텍스트를 각 이미지에 적용하되, 텍스트의 글자체, 굵기, 색상, 크기를 적절하게 설정하여 가독성을 높이고, 독창성이 드러나도록 제작한다. **B. Slide 애니메이션 제작** ※ 위에서 작업한 결과물을 이용하여 슬라이드 작업을 한다. ㅇ 이미지 슬라이드는 Fade-in, Fade-out 효과를 이용하여 제작한다.(하나의 이미지가 서서히 사라지고, 다른 이미지가 서서히 나타나는 효과이다.) ㅇ 슬라이드는 매 3초 이내로 하나의 이미지에서 다른 이미지로 전환되어야 한다. ㅇ 웹사이트를 열었을 때 자동으로 시작되어 반복적으로(마지막 이미지가 사라지면 다시 첫 번째 이미지가 나타나는 방식) 전환되어야 한다.
Ⓒ Contents	**C.1. 공지사항** ㅇ 공지사항 타이틀 영역과 콘텐츠 영역을 구분하여 표현해야 한다.(단, 콘텐츠는 HTML 코딩으로 작성해야 하며, 이미지로 삽입하면 안 된다.) ㅇ 콘텐츠는 Contents 폴더의 제공된 텍스트를 적용하여 제작한다. ㅇ 공지사항의 첫 번째 콘텐츠를 클릭(Click)할 경우 모달 레이어 팝업창(Modal Layer Pop_up)이 나타나며, 레이어 팝업창 내에 닫기 버튼을 두어서 클릭하면 해당 팝업창이 닫혀야 한다. [와이어프레임 참조] ㅇ 레이어 팝업의 제목과 내용은 Contents 폴더의 제공된 텍스트 파일을 사용한다. **C.2. 갤러리** ㅇ Contents 폴더의 제공된 이미지 3개를 사용하여 가로 방향으로 배치한다. [와이어프레임 참조] **C.3. 바로가기** ㅇ Contents 폴더의 제공된 파일을 활용하여 편집 또는 디자인하여 제작한다.
Ⓓ Footer	ㅇ Footer 폴더의 제공된 텍스트를 사용하여 Copyright, SNS(3개), 패밀리 사이트를 제작한다.

자격 종목	웹디자인개발기능사	과제명	한국투어

마. 기술적 준수사항

01) 웹페이지 코딩은 HTML5 기준 웹 표준을 준수하여야 하며 HTML **유효성 검사(W3C validator)에서** 오류('ERROR')가 없어야 한다.
  ※ HTML 유효성 검사 서비스는 시험 시 제공하지 않는다(인터넷 사용 불가).

02) **CSS는 별도의 파일로 제작하여 링크**하여야 하며, CSS3 기준(**W3C validator**)에서 오류('ERROR')가 없도록 코딩되어야 한다.

03) JavaScript 코드는 별도의 파일로 제작하여 연결하여야 하며 브라우저(**Google Chrome**)에 내장된 개발도구의 Console 탭에서 오류('ERROR')가 표시되지 않아야 한다.

04) 별도로 지정하지 않은 상호작용이 필요한 모든 콘텐츠(로고, 메뉴, 버튼, 바로가기 등)는 임시 링크(예:#)를 적용하고 'Tab'(Tab) 키로 이동 선택할 수 있어야 한다.

05) 사이트는 다양한 화면 해상도에서 일관성 있는 페이지 레이아웃을 제공해야 한다.

06) 웹페이지 전체 레이아웃은 Table 태그 사용이 아닌 CSS를 통한 레이아웃 작업으로 해야 한다.

07) 브라우저에서 CSS를 "사용 안 함"으로 설정한 경우 콘텐츠가 세로로 나열된다.

08) 타이틀 텍스트(Title text), 바디 텍스트(Body text), 메뉴 텍스트(Menu text)의 각 글자체/굵기/색상/크기 등을 적절하게 설정하여 사용자가 텍스트 간의 위계질서(Hierarchy)를 직관적으로 알 수 있도록 한다.

09) 모든 이미지에는 이미지에 대한 대체 텍스트를 표현할 수 있는 alt 속성이 있어야 한다.

10) 제작된 사이트 메인 페이지의 레이아웃, 구성 요소의 크기 및 위치 등은 최신 버전의 **MS Edge와 Google Chrome**에서 동일하게 표시되어야 한다.

바. 제출 방법

01) 수험자는 비번호로 된 폴더명으로 완성된 작품 파일을 저장하여 제출한다.

02) 폴더 안에는 images, script, css 등의 자료를 분류하여 저장한 폴더도 포함되어 있어야 하며, 메인 페이지는 반드시 최상위 폴더에 index.html로 저장하여 제출해야 한다.

03) 수험자는 제출하는 폴더에 index.html을 열었을 때 연결되거나 표시되어야 할 모든 리소스들을 포함하여 제출해야 하며 수험자의 컴퓨터가 아닌 채점 위원의 컴퓨터에서 정상 작동해야 한다.

04) 전체 결과물의 용량은 5MB용량이 초과되지 않게 제출하며 ai, psd 등 웹서비스에 사용되지 않는 파일은 제출하지 않는다.

2. 수험자 유의사항

※ 다음의 유의사항을 고려하여 요구사항을 완성하시오.

01) 수험자 인적사항 및 답안작성은 반드시 검은색 필기구만 사용하여야 하며, 그 외 연필류, 유색 필기구, 지워지는 펜 등을 사용한 답안은 채점하지 않으며 0점 처리됩니다.

02) 수험에 필요한 소프트웨어 및 참고자료가 하드웨어에 설치되어 있는지 확인 후 작업하시오.

03) 참고자료의 내용 중 오자 및 탈자 등이 있을 때는 수정하여 작업하시오.

04) 지참공구[수험표, 신분증, 흑색 필기도구] 이외의 참고자료 및 외부장치(CD, USB, 키보드, 마우스, 이어폰) 등 **어떠한 물품도 시험 중에 지참할 수 없음**을 유의하시오(단, 시설목록 이외의 정품 소프트웨어(폰트 제외)를 설치하고자 할 때에는 감독위원의 입회하에 설치하여 사용하시오).

05) 수험자가 컴퓨터 활용 미숙 등으로 인해 시험의 진행이 어렵다고 판단되었을 때는 감독위원은 시험을 중지시키고 실격처리를 할 수 있음을 유의하시오.

06) **바탕 화면에 수험자 본인의 "비번호" 이름을 가진 폴더에 완성된 작품의 파일만을 저장하시오.**

07) 모든 작품을 감독위원 또는 채점위원이 검토하여 복사된 작품(동일 작품)이 있을 때에는 관련된 수험자 모두를 부정행위로 처리됨을 유의하시오.

08) 장시간 컴퓨터 작업으로 신체에 무리가 가지 않도록 적절한 몸풀기(스트레칭) 후 작업하시오.

09) **다음 사항에 대해서는 실격에 해당되어 채점 대상에서 제외됩니다.**

　가) 수험자 본인이 수험 도중 시험에 대한 포기(기권) 의사를 표시하고 포기하는 경우

　나) 작업 범위(용량, 시간)를 초과하거나, 요구사항과 현격히 다른 경우(채점위원이 판단)

　다) <u>Slide가 JavaScript(jQuery포함), CSS 중 하나 이상의 방법을 이용하여 제작되지 않은 경우</u>
　　※ **움직이는 Slide를 제작하지 않고 이미지 하나만 배치한 경우도 실격처리 됨**

　라) 수험자 미숙으로 비번호 폴더에 완성된 작품 파일을 저장하지 못했을 경우

　마) 압축프로그램을 사용하여 작품을 압축 후 제출한 경우

　바) 과제 기준 20% 이상 완성이 되지 않은 경우(채점위원이 판단)

3. 지급재료 목록

일련번호	재료명	규격	단위	수량	비고
1	수험자료 USB 메모리	32GB 이상	개	1	시험장당
2	USB 메모리	32GB 이상	개	1	시험장당 1개씩(채점위원용) ※ 수험자들의 작품 관리

※ 국가기술자격 실기 시험 지급재료는 시험종료 후(기권, 결시자 포함) 수험자에게 지급하지 않습니다.

1 STEP HTML5 표준 문서 준비   약 10분

① HTML5 버전 index.html 만들기

시험장에서는 문제를 풀기 전 컴퓨터 바탕 화면에 본인에게 부여된 '비번호' 이름의 폴더를 생성하고, 폴더 안에 주어진 제공 파일들을 미리 저장해둡니다. 시험장에서 모든 작업은 바탕 화면의 '비번호' 폴더에 저장해야 합니다. 본 교재에서는 바탕 화면에 생성한 작업 폴더명을 과제명인 '한국투어'로 설정하고 작업을 진행합니다.

01 Visual Studio Code를 실행합니다.
[시작하기 화면]–[폴더 열기]를 선택하여 작업할 폴더를 지정합니다. 시작하기 화면이 보이지 않는 경우, 상단 메뉴 표시줄에서 [파일]–[폴더 열기]를 눌러 작업할 폴더를 지정합니다.

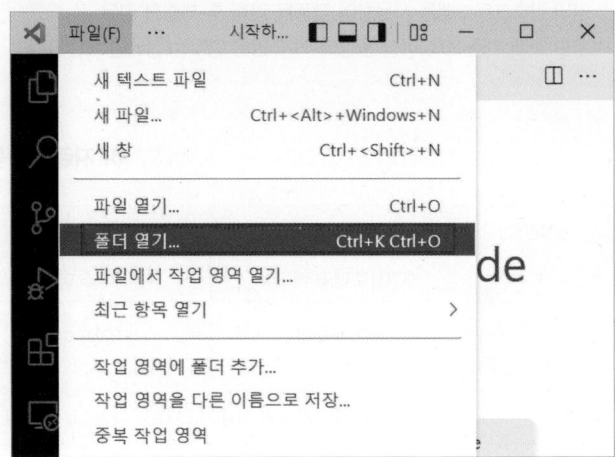

02 바탕 화면에 생성해두었던 작업할 폴더를 선택합니다.

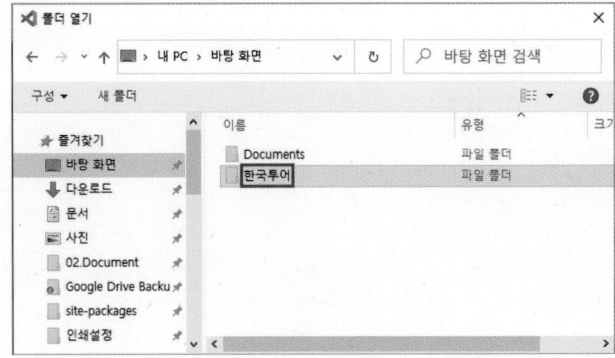

03 HTML5 버전의 문서를 만들기 위해 Visual Stduio Code 왼쪽 화면의 '탐색기'에서 작업 중인 폴더에 마우스를 올립니다.
폴더의 오른쪽에 [새 파일] 아이콘이 생기면 클릭합니다.

04 작업 폴더의 하위 리스트에 새로운 파일이 생성되면 파일명을 'index.html'로 입력한 후 Enter 를 누르거나 여백을 클릭합니다. 파일이 정상적으로 생성되면 오른쪽 코드 창에 'index.html' 파일이 열린 것을 확인할 수 있습니다.
Visual Studio Code에서 생성한 파일은 윈도우 탐색기에서도 확인할 수 있습니다.

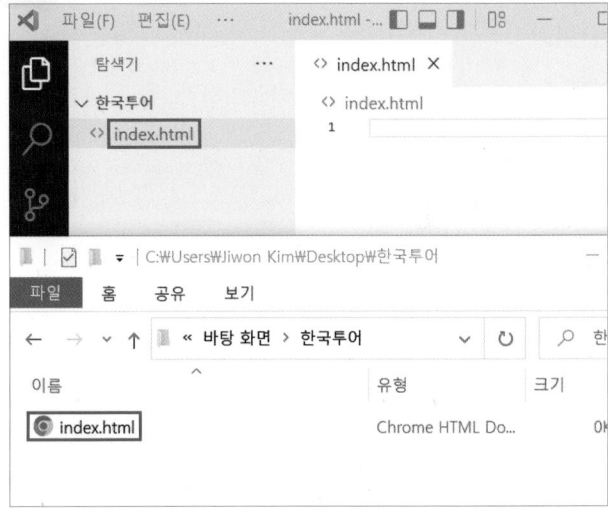

05 코드 창에서 'index.html' 문서에 HTML5 문서 형식에 맞추어 코드를 입력합니다.

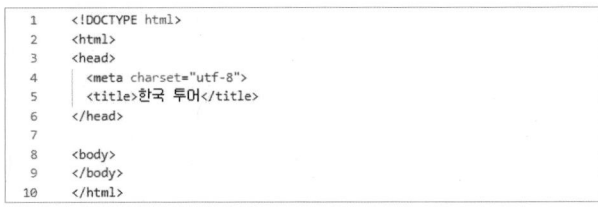

```
<!DOCTYPE html>
<html>
<head>
  <meta charset="utf-8">
  <title>한국 투어</title>
</head>

<body>
</body>
</html>
```

> **기적의 TIP**
>
> HTML5 문서는 문서의 시작과 끝, 본문의 시작과 끝을 알리는 태그를 사용하여 코딩을 시작합니다. 이때 HTML5 표준 문서의 선언부인 〈!DOC-TYPE HTML〉(대소문자 구분 없음)를 정확히 기입해야 합니다. 또 문자셋(Charset)도 주어진 조건에 맞게 기입합니다. 입력이 끝나면 작업 폴더 안에 'index.html'로 저장합니다.

① 레이아웃 작성하기

웹페이지를 제작할 때 가장 먼저 할 일은 와이어프레임에 맞게 레이아웃을 작성하는 것입니다. 문제에 주어진 구조와 값 등을 파악하여 레이아웃의 큰 틀을 지정한 후, 각 영역의 내용을 채워갑니다.

01 먼저 시험지의 와이어프레임을 보면서 'index.html' 문서에서 태그를 사용하여 영역을 구분하는 코드를 작성합니다. 여기에서는 다음과 같이 입력하고 저장합니다.

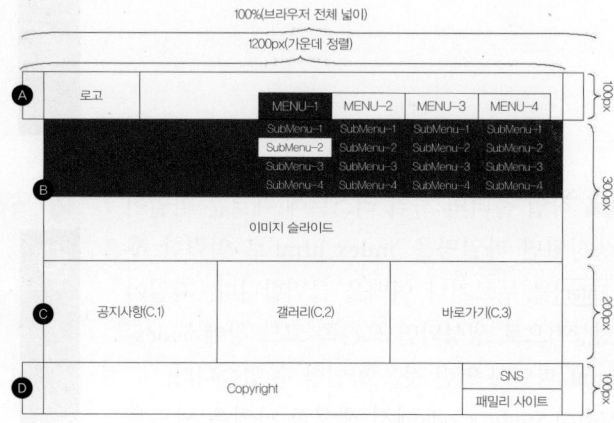

▲ 주어진 와이어프레임 조건

[index.html]

```
<!DOCTYPE html>
<html>
<head>
  <meta charset="utf-8">
  <title>한국투어</title>
</head>

<body>

<header>
  <div class="wrap">
    <div class="logo">
       로고 자리
    </div>
    <nav class="menu">
    메뉴 자리
    </nav>
  </div>
</header>

<div class="imgslide">
  이미지 슬라이드 자리
</div>
<div class="contents">
  콘텐츠 자리
</div>
<footer>
  <div class="wrap">
    <div class="copy">
      Copyright 자리
    </div>
```

```
1  <!DOCTYPE html>
2  <html>
3  <head>
4    <meta charset="utf-8">
5    <title>한국투어</title>
6  </head>
7
8  <body>
9  <!--와이어프레임 상단 시작-->
10 <header>
11   <div class="wrap">
12     <div class="logo">
13      로고 자리
14     </div>
15     <nav class="menu">
16      메뉴 자리
17     </nav>
18   </div>
19 </header>
20 <!--와이어프레임 상단 끝-->
21
22 <!--이미지 슬라이드 영역 시작-->
23 <div class="imgslide">
24   이미지 슬라이드 자리
25 </div>
26 <!--이미지 슬라이드 영역 끝-->
27
28 <!--콘텐츠 영역 시작-->
29 <div class="contents">
30   콘텐츠 자리
31 </div>
32 <!--콘텐츠 영역 시작-->
33
34 <!--와이어프레임 하단 시작-->
35 <footer>
36   <div class="wrap">
37     <div class="copy">
38      Copyright 자리
39     </div>
```

```
          <div class="site">

            <div class="sns">

              SNS 자리

            </div>

            <div class="familysite">

              패밀리사이트 자리

            </div>

          </div>

        </div>

      </footer>


    </body>

    </html>
```

```
40          <div class="site">
41            <div class="sns">
42              SNS 자리
43            </div>
44            <div class="familysite">
45              패밀리사이트 자리
46            </div>
47          </div>
48        </div>
49      </footer>
50      <!--와이어프레임 하단 시작-->
51
52    </body>
53    </html>
```

기적의 TIP

- 각 영역을 구분할 수 있는 글자나 주석을 입력해 두면 영역의 혼동없이 코딩 작업을 할 수 있습니다.
- HTML 문서에서 주석은 '<!-- -'로 시작하고 '- -->'로 끝나도록 합니다. 단, 하이픈(-)이 세 개 이상 사용되지 않도록 주의합니다. 예를 들어 <!-
  - - - - 주석 내용 - - - ->)과 같이 입력하지 않아야 합니다.
- 각 영역을 구분할 수 있도록 넣은 글자(로고 자리, 메뉴 자리...)는 각 영역의 내용을 채울 때 지우도록 합니다.
- 웹페이지 영역은 〈div〉로 구분합니다. 각 영역에는 CSS 스타일 지정을 위해 미리 클래스(class) 이름을 지정합니다.
- 〈header〉 : 헤더(머리글 섹션) 영역을 지정
- 〈div class="wrap"〉 : 로고와 메뉴 영역을 묶어주기 위한 영역 지정
- 〈nav〉 : 메뉴 탐색을 위한 내비게이션 영역 지정
- 〈div class="imgslide"〉 : 이미지 슬라이드 영역 지정
- 〈div class="contents"〉 : 콘텐츠(공지사항, 갤러리, 바로가기) 영역 지정
- 〈footer〉 : 푸터(바닥글 섹션) 영역 지정
- 〈div class="site"〉 : 하단의 SNS와 패밀리사이트 영역 지정

02 다음으로 콘텐츠 영역 안에 들어가는 공지 사항, 갤러리, 바로가기 영역을 다음과 같이 입력하여 나누어 줍니다.

```
<header>
  <div class="wrap">
    <div class="logo">
      로고 자리
    </div>
    <nav class="menu">
      메뉴 자리
    </nav>
  </div>
</header>

<div class="imgslide">
  이미지 슬라이드 자리
</div>
<div class="contents">
  <div class="notice">
    공지사항 자리
  </div>

  <div class="gallery">
    갤러리 자리
  </div>

  <div class="shortcut">
    바로가기 자리
  </div>
</div>
```

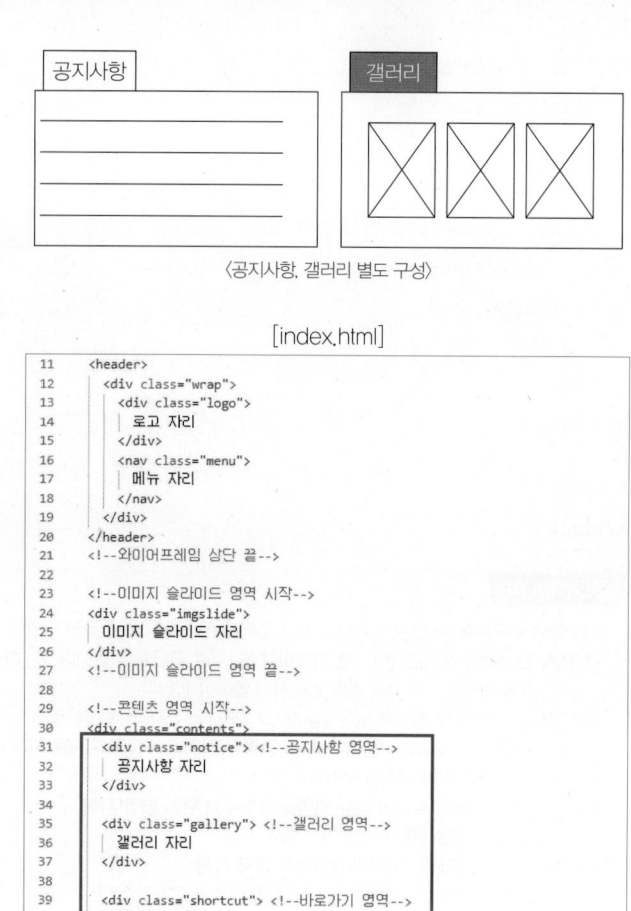

〈공지사항, 갤러리 별도 구성〉

[index.html]

03 파일 탐색기에서 작업 폴더를 찾아 'index. html' 문서를 '크롬(Chrome)' 브라우저에서 열어 작업 결과를 확인할 수 있습니다.
각 영역에 대한 스타일 지정되지 않았기 때문에 글자들만 나타나는 것을 확인할 수 있습니다.

② 레이아웃 영역에 CSS 스타일 지정하기

다음으로 HTML로 작성한 레이아웃에 스타일을 지정하기 위해 CSS 문서를 작성합니다.

01 Visual Studio Code 왼쪽 화면의 탐색기에서 작업 중인 폴더에 마우스를 올립니다.
폴더 오른쪽에 [새 폴더] 아이콘이 생기면 클릭합니다.

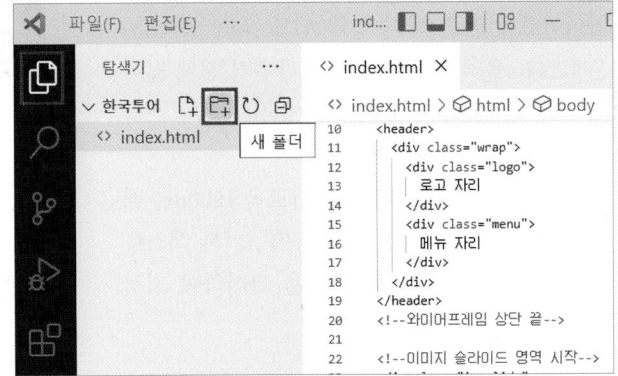

02 작업 폴더의 하위 리스트에 새로운 폴더가 생성되면 폴더명을 'css'로 입력합니다. 새로 생성한 'css' 폴더에서 마우스 오른쪽 버튼을 클릭하고 [새 파일]을 선택합니다.

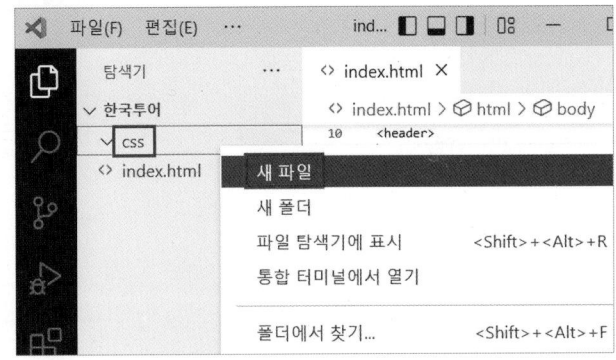

03 파일명을 'style.css'로 입력합니다. 파일이 정상적으로 생성되면 오른쪽 코드창에 'style.css' 파일이 열린 것을 확인할 수 있습니다.
문제 기준에 따라 'style.css' 코드 창에 문자 인코딩 방식을 지정하는 코드를 입력하고 저장합니다.

`@charset "utf-8";`

[index.html]

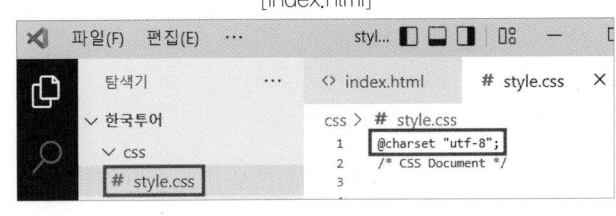

> **기적의 TIP**
>
> @(at) 규칙은 스타일 시트에 쓰이는 문자 인코딩을 지정할 때 사용합니다.

04 저장된 CSS 파일을 HTML과 연결하기 위해 'index.html' 문서의 〈head〉 태그 안에 다음과 같이 입력합니다.

`<link href="css/style.css" type="text/css" rel="stylesheet">`

[index.html]

```
1   <!DOCTYPE html>
2   <html>
3   <head>
4     <meta charset="utf-8">
5     <title>한국 투어</title>
6     <link href="css/style.css" type="text/css" rel="stylesheet">
7   </head>
8
9   <body>
10  <!--와이어프레임 상단 시작-->
11  <header>
```

05 문서 연결이 끝나면, 다시 스타일 시트 'style
.css' 문서로 돌아와서 문서의 전체적인 스타일
을 입력합니다.

와이어프레임 중 헤더 영역(A)과 푸터 영역(D)
은 1200px을 차지하면서도, 브라우저 전체 넓이
의 100%를 차지하므로 이 점에 유의해서 스타
일을 지정하도록 합니다.

와이어프레임에 제시된 전체 가로폭 1200px, 배
경색(Background color) #FFFFFF, 기본 텍스트
의 색(Text color) #333333 등을 고려하여 지정
합니다.

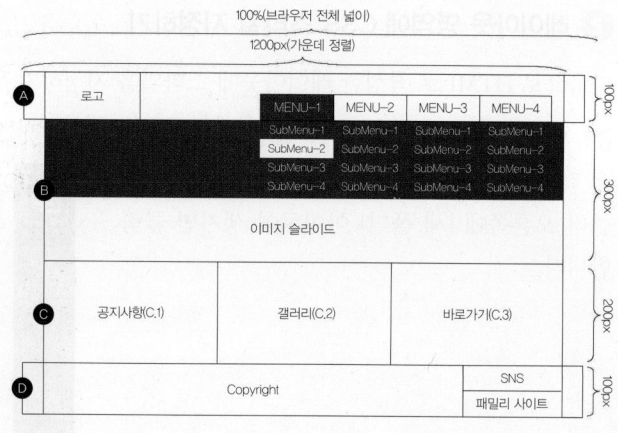

```
*{

    margin:0 auto;

    padding:0;

    list-style:none;

    font-family:"맑은 고딕";

    color:#333333;

}

html, body{

    min-width:1200px;

    background-color:#ffffff;

    font-size:20px;

}

a{

    text-decoration:none;

    display:block;

}
```

[style.css]

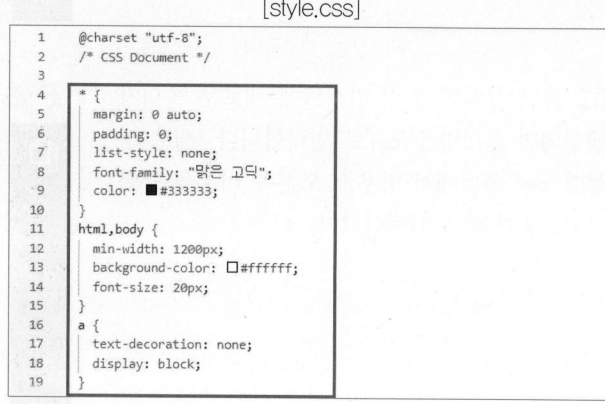

입력이 끝나면 [파일(File)]-[저장(Save)] 또는 단축키 [Ctrl]+[S]를 눌러 변경된 내용을 저장합니다.

(F) 기적의 TIP

• * : 모든 엘리먼트에 적용되는 스타일 지정
• margin:0 auto : 좌우 바깥 여백을 자동 할당하여 중앙 정렬로 만듦
• padding:0 : 안쪽 여백을 없앰
  – CSS 박스 모델(Box Model)은 HTML 문서의 페이지 내에서 요소가 공간을 차지하는 규칙입니다. 박스 요소는 직사각형 상자로 표시되며 상
     자는 내용(content), 패딩(padding), 테두리(border), 여백(margin)으로 공간을 차지하게 됩니다. 이 중 여백(margin)은 박스 요소의 가장 바
     깥쪽의 여백에 해당하며, 패딩(padding)은 내용(content) 영역의 주변에 해당하는 영역입니다. 박스 요소가 차지하는 공간에 대한 자세한 사
     항은 다음을 참고하세요([참고하기] PART 02 – SECTION 02. CSS 익히기 – 'CSS 박스 모델(Box Model)').
• list–style:none : html 목록 태그(ul, ol, li)를 사용한 부분에 목록 스타일이 나타나지 않도록 지정
• color:#333333 : 컬러 가이드에 주어진 색상을 입력
  – 색상 값이 #333333처럼 같은 값으로 반복될 경우 16진수로 #333처럼 간단히 줄여서 사용할 수 있습니다(#333333 = #333).
• min–width:1200px : 최소 넓이로 1200px을 유지
  – min–wdtih는 100%를 차지하면서도 최소 너비가 유지되게 할 때 사용합니다. 주로 반응형 웹과 같이 기기의 종류마다 크기가 달라질 것을
     대비하여 사이즈를 지정할 때 min–width 또는 max–width의 속성을 사용합니다.
• background–color:#ffffff : 문서의 배경색을 흰색으로 지정

- background-color 또는 background 속성은 배경 색상을 지정할 때 사용합니다. background-color는 색상만 지정할 수 있는 반면, back-ground 속성은 여러 옵션을 사용하여 색상, 이미지 등을 배경으로 지정할 수 있습니다.
- text-decoration:none : 링크가 걸린 텍스트에 자동으로 나타나는 밑줄이 나타나지 않도록 지정
- display:block : 박스 요소를 block 속성으로 표시하며, 요소 앞뒤로 줄바꿈 되도록 함
  - block으로 지정하면 요소가 한 줄 전체(너비 100%)를 차지하게 되어 한 줄에 하나의 요소만 나타나게 됩니다.
- 〈a〉 요소나 〈img〉 요소 등은 한 줄을 차지하는 블록(block) 요소가 아닌 인라인(inline) 요소입니다. 인라인 요소는 줄바꿈이 되지 않고 나열한 요소가 한 줄에 가로로 나타납니다. 따라서 인라인 요소를 줄바꿈 되어 나타나는 블록 요소로 나타나도록 display:block를 지정합니다.
- 범용 선택자 '*'와 타입(type) 선택자 'body', 'a' 등은 문서의 가장 기본 스타일을 지정할 때 사용합니다. 예를 들어 문서 전체에 사용되는 조건(주조색, 보조색, 배경색, 기본 텍스트의 색, 글꼴, 문서 전체 크기 등)을 지정할 때 사용합니다.
- 스타일 속성을 여러 개 나열하는 경우 한 줄에 작성해도 되지만, 가독성을 위해 한 줄씩 나누어 작성하는 것을 권장합니다.
- 이 예시에서는 되도록 클래스(class) 선택자만 활용하여 스타일을 정의하였습니다. 그러나 조건에 따라 얼마든지 다른 선택자를 활용해도 됩니다. 예를 들어 〈nav〉 요소를 활용한 메뉴 영역과 같이 스타일이 한 영역에만 고유하게 적용되는 곳은 아이디(id) 선택자를 활용할 수 있습니다([참고하기] PART 02 – SECTION 02. CSS 익히기 – 'CSS 선택자 이해하기').
- 스타일 시트 내에서 스타일 정의는 순서에 상관없이 입력이 가능합니다. 그러나 쉽게 찾고 수정할 수 있도록 'index.html' 문서의 태그 순서와 일치키는 것이 좋습니다(가독성 유지).

---

06 다음으로 주어진 조건에 맞게 레이아웃의 각 영역의 크기를 정하고 박스 요소들의 정렬(플로팅)을 맞추기 위해 다음과 같이 입력합니다.

```
header{
    width:100%;
    height:100px;
    background:#dddddd;
}
.wrap{
    width:1200px;
}
.imgslide{
    width:1200px;
    height:300px;
}
.contents{
    width:1200px;
    height:200px;
}
footer{
    width:100%;
    height:100px;
    background-color:#bbbbbb;
}
```

[style.css]

```
1   @charset "utf-8";
2   /* CSS Document */
3
4   * {
5       margin: 0 auto;
6       padding: 0;
7       list-style: none;
8       font-family: "맑은 고딕";
9       color: #333333;
10  }
11  html,body {
12      min-width: 1200px;
13      background-color: #ffffff;
14      font-size: 20px;
15  }
16  a {
17      text-decoration: none;
18      display: block;
19  }
20  header {          /* A영역:상단 영역 */
21      width: 100%;      /* 상단 너비(브라우저 100%) */
22      height: 100px;    /* 상단 높이 */
23      background: #dddddd;
24  }
25  .wrap {           /* 헤더와 푸터 영역 콘텐츠 묶어줌 */
26      width: 1200px;    /* 헤더와 푸터 영역 콘텐츠 너비 */
27  }
28  .imgslide {       /* B영역:이미지 슬라이드 영역 */
29      width: 1200px;    /* 이미지 슬라이드 너비 */
30      height: 300px;    /* 이미지 슬라이드 높이 */
31  }
32  .contents {       /* C영역:notice, gallery, shortcut 묶어줌 */
33      width: 1200px;    /* 콘텐츠(공지사항, 갤러리, 바로가기) 너비 */
34      height: 200px;    /* 콘텐츠(공지사항, 갤러리, 바로가기) 높이 */
35  }
36  footer {          /* D영역:하단 영역 */
37      width: 100%;      /* 하단 너비(브라우저100%) */
38      height: 100px;    /* 하단 높이 */
39      background-color: #bbbbbb;
40  }
41
```

스타일의 속성 값은 웹 브라우저에서 결과를 확인하면서 값을 조금씩 조정하면서 지정합니다.

- header : 와이어프레임 상단, 헤더 요소 영역에 대한 스타일 정의
  - 상단 헤더 영역이 브라우저 전체 넓이 100%로 나타나야 하므로 width:100%를 지정
  - 헤더 영역의 배경 색은 임의로 지정(background:#dddddd 또는 background-color:#dddddd. 여기에서는 흐린 회색 계열로 지정함)
  - background 속성은 배경 색상을 지정할 때 사용합니다. background 속성은 여러 옵션을 사용하여 색상, 이미지 등을 배경으로 지정할 수 있습니다. 반면 background-color는 색상만 지정할 수 있습니다.
- .wrap : 〈div class="wrap"〉 영역의 스타일 정의
  - 이 영역은 헤더 영역 안에서 로고 영역과 메뉴 영역을 묶어주기 위한 컨테이너. 추후 삽입할 로고 이미지의 크기를 고려하여 크기를 지정
  - width:1200px : 헤더 영역이 브라우저 전체 넓이의 100%로 나타나지만 헤더 영역 안의 로고와 메뉴 등 전체 콘텐츠는 1200px로 나타나야 하므로 너비를 1200px로 지정
- .imgslide : 〈div class="imgslide"〉 영역의 스타일 정의
- .contents : 〈div class="contents"〉의 스타일 정의
  - 이 영역에는 공지사항, 갤러리, 바로가기가 들어가는 것으로 이 영역들을 묶어주기 위해 지정
- footer : 푸터 영역에 대한 스타일 정의
  - 하단 푸터 영역이 브라우저 전체 넓이의 100%로 나타나야 하므로 width:100%를 지정
  - 푸터 영역의 배경 색은 임의로 지정(background-color:#bbbbbb. 여기서는 회색 계열로 지정함)

07 작업 중인 문서를 모두 저장하고, '크롬(Chrome)' 브라우저에서 현재까지 작업된 사항을 확인합니다.

이때 브라우저 크기를 '최대화' 한 후 상단 헤더 영역과 하단 푸터 영역이 브라우저 전체 크기의 100%로 나타나는지를 확인합니다.

08 이어서 클래스 선택자 '.wrap'의 아래에 로고 〈div class="logo"〉와 메뉴 〈nav class="menu"〉 영역의 크기에 대한 스타일을 지정합니다.

```
.logo{
    float:left;
    width:250px;
    height:100px;
}
.menu{
    float:right;
    width:800px;
    height:100px;
}
```

[style.css]

```
20    header {              /* A영역:상단 영역 */
21      width: 100%;        /* 상단 너비(브라우저 100%) */
22      height: 100px;      /* 상단 높이 */
23      background: #dddddd;
24    }
25    .wrap {               /* 헤더와 푸터 영역 콘텐츠 묶어줌 */
26      width: 1200px;      /* 헤더와 푸터 영역 콘텐츠 너비 */
27    }
28    .logo {               /* 로고 영역 스타일 */
29      float: left;
30      width: 250px;       /* 로고 영역 너비 */
31      height: 100px;      /* 로고 영역 높이 */
32    }
33    .menu {               /* 메뉴 영역 스타일 */
34      float: right;
35      width: 800px;       /* 메뉴 영역 너비 */
36      height: 100px;      /* 메뉴 영역 높이 */
37    }
38    .imgslide {           /* B영역:이미지 슬라이드 영역 */
39      width: 1200px;      /* 이미지 슬라이드 너비 */
40      height: 300px;      /* 이미지 슬라이드 높이 */
41    }
42    .contents {           /* C영역:notice, gallery, shorcut 묶어줌 */
43      width: 1200px;      /* 콘텐츠(공지사항, 갤러리, 바로가기) 너비 */
44      height: 200px;      /* 콘텐츠(공지사항, 갤러리, 바로가기) 높이 */
45    }
46    footer {              /* D영역:하단 영역 */
47      width: 100%;        /* 하단 너비(브라우저100%) */
48      height: 100px;      /* 하단 높이 */
49      background-color: #bbbbbb;
50    }
51
```

로고 영역의 플로팅은 float:left로 지정하여 좌측에 배치하고 메뉴 영역의 플로팅은 float:right로 지정하여 우측에 배치합니다.

09 계속해서 스타일 시트 'style.css' 문서에 콘텐츠 영역에 대한 스타일을 지정합니다. 콘텐츠 영역에 들어가는 공지사항과 갤러리, 바로가기 영역에 대한 자세한 스타일을 지정합니다.
클래스 선택자 '.contents' 스타일을 찾아 그 아래에 다음의 내용을 지정해 줍니다.

```css
.notice{
    float:left;
    width:400px;
    height:200px;
}
.gallery{
    float:left;
    width:400px;
    height:200px;
}
.shortcut{
    float:right;
    width:400px;
    height:200px;
}
```

[style.css]

```css
28    .logo {                /* 로고 영역 스타일 */
29        float: left;
30        width: 250px;       /* 로고 영역 너비 */
31        height: 100px;      /* 로고 영역 높이 */
32    }
33    .menu {                 /* 메뉴 영역 스타일 */
34        float: right;
35        width: 800px;       /* 메뉴 영역 너비 */
36        height: 100px;      /* 메뉴 영역 높이 */
37    }
38    .imgslide {             /* B영역:이미지 슬라이드 영역 */
39        width: 1200px;      /* 이미지 슬라이드 너비 */
40        height: 300px;      /* 이미지 슬라이드 높이 */
41    }
42    .contents {             /* C영역:notice, gallery, shorcut 묶어줌 */
43        width: 1200px;      /* 콘텐츠(공지사항, 갤러리, 바로가기) 너비 */
44        height: 200px;      /* 콘텐츠(공지사항, 갤러리, 바로가기) 높이 */
45    }
46    .notice {
47        float: left;
48        width: 400px;
49        height: 200px;
50    }
51    .gallery {
52        float: left;
53        width: 400px;
54        height: 200px;
55    }
56    .shortcut {
57        float: right;
58        width: 400px;
59        height: 200px;
60    }
61    footer {                /* D영역:하단 영역 */
62        width: 100%;        /* 하단 너비(브라우저100%) */
63        height: 100px;      /* 하단 높이 */
64        background-color: #bbbbbb;
65    }
```

🅱 기적의 TIP

• 공지사항과 갤러리, 바로가기 등 각 영역의 너비 width는 정해진 값이 없으므로 임의로 지정합니다.
• 각 콘텐츠 영역 높이 height는 와이어프레임에서 주어진 200px 값을 지정합니다.

10 푸터 영역에 들어가는 각 영역의 스타일을 지정합니다. 푸터 영역은 Copyright 〈div class="copy"〉 영역 그리고 SNS와 패밀리 사이트 영역을 묶어준 〈div class="site"〉로 구분되어 있습니다. 〈div class="site"〉 영역은 다시 〈div class="sns"〉와 〈div class="familysite"〉로 구분되어 있습니다.

각 영역에 대한 스타일을 지정하기 위해 타입(type) 선택자 'footer' 스타일 아래에 다음과 같이 입력합니다.

```
.copy{
    float:left;
    width:550px;
    height:100px;
}
.site{
    float:right;
    width:400px;
    height:100px;
}
.sns{
    float:right;
    width:400px;
    height:50px;
}
.familysite{
    width:400px;
    height:50px;
}
```

[style.css]

```
46    .notice {
47        float: left;
48        width: 400px;
49        height: 200px;
50    }
51    .gallery {
52        float: left;
53        width: 400px;
54        height: 200px;
55    }
56    .shortcut {
57        float: right;
58        width: 400px;
59        height: 200px;
60    }
61    footer {          /* D영역:하단 영역 */
62        width: 100%;      /* 하단 너비(브라우저100%) */
63        height: 100px;   /* 하단 높이 */
64        background-color: #bbbbbb;
65    }
66    .copy {
67        float: left;
68        width: 550px;    /* Copyright 너비 */
69        height: 100px;   /* Copyright 높이 */
70    }
71    .site {              /* sns와 familysite 묶어줌 */
72        float: right;
73        width: 400px;    /* sns와 패밀리 사이트 들어가는 곳 너비 */
74        height: 100px;   /* sns와 패밀리 사이트 들어가는 곳 높이 */
75    }
76    .sns {
77        float: right;
78        width: 400px;    /* 하단 메뉴 너비 */
79        height: 50px;    /* 하단 메뉴 높이 */
80    }
81    .familysite {
82        width: 400px;    /* 패밀리 사이트 너비 */
83        height: 50px;    /* 패밀리 사이트 높이(site 높이의 1/2) */
84    }
85
```

11 지금까지 수정한 사항을 모두 저장하고
'크롬(Chrome)' 브라우저에서 현재까지 작업된
사항을 확인합니다.

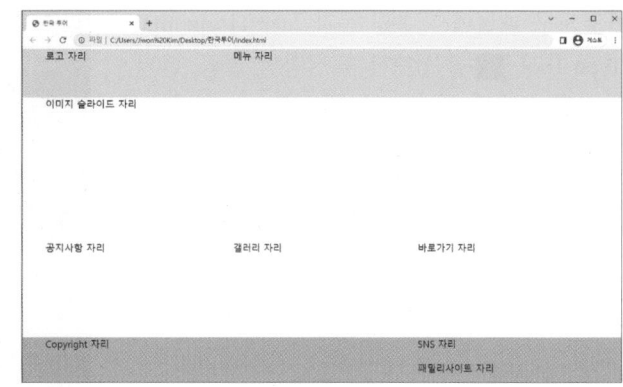

① 로고 만들기

세부 영역별 지시사항대로 Ⓐ Header 영역에 로고를 추가하도록 합니다.
이 문제에서는 로고를 직접 디자인하여 추가하도록 하고 있으므로 먼저 로고를 제작합니다. 로고는 포토샵 또
는 일러스트레이터로 작성할 수 있으며, 정해진 예시 디자인이 없으므로 자유롭게 작성하면 됩니다. 단, 세부
지시사항에서 로고의 크기를 가로 세로 200픽셀×40픽셀, 심벌없이 워드타입으로 디자인하도록 하고 있으므
로 이 조건에 맞게 제작하도록 합니다.

01 포토샵을 이용하여 로고를 제작하기 위해
포토샵을 실행합니다.

02 [파일(File)]-[새로 만들기(New)] 메뉴를 선
택하고 대화상자가 나타나면 다음과 같이 입력
합니다. 세부 영역별 지시사항에 로고의 크기가
200픽셀×40픽셀로 주어져 있으므로 조건에 맞
게 입력하고 확인[(OK)]을 클릭합니다.

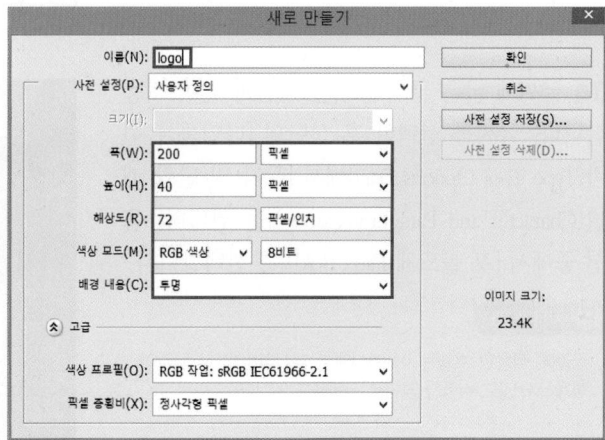

– 이름(Name) : logo
– 폭(Width) : 200 픽셀(pixels)
– 높이(Height) : 40 픽셀(pixels)
– 해상도(Resolution) : 72 픽셀/인치(Pixel/inch)
– 색상 모드(Color Mode) : RGB Color
– 배경 내용(Background Contents) : 투명(Transparent)

03 도구 패널에서 수평 문자 도구(Horizontal Type Tool, T)를 선택한 후 전경색, 글꼴, 글씨 크기를 선택한 후 문자를 작성합니다. 이때 수험자 제공 파일 중 Header 폴더의 제공된 텍스트를 복사하여 입력합니다.

– 글꼴(font) : 맑은 고딕
– 크기(size) : 30pt
– 입력 : 한국투어

기적의 TIP

포토샵 작업 환경은 [창(Window)] 메뉴의 [작업 영역 (Workspace)]의 설정 상태에 따라 다르게 나타날 수 있습니다.

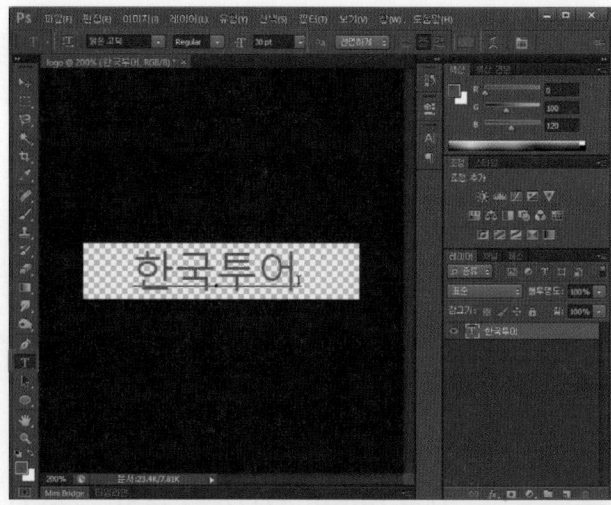

여기에서 글자 색상은 R:0, G:100, B:120을 사용하였습니다.
글자의 종류, 크기, 색상은 임의로 선택하여 사용해도 됩니다.

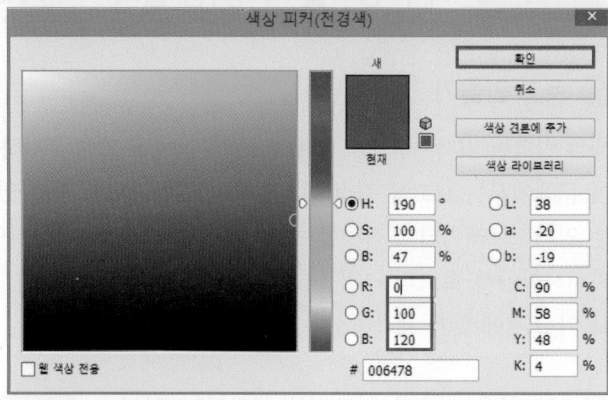

04 글씨에 굵은 글씨 효과를 다음과 같이 적용합니다. 글씨를 선택한 후 상단의 [타입툴 옵션바(Type Tool Options Bar)]에서 [문자 및 단락 패널(Character and Paragraph panels)]을 엽니다. 옵션 중에서 [포 볼드체(Faux Bold)]를 선택합니다.

기적의 TIP

글꼴에 적용한 효과는 이 예시에서 제시하는 것과 똑같이 적용하지 않고 수험자 임의로 선택해도 됩니다.

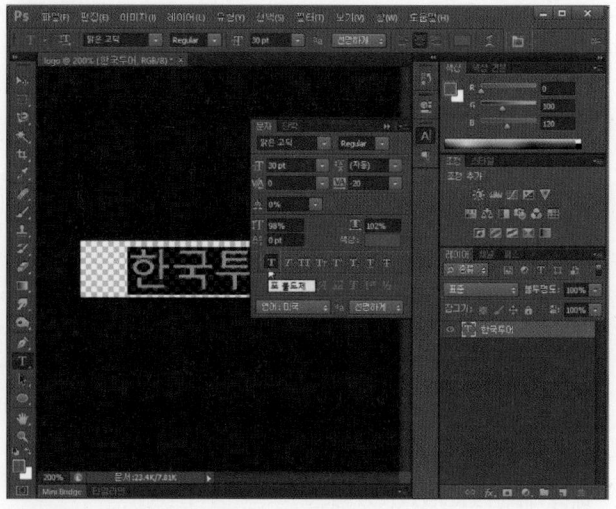

05 로고에 효과를 더 추가합니다. [레이어(La-yer)] − [레이어 스타일(Layer Style)] − [그림자 효과(Drop Shadow)] 메뉴를 선택합니다.

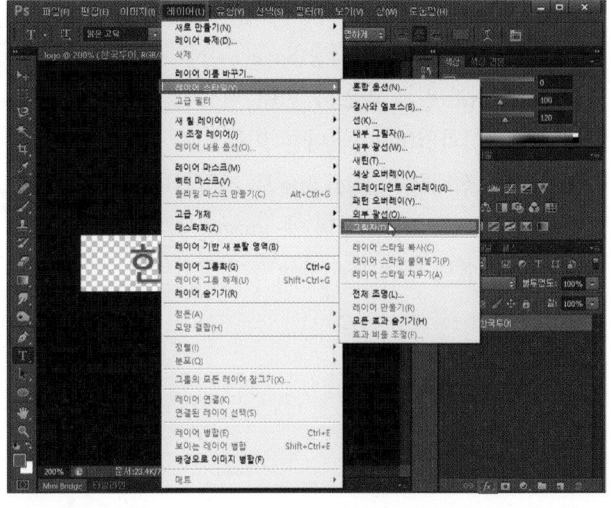

06 그림자 효과의 옵션이 오른쪽에 나타나면 다음과 같이 선택합니다.

– 혼합 모드(Blend Modes) : 곱하기(Multiply)

– 불투명도(Opacity) : 100%

– 각도(Angle) : 120°

– 거리(Distance) : 2px

– 스프레드(Spread) : 100%

– 크기(Size) : 1px

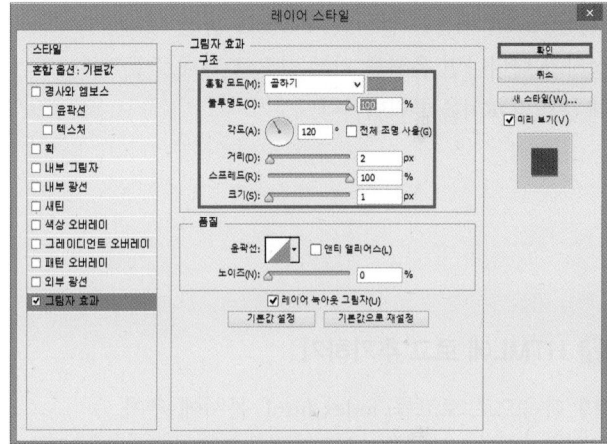

여기에서 그림자 색상은 R:250, G:150, B:0을 사용하였습니다. 색상은 임의로 선택하여 사용해도 됩니다.

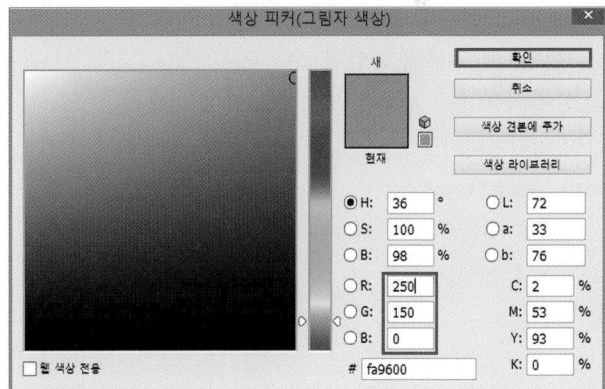

07 글자에 그림자 효과 적용이 끝나면 [파일 (File)]−[다른 이름으로 저장(Save as)]을 선택하여 'logo.psd' 원본 파일을 먼저 저장합니다. 그리고 다시 [파일(File)]−[다른 이름으로 저장 (Save as)]을 선택하여 'logo.png'로 저장합니다. 이때 작업 폴더('비번호' 폴더)에 'images' 폴더를 만들고 해당 폴더 내에 'logo.png'를 저장합니다.

– 파일 이름(File name) : logo.png

– 형식(Format) : PNG

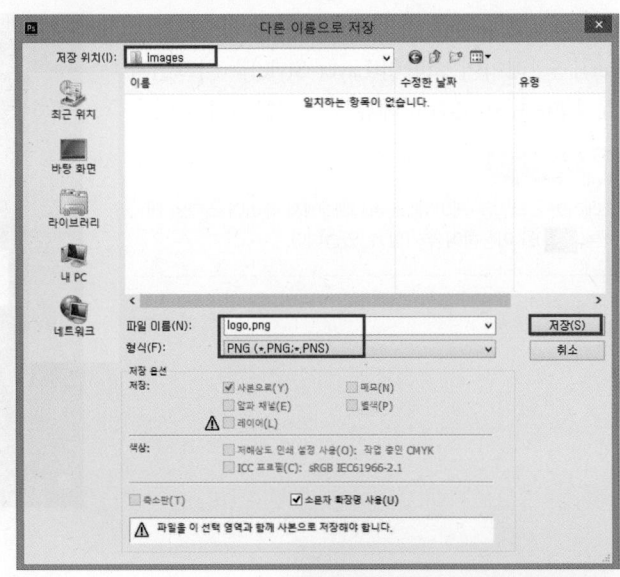

[저장(Save)] 버튼을 클릭한 후 PNG 옵션 대화상자가 나타나면 옵션을 기본 값으로 그대로 둔 채 [확인(OK)]을 클릭합니다.

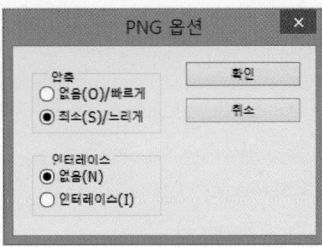

② HTML에 로고 추가하기

01 다음으로 로고를 'index.html' 문서에 추가합니다.

'index.html' 문서로 돌아와서 헤더 영역 안에 로고 영역으로 구분해 놓았던 〈div class="logo"〉 로고 자리 〈/div〉 부분을 찾아, 그 안에 다음과 같이 입력합니다.

```
<div class="logo">
  <a href="#"><img src="images/logo.png" alt=
  "로고"></a>
</div>
```

[index.html]

```
1   <!DOCTYPE html>
2   <html>
3   <head>
4     <meta charset="utf-8">
5     <title>한국투어</title>
6     <link href="css/style.css" type="text/css" rel="stylesheet">
7   </head>
8
9   <body>
10  <!--와이어프레임 상단 시작-->
11  <header>
12    <div class="wrap">
13      <div class="logo">
14        <a href="#"><img src="images/logo.png" alt="로고"></a>
15      </div>
16      <nav class="menu">
17        메뉴 자리
18      </nav>
19    </div>
20  </header>
21  <!--와이어프레임 상단 끝-->
```

🅑 기적의 TIP

• alt : 이미지의 속성
• 〈a href="#"〉 : 임시 링크 추가
• 콘텐츠를 추가할 때, 시험에 주어진 기술적 준수사항을 반드시 지켜야 합니다.
  – '모든 이미지에는 이미지에 대한 대체 텍스트를 표현할 수 있는 alt 속성이 있어야 한다.'고 명시하고 있으므로 이미지를 추가할 때 alt 속성과 값을 기입합니다.
  – '상호작용이 필요한 모든 콘텐츠(로고, 메뉴 Slide, 공지사항, 갤러리 등)는 임시 링크(예:#) 되어야 한다.'고 명시하고 있으므로 추가되는 콘텐츠에 임시 링크를 추가하도록 합니다.

02 수정 사항을 모두 저장한 후 '크롬(Chrome)' 브
라우저에서 현재까지 작업된 사항을 확인합니다.

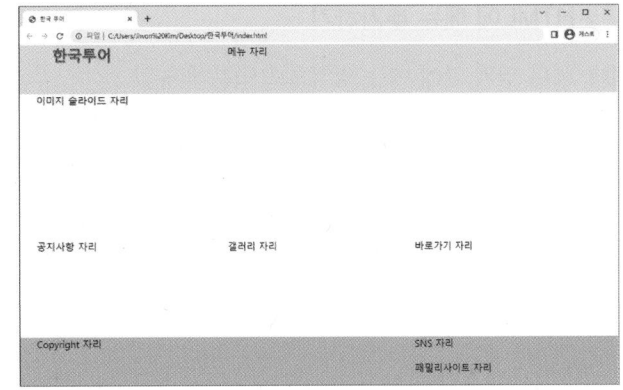

03 스타일 시트 'style.css' 문서에 로고 이미지
에 대한 스타일을 지정합니다.
위에서 지정했던 클래스 선택자 '.logo' 스타일
의 아래에 이미지의 위치와 크기 스타일을 지정
하기 위해 다음을 입력합니다.

```css
.logo img{
    float:left;
    width:200px;
    height:40px;
    margin-top:30px;
    margin-left:25px;
}
```

```css
27      }
28      .logo {          /* 로고 영역 스타일 */
29          float: left;
30          width: 250px;  /* 로고 영역 너비 */
31          height: 100px; /* 로고 영역 높이 */
32      }
33      .logo img {
34          float: left;
35          width: 200px;
36          height: 40px;
37          margin-top: 30px;
38          margin-left: 25px;
39      }
40      .menu {          /* 메뉴 영역 스타일 */
41          float: right;
42          width: 800px;  /* 메뉴 영역 너비 */
43          height: 100px; /* 메뉴 영역 높이 */
44      }
```

04 'index.html' 문서와 'style.css' 문서 모두 저
장하고, '크롬(Chrome)' 브라우저에서 로고 이
미지에 스타일이 추가된 결과를 확인합니다.

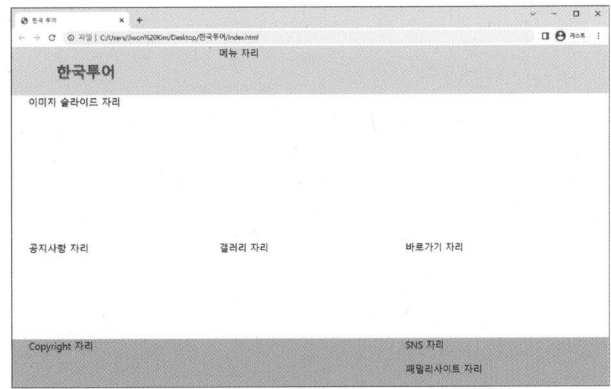

01 헤더 영역 안에 메뉴 영역으로 구분해 놓았던 〈nav class="menu"〉 메뉴 자리 〈/nav〉 부분 안에 다음과 같이 입력하여 메뉴를 추가합니다. 이때 시험에서 제공된 텍스트 파일을 이용하여 메인 메뉴(Main menu)와 서브 메뉴(Sub menu)를 구분하여 입력합니다.

```
<nav class="menu">
  <ul class="navi">
    <li><a href="#">해외여행</a>
      <ul class="submenu" >
        <li><a href="#">동남아/대만</a></li>
        <li><a href="#">중국/홍콩</a></li>
        <li><a href="#">유럽/두바이</a></li>
        <li><a href="#">미주/하와이</a></li>
      </ul>
    </li>
    <li><a href="#">국내여행</a>
      <ul class="submenu">
        <li><a href="#">서울/경기</a></li>
        <li><a href="#">강원</a></li>
        <li><a href="#">충청</a></li>
        <li><a href="#">경상/전라</a></li>
      </ul>
    </li>
    <li><a href="#">제주도</a>
      <ul class="submenu">
        <li><a href="#">버스여행</a></li>
        <li><a href="#">자유여행</a></li>
        <li><a href="#">호텔/펜션</a></li>
      </ul>
    </li>
    <li><a href="#">렌터카</a>
      <ul class="submenu">
        <li><a href="#">국내 렌터카</a></li>
        <li><a href="#">국외 렌터카</a></li>
      </ul>
    </li>
  </ul>
</nav>
```

[index.html]

```
9   <body>
10  <!--와이어프레임 상단 시작-->
11  <header>
12    <div class="wrap">
13      <div class="logo">
14        <a href="#"><img src="images/logo.png" alt="로고"></a>
15      </div>
16      <nav class="menu">
17        <ul class="navi">
18          <li><a href="#">해외여행</a>
19            <ul class="submenu">
20              <li><a href="#">동남아/대만</a></li>
21              <li><a href="#">중국/홍콩</a></li>
22              <li><a href="#">유럽/두바이</a></li>
23              <li><a href="#">미주/하와이</a></li>
24            </ul>
25          </li>
26          <li><a href="#">국내여행</a>
27            <ul class="submenu">
28              <li><a href="#">서울/경기</a></li>
29              <li><a href="#">강원</a></li>
30              <li><a href="#">충청</a></li>
31              <li><a href="#">경상/전라</a></li>
32            </ul>
33          </li>
34          <li><a href="#">제주도</a>
35            <ul class="submenu">
36              <li><a href="#">버스여행</a></li>
37              <li><a href="#">자유여행</a></li>
38              <li><a href="#">호텔/펜션</a></li>
39            </ul>
40          </li>
41          <li><a href="#">렌터카</a>
42            <ul class="submenu">
43              <li><a href="#">국내 렌터카</a></li>
44              <li><a href="#">국외 렌터카</a></li>
45            </ul>
46          </li>
47        </ul>
48      </nav>
49    </div>
50  </header>
51  <!--와이어프레임 상단 끝-->
52
```

'크롬(Chrome)' 브라우저에서 결과를 살펴보면 메뉴 스타일을 지정하지 않았기 때문에 메뉴 글자들이 일렬로 나타나게 됩니다.

④ 메뉴에 스타일 지정하기

세부 영역별 지시사항을 살펴보면, 메뉴를 슬라이드 다운 메뉴(Slide-Down Menu)로 구성하도록 하고 있습니다. 슬라이드 다운 메뉴는 메인 메뉴에 마우스를 올렸을 때(Mouse over) 서브 메뉴를 슬라이드 다운(Slide-Down)으로 보여주고 마우스가 메뉴에서 벗어나면(Mouse out) 슬라이드 업(Slide-Up)되면서 서브 메뉴를 숨겨주는 기능입니다. 메뉴의 모양은 스타일 시트에서 지정하며, 움직이는 동작 기능은 자바스크립트를 이용하여 구성합니다.

01 먼저 메뉴에 스타일을 지정하기 전에 와이어프레임에 제시된 메뉴의 모양을 확인합니다. 이 예시에서는 메인 메뉴 아래로 문서의 폭인 1200px 만큼 배경이 열리면서 서브 메뉴 전체가 펼쳐지도록 되어있습니다.

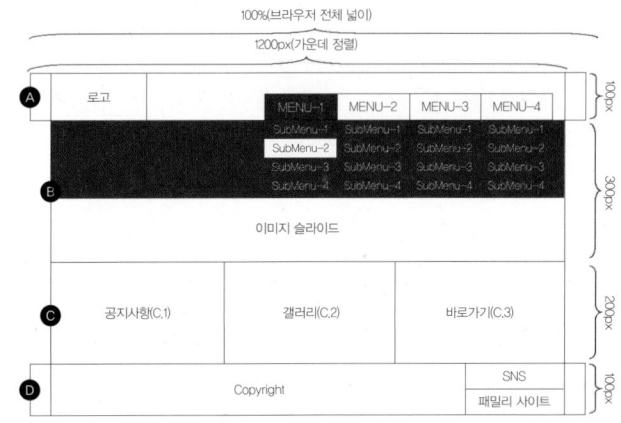

02 먼저 스타일 시트 'style.css' 문서에서 클래스 선택자 '.menu'를 찾아 그 안에 다음과 같이 z-index 속성을 추가하여 메뉴 요소가 화면상에서 가장 앞쪽으로 나타날 수 있도록 지정합니다.

```
.menu{
    float:right;
    width:800px;
    height:100px;
    z-index:1;
}
```

[style.css]

```
33    .logo img {
34        float: left;
35        width: 200px;
36        height: 40px;
37        margin-top: 30px;
38        margin-left: 25px;
39    }
40    .menu {            /* 메뉴 영역 스타일 */
41        float: right;
42        width: 800px;    /* 메뉴 영역 너비 */
43        height: 100px;   /* 메뉴 영역 높이 */
44        z-index: 1;
45    }
46    .imgslide {        /* B영역:이미지 슬라이드 영역 */
47        width: 1200px;   /* 이미지 슬라이드 너비 */
48        height: 300px;   /* 이미지 슬라이드 높이 */
49    }
```

- z-index : 요소의 쌓이는 순서를 결정하는 속성으로 여러 요소들이 겹칠 때 어떤 요소가 화면상에서 앞쪽 또는 뒤쪽으로 보이게 할지 우선순위를 결정. 큰 값을 설정한 요소가 화면에서 더 앞쪽으로 보이게 됨
- 만일 어떤 요소에는 z-index 속성을 지정하고 어떤 요소에는 지정하지 않았다면 z-index를 속성을 지정한 요소가 화면상에서 더 앞으로 보이게 됩니다. 이때 주의할 점은 z-index 속성은 position 속성이 설정된 요소에 대해서만 작용하므로 position 속성을 함께 사용해야 합니다.

03 각 메인 메뉴의 스타일을 지정하기 위해 '.menu' 스타일 아래에 다음의 내용을 추가합니다.

```css
.navi{
    float:right;
    margin-top:50px;
    margin-right:0px;
}

.navi>li{
    float:left;
}

.navi>li>a{
    width:200px;
    height:50px;
    line-height:50px;
    font-size:18px;
    font-weight:bold;
    text-align:center;
    background-color:#333333;
    color:#ffffff;
}

.navi>li>a:hover{
    background-color:#006478;
}
```

[style.css]

```css
40  .menu {          /* 메뉴 영역 스타일 */
41      float: right;
42      width: 800px;    /* 메뉴 영역 너비 */
43      height: 100px;   /* 메뉴 영역 높이 */
44      z-index: 1;
45  }
46  .navi {          /* 전체 메뉴 스타일 */
47      float: right;
48      margin-top: 50px;
49      margin-right: 0px;
50  }
51  .navi>li {       /* 각 메인 메뉴 스타일 */
52      float: left;
53  }
54  .navi>li>a {     /* 각 메인 메뉴의 <a> 요소 스타일 */
55      width: 200px;
56      height: 50px;
57      line-height: 50px;
58      font-size: 18px;
59      font-weight: bold;
60      text-align: center;
61      background-color: #333333;
62      color: #ffffff;
63  }
64  .navi>li>a:hover {/* <a> 요소에 마우스를 올릴 때 스타일 */
65      background-color: #006478;
66  }
67  .imgslide {      /* B영역:이미지 슬라이드 영역 */
68      width: 1200px;   /* 이미지 슬라이드 너비 */
69      height: 300px;   /* 이미지 슬라이드 높이 */
70  }
```

- .navi : 메인 메뉴와 서브 메뉴의 목록인 〈ul class="navi"〉 영역의 스타일 정의
  - float:right : 메뉴 영역을 다른 요소에 대해 오른쪽으로 배치
  - margin-top:50px : 메뉴 영역 위쪽으로 50px 여백 지정
  - margin-right:0px : 메뉴 영역 오른쪽으로 여백이 생기지 않도록 0px 여백 지정
- .navi〉li : .navi의 자식 요소 〈li〉 요소의 스타일 지정. 여기에서는 〈li〉 각 요소의 너비도 width:200px로 지정
  - float:left : 메뉴 영역을 다른 요소에 대해 왼쪽으로 배치
- .navi〉li〉a : .navi의 자식 요소 〈li〉의 자식 요소인 〈a〉 요소의 스타일 지정. 높이, 너비, 줄 간격(line-height), 글씨 속성, 배경색, 글자색 등을 지정
  - 색상 값이 #ffffff처럼 같은 값으로 반복될 경우 16진수로 #fff처럼 간단히 줄여서 사용할 수 있습니다(#ffffff = #fff).
- .navi〉li〉a:hover : .navi의 자식 요소인 〈li〉의 자식 요소인 〈a〉 요소에 마우스를 올릴 때(hover) 변화되는 스타일을 지정. 마우스가 올라오면 메뉴의 배경색이 background-color:#006478로 변경되게 함
- font-size:18px : 메뉴 글자 크기 지정
- font-weight:bold : 메뉴 글자 볼드체 지정
- 줄 간격 line-height를 높이 height와 같은 값을 주게 되면(height:50px, line-height:50px) 글자가 세로로 가운데 정렬이 됩니다. 이때 글자 사이즈(font-size:18px)를 기준으로 한 줄 안에서 글자 위아래 여백이 같게 조정되어 글자가 가운데에 나타나게 됩니다. 즉, line-height:50px에서 font-size:18px 뺀 값인 32px이 1/2으로 나뉘어 글자 위아래로 16px씩 여백이 생기게 됩니다.

04 작업 중인 'index.html' 문서와 'style.css' 문서를 모두 저장하고, '크롬(Chrome)' 브라우저에서 지금까지 작업된 결과를 확인합니다.
메인 메뉴 위에 마우스를 올리면 배경색과 글자색이 변경되는 것을 확인할 수 있습니다.

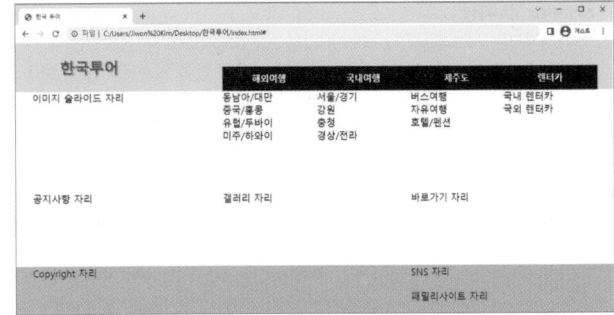

05 서브 메뉴의 스타일을 지정하기 위해 '.navi>li>a:hover' 스타일 아래에 다음의 내용을 추가합니다.

```
.submenu{
    width:200px;
    height:160px;
    position:absolute;
    display:none;
    z-index:3;
    background-color:#bbbbbb;
}
.submenu>li>a{
    width:200px;
    height:40px;
    line-height:40px;
    font-size:16px;
    font-weight:bold;
    text-align:center;
    background-color:#bbbbbb;
    color:#333333;
}
.submenu>li>a:hover{
    background-color:#006478;
}
```

[style.css]

```
54    .navi>li>a {        /* 각 메인 메뉴의 <a> 요소 스타일 */
55        width: 200px;
56        height: 50px;
57        line-height: 50px;
58        font-size: 18px;
59        font-weight: bold;
60        text-align: center;
61        background-color: #333333;
62        color: #ffffff;
63    }
64    .navi>li>a:hover {/* <a> 요소에 마우스를 올릴 때 스타일 */
65        background-color: #006478;
66    }
67    .submenu {         /* 서브 메뉴 영역 스타일 */
68        width: 200px;
69        height: 160px;
70        position: absolute;
71        display: none;
72        z-index: 3;
73        background-color: #bbbbbb;
74    }
75    .submenu>li>a {    /* 각 서브 메뉴의 <a> 요소 스타일 */
76        width: 200px;
77        height: 40px;
78        line-height: 40px;
79        font-size: 16px;
80        font-weight: bold;
81        text-align: center;
82        background-color: #bbbbbb;
83        color: #333333;
84    }
85    .submenu>li>a:hover {/* <a> 요소에 마우스를 올릴 때 스타일 */
86        background-color: #006478;
87    }
88    .imgslide {        /* B영역:이미지 슬라이드 영역 */
89        width: 1200px;  /* 이미지 슬라이드 너비 */
90        height: 300px;  /* 이미지 슬라이드 높이 */
91    }
```

기적의 TIP

- .submenu : <ul class="submenu"> 영역의 스타일 정의. 서브 메뉴 목록에 대한 스타일을 정의함
- height:160px : 서브 메뉴 영역의 전체 높이 지정
- position:absolute : 상위 컨테이너를 기준으로 절대 좌표값을 가지도록 함. 따라서 서브 메뉴의 영역에 대해 상위 컨테이너인 메인 메뉴의 〈a〉 요소의 시작점을 기준으로 삼기 때문에 서브 메뉴가 메인 메뉴 아래쪽으로 나타나게 됨
- submenu〉li〉a : .submenu의 자식 요소 〈li〉의 자식 요소인 〈a〉 요소의 스타일 지정. 높이, 너비, 줄 간격(line-height), 글씨 속성, 배경색, 글자색 등을 지정
- .submenu〉li〉a:hover : .submenu의 자식 요소 〈li〉의 자식 요소인 〈a〉 요소에 마우스를 올릴 때(hover) 변화되는 스타일을 지정
- display:none : 해당 요소에 대한 박스 공간을 생성하지 않기 때문에 요소가 보이지 않게 됨. 메인 메뉴만 나타나고 서브 메뉴는 처음에는 나타나지 않도록 하기 위해 설정. 이 속성을 지우면 서브 메뉴가 처음부터 보이게 됨

- **z-index 값 지정**
  - 여기에서는 서브 메뉴의 z-index 값을 z-index=3으로 지정하였습니다.
  - 여러 요소들이 겹칠 때 어떤 요소가 화면상에서 앞쪽 또는 뒤쪽으로 보이게 할지 우선순위를 결정하는 z-index 값은 큰 값을 가질수록 화면에서 (사용자 입장에서) 더 앞쪽으로 보이게 됩니다.
  - 이 예시에서는 메인 메뉴의 z-index:1, 서브 메뉴의 z-index:3으로 지정한 후, 이후 메뉴 아래로 펼쳐지는 메뉴 전체 배경 1200px에는 z-index:2로 지정할 것입니다.
  - z-index 속성은 position 속성이 설정된 요소에 대해서만 작용하므로 position 속성을 함께 사용해야 합니다.
- **서브 메뉴의 배경 지정**
  - .submenu)li)a에서 서브 메뉴 한 개 높이를 height:40px로 지정했습니다.
  - 따라서 서브 메뉴들이 모이면 그 최대 높이는 40px×4(서브 메뉴 4개)=160px이 됩니다. 이 높이를 서브 메뉴 영역의 전체 높이로 지정합니다.
  - 또 background:#bbbbbb를 지정하여 서브 메뉴들의 배경으로 흰색이 나타나도록 하였습니다.

---

06 문서를 저장하고, 지금까지 작업된 결과를 확인합니다.

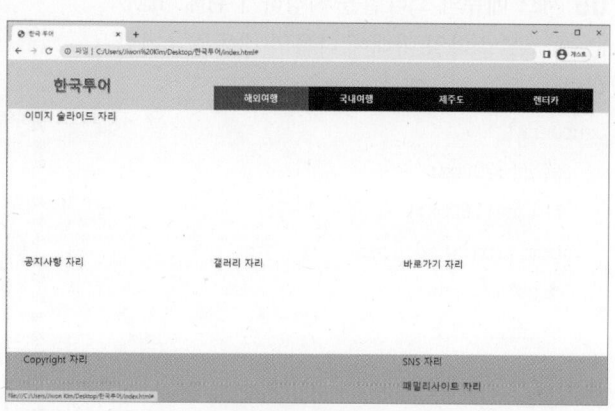

만일 서브 메뉴 영역 스타일 .submenu에서 설정한 'display:none' 속성을 지우고 실펴보면 서브 메뉴가 나타나게 됩니다.

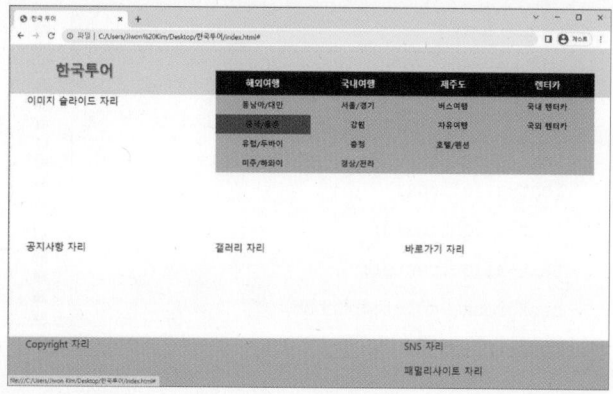

07 다음으로 와이어프레임에 제시된 것처럼 메인 메뉴 아래로 문서의 폭 크기인 1200px 배경이 열릴 수 있도록 메뉴 배경 영역을 작성합니다. 'index.html' 문서로 돌아와서 메뉴 영역인 〈nav class="menu"〉 부분을 찾아, 그 바로 위에 다음과 같이 입력합니다.

<div id="menu_bg"></div>

기적의 TIP

이 〈div〉 영역은 메뉴의 배경을 지정하기 위한 영역으로서 1200px로 나타나도록 스타일을 지정합니다.

[index.html]

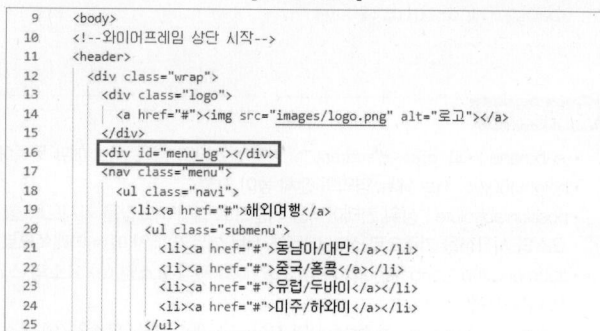

08 메뉴 배경 영역을 위해 스타일을 지정합니다. 스타일 시트 'style.css' 문서에서 클래스 선택자 '.menu'를 찾아 그 위에 다음과 같이 스타일을 지정합니다.

```
#menu_bg{
    width:1200px;
    height:160px;
    position:absolute;
    display:none;
    z-index:2;
    top:100px;
    background-color:#bbbbbb;
}
```

[style.css]

```
33    .logo img {
34        float: left;
35        width: 200px;
36        height: 40px;
37        margin-top: 30px;
38        margin-left: 25px;
39    }
40    #menu_bg {          /* 메뉴 슬라이드 배경 */
41        width: 1200px;   /* 메뉴 슬라이드 배경 너비(브라우저 100%) */
42        height: 160px;   /* 서브메뉴 전체 높이 */
43        position: absolute;
44        display: none;
45        z-index: 2;
46        top: 100px;
47        background-color: #bbbbbb;
48    }
49    .menu {              /* 메뉴 영역 스타일 */
50        float: right;
51        width: 800px;    /* 메뉴 영역 너비 */
52        height: 100px;   /* 메뉴 영역 높이 */
53        z-index: 1;
54    }
```

기적의 TIP

• 스타일 시트 내에서 스타일 정의는 순서에 상관없이 입력이 가능합니다. 그러나 쉽게 찾고 수정할 수 있도록 HTML 문서의 태그 순서와 일치시키는 것이 좋습니다.
• 메인 메뉴 z-index:1, 서브 메뉴 z-index:3으로 지정하였고, 메뉴 전체 배경에는 z-index:2로 지정하여 메뉴 전체 배경이 메인 메뉴와 서브 메뉴 사이에 위치하도록 합니다.

09 작성된 메뉴의 배경이 1200px 크기로 잘 나타나는지 확인하기 위해 문서를 모두 저장하고 결과를 확인합니다.
이때 서브 메뉴 '.submenu'와 메뉴 전체 배경 '#menu_bg'에 지정한 'display:none' 부분을 주석 처리하거나 삭제한 후 확인해야 결과를 확인할 수 있습니다.

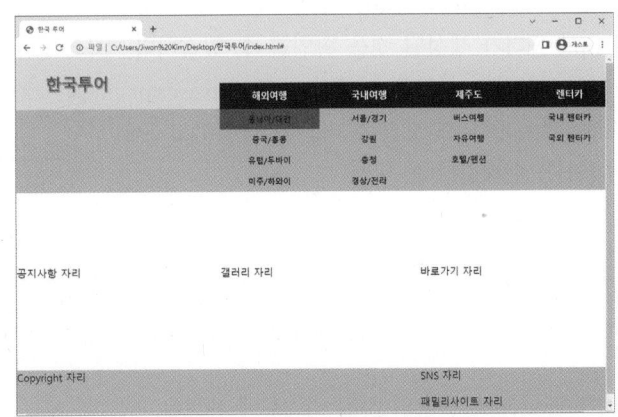

메뉴 전체의 배경은 브라우저 전체 크기 100%가 아닌 홈페이지 전체 너비인 1200px로 나타나야 합니다. 브라우저 크기를 전체 크기로 변경하여 메뉴 배경이 1200px로 잘 나타나는지 확인하도록 합니다.

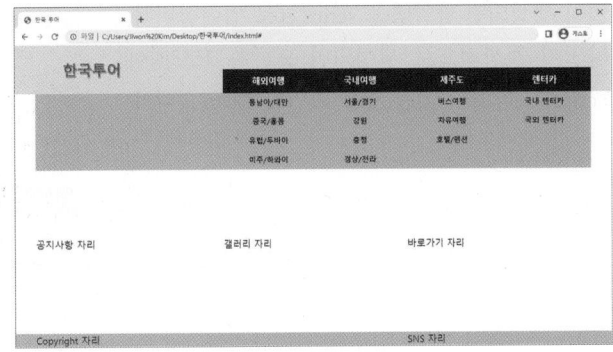

⑤ 메뉴에 슬라이드 다운 기능 구현하기

이번에는 메인 메뉴, 서브 메뉴에 슬라이드 다운(Slide-Down) 기능이 되도록 자바스크립트와 제이쿼리(jQuery)를 활용하여 동적 기능을 만들어줍니다.

01 작업 폴더('비번호' 폴더)에 'javascript' 폴더를 생성한 후 수험자 제공 파일로 주어진 jQuery 라이브러리 오픈소스 파일 'jquery-1.12.3.js'을 'javascript' 폴더로 복사 또는 이동시켜줍니다.

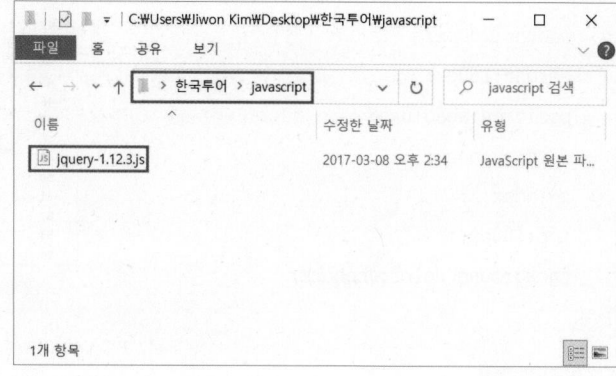

기적의 TIP

- jQuery 라이브러리는 자바스크립트 파일(*.js)로 저장되어 있으며, 모든 jQuery 메소드를 담고 있습니다.
- jQuery는 사용 전에 다운로드받은 후 연결(설치)해야 그 기능을 사용할 수 있습니다.

02 Visual Studio Code 탐색기에서도 'javascript' 폴더가 생성된 것을 확인할 수 있습니다. 자바스크립트 파일을 만들기 위해, 'javascript' 폴더에서 마우스 오른쪽 버튼을 클릭하고 [새 파일]을 선택합니다.

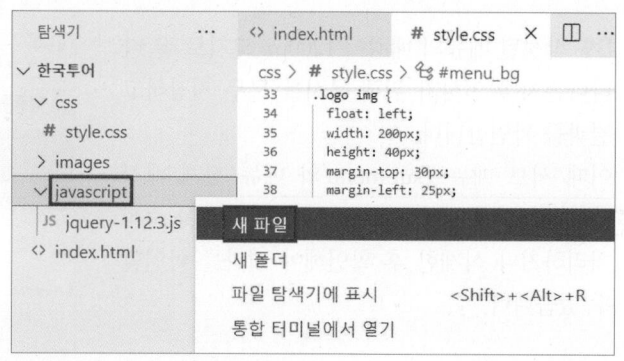

03 'javascript' 폴더의 하위 리스트에 새로운 파일이 생성되면 파일명을 'script.js'로 입력합니다. 파일이 정상적으로 생성되면 오른쪽 코드창에 'script.js' 파일이 열린 것을 확인할 수 있습니다.

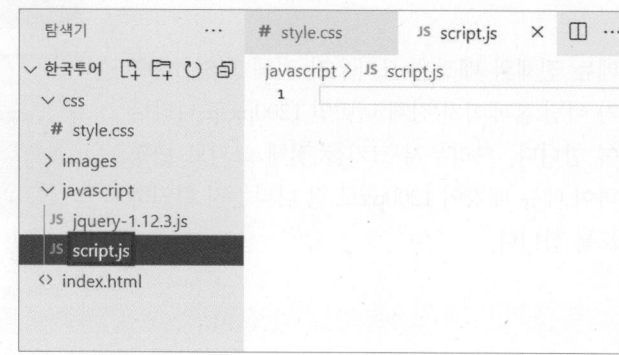

04 슬라이드 다운(Slide-Down) 기능이 동작하도록 하기 위해 'script.js' 파일에 다음과 같이 입력하고 파일을 저장합니다.

```
jQuery(document).ready(function(){

  $('.navi>li').mouseover(function(){
    $('.submenu').stop().slideDown(500);
    $("#menu_bg").stop().slideDown(500);
  }).mouseout(function(){
    $('.submenu').stop().slideUp(500);
    $("#menu_bg").stop().slideUp(500);
  });

});
```

[script.css]

```
1    // JavaScript Document
2
3    jQuery(document).ready(function () {
4
5      $('.navi>li').mouseover(function () {
6        $('.submenu').stop().slideDown(500);
7        $("#menu_bg").stop().slideDown(500);
8      }).mouseout(function () {
9        $('.submenu').stop().slideUp(500);
10       $("#menu_bg").stop().slideUp(500);
11     });
12
13   });
14
```

기적의 TIP

- jQuery 문법 : HTML 요소를 선택한 후 그 요소에 수행할 액션을 지정함
- $: jQuery() 함수의 별칭. 선택자와 일치하는 DOM 요소를 배열을 가진 특별한 객체를 반환. 기본 형식 : $(선택자(selector)).action
- $(".navi>li") : .navi의 〈li〉 요소에 mouseover 와 mouseout 이벤트 설정
- $("#menu_bg") : menu_bg 요소에 mouseover 와 mouseout 이벤트 설정
- stop() : 현재 동작하고 있는 애니메이션 동작을 즉시 중단
- slideDown(), slideUp() : jQuery 라이브러리에서 제공하는 함수로 슬라이딩 애니메이션과 함께 보여주거나 숨김. 선택한 요소의 height 값을 낮추거나 높혀가며 사라지게 함. 숫자값 500은 0.5초를 의미

---

05 작성한 'script.js' 파일과 jquery-1.12.3.js'을 'index.html' 문서 본문에 연결합니다.
〈head〉와 〈/head〉 사이에 다음과 같이 입력합니다.

```
<script src="javascript/jquery-1.12.3.js">
</script>
<script src="javascript/script.js" defer
type="text/javascript"></script>
```

[index.html]

```
1    <!DOCTYPE html>
2    <html>
3    <head>
4      <meta charset="utf-8">
5      <title>한국 투어</title>
6      <link href="css/style.css" type="text/css" rel="stylesheet">
7      <script src="javascript/jquery-1.12.3.js"></script>
8      <script src="javascript/script.js" defer type="text/javascript"></
       script>
9    </head>
10
11   <body>
12   <!--와이어프레임 상단 시작-->
13   <header>
```

기적의 TIP

- defer(또는 defer="defer") : script가 잠깐 지연되도록 하여 HTML 구문 분석이 완료된 후 스크립트를 실행하도록 함
- 화면 렌더링과 관련된 대부분의 코드는 HTML과 CSS 문서 안에 포함되어 있습니다. 반면 대부분의 script는 사용자의 액션이 발생한 이후의 동작을 렌더링합니다. 이러한 렌더링의 시간 차이로 script가 동작되지 않는 것을 예방하기 위해 defer 속성을 사용합니다.
- defer 속성을 사용하지 않는 경우 〈script〉 부분을 〈/body〉 태그 다음에 위치시킴으로써 렌더링을 지연시킬 수 있습니다.

06 작업 중인 'index.html' 문서와 'style.css' 문서를 모두 저장하고, '크롬(Chrome)' 브라우저에서 지금까지 작업된 결과를 확인합니다.

메인 메뉴와 서브 메뉴의 슬라이드 효과가 잘 동작하는지 확인합니다.

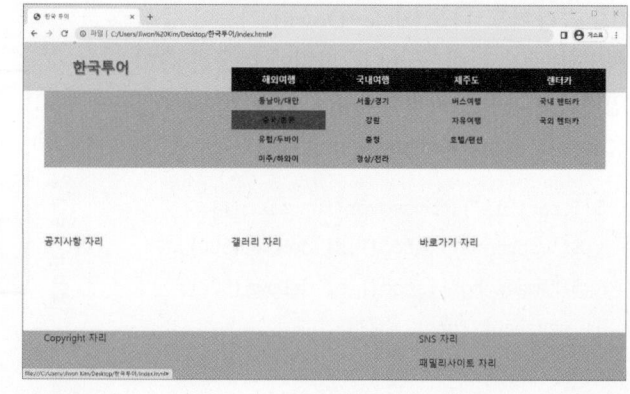

세부 영역별 지시사항 풀기 – Ⓑ Slide　　　　약 30분

❶ 슬라이드 이미지 추가하기

세부 영역별 지시사항대로 Ⓑ Slide 영역에 들어갈 이미지 슬라이드를 제작합니다.

세부 지시사항에서 3개의 이미지를 이용하여 페이드인(Fade-in), 페이드아웃(Fade-out) 효과를 제작하도록 하고 있으므로 CSS 파일에서 이미지의 스타일을 시정한 후, 사바스크립트에서 세이쿼리(jQuery)를 이용하여 해당 동작을 구현합니다.

01 앞서 만들었던 'images' 폴더에 수험자 제공 파일로 주어진 슬라이드 이미지 3개를 복사합니다. 이때, '수험자 제공 파일'로 주어진 다른 이미지들도 미리 복사해둡니다.

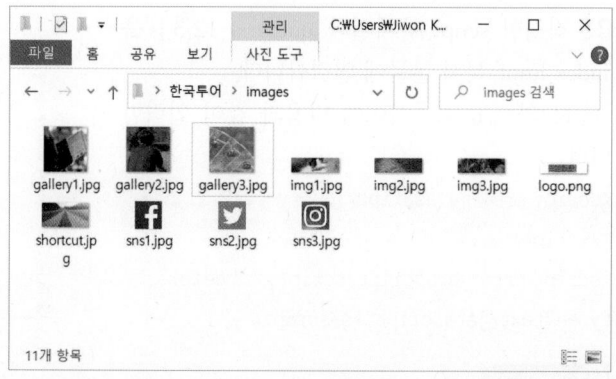

02 'index.html' 문서에서 〈div class="imgslide"〉 이미지 슬라이드 자리 〈/div〉 부분을 찾은 후 이미지들을 추가합니다.

이때 지시사항에 제공된 3개의 텍스트를 각 이미지에 적용하도록 하고 있으므로 〈span〉 요소를 이용하여 글자도 함께 추가합니다.

```
<div class="imgslide">

  <a href="#">

    <img src="images/img1.jpg" alt="이미지1">
    <span class="imgtext">국내 여행의 대표, 한
    국투어</span>

  </a>

  <a href="#">

    <img src="images/img2.jpg" alt="이미지2">
    <span class="imgtext">해외 여행 예약, 한국투어</span>

  </a>

  <a href="#">

    <img src="images/img3.jpg" alt="이미지3">
    <span class="imgtext">편리한 렌터카, 한국투어</span>

  </a>

</div>
```

[index.html]

```
52          </div>
53      </header>
54      <!--와이어프레임 상단 끝-->
55
56      <!--이미지 슬라이드 영역 시작-->
57      <div class="imgslide">
58        <a href="#">
59          <img src="images/img1.jpg" alt="이미지1">
60          <span class="imgtext">국내 여행의 대표, 한국투어</span>
61        </a>
62
63        <a href="#">
64          <img src="images/img2.jpg" alt="이미지2">
65          <span class="imgtext">해외 여행 예약, 한국투어</span>
66        </a>
67
68        <a href="#">
69          <img src="images/img3.jpg" alt="이미지3">
70          <span class="imgtext">편리한 렌터카, 한국투어</span>
71        </a>
72      </div>
73      <!--이미지 슬라이드 영역 끝-->
74
75      <!--콘텐츠 영역 시작-->
76      <div class="contents">
77        <div class="notice"> <!--공지사항 영역-->
78          공지사항 자리
79        </div>
```

B 기적의 TIP

• 'div' 영역의 class 이름을 'imgslide'으로 지정하였으므로 스타일 시트 파일에서 선택자로 '.imgslide'을 사용하게 됩니다.
• '상호작용이 필요한 모든 콘텐츠(로고, 메뉴 Slide, 공지사항, 갤러리 등)는 임시 링크되어야 한다.'고 명시하고 있으므로 추가되는 이미지에도 임시 링크를 추가합니다.
• 〈span〉 : 다른 텍스트와 구분하기 위해 사용. 줄을 바꾸지 않고 글자색이나 배경색 등을 변경

❷ 슬라이드 이미지에 스타일 추가하기

01 지금까지 작업된 결과를 확인해 보면 다음과 같이 메인에 추가한 텍스트와 이미지들이 아래로 줄지어 나타납니다.

텍스트와 이미지가 정해진 영역 안에서만 나타나고 그 외의 영역에서는 나타나지 않도록 스타일을 추가하도록 합니다.

02 스타일 시트 'style.css' 문서에서 클래스 선택자 '.imgslide'를 찾은 후 이미지와 텍스트에 대한 스타일을 추가합니다.

먼저 '.imgslide' 안에 'position:relative'와 'overflow:hidden' 속성을 추가합니다. 이어서 각 이미지와 이미지 위에 나타나는 텍스트에 대한 상세한 스타일을 입력합니다.

```css
.imgslide{
    width:1200px;
    height:300px;
    position:relative;
    overflow:hidden;
}
.imgslide>a{
    display:block;
    position:absolute;
}
.imgslide span{
    width:300px;
    text-align:center;
    color:#ffffff;
    font-weight:bold;
    left:40%;
    top:40%;
    position:absolute;
    background-color:rgba(100,100,100,0.7);
}
```

[style.css]

```css
94    .submenu>li>a:hover {/* <a> 요소에 마우스를 올릴 때 스타일 */
95       background-color: #006478;
96    }
97    .imgslide {          /* B영역:이미지 슬라이드 영역 */
98       width: 1200px;   /* 이미지 슬라이드 너비 */
99       height: 300px;   /* 이미지 슬라이드 높이 */
100      position: relative;
101      overflow: hidden;
102   }
103   .imgslide>a {
104      display: block;
105      position: absolute;
106   }
107   .imgslide span {
108      width: 300px;
109      text-align: center;
110      color: #ffffff;
111      font-weight: bold;
112      left: 40%;
113      top: 40%;
114      position: absolute;
115      background-color: rgba(100, 100, 100, 0.7);
116   }
117   .contents {          /* 영역:notice, gallery, shortcut 묶어줌 */
118      width: 1200px;   /* 콘텐츠(공지사항, 갤러리, 바로가기) 너비 */
119      height: 200px;   /* 콘텐츠(공지사항, 갤러리, 바로가기) 높이 */
120   }
```

⒝ 기적의 TIP

• 시험 문제 중 'Ⓑ Slide의 세부 지시사항'에 '[Slide] 폴더에 제공된 3개의 텍스트를 각 이미지에 적용하되, 텍스트의 글자체, 굵기, 색상, 크기를 적절하게 설정하여 가독성을 높이고, 독창성이 드러나도록 제작한다.'라고 되어 있으므로 적절하게 스타일을 지정합니다. 스타일 지정에 대한 자세한 지시사항이나 주어진 값은 없으므로 수험자 임의로 자유롭게 지정하면 됩니다.

• .imgslide>a : <div class="imgslide"> 자식 요소 중 <a> 요소에 대한 스타일을 지정. 슬라이드 이미지와 이미지 위에 나타날 텍스트 영역을 담은 컨테이너임

• overflow:hidden : 이미지가 지정된 영역 안에서만 보이고, 영역 밖으로 넘친 부분은 보이지 않도록 지정

• width:300px : 텍스트 영역의 너비

• left:40%, top:40% : 컨테이너의 시작점을 기준으로 40%의 여백. 여백 값은 임의로 지정 가능

• position:absolute : 상위 컨테이너를 기준으로 절대 좌표값을 가짐

• background-color:rgba(100,100,100,0.7) : 색상 및 불투명도 지정. a 속성은 투명도를 의미하며, 0~1사이의 값을 가짐. 반드시 설정해야 하는 것은 아니며 글자를 잘 보이게 하기 위해 설정한 것으로 삭제 및 임의로 지정 가능

• position:relative와 position:absolute의 관계 : .imgslide로 지정된 <div class="imgslide">에 position:relative을 지정하고 다시 이것의 내부에 있는 '.imgslide>a'로 지정한 <a>에 요소에 position:absolute로 지정. 이렇게 지정하게 되면 position:relative으로 지정한 컨테이너를 기준점으로 삼아 position:absolute가 절대 좌표값을 가지게 됨. 만일 기준점이 되는 컨테이너가 없으면 문서 화면 전체를 기준으로 절대 좌표값을 가지게 됨

03 작업 중인 문서를 저장하고, '크롬(Chrome)' 브라우저에서 결과를 확인해 보면 이미지들이 한 곳에 겹쳐서 모여 있고, 그 위에 글자가 나타나는 것을 확인할 수 있습니다.

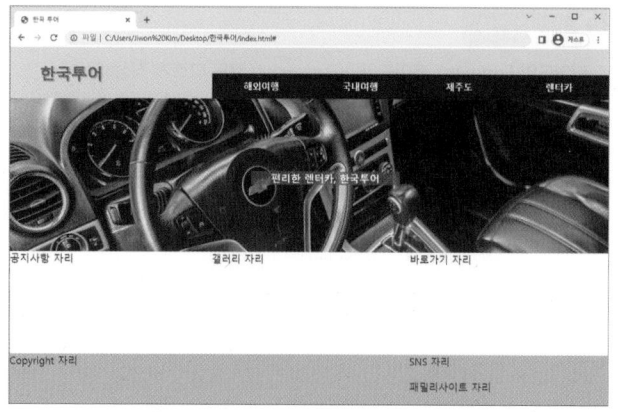

③ Fade-in, Fade-out 구현하기

01 이미지에 페이드인, 페이드아웃 기능을 구현하기 위해 'script.js' 문서에 다음과 같이 입력합니다. 이때 처음에 입력했던 스크립트의 마지막 줄인 '});'의 안쪽에 입력하도록 합니다.

```
$('.imgslide a:gt(0)').hide();
setInterval(function(){
  $('.imgslide a:first-child')
    .fadeOut()
    .next('a')
    .fadeIn()
    .end()
    .appendTo('.imgslide');
},3000);
```

[script.js]

```
1    // JavaScript Document
2
3    jQuery(document).ready(function () {
4
5      $('.navi>li').mouseover(function () {
6        $('.submenu').stop().slideDown(500);
7        $("#menu_bg").stop().slideDown(500);
8      }).mouseout(function () {
9        $('.submenu').stop().slideUp(500);
10       $("#menu_bg").stop().slideUp(500);
11     });
12
13     $('.imgslide a:gt(0)').hide();
14     setInterval(function () {
15       $('.imgslide a:first-child')
16         .fadeOut()
17         .next('a')
18         .fadeIn()
19         .end()
20         .appendTo('.imgslide');
21     }, 3000);
22
23   });
24
```

🅑 **기적의 TIP**

- .imgslide a:**gt(0)** : gt(index)는 index 값보다 더 큰 값(greater)을 가진 요소들을 모두 선택함
  - gt(index)는 0번째부터 계수하여 index 값보다 큰 값을 가져옴. 여기에서는 처음 값이 gt(0)이므로 0보다 큰 요소들인 1, 2, 3번째 요소들을 모두 선택함
- .imgslide a:gt(0)').hide() : .imgslide 요소 중 0보다 큰 1, 2, 3번째 요소를 모두 선택하여 숨김
- setInterval(function(){}, 3000 : 일정 시간마다 반복적으로 동작을 실행. 3000은 3000ms(3초)로 3초마다 실행
- ('.imgslide a:first-child').fadeOut() : 'first-child'는 가상 클래스 선택자로서 부모 요소가 가지고 있는 자식 요소 중 첫 번째를 선택. .imgslide의 자식 요소 〈a〉 요소 중에서 첫 번째를 선택하여 페이드아웃 실행
  - fadeOut() : 페이드아웃 효과를 나타냄. 만일 fadeOut(1000)과 같이 숫자 값을 기입하면 1초에 걸쳐 페이드아웃 효과가 진행됨
- .next('a').fadeIn() : 다음 요소를 선택하여 페이드인 실행
- .end() : 이전 선택 요소를 선택
- .appendTo('.imgslide') : 선택한 요소를 .imgslide 선택자의 요소의 자식 요소로 추가
- 자바스크립트 코드는 수험자 임의로 자유롭게 지정할 수 있으므로 여기에 제시된 코드를 얼마든지 변경해서 사용해도 됩니다.

페이드인(Fade-in), 페이드아웃(Fade-out) 코드 다르게 작성해보기

• 페이드인, 페이드아웃를 구현할 때 정해진 알고리즘은 없습니다. 수험자가 임의로 자유롭게 수정 및 변경해서 사용하시면 됩니다.
• 다음의 오른쪽과 코드를 작성하면 다른 페이드인, 페이드아웃 효과가 나타납니다.

```
$('.imgslide a:gt(0)').hide();
setInterval(function(){
    $('.imgslide a:first-child')
        .fadeOut()
        .next('a')
        .fadeIn()
        .end()
        .appendTo('.imgslide');
},3000);
```

```
$('.imgslide a:gt(0)').hide();
var i = 0;
function slidelist(){
    var list = $('.imgslide a');
    list.eq(i).fadeIn().delay(2000).
    fadeOut(function(){
    i++;
    if(i % list.length == 0){
        i = 0;
    }
    slidelist();
});
}
slidelist();
```

• var i = 0 : 변수 i를 선언하고 그 변수에 0값을 담음
• function slidelist() : 함수 slidelist를 선언
• var list = $('.imgslide a') : 변수 list를 선언하고 그 변수에 .imgslide의 자식 요소 〈a〉를 담음
• list.eq(i).fadeIn().delay(2000).fadeOut(function() : list 변수에 담긴 .imgslide의 자식 요소 a중에서 i 값을 index 값으로 넣음. delay(2000)을 설정하여 2초간 지연시킨 후 fadeOut을 실행함
 − list.eq(0)이면 list에 들어가 있는 것 중 첫 번째를 선택함
 − eq(i) : i(index)에 해당하는 요소를 가져옴. eq(0)=1을 의미
 − (function() : 이와 같이 함수가 괄호로 둘러싸인 경우를 즉시 호출 함수(IIFE, Immediately Invoked Function Expression)이라고 함. 즉시 호출 함수는 함수가 생성되자마자 즉시 실행됨
• i++; if(i % list.length == 0) { i = 0; } : list 변수로 들어가는 .imgslide의 자식 요소 〈a〉가 몇 번째 요소인지를 가리키기 위한 index i값을 하나씩 증가시킴. 이때 list 전체 길이가 0과 같아지면 i 값을 0으로 변경
 − .length : 문자열의 길이를 반환. 'abc'.length는 3이 됨
 − list.length : list에 담긴 .imgslide의 자식 요소 〈a〉 요소의 개수를 반환
• slidelist() : slidelist()를 호출

① 공지사항, 갤러리 내용 추가하기

세부 영역별 지시사항대로 © Contents 영역에 들어갈 공지사항, 갤러리, 바로가기 콘텐츠를 제작합니다.

01 'index.html' 문서에서 〈div class="notice"〉 공지사항 자리 〈/div〉를 찾고 해당 영역에 다음과 같이 입력하여 공지사항을 작성합니다.

```
<div class="notice">
  <div class="tab"><h4>공지사항</h4></div>
    <ul>
      <li>
        <a href="#">
          한국투어 홈페이지 개편 안내
          <span>2022.03.01</span>
        </a>
      </li>
      <li>
        <a href="#">
          여행 이벤트 상품을 드립니다.
          <span>2022.03.01</span>
        </a>
      </li>
      <li>
        <a href="#">
          렌트 이용 시 주의해주세요.
          <span>2022.03.01</span>
        </a>
      </li>
      <li>
        <a href="#">
          제주도 여행권 할인 안내
          <span>2020.03.01</span>
        </a>
      </li>
    </ul>
</div>
```

[index.html]

```
68      <a href="#">
69        <img src="images/img3.jpg" alt="이미지3">
70        <span class="imgtext">편리한 렌터카, 한국투어</span>
71      </a>
72    </div>
73    <!--이미지 슬라이드 영역 끝-->
74
75    <!--콘텐츠 영역 시작-->
76    <div class="contents">
77      <div class="notice"> <!--공지사항 영역-->
78        <div class="tab"><h4>공지사항</h4></div>
79        <ul>
80          <li>
81            <a href="#">
82              한국투어 홈페이지 개편 안내
83              <span>2022.03.01</span>
84            </a>
85          </li>
86          <li>
87            <a href="#">
88              여행 이벤트 상품을 드립니다.
89              <span>2022.03.01</span>
90            </a>
91          </li>
92          <li>
93            <a href="#">
94              렌트 이용 시 주의해주세요.
95              <span>2022.03.01</span>
96            </a>
97          </li>
98          <li>
99            <a href="#">
100             제주도 여행권 할인 안내
101             <span>2020.03.01</span>
102           </a>
103         </li>
104       </ul>
105     </div>
106
107     <div class="gallery"> <!--갤러리 영역-->
108       갤러리 자리
109     </div>
```

02 다음으로 〈div class="gallery"〉 갤러리 자리
〈/div〉 영역에 다음과 같이 입력하여 갤러리 부
분에 이미지를 추가합니다.

갤러리 이미지는 Contents 폴더에서 images 폴
더로 미리 옮겨놓은 제공된 이미지 3개를 사용
하여 가로 방향으로 배치합니다.

```
<div class="gallery">
  <div class="tab"><h4>갤러리</h4></div>
  <ul>
    <li>
      <a href="#"><img src="images/gallery1.
      jpg" alt="갤러리1"></a>
    </li>
    <li>
      <a href="#"><img src="images/gallery2.jpg" alt="갤러리2"></a>
    </li>
    <li>
      <a href="#"><img src="images/gallery3.jpg" alt="갤러리3"></a>
    </li>
  </ul>
</div>
```

[index.html]

```
100                  제주도 여행권 할인 안내
101            <span>2020.03.01</span>
102          </a>
103        </li>
104      </ul>
105    </div>
106
107    <div class="gallery"> <!--갤러리 영역-->
108      <div class="tab"><h4>갤러리</h4></div>
109      <ul>
110        <li>
111          <a href="#"><img src="images/gallery1.jpg" alt="갤러리1"></a>
112        </li>
113        <li>
114          <a href="#"><img src="images/gallery2.jpg" alt="갤러리2"></a>
115        </li>
116        <li>
117          <a href="#"><img src="images/gallery3.jpg" alt="갤러리3"></a>
118        </li>
119      </ul>
120    </div>
121
122    <div class="shortcut"> <!--바로가기 영역-->
123      바로가기 자리
124    </div>
125  </div>
126  <!--콘텐츠 영역 끝-->
```

② 공지사항, 갤러리 스타일 추가하기

01 와이어프레임에 제시된 공지사항과 갤러리
영역의 모양을 확인한 후 스타일을 추가합니다.
공지사항 영역에 스타일을 추가하기 위해 'style.
css' 문서에서 클래스 선택자 '.notice' 아래에 다
음과 같이 입력합니다.

```
.tab{
    float:left;
    width:400px;
}
.notice h4{
    float:left;
    height:50px;
    line-height:50px;
}
```

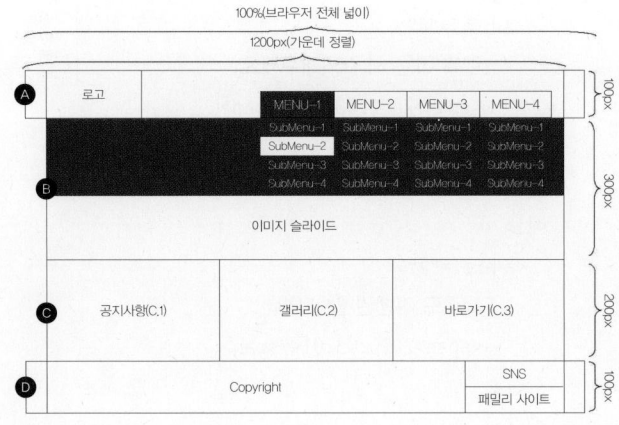

```
.notice>div{

    float:left;

    width:380px;

    border-bottom-color:#fa9600;

    border-bottom-style:solid;

    margin-left:10px;

}

.notice ul{

    float:left;

    width:400px;

}

.notice li{

    height:32px;

    line-height:32px;

    font-size:15px;

    margin-left:10px;

    margin-right:10px;

}

.notice li span{

    float:right;

}

.notice li:nth-child(2n){

    background-color:#fa9600;

}

.notice li:hover{

    font-weight:bold;

}
```

[style.css]

```
117    .contents {          /* C영역:notice, gallery, shorcut 묶어줌 */
118      width: 1200px;     /* 콘텐츠(공지사항, 갤러리, 바로가기) 너비 */
119      height: 200px;     /* 콘텐츠(공지사항, 갤러리, 바로가기) 높이 */
120    }
121    .notice {
122      float: left;
123      width: 400px;
124      height: 200px;
125    }
126    .tab {
127      float: left;
128      width: 400px;
129    }
130    .notice h4 {
131      float: left;
132      height: 50px;
133      line-height: 50px;
134    }
135    .notice>div {
136      float: left;
137      width: 380px;
138      border-bottom-color: ■#fa9600;
139      border-bottom-style: solid;
140      margin-left: 10px;
141    }
142    .notice ul {
143      float: left;
144      width: 400px;
145    }
146    .notice li {
147      height: 32px;
148      line-height: 32px;
149      font-size: 15px;
150      margin-left: 10px;
151      margin-right: 10px;
152    }
153    .notice li span {
154      float: right;
155    }
156    .notice li:nth-child(2n) {
157      background-color: ■#fa9600;
158    }
159    .notice li:hover {
160      font-weight: bold;
161    }
162    .gallery {
163      float: left;
164      width: 400px;
165      height: 200px;
166    }
```

기적의 TIP

- 스타일의 속성 값은 웹 브라우저에서 결과를 확인하면서 값을 조금씩 조정하면서 지정합니다.
- .tab : <div class="tab"> 요소의 스타일 지정. 즉 '공지사항'과 '갤러리' 머리글 영역의 스타일을 지정
- .notice h4 : .notice 요소의 후손 요소인 ⟨h4⟩의 스타일 지정
- height:50px, line-height:50px : 높이 height와 줄 간격(행간) line-height를 같은 값을 지정하여 글자가 세로 가운데 정렬이 되도록 함
  - 높이(height)와 줄 간격(line-height)에 같은 값을 주면(height:50px, line-height:50px) 글자 크기를 중심으로 글자의 위, 아래 여백이 동일하게 지정되어 글자가 세로 가운데 정렬이 됩니다.
- .notice>div : '공지사항' 머리글 영역과 공지사항 내용 영역 사이에 선을 긋기 위해 스타일을 지정
  - border-bottom-color : 요소의 테두리를 나타내는 border는 사각형이지만, border-bottom을 지정하면 사각형 테두리 중에서 아래 테두리에만 속성을 지정하게 됨. border-bottom-color를 사각형의 아래쪽에만 테두리 색상을 지정
  - border-bottom-style:solid : 아래쪽 테두리의 스타일을 단색의 실선으로 지정
  - border-bottom-style에 none 값을 지정하면 테두리가 없어짐. dotted로 지정하면 점선 테두리를 지정
- .notice ul : <div class="notice"> 요소의 후손 요소 ⟨ul⟩에 스타일 지정. 즉 공지사항 콘텐츠(내용) 영역의 스타일을 지정
  - width:400px : ⟨ul⟩ 요소들이 공지사항 영역(300px) 안에서 280px 너비로 나타나게 함
- .notice li span : .notice 요소의 후손 요소인 ⟨li⟩의 ⟨span⟩에 스타일 지정
- .notice li:hover : .notice 요소의 후손 요소인 ⟨li⟩에 마우스를 올리면 font-weight:bold 글자가 굵게 나타나도록 지정

02 갤러리 영역에 스타일을 추가하기 위해 클래스 선택자 '.gallery'를 찾아 아래에 다음을 추가합니다.

```
.gallery h4{
    float:left;
    height:50px;
    line-height:50px;
}
.gallery>div{
    width:380px;
    border-bottom-color:#fa9600;
    border-bottom-style:solid;
    margin-left:10px;
}
.gallery ul li{
    float:left;
    margin-left:10px;
    margin-top:10px;
}
.gallery img{
    width:100px;
    height:100px;
    padding:10px;
}
.gallery li:hover{
    opacity:0.5;
}
```

```
159    .notice li:hover {
160        font-weight: bold;
161    }
162    .gallery {
163        float: left;
164        width: 400px;
165        height: 200px;
166    }
167    .gallery h4 {
168        float: left;
169        height: 50px;
170        line-height: 50px;
171    }
172    .gallery>div {
173        width: 380px;
174        border-bottom-color: ■#fa9600;
175        border-bottom-style: solid;
176        margin-left: 10px;
177    }
178    .gallery ul li {
179        float: left;
180        margin-left: 10px;
181        margin-top: 10px;
182    }
183    .gallery img {
184        width: 100px;
185        height: 100px;
186        padding: 10px;
187    }
188    .gallery li:hover {
189        opacity: 0.5;
190    }
191    .shortcut {
192        float: right;
193        width: 400px;
194        height: 200px;
195    }
196    footer {            /* D영역:하단 영역 */
197        width: 100%;    /* 하단 너비(브라우저100%) */
198        height: 100px;  /* 하단 높이 */
199        background-color: ■#bbbbbb;
200    }
```

🅑 기적의 TIP

• .gallery h4 : .notice 요소의 후손 요소인 〈h4〉의 스타일 지정. 즉 '갤러리' 글자 영역의 스타일을 지정
• .gallery>div : '갤러리' 머리글 영역과 갤러리 이미지 영역 사이에 선을 긋기 위해 스타일을 지정
• .gallery ul li : .gallery 요소의 후손 요소인 〈ul〉의 〈li〉에 스타일 지정
  – 갤러리 이미지 영역에 margin-left:10px, margin-top:10px 여백을 지정
• .gallery img : .gallery 요소의 후손 요소 〈img〉의 크기와 패딩 지정. 갤러리 영역 안에 나타나는 이미지들이 각각 너비 100px×높이 100px로 나타나게 하고, padding:10px의 패딩을 가지도록 지정
• 패딩(padding)이란 박스 요소의 바깥 테두리(border)의 바로 안쪽에 위치한 영역으로서 내용을 둘러싸고 있는 영역을 의미합니다. 만일 padding:10px을 지정하면 박스 요소의 내용(content)에 사방으로 10px의 공간을 지정하는 것을 의미합니다.
  – 패딩은 사방을 한꺼번에 지정하지 않고 위쪽/오른쪽/아래쪽/왼쪽 시계 방향으로 각 면을 별도로 지정할 수 있습니다. 예를 들어 'padding: 10px 20px 30px 40px;'은 순서대로 위쪽, 오른쪽, 아래쪽, 왼쪽 각 면에 패딩을 지정합니다.
• .gallery li:hover : .gallery 요소의 후손 요소 〈li〉에 마우스를 올리면 불투명도 50%(opacity:0.5)로 나타나도록 지정

03 작업 중인 문서를 모두 저장하고 '크롬(Chrome)' 브라우저에서 결과를 확인합니다.

③ 바로가기 입력하고 스타일 지정하기

01 'index.html' 문서에서 〈div class="shortcut"〉 바로가기 자리 〈/div〉를 찾고 해당 영역에 다음과 같이 입력하여 주어진 바로가기 이미지를 추가합니다.

```
<div class="shortcut">
  <a href="#">
    <img src="images/shortcut.jpg" alt="바로가기">
    <span class="sctext">바로가기</span>
  </a>
</div>
```

[index.html]

```
116        <li>
117          <a href="#"><img src="images/gallery3.jpg" alt="갤러리3"></a>
118        </li>
119      </ul>
120    </div>
121
122    <div class="shortcut"> <!--바로가기 영역-->
123      <a href="#">
124        <img src="images/shortcut.jpg" alt="바로가기">
125        <span class="sctext">바로가기</span>
126      </a>
127    </div>
128  </div>
129  <!--콘텐츠 영역 끝-->
130
131  <!--와이어프레임 하단 시작-->
132  <footer>
133    <div class="wrap">
134      <div class="copy">
135        Copyright 자리
136      </div>
```

02 'style.css'에서 바로가기 영역의 스타일을 추가하기 위해 클래스 선택자 '.shortcut'를 찾아 아래에 다음을 추가합니다.

```css
.shortcut{
    float:right;
    width:400px;
    height:200px;
}
.shortcut img{
    float:right;
    width:400px;
    height:180px;
    margin-left:10px;
    margin-top:10px;
}
.sctext{
    float:right;
    width:300px;
    height:30px;
    position:absolute;
    text-align:center;
    color:#ffffff;
    font-weight: bold;
    line-height:30px;
    background-color:rgba(40,40,40,0.5);
    margin-top:80px;
    margin-left:50px;
}
.sctext:hover{
    opacity:0.5;
}
```

```css
191    .shortcut {
192        float: right;
193        width: 400px;
194        height: 200px;
195    }
196    .shortcut img {
197        float: right;
198        width: 400px;
199        height: 180px;
200        margin-left: 10px;
201        margin-top: 10px;
202    }
203    .sctext {
204        float: right;
205        width: 300px;
206        height: 30px;
207        position: absolute;
208        text-align: center;
209        color: ☐#ffffff;
210        font-weight: bold;
211        line-height: 30px;
212        background-color: ▉rgba(40, 40, 40, 0.5);
213        margin-top: 80px;
214        margin-left: 50px;
215    }
216    .sctext:hover {
217        opacity: 0.5;
218    }
219    footer {          /* D영역:하단 명역 */
220        width: 100%;      /* 하단 너비(브라우저100%) */
221        height: 100px;   /* 하단 높이 */
222        background-color: ☐#bbbbbb;
223    }
```

⚡ 기적의 TIP

- .shortcut img : <div class="shortcut"> 요소의 후손 요소 〈img〉의 스타일 크기를 지정
  - height:180px : 바로가기 영역의 높이는 200px이지만 바로가기 이미지 높이를 180px로 입력하고 margin-top:10px를 입력하여 이미지 위아래로 여백이 생기도록 함
- .sctext : <span class="sctext"> 바로가기 글자 영역의 스타일 지정
- .sctext:hover : 마우스를 올리면 불투명도 50%(opacity:0.5)로 약간 투명하게 바뀌어 보이도록 지정

03 작업 중인 문서를 모두 저장하고, '크롬(Chrome)' 브라우저에서 결과를 확인합니다.

④ 모달 레이어 작성하고 배경 스타일 지정하기

01 세부 지시사항에서 제시한 모달 레이어를 구성합니다. 공지사항의 첫 번째 콘텐츠를 클릭(Click)할 경우 모달 레이어 팝업창(Modal Layer Pop-up)이 나타나야 하며, 닫기 버튼을 누르면 해당 팝업창이 닫히도록 해야 합니다.

➕ 더 알기 TIP

모달 레이어(Modal Layer) vs. 레이어 팝업창(Layer Pop-up)

• 최근 시험에서는 모달 레이어와 레이어 팝업창이 구분되어 출제되고 있습니다.

• 모달 레이어는 모달 창(Modal Window)라고도 불립니다. 모달 창이란 UI(User Interface) 측면에서 어떤 프로그램에 종속되어 있는 창을 의미하는 것으로 웹에서는 웹페이지 내에 종속되어 나타나는 창을 의미합니다. 세부 이미지를 크게 표현해주거나 긴급한 내용을 알릴 때 사용합니다.

• 레이어 팝업창(Layer Pop-up)은 새롭게 솟아오르는 레이어 창을 의미합니다. 레이어 팝업창은 웹페이지에 종속되지 않으며 클릭할 때 관련 정보를 새로운 레이어 계층으로 표시해 줍니다.

• 모달 창은 기본 창을 비활성화(차단)하면서 모달 창 안의 내용을 보여줍니다. 그렇기 때문에 모달 창의 내용을 보는 동안 기본 창은 마치 모달 창의 배경처럼 숨겨지고 기본 창의 내용이 클릭이 안 되는 경우가 많습니다. 그러나 팝업은 기본 창과 독립적으로 새롭게 창을 열어서 내용을 보여주며, 기본 창의 내용에는 영향을 미치지 않습니다.

• 모달 레이어나 레이어 팝업창은 모두 〈DIV〉 태그를 이용하여 웹페이지 내에 새로운 레이어 계층으로 팝업을 띄웁니다. 이 점이 새로운 HTML 문서를 새로운 대화상자 창을 띄우는 것(winOpen())과 다른 점입니다.

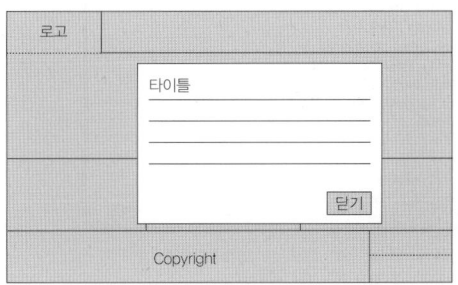

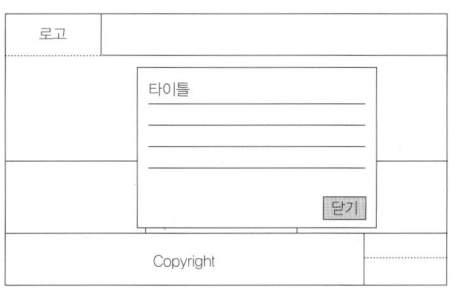

02 먼저 모달 레이어 팝업창에 들어가는 콘텐츠 부분을 작성합니다.

'index.html' 문서에서 〈div class="contents"〉 영역 다음에 다음과 같이 입력합니다. 모달 레이어 팝업의 제목과 내용은 Contents 폴더의 제공된 텍스트 파일을 사용합니다.

```
<div id="modal">
  <div class="modal_up">
    <div class="uptitle">여행 패키지 이벤트 안
    내</div>
    <div class="upbody">
      명승지나 고적지를 중심으로 한 국내 여행 패키
      지 상품이 출시되었습니다.
      여행 패키지 예약 후 SNS에 공유한 사진을 보내
      주시면
      추첨을 통해 국내 여행 패키지 할인권을 드립니다.
      많은 응모 바랍니다.
    </div>
    <div class="btn">닫기</div>
  </div>
</div>
```

[index.html]

```
122    <div class="shortcut"> <!--바로가기 영역-->
123      <a href="#">
124        <img src="images/shortcut.jpg" alt="바로가기">
125        <span class="sctext">바로가기</span>
126      </a>
127    </div>
128  </div>
129  <!--콘텐츠 영역 끝-->
130
131  <div id="modal"> <!--모달 레이어 팝업창 영역-->
132    <div class="modal_up">
133      <div class="uptitle">여행 패키지 이벤트 안내</div>
134      <div class="upbody">
135        명승지나 고적지를 중심으로 한 국내 여행 패키지상품이 출시되었습니다.
136        여행 패키지 예약 후 SNS에 공유한 사진을 보내주시면
137        추첨을 통해 국내 여행 패키지 할인권을 드립니다.
138        많은 응모 바랍니다.
139      </div>
140      <div class="btn">닫기</div>
141    </div>
142  </div> <!--모달 레이어 팝업창 영역 끝-->
143
144  <!--와이어프레임 하단 시작-->
145  <footer>
146    <div class="wrap">
147      <div class="copy">
148        Copyright 자리
149      </div>
```

03 모달 레이어 팝업창의 스타일을 지정하기 위해서 'style.css' 문서에서 '.sctext:hover' 다음에 다음과 같이 입력합니다.

```
#modal{
    width:100%;
    height:100%;
    position:absolute;
    left:0px;
    top:0px;
    background:rgba(0,0,0,0.6);
    z-index:1;
    display:none;
}
#modal.active{
    display:block;
}
```

[style.css]

```
203  .sctext {
204    float: right;
205    width: 300px;
206    height: 30px;
207    position: absolute;
208    text-align: center;
209    color: #ffffff;
210    font-weight: bold;
211    line-height: 30px;
212    background-color: rgba(40, 40, 40, 0.5);
213    margin-top: 80px;
214    margin-left: 50px;
215  }
216  .sctext:hover {
217    opacity: 0.5;
218  }
219  #modal {          /* 모달 레이어 팝업창 배경 스타일 */
220    width: 100%;
221    height: 100%;
222    position: absolute;
223    left: 0px;
224    top: 0px;
225    background: rgba(0, 0, 0, 0.6);
226    z-index: 1;
227    display: none;
228  }
229  #modal.active {
230    display: block;
231  }
232  footer {          /* D영역:하단 영역 */
233    width: 100%;      /* 하단 너비(브라우저100%) */
234    height: 100px;   /* 하단 높이 */
235    background-color: #bbbbbb;
236  }
```

- 스타일 정의는 순서에 상관없이 입력이 가능하지만, 가독성과 쉽게 찾고 수정할 수 있도록 HTML 문서의 태그 순서와 일치시키는 것이 좋습니다. 여기에서는 클래스 선택자 '.sctext'를 찾아 그 아래쪽에 스타일을 추가했습니다.
- #modal : 〈div id='modal'〉 요소로 화면 전체(width:100%, height:100%.)를 background:rgba(0,0,0, 0.6) 색상으로 지정하여 채움. 처음엔 나타나지 않도록 display:none를 지정
- #modal.active : #modal에 active 클래스가 추가되면 나타냄
- z-index : 요소의 쌓이는 순서를 결정하는 속성으로 여러 요소들이 겹칠 때 어떤 요소가 화면상에서 앞쪽 또는 뒤쪽으로 보이게 할지 우선순위를 결정. 큰 값을 설정한 요소가 화면에서 더 앞쪽으로 보이게 됨
- 만일 어떤 요소에는 z-index 속성을 지정하고 어떤 요소에는 지정하지 않았다면 z-index를 속성을 지정한 요소가 화면상에서 더 앞으로 보이게 됩니다. 이때 주의할 점은 z-index 속성은 position 속성이 설정된 요소에 대해서만 작용하므로 position 속성을 함께 사용해야 합니다.

⑤ 모달 레이어 팝업 기능 구현하기

01 모달 레이어 팝업창 모양은 팝업 되는 영역의 스타일을 보면서 지정하기 위해서 먼저 팝업 기능부터 구현합니다.

'script.js' 파일에 다음과 같이 입력하여 팝업 기능을 추가합니다. 이때 마지막 줄인 '});' 안쪽에 입력하도록 합니다.

```
$(".notice li:first").click(function(){
  $("#modal").addClass("active");
});
$(".btn").click(function(){
  $("#modal").removeClass("active");
});
```

[script.js]

```
1    // JavaScript Document
2
3    jQuery(document).ready(function () {
4
5        $('.navi>li').mouseover(function () {
6            $('.submenu').stop().slideDown(500);
7            $("#menu_bg").stop().slideDown(500);
8        }).mouseout(function () {
9            $('.submenu').stop().slideUp(500);
10           $("#menu_bg").stop().slideUp(500);
11       });
12
13       $('.imgslide a:gt(0)').hide();
14       setInterval(function () {
15           $('.imgslide a:first-child')
16               .fadeOut()
17               .next('a')
18               .fadeIn()
19               .end()
20               .appendTo('.imgslide');
21       }, 3000);
22
23       $(".notice li:first").click(function () {
24           $("#modal").addClass("active");
25       });
26       $(".btn").click(function () {
27           $("#modal").removeClass("active");
28       });
29
30   });
31
```

- (".notice li:first").click() : .notice 요소의 후손 요소 중에서 첫 번째 요소를 클릭
- ("#modal").addClass("active") : #modal과 일치하는 요소에 'active' 클래스 추가
- (".btn").click(function() : .btn 요소를 클릭
- ("#modal").removeClass("active") : #modal의 'active' 클래스를 삭제

02 작업 중인 문서를 모두 저장하고, '크롬(Chrome)' 브라우저에서 현재까지 작업된 사항을 확인합니다. 지금까지의 작업 결과, 클래스 선택자 '.notice' 요소, 즉 〈div class="notice"〉로 지정된 공지사항의 첫 번째 줄을 클릭하면 바탕에 불투명도가 낮아지면서 화면이 변하는 것을 확인할 수 있습니다.

⑥ 모달 레이어 팝업창 스타일 지정하기

01 모달 레이어 팝업창의 스타일을 계속해서
지정하기 위해 'style.css'에 다음을 추가합니다.

```
.modal_up{
    width:400px;
    height:300px;
    position:fixed;
    left:30%;
    top:20%;
    background-color:#ffffff;
}
.uptitle{
    margin-top:30px;
    text-align:center;
    line-height:16px;
    font-size:20px;
    font-weight:bold;
}
.upbody{
    padding:30px;
    text-align:center;
    font-size:16px;
    line-height:30px;
}
.btn{
    width:80px;
    height:20px;
    display:block;
    text-align:center;
    font-size:15px;
    font-weight:bold;
    background:#cccccc;
    position:absolute;
    right:10px;
    bottom:10px;
}
```

[style.css]

```
219    #modal {              /* 모달 레이어 팝업창 배경 스타일 */
220        width: 100%;
221        height: 100%;
222        position: absolute;
223        left: 0px;
224        top: 0px;
225        background: ■rgba(0, 0, 0, 0.6);
226        z-index: 1;
227        display: none;
228    }
229    #modal.active {
230        display: block;
231    }
232    .modal_up {            /* 모달 팝업창 스타일 */
233        width: 400px;
234        height: 300px;
235        position: fixed;
236        left: 30%;
237        top: 20%;
238        background-color: □#ffffff;
239    }
240    .uptitle {
241        margin-top: 30px;
242        text-align: center;
243        line-height: 16px;
244        font-size: 20px;
245        font-weight: bold;
246    }
247    .upbody {
248        padding: 30px;
249        text-align: center;
250        font-size: 16px;
251        line-height: 30px;
252    }
253    .btn {
254        width: 80px;
255        height: 20px;
256        display: block;
257        text-align: center;
258        font-size: 15px;
259        font-weight: bold;
260        background: ■#cccccc;
261        position: absolute;
262        right: 10px;
263        bottom: 10px;
264    }
265    footer {               /* D영역:하단 영역 */
266        width: 100%;       /* 하단 너비(브라우저100%)  /
267        height: 100px;  /* 하단 높이 */
268        background-color: ■#bbbbbb;
269    }
```

B 기적의 TIP

• .modal_up : 모달 레이어가 팝업될 때 나타나는 <div class="modal_up"> 영역의 스타일 지정
• .uptitle : 모달 레이어 팝업창의 제목 영역인 <div class="uptitle"> 스타일 지정
• .upbody : 모달 레이어 팝업창의 내용 영역인 <div class="upbody"> 스타일 지정
• .btn : 팝업창 안에 나타나는 버튼 영역의 스타일 지정

02 모든 문서를 저장한 후 모달 레이어 팝업창
이 잘 나타나고 사라지는지 결과를 확인합니다.

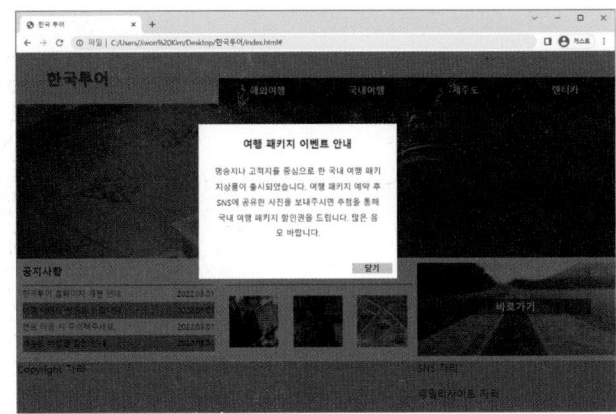

---

6 STEP **세부 영역별 지시사항 풀기 – ⓓ Footer** 약 25분

❶ Footer 영역 하단 로고 만들기

제공된 텍스트와 이미지를 사용하여 Copyright, SNS, 패밀리사이트를 제작합니다.

01 'index.html' 문서에서 〈footer〉 〈/footer〉
영역에서 미리 입력해 두었던 Copyright 자리,
SNS, 패밀리사이트 자리에 Footer 폴더에 제공
된 텍스트와 이미지를 사용하여 다음과 같이 입
력합니다.

```
<footer>
<div class="wrap">
    <div class="copy">
        COPYRIGHT © by WEBDESIGN. ALL RIGHTS RESERVED
    </div>
 <div class="site">
    <div class="sns">
      <ul>
        <li><a href="#"><img src="images/sns1.jpg" alt=""></a></li>
        <li><a href="#"><img src="images/sns2.jpg" alt=""></a></li>
        <li><a href="#"><img src="images/sns3.jpg" alt=""></a></li>
      </ul>
    </div>
```

[index.html]

```
144    <!--와이어프레임 하단 시작-->
145    <footer>
146      <div class="wrap">
147        <div class="copy">
148          COPYRIGHT © by WEBDESIGN. ALL RIGHTS RESERVED
149        </div>
150        <div class="site">
151          <div class="sns">
152            <ul>
153              <li><a href="#"><img src="images/sns1.jpg" alt=""></a></li>
154              <li><a href="#"><img src="images/sns2.jpg" alt=""></a></li>
155              <li><a href="#"><img src="images/sns3.jpg" alt=""></a></li>
156            </ul>
157          </div>
```

```
    <div class="familysite">
      <select name="sitelist">
        <option value="#">패밀리사이트1</option>
        <option value="#">패밀리사이트2</option>
        <option value="#">패밀리사이트3</option>
      </select>
    </div>
  </div>
</div>
</footer>
```

```
158          <div class="familysite">
159            <select name="sitelist">
160              <option value="#">패밀리사이트1</option>
161              <option value="#">패밀리사이트2</option>
162              <option value="#">패밀리사이트3</option>
163            </select>
164          </div>
165        </div> <!--site 끝-->
166      </div> <!--wrap 끝-->
167    </footer>
168    <!--와이어프레임 하단 끝-->
```

② Footer 영역 스타일 지정하기

01 'style.css'에서 Copyright 영역의 스타일을
지정합니다. 미리 입력해 두었던 클래스 선택자
'.copy' 영역을 찾은 후 다음과 같이 속성을 추가
합니다.

[style.css]

```
.copy{
    float:left;
    width:550px;
    height:100px;
    text-align:center;
    font-size:20px;
    line-height:100px;
}
```

```
265    footer {           /* D영역:하단 영역 */
266      width: 100%;     /* 하단 너비(브라우저100%) */
267      height: 100px;   /* 하단 높이 */
268      background-color: #bbbbbb;
269    }
270    .copy {
271      float: left;
272      width: 550px;    /* Copyright 너비 */
273      height: 100px;   /* Copyright 높이 */
274      text-align: center;
275      font-size: 20px;
276      line-height: 100px;
277    }
278    .site {            /* sns와 familysite 묶어줌 */
279      float: right;
280      width: 400px;    /* sns와 패밀리 사이트 들어가는 곳 너비 */
281      height: 100px;   /* sns와 패밀리 사이트 들어가는 곳 높이 */
282    }
```

F 기적의 TIP

- text-align:center : Copyright 글자를 영역 내에서 가로 가운데 정렬
- height:100px와 line-height:100px : 높이(height)와 줄 간격(line-height)을 같은 값을 주면(height:100px, line-height:100px) 글자 크기를 중심
  으로 글자의 위, 아래 여백이 동일하게 지정되어 글자가 세로 가운데 정렬이 됩니다.

---

02 계속해서 SNS의 스타일을 지정합니다.

```css
.sns{
    float:right;
    width:400px;
    height:50px;
}
.sns ul{
    float:right;
    margin-right:20px;
    margin-top:10px;
}
.sns li{
    display:inline-block;
}
.sns img{
    width:40px;
    height:40px;
    padding:10px;
}
.sns img:hover{
    opacity:0.5;
}
```

[style.css]

```css
278    .site {              /* sns와 familysite 묶어줌 */
279      float: right;
280      width: 400px;     /* sns와 패밀리 사이트 들어가는 곳 너비 */
281      height: 100px;    /* sns와 패밀리 사이트 들어가는 곳 높이 */
282    }
283    .sns {
284      float: right;
285      width: 400px;     /* 하단 메뉴 너비 */
286      height: 50px;     /* 하단 메뉴 높이 */
287    }
288    .sns ul {
289      float: right;
290      margin-right: 20px;
291      margin-top: 10px;
292    }
293    .sns li {
294      display: inline-block;
295    }
296    .sns img {
297      width: 40px;
298      height: 40px;
299      padding: 10px;
300    }
301    .sns img:hover {
302      opacity: 0.5;
303    }
304    .familysite {
305      width: 400px;     /* 패밀리 사이트 너비 */
306      height: 50px;     /* 패밀리 사이트 높이(site 높이의 1/2) */
307    }
308
```

> **기적의 TIP**
>
> .sns img:hover : .sns 요소의 후손 요소 〈img〉에 마우스를 올리면 불투명도 50%(opacity:0.5)로 약간 투명하게 바뀌어 보이도록 지정

03 마지막으로 패밀리사이트 드롭다운 목록의 스타일을 지정하기 위해 클래스 선택자 '.family-site' 영역을 찾아서 그 아래에 다음과 같이 스타일을 추가합니다.

```css
.familysite{
    width:400px;
    height:50px;
}
.familysite select{
    float:right;
    height:20px;
    width:200px;
    margin-right:20px;
    margin-top:15px;
    font-size:14px;
}
```

```css
301    .sns img:hover {
302      opacity: 0.5;
303    }
304    .familysite {
305      width: 400px;     /* 패밀리 사이트 너비 */
306      height: 50px;     /* 패밀리 사이트 높이(site 높이의 1/2) */
307    }
308    .familysite select {
309      float: right;
310      height: 20px;
311      width: 200px;
312      margin-right: 20px;
313      margin-top: 15px;
314      font-size: 14px;
315    }
316
```

- .familysite select : .familysite 요소의 후손 요소 〈select〉에 스타일 지정
- 스타일 시트의 속성과 값은 임의로 지정한 값이며 얼마든지 변경할 수 있습니다. 정확히 제시된 값이 없으므로 사용자가 임의로 지정 가능합니다.

04 작업한 모든 문서를 저장한 후 '크롬(Ch-rome)' 브라우저에서 결과를 확인합니다.
이때 브라우저 크기를 확대하거나 '최대화' 한 후 상단 헤더 영역과 하단 푸터 영역이 제시된 와이어프레임처럼 브라우저 전체 크기의 100%로 나타나는지를 확인합니다.

최종 결과물 Checklist

최종 작업이 끝나면 다음과 같이 최종 문서를 확인합니다.

1. 모든 작업은 바탕 화면의 '비번호' 폴더에 저장되어 있어야 합니다.

2. 최종 본문 파일은 가장 상위 폴더에 'index.html'로 저장되어 있어야 합니다.

3. 제작한 자료들은 '비번호' 폴더 내에 'css', 'javascript', 'images' 폴더별로 분류되어 저장되어 있어야 합니다.

4. 최종 결과물인 '비번호' 폴더의 용량이 5MB을 초과되지 않아야 합니다. 최종 제출 폴더('비번호' 폴더)에 마우스 오른쪽을 클릭한 후 바로가기 메뉴에서 '속성'을 선택한 후 전체 용량을 확인하도록 합니다.

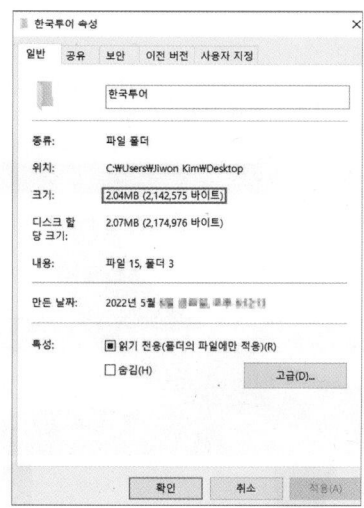

5. 웹페이지 코딩은 HTML5 기준 웹 표준을 준수하여야 합니다.

　– HTML 유효성 검사(W3C validator)에서 오류('ERROR')가 없어야 합니다. 단, HTML 유효성 검사 서비스는 인터넷으로 이루어지기 때문에 시험 시 확인할 수 없습니다.

　– 따라서 오류를 방지하기 위해서 다음과 같은 방법을 사용하여 확인합니다.

　① 구글 크롬 브라우저나, 파이어폭스 브라우저를 이용하여 페이지 빈 공간에서 오른쪽 버튼을 누르고 '검사(Inspect)'를 실행합니다.

　② 콘솔(Console) 창에서 오류가 나타나는지 확인합니다. 시험 최종 결과물에서 오류가 나타나서는 안됩니다.

　③ 오류가 있을 경우 콘솔 창에 오류 메시지가 나타나게 됩니다.

　④ 오류를 발견하면 오류가 있는 코드를 수정하여 오류를 바로 잡습니다.

반복학습 1 2 3 　作업파일 [PART 04 〉 기출유형문제 04회 〉 수험자 제공 파일]을 열어서 작업하세요.

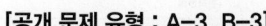
[공개 문제 유형 : A-3, B-3]

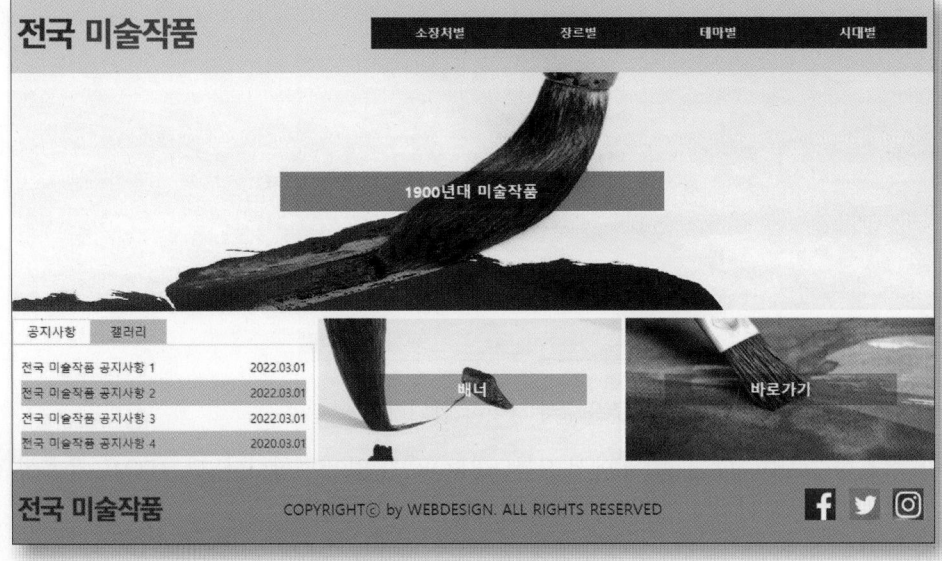

전국 미술작품 웹사이트 제작

자격 종목	웹디자인개발기능사	과제명	전국 미술작품

※ 시험시간 : 3시간

1. 요구사항

※ 다음 요구사항을 준수하여 주어진 자료(수험자 제공 파일)를 활용하여 시험시간 내에 웹페이지를 제작 후 5MB **용량이 초과되지 않게** 저장 후 제출하시오.

※ 웹페이지 코딩은 **HTML5 기준 웹 표준**을 준수하여야 하며, 요구사항에 지정되지 않는 요소들은 주제 특성에 맞게 자유롭게 디자인하시오.

※ 문제에서 지시하지 않은 와이어프레임 영역 비율, 레이아웃, 텍스트의 글자체/색상/크기, 요소별 크기, 색상 등은 수험자가 과제명(가.주제) 특성에 맞게 자유롭게 디자인하시오.

가. 주제 : 전국 미술작품 홈페이지 제작

나. 개요

한국의 미술작품을 알리는 「전국 미술작품」 홈페이지를 제작하려고 한다. 전국의 유명한 미술작품의 안내와 아티스트 소개 등을 서비스하며, 고객들에게 전국의 미술작품을 알리고 나아가 미술에 작품에 관심을 가질 수 있도록 홍보할 수 있는 웹사이트 제작을 요청하였다. 아래의 요구사항에 따라 메인 페이지를 제작하시오.

다. 제작 내용

01) 메인 페이지를 디자인하고 HTML, CSS, JavaScript 기반의 웹페이지를 제작한다. (이때 jQuery 오픈소스, 이미지, 텍스트 등의 제공된 리소스를 활용하여 제작할 수 있다.)

02) HTML, CSS의 charset은 utf-8로 해야 한다.

03) 컬러 가이드

주조색 (Main color)	보조색 (Sub color)	배경색 (Background color)	기본 텍스트의 색 (Text color)
자유롭게 지정	자유롭게 지정	#FFFFFF	#333333

04) 사이트 맵(Site map)

	Index page / 메인(Main)			
메인 메뉴(Main menu)	축제소개	예약안내	아티스트	커뮤니티
서브 메뉴(Sub menu)	서울/경기 강원 충청 경상/전라	회화 판화 공예/고대유물 그 외	초상화/인물 종교 신화/문학 일상/스포츠	1900년이전 1900년대 현대 그 외

05) 와이어프레임(Wireframe)

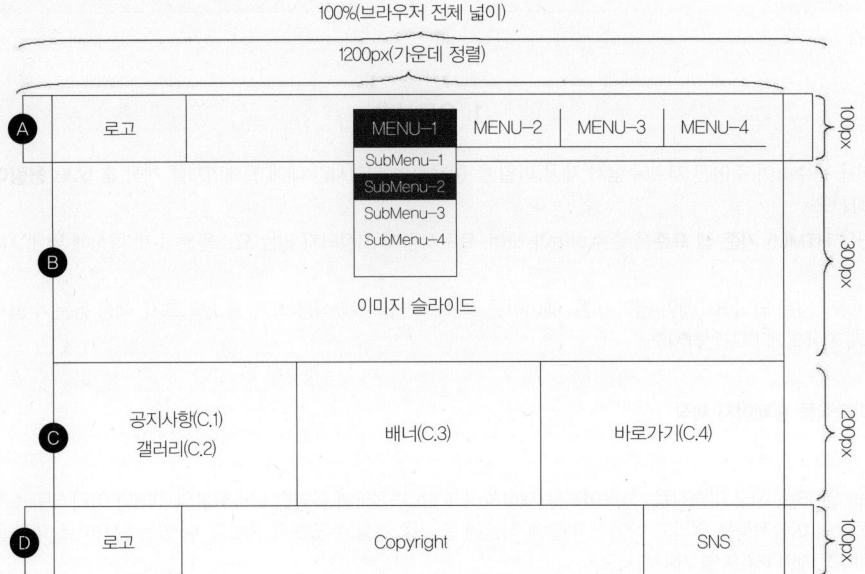

〈C영역 각각의 넓이는 수험자가 판단〉

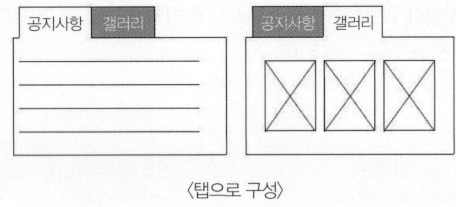

〈탭으로 구성〉

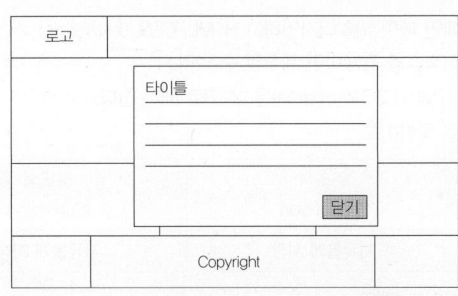

〈레이어 팝업창 구성〉

자격 종목	웹디자인개발기능사	과제명	전국 미술작품

라. 세부 영역별 지시사항

영역 및 명칭	세부 지시사항
Ⓐ Header	**A.1. 로고** ㅇ Header 폴더에 제공된 로고를 삽입한다. 로고의 색은 과제명(가.주제)에 맞게 반드시 변경하여야 한다. ※ 로고의 크기 변경 시, 가로 세로 비율(종횡비, Aspect ratio)을 유지하여야 한다(가로 세로 비율을 유지하며 크기 변경 가능). **A.2. 메뉴 구성** ※ 사이트 구조도를 참고하여 메인 메뉴(Main menu)와 서브 메뉴(Sub menu)로 구성한다. **(1) 메인 메뉴(Main menu) 효과 [와이어프레임 참조]** ㅇ 메인 메뉴 중 하나에 마우스를 올리면(Mouse over) 하이라이트 되고, 벗어나면(Mouse out) 하이라이트를 해제한다. ㅇ 메인 메뉴를 마우스로 올리면(Mouse over) 서브 메뉴 영역이 부드럽게 나타나면서, 서브 메뉴가 보이도록 한다. ㅇ 메인 메뉴에서 마우스 커서가 벗어나면(Mouse out) 서브 메뉴 영역은 부드럽게 사라져야 한다. **(2) 서브 메뉴 영역 효과** ㅇ 서브 메뉴 영역은 메인 페이지 콘텐츠를 고려하여 배경 색상을 설정한다. ㅇ 서브 메뉴 중 하나에 마우스를 올리면(Mouse over) 하이라이트 되고 벗어나면(Mouse out) 하이라이트를 해제한다. ㅇ 마우스 커서가 메뉴 영역을 벗어나면(Mouse out) 서브 메뉴 영역은 부드럽게 사라져야 한다.
Ⓑ Slide	**B. Slide 이미지 제작** ㅇ [Slide] 폴더에 제공된 3개의 이미지로 제작한다. ㅇ [Slide] 폴더에 제공된 3개의 텍스트를 각 이미지에 적용하되, 텍스트의 글자체, 굵기, 색상, 크기를 적절하게 설정하여 가독성을 높이고, 독창성이 드러나도록 제작한다. **B. Slide 애니메이션 제작** ※ 위에서 작업한 결과물을 이용하여 슬라이드 작업을 한다. ㅇ 이미지만 바뀌면 안 되고, 이미지가 위에서 아래 또는 아래에서 위로 이동하면서 전환되어야 한다. ㅇ 슬라이드는 매 3초 이내로 하나의 이미지에서 다른 이미지로 전환되어야 한다. ㅇ 웹사이트를 열었을 때 자동으로 시작되어 반복적으로(마지막 이미지가 사라지면 다시 첫 번째 이미지가 나타나는 방식) 전환되어야 한다.
Ⓒ Contents	**C.1. 공지사항** ㅇ 공지사항 타이틀 영역과 콘텐츠 영역을 구분하여 표현해야 한다.(단, 콘텐츠는 HTML 코딩으로 작성해야 하며, 이미지로 삽입하면 안 된다.) ㅇ 콘텐츠는 Contents 폴더의 제공된 텍스트를 적용하여 제작한다. ㅇ 공지사항의 첫 번째 콘텐츠를 클릭(Click)할 경우 레이어 팝업창(Layer Pop_up)이 나타나며, 레이어 팝업창 내에 닫기 버튼을 두어서 클릭하면 해당 팝업창이 닫혀야 한다. [와이어프레임 참조] ㅇ 레이어 팝업의 제목과 내용은 Contents 폴더의 제공된 텍스트 파일을 사용한다. **C.2. 갤러리** ㅇ Contents 폴더의 제공된 이미지 3개를 사용하여 가로 방향으로 배치한다. ㅇ Contents 폴더의 제공된 이미지 3개를 사용하여 가로 방향으로 배치한다. [와이어프레임 참조] ㅇ 공지사항과 갤러리는 탭 기능을 이용하여 제작하여야 한다. ㅇ 각 탭을 클릭(Click) 시 해당 탭에 대한 내용이 보여야 한다. [와이어프레임 참조] **C.3. 배너** ㅇ Contents 폴더의 제공된 파일을 활용하여 편집 또는 디자인하여 제작한다. **C.4. 바로가기** ㅇ Contents 폴더의 제공된 파일을 활용하여 편집 또는 디자인하여 제작한다.
Ⓓ Footer	ㅇ 로고를 grayscale(무채색)로 변경하고 사용자의 접근성을 고려하여 배치한다. ㅇ Footer 폴더의 제공된 텍스트를 사용하여 Copyright, 패밀리 사이트를 제작한다.

마. 기술적 준수사항

01) 웹페이지 코딩은 HTML5 기준 웹 표준을 준수하여야 하며 HTML **유효성 검사(W3C validator)에서** 오류('ERROR')가 없어야 한다.
    ※ HTML 유효성 검사 서비스는 시험 시 제공하지 않는다(인터넷 사용 불가).

02) **CSS는 별도의 파일로 제작하여 링크**하여야 하며, CSS3 기준(**W3C validator**)에서 오류('ERROR')가 없도록 코딩되어야 한다.

03) JavaScript 코드는 별도의 파일로 제작하여 연결하여야 하며 브라우저(**Google Chrome**)에 내장된 개발도구의 Console 탭에서 오류('ERROR')가 표시되지 않아야 한다.

04) 별도로 지정하지 않은 상호작용이 필요한 모든 콘텐츠(로고, 메뉴, 버튼, 바로가기 등)는 임시 링크(예:#)를 적용하고 'Tab'(Tab) 키로 이동 선택할 수 있어야 한다.

05) 사이트는 다양한 화면 해상도에서 일관성 있는 페이지 레이아웃을 제공해야 한다.

06) 웹페이지 전체 레이아웃은 Table 태그 사용이 아닌 CSS를 통한 레이아웃 작업으로 해야 한다.

07) 브라우저에서 CSS를 "사용 안 함"으로 설정한 경우 콘텐츠가 세로로 나열된다.

08) 타이틀 텍스트(Title text), 바디 텍스트(Body text), 메뉴 텍스트(Menu text)의 각 글자체/굵기/색상/크기 등을 적절하게 설정하여 사용자가 텍스트 간의 위계질서(Hierarchy)를 직관적으로 알 수 있도록 한다.

09) 모든 이미지에는 이미지에 대한 대체 텍스트를 표현할 수 있는 alt 속성이 있어야 한다.

10) 제작된 사이트 메인 페이지의 레이아웃, 구성 요소의 크기 및 위치 등은 최신 버전의 **MS Edge와 Google Chrome**에서 동일하게 표시되어야 한다.

바. 제출 방법

01) 수험자는 비번호로 된 폴더명으로 완성된 작품 파일을 저장하여 제출한다.

02) 폴더 안에는 images, script, css 등의 자료를 분류하여 저장한 폴더도 포함되어 있어야 하며, 메인 페이지는 반드시 최상위 폴더에 index.html로 저장하여 제출해야 한다.

03) 수험자는 제출하는 폴더에 index.html을 열었을 때 연결되거나 표시되어야 할 모든 리소스들을 포함하여 제출해야 하며 수험자의 컴퓨터가 아닌 채점 위원의 컴퓨터에서 정상 작동해야 한다.

04) 전체 결과물의 용량은 5MB용량이 초과되지 않게 제출하며 ai, psd 등 웹서비스에 사용되지 않는 파일은 제출하지 않는다.

2. 수험자 유의사항

※ 다음의 유의사항을 고려하여 요구사항을 완성하시오.

01) 수험자 인적사항 및 답안작성은 반드시 검은색 필기구만 사용하여야 하며, 그 외 연필류, 유색 필기구, 지워지는 펜 등을 사용한 답안은 채점하지 않으며 0점 처리됩니다.

02) 수험에 필요한 소프트웨어 및 참고자료가 하드웨어에 설치되어 있는지 확인 후 작업하시오.

03) 참고자료의 내용 중 오자 및 탈자 등이 있을 때는 수정하여 작업하시오.

04) 지참공구[수험표, 신분증, 흑색 필기도구] 이외의 참고자료 및 외부장치(CD, USB, 키보드, 마우스, 이어폰) 등 **어떠한 물품도 시험 중에 지참할 수 없음**을 유의하시오(단, 시설목록 이외의 정품 소프트웨어(폰트 제외)를 설치하고자 할 때에는 감독위원의 입회하에 설치하여 사용하시오).

05) 수험자가 컴퓨터 활용 미숙 등으로 인해 시험의 진행이 어렵다고 판단되었을 때는 감독위원은 시험을 중지시키고 실격처리를 할 수 있음을 유의하시오.

06) **바탕 화면에 수험자 본인의 "비번호" 이름을 가진 폴더에 완성된 작품의 파일만을 저장하시오.**

자격 종목	웹디자인개발기능사	과제명	전국 미술작품

07) 모든 작품을 감독위원 또는 채점위원이 검토하여 복사된 작품(동일 작품)이 있을 때에는 관련된 수험자 모두를 부정행위로 처리됨을 유의하시오.

08) 장시간 컴퓨터 작업으로 신체에 무리가 가지 않도록 적절한 몸풀기(스트레칭) 후 작업하시오.

09) **다음 사항에 대해서는 실격에 해당되어 채점 대상에서 제외됩니다.**

　가) 수험자 본인이 수험 도중 시험에 대한 포기(기권) 의사를 표시하고 포기하는 경우

　나) 작업 범위(용량, 시간)를 초과하거나, 요구사항과 현격히 다른 경우(채점위원이 판단)

　다) **Slide가 JavaScript(jQuery포함), CSS 중 하나 이상의 방법을 이용하여 제작되지 않은 경우**
　　※ 움직이는 Slide를 제작하지 않고 이미지 하나만 배치한 경우도 실격처리 됨

　라) 수험자 미숙으로 비번호 폴더에 완성된 작품 파일을 저장하지 못했을 경우

　마) 압축프로그램을 사용하여 작품을 압축 후 제출한 경우

　바) 과제 기준 20% 이상 완성이 되지 않은 경우(채점위원이 판단)

3. 지급재료 목록

일련번호	재료명	규격	단위	수량	비고
1	수험자료 USB 메모리	32GB 이상	개	1	시험장당
2	USB 메모리	32GB 이상	개	1	시험장당 1개씩(채점위원용) ※ 수험자들의 작품 관리

※ 국가기술자격 실기 시험 지급재료는 시험종료 후(기권, 결시자 포함) 수험자에게 지급하지 않습니다.

단계별 작업 / 따라하기

1 STEP **HTML5 표준 문서 준비** 약 10분

① HTML5 버전 index.html 만들기

시험장에서는 문제를 풀기 전 컴퓨터 바탕 화면에 본인에게 부여된 '비번호' 이름의 폴더를 생성하고, 폴더 안에 주어진 제공 파일들을 미리 저장해둡니다. 시험장에서 모든 작업은 바탕 화면의 '비번호' 폴더에 저장해야 합니다. 본 교재에서는 바탕 화면에 생성한 작업 폴더명을 과제명인 '전국미술작품'으로 설정하고 작업을 진행합니다.

01 Visual Studio Code를 실행합니다.
[시작하기 화면]–[폴더 열기]를 선택하여 작업할 폴더를 지정합니다. 시작하기 화면이 보이지 않는 경우, 상단 메뉴 표시줄에서 [파일]–[폴더 열기]를 눌러 작업할 폴더를 지정합니다.

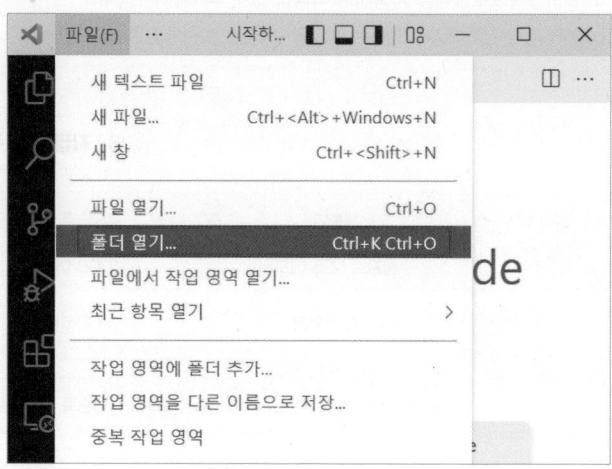

02 바탕 화면에 생성해두었던 작업할 폴더를 선택합니다.

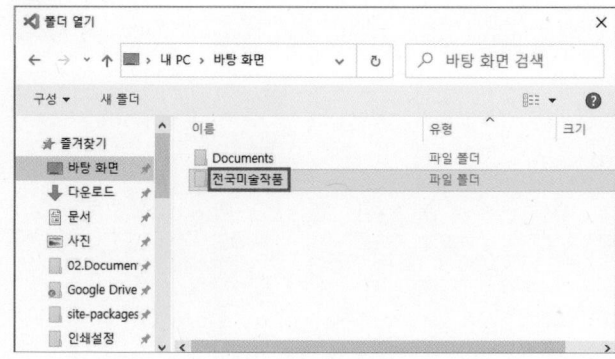

03 HTML5 버전의 문서를 만들기 위해 Visual Stduio Code 왼쪽 화면의 '탐색기'에서 작업 중인 폴더에 마우스를 올립니다.
폴더의 오른쪽에 [새 파일] 아이콘이 생기면 클릭합니다.

04 작업 폴더의 하위 리스트에 새로운 파일이 생성되면 파일명을 'index.html'로 입력한 후 Enter 를 누르거나 여백을 클릭합니다. 파일이 정상적으로 생성되면 오른쪽 코드창에 'index.html' 파일이 열린 것을 확인할 수 있습니다.
Visual Studio Code에서 생성한 파일은 윈도우 탐색기에서도 확인할 수 있습니다.

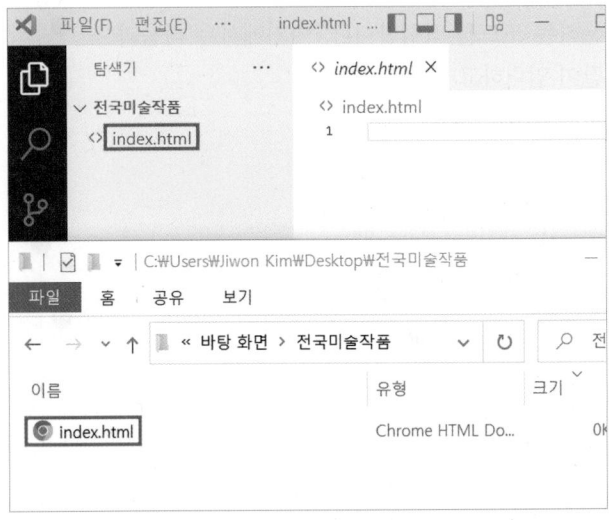

05 코드 창에서 'index.html' 문서에 HTML5 문서 형식에 맞추어 코드를 입력합니다.

<!DOCTYPE html>

<html>

<head>

  <meta charset="utf-8">

  <title>전국 미술작품</title>

</head>

<body>

</body>

</html>

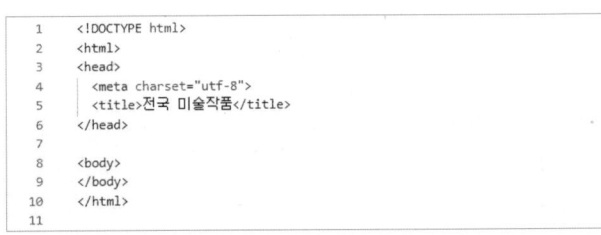

🅱 **기적의 TIP**

HTML5 문서는 문서의 시작과 끝, 본문의 시작과 끝을 알리는 태그를 사용하여 코딩을 시작합니다. 이때 HTML5 표준 문서의 선언부인 〈!DOC-TYPE HTML〉(대소문자 구분 없음)를 정확히 기입해야 합니다. 또 문자셋(Charset)도 주어진 조건에 맞게 기입합니다. 입력이 끝나면 작업 폴더 안에 'index.html'로 저장합니다.

① 레이아웃 작성하기

웹 페이지를 제작할 때 가장 먼저 할 일은 와이어프레임에 맞게 레이아웃을 작성하는 것입니다. 문제에 주어진 구조와 값 등을 파악하여 레이아웃의 큰 틀을 지정한 후, 각 영역의 내용을 채워갑니다.

01 먼저 시험지의 와이어프레임을 보면서 'in-dex.hwp' 문서에서 태그를 사용하여 영역을 구분하는 코드를 작성합니다. 여기에서는 다음과 같이 입력하고 저장합니다.

```
<!DOCTYPE html>
<html>
<head>
  <meta charset="utf-8">
  <title>전국 미술작품</title>
</head>

<body>

<header>
  <div class="wrap">
    <div class="logo">
       로고 자리
    </div>
    <nav class="menu">
       메뉴 자리
    </nav>
  </div>
</header>
  <div class="bodywrap">
  <div class="imgslide">
    이미지 슬라이드 자리
  </div>
  <div class="contents">
    콘텐츠 자리
  </div>
</div>
```

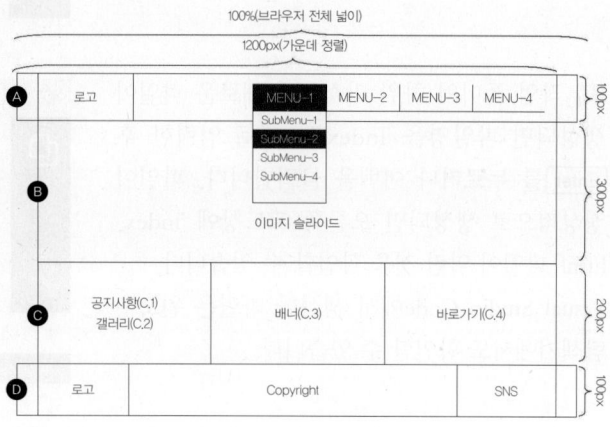

▲ 주어진 와이어프레임 조건

[index.html]

```
1   <!DOCTYPE html>
2   <html>
3   <head>
4     <meta charset="utf-8">
5     <title>전국 미술작품</title>
6   </head>
7
8   <body>
9   <!--와이어프레임 상단 시작-->
10  <header>
11    <div class="wrap"> <!--wrap:logo와 menu 묶어줌-->
12      <div class="logo">
13        로고 자리
14      </div>
15      <nav class="menu">
16        메뉴 자리
17      </nav>
18    </div>
19  </header>
20  <!--와이어프레임 상단 끝-->
21
22  <!--슬라이드 + 콘텐츠 영역 시작-->
23  <div class="bodywrap"> <!--bodywrap:imgslide와 contents 묶어줌-->
24    <div class="imgslide"> <!--imgslide:슬라이드 이미지-->
25      이미지 슬라이드 자리
26    </div>
27    <div class="contents"> <!--contents:공지사항/갤러리,배너,바로가기-->
28      콘텐츠 자리
29    </div>
30  </div> <!--bodywrap 끝-->
31  <!--슬라이드 + 콘텐츠 영역 끝-->
32
33  <!--와이어프레임 하단 시작-->
```

```
<footer>

  <div class="wrap">

    <div class="btlogo">

      로고 자리

    </div>

    <div class="copy">

      Copyright 자리

    </div>

    <div class="sns">

      SNS 자리

    </div>

  </div>

</footer>


</body>

</html>
```

```
34    <footer>
35        <div class="wrap"> <!--wrap:btlogo와 site 묶어줌-->
36            <div class="btlogo">
37                로고 자리
38            </div>
39            <div class="copy">
40                Copyright 자리
41            </div>
42            <div class="sns">
43                SNS 자리
44            </div>
45        </div>
46    </footer>
47    <!--와이어프레임 하단 끝-->
48    </body>
49    </html>
50
```

③ 기적의 TIP

- 각 영역을 구분할 수 있는 글자나 주석을 입력해두면 영역의 혼동없이 코딩 작업을 할 수 있습니다.
- HTML 문서에서 주석은 '〈!– –'로 시작하고 '– –〉'로 끝나도록 합니다. 단, 하이픈(–)이 세 개 이상 사용되지 않도록 주의합니다. 예를 들어 〈!– – – – 주석내용 – – – –〉과 같이 입력하지 않아야 합니다.
- 웹페이지 영역은 〈div〉로 구분합니다. 각 영역에는 CSS 스타일 지정을 위해 미리 클래스(class) 이름을 지정합니다.
- 〈header〉 : 헤더(머리글 섹션) 영역을 지정
- 〈div class="wrap"〉 : 로고와 메뉴 영역을 묶어주기 위한 영역 지정
- 〈nav〉 : 메뉴 탐색을 위한 내비게이션 영역 지정
- 〈div class="bodywrap"〉 : 이미지 슬라이드 영역과 콘텐츠 영역 전체를 묶어주는 영역 지정
- 〈div class="imgslide"〉 : 이미지 슬라이드 영역 지정
- 〈div class="contents"〉 : 콘텐츠(공지사항 갤러리 탭, 배너, 바로가기) 영역 지정
- 〈footer〉 : 푸터(바닥글 섹션) 영역 지정

02 다음으로 콘텐츠 영역 안에 들어가는 공지
사항, 갤러리 배너, 바로가기 영역을 다음과 같
이 입력하여 나누어 줍니다. 탭으로 구성하도록
되어있는 공지사항과 갤러리 영역은 〈div〉가 아
닌 〈ul〉과 〈li〉를 사용하여 영역을 구분합니다.

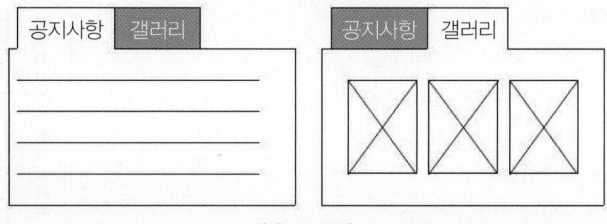

〈탭으로 구성〉

```
<div class="bodywrap">
  <div class="imgslide">
  이미지 슬라이드 자리
  </div>
  <div class="contents">
    <ul class="tabmenu">
      <li>
        <div class="notice">
          공지사항 자리
        </div>
      </li>
      <li>
        <div class="gallery">
          갤러리 자리
        </div>
      </li>
    </ul>
    <div class="otherwrap">
      <div class="banner">
        배너 자리
      </div>
      <div class="shortcut">
        바로가기 자리
      </div>
    </div>
  </div>
</div>
```

[index.html]

```
22    <!--슬라이드 + 콘텐츠 영역 시작-->
23    <div class="bodywrap"> <!--bodywrap:imgslide와 contents 묶어줌-->
24      <div class="imgslide"> <!--imgslide:슬라이드 이미지-->
25        이미지 슬라이드 자리
26      </div>
27      <div class="contents"> <!--contents:공지사항/갤러리,배너,바로가기-->
28        <ul class="tabmenu">
29          <li>
30            <div class="notice">
31              공지사항 자리
32            </div>
33          </li>
34          <li>
35            <div class="gallery">
36              갤러리 자리
37            </div>
38          </li>
39        </ul>
40        <div class="otherwrap">
41          <div class="banner">
42            배너 자리
43          </div>
44          <div class="shortcut">
45            바로가기 자리
46          </div>
47        </div>
48      </div>
49    </div> <!--bodywrap 끝-->
50    <!--슬라이드 + 콘텐츠 영역 끝-->
51
```

🅱 기적의 TIP

• 〈ul class="tabmenu"〉 : 콘텐츠 영역 내의 공지사항 갤러리 탭 영역 지정
• 〈div class="otherwrap"〉 : 콘텐츠 영역 내에서 배너와 바로가기 영역을 묶어주는 영역 지정

03 파일 탐색기에서 작업 폴더를 찾아 'index. html' 문서를 '크롬(Chrome)' 브라우저에서 열어 작업 결과를 확인할 수 있습니다.
각 영역에 대한 스타일 지정이 되어있지 않기 때문에 글자들만 나타나는 것을 확인할 수 있습니다.

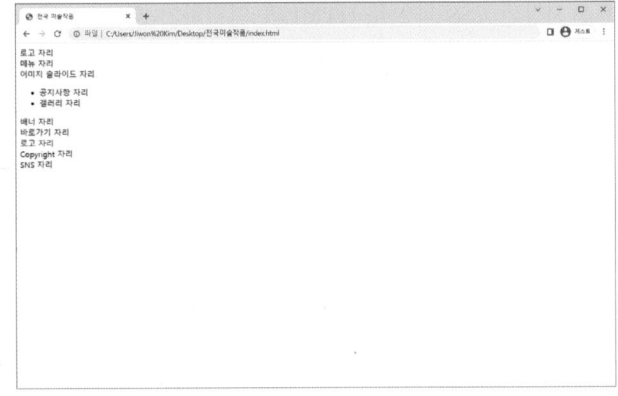

② 레이아웃 영역에 CSS 스타일 지정하기

다음으로 HTML로 작성한 레이아웃에 스타일을 지정하기 위해 CSS 문서를 작성합니다.

01 Visual Studio Code 왼쪽 화면의 탐색기에서 작업 중인 폴더에 마우스를 올립니다.
폴더 오른쪽에 [새 폴더] 아이콘이 생기면 클릭합니다.

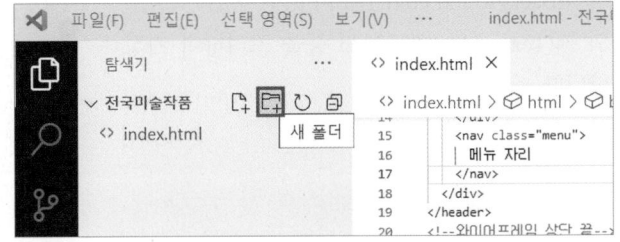

02 작업 폴더의 하위 리스트에 새로운 폴더가 생성되면 폴더명을 'css'로 입력합니다. 새로 생성한 'css' 폴더에서 마우스 오른쪽 버튼을 클릭하고 [새 파일]을 선택합니다.

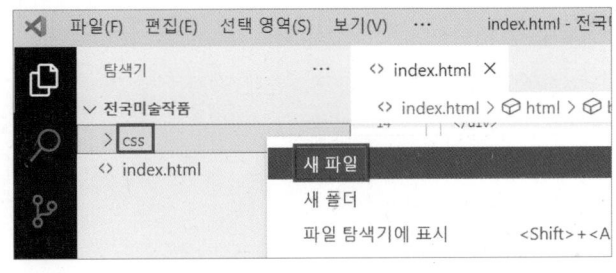

03 파일명을 'style.css'로 입력합니다. 파일이 정상적으로 생성되면 오른쪽 코드창에 'style. css' 파일이 열린 것을 확인할 수 있습니다.
문제 기준에 따라 'style.css' 코드 창에 문자 인코딩 방식을 지정하는 코드를 입력하고 저장합니다.
@charset "utf-8";

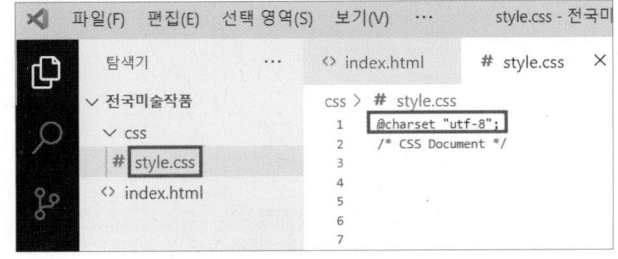

기적의 TIP

@(at) 규칙은 스타일 시트에 쓰이는 문자 인코딩을 지정할 때 사용합니다.

04 저장된 CSS 파일을 HTML과 연결하기 위해 'index.html' 문서의 〈head〉 태그 안에 다음과 같이 입력합니다.

```
<link href="css/style.css" type="text/css"
rel="stylesheet">
```

[index.html]

```
1   <!DOCTYPE html>
2   <html>
3   <head>
4     <meta charset="utf-8">
5     <title>전국 미술작품</title>
6     <link href="css/style.css" type="text/css" rel="stylesheet">
7   </head>
8
9   <body>
10    <!--와이어프레임 상단 시작-->
11    <header>
12      <div class="wrap"> <!--wrap:logo와 menu 묶어줌-->
```

05 문서 연결이 끝나면, 다시 스타일 시트 'style.css' 문서로 돌아와서 문서의 전체적인 스타일을 입력합니다.

이 예시에서 와이어프레임 중 헤더 영역(A)과 푸터 영역(D)은 1200px을 차지하면서도, 브라우저 전체 넓이의 100%를 차지하므로 이 점에 유의해서 스타일을 지정하도록 합니다.

와이어프레임에 제시된 전체 가로폭 1200px, 배경색(Background color) #FFFFFF, 기본 텍스트의 색(Text color) #333333 등을 고려하여 지정합니다.

```
*{
    margin:0 auto;
    padding:0;
    list-style:none;
    font-family:"맑은 고딕";
    color:#333333;
}
html, body{
    min-width:1200px;
    background-color:#ffffff;
    font-size:20px;
}
a{
    text-decoration:none;
    display:block;
}
```

[style.css]

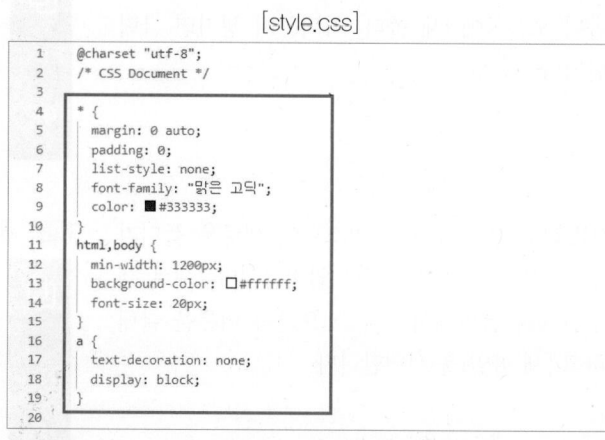

```
1   @charset "utf-8";
2   /* CSS Document */
3
4   * {
5     margin: 0 auto;
6     padding: 0;
7     list-style: none;
8     font-family: "맑은 고딕";
9     color: #333333;
10  }
11  html,body {
12    min-width: 1200px;
13    background-color: #ffffff;
14    font-size: 20px;
15  }
16  a {
17    text-decoration: none;
18    display: block;
19  }
20
```

기적의 TIP

- * : 모든 엘리먼트에 적용되는 스타일 지정
- margin:0 auto : 좌우 바깥 여백을 자동 할당하여 중앙 정렬로 만듦
- padding:0 : 안쪽 여백을 없앰
  - CSS 박스 모델(Box Model)은 HTML 문서의 페이지 내에서 요소가 공간을 차지하는 규칙입니다. 박스 요소는 직사각형 상자로 표시되며 상자는 내용(content), 패딩(padding), 테두리(border), 여백(margin)으로 공간을 차지하게 됩니다. 이 중 여백(margin)은 박스 요소의 가장 바깥쪽의 여백에 해당하며, 패딩(padding)은 내용(content) 영역의 주변에 해당하는 영역입니다. 박스 요소가 차지하는 공간에 대한 자세한 사항은 다음을 참고하세요([참고하기] PART 02 - SECTION 02. CSS 익히기 - 'CSS 박스 모델(Box Model)').
- list-style:none : html 목록 태그(ul, ol, li)를 사용한 부분에 목록스타일이 나타나지 않도록 지정

- color:#333333 : 컬러 가이드에 주어진 색상을 입력
  - 색상 값이 #333333처럼 같은 값으로 반복될 경우 16진수로 #333처럼 간단히 줄여서 사용할 수 있습니다(#333333 = #333).
- min-width:1200px : 최소 넓이로 1200px을 유지
  - min-wdtih는 100%를 차지하면서도 최소 너비가 유지되게 할 때 사용합니다. 주로 반응형 웹과 같이 기기의 종류마다 크기가 달라질 것을 대비하여 사이즈를 지정할 때 min-width 또는 max-width의 속성을 사용합니다.
- background-color:#ffffff : 문서의 배경색을 흰색으로 지정
- background-color 또는 background 속성은 배경 색상을 지정할 때 사용합니다. background-color은 색상만 지정할 수 있는 반면, background 속성은 여러 옵션을 사용하여 색상, 이미지 등을 배경으로 지정할 수 있습니다.
- text-decoration:none : 링크가 걸린 텍스트에 자동으로 나타나는 밑줄이 나타나지 않도록 지정
- display:block : 박스 요소를 block 속성으로 표시하며, 요소 앞뒤로 줄바꿈 되도록 함
  - block으로 지정하면 요소가 한 줄 전체(너비 100%)를 차지하게 되어 한 줄에 하나의 요소만 나타나게 됩니다.
- ⟨a⟩ 요소나 ⟨img⟩ 요소 등은 한 줄을 차지하는 블록(block) 요소가 아닌 인라인(inline) 요소입니다. 인라인 요소는 줄바꿈이 되지 않고 나열한 요소가 한 줄에 가로로 나타납니다. 따라서 인라인 요소를 줄바꿈 되어 나타나는 블록 요소로 나타나도록 display:block를 지정합니다.
- 범용 선택자 '*'와 타입(type) 선택자 'body', 'a' 등은 문서의 가장 기본 스타일을 지정할 때 사용합니다. 예를 들어 문서 전체에 사용되는 조건(주조색, 보조색, 배경색, 기본 텍스트의 색, 글꼴, 문서 전체 크기 등)을 지정할 때 사용합니다.
- 스타일 속성을 여러 개 나열하는 경우 한 줄에 작성해도 되지만, 가독성을 위해 한 줄씩 나누어 작성하는 것을 권장합니다.
- 이 예시에서는 되도록 클래스(class) 선택자만 활용하여 스타일을 정의하였습니다. 그러나 조건에 따라 얼마든지 다른 선택자를 활용해도 됩니다. 예를 들어 ⟨nav⟩ 요소를 활용한 메뉴 영역과 같이 스타일이 한 영역에만 고유하게 적용되는 곳은 아이디(id) 선택자를 활용할 수 있습니다([참고하기] PART 02 – SECTION 02. CSS 익히기 – 'CSS 선택자 이해하기').
- 스타일 시트 내에서 스타일 정의는 순서에 상관없이 입력이 가능합니다. 그러나 쉽게 찾고 수정할 수 있도록 HTML 문서의 태그 순서와 일치키는 것이 좋습니다(가독성 유지).

---

06 다음으로 주어진 조건에 맞게 레이아웃의 각 영역의 크기를 정하고 박스 요소들의 정렬(플로팅)을 맞추기 위해 다음과 같이 입력합니다.

```
header{
    width:100%;
    height:100px;
    background:#dddddd;
}
.wrap{
    width:1200px;
}
.bodywrap{
    width:1200px;
    height:500px;
}
.imgslide{
    width:1200px;
    height:300px;
}
.contents{
    float:left;
    width:1200px;
    height:200px;
}
footer{
    width:100%;
    height:100px;
    background-color:#30a3f3;
}
```

[style.css]

```
11  html, body {
12      min-width: 1200px;
13      background-color: □#ffffff;
14      font-size: 20px;
15  }
16  a {
17      text-decoration: none;
18      display: block;
19  }
20  header {          /* A영역: 상단 영역 */
21      width: 100%;    /* 상단 너비(브라우저 100%) */
22      height: 100px;  /* 상단 높이 */
23      background: □#dddddd;
24  }
25  .wrap {           /* 헤더와 푸터 영역 콘텐츠 묶어줌 */
26      width: 1200px;  /* 헤더와 푸터 영역 콘텐츠 너비 */
27  }
28  .bodywrap {       /* imgslide와 contents 묶어줌 */
29      width: 1200px;  /* imgslide + contents 너비 */
30      height: 500px;  /* imgslide + contents 높이 */
31  }
32  .imgslide {       /* B영역: 이미지 슬라이드 영역 */
33      width: 1200px;  /* 이미지 슬라이드 너비 */
34      height: 300px;  /* 이미지 슬라이드 높이 */
35  }
36  .contents {       /* C영역: tabmenu와 otherwrap 묶어줌 */
37      float: left;
38      width: 1200px;  /* 콘텐츠(탭메뉴, 배너, 바로가기) 너비 */
39      height: 200px;  /* 콘텐츠(탭메뉴, 배너, 바로가기) 높이 */
40  }
41  footer {          /* D영역: 하단 영역 */
42      width: 100%;    /* 하단 너비(브라우저 100%) */
43      height: 100px;  /* 하단 높이 */
44      background-color: ■#30a3f3;
45  }
46
```

- 이 스타일의 속성 값은 웹 브라우저에서 결과를 확인하면서 값을 조금씩 조정하면서 지정합니다.
- header : 와이어프레임 상단, 헤더 요소 영역에 대한 스타일 정의
  - 상단 헤더 영역이 브라우저 전체 넓이 100%로 나타나야 하므로 width : 100%로 지정
  - 헤더 영역의 배경 색은 임의로 지정(background:#dddddd 또는 background-color:#dddddd. 여기에서는 회색 계열로 지정함)
  - background 속성은 배경 색상을 지정할 때 사용합니다. background 속성은 여러 옵션을 사용하여 색상, 이미지 등을 배경으로 지정할 수 있습니다. 반면 background-color은 색상만 지정할 수 있음
  - .wrap : <div class="wrap"> 영역의 스타일 정의
  - 이 영역은 헤더 영역 안에서 로고 영역과 메뉴 영역을 묶어주기 위한 컨테이너. 추후 삽입할 로고 이미지의 크기를 고려하여 크기를 지정
  - width:1200px : 헤더 영역이 브라우저 전체 넓이의 100%로 나타나지만 헤더 영역 안의 로고와 메뉴 등 전체 콘텐츠는 1200px로 나타나야 하므로 너비를 1200px로 지정
- .bodywrap : <div class="bodywrap"> 영역의 스타일 정의
  - height : 500px : 이 영역은 이미지 슬라이드 영역과 콘텐츠 영역을 묶어주기 위한 컨테이너. 와이어프레임에 제시된 이미지 슬라이드 영역의 높이(300px) + 콘텐츠 영역의 높이(200px)을 더하여 높이를 입력(height : 500px)
- .imgslide : <div class="imgslide"> 영역의 스타일 정의
- .contents : <div class="contents">의 스타일 정의
  - 이 영역에는 공지사항/갤러리 탭, 배너, 바로가기가 들어가는 것으로 이 영역들을 묶어주기 위해 지정
  - float:left : 박스 요소를 왼쪽으로 띄워서 배치
- float : HTML5의 박스 요소는 공간을 차지할 하는 것에 대한 레이아웃 규칙으로, 박스 요소는 한 줄(라인)을 차지하게 됩니다. 즉, 두 문단이 왼쪽, 오른쪽으로 나란히 배치되지 않고, 위의 문단, 아래 문단으로 각각 다른 줄에 나타나게 됩니다. 이러한 요소의 배치의 문제를 해결하기 위해서 플로트(Float) 속성을 사용합니다.
- footer : 푸터 영역에 대한 스타일 정의
  - 하단 푸터 영역이 브라우저 전체 넓이의 100%로 나타나야 하므로 width : 100%로 지정
  - 푸터 영역의 배경색은 임의로 지정(background-color:#30a3f3; 여기서는 하늘색 계열로 지정함)

07 지금까지 수정한 사항을 모두 저장하고 '크롬(Chrome)' 브라우저에서 현재까지 작업된 사항을 확인합니다.

이때 브라우저 크기를 '최대화' 한 후 상단 헤더 영역과 하단 푸터 영역이 브라우저 전체 크기 100%로 나타나는지를 확인합니다.

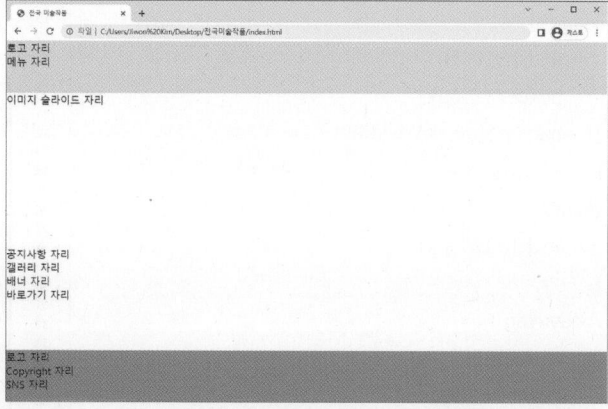

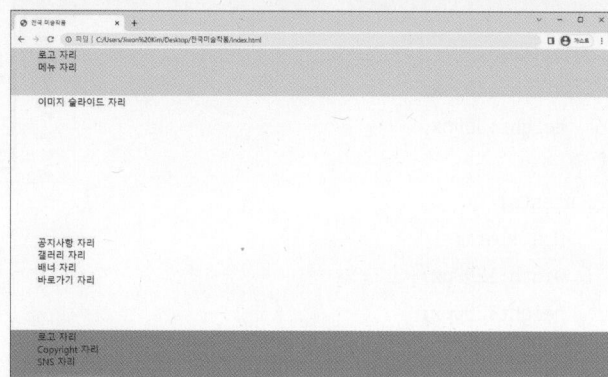

08 이어서 클래스 선택자 '.wrap'의 아래에 로고 〈div class="logo"〉와 메뉴 〈nav class="menu"〉 영역의 크기에 대한 스타일을 지정합니다.

```
.logo{
    float:left;
    width:250px;
    height:100px;
}
.menu{
    float:right;
    width:800px;
    height:100px;
}
```

[style.css]

```
20    header {              /* A영역:상단 영역 */
21        width: 100%;       /* 상단 너비(브라우저100%) */
22        height: 100px;     /* 상단 높이 */
23        background: #dddddd;
24    }
25    .wrap {               /* 헤더와 푸터 영역 콘텐츠 묶어줌 */
26        width: 1200px;     /* 헤더와 푸터 영역 콘텐츠 너비 */
27    }
28    .logo {               /* 로고 영역 스타일 */
29        float: left;
30        width: 250px;      /* 로고 영역 너비 */
31        height: 100px;     /* 로고 영역 높이 */
32    }
33    .menu {               /* 메뉴 영역 스타일 */
34        float: right;
35        width: 800px;      /* 메뉴 영역 너비 */
36        height: 100px;     /* 메뉴 영역 높이 */
37    }
38    .bodywrap {           /* imgslide와 contents 묶어줌 */
39        width: 1200px;     /* imgslide + contents 너비 */
40        height: 500px;     /* imgslide + contents 높이 */
41    }
42    .imgslide {           /* B영역:이미지 슬라이드 영역 */
43        width: 1200px;     /* 이미지 슬라이드 너비 */
44        height: 300px;     /* 이미지 슬라이드 높이 */
45    }
46    .contents {           /* C영역:tabmenu와 otherwrap 묶어줌 */
47        float: left;
48        width: 1200px;     /* 콘텐츠(탭메뉴,배너,바로가기) 너비 */
49        height: 200px;     /* 콘텐츠(탭메뉴,배너,바로가기) 높이 */
50    }
51    footer {              /* D영역:하단 영역 */
52        width: 100%;       /* 하단 너비(브라우저 100%) */
53        height: 100px;     /* 하단 높이 */
54        background-color: #30a3f3;
55    }
56
```

기적의 TIP

로고 영역의 플로팅은 float:left로 지정하여 좌측에 배치하고 메뉴 영역의 플로팅은 float:right로 지정하여 우측에 배치합니다.

---

09 지금까지 작업한 사항을 모두 저장하고, '크롬(Chrome)' 브라우저에서 현재까지 작업된 사항을 확인합니다.

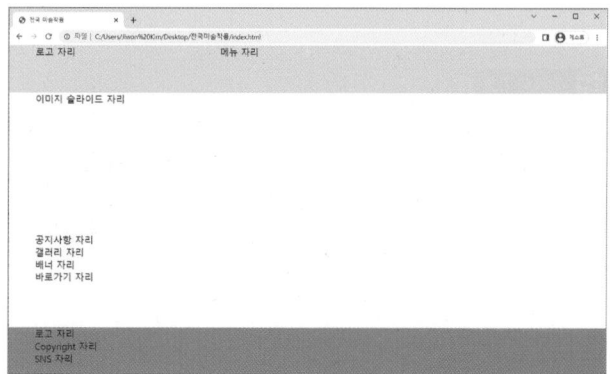

10 계속해서 스타일 시트 'style.css' 문서에 콘텐츠 영역에 대한 스타일을 지정합니다. 콘텐츠 영역에 들어가는 공지사항과 갤러리 탭을 묶어준 〈ul class="tabmenu"〉 영역과 배너와 바로가기 영역을 묶어준 〈div class="otherwrap"〉, 그리고 배너와 바로가기 영역에 대한 자세한 스타일을 지정합니다.

클래스 선택자 '.contents' 스타일을 찾아 그 아래에 다음의 내용을 지정해 줍니다.

[style.css]

```
.tabmenu{
    float:left;
    width:400px;
    height:200px;
}
.otherwrap{
    float:right;
    width:800px;
    height:200px;
}
.banner{
    float:left;
    width:400px;
    height:200px;
}
.shortcut{
    float:right;
    width:400px;
    height:200px;
}
```

```
38   .bodywrap {        /* imgslide와 contents 묶어줌 */
39       width: 1200px;  /* imgslide + contents 너비 */
40       height: 500px;  /* imgslide + contents 높이 */
41   }
42   .imgslide {         /* B영역:이미지 슬라이드 영역 */
43       width: 1200px;  /* 이미지 슬라이드 너비 */
44       height: 300px;  /* 이미지 슬라이드 높이 */
45   }
46   .contents {         /* C영역:tabmenu와 otherwrap 묶어줌 */
47       float: left;
48       width: 1200px;  /* 콘텐츠(탭메뉴,배너,바로가기) 너비 */
49       height: 200px;  /* 콘텐츠(탭메뉴,배너,바로가기) 높이 */
50   }
51   .tabmenu {          /* 공지사항/갤러리 탭메뉴 영역 */
52       float: left;
53       width: 400px;
54       height: 200px;
55   }
56   .otherwrap {        /* banner와 shortcut 묶어줌 */
57       float: right;
58       width: 800px;
59       height: 200px;
60   }
61   .banner {
62       float: left;
63       width: 400px;   /* 배너 영역 너비 */
64       height: 200px;  /* 배너 영역 높이 */
65   }
66   .shortcut {
67       float: right;
68       width: 400px;   /* 바로가기 영역 너비 */
69       height: 200px;  /* 바로가기 영역 높이 */
70   }
71   footer {            /* D영역:하단 영역 */
72       width: 100%;    /* 하단 너비(브라우저 100%) */
73       height: 100px;  /* 하단 높이 */
74       background-color: ■#30a3f3;
75   }
76
```

🎬 기적의 TIP

• 공지사항과 갤러리 탭 영역, 배너 바로가기 등 각 영역의 너비 width는 정해진 값이 없으므로 임의로 지정 가능합니다.
• 콘텐츠 영역 높이 height는 와이어프레임에서 주어진 200px 값을 지정합니다.

11 다음으로 푸터 영역에 들어가는 각 영역의 스타일을 지정합니다. 푸터 영역은 로고 ⟨div class="btlogo"⟩ 영역 그리고 하단 메뉴와 Copyright 영역을 묶어준 ⟨div class="site"⟩로 구분되어 있습니다. ⟨div class="site"⟩ 영역은 다시 하단 메뉴 ⟨div class="btmenu"⟩와 Copyright ⟨div class="copy"⟩로 구분되어 있습니다.

각 영역에 대한 스타일을 지정하기 위해 타입(type) 선택자 'footer' 스타일 아래에 다음과 같이 입력합니다.

```css
.btlogo{
  float:left;
  width:200px;
  height:100px;
}
.copy{
  float:left;
  width:800px;
  height:100px;
}
.sns{
  float:right;
  width:200px;
  height:100px;
}
```

[style.css]

```css
56  .otherwrap {         /* banner와 shortcut 묶어줌 */
57    float: right;
58    width: 800px;
59    height: 200px;
60  }
61  .banner {
62    float: left;
63    width: 400px;       /* 배너 영역 너비 */
64    height: 200px;      /* 배너 영역 높이 */
65  }
66  .shortcut {
67    float: right;
68    width: 400px;       /* 바로가기 영역 너비 */
69    height: 200px;      /* 바로가기 영역 높이 */
70  }
71  footer {             /* D영역:하단 영역 */
72    width: 100%;        /* 하단 너비(브라우저 100%) */
73    height: 100px;      /* 하단 높이 */
74    background-color: #30a3f3;
75  }
76  .btlogo {
77    float: left;
78    width: 200px;       /* 하단 로고 영역 너비 */
79    height: 100px;      /* 하단 로고 영역 높이 */
80  }
81  .copy {
82    float: left;
83    width: 800px;       /* Copyright 너비 */
84    height: 100px;      /* Copyright 높이 */
85  }
86  .sns {
87    float: right;
88    width: 200px;       /* 하단 메뉴 너비 */
89    height: 100px;      /* 하단 메뉴 높이 */
90  }
91
```

12 지금까지 작업한 사항을 모두 저장하고, '크롬(Chrome)' 브라우저에서 현재까지 작업된 사항을 확인합니다.

만일 변경 사항을 저장할지를 묻는 대화상자가 나타나면 저장하도록 합니다.

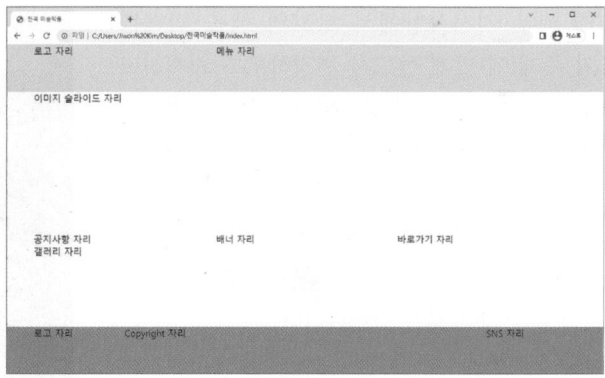

1 로고 만들기

세부 영역별 지시사항대로 Ⓐ Header 영역에 로고를 추가하도록 합니다.

이 문제에서는 제공된 로고를 추가하도록 하고 있으므로 먼저 로고의 크기와 색상을 확인한 후 조정해두도록 합니다. 단, 세부 영역별 지시사항에서 로고의 크기 변경 시 가로 세로 비율(종횡비)을 유지하도록 하고 있으므로 포토샵을 사용하여 종횡비를 유지하면서 크기를 조정해둡니다. 크기는 스타일 시트에서 이미지 크기 값을 지정하여 조정해도 됩니다. 그러나 종횡비를 유지하려면 이에 대한 계산을 통해 입력해야 하므로 편의를 위해서 포토샵을 이용하여 크기를 조정하였습니다.

01 포토샵을 이용하여 로고 크기와 색상을 조정하기 위해서 포토샵을 실행합니다.

02 [파일(File)]-[열기(Open)] 메뉴를 선택하고 주어진 수험자 제공 파일 중에서 Header 폴더의 제공된 로고 이미지 'logo.png'를 엽니다.

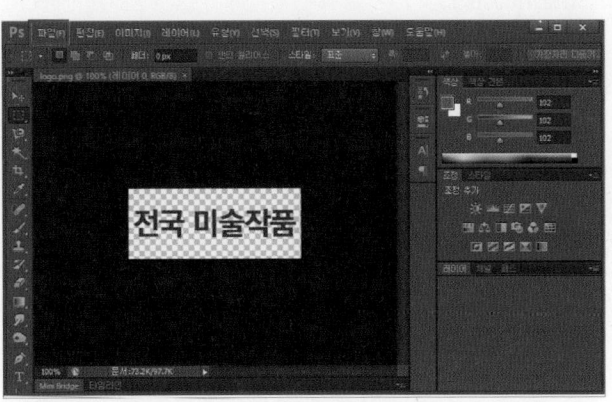

> ⑤ 기적의 TIP
>
> 포토샵 작업 환경은 [창(Window)] 메뉴의 [작업 영역(Workspace)]의 설정 상태에 따라 다르게 나타날 수 있습니다.

03 세부 지시사항에서 로고의 색을 과제명 (가.주제)에 맞게 반드시 변경하도록 지시하고 있으므로, 색상을 변경합니다. 로고 이미지가 배경이 투명한 png 파일이므로 원하는 영역만 선택하여 바로 색상을 변경할 수 있습니다. 색상을 변경하기 위해서 사각형 선택 윤곽 도구 (Rectangular Marquee Tool, ▣)를 선택한 후 '미술작품' 글자 부분을 선택합니다.

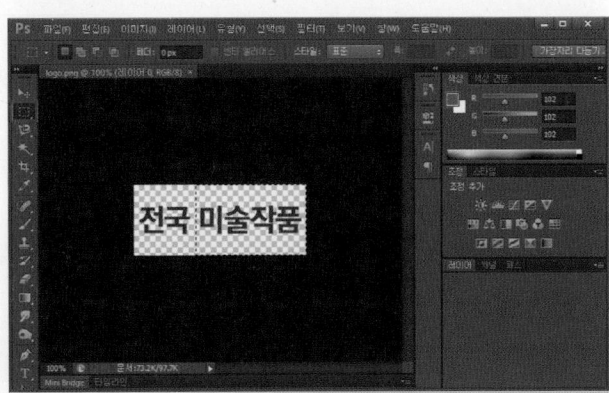

> ⑤ 기적의 TIP
>
> 색상을 변경하는 방법은 수험자 임의로 프로그램이나 기능을 선택하여 사용할 수 있습니다.

04 선택된 '미술작품' 영역의 색상을 변경하기 위해 [이미지(Image)]-[조정(Adjustments)]-[색조/채도(Hue/Saturation)] 메뉴를 선택합니다. 단축키는 Ctrl + U 입니다.

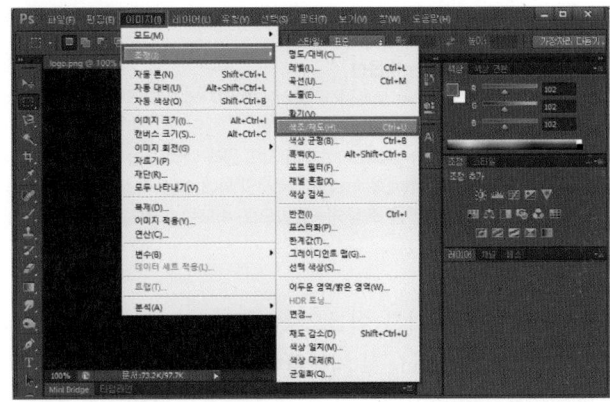

05 [색조/채도(Hue/Saturation)] 대화상자가 나타나면 색조(Hue)에서 −180을 입력하고 [확인(OK)]를 클릭합니다.

🅱 **기적의 TIP**

로고의 색상 값이 별도로 제시되지 않은 경우 수험자 임의로 변경하면 됩니다.

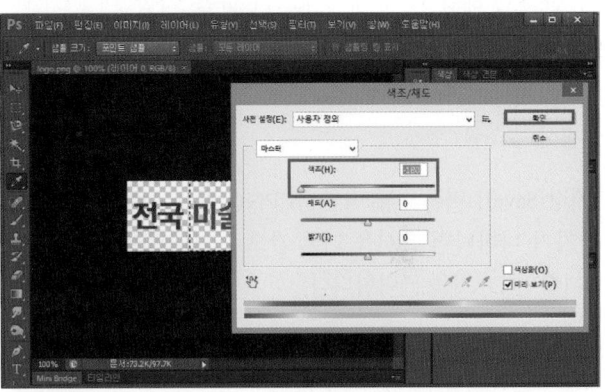

06 로고 이미지 크기를 변경하려면 [이미지(Image)]-[이미지 크기(Image Size)]를 선택합니다. [이미지 크기(Image Size)] 대화상자가 나타나면 다음과 같이 이미지 크기를 수정합니다.

– 폭(Width) : 250px
– 높이(Height) : 100px
– 스타일 비율 조정(Scale styles) : 선택(체크)
– 비율 제한(Contrain Proportions) : 선택(체크)
– 이미지 리샘플링(Resample Image) : 선택(체크)

🅱 **기적의 TIP**

- 이미지 크기는 임의로 지정할 수 있습니다. 단, 스타일 시트에서 미리 지정해둔 로고 영역 크기를 고려하여 이미지의 크기를 조정합니다.
- 세부 지시사항에서 로고의 크기 변경 시 가로 세로 비율(종횡비)를 유지하도록 하고 있으므로 이미지의 가로 세로 종횡비를 유지하기 위해서 반드시 '비율 제한(Contrain Proportions)'을 선택(체크)한 채 크기를 변경합니다.

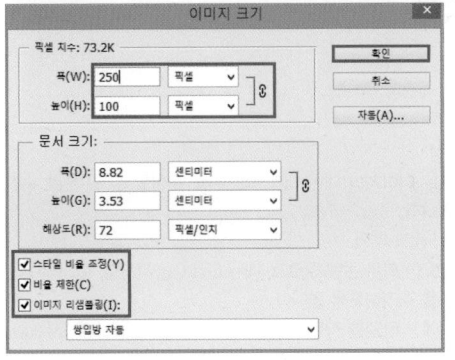

이미지 크기(Image Size)] 옵션
- 스타일 비율 조정(Scale styles) : 사용하는 이미지에 스타일이 적용된 레이어가 있을 경우 크기가 변경된 이미지에 나타나는 효과의 비율을 조정. 단, 비율 제한 옵션과 함께 사용해야 함
- 비율 제한(Contrain Proportions) : 이미지의 원래 너비와 높이 비율(종횡비)을 유지
- 이미지 리샘플링(Resample Image) : 문서의 확대 또는 축소에 따른 리샘플링 방법을 선택. 쌍입방 자동(Bicubic Automatic) 방법은 주변 픽셀의 값을 검사하여 픽셀을 조정하는 방법으로, 속도는 느리지만 더 정밀하게 색조의 단계적 변화를 조정

07 [파일(File)]–[다른 이름으로 저장(Save as)]을 선택하여 'logo.png'로 저장합니다.
이때 작업 폴더('비번호' 폴더)에 'images' 폴더를 만들고 해당 폴더 내에 'logo.png'를 저장합니다.

– 파일 이름(File name) : logo.png

– 형식(Format) : PNG

[저장(Save)] 버튼을 클릭한 후 PNG 옵션 대화상자가 나타나면 옵션을 기본 값으로 그대로 둔 채 [확인(OK)]을 클릭합니다.

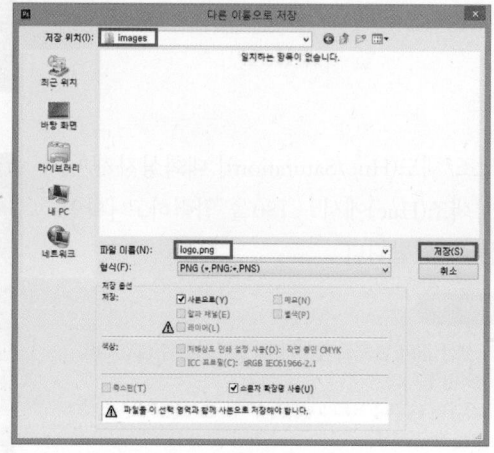

② HTML에 로고 추가하기

01 다음으로 만든 로고를 'index.html' 문서에 추가합니다.
'index.html' 문서로 돌아와서 헤더 영역 안에 로고 영역으로 구분해 놓았던 〈div class="logo"〉 로고 자리 〈/div〉 부분을 찾아, 그 안에 다음과 같이 입력합니다.

```
<div class="logo">
  <a href="#"><img src="images/logo.png"alt=
"로고"></a>
</div>
```

[index.html]

```
1   <!DOCTYPE html>
2   <html>
3   <head>
4     <meta charset="utf-8">
5     <title>전국 미술작품</title>
6     <link href="css/style.css" type="text/css" rel="stylesheet">
7   </head>
8
9   <body>
10  <!--와이어프레임 상단 시작-->
11  <header>
12    <div class="wrap"> <!--wrap:logo와 menu 묶어줌-->
13      <div class="logo">
14        <a href="#"><img src="images/logo.png" alt="로고"></a>
15      </div>
16      <nav class="menu">
17        메뉴 자리
18      </nav>
19    </div>
20  </header>
21  <!--와이어프레임 상단 끝-->
22
```

기적의 TIP
- alt : 이미지의 속성
  - '모든 이미지에는 이미지에 대한 대체 텍스트를 표현할 수 있는 alt 속성이 있어야 한다.'고 명시하고 있으므로 이미지를 추가할 때 alt 속성과 값을 기입합니다.
- 〈a href="#"〉 : 임시 링크 추가
  - '상호작용이 필요한 모든 콘텐츠(로고, 메뉴 Slide, 공지사항, 갤러리 등)는 임시 링크(예:#) 되어야 한다.'고 명시하고 있으므로 추가되는 콘텐츠에 임시 링크를 추가하도록 합니다.
- 로고 이미지 자체에 스타일을 지정하려면 다음과 같이 클래스 선택자 .logo의 후손 선택자인 img를 사용하여 스타일을 지정할 수 있습니다.

``<div class="logo">
<a href="#"><img src="images/logo.png" alt="로고"></a>
</div>```
	``.logo img{
	        float:left;
	        margin-top:5px;
	}```

---

02 'index.html' 문서와 'style.css' 문서 모두 저장하고, '크롬(Chrome)' 브라우저에서 로고가 추가된 결과를 확인합니다.

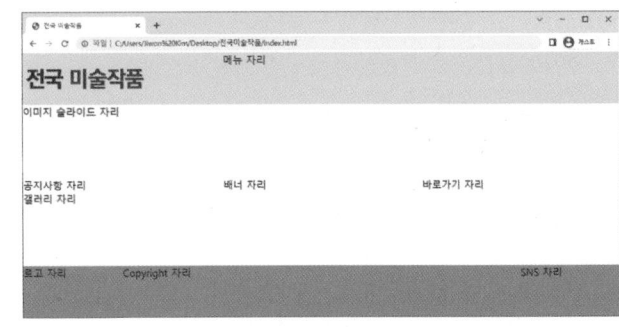

③ HTML에 메뉴 추가하기

01 헤더 영역 안에 메뉴 영역으로 구분해 놓았던 〈nav class="menu"〉 메뉴 자리 〈/nav〉 부분 안에 다음과 같이 입력하여 메뉴를 추가합니다. 이때 시험에서 제공된 텍스트 파일을 이용하여 메인 메뉴(Main menu)와 서브 메뉴(Sub menu)를 구분하여 입력합니다.

```
<nav class="menu">
<ul class="navi">
  <li><a href="#">소장처별</a>
    <ul class="submenu">
      <li><a href="#">서울/경기</a></li>
      <li><a href="#">강원</a></li>
      <li><a href="#">충청</a></li>
      <li><a href="#">경상/호남</a></li>
    </ul>
  </li>
  <li><a href="#">장르별</a>
    <ul class="submenu">
      <li><a href="#">회화</a></li>
      <li><a href="#">판화</a></li>
      <li><a href="#">공예/고대유물</a></li>
      <li><a href="#">그 외</a></li>
    </ul>
  </li>
```

[index.html]

```
6     <link href="css/style.css" type="text/css" rel="stylesheet">
7   </head>
8
9   <body>
10  <!--와이어프레임 상단 시작-->
11  <header>
12    <div class="wrap"> <!--wrap:logo와 menu 묶어줌-->
13      <div class="logo">
14        <a href="#"><img src="images/logo.png" alt="로고"></a>
15      </div>
16      <nav class="menu">
17        <ul class="navi">
18          <li><a href="#">소장처별</a>
19            <ul class="submenu">
20              <li><a href="#">서울/경기</a></li>
21              <li><a href="#">강원</a></li>
22              <li><a href="#">충청</a></li>
23              <li><a href="#">경상/호남</a></li>
24            </ul>
25          </li>
26          <li><a href="#">장르별</a>
27            <ul class="submenu">
28              <li><a href="#">회화</a></li>
29              <li><a href="#">판화</a></li>
30              <li><a href="#">공예/고대유물</a></li>
31              <li><a href="#">그 외</a></li>
32            </ul>
33          </li>
34          <li><a href="#">테마별</a>
35            <ul class="submenu">
36              <li><a href="#">초상화/인물</a></li>
37              <li><a href="#">종교</a></li>
38              <li><a href="#">신화/문학</a></li>
39              <li><a href="#">일상/스포츠</a></li>
40            </ul>
41          </li>
42          <li><a href="#">시대별</a>
43            <ul class="submenu">
44              <li><a href="#">1900년이전</a></li>
45              <li><a href="#">1900년대</a></li>
46              <li><a href="#">현대</a></li>
47              <li><a href="#">그 외</a></li>
48            </ul>
49          </li>
50        </ul>
51      </nav>
52    </div>
53  </header>
54  <!--와이어프레임 상단 끝-->
55
```

```
  <li><a href="#">테마별</a>
    <ul class="submenu">
      <li><a href="#">초상화/인물</a></li>
      <li><a href="#">종교</a></li>
      <li><a href="#">신화/문학</a></li>
      <li><a href="#">일상/스포츠</a></li>
    </ul>
  </li>
  <li><a href="#">시대별</a>
    <ul class="submenu">
      <li><a href="#">1900년이전</a></li>
      <li><a href="#">1900년대</a></li>
      <li><a href="#">현대</a></li>
      <li><a href="#">그 외</a></li>
    </ul>
  </li>
</ul>
</nav>
```

브라우저에서 결과를 살펴보면 메뉴 스타일을
지정하지 않았기 때문에 메뉴 글자들이 일렬로
나타나게 됩니다.

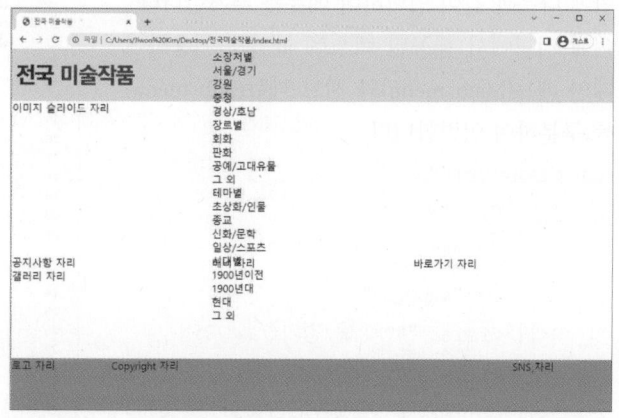

❹ 메뉴에 스타일 지정하기

세부 영역별 지시사항을 살펴보면, 메뉴를 슬라이드 다운 메뉴(Slide-Down Menu)로 구성하도록 하고 있습
니다. 슬라이드 다운 메뉴는 메인 메뉴에 마우스를 올렸을 때(Mouse over) 서브 메뉴를 슬라이드 다운(Slide-
Down)으로 보여주고 마우스가 메뉴에서 벗어나면(Mouse out) 슬라이드 업(Slide-Up)되면서 서브 메뉴를 숨
겨주는 기능입니다. 메뉴의 모양은 스타일 시트에서 지정하며, 움직이는 동작 기능은 자바스크립트를 이용하
여 구성합니다.

01 먼저 메뉴에 스타일을 지정하기 전에 와이어프레임에 제시된 메뉴의 모양을 확인합니다. 이 문제에서는 메인 메뉴의 아래쪽으로 해당 메인 메뉴에 대한 서브 메뉴가 펼쳐지도록 되어있습니다.

02 먼저 스타일 시트 'style.css' 문서에서 클래스 선택자 '.menu'를 찾아 그 안에 다음과 같이 z-index 속성을 추가하여 메뉴 요소가 화면상에서 가장 앞쪽으로 나타날 수 있도록 지정합니다.

```
.menu{
    float:right;
    width:800px;
    height:100px;
    z-index:1;
}
```

[style.css]

```
28  .logo {              /* 로고 영역 스타일 */
29    float: left;
30    width: 250px;      /* 로고 영역 너비 */
31    height: 100px;     /* 로고 영역 높이 */
32  }
33  .menu {              /* 메뉴 영역 스타일 */
34    float: right;
35    width: 800px;      /* 메뉴 영역 너비 */
36    height: 100px;     /* 메뉴 영역 높이 */
37    z-index: 1;
38  }
39  .bodywrap {          /* imgslide와 contents 묶어줌 */
40    width: 1200px;     /* imgslide + contents 너비 */
41    height: 500px;     /* imgslide + contents 높이 */
42  }
43  .imgslide {          /* B영역:이미지 슬라이드 영역 */
44    width: 1200px;     /* 이미지 슬라이드 너비 */
45    height: 300px;     /* 이미지 슬라이드 높이 */
46  }
```

기적의 TIP

• z-index : 요소의 쌓이는 순서를 결정하는 속성으로 여러 요소가 겹칠 때 어떤 요소가 화면상에서 앞쪽 또는 뒤쪽으로 보이게 할지 우선순위를 결정. 큰 값을 설정한 요소가 화면에서 더 앞쪽으로 보이게 됨

• 만일 어떤 요소에는 z-index 속성을 지정하고 어떤 요소에는 지정하지 않았다면 z-index를 속성을 지정한 요소가 화면상에서 더 앞으로 보이게 됩니다. 이때 주의할 점은 z-index 속성은 position 속성이 설정된 요소에 대해서만 작용하므로 position 속성을 함께 사용해야 합니다.

03 각 메인 메뉴의 스타일을 지정하기 위해 '.menu' 스타일 아래에 다음의 내용을 추가합니다.

```
.navi{
    float:right;
    margin-top:30px;
    margin-right:10px;
}
.navi>li{
    float:left;
}
.navi>li>a{
    width:180px;
    height:40px;
    line-height:40px;
    font-size:16px;
    font-weight:bold;
    text-align:center;
    background-color:#333333;
    color:#ffffff;
}
.navi>li>a:hover{
    background-color:#30a3f3;
}
```

[style.css]

```
33    .menu {                  /* 메뉴 영역 스타일 */
34        float: right;
35        width: 800px;        /* 메뉴 영역 너비 */
36        height: 100px;       /* 메뉴 영역 높이 */
37        z-index: 1;
38    }
39    .navi {                  /* 전체 메뉴 스타일 */
40        float: right;
41        margin-top: 30px;
42        margin-right: 10px;
43    }
44    .navi>li {               /* 각 메인 메뉴 스타일 */
45        float: left;
46    }
47    .navi>li>a {             /* 각 메인 메뉴의 <a>요소 스타일 */
48        width: 180px;
49        height: 40px;
50        line-height: 40px;
51        font-size: 16px;
52        font-weight: bold;
53        text-align: center;
54        background-color: ■#333333;
55        color: □#ffffff;
56    }
57    .navi>li>a:hover {/* <a>요소에 마우스를 올릴 때 스타일 */
58        background-color: ■#30a3f3;
59    }
60    .bodywrap {              /* imgslide와 contents 묶어줌 */
61        width: 1200px;       /* imgslide + contents 너비 */
62        height: 500px;       /* imgslide + contents 높이 */
63    }
64    .imgslide {              /* B영역:이미지 슬라이드 영역 */
65        width: 1200px;       /* 이미지 슬라이드 너비 */
66        height: 300px;       /* 이미지 슬라이드 높이 */
67    }
```

⒝ 기적의 TIP

• .navi : 메인 메뉴와 서브 메뉴의 목록인 <ul class="navi"> 영역의 스타일 정의
  – float:**right** : 메뉴 영역을 다른 요소에 대해 오른쪽으로 배치
  – margin-top:30px : 메뉴 영역 위쪽으로 30px 여백 지정
  – margin-right:10px : 메뉴 영역 오른쪽으로 10px 여백 지정
• .navi〉li : .navi의 자식 요소 〈li〉 요소의 스타일 지정
  – float:left : 메뉴 영역을 다른 요소에 대해 왼쪽으로 배치
• .navi〉li〉a : .navi의 자식 요소 〈li〉의 자식 요소인 〈a〉 요소의 스타일 지정. 높이, 너비, 줄 간격(line-height), 글씨 속성, 배경색, 글자색 등을 지정
  – 색상 값이 #ffffff처럼 같은 값으로 반복될 경우 16진수로 #fff처럼 간단히 줄여서 사용할 수 있습니다(#ffffff = #fff).
• .navi〉li〉a:hover : .navi의 자식 요소 〈li〉의 자식 요소인 〈a〉 요소에 마우스를 올릴 때(hover) 변화되는 스타일을 지정. 마우스가 올라오면 메뉴의 배경색이 background-color:#30a3f3로 변경되게 함
• font-size:16px : 메뉴 글자 크기 지정
• font-weight:bold : 메뉴 글자 볼드체 지정
• 줄 간격 line-height을 높이 height와 같은 값을 주게 되면(height:40px, line-height:40px) 글자가 세로 가운데 정렬이 됩니다. 이때 글자 사이즈(font-size:16px)를 기준으로 한 줄 안에서 글자 위아래 여백이 같게 조정되어 글자가 가운데로 나타나게 됩니다. 즉 line-height:40px에서 font-size:16px 뺀 값인 24px이 1/2으로 나뉘어 글자 위아래로 12px씩 여백이 생기게 됩니다.

04 'index.html' 문서와 'style.css' 문서를 모두
저장하고, '크롬(Chrome)' 브라우저에서 지금까
지 작업된 결과를 확인합니다.
메인 메뉴 위에 마우스를 올리면 배경색과 글자
색이 변경되는 것을 확인할 수 있습니다.

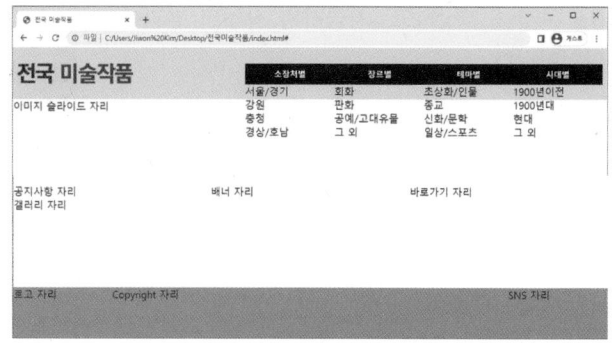

05 서브 메뉴의 스타일을 지정하기 위해 '.navi
〉li〉a:hover' 스타일 아래에 다음의 내용을 추가
합니다.

```
.submenu{

    width:180px;

    position:absolute;

    display:none;

    z-index:1;

}

.submenu>li>a{

    height:40px;

    line-height:40px;

    font-size:14px;

    font-weight:bold;

    text-align:center;

    background:#ffffff;

    color:#333333;

}

.submenu>li>a:hover{

    background-color:#30a3f3;

}
```

[style.css]

```
47    .navi>li>a {        /* 각 메인 메뉴의 <a>요소 스타일 */
48      width: 180px;
49      height: 40px;
50      line-height: 40px;
51      font-size: 16px;
52      font-weight: bold;
53      text-align: center;
54      background-color: ■#333333;
55      color: □#ffffff;
56    }
57    .navi>li>a:hover {/* <a>요소에 마우스를 올릴 때 스타일 */
58      background-color: ■#30a3f3;
59    }
60    .submenu {          /* 서브 메뉴 영역 스타일 */
61      width: 180px;
62      position: absolute;
63      display: none;
64      z-index: 1;
65    }
66    .submenu>li>a {    /* 각 서브 메뉴의 <a>요소 스타일 */
67      height: 40px;
68      line-height: 40px;
69      font-size: 14px;
70      font-weight: bold;
71      text-align: center;
72      background: □#ffffff;
73      color: ■#333333;
74    }
75    .submenu>li>a:hover {/* <a>요소에 마우스를 올릴 때 스타일 */
76      background-color: ■#30a3f3;
77    }
78    .bodywrap {          /* imgslide와 contents 묶어줌 */
79      width: 1200px;  /* imgslide + contents 너비 */
80      height: 500px;  /* imgslide + contents 높이 */
81    }
```

🅕 기적의 TIP

- .submenu : <ul class="submenu"> 영역의 스타일 정의. 서브 메뉴 목록에 대한 스타일을 정의함
- width:180px : 서브 메뉴 영역의 너비 지정
- position:absolute : 상위 컨테이너를 기준으로 절대 좌표값을 가지도록 함. 따라서 서브 메뉴의 영역에 대해 상위 컨테이너인 메인 메뉴의 〈a〉 요소의 시작점을 기준으로 삼기 때문에 서브 메뉴가 메인 메뉴 아래쪽으로 나타나게 됨
- submenu〉li〉a : .submenu의 자식 요소 〈li〉의 자식 요소인 〈a〉 요소의 스타일 지정. 높이, 너비, 줄 간격(line-height), 글씨 속성, 배경색, 글자색 등을 지정
- .submenu〉li〉a:hover : .submenu의 자식 요소 〈li〉의 자식 요소인 〈a〉 요소에 마우스를 올릴 때(hover) 변화되는 스타일을 지정
- display:none : 해당 요소에 대한 박스 공간을 생성하지 않기 때문에 요소가 보이지 않게 됨. 메인 메뉴만 나타나고 서브 메뉴는 처음에는 나타나지 않도록 하기 위해 설정. 이 속성을 지우면 서브 메뉴가 처음부터 보이게 됨
- 서브 메뉴의 배경 지정
  - .submenu〉li〉a에서 서브 메뉴 한 개 높이를 height:40px로 지정했습니다. 따라서 서브 메뉴들이 모이면 그 최대 높이는 40px×4(서브 메뉴 4개)=160px이 됩니다. 이 높이를 서브 메뉴 영역의 전체 높이로 지정합니다. 또 background:#ffffff를 지정하여 서브 메뉴들의 배경으로 흰색이 나타나도록 하였습니다.

06 문서를 저장하고, 지금까지 작업된 결과를 확인합니다.

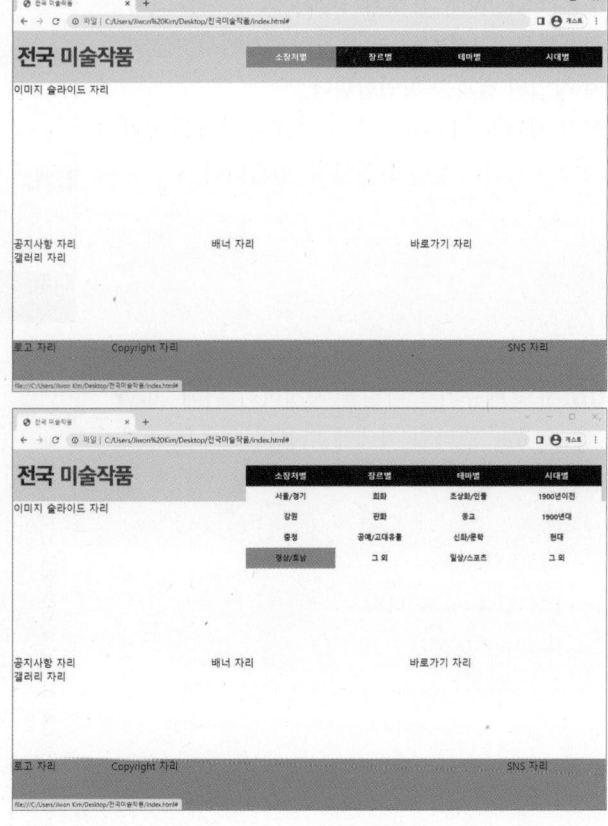

만일 서브 메뉴 영역 스타일 .submenu에 설정한 'display:none' 속성을 지우고 살펴보면 서브 메뉴가 나타나게 됩니다.

⑤ 메뉴에 슬라이드 다운 기능 구현하기

이번에는 메인 메뉴, 서브 메뉴에 슬라이드 다운(Slide-Down) 기능이 되도록 자바스크립트와 제이쿼리(jQuery)를 활용하여 동적 기능을 만들어줍니다.

01 작업 폴더('비번호' 폴더)에 'javascript' 폴더를 생성한 후, 수험자 제공 파일로 주어진 제이쿼리(jQuery) 라이브러리 오픈소스 파일 'jquery-1.12.3.js'을 'javascript' 폴더로 복사 또는 이동시켜줍니다.

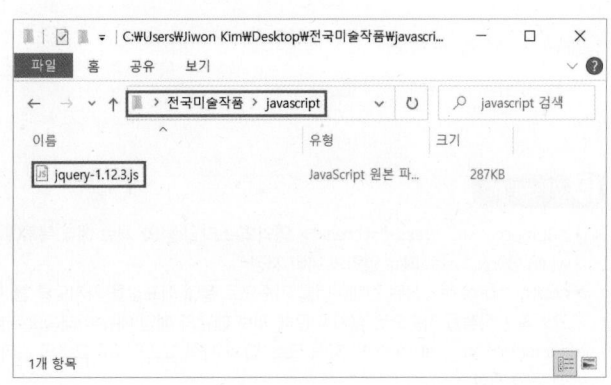

🅕 기적의 TIP

Query 라이브러리는 자바스크립트 파일(*.js)로 저장되어 있으며, 모든 jQuery 메소드를 담고 있습니다.
jQuery는 사용 전에 다운로드 받은 후 연결(설치)해야 그 기능을 사용할 수 있습니다.

02 Visual Studio Code 탐색기에서도 'javas-cript'폴더가 생성된 것을 확인할 수 있습니다. 자바스크립트 파일을 만들기 위해, 'javascript' 폴더에서 마우스 오른쪽 버튼을 클릭하고 바로 가기 메뉴에서 [새 파일]을 선택합니다.

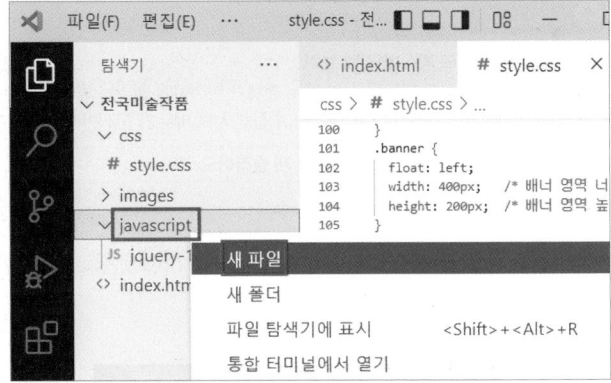

03 'javascript' 폴더의 하위 리스트에 새로운 파일이 생성되면 파일명을 'script.js'로 입력합니다. 파일이 정상적으로 생성되면 오른쪽 코드창에 'script.js' 파일이 열린 것을 확인할 수 있습니다.

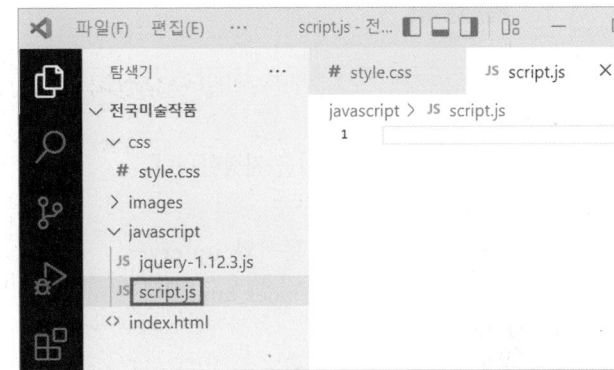

04 실제로 슬라이드 다운(Slide-Down) 기능이 동작하도록 하기 위해 'script.js' 문서에 다음과 같이 입력합니다.

```
jQuery(document).ready(function(){

  $('.navi>li').mouseover(function(){

    $(this).find('.submenu').stop().slideDown
    (500);
  }).mouseout(function(){

    $(this).find('.submenu').stop().slideUp(500);

  });

});
```

[script.js]

```
1    // JavaScript Document
2
3    jQuery(document).ready(function () {
4
5      $('.navi>li').mouseover(function () {
6        $(this).find('.submenu').stop().slideDown(500);
7      }).mouseout(function () {
8        $(this).find('.submenu').stop().slideUp(500);
9      });
10
11   });
12
```

> **기적의 TIP**
> • jQuery 문법 : HTML 요소를 선택한 후 그 요소에 수행할 액션을 지정함
> • $: jQuery() 함수의 별칭. 선택자와 일치하는 DOM 요소를 배열을 가진 특별한 객체를 반환. 기본 형식 : $(선택자(selector)).action
> • $(".navi)li") : .navi의 〈li〉 요소에 mouseover와 mouseout 이벤트 설정
> • $(this) : 현재 선택된 요소
> • find('.submenu') : 선택된 요소의 자식 요소 중 .submenu와 일치하는 요소를 찾아 반환. 대신 children()를 사용하면 직계 자식 요소를 반환
> • stop() : 현재 동작하고 있는 애니메이션 동작을 즉시 중단
> • slideDown(), slideUp() : jQuery 라이브러리에서 제공하는 함수로 슬라이딩 애니메이션과 함께 보여주거나 숨김. 선택한 요소의 height 값을 낮추거나 높혀가며 사라지게 함. 숫자값 500은 0.5초를 의미

⊕ 더 알기 TIP

서브 메뉴 슬라이드 방식 변경해 보기
- 서브 메뉴 슬라이드 기능은 서브 메뉴 전체가 한꺼번에 열리는 방식도 자주 출제됩니다.
- 다음과 같이 슬라이드 코드를 변경하여 전체 서브 메뉴가 한꺼번에 열리도록 변경할 수 있습니다.

서브 메뉴 한 개 슬라이드	서브 메뉴 전체 슬라이드
```\n$('.navi>li').mouseover(function(){\n $(this).find('.submenu').stop().slideDown(500);\n}).mouseout(function(){\n $(this).find('.submenu').stop().slideUp(500);\n});\n```	```\n$('.navi>li').mouseover(function(){\n $('.submenu').stop().slideDown(500);\n}).mouseout(function(){\n $('.submenu').stop().slideUp(500);\n});\n```

05 지금까지 작업된 모든 문서를 저장합니다.

06 지금 작업한 'script.js' 문서와 jquery-1.12.3.js' 문서를 다음과 같이 'index.html' 본문에 연결합니다.
⟨head⟩와 ⟨/head⟩ 사이에 다음과 같이 입력합니다.
```
<script src="javascript/jquery-1.12.3.js">
</script>
<script src="javascript/script.js" defer
type="text/javascript"></script>
```

[index.html]

```
1   <!DOCTYPE html>
2   <html>
3   <head>
4     <meta charset="utf-8">
5     <title>전국 미술작품</title>
6     <link href="css/style.css" type="text/css" rel="stylesheet">
7     <script src="javascript/jquery-1.12.3.js"></script>
8     <script src="javascript/script.js" defer type="text/javascript"></script>
9   </head>
10
11  <body>
12  <!--와이어프레임 상단 시작-->
13  <header>
14    <div class="wrap"> <!--wrap:logo와 menu 묶어줌-->
15      <div class="logo">
16        <a href="#"><img src="images/logo.png" alt="로고"></a>
17      </div>
```

⊞ 기적의 TIP

- defer(또는 defer="defer") : script가 잠깐 지연되도록 하여 HTML 구문 분석이 완료된 후 스크립트를 실행하도록 함
- 화면 렌더링과 관련된 대부분의 코드는 HTML과 CSS 문서 안에 포함되어 있습니다. 반면 대부분의 script는 사용자의 액션이 발생한 이후의 동작을 렌더링합니다. 이러한 렌더링의 시간 차이로 script가 동작되지 않는 것을 예방하기 위해 defer 속성을 사용합니다.
- defer 속성을 사용하지 않는 경우 ⟨script⟩ 부분을 ⟨/body⟩ 태그 다음에 위치시킴으로써 렌더링을 지연시킬 수 있습니다.

07 'index.html' 문서와 'style.css' 문서를 모두 저장하고, '크롬(Chrome)' 브라우저에서 지금까지 작업된 결과를 확인합니다.

메인 메뉴와 서브 메뉴의 슬라이드 효과가 잘 동작하는지 확인합니다.

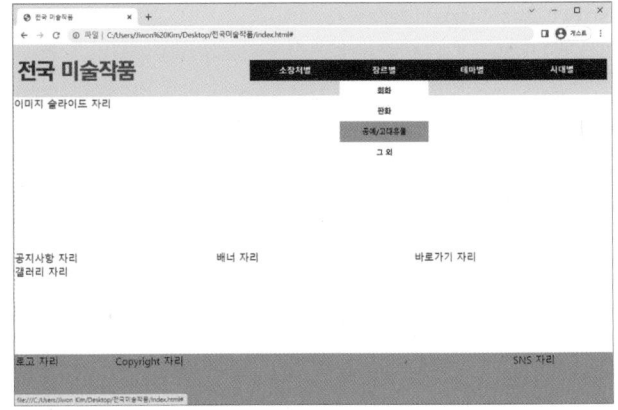

---

4 STEP | **세부 영역별 지시사항 풀기 - ⑧ Slide** | 약 30분

① 슬라이드 이미지 추가하기

세부 영역별 지시사항대로 ⑧ Slide 영역에 들어갈 이미지 슬라이드를 제작합니다.

세부 지시사항에서 3개의 이미지를 이용하여 위-아래, 아래-위 슬라이드 효과를 제작하도록 하고 있으므로 'style.css' 문서에서 이미지의 스타일을 지정한 후, 자바스크립트에서 제이쿼리(jQuery)를 이용하여 해당 동작을 구현합니다.

01 앞서 만들었던 'images' 폴더에 수험자 제공 파일로 주어진 슬라이드 이미지 3개를 복사해둡니다. 이때, 주어진 다른 이미지들도 미리 복사합니다.

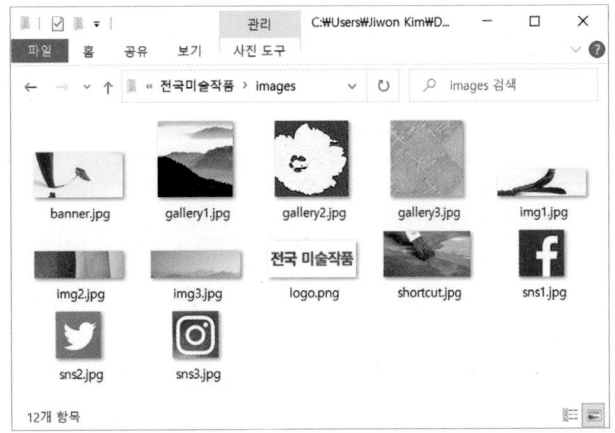

02 'index.html' 문서에서 〈div class="imgslide"〉 이미지 슬라이드 자리 〈/div〉 부분을 찾은 후 이미지들을 추가합니다. 이때 지시사항에서 제공된 3개의 텍스트를 각 이미지에 적용하도록 하고 있으므로 〈span〉 요소를 이용하여 글자도 함께 추가합니다.

```html
<div class="imgslide">
  <div class="slidelist">
    <ul>
      <li>
      <a href="#">
      <span>1900년대 미술작품</span>
      <img src="images/img1.jpg" alt="이미지1">
      </a>
      </li>
      <li>
      <a href="#">
      <span>현대의 작가들</span>
      <img src="images/img2.jpg" alt="이미지2">
      </a>
      </li>
      <li>
      <a href="#">
      <span>전국 지역별 미술 전시</span>
      <img src="images/img3.jpg" alt="이미지3">
      </a>
      </li>
    </ul>
  </div>
</div>
```

[index.html]

```
54        </div>
55      </header>
56      <!--와이어프레임 상단 끝-->
57
58      <!--슬라이드 + 콘텐츠 영역 시작-->
59      <div class="bodywrap"> <!--bodywrap:imgslide와 contents 묶어줌-->
60        <div class="imgslide"> <!--imgslide:슬라이드 이미지-->
61          <div class="slidelist">
62            <ul>
63              <li>
64              <a href="#">
65                <span>1900년대 미술작품</span>
66                <img src="images/img1.jpg" alt="이미지1">
67              </a>
68              </li>
69              <li>
70              <a href="#">
71                <span>현대의 작가들</span>
72                <img src="images/img2.jpg" alt="이미지2">
73              </a>
74              </li>
75              <li>
76              <a href="#">
77                <span>전국 지역별 미술 전시</span>
78                <img src="images/img3.jpg" alt="이미지3">
79              </a>
80              </li>
81            </ul>
82          </div>
83        </div>
84        <div class="contents"> <!--contents:공지사항/갤러리,배너,바로가기-->
85          <ul class="tabmenu">
86            <li>
87            <div class="notice">
88              공지사항 자리
89            </div>
```

기적의 TIP

- 'div' 영역의 class 이름을 'imgslide'으로 지정하였으므로 스타일 시트 파일에서 선택자로 '.imgslide'를 사용하게 됩니다.
- 〈div class="slidelist"〉: 좌에서 우로 전환되는 슬라이드 이미지 효과를 위해 이미지들을 묶어줌
- '상호작용이 필요한 모든 콘텐츠(로고, 메뉴 Slide, 공지사항, 갤러리 등)는 임시 링크되어야 한다.'고 명시하고 있으므로 추가되는 이미지에도 임시 링크를 추가합니다.
- 〈span〉: 다른 텍스트와 구분하기 위해 사용. 줄을 바꾸지 않고 글자색이나 배경색 등을 변경

---

❷ 슬라이드 이미지에 스타일 추가하기

01 지금까지 작업된 결과를 확인해 보면 다음과 같이 메인에 추가한 텍스트와 이미지들이 아래로 줄지어 나타납니다.

텍스트와 이미지가 정해진 영역 안에서만 나타나고 그 외의 영역에서는 나타나지 않도록 스타일을 추가하도록 합니다.

02 스타일 시트 'style.css' 문서에서 클래스 선택자 '.imgslide'를 찾은 후 이미지와 텍스트에 대한 스타일을 추가합니다.

먼저 '.imgslide' 안에 'position:relative'와 'overflow:hidden' 속성을 추가합니다. 이어서 각 이미지와 이미지 위에 나타나는 텍스트에 대한 상세한 스타일을 입력합니다.

```css
.imgslide{
    width:1200px;
    height:300px;
    position:relative;
    overflow:hidden;
}
.slidelist{
    height:900px;
}
.slidelist ul li{
    height:300px;
    float:left;
}
.slidelist span{
    width:500px;
    height:50px;
    position:absolute;
    text-align:center;
    color:#ffffff;
    font-weight:bold;
    line-height:50px;
    background-color:rgba(40,40,40,0.5);
    margin-left:350px;
    margin-top:125px;
}
```

[style.css]

```
78      .bodywrap {          /* imgslide와 contents 묶어줌 */
79        width: 1200px;     /* imgslide + contents 너비 */
80        height: 500px;     /* imgslide + contents 높이 */
81      }
82      .imgslide {          /* B영역:이미지 슬라이드 영역 */
83        width: 1200px;     /* 이미지 슬라이드 너비 */
84        height: 300px;     /* 이미지 슬라이드 높이 */
85        position: relative;
86        overflow: hidden;
87      }
88      .slidelist {
89        height: 900px;
90      }
91      .slidelist ul li {
92        height: 300px;
93        float: left;
94      }
95      .slidelist span {
96        width: 500px;
97        height: 50px;
98        position: absolute;
99        text-align: center;
100       color: ☐#ffffff;
101       font-weight: bold;
102       line-height: 50px;
103       background-color: ■rgba(40, 40, 40, 0.5);
104       margin-left: 350px;
105       margin-top: 125px;
106     }
107     .contents {          /* C영역:tabmenu와 otherwrap 묶어줌 */
108       float: left;
109       width: 1200px;     /* 콘텐츠(탭메뉴,배너,바로가기) 너비 */
110       height: 200px;     /* 콘텐츠(탭메뉴,배너,바로가기) 높이 */
111     }
```

기적의 TIP

- 시험 문제 중 'Ⓑ Slide의 세부 지시사항'에 '[Slide] 폴더에 제공된 3개의 텍스트를 각 이미지에 적용하되, 텍스트의 글자체, 굵기, 색상, 크기를 적절하게 설정하여 가독성을 높이고, 독창성이 드러나도록 제작한다.'라고 되어 있으므로 적절하게 스타일을 지정합니다. 스타일 지정에 대한 자세한 지시사항이나 주어진 값은 없으므로 수험자 임의로 자유롭게 지정하면 됩니다.
- .imgslide : <div class="imgslide"> 영역의 스타일 정의. 슬라이드 이미지와 이미지 위에 나타날 텍스트 영역을 담은 컨테이너
- overflow:hidden : 이미지가 지정된 영역 안에서만 보이고, 영역 밖으로 넘친 부분은 보이지 않도록 지정
- .slidelist : .imgslide의 하위 컨테이너인 <div class="slidelist"> 영역의 스타일 정의
- height:900px; : <div class="slidelist"> 영역의 높비를 900px로 지정
  - 이 영역은 슬라이드 이미지와 텍스트 영역을 담은 컨테이너로서 이 컨테이너에 슬라이드 효과를 구현하여 이미지와 텍스트가 함께 슬라이딩 되도록 합니다.
  - 각 이미지의 높비가 300px일 때 세 개의 이미지를 세로로 나열하면 세로 높이의 총 합은 900px이 됩니다.
  - 세 개의 이미지를 일렬로 세로로 나열하여 900px이 되게 한 후 300px씩 이동시키면 이미지가 위-아래 또는 아래-위 방향으로 슬라이딩 되는 효과를 구현할 수 있습니다.

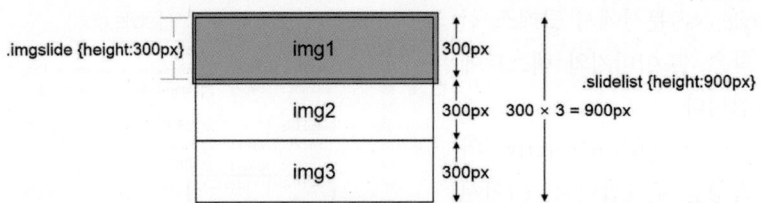

.imgslide {height:300px}

img1 — 300px

.slidelist {height:900px}

img2 — 300px — 300 × 3 = 900px

img3 — 300px

- .slidelist span : .slidelist의 후손 요소인 〈span〉 영역의 스타일 정의. 이미지 위에 나타나는 텍스트의 스타일
- 선택자 형식 중 'A 〉 B'은 A 요소의 1차 하위 요소인 B 요소에 스타일을 적용합니다. 'A B'와 같이 빈칸을 사용하는 경우 A 요소의 1차 또는 2차 이상(자손의 자손)의 하위 요소, 즉 후손 요소에 해당하는 모든 B 요소에 스타일을 적용합니다. [참고하기] PART 02 – SECTION 02. CSS 익히기 – 'CSS 선택자 이해하기'
- width:500px, height:50px : 텍스트 영역의 너비와 높이
- position:absolute : 상위 컨테이너를 기준으로 절대 좌표값을 가짐
- margin-left:350px, margin-top:125px : 텍스트 영역 왼쪽으로 350px, 위쪽으로 125px 여백 지정
  - 이미지 슬라이드 전체 영역의 크기가 너비 1200px, 높이 300px인 상태에서 이 영역 안쪽에 들이기는 텍스트 영역은 너비 500px, 높이 height:50px이고 여백을 왼쪽 350px, 위쪽 125px을 지정하였으므로 텍스트 영역은 가운데에 위치하게 됩니다(1200px-500px=700px, 700px ÷2=350px, 300px-50px=250px, 250÷2=125px).
  - 텍스트 영역의 크기나 여백 값은 여기에서 입력한 것과 똑같이 사용하지 않아도 됩니다. 이러한 값은 수험자가 임의로 지정 가능합니다. 스타일의 속성 값은 웹 브라우저에서 결과를 확인하면서 값을 조금씩 조정하면서 지정합니다.
- background-color:rgba(40,40,40,0.5) : 색상 및 불투명도 지정. a 속성은 투명도를 의미하며, 0~1사이의 값을 가짐. 반드시 설정해야 하는 것은 아니며 글자를 잘 보이게 하기 위해 설정한 것으로 삭제 및 임의로 지정 가능
- left:50%, top:50% : 컨테이너의 시작점을 기준으로 50%의 여백. 여백 값은 임의로 지정 가능
- position:relative와 position:absolute의 관계 : .imgslide로 지정된 〈div class="imgslide"〉에 position:relative을 지정하고 다시 이것의 내부에 있는 '.imgslide)a'로 지정한 〈a〉에 요소에 position:absolute로 지정했습니다. 이렇게 지정하게 되면 position:relative으로 지정한 컨테이너를 기준점으로 삼아 position:absolute가 절대 좌표값을 가지게 됩니다. 만일 기준점이 되는 컨테이너가 없으면 문서 화면 전체를 기준으로 절대 좌표값을 가지게 됩니다.

03 지금까지 작업한 사항을 모두 저장하고 '크롬(Chrome)' 브라우저에서 결과를 확인해 보면 이미지들이 한 곳에 겹쳐서 모여 있고, 그 위에 글자가 나타나는 것을 확인할 수 있습니다.

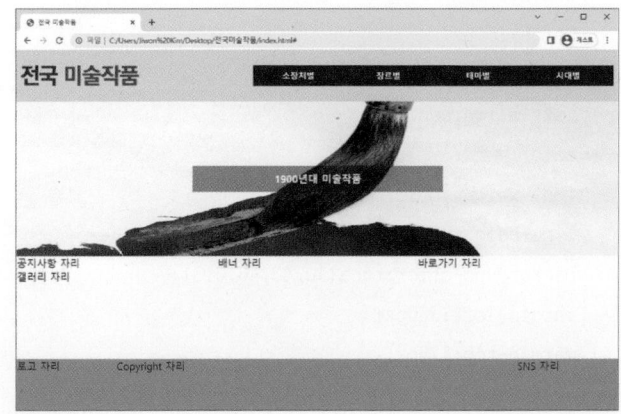

③ 이미지 슬라이드 구현하기

01 이미지에 슬라이드 기능을 구현하기 위해 'script.js' 문서에 다음과 같이 입력합니다.
이때 처음에 입력했던 스크립트의 마지막 줄인 '});'의 안쪽에 입력하도록 합니다.

```
setInterval(function(){
  $('.slidelist').delay(1000);
  $('.slidelist').animate({marginTop:-300});
  $('.slidelist').delay(2000);
  $('.slidelist').animate({marginTop:-600});
  $('.slidelist').delay(2000);
  $('.slidelist').animate({marginTop:0});
  $('.slidelist').delay(2000);
});
```

```
1    // JavaScript Document
2
3    jQuery(document).ready(function () {
4
5      $('.navi>li').mouseover(function () {
6        $(this).find('.submenu').stop().slideDown(500);
7      }).mouseout(function () {
8        $(this).find('.submenu').stop().slideUp(500);
9      });
10
11     setInterval(function () {
12       $('.slidelist').delay(1000);
13       $('.slidelist').animate({ marginTop: -300 });
14       $('.slidelist').delay(2000);
15       $('.slidelist').animate({ marginTop: -600 });
16       $('.slidelist').delay(2000);
17       $('.slidelist').animate({ marginTop: 0 });
18       $('.slidelist').delay(2000);
19     });
20
21   });
22
```

기적의 TIP

- setInterval(function(){} : 일정 시간마다 반복적으로 동작을 실행
- delay(2000) : delay(ms)와 같이 사용하며, 실행 중인 함수를 지정한 시간만큼 지연시킴. 2000는 2초에 해당됨
  - 슬라이드는 매 3초 이내로 다른 이미지로 슬라이드 전환되어야 하므로 delay() 사용 시 3000 이내의 값을 입력하여 다른 이미지가 3초 이내에 나타나도록 해야합니다.
- animate() : 애니메이션 효과를 지정
  - animate() 문법은 '$(선택자).animate({properties(CSS 스타일)} [, duration(지속 시간)] [, easing(여유 함수)] [, complete](콜백 함수))'입니다. 이 중 {properties} 부분은 필수 매개변수로 CSS 속성과 값을 정의하며, 나머지는 선택적 매개변수입니다. {properties}의 형식은 '키:값'이 쌍으로 이루어지기 때문에 중괄호 { }를 사용하여 '{속성:값}'으로 작성해야 합니다.
- animate({marginTop : -300}) : 애니메이션 효과를 줄 속성으로 marginTop를 사용하고, 그 값을 -300으로 변경. 요소의 위쪽 여백을 '-300px'로 지정해주기 때문에 요소가 위쪽으로 밀려서 이동하는 것처럼 동작함
  - animate({marginTop : -600})에 사용된 marginTop 속성은 자바스크립트에서 사용되는 속성입니다. 이 속성을 CSS에서 사용되는 속성으로 변경하면 margin-top입니다. 그러나 자바스크립트의 변수 이름에는 대시(-)가 사용될 수 없기 때문에, 만일 CSS 속성 margin-left를 사용하려면 다음과 같이 따옴표를 사용하여 작성합니다.

```
animate({marginTop : -300}) = animate({"margin-top" : "-300"})
```

02 문서를 저장한 후 이미지가 아래-위, 위-아래로 슬라이딩 되는지 확인합니다.

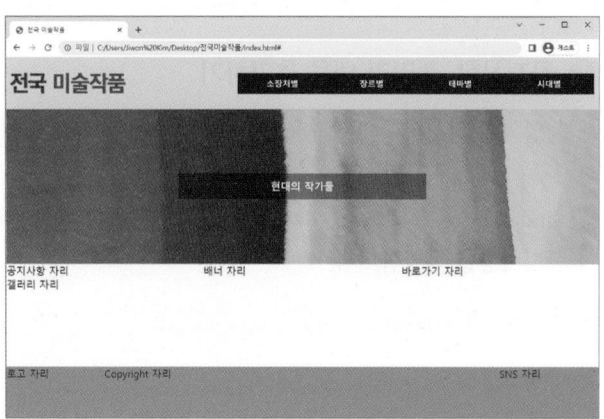

더 알기 TIP

좌-우, 우-좌 슬라이드 작성해 보기
• 이미지 슬라이드 기능은 위-아래, 아래-위 슬라이드 또는 좌-우, 우-좌 슬라이드 기능이 출제됩니다.
• 위-아래, 아래-위 슬라이드 코드를 이용하여 위-아래, 아래-위 슬라이드 기능을 만들 수 있습니다.

	위-아래 방향 이미지 슬라이드	좌-우 방향 이미지 슬라이드
| 1. CSS 변경 | ```
.imgslide{
    width:1200px;
    height:300px;
    position:relative;
    overflow:hidden;
}
.slidelist{
    height:900px;
}
.slidelist ul li{
    height:300px;
    float:left;
}
``` | ```
.imgslide{
    width:1200px;
    height:300px;
    position:relative;
    overflow:hidden;
}
.slidelist{
    width:3600px;
}
.slidelist ul li{
    width:1200px;
    float:left;
}
``` |
| 2. 자바스크립트 변경 | ```
setInterval(function(){
    $('.slidelist').delay(2000);
    $('.slidelist').animate({marginTop:-300});
    $('.slidelist').delay(2000);
    $('.slidelist').animate({marginTop:-600});
    $('.slidelist').delay(2000);
    $('.slidelist').animate({marginTop:0});
    $('.slidelist').delay(2000);
});
``` | ```
setInterval(function(){
    $('.slidelist').delay(2000);
    $('.slidelist').animate({marginLeft:-1200});
    $('.slidelist').delay(2000);
    $('.slidelist').animate({marginLeft:-2400});
    $('.slidelist').delay(2000);
    $('.slidelist').animate({marginLeft:0});
    $('.slidelist').delay(2000);
});
``` |

• 위-아래 슬라이드 기능은 이미지의 높이 300px을 기준으로 세 개의 이미지를 일렬로 나열하여 900px이 되게 한 후 animate({marginTop: -300})로 300px씩 이동시킴으로써 슬라이딩되는 효과를 구현했습니다.
• 좌-우 슬라이드 기능은 이미지의 너비가 1200px인 세 개의 이미지를 일렬로 나열하여 3600px이 되게 한 후 animate({marginLeft:-1200})로 변경하여 사용합니다.

5 STEP | 세부 영역별 지시사항 풀기 – ⓒ Contents | 약 40분

① 공지사항, 갤러리 내용 추가하기

세부 영역별 지시사항대로 ⓒ Contents 영역에 들어갈 공지사항, 갤러리, 바로가기 콘텐츠를 제작합니다.

01 'index.html' 문서에서 ⟨div class="notice"⟩ 공지사항 자리 ⟨/div⟩를 찾고 해당 영역에 다음과 같이 입력하여 공지사항을 작성합니다.

```
<div class="notice">
  <ul>
    <li>
      <a href="#">
        전국 미술작품 공지사항 1
        <span>2022.03.01</span>
      </a>
    </li>
    <li>
      <a href="#">
        전국 미술작품 공지사항 2
        <span>2022.03.01</span>
      </a>
    </li>
    <li>
      <a href="#">
        전국 미술작품 공지사항 3
        <span>2022.03.01</span>
      </a>
    </li>
    <li>
      <a href="#">
        전국 미술작품 공지사항 4
        <span>2020.03.01</span>
      </a>
    </li>
  </ul>
</div>
```

[index.html]

```
83        </div>
84        <div class="contents"> <!--contents:공지사항/갤러리,배너,바로가기-->
85          <ul class="tabmenu">
86            <li>
87              <div class="notice">
88                <ul>
89                  <li>
90                    <a href="#">
91                      전국 미술작품 공지사항 1
92                      <span>2022.03.01</span>
93                    </a>
94                  </li>
95                  <li>
96                    <a href="#">
97                      전국 미술작품 공지사항 2
98                      <span>2022.03.01</span>
99                    </a>
100                 </li>
101                 <li>
102                   <a href="#">
103                     전국 미술작품 공지사항 3
104                     <span>2022.03.01</span>
105                   </a>
106                 </li>
107                 <li>
108                   <a href="#">
109                     전국 미술작품 공지사항 4
110                     <span>2020.03.01</span>
111                   </a>
112                 </li>
113               </ul>
114             </div>
115           </li>
116           <li>
117             <div class="gallery">
118               갤러리 자리
119             </div>
120           </li>
121         </ul>
```

02 공지사항 타이틀 이름을 지정하기 위해 〈ul class="tabmenu"〉 아래의 〈li〉을 찾고 다음과 같이 수정합니다.

```
<ul class="tabmenu">
  <li class="active"><a href="#">공지사항</a>
```

[index.html]

```
84        <div class="contents"> <!--contents:공지사항/갤러리,배너,바로가기-->
85          <ul class="tabmenu">
86            <li class="active"><a href="#">공지사항</a>
87              <div class="notice">
88                <ul>
89                  <li>
90                    <a href="#">
91                      전국 미술작품 공지사항 1
92                      <span>2022.03.01</span>
93                    </a>
94                  </li>
```

🅑 기적의 TIP

class="active"를 지정하여 활성화되는 탭 타이틀의 스타일을 지정하고 자바스크립트에서 활성화시킬 탭 요소를 구분하는 데 사용합니다.

03 다음으로 〈div class="gallery"〉 갤러리 자리 〈/div〉 영역에 다음과 같이 입력하여 갤러리 부분에 이미지를 추가합니다.

갤러리 이미지는 Contents 폴더에서 images 폴더로 미리 옮겨놓은 제공된 이미지 3개를 사용하여 가로 방향으로 배치합니다.

```
<div class="gallery">
  <ul>
    <li>
      <a href="#"><img src="images/gallery1.
      jpg" alt="갤러리1"></a>
    </li>
    <li>
      <a href="#"><img src="images/gallery2.jpg" alt="갤러리2"></a>
    </li>
    <li>
      <a href="#"><img src="images/gallery3.jpg" alt="갤러리3"></a>
    </li>
  </ul>
</div>
```

[index.html]

```
116        <li>
117          <div class="gallery">
118            <ul>
119              <li>
120                <a href="#"><img src="images/gallery1.jpg"
                   alt="갤러리1"></a>
121              </li>
122              <li>
123                <a href="#"><img src="images/gallery2.jpg"
                   alt="갤러리2"></a>
124              </li>
125              <li>
126                <a href="#"><img src="images/gallery3.jpg"
                   alt="갤러리3"></a>
127              </li>
128            </ul>
129          </div>
130        </li>
131      </ul>
132      <div class="otherwrap">
133        <div class="banner">
134          배너 자리
135        </div>
```

04 갤러리 탭 타이틀을 지정하기 위해 〈div class="gallery"〉 바로 위의 〈li〉을 찾고 다음과 같이 수정합니다.

```
<li><a href="#">갤러리</a>
  <div class="gallery">
```

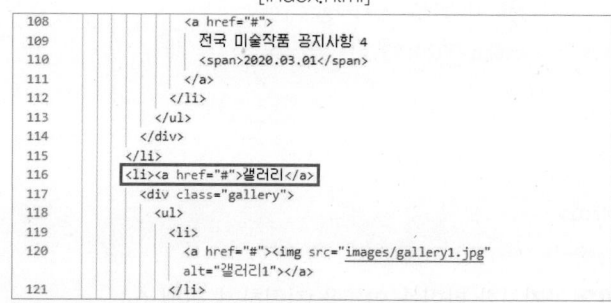

[index.html]

```
108              <a href="#">
109                전국 미술작품 공지사항 4
110                <span>2020.03.01</span>
111              </a>
112            </li>
113          </ul>
114        </div>
115      </li>
116      <li><a href="#">갤러리</a>
117        <div class="gallery">
118          <ul>
119            <li>
120              <a href="#"><img src="images/gallery1.jpg"
                 alt="갤러리1"></a>
121            </li>
```

❷ 공지사항, 갤러리 스타일 추가하기

01 와이어프레임을 살펴보면, 공지사항과 갤러리 타이틀 부분이 나란히 붙어있는 탭 메뉴로 지정되어있는 것을 확인할 수 있습니다.

또 활성화된 탭 타이틀은 밝은 색, 활성화되지 않은 타이틀은 어두운 색으로 표시되어 탭 타이틀의 활성화 여부에 따라 색상이 구분되어 나타나고 있습니다.

이렇게 스타일을 지정하기 위해 'style.css' 문서에서 클래스 선택자 '.tabmenu'을 찾습니다.

```
.tabmenu{
    float:left;
    width:400px;
    height:200px;
}
```

위와 같이 미리 입력해둔 스타일을 아래와 같이 수정합니다.

```
.tabmenu{
    float:left;
    width:395px;
    height:180px;
    margin-top:10px;
    margin-bottom:10px;
}
```

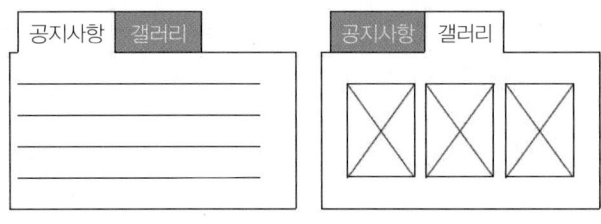

[style.css]

```
107    .contents {        /* C영역:tabmenu와 otherwrap 묶어줌 */
108        float: left;
109        width: 1200px;   /* 콘텐츠(탭메뉴,배너,바로가기) 너비 */
110        height: 200px;   /* 콘텐츠(탭메뉴,배너,바로가기) 높이 */
111    }
112    .tabmenu {         /* 공지사항/갤러리 탭메뉴 영역 */
113        float: left;
114        width: 395px;
115        height: 180px;
116        margin-top: 10px;
117        margin-bottom: 10px;
118    }
119    .otherwrap {       /* banner와 shortcut 묶어줌 */
120        float: right;
121        width: 800px;
122        height: 200px;
123    }
124    .banner {
125        float: left;
126        width: 400px;    /* 배너 영역 너비 */
127        height: 200px;   /* 배너 영역 높이 */
128    }
```

🅱 기적의 TIP

- .tabmenu : <ul class="tabmenu"> 영역의 스타일 정의. 이 영역은 공지사항과 갤러리를 묶어주는 영역임
  - width:395px : 공지사항과 갤러리 탭 영역의 너비를 지정. 오른쪽에 줄 여백 5px을 감안하여 395px으로 지정
  - height:180px : 공지사항과 갤러리 탭 영역의 높이를 지정
  - margin–top:10px : 공지사항과 갤러리 탭 영역 위쪽으로 10px 여백을 둠
  - margin–bottom:10px : 공지사항과 갤러리 탭 영역 아래쪽으로 10px 여백을 둠
- <ul class="tabmenu"> 영역의 상위 컨테이너는 <div class="contents">입니다. 이 영역에 대한 스타일은 앞서 '.contents'에 입력해두었습니다. 이 콘텐츠 영역의 높이를 height:200px로 지정하였으므로 공지사항 갤러리 탭 영역의 높이도 height:200px 값을 가지게 됩니다. 여기에서는 탭 영역의 위쪽과 아래쪽에 10px의 여백을 두었기 때문에 탭 영역의 높이는 콘텐츠 영역의 높이 200px에서 10px(위쪽)과 10px(아래쪽)을 뺀 값인 180px 값을 가지게 됩니다. 이러한 속성과 값은 임의로 지정한 값이며 얼마든지 변경할 수 있습니다.

02 다음으로 탭 영역 타이틀 부분의 스타일을 지정하기 위해서 계속해서 '.tabmenu' 스타일 아래에 다음과 같이 입력합니다.

```css
.tabmenu>li{
    float:left;
    width:100px;
    line-height:30px;
}
.tabmenu>li>a{
    display:block;
    font-size:16px;
    text-align:center;
    background-color:#cccccc;
    border:1px solid #dddddd;
    border-bottom:none;
}
.tabmenu>li>a:hover{
    background-color:#eeeeee;
}
.tabmenu>li:first-child a{
    border-right:none;
}
.tabmenu>li.active>a{
    background-color:#ffffff;
}
```

[style.css]

```css
112    .tabmenu {          /* 공지사항/갤러리 탭메뉴 영역 */
113        float: left;
114        width: 395px;
115        height: 180px;
116        margin-top: 10px;
117        margin-bottom: 10px;
118    }
119    .tabmenu>li {       /* 탭 타이틀 영역 스타일 */
120        float: left;
121        width: 100px;
122        line-height: 30px;
123    }
124    .tabmenu>li>a {     /* 탭 타이틀 영역 <a>요소 스타일 */
125        display: block;
126        font-size: 16px;
127        text-align: center;
128        background-color: #cccccc;
129        border: 1px solid #dddddd;
130        border-bottom: none;
131    }
132    .tabmenu>li>a:hover {      /* <a>요소에 마우스를 올릴 때 스타일 */
133        background-color: #eeeeee;
134    }
135    .tabmenu>li:first-child a { /* 탭 타이틀 첫 번째 <a>요소 */
136        border-right: none;
137    }
138    .tabmenu>li.active>a {      /* active 클래스가 할당된 <a>요소 */
139        background-color: #ffffff;
140    }
141    .otherwrap {       /* banner와 shortcut 묶어줌 */
142        float: right;
143        width: 800px;
144        height: 200px;
145    }
```

기적의 TIP

- .tabmenu)li : .tabmenu의 자식 요소 〈li〉의 스타일 지정. 공지사항과 갤러리 탭의 타이틀 영역으로 이 영역의 높이와 너비 등을 지정
- .tabmenu)li)a : .tabmenu의 자식 요소 〈li〉의 자식 요소인 〈a〉 요소에 대해 스타일 지정
- display:block : 박스 요소를 block 속성으로 표시하며, 요소 앞뒤로 줄바꿈 되도록 함
- background-color::#cccccc : 〈li〉의 자식 요소인 〈a〉 요소 영역에 배경색 지정
- border:1px solid #dddddd : .tabmenu의 자식 요소 〈li〉의 자식 요소인 〈a〉 요소 영역에 테두리를 지정. 테두리 굵기는 1px, 선의 종류는 실선 solid, 선의 색상은 #dddddd로 지정
- border-bottom:none : .tabmenu)li)a에 테두리를 주게 되면, 이후 탭 타이틀의 아래 테두리와 탭 내용의 위쪽 테두리가 겹쳐보이게 됨. 따라서 탭 타이틀의 아래 테두리를 보이지 않게 지정하여 경계선에서 두 개의 테두리가 겹쳐 보이지 않도록 함

공지사항	갤러리		공지사항	갤러리

▲ border-bottom:none을 설정한 경우   ▲ border-bottom:none을 설정하지 않은 경우

- .tabmenu)li)a:hover : .tabmenu의 자식 요소 〈li〉의 자식 요소인 〈a〉 요소 영역에 마우스가 올라오면 나타날 스타일 지정
  − 배경색 background:#cccccc에서 마우스를 올리면 background-color:#eeeeee로 변경됨
- .tabmenu)li:first-child a : .tabmenu)li 요소 중 첫 번째 자식 요소 중 〈a〉 요소에 대한 스타일을 지정. 해당 부분은 공지사항 탭 타이틀 영역으로 여기에 border-right:none을 설정함으로써 오른쪽 테두리가 나타나지 않도록 지정. 이렇게 하지 않을 경우 공지사항과 갤러리 탭 타이틀 사이의 경계선 테두리가 겹쳐보이게 됨. 따라서 중간 경계선에서 두 개의 테두리가 겹쳐 보이지 않도록 함
- .tabmenu)li.active)a : .tabmenu)li 요소 중 active 클래스가 할당된 〈a〉 요소에 대한 스타일 지정. 현재 'index.html' 문서에서 <li class="active"><a href="#">□□□</a>로 설정되어 있기 때문에 공지사항 탭 타이틀 영역의 색상이 background-color:#ffffff로 나타나게 됨. 이후 자바스크립트에서 갤러리 탭 타이틀 영역을 클릭하면 active 클래스가 할당되어 색상이 변경되어 구현되도록 함

03 다음으로 공지사항 콘텐츠 영역의 스타일을 추가하기 위해 다음을 추가합니다.

```css
.tabmenu>li div{
    position:absolute;
    left:0px;
    height:0px;
    overflow:hidden;
}
.tabmenu>li.active div{
    width:393px;
    height:148px;
    border:1px solid #dddddd;
    z-index:1;
}
.notice ul{
    float:left;
    width:393px;
    margin-top:12px;
    margin-bottom:12px;
}
.notice li{
    height:32px;
    line-height:32px;
    font-size:15px;
    margin-left:10px;
    margin-right:10px;
}
.notice li:nth-child(2n){
    background-color:#cccccc;
}
.notice li span{
    float:right;
}
.notice li:hover{
    font-weight:bold;
}
```

[style.css]

```css
138  .tabmenu>li.active>a {       /* active 클래스가 할당된 <a>요소 */
139      background-color: #ffffff;
140  }
141  .tabmenu>li div {    /* 탭 콘텐츠 영역 스타일 */
142      position: absolute;
143      left: 0px;
144      height: 0px;
145      overflow: hidden;
146  }
147  .tabmenu>li.active div {       /* active 클래스가 할당된 영역 스타일 */
148      width: 393px;
149      height: 148px;
150      border: 1px solid #dddddd;
151      z-index: 1;
152  }
153  .notice ul {        /* 공지사항 콘텐츠 영역 스타일 */
154      float: left;
155      width: 393px;
156      margin-top: 12px;
157      margin-bottom: 12px;
158  }
159  .notice li {        /* 공지사항 리스트 영역 스타일 */
160      height: 32px;
161      line-height: 32px;
162      font-size: 15px;
163      margin-left: 10px;
164      margin-right: 10px;
165  }
166  .notice li:nth-child(2n) {    /* 공지사항 중 2배수 리스트 스타일 */
167      background-color: #cccccc;
168  }
169  .notice li span {    /* <span>요소로 구성한 날짜 영역 스타일 */
170      float: right;
171  }
172  .notice li:hover {  /* 공지사항 리스트 영역에 마우스를 올릴 때 스타일 */
173      font-weight: bold;
174  }
175  .otherwrap {        /* banner와 shortcut 묶어줌 */
176      float: right;
177      width: 800px;
178      height: 200px;
179  }
```

- .tabmenu)li div : <ul class="tabmenu">의 자식 요소 〈li〉인의 후손 요소 〈div〉들에 대한 스타일 지정. 즉, 공지사항과 갤러리 탭 콘텐츠 영역의 스타일을 지정
  - position:absolute : 탭 콘텐츠 영역의 위치는 상위 컨테이너를 기준으로 절대 좌표값을 가지도록 함. 공지사항과 갤러리 탭 콘텐츠 영역이 모두 같은 자리에 나타나야 하므로 이 속성을 지정. 이 속성을 사용하지 않으면 갤러리 탭 콘텐츠 영역의 시작 위치가 변경됨
  - left:0px : 탭 콘텐츠 영역을 left로부터 0px, 즉 여백을 두지 않음. 따라서 콘텐츠 영역이 왼쪽에 붙어서 나타남. position:absolute을 함께 사용해야 공지사항과 갤러리 탭 콘텐츠 영역이 모두 같은 자리에 나타나게 되며 둘 중 하나의 속성을 사용하지 않으면 갤러리 탭 콘텐츠 영역이 밀려나게 됨
  - height:0px : 탭 콘텐츠 영역의 높이를 0으로 지정하여 보이지 않도록 함. 활성화 될 때만 높이를 지정하여 콘텐츠가 보이도록 함
  - overflow:hidden : 다른 영역과 겹쳐 보이는 부분을 가림. 이 옵션을 사용하지 않을 경우 다음과 같이 탭 콘텐츠 영역이 서로 겹쳐서 보이게 됨

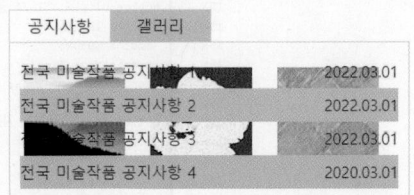

- .tabmenu)li.active div : .tabmenu)li 요소 중 active 클래스가 할당된 〈div〉 후손 요소 영역에 대한 스타일 지정. 현재 'index.html' 문서에서 <li class="active"><a href="#">공지사항</a><div class="notice">로 설정되어 있기 때문에 공지사항 탭 콘텐츠 영역에 먼저 스타일이 적용됨. 이후 자바스크립트에서 갤러리 탭 타이틀 영역을 클릭하면 active 클래스가 할당되도록 구현하면 탭 콘텐츠 영역도 변경되어 나타나게 됨
  - width:393px : active 클래스가 할당된 〈div〉 탭 콘텐츠 영역의 너비를 393px로 지정. 이 값은 .tabmenu에 지정한 탭 영역의 크기 395px(width:395px) 중에서 border:1px이 좌우로 차지하는 2px을 제외시킨 값임
  - height:148px : active 클래스가 할당된 〈div〉 탭 콘텐츠 영역의 높이를 148px로 지정. 이 값은 .tabmenu에 지정한 탭 영역의 크기 180px(height:180px=(200px에서 위 여백 10px과 아래 여백 10px을 뺀 값) 중에서 탭 타이틀 영역 line-height:30px과 border:1px이 상하로 차지하는 2px를 제외시킨 값임
  - border:1px solid #dddddd : .tabmenu)li 요소 중 active 클래스가 할당된 〈div〉 후손 요소의 영역에 테두리를 지정. 테두리 굵기는 1px, 선의 종류는 실선 solid, 선의 색상은 #dddddd로 지정. 이 테두리 값이 상하좌우로 1px씩 차지하므로 이를 고려하여 width와 height 값을 지정
  - z-index:1 : .tabmenu)li 요소 중 active 클래스가 할당된 〈div〉 후손 요소가 화면 상에서 더 앞쪽에 나타나도록 우선순위를 지정
- .notice ul : <div class="notice"> 요소의 자식 요소 〈ul〉에 스타일 지정. 즉 공지사항 콘텐츠 영역의 스타일을 지정
  - margin-top:12px, margin-bottom:12px : 공지사항 콘텐츠 영역에 위, 아래 12px 여백 지정
- .notice li : <div class="notice"> 요소의 자식 요소 〈li〉에 스타일 지정. 공지사항 콘텐츠 각 리스트의 스타일을 지정
  - height:32px, line-height:32px : 높이 height와 줄 간격(행간) line-height을 같을 값을 지정하여 글자가 세로 가운데 정렬이 되도록 함
  - argin-left:10px, margin-right:10px : 각 리스트에 좌우 10px 여백 지정
- .notice li:nth-child(2n) : .notice 요소의 후손 요소 〈li〉의 2배수 요소(2, 4, 6... 번째를 의미)의 스타일 지정
- .notice li span : .notice 요소의 후손(하위 요소에 해당하는 모든) 요소 〈li〉의 〈span〉에 스타일 지정
- .notice li:hover : .notice 요소의 후손 요소 〈li〉에 마우스를 올리면 font-weight:bold 글자가 굵게 나타나도록 지정

04 갤러리 영역의 스타일을 추가하기 위해 '.notice li:hover' 영역 아래에 다음을 추가합니다. 세부 지시사항에 갤러리의 이미지에 마우스 오버(mouse over) 시 투명도(Opacity)에 변화가 있도록 하고 있으므로 이 점에 유의하여 스타일을 지정합니다.

```
.gallery li{

    float:left;

    margin-top:15px;

    margin-left:5px;

}

.gallery img{

    width:100px;

    height:100px;

    padding:10px;

}

.gallery li:hover{

    opacity:0.5;

}
```

```
169    .notice li span {     /* <span>요소로 구성한 날짜 영역 스타일 */
170      float: right;
171    }
172    .notice li:hover {  /* 공지사항 리스트 영역에 마우스를 올릴 때 스타일 */
173      font-weight: bold;
174    }
175    .gallery li {      /* 갤러리 콘텐츠 영역 스타일 */
176      float: left;
177      margin-top: 15px;
178      margin-left: 5px;
179    }
180    .gallery img {      /* 갤러리 콘텐츠 이미지 영역 스타일 */
181      width: 100px;
182      height: 100px;
183      padding: 10px;
184    }
185    .gallery li:hover { /* 갤러리 콘텐츠에 마우스를 올릴 때 스타일 */
186      opacity: 0.5;
187    }
188    .otherwrap {        /* banner와 shortcut 묶어줌 */
189      float: right;
190      width: 800px;
191      height: 200px;
192    }
```

기적의 TIP

- .gallery li : .gallery 요소의 후손(하위 요소에 해당하는 모든) 요소 〈li〉에 스타일 지정. 갤러리 이미지에 스타일 적용됨
- .gallery img : .gallery 요소의 후손 요소 〈img〉의 스타일 크기를 지정
- .gallery li:hover : .gallery 요소의 후손 요소 〈li〉 요소에 마우스를 올리면 불투명도 50%(opacity:0.5)가 되어 약간 투명하게 보이도록 지정
- .gallery li는 갤러리 각 이미지가 들어있는 리스트로서 결국 갤러리 이미지들의 투명도가 조정됩니다.마우스를 올릴 때 이미지의 투명도가 변화되는 조건은 세부 지시사항에 제시되어 있으므로 반드시 지정해야 합니다.
- 갤러리 이미지에 마우스를 올리면 투명도가 변화되도록 하는 스타일은 .gallery img:hover로 지정해도 됩니다.

05 지사항과 갤러리 탭 영역인 〈ul class="tabmenu"〉의 상위 컨테이너인 〈div class="contents"〉의 위치가 절대 좌표값을 가지도록 클래스 선택자 '.contents' 스타일을 찾아 다음처럼 'position:absolute'속성을 추가해 줍니다.

```
.contents{

    float:left;

    width:1200px;

    height:200px;

    position:absolute;

}
```

```
107    .contents {        /* C영역:tabmenu와 otherwrap 묶어줌 */
108      float: left;
109      width: 1200px;    /* 콘텐츠(탭메뉴,배너,바로가기) 너비 */
110      height: 200px;    /* 콘텐츠(탭메뉴,배너,바로가기) 높이 */
111      position: absolute;
112    }
113    .tabmenu {          /* 공지사항/갤러리 탭메뉴 영역 */
114      float: left;
115      width: 395px;
116      height: 180px;
117      margin-top: 10px;
118      margin-bottom: 10px;
119    }
120    .tabmenu>li {        /* 탭 타이틀 영역 스타일 */
121      float: left;
122      width: 100px;
123      line-height: 30px;
124    }
```

기적의 TIP

콘텐츠 영역 스타일 .contents에 position:absolute을 주지 않게 되면 브라우저를 전체 화면 100%(1200px보다 큰 경우)로 하게 될 때 콘텐츠 영역 안에 있는 요소 중에서 홈페이지 영역 밖으로 벗어나는 요소들이 생기게 됩니다. 즉, 전체 페이지 1200px 너비 안에 있지 않고 그 영역을 벗어나게 됩니다. 그 이유는 콘텐츠 영역 안에 있는 요소 중 position:absolute 속성을 가지는 요소들인 경우(예 공지사항 갤러리 탭의 콘텐츠 .tabmenu)li div 부분) 해당 요소들이 기준점으로 삼을 컨테이너가 없기 때문에 문서 화면 전체를 기준으로 삼아 절대 좌표값을 가지게 되기 때문입니다.

06 작업 중인 문서를 모두 저장하고 '크롬(Chrome)' 브라우저에서 결과를 확인합니다.

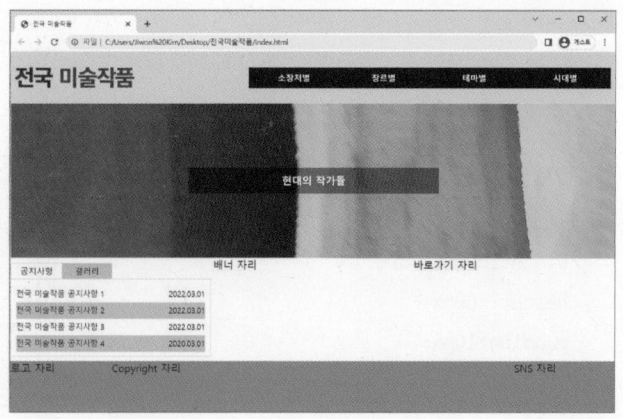

❸ 공지사항, 갤러리 탭 전환 기능 구현하기

이번에는 공지사항과 갤러리 탭이 전환되도록 자바스크립트와 제이쿼리(jQuery)를 활용하여 동적 기능을 만들 어줍니다.

01 공지사항 탭과 갤러리 탭이 전환되는 기능 을 구현하기 위해 'script.js' 문서에 다음과 같이 입력합니다. 이때 마지막 줄인 '});' 안쪽에 입력 하도록 합니다.

```
$(function(){
  $('.tabmenu>li>a').click(function(){
    $(this).parent().addClass("active")
      .siblings()
      .removeClass("active");
    return false;
  });
});
```

[script.js]

```
1    // JavaScript Document
2
3    jQuery(document).ready(function () {
4
5      $('.navi>li').mouseover(function () {
6        $(this).find('.submenu').stop().slideDown(500);
7      }).mouseout(function () {
8        $(this).find('.submenu').stop().slideUp(500);
9      });
10
11     setInterval(function () {
12       $('.slidelist').delay(1000);
13       $('.slidelist').animate({ marginTop: -300 });
14       $('.slidelist').delay(2000);
15       $('.slidelist').animate({ marginTop: -600 });
16       $('.slidelist').delay(2000);
17       $('.slidelist').animate({ marginTop: 0 });
18       $('.slidelist').delay(2000);
19     });
20
21     $(function () {
22       $('.tabmenu>li>a').click(function () {
23         $(this).parent().addClass("active")
24           .siblings()
25           .removeClass("active");
26         return false;
27       });
28     });
29
30   });
31
```

🅱 기적의 TIP

• ('.tabmenu)li)a').click : .tabmenu 요소의 자식 요소 〈li〉의 자식 요소인 〈a〉 요소 영역을 클릭
• (this).parent().addClass('active') : 현재 요소의 부모 요소를 찾아 'active' 클래스 추가. 〈a〉 요소의 부모 요소는 〈li〉이므로 클릭하면 〈li〉에 'active' 클래스를 추가
• .siblings().removeClass('active') : 다른 형제 요소를 찾은 후 'active' 클래스 삭제
• return false : 클릭 이벤트 처리를 중단하고 함수를 호출한 곳으로 즉시 돌아가도록 함
• HTML에서 요소들은 중첩되어 있습니다. 그래서 〈a〉 요소를 클릭하면 이 요소를 감싸고 있는 부모 요소들도 클릭한 것처럼 이벤트에 반응하 게 됩니다. 이런 것을 이벤트 버블링(Bubbling)이라고 합니다. 따라서 현재 이벤트를 중지시키고 그 이벤트가 부모 요소에 전달되지 않도록 중 지하기 위해서 return false를 사용합니다. 단, return false을 사용하면 자바스크립트 해석기가 이 구문을 만나는 즉시 코드 실행을 중지하기 때문에 return false 다음에 다른 문장을 쓰지 않도록 주의합니다.

- 요소(엘리먼트)를 찾아 계층을 이동하는 함수들

parent()	선택된 요소의 부모 요소
children()	선택된 요소의 자식 요소
sibligs()	선택된 요소의 형제 요소
find()	후손 요소 중 찾고자 하는 특정 요소

02 작업 중인 문서를 모두 저장하고 '크롬(Chrome)' 브라우저에서 탭 전환 기능이 잘 동작하는지 결과를 확인합니다.

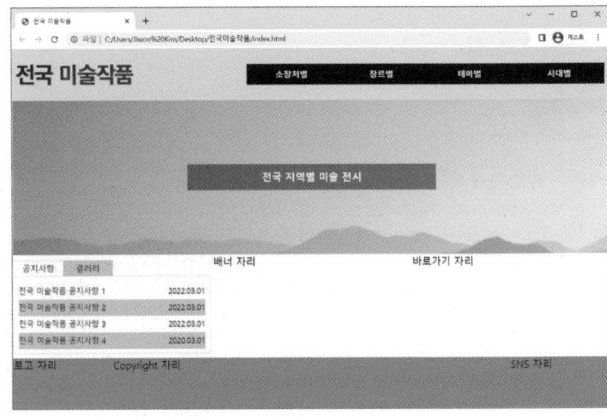

❹ 배너, 바로가기 입력하고 스타일 지정하기

01 'index.html' 문서에서 ⟨div class="banner"⟩ 배너 자리 ⟨/div⟩와 ⟨div class="shortcut"⟩ 바로가기 자리 ⟨/div⟩를 찾고 해당 영역에 다음과 같이 입력합니다.

```
<div class="otherwrap">
  <div class="banner">
    <a href="#">
      <h4 class="bntext">배너</h4>
      <img src="images/banner.jpg" alt="배너">
    </a>
  </div>
  <div class="shortcut">
    <a href="#">
      <h4 class="sctext">바로가기</h4>
      <img src="images/shortcut.jpg" alt=
      "바로가기">
    </a>
  </div>
</div>
```

[index.html]

```
112              </li>
113            </ul>
114          </div>
115        </li>
116        <li><a href="#">갤러리</a>
117          <div class="gallery">
118            <ul>
119              <li>
120                <a href="#"><img src="images/gallery1.jpg"
                     alt="갤러리1"></a>
121              </li>
122              <li>
123                <a href="#"><img src="images/gallery2.jpg"
                     alt="갤러리2"></a>
124              </li>
125              <li>
126                <a href="#"><img src="images/gallery3.jpg"
                     alt="갤러리3"></a>
127              </li>
128            </ul>
129          </div>
130        </li>
131      </ul>
132      <div class="otherwrap">
133        <div class="banner">
134          <a href="#">
135            <h4 class="bntext">배너</h4>
136            <img src="images/banner.jpg" alt="배너">
137          </a>
138        </div>
139        <div class="shortcut">
140          <a href="#">
141            <h4 class="sctext">바로가기</h4>
142            <img src="images/shortcut.jpg" alt="바로가기">
143          </a>
144        </div>
145      </div>
146    </div>
147  </div> <!--bodywrap 끝-->
148  <!--슬라이드 + 콘텐츠 영역 끝-->
149
```

02 'style.css'에서 배너 영역의 스타일을 추가하기 위해 클래스 선택자 '.banner'를 찾습니다. 미리 입력해둔 스타일에서 아래와 같이 너비 width:400px를 width:395px로, 높이 height:200px를 height:180px으로 수정하고, 새로운 속성도 추가해 줍니다.

```css
.banner{
    float:left;
    width:395px;
    height:180px;
    margin-top:10px;
    margin-bottom:10px;
}
```

[style.css]

```css
186    .gallery li:hover { /* 갤러리 콘텐츠에 마우스를 올릴 때 스타일 */
187      opacity: 0.5;
188    }
189    .otherwrap {      /* banner와 shortcut 묶어줌 */
190      float: right;
191      width: 800px;
192      height: 200px;
193    }
194    .banner {
195      float: left;
196      width: 395px;     /* 배너 영역 너비 */
197      height: 180px;   /* 배너 영역 높이 */
198      margin-top: 10px;
199      margin-bottom: 10px;
200    }
201    .shortcut {
202      float: right;
203      width: 400px;    /* 바로가기 영역 너비 */
204      height: 200px;   /* 바로가기 영역 높이 */
205    }
206    footer {            /* D영역:하단 영역 */
207      width: 100%;     /* 하단 너비(브라우저 100%) */
208      height: 100px;   /* 하단 높이 */
209      background-color: #30a3f3;
210    }
```

기적의 TIP

- .banner : 〈div class="banner"〉 영역의 스타일 정의
  - width:395px : 배너 영역의 너비를 지정. 400px에서 바로가기 방향으로 남게 될 오른쪽 여백 5px를 감안하여 395px를 사용함
  - height:180px : 공지사항과 갤러리 탭 영역의 높이와 똑같이 지정
- 콘텐츠 영역의 너비는 1200px로 지정되어 있으며 이 영역에는 순서대로 공지사항 갤러리 탭 메뉴, 배너, 바로가기가 들어갑니다. 각 영역의 너비는 각각 400px씩 가정하였습니다. 탭 메뉴 스타일(.tabmenu)에서 float:left, 왼쪽 여백 5px, 너비 395px를 지정했기 탭 메뉴 전체 너비 400px 중에서 오른쪽에는 5px이 남아있는 셈이 됩니다. 따라서 탭 메뉴와 배너 사이에는 5px의 여백이 생깁니다. 이 값을 고려하여 배너 영역의 너비를 395px로 입력했습니다. 아직 내용을 입력하지 않은 바로가기 영역은 float:right, 너비 400px를 사용합니다. 이렇게 되면 '콘텐츠 영역 너비 1200px=(탭 메뉴 너비 395px)+(남은 여백 5px)+(배너 너비 395px)+(남은 여백 5px)+(바로가기 너비 400px)'로 구성됩니다.

---

03 계속해서 배너 영역에 들어가는 이미지와 글자 영역의 스타일을 추가합니다. 클래스 선택자 '.banner' 아래에 다음과 같이 입력합니다.

```css
.banner img{
    float:left;
    width:395px;
    height:180px;
}
.bntext{
    float:left;
    width:300px;
    height:40px;
    position:absolute;
    text-align:center;
    color:#ffffff;
    font-weight:bold;
    line-height:40px;
    background-color:rgba(40,40,40,0.3);
    left:450px;
    top:80px;
```

[style.css]

```css
194    .banner {
195      float: left;
196      width: 395px;     /* 배너 영역 너비 */
197      height: 180px;   /* 배너 영역 높이 */
198      margin-top: 10px;
199      margin-bottom: 10px;
200    }
201    .banner img {      /* 배너 이미지 스타일 */
202      float: left;
203      width: 395px;
204      height: 180px;
205    }
206    .bntext {          /* 배너 글자 스타일 */
207      float: left;
208      width: 300px;
209      height: 40px;
210      position: absolute;
211      text-align: center;
212      color: #ffffff;
213      font-weight: bold;
214      line-height: 40px;
215      background-color: rgba(40, 40, 40, 0.3);
216      left: 450px;
217      top: 80px;
218    }
219    .banner img:hover { /* 배너 이미지에 마우스를 올릴 때 스타일 */
220      opacity: 0.5;
221    }
222    .shortcut {
223      float: right;
224      width: 400px;    /* 바로가기 영역 너비 */
225      height: 200px;   /* 바로가기 영역 높이 */
226    }
```

```
}
.banner img:hover{
    opacity:0.5;
}
```

기적의 TIP

- .banner img : <div class="banner"> 요소의 후손 요소 〈img〉의 스타일 크기를 지정
- .bntext : <h4 class="bntext"> 배너 글자 영역의 스타일 지정
  - background-color:rgba(40,40,40,0.3) : 색상 및 불투명도 지정. 〈a〉 속성은 투명도를 의미하며, 0~1사이의 값을 가짐. 반드시 설정해야 하는 것은 아니며 삭제 및 임의로 지정 가능
- .banner img:hover : 배너 이미지에 마우스가 올라오면 약간 투명하게(opacity:0.5) 보이도록 지정

04 다음으로 바로가기 영역의 스타일을 추가합니다. 클래스 선택자 '.shortcut'을 찾아 다음과 같이 높이를 수정하고 여백도 추가해줍니다.

```
.shortcut{
    float:right;
    width:400px;
    height:180px;
    margin-top:10px;
    margin-bottom:10px;
}
```

바로가기 이미지와 글자 영역의 스타일도 다음과 같이 추가합니다.

```
.shortcut img{
    float:right;
    width:400px;
    height:180px;
}
.sctext{
    float:right;
    width:300px;
    height:40px;
    position:absolute;
    text-align:center;
    color:#ffffff;
    font-weight:bold;
    line-height:40px;
    background-color:rgba(40,40,40,0.3);
    left:850px;
    top:80px;
}
.shortcut img:hover{
    opacity:0.5;
}
```

[style.css]

```
219    .banner img:hover { /* 배너 이미지에 마우스를 올릴 때 스타일 */
220        opacity: 0.5;
221    }
222    .shortcut {
223        float: right;
224        width: 400px;    /* 바로가기 영역 너비 */
225        height: 180px;   /* 바로가기 영역 높이 */
226        margin-top: 10px;
227        margin-bottom: 10px;
228    }
229    .shortcut img {    /* 바로가기 이미지 스타일 */
230        float: right;
231        width: 400px;
232        height: 180px;
233    }
234    .sctext {          /* 바로가기 글자 스타일 */
235        float: right;
236        width: 300px;
237        height: 40px;
238        position: absolute;
239        text-align: center;
240        color: ▢#ffffff;
241        font-weight: bold;
242        line-height: 40px;
243        background-color: ▨rgba(40, 40, 40, 0.3);
244        left: 850px;
245        top: 80px;
246    }
247    .shortcut img:hover { /* 바로가기 글자에 마우스를 올릴 때 스타일 */
248        opacity: 0.5;
249    }
250    footer {           /* D영역:하단 영역 */
251        width: 100%;    /* 하단 너비(브라우저 100%) */
252        height: 100px;  /* 하단 높이 */
253        background-color: ▨#30a3f3;
254    }
```

- .shortcut img : < div class="shortcut"> 요소의 후손 요소 〈img〉의 스타일 크기를 지정
- .sctext : <span class="sctext"> 바로가기 글자 영역의 스타일 지정
- .shortcut img:hover : 마우스가 이미지 위에 올라오면 불투명도 50%(opacity:0.5)가 되어 약간 투명하게 보이도록 지정

05 작업 중인 문서를 모두 저장하고 '크롬(Chrome)' 브라우저에서 배너와 바로가기를 입력한 결과를 확인합니다.

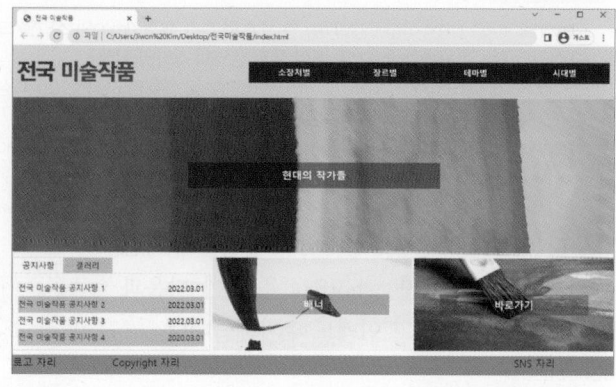

5 레이어 팝업창 작성하고 스타일 지정하기

01 세부 지시사항에 지시된 레이어 팝업창을 구성합니다. 공지사항의 첫 번째 콘텐츠를 클릭(Click)할 경우 레이어 팝업창(Modal Layer Pop_up)이 나타나야 하며, 닫기 버튼을 누르면 해당 팝업창이 닫히도록 해야 합니다.

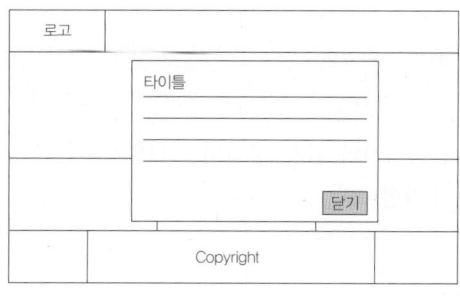

02 먼저 레이어 팝업창에 들어가는 콘텐츠 부분을 작성합니다. 'index.html' 문서에서 〈div class="bodywrap"〉 영역을 종료하는 〈/div〉 다음에 다음과 같이 입력합니다.

```
<div id="layer">
  <div class="layer_up">
    <div class="uptitle">
    미술작품 전시회 안내
    </div>
    <div class="upbody">

    - Contents 폴더에 제공된 텍스트 입력 -

    </div>
    <div class="btn">닫기</div>
  </div>
</div>
```

[index.html]

```
147     </div> <!--bodywrap 끝-->
148     <!--슬라이드 + 콘텐츠 영역 끝-->
149
150     <div id="layer"> <!--레이어 팝업창 영역-->
151       <div class="layer_up">
152         <div class="uptitle">
153           미술작품 전시회 안내
154         </div>
155         <div class="upbody">
156           미술작품 전시회에 초대합니다.
157           전국 미술작품 협회의 주최로 '사랑 그리고 평화' 전시회가 열립니다.
158           특별히 이번 전시회는 신인 작가들을 초대하여 전시를 개최함으로써
159           작가의 작품세계를 조명함으로써
160           현대미술의 의미를 확장하는 장이 될 것입니다.
161         </div>
162         <div class="btn">닫기</div>
163       </div>
164     </div> <!--레이어 팝업창 영역 끝-->
165
166     <!--와이어프레임 하단 시작-->
167     <footer>
168       <div class="wrap"> <!--wrap:btlogo와 site 묶어줌-->
```

기적의 TIP

레이어 팝업창 콘텐츠 영역을 `<div class="bodywrap">` 영역의 밖에 입력한 이유는 콘텐츠 영역인 `<div class="contents">` 영역의 스타일에 'position:absolute'를 설정했기 때문입니다. 만일 이 영역의 안에 `<div id="layer">` 영역이 포함되면 position:absolute 속성의 영향을 받게 되어 레이어 팝업창의 위치도 영향을 받게 됩니다. 따라서 이 문제에서는 레이어 팝업창 영역이 상위 요소 영역의 속성에 영향을 받지 않도록 별도의 영역에 입력하였습니다.

03 레이어 팝업창의 스타일을 지정하기 위해서 'style.css'에 다음과 같이 입력합니다.

```
#layer{
    position:absolute;
    z-index:1;
    display:none;
}
#layer.active{
    display:block;
}
.layer_up{
    width:500px;
    height:400px;
    position:fixed;
    left:30%;
    top:20%;
    background-color:#ffffff;
}
```

[style.css]

```
247    .shortcut img:hover { /* 바로가기 글자에 마우스를 올릴 때 스타일 */
248        opacity: 0.5;
249    }
250    #layer {            /* 레이어 팝업창 기준 배경 스타일 */
251        position: absolute;
252        z-index: 1;
253        display: none;
254    }
255    #layer.active {
256        display: block;
257    }
258    .layer_up {         /* 레이어 팝업창 스타일 */
259        width: 500px;
260        height: 400px;
261        position: fixed;
262        left: 30%;
263        top: 20%;
264        background-color: □#ffffff;
265    }
266    footer {            /* D영역:하단 영역 */
267        width: 100%;    /* 하단 너비(브라우저 100%) */
268        height: 100px;  /* 하단 높이 */
269        background-color: ■#30a3f3;
270    }
```

기적의 TIP

- **#layer** : `<div id="layer">` 요소로 화면 레이어 팝업창의 배경에 해당함. display:none를 지정하여 이 영역이 보이지 않도록 지정함
- **#layer.active** : #layer에 active 클래스가 추가되면 나타냄
- **z-index** : 요소가 화면상에서 앞쪽으로 보이도록 우선순위를 지정
- **.layer_up** : 레이어가 팝업될 때 나타나는 `<div class="layer_up">` 영역의 스타일 지정. 팝업창의 크기, 위치 등을 지정
  - 너비 width:500px, 높이 height:400px 크기로 팝업창이 나타남
  - 화면을 기준으로 left:30%, top:20% 위치에 고정되어 나타남
  - position:fixed : 화면상의 위치에 그대로 고정됨(스크롤을 이동해도 고정됨)
- 레이어 팝업창의 스타일 지정에 대한 자세한 지시사항이나 주어진 값은 없으므로 수험자 임의로 자유롭게 지정하면 됩니다.

04 계속해서 레이어 팝업창 안의 타이틀, 내용, 버튼에 대한 스타일을 추가합니다.

```css
.uptitle{
    margin-top:30px;
    text-align:center;
    line-height:16px;
    font-size:20px;
    font-weight:bold;
}
.upbody{
    padding:30px;
    text-align:center;
    font-size:16px;
    line-height:30px;
}
.btn{
    width:80px;
    height:20px;
    display:block;
    text-align:center;
    font-size:15px;
    font-weight:bold;
    background:#cccccc;
    position:absolute;
    right:10px;
    bottom:10px;
}
```

[style.css]

```css
255    #layer.active {
256        display: block;
257    }
258    .layer_up {          /* 레이어 팝업창 스타일 */
259        width: 500px;
260        height: 400px;
261        position: fixed;
262        left: 30%;
263        top: 20%;
264        background-color: ☐#ffffff;
265    }
266    .uptitle {
267        margin-top: 30px;
268        text-align: center;
269        line-height: 16px;
270        font-size: 20px;
271        font-weight: bold;
272    }
273    .upbody {
274        padding: 30px;
275        text-align: center;
276        font-size: 16px;
277        line-height: 30px;
278    }
279    .btn {
280        width: 80px;
281        height: 20px;
282        display: block;
283        text-align: center;
284        font-size: 15px;
285        font-weight: bold;
286        background: ▨#cccccc;
287        position: absolute;
288        right: 10px;
289        bottom: 10px;
290    }
291    footer {             /* D영역:하단 영역 */
292        width: 100%;     /* 하단 너비(브라우저 100%) */
293        height: 100px;   /* 하단 높이 */
294        background-color: ▨#30a3f3;
295    }
```

🄑 기적의 TIP

• .uptitle : 레이어 팝업창 안의 제목 영역인 <div class="uptitle"> 스타일 지정
• .upbody : 레이어 팝업창 안의 내용 영역인 <div class="upbody"> 스타일 지정
• .btn : 레이어 팝업창 안에 나타나는 버튼 영역의 스타일 지정. 버튼의 모양은 임의로 지정
• 레이어 팝업창의 스타일 지정에 대한 자세한 지시사항이나 주어진 값은 없으므로 수험자 임의로 자유롭게 지정하면 됩니다.

⑥ 레이어 팝업창 기능 구현하기

01 레이어 팝업창 모양은 팝업 되는 영역의 스타일을 보면서 지정하기 위해서 먼저 팝업 기능부터 구현합니다. 공지사항의 첫 번째 콘텐츠를 클릭할 경우 레이어 팝업창이 나타나야 하므로 공지사항 클래스 선택자 '.notice'를 사용하여 지정합니다. 이때 마지막 줄인 '});' 안쪽에 입력하도록 합니다.

```
$(".notice li:first").click(function(){
  $("#layer").addClass("active");
});
$(".btn").click(function(){
  $("#layer").removeClass("active");
});
```

[script.js]

```
3    jQuery(document).ready(function () {
4
5      $('.navi>li').mouseover(function () {
6        $(this).find('.submenu').stop().slideDown(500);
7      }).mouseout(function () {
8        $(this).find('.submenu').stop().slideUp(500);
9      });
10
11     setInterval(function () {
12       $('.slidelist').delay(1000);
13       $('.slidelist').animate({ marginTop: -300 });
14       $('.slidelist').delay(2000);
15       $('.slidelist').animate({ marginTop: -600 });
16       $('.slidelist').delay(2000);
17       $('.slidelist').animate({ marginTop: 0 });
18       $('.slidelist').delay(2000);
19     });
20
21     $(function () {
22       $('.tabmenu>li>a').click(function () {
23         $(this).parent().addClass("active")
24           .siblings()
25           .removeClass("active");
26         return false;
27       });
28     });
29
30     $(".notice li:first").click(function () {
31       $("#layer").addClass("active");
32     });
33     $(".btn").click(function () {
34       $("#layer").removeClass("active");
35     });
36
37   });
38
```

02 지금까지 작업한 문서를 모두 저장하고 '크롬(Chrome)' 브라우저에서 작업된 사항을 확인합니다. 지금까지의 작업 결과, 클래스 선택자 '.notice' 요소, 즉 〈div class="notice"〉로 지정된 공지사항의 첫 번째 줄을 클릭하면 레이어 팝업창이 나타나는 것을 확인할 수 있습니다.

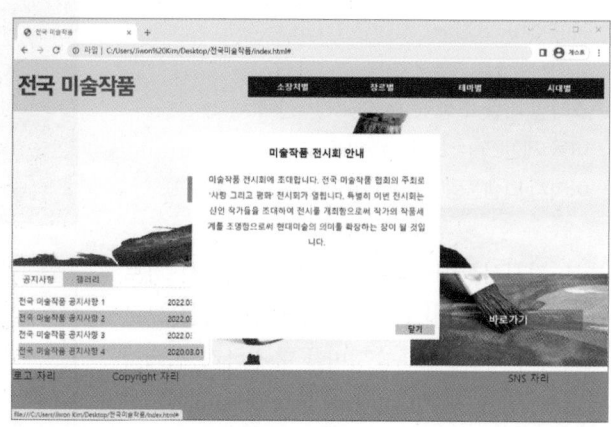

❶ Footer 영역 하단 로고 만들기

세부 영역별 지시사항대로 Footer 영역을 제작합니다.

이 문제에서는 제공된 로고를 grayscale(무채색)으로 변경하여 Footer 영역에 추가하도록 하고 있으므로 먼저 로고를 무채색으로 조정해두도록 합니다. 여기에서는 포토샵을 이용하여 조정하였습니다.

01 포토샵을 실행한 후, [파일(File)]–[열기 (Open)] 메뉴를 선택하여 images 폴더에 저장되어 있는 로고 이미지 'logo.png'를 엽니다.

02 로고를 grayscale(무채색)으로 변경하기 위해서 [이미지(Image)]–[조정(Adjustments)]–[채도 감소(Desaturation)]를 선택하여 간단하게 변경합니다.

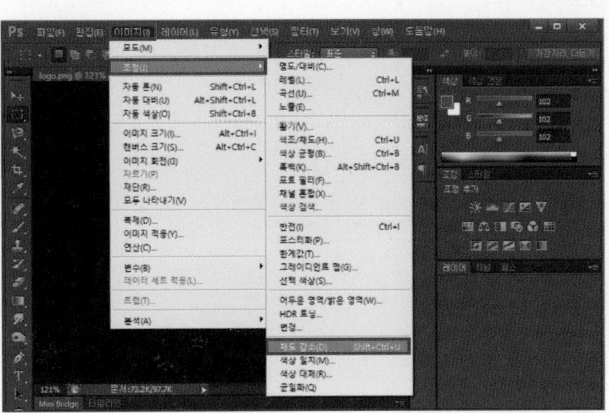

🅑 기적의 TIP

로고의 색상 값이나 색상을 변경하는 방법이 지정되지 않은 경우 수험자 임의로 편한 방법으로 수정하면 됩니다.

03 색상 변경이 끝나면 이미지 크기를 변경합니다. [이미지(Image)]–[이미지 크기(Image Size)] 를 선택합니다. [이미지 크기(Image Size)] 대화 상자가 나타나면 이미지 크기를 변경합니다.

– 폭(Width) : 200px
– 높이(Height) : 80px
– 스타일 비율 조정(Scale Styles) : 선택(체크)
– 비율 제한(Contrain Proportions) : 선택(체크)
– 이미지 리샘플링(Resample Image) : 선택(체크)

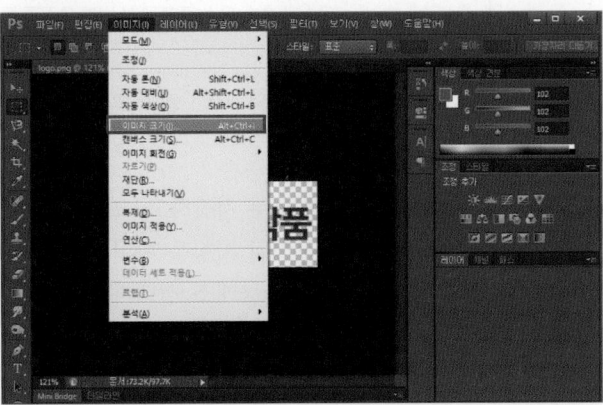

세부 지시사항에서 로고의 크기 변경 시 가로 세로 비율(종횡비)를 유지하도록 하고 있으므로 이미지의 가로 세로 종횡비를 유지하기 위해서 반드시 '비율 제한(Contrain Proportions)'을 선택(체크)한 채 크기를 변경합니다.

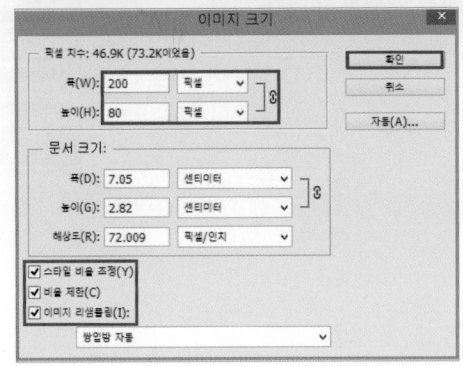

🅑 기적의 TIP

이미지 크기는 임의로 지정할 수 있습니다. 단, 스타일 시트에서 미리 지정해둔 로고 영역 크기를 고려하여 이미지의 크기를 조정합니다.

04 [파일(File)]–[다른 이름으로 저장(Save as)]를 선택하여 'images' 폴더 안에 'logo_bottom.png'로 저장합니다.

– 파일 이름(File name) : logo_bottom.png
– 형식(Format) : PNG

[저장(Save)] 버튼을 클릭한 후 PNG 옵션 대화 상자가 나타나면 옵션을 기본 값으로 그대로 둔 채 [확인(OK)]을 클릭합니다.

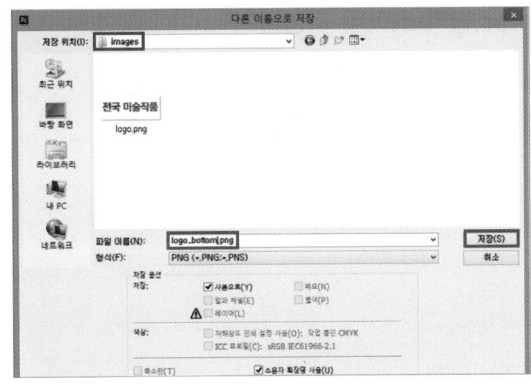

② Footer 영역 작성하기

제공된 텍스트와 이미지를 사용하여 하단 로고, Copyright, SNS를 제작합니다.

01 'index.html' 문서에서 〈footer〉 〈/footer〉 영역에서 미리 입력해 두었던 로고 자리, Copyright 자리, SNS 자리에 Footer 폴더에 제공된 텍스트를 사용하여 다음과 같이 입력합니다.

```
<footer>
<div class="wrap">
  <div class="btlogo">
    <a href="#">
      <img src="images/logo_bottom.png" alt=
      "하단로고">
    </a>
  </div>
  <div class="copy">
    COPYRIGHT © by WEBDESIGN. ALL RIGHTS RESERVED
  </div>
  <div class="sns">
    <ul>
      <li><a href="#"><img src="images/sns1.jpg" alt=""></a></li>
      <li><a href="#"><img src="images/sns2.jpg" alt=""></a></li>
      <li><a href="#"><img src="images/sns3.jpg" alt=""></a></li>
    </ul>
  </div>
</div>
</footer>
```

[index.html]

```
164    </div> <!--레이어 팝업창 영역 끝-->
165
166    <!--와이어프레임 하단 시작-->
167    <footer>
168      <div class="wrap"> <!--wrap:btlogo와 site 묶어줌-->
169        <div class="btlogo">
170          <a href="#">
171            <img src="images/logo_bottom.png" alt="하단로고">
172          </a>
173        </div>
174        <div class="copy">
175          COPYRIGHT © by WEBDESIGN. ALL RIGHTS RESERVED
176        </div>
177        <div class="sns">
178          <ul>
179            <li><a href="#"><img src="images/sns1.jpg" alt=""></a></li>
180            <li><a href="#"><img src="images/sns2.jpg" alt=""></a></li>
181            <li><a href="#"><img src="images/sns3.jpg" alt=""></a></li>
182          </ul>
183        </div>
184      </div>
185    </footer>
186    <!--와이어프레임 하단 끝-->
187    </body>
188    </html>
189
```

❸ Footer 영역 스타일 지정하기

01 푸터 영역에 스타일을 지정하기 위해 'style. css'에서 클래스 선택자 '.btlogo' 영역을 찾아서 다음과 같이 아래에 로고 이미지 스타일을 추가합니다..

```
.btlogo{
    float:left;
    width:200px;
    height:100px;
}
.btlogo img{
    float:left;
    width:200px;
    height:80px;
    margin-top:10px;
    margin-left:25px;
}
```

[style.css]

```
296    .btlogo {
297        float: left;
298        width: 200px;    /* 하단 로고 영역 너비 */
299        height: 100px;   /* 하단 로고 영역 높이 */
300    }
301    .btlogo img {
302        float: left;
303        width: 200px;
304        height: 80px;
305        margin-top: 10px;
306        margin-left: 25px;
307    }
308    .copy {
309        float: left;
310        width: 800px;    /* Copyright 너비 */
311        height: 100px;   /* Copyright 높이 */
312    }
313    .sns {
314        float: right;
315        width: 200px;    /* 하단 메뉴 너비 */
316        height: 100px;   /* 하단 메뉴 높이 */
317    }
318
```

B 기적의 TIP

.btlogo img : <div class="btlogo"> 영역의 후손 요소 〈img〉 요소에 대한 스타일 지정. 이미지 크기는 종횡비가 달라지지 않도록 width:200px 만 지정하여 높이가 자동으로 나타나게 함. 이미지 여백은 임의로 지정 가능

---

02 Copyright 영역의 스타일을 지정합니다. '.copy' 영역을 찾은 후 다음과 같이 속성을 추가합니다.

```
.copy{
    float:left;
    width:800px;
    height:100px;
    text-align:center;
    font-size:20px;
    line-height:100px;
}
```

[style.css]

```
301    .btlogo img {
302        float: left;
303        width: 200px;
304        height: 80px;
305        margin-top: 10px;
306        margin-left: 25px;
307    }
308    .copy {
309        float: left;
310        width: 800px;    /* Copyright 너비 */
311        height: 100px;   /* Copyright 높이 */
312        text-align: center;
313        font-size: 20px;
314        line-height: 100px;
315    }
316    .sns {
317        float: right;
318        width: 200px;    /* 하단 메뉴 너비 */
319        height: 100px;   /* 하단 메뉴 높이 */
320    }
```

03 SNS 영역의 스타일을 지정합니다.
'.sns' 영역을 찾은 후 다음과 같이 스타일을 추가합니다.

```
.sns ul{
    float:right;
    margin-right:10px;
    margin-top:20px;
}
.sns li{
    display:inline-block;
}
.sns img{
    width:40px;
    height:40px;
    padding:5px;
}
.sns img:hover{
    opacity:0.5;
}
```

```
316    .sns {
317      float: right;
318      width: 200px;    /* 하단 메뉴 너비 */
319      height: 100px;   /* 하단 메뉴 높이 */
320    }
321    .sns ul {
322      float: right;
323      margin-right: 10px;
324      margin-top: 20px;
325    }
326    .sns li {
327      display: inline-block;
328    }
329    .sns img {
330      width: 40px;
331      height: 40px;
332      padding: 5px;
333    }
334    .sns img:hover {
335      opacity: 0.5;
336    }
```

기적의 TIP

- .display:inline–block : SNS 이미지들이 한 줄(행)에 표시되도록 inline과 block의 속성을 같이 가지고 있도록 변경
- .sns img:hover : .sns 요소의 후손 요소 〈img〉에 마우스를 올리면 불투명도 50%(opacity:0.5)로 약간 투명하게 바뀌어 보이도록 지정

---

04 작업 중인 모든 문서를 저장하고 '크롬 (Chrome)' 브라우저에서 결과를 확인합니다. 이때 브라우저 크기를 확대하거나 '최대화' 한 후 상단 헤더 영역과 하단 푸터 영역이 제시된 와이어프레임처럼 브라우저 전체 크기 100%로 나타나는지를 확인합니다.

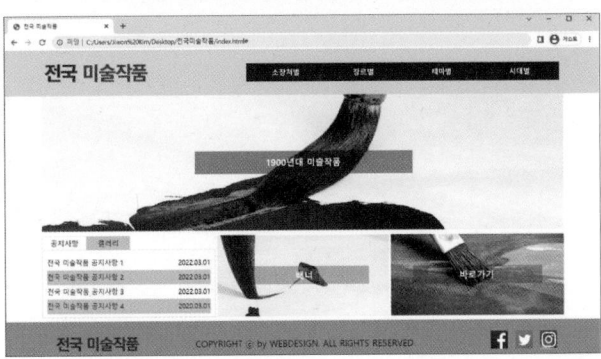

최종 결과물 Checklist

최종 작업이 끝나면 다음과 같이 최종 문서를 확인합니다.

1. 모든 작업은 바탕 화면의 '비번호' 폴더에 저장되어 있어야 합니다.

2. 최종 본문 파일은 가장 상위 폴더에 'index.html'로 저장되어 있어야 합니다.

3. 제작한 자료들은 '비번호' 폴더 내에 'css', 'javascript', 'images' 폴더별로 분류되어 저장되어 있어야 합니다.

4. 최종 결과물인 '비번호' 폴더의 용량이 5MB을 초과되지 않아야 합니다.

5. 웹페이지 코딩은 HTML5 기준 웹 표준을 순수하여야 합니다.
   - HTML 유효성 검사(W3C validator)에서 오류('ERROR')가 없어야 합니다. 단, HTML 유효성 검사 서비스는 인터넷으로 이루어지기 때문에 시험 시 확인할 수는 없습니다.
   - 따라서 오류를 방지하기 위해서 다음과 같은 방법을 사용하여 확인합니다.

① 구글 크롬 브라우저나, 파이어폭스 브라우저를 이용하여 페이지 빈 공간에 오른쪽 버튼 누르고 '검사(Inspect)'를 실행합니다.

② 콘솔(Console) 창에서 오류가 나타나는지 확인합니다. 시험 최종 결과물에서 이 오류가 나타나서는 안됩니다.

③ 오류가 있을 경우 콘솔 창에 오류 메시지가 나타나게 됩니다.

④ 오류를 발견하면 오류가 있는 코드를 수정하여 오류를 바로 잡습니다.

🅑 기적의 TIP

매우 드문일이지만, 간혹 최종 파일이 익스플로러에서 제대로 실행되지 않는 경우 스크립트 부분이 익스플로러에서 제대로 실행되지 않아서 발생하는 경우가 있습니다. 이런 경우는 최종 HTML 문서 내의 〈HEAD〉와 〈/HEAD〉 사이에 다음 문장을 입력하면 됩니다.

```
<!-- saved from url=(0013)about:internet -->
```

이런 현상은 주로 로컬 사용자 PC에서 익스플로러를 사용하여 HTML 문서를 실행시킬 경우 발생합니다. HTML 문서에 스크립트가 포함되어 있으나 익스플로러 옵션에서 스크립트 실행을 중지시켜 놓은 상태이거나, 낮은 버전의 jQuery 문서를 연동시킨 경우, 웹이 아닌 로컬에서 실행됨으로써 HTML 실행 조건에 문제가 있어서 발생하게 됩니다. 따라서 위 문장을 기입함으로써 로컬에서 실행되는 파일을 웹에서 동작하는 것처럼 지정해주면 스크립트가 정상적으로 실행될 수 있게 됩니다.

자격증은
이기적

SECTION

05회

최신 기출 유형 문제

반복학습 ① ② ③   작업파일 [PART 04 〉 기출유형문제 05회 〉 수험자 제공 파일]을 열어서 작업하세요.

▶ 합격 강의

[공개 문제 유형 : C-3, C-4]

세계맛기행 축제 웹사이트 제작

자격 종목	웹디자인개발기능사	과제명	세계맛기행 축제

※ 시험시간 : 3시간

1. 요구사항

※ 다음 요구사항을 준수하여 주어진 자료(수험자 제공 파일)를 활용하여 시험시간 내에 웹페이지를 제작 후 5MB **용량이 초과되지 않게** 저장 후 제출하시오.

※ 웹페이지 코딩은 **HTML5 기준 웹 표준**을 준수하여야 하며, 요구사항에 지정되지 않은 요소들은 주제 특성에 맞게 자유롭게 디자인하시오.

※ 문제에서 지시하지 않은 와이어프레임 영역 비율, 레이아웃, 텍스트의 글자체/색상/크기, 요소별 크기, 색상 등은 수험자가 과제명(가.주제) 특성에 맞게 자유롭게 디자인하시오.

가. 주제 : 「세계맛기행 축제」 웹사이트 개선을 위한 메인페이지 제작

나. 개요

「세계맛기행 축제」 홍보를 위해 홈페이지 제작을 하려 한다. 세계의 음식을 소개하고 관련 요리경연대회, 요리 관련 전시회 등 다양한 행사가 열리는 축제를 홍보하는 웹사이트 제작을 요청하였다. 아래의 요구사항에 따라 메인 페이지를 제작하시오.

다. 제작 내용

01) 메인 페이지를 디자인하고 HTML, CSS, JavaScript 기반의 웹페이지를 제작한다. (이때 jQuery 오픈소스, 이미지, 텍스트 등의 제공된 리소스를 활용하여 제작할 수 있다.)

02) HTML, CSS의 charset은 utf-8로 해야 한다.

03) 컬러 가이드

주조색 (Main color)	보조색 (Sub color)	배경색 (Background color)	기본 텍스트의 색 (Text color)
자유롭게 지정	자유롭게 지정	#FFFFFF	#333333

04) 사이트 맵(Site map)

	Index page / 메인(Main)			
메인 메뉴(Main menu)	축제소개	예약안내	아티스트	커뮤니티
서브 메뉴(Sub menu)	인사말 명인 오시는길	요리경연대회 전시참가 참가신청	축제소식 보도자료 레시피	Q&A 레시피 공지사항

05) 와이어프레임(Wireframe)

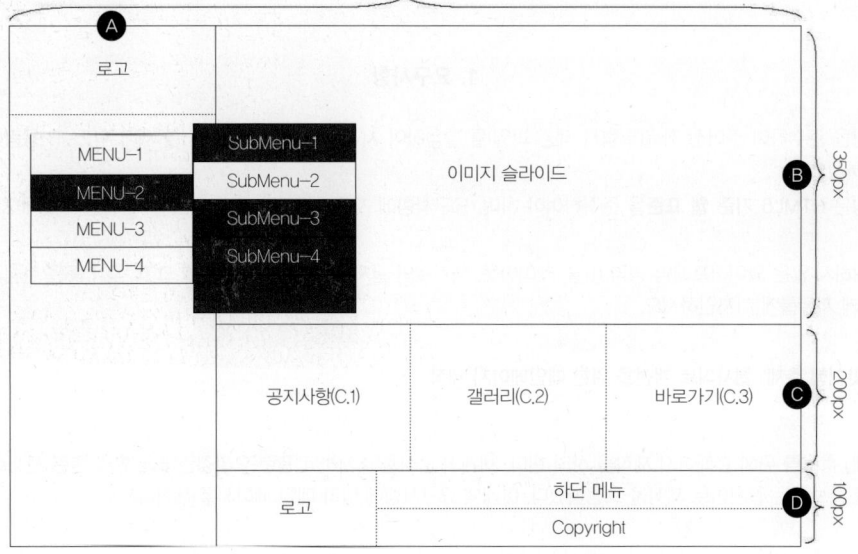

1000px(왼쪽 정렬)

〈C영역 각각의 넓이는 수험자가 판단〉

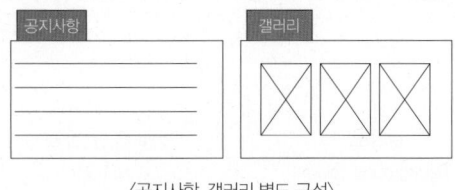

〈공지사항, 갤러리 별도 구성〉

〈모달 레이어 팝업 구성〉

자격 종목	웹디자인개발기능사	과제명	세계맛기행 축제

라. 세부 영역별 지시사항

영역 및 명칭	세부 지시사항
Ⓐ Header	**A.1. 로고** ○ Header 폴더에 제공된 로고를 삽입한다. 로고의 색은 과제명(가.주제)에 맞게 반드시 변경하여야 한다. ※ 로고의 크기 변경 시, 가로 세로 비율(종횡비, Aspect ratio)을 유지하여야 한다(가로 세로 비율을 유지하며 크기 변경 가능). **A.2. 메뉴 구성** ※ 사이트 구조도를 참고하여 메인 메뉴(Main menu)와 서브 메뉴(Sub menu)로 구성한다. **(1) 메인 메뉴(Main menu) 효과 [와이어프레임 참조]** ○ 메인 메뉴 중 하나에 마우스를 올리면(Mouse over) 하이라이트 되고, 벗어나면(Mouse out) 하이라이트를 해제한다. ○ 메인 메뉴를 마우스로 올리면(Mouse over) 서브 메뉴 영역이 부드럽게 나타나면서, 서브 메뉴가 보이도록 한다. ○ 메인 메뉴에서 마우스커서가 벗어나면(Mouse out) 서브 메뉴 영역은 부드럽게 사라져야 한다. **(2) 서브 메뉴 영역 효과** ○ 서브 메뉴 영역은 메인 페이지 콘텐츠를 고려하여 배경 색상을 설정한다. ○ 서브 메뉴 중 하나에 마우스를 올리면(Mouse over) 하이라이트 되고 벗어나면(Mouse out) 하이라이트를 해제한다. ○ 마우스 커서가 메뉴 영역을 벗어나면(Mouse out) 서브메뉴 영역은 부드럽게 사라져야 한다.
Ⓑ Slide	**B. Slide 이미지 제작** ○ [Slide] 폴더에 제공된 3개의 이미지로 제작한다. ○ [Slide] 폴더에 제공된 3개의 텍스트를 각 이미지에 적용하되, 텍스트의 글자체, 굵기, 색상, 크기를 적절하게 설정하여 가독성을 높이고, 독창성이 드러나도록 제작한다. **B. Slide 애니메이션 제작** ※ 위에서 작업한 결과물을 이용하여 슬라이드 작업을 한다. ○ 이미지만 바뀌면 안 되고, 이미지가 좌에서 우 또는 우에서 좌로 이동하면서 전환되어야 한다. ○ 슬라이드는 매 3초 이내로 하나의 이미지에서 다른 이미지로 전환되어야 한다. ○ 웹사이트를 열었을 때 자동으로 시작되어 반복적으로(마지막 이미지가 슬라이드 되면 다시 첫 번째 이미지가 슬라이드 되는 방식) 슬라이드 되어야 한다.
Ⓒ Contents	**C.1. 공지사항** ○ 공지사항 타이틀 영역과 콘텐츠 영역을 구분하여 표현해야 한다. (단, 콘텐츠는 HTML 코딩으로 작성해야 하며, 이미지로 삽입하면 안 된다.) ○ 콘텐츠는 Contents 폴더의 제공된 텍스트를 적용하여 제작한다. ○ 공지사항의 첫 번째 콘텐츠를 클릭(Click)할 경우 모달 레이어 팝업창(Modal Layer Pop_up)이 나타나며 닫기 버튼을 누르면 해당 팝업창이 닫혀야한다. [와이어프레임 참조] ○ 레이어 팝업의 제목과 내용은 Contents 폴더의 제공된 텍스트 파일을 사용한다. **C.2. 갤러리** ○ Contents 폴더의 제공된 이미지 3개를 사용하여 가로 방향으로 배치한다. [와이어프레임 참조] ○ 갤러리의 이미지에 마우스 오버(Mouse over) 시 해당 객체의 투명도(Opacity)에 변화가 있어야 한다. **C.3. 바로가기** ○ Contents 폴더의 제공된 파일을 활용하여 편집 또는 디자인하여 제작한다.
Ⓓ Footer	○ 로고를 grayscale(무채색)로 변경하고 사용자의 접근성을 고려하여 배치한다. ○ Footer 폴더의 제공된 텍스트를 사용하여 Copyright, 패밀리 사이트를 제작한다.

마. 기술적 준수사항

01) 웹페이지 코딩은 HTML5 기준 웹 표준을 준수하여야 하며 HTML **유효성 검사(W3C validator)에서** 오류('ERROR')가 없어야 한다.
   ※ HTML 유효성 검사 서비스는 시험 시 제공하지 않는다(인터넷 사용 불가).

02) **CSS는 별도의 파일로 제작하여 링크**하여야 하며, CSS3 기준(**W3C validator**)에서 오류('ERROR')가 없도록 코딩되어야 한다.

03) JavaScript 코드는 별도의 파일로 제작하여 연결하여야 하며 브라우저(**Google Chrome**)에 내장된 개발도구의 Console 탭에서 오류('ERROR')가 표시되지 않아야 한다.

04) 별도로 지정하지 않은 상호작용이 필요한 모든 콘텐츠(로고, 메뉴, 버튼, 바로가기 등)는 임시 링크(에.#)를 적용하고 'Tab'(⎆Tab) 키로 이동 선택할 수 있어야 한다.

05) 사이트는 다양한 화면 해상도에서 일관성 있는 페이지 레이아웃을 제공해야 한다.

06) 웹페이지 전체 레이아웃은 Table 태그 사용이 아닌 CSS를 통한 레이아웃 작업으로 해야 한다.

07) 브라우저에서 CSS를 "사용 안 함"으로 설정한 경우 콘텐츠가 세로로 나열된다.

08) 타이틀 텍스트(Title text), 바디 텍스트(Body text), 메뉴 텍스트(Menu text)의 각 글자체/굵기/색상/크기 등을 적절하게 설정하여 사용자가 텍스트 간의 위계질서(Hierarchy)를 직관적으로 알 수 있도록 한다.

09) 모든 이미지에는 이미지에 대한 대체 텍스트를 표현할 수 있는 alt 속성이 있어야 한다.

10) 제작된 사이트 메인 페이지의 레이아웃, 구성 요소의 크기 및 위치 등은 최신 버전의 **MS Edge와 Google Chrome**에서 동일하게 표시되어야 한다.

바. 제출 방법

01) 수험자는 비번호로 된 폴더명으로 완성된 작품 파일을 저장하여 제출한다.

02) 폴더 안에는 images, script, css 등의 자료를 분류하여 저장한 폴더도 포함되어 있어야 하며, 메인 페이지는 반드시 최상위 폴더에 index.html로 저장하여 제출해야 한다.

03) 수험자는 제출하는 폴더에 index.html을 열었을 때 연결되거나 표시되어야 할 모든 리소스들을 포함하여 제출해야 하며 수험자의 컴퓨터가 아닌 채점 위원의 컴퓨터에서 정상 작동해야 한다.

04) 전체 결과물의 용량은 5MB용량이 초과되지 않게 제출하며 ai, psd 등 웹서비스에 사용되지 않는 파일은 제출하지 않는다.

2. 수험자 유의사항

※ **다음의 유의사항을 고려하여 요구사항을 완성하시오.**

01) 수험자 인적사항 및 답안작성은 반드시 검은색 필기구만 사용하여야 하며, 그 외 연필류, 유색 필기구, 지워지는 펜 등을 사용한 답안은 채점하지 않으며 0점 처리됩니다.

02) 수험에 필요한 소프트웨어 및 참고자료가 하드웨어에 설치되어 있는지 확인 후 작업하시오.

03) 참고자료의 내용 중 오자 및 탈자 등이 있을 때는 수정하여 작업하시오.

04) 지참공구[수험표, 신분증, 흑색 필기도구] 이외의 참고자료 및 외부장치(CD, USB, 키보드, 마우스, 이어폰) 등 **어떠한 물품도 시험 중에 지참할 수 없음**을 유의하시오(단, 시설목록 이외의 정품 소프트웨어(폰트 제외)를 설치하고자 할 때에는 감독위원의 입회하에 설치하여 사용하시오).

05) 수험자가 컴퓨터 활용 미숙 등으로 인해 시험의 진행이 어렵다고 판단되었을 때는 감독위원은 시험을 중지시키고 실격처리를 할 수 있음을 유의하시오.

06) **바탕 화면에 수험자 본인의 "비번호" 이름을 가진 폴더에 완성된 작품의 파일만을 저장하시오.**

07) 모든 작품을 감독위원 또는 채점위원이 검토하여 복사된 작품(동일 작품)이 있을 때에는 관련된 수험자 모두를 부정행위로 처리됨을 유의하시오.

08) 장시간 컴퓨터 작업으로 신체에 무리가 가지 않도록 적절한 몸풀기(스트레칭) 후 작업하시오.

09) **다음 사항에 대해서는 실격에 해당되어 채점 대상에서 제외됩니다.**

　　가) 수험자 본인이 수험 도중 시험에 대한 포기(기권) 의사를 표시하고 포기하는 경우

　　나) 작업 범위(용량, 시간)를 초과하거나, 요구사항과 현격히 다른 경우(채점위원이 판단)

　　다) Slide가 JavaScript(jQuery포함), CSS 중 하나 이상의 방법을 이용하여 제작되지 않은 경우
　　　　※ 움직이는 Slide를 제작하지 않고 이미지 하나만 배치한 경우도 실격처리 됨

　　라) 수험자 미숙으로 비번호 폴더에 완성된 작품 파일을 저장하지 못했을 경우

　　마) 압축프로그램을 사용하여 작품을 압축 후 제출한 경우

　　바) 과제 기준 20% 이상 완성이 되지 않은 경우(채점위원이 판단)

3. 지급재료 목록

일련번호	재료명	규격	단위	수량	비고
1	수험자료 USB 메모리	32GB 이상	개	1	시험장당
2	USB 메모리	32GB 이상	개	1	시험장당 1개씩(채점위원용) ※ 수험자들의 작품 관리

　　※ 국가기술자격 실기 시험 지급재료는 시험종료 후(기권, 결시자 포함) 수험자에게 지급하지 않습니다.

1 STEP HTML5 표준 문서 준비 약 10분

① HTML5 버전 index.html 만들기

시험장에서는 문제를 풀기 전 컴퓨터 바탕 화면에 본인에게 부여된 '비번호' 이름의 폴더를 생성하고, 폴더 안에 주어진 제공 파일들을 미리 저장해둡니다. 시험장에서 모든 작업은 바탕 화면의 '비번호' 폴더에 저장해야 합니다. 본 교재에서는 바탕 화면에 생성한 작업 폴더명을 과제명인 '세계맛기행축제'로 설정하고 작업을 진행합니다.

01 Visual Studio Code를 실행합니다. [시작하기 화면]-[폴더 열기]를 선택하여 작업할 폴더를 지정합니다. 시작하기 화면이 보이지 않는 경우, 상단 메뉴 표시줄에서 [파일]-[폴더 열기]를 눌러 작업할 폴더를 지정합니다.

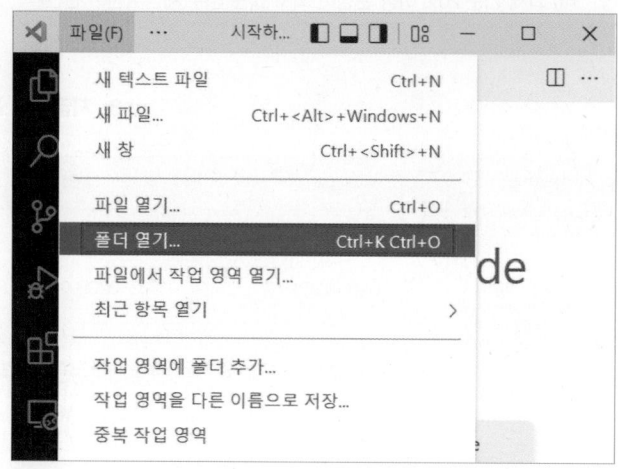

02 바탕 화면에 생성해두었던 작업할 폴더를 선택합니다.

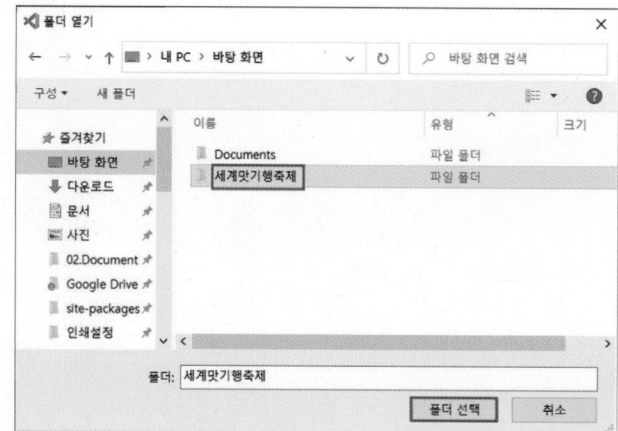

03 HTML5 버전의 문서를 만들기 위해 Visual Stduio Code 왼쪽 화면의 '탐색기'에서 작업 중인 폴더에 마우스를 올립니다.
폴더의 오른쪽에 [새 파일] 아이콘이 생기면 클릭합니다.

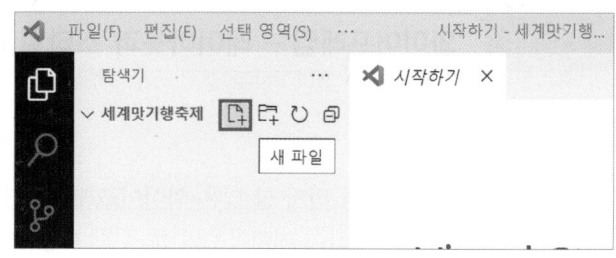

04 작업 폴더의 하위리스트에 새로운 파일이 생성되면 파일명을 'index.html'로 입력한 후 Enter 를 누르거나 여백을 클릭합니다. 파일이 정상적으로 생성되면 오른쪽 코드창에 'index.html' 파일이 열린 것을 확인할 수 있습니다.
Visual Studio Code에서 생성한 파일은 윈도우 탐색기에서도 확인할 수 있습니다.

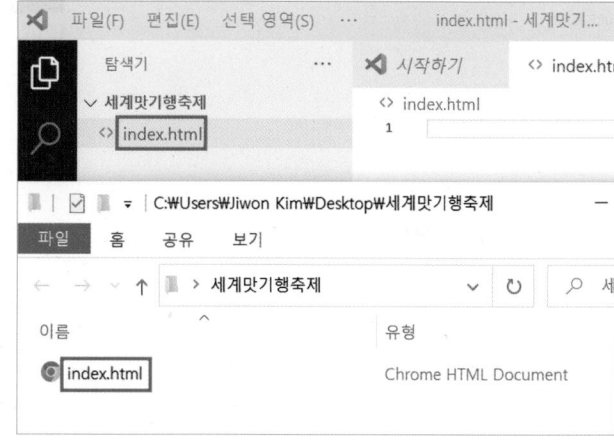

05 코드 창에서 'index.html' 문서에 HTML5 문서 형식에 맞추어 코드를 입력합니다.

<!DOCTYPE html>

<html>

<head>

  <meta charset="utf-8">

  <title>세계맛기행 축제</title>

</head>

<body>

</body>

</html>

🅑 기적의 TIP

HTML5 문서는 문서의 시작과 끝, 본문의 시작과 끝을 알리는 태그를 사용하여 코딩을 시작합니다. 이때 HTML5 표준 문서의 선언부인 〈!DOCTYPE HTML〉(대소문자 구분 없음)를 정확히 기입해야 합니다. 또 문자셋(Charset)도 주어진 조건에 맞게 기입합니다.

---

① 레이아웃 작성하기

웹페이지를 제작할 때 가장 먼저 할 일은 와이어프레임에 맞게 레이아웃을 작성하는 것입니다. 문제에 주어진 구조와 값(수치) 등을 파악하여 레이아웃의 큰 틀을 지정한 후 각 영역의 내용을 채워갑니다.

01 먼저 시험지의 와이어프레임을 보면서 HTML로 영역을 구분하는 코드를 작성합니다. 여기에서는 다음과 같이 입력하고 저장합니다.

```
<!DOCTYPE html>
<html>
<head>
  <meta charset="utf-8">
  <title>세계맛기행 축제</title>
</head>

<body>

<header>
  <div class="wrap">
    <div class="logo">
      로고 자리
    </div>
    <nav class="menu">
      메뉴 자리
    </nav>
  </div>
</header>

<div class="imgslide">
  이미지 슬라이드 자리
</div>
<div class="contents">
  <div class="notice">
    공지사항 자리
  </div>

  <div class="gallery">
    갤러리 자리
  </div>

  <div class="shortcut">
    바로가기 자리
  </div>
</div>
```

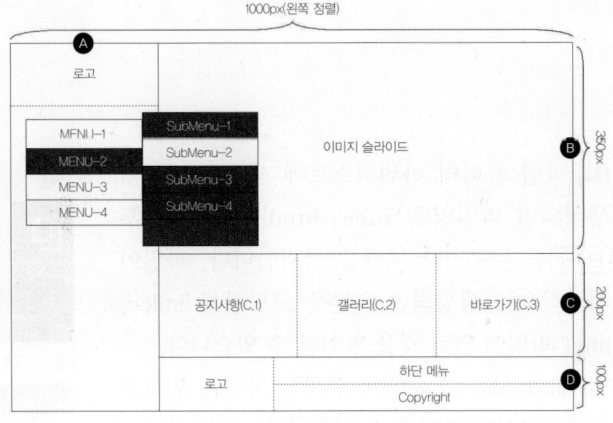

▲ 주어진 와이어프레임 조건

[index.html]

```
1   <!DOCTYPE html>
2   <html>
3   <head>
4     <meta charset="utf-8">
5     <title>세계맛기행 축제</title>
6   </head>
7
8   <body>
9     <!--와이어프레임 왼쪽 시작-->
10    <header>
11      <div class="wrap"> <!--wrap:logo와 menu 묶어줌-->
12        <div class="logo">
13          로고 자리
14        </div>
15        <nav class="menu">
16          메뉴 자리
17        </nav>
18      </div>
19    </header>
20    <!--와이어프레임 왼쪽 시작-->
21
22    <!--와이어프레임 오른쪽 시작-->
23    <div class="imgslide"> <!--imgslide:슬라이드 이미지-->
24      이미지 슬라이드 자리
25    </div>
26    <div class="contents"><!--contents:공지사항, 갤러리, 바로가기-->
27      <div class="notice">
28        공지사항 자리
29      </div>
30
31      <div class="gallery">
32        갤러리 자리
33      </div>
34
35      <div class="shortcut">
36        바로가기 자리
37      </div>
38    </div> <!--contents 끝-->
39
```

```
<footer>
  <div class="btlogo">
    로고 자리
  </div>
  <div class="site">
    <div class="btmenu">
      하단메뉴 자리
    </div>
    <div class="copy">
      Copyright 자리
    </div>
  </div>
</footer>

</body>
</html>
```

```
40        <footer>
41          <div class="btlogo">
42            로고 자리
43          </div>
44          <div class="site"> <!--site:btmenu와 copy 묶어줌-->
45            <div class="btmenu">
46              하단메뉴 자리
47            </div>
48            <div class="copy">
49              Copyright 자리
50            </div>
51          </div> <!--site 끝-->
52        </footer>
53        <!--와이어프레임 오른쪽 끝-->
54
55      </body>
56    </html>
```

기적의 TIP

- 각 영역을 구분할 수 있는 글자나 주석을 입력해 두면 영역의 혼동없이 코딩 작업을 할 수 있습니다.
- HTML 문서에서 주석은 '⟨!– –'로 시작하고 '– –⟩'로 끝나도록 합니다. 단, 하이픈(–)이 세 개 이상 사용되지 않도록 주의합니다. 예를 들어 ⟨!– – – – 주석내용 – – – –⟩과 같이 입력하지 않아야 합니다.
- 웹페이지 영역은 ⟨div⟩로 구분합니다. 각 영역에는 CSS 스타일 지정을 위해 미리 클래스(class) 이름을 지정합니다.
- class : 웹페이지에 사용되는 요소의 이름을 명명하는 속성으로 스타일 시트(CSS) 파일에서 선언될 선택자 이름
- ⟨header⟩ : 헤더(머리글 섹션) 영역을 지정
- ⟨div class="top"⟩ : 로고와 메뉴 영역을 묶어주기 위한 영역 지정
- ⟨nav⟩ : 메뉴 탐색을 위한 내비게이션 영역 지정
- ⟨div class="imgslide"⟩ : 이미지 슬라이드 영역 지정
- ⟨div class="contents"⟩ : 콘텐츠(공지사항, 갤러리, 바로가기) 영역 지정
- ⟨footer⟩ : 푸터(바닥글 섹션) 영역 지정

02 파일 탐색기에서 작업 폴더를 찾아 'index.html' 문서를 '크롬(Chrome)' 브라우저에서 열어 작업 결과를 확인할 수 있습니다.

각 영역에 대한 스타일 지정이 되어 있지 않기 때문에 글자들만 나타나는 것을 확인할 수 있습니다.

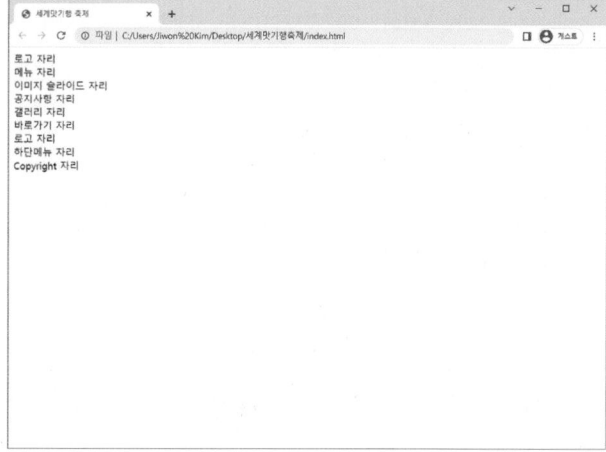

② 레이아웃 영역에 CSS 스타일 지정하기

다음으로 HTML로 작성한 레이아웃에 스타일을 지정하기 위해 CSS 작업을 합니다.

01 Visual Studio Code 왼쪽 화면의 탐색기에서 작업 중인 폴더에 마우스를 올립니다.
폴더 오른쪽에 [새 폴더] 아이콘이 생기면 클릭합니다.

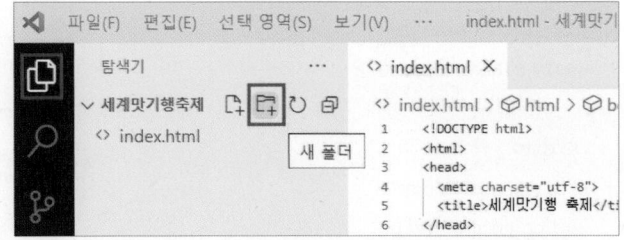

02 작업 폴더의 하위 리스트에 새로운 폴더가 생성되면 폴더명을 'css'로 입력합니다. 새로 생성한 'css' 폴더에서 마우스 오른쪽 버튼을 클릭하고 바로 가기 메뉴에서 [새 파일]을 선택합니다.

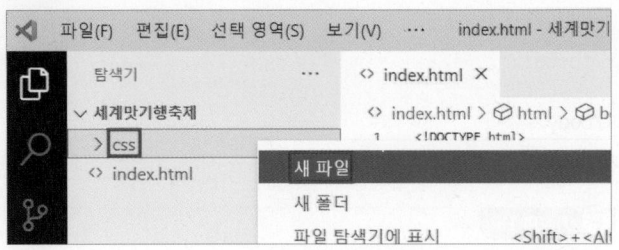

03 파일명을 'style.css'로 입력합니다. 파일이 정상적으로 생성되면 오른쪽 코드창에 'style.css' 파일이 열린 것을 확인할 수 있습니다.
문제 기준에 따라 'style.css' 코드 창에 문자 인코딩 방식을 지정하는 코드를 입력하고 저장합니다.

`@charset "utf-8";`

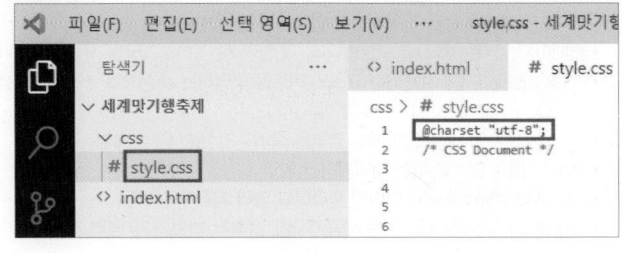

> **기적의 TIP**
>
> @(at) 규칙은 스타일 시트에 쓰이는 문자 인코딩을 지정할 때 사용합니다.

04 저장된 'style.css' 문서를 'index.html' 문서에 연결하기 위해 'index.html' 문서의 〈head〉태그 안에 다음과 같이 입력합니다.

`<link href="css/style.css" type="text/css" rel="stylesheet">`

[index.html]

```
1   <!DOCTYPE html>
2   <html>
3   <head>
4     <meta charset="utf-8">
5     <title>세계맛기행 축제</title>
6     <link href="css/style.css" type="text/css" rel="stylesheet">
7   </head>
8
9   <body>
10    <!--와이어프레임 왼쪽 시작-->
11    <header>
12      <div class="wrap"> <!--wrap:logo와 menu 묶어줌-->
```

05 문서 연결이 끝나면, 다시 스타일 시트 'style
.css' 문서로 돌아와서 다음과 같이 스타일을 입
력합니다.

스타일을 지정할 때는 와이어프레임에 제시
된 전체 가로폭 1000px, 배경색(Background
color) #FFFFFF, 기본 텍스트의 색(Text color)
#333333 등을 고려하여 지정합니다.

```
*{
    margin:0 auto;
    padding:0;
    list-style:none;
    font-family:"맑은 고딕";
    color:#333333;
}
body{
    width:1000px;
    height:650px;
    background-color:#ffffff;
    font-size:20px;
}
a{
    text-decoration:none;
    display:block;
}
```

[style.css]

```
1    @charset "utf-8";
2    /* CSS Document */
3
4    * {
5        margin: 0 auto;
6        padding: 0;
7        list-style: none;
8        font-family: "맑은 고딕";
9        color: ■#333333; /* 컬러 가이드:기본 텍스트의 색 */
10   }
11   body {
12       width: 1000px;       /* 와이어프레임 너비 */
13       height: 650px;       /* 와이어프레임 B+C+D 높이 */
14       background-color: □#ffffff;  /* 컬러 가이드:배경색*/
15       font-size: 20px;
16   }
17   a {
18       text-decoration: none;
19       display: block;
20   }
21
```

🅑 기적의 TIP

- *** : 모든 엘리먼트에 적용되는 스타일 지정
- margin:0 auto : 좌우 바깥 여백을 자동 할당하여 중앙 정렬로 만듦
- padding:0 : 안쪽 여백 없앰
  – CSS 박스 모델(Box Model)은 HTML 문서의 페이지 내에서 요소가 공간을 차지하는 규칙입니다. 박스 요소는 직사각형 상자로 표시되며 상자는 내용(content), 패딩(padding), 테두리(border), 여백(margin)으로 공간을 차지하게 됩니다. 이 중 여백(margin)은 박스 요소의 가장 바깥쪽의 여백에 해당하며, 패딩(padding)은 내용(content) 영역의 주변에 해당하는 영역입니다. 박스 요소가 차지하는 공간에 대한 자세한 사항은 다음을 참고하세요([참고하기] PART 02 – SECTION 02. CSS 익히기 – 'CSS 박스 모델(Box Model)').
- list-style:none : html 목록 태그(ul, ol, li)를 사용한 부분에 목록스타일이 나타나지 않도록 지정
- text-decoration:none : 링크가 걸린 텍스트에 자동으로 나타나는 밑줄이 나타나지 않도록 지정
- display:block : 박스 요소를 block 속성으로 표시하며, 요소 앞뒤로 줄바꿈 되도록 함
  – block으로 지정하면 요소가 한 줄 전체(너비 100%)를 차지하게 되어 한 줄에 하나의 요소만 나타나게 됩니다.
- 〈a〉 요소나 〈img〉 요소 등은 한 줄을 차지하는 블록(block) 요소가 아닌 인라인(inline) 요소입니다. 인라인 요소는 줄바꿈이 되지 않고 나열한 요소가 한 줄에 가로로 나타납니다. 따라서 인라인 요소를 줄바꿈 되어 나타나는 블록 요소로 나타나도록 display:block을 지정합니다.
- color:#333333와 같이 색상 값이 #333333처럼 같은 값으로 반복될 경우 16진수로 #333처럼 간단히 줄여서 사용할 수 있습니다(#333333 = #333, #FFFFFF = #FFF).
- 범용 선택자 '*'와 타입(type) 선택자 'body', 'a' 등은 문서의 가장 기본 스타일을 지정할 때 사용합니다. 예를 들어 문서 전체에 사용되는 조건 (주조색, 보조색, 배경색, 기본 텍스트의 색, 글꼴, 문서 전체 크기 등)을 지정할 때 사용합니다([참고하기] PART 02 – SECTION 02. CSS 익히기 – 'CSS 선택자 이해하기').
- 웹페이지의 너비와 높이(width:1000px, height:650px) : 웹페이지의 너비와 높이는 제시된 값을 정확하게 적용시켜주도록 합니다.
- 스타일 속성을 여러 개 나열하는 경우 한 줄에 작성해도 되지만, 가독성을 위해 한 줄씩 나누어 작성하는 것을 권장합니다.
- 이 예시에서는 되도록 클래스(class) 선택자만 활용하여 스타일을 정의하였습니다. 그러나 조건에 따라 얼마든지 다른 선택자를 활용해도 됩니다. 예를 들어 〈nav〉 요소를 활용한 메뉴 영역과 같이 스타일이 한 영역에만 고유하게 적용되는 곳은 아이디(id) 선택자를 활용할 수 있습니다.

06 다음으로 주어진 조건에 맞게 레이아웃의 각 영역의 크기를 정하고 박스 요소들의 정렬(플로팅)을 맞추기 위해 다음과 같이 입력합니다.

```
header{
    float:left;
}
.wrap{
    float:left;
    width:200px;
    height:650px;
    background-color:#eeeeee;
}
.imgslide{
    float:right;
    width:800px;
    height:350px;
}
.contents{
    float:right;
    width:800px;
    height:200px;
}
footer{
    float:right;
    width:800px;
    height:100px;
    background-color:#30a3f3;
}
```

[style.css]

```
17    a {
18        text-decoration: none;
19        display: block;
20    }
21    header {              /* A영역:와이어프레임 왼쪽 영역 */
22        float: left;
23    }
24    .wrap {               /* 로고+메뉴 영역 */
25        float: left;
26        width: 200px;
27        height: 650px;
28        background-color: ☐#eeeeee;
29    }
30    .imgslide {           /* B영역:이미지 슬라이드 영역 */
31        float: right;
32        width: 800px;     /* 이미지 슬라이드 너비 */
33        height: 350px;    /* 이미지 슬라이드 높이 */
34    }
35    .contents {           /* C영역:공지사항+갤러리+바로가기 영역 */
36        float: right;
37        width: 800px;
38        height: 200px;
39    }
40    footer {              /* D영역:와이어프레임 오른쪽 하단 영역 */
41        float: right;
42        width: 800px;
43        height: 100px;
44        background-color: ■#30a3f3;
45    }
46
```

- 스타일 시트 내에서 스타일 정의는 순서에 상관없이 입력이 가능합니다. 그러나 쉽게 찾고 수정할 수 있도록 HTML 문서의 태그 순서와 일치시키는 것이 좋습니다(가독성 유지).
- float : HTML5의 박스 요소는 공간을 차지하 하는 것에 대한 레이아웃 규칙으로, 박스 요소는 한 줄(라인)을 차지하게 됩니다. 즉, 두 문단이 왼쪽, 오른쪽으로 나란히 배치되지 않고, 위의 문단, 아래 문단으로 각각 다른 줄에 나타나게 됩니다. 이러한 요소의 배치의 문제를 해결하기 위해서 플로트(Float) 속성을 사용합니다.
  - float:left : 박스 요소를 왼쪽으로 배치
  - float:right : 박스 요소를 다른 요소에 대해 오른쪽으로 배치
- header : 헤더 요소 영역에 대한 스타일 정의
- .top : <div class="top"> 영역의 스타일 정의. 이 영역은 헤더 영역 안에서 로고 영역과 메뉴 영역을 묶어주기 위한 영역으로서 수험자 제공 파일 중 로고 이미지의 크기(여기에서는 logo.png)를 고려하여 크기를 지정
  - width:200px 값은 왼쪽에 배치되는 로고와 메뉴가 들어갈 영역의 너비를 임의로 지정한 값(와이어프레임에 제시된 너비 값이 없으므로 사용자가 임의로 지정 가능)
  - height:650px 값은 와이어프레임에 제시된 각 영역의 높이를 더한 값(350px+200px+100px)
- .imgslide : <div class="imgslide"> 영역의 스타일 정의. 왼쪽 메뉴 영역의 크기를 width:200px로 지정했으므로 이미지 슬라이드 영역은 와이어프레임에 제시된 전체 1000px에서 200px를 뺀 width:800px이 됨
- .contents : <div class="contents">의 스타일 정의. 이 영역에는 공지사항, 갤러리, 바로가기가 들어가는 것으로 이 영역들을 묶어주기 위해 지정
- footer : 푸터 영역에 대한 스타일 정의. 헤더 영역을 기준으로 헤더의 오른쪽에 들어가므로 float:right를 지정
- .bottom : <div class="bottom"> 영역의 스타일 정의. 이 영역에는 로고, Copyright, 패밀리사이트가 들어감. 푸터 영역 내에서 이 영역이 오른쪽에 배치되도록 float:right를 지정

와이어 프레임 가로형/세로형 지정하기

- 시험에서는 와이어 프레임 가로형/세로형, 메뉴 가로형/세로형이 모두 자주 출제됩니다.
  - 와이어 프레임 가로형/세로형은 전체 레이아웃의 스타일을 지정할 때 플로팅(float:right, float:left)과 영역의 너비 값(width)과 높이 값(height)으로 지정합니다.
  - 메뉴 가로형/세로형은 주메뉴와 서브 메뉴의 스타일을 지정할 때 플로팅과 메뉴의 너비 값, 높이 값으로 조정합니다.
- 여기에서 지정한 스타일 값을 다음과 같이 변경하면 가로형 와이어프레임이 됩니다.

세로형 와이어 프레임	가로형 와이어 프레임

<pre>header{
        float:left;
}
.wrap{
        float:left;
        width:200px;
        height:650px;
}
.imgslide{
        float:right;
        width:800px;
        height:350px;
}
.contents{
        float:right;
        width:800px;
        height:200px;
}
footer{
        float:right;
}
.bottom{
        float:right;
        width:800px;
        height:100px;
}</pre>
	<pre>header{
	        float:left;
	}
	.wrap{
	        float:left;
	        width:1000px;
	        height:100px;
	}
	.imgslide{
	        float:left;
	        width:1000px;
	        height:350px;
	}
	.contents{
	        float:left;
	        width:1000px;
	        height:200px;
	}
	footer{
	        float:left;
	}
	.bottom{
	        float:left;
	        width:1000px;
	        height:100px;
	}</pre>

07 이어서 클래스 선택자 '.wrap' 스타일의 아래에 로고 ⟨div class="logo"⟩와 메뉴 ⟨navclass="menu"⟩가 들어갈 영역에 대한 자세한 스타일을 지정합니다.

```
.logo{
    float:left;
    width:200px;
    height:40px;
    margin-top:30px;
    margin-bottom:30px;
}
.menu{
    float:left;
}
```

```
24    .wrap {              /* 로고+메뉴 영역 */
25        float: left;
26        width: 200px;
27        height: 650px;
28        background-color: #eeeeee;
29    }
30    .logo {
31        float: left;
32        width: 200px;
33        height: 40px;
34        margin-top: 30px;
35        margin-bottom: 30px;
36    }
37    .menu {
38        float: left;
39    }
40    .imgslide {          /* B영역:이미지 슬라이드 영역 */
41        float: right;
42        width: 800px;    /* 이미지 슬라이드 너비 */
43        height: 350px;   /* 이미지 슬라이드 높이 */
44    }
```

> **기적의 TIP**
>
> 로고의 위, 아래로 여백을 주기 위해 margin-top과 margin-bottom 값을 미리 지정합니다.

08 콘텐츠 영역에 들어가는 공지사항, ⟨div class="notice"⟩, 갤러리 ⟨div class="gallery"⟩, 바로가기 ⟨div class="shortcut"⟩에 대한 자세한 스타일을 지정합니다.
클래스 선택자 '.contents' 스타일을 찾아 그 아래에 다음의 내용을 지정해 줍니다.

```
.notice{
    float:left;
    width:300px;
    height:200px;
}
.gallery{
    float:left;
    width:300px;
    height:200px;
}
.shortcut{
    float:right;
    width:200px;
    height:200px;
}
```

```
45    .contents {          /* C영역:공지사항+갤러리+바로가기 영역 */
46        float: right;
47        width: 800px;
48        height: 200px;
49    }
50    .notice {
51        float: left;
52        width: 300px;
53        height: 200px;
54    }
55    .gallery {
56        float: left;
57        width: 300px;
58        height: 200px;
59    }
60    .shortcut {
61        float: right;
62        width: 200px;
63        height: 200px;
64    }
65    footer {             /* D영역:와이어프레임 오른쪽 하단 영역 */
66        float: right;
67        width: 800px;
68        height: 100px;
69        background-color: #30a3f3;
70    }
71
```

> **기적의 TIP**
>
> 공지사항, 갤러리, 바로가기 각 영역의 너비 width는 정해진 값이 없으므로 임의로 지정합니다.

09 작업 폴더에서 'index.html' 문서를 '크롬 (Chrome)' 브라우저에서 열어(이미 열려있다면 새로고침하여) 확인하면, 스타일에 의해 각 영역이 구분된 결과를 확인할 수 있습니다.

단, 브라우저에서 확인할 경우 각 영역의 구분선은 나타나지 않습니다.

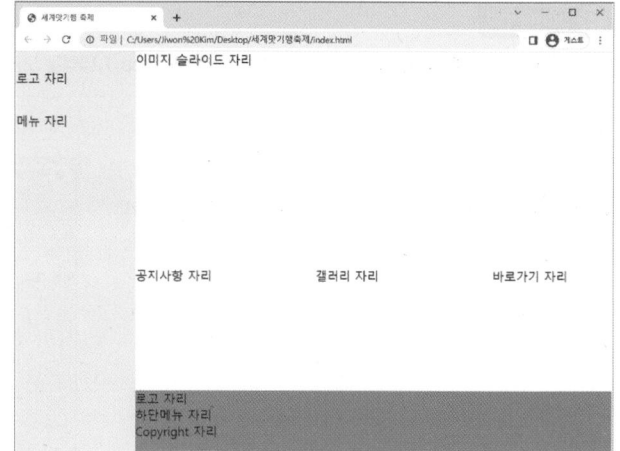

10 다음으로 푸터 영역에 들어가는 각 영역의 스타일을 지정합니다.

푸터 영역은 크게 하단 로고 〈div class="btlogo"〉, Copyright 〈div class="copy"〉, 하단 메뉴 〈div class="site"〉 영역으로 이루어져 있습니다. 와이어프레임에 Copyright 영역이 가장 넓게 나타나므로 이를 고려하여 각 영역에 대한 스타일을 적당한 사이즈로 지정합니다.

```
.btlogo{
    float:left;
    width:200px;
    height:100px;
}
.site{
    float:right;
    width:600px;
    height:100px;
}
.btmenu{
    float:right;
    width:600px;
    height:50px;
}
.copy{
    float:right;
    width:600px;
    height:50px;
}
```

[style.css]

```
65      footer {               /* D영역:와이어프레임 오른쪽 하단 영역 */
66          float: right;
67          width: 800px;
68          height: 100px;
69          background-color: ■#30a3f3;
70      }
71      .btlogo {
72          float: left;
73          width: 200px;      /* 하단 로고 영역 너비 */
74          height: 100px;     /* 하단 로고 영역 높이 */
75      }
76      .site {                /* btmenu와 copy 묶어줌 */
77          float: right;
78          width: 600px;      /* 하단 메뉴 + Copyright 너비 */
79          height: 100px;     /* 하단 메뉴 + Copyright 높이 */
80      }
81      .btmenu {
82          float: right;
83          width: 600px;      /* 하단 메뉴 너비 */
84          height: 50px;      /* 하단 메뉴 높이 */
85      }
86      .copy {
87          float: right;
88          width: 600px;      /* Copyright 너비 */
89          height: 50px;      /* Copyright 높이 */
90      }
91
```

'.btlogo' 영역은 왼쪽부터 내용을 보이고 '.site(.btmenu와 .copy)' 영역은 오른쪽에 배치되도록 플로팅을 지정합니다.

11 현재까지 작업된 사항을 확인합니다.
만일 변경 사항을 저장할지를 묻는 대화상자가
나타나면 저장하도록 합니다.

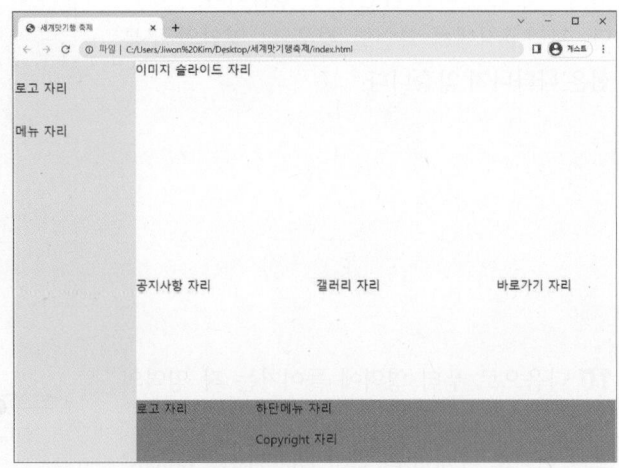

---

❶ 로고 만들기

세부 영역별 지시사항대로 Ⓐ Header 영역에 로고를 추가하도록 합니다.
이 문제에서는 제공된 로고를 추가하도록 하고 있으므로 먼저 로고의 크기와 색상을 확인한 후 조정해두도록
합니다. 단, 세부 영역별 지시사항에서 로고의 크기 변경 시 가로 세로 비율(종횡비)을 유지하도록 하고 있으므
로 포토샵을 사용하여 종횡비를 유지하면서 크기를 조정해둡니다.

01 포토샵을 이용하여 로고 크기와 색상을 조
정하기 위해서 포토샵을 실행합니다.

02 [파일(File)]–[열기(Open)] 메뉴를 선택하고
주어진 수험자 제공파일 중에서 Header 폴더의
제공된 로고 이미지 'logo.png'를 엽니다.

03 세부 지시사항에서 로고의 색을 과제명(가. 주제)에 맞게 반드시 변경하고 있으므로, 색상을 변경합니다. 로고 이미지가 배경이 투명한 png 파일이므로 원하는 영역만 선택하여 바로 색상을 변경할 수 있습니다. 색상을 변경하기 위해서 사각형 선택 윤곽 도구(Rectangular Marquee Tool, ▦)를 선택한 후 글자 일부분을 선택합니다.

🅑 기적의 TIP

색상을 변경하는 방법은 수험자 임의로 프로그램이나 기능을 선택하여 사용할 수 있습니다.

04 선택된 '미술작품' 영역의 색상을 변경하기 위해 [이미지(Image)]-[조정(Adjustments)]-[색조/채도(Hue/Saturation)] 메뉴를 선택합니다. 단축키는 Ctrl + U 입니다.

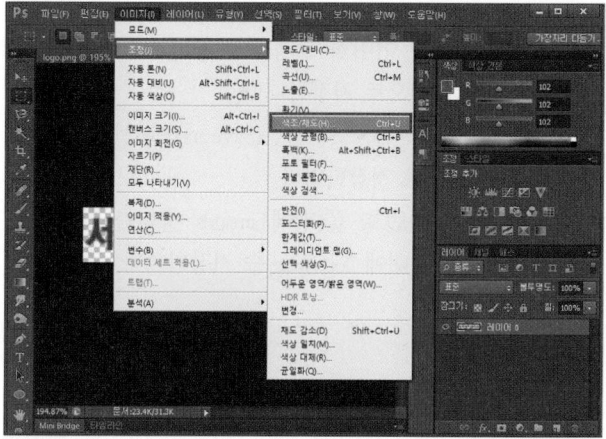

05 [색조/채도(Hue/Saturation)] 대화상자가 나타나면 색조(Hue)에서 +130을 입력하고 [확인(OK)]을 클릭합니다.

🅑 기적의 TIP

로고의 색상 값이 별도로 제시되지 않은 경우 수험자 임의로 변경하면 됩니다.

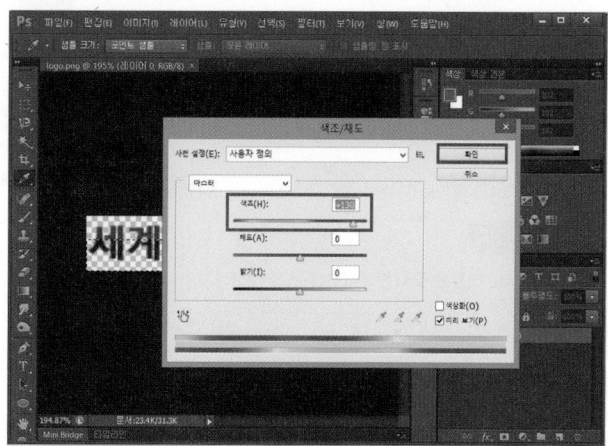

[이미지 크기(Image Size)] 옵션
- 스타일 비율 조정(Scale Styles) : 사용하는 이미지에 스타일이 적용된 레이어가 있을 경우 크기가 변경된 이미지에 나타나는 효과의 비율을 조정. 단, 비율 제한 옵션과 함께 사용해야 함
- 비율 제한(Contrain Proportions) : 이미지의 원래 너비와 높이 비율(종횡비)을 유지
- 이미지 리샘플링(Resample Image) : 문서의 확대 또는 축소에 따른 리샘플링 방법을 선택. 쌍입방 자동(Bicubic Automatic) 방법은 주변 픽셀의 값을 검사하여 픽셀을 조정하는 방법으로, 속도는 느리지만 더 정밀하게 색조의 단계적 변화를 조정
- 이미지 크기는 임의로 지정할 수 있습니다. 단, 스타일 시트에서 미리 지정해둔 로고 영역 크기를 고려하여 이미지의 크기를 조정합니다.

```
.logo{
        float:left;
        width:200px;
        height:40px;
        margin-top:30px;
        margin-bottom:30px;
```

- 이미지의 크기를 변경하려면, 세부 영역별 지시사항에 주어진 대로 '이미지의 가로 세로 종횡비를 유지'하면서 조정해야 합니다. 이미지의 가로 세로 종횡비를 유지하려면 '비율 제한(Contrain Proportions)'을 선택(∨)한 채로 크기를 조정하면 됩니다.

06 이 예시에서는 이미지 크기를 변경하지 않고 PNG 파일 포맷으로 저장합니다.
[파일(File)]−[다른 이름으로 저장(Save as)]을 선택하여 'logo.png'로 저장합니다.
이때 작업 폴더('비번호' 폴더)에 'images' 폴더를 만들고 해당 폴더 내에 'logo.png'를 저장합니다.

– 파일 이름(File name) : logo.png
– 형식(Format) : PNG

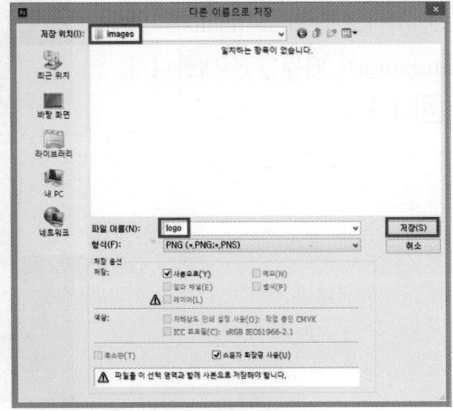

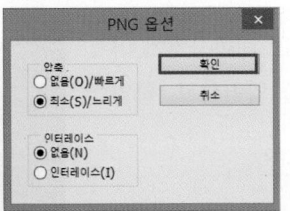

[저장(Save)] 버튼을 클릭한 후 PNG 옵션 대화상자가 나타나면 옵션을 기본 값으로 그대로 둔 채 [확인(OK)]을 클릭합니다.

② HTML에 로고 추가하기

01 다음으로 만든 로고를 'index.html' 문서에 추가합니다.

'index.html' 문서로 돌아와서 헤더 영역 안에 로고 영역으로 구분해 놓았던 〈divclass="logo"〉 로고 자리 〈/div〉 부분을 찾아, 그 안에 다음과 같이 입력합니다.

```
<div class="logo">
  <a href="#"><img src="images/logo.png"
  alt="로고"></a>
</div>
```

[index.html]

```
1   <!DOCTYPE html>
2   <html>
3   <head>
4     <meta charset="utf-8">
5     <title>세계맛기행 축제</title>
6     <link href="css/style.css" type="text/css" rel="stylesheet">
7   </head>
8
9   <body>
10  <!--와이어프레임 왼쪽 시작-->
11  <header>
12    <div class="wrap"> <!--wrap:logo와 menu 묶어줌-->
13      <div class="logo">
14        <a href="#"><img src="images/logo.png" alt="로고"></a>
15      </div>
16      <nav class="menu">
17        메뉴 자리
18      </nav>
19    </div>
20  </header>
21  <!--와이어프레임 왼쪽 시작-->
```

기적의 TIP

- alt : 이미지의 속성
- 〈a href="#"〉 : 임시 링크 추가
- 콘텐츠를 추가할 때, 시험에 주어진 기술적 준수사항을 반드시 지켜야 합니다.
  - '모든 이미지에는 이미지에 대한 대체 텍스트를 표현할 수 있는 alt 속성이 있어야 한다.'고 명시하고 있으므로 이미지를 추가할 때 alt 속성과 값을 기입합니다.
  - '상호작용이 필요한 모든 콘텐츠(로고, 메뉴 Slide, 공지사항, 갤러리 등)는 임시 링크(예:#) 되어야 한다.'고 명시하고 있으므로 추가되는 콘텐츠에 임시 링크를 추가하도록 합니다.
- 로고 이미지 자체에 스타일을 지정하려면 다음과 같이 클래스 선택자 .logo의 후손 선택자인 〈img〉를 사용하여 스타일을 지정할 수 있습니다.

`<div class="logo">`
`<a href="#">`
`  <img src="images/logo.png" alt="로고">`
`</a>`
	`.logo img{`
	`        float:left;`
	`        margin-top:5px;`
	`}`

---

02 'index.html' 문서와 'style.css' 문서 모두 저장하고, '크롬(Chrome)' 브라우저에서 로고가 추가된 결과를 확인합니다.

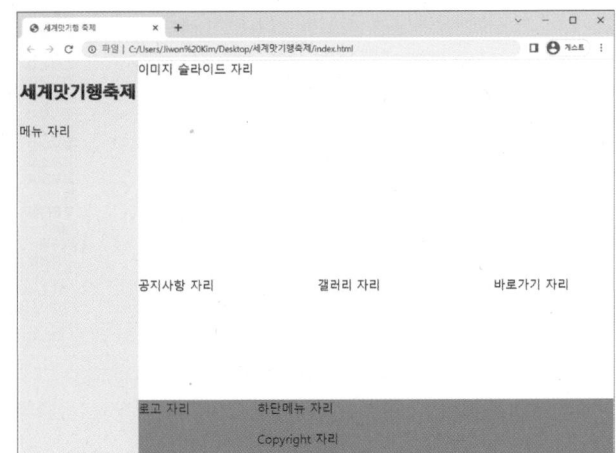

❸ HTML에 메뉴 추가하기

01 헤더 영역 안에 메뉴 영역으로 구분해 놓았던 class="menu"〉 메뉴 자리 〈/nav〉 부분 안에 다음과 같이 입력하여 메뉴를 추가합니다.

이때 시험에 주어진 '사이트 맵(Site map)'에 따라서 메인 메뉴(Main menu)와 서브 메뉴(Sub menu)를 구분하여 입력합니다.

```
<nav class="menu">
  <ul class="navi">
    <li><a href="#">주최소개</a>
      <ul class="submenu">
        <li><a href="#">인사말</a></li>
        <li><a href="#">명인</a></li>
        <li><a href="#">오시는길</a></li>
      </ul>
    </li>
    <li><a href="#">행사안내</a>
      <ul class="submenu">
        <li><a href="#">요리경연대회</a></li>
        <li><a href="#">전시참가</a></li>
        <li><a href="#">참가신청</a></li>
      </ul>
    </li>
    <li><a href="#">홍보마당</a>
      <ul class="submenu">
        <li><a href="#">축제소식</a></li>
        <li><a href="#">보도자료</a></li>
        <li><a href="#">레시피</a></li>
      </ul>
    </li>
    <li><a href="#">회원마당</a>
      <ul class="submenu">
        <li><a href="#">Q&A</a></li>
        <li><a href="#">레시피</a></li>
        <li><a href="#">공지사항</a></li>
      </ul>
    </li>
  </ul>
</nav>
```

[index.html]

```
9    <body>
10   <!--와이어프레임 왼쪽 시작-->
11   <header>
12     <div class="wrap"> <!--wrap:logo와 menu 묶어줌-->
13       <div class="logo">
14         <a href="#"><img src="images/logo.png" alt="로고"></a>
15       </div>
16       <nav class="menu">
17         <ul class="navi">
18           <li><a href="#">주최소개</a>
19             <ul class="submenu">
20               <li><a href="#">인사말</a></li>
21               <li><a href="#">명인</a></li>
22               <li><a href="#">오시는길</a></li>
23             </ul>
24           </li>
25           <li><a href="#">행사안내</a>
26             <ul class="submenu">
27               <li><a href="#">요리경연대회</a></li>
28               <li><a href="#">전시참가</a></li>
29               <li><a href="#">참가신청</a></li>
30             </ul>
31           </li>
32           <li><a href="#">홍보마당</a>
33             <ul class="submenu">
34               <li><a href="#">축제소식</a></li>
35               <li><a href="#">보도자료</a></li>
36               <li><a href="#">레시피</a></li>
37             </ul>
38           </li>
39           <li><a href="#">회원마당</a>
40             <ul class="submenu">
41               <li><a href="#">Q&A</a></li>
42               <li><a href="#">레시피</a></li>
43               <li><a href="#">공지사항</a></li>
44             </ul>
45           </li>
46         </ul>
47       </nav>
48     </div>
49   </header>
50   <!--와이어프레임 왼쪽 시작-->
```

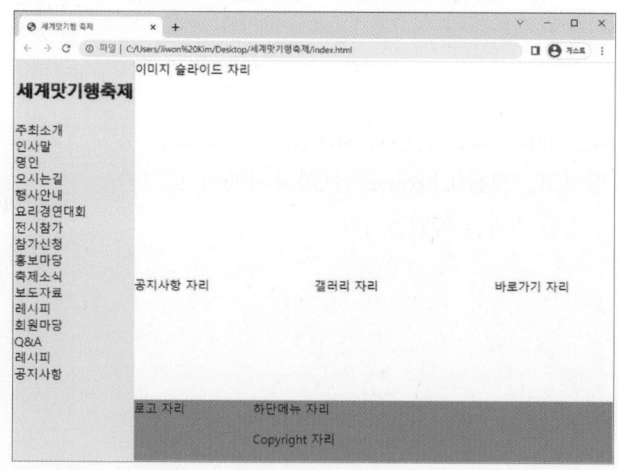

입력 결과를 브라우저에서 확인해 보면 아직 스타일을 지정하지 않았기 때문에 메뉴 글자들이 일렬로 나타나게 됩니다.

④ 메뉴에 스타일 지정하기

세부 영역별 지시사항을 살펴보면, 메뉴를 슬라이드 다운 메뉴(Slide-Down Menu)로 구성하도록 하고 있습니다. 슬라이드 다운 메뉴는 메인 메뉴에 마우스를 올렸을 때(Mouse over) 서브 메뉴를 슬라이드 다운(Slide-Down)으로 보여주고 마우스가 메뉴에서 벗어나면(Mouse out) 슬라이드 업(Slide-Up)되면서 서브 메뉴를 숨겨주는 기능입니다. 메뉴의 모양은 스타일 시트에서 지정하며, 움직이는 동작 기능은 자바스크립트와 제이쿼리(jQuery)를 이용하여 구성합니다.

01 먼저 메뉴에 스타일을 지정하기 전에 와이어프레임에 제시된 메뉴의 모양을 확인합니다. 이 문제에서는 메인 메뉴의 오른쪽으로 서브 메뉴가 펼쳐지도록 되어있습니다. 이러한 사항을 고려하여 메뉴에 스타일을 지정합니다.

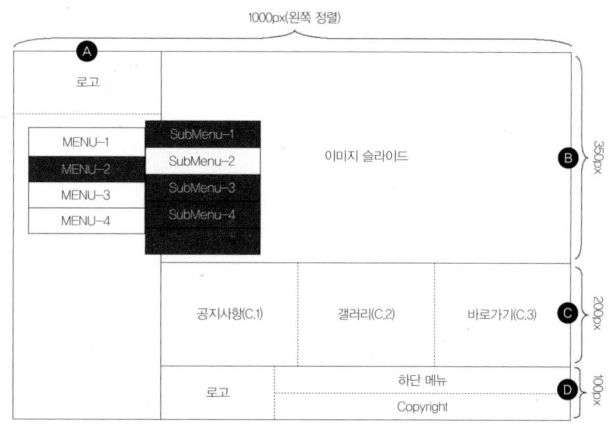

02 먼저 스타일 시트 'style.css' 문서에서 타입(type) 선택자 'header'를 찾아 헤더 태그의 속성에 다음의 속성을 추가하여 메뉴 전체의 영역의 위치를 고정시킵니다.

```
header{
    float:left;
    position:absolute;
}
```

[style.css]

```
21    header {              /* A영역:와이어프레임 왼쪽 영역 */
22        float: left;
23        position: absolute;
24    }
25    .wrap {               /* 로고+메뉴 영역 */
26        float: left;
27        width: 200px;
28        height: 650px;
29        background-color: #eeeeee;
30    }
31    .logo {
32        float: left;
33        width: 200px;
34        height: 40px;
35        margin-top: 30px;
36        margin-bottom: 30px;
37    }
```

03 스타일 시트 'style.css' 문서에서 클래스 선택자 '.menu'를 찾아 그 안에 다음의 속성을 추가하여 메뉴 전체의 폭과 여백을 지정합니다.

```
.menu{
    float:left;
    top:100px;
    left:10px;
    position:absolute;
    text-align:center;
    z-index:1;
}
```

[style.css]

```
31      .logo {
32        float: left;
33        width: 200px;
34        height: 40px;
35        margin-top: 30px;
36        margin-bottom: 30px;
37      }
38      .menu {
39        float: left;
40        top: 100px;
41        left: 10px;
42        position: absolute;
43        text-align: center;
44        z-index: 1;
45      }
46      .imgslide {          /* B영역:이미지 슬라이드 영역 */
47        float: right;
48        width: 800px;        /* 이미지 슬라이드 너비 */
49        height: 350px;       /* 이미지 슬라이드 높이 */
50      }
```

04 메인 메뉴의 스타일을 지정하기 위해 '.menu' 스타일 아래에 다음의 내용을 추가합니다.

```
.navi>li{
    float:left;
    width:180px;
}
.navi>li>a{
    width:180px;
    height:40px;
    line-height:40px;
    font-size:16px;
    font-weight:bold;
    background-color:#333333;
    color:#ffffff;
}
.navi>li>a:hover{
    background-color:#cccccc;
    color:#000000;
}
```

[style.css]

```
38      .menu {
39        float: left;
40        top: 100px;
41        left: 10px;
42        position: absolute;
43        text-align: center;
44        z-index: 1;
45      }
46      .navi>li {
47        float: left;
48        width: 180px;
49      }
50      .navi>li>a {
51        width: 180px;
52        height: 40px;
53        line-height: 40px;
54        font-size: 16px;
55        font-weight: bold;
56        background-color: ■#333333;
57        color: □#ffffff;
58      }
59      .navi>li>a:hover {
60        background-color: ■#cccccc;
61        color: ■#000000;
62      }
63      .imgslide {          /* B영역:이미지 슬라이드 영역 */
64        float: right;
65        width: 800px;        /* 이미지 슬라이드 너비 */
66        height: 350px;       /* 이미지 슬라이드 높이 */
67      }
```

🅑 기적의 TIP

- .navi : ⟨ul class="navi"⟩ 영역의 스타일 정의. 이 영역은 메인 메뉴와 서브 메뉴의 목록을 담는 영역임
- .navi⟩li : .navi의 자식 요소 ⟨li⟩ 요소의 스타일 지정. 여기에서는 li 각 요소의 너비도 width:180px로 지정
- .navi⟩li⟩a : .navi의 자식 요소 ⟨li⟩의 자식 요소인 ⟨a⟩ 요소의 스타일 지정. 높이, 너비, 줄 간격(line-height), 글씨 속성, 배경색, 글자색 등을 지정
- .navi⟩li⟩a:hover : .navi의 자식 요소인 ⟨li⟩의 자식 요소인 ⟨a⟩ 요소에 마우스를 올릴 때(hover) 변화되는 스타일을 지정. 마우스가 올라오면 메뉴의 배경색이 background-color:#cccccc로 변경되게 하고, 글자색도 color:#000000로 변경되게 함(#cccccc는 #ccc, #000000는 #000과 같이 16진수로 간단히 줄여서 사용할 수 있음)
- font-size:16px : 메뉴 글자 크기 지정
- font-weight:bold : 메뉴 글자 볼드체 지정
- 줄 간격 line-height을 높이 height와 같은 값을 주게 되면(height:40px, line-height:40px) 글자가 세로 가운데 정렬이 됩니다. 이때 글자 사이즈(font-size:16px)를 기준으로 한 줄 안에서 글자 위아래 여백이 같게 조정되어 글자가 가운데로 나타나게 됩니다. 즉 line-height:40px에서 font-size:16px을 뺀 값, 24px이 반으로 나누어져 글자 위아래로 12px의 여백이 생기게 됩니다.

---

05 지금까지 작업한 'index.html' 문서와 'style.css' 문서를 모두 저장하고, '크롬(Chrome)' 브라우저에서 지금까지 작업된 결과를 확인합니다.
메인 메뉴 위에 마우스를 올리면 배경색과 글자색이 변경되는 것을 확인할 수 있습니다.

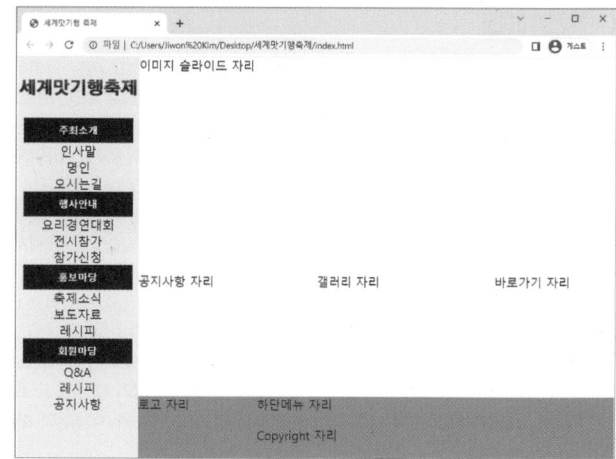

06 서브 메뉴의 스타일을 지정하기 위해 '.navi >li>a:hover' 스타일 아래에 다음의 내용을 추가합니다.

```
.submenu{
    float:left;
    width:180px;
    height:250px;
    left:180px;
    top:-20px;
    position:absolute;
    background-color:#999999;
    display:none;
    z-index:1;
}
.submenu>li>a{
    width:180px;
    height:40px;
    line-height:40px;
    font-size:14px;
    font-weight:bold;
    background-color:#999999;
    color:#333333;
}
.submenu>li>a:hover{
    background-color:#cccccc;
    color:#ffff00;
}
```

[style.css]

```
59    .navi>li>a:hover {
60      background-color: #cccccc;
61      color: #000000;
62    }
63    .submenu {
64      float: left;
65      width: 180px;
66      height: 250px;
67      left: 180px;
68      top: -20px;
69      position: absolute;
70      background-color: #999999;
71      display: none;
72      z-index: 1;
73    }
74    .submenu>li>a {
75      width: 180px;
76      height: 40px;
77      line-height: 40px;
78      font-size: 14px;
79      font-weight: bold;
80      background-color: #999999;
81      color: #333333;
82    }
83    .submenu>li>a:hover {
84      background-color: #cccccc;
85      color: #ffff00;
86    }
87    .imgslide {           /* B영역:이미지 슬라이드 영역 */
88      float: right;
89      width: 800px;        /* 이미지 슬라이드 너비 */
90      height: 350px;       /* 이미지 슬라이드 높이 */
91    }
```

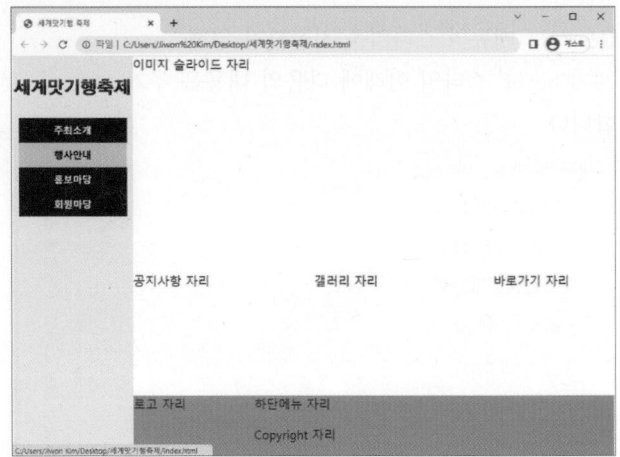

기적의 TIP

- .submenu : <ul class="submenu"> 영역의 스타일 정의. 서브 메뉴 목록에 대한 스타일을 정의함
- height:250px : 서브 메뉴의 전체 높이를 넉넉히 높게 250px로 지정. 서브 메뉴의 각 높이를 더한 값보다 높이가 더 크게 지정됨
- position:absolute : 상위 컨테이너를 기준으로 절대 좌표값을 가지도록 함. 서브 메뉴의 영역에 대해 상위 컨테이너인 메인 메뉴의 〈a〉 요소의 시작점을 기준으로 절대 좌표값을 가지게 되어, 서브 메뉴의 위치가 바뀌지 않고 한 곳에서 각 서브 메뉴들이 나타남
- left:180px : 〈a〉 요소의 시작점을 기준으로 왼쪽으로부터 180px 떨어져서 나타나게 함. .navi〉li〉a에서 메인 메뉴의 너비를 width:180px로 설정했기 때문에 메인 메뉴의 너비 180px만큼 떨어져서 서브 메뉴 영역이 나타남
- top:-20px : 〈a〉 요소의 시작점을 기준으로 위쪽으로부터 -20px 떨어져서 나타나게 함. 따라서 메인 메뉴의 높이보다 조금 더 높은 높이에서 서브 메뉴 영역이 나타남
- submenu〉li〉a : .submenu의 자식 요소 〈li〉의 자식 요소인 〈a〉 요소의 스타일 지정. 높이, 너비, 줄 간격(line-height), 글씨 속성, 배경색, 글자색 등을 지정
- .submenu〉li〉a:hover : .submenu의 자식 요소 〈li〉의 자식 요소인 〈a〉 요소에 마우스를 올릴 때(hover) 변화되는 스타일을 지정
- display:none : 해당 요소에 대한 박스 공간을 생성하지 않기 때문에 요소가 보이지 않게 됨. 메인 메뉴만 나타나고 서브 메뉴는 처음에는 나타나지 않도록 하기 위해 설정. 이 속성을 지우면 서브 메뉴가 처음부터 보이게 됨

07 작업한 모든 문서를 저장하고, 지금까지 작업된 결과를 '크롬(Chrome)' 브라우저에서 확인합니다. 메인 메뉴만 나타나게 된 것을 확인할 수 있습니다.

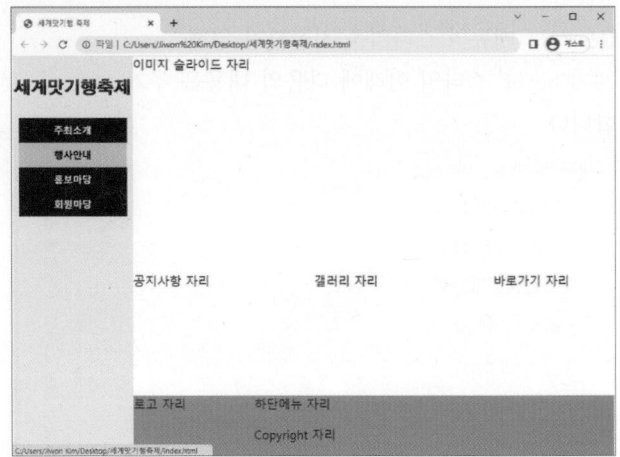

⑤ 메뉴에 슬라이드 다운 기능 구현하기

이번에는 메인 메뉴, 서브 메뉴에 슬라이드 다운(Slide-Down) 기능이 되도록 자바스크립트와 제이쿼리(jQuery)를 활용하여 동적 기능을 만들어줍니다.

01 작업 폴더('비번호' 폴더)에 'javascript' 폴더를 생성한 후, 수험자 제공 파일로 주어진 jQuery 라이브러리 오픈소스 파일 'jquery-1.12.3.js'을 'javascript' 폴더로 복사 또는 이동시켜줍니다.

기적의 TIP

'jQuery 라이브러리는 자바스크립트 파일(*.js)로 저장되어 있으며, 모든 jQuery 메소드를 담고 있습니다. jQuery는 사용 전에 다운로드 받은 후 연결(설치)해야 그 기능을 사용할 수 있습니다.

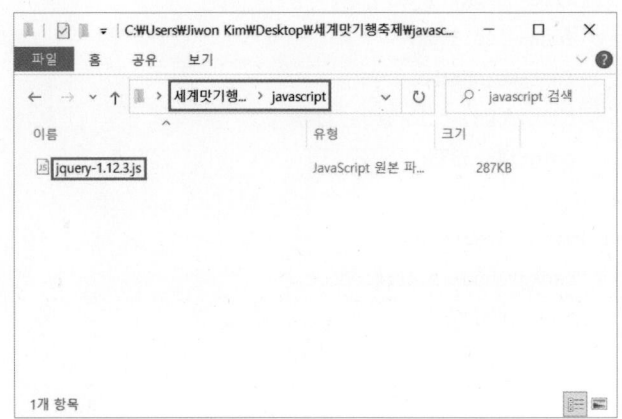

02 Visual Studio Code 탐색기에서도 'javas-cript' 폴더가 생성된 것을 확인할 수 있습니다. 자바스크립트 파일을 만들기 위해, 'javascript' 폴더에서 마우스 오른쪽 버튼을 클릭하고 바로가기 메뉴에서 [새 파일]을 선택합니다.

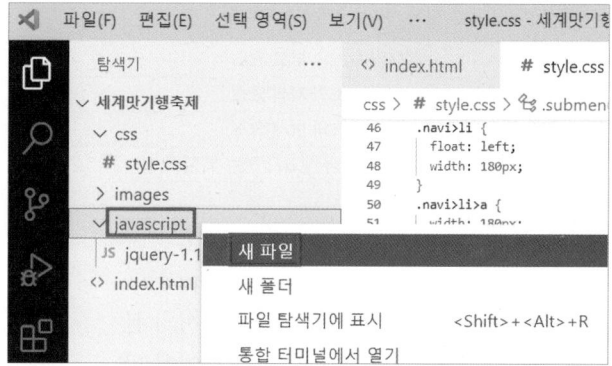

03 'javascript' 폴더의 하위 리스트에 새로운 파일이 생성되면 파일명을 'script.js'로 입력합니다. 파일이 정상적으로 생성되면 오른쪽 코드창에 'script.js' 파일이 열린 것을 확인할 수 있습니다.

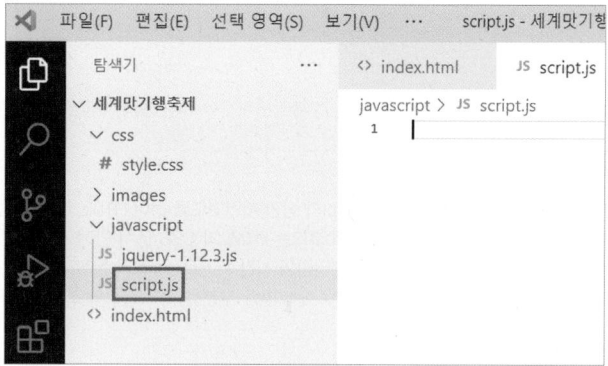

04 실제로 Slide-Down 기능이 동작하도록 하기 위해 'script.js' 파일에 다음과 같이 입력합니다.

```
jQuery(document).ready(function(){

  $('.navi>li').mouseover(function(){
    $(this).find('.submenu').stop().slideDown
    (500);
  }).mouseout(function(){
    $(this).find('.submenu').stop().slideUp(500);
  });

});
```

[script.js]
```
1    // JavaScript Document
2
3    jQuery(document).ready(function () {
4
5      $('.navi>li').mouseover(function () {
6        $(this).find('.submenu').stop().slideDown(500);
7      }).mouseout(function () {
8        $(this).find('.submenu').stop().slideUp(500);
9      });
10
11   });
12
```

05 지금까지 작업한 사항을 모두 저장합니다.

🄵 기적의 TIP

- jQuery 문법 : HTML 요소를 선택한 후 그 요소에 수행할 액션을 지정함
- $: jQuery() 함수의 별칭. 선택자와 일치하는 DOM 요소를 배열을 가진 특별한 객체를 반환. 기본 형식 : $(선택자(selector)).action
- $('.navi>li') : .navi의 〈li〉 요소에 mouseover와 mouseout 이벤트 설정
- $(this) : 현재 선택된 요소
- find('.submenu') : 선택된 요소의 자식 요소 중 .submenu와 일치하는 요소를 찾아 반환. 대신 children()를 사용하면 직계 자식 요소를 반환
- stop() : 현재 동작하고 있는 애니메이션 동작을 즉시 중단
- slideDown(), slideUp() : jQuery 라이브러리에서 제공하는 함수로 슬라이딩 애니메이션과 함께 보여주거나 숨김. 선택한 요소의 height 값을 낮추거나 높여가며 사라지게 함. 숫자값 500은 0.5초를 의미

- 요소(엘리먼트)를 찾아 계층을 이동하는 함수들

parent()	선택된 요소의 부모 요소
children()	선택된 요소의 자식 요소
sibligs()	선택된 요소의 형제 요소
find()	후손 요소 중 찾고자 하는 특정 요소

06 지금 작업한 'script.js' 파일과 jquery-1.12.3.js'을 다음과 같이 'index.html' 문서의 본문에 연결합니다. 〈head〉와 〈/head〉 사이에 다음과 같이 입력합니다.

<script src="javascript/jquery-1.12.3.js">
</script>
<script src="javascript/script.js" defer type="text/javascript"></script>

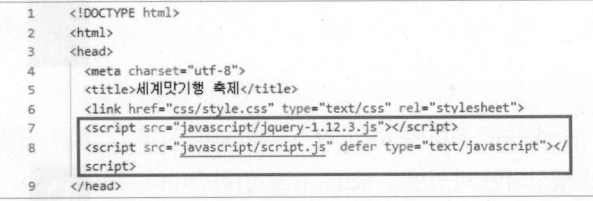

[index.html]

```
1    <!DOCTYPE html>
2    <html>
3    <head>
4       <meta charset="utf-8">
5       <title>세계맛기행 축제</title>
6       <link href="css/style.css" type="text/css" rel="stylesheet">
7       <script src="javascript/jquery-1.12.3.js"></script>
8       <script src="javascript/script.js" defer type="text/javascript"></script>
9    </head>
```

🅱 기적의 TIP

- defer(또는 defer='defer') : script가 잠깐 지연되도록 하여 HTML 구문 분석이 완료된 후 스크립트를 실행하도록 함
- 화면 렌더링과 관련된 대부분의 코드는 HTML과 CSS 문서 안에 포함되어 있습니다. 반면 대부분의 script는 사용자의 액션이 발생한 이후의 동작을 렌더링합니다. 이러한 렌더링의 시간 차이로 script가 동작되지 않는 것을 예방하기 위해 defer 속성을 사용합니다.
- defer 속성을 사용하지 않는 경우 <script> 부분을 </body> 태그 다음에 위치시킴으로써 렌더링을 지연시킬 수 있습니다.

07 모든 문서를 저장하고, 지금까지 작업된 결과를 '크롬(Chrome)' 브라우저에서 확인합니다. 메인 메뉴와 서브 메뉴의 슬라이드 효과가 잘 동작하는지 확인합니다.

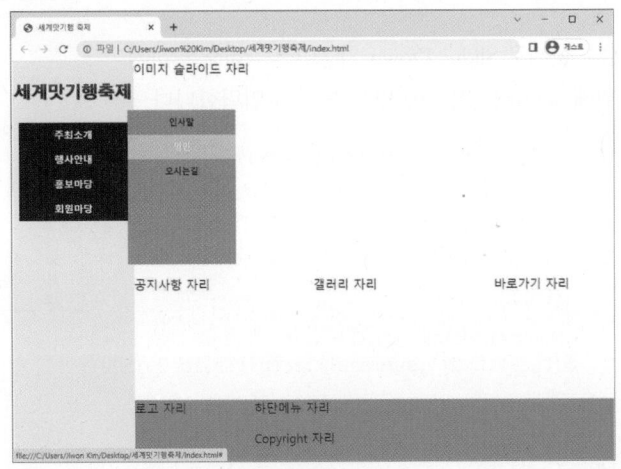

4 STEP **세부 영역별 지시사항 풀기 – ⑧ Slide** 약 30분

① 슬라이드 이미지 추가하기

세부 영역별 지시사항대로 ⑧ Slide 영역에 들어갈 이미지 슬라이드를 제작합니다.

세부 지시사항에서 3개의 이미지를 이용하여 좌—우, 우—좌 슬라이드 효과를 제작하도록 하고 있으므로 'style. css' 문서에서 이미지의 스타일을 지정한 후, 자바스크립트에서 제이쿼리(jQuery)를 이용하여 해당 동작을 구현합니다.

01 앞서 만들었던 'images' 폴더에 수험자 제공 파일로 주어진 슬라이드 이미지 3개를 복사합니다. 이때, 주어진 다른 이미지들도 미리 복사해둡니다.

02 메인 이미지를 추가하기 위해 'index.html' 문서에서 〈div class="imgslide"〉 이미지 슬라이드 자리 〈/div〉 부분을 찾은 후, 다음과 같이 입력합니다.

```
<div class="imgslide">
  <div class="slidelist">
    <ul>
      <li>
        <a href="#">
        <span>세계맛기행 축제 시작</span>
        <img src="images/img1.jpg" alt="이미지1">
        </a>
      </li>
      <li>
        <a href="#">
        <span>유기농 재료로 음식 만들기</span>
        <img src="images/img2.jpg" alt="이미지2">
        </a>
      </li>
      <li>
        <a href="#">
        <span>신선한 재료와 건강 이야기</span>

        <img src="images/img3.jpg" alt="이미지3">
        </a>
      </li>
    </ul>
  </div>
</div>
```

[index.html]

```
54    <!--와이어프레임 오른쪽 시작-->
55    <div class="imgslide"> <!--imgslide:슬라이드 이미지-->
56      <div class="slidelist">
57        <ul>
58          <li>
59            <a href="#">
60              <span>세계맛기행 축제 시작</span>
61              <img src="images/img1.jpg" alt="이미지1">
62            </a>
63          </li>
64          <li>
65            <a href="#">
66              <span>유기농 재료로 음식 만들기</span>
67              <img src="images/img2.jpg" alt="이미지2">
68            </a>
69          </li>
70          <li>
71            <a href="#">
72              <span>신선한 재료와 건강 이야기</span>
73              <img src="images/img3.jpg" alt="이미지3">
74            </a>
75          </li>
76        </ul>
77      </div>
78    </div>
79    <div class="contents"> <!--contents:공지사항, 갤러리, 바로가기-->
80      <div class="notice">
81        공지사항 자리
82      </div>
```

지시사항에서 제공된 3개의 텍스트를 각 이미지에 적용하도록 하고 있으므로 〈span〉 요소를 이용하여 글자도 함께 추가합니다.

- 'div' 영역의 class 이름을 'imgslide'으로 지정하였으므로 스타일 시트 파일에서 선택자로 '.imgslide'을 사용하게 됩니다.
- '상호작용이 필요한 모든 콘텐츠(로고, 메뉴 Slide, 공지사항, 갤러리 등)는 임시 링크되어야 한다.'고 명시하고 있으므로 추가되는 이미지에도 임시 링크를 추가합니다.
- 〈span〉: 다른 텍스트와 구분하기 위해 사용. 줄을 바꾸지 않고 글자색이나 배경색 등을 변경

② 슬라이드 이미지에 스타일 추가하기

01 슬라이드 이미지 영역을 위한 스타일을 지정하기 위해 스타일 시트 파일 'style.css' 문서에서 메인 이미지 영역의 스타일 지정 부분인 클래스 선택자 '.imgslide'를 찾습니다.

그리고 다음과 같이 '.imgslide' 안에 'position: relative' 속성 값을 추가합니다. 이어서 다음을 입력합니다.

```css
.imgslide{
    float:right;
    width:800px;
    height:350px;
    position:relative;
    overflow:hidden;
}
.slidelist{
    width:2400px;
}
.slidelist ul li{
    width:800px;
    float:left;
}
.slidelist span{
    width:400px;
    height:50px;
    position:absolute;
    text-align:center;
    color:#ffffff;
    font-weight:bold;
    line-height:50px;
    background-color:rgba(40,40,40,0.5);
    margin-left:200px;
    margin-top:150px;
}
```

[style.css]

```css
83   .submenu>li>a:hover {
84       background-color: #cccccc;
85       color: #ffff00;
86   }
87   .imgslide {          /* B영역:이미지 슬라이드 영역 */
88       float: right;
89       width: 800px;        /* 이미지 슬라이드 너비 */
90       height: 350px;       /* 이미지 슬라이드 높이 */
91       position: relative;
92       overflow: hidden;
93   }
94   .slidelist {
95       width: 2400px;
96   }
97   .slidelist ul li {
98       width: 800px;
99       float: left;
100  }
101  .slidelist span {
102      width: 400px;
103      height: 50px;
104      position: absolute;
105      text-align: center;
106      color: #ffffff;
107      font-weight: bold;
108      line-height: 50px;
109      background-color: rgba(40, 40, 40, 0.5);
110      margin-left: 200px;
111      margin-top: 150px;
112  }
113  .contents {          /* C영역:공지사항+갤러리+바로가기 영역 */
114      float: right;
115      width: 800px;
116      height: 200px;
117  }
```

- 시험 문제 중 '🅑 Slide의 세부 지시사항'에 '[Slide] 폴더에 제공된 3개의 텍스트를 각 이미지에 적용하되, 텍스트의 글자체, 굵기, 색상, 크기를 적절하게 설정하여 가독성을 높이고, 독창성이 드러나도록 제작한다.'라고 되어 있으므로 적절하게 스타일을 지정합니다. 스타일 지정에 대한 자세한 지시사항이나 주어진 값은 없으므로 수험자 임의로 자유롭게 지정하면 됩니다.
- .imgslide : <div class="imgslide"> 영역의 스타일 정의. 슬라이드 이미지와 이미지 위에 나타날 텍스트 영역을 담은 컨테이너
- overflow:hidden : 이미지가 지정된 영역 안에서만 보이고, 영역 밖으로 넘친 부분은 보이지 않도록 지정
- .slidelist : .imgslide의 하위 컨테이너인 <div class="slidelist"> 영역의 스타일 정의
- width:2400px : <div class="slidelist"> 영역의 너비를 2400px로 지정
  - 이 영역은 슬라이드 이미지와 텍스트 영역을 담은 컨테이너로서 이 컨테이너에 슬라이드 효과를 구현하여 이미지와 텍스트가 함께 슬라이딩 되도록 합니다.
  - 각 이미지의 너비가 800px일 때 세 개의 이미지를 일렬로 나열하면 가로 너비가 2400px이 됩니다.
  - 세 개의 이미지를 일렬로 나열하여 2400px이 되게 한 후 800px씩 이동시키면 이미지가 좌→우 또는 우→좌 방향으로 슬라이딩되는 효과를 구현할 수 있습니다.

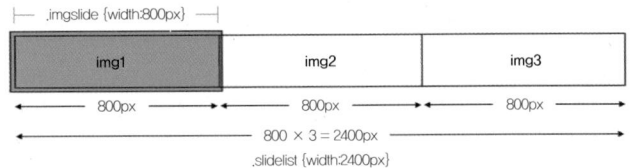

- .slidelist span : .slidelist의 후손 요소인 <span> 영역의 스타일 정의. 이미지 위에 나타나는 텍스트의 스타일
- 선택자 형식 중 'A 〉 B'은 A 요소의 1차 하위 요소인 B 요소에 스타일을 적용합니다. 'A B'와 같이 빈칸을 사용하는 경우 A 요소의 1차 또는 2차 이상(자손의 자손)의 하위 요소, 즉 후손 요소에 해당하는 모든 B 요소에 스타일을 적용합니다([참고자료] PART 02 – SECTION 02. CSS 익히기 – 'CSS 선택자 이해하기').
- width:400px, height:50px : 텍스트 영역의 너비와 높이
- position:absolute : 상위 컨테이너를 기준으로 절대 좌표값을 가짐
- margin-left:200px, margin-top:150px : 텍스트 영역 왼쪽으로 200px, 위쪽으로 150px 여백 지정
  - 이미지 슬라이드 전체 영역의 크기가 너비 800px, 높이 350px인 상태에서 이 영역 안쪽에 들어가는 텍스트 영역은 너비 400px, 높이 height:50px이고 여백을 왼쪽 200px, 위쪽 150px을 지정하였으므로 텍스트 영역은 가운데에 위치하게 됩니다(800px−400px=400px, 400px÷2=200px, 350px−50px=300px, 300÷2=150px).
  - 텍스트 영역의 크기나 여백 값은 여기에서 입력한 것과 똑같이 사용하지 않아도 됩니다. 이러한 값은 수험자가 임의로 지정 가능합니다. 스타일의 속성 값은 웹 브라우저에서 결과를 확인하면서 값을 조금씩 조정하면서 지정합니다.
- background-color:rgba(40,40,40,0.5) : 색상 및 불투명도 지정. a 속성은 투명도를 의미하며, 0~1사이의 값을 가짐. 반드시 설정해야 하는 것은 아니며 글자를 잘 보이게 하기 위해 설정한 것으로 삭제 및 임의로 지정 가능
- left:50%, top:50% : 컨테이너의 시작점을 기준으로 50%의 여백. 여백 값은 임의로 지정 가능
- position:relative와 position:absolute의 관계 : .imgslide로 지정된 <div class="imgslide">에 position:relative를 지정하고 다시 이것의 내부에 있는 '.imgslide)a'로 지정한 <a)에 요소에 position:absolute로 지정했습니다. 이렇게 지정하게 되면 position:relative으로 지정한 컨테이너를 기준점으로 삼아 position:absolute가 절대 좌표값을 가지게 됩니다. 만일 기준점이 되는 컨테이너가 없으면 문서 화면 전체를 기준으로 절대 좌표값을 가지게 됩니다.

---

02 작업한 문서를 저장하고, '크롬(Chrome)' 브라우저에서 결과를 확인해보면 이미지들이 한 곳에 겹쳐서 모여 있고, 그 위에 글자가 나타나는 것을 확인할 수 있습니다.

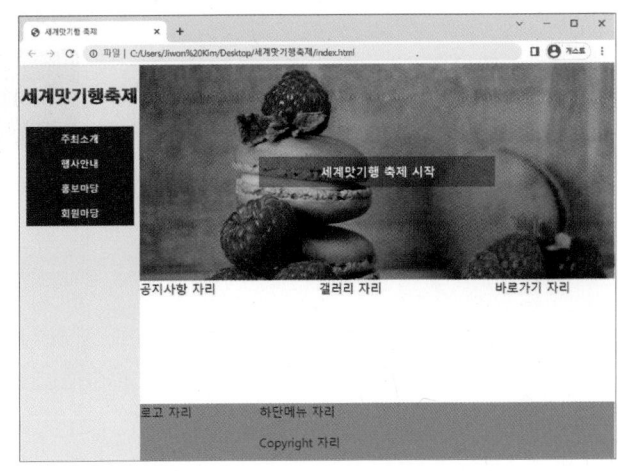

❸ 이미지 슬라이드 구현하기

01 이미지에 슬라이드 기능을 구현하기 위해 'script.js' 문서에 다음과 같이 입력합니다. 이때 처음에 입력했던 스크립트의 마지막 줄인 '});'의 안쪽에 입력하도록 합니다.

```
setInterval(function(){
  $('.slidelist').delay(2000);
  $('.slidelist').animate({marginLeft:-800});
  $('.slidelist').delay(2000);
  $('.slidelist').animate({marginLeft:-1600});
  $('.slidelist').delay(2000);
  $('.slidelist').animate({marginLeft:0});
  $('.slidelist').delay(2000);
});
```

[script.js]

```
1    // JavaScript Document
2
3    jQuery(document).ready(function () {
4
5        $('.navi>li').mouseover(function () {
6            $(this).find('.submenu').stop().slideDown(500);
7        }).mouseout(function () {
8            $(this).find('.submenu').stop().slideUp(500);
9        });
10
11       setInterval(function () {
12           $('.slidelist').delay(2000);
13           $('.slidelist').animate({ marginLeft: -800 });
14           $('.slidelist').delay(2000);
15           $('.slidelist').animate({ marginLeft: -1600 });
16           $('.slidelist').delay(2000);
17           $('.slidelist').animate({ marginLeft: 0 });
18           $('.slidelist').delay(2000);
19       });
20
21   });
22
```

🅕 기적의 TIP

- setInterval(function(){} : 일정 시간마다 반복적으로 동작을 실행
- delay(2000) : delay(ms)와 같이 사용하며, 실행중인 함수를 지정한 시간만큼 지연시킴. 2000은 2초에 해당됨
  - 슬라이드는 매 3초 이내로 다른 이미지로 슬라이드 전환되어야 하므로 delay() 사용 시 30000이내의 값을 입력하여 다른 이미지가 3초 이내에 나타나도록 해야 합니다.
- animate() : 애니메이션 효과를 지정
- animate() 문법은 '$(선택자).animate({properties(CSS 스타일)} [, duration(지속 시간)] [, easing(여유 함수)] [, complete](콜백 함수))'입니다. 이 중 {properties} 부분은 필수 매개 변수로 CSS 속성과 값을 정의하며, 나머지는 선택적 매개 변수입니다. {properties}의 형식은 '키:값'이 쌍으로 이루어지기 때문에 중괄호 { }를 사용하여 '{속성:값}'으로 작성해야 합니다.
- animate({marginLeft : -800}) : 애니메이션 효과를 줄 속성으로 marginLeft를 사용하고, 그 값을 -800으로 변경. 요소의 왼쪽 여백을 '-800px'로 지정해주기 때문에 요소가 왼쪽으로 밀려서 이동하는 것처럼 동작함
- animate({marginLeft : -800})에 사용된 marginLeft 속성은 자바스크립트에서 사용되는 속성입니다. 이 속성을 CSS에서 사용되는 속성으로 변경하면 margin-left입니다. 그러나 자바스크립트의 변수 이름에는 대시(-)가 사용될 수 없기 때문에 만일 CSS 속성 margin-left를 사용하려면 다음과 같이 따옴표를 사용하여 작성합니다.

```
animate({marginLeft : -800}) = animate({"margin-left" : "-800"})
```

---

02 문서를 저장한 후 이미지 슬라이드가 좌-우, 우-좌 방향으로 실행되는지 확인합니다.

⊕ 더 알기 TIP

위-아래, 아래-위 슬라이드 작성해 보기

- 이미지 슬라이드 기능은 좌-우, 우-좌 슬라이드 또는 위-아래, 아래-위 슬라이드 기능이 출제됩니다.
- 좌-우, 우-좌 슬라이드 코드를 이용하여 위-아래, 아래-위 슬라이드 기능을 만들 수 있습니다.

	좌-우 방향 이미지 슬라이드	위-아래 방향 이미지 슬라이드

1. CSS 변경	`.imgslide{`
	`    width:800px;`
	`    height:350px;`
	`    position:relative;`
	`    overflow:hidden;`
	`}`
	`.slidelist{`
	`    width:2400px;`
	`}`
	`.slidelist ul li{`
	`    width:800px;`
	`    float:left;`
	`}`
		`.imgslide{`
		`    width:800px;`
		`    height:350px;`
		`    position:relative;`
		`    overflow:hidden;`
		`}`
		`.slidelist{`
		`    height:1050px;`
		`}`
		`.slidelist ul li{`
		`    height:350px;`
		`    float:left;`
		`}`

2. 자바스크립트 변경	`setInterval(function(){`
	`  $('.slidelist').delay(2000);`
	`  $('.slidelist').animate({marginLeft:-800});`
	`  $('.slidelist').delay(2000);`
	`  $('.slidelist').animate({marginLeft:-1600});`
	`  $('.slidelist').delay(2000);`
	`  $('.slidelist').animate({marginLeft:0});`
	`  $('.slidelist').delay(2000);`
	`});`
		`setInterval(function(){`
		`  $('.slidelist').delay(2000);`
		`  $('.slidelist').animate({marginTop:-350});`
		`  $('.slidelist').delay(2000);`
		`  $('.slidelist').animate({marginTop:-700});`
		`  $('.slidelist').delay(2000);`
		`  $('.slidelist').animate({marginTop:0});`
		`  $('.slidelist').delay(2000);`
		`});`

- 좌-우 슬라이드 기능은 이미지의 너비가 800px인 세 개의 이미지를 가로로 일렬로 나열하여 2400px이 되게 한 후 animate({marginLeft:-800})로 800px씩 이동시킴으로써 슬라이딩되는 효과를 구현했습니다.
- 위-아래 슬라이드 기능은 이미지의 높이 350px을 기준으로 세 개의 이미지를 세로로 일렬로 나열한 후, animate({marginTop:-350})로 변경하여 사용합니다.

❶ 공지사항, 갤러리 내용 추가하기

세부 영역별 지시사항대로 ⓒ Contents 영역에 들어갈 공지사항, 갤러리, 바로가기 콘텐츠를 제작합니다.

01 'index.html' 문서에서 〈div class="notice"〉 공지사항 자리 〈/div〉를 찾고 해당 영역에 다음과 같이 입력하여 공지사항을 작성합니다.

```
<div class="notice">
  <div class="tab"><h4>공지사항</h4></div>
  <ul>
   <li>
     <a href="#">세계 맛기행 관련 공지1<span>
     2022.03.01</span></a>
   </li>
   <li>
     <a href="#">세계 맛기행 관련 공지2<span>2022.03.01</span></a>
   </li>
   <li>
     <a href="#">세계 맛기행 관련 공지3<span>2022.03.01</span></a>
   </li>
   <li>
     <a href="#">세계 맛기행 관련 공지4<span>2022.03.01</span></a>
   </li>
  </ul>
</div>
```

[index.html]
```
78    </div>
79    <div class="contents"> <!--contents:공지사항, 갤러리, 바로가기-->
80      <div class="notice">
81        <div class="tab"><h4>공지사항</h4></div>
82        <ul>
83          <li>
84            <a href="#">세계 맛기행 관련 공지1<span>2022.03.01</span></a>
85          </li>
86          <li>
87            <a href="#">세계 맛기행 관련 공지2<span>2022.03.01</span></a>
88          </li>
89          <li>
90            <a href="#">세계 맛기행 관련 공지3<span>2022.03.01</span></a>
91          </li>
92          <li>
93            <a href="#">세계 맛기행 관련 공지4<span>2022.03.01</span></a>
94          </li>
95        </ul>
96      </div>
97
```

02 다음으로 〈div class="gallery"〉 갤러리 자리 〈/div〉 영역에 다음과 같이 입력하여 갤러리 부분에 이미지를 추가합니다.

```
<div class="gallery">
  <div class="tab"><h4>갤러리</h4></div>
  <ul>
   <li><a href="#"><img src="images/gallery1
   .jpg" alt="1"></a></li>
   <li><a href="#"><img src="images/gallery2
   .jpg" alt="2"></a></li>
   <li><a href="#"><img src="images/gallery3.jpg" alt="3"></a></li>
  </ul>
</div>
```

[index.html]

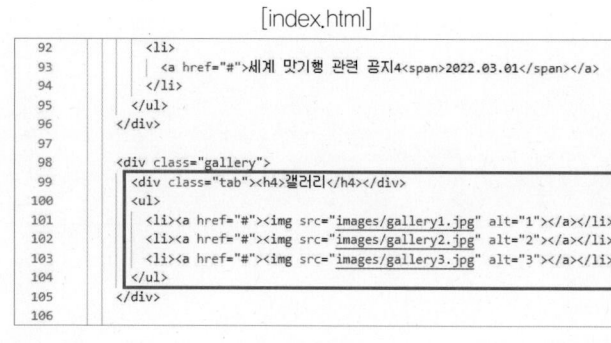

```
92        <li>
93          <a href="#">세계 맛기행 관련 공지4<span>2022.03.01</span></a>
94        </li>
95      </ul>
96    </div>
97
98      <div class="gallery">
99        <div class="tab"><h4>갤러리</h4></div>
100       <ul>
101         <li><a href="#"><img src="images/gallery1.jpg" alt="1"></a></li>
102         <li><a href="#"><img src="images/gallery2.jpg" alt="2"></a></li>
103         <li><a href="#"><img src="images/gallery3.jpg" alt="3"></a></li>
104       </ul>
105     </div>
106
```

② 공지사항, 갤러리 스타일 추가하기

01 와이어프레임에 제시된 공지사항과 갤러리 영역의 모양을 확인한 후 스타일을 추가합니다. 공지사항 영역에 스타일을 추가하기 위해 'style. css'에서 클래스 선택자 '.notice' 아래에 다음과 같이 입력합니다.

```css
.tab{
    float:left;
    width:300px;
}
.notice h4{
    float:left;
    height:50px;
    line-height:50px;
    margin-left:10px;
}
.notice ul{
    float:left;
    width:290px;
    height:35px;
    line-height:35px;
    font-size:16px;
    margin-left:10px;
}
.notice li span{
    float:right;
}
.notice li:nth-child(2n){
    background-color:#cccccc;
}
.notice li:hover{
    font-weight:bold;
}
```

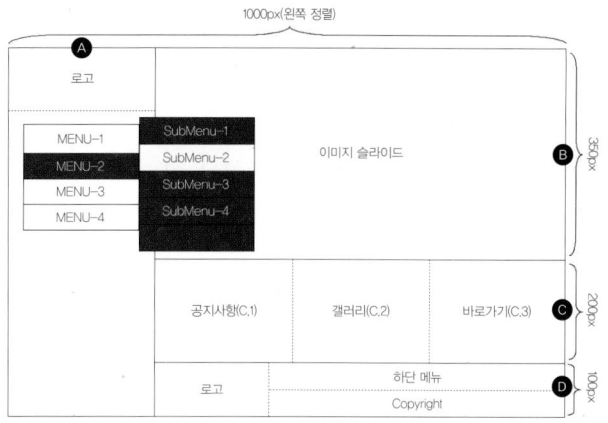

[style.css]

```css
118    .notice {
119        float: left;
120        width: 300px;
121        height: 200px;
122    }
123    .tab {
124        float: left;
125        width: 300px;
126    }
127    .notice h4 {
128        float: left;
129        height: 50px;
130        line-height: 50px;
131        margin-left: 10px;
132    }
133    .notice ul {
134        float: left;
135        width: 290px;
136        height: 35px;
137        line-height: 35px;
138        font-size: 16px;
139        margin-left: 10px;
140    }
141    .notice li span {
142        float: right;
143    }
144    .notice li:nth-child(2n) {
145        background-color: ■#cccccc;
146    }
147    .notice li:hover {
148        font-weight: bold;
149    }
150    .gallery {
151        float: left;
152        width: 300px;
153        height: 200px;
154    }
```

- 스타일의 속성 값은 웹 브라우저에서 결과를 확인하면서 값을 조금씩 조정하면서 지정합니다.
- .tab : <div class="tab"> 요소의 스타일 지정. 즉 '공지사항' 글자 영역의 스타일을 지정
- .notice h4 : .notice 요소의 후손 요소인 <h4>의 스타일 지정
- height:50px, line-height:50px : 높이 height와 줄 간격(행간) line-height를 같은 값을 지정하여 글자가 세로 가운데 정렬이 되도록 함
  – 높이(height)와 줄 간격(line-height)을 같은 값을 주면(height:50px, line-height:50px) 글자 크기를 중심으로 글자의 위, 아래 여백이 동일하게 지정되어 글자가 세로 가운데 정렬이 됩니다.

- .notice ul : <div class="notice"> 요소의 후손 요소 〈ul〉에 스타일 지정. 즉 공지사항 콘텐츠 영역의 스타일을 지정
  - width:290px : 〈ul〉 요소들이 공지사항 영역(300px) 안에서 290px 너비로 나타나게 함
  - font-size:16px : 〈ul〉 요소 안에 있는 글자의 크기 지정
- .notice li span : .notice 요소의 후손 요소인 〈li〉의 〈span〉에 스타일 지정
- .notice li:hover : .notice 요소의 후손 요소인 〈li〉에 마우스를 올리면 font-weight:bold 글자가 굵게 나타나도록 지정

---

02 갤러리 영역에 스타일을 추가하기 위해 클래스 선택자 '.gallery'를 찾아 아래에 다음을 추가합니다.

[style.css]

```
.gallery h4{
  float:left;
  height:50px;
  line-height:50px;
  margin-left:10px;
}
.gallery ul li{
  float:left;
  margin-top:35px;
  margin-left:20px;
}
.gallery img{
  width:80px;
  height:80px;
}
.gallery li:hover{
  opacity:0.5;
}
```

```
147    .notice li:hover {
148      font-weight: bold;
149    }
150    .gallery {
151      float: left;
152      width: 300px;
153      height: 200px;
154    }
155    .gallery h4 {
156      float: left;
157      height: 50px;
158      line-height: 50px;
159      margin-left: 10px;
160    }
161    .gallery ul li {
162      float: left;
163      margin-top: 35px;
164      margin-left: 20px;
165    }
166    .gallery img {
167      width: 80px;
168      height: 80px;
169    }
170    .gallery li:hover {
171      opacity: 0.5;
172    }
173    .shortcut {
174      float: right;
175      width: 200px;
176      height: 200px;
177    }
```

B 기적의 TIP

- .gallery h4 : .notice 요소의 후손 요소인 〈h4〉의 스타일 지정. 즉 '갤러리' 글자 영역의 스타일을 지정.
- .gallery ul li : .gallery 요소의 후손 요소인 〈ul〉의 〈li〉에 스타일 지정
  - 갤러리 이미지 주변에 padding:10px과 margin-top:10px 여백을 지정
- 패딩(padding)이란 박스 요소의 바깥 테두리(border)의 바로 안쪽에 위치한 영역으로서 내용을 둘러싸고 있는 영역을 의미합니다. 만일 padding:10px을 지정하면 박스 요소의 내용(content)에 사방으로 10px의 공간을 지정하는 것을 의미합니다.
  - 패딩은 사방을 한꺼번에 지정하지 않고 위쪽/오른쪽/아래쪽/왼쪽 시계 방향으로 각 면을 별도로 지정할 수 있습니다. 예를 들어 'padding: 10px 20px 30px 40px;'은 순서대로 위쪽, 오른쪽, 아래쪽, 왼쪽 각 면에 패딩을 지정합니다.
- .gallery img : .gallery 요소의 후손 요소 〈img〉의 스타일 크기를 지정. 갤러리 영역 안에 나타나는 이미지들이 각각 너비 80px × 높이 80px로 나타나게 함
- .gallery li:hover : .gallery 요소의 후손 요소 〈li〉에 마우스를 올리면 불투명도 50%(opacity:0.5)로 나타나도록 지정
- 지시사항에서 갤러리의 이미지에 마우스 오버(Mouse over) 시 해당 객체의 투명도(Opacity)에 변화가 있어야 한다고 되어 있으므로 .gallery li:hover을 지정하여 투명도의 변화가 있도록 지정합니다.

---

03 작업 중인 문서를 모두 저장하고 '크롬 (Chrome)' 브라우저에서 결과를 확인합니다.

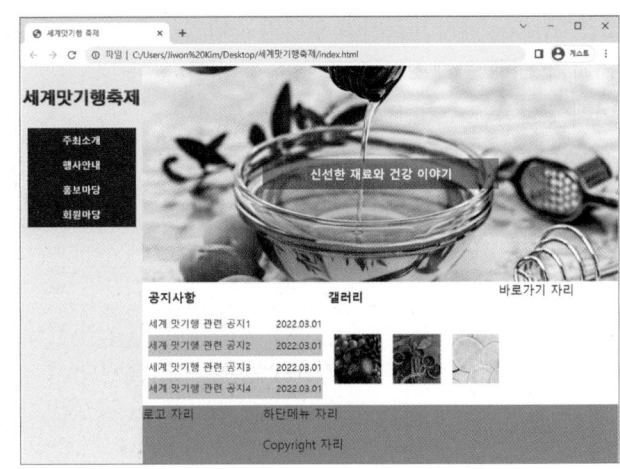

③ 바로가기 입력하고 스타일 지정하기

01 'index.html' 문서에서 〈div class="short-cut"〉 바로가기 자리 〈/div〉를 찾고 해당 영역에 다음과 같이 입력하여 주어진 바로가기 이미지를 추가합니다.

```
<div class="shortcut">
  <a href="#">
    <img src="images/shortcut.jpg" alt="바로
    가기">
    <span class="sctext">바로가기</span>
  </a>
</div>
```

[index.html]

```
105     </div>
106
107     <div class="shortcut">
108       <a href="#">
109         <img src="images/shortcut.jpg" alt="바로가기">
110         <span class="sctext">바로가기</span>
111       </a>
112     </div>
113   </div> <!--contents 끝-->
114
115   <footer>
116     <div class="btlogo">
117       로고 자리
118     </div>
```

02 'style.css'에서 바로가기 영역의 스타일을 추가하기 위해 클래스 선택자 '.shortcut'를 찾아 아래에 다음을 추가합니다.

```
.shortcut{
    float:right;
    width:200px;
    height:200px;
}
.shortcut img{
    float:right;
    width:180px;
    height:180px;
    margin-top:10px;
}
.sctext{
    width:120px;
    text-align:center;
    font-weight:bold;
    position:absolute;
    background-color:rgba(255,255,255,0.5);
    margin-top:85px;
    margin-left:50px;
}
```

[style.css]

```
173    .shortcut {
174      float: right;
175      width: 200px;
176      height: 200px;
177    }
178    .shortcut img {
179      float: right;
180      width: 180px;
181      height: 180px;
182      margin-top: 10px;
183    }
184    .sctext {
185      width: 120px;
186      text-align: center;
187      font-weight: bold;
188      position: absolute;
189      background-color: ☐rgba(255, 255, 255, 0.5);
190      margin-top: 85px;
191      margin-left: 50px;
192    }
193    footer {          /* 미영역:와이어프레임 오른쪽 하단 영역 */
194      float: right;
195      width: 800px;
196      height: 100px;
197      background-color: ■#30a3f3;
198    }
```

B 기적의 TIP

- .shortcut img : <div class="shortcut"> 요소의 후손 요소 <img>의 스타일 크기를 지정
- .sctext : <span class="sctext"> 바로가기 글자 영역의 스타일 지정
- .sctext:hover : 마우스를 올리면 불투명도 50%(opacity:0.5)로 약간 투명하게 바뀌어 보이도록 지정

---

03 작업 중인 사항을 모두 저장하고 '크롬(Chrome)' 브라우저에서 결과를 확인합니다.

❹ 모달 레이어 작성하고 배경 스타일 지정하기

01 세부 지시사항에서 제시한 모달 레이어를 구성합니다. 공지사항의 첫 번째 콘텐츠를 클릭(Click)할 경우 레이어 팝업창(Modal Layer Pop-up)이 나타나야 하며, 닫기 버튼을 누르면 해당 팝업창이 닫히도록 해야 합니다.

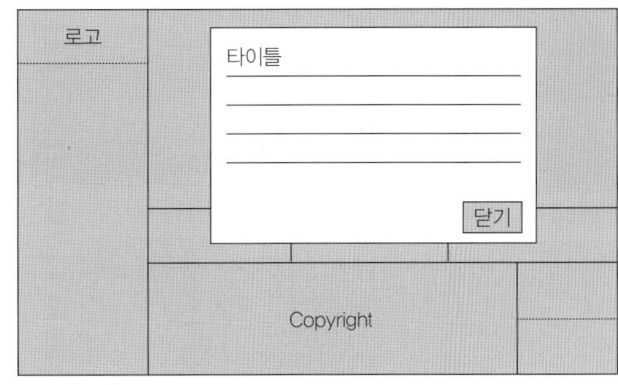

02 먼저 모달 레이어 팝업창에 들어가는 콘텐츠 부분을 작성합니다.
'index.html' 문서에서 〈div class="contents"〉 영역 다음에 다음과 같이 입력합니다.

```
<div id="modal">
  <div class="modal_up">
    <div class="uptitle"> 맛기행 축제 알림</div>
    <div class="upbody">
        이탈리아 음식과 함께 이탈리아 여행을 떠나보세요.
        이번 맛기행 축제에서는 이탈리아 전통 와인과
        식빵을 중심으로
        여러 이탈리아 음식을 선보입니다.
        이탈리아 전통 음식의 비법과 유래에 대한 설명회도 참여해보세요.
        축제에 참가하신 분들께는 작은 기념품도 마련되어 있습니다.
    </div>
    <div class="btn">닫기</div>
  </div>
</div>
```

[index.html]

```
112        </div>
113      </div> <!--contents 끝-->
114
115    <div id="modal"> <!--모달 레이어 영역-->
116      <div class="modal_up">
117        <div class="uptitle"> 맛기행 축제 알림</div>
118        <div class="upbody">
119            이탈리아 음식과 함께 이탈리아 여행을 떠나보세요.
120            이번 맛기행 축제에서는 이탈리아 전통 와인과 식빵을 중심으로
121            여러 이탈리아 음식을 선보입니다.
122            이탈리아 전통 음식의 비법과 유래에 대한 설명회도 참여해보세요.
123            축제에 참가하신 분들께는 작은 기념품도 마련되어 있습니다.
124        </div>
125        <div class="btn">닫기</div>
126      </div>
127    </div> <!--모달 레이어 영역 끝-->
128
129    <footer>
130      <div class="btlogo">
131      로고 자리
132      </div>
```

03 모달 레이어 팝업창의 스타일을 지정하기 위해서 'style.css' 문서에 다음과 같이 입력합니다.

```css
#modal{
    width:100%;
    height:100%;
    position:absolute;
    left:0px;
    top:0px;
    background:rgba(0,0,0,0.6);
    z-index:1;
    display:none;
}
#modal.active{
    display:block;
}
```

[style.css]

```css
184    .sctext {
185        width: 120px;
186        text-align: center;
187        font-weight: bold;
188        position: absolute;
189        background-color: □rgba(255, 255, 255, 0.5);
190        margin-top: 85px;
191        margin-left: 50px;
192    }
193    #modal {
194        width: 100%;
195        height: 100%;
196        position: absolute;
197        left: 0px;
198        top: 0px;
199        background: ■rgba(0, 0, 0, 0.6);
200        z-index: 1;
201        display: none;
202    }
203    #modal.active {
204        display: block;
205    }
206    footer {              /* D영역:와이어프레임 오른쪽 하단 영역 */
207        float: right;
208        width: 800px;
209        height: 100px;
210        background-color: ■#30a3f3;
211    }
```

---

⑮ 기적의 TIP

- 스타일 정의는 순서에 상관없이 입력이 가능하지만, 가독성과 쉽게 찾고 수정할 수 있도록 HTML 문서의 태그 순서와 일치키는 것이 좋습니다. 여기에서는 클래스 선택자 '.shortcut'를 찾아 그 아래쪽에 스타일을 추가했습니다.
- #modal : <div id="modal"> 요소로 화면 전체(width:100%, height:100%)를 background:rgba(0,0,0, 0.6) 색상으로 지정하여 채움. 처음엔 나타나지 않도록 display:none를 지정
- #modal.active : #modal에 active 클래스가 추가되면 나타냄
- z-index : 요소의 쌓이는 순서를 결정하는 속성으로 여러 요소들이 겹칠 때 어떤 요소가 화면상에서 앞쪽 또는 뒤쪽으로 보이게 할지 우선순위를 결정. 큰 값을 설정한 요소가 화면에서 더 앞쪽으로 보이게 됨
- 만일 어떤 요소에는 z-index 속성을 지정하고 어떤 요소에는 지정하지 않았다면 z-index를 속성을 지정한 요소가 화면상에서 더 앞으로 보이게 됩니다. 이때 주의할 점은 z-index 속성은 position 속성이 설정된 요소에 대해서만 작용하므로 position 속성을 함께 사용해야 합니다.

---

⑤ 모달 레이어 팝업 기능 구현하기

01 모달 레이어 팝업창 모양은 팝업 되는 영역의 스타일을 보면서 지정하기 위해서 먼저 팝업 기능부터 구현합니다.

'script.js' 문서에 다음과 같이 입력하여 팝업 기능을 추가합니다. 이때 마지막 줄인 '});' 안쪽에 입력하도록 합니다.

```js
$(".notice li:first").click(function(){
    $("#modal").addClass("active");
});
$(".btn").click(function(){
    $("#modal").removeClass("active");
});
```

[script.js]

```js
11      setInterval(function () {
12          $('.slidelist').delay(2000);
13          $('.slidelist').animate({ marginLeft: -800 });
14          $('.slidelist').delay(2000);
15          $('.slidelist').animate({ marginLeft: -1600 });
16          $('.slidelist').delay(2000);
17          $('.slidelist').animate({ marginLeft: 0 });
18          $('.slidelist').delay(2000);
19      });
20
21      $(".notice li:first").click(function () {
22          $("#modal").addClass("active");
23      });
24      $(".btn").click(function () {
25          $("#modal").removeClass("active");
26      });
27
28  });
29
```

- ("notice li:first").click() : .notice 요소의 후손 요소 중에서 첫 번째 요소를 클릭
- ("#modal").addClass("active") : #modal과 일치하는 요소에 'active' 클래스 추가
- (".btn").click(function() : .btn 요소를 클릭
- ("#modal").removeClass("active") : #modal의 'active' 클래스를 삭제

02 작업 중인 사항을 모두 저장하고, 현재까지 작업된 사항을 '크롬(Chrome)' 브라우저에서 확인합니다. 지금까지의 작업 결과, 클래스 선택자 '.notice' 요소, 즉 〈div class="notice"〉로 지정된 공지사항의 첫 번째 줄을 클릭하면 바탕에 불투명도가 낮아지면서 화면이 변하는 것을 확인할 수 있습니다.

❻ 모달 레이어 팝업창 스타일 지정하기

01 모달 레이어 팝업창의 스타일을 계속해서 지정하기 위해 'style.css' 문서에 다음을 추가합니다.

```
.modal_up{
    width:400px;
    height:300px;
    position:fixed;
    left:30%;
    top:20%;
    background-color:#ffffff;
}
.uptitle{
    margin-top:30px;
    text-align:center;
    line-height:16px;
    font-size:20px;
    font-weight:bold;
}
.upbody{
    padding:30px;
    text-align:center;
    font-size:16px;
    line-height:30px;
}
```

[style.css]

```
203    #modal.active {
204      display: block;
205    }
206    .modal_up {
207      width: 400px;
208      height: 300px;
209      position: fixed;
210      left: 30%;
211      top: 20%;
212      background-color: ☐#ffffff;
213    }
214    .uptitle {
215      margin-top: 30px;
216      text-align: center;
217      line-height: 16px;
218      font-size: 20px;
219      font-weight: bold;
220    }
221    .upbody {
222      padding: 30px;
223      text-align: center;
224      font-size: 16px;
225      line-height: 30px;
226    }
227    .btn {
228      width: 80px;
229      height: 20px;
230      display: block;
231      text-align: center;
232      font-size: 15px;
233      font-weight: bold;
234      background: ☐#cccccc;
235      position: absolute;
236      right: 10px;
237      bottom: 10px;
238    }
239    footer {          /* D영벅:꺄ㅂ이머프레임 오른쪽 하단 영역 */
240      float: right;
241      width: 800px;
242      height: 100px;
243      background-color: ☐#30a3f3;
244    }
```

```
.btn{
    width:80px;
    height:20px;
    display:block;
    text-align:center;
    font-size:15px;
    font-weight:bold;
    background:#cccccc;
    position:absolute;
    right:10px;
    bottom:10px;
}
```

🅑 기적의 TIP

- .modal_up : 모달 레이어가 팝업될 때 나타나는 <div class="modal_up"> 영역의 스타일 지정
- .uptitle : 모달 레이어 팝업창의 제목 영역인 <div class="uptitle"> 스타일 지정
- .upbody : 모달 레이어 팝업창의 내용 영역인 <div class="upbody"> 스타일 지정
- .btn : 팝업창 안에 나타나는 버튼 영역의 스타일 지정

02 모든 문서를 저장한 후 '크롬(Chrome)' 브라우저에서 모달 레이어 팝업창이 잘 나타나고 사라지는지 결과를 확인합니다.

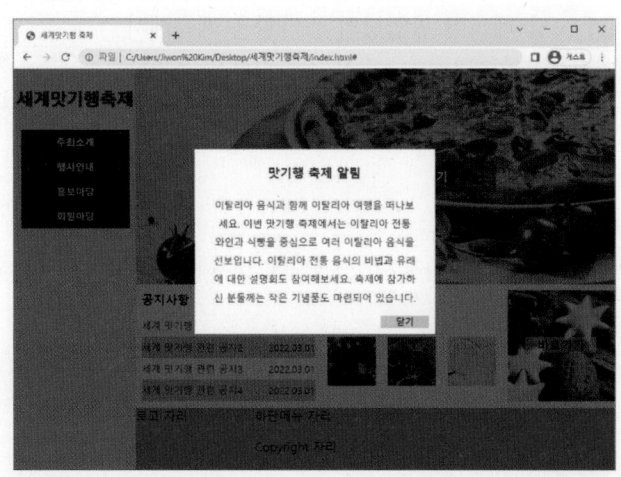

---

① Footer 영역 하단 로고 만들기

세부 영역별 지시사항대로 Footer 영역을 제작합니다.
이 문제에서는 제공된 로고를 grayscale(무채색)으로 변경하여 Footer 영역에 추가하도록 하고 있으므로 먼저 로고를 무채색으로 조정해두도록 합니다. 여기에서는 포토샵을 이용하여 조정하였습니다.

01 포토샵을 실행한 후, [파일(File)]-[열기(Open)] 메뉴를 선택하여 images 폴더에 저장되어 있는 로고 이미지 'logo.png'를 엽니다.

02 로고를 무채색으로 변경하기 위해서 [이미지(Image)]-[조정(Adjustments)]-[채도 감소(Desaturate)]를 선택합니다.

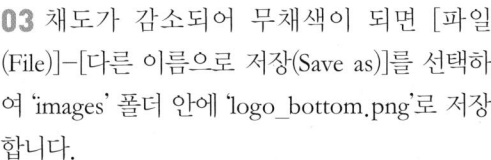

기적의 TIP

• 채도 감소의 단축키는 Shift + Ctrl + U 입니다.
• 채도를 감소하기 위해 [이미지(Image)]-[조정(Adjustments)]-[색조/채도(Hue/Saturation)] 메뉴를 선택하고 채도(Saturation)에서 '-100'을 입력하여 변경해도 됩니다. [색조/채도(Hue/Saturation)] 메뉴의 단축키는 Ctrl + U 입니다.
• 로고의 색상 값이나 색상을 변경하는 방법이 지정되지 않은 경우 수험자 임의로 수정하면 됩니다.

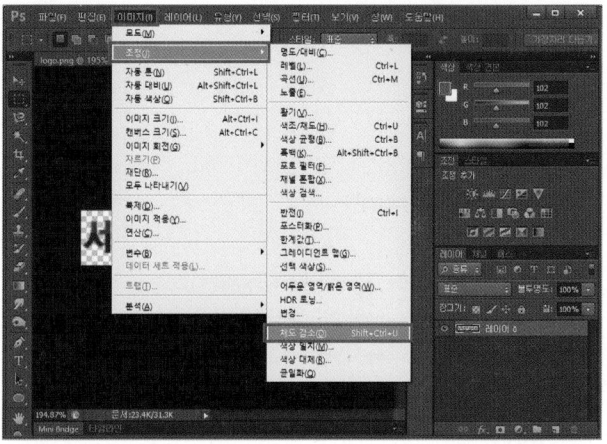

03 채도가 감소되어 무채색이 되면 [파일(File)]-[다른 이름으로 저장(Save as)]를 선택하여 'images' 폴더 안에 'logo_bottom.png'로 저장합니다.

– 파일 이름(File name) : logo_bottom.png
– 형식(Format) : PNG

[저장(Save)] 버튼을 클릭한 후 PNG 옵션 대화상자가 나타나면 옵션을 기본 값으로 그대로 둔 채 [확인(OK)]을 클릭합니다.

기적의 TIP

포토샵에서 편집 원본 파일은 *.psd 파일 형식으로 저장합니다. 단, 포토샵 원본 파일은 시험 결과물 제출 시 포함되지 않도록 해야 합니다. 시험에서는 웹서비스에 사용되지 않는 파일은 제출하지 않도록 하고 있습니다.

❷ Footer 영역 작성하기

제공된 텍스트와 이미지를 사용하여 하단 로고, Copyright, 패밀리사이트를 제작합니다.

01 'index.html' 문서에서 〈footer〉 〈/footer〉 영역에서 미리 입력해 두었던 로고 자리, Copyright 자리, 패밀리사이트 자리에 Footer 폴더에 제공된 텍스트를 사용하여 다음과 같이 입력합니다.

```
<footer>
  <div class="btlogo">
    <a href="#">
        <img src="images/logo_bottom.png"
        alt="하단로고">
    </a>
  </div>
  <div class="site">
    <div class="btmenu">
      <ul>
        <li><a href="#">하단메뉴1</a></li>
        <li><a href="#">하단메뉴2</a></li>
        <li><a href="#">하단메뉴3</a></li>
      </ul>
    </div>
    <div class="copy">
      COPYRIGHT© by WEBDESIGN. ALL RIGHTS RESERVED
    </div>
  </div>
</footer>
```

[index.html]

```
129    <footer>
130      <div class="btlogo">
131        <a href="#">
132          <img src="images/logo_bottom.png" alt="하단로고">
133        </a>
134      </div>
135      <div class="site"> <!--site:btmenu와 copy 묶어줌-->
136        <div class="btmenu">
137          <ul>
138            <li><a href="#">하단메뉴1</a></li>
139            <li><a href="#">하단메뉴2</a></li>
140            <li><a href="#">하단메뉴3</a></li>
141          </ul>
142        </div>
143        <div class="copy">
144          COPYRIGHT© by WEBDESIGN. ALL RIGHTS RESERVED
145        </div>
146      </div> <!--site 끝-->
147    </footer>
148    <!--와이어프레임 오른쪽 끝-->
149
150  </body>
151  </html>
152
```

③ Footer 영역 스타일 지정하기

01 푸터 영역의 하단 로고 이미지에 스타일을 추가합니다. 스타일을 지정하기 위해 'style.css'에서 클래스 선택자 '.btlogo'를 찾아 그 아래에 다음과 같이 입력합니다.

```
.btlogo{
    float:left;
    width:200px;
    height:100px;
}
.btlogo img{
    float:left;
    margin-top:30px;
    margin-left:20px;
}
```

[style.css]

```
245    .btlogo {
246        float: left;
247        width: 200px;       /* 하단 로고 영역 너비 */
248        height: 100px;      /* 하단 로고 영역 높이 */
249    }
250    .btlogo img {
251        float: left;
252        margin-top: 30px;
253        margin-left: 20px;
254    }
255    .site {                 /* btmenu와 copy 묶어줌 */
256        float: right;
257        width: 600px;       /* 하단 메뉴 + Copyright 너비 */
258        height: 100px;      /* 하단 메뉴 + Copyright 높이 */
259    }
```

---

⑮ 기적의 TIP

- 로고, 하단 메뉴, Copyright에 대한 스타일은 임의로 지정 가능
- .btlogo : <div class="btlogo"> 영역의 스타일 정의. 로고는 왼쪽에 배치되도록 float:left를 지정
- .btlogo img : <div class="btlogo"> 영역의 후손 요소 〈img〉 요소에 대한 스타일 지정. 이미지 크기는 종횡비가 달라지지 않도록 원래의 이미지 크기를 그대로 지정. 여백은 임의로 지정

---

02 문서를 저장한 후 '크롬(Chrome)' 브라우저에서 로고가 잘 나타나는지 결과를 확인합니다.

03 다음으로 하단 메뉴와 Copyright에 스타일을 지정합니다.
먼저 '.btmenu' 영역을 찾아서 다음과 같이 속성을 추가합니다.

```
.btmenu{
    float:right;
    width:600px;
    height:50px;
    text-align:center;
    font-size:18px;
    line-height:50px;
}
```

```
[style.css]
255  .site {                /* btmenu와 copy 묶어줌 */
256    float: right;
257    width: 600px;        /* 하단 메뉴 + Copyright 너비 */
258    height: 100px;       /* 하단 메뉴 + Copyright 높이 */
259  }
260  .btmenu {
261    float: right;
262    width: 600px;        /* 하단 메뉴 너비 */
263    height: 50px;        /* 하단 메뉴 높이 */
264    text-align: center;
265    font-size: 18px;
266    line-height: 50px;
267  }
268  .copy {
269    float: right;
270    width: 600px;        /* Copyright 너비 */
271    height: 50px;        /* Copyright 높이 */
272  }
273
```

이어서 하단 메뉴의 각 스타일을 지정하기 위해 다음과 같이 입력합니다.

```
.btmenu li{
    margin-top:10px;
    display:inline-block;
    width:100px;
}
.btmenu li:hover{
    font-weight:bold;
}
```

```
[style.css]
260  .btmenu {
261    float: right;
262    width: 600px;        /* 하단 메뉴 너비 */
263    height: 50px;        /* 하단 메뉴 높이 */
264    text-align: center;
265    font-size: 18px;
266    line-height: 50px;
267  }
268  .btmenu li {
269    margin-top: 10px;
270    display: inline-block;
271    width: 100px;
272  }
273  .btmenu li:hover {
274    font-weight: bold;
275  }
276  .copy {
277    float: right;
278    width: 600px;        /* Copyright 너비 */
279    height: 50px;        /* Copyright 높이 */
280  }
281
```

기적의 TIP

- .btmenu li : <div class="btmenu"> 영역의 후손 요소 〈li〉 요소에 대한 스타일 지정. 각 하단 메뉴(리스트)에 대한 스타일을 지정하는 것으로 하단 메뉴의 너비와 여백 등을 지정
  – display:inline-block : 하단 메뉴(리스트)가 한 줄(행)에 표시되도록 inline과 block의 속성을 같이 가지고 있도록 변경
- .btmenu li:hover : .btmenu 요소의 후손 요소 〈li〉, 즉 하단 메뉴(리스트)에 마우스를 올리면 font-weight:bold 글자가 굵게 나타나도록 지정

---

04 마지막으로 Copyright의 스타일을 지정하기 위해 클래스 선택자 '.copy' 영역을 찾아서 그 아래에 다음과 같이 스타일을 추가합니다.

```
.copy{
    float:right;
    width:600px;
    height:50px;
    text-align:center;
    font-size:16px;
    line-height:50px;
}
```

```
[style.css]
268  .btmenu li {
269    margin-top: 10px;
270    display: inline-block;
271    width: 100px;
272  }
273  .btmenu li:hover {
274    font-weight: bold;
275  }
276  .copy {
277    float: right;
278    width: 600px;        /* Copyright 너비 */
279    height: 50px;        /* Copyright 높이 */
280    text-align: center;
281    font-size: 16px;
282    line-height: 50px;
283  }
284
```

스타일 시트의 속성과 값은 임의로 지정한 값이며 얼마든지 변경할 수 있습니다. 정확히 제시된 값이 없으므로 사용자가 임의로 지정 가능합니다.

05 작업한 모든 문서를 저장하고, '크롬(Chrome)' 브라우저에서 결과를 확인합니다.

7 STEP　최종 검토하기　　　　약 10분

최종 결과물 Checklist

최종 작업이 끝나면 다음과 같이 최종 문서를 확인합니다.

1. 모든 작업은 바탕 화면의 '비번호' 폴더에 저장되어 있어야 합니다.

2. 최종 본문 파일은 가장 상위 폴더에 'index.html'로 저장되어 있어야 합니다.

3. 제작한 자료들은 '비번호' 폴더 내에 'css', 'javascript', 'images' 폴더별로 분류되어 저장되어 있어야 합니다.

4. 최종 결과물인 '비번호' 폴더의 용량이 5MB을 초과되지 않아야 합니다.

5. 웹페이지 코딩은 HTML5 기준 웹 표준을 준수하여야 합니다.
  - HTML 유효성 검사(W3C validator)에서 오류('ERROR')가 없어야 합니다. 단, HTML 유효성 검사 서비스는 인터넷으로 이루어지기 때문에 시험 시 확인할 수는 없습니다.
  - 따라서 오류를 방지하기 위해서 다음과 같은 방법을 사용하여 확인합니다.
  ① 구글 크롬 브라우저나, 파이어폭스 브라우저를 이용하여 페이지 빈 공간에 오른쪽 버튼 누르고 '검사(Inspect)'를 실행합니다.
  ② 콘솔(Console) 창에서 오류가 나타나는지 확인합니다. 시험 최종 결과물에서 이 오류가 나타나면 안 됩니다.
  ③ 오류가 있을 경우 콘솔 창에 오류 메시지가 나타나게 됩니다.
  ④ 오류를 발견하면 오류가 있는 코드를 수정하여 오류를 바로 잡습니다.

SECTION

06회 최신 기출 유형 문제

▶ 합격 강의

반복학습 1 2 3   작업파일 [PART 04 〉 기출유형문제 06회 〉 수험자 제공 파일]을 열어서 작업하세요.

[공개 문제 유형 : C-1, C-2]

연꽃마을축제 웹사이트 제작

자격 종목	웹디자인개발기능사	과제명	연꽃마을축제

※ 시험시간 : 3시간

1. 요구사항

※ 다음 요구사항을 준수하여 주어진 자료(수험자 제공 파일)를 활용하여 시험시간 내에 웹페이지를 제작 후 5MB **용량이 초과되지 않게** 저장 후 제출하시오.

※ 웹페이지 코딩은 **HTML5 기준 웹 표준**을 준수하여야 하며, 요구사항에 지정되지 않는 요소들은 주제 특성에 맞게 자유롭게 디자인하시오.

※ 문제에서 지시하지 않은 와이어프레임 영역 비율, 레이아웃, 텍스트의 글자체/색상/크기, 요소별 크기, 색상 등은 수험자가 과제명(가.주제) 특성에 맞게 자유롭게 디자인하시오.

가. 주제 : 연꽃마을축제 홈페이지 제작

나. 개요

「연꽃마을축제」 홍보를 위한 홈페이지를 제작하려고 한다. 자연 속에서 즐길 수 있는 연꽃축제를 소개하고 관련 행사를 알리며 사용자들의 참여를 독려하는 웹사이트 제작을 요청하였다. 아래의 요구사항에 따라 메인 페이지를 제작하시오.

다. 제작 내용

01) 메인 페이지를 디자인하고 HTML, CSS, JavaScript 기반의 웹페이지를 제작한다. (이때 jQuery 오픈소스, 이미지, 텍스트 등의 제공된 리소스를 활용하여 제작할 수 있다.)

02) HTML, CSS의 charset은 utf-8로 해야 한다.

03) 컬러 가이드

주조색 (Main color)	보조색 (Sub color)	배경색 (Background color)	기본 텍스트의 색 (Text color)
자유롭게 지정	자유롭게 지정	#FFFFFF	#222328

04) 사이트 맵(Site map)

Index .page / 메인(Main)				
메인 메뉴(Main menu)	축제소개	예약안내	아티스트	커뮤니티
서브 메뉴(Sub menu)	초대말씀 축제개요 축제연혁 오시는길	셔틀버스안내 행사안내 행사일정	축제소식 보도자료 음식레시피	참가후기 포토갤러리

05) 와이어프레임(Wireframe)

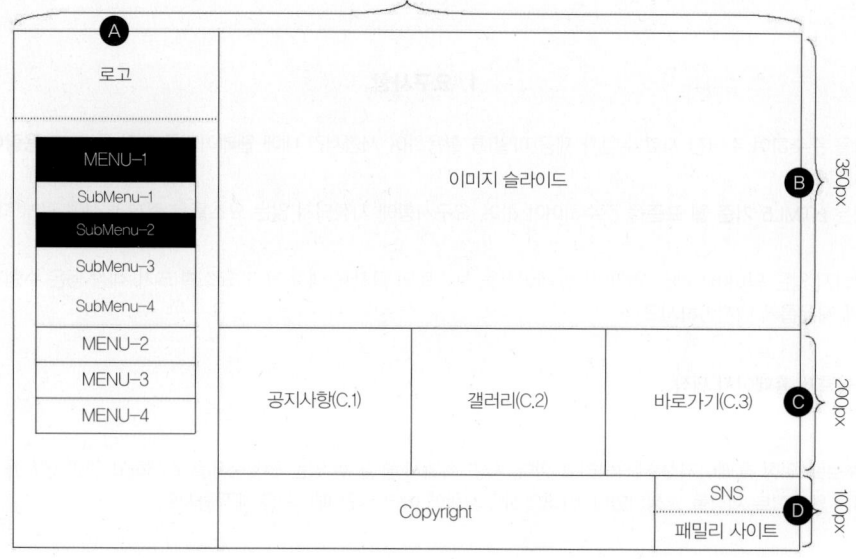

〈C영역 각각의 넓이는 수험자가 판단〉

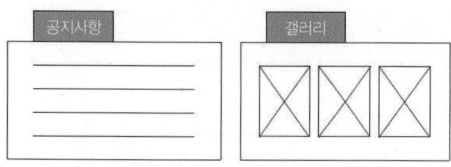

〈공지사항, 갤러리 별도 구성〉

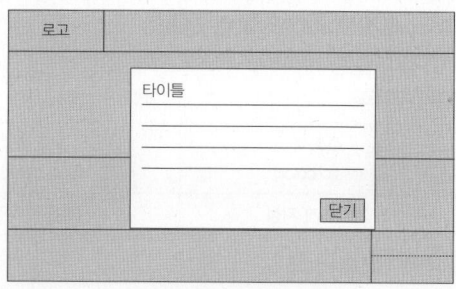

〈모달 레이어 팝업 구성〉

자격 종목	웹디자인개발기능사	과제명	연꽃마을축제

라. 세부 영역별 지시사항

영역 및 명칭	세부 지시사항
Ⓐ Header	**A.1. 로고** ○ 가로 세로 200픽셀×40픽셀 크기로 웹사이트의 이미지에 적합한 로고를 직접 디자인하여 삽입한다. ○ 심벌 없이 로고명을 포함한 워드타입으로 디자인한다. 로고명은 Header 폴더의 제공된 텍스트를 사용한다. **A.2. 메뉴 구성** ※ 사이트 구조도를 참고하여 메인 메뉴(Main menu)와 서브 메뉴(Sub menu)로 구성한다. **(1) 메인 메뉴(Main menu) 효과 [와이어프레임 참조]** ○ 메인 메뉴 중 하나에 마우스를 올리면(Mouse over) 하이라이트 되고, 벗어나면(mouse out) 하이라이트를 해제한다. ○ 메인 메뉴를 마우스로 올리면(Mouse over) 서브 메뉴 영역이 부드럽게 나타나면서, 서브 메뉴가 보이도록 한다. ○ 메인 메뉴에서 마우스 커서가 벗어나면(Mouse out) 서브 메뉴 영역은 부드럽게 사라져야 한다. **(2) 서브 메뉴 영역 효과** ○ 서브 메뉴 영역은 메인 페이지 콘텐츠를 고려하여 배경 색상을 설정한다. ○ 서브 메뉴 중 하나에 마우스를 올리면(Mouse over) 하이라이트 되고 벗어나면(Mouse out) 하이라이트를 해제한다. ○ 마우스 커서가 메뉴 영역을 벗어나면(Mouse out) 서브 메뉴 영역은 부드럽게 사라져야 한다.
Ⓑ Slide	**B. Slide 이미지 제작** ○ [Slide] 폴더에 제공된 3개의 이미지로 제작한다. ○ [Slide] 폴더에 제공된 3개의 텍스트를 각 이미지에 적용하되, 텍스트의 글자체, 굵기, 색상, 크기를 적절하게 설정하여 가독성을 높이고, 독창성이 드러나도록 제작한다. **B. Slide 이미지 제작** ※ 위에서 작업한 결과물을 이용하여 슬라이드 작업을 한다. ○ 이미지 슬라이드는 Fade-in, Fade-out 효과를 이용하여 제작한다. 　(하나의 이미지가 서서히 사라지고, 다른 이미지가 서서히 나타나는 효과이다.) ○ 슬라이드는 매 3초 이내로 하나의 이미지에서 다른 이미지로 전환되어야 한다. ○ 웹사이트를 열었을 때 자동으로 시작되어 반복적으로(마지막 이미지가 사라지면 다시 첫 번째 이미지가 나타나는 방식) 전환되어야 한다.
Ⓒ Contents	**C.1. 공지사항** ○ 공지사항 타이틀 영역과 콘텐츠 영역을 구분하여 표현해야 한다. 　(단, 콘텐츠는 HTML 코딩으로 작성해야 하며, 이미지로 삽입하면 안 된다.) ○ 콘텐츠는 Contents 폴더의 제공된 텍스트를 적용하여 제작한다. ○ 공지사항의 첫 번째 콘텐츠를 클릭(Click)할 경우 모달 레이어 팝업창(Modal Layer Pop_up)이 나타나며 닫기 버튼을 누르면 해당 팝업창이 닫혀야한다. [와이어프레임 참조] ○ 레이어 팝업의 제목과 내용은 Contents 폴더의 제공된 텍스트 파일을 사용한다. **C.2. 갤러리** ○ Contents 폴더의 제공된 이미지 3개를 사용하여 가로 방향으로 배치한다. [와이어프레임 참조] **C.3. 바로가기** ○ Contents 폴더의 제공된 파일을 활용하여 편집 또는 디자인하여 제작한다.
Ⓓ Footer	○ Footer 폴더의 제공된 텍스트와 이미지를 사용하여 Copyright, SNS(3개), 패밀리 사이트를 제작한다.

마. 기술적 준수사항

01) 웹페이지 코딩은 HTML5 기준 웹 표준을 준수하여야 하며 HTML **유효성 검사(W3C validator)에서** 오류('ERROR')가 없어야 한다.
   ※ HTML 유효성 검사 서비스는 시험 시 제공하지 않는다(인터넷 사용 불가).

02) **CSS는 별도의 파일로 제작하여 링크**하여야 하며, CSS3 기준(**W3C validator**)에서 오류('ERROR')가 없도록 코딩되어야 한다.

03) JavaScript 코드는 별도의 파일로 제작하여 연결하여야 하며 브라우저(**Google Chrome**)에 내장된 개발도구의 Console 탭에서 오류('ERROR')가 표시되지 않아야 한다.

04) 별도로 지정하지 않은 상호작용이 필요한 모든 콘텐츠(로고, 메뉴, 버튼, 바로가기 등)는 임시 링크(예:#)를 적용하고 'Tab'(⎯Tab⎯) 키로 이동 선택할 수 있어야 한다.

05) 사이트는 다양한 화면 해상도에서 일관성 있는 페이지 레이아웃을 제공해야 한다.

06) 웹페이지 전체 레이아웃은 Table 태그 사용이 아닌 CSS를 통한 레이아웃 작업으로 해야 한다.

07) 브라우저에서 CSS를 "사용 안 함"으로 설정한 경우 콘텐츠가 세로로 나열된다.

08) 타이틀 텍스트(Title text), 바디 텍스트(Body text), 메뉴 텍스트(Menu text)의 각 글자체/굵기/색상/크기 등을 적절하게 설정하여 사용자가 텍스트 간의 위계질서(Hierarchy)를 직관적으로 알 수 있도록 한다.

09) 모든 이미지에는 이미지에 대한 대체 텍스트를 표현할 수 있는 alt 속성이 있어야 한다.

10) 제작된 사이트 메인 페이지의 레이아웃, 구성 요소의 크기 및 위치 등은 최신 버전의 **MS Edge와 Google Chrome**에서 동일하게 표시되어야 한다.

바. 제출 방법

01) 수험자는 비번호로 된 폴더명으로 완성된 작품 파일을 저장하여 제출한다.

02) 폴더 안에는 images, script, css 등의 자료를 분류하여 저장한 폴더도 포함되어 있어야 하며, 메인 페이지는 반드시 최상위 폴더에 index.html로 저장하여 제출해야 한다.

03) 수험자는 제출하는 폴더에 index.html을 열었을 때 연결되거나 표시되어야 할 모든 리소스들을 포함하여 제출해야 하며 수험자의 컴퓨터가 아닌 채점 위원의 컴퓨터에서 정상 작동해야 한다.

04) 전체 결과물의 용량은 5MB용량이 초과되지 않게 제출하며 ai, psd 등 웹서비스에 사용되지 않는 파일은 제출하지 않는다.

2. 수험자 유의사항

※ 다음의 유의사항을 고려하여 요구사항을 완성하시오.

01) 수험자 인적사항 및 답안작성은 반드시 검은색 필기구만 사용하여야 하며, 그 외 연필류, 유색 필기구, 지워지는 펜 등을 사용한 답안은 채점하지 않으며 0점 처리됩니다.

02) 수험에 필요한 소프트웨어 및 참고자료가 하드웨어에 설치되어 있는지 확인 후 작업하시오.

03) 참고자료의 내용 중 오자 및 탈자 등이 있을 때는 수정하여 작업하시오.

04) 지참공구[수험표, 신분증, 흑색 필기도구] 이외의 참고자료 및 외부장치(CD, USB, 키보드, 마우스, 이어폰) 등 **어떠한 물품도 시험 중에 지참할 수 없음**을 유의하시오(단, 시설목록 이외의 정품 소프트웨어(폰트 제외)를 설치하고자 할 때에는 감독위원의 입회하에 설치하여 사용하시오).

05) 수험자가 컴퓨터 활용 미숙 등으로 인해 시험의 진행이 어렵다고 판단되었을 때는 감독위원은 시험을 중지시키고 실격처리를 할 수 있음을 유의하시오.

06) **바탕 화면에 수험자 본인의 "비번호" 이름을 가진 폴더에 완성된 작품의 파일만을 저장하시오.**

07) 모든 작품을 감독위원 또는 채점위원이 검토하여 복사된 작품(동일 작품)이 있을 때에는 관련된 수험자 모두를 부정행위로 처리됨을 유의하시오.

08) 장시간 컴퓨터 작업으로 신체에 무리가 가지 않도록 적절한 몸풀기(스트레칭) 후 작업하시오.

09) **다음 사항에 대해서는 실격에 해당되어 채점 대상에서 제외됩니다.**

　　가) 수험자 본인이 수험 도중 시험에 대한 포기(기권) 의사를 표시하고 포기하는 경우

　　나) 작업 범위(용량, 시간)를 초과하거나, 요구사항과 현격히 다른 경우(채점위원이 판단)

　　다) <u>Slide가 JavaScript(jQuery포함), CSS 중 하나 이상의 방법을 이용하여 제작되지 않은 경우</u>
　　　　※ 움직이는 Slide를 제작하지 않고 이미지 하나만 배치한 경우도 실격처리 됨

　　라) 수험자 미숙으로 비번호 폴더에 완성된 작품 파일을 저장하지 못했을 경우

　　마) 압축프로그램을 사용하여 작품을 압축 후 제출한 경우

　　바) 과제 기준 20% 이상 완성이 되지 않은 경우(채점위원이 판단)

3. 지급재료 목록

일련번호	재료명	규격	단위	수량	비고
1	수험자료 USB 메모리	32GB 이상	개	1	시험장당
2	USB 메모리	32GB 이상	개	1	시험장당 1개씩(채점위원용) ※ 수험자들의 작품 관리

※ 국가기술자격 실기 시험 지급재료는 시험종료 후(기권, 결시자 포함) 수험자에게 지급하지 않습니다.

1 STEP HTML5 표준 문서 준비 약 10분

❶ HTML5 버전 index.html 만들기

시험장에서는 문제를 풀기 전 컴퓨터 바탕 화면에 본인에게 부여된 '비번호' 이름의 폴더를 생성하고, 폴더 안에 주어진 제공 파일들을 미리 저장해둡니다. 시험장에서 모든 작업은 바탕 화면의 '비번호' 폴더에 저장해야합니다. 본 교재에서는 바탕 화면에 생성한 작업 폴더명을 과제명인 '연꽃마을축제'로 설정하고 작업을 진행합니다.

01 Visual Studio Code를 실행합니다.
[시작하기 화면]-[폴더 열기]를 선택하여 작업할 폴더를 지정합니다. 시작하기 화면이 보이지 않는 경우, 상단 메뉴 표시줄에서 [파일]-[폴더 열기]를 눌러 작업할 폴더를 지정합니다.

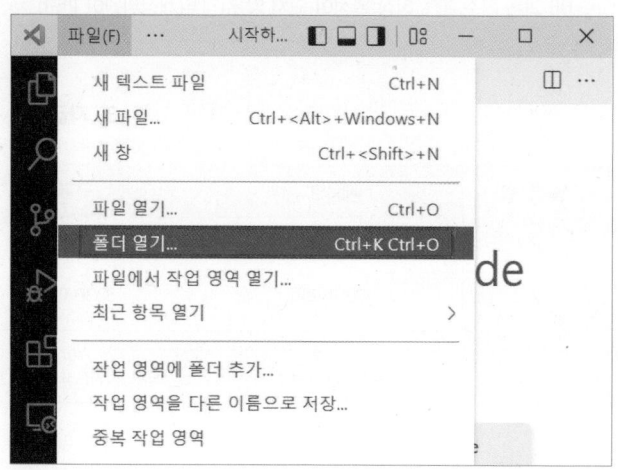

02 바탕 화면에 생성해두었던 작업할 폴더를 선택합니다.

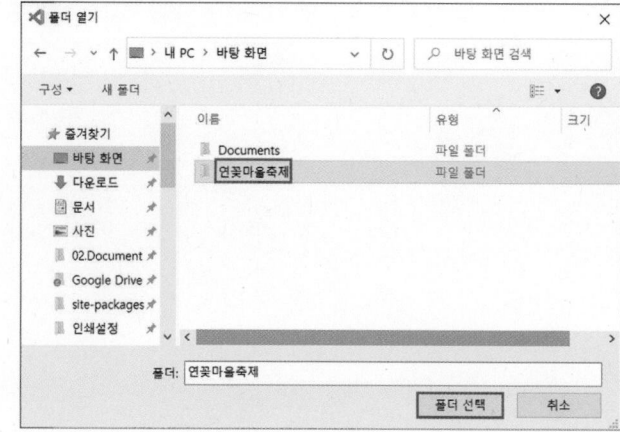

03 HTML5 버전의 문서를 만들기 위해 Visual Stduio Code 왼쪽 화면의 '탐색기'에서 작업 중인 폴더에 마우스를 올립니다.
폴더의 오른쪽에 [새 파일] 아이콘이 생기면 클릭합니다.

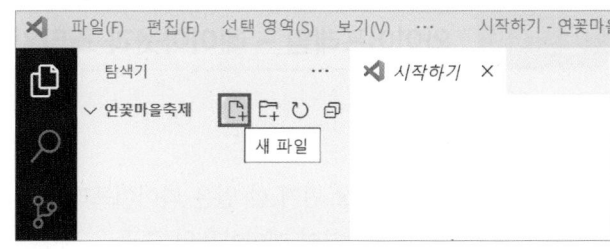

04 작업 폴더의 하위 리스트에 새로운 파일이 생성되면 파일명을 'index.html'로 입력한 후 Enter를 누르거나 여백을 클릭합니다. 파일이 정상적으로 생성되면 오른쪽 코드창에 'index.html' 파일이 열린 것을 확인할 수 있습니다.
Visual Studio Code에서 생성한 파일은 윈도우 탐색기에서도 확인할 수 있습니다.

05 코드 창에서 'index.html' 문서에 HTML5 문서 형식에 맞추어 코드를 입력합니다.

<!DOCTYPE html>

<html>

<head>

  <meta charset="utf-8">

  <title>연꽃마을축제</title>

</head>

<body>

</body>

</html>

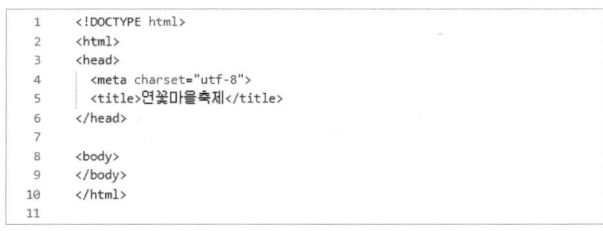

🅑 **기적의 TIP**

HTML5 문서는 문서의 시작과 끝, 본문의 시작과 끝을 알리는 태그를 사용하여 코딩을 시작합니다. 이때 HTML5 표준 문서의 선언부인 〈!DOCTYPE HTML〉(대소문자 구분 없음)를 정확히 기입해야 합니다. 또 문자셋(Charset)도 주어진 조건에 맞게 기입합니다.

① 레이아웃 작성하기

웹페이지를 제작할 때 가장 먼저 할 일은 와이어프레임에 맞게 레이아웃을 작성하는 것입니다. 문제에 주어진 구조와 값(수치) 등을 파악하여 레이아웃의 큰 틀을 지정한 후 각 영역의 내용을 채워갑니다.

01 먼저 시험지의 와이어프레임을 보면서 HTML로 영역을 구분하는 코드를 작성합니다. 여기에서는 다음과 같이 입력하고 저장합니다.

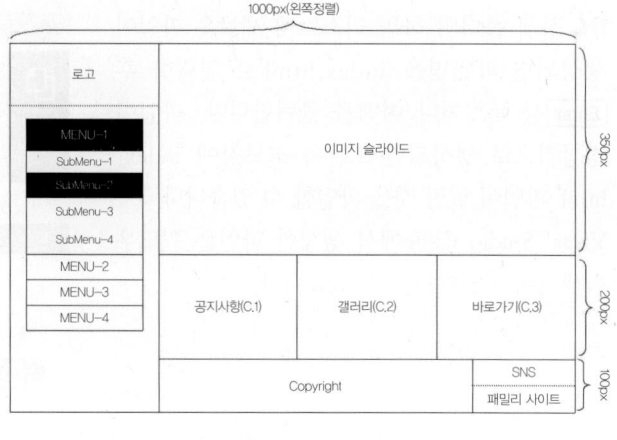

▲ 주어진 와이어프레임 조건

```
<!DOCTYPE html>
<html>
<head>
  <meta charset="utf-8">
  <title>연꽃마을축제</title>
</head>

<body>

<header>
  <div class="top">
    <div class="logo">
      로고 자리
    </div>
    <nav class="menu">
      메뉴 자리
    </nav>
  </div>
</header>

<div class="imgslide">
  이미지 슬라이드 자리
</div>

<div class="contents">
    <div class="notice">
      공지사항 자리
    </div>

    <div class="gallery">
      갤러리 자리
    </div>

    <div class="shortcut">
      바로가기 자리
```

[index.html]

```
1    <!DOCTYPE html>
2    <html>
3    <head>
4      <meta charset="utf-8">
5      <title>연꽃마을축제</title>
6    </head>
7
8    <body>
9
10   <header>
11     <div class="top">
12       <div class="logo">
13         로고 자리
14       </div>
15       <nav class="menu">
16         메뉴 자리
17       </nav>
18     </div>
19   </header>
20
21   <div class="imgslide">
22     이미지 슬라이드 자리
23   </div>
24
25   <div class="contents">
26     <div class="notice">
27       공지사항 자리
28     </div>
29
30     <div class="gallery">
31       갤러리 자리
32     </div>
33
34     <div class="shortcut">
35       바로가기 자리
```

```
        </div>
    </div>

    <footer>
        <div class="bottom">
            <div class="copy">
                copyright 자리
            </div>
            <div class="site">
                <div class="sns">
                    sns 자리
                </div>
                <div class="familysite">
                    패밀리 사이트 자리
                </div>
            </div>
        </div>
    </footer>

</body>
</html>
```

```
36          </div>
37      </div>
38
39      <footer>
40          <div class="bottom">
41              <div class="copy">
42                  copyright 자리
43              </div>
44              <div class="site">
45                  <div class="sns">
46                      sns 자리
47                  </div>
48                  <div class="familysite">
49                      패밀리 사이트 자리
50                  </div>
51              </div>
52          </div>
53      </footer>
54
55  </body>
56  </html>
57
```

B 기적의 TIP

- 각 영역을 구분할 수 있는 글자나 주석을 입력해두었다가 각 영역의 내용을 채울 때는 지우도록 합니다.
- 웹페이지 영역은 〈div〉로 구분합니다. 각 영역에는 CSS 스타일 지정을 위해 미리 클래스(Class) 이름을 지정합니다.
- class : 웹페이지에 사용되는 요소의 이름을 명명하는 속성으로 스타일 시트(CSS) 파일에서 선언될 선택자 이름
- 〈header〉 : 헤더(머리글 섹션) 영역을 지정
- 〈div class="top"〉 : 로고와 메뉴 영역을 묶어주기 위한 영역 지정
- 〈nav〉 : 메뉴 탐색을 위한 내비게이션 영역 지정
- 〈div class="imgslide"〉 : 이미지 슬라이드 영역 지정
- 〈div class="contents"〉 : 콘텐츠(공지사항, 갤러리, 바로가기) 영역 지정
- 〈footer〉 : 푸터(바닥글 섹션) 영역 지정
- 〈div class="bottom"〉 : 푸터 영역 내에서 Copyright와 site(sns와 패밀리 사이트) 영역을 묶어주기 위한 영역 지정
- 〈div class="site"〉 : 푸터 영역 내에서 sns와 패밀리 사이트 영역을 묶어주기 위한 영역 지정

02 파일 탐색기에서 작업 폴더를 찾아 'index. html' 문서를 '크롬(Chrome)' 브라우저에서 열어 작업 결과를 확인할 수 있습니다.

각 영역에 대한 스타일 지정이 되어있지 않기 때문에 글자들만 나타나는 것을 확인할 수 있습니다.

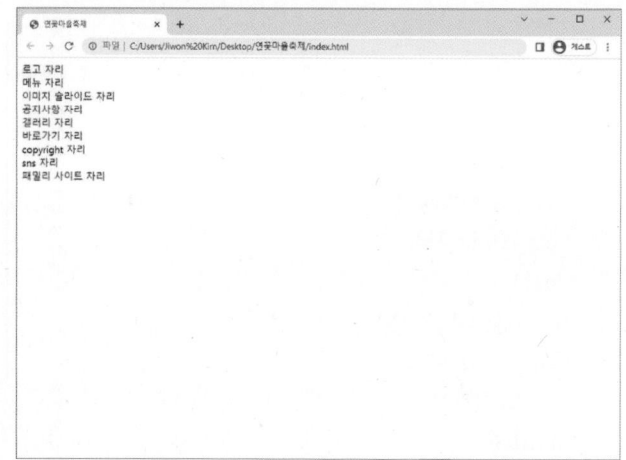

② 레이아웃 영역에 CSS 스타일 지정하기

다음으로 HTML로 작성한 레이아웃에 스타일을 지정하기 위해 CSS 작업을 합니다.

01 Visual Studio Code 왼쪽 화면의 탐색기에서 작업 중인 폴더에 마우스를 올립니다.

폴더 오른쪽에 [새 폴더] 아이콘이 생기면 클릭합니다.

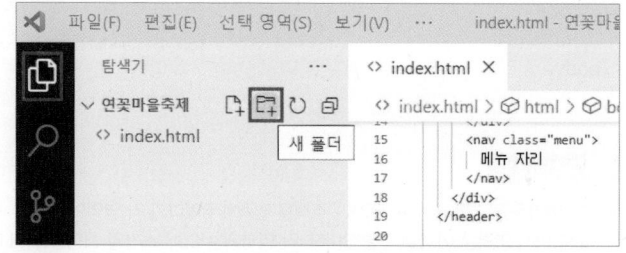

02 작업 폴더의 하위 리스트에 새로운 폴더가 생성되면 폴더명을 'css'로 입력합니다. 새로 생성한 'css' 폴더에서 마우스 오른쪽 버튼을 클릭하고 바로 가기 메뉴에서 [새 파일]을 선택합니다.

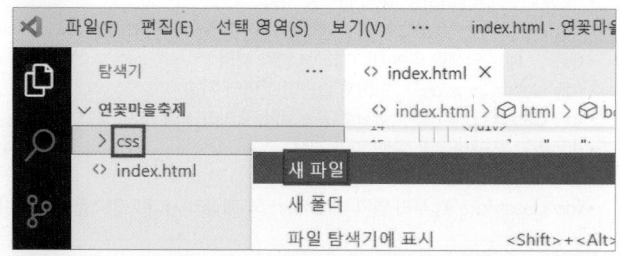

03 파일명을 'style.css'로 입력합니다. 파일이 정상적으로 생성되면 오른쪽 코드창에 'style. css' 파일이 열린 것을 확인할 수 있습니다.

문제 기준에 따라 'style.css' 코드 창에 문자 인코딩 방식을 지정하는 코드를 입력하고 저장합니다.

@charset "utf-8";

🅱 기적의 TIP

@(at) 규칙은 스타일 시트에 쓰이는 문자 인코딩을 지정할 때 사용합니다.

04 저장된 'style.css' 문서를 'index.html' 문서와 연결하기 위해 'index.html' 문서의 〈head〉 태그 안에 다음과 같이 입력합니다.

```
<link href="css/style.css" type="text/css"
rel="stylesheet">
```

[index.html]

```
1    <!DOCTYPE html>
2    <html>
3    <head>
4      <meta charset="utf-8">
5      <title>연꽃마을축제</title>
6      <link href="css/style.css" type="text/css" rel="stylesheet">
7    </head>
8
9    <body>
10
11     <header>
12       <div class="top">
13         <div class="logo">
14           로고 자리
15         </div>
16         <nav class="menu">
17           메뉴 자리
18         </nav>
19       </div>
20     </header>
21
22     <div class="imgslide">
23       이미지 슬라이드 자리
24     </div>
```

05 문서 연결이 끝나면, 다시 스타일 시트 'style.css' 문서로 돌아와서 다음과 같이 스타일을 입력합니다. 스타일을 지정할 때는 와이어프레임에 제시된 전체 가로폭 1000px, 배경색(Background color) #FFFFFF, 기본 텍스트의 색(Text color) #222328 등을 고려하여 지정합니다.

```
*{
    margin:0 auto;
    padding:0;
    list-style:none;
    font-family:"맑은 고딕";
    color:#222328;
}
body{
    width:1000px;
    background-color:#ffffff;
    font-size:20px;
}
a{
    text-decoration:none;
    display:block;
}
```

[style.css]

```
1    @charset "utf-8";
2    /* CSS Document */
3
4    * {
5      margin: 0 auto;
6      padding: 0;
7      list-style: none;
8      font-family: "맑은 고딕";
9      color: ■#222328
10   }
11   body {
12     width: 1000px;
13     background-color: □#ffffff;
14     font-size: 20px;
15   }
16   a {
17     text-decoration: none;
18     display: block;
19   }
20
```

기적의 TIP

- * : 모든 엘리먼트에 적용되는 스타일 지정
- margin:0 auto : 좌우 바깥 여백을 자동 할당하여 중앙 정렬로 만듦
- padding:0 : 안쪽 여백 없앰
- list-style:none : html 목록 태그(ul, ol, li)를 사용한 부분에 목록 스타일이 나타나지 않도록 지정
- text-decoration:none : 링크가 걸린 텍스트에 자동으로 나타나는 밑줄이 나타나지 않도록 지정

- display:block : 박스 요소를 block 속성으로 표시하며, 요소 앞뒤로 줄바꿈 되도록 함. block으로 지정하면 한 줄 전체(너비 100%)를 차지하게 함
- 범용 선택자 '*'와 타입(Type) 선택자 'body', 'a' 등을 이용한 스타일은 문서의 가장 기본적인 스타일입니다. 시험의 요구사항에 주어진 문서 전체에 사용되는 조건(주조색, 보조색, 배경색, 기본 텍스트의 색, 글꼴, 문서 전체 크기 등)을 지정할 때 사용합니다.
- 〈a〉 요소나 〈img〉 요소 등은 한 줄을 차지하는 블록(Block) 요소가 아닌 인라인(Inline) 요소입니다. 이런 요소는 줄바꿈이 되지 않고 나열한 요소가 한 줄에 나타납니다. 이러한 요소를 줄바꿈 되어 나타나게 하기 위해서 display:block를 지정합니다.
- 스타일 속성을 여러 개 나열하는 경우 한 줄에 작성해도 되지만, 가독성을 위해 한 줄씩 나누어 작성하는 것을 권장합니다.
- 최신 기출 유형 문제 풀이는 되도록 클래스(Class) 선택자만 활용하여 스타일을 정의하였습니다. 그러나 조건에 따라 얼마든지 다른 선택자를 활용해도 됩니다. 예를 들어 〈nav〉 요소를 활용한 메뉴 영역과 같이 스타일이 한 영역에만 고유하게 적용되는 곳은 아이디(Id) 선택자를 활용할 수 있습니다.

06 다음으로 주어진 조건에 맞게 레이아웃의 각 영역의 크기를 정하고 박스 요소들의 정렬(플로팅)을 맞추기 위해 다음과 같이 입력합니다.

```
header{
    float:left;
}
.top{
    float:left;
    height:650px;
    width:200px;
}
.imgslide{
    float:right;
    height:350px;
    width:800px;
}
.contents{
    float:right;
    height:200px;
    width:800px;
}
footer{
    float:right;
}
..bottom{
    float:left;
    height:100px;
    width:800px;
}
```

[style.css]

```
1   @charset "utf-8";
2   /* CSS Document */
3
4   * {
5       margin: 0 auto;
6       padding: 0;
7       list-style: none;
8       font-family: "맑은 고딕";
9       color: ■#222328;
10  }
11  body {
12      width: 1000px;
13      background-color: □#ffffff;
14      font-size: 20px;
15  }
16  a {
17      text-decoration: none;
18      display: block;
19  }
20  header {
21      float: left;
22  }
23  .top {
24      float: left;
25      height: 650px;
26      width: 200px;
27  }
28  .imgslide {
29      float: right;
30      height: 350px;
31      width: 800px;
32  }
33  .contents {
34      float: right;
35      height: 200px;
36      width: 800px;
37  }
38  footer {
39      float: right;
40  }
41  .bottom {
42      float: left;
43      height: 100px;
44      width: 800px;
45  }
46
```

- 스타일 시트 내에서 스타일 정의는 순서에 상관없이 입력이 가능합니다. 그러나 쉽게 찾아 수정할 수 있게 하기 위해서 HTML 문서에 작성한 태그 요소의 순서와 일치시키는 것이 좋습니다.
- float : HTML5의 박스 요소는 공간을 차지하는 것에 대한 레이아웃 규칙으로, 박스 요소는 한 줄(라인)을 차지하게 됩니다. 즉, 두 문단이 왼쪽, 오른쪽으로 나란히 배치되지 않고, 위의 문단, 아래 문단으로 각각 다른 줄에 나타나게 됩니다. 이러한 요소의 배치의 문제를 해결하기 위해서 플로트(Float) 속성을 사용합니다.
  - float:left : 박스 요소를 왼쪽으로 띄워서 배치
  - float:right : 박스 요소를 다른 요소에 대해 오른쪽으로 띄워서 배치
- header : 헤더 요소 영역에 대한 스타일 정의
- .top : <div class="top"> 영역의 스타일 정의. 이 영역은 헤더 영역 안에서 로고 영역과 메뉴 영역을 묶어주기 위한 영역으로서 이를 고려하여 스타일에서 크기를 지정
  - height:650px 값은 와이어프레임에 제시된 각 영역의 높이를 더한 값(350px+200px+100px)
  - width:200px 값은 왼쪽에 배치되는 로고와 메뉴가 들어갈 영역의 너비를 임의로 지정한 값(와이어프레임에 제시된 너비 값이 없으므로 사용자가 임의로 지정 가능)
- .imgslide : <div class="imgslide"> 영역의 스타일 정의. 왼쪽 메뉴 영역의 크기를 width:200px로 지정했으므로 이미지 슬라이드 영역은 와이어프레임에 제시된 전체 1000px에서 200px을 뺀 width:800px이 됨
- .contents : <div class="contents">의 스타일 정의. 이 영역에는 공지사항, 갤러리, 바로가기가 들어가는 것으로 이 영역들을 묶어주기 위해 지정
- footer : 푸터 영역에 대한 스타일 정의. 헤더 영역을 기준으로 헤더의 오른쪽에 들어가므로 float:right를 지정
- .bottom : <div class="bottom"> 영역의 스타일 정의. 이 영역에는 Copyright, SNS, 패밀리 사이트가 들어가며, 푸터 영역 내에서 이 세 영역들이 왼쪽부터 배치되도록 float:left를 지정

---

07 로고(<div class="logo">)와 메뉴(<nav class="menu">)가 들어갈 영역에 대한 자세한 스타일을 지정합니다. 위에서 지정했던 클래스 선택자 '.top' 스타일의 아래에 다음의 내용을 지정해줍니다.

```
.logo{
    float:left;
    height:40px;
    width:200px;
    margin-top:30px;
    margin-bottom:30px;
}
.menu{
    float:left;
}
```

[style.css]

```
11    body {
12        width: 1000px;
13        background-color: □#ffffff;
14        font-size: 20px;
15    }
16    a {
17        text-decoration: none;
18        display: block;
19    }
20    header {
21        float: left;
22    }
23    .top {
24        float: left;
25        height: 650px;
26        width: 200px;
27    }
28    .logo {
29        float: left;
30        height: 40px;
31        width: 200px;
32        margin-top: 30px;
33        margin-bottom: 30px;
34    }
35    .menu {
36        float: left;
37    }
38    .imgslide {
39        float: right;
40        height: 350px;
41        width: 800px;
42    }
43    .contents {
44        float: right;
45        height: 200px;
46        width: 800px;
47    }
```

로고의 위, 아래로 여백을 주기 위해 margin-top과 margin-bottom 값을 미리 지정

08 콘텐츠 영역에 들어가는 공지사항(〈div class="notice"〉), 갤러리(〈div class="gallery"〉), 바로가기(〈div class="shortcut"〉)에 대한 자세한 스타일을 지정합니다.

클래스 선택자 '.content' 스타일을 찾아 그 아래에 다음의 내용을 지정해줍니다.

```css
.notice{
    float:left;
    height:200px;
    width:300px;
}
.gallery{
    float:left;
    height:200px;
    width:300px;
}
.shortcut{
    float:left;
    height:200px;
    width:200px;
}
```

[style.css]

```css
35     .menu {
36     |   float: left;
37     }
38     .imgslide {
39     |   float: right;
40     |   height: 350px;
41     |   width: 800px;
42     }
43     .contents {
44     |   float: right;
45     |   height: 200px;
46     |   width: 800px;
47     }
48     .notice {
49     |   float: left;
50     |   height: 200px;
51     |   width: 300px;
52     }
53     .gallery {
54     |   float: left;
55     |   height: 200px;
56     |   width: 300px;
57     }
58     .shortcut {
59     |   float: left;
60     |   height: 200px;
61     |   width: 200px;
62     }
63     footer {
64     |   float: right;
65     }
66     .bottom {
67     |   float: left;
68     |   height: 100px;
69     |   width: 800px;
70     }
```

기적의 TIP

공지사항, 갤러리, 바로가기 각 영역의 너비 width는 정해진 값이 없으므로 임의로 지정합니다.

09 작업 폴더에서 'index.html' 파일 문서를 '크롬(Chrome)' 브라우저에서 열어(이미 열려있다면 새로고침하여) 확인하면, 지정한 스타일에 의해 각 영역이 구분된 결과를 확인할 수 있습니다. 단, 브라우저에서 확인할 경우 각 영역의 구분선은 나타나지 않습니다.

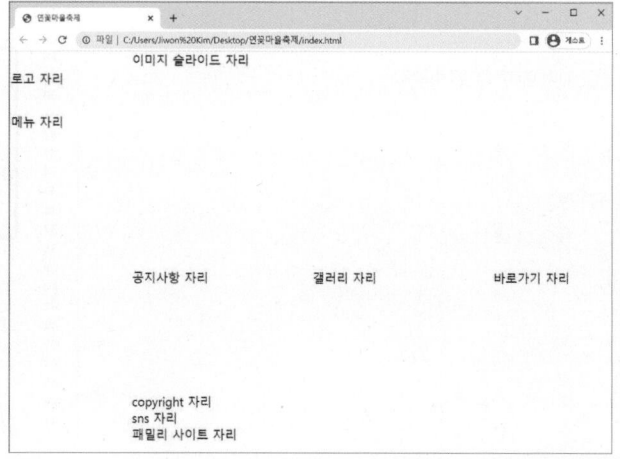

10 다음으로 푸터 영역에 들어가는 각 영역의 스타일을 지정합니다.

푸터 영역은 크게 Copyright(⟨div class="copy"⟩), SNS와 패밀리 사이트를 묶은 site(⟨div class="site"⟩) 영역으로 이루어져 있습니다.

그리고 site 영역 안에서 다시 SNS(⟨div class="sns"⟩), 패밀리 사이트(⟨div class="familysite"⟩) 영역으로 구분됩니다. 이러한 각 영역에 대한 스타일을 다음과 같이 지정합니다.

```css
.copy{
    float:left;
    height:100px;
    width:600px;
}
.site{
    float:right;
    height:100px;
    width:200px;
}
.sns{
    float:right;
    height:50px;
    width:200px;
}
.familysite{
    float:right;
    height:50px;
    width:200px;
}
```

[style.css]

```css
53    .gallery {
54        float: left;
55        height: 200px;
56        width: 300px;
57    }
58    .shortcut {
59        float: left;
60        height: 200px;
61        width: 200px;
62    }
63    footer {
64        float: right;
65    }
66    .bottom {
67        float: left;
68        height: 100px;
69        width: 800px;
70    }
71    .copy {
72        float: left;
73        height: 100px;
74        width: 600px;
75    }
76    .site {
77        float: right;
78        height: 100px;
79        width: 200px;
80    }
81    .sns {
82        float: right;
83        height: 50px;
84        width: 200px;
85    }
86    .familysite {
87        float: right;
88        height: 50px;
89        width: 200px;
90    }
91
```

기적의 TIP

• .site : sns와 패밀리 사이트를 묶은 영역으로 '.copy' 영역이 왼쪽에 있고 '.site' 영역은 플로팅이 오른쪽에 있도록 하기 위해 float:right으로 지정합니다.

• sns 영역과 패밀리 사이트 영역은 두 열이 아닌 두 행으로 구분되므로 '.site'의 높이는 height:100px으로 지정하고 '.sns'와 '.familysite'는 각각 height:50px으로 지정합니다.

11 '크롬(Chrome)' 브라우저에서 현재까지 작업한 사항을 확인합니다.
만일 변경 사항을 저장할지를 묻는 대화상자가 나타나면 저장하도록 합니다.

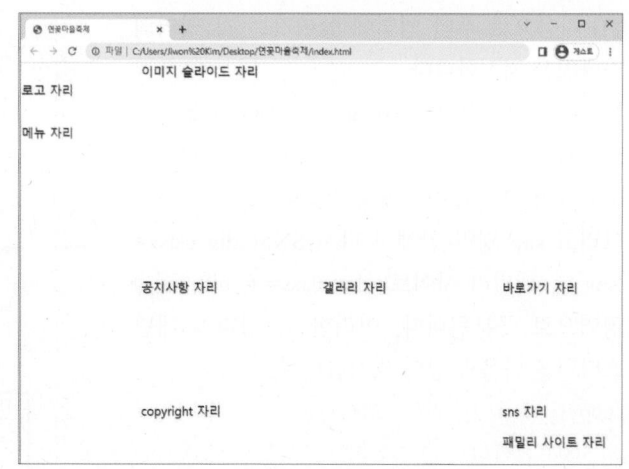

① 로고 만들기

세부 영역별 지시사항대로 Ⓐ Header 영역에 로고를 추가하도록 합니다.

이 문제에서는 로고를 직접 디자인하여 추가하도록 하고 있으므로 먼저 로고를 제작해둡니다. 로고는 포토샵 또는 일러스트레이터로 작성할 수 있으며, 정해진 예시 디자인이 없으므로 자유롭게 작성하면 됩니다. 단, 세부 지시사항에서 로고의 크기를 가로 세로 200픽셀×40픽셀, 심벌 없이 워드타입으로 디자인하도록 하고 있으므로 이 조건에 맞게 제작하도록 합니다.

01 포토샵을 이용하여 로고를 제작하기 위해, 포토샵을 실행합니다.

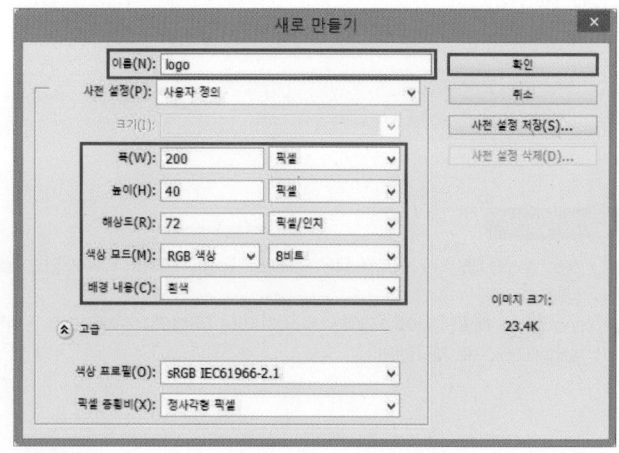

02 [파일(File)]-[새로 만들기(New)] 메뉴를 선택하고 대화상자가 나타나면 다음과 같이 입력하고 [확인(OK)]를 클릭합니다.

– 이름(name) : logo

– 폭(width) : 200 픽셀(pixels)

– 높이(height) : 40 픽셀(pixels)

– 해상도(resolution) : 72 픽셀/인치(Pixel/inch)

– 색상 모드(Color Mode) : RGB Color

– 배경 내용(Background Contents) : 흰색(white)

03 도구 패널에서 수평 문자 도구(Horizontal Type Tool)를 선택 한 후 전경색, 글꼴, 글씨 크기를 선택한 후 문자를 작성합니다. 이때 수험자 제공 파일 중 'Header' 폴더에 제공된 텍스트를 복사하여 입력합니다.

– 글꼴(font) : HY헤드라인M
– 크기(size) : 24pt

⑤ 기적의 TIP

• 글꼴과 크기는 수험자 임의로 선택해도 무방합니다.
• 포토샵 작업 환경은 [창(Window)] 메뉴의 [작업 영역 (Workspace)]의 설정 상태에 따라 다르게 나타날 수 있습니다.

04 로고에 색상을 추가하기 위해 [레이어(Layer)] – [레이어 스타일(Layer Style)] – [그레이디언트 오버레이(Gradient Overlay)] 메뉴를 선택합니다.

⑤ 기적의 TIP

레이어 스타일은 레이어(Layer) 패널에서 레이어 스타일 버튼(*fx*)을 이용하여 추가할 수도 있습니다.

05 [레이어 스타일(Layer Style)] 대화상자에서 다음과 같이 설정한 후 [확인(OK)]를 클릭합니다.

– 그레디언트(Gradient) : 빨강, 녹색(Red, Green)
– 스타일(Style) : 선형(Linear)
– 각도(Angle) : 90°

⑤ 기적의 TIP

여기에 제시된 레이어 스타일은 지정된 옵션은 아니며, 자유롭게 변경하여 사용할 수 있습니다.

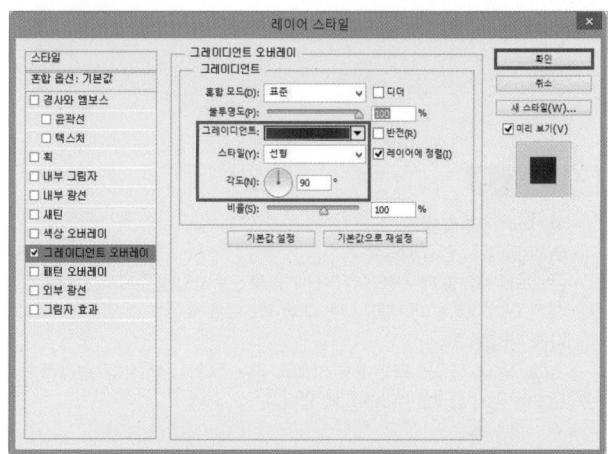

06 [파일(File)]–[다른 이름으로 저장(Save as)]를 선택하여 'logo.psd' 원본 파일을 먼저 저장합니다. 그리고 다시 [파일(File)]–[다른 이름으로 저장(Save as)]를 선택하여 'logo.jpg'로 저장합니다. 이때 작업 폴더('비번호' 폴더)에 'images' 폴더를 만들고 해당 폴더 내에 'logo.jpg'를 저장합니다.

– 파일 이름(File Name) : logo.jpg
– 형식(Format) : JPEG

[저장(Save)] 버튼을 클릭한 후 JPEG 옵션 대화 상자가 나타나면 '품질(Quality)'에 '12'를 입력하고 [확인(OK)]를 클릭합니다.

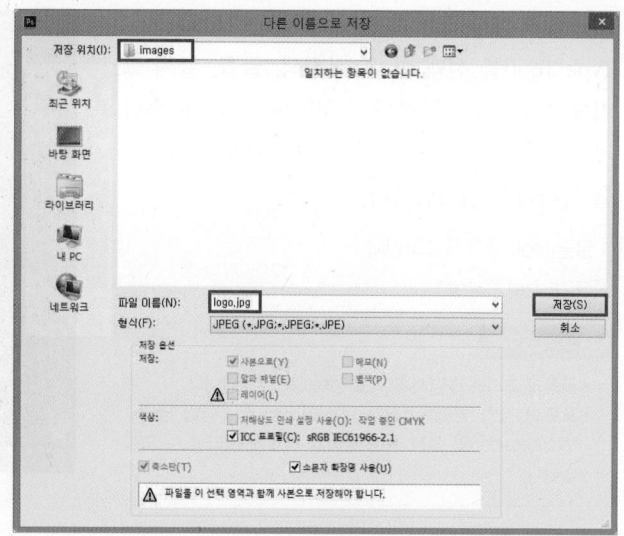

② HTML에 로고 추가하기

01 다음으로 만든 로고를 HTML 문서에 추가합니다.

'index.html' 문서로 돌아와서 헤더 영역 안에 로고 영역으로 구분해 놓았던 ⟨div class="logo"⟩ 로고 자리 ⟨/div⟩ 부분을 찾아, 그 안에 다음과 같이 입력합니다.

```
<div class="logo">
  <a href="#"><img src="images/logo.jpg"
  alt="로고"></a>
</div>
```

[index.html]

```
1   <!DOCTYPE html>
2   <html>
3   <head>
4     <meta charset="utf-8">
5     <title>연꽃마을축제</title>
6     <link href="css/style.css" type="text/css" rel="stylesheet">
7   </head>
8
9   <body>
10
11    <header>
12      <div class="top">
13        <div class="logo">
14          <a href="#"><img src="images/logo.jpg" alt="로고"></a>
15        </div>
16        <nav class="menu">
17          메뉴 자리
18        </nav>
19      </div>
20    </header>
21
22    <div class="imgslide">
23      이미지 슬라이드 자리
24    </div>
```

기적의 TIP

• alt : 이미지의 속성
• ⟨a href="#"⟩ : 임시 링크 추가
• 콘텐츠를 추가할 때 시험에 주어진 기술적 준수사항을 반드시 지켜야 합니다.
– '모든 이미지에는 이미지에 대한 대체 텍스트를 표현할 수 있는 alt 속성이 있어야 한다.'고 명시하고 있으므로 이미지를 추가할 때 alt 속성과 값을 기입합니다.
– '상호작용이 필요한 모든 콘텐츠(로고, 메뉴 Slide, 공지사항, 갤러리 등)는 임시 링크(예:#) 되어야 한다.'고 명시하고 있으므로 추가되는 콘텐츠에 임시 링크를 추가하도록 합니다.

02 'index.html' 문서와 'style.css' 문서를 모두 저장하고, '크롬(Chrome)' 브라우저에서 로고가 추가된 결과를 확인합니다.

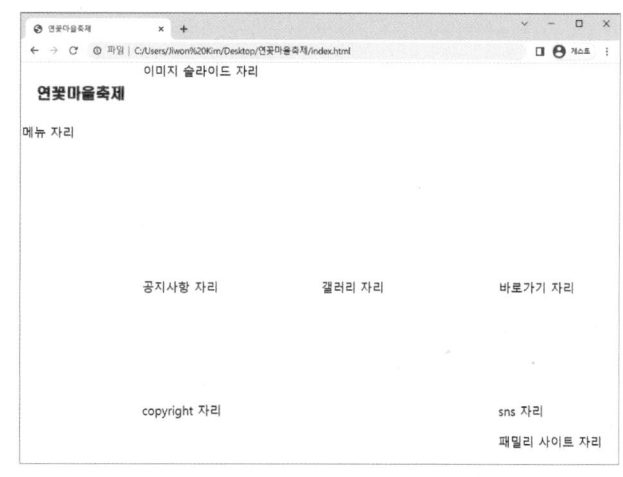

③ HTML에 메뉴 추가하기

01 헤더 영역 안에 메뉴 영역으로 구분해 놓았던 〈nav class="menu"〉 메뉴 자리 〈/nav〉 부분 안에 다음과 같이 입력하여 메뉴를 추가합니다. 이때 시험에 주어진 '사이트 맵(Site map)'에 따라서 메인 메뉴(Main menu)와 서브 메뉴(Sub menu)를 구분하여 입력합니다.

```
<nav class="menu">
  <ul class="navi">
    <li><a href="#">축제소개</a>
      <ul class="submenu">
        <li><a href="#">초대말씀</a></li>
        <li><a href="#">축제개요</a></li>
        <li><a href="#">축제연혁</a></li>
        <li><a href="#">오시는길</a></li>
      </ul>
    </li>
    <li><a href="#">행사안내</a>
      <ul class="submenu">
        <li><a href="#">셔틀버스안내</a></li>
        <li><a href="#">행사안내</a></li>
        <li><a href="#">행사일정</a></li>
      </ul>
    </li>
    <li><a href="#">홍보마당</a>
      <ul class="submenu">
        <li><a href="#">축제소식</a></li>
        <li><a href="#">보도자료</a></li>
```

[index.html]

```
11    <header>
12      <div class="top">
13        <div class="logo">
14          <a href="#"><img src="images/logo.jpg" alt="로고"></a>
15        </div>
16        <nav class="menu">
17          <ul class="navi">
18            <li><a href="#">축제소개</a>
19              <ul class="submenu">
20                <li><a href="#">초대말씀</a></li>
21                <li><a href="#">축제개요</a></li>
22                <li><a href="#">축제연혁</a></li>
23                <li><a href="#">오시는길</a></li>
24              </ul>
25            </li>
26            <li><a href="#">행사안내</a>
27              <ul class="submenu">
28                <li><a href="#">셔틀버스안내</a></li>
29                <li><a href="#">행사안내</a></li>
30                <li><a href="#">행사일정</a></li>
31              </ul>
32            </li>
33            <li><a href="#">홍보마당</a>
34              <ul class="submenu">
35                <li><a href="#">축제소식</a></li>
36                <li><a href="#">보도자료</a></li>
37                <li><a href="#">음식레시피</a></li>
38              </ul>
39            </li>
40            <li><a href="#">참여마당</a>
41              <ul class="submenu">
42                <li><a href="#">참가후기</a></li>
43                <li><a href="#">포토갤러리</a></li>
44              </ul>
45            </li>
46          </ul>
47        </nav>
48      </div>
49    </header>
50
```

```
            <li><a href="#">음식레시피</a></li>
        </ul>
    </li>
    <li><a href="#">참여마당</a>
        <ul class="submenu">
            <li><a href="#">참가후기</a></li>
            <li><a href="#">포토갤러리</a></li>
        </ul>
    </li>
  </ul>
</nav>
```

02 입력 결과를 확인해 보면, 아직 스타일을 지정하지 않았기 때문에 메뉴 글자들만 일렬로 나타납니다.

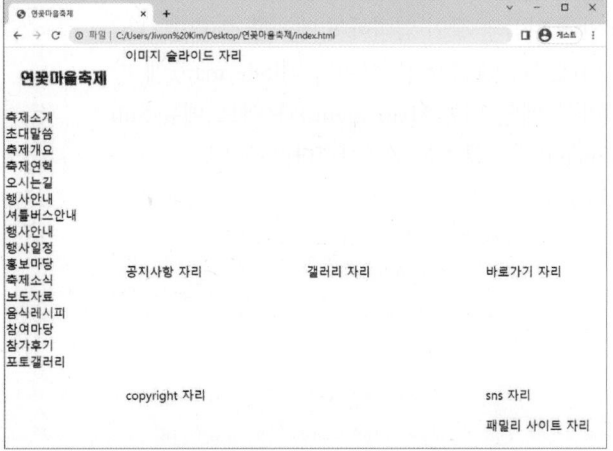

4 메뉴에 스타일 지정하기

세부 영역별 지시사항을 살펴보면, 메뉴를 슬라이드 다운 메뉴(Slide—Down Menu)로 구성하도록 하고 있습니다. 슬라이드 다운 메뉴는 메인 메뉴에 마우스를 올렸을 때(Mouse over) 서브 메뉴를 슬라이드 다운(Slide—Down)으로 보여주고 마우스가 메뉴에서 벗어나면(Mouse out) 슬라이드 업(Slide—Up)되면서 서브 메뉴를 숨겨주는 기능입니다. 메뉴의 모양은 스타일 시트에서 지정하며, 움직이는 동작 기능은 자바스크립트와 제이쿼리(jQuery)를 이용하여 지정합니다.

01 먼저 메뉴에 스타일을 지정하기 전에 와이어프레임에 제시된 메뉴의 모양을 확인합니다. 이 문제에서는 메인 메뉴와 서브 메뉴가 같은 사이즈로 구성되어 있으며, 메인 메뉴의 아래쪽으로 서브 메뉴가 펼쳐지도록 되어 있습니다. 이러한 사항을 고려하여 메뉴에 스타일을 지정합니다.

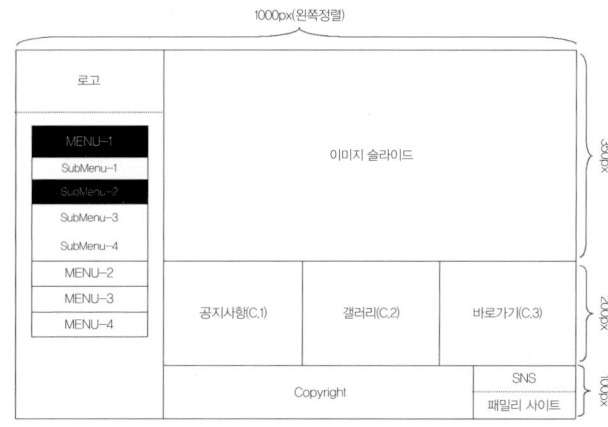

02 스타일 시트 'style.css' 문서에서 클래스 선택자 '.menu'를 찾아 그 안에 다음의 속성을 추가하여 메뉴 전체의 폭과 여백을 지정합니다. 이때 처음에 메뉴의 자리를 잡기 위해 지정했던 플로팅 'float:left' 속성은 삭제합니다. 삭제하지 않을 경우 메뉴가 가운데로 정렬되지 않고 왼쪽으로 정렬됩니다.

```
.menu{
    width:180px;
    top:100px;
    text-align:center;
}
```

[style.css]

```
28    .logo {
29        float: left;
30        height: 40px;
31        width: 200px;
32        margin-top: 30px;
33        margin-bottom: 30px;
34    }
35    .menu {
36        width: 180px;
37        top: 100px;
38        text-align: center;
39    }
40    .imgslide {
41        float: right;
42        height: 350px;
43        width: 800px;
44    }
45    .contents {
46        float: right;
47        height: 200px;
48        width: 800px;
49    }
50    .notice {
51        float: left;
52        height: 200px;
53        width: 300px;
54    }
```

🅱 기적의 TIP

- width:180px : 클래스 이름이 .menu로 지정된 〈div〉 컨테이너의 폭을 180px로 지정함으로써 메뉴의 전체 폭이 180px이 되도록 함
- top:100px : 〈div〉 컨테이너의 시작점을 기준으로 top으로부터 100px의 여백을 둠. 따라서, 메뉴가 위로부터 100px 떨어져서 나타나게 함
- text-align:center : 글자를 가운데 정렬

---

03 메인 메뉴의 스타일을 지정하기 위해 '.menu' 스타일 아래에 다음의 내용을 추가합니다.

```
.navi>li{
    float:left;
    width:180px;
}
.navi>li>a{
    height:40px;
    width:180px;
    line-height:40px;
    font-size:16px;
    font-weight:bold;
    background-color:#222328;
    color:#ffffff;
}
.navi>li>a:hover{
    background-color:#930930;
    color:#ffff00;
}
```

[style.css]

```
35      .menu {
36          width: 180px;
37          top: 100px;
38          text-align: center;
39      }
40      .navi>li {
41          float: left;
42          width: 180px;
43      }
44      .navi>li>a {
45          height: 40px;
46          width: 180px;
47          line-height: 40px;
48          font-size: 16px;
49          font-weight: bold;
50          background-color: ■#222328;
51          color: □#ffffff;
52      }
53      .navi>li>a:hover {
54          background-color: ■#930930;
55          color: □#ffff00;
56      }
57      .imgslide {
58          float: right;
59          height: 350px;
60          width: 800px;
61      }
```

---

⑤ 기적의 TIP

- .navi : <ul class="navi"> 영역의 스타일 정의. 이 영역은 메인 메뉴와 서브 메뉴의 목록을 담는 영역임
- .navi>li : .navi의 자식 요소 ⟨li⟩ 요소의 스타일 지정. 여기에서는 li 각 요소의 너비도 width:180px로 지정
- .navi>li>a : .navi의 자식 요소 ⟨li⟩의 자식 요소인 ⟨a⟩ 요소의 스타일 지정. 높이, 너비, 줄 간격(line-height), 글씨 속성, 배경색, 글자색 등을 지정
- .navi>li>a:hover : .navi의 자식 요소인 ⟨li⟩의 자식 요소인 ⟨a⟩ 요소에 마우스를 올릴 때(hover) 변화되는 스타일을 지정. 마우스가 올라오면 메뉴의 배경색이 background-color:#930930로 변경되게 하고, 글자색도 color:#ffff00로 변경되게 함
- 줄 간격 line-height을 높이 height와 같은 값을 주게 되면(height:40px, line-height:40px) 글자가 세로 가운데 정렬이 됩니다. 이때 글자 사이즈(font-size:16px)를 기준으로 한 줄 안에서 글자 위아래 여백이 같게 조정되어 글자가 가운데 나타나게 됩니다. 즉 line-height:40px에서 font-size:16px 뺀 값, 24px이 반으로 나누어져 글자 위아래로 12px의 여백이 생기게 됩니다.

---

04 'index.html' 문서와 'style.css' 문서를 모두 저장하고, '크롬(Chrome)' 브라우저에서 지금까지 작업된 결과를 확인합니다.
메인 메뉴 위에 마우스를 올리면 배경색과 글자색이 변경되는 것을 확인할 수 있습니다.

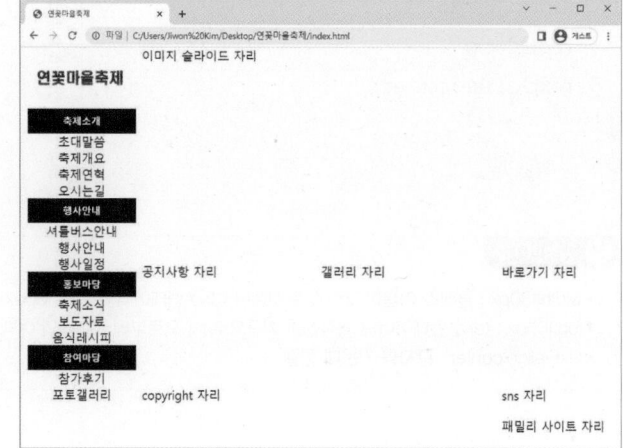

05 서브 메뉴의 스타일을 지정하기 위해 '.navi >li>a:hover' 스타일 아래에 다음의 내용을 추가합니다.

```
.submenu{

    float:left;

    width:100%;

    display:none;

}

.submenu>li>a{

    height:40px;

    width:180px;

    line-height:40px;

    font-size:14px;

    font-weight:bold;

    background-color:#cccccc;

    color:#ffffff;

}

.submenu>li>a:hover{

    background-color:#999999;

    color: #ffff00;

}
```

[style.css]

```
48        font-size: 16px;
49        font-weight: bold;
50        background-color: ■#222328;
51        color: □#ffffff;
52    }
53    .navi>li>a:hover {
54        background-color: ■#930930;
55        color: □#ffff00;
56    }
57    .submenu {
58        float: left;
59        width: 100%;
60        display: none;
61    }
62    .submenu>li>a {
63        height: 40px;
64        width: 180px;
65        line-height: 40px;
66        font-size: 14px;
67        font-weight: bold;
68        background-color: ▢#cccccc;
69        color: □#ffffff;
70    }
71    .submenu>li>a:hover {
72        background-color: ■#999999;
73        color: □#ffff00;
74    }
75    .imgslide {
76        float: right;
77        height: 350px;
78        width: 800px;
79    }
```

🅑 기적의 TIP

- .navi : <ul class="navi"> 영역의 스타일 정의. 이 영역은 메인 메뉴와 서브 메뉴의 목록을 담는 영역임
- .navi>li : .navi의 자식 요소 〈li〉 요소의 스타일 지정. 여기에서는 li 각 요소의 너비도 width:180px로 지정
- .navi>li>a : .navi의 자식 요소 〈li〉의 자식 요소인 〈a〉 요소의 스타일 지정. 높이, 너비, 줄 간격(line-height), 글씨 속성, 배경색, 글자색 등을 지정
- .navi>li>a:hover : .navi의 자식 요소인 〈li〉의 자식 요소인 〈a〉 요소에 마우스를 올릴 때(hover) 변화되는 스타일을 지정. 마우스가 올라오면 메뉴의 배경색이 background-color:#930930로 변경되게 하고, 글자색도 color:#ffff00로 변경되게 함
- 줄 간격 line-height을 높이 height와 같은 값을 주게 되면(height:40px, line-height:40px) 글자가 세로 가운데 정렬이 됩니다. 이때 글자 사이즈(font-size:16px)를 기준으로 한 줄 안에서 글자 위아래 여백이 같게 조정되어 글자가 가운데로 나타나게 됩니다. 즉 line-height:40px에서 font-size:16px 뺀 값, 24px이 반으로 나누어져 글자 위아래로 12px의 여백이 생기게 됩니다.

---

06 작업한 문서를 저장하고, '크롬(Chrome)' 브라우저에서 지금까지 작업된 결과를 확인합니다. 메인 메뉴만 나타나는 것을 확인할 수 있습니다.

⑤ 메뉴에 슬라이드 다운 기능 구현하기

이번에는 메인 메뉴, 서브 메뉴에 슬라이드 다운(Slide-Down) 기능이 되도록 자바스크립트와 제이쿼리(jQuery)를 활용하여 동적 기능을 만들어줍니다.

01 작업 폴더('비번호' 폴더)에 'javascript' 폴더를 생성한 후 수험자 제공 파일로 주어진 jQuery 라이브러리 오픈소스 파일(jquery-1.12.3.js)을 'javascript' 폴더로 복사 또는 이동시켜줍니다.

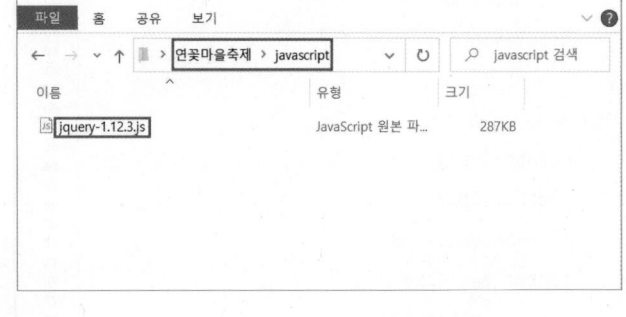

> **기적의 TIP**
>
> 'jquery-1.12.3.js' 제이쿼리 파일은 수험자 편의를 위해 미리 제공되는 자바스크립트 라이브러리 파일이며, 사용자와 페이지의 상호작용, 마우스 동작 등 자주 사용하는 기능들이 미리 구현되어져 있습니다.
> 제이쿼리를 사용하면 구현되어 있는 기능을 가져다가 사용하기 때문에 프로그램 작업이 쉬워지고 프로그램 코드도 간결하게 해줍니다. 제이쿼리 파일에 있는 기능을 사용하기 위해서는 HTML 문서와 연결해야 합니다.

02 Visual Studio Code 탐색기에서도 'javascript' 폴더가 생성된 것을 확인할 수 있습니다. 자바스크립트 파일을 만들기 위해, 'javascript' 폴더에서 마우스 오른쪽 버튼을 클릭하고 바로 가기 메뉴에서 [새 파일]을 선택합니다.

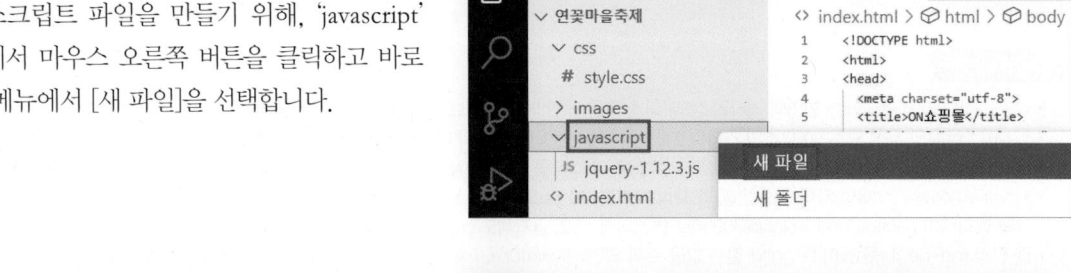

03 'javascript' 폴더의 하위 리스트에 새로운 파일이 생성되면 파일명을 'script.js'로 입력합니다. 파일이 정상적으로 생성되면 오른쪽 코드창에 'script.js' 파일이 열린 것을 확인할 수 있습니다.

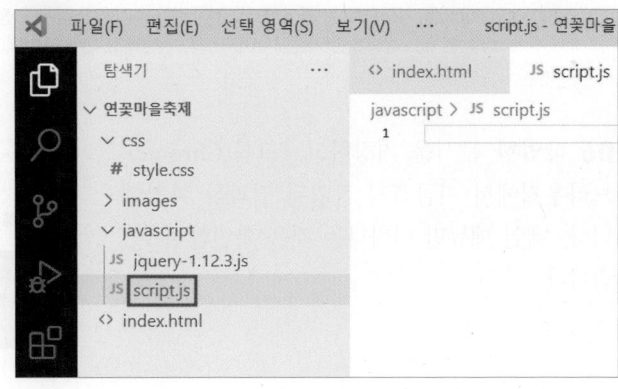

04 실제로 슬라이드 다운(Slide-Down) 기능이 동작하도록 하기 위해 'script.js' 문서에 다음과 같이 입력합니다.

```
jQuery(document).ready(function(){

    $('.navi>li').mouseover(function(){
        $(this).find('.submenu').stop().
        slideDown(500);
    }).mouseout(function(){
        $(this).find('.submenu').stop().slideUp(500);
    });

});
```

[script.js]

```
1    // JavaScript Document
2
3    jQuery(document).ready(function () {
4
5        $('.navi>li').mouseover(function () {
6            $(this).find('.submenu').stop().slideDown(500);
7        }).mouseout(function () {
8            $(this).find('.submenu').stop().slideUp(500);
9        });
10
11   });
12
```

05 지금까지 작업한 모든 문서를 저장합니다.

> **기적의 TIP**
> - jQuery 문법 : HTML 요소를 선택한 후 그 요소에 수행할 액션을 지정함
> - document.ready( ) : HTML 문서를 구조적으로 표현하는 DOM이 모두 로딩되어 준비된 후 자바스크립트 문서 코드가 실행되도록 함
> - $: jQuery() 함수의 별칭. 선택자와 일치하는 DOM 요소를 배열을 가진 특별한 객체를 반환. 기본 형식 : $(선택자(selector)).action
> - $(".navi)li") : .navi의 〈li〉 요소에 mouseover와 mouseout 이벤트 설정
> - $(this) : 현재 선택된 요소
> - find('.submenu') : 선택된 요소의 자식 요소 중 .submenu와 일치하는 요소를 찾아 반환. 대신 children()를 사용하면 직계 자식 요소를 반환
> - stop() : 현재 동작하고 있는 애니메이션 동작을 즉시 중단
> - slideDown(), slideUp() : jQuery 라이브러리에서 제공하는 함수로 슬라이딩 애니메이션과 함께 보여주거나 숨김. 선택한 요소의 height 값을 낮추거나 높여가며 사라지게 함. 숫자값 500은 0.5초에 해당함

06 작업한 'script.js' 문서와 'jquery-1.12.3.js' 문서를 다음과 같이 'index.html' 문서 본문에서 연결합니다.
〈head〉와 〈/head〉 사이에 다음과 같이 입력합니다.

```
<script src="javascript/jquery-1.12.3.js">
</script>
<script src="javascript/script.js" defer
type="text/javascript"></script>
```

[index.html]

```
1    <!DOCTYPE html>
2    <html>
3    <head>
4        <meta charset="utf-8">
5        <title>연꽃마을축제</title>
6        <link href="css/style.css" type="text/css" rel="stylesheet">
7        <script src="javascript/jquery-1.12.3.js '></script>
8        <script src="javascript/script.js" defer type="text/javascript"></
         script>
9    </head>
10
11   <body>
12
13       <header>
14           <div class="top">
15               <div class="logo">
16                   <a href="#"><img src="images/logo.jpg" alt="로고"></a>
17               </div>
18               <nav class="menu">
19                   <ul class="navi">
20                       <li><a href="#">축제소개</a>
21                           <ul class="submenu">
22                               <li><a href="#">초대말씀</a></li>
23                               <li><a href="#">축제개요</a></li>
24                               <li><a href="#">축제연혁</a></li>
25                               <li><a href="#">오시는길</a></li>
```

> **기적의 TIP**
> - defer : script가 잠깐 지연 되도록 하여 HTML 구문 분석이 완료 된 후 스크립트를 실행하도록 함
> - 화면 렌더링과 관련된 대부분의 코드는 HTML과 CSS 문서 안에 포함되어 있습니다. 반면 대부분의 script는 사용자의 액션이 발생한 이후의 동작을 렌더링합니다. 이러한 렌더링의 시간 차이로 script가 동작되지 않는 것을 예방하기 위해 defer 속성을 사용합니다.
> - defer 속성을 사용하지 않는 경우 〈script〉 부분을 〈/body〉 태그 다음에 위치시킴으로써 렌더링을 지연시킬 수 있습니다.

07 모든 문서를 저장하고, 지금까지 작업된 결과를 확인합니다.

메인 메뉴와 서브 메뉴의 슬라이드 효과가 잘 동작하는지 확인합니다.

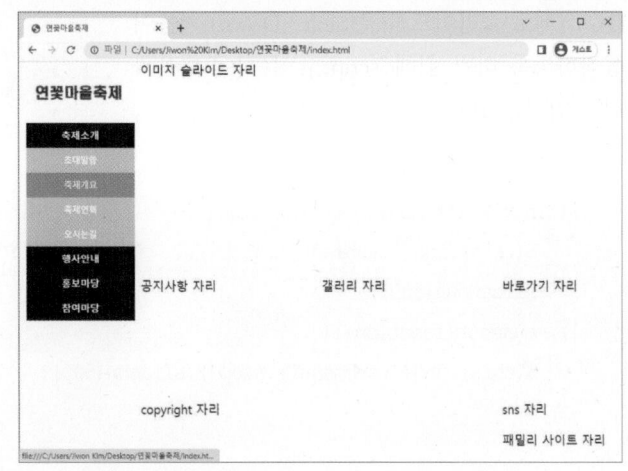

---

❶ 슬라이드 이미지 추가하기

세부 영역별 지시사항대로 Ⓑ Slide 영역에 들어갈 이미지 슬라이드를 제작합니다.

세부 지시사항에서 3개의 이미지를 이용하여 페이드인(Fade-in), 페이드아웃(Fade-out) 효과를 제작하도록 하고 있으므로 CSS 문서에서 이미지의 스타일을 지정한 후 자바스크립트에서 제이쿼리(jQuery)를 이용하여 해당 동작을 구현합니다.

01 앞서 만들었던 'images' 폴더에 슬라이드 이미지 3개를 복사해둡니다.

이때 수험자 제공 파일로 주어진 다른 이미지들도 미리 복사해둡니다.

02 메인 이미지를 추가하기 위해 'index.html' 문서에서 〈div class="imgslide"〉 이미지 슬라이드 자리 〈/div〉 부분을 찾은 후, 다음과 같이 입력합니다.

```html
<div class="imgslide">
  <a href="#">
    <img src="images/img1.jpg" alt="이미지1">
    <span class="imgtext">연꽃마을축제 1</span>
  </a>

  <a href="#">
    <img src="images/img2.jpg" alt="이미지2">
    <span class="imgtext">연꽃마을축제 2</span>
  </a>

  <a href="#">
    <img src="images/img3.jpg" alt="이미지3">
    <span class="imgtext">연꽃마을축제 3</span>
  </a>
</div>
```

[index.html]

```
42          <li><a href="#">참여마당</a>
43            <ul class="submenu">
44              <li><a href="#">참가후기</a></li>
45              <li><a href="#">포토갤러리</a></li>
46            </ul>
47          </li>
48        </ul>
49      </nav>
50    </div>
51  </header>
52
53  <div class="imgslide">
54    <a href="#">
55      <img src="images/img1.jpg" alt="이미지1">
56      <span class="imgtext">연꽃마을축제 1</span>
57    </a>
58
59    <a href="#">
60      <img src="images/img2.jpg" alt="이미지2">
61      <span class="imgtext">연꽃마을축제 2</span>
62    </a>
63
64    <a href="#">
65      <img src="images/img3.jpg" alt="이미지3">
66      <span class="imgtext">연꽃마을축제 3</span>
67    </a>
68  </div>
69
70  <div class="contents">
```

지시사항에서 제공된 3개의 텍스트를 각 이미지에 적용하도록 하고 있으므로 〈span〉 요소를 이용하여 글자도 함께 추가합니다.

> **기적의 TIP**
> - 'div' 영역의 class 이름을 'imgslide'으로 지정하였으므로 스타일 시트 파일에서 선택자로 '.imgslide'을 사용하게 됩니다.
> - '상호작용이 필요한 모든 콘텐츠(로고, 메뉴 Slide, 공지사항, 갤러리 등)는 임시 링크(예#)되어야 한다.'고 명시하고 있으므로 추가되는 이미지에도 임시 링크를 추가합니다.
> - 〈span〉 : 다른 텍스트와 구분하기 위해 사용. 줄을 바꾸지 않고 글자색이나 배경색 등을 변경

❷ 슬라이드 이미지에 스타일 추가하기

01 슬라이드 이미지 영역을 위한 스타일을 지정하기 위해 스타일 시트 문서인 'style.css'에서 메인 이미지 영역의 스타일 지정 부분인 클래스 선택자 '.imgslide'를 찾습니다.

그리고 다음과 같이 '.imgslide' 안에 'position: relative' 속성 값을 추가합니다.

이어서 다음을 입력합니다.

```
.imgslide{
    float:right;
    height:350px;
    width:800px;
    position:relative;
}
.imgslide>a{
    display:block;
    position:absolute;
    left:0;
    top:0;
}
.imgtext{
    height:50px;
    width:300px;
    position:absolute;
    margin: -25px 0 0 -150px;
    text-align:center;
    color:#ffffff;
    font-weight: bold;
    line-height:50px;
    background-color:rgba(40,40,40,0.3);
    left:50%;
    top:50%;
}
```

[style.css]

```
71   .submenu>li>a:hover {
72       background-color: #999999;
73       color: #ffff00;
74   }
75   .imgslide {
76       float: right;
77       height: 350px;
78       width: 800px;
79       position: relative;
80   }
81   .imgslide>a {
82       display: block;
83       position: absolute;
84       left: 0;
85       top: 0;
86   }
87   .imgtext {
88       height: 50px;
89       width: 300px;
90       position: absolute;
91       margin: -25px 0 0 -150px;
92       text-align: center;
93       color: #ffffff;
94       font-weight: bold;
95       line-height: 50px;
96       background-color: rgba(40, 40, 40, 0.3);
97       left: 50%;
98       top: 50%;
99   }
100  .contents {
101      float: right;
102      height: 200px;
103      width: 800px;
104  }
```

> 🅱 **기적의 TIP**
>
> • .imgslide : ⟨div class="imgslide"⟩ 영역의 스타일 정의. 이 영역은 슬라이드 이미지와 이미지 위에 나타날 글자 영역을 담는 영역임
> • .imgslide⟩a : .imgslide의 자식 요소 ⟨a⟩ 영역의 스타일 정의
> • .imgtext : ⟨span class="imgtext"⟩ 영역의 스타일 정의
> • margin: -25px 0 0 -150px : 박스 요소의 margin-top -25px, margin-right 0px, margin-bottom 0px, margin-left -150px 여백을 의미
>   position:absolute을 지정하였으므로 상위 컨테이너를 기준으로 절대 좌표값을 가짐
> • background-color:rgba(40,40,40,0.3) : 색상 및 불투명도 지정. a 속성은 투명도를 의미하며, 0~1사이의 값을 가짐
> • left:50%, top:50% : 컨테이너의 시작점을 기준으로 50%의 여백

- position:relative와 position:absolute의 관계 : .imgslide로 지정된 〈div class="imgslide"〉에 position:relative을 지정하고 다시 이것의 내부에 있는 '.imgslide〉a'로 지정한 〈a〉에 요소에 position:absolute로 지정함. 이렇게 지정하게 되면 position:relative으로 지정한 컨테이너를 기준점으로 삼아 position:absolute가 절대 좌표값을 가지게 됨. 만일 기준점이 되는 컨테이너가 없으면 문서 화면 전체를 기준으로 절대 좌표값을 가지게 됨
- height:50px, width:300px, margin: −25px 0 0 −150px, left:50%, top:50%의 조합 : 부모 요소에 position:relative를 주고 자식 요소에 position:absolute 적용 한 후 top:50%, left:50%, margin−top을 height 값의 1/2 음수값(−값), margin−left을 width의 1/2 음수값(−값)을 주면 수평, 수직으로 동시에 가운데 정렬을 할 수 있음

02 작업한 문서를 저장하고 '크롬(Chrome)' 브라우저에서 결과를 확인합니다. 이미지들이 한 곳에 겹쳐서 모여 있고, 그 위에 글자가 나타나는 것을 확인할 수 있습니다.

③ Fade-in, Fade-out 구현하기

01 이미지에 페이드인, 페이드아웃 기능을 구현하기 위해 'script.js' 문서에 다음과 같이 입력합니다.

```
$('.imgslide a:gt(0)').hide();
setInterval(function(){
  $('.imgslide a:first-child').fadeOut()
    .next('a').fadeIn()
    .end().appendTo('.imgslide');
},3000);
```

[script.js]

```
1    // JavaScript Document
2
3    jQuery(document).ready(function () {
4
5      $('.navi>li').mouseover(function () {
6        $(this).find('.submenu').stop().slideDown(500);
7      }).mouseout(function () {
8        $(this).find('.submenu').stop().slideUp(500);
9      });
10
11     $('.imgslide a:gt(0)').hide();
12     setInterval(function () {
13       $('.imgslide a:first-child').fadeOut()
14         .next('a').fadeIn()
15         .end().appendTo('.imgslide');
16     }, 3000);
17
18   });
19
```

🅕 기적의 TIP

- .imgslide a:gt(0) : gt(index)은 index 값보다 더 큰 값(Greater)을 가진 요소를 선택함. 0번째부터 계수하여 index 값보다 큰 값을 가져옴. 여기에서는 gt(0)이므로 1, 2, 3이 됨
- setInterval(function(){}, 3000 : 일정 시간마다 반복적으로 동작을 실행. 3000은 3000ms(3초)로 3초마다 실행
- ('.imgslide a:first-child').fadeOut() : 가상 클래스 선택자로 부모 요소가 가지고 있는 자식 요소 중 첫 번째를 선택. .imgslide의 자식 요소 〈a〉 요소 중에서 첫 번째를 선택하여 페이드아웃 실행
- .next('a').fadeIn() : 다음 요소를 선택하여 페이드인 실행
- end() : 이전 선택 요소를 선택
- appendTo('.imgslide') : 선택한 요소를 .imgslide 선택자의 요소의 자식 요소로 추가

02 문서를 저장한 후 '크롬(Chrome)' 브라우저
에서 페이드인과 페이드아웃이 실행되는지 확
인합니다.

❶ 공지사항, 갤러리 내용 추가하기

세부 영역별 지시사항대로 © Contents 영역에 들어갈 공지사항, 갤러리, 바로가기 콘텐츠를 제작합니다.

01 'index.html' 문서에서 〈div class="notice"〉
공지사항 자리 〈/div〉를 찾고 해당 영역에 다음
과 같이 입력하여 공지사항을 작성합니다.

```
<div class="notice">
  <div class="tab"><h4>공지사항</h4></div>
  <ul>
    <li><a href="#">연꽃과 음식 이야기
    <span>2020.03.14</span></a></li>
    <li><a href="#">연꽃마을축제에서 즐기는 풍경
    <span>2020.03.14</span></a></li>
    <li><a href="#">연꽃으로 장식품 만들기
    <span>2020.03.14</span></a></li>
    <li><a href="#">건강에 좋은 음식
    <span>2020.03.14</span></a></li>
  </ul>
</div>
```

[index.html]

```
64      <a href="#">
65        <img src="images/img3.jpg" alt="이미지3">
66        <span class="imgtext">연꽃마을축제 3</span>
67      </a>
68    </div>
69
70    <div class="contents">
71      <div class="notice">
72        <div class="tab"><h4>공지사항</h4></div>
73        <ul>
74          <li><a href="#">연꽃과 음식 이야기
75          <span>2020.03.14</span></a></li>
76          <li><a href="#">연꽃마을축제에서 즐기는 풍경
77          <span>2020.03.14</span></a></li>
78          <li><a href="#">연꽃으로 장식품 만들기
79          <span>2020.03.14</span></a></li>
80          <li><a href="#">건강에 좋은 음식
81          <span>2020.03.14</span></a></li>
82        </ul>
83      </div>
84
85      <div class="gallery">
86        갤러리 자리
87      </div>
88
```

02 다음으로 〈div class="gallery"〉 갤러리 자리 〈/div〉 영역에 다음과 같이 입력하여 갤러리 부분에 이미지를 추가합니다.

```html
<div class="gallery">
  <div class="tab"><h4>갤러리</h4></div>
  <ul>
    <li><a href="#"><img src="images/icon1.jpg" alt="1"></a></li>
    <li><a href="#"><img src="images/icon2.jpg" alt="2"></a></li>
    <li><a href="#"><img src="images/icon3.jpg" alt="3"></a></li>
  </ul>
</div>
```

[index.html]

```html
78        <li><a href="#">연꽃으로 장식품 만들기
79        <span>2020.03.14</span></a></li>
80        <li><a href="#">건강에 좋은 음식
81        <span>2020.03.14</span></a></li>
82      </ul>
83    </div>
84
85    <div class="gallery">
86      <div class="tab"><h4>갤러리</h4></div>
87      <ul>
88        <li><a href="#"><img src="images/icon1.jpg" alt="1"></a></li>
89        <li><a href="#"><img src="images/icon2.jpg" alt="2"></a></li>
90        <li><a href="#"><img src="images/icon3.jpg" alt="3"></a></li>
91      </ul>
92    </div>
93
94    <div class="shortcut">
95      바로가기 자리
96    </div>
97  </div>
```

❷ 공지사항, 갤러리 스타일 추가하기

01 와이어프레임을 살펴보면, 공지사항과 갤러리의 제목 부분이 탭 모양으로 지정되어있는 것을 확인할 수 있습니다. 이렇게 탭 모양으로 보이도록 스타일을 지정하기 위해 'style.css' 문서에서 클래스 선택자 '.notice' 아래 부분에 다음과 같이 입력합니다.

```css
.tab{
    float:left;
    width:300px;
}
.tab h4{
    float:left;
    height:30px;
    width: 80px;
    line-height:30px;
    text-align:center;
    font-size:14px;
    font-weight:bold;
    color:#ffffff;
    background-color:#000000;
}
```

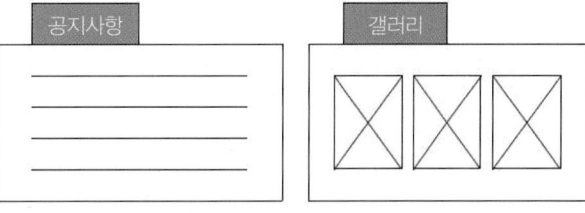

[style.css]

```css
105   .notice {
106     float: left;
107     height: 200px;
108     width: 300px;
109   }
110   .tab {
111     float: left;
112     width: 300px;
113   }
114   .tab h4 {
115     float: left;
116     height: 30px;
117     width: 80px;
118     line-height: 30px;
119     text-align: center;
120     font-size: 14px;
121     font-weight: bold;
122     color: ☐#ffffff;
123     background-color: ■#000000;
124   }
125   .gallery {
126     float: left;
127     height: 200px;
128     width: 300px;
129   }
130   .shortcut {
```

🅱 **기적의 TIP**

속성 값은 웹 브라우저에서 결과를 확인하면서 임의로 조정하면 됩니다.

---

02 공지사항 영역의 스타일을 추가하기 위해
이어서 다음을 추가합니다.

```
.notice>div{
    width:280px;
    border-bottom-color:#cccccc;
    border-bottom-width:1px;
    border-bottom-style:solid;
}
.notice ul{
    float:left;
    height:30px;
    width:280px;
    line-height:30px;
    font-size:14px;
}
.notice li span{
    float:right;
}
.notice li:nth-child(2n){
    background-color:#cccccc;
}
.notice li:hover{
    font-weight:bold;
}
```

[style.css]

```
114    .tab h4 {
115        float: left;
116        height: 30px;
117        width: 80px;
118        line-height: 30px;
119        text-align: center;
120        font-size: 14px;
121        font-weight: bold;
122        color: □#ffffff;
123        background-color: ■#000000;
124    }
125    .notice>div {
126        width: 280px;
127        border-bottom-color: ■#cccccc;
128        border-bottom-width: 1px;
129        border-bottom-style: solid;
130    }
131    .notice ul {
132        float: left;
133        height: 30px;
134        width: 280px;
135        line-height: 30px;
136        font-size: 14px;
137    }
138    .notice li span {
139        float: right;
140    }
141    .notice li:nth-child(2n) {
142        background-color: ■#cccccc;
143    }
144    .notice li:hover {
145        font-weight: bold;
146    }
147    .gallery {
148        float: left;
149        height: 200px;
150        width: 300px;
151    }
```

🅱 **기적의 TIP**

- .notice>div : 〈div class="notice"〉 요소의 자식 요소 〈div〉에 스타일 지정. 즉, '공지사항' 글자 영역의 스타일을 지정
  – border-bottom-width:1px, border-bottom-style:solid : 밑줄 선분으로 나타나도록 지정
- .notice li span : .notice 요소의 후손(하위 요소에 해당하는 모든) 요소 〈li〉의 〈span〉에 스타일 지정
- .notice li:nth-child(2n) : .notice 요소의 후손 요소 〈li〉의 2배수 요소(2, 4, 6...번째를 의미)의 스타일 지정
- .notice li:hover : .notice 요소의 후손 요소 〈li〉에 마우스를 올리면 font-weight:bold 글자가 굵게 나타나도록 지정

03 갤러리 영역의 스타일을 추가하기 위해 클래스 선택자 '.gallery'를 찾아 아래에 다음을 추가합니다.

```
.gallery>div{
    width:280px;
    border-bottom-color:#cccccc;
    border-bottom-width:1px;
    border-bottom-style:solid;
}
.gallery ul li{
    float:left;
    padding:10px;
    margin-top:10px;
}
.gallery img{
    height:90px;
    width:75px;
}
.gallery li:hover{
    opacity:0.5;
}
```

[style.css]

```
144    .notice li:hover {
145        font-weight: bold;
146    }
147    .gallery {
148        float: left;
149        height: 200px;
150        width: 300px;
151    }
152    .gallery>div {
153        width: 280px;
154        border-bottom-color: ■#cccccc;
155        border-bottom-width: 1px;
156        border-bottom-style: solid;
157    }
158    .gallery ul li {
159        float: left;
160        padding: 10px;
161        margin-top: 10px;
162    }
163    .gallery img {
164        height: 90px;
165        width: 75px;
166    }
167    .gallery li:hover {
168        opacity: 0.5;
169    }
170    .shortcut {
171        float: left;
```

🅑 기적의 TIP

- .gallery>div : <div class="gallery"> 요소의 자식 요소 〈div〉에 스타일 지정. 즉, '갤러리' 글자 영역의 스타일을 지정
  - border-bottom-width:1px, border-bottom-style:solid : 밑줄 선분으로 나타나도록 지정
- .gallery ul li : .gallery 요소의 후손(하위 요소에 해당하는 모든) 요소 〈ul〉의 〈li〉에 스타일 지정
  - 이미지 주변에 padding:10px과 margin-top:10px 여백을 지정
- .gallery img : .gallery 요소의 후손 요소 〈img〉의 스타일 크기를 지정
- .gallery li:hover : .gallery 요소의 후손 요소 〈li〉에 마우스를 올리면 불투명도 50%(opacity:0.5)로 나타나도록 지정

04 공지사항과 갤러리 영역의 여백을 조정하기 위해서 클래스 선택자 '.notice'와 '.gallery'를 수정합니다.

```
.notice{
    float:left;
    height:200px;
    width:300px;
}
```

'.notice'를 다음과 같이 수정하여 여백이 생기도록 조정합니다.

```
.notice{
    float:left;
    height:190px;
    width:280px;
    margin-top:10px;
}
```

다음으로 '.gallery' 부분을 찾습니다.

```
.gallery{
    float:left;
    height:200px;
    width:300px;
}
```

'.gallery'를 다음과 같이 수정하여 여백이 생기도록 조정합니다.

```
.gallery{
    float:left;
    height:190px;
    width:300px;
    margin-top:10px;
    margin-left:20px;
}
```

[style.css]

```
105    .notice {
106        float: left;
107        height: 190px;
108        width: 280px;
109        margin-top: 10px;
110    }
111    .tab {
112        float: left;
113        width: 300px;
114    }
115    .tab h4 {
116        float: left;
117        height: 30px;
118        width: 80px;
119        line-height: 30px;
120        text-align: center;
121        font-size: 14px;
122        font-weight: bold;
123        color: #ffffff;
124        background-color: #000000;
125    }
126    .notice>div {
127        width: 280px;
128        border-bottom-color: #cccccc;
129        border-bottom-width: 1px;
130        border-bottom-style: solid;
131    }
132    .notice ul {
133        float: left;
134        height: 30px;
135        width: 280px;
136        line-height: 30px;
137        font-size: 14px;
138    }
139    .notice li span {
140        float: right;
141    }
142    .notice li:nth-child(2n) {
143        background-color: #cccccc;
144    }
145    .notice li:hover {
146        font-weight: bold;
147    }
148    .gallery {
149        float: left;
150        height:190px;
151        width: 300px;
152        margin-top: 10px;
153        margin-left: 20px;
154    }
```

05 작업 중인 문서를 모두 저장하고 '크롬 (Chrome)' 브라우저에서 결과를 확인합니다.

③ 바로가기 입력하고 스타일 지정하기

01 'index.html' 문서에서 〈div class="shortcut"〉 바로가기 자리 〈/div〉를 찾고 해당 영역에 다음 과 같이 입력하여 주어진 바로가기 이미지를 추 가합니다.

```html
<div class="shortcut">
  <a href="#">
    <img src="images/contents.jpg" alt="바로가기">
    <span class="sctext">바로가기</span>
  </a>
</div>
```

[index.html]

```
85      <div class="gallery">
86        <div class="tab"><h4>갤러리</h4></div>
87        <ul>
88          <li><a href="#"><img src="images/icon1.jpg" alt="1"></a></li>
89          <li><a href="#"><img src="images/icon2.jpg" alt="2"></a></li>
90          <li><a href="#"><img src="images/icon3.jpg" alt="3"></a></li>
91        </ul>
92      </div>
93
94      <div class="shortcut">
95        <a href="#">
96          <img src="images/contents.jpg" alt="바로가기">
97          <span class="sctext">바로가기</span>
98        </a>
99      </div>
100   </div>
101
102   <footer>
```

02 'style.css' 문서에서 바로가기 영역의 스타 일을 추가하기 위해 클래스 선택자 '.shortcut'를 찾아 아래에 다음을 추가합니다.

```css
.shortcut{
    float:left;
    height:200px;
    width:200px;
}
.shortcut img{
    float:right;
    margin-top:10px;
    height:180px;
    width:180px;
}
```

[style.css]

```
173   .shortcut {
174     float: left;
175     height: 200px;
176     width: 200px;
177   }
178   .shortcut img {
179     float: right;
180     margin-top: 10px;
181     height: 180px;
182     width: 180px;
183   }
184   .sctext {
185     float: right;
186     height: 30px;
187     width: 100px;
188     position: absolute;
189     text-align: center;
190     color: #ffffff;
191     font-weight: bold;
192     line-height: 30px;
193     background-color: rgba(40, 40, 40, 0.3);
194     margin-top: 80px;
195     margin-left: 60px;
196   }
197   .sctext:hover {
198     opacity: 0.5;
199   }
200   footer {
201     float: right;
202   }
```

```
.sctext{
    float:right;
    height:30px;
    width:100px;
    position:absolute;
    text-align:center;
    color:#ffffff;
    font-weight: bold;
    line-height:30px;
    background-color:rgba(40,40,40,0.3);
    margin-top:80px;
    margin-left:60px;
}
.sctext:hover{
    opacity: 0.5;
}
```

- .shortcut img : <div class="shortcut"> 요소의 후손 요소 (img)의 스타일 크기를 지정
- .sctext : <span class="sctext"> 바로가기 글자 영역의 스타일 지정
- .sctext:hover : 마우스를 올리면 불투명도 50%(opacity:0.5)로 약간 투명하게 보이도록 지성

❹ 모달 레이어 작성하고 팝업 배경 스타일 지정하기

01 세부 지시사항에 지시된 모달 레이어 팝업을 구성합니다. 공지사항의 첫 번째 콘텐츠를 클릭(Click)할 경우 모달 레이어 팝업창(Modal Layer Pop_up)이 나타나며 닫기 버튼을 누르면 해당 팝업창이 닫히도록 구성합니다.

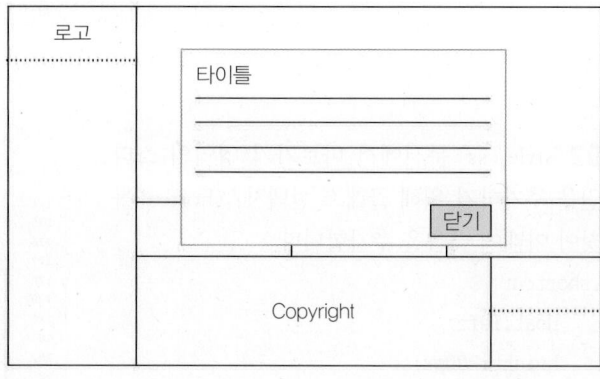

416 **PART 04** · 최신 기출 유형 문제

02 먼저 모달 레이어 팝업창에 들어가는 콘텐츠 부분을 작성합니다.

'index.html' 문서에서 〈div class="shortcut"〉 영역 다음에 다음과 같이 입력합니다.

```html
<div id="modal">
  <div class="modal_up">
    <div class="uptitle">공지 사항</div>
    <div class="upbody">
      연꽃과 음식 이야기 관련 책자는 안내 사무실에
      서 받아가세요.
    </div>
    <div class="btn">닫기</div>
  </div>
</div>
```

[index.html]

```html
94    <div class="shortcut">
95      <a href="#">
96        <img src="images/contents.jpg" alt="바로가기">
97        <span class="sctext">바로가기</span>
98      </a>
99    </div>
100
101   <div id="modal">
102     <div class="modal_up">
103       <div class="uptitle">공지 사항</div>
104       <div class="upbody">
105         연꽃과 음식 이야기 관련 책자는 안내 사무실에서 받아가세요.
106       </div>
107       <div class="btn">닫기</div>
108     </div>
109   </div>
110   </div>
111
112   <footer>
```

03 모달 레이어 팝업창의 스타일을 지정하기 위해서 'style.css' 문서에 다음과 같이 입력합니다.

```css
#modal{
    width:100%;
    height:100%;
    position:absolute;
    left:0;
    top:0;
    background:rgba(0,0,0, 0.6);
    z-index:1;
    display:none;
}
#modal.active{
    display:block;
}
```

[style.css]

```css
192     line-height: 30px;
193     background-color: rgba(40, 40, 40, 0.3);
194     margin-top: 80px;
195     margin-left: 60px;
196   }
197   .sctext:hover {
198     opacity: 0.5;
199   }
200   #modal {
201     width: 100%;
202     height: 100%;
203     position: absolute;
204     left: 0;
205     top: 0;
206     background: rgba(0, 0, 0, 0.6);
207     z-index: 1;
208     display: none;
209   }
210   #modal.active {
211     display: block;
212   }
213   footer {
214     float: right;
215   }
```

🅑 **기적의 TIP**

- #modal : 〈div id="modal"〉 요소로 화면 전체(width:100%, height:100%)를 background:rgba(0,0,0, 0.6) 색상으로 지정하여 채움. 처음엔 나타나지 않도록 display:none를 지정
- #modal.active : #modal에 active 클래스가 추가되면 나타냄
- z-index : 요소의 쌓이는 순서를 결정하는 속성으로 여러 요소들이 겹칠 때 어떤 요소가 화면 상에서 앞쪽 또는 뒤쪽으로 보이게 할지 우선순위를 결정. 큰 값을 설정한 요소가 화면에서 더 앞쪽으로 보이게 됨
- 만일 어떤 요소에는 z-index 속성을 지정하고 어떤 요소에는 지정하지 않았다면 z-index를 속성을 지정한 요소가 화면 상에서 더 앞으로 보이게 됩니다. 이때 주의할 점은 z-index 속성은 position 속성이 설정된 요소에 대해서만 작용하므로 position 속성을 함께 사용해야 합니다.

⑤ 모달 레이어 팝업 기능 구현하기

01 모달 레이어 팝업창 모양은 팝업 되는 영역의 스타일을 보면서 지정하기 위해서 먼저 팝업 기능부터 구현합니다.

'script.js' 문서에 다음과 같이 입력하여 팝업 기능을 추가합니다. 이때 마지막 줄인 '});' 안쪽에 입력하도록 합니다.

```
$(".notice li:first").click(function(){
  $("#modal").addClass("active");
});
$(".btn").click(function(){
  $("#modal").removeClass("active");
});
```

[script.js]

```
1    // JavaScript Document
2
3    jQuery(document).ready(function () {
4
5      $('.navi>li').mouseover(function () {
6        $(this).find('.submenu').stop().slideDown(500);
7      }).mouseout(function () {
8        $(this).find('.submenu').stop().slideUp(500);
9      });
10
11     $('.imgslide a:gt(0)').hide();
12     setInterval(function () {
13       $('.imgslide a:first-child').fadeOut()
14         .next('a').fadeIn()
15         .end().appendTo('.imgslide');
16     }, 3000);
17
18     $(".notice li:first").click(function () {
19       $("#modal").addClass("active");
20     });
21     $(".btn").click(function () {
22       $("#modal").removeClass("active");
23     });
24
25   });
26
```

⒝ 기적의 TIP

- (".notice li:first").click() : .notice 요소의 후손 요소 중에서 첫 번째 요소를 클릭
- ("#modal").addClass("active") : #modal과 일치하는 요소에 'active' 클래스 추가
- (".btn").click(function() : .btn 요소를 클릭
- ("#modal").removeClass("active") : #modal의 'active' 클래스를 삭제

---

02 작업 중인 문서를 모두 저장하고, '크롬(Chrome)' 브라우저에서 현재까지 작업된 사항을 확인합니다.

지금까지의 작업 결과를 통해 클래스 선택자 '.notice' 요소, 즉 〈div class="notice"〉로 지정된 공지사항의 첫 번째 줄을 클릭하면 바탕에 불투명도가 낮아지면서 화면이 변하는 것을 확인할 수 있습니다.

⑥ 모달 레이어 팝업창 스타일 지정하기

01 모달 레이어 팝업창의 스타일을 계속해서 지정하기 위해 'style.css' 문서에 다음을 추가합니다.

```css
.modal_up{
    width:400px;
    height:300px;
    position:fixed;
    left:40%;
    top:40%;
    background-color:#ffffff;
}
.uptitle{
    margin-top:20px;
    text-align:center;
    line-height:30px;
    font-size:20px;
    font-weight:bold;
}
.upbody{
    padding:30px;
    text-align:center;
    font-size:15px;
    line-height:40px;
}
.btn{
    height:20px;
    width:80px;
    cursor:pointer;
    display:block;
    text-align:center;
    font-size:15px;
    font-weight:bold;
    border-radius:3px;
    background:#cccccc;
    position: absolute;
    right:10px;
    bottom:10px;
}
```

[style.css]

```css
210    #modal.active {
211      display: block;
212    }
213    .modal_up {
214      width: 400px;
215      height: 300px;
216      position: fixed;
217      left: 40%;
218      top: 40%;
219      background-color: ☐#ffffff;
220    }
221    .uptitle {
222      margin-top: 20px;
223      text-align: center;
224      line-height: 30px;
225      font-size: 20px;
226      font-weight: bold;
227    }
228    .upbody {
229      padding: 30px;
230      text-align: center;
231      font-size: 15px;
232      line-height: 40px;
233    }
234    .btn {
235      height: 20px;
236      width: 80px;
237      cursor: pointer;
238      display: block;
239      text-align: center;
240      font-size: 15px;
241      font-weight: bold;
242      border-radius: 3px;
243      background: ■#cccccc;
244      position: absolute;
245      right: 10px;
246      bottom: 10px;
247    }
248    footer {
249      float: right;
250    }
```

기적의 TIP

• .modal_up : 모달 레이어가 팝업될 때 나타나는 <div class="modal_up"> 영역의 스타일 지정

- .uptitle : 모달 레이어 팝업창의 제목 영역인 <div class="uptitle"> 스타일 지정
- .upbody : 모달 레이어 팝업창의 내용 영역인 <div class="upbody"> 스타일 지정
- .btn : 팝업창 안에 나타나는 버튼 영역의 스타일 지정

02 모든 문서를 저장한 후 모달 레이어 팝업창이 잘 나타나고 사라지는지 '크롬(Chrome)' 브라우저에서 결과를 확인합니다.

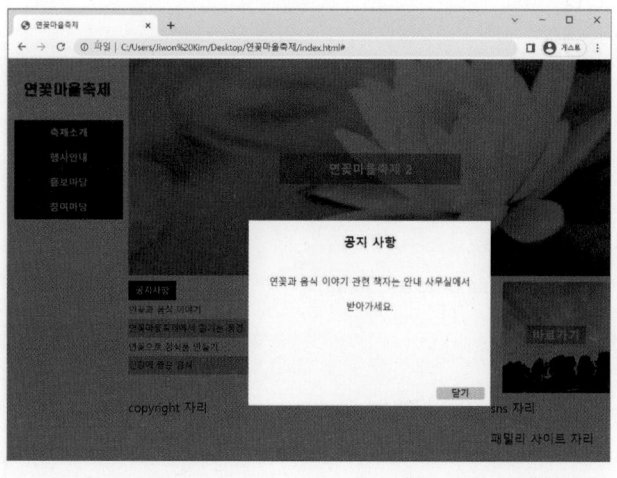

6 STEP 세부 영역별 지시사항 풀기 – ⓓ Footer   약 25분

❶ Footer 영역 작성하기

제공된 텍스트와 이미지를 사용하여 Copyright, SNS(3개), 패밀리 사이트를 제작합니다.

01 'index.html' 문서에서 〈footer〉 〈/footer〉 영역에서 미리 입력되어 있던 'copyright 자리', 'sns 자리', '패밀리 사이트 자리' 영역을 찾아 다음과 같이 수정합니다.

```
<footer>
<div class="bottom">
  <div class="copy">
    COPYRIGHT © by WEBDESIGN. ALL RIGHTS RE-
    SERVED
  </div>
  <div class="site">
    <div class="sns">
      <ul>
        <li><a href="#"><img src="images/
        sns1.jpg" alt=""></a></li>
```

[index.html]

```
109        </div>
110      </div>
111
112    <footer>
113      <div class="bottom">
114        <div class="copy">
115          COPYRIGHT © by WEBDESIGN. ALL RIGHTS RESERVED
116        </div>
117        <div class="site">
118          <div class="sns">
119            <ul>
120              <li><a href="#"><img src="images/sns1.jpg" alt=""></a></li>
121              <li><a href="#"><img src="images/sns2.jpg" alt=""></a></li>
122              <li><a href="#"><img src="images/sns3.jpg" alt=""></a></li>
123            </ul>
124          </div>
125          <div class="familysite">
126            <select name="sitelist">
127              <option value="#">패밀리사이트1</option>
128              <option value="#">패밀리사이트2</option>
129              <option value="#">패밀리사이트3</option>
130            </select>
131          </div>
132        </div>
133      </div>
134    </footer>
135
136    </body>
137    </html>
138
```

```
        <li><a href="#"><img src="images/sns2.jpg" alt=""></a></li>
        <li><a href="#"><img src="images/sns3.jpg" alt=""></a></li>
      </ul>
    </div>
    <div class="familysite">
      <select name="sitelist">
        <option value="#">패밀리사이트1</option>
        <option value="#">패밀리사이트2</option>
        <option value="#">패밀리사이트3</option>
      </select>
    </div>
  </div>
 </div>
</div>
</footer>
```

🅑 기적의 TIP

- \<footer\> : 바닥글 섹션 영역을 지정
- \<div class="bottom"\> : Copyright 영역과 sns + 패밀리사이트 영역을 묶어주기 위해 지정
- \<div class="site"\> : sns + 패밀리사이트를 묶어주기 위해 지정
- \<select\> : 드롭다운 목록 박스를 지정
- \<option\> : 드롭다운 목록 항목들을 지정

② Footer 영역 스타일 지정하기

01 푸터 영역에 스타일을 지정하기 위해 'style. css' 문서에서 클래스 선택자 '.bottom'과 '.copy' 영역을 찾아서 다음과 같이 속성을 추가합니다.

```
.bottom{
    float:left;
    height:100px;
    width:800px;
    background-color:#ababab;
}
.copy{
    float:left;
    height:100px;
    width:600px;
    text-align:center;
    font-size:14px;
    line-height:100px;
}
```

[style.css]

```
248    footer {
249        float: right;
250    }
251    .bottom {
252        float: left;
253        height: 100px;
254        width: 800px;
255        background-color: #ababab;
256    }
257    .copy {
258        float: left;
259        height: 100px;
260        width: 600px;
261        text-align: center;
262        font-size: 14px;
263        line-height: 100px;
264    }
265    .site {
266        float: right;
267        height: 100px;
268        width: 200px;
269    }
270    .sns {
271        float: right;
272        height: 50px;
273        width: 200px;
274    }
```

- line-height:100px : 줄 간격 지정
- <div class="copy"> 영역에 줄 간격 line-height와 높이 height를 같은 값을 설정하여(height:100px, line-height:100px) 글자가 세로 가운데 정렬이 되도록 함

02 sns 영역에 들어가는 아이콘 이미지들의 크기와 정렬 스타일을 지정하기 위해 클래스 선택자 '.sns' 영역을 찾고 아래에 다음을 추가합니다.

```
.sns ul{
    text-align:center;
}
.sns ul li{
    display:inline-block;
}
.sns img{
    height:45px;
    width:45px;
    padding:5px;
}
.sns img:hover{
    opacity:0.5;
}
```

[style.css]

```
270    .sns {
271        float: right;
272        height: 50px;
273        width: 200px;
274    }
275    .sns ul {
276        text-align: center;
277    }
278    .sns ul li {
279        display: inline-block;
280    }
281    .sns img {
282        height: 45px;
283        width: 45px;
284        padding: 5px;
285    }
286    .sns img:hover {
287        opacity: 0.5;
288    }
289    .familysite {
290        float: right;
291        height: 50px;
292        width: 200px;
293    }
294
```

- .sns ul li: <div class="sns"> 영역의 후손 요소 <ul>의 후손 요소 <li>에 대한 스타일 지정
  – display:inline-block : 하단 메뉴(리스트)가 한 줄(행)에 표시되도록 inline과 block의 속성을 같이 가지고 있도록 변경
- .sns img:hover : .sns 요소의 후손 요소 <img>에 마우스를 올리면 불투명도 50%(opacity:0.5)로 약간 투명하게 보이도록 지정

03 마지막으로 패밀리사이트 드롭다운 목록의 스타일을 지정하기 위해 클래스 선택자 '.family-site' 영역을 찾아서 그 아래에 다음과 같이 스타일을 추가합니다.

```
.familysite select{
    float:right;
    height:30px;
    width:180px;
    margin-top:10px;
    margin-right:10px;
    font-size:14px;
}
```

[style.css]

```
281  ∨ .sns img {
282        height: 45px;
283        width: 45px;
284        padding: 5px;
285    }
286  ∨ .sns img:hover {
287        opacity: 0.5;
288    }
289  ∨ .familysite {
290        float: right;
291        height: 50px;
292        width: 200px;
293    }
294  ∨ .familysite select {
295        float: right;
296        height: 30px;
297        width: 180px;
298        margin-top: 10px;
299        margin-right: 10px;
300        font-size: 14px;
301    }
302
```

04 작업한 모든 문서를 저장하고, '크롬(Chrome)' 브라우저에서 최종 결과를 확인합니다.

7 STEP   최종 검토하기   약 10분

최종 결과물 Checklist

최종 작업이 끝나면 다음과 같이 최종 문서를 확인합니다.

1. 모든 작업은 바탕 화면의 '비번호' 폴더에 저장되어 있어야 합니다.

2. 최종 본문 파일은 가장 상위 폴더에 'index.html'로 저장되어 있어야 합니다.

3. 제작한 자료들은 '비번호' 폴더 내에 'css', 'javascript', 'images' 폴더별로 분류되어 저장되어 있어야 합니다.

4. 최종 결과물인 '비번호' 폴더의 용량이 5MB을 초과되지 않아야 합니다.

5. 웹페이지 코딩은 HTML5 기준 웹 표준을 준수하여야 합니다.

- HTML 유효성 검사(W3C validator)에서 오류(ERROR)가 없어야 합니다. 단, HTML 유효성 검사 서비스는 인터넷으로 이루어지기 때문에 시험 시 확인할 수는 없습니다.
- 따라서 오류를 방지하기 위해서 다음과 같은 방법을 사용하여 확인합니다.
  ① 구글 크롬 브라우저나, 파이어폭스 브라우저를 이용하여 페이지 빈공간에 마우스 오른쪽 버튼 누르고 '검사(Inspect)'를 실행합니다.
  ② 콘솔(Console) 창에서 오류가 나타나는지 확인합니다. 시험 최종 결과물에서 이 오류가 나타나면 안 됩니다.
  ③ 오류가 있을 경우 콘솔 창에 오류 메시지가 나타나게 됩니다.
  ④ 오류를 발견하면 오류가 있는 코드를 수정하여 오류를 바로 잡습니다.

최신 기출 유형 문제

▶ 합격 강의

작업파일 [PART 04 〉 기출유형문제 07회 〉 수험자 제공 파일]을 열어서 작업하세요.

[공개 문제 유형 : A-1, B-1]

ON쇼핑몰 웹사이트 제작

자격 종목	웹디자인개발기능사	과제명	ON쇼핑몰

※ 시험시간 : 3시간

1. 요구사항

※ 다음 요구사항을 준수하여 주어진 자료(수험자 제공 파일)를 활용하여 시험시간 내에 웹페이지를 제작 후 5MB **용량이 초과되지 않게** 저장 후 제출하시오.

※ 웹페이지 코딩은 **HTML5 기준 웹 표준**을 준수하여야 하며, 요구사항에 지정되지 않는 요소들은 주제 특성에 맞게 자유롭게 디자인하시오.

※ 문제에서 지시하지 않은 와이어프레임 영역 비율, 레이아웃, 텍스트의 글자체/색상/크기, 요소별 크기, 색상 등은 수험자가 과제명(가.주제) 특성에 맞게 자유롭게 디자인하시오.

가. 주제 : ON쇼핑몰 홈페이지 제작

나. 개요

「ON쇼핑몰」을 홍보하기 위한 웹사이트를 제작하려고 한다. 이 웹사이트는 최근 사업 영역의 확장에 따라 웹사이트 개선을 위하여 메인 페이지 시안 제작을 요청하였다. 아래의 요구사항에 따라 메인 페이지를 제작하시오.

다. 제작 내용

01) 메인 페이지를 디자인하고 HTML, CSS, JavaScript 기반의 웹페이지를 제작한다. (이때 jQuery 오픈소스, 이미지, 텍스트 등의 제공된 리소스를 활용하여 제작할 수 있다.)

02) HTML, CSS의 charset은 utf-8로 해야 한다.

03) 컬러 가이드

주조색 (Main color)	보조색 (Sub color)	배경색 (Background color)	기본 텍스트의 색 (Text color)
#5e1742	#c9463d	#ffffff	#333333

04) 사이트 맵(Site map)

Index page / 메인(Main)			
메인 메뉴(Main menu)	축제소개	예약안내	아티스트	커뮤니티
서브 메뉴(Sub menu)	블라우스 티 셔츠 니트	자켓 점퍼 코트	긴바지 짧은바지 스커트 데님	귀고리 목걸이 반지 팔찌

05) 와이어프레임(Wireframe)

〈C영역 각각의 넓이는 수험자가 판단〉

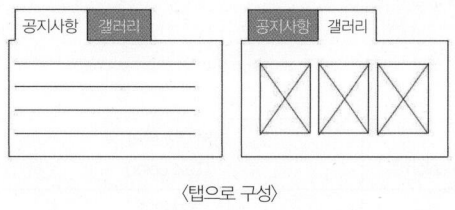

〈탭으로 구성〉

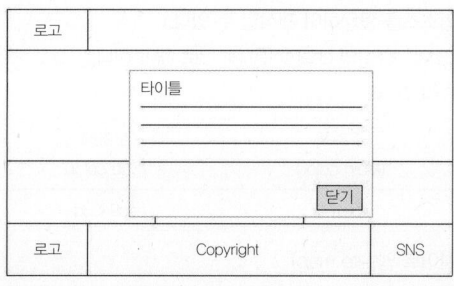

〈레이어 팝업창 구성〉

라. 세부 영역별 지시사항

영역 및 명칭	세부 지시사항
Ⓐ Header	**A.1. 로고** ○ 가로 세로 230픽셀x50픽셀 크기로 웹사이트의 이미지에 적합한 로고를 직접 디자인하여 삽입한다. ○ 심벌 없이 로고명을 포함한 워드타입으로 디자인한다. 로고명은 Header 폴더의 제공된 텍스트를 사용한다. **A.2. 메뉴 구성** ※ 사이트 구조도를 참고하여 메인 메뉴(Main menu)와 서브 메뉴(Sub menu)로 구성한다.

자격 종목	웹디자인개발기능사	과제명	ON쇼핑몰

	(1) 메인 메뉴(Main menu) 효과 [와이어프레임 참조]
	○ 메인 메뉴 중 하나에 마우스를 올리면(Mouse over) 하이라이트 되고, 벗어나면(Mouse out) 하이라이트를 해제한다.
	○ 메인 메뉴를 마우스로 올리면(Mouse over) 서브 메뉴 영역이 부드럽게 나타나면서, 서브 메뉴가 보이도록 한다.
	○ 메인 메뉴에서 마우스 커서가 벗어나면(Mouse out) 서브 메뉴 영역은 부드럽게 사라져야 한다.
	(2) 서브 메뉴 영역 효과
	○ 서브 메뉴 영역은 메인 페이지 콘텐츠를 고려하여 배경 색상을 설정한다.
	○ 서브 메뉴 중 하나에 마우스를 올리면(Mouse over) 하이라이트 되고 벗어나면(Mouse out) 하이라이트를 해제한다.
	○ 마우스 커서가 메뉴 영역을 벗어나면(Mouse out) 서브 메뉴 영역은 부드럽게 사라져야 한다.
⑧ Slide	B. Slide 이미지 제작
	○ [Slide] 폴더에 제공된 3개의 이미지로 제작한다.
	○ [Slide] 폴더에 제공된 3개의 텍스트를 각 이미지에 적용하되, 텍스트의 글자체, 굵기, 색상, 크기를 적절하게 설정하여 가독성을 높이고, 독창성이 드러나도록 제작한다.
	B. Slide 애니메이션 작업
	※ 위에서 작업한 결과물을 이용하여 슬라이드 작업을 한다.
	○ 이미지 슬라이드는 Fade-in, Fade-out 효과를 이용하여 제작한다.(하나의 이미지가 서서히 사라지고, 다른 이미지가 서서히 나타나는 효과이다.)
	○ 슬라이드는 매 3초 이내로 하나의 이미지에서 다른 이미지로 전환되어야 한다.
	○ 웹사이트를 열었을 때 자동으로 시작되어 반복적으로(마지막 이미지가 슬라이드 되면 다시 첫 번째 이미지가 슬라이드 되는 방식) 슬라이드 되어야 한다.
ⓒ Contents	C.1. 공지사항
	○ 공지사항 타이틀 영역과 콘텐츠 영역을 구분하여 표현해야 한다.
	(단, 콘텐츠는 HTML 코딩으로 작성해야 하며, 이미지로 삽입하면 안 된다.)
	○ 콘텐츠는 Contents 폴더의 제공된 텍스트를 적용하여 제작한다.
	○ 공지사항의 첫 번째 콘텐츠를 클릭(Click)할 경우 레이어 팝업창(Layer Pop_up)이 나타나며 닫기 버튼을 누르면 해당 팝업창이 닫혀야한다. [와이어프레임 참조]
	○ 레이어 팝업의 제목과 내용은 Contents 폴더의 제공된 텍스트를 사용한다.
	C.2. 갤러리
	○ Contents 폴더의 제공된 이미지 3개를 사용하여 가로 방향으로 배치한다.
	○ 갤러리의 이미지에 마우스 오버(Mouse over) 시 해당 객체의 투명도(Opacity)에 변화가 있어야 한다. [와이어프레임 참조]
	○ 공지사항과 갤러리는 탭 기능을 이용하여 제작하여야 한다.
	○ 각 탭을 클릭(Click) 시 해당 탭에 대한 내용이 보여야 한다. [와이어프레임 참조]]
	C.3. 배너
	○ Contents 폴더의 제공된 파일을 활용하여 편집 또는 디자인하여 제작한다.
	C.4. 바로가기
	○ Contents 폴더의 제공된 파일을 활용하여 편집 또는 디자인하여 제작한다.
⑩ Footer	○ 로고를 무채색(Grayscale)으로 변경하고 사용자 접근성을 고려하여 배치한다.
	○ Footer 폴더의 제공된 텍스트를 사용하여 Copyright, SNS(3개)를 제작한다.

마. 기술적 준수사항

01) 웹페이지 코딩은 HTML5 기준 웹 표준을 준수하여야 하며 HTML **유효성 검사(W3C validator)에서** 오류('ERROR')가 없어야 한다.
   ※ HTML 유효성 검사 서비스는 시험 시 제공하지 않는다(인터넷 사용 불가).

02) **CSS는 별도의 파일로 제작하여 링크**하여야 하며, CSS3 기준(**W3C validator**)에서 오류('ERROR')가 없도록 코딩되어야 한다.

03) JavaScript 코드는 별도의 파일로 제작하여 연결하여야 하며 브라우저(**Google Chrome**)에 내장된 개발도구의 Console 탭에서 오류('ERROR')가 표시되지 않아야 한다.

04) 별도로 지정하지 않은 상호작용이 필요한 모든 콘텐츠(로고, 메뉴, 버튼, 바로가기 등)는 임시 링크(예:#)를 적용하고 'Tab'(Tab) 키로 이동 선택할 수 있어야 한다.

05) 사이트는 다양한 화면 해상도에서 일관성 있는 페이지 레이아웃을 제공해야 한다.

06) 웹페이지 전체 레이아웃은 Table 태그 사용이 아닌 CSS를 통한 레이아웃 작업으로 해야 한다.

07) 브라우저에서 CSS를 "사용 안 함"으로 설정한 경우 콘텐츠가 세로로 나열된다.

08) 타이틀 텍스트(Title text), 바디 텍스트(Body text), 메뉴 텍스트(Menu text)의 각 글자체/굵기/색상/크기 등을 적절하게 설정하여 사용자가 텍스트 간의 위계질서(Hierarchy)를 직관적으로 알 수 있도록 한다.

09) 모든 이미지에는 이미지에 대한 대체 텍스트를 표현할 수 있는 alt 속성이 있어야 한다.

10) 제작된 사이트 메인 페이지의 레이아웃, 구성 요소의 크기 및 위치 등은 최신 버전의 **MS Edge와 Google Chrome**에서 동일하게 표시되어야 한다.

바. 제출 방법

01) 수험자는 비번호로 된 폴더명으로 완성된 작품 파일을 저장하여 제출한다.

02) 폴더 안에는 images, script, css 등의 자료를 분류하여 저장한 폴더도 포함되어 있어야 하며, 메인 페이지는 반드시 최상위 폴더에 index.html로 저장하여 제출해야 한다.

03) 수험자는 제출하는 폴더에 index.html을 열었을 때 연결되거나 표시되어야 할 모든 리소스들을 포함하여 제출해야 하며 수험자의 컴퓨터가 아닌 채점 위원의 컴퓨터에서 정상 작동해야 한다.

04) 전체 결과물의 용량은 5MB용량이 초과되지 않게 제출하며 ai, psd 등 웹서비스에 사용되지 않는 파일은 제출하지 않는다.

2. 수험자 유의사항

※ 다음의 유의사항을 고려하여 요구사항을 완성하시오.

01) 수험자 인적사항 및 답안작성은 반드시 검은색 필기구만 사용하여야 하며, 그 외 연필류, 유색 필기구, 지워지는 펜 등을 사용한 답안은 채점하지 않으며 0점 처리됩니다.

02) 수험에 필요한 소프트웨어 및 참고자료가 하드웨어에 설치되어 있는지 확인 후 작업하시오.

03) 참고자료의 내용 중 오자 및 탈자 등이 있을 때는 수정하여 작업하시오.

04) 지참공구[수험표, 신분증, 흑색 필기도구] 이외의 참고자료 및 외부장치(CD, USB, 키보드, 마우스, 이어폰) 등 **어떠한 물품도 시험 중에 지참할 수 없음**을 유의하시오(단, 시설목록 이외의 정품 소프트웨어(폰트 제외)를 설치하고자 할 때에는 감독위원의 입회하에 설치하여 사용하시오).

05) 수험자가 컴퓨터 활용 미숙 등으로 인해 시험의 진행이 어렵다고 판단되었을 때는 감독위원은 시험을 중지시키고 실격처리를 할 수 있음을 유의하시오.

06) **바탕 화면에 수험자 본인의 "비번호" 이름을 가진 폴더에 완성된 작품의 파일만을 저장하시오.**

자격 종목	웹디자인개발기능사	과제명	ON쇼핑몰

07) 모든 작품을 감독위원 또는 채점위원이 검토하여 복사된 작품(동일 작품)이 있을 때에는 관련된 수험자 모두를 부정행위로 처리됨을 유의하시오.

08) 장시간 컴퓨터 작업으로 신체에 무리가 가지 않도록 적절한 몸풀기(스트레칭) 후 작업하시오.

09) **다음 사항에 대해서는 실격에 해당되어 채점 대상에서 제외됩니다.**

가) 수험자 본인이 수험 도중 시험에 대한 포기(기권) 의사를 표시하고 포기하는 경우

나) 작업 범위(용량, 시간)를 초과하거나, 요구사항과 현격히 다른 경우(채점위원이 판단)

다) <u>Slide가 JavaScript(jQuery포함), CSS 중 하나 이상의 방법을 이용하여 제작되지 않은 경우</u>
  ※ 움직이는 Slide를 제작하지 않고 이미지 하나만 배치한 경우도 실격처리 됨

라) 수험자 미숙으로 비번호 폴더에 완성된 작품 파일을 저장하지 못했을 경우

마) 압축프로그램을 사용하여 작품을 압축 후 제출한 경우

바) 과제 기준 20% 이상 완성이 되지 않은 경우(채점위원이 판단)

3. 지급재료 목록

일련번호	재료명	규격	단위	수량	비고
1	수험자료 USB 메모리	32GB 이상	개	1	시험장당
2	USB 메모리	32GB 이상	개	1	시험장당 1개씩(채점위원용) ※ 수험자들의 작품 관리

※ 국가기술자격 실기 시험 지급재료는 시험종료 후(기권, 결시자 포함) 수험자에게 지급하지 않습니다.

① HTML5 버전 index.html 만들기

시험장에서는 문제를 풀기 전 컴퓨터 바탕 화면에 본인에게 부여된 '비번호' 이름의 폴더를 생성하고, 폴더 안에 주어진 제공 파일들을 미리 저장해둡니다. 시험장에서 모든 작업은 바탕 화면의 '비번호' 폴더에 저장해야 합니다. 본 교재에서는 바탕 화면에 생성한 작업 폴더명을 과제명인 'ON쇼핑몰'로 설정하고 작업을 진행합니다.

01 Visual Studio Code(VSC)를 실행합니다.
[시작하기 화면]-[폴더 열기]를 선택하여 작업할 폴더를 지정합니다. 시작하기 화면이 보이지 않는 경우, 상단 메뉴 표시줄에서 [파일]-[폴더 열기]를 눌러 작업할 폴더를 지정합니다.

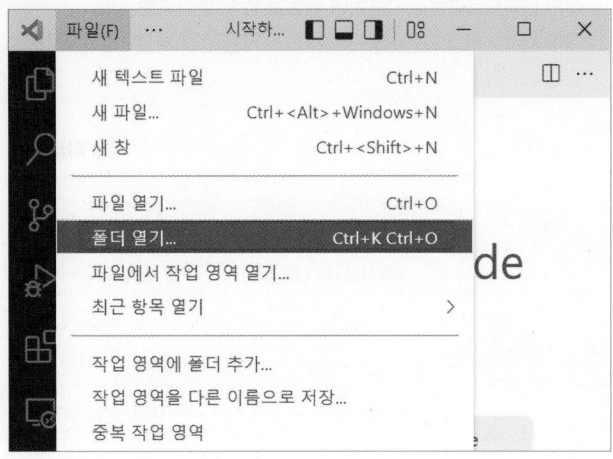

02 바탕 화면에 생성해두었던 작업할 폴더를 선택합니다.

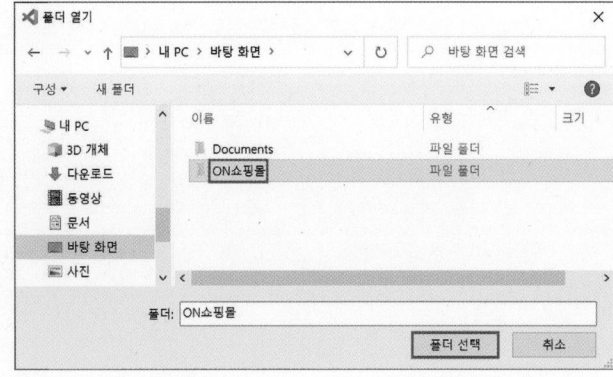

03 HTML5 버전의 문서를 만들기 위해 Visual Stduio Code 왼쪽 화면의 '탐색기'에서 작업 중인 폴더에 마우스를 올립니다.
폴더의 오른쪽에 [새 파일] 아이콘이 생기면 클릭합니다.

04 작업 폴더의 하위 리스트에 새로운 파일이 생성되면 파일명을 'index.html'로 입력한 후 Enter 를 누르거나 여백을 클릭합니다. 파일이 정상적으로 생성되면 오른쪽 코드창에 'index.html' 파일이 열린 것을 확인할 수 있습니다.
Visual Studio Code에서 생성한 파일은 윈도우 탐색기에서도 확인할 수 있습니다.

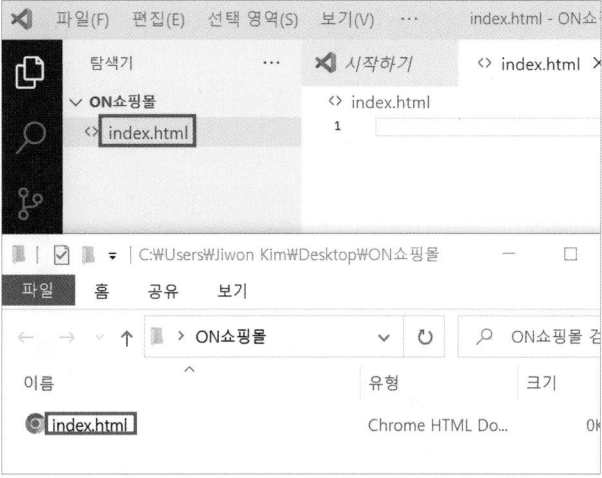

05 코드 창에서 'index.html' 문서에 HTML5 문서 형식에 맞추어 코드를 입력합니다.

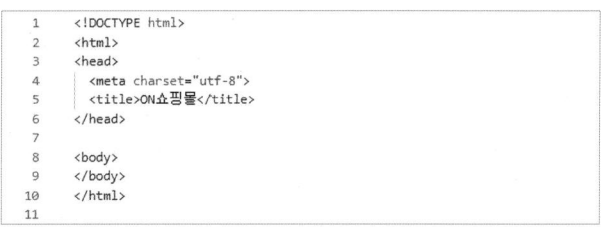

```
<!DOCTYPE html>
<html>
<head>
  <meta charset="utf-8">
  <title>ON쇼핑몰</title>
</head>

<body>
</body>
</html>
```

기적의 TIP

HTML5 문서는 문서의 시작과 끝, 본문의 시작과 끝을 알리는 태그를 사용하여 코딩을 시작합니다. 이때 HTML5 표준 문서의 선언부인 〈!DOCTYPE HTML〉(대소문자 구분 없음)를 정확히 기입해야 합니다. 또 문자셋(Charset)도 주어진 조건에 맞게 기입합니다.

① 레이아웃 작성하기

01 가장 먼저 와이어프레임에 맞게 레이아웃을 작성합니다. 문제에 주어진 구조와 값(수치) 등을 파악하여 레이아웃의 큰 틀을 지정한 후, 각 영역의 내용을 채워갑니다.

```
<!DOCTYPE html>

<html>

<head>

  <meta charset="utf-8">

  <title>ON쇼핑몰</title>

</head>


<body>


<header>

  <div class="top">

    <div class="logo">

      로고 자리

    </div>

    <nav class="menu">

      메뉴 자리

    </nav>

  </div>

</header>


<div class="bodywrap">

  <div class="imgslide">

    이미지 슬라이드 자리

  </div>


  <div class="contents">

    <ul class="tabmenu">

      <li>

        <div class="notice">

          공지사항 자리

        </div>

      </li>

      <li>

        <div class="gallery">

          갤러리 자리

        </div>

      </li>

    </ul>
```

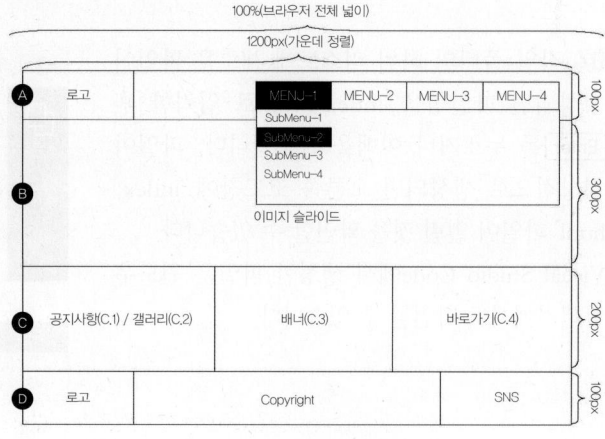

▲ 주어진 와이어프레임 조건

[index.html]

```
1    <!DOCTYPE html>
2    <html>
3    <head>
4      <meta charset="utf-8">
5      <title>ON쇼핑몰</title>
6    </head>
7
8    <body>
9      <!--와이어프레임 상단 시작-->
10     <header>
11       <div class="top"> <!--top: logo와 menu 묶어줌-->
12         <div class="logo">
13           로고 자리
14         </div>
15         <nav class="menu">
16           메뉴 자리
17         </nav>
18       </div>
19     </header>
20
21     <!--와이어프레임 가운데 시작-->
22     <div class="bodywrap"> <!--bodywrap: imgslide와 contents 묶어줌-->
23       <div class="imgslide">
24         이미지 슬라이드 자리
25       </div>
26
27       <div class="contents"> <!--contents: tabmenu와 otherwrap 묶어줌-->
28         <ul class="tabmenu"> <!--tabmenu: 공지사항과 갤러리 묶어줌-->
29           <li>
30             <div class="notice">
31               공지사항 자리
32             </div>
33           </li>
34           <li>
35             <div class="gallery">
36               갤러리 자리
37             </div>
38           </li>
39         </ul> <!--tabmenu 끝-->
```

```
          <div class="otherwrap">

            <div class="banner">

              배너 자리

            </div>

            <div class="shortcut">

              바로가기 자리

            </div>

          </div>

        </div>

      </div>

      <footer>

        <div class="btlogo">

          로고 자리

        </div>

        <div class="copy">

          Copyright 자리

        </div>

        <div class="sns">

          SNS 자리

        </div>

      </footer>

    </body>

  </html>
```

```
40
41            <div class="otherwrap"> <!--otherwrap: banner와 shortcut 묶어줌-->
42              <div class="banner">
43                배너 자리
44              </div>
45              <div class="shortcut">
46                바로가기 자리
47              </div>
48            </div> <!--otherwrap 끝-->
49          </div> <!--contents 끝-->
50        </div> <!--bodywarp 끝-->
51
52        <!--와이어프레임 하단 시작-->
53        <footer>
54          <div class="btlogo">
55            로고 자리
56          </div>
57          <div class="copy">
58            Copyright 자리
59          </div>
60          <div class="sns">
61            SNS 자리
62          </div>
63        </footer>
64
65      </body>
66    </html>
67
```

기적의 TIP

- HTML 문서에서 주석은 '⟨!--'로 시작하고 '--⟩'로 끝나도록 합니다. 단, 하이픈(--)이 세 개 이상 사용되지 않도록 주의합니다. 예를 들어 ⟨!---- 주석 내용 ----⟩과 같이 하이픈이 세 개 이상 연결하여 사용하지 않도록 합니다.
- 웹페이지 영역은 ⟨div⟩로 구분합니다. 각 영역에는 CSS 스타일 지정을 위해 미리 클래스(class) 이름을 지정합니다.
- class : 웹페이지에 사용되는 요소의 이름을 명명하는 속성으로 스타일 시트(CSS) 파일에서 선언될 선택자 이름
- ⟨header⟩ : 헤더(머리글 섹션) 영역 지정
- ⟨div class="top"⟩ : 로고와 메뉴 영역을 묶어주기 위한 영역 지정
- ⟨nav⟩ : 메뉴 탐색을 위한 내비게이션 영역 지정
- ⟨div class="bodywrap"⟩ : 이미지 슬라이드 영역과 콘텐츠 영역 전체를 묶어주는 영역 지정
- ⟨div class="imgslide"⟩ : 이미지 슬라이드 영역 지정
- ⟨div class="contents"⟩ : 콘텐츠(공지사항 갤러리 탭, 배너, 바로가기) 영역 지정
- ⟨ul class="tabmenu"⟩ : 콘텐츠 영역 내의 공지사항 갤러리 탭 영역 지정
- ⟨div class="otherwrap"⟩ : 콘텐츠 영역 내에서 배너와 바로가기 영역을 묶어주는 영역 지정
- ⟨footer⟩ : 푸터(바닥글 섹션) 영역 지정
- ⟨div class="top"⟩ : 이 영역은 로고와 메뉴 영역을 묶어주기 위한 영역입니다. 메뉴를 내비게이션 요소를 표시하는 ⟨nav⟩ 요소를 사용하여 만들기 때문에 로고 <div class="logo">와 메뉴 <nav class="menu"> 영역을 다시 한번 ⟨div⟩ 요소로 명확하게 묶어주기 위해서 설정하였습니다. 이 영역은 가로형 와이어 프레임처럼 단순한 레이아웃 구조에서는 생략해도 무방하지만, 이 예시에서는 설정하여 사용했습니다.

02 파일 탐색기에서 작업 폴더를 찾아 'index.html' 문서를 '크롬(Chrome)' 브라우저에서 열어 작업 결과를 확인할 수 있습니다.

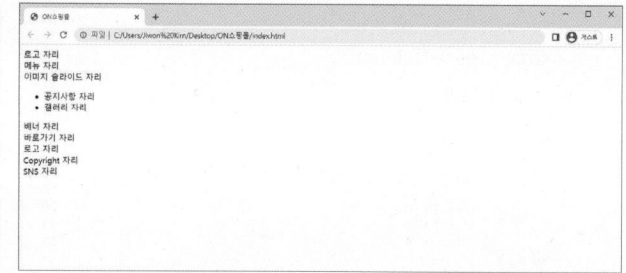

❷ 레이아웃 영역에 CSS 스타일 지정하기

다음으로 HTML로 작성한 레이아웃에 스타일을 지정하기 위해 CSS 작업을 합니다.

01 Visual Studio Code 왼쪽 화면의 탐색기에서 작업 중인 폴더에 마우스를 올립니다.
폴더 오른쪽에 [새 폴더] 아이콘이 생기면 클릭합니다.

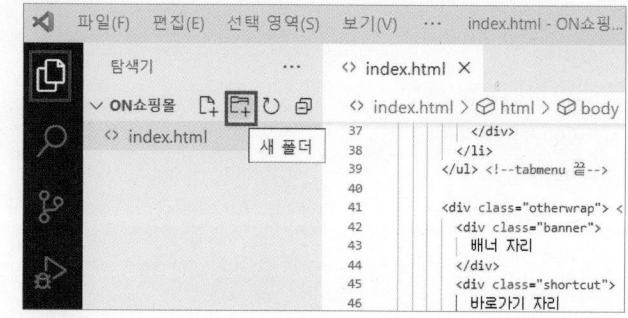

02 작업 폴더의 하위 리스트에 새로운 폴더가 생성되면 폴더명을 'css'로 입력합니다. 새로 생성한 'css' 폴더에서 마우스 오른쪽 버튼을 클릭하고 바로 가기 메뉴에서 [새 파일]을 선택합니다.

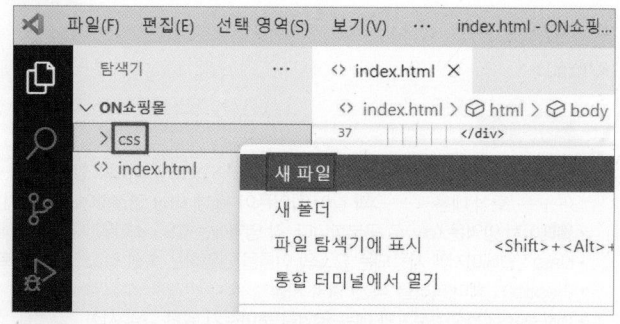

03 파일명을 'style.css'로 입력합니다. 파일이 정상적으로 생성되면 오른쪽 코드창에 'style.css' 파일이 열린 것을 확인할 수 있습니다.
문제 기준에 따라 'style.css' 코드 창에 문자 인코딩 방식을 지정하는 코드를 입력하고 저장합니다.
@charset "utf-8";

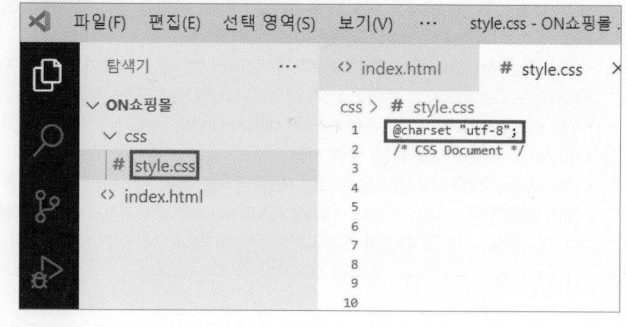

---

③ 기적의 TIP

@(at) 규칙은 스타일 시트에 쓰이는 문자 인코딩을 지정할 때 사용합니다.

04 저장된 CSS 파일을 HTML과 연결하기 위해 'index.html' 문서의 〈head〉 태그 안에 다음과 같이 입력합니다.

`<link href="css/style.css" type="text/css" rel="stylesheet">`

[index.html]

```
1   <!DOCTYPE html>
2   <html>
3   <head>
4       <meta charset="utf-8">
5       <title>ON쇼핑몰</title>
6       <link href="css/style.css" type="text/css" rel="stylesheet">
7   </head>
8
9   <body>
10      <!--와이어프레임 상단 시작-->
11      <header>
12          <div class="top"> <!--top: logo와 menu 묶어줌-->
13              <div class="logo">
14                  로고 자리
15              </div>
16              <nav class="menu">
17                  메뉴 자리
18              </nav>
19          </div>
20      </header>
21
```

05 문서 연결이 끝나면, 다시 스타일 시트 'style.css' 문서로 돌아와서 다음과 같이 스타일을 입력합니다. 스타일을 지정할 때는 와이어프레임에 제시된 전체 가로폭 1200px, 배경색(Background color) #ffffff, 기본 텍스트의 색(Text color) #333333 등을 고려하여 지정합니다.

```
*{
    margin:0 auto;
    padding:0;
    list-style:none;
    font-family:"맑은 고딕";
    color:#333333
}
body{
    width:1200px;
    background-color:#ffffff;
    font-size:20px;
}
a{
    text-decoration:none;
    display:block;
}
```

[style.css]

```
1   @charset "utf-8";
2   /* CSS Document */
3
4   * {
5       margin: 0 auto;
6       padding: 0;
7       list-style: none;
8       font-family: "맑은 고딕";
9       color: #333333
10  }
11  body {
12      width: 1200px;
13      background-color: #ffffff;
14      font-size: 20px;
15  }
16  a {
17      text-decoration: none;
18      display: block;
19  }
20
```

기적의 TIP

• 범용 선택자 '*'와 타입(Type) 선택자 'body', 'a' 등을 이용한 스타일은 문서의 가장 기본적인 스타일입니다. 시험의 요구사항에 주어진 문서 전체에 사용되는 조건(주조색, 보조색, 배경색, 기본 텍스트의 색, 글꼴, 문서 전체 크기 등)을 지정할 때 사용합니다.
• margin:0 auto : 좌우 바깥 여백을 자동 할당하며 중앙 정렬로 만듦
• padding:0 : 안쪽 여백을 없앰
• list-style:none : html 목록태그(ul,ol,li)를 사용한 부분에 목록스타일이 나타나지 않도록 지정
• text-decoration:none : 링크가 걸린 텍스트에 자동으로 나타나는 밑줄이 나타나지 않도록 지정
• display:block : 박스 요소를 block 속성으로 표시하며, 요소 앞뒤로 줄바꿈 되도록 함. block으로 지정하면 한 줄 전체(너비 100%)를 차지하게 함

- ⟨a⟩ 요소나 ⟨img⟩ 요소 등은 한 줄을 차지하는 블록(Block) 요소가 아닌 인라인(Inline) 요소입니다. 이런 요소는 줄바꿈이 되지 않고 나열한 요소가 한 줄에 나타납니다. 이러한 요소를 줄바꿈 되어 나타나게 하기 위해서 display:block를 지정합니다.
- 스타일 속성을 여러 개 나열하는 경우 한 줄에 작성해도 되지만, 가독성을 위해 한 줄씩 나누어 작성하는 것을 권장합니다.
- 최신 기출 유형 문제 풀이는 되도록 클래스(Class) 선택자만 활용하여 스타일을 정의하였습니다. 그러나 조건에 따라 얼마든지 다른 선택자를 활용해도 됩니다. 예를 들어 ⟨nav⟩ 요소를 활용한 메뉴 영역과 같이 스타일이 한 영역에만 고유하게 적용되는 곳은 아이디(Id) 선택자를 활용할 수 있습니다.

06 다음으로 주어진 조건에 맞게 레이아웃의 각 영역의 크기를 정하고 박스 요소들을 순서대로 나열하기 위해 다음과 같이 입력합니다.

```
header{
    height:100px;
    width:1200px;
    position:relative;
}
.top{
    height:100px;
    width:1200px;
    position:absolute;
}
.bodywrap{
    height:500px;
    width:1200px;
}
.imgslide{
    height:300px;
    width:1200px;
    position:relative;
    overflow:hidden;
}
.contents{
    height:200px;
    width:1200px;
    position:absolute;
}
footer{
    height:100px;
    width:1200px;
    background-color:#5e1742;
}
```

[style.css]

```
1   @charset "utf-8";
2   /* CSS Document */
3
4   * {
5       margin: 0 auto;
6       padding: 0;
7       list-style: none;
8       font-family: "맑은 고딕";
9       color: #333333;
10  }
11  body {
12      width: 1200px;
13      background-color: #ffffff;
14      font-size: 20px;
15  }
16  a {
17      text-decoration: none;
18      display: block;
19  }
20  header {
21      height: 100px;      /* 상단 높이 */
22      width: 1200px;      /* 상단 너비 */
23      position: relative;
24  }
25  .top {                  /* logo와 menu 묶어줌 */
26      height: 100px;      /* 상단 로고와 메뉴가 들어가는 곳 높이 */
27      width: 1200px;      /* 상단 로고와 메뉴가 들어가는 곳 너비 */
28      position: absolute;
29  }
30  .bodywrap {             /* imgslide와 contents 묶어줌 */
31      height: 500px;      /* imgslide 높이 + contents 높이 */
32      width: 1200px;      /* imgslide 높이 + contents 너비 */
33  }
34  .imgslide {
35      height: 300px;      /* 이미지 슬라이드 높이 */
36      width: 1200px;      /* 이미지 슬라이드 너비 */
37      position: relative; /* 이미지 슬라이드 영역 제한 */
38      overflow: hidden;   /* 영역 밖으로 보이지 않도록 제한 */
39  }
40  .contents {             /* tabmenu와 otherwrap 묶어줌 */
41      height: 200px;      /* 콘텐츠들(탭메뉴,배너,바로가기) 높이 */
42      width: 1200px;      /* 콘텐츠들(탭메뉴,배너,바로가기) 너비 */
43      position: absolute;
44  }
45  footer {
46      height: 100px;      /* 하단 높이 */
47      width: 1200px;      /* 하단 너비 */
48      background-color: #5e1742;
49  }
50
```

기적의 TIP

- 이번 문제의 레이아웃은 다소 복잡하여 스타일 시트의 입력화면에 주석을 표시하였습니다. 스타일 시트에서 주석은 '/*'로 시작하고 '*/'로 끝납니다.

- 스타일 시트 내에서 스타일 정의는 순서에 상관없이 입력이 가능합니다. 그러나 쉽게 찾고 수정할 수 있게 하기 위해서 HTML 문서에 작성한 태그 요소의 순서와 일치시키는 것이 좋습니다.
- header : ⟨header⟩ 헤더 요소 영역에 대한 스타일 정의
  - height:100px과 width:1200px 값은 와이어프레임에 제시된 헤더 영역의 높이와 너비
  - position:relative : static(기본값) 위치에서 상대적으로 위치를 지정. 부모 요소에 position:relative를 지정하면 자녀 및 후손 요소들은 부모 요소가 가진 공간 안에서 위치가 정해짐
- .top : ⟨div class="top"⟩ 영역의 스타일 정의. 이 영역은 헤더 영역 안에서 로고 영역과 메뉴 영역을 묶어주기 위한 영역으로 height:100px과 width:1200px 값은 헤더 영역과 같은 값을 지정
  - position:absolute : 상위 컨테이너를 기준으로 절대 좌표값을 가지도록 함. 따라서 부모 요소인 ⟨header⟩ 요소의 시작점을 기준으로 삼아 ⟨div class="top"⟩ 요소의 위치가 정해짐
- .bodywrap : ⟨div class="bodywrap"⟩ 영역의 스타일 정의. 이미지 슬라이드 영역과 콘텐츠 영역 전체를 묶어주는 영역 지정
- .imgslide : ⟨div class="imgslide"⟩ 영역의 스타일 정의
  - overflow:hidden : 이미지가 보여져야 하는 영역 밖으로 넘쳐 보이지 않도록 제한. 이미지의 크기가 들어가는 자식 요소 영역(여기서는 슬라이드 이미지)이 자식 요소를 담고 있는 요소 영역(슬라이드 이미지를 담는 ⟨div class="imgslide"⟩ 영역)보다 클 경우에 사용
- .contents : ⟨div class="contents"⟩의 스타일 정의. 이 영역에는 공지사항 갤러리 탭 영역, 배너, 바로가기가 들어가는 것으로 이 영역들을 묶어주기 위해 지정
- footer : ⟨footer⟩ 요소 영역에 대한 스타일 정의
  - height:100px과 width:1200px 값은 와이어프레임에 제시된 푸터 영역의 높이와 너비
  - background-color:#5e1742 : 푸터 영역에 배경색 지정. 이때 요구사항에 주어진 주조색(#5e1742)을 활용함

기적의 TIP

- 이 문제는 가로형 레이아웃 구조로 HTML 문서에 작성한 ⟨header⟩ - ⟨div class="bodywrap"⟩ - ⟨footer⟩의 요소 순으로 브라우저에서 위에서부터 순서대로 나타납니다.
  ① ⟨header⟩는 가장 상단에 위치하는 요소. ⟨div class="top"⟩ 영역을 담고 있는 컨테이너
    - 이 영역 안에는 로고와 메뉴 영역을 묶어주는 ⟨div class="top"⟩이 자식 요소로 들어감
  ② ⟨div class="bodywrap"⟩는 이미지 슬라이드 영역과 콘텐츠 영역을 담고 있는 컨테이너
    - 이 영역 안에는 ⟨div class="imgslide"⟩와 ⟨div class="contents"⟩가 자식 요소로 들어감
  ③ ⟨footer⟩는 가장 하단에 위치하는 요소. 이후에 나오게 될 로고, Copyright, SNS를 담게 될 컨테이너임
- 각 요소에 position 속성을 지정하면 위치 좌표를 조정할 수 있습니다. position 속성 값은 다음과 같이 사용됩니다.
  - static : 기본값. body 요소의 x,y 좌표를 기준으로 요소가 순서대로 나타남. position 속성을 지정하지 않은 것과 같음
  - relative : static 위치로부터 상대적인 좌표에 나타남. 부모 요소에 relative를 주면 자식 요소는 부모 요소의 크기와 좌표값의 영향을 받게 되고, relative 값을 가진 부모 요소의 영역 안에서 한정적으로 배치됨
  - absolute : 부모 요소 또는 조상 요소를 기준으로 절대적인 좌표에 나타남. 부모 요소가 없는 경우에는 body 요소를 기준으로 함
  - fixed : 브라우저의 뷰포트(view port)를 기준으로 배치함. 화면에서 항상 특정 위치에 고정되어 나타나게 할 때 사용
- 앞의 문제에서는 콘텐츠를 추가하면서 필요할 때마다 position을 지정하였지만 이번에는 미리 지정하였습니다. position 속성이 익숙해지셨다면 이 문제에서처럼 미리 지정해두어도 됩니다. 이 문제에서 ⟨header⟩ - ⟨div class="bodywrap"⟩ - ⟨footer⟩의 요소에 지정한 position 속성과 값은 다음과 같습니다.
  ① ⟨header⟩ 요소에는 position:relative를 지정하였습니다. relative 값은 static(기본값) 위치에서 상대적으로 이동하는 위치를 지정합니다. 그런데 relative 값은 공간을 한정하는 특징이 있습니다. 만일 부모 요소에 position:relative를 지정하면 자식 및 후손 요소들은 부모 요소의 공간을 벗어나지 못하게 되는 것입니다. 따라서 ⟨header⟩ 요소의 자식 요소인 ⟨div class="top"⟩ 요소는 ⟨header⟩ 요소의 공간 안에서 배치됩니다.
  - ⟨header⟩의 자식 요소인 ⟨div class="top"⟩에는 position:absolute을 지정하였습니다. 이 문제에서 부모 요소인 ⟨header⟩ 요소에 position:relative가 지정되었기 때문에 자식 요소인 ⟨div class="top"⟩ 요소는 부모 요소인 ⟨header⟩ 요소의 영역을 벗어날 수 없게 됩니다.
  ② ⟨div class="bodywrap"⟩ 요소에는 position 속성을 지정하지 않았습니다. 따라서 body 요소를 기준으로 좌표값을 정하여 위치하게 되며, ⟨div class="bodywrap"⟩는 ⟨header⟩ 요소 다음(아래)에 나타나게 됩니다.
  - ⟨div class="bodywrap"⟩ 요소가 담고 있는 자식 요소 ⟨div class="imgslide"⟩와 ⟨div class="contents"⟩는 슬라이드 이미지와 콘텐츠가 들어가는 영역입니다.
  - ⟨div class="imgslide"⟩ 요소에는 position:relative을 지정하였습니다. 이후 이미지 슬라이드로 사용되는 각 요소에 position:absolute를 지정함으로써 이미지 슬라이드 요소들이 이 영역에서 벗어나지 않고 이 영역 안에 배치되도록 할 것입니다.
  - ⟨div class="contents"⟩ 요소는 공지사항 갤러리 탭, 배너, 바로가기를 자식 요소로 가지게 됩니다. 이 요소에는 position:absolute를 지정하였습니다. 만일 position:absolute을 주지 않게 되면 브라우저를 전체 화면 100%(1200px 보다 큰 경우)로 하게 될 때 콘텐츠 영역 안에 있는 요소 중에서 홈페이지 영역 밖으로 벗어나는 요소들이 생기게 됩니다. 특히 콘텐츠 영역 안에 있는 요소 중 position:absolute 속성을 가지게 되는 요소인 경우(예 공지사항 갤러리 탭의 콘텐츠) 해당 요소들이 기준점으로 삼을 컨테이너가 없기 때문에 문서 화면 전체를 기준으로 삼아 절대 좌표값을 가지게 되기 때문입니다.
  ③ ⟨footer⟩ 요소에는 position 속성을 지정하지 않았습니다. 따라서 body 요소를 기준으로 좌표값을 정하여 위치하게 되며, 가장 하단에 배치됩니다.

07 로고 〈div class="logo"〉와 메뉴 〈nav class="menu"〉가 들어갈 영역에 대한 자세한 스타일을 지정합니다. 위에서 지정했던 클래스 선택자 '.top' 스타일의 아래에 다음의 내용을 지정해줍니다.

```css
.logo{
    float:left;
    height:100px;
    width:250px;
}
.menu{
    float:right;
    width:800px;
    position:absolute;
    right:0;
}
```

[style.css]

```css
25    .top {              /* logo와 menu 묶어줌 */
26        height: 100px;      /* 상단 로고와 메뉴가 들어가는 곳 높이 */
27        width: 1200px;      /* 상단 로고와 메뉴가 들어가는 곳 너비 */
28        position: absolute;
29    }
30    .logo {             /* 로고 영역 스타일 */
31        float: left;
32        height: 100px;      /* 로고 영역 높이 */
33        width: 250px;       /* 로고 영역 너비 */
34    }
35    .menu {             /* 메뉴 영역 스타일 */
36        float: right;
37        width: 800px;       /* 메뉴 영역 너비 */
38        position: absolute;
39        right: 0;
40    }
41    .bodywrap {         /* imgslide와 contents 묶어줌 */
42        height: 500px;      /* imgslide 높이 + contents 높이 */
43        width: 1200px;      /* imgslide 높이 + contents 너비 */
44    }
45    .imgslide {
46        height: 300px;      /* 이미지 슬라이드 높이 */
47        width: 1200px;      /* 이미지 슬라이드 너비 */
48        position: relative; /* 이미지 슬라이드 영역 제한 */
49        overflow: hidden;   /* 영역 밖으로 보이지 않도록 제한 */
50    }
```

🅑 기적의 TIP

- 가로형 와이어 프레임의 상단(헤더) 영역에는 로고와 메뉴 영역이 들어갑니다. 로고 영역의 플로팅은 float:left로 설정하여 좌측에 배치하고 메뉴 영역의 플로팅은 float:right로 설정하여 우측에 배치합니다.
- .logo : <div class="logo"> 영역의 스타일 정의. 세부 지시사항에서 로고의 크기를 가로 세로 230픽셀×50픽셀로 지정하고 있으므로 감안하여 영역 크기를 지정
- .menu : <nav class="menu"> 영역의 스타일 지정
    - right:0를 주어 메뉴 영역이 <div class="top"> 영역 안에서 메뉴 영역이 오른쪽에 붙어 나타나게 함
    - 제시된 와이어프레임처럼 메인 메뉴에 마우스를 올리면 서브 메뉴가 나타나게 될 때, 메뉴 영역 전체 너비가 나타나면서 서브 메뉴가 나타나야 하므로 메뉴 영역의 너비를 width:800px를 지정함

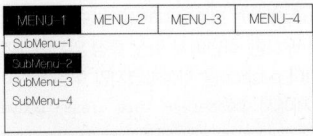

---

08 작업 폴더에서 'index.html' 문서를 '크롬(Chrome)' 브라우저에서 열어(이미 열려있다면 새로고침하여), 확인하면, 지정한 스타일에 의해 각 영역이 구분된 결과를 확인할 수 있습니다.

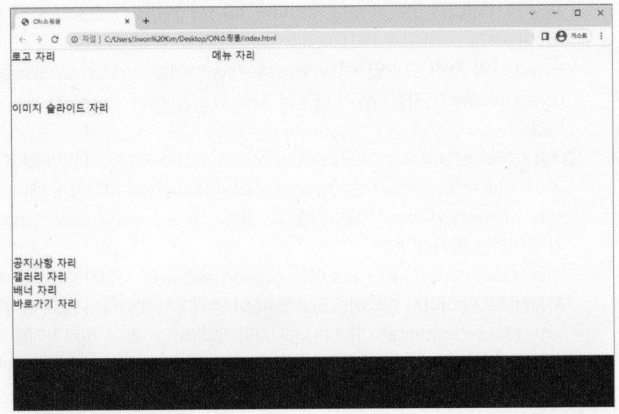

09 계속해서 스타일 시트 'style.css' 문서에 콘텐츠 영역에 대한 스타일을 지정합니다. 콘텐츠 영역에 들어가는 공지사항과 갤러리 탭을 묶어준 〈ul class="tabmenu"〉 영역과 배너와 바로가기 영역을 묶어준 〈div class="otherwrap"〉, 그리고 배너와 바로가기 영역에 대한 자세한 스타일을 지정합니다.

클래스 선택자 '.contents' 스타일을 찾아 그 아래에 다음의 내용을 지정해줍니다.

```
.tabmenu{
    float:left;
    height:180px;
    width:395px;
    margin-top:10px;
    margin-bottom:10px;
}
.otherwrap{
    float:right;
    height:200px;
    width:800px;
}
.banner{
    float:left;
    height:180px;
    width:395px;
    margin-top:10px;
    margin-bottom:10px;
}
.shortcut{
    float:right;
    height:180px;
    width:400px;
    margin-top:10px;
    margin-bottom:10px;
}
```

[style.css]

```
45      .imgslide {
46          height: 300px;        /* 이미지 슬라이드 높이 */
47          width: 1200px;        /* 이미지 슬라이드 너비 */
48          position: relative;   /* 이미지 슬라이드 영역 제한 */
49          overflow: hidden;     /* 영역 밖으로 보이지 않도록 제한 */
50      }
51      .contents {               /* tabmenu와 otherwrap 묶어줌 */
52          height: 200px;        /* 콘텐츠들(탭메뉴,배너,바로가기) 높이 */
53          width: 1200px;        /* 콘텐츠들(탭메뉴,배너,바로가기) 너비 */
54          position: absolute;
55      }
56      .tabmenu {                /* 공지사항과 갤러리 탭메뉴가 들어가는 곳 */
57          float: left;
58          height: 180px;
59          width: 395px;
60          margin-top: 10px;
61          margin-bottom: 10px;
62      }
63      .otherwrap {              /* banner와 shortcut 묶어줌 */
64          float: right;
65          height: 200px;
66          width: 800px;
67      }
68      .banner {
69          float: left;
70          height: 180px;        /* 배너 영역 높이 */
71          width: 395px;         /* 배너 영역 너비 */
72          margin-top: 10px;
73          margin-bottom: 10px;
74      }
75      .shortcut {
76          float: right;
77          height: 180px;        /* 바로가기 영역 높이 */
78          width: 400px;         /* 바로가기 영역 너비 */
79          margin-top: 10px;
80          margin-bottom: 10px;
81      }
82      footer {
83          height: 100px;        /* 하단 높이 */
84          width: 1200px;        /* 하단 너비 */
85          background-color: ■#5e1742;
86      }
```

B 기적의 TIP

• .tabmenu : <ul class="tabmenu"> 영역의 스타일 정의. 이 영역은 공지사항과 갤러리 탭을 묶어주는 영역임
  – height:180px : 공지사항과 갤러리 탭 영역의 높이를 지정
  – width:395px : 공지사항과 갤러리 탭 영역의 너비를 지정. 오른쪽에 둘 여백 5px을 감안하여 395px로 지정
  – margin–top:10px : 공지사항과 갤러리 탭 영역 위쪽으로 10px의 여백을 둠
  – margin–bottom:10px : 공지사항과 갤러리 탭 영역 아래쪽으로 10px의 여백을 둠

- .otherwrap : <div class="otherwrap"> 영역의 스타일 정의. 이 영역은 배너 콘텐츠와 바로가기 콘텐츠를 묶어주는 영역임
- .banner : <div class="banner"> 영역의 스타일 정의
  - height:180px : 공지사항과 갤러리 탭 영역의 높이와 똑같이 지정
  - width:395px : 배너 영역의 너비를 지정. 400px에서 바로가기 방향으로 남게 될 오른쪽 여백 5px을 감안하여 395px를 사용함
- .shortcut : <div class="shortcut"> 영역의 스타일 정의
  - height:180px : 공지사항과 갤러리 탭 영역의 높이와 똑같이 지정
  - width:400px : 바로가기 영역의 너비를 지정. 바로가기 오른쪽에는 여백이 없으므로 400px으로 지정
- <ul class="tabmenu"> 영역의 상위 컨테이너는 <div class="contents">입니다. 이 영역에 대한 스타일은 앞서 '.contents'에 입력해두었습니다. 이 콘텐츠 영역의 높이는 와이어프레임에서 주어진 height:200px로 지정하였으므로, 공지사항 갤러리 탭 영역의 높이도 height:200px 값을 가지게 됩니다. 여기에서는 탭 영역의 위쪽과 아래쪽에 10px의 여백을 두기 위해 높이를 콘텐츠 영역의 높이 200px에서 10px(위쪽)과 10px(아래쪽)을 뺀 값인 180px 값을 지정하였습니다.
- <div class="otherwrap"> 안에 들어가는 배너 콘텐츠와 바로가기 콘텐츠의 높이도 와이어프레임에서 주어진 콘텐츠 영역의 높이 200px에서 10px(위쪽)과 10px(아래쪽)을 뺀 값인 180px 값을 지정하였습니다.

B 기적의 TIP

콘텐츠 영역의 너비는 1200px로 지정되어 있으며 이 영역에는 순서대로 공지사항 갤러리 탭 메뉴, 배너, 바로가기가 들어갑니다. 각 영역의 너비는 각각 400px로 가정하였습니다. 탭 메뉴 스타일(.tabmenu)에서 float:left, 왼쪽 여백 5px, 너비 395px을 지정했기 때문에 탭 메뉴 전체 너비 400px 중에서 오른쪽에는 5px이 남아있는 셈이 됩니다. 따라서 탭 메뉴와 배너 사이에는 5px의 여백이 생깁니다. 이 값을 고려하여 배너 영역의 너비를 395px로 입력했습니다. 아직 내용을 입력하지 않은 바로가기 영역은 float:right, 너비 400px를 사용합니다.

이렇게 되면 '콘텐츠 영역 너비 1200px=(탭 메뉴 너비 395px)+(남은 여백 5px)+(배너 너비 395px)+(남은 여백 5px)+(바로가기 너비 400px)'로 구성됩니다.

---

10 다음으로 푸터 영역에 들어가는 각 영역의 스타일을 지정합니다.

푸터 영역은 로고 〈div class="btlogo"〉 영역 그리고 하단 메뉴와 Copyright 영역을 묶어준 〈div class="site"〉로 구분되어 있습니다.

〈div class="site"〉 영역은 다시 하단 메뉴 〈div class="btmenu"〉와 Copyright 〈div class="copy"〉로 구분되어 있습니다.

각 영역에 대한 스타일을 지정하기 위해 타입 (type) 선택자인 'footer' 스타일 아래에 다음과 같이 입력합니다.

```
.btlogo{
    float:left;
    height:100px;
    width:250px;
}
.copy{
    float:left;
    height:100px;
    width:600px;
    color:#ffffff;
    text-align:center;
```

[style.css]

```
75   .shortcut {
76       float: right;
77       height: 180px;      /* 바로가기 영역 높이 */
78       width: 400px;       /* 바로가기 영역 너비 */
79       margin-top: 10px;
80       margin-bottom: 10px;
81   }
82   footer {
83       height: 100px;      /* 하단 높이 */
84       width: 1200px;      /* 하단 너비 */
85       background-color: #5e1742;
86   }
87   .btlogo {
88       float: left;
89       height: 100px;      /* 로고 영역 높이 */
90       width: 250px;       /* 로고 영역 너비 */
91   }
92   .copy {
93       float: left;
94       height: 100px;      /* Copyright 높이 */
95       width: 600px;       /* Copyright 너비 */
96       color: #ffffff;
97       text-align: center;
98       font-size: 16px;
99       line-height: 100px;
100  }
101  .sns {
102      float: right;
103      height: 100px;      /* sns 높이 */
104      width: 300px;       /* sns 너비 */
105  }
106
```

```
      font-size:16px;
      line-height:100px;
}
.sns{
      float:right;
      height:100px;
      width:300px;
}
```

11 'style.css' 문서를 저장한 후 현재까지 작업된 사항을 '크롬(Chrome)' 브라우저에서 확인합니다. 만일 변경 사항을 저장할지를 묻는 대화상자가 나타나면 저장하도록 합니다.

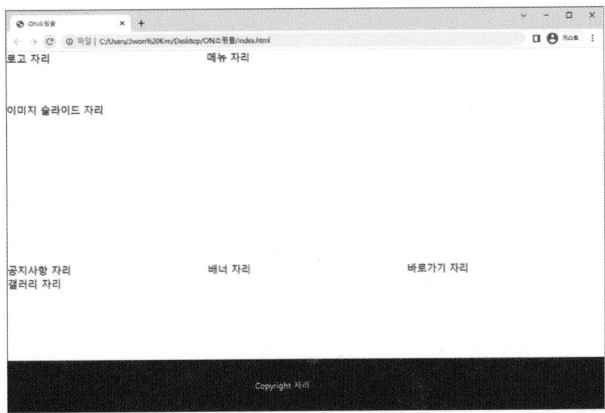

❶ 로고 만들기

세부 영역별 지시사항대로 Ⓐ Header 영역에 로고를 추가하도록 합니다.

이 문제에서는 로고를 직접 디자인하여 추가하도록 하고 있으므로 먼저 로고를 제작합니다.

로고는 포토샵 또는 일러스트레이터로 작성할 수 있으며, 정해진 예시 디자인이 없으므로 자유롭게 작성하면 됩니다. 단, 세부 지시사항에서 로고의 크기를 가로 세로 230px×40px, 심벌 없이 워드타입으로 디자인하도록 하고 있으므로 이 조건에 맞게 제작하도록 합니다.

01 포토샵을 이용하여 로고를 제작하기 위해, 포토샵을 실행합니다.

02 [파일(File)]–[새로 만들기(New)] 메뉴를 선택하고 대화상자가 나타나면 다음과 같이 입력합니다.

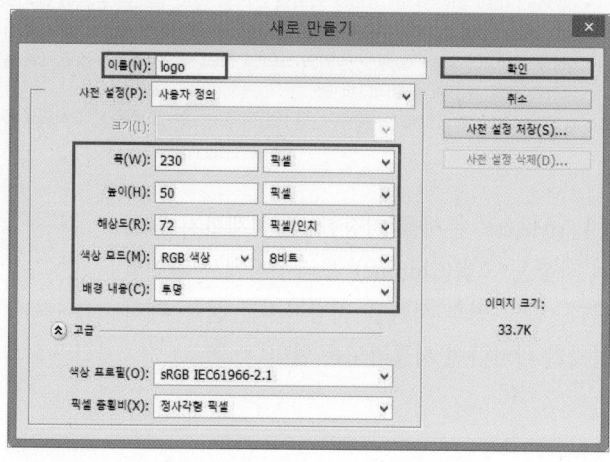

– 이름(name) : logo

– 폭(width) : 230 픽셀(pixels)

– 높이(height) : 50 픽셀(pixels)

– 해상도(resolution) : 72 픽셀/인치(Pixel/inch)

– 색상 모드(Color Mode) : RGB Color

– 배경 내용(Background Contents) : 투명(transparent)

03 도구 패널에서 수평 문자 도구(Horizontal Type Tool,)를 선택 한 후 전경색, 글꼴, 글씨 크기를 선택한 후 문자를 작성합니다. 이때 수험자 제공 파일 중 'Header' 폴더의 제공된 텍스트를 복사하여 입력합니다.

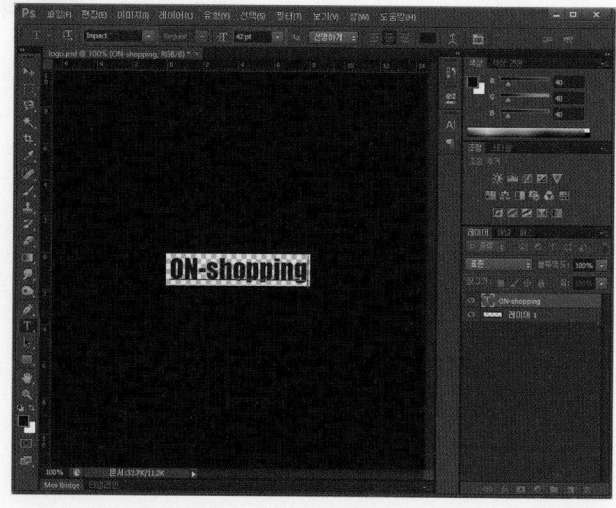

– 글꼴(font) : Impact

– 크기(size) : 42pt

– 색상 : #5e1742

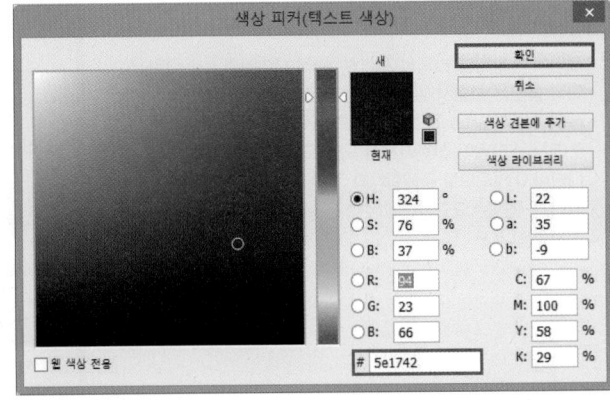

- 글꼴과 크기는 수험자 임의로 선택해도 무방합니다.
- 글씨의 색상은 요구사항에 주어진 주조색 #5e1742으로 입력하였습니다.
- 포토샵 작업 환경은 [창(Window)] 메뉴의 [작업 영역 (Workspace)]의 설정 상태에 따라 다르게 나타날 수 있습니다.

04 로고에 레이어 스타일 효과를 추가하기 위해 [레이어(Layer)] – [레이어 스타일(Layer Style)] – [그림자(Drop Shadow)] 메뉴를 선택합니다.

레이어 스타일은 레이어(Layer) 패널에서 레이어 스타일 버튼(*fx*)을 이용하여 추가할 수 있습니다.

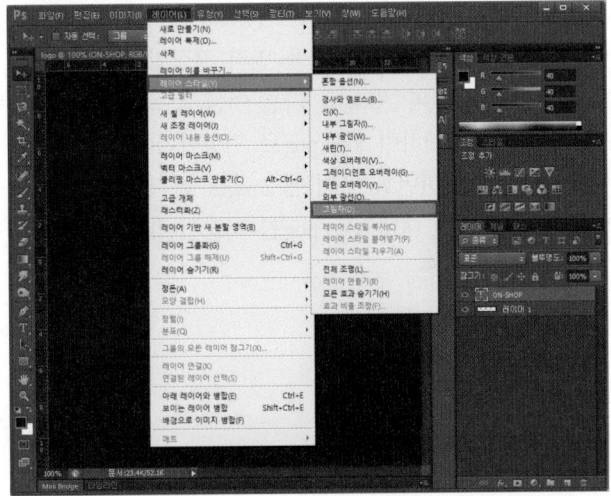

05 [레이어 스타일(Layer Style)] 대화상자가 나타나면 스타일(Style) 범주에서 [그림자 효과 (Drop Shadow)]를 선택하여 클릭하고 오른쪽 옵션 창에서 다음과 같이 설정합니다.

– 혼합모드(Blend Mode) : 곱하기(Multiply)

– 색상(Color) : #c9463d

– 불투명도(Opacity) : 75%

– 각도(Angle) : 120°

– 거리(Distance) : 2px

– 스프레드(Spread) : 100%

– 크기(Size) : 2px

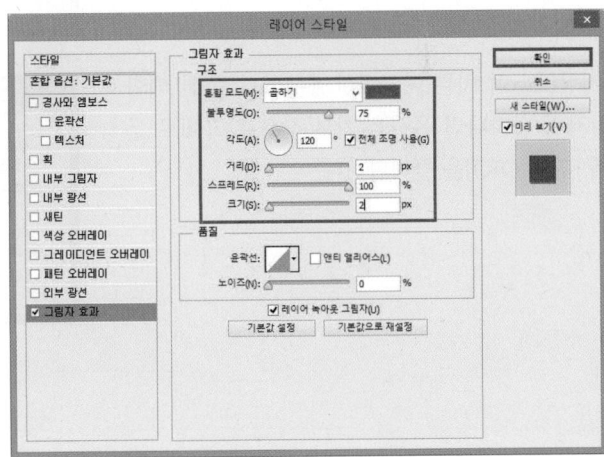

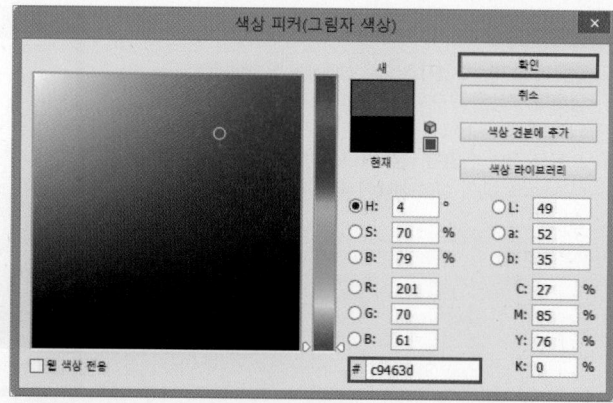

- 레이어 스타일을 반드시 지정할 필요는 없습니다. 스타일이나 옵션은 수험자 임의로 자유롭게 지정이 가능합니다.
- 레이어 스타일(Layer Style) 대화상자의 스타일(Style) 범주에서 스타일이 선택되지 않으면 오른쪽에 해당 옵션이 나타나지 않으므로 주의합니다.
- 그림자 색상은 요구사항에 주어진 보조색 #c9463d을 지정하였습니다.

06 [파일(File)]-[다른 이름으로 저장(Save as)]를 선택하여 'logo.psd' 원본 파일을 먼저 저장합니다. 그리고 다시 [파일(File)]-[다른 이름으로 저장(Save as)]을 선택하여 'logo.png'로 저장합니다. 이때 작업 폴더('비번호' 폴더)에 'images' 폴더를 만들고 해당 폴더 내에 'logo.png'를 저장합니다.

– 파일 이름(File name) : logo.png
– 형식(Format) : PNG

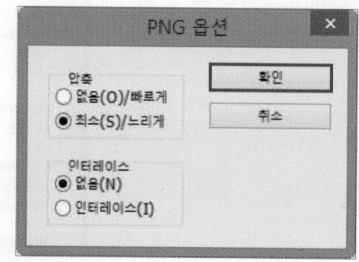

[저장(Save)] 버튼을 클릭한 후 PNG 옵션 대화상자가 나타나면 옵션을 기본 값으로 그대로 둔 채 [확인(OK)]을 클릭합니다.

② HTML에 로고 추가하기

01 'index.html' 문서로 돌아와서 헤더 영역 안에 로고 영역으로 구분해 놓았던 〈div class="logo"〉 로고 자리 〈/div〉 부분을 찾아, 그 안에 다음과 같이 입력합니다.

```
<div class="logo">
  <a href="#"><img src="images/logo.png" alt=
  "로고"></a>
</div>
```

[index.html]

```
1   <!DOCTYPE html>
2   <html>
3   <head>
4     <meta charset="utf-8">
5     <title>ON쇼핑몰</title>
6     <link href="css/style.css" type="text/css" rel="stylesheet">
7   </head>
8
9   <body>
10    <!--와이어프레임 상단 시작-->
11    <header>
12      <div class="top"> <!--top: logo와 menu 묶어줌-->
13        <div class="logo">
14          <a href="#"><img src="images/logo.png" alt="로고"></a>
15        </div>
16        <nav class="menu">
17          메뉴 자리
18        </nav>
19      </div>
20    </header>
21
```

02 'index.html' 문서와 'style.css' 문서를 모두 저장하고, '크롬(Chrome)' 브라우저에서 로고가 추가된 결과를 확인합니다.

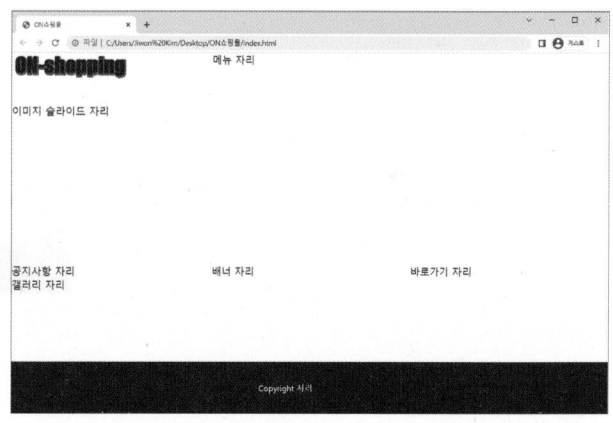

③ 로고 이미지에 스타일 지정하기

로고 이미지의 크기와 여백을 지정하기 위해 스타일을 추가합니다.

01 스타일 시트 'style.css' 문서에서 클래스 선택자 '.logo'를 찾고 그 후에 다음과 같이 입력합니다.

```css
.logo img{
    float:left;
    height:50px;
    width:200px;
    margin-top:25px;
    margin-left:15px;
}
```

[style.css]

```css
25    .top {                      /* logo와 menu 묶어줌 */
26        height: 100px;          /* 상단 로고와 메뉴가 들어가는 곳 높이 */
27        width: 1200px;          /* 상단 로고와 메뉴가 들어가는 곳 너비 */
28        position: absolute;
29    }
30    .logo {                     /* 로고 영역 스타일 */
31        float: left;
32        height: 100px;          /* 로고 영역 높이 */
33        width: 250px;           /* 로고 영역 너비 */
34    }
35    .logo img {
36        float: left;
37        height: 50px;
38        width: 200px;
39        margin-top: 25px;
40        margin-left: 15px;
41    }
42    .menu {                     /* 메뉴 영역 스타일 */
43        float: right;
44        width: 800px;           /* 메뉴 영역 너비 */
45        position: absolute;
46        right: 0;
47    }
```

> **기적의 TIP**
>
> 로고 이미지에 대한 스타일은 반드시 추가해야 하는 것은 아닙니다. 그러나 추가된 요소들에 대해서는 여백 등을 조정하기 위해 자세한 스타일을 지정해 주는 것이 좋습니다.

02 'index.html' 문서와 'style.css' 문서를 모두 저장하고, 로고 스타일이 추가된 결과를 확인합니다.

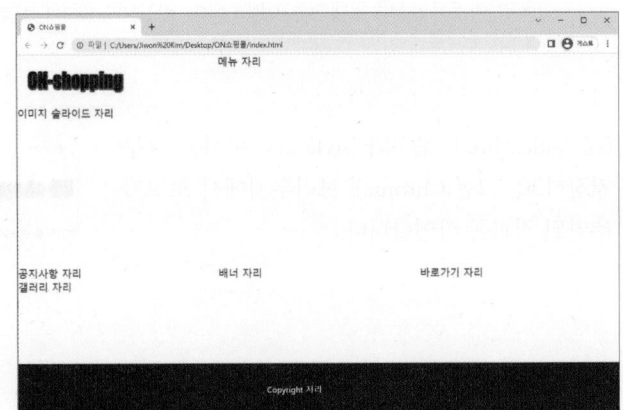

④ HTML에 메뉴 추가하기

01 헤더 영역 안에 메뉴 영역으로 구분해 놓았던 `<nav class="menu">` 메뉴 자리 `</nav>` 부분 안에 다음과 같이 입력하여 메뉴를 추가합니다. 이때 시험에 주어진 '사이트 맵(Site map)'에 따라서 메인 메뉴(Main menu)와 서브 메뉴(Sub menu)를 구분하여 입력합니다.

```
<nav class="menu">
  <ul class="navi">
    <li><a href="#">탑</a>
      <ul class="submenu">
        <li><a href="#">블라우스</a></li>
        <li><a href="#">티</a></li>
        <li><a href="#">셔츠</a></li>
        <li><a href="#">니트</a></li>
      </ul>
    </li>
    <li><a href="#">아우터</a>
      <ul class="submenu">
        <li><a href="#">자켓</a></li>
        <li><a href="#">점퍼</a></li>
        <li><a href="#">코트</a></li>
      </ul>
    </li>
    <li><a href="#">팬츠/스커트</a>
      <ul class="submenu">
        <li><a href="#">긴바지</a></li>
        <li><a href="#">짧은바지</a></li>
        <li><a href="#">스커트</a></li>
        <li><a href="#">데님</a></li>
      </ul>
    </li>
    <li><a href="#">악세서리</a>
      <ul class="submenu">
        <li><a href="#">귀고리</a></li>
        <li><a href="#">목걸이</a></li>
        <li><a href="#">반지</a></li>
        <li><a href="#">팔찌</a></li>
      </ul>
    </li>
  </ul>
</nav>
```

[index.html]

```
 9  <body>
10  <!--와이어프레임 상단 시작-->
11  <header>
12    <div class="top"> <!--top: logo와 menu 묶어줌-->
13      <div class="logo">
14        <a href="#"><img src="images/logo.png" alt="로고"></a>
15      </div>
16      <nav class="menu">
17        <ul class="navi">
18          <li><a href="#">탑</a>
19            <ul class="submenu">
20              <li><a href="#">블라우스</a></li>
21              <li><a href="#">티</a></li>
22              <li><a href="#">셔츠</a></li>
23              <li><a href="#">니트</a></li>
24            </ul>
25          </li>
26          <li><a href="#">아우터</a>
27            <ul class="submenu">
28              <li><a href="#">자켓</a></li>
29              <li><a href="#">점퍼</a></li>
30              <li><a href="#">코트</a></li>
31            </ul>
32          </li>
33          <li><a href="#">팬츠/스커트</a>
34            <ul class="submenu">
35              <li><a href="#">긴바지</a></li>
36              <li><a href="#">짧은바지</a></li>
37              <li><a href="#">스커트</a></li>
38              <li><a href="#">데님</a></li>
39            </ul>
40          </li>
41          <li><a href="#">악세서리</a>
42            <ul class="submenu">
43              <li><a href="#">귀고리</a></li>
44              <li><a href="#">목걸이</a></li>
45              <li><a href="#">반지</a></li>
46              <li><a href="#">팔찌</a></li>
47            </ul>
48          </li>
49        </ul>
50      </nav>
51    </div>
52  </header>
53
54  <!--와이어프레임 가운데 시작-->
55  <div class="bodywrap"> <!--bodywrap: imageslide와 contesnts 묶어줌-->
56    <div class="imgslide">
```

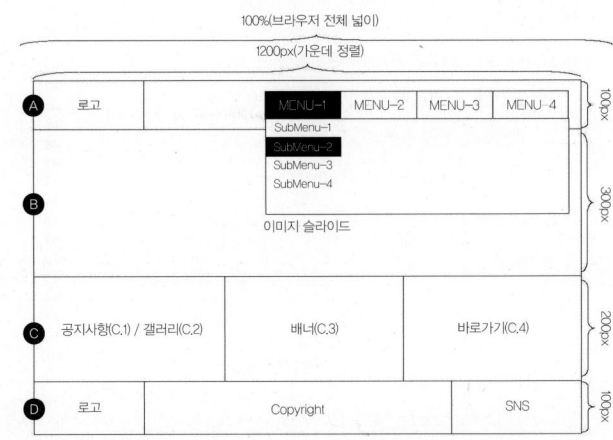

- ul : unordered list, 순서가 필요없는 목록 작성
- li : definition list, 용어를 설명하는 목록 작성
- 〈a href="#"〉 : 기술적 준수사항대로 메뉴에 임시 링크 추가

파일을 저장하고 입력 결과를 확인해 보면, 아직 스타일을 지정하지 않았기 때문에 메뉴 글자들만 일렬로 나타납니다.

⑤ 메뉴에 스타일 지정하기

세부 영역별 지시사항을 살펴보면, 메뉴를 슬라이드 다운 메뉴(Slide-Down Menu)로 구성하도록 하고 있습니다. 슬라이드 다운 메뉴는 메인 메뉴에 마우스를 올렸을 때(Mouse over) 서브 메뉴를 슬라이드 다운(Slide-Down)으로 보여주고 마우스가 메뉴에서 벗어나면(Mouse out) 슬라이드 업(Slide-Up)되면서 서브 메뉴를 숨겨주는 기능입니다. 메뉴의 모양은 스타일 시트에서 지정하며, 움직이는 동작 기능은 자바스크립트와 제이쿼리를 이용하여 구성합니다.

01 먼저 메뉴에 스타일을 지정하기 전에 와이어프레임에 제시된 메뉴의 모양을 확인합니다. 이 문제에서는 메인 메뉴의 아래쪽으로 메뉴의 전체 너비가 펼쳐지면서 그 안에 해당 서브 메뉴가 펼쳐지도록 되어 있습니다.
이러한 사항을 고려하여 메뉴에 스타일을 지정합니다.

02 스타일 시트 'style.css' 문서에서 클래스 선택자 '.menu'를 찾아 그 안에 다음과 같이 z-index 속성을 추가하여 메뉴 요소가 화면 상에서 가장 앞으로 보일 수 있도록 지정합니다.

```
.menu{
    float:right;
    width:800px;
    position:absolute;
    right:0;
    top:30px;
    background-color:#ffffff;
    z-index:1;
}
```

```
[style.css]
35  .logo img {
36      float: left;
37      height: 50px;
38      width: 200px;
39      margin-top: 25px;
40      margin-left: 15px;
41  }
42  .menu {              /* 메뉴 영역 스타일 */
43      float: right;
44      width: 800px;    /* 메뉴 영역 너비 */
45      position: absolute;
46      right: 0;
47      top: 30px;
48      background-color: #ffffff;
49      z-index: 1;
50  }
51  .bodywrap {          /* imgslide와 contents 묶어줌 */
52      height: 500px;   /* imgslide 높이 + contents 높이 */
53      width: 1200px;   /* imgslide 높이 + contents 너비 */
54  }
```

- top:30px : 컨테이너의 시작점을 기준으로 30px의 여백. 여백 값은 임의로 지정 가능
- background-color:#ffffff : 메뉴 영역 전체의 배경을 흰색으로 지정. 메뉴 영역의 너비를 width:800px로 지정하였으므로 이후 서브 메뉴가 나타날 때 너비가 800px로 흰색 배경이 나타나도록 함
- z-index : 요소의 쌓이는 순서를 결정하는 속성으로 여러 요소가 겹칠 때 어떤 요소가 화면 상에서 앞쪽 또는 뒤쪽으로 보이게 할지 우선순위를 결정. 큰 값을 설정한 요소가 화면에서 더 앞쪽으로 보이게 됨
- 만일 어떤 요소에는 z-index 속성을 지정하고 어떤 요소에는 지정하지 않았다면 z-index를 속성을 지정한 요소가 화면 상에서 더 앞으로 보이게 됩니다. 이때 주의할 점은 z-index 속성은 position 속성이 설정된 요소에 대해서만 작용하므로 position 속성을 함께 사용해야 합니다.

---

03 각 메인 메뉴의 스타일을 지정하기 위해 '.menu' 스타일 아래에 다음의 내용을 추가합니다.

```
.navi>li{
    float:left;
    width:200px;
    background-color:#5e1742;
}
.navi>li>a{
    line-height:40px;
    font-size:16px;
    font-weight:bold;
    text-align:center;
    color:#ffffff;
}
.navi>li:hover{
    background-color:#c9463d;
}
```

[style.css]

```
42   .menu {                    /* 메뉴 영역 스타일 */
43      float: right;
44      width: 800px;          /* 메뉴 영역 너비 */
45      position: absolute;
46      right: 0;
47      top: 30px;
48      background-color: ☐#ffffff;
49      z-index: 1;
50   }
51   .navi>li {
52      float: left;
53      width: 200px;
54      background-color: ■#5e1742;
55   }
56   .navi>li>a {
57      line-height: 40px;
58      font-size: 16px;
59      font-weight: bold;
60      text-align: center;
61      color: ☐#ffffff;
62   }
63   .navi>li:hover {
64      background-color: ■#c9463d;
65   }
66   .bodywrap {                /* imgslide와 contents 묶어줌 */
67      height: 500px;          /* imgslide 높이 + contents 높이 */
68      width: 1200px;          /* imgslide 높이 + contents 너비 */
69   }
```

- 이 문제에서는 .navi, 즉 <ul class="navi"> 영역의 스타일은 별도로 지정하지 않고, 메뉴 영역과 각 메인 메뉴에 대한 스타일만 지정하였습니다. 스타일을 어떤 영역에 지정할지는 스타일을 조정하면서 수험자 임의로 자유롭게 지정할 수 있습니다.
- .navi>li : .navi(<ul class="navi">)의 자식 요소인 ⟨li⟩ 요소의 스타일 지정. 각 메인 메뉴에 대한 스타일을 지정
  – float:left : 각 메인 메뉴들이 메뉴 영역 안에서 왼쪽부터 시작하여 오른쪽으로 차례로 배치되도록 함
- .navi>li>a : .navi의 자식 요소 ⟨li⟩의 자식 요소인 ⟨a⟩ 요소의 스타일 지정. 높이, 너비, 줄 간격(line-height), 글씨 속성, 배경색, 글자색 등을 지정
- background-color:#5e1742 : 메인 메뉴의 색상. 요구사항의 컬러 가이드에 제시된 주조색으로 지정
- .navi>li>a:hover : .navi의 자식 요소 ⟨li⟩의 자식 요소인 ⟨a⟩ 요소에 마우스를 올릴 때(hover) 변화되는 스타일을 지정. 마우스가 올라오면 메뉴의 배경색이 background-color:#c9463d로 변경되게 함
- 줄 간격(line-height)을 높이(height)와 같은 값을 주게 되면(height:40px, line-height:40px) 글자가 세로 가운데 정렬이 됩니다. 이때 글자 사이즈(font-size:16px)를 기준으로 한 줄 안에서 글자 위아래 여백이 같게 조정되어 글자가 가운데로 나타나게 됩니다. 즉 line-height:40px에서 font-size:16px을 뺀 값, 24px이 반으로 나누어져 글자 위아래로 12px의 여백이 생기게 됩니다.

04 'index.html' 문서와 'style.css' 문서를 모두 저장하고, '크롬(Chrome)' 브라우저에서 지금까지 작업된 결과를 확인합니다.
메인 메뉴 위에 마우스를 올리면 배경색과 글자색이 변경되는 것을 확인할 수 있습니다.

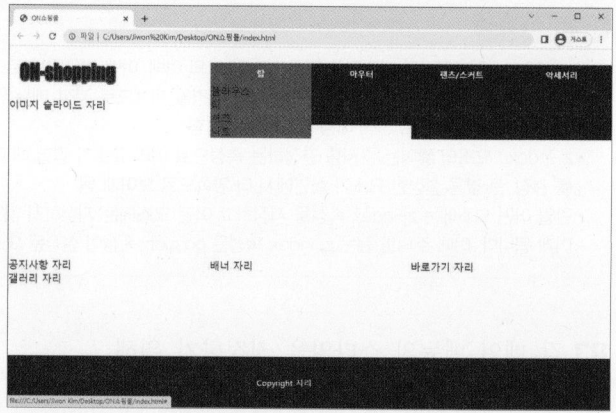

05 서브 메뉴의 스타일을 지정하기 위해 '.navi >li:hover' 스타일 아래에 다음의 내용을 추가합니다.

```
.submenu{
    display:none;
}
.submenu>li{
    width:200px;
    background-color:#ffffff;
}
.submenu>li>a{
    line-height:35px;
    font-size:14px;
    font-weight:bold;
    text-align:center;
}
.submenu>li:hover{
    background-color:#c9463d;
}
```

[style.css]

```
56    .navi>li>a {
57        line-height: 40px;
58        font-size: 16px;
59        font-weight: bold;
60        text-align: center;
61        color: □#ffffff;
62    }
63    .navi>li:hover {
64        background-color: ■#c9463d;
65    }
66    .submenu {          /* 서브 메뉴 영역 스타일 */
67        display: none;
68    }
69    .submenu>li {
70        width: 200px;
71        background-color: □#ffffff;
72    }
73    .submenu>li>a {
74        line-height: 35px;
75        font-size: 14px;
76        font-weight: bold;
77        text-align: center;
78    }
79    .submenu>li:hover {
80        background-color: ■#c9463d;
81    }
82    .bodywrap {          /* imgslide와 contents 묶어줌 */
83        height: 500px;      /* imgslide 높이 + contents 높이 */
84        width: 1200px;      /* imgslide 높이 + contents 너비 */
85    }
```

❿ 기적의 TIP

- .submenu : <ul class="submenu"> 영역의 스타일 정의. 서브 메뉴 목록에 대한 스타일을 정의
  – display:none : 해당 요소에 대한 박스 공간을 생성하지 않기 때문에 요소가 보이지 않게 됨. 메인 메뉴만 나타나고 서브 메뉴는 처음에는 나타나지 않도록 하기 위해 설정. 이 속성을 지우면 서브 메뉴가 처음부터 보이게 됨
- submenu>li : .submenu의 자식 요소 ⟨li⟩의 스타일 지정
- 이미 앞에서 .menu에서 background–color:#ffffff로 지정하여 메뉴 영역 전체의 배경을 흰색으로 지정한 바 있습니다. 그런데 다시 서브 메뉴의 ⟨li⟩에도 background–color:#ffffff를 지정하였기 때문에 메뉴 영역 전체 흰색 위에서 서브 메뉴도 흰색으로 나타나게 되어 결국 두 영역이 구분이 되지 않고 마치 하나의 영역처럼 보이게 됩니다. 와이어프레임에서 서브 메뉴 하나가 보일 때 메뉴 영역 전체가 함께 나타나도록 하고 있기 때문에 이러한 효과를 나타내기 위해서 메뉴 전체 배경과 서브 메뉴의 배경색을 같은 흰색으로 지정하였습니다.
- submenu>li>a : .submenu의 자식 요소 ⟨li⟩의 자식 요소인 ⟨a⟩ 요소의 스타일 지정. 높이, 너비, 줄 간격(line–height), 글씨 속성, 배경색, 글자색 등을 지정
- .submenu>li:hover : .submenu의 자식 요소인 ⟨li⟩ 요소에 마우스를 올릴 때(hover) 변화되는 스타일을 지정. 요구사항의 컬러 가이드에 제시된 보조색으로 지정

06 문서를 저장하고, 지금까지 작업된 결과를
'크롬(Chrome)' 브라우저에서 확인합니다.

만일 서브 메뉴 영역 스타일 '.submenu'에 설정
한 'display:none' 속성을 지우면 다음과 같이 서
브 메뉴도 나타나게 됩니다.

❻ 메뉴에 슬라이드 다운 기능 구현하기

이번에는 메인 메뉴와 서브 메뉴에 슬라이드 다운(Slide-Down) 기능이 되도록 자바스크립트와 제이쿼리
(jQuery)를 활용하여 동적 기능을 만들어줍니다.

01 작업 폴더('비번호' 폴더)에 'javascript' 폴더
를 생성한 후 수험자 제공 파일로 주어진 jQuery
라이브러리 오픈소스 파일(jquery-1.12.3.js)을
'javascript' 폴더로 복사 또는 이동시켜줍니다.

> **🅕 기적의 TIP**
>
> 'jquery-1.12.3.js' 제이쿼리 파일은 수험자 편의를 위해 미리
> 제공되는 자바스크립트 라이브러리 파일이며, 사용자와 페
> 이지의 상호작용, 마우스 동작 등 자주 사용하는 기능들이
> 미리 구현되어져 있습니다.
> 제이쿼리를 사용하면 구현되어 있는 기능을 가져다가 사용
> 하기 때문에 프로그램 작업이 쉬워지고 프로그램 코드도 간
> 결하게 해집니다. 제이쿼리 파일에 있는 기능을 사용하기
> 위해서는 HTML 문서와 연결해야 합니다.

02 Visual Studio Code 탐색기에서도 'javas-
cript' 폴더가 생성된 것을 확인할 수 있습니다.
자바스크립트 파일을 만들기 위해, 'javascript'
폴더에서 마우스 오른쪽 버튼을 클릭하고 바로
가기 메뉴에서 [새 파일]을 선택합니다.

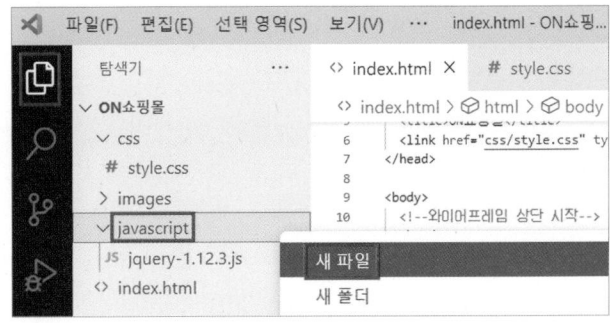

03 'javascript' 폴더의 하위 리스트에 새로운 파일이 생성되면 파일명을 'script.js'로 입력합니다. 파일이 정상적으로 생성되면 오른쪽 코드창에 'script.js' 파일이 열린 것을 확인할 수 있습니다.

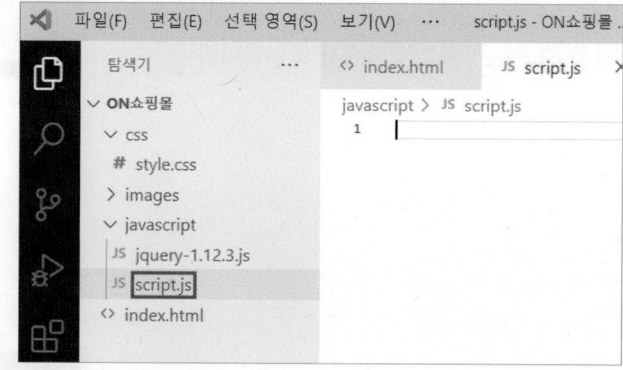

04 실제로 메인 메뉴, 서브 메뉴에 마우스 조작에 따라 슬라이드 다운(Slide−Down) 기능이 동작하도록 하기 위해 'script.js' 문서에 다음과 같이 입력합니다.

[script.js]

```
 1    // JavaScript Document
 2
 3    jQuery(document).ready(function () {
 4
 5        $('.navi>li').mouseover(function () {
 6            $(this).find('.submenu').stop().slideDown(500);
 7        }).mouseout(function () {
 8            $(this).find('.submenu').stop().slideUp(500);
 9        });
10
11    });
12
```

```
jQuery(document).ready(function(){

  $('.navi>li').mouseover(function(){

    $(this).find('.submenu').stop().slideDown(500);

  }).mouseout(function(){

    $(this).find('.submenu').stop().slideUp(500);

  });

});
```

기적의 TIP

- jQuery 문법 : HTML 요소를 선택한 후 그 요소에 수행할 액션을 지정함
- document.ready( ) : HTML 문서를 구조적으로 표현하는 DOM이 모두 로딩되어 준비된 후 자바스크립트 문서 코드가 실행되도록 함
- $: jQuery() 함수의 별칭. 주어진 선택자와 일치하는 DOM 요소를 찾아 배열 형태의 특수 개체로 반환. 기본 형식 : $(선택자(selector)).action
- $('.navi)li') : .navi의 〈li〉 요소에 mouseover와 mouseout 이벤트 설정
- $(this) : 현재 선택된 요소
- find('.submenu') : 선택된 요소의 자식 요소 중 .submenu와 일치하는 요소를 찾아 반환. 대신 children()를 사용하면 직계 자식 요소를 반환
- stop() : 현재 동작하고 있는 애니메이션 동작을 즉시 중단
- slideDown(), slideUp() : jQuery 라이브러리에서 제공하는 함수로 슬라이딩 애니메이션과 함께 보여주거나 숨김. 선택한 요소의 height 값을 낮추거나 높혀가며 사라지게 함. 숫자값 500은 0.5초에 해당함

---

05 지금까지 작업한 모든 문서를 저장합니다.

06 지금 작업한 'script.js' 문서와 'jquery-1.12.3.js'을 다음과 같이 'index.html' 문서와 연결합니다.

⟨head⟩와 ⟨/head⟩ 사이에 다음과 같이 입력합니다.

```
<script src="javascript/jquery-1.12.3.js"></script>
<script src="javascript/script.js" defer type="text/javascript"></script>
```

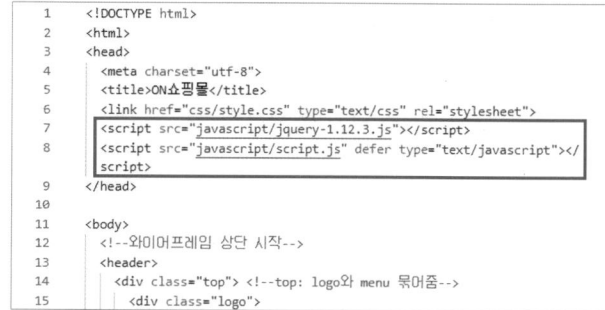

[index.html]

```
1   <!DOCTYPE html>
2   <html>
3   <head>
4     <meta charset="utf-8">
5     <title>ON쇼핑몰</title>
6     <link href="css/style.css" type="text/css" rel="stylesheet">
7     <script src="javascript/jquery-1.12.3.js"></script>
8     <script src="javascript/script.js" defer type="text/javascript"></script>
9   </head>
10
11  <body>
12    <!--와이어프레임 상단 시작-->
13    <header>
14      <div class="top"> <!--top: logo와 menu 묶어줌-->
15        <div class="logo">
```

🅑 기적의 TIP

• defer : script가 잠깐 지연되도록 하여 HTML 구문 분석이 완료된 후 스크립트를 실행하도록 함
• 화면 렌더링과 관련된 대부분의 코드는 HTML과 CSS 문서 안에 포함되어 있습니다. 반면 대부분의 script는 사용자의 액션이 발생한 이후의 동작을 렌더링합니다. 이러한 렌더링의 시간 차이로 script가 동작되지 않는 것을 예방하기 위해 defer 속성을 사용합니다.
• defer 속성을 사용하지 않는 경우 ⟨script⟩ 부분을 ⟨/body⟩ 태그 다음에 위치시킴으로써 렌더링을 지연시킬 수 있습니다.

---

07 지금까지 작업한 사항을 저장하고, '크롬(Chrome)' 브라우저에서 결과를 확인합니다.
메인 메뉴와 서브 메뉴의 슬라이드 효과가 잘 동작하는지 확인합니다.

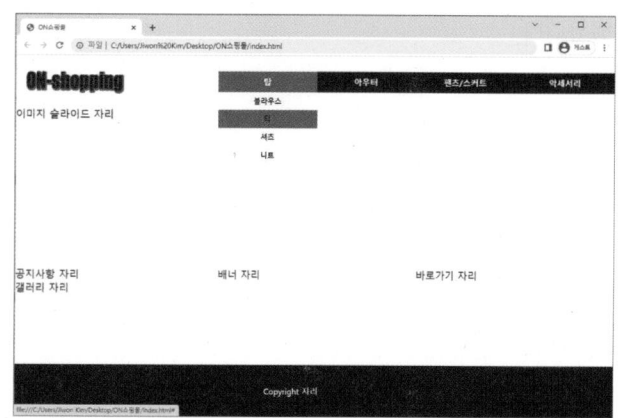

---

❶ 슬라이드 이미지 추가하기

세부 영역별 지시사항대로 Ⓑ Slide 영역에 들어갈 이미지 슬라이드를 제작합니다.
세부 지시사항에서 3개의 이미지를 이용하여 페이드인(Fade-in), 페이드아웃(Fade-out) 효과를 제작하도록 하고 있으므로 CSS 파일에서 이미지의 스타일을 지정한 후 자바스크립트에서 제이쿼리(jQuery)를 이용하여 해당 동작을 구현합니다.

01 앞서 만들었던 'images' 폴더에 슬라이드 이
미지 3개를 복사해둡니다.
이때, 수험자 제공 파일로 주어진 폴더에 있는
다른 이미지들도 미리 복사해둡니다.

02 메인 이미지를 추가하기 위해 'index.html'
문서에서 ⟨div class="imgslide"⟩ 이미지 슬라이
드 자리 ⟨/div⟩ 부분을 찾은 후, 다음과 같이 입
력합니다.

[index.html]

```
54      </header>
55
56      <!--와이어프레임 가운데 시작-->
57      <div class="bodywrap"> <!--bodywrap: imgslide와 contents 묶어줌-->
58        <div class="imgslide">
59          <a href="#">
60            <img src="images/img1.jpg" alt="이미지1">
61            <span class="imgtext">ON쇼핑몰 홈페이지 새단장</span>
62          </a>
63
64          <a href="#">
65            <img src="images/img2.jpg" alt="이미지2">
66            <span class="imgtext">이달의 쇼핑 이벤트</span>
67          </a>
68
69          <a href="#">
70            <img src="images/img3.jpg" alt="이미지3">
71            <span class="imgtext">장바구니 할인 이벤트</span>
72          </a>
73        </div>
74
75        <div class="contents"> <!--contents: tabmenu와 otherwrap 묶어줌-->
76          <ul class="tabmenu"> <!--tabmenu: 공지사항과 갤러리 묶어줌-->
```

```
<div class="imgslide">
  <a href="#">
    <img src="images/img1.jpg" alt="이미지1">
    <span class="imgtext">ON쇼핑몰 홈페이지
    새단장</span>
  </a>

  <a href="#">
    <img src="images/img2.jpg" alt="이미지2">
    <span class="imgtext">이달의 쇼핑 이벤트</span>
  </a>

  <a href="#">
    <img src="images/img3.jpg" alt="이미지3">
    <span class="imgtext">장바구니 할인 이벤트</span>
  </a>
</div>
```

지시사항에서 제공된 3개의 텍스트를 각 이미지에 적용하도록 하고 있으므로 ⟨span⟩ 요소를 이용하여 글자도
함께 추가합니다.

🅑 기적의 TIP

• 'div' 영역의 class 이름을 'imgslide'으로 지정하였으므로 스타일 시트 파일에서 선택자로 '.imgslide'을 사용하게 됩니다.
• '상호작용이 필요한 모든 콘텐츠(로고, 메뉴 Slide, 공지사항, 갤러리 등)는 임시 링크(예#) 되어야 한다.'고 명시하고 있으므로 추가되는 이미지
  에도 임시 링크를 추가합니다.
• ⟨span⟩ : 다른 텍스트와 구분하기 위해 사용. 줄을 바꾸지 않고 글자색이나 배경색 등을 변경

---

② 슬라이드 이미지에 스타일 추가하기

01 슬라이드 이미지 영역을 위한 스타일을 지정하기 위해 스타일 시트 파일 'style.css' 문서에서 메인 이미지 영역의 스타일 지정 부분인 클래스 선택자 '.imgslide'를 찾습니다. 그리고 다음에 다음과 같이 이미지 슬라이드를 입력합니다.

```
.imgslide{

    height:300px;

    width:1200px;

    position:relative;

    overflow:hidden;

}

.imgslide>a{

    display:block;

    position:absolute;

}

.imgtext{

    height:50px;

    width:500px;

    position:absolute;

    margin: -30px 0 0 -250px;

    text-align:center;

    color:#ffffff;

    font-weight:bold;

    line-height:50px;

    background-color:rgba(40,40,40,0.5);

    left:50%;

    top:50%;

}
```

[style.css]

```
86    .imgslide {
87        height: 300px;        /* 이미지 슬라이드 높이 */
88        width: 1200px;        /* 이미지 슬라이드 너비 */
89        position: relative;   /* 이미지 슬라이드 영역 제한 */
90        overflow: hidden;     /* 영역 밖으로 보이지 않도록 제한 */
91    }
92    .imgslide>a {
93        display: block;
94        position: absolute;
95    }
96    .imgtext {
97        height: 50px;
98        width: 500px;
99        position: absolute;
100       margin: -30px 0 0 -250px;
101       text-align: center;
102       color: ☐#ffffff;
103       font-weight: bold;
104       line-height: 50px;
105       background-color: ▨rgba(40, 40, 40, 0.5);
106       left: 50%;
107       top: 50%;
108   }
109   .contents {              /* tabmenu와 otherwrap 묶어줌 */
110       height: 200px;       /* 콘텐츠들(탭메뉴,배너,바로가기) 높이 */
111       width: 1200px;       /* 콘텐츠들(탭메뉴,배너,바로가기) 너비 */
112       position: absolute;
113   }
```

🅑 기적의 TIP

- .imgslide>a : .imgslide의 자식 요소 〈a〉 영역의 스타일 정의
- .imgtext : <span class="imgtext"> 영역의 스타일 정의
- margin: −30px 0 0 −250px : 박스 요소의 margin−top −30px, margin−right 0px, margin−bottom 0px, margin−left −250px 여백을 의미. position:absolute을 지정하였으므로 상위 컨테이너를 기준으로 절대 좌표값을 가지게 됨
- 높이와 너비 값을 가진 컨테이너를 영역의 중앙에 배치하려면 left:50%와 top:50% 속성을 사용하면서 동시에 margin−top과 margin−left 값을 컨테이너의 높이와 너비의 1/2이 되는 음수 값으로 지정하면 됩니다. 그러면 이동된 방향의 역 방향으로 이동이 되어 브라우저의 가운데 쪽으로 정렬이 됩니다.
- background−color:rgba(40,40,40,0.5) : 색상 및 불투명도 지정. a 속성은 투명도를 의미하며, 0~1사이의 값을 가짐. 반드시 설정해야 하는 것은 아니며 글자를 잘 보이게 하기 위해 설정한 것으로 삭제 및 임의로 지정 가능
- left:50%, top:50% : 컨테이너의 시작점을 기준으로 50%의 여백. 여백 값은 임의로 지정 가능

02 지금까지 작업한 문서를 저장하고, '크롬 (Chrome)' 브라우저에서 결과를 확인합니다. 이미지들이 한 곳에 겹쳐서 모여 있고, 그 위에 글자가 나타나는 것을 확인할 수 있습니다.

③ Fade-in, Fade-out 구현하기

01 이미지에 페이드인, 페이드아웃 기능을 구현하기 위해 'script.js' 문서에 다음과 같이 입력합니다.
이때 처음에 입력했던 코드의 마지막 줄인 '});' 안쪽에 입력하도록 합니다.

```
$('.imgslide a:gt(0)').hide();
setInterval(function(){
  $('.imgslide a:first-child').fadeOut()
    .next('a').fadeIn()
    .end().appendTo('.imgslide');
},3000);
```

[script.js]

```
1   // JavaScript Document
2
3   jQuery(document).ready(function () {
4
5     $('.navi>li').mouseover(function () {
6       $(this).find('.submenu').stop().slideDown(500);
7     }).mouseout(function () {
8       $(this).find('.submenu').stop().slideUp(500);
9     });
10
11    $('.imgslide a:gt(0)').hide();
12    setInterval(function () {
13      $('.imgslide a:first-child').fadeOut()
14        .next('a').fadeIn()
15        .end().appendTo('.imgslide');
16    }, 3000);
17
18  });
19
```

F 기적의 TIP

- .imgslide a:gt(0) : gt(index)은 index 값보다 더 큰 값(greater)을 가진 요소를 선택함. 0번째부터 계수하여 index 값보다 큰 값을 가져옴. 여기에서는 gt(0)이므로 1, 2, 3이 됨
- setInterval(function(){}, 3000 : 일정 시간마다 반복적으로 동작을 실행. 3000은 3000ms(3초)로 3초마다 실행
- ('.imgslide a:first-child').fadeOut() : 가상 클래스 선택자로 부모 요소가 가지고 있는 자식 요소 중 첫 번째를 선택. .imgslide의 자식 요소인 〈a〉 요소 중에서 첫 번째를 선택하여 페이드아웃 실행
- .next('a').fadeIn() : 다음 요소를 선택하여 페이드인 실행
- end() : 이전 선택 요소를 선택
- appendTo('.imgslide') : 선택한 요소를 .imgslide 선택자 요소의 자식 요소로 추가

02 작업한 문서를 저장한 후 '크롬(Chrome)'
브라우저에서 페이드인과 페이드아웃이 실행되
는지 확인합니다.

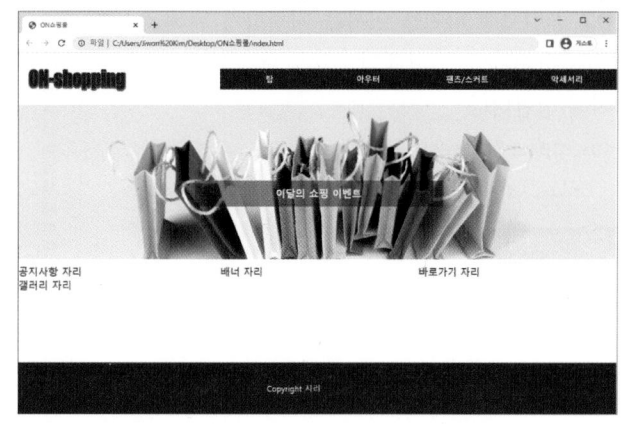

---

❶ 공지사항, 갤러리 탭 추가하기

세부 영역별 지시사항대로 ⓒ Contents 영역에 들어갈 공지사항, 갤러리, 배너, 바로가기 콘텐츠를 제작합니
다. 이 문제에서는 공지사항과 갤러리는 탭 기능을 이용하여 제작하고 각 탭을 클릭(Click)하면 해당 탭에 대한
내용이 보이도록 하고 있으므로 이 점에 유의하여 제작합니다.

01 'index.html' 문서에서 ⟨div class="notice"⟩
공지사항 자리 ⟨/div⟩를 찾고 다음과 같이 입력
하여 공지사항 콘텐츠를 작성합니다.
콘텐츠 내용은 수험자 제공 파일 중 'Contents'
폴더에 제공된 텍스트를 적용하여 제작합니다.

[index.html]

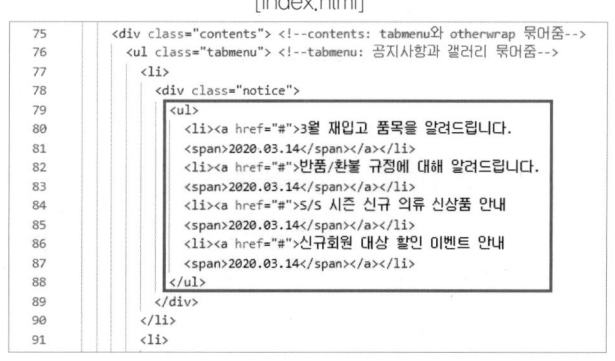

```
<div class="notice">
  <ul>
    <li><a href="#">3월 재입고 품목을 알려드립니다.
    <span>2020.03.14</span></a></li>
    <li><a href="#">반품/환불 규정에 대해 알려드립니다.
    <span>2020.03.14</span></a></li>
    <li><a href="#">S/S 시즌 신규 의류 신상품 안내
    <span>2020.03.14</span></a></li>
    <li><a href="#">신규회원 대상 할인 이벤트 안내
    <span>2020.03.14</span></a></li>
  </ul>
</div>
```

02 공지사항 타이틀 이름을 지정하기 위해 〈ul class="tabmenu"〉 아래의 〈li〉을 찾고 다음과 같이 수정합니다.

```
<ul class="tabmenu">
    <li class="active"><a href="#">공지사항</a>
```

🅑 기적의 TIP

class="active"는 활성화된 탭 타이틀의 스타일을 지정하고 자바스크립트에서 활성화할 탭 요소를 구분하는데 사용됩니다.

[index.html]

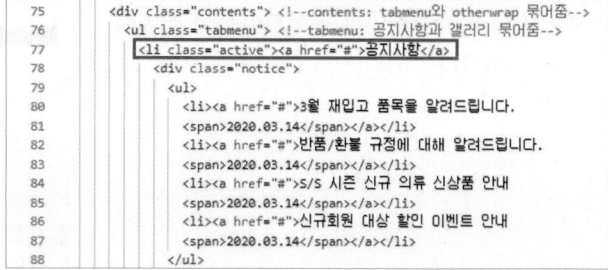

03 다음으로 〈div class="gallery"〉 갤러리 자리 〈/div〉 영역에 다음과 같이 입력하여 갤러리 부분에 이미지를 추가합니다.

갤러리 이미지는 수험자 제공 파일 중 'Contents' 폴더에서 작업 폴더인 'images' 폴더로 미리 옮겨놓은 이미지 3개를 사용하여 가로 방향으로 배치합니다.

```
<div class="gallery">
  <ul>
    <li><a href="#"><img src="images/icon1.jpg" alt="갤러리1"></a></li>
    <li><a href="#"><img src="images/icon2.jpg" alt="갤러리2"></a></li>
    <li><a href="#"><img src="images/icon3.jpg" alt="갤러리3"></a></li>
  </ul>
</div>
```

[index.html]

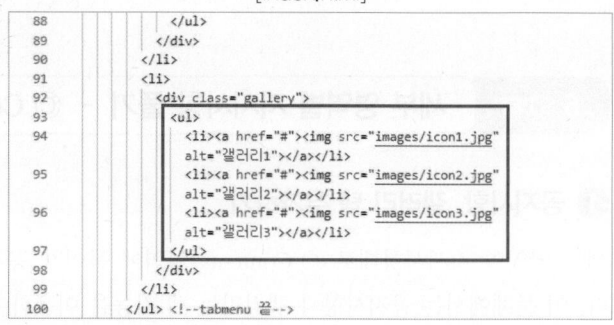

04 갤러리 탭 타이틀을 지정하기 위해 〈div class="gallery"〉 바로 위의 〈li〉을 찾고 다음과 같이 수정합니다.

```
<li><a href="#">갤러리</a>
    <div class="gallery">
```

[index.html]

❷ 공지사항, 갤러리 스타일 추가하기

01 와이어프레임을 살펴보면, 공지사항과 갤러리 타이틀 부분이 나란히 붙어있는 탭 메뉴로 지정되어 있는 것을 확인할 수 있습니다. 또 활성화된 탭 타이틀은 밝은 색, 활성화되지 않은 타이틀은 어두운 색으로 표시되어 탭 타이틀의 활성화 여부에 따라 색상이 구분되어 나타나고 있습니다.

이렇게 탭 타이틀 스타일을 지정하기 위해 'style.css' 문서에서 클래스 선택자 '.tabmenu'을 찾습니다. 그리고 아래에 다음과 같이 입력합니다.

```
.tabmenu>li{
    float:left;
    width:100px;
    line-height:30px;
}
.tabmenu>li>a{
    display:block;
    font-size:16px;
    text-align:center;
    background-color:#cccccc;
    border:1px solid #dddddd;
    border-bottom:none;
}
.tabmenu>li>a:hover{
    background-color:#eeeeee;
}
.tabmenu>li:first-child a{
    border-right:none;
}
.tabmenu>li.active>a{
    background-color:#ffffff;
}
```

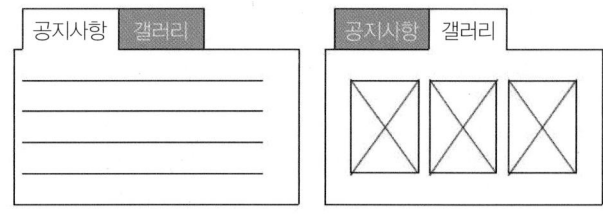

[style.css]

```
114    .tabmenu {              /* 공지사항과 갤러리 탭메뉴가 들어가는 곳 */
115        float: left;
116        height: 180px;
117        width: 395px;
118        margin-top: 10px;
119        margin-bottom: 10px;
120    }
121    .tabmenu>li {           /* 탭 타이틀 영역 스타일 */
122        float: left;
123        width: 100px;
124        line-height: 30px;
125    }
126    .tabmenu>li>a {         /* 탭 타이틀 영역 <a>요소 스타일 */
127        display: block;
128        font-size: 16px;
129        text-align: center;
130        background-color: #cccccc;
131        border: 1px solid #dddddd;
132        border-bottom: none;
133    }
134    .tabmenu>li>a:hover { /* <a>요소에 마우스를 올릴 때 스타일 */
135        background-color: #eeeeee;
136    }
137    .tabmenu>li:first-child a { /* 탭 타이틀 첫번째 요소의 <a>요소 스타일 */
138        border-right: none;
139    }
140    .tabmenu>li.active>a { /* active 클래스가 추가된 <a> 요소 스타일 */
141        background-color: #ffffff;
142    }
143    .otherwrap {            /* banner와 shortcut 묶어줌 */
144        float: right;
145        height: 200px;
146        width: 800px;
147    }
```

🅑 기적의 TIP

- .tabmenu>li : .tabmenu의 자식 요소 <li>의 스타일 지정. 공지사항과 갤러리 탭의 타이틀 영역으로 이 영역의 높이와 너비 등을 지정
- .tabmenu>li>a : .tabmenu의 자식 요소 <li>의 자식 요소인 <a> 요소에 대해 스타일 지정
- display:block : 박스 요소를 block 속성으로 표시하며, 요소 앞뒤로 줄바꿈 되도록 함
- background-color::#cccccc : <li>의 자식 요소인 <a> 요소 영역에 배경색 지정
- border:1px solid #dddddd : .tabmenu의 자식 요소 <li>의 자식 요소인 <a> 요소 영역에 테두리를 지정. 테두리 굵기는 1px, 선의 종류는 실선 solid, 선의 색상은 #dddddd로 지정
- border-bottom:none : .tabmenu>li>a에 테두리를 주게 되면, 이후 탭 타이틀의 아래 테두리와 탭 내용의 위쪽 테두리가 겹쳐보이게 됨. 따라서 탭 타이틀의 아래 테두리를 보이지 않게 지정하여 경계선에서 두 개의 테두리가 겹쳐 보이지 않도록 함

공지사항	갤러리		공지사항	갤러리

〈border-bottom:none을 설정한 경우〉　　　　　〈border-bottom:none을 설정하지 않은 경우〉

B 기적의 TIP

- .tabmenu>li)a:hover : .tabmenu의 자식 요소 〈li〉의 자식 요소인 〈a〉 요소 영역에 마우스가 올라오면 나타날 스타일 지정
  − 배경색 background:#cccccc에서 마우스를 올리면 background-color:#eeeeee로 변경됨
- .tabmenu>li:first-child a : .tabmenu>li 요소 중 첫 번째 자식 요소인 〈a〉 요소에 대한 스타일을 지정. 해당 부분은 공지사항 탭 타이틀 영역으로 여기에 border-right:none을 설정함으로써 오른쪽 테두리가 나타나지 않도록 지정. 이렇게 하지 않을 경우 공지사항과 갤러리 탭 타이틀 사이의 경계선 테두리가 겹쳐보이게 됨. 따라서 한쪽 경계선을 나타나지 않도록 지정함으로써 중간 경계선에서 두 개의 테두리가 겹쳐 보이지 않도록 함
- .tabmenu>li.active)a : .tabmenu>li 요소 중 active 클래스가 할당된 〈a〉 요소에 대한 스타일 지정. 현재 'index.html' 문서에서 <li class="active"><a href="#">공지사항</a>로 설정되어 있기 때문에 공지사항 탭 타이틀 영역의 색상이 background-color:#ffffff로 나타나게 됨. 이후 자바스크립트에서 갤러리 탭 타이틀 영역을 클릭하면 active 클래스가 할당되어 색상이 변경되도록 구현함
- 여기에서 탭 타이틀 영역인 .tabmenu>li 스타일에서 〈li〉 요소의 높이는 글자의 줄 간격(행간)을 조정하는 line-height 속성을 사용하여 지정하였습니다. 그 이유는 〈li〉 요소에 높이를 지정하는 경우 해당 영역이 〈/li〉로 닫혀있다면 height 속성으로도 높이를 조정할 수 있지만, 이 문제에서는 다음과 같이 HTML 문서에서 탭 타이틀 영역 안에 다시 〈div〉 영역으로 탭 콘텐츠 내용을 구성하고 있기 때문에 height 속성으로는 높이를 설정해도 나타나지 않게 됩니다. 따라서 line-height 속성을 이용하여 행간으로 탭 타이틀의 높이를 조정하였습니다.

```
<li class="active"><a href="#">공지사항</a>
<div class="notice">
<ul>
```

---

02 이어서 공지사항의 내용이 나타나는 공지사항 콘텐츠 영역에 스타일을 추가하기 위해 다음과 같이 입력합니다.

```
.tabmenu>li div{
    position:absolute;
    left:0px;
    height:0px;
    overflow:hidden;
    top:40px;
}
.tabmenu>li.active div{
    width:393px;
    height:148px;
    border:1px solid #dddddd;
    z-index:1;
}
.notice ul{
    float:left;
    width:393px;
    margin-top:12px;
    margin-bottom:12px;
}
```

[style.css]

```
140    .tabmenu>li.active>a { /* active 클래스가 추가된 <a> 요소 스타일 */
141        background-color: ☐#ffffff;
142    }
143    .tabmenu>li div { /* 탭 콘텐츠 영역 스타일 */
144        position: absolute;
145        left: 0px;
146        height: 0px;
147        overflow: hidden;
148        top: 40px;
149    }
150    .tabmenu>li.active div {/* active클래스가 추가된 탭 콘텐츠 영역 스타일 */
151        width: 393px;
152        height: 148px;
153        border: 1px solid ☐#dddddd;
154        z-index: 1;
155    }
156    .notice ul {      /* 공지사항 콘텐츠 영역 스타일 */
157        float: left;
158        width: 393px;
159        margin-top: 12px;
160        margin-bottom: 12px;
161    }
162    .notice li {      /* 공지사항 리스트 영역 스타일 */
163        height: 32px;
164        line-height: 32px;
165        font-size: 15px;
166        margin-left: 10px;
167        margin-right: 10px;
168    }
169    .notice li:nth-child(2n) {  /* 공지사항 중 2배수 리스트 스타일 */
170        background-color: ☐#cccccc;
171    }
172    .notice li span {  /* <span>요소로 구성된 날짜 영역 스타일 */
173        float: right;
174    }
175    .notice li:hover {  /* 공지사항 리스트 영역에 마우스를 올릴 때 스타일 */
176        font-weight: bold;
177    }
178    .otherwrap {      /* banner와 shortcut 묶어줌 */
179        float: right;
180        height: 200px;
181        width: 800px;
182    }
```

```
.notice li{
    height:32px;
    line-height:32px;
    font-size:15px;
    margin-left:10px;
    margin-right:10px;
}
.notice li:nth-child(2n){
    background-color:#cccccc;
}
.notice li span{
    float:right;
}
.notice li:hover{
    font-weight:bold;
}
```

🅱 기적의 TIP

- .tabmenu>li div : <ul class="tabmenu">의 자식 요소 〈li〉의 후손 요소 〈div〉들에 대한 스타일 지정. 즉, 공지사항과 갤러리 탭 콘텐츠 영역의 스타일을 지정
  - position:absolute : 탭 콘텐츠 영역의 위치는 상위 컨테이너를 기준으로 절대 좌표값을 가지도록 함. 공지사항과 갤러리 탭 콘텐츠 영역이 모두 같은 자리에 나타나야 하므로 이 속성을 지정. 이 속성을 사용하지 않으면 갤러리 탭 콘텐츠 영역의 시작 위치가 변경됨
  - left:0px : 탭 콘텐츠 영역을 left로부터 0px, 즉 여백을 두지 않음. 따라서 콘텐츠 영역이 왼쪽에 붙어서 나타남. position:absolute을 함께 사용해야 공지사항과 갤러리 탭 콘텐츠 영역이 모두 같은 자리에 나타나게 되며 둘 중 하나의 속성을 사용하지 않으면 갤러리 탭 콘텐츠 영역이 밀려나게 됨
  - height:0px : 탭 콘텐츠 영역의 높이는 0으로 지정하여 보이지 않도록 함. 활성화될 때만 높이를 지정하여 콘텐츠가 보이도록 함
  - overflow:hidden : 다른 영역과 겹쳐 보이는 부분을 가림. 이 옵션을 사용하지 않을 경우 공지사항과 갤러리 탭 콘텐츠(내용) 영역이 서로 겹쳐서 보이게 됨
- .tabmenu>li.active div : .tabmenu>li 요소 중 active 클래스가 할당된 〈div〉 후손 요소 영역에 대한 스타일 지정. 현재 HTML 문서에서 <li class="active"><a href="#">공지사항</a><div class="notice">로 설정되어 있기 때문에 공지사항 탭 콘텐츠 영역에 먼저 스타일이 적용됨. 이후 자바스크립트에서 갤러리 탭 타이틀 영역을 클릭하면 active 클래스가 할당되도록 구현하면 탭 콘텐츠 영역도 변경되어 나타나게 됨
  - width:393px : active 클래스가 할당된 〈div〉 탭 콘텐츠 영역의 너비를 393px로 지정. 이 값은 .tabmenu에 지정한 탭 영역의 크기 395px(width:395px) 중에서 border:1px이 좌우로 차지하는 2px을 제외시킨 값임
  - height:148px : active 클래스가 할당된 〈div〉 탭 콘텐츠 영역의 높이를 148px로 지정. 이 값은 .tabmenu에 지정한 탭 영역의 크기 180px(height:180px=200px에서 위 여백 10px과 아래 여백 10px을 뺀 값) 중에서 탭 타이틀 영역 line-height:30px과 border:1px이 상하로 차지하는 2px을 제외시킨 값임
  - border:1px solid #dddddd : .tabmenu>li 요소 중 active 클래스가 할당된 〈div〉 후손 요소의 영역에 테두리를 지정. 테두리 굵기는 1px, 선의 종류는 실선 solid, 선의 색상은 #dddddd로 지정. 이 테두리 값이 상하좌우로 1px씩 차지하므로 이를 고려하여 width와 height 값을 지정
  - z-index:1 : .tabmenu>li 요소 중 active 클래스가 할당된 〈div〉 후손 요소가 화면 상에서 더 앞쪽에 나타나도록 우선순위를 지정
- .notice ul : <div class="notice"> 요소의 자식 요소 〈ul〉에 스타일 지정. 즉 공지사항 콘텐츠 영역의 스타일을 지정
  - margin-top:12px, margin-bottom:12px : 공지사항 콘텐츠 영역에 위, 아래 12px 여백 지정
- .notice li : <div class="notice"> 요소의 자식 요소 〈li〉에 스타일 지정. 공지사항 콘텐츠 각 리스트의 스타일을 지정
  - height:30px, line-height:30px : 높이 height와 줄 간격(행간) line-height을 같은 값을 지정하여 글자가 세로 가운데 정렬이 되도록 함
  - margin-left:10px, margin-right:10px : 각 리스트에 좌우 10px 여백 지정
- .notice li:nth-child(2n) : .notice 요소의 후손 요소 〈li〉의 2배수 요소(2, 4, 6... 번째를 의미)의 스타일 지정
- .notice li span : .notice 요소의 후손 요소 〈li〉의 〈span〉에 스타일 지정
- .notice li:hover : .notice 요소의 후손 요소 〈li〉에 마우스를 올리면 font-weight:bold 글자가 굵게 나타나도록 지정

03 갤러리 영역의 스타일을 추가하기 위해 '.notice li:hover' 영역 아래에 다음을 추가합니다. 세부 지시사항에 갤러리의 이미지에 마우스 오버(Mouse over) 시 투명도(Opacity)에 변화가 있도록 하고 있으므로 이 점에 유의하여 스타일을 지정합니다.

```
.gallery li{
    float:left;
    margin-top:15px;
    margin-left:5px;
}
.gallery img{
    height:100px;
    width:100px;
    padding:10px;
}
.gallery li:hover{
    opacity:0.5;
}
```

[style.css]

```
172    .notice li span {     /* <span>요소로 구성한 날짜 영역 스타일 */
173        float: right;
174    }
175    .notice li:hover {   /* 공지사항 리스트 영역에 마우스를 올릴 때 스타일 */
176        font-weight: bold;
177    }
178    .gallery li {          /* 갤러리 콘텐츠 영역 스타일 */
179        float: left;
180        margin-top: 15px;
181        margin-left: 5px;
182    }
183    .gallery img {         /* 갤러리 콘텐츠 이미지 영역 스타일 */
184        height: 100px;
185        width: 100px;
186        padding: 10px;
187    }
188    .gallery li:hover {  /* 갤러리 콘텐츠에 마우스를 올릴 때 스타일 */
189        opacity: 0.5;
190    }
191    .otherwrap {           /* banner와 shortcut 묶어줌 */
192        float: right;
193        height: 200px;
194        width: 800px;
195    }
```

기적의 TIP

- .gallery li : <div class="gallery"> 요소의 후손(하위 요소에 해당하는 모든) 요소 ⟨li⟩에 스타일 지정. 갤러리 이미지에 스타일 적용됨
- .gallery img : gallery 요소의 후손 요소 ⟨img⟩의 스타일을 지정. 갤러리 각 이미지의 크기 및 여백을 지정
- .gallery li:hover : gallery 요소의 후손 요소인 ⟨li⟩ 요소에 마우스를 올리면 불투명도 50%(opacity:0.5)가 되어 약간 투명하게 보이도록 지정
- .gallery li는 갤러리 각 이미지가 들어있는 리스트로서 결국 갤러리 이미지들의 투명도가 조정됩니다. 마우스를 올릴 때 이미지의 투명도가 변화되는 조건은 세부 지시사항에 제시되어 있으므로 반드시 지정해야 합니다.
- 갤러리 이미지에 마우스를 올리면 투명도가 변화되도록 하는 스타일은 .gallery img:hover로 지정해도 됩니다.

04 작업 중인 문서를 모두 저장하고, '크롬(Chrome)' 브라우저에서 결과를 확인합니다.

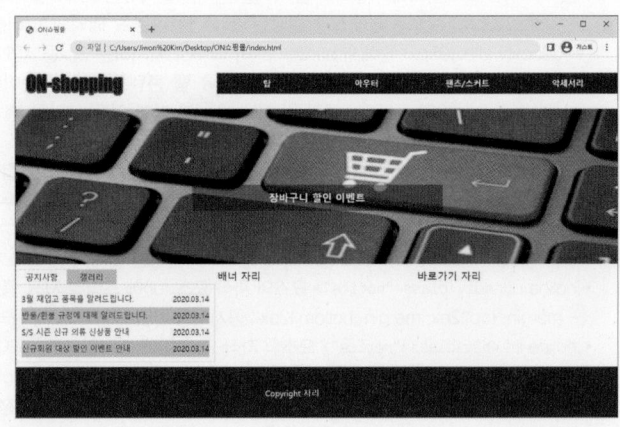

❸ 공지사항, 갤러리 탭 전환 기능 구현하기

이번에는 공지사항과 갤러리 탭이 전환되도록 자바스크립트와 제이쿼리(jQuery)를 활용하여 동적 기능을 만들 어줍니다.

01 공지사항 탭과 갤러리 탭이 전환되는 기능을 구현하기 위해 'script.js' 문서에 다음과 같이 입력합니다. 이때 마지막 줄인 '});' 안쪽에 입력 하도록 합니다.

```
$(function(){
  $('.tabmenu>li>a').click(function(){
    $(this).parent().addClass("active")
      .siblings().removeClass("active");
    return false;
  });
});
```

[script.js]

```
11    $('.imgslide a:gt(0)').hide();
12    setInterval(function () {
13      $('.imgslide a:first-child').fadeOut()
14        .next('a').fadeIn()
15        .end().appendTo('.imgslide');
16    }, 3000);
17
18    $(function () {
19      $('.tabmenu>li>a').click(function () {
20        $(this).parent().addClass("active")
21          .siblings().removeClass("active");
22        return false;
23      });
24    });
25
26  });
```

🅱 기적의 TIP

• $('.tabmenu>li>a').click : .tabmenu 요소의 자식 요소 〈li〉의 자식 요소인 〈a〉 요소 영역을 클릭
• $(this).parent().addClass('active') : 현재 요소의 부모 요소를 찾아 'active' 클래스 추가. 〈a〉 요소의 부모 요소는 〈li〉이므로 클릭하면 〈li〉에 'active' 클래스를 추가
• .siblings().removeClass('active') : 다른 형제 요소를 찾은 후 'active' 클래스 삭제
• return false : 클릭 이벤트 처리를 중단하고 함수를 호출한 곳으로 즉시 돌아가도록 함
• HTML에서 요소들은 중첩되어 있습니다. 그래서 〈a〉 요소를 클릭하면 이 요소를 감싸고 있는 부모 요소들도 클릭한 것처럼 이벤트에 반응하 게 됩니다. 이런 것을 이벤트 버블링(Event bubbling)이라고 합니다. 따라서 현재 이벤트를 중지시키고 그 이벤트가 부모 요소에 전달되지 않 도록 중지하기 위해서 return false를 사용합니다. 단, return false를 사용하면 자바스크립트 해석기가 이 구문을 만나는 즉시 코드 실행을 중 지하기 때문에 return false 다음에 다른 문장을 쓰지 않도록 주의합니다.

02 작업 중인 문서를 모두 저장하고 '크롬(Ch-rome)' 브라우저에서 탭 전환 기능이 잘 동작하는지 결과를 확인합니다.

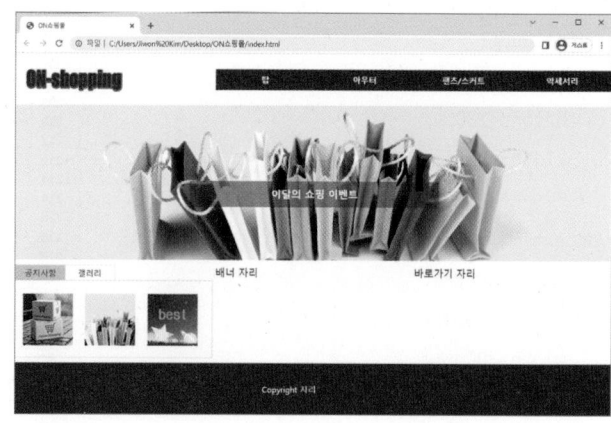

❹ 배너, 바로가기 입력하고 스타일 지정하기

01 'index.html' 문서에서 〈div class="banner"〉 배너 자리 〈/div〉와 〈div class="shortcut"〉 바로 가기 자리 〈/div〉를 찾고 해당 영역에 다음과 같이 입력합니다.

```html
<div class="otherwrap">
  <div class="banner">
    <a href="#">
      <img src="images/banner.jpg" alt="배너">
      <h4 class="bntext">배너</h4>
    </a>
  </div>
  <div class="shortcut">
    <a href="#">
      <img src="images/shortcut.jpg" alt="바로가기">
      <h4 class="sctext">바로가기</h4>
    </a>
  </div>
</div>
```

[index.html]

```
97                </ul>
98              </div>
99            </li>
100        </ul> <!--tabmenu 끝-->
101
102        <div class="otherwrap"> <!--otherwrap: banner와 shortcut 묶어줌-->
103          <div class="banner">
104            <a href="#">
105              <img src="images/banner.jpg" alt="배너">
106              <h4 class="bntext">배너</h4>
107            </a>
108          </div>
109          <div class="shortcut">
110            <a href="#">
111              <img src="images/shortcut.jpg" alt="바로가기">
112              <h4 class="sctext">바로가기</h4>
113            </a>
114          </div>
115        </div> <!--otherwrap 끝-->
116      </div> <!--contents 끝-->
117    </div> <!--bodywarp 끝-->
118
119  <!--와이어프레임 하단 시작-->
```

02 다음으로 배너 영역에 들어가는 이미지와 글자 영역의 스타일을 추가하여 배너 이미지의 크기와 글자 크기를 지정합니다.

'style.css' 문서에서 클래스 선택자 '.banner'를 찾고 그 아래에 다음과 같이 입력합니다.

```css
.banner img{
    float:left;
    height:180px;
    width:395px;
}
.bntext{
    float:left;
    height:40px;
    width:300px;
    position:absolute;
    text-align:center;
    color:#ffffff;
    font-weight:bold;
```

[style.css]

```css
196  .banner {
197    float: left;
198    height: 180px;     /* 배너 영역 높이 */
199    width: 395px;      /* 배너 영역 너비 */
200    margin-top: 10px;
201    margin-bottom: 10px;
202  }
203  .banner img {        /* 배너 이미지 스타일 */
204    float: left;
205    height: 180px;
206    width: 395px;
207  }
208  .bntext {            /* 배너 글자 스타일 */
209    float: left;
210    height: 40px;
211    width: 300px;
212    position: absolute;
213    text-align: center;
214    color: ▢#ffffff;
215    font-weight: bold;
216    line-height: 40px;
217    background-color: ▣rgba(40, 40, 40, 0.3);
218    left: 450px;
219    top: 80px;
220  }
221  .banner img:hover { /* 배너 이미지에 마우스를 올릴 때 스타일 */
222    opacity: 0.5;
223  }
224  .shortcut {
225    float: right;
226    height: 180px;     /* 바로가기 영역 높이 */
227    width: 400px;      /* 바로가기 영역 너비 */
228    margin-top: 10px;
229    margin-bottom: 10px;
230  }
```

```
    line-height:40px;

    background-color:rgba(40,40,40,0.3);

    left:450px;

    top:80px;

}

.banner img:hover{

    opacity:0.5;

}
```

B 기적의 TIP

- .banner img : <div class="banner"> 요소의 후손 요소 〈img〉의 스타일 크기를 지정
  - width:395px : .banner 스타일에서 배너 영역의 너비를 400px에서 바로가기 방향으로 남게 될 오른쪽 여백 5px을 감안하여 395px로 지정. 배너 이미지의 크기도 같은 값을 입력
- .bntext : <h4 class="bntext"> 배너 글자 영역의 스타일 지정
  - background–color:rgba(40,40,40,0.3) : 색상 및 불투명도 지정. a 속성은 투명도를 의미하며, 0~1사이의 값을 가짐. 반드시 설정해야 하는 것은 아니며 삭제 및 임의로 지정 가능
- .banner img:hover : 배너 이미지에 마우스가 올라오면 약간 투명하게(opacity:0.5) 보이도록 지정
- 요구사항에서 제시한 스타일(이 문제에서는 opacity 변화 효과)이 아닌 경우 반드시 설정해야 하는 것은 아니기 때문에 생략할 수 있으며, 여러 가지 스타일을 수험자 임의로 자유롭게 지정할 수 있습니다.

03 다음으로 바로가기 이미지와 글자 영역의 스타일을 추가합니다. 클래스 선택자 '.shortcut'를 찾아 다음과 같이 추가해줍니다.

```
.shortcut img{

    float:right;

    height:180px;

    width:400px;

}

.sctext{

    float:right;

    height:40px;

    width:300px;

    position:absolute;

    text-align:center;

    color:#ffffff;

    font-weight:bold;

    line-height:40px;

    background-color:rgba(40,40,40,0.3);

    left:850px;

    top:80px;

}

.shortcut img:hover{

    opacity:0.5;

}
```

[style.css]

```
224    .shortcut {
225        float: right;
226        height: 180px;      /* 바로가기 영역 높이 */
227        width: 400px;       /* 바로가기 영역 너비 */
228        margin-top: 10px;
229        margin-bottom: 10px;
230    }
231    .shortcut img {         /* 바로가기 이미지 스타일 */
232        float: right;
233        height: 180px;
234        width: 400px;
235    }
236    .sctext {               /* 바로가기 글자 스타일 */
237        float: right;
238        height: 40px;
239        width: 300px;
240        position: absolute;
241        text-align: center;
242        color: ☐#ffffff;
243        font-weight: bold;
244        line-height: 40px;
245        background-color: ■rgba(40, 40, 40, 0.3);
246        left: 850px;
247        top: 80px;
248    }
249    .shortcut img:hover { /* 바로가기 글자에 마우스를 올릴 때 스타일 */
250        opacity: 0.5;
251    }
252    footer {
253        height: 100px;      /* 하단 높이 */
254        width: 1200px;      /* 하단 너비 */
255        background-color: ■#5e1742;
256    }
```

- .shortcut img : <div class="shortcut"> 요소의 후손 요소인 〈img〉의 스타일 크기를 지정
- .sctext : <span class="sctext"> 바로가기 글자 영역의 스타일 지정
- .shortcut img:hover : 마우스가 이미지 위에 올라오면 불투명도 50%(opacity:0.5)가 되어 약간 투명하게 보이도록 지정
  – 반드시 설정해야 하는 것은 아니며 삭제 및 임의로 지정 가능

04 작업 중인 문서를 모두 저장하고 배너와 바로가기를 입력한 결과를 확인합니다.

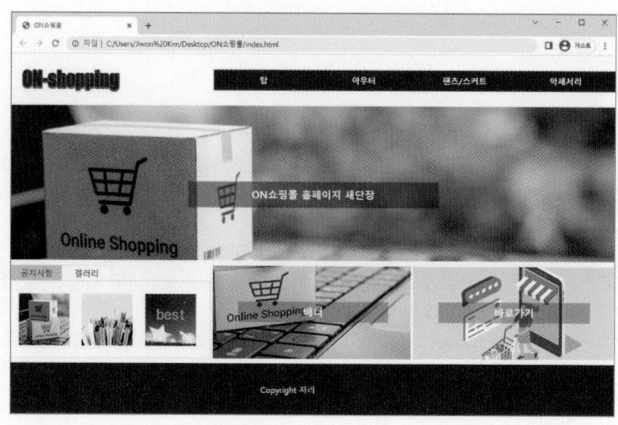

⑤ 레이어 팝업창 작성하고 배경 스타일 지정하기

01 세부 지시사항에 지시된 레이어 팝업창을 구성합니다. 공지사항의 첫 번째 콘텐츠를 클릭(Click)할 경우 레이어 팝업창(Modal Layer Pop_up)이 나타나야 하며, 닫기 버튼을 누르면 해당 팝업창이 닫히도록 해야 합니다.

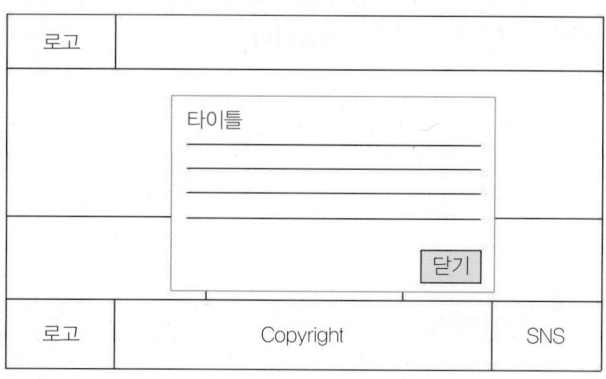

02 먼저 레이어 팝업창에 들어가는 콘텐츠 부분을 작성합니다. 'index.html' 문서에서 〈div class="bodywrap"〉 영역을 종료하는 〈/div〉 요소 다음에 다음과 같이 입력합니다.

<div id="modal">

　<div class="modal_up">

　　<div class="uptitle">신규회원 대상 할인 이벤트 안내</div>

　　<div class="upbody">

　　　- Contents 폴더에 제공된 텍스트 입력 -

[index.html]

```
116      </div> <!--contents 끝-->
117    </div> <!--bodywarp 끝-->
118
119    <div id="modal">
120      <div class="modal_up">
121        <div class="uptitle">신규회원 대상 할인 이벤트 안내</div>
122        <div class="upbody">
123          즐거운 쇼핑 환경을 위해 항상 노력하는 ON쇼핑몰입니다.
124          고객님들께 한 단계 더 나아가 보답하는 ON쇼핑몰이 되고자
125          신규회원 대상 10% 할인 이벤트를 실시하고 있습니다.
126          웹과 모바일에서 모두 이용 가능하며,
127          수준 높은 서비스를 위해 앞으로도 꾸준히 노력할 것을 약속드립니다.
128        </div>
129        <div class="btn">닫기</div>
130      </div>
131    </div>
132
133    <!--와이어프레임 하단 시작-->
134    <footer>
135      <div class="btlogo">
136        로고 자리
```

```
        </div>
        <div class="btn">닫기</div>
    </div>
</div>
```

레이어 팝업창 콘텐츠 영역을 `<div class="bodywrap">` 영역의 밖에 입력한 이유는 콘텐츠 영역인 `<div class="contents">` 영역의 스타일에 'position:absolute'을 설정했기 때문입니다. 만일 이 영역에 안에 `<div id="modal">` 영역이 포함되면 position:absolute 속성의 영향을 받게 되어 레이어 팝업창의 위치도 영향을 받게 됩니다. 따라서 이 문제에서는 레이어 팝업창 영역이 상위 요소 영역의 속성에 영향을 받지 않도록 별도의 영역에 입력하였습니다.

03 레이어 팝업창의 스타일을 지정하기 위해서 'style.css' 문서에 다음과 같이 입력합니다.

```css
#modal{
    width:100%;
    height:100%;
    position:absolute;
    left:0px;
    top:0px;
    background:rgba(0,0,0, 0.6);
    z-index:1;
    display:none;
}
#modal.active{
    display:block;
}
```

[style.css]

```
249    .shortcut img:hover { /* 바로가기 글자에 마우스를 올릴 때 스타일 */
250      opacity: 0.5;
251    }
252    #modal {                    /* 레이어 팝업창 영역 스타일 */
253      width: 100%;
254      height: 100%;
255      position: absolute;
256      left: 0px;
257      top: 0px;
258      background: ■rgba(0, 0, 0, 0.6);
259      z-index: 1;
260      display: none;
261    }
262    #modal.active {
263      display: block;
264    }
265    footer {
266      height: 100px;       /* 하단 높이 */
267      width: 1200px;       /* 하단 너비 */
268      background-color: ■#5e1742;
269    }
```

• #modal : `<div id="modal">` 요소로 화면 전체(width:100%, height:100%;)를 background:rgba(0,0,0, 0.6) 색상으로 지정하여 채움. 처음엔 나타나지 않도록 display:none를 지정
• #modal.active : #modal에 active 클래스가 추가되면 나타냄
• z-index : 요소가 화면 상에서 앞쪽으로 보이도록 우선순위를 지정

⑥ 레이어 팝업창 기능 구현하기

01 레이어 팝업창 모양은 팝업 되는 영역의 스타일을 보면서 지정하기 위해서 먼저 팝업 기능부터 구현합니다. 공지사항의 첫 번째 콘텐츠를 클릭할 경우 레이어 팝업창이 나타나야 하므로 공지사항 클래스 선택자 '.notice'를 사용하여 지정합니다. 'script.js' 문서에 다음과 같이 입력합니다. 이때 마지막 줄인 '});' 안쪽에 입력하도록 합니다.

[script.js]

```javascript
18    $(function () {
19      $('.tabmenu>li>a').click(function () {
20        $(this).parent().addClass("active")
21          .siblings().removeClass("active");
22        return false;
23      });
24    });
25
26    $(".notice li:first").click(function () {
27      $("#modal").addClass("active");
28    });
29    $(".btn").click(function () {
30      $("#modal").removeClass("active");
31    });
32
33    });
```

```
$(".notice li:first").click(function(){
  $("#modal").addClass("active");
});
$(".btn").click(function(){
  $("#modal").removeClass("active");
});
```

02 지금까지 작업한 문서를 모두 저장하고, '크롬(Chrome)' 브라우저에서 작업한 결과를 확인합니다.

지금까지의 작업 결과, 클래스 선택자 '.notice' 요소, 즉 〈div class="notice"〉로 지정된 공지사항의 첫 번째 줄을 클릭하면 바탕에 불투명도가 낮아지면서 화면이 변하는 것을 확인할 수 있습니다.

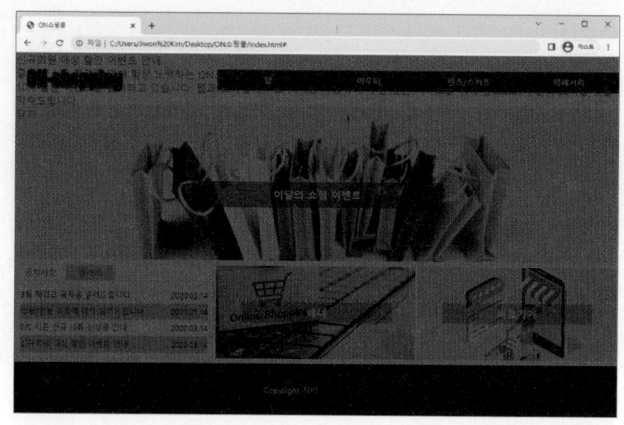

❼ 레이어 팝업창 스타일 지정하기

01 레이어 팝업창의 스타일을 계속해서 지정하기 위해 'style.css' 문서에 다음을 추가합니다.

```
.modal_up{
    width:500px;
    height:400px;
    position:fixed;
    left:40%;
    top:30%;
    border: 3px solid;
    border-color:#5e1742;
    background-color:#ffffff;
}
.uptitle{
    margin-top:30px;
    text-align:center;
    line-height:16px;
```

[style.css]

```
262   #modal.active {
263     display: block;
264   }
265   .modal_up {
266     width: 500px;
267     height: 400px;
268     position: fixed;
269     left: 40%;
270     top: 30%;
271     border: 3px solid;
272     border-color: ■ #5e1742;
273     background-color: □ #ffffff;
274   }
275   .uptitle {
276     margin-top: 30px;
277     text-align: center;
278     line-height: 16px;
279     font-size: 20px;
280     font-weight: bold;
281   }
282   .upbody {
283     padding: 30px;
284     text-align: center;
285     font-size: 16px;
286     line-height: 30px;
287   }
288   .btn {
289     height: 20px;
290     width: 80px;
291     cursor: pointer;
292     display: block;
```

```css
    font-size:20px;
    font-weight:bold;
}
.upbody{
    padding:30px;
    text-align:center;
    font-size:16px;
    line-height:30px;
}
.btn{
    height:20px;
    width:80px;
    cursor:pointer;
    display:block;
    text-align:center;
    font-size:15px;
    font-weight:bold;
    color:#ffffff;
    border-radius:3px;
    background:#5e1742;
    position:absolute;
    right:10px;
    bottom:10px;
}
```

```css
293        text-align: center;
294        font-size: 15px;
295        font-weight: bold;
296        color: □#ffffff;
297        border-radius: 3px;
298        background: ■#5e1742;
299        position: absolute;
300        right: 10px;
301        bottom: 10px;
302    }
303    footer {
304        height: 100px;      /* 하단 높이 */
305        width: 1200px;      /* 하단 너비 */
306        background-color: ■#5e1742;
307    }
```

🅕 기적의 TIP

- modal_up : 레이어가 팝업될 때 나타나는 <div class="modal_up"> 영역의 스타일 지정. 팝업창의 크기, 위치 등을 지정
  - 높이 height:400px, 너비 width:500px 크기로 팝업창이 나타남
  - 화면을 기준으로 left:40%, top:20% 위치에 고정되어 나타남
  - position:fixed : 화면 상의 위치에 그대로 고정됨(스크롤을 이동해도 고정됨)
  - border: 3px solid : 레이어 팝업창에 3px 두께의 실선 테두리 설정
  - border-color:#5e1742 : 테두리 색상을 지정된 주조색 #5e1742으로 설정
- .uptitle : 레이어 팝업창 안의 제목 영역인 <div class="uptitle"> 스타일 지정
- .upbody : 레이어 팝업창 안의 내용 영역인 <div class="upbody"> 스타일 지정
- .btn : 팝업창 안에 나타나는 버튼 영역의 스타일 지정. 버튼의 모양은 임의로 지정
  - cursor:pointer : 버튼 위에서 마우스 커서가 화살표가 아닌 포인터 모양으로 변경되도록 지정
  - border-radius:3px : 테두리를 둥글게 만들어 모서리가 둥근 버튼으로 지정. 큰 값일수록 원형에 가까워짐
- 레이어 팝업창 스타일 중 테두리나 버튼에 대한 상세한 스타일은 반드시 지정해야 하는 것은 아닙니다. 위에 지정된 스타일 속성은 생략할 수 있으며, 스타일을 조정하면서 수험자 임의로 자유롭게 지정할 수 있습니다.

02 모든 문서를 저장한 후 '크롬(Chrome)' 브라우저에서 레이어 팝업창이 잘 나타나고 사라지는지 결과를 확인합니다.

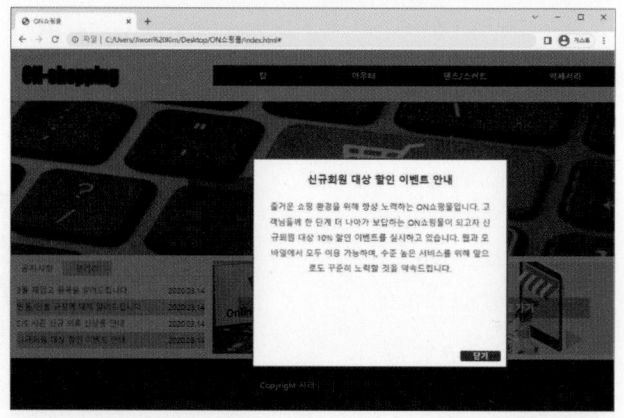

6 STEP   세부 영역별 지시사항 풀기 – Ⓓ Footer   약 25분

❶ Footer 영역 하단 로고 만들기

세부 영역별 지시사항대로 푸터 영역을 제작합니다.

이 문제에서는 제공된 로고를 무채색(Grayscale)으로 변경하여 푸터 영역에 추가하도록 하고 있으므로 먼저 로고를 무채색으로 조정해두도록 합니다. 여기에서는 포토샵을 이용하여 조정하였습니다.

01 포토샵을 실행한 후, [파일(File)]–[열기(Open)] 메뉴를 선택하여 'images' 폴더에 저장되어 있는 로고 이미지 'logo.png'를 엽니다.

02 로고를 무채색으로 변경하기 위해서 [이미지(Image)]–[조정(Adjustments)]–[채도 감소(Desaturate)]를 선택합니다.

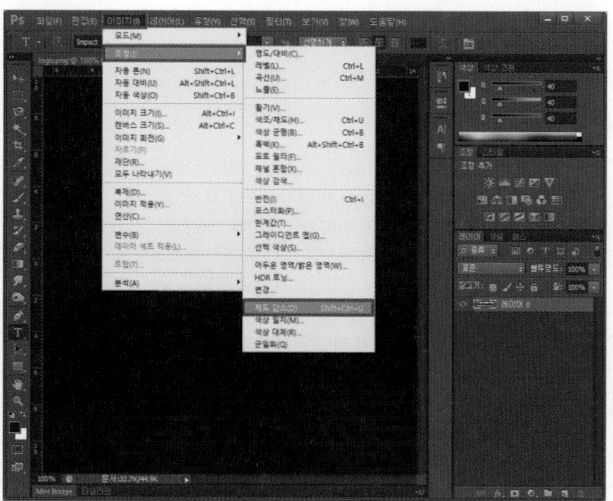

🅑 **기적의 TIP**

- 채도 감소의 단축키는 [Shift]+[Ctrl]+[U]입니다.
- 채도를 감소하기 위해 [이미지(Image)]–[조정(Adjustments)]–[색조/채도(Hue/Saturation)] 메뉴를 선택하여 채도(Hue/Saturation)에서 '-100'을 입력하여 변경해도 됩니다.
- [색조/채도(Hue/Saturation)] 메뉴의 단축키는 [Ctrl]+[U]입니다.
- 로고의 색상 값이나 색상을 변경하는 방법이 지정되지 않은 경우 수험자 임의로 수정하면 됩니다.

---

03 채도가 감소되어 무채색이 되면 [파일(File)]-[다른 이름으로 저장(Save as)]를 선택하여 'images' 폴더 안에 'logo_bottom.png'로 저장합니다.

– 파일 이름(File name) : logo_bottom.png

– 형식(Format) : PNG

[저장(Save)] 버튼을 클릭한 후 PNG 옵션 대화상자가 나타나면 옵션을 기본 값으로 그대로 둔채 [확인(OK)]을 클릭합니다.

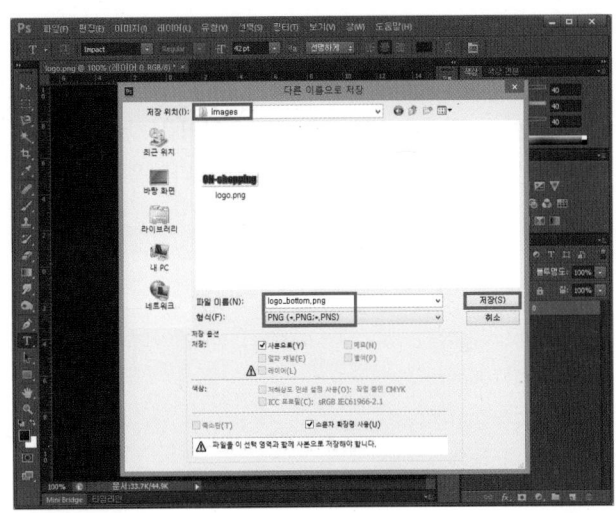

> **(F) 기적의 TIP**
>
> 포토샵에서 편집 원본 파일은 *.psd 파일 형식으로 저장합니다. 단, 포토샵 원본 파일은 시험 결과물 제출 시 포함되지 않도록 해야 합니다. 시험에서는 웹서비스에 사용되지 않는 파일은 제출하지 않도록 하고 있습니다.

② Footer 영역 작성하기

제공된 텍스트와 이미지를 사용하여 하단 로고, Copyright, SNS(3개)를 제작합니다.

01 'index.html' 문서에서 〈footer〉 〈/footer〉 영역에서 미리 입력해 두었던 로고 자리, Copyright 자리, SNS 자리에 수험자 제공 파일 중 'Footer' 폴더에 제공된 텍스트를 사용하여 다음과 같이 입력합니다.

```
<footer>
<div class="btlogo">
  <a href="#"><img src="images/logo_bottom.
  png" alt="하단로고"></a>
</div>
<div class="copy">
  COPYRIGHT © by WEBDESIGN. ALL RIGHTS RESERVED
</div>
<div class="sns">
  <ul>
    <li><a href="#"><img src="images/sns1.jpg" alt=""></a></li>
    <li><a href="#"><img src="images/ sns2.jpg" alt=""></a></li>
    <li><a href="#"><img src="images/sns3.jpg" alt=""></a></li>
  </ul>
</div>
</footer>
```

[index.html]

③ Footer 영역 스타일 지정하기

01 푸터 영역에 스타일을 지정하기 위해 'style. css' 문서에서 클래스 선택자 '.btlogo' 영역을 찾아서 다음과 같이 아래에 로고 이미지 스타일을 추가합니다.

```
.btlogo img{
    float:left;
    height:50px;
    width:200px;
    margin-top:25px;
    margin-left:15px;
}
```

[style.css]

```
303   footer {
304       height: 100px;      /* 하단 높이 */
305       width: 1200px;      /* 하단 너비 */
306       background-color: ■#5e1742;
307   }
308   .btlogo {
309       float: left;
310       height: 100px;      /* 로고 영역 높이 */
311       width: 250px;       /* 로고 영역 너비 */
312   }
313   .btlogo img {
314       float: left;
315       height: 50px;
316       width: 200px;
317       margin-top: 25px;
318       margin-left: 15px;
319   }
320   .copy {
321       float: left;
322       height: 100px;      /* Copyright 높이 */
323       width: 600px;       /* Copyright 너비 */
324       color: □#ffffff;
```

02 SNS 스타일을 지정합니다. 미리 입력해 두었던 클래스 선택자 '.sns' 영역을 찾은 후 다음과 같이 속성을 추가합니다. 또 하단 메뉴 리스트에 대한 스타일도 추가합니다.

```
.sns ul{
    float:right;
    margin-right:20px;
    margin-top:25px;
}
.sns li{
    display:inline-block;
}
.sns img{
    height:45px;
    width:45px;
    padding:5px;
}
.sns img:hover{
    opacity:0.5;
}
```

[style.css]

```
320   .copy {
321       float: left;
322       height: 100px;      /* Copyright 높이 */
323       width: 600px;       /* Copyright 너비 */
324       color: □#ffffff;
325       text-align: center;
326       font-size: 16px;
327       line-height: 100px;
328   }
329   .sns {
330       float: right;
331       height: 100px;      /* sns 높이 */
332       width: 300px;       /* sns 너비 */
333   }
334   .sns ul {
335       float: right;
336       margin-right: 20px;
337       margin-top: 25px;
338   }
339   .sns li {
340       display: inline-block;
341   }
342   .sns img {
343       height: 45px;
344       width: 45px;
345       padding: 5px;
346   }
347   .sns img:hover {
348       opacity: 0.5;
349   }
350
```

- .sns ul : \<div class="sns"\> 요소의 후손 요소 〈ul〉에 스타일 지정
- .sns li : sns 요소의 후손 요소 〈li〉에 스타일 지정
  – display:inline-block : sns 이미지(〈li〉 요소로 나열된 리스트)가 한 줄(행)에 표시되도록 inline과 block의 속성을 같이 가지고 있도록 변경
- .sns img : sns 요소의 후손 요소 〈img〉에 스타일 지정. sns 각 이미지의 크기 및 여백 조정
- .sns img:hover : sns 요소의 후손 요소 〈img〉에 마우스를 올리면 불투명도 50%(opacity:0.5)로 약간 투명하게 바뀌어 보이도록 지정
- 스타일 시트의 속성과 값은 임의로 지정한 값이며 얼마든지 변경할 수 있습니다. 별도로 제시된 값이 없으므로 임의로 지정 가능합니다.

03 모든 문서를 저장한 후 '크롬(Chrome)' 브라우저에서 작업한 결과를 확인합니다.

7 STEP 최종 검토하기   약 10분

최종 결과물 Checklist

최종 작업이 끝나면 다음과 같이 최종 문서를 확인합니다.

1. 모든 작업은 바탕 화면의 '비번호' 폴더에 저장되어 있어야 합니다.

2. 최종 본문 파일은 가장 상위 폴더에 'index.html'로 저장되어 있어야 합니다.

3. 제작한 자료들은 '비번호' 폴더 내에 'css', 'javascript', 'images' 폴더별로 분류되어 저장되어 있어야 합니다.

4. 최종 결과물인 '비번호' 폴더의 용량이 5MB을 초과되지 않아야 합니다.

5. 웹페이지 코딩은 HTML5 기준 웹 표준을 준수하여야 합니다.
  – HTML 유효성 검사(W3C validator)에서 오류('ERROR')가 없어야 합니다. 단, HTML 유효성 검사 서비스는 인터넷으로 이루어지기 때문에 시험 시 확인할 수는 없습니다.
  – 따라서 오류를 방지하기 위해서 다음과 같은 방법을 사용하여 확인합니다.
  ① 구글 크롬 브라우저나, 파이어폭스 브라우저를 이용하여 페이지 빈 공간에 오른쪽 버튼을 누르고 '검사(Inspect)'를 실행합니다.
  ② 콘솔(Console) 창에서 오류가 나타나는지 확인합니다. 시험 최종 결과물에서 여기에 오류가 나타나면 안 됩니다.
  ③ 오류가 있을 경우 콘솔 창에 오류 메시지가 나타나게 됩니다.
  ④ 오류를 발견하면 오류가 있는 코드를 수정하여 오류를 바로 잡습니다.

매우 드문 일이지만, 간혹 최종 파일이 익스플로러에서 제대로 실행되지 않는 경우가 있습니다. 스크립트 부분이 익스플로러에서 제대로 실행되지 않았기 때문인데, 이런 경우는 최종 HTML 문서 내의 〈HEAD〉와 〈/HEAD〉 사이에 다음 문장을 입력하면 됩니다.

```
<!-- saved from url=(0013)about:internet -->
```

이런 현상은 주로 로컬 사용자 PC 에서 익스플로러를 사용하여 HTML 문서를 실행시킬 경우 발생합니다. HTML 문서에 스크립트가 포함되어 있지만 익스플로러 옵션에서 스크립트 실행을 중지시켜 놓은 상태이거나, 낮은 버전의 jQuery 문서를 연동시킨 경우, 웹이 아닌 로컬에서 실행됨으로써 HTML 실행 조건에 문제가 있어서 발생하게 됩니다. 따라서 위 문장을 기입함으로써 로컬에서 실행되는 파일을 웹에서 동작하는 것처럼 지정해주면 스크립트가 정상적으로 실행될 수 있게 됩니다.

SECTION

08회

최신 기출 유형 문제

▶ 합격 강의

반복학습 1 2 3 작업파일 [PART 04 〉 기출유형문제 08회 〉 수험자 제공 파일]을 열어서 작업하세요.

[공개 문제 유형 : D-3, D-4]

알뜰 식자재몰 웹사이트 제작

자격 종목	웹디자인개발기능사	과제명	알뜰 식자재몰

※ 시험시간 : 3시간

1. 요구사항

※ 다음 요구사항을 준수하여 주어진 자료(수험자 제공 파일)를 활용하여 시험시간 내에 웹페이지를 제작 후 5MB **용량이 초과되지 않게** 저장 후 제출하시오.

※ 웹페이지 코딩은 **HTML5 기준 웹 표준**을 준수하여야 하며, 요구사항에 지정되지 않는 요소들은 주제 특성에 맞게 자유롭게 디자인하시오.

※ 문제에서 지시하지 않은 와이어프레임 영역 비율, 레이아웃, 텍스트의 글자체/색상/크기, 요소별 크기, 색상 등은 수험자가 과제명(가.주제) 특성에 맞게 자유롭게 디자인하시오.

가. 주제 : 「알뜰 식자재몰」 웹사이트 제작

나. 개요

각종 식자재 판매를 위한 「알뜰 식자재몰」 웹사이트를 제작하고자 한다. 식자재 품목을 확인할 수 있고, 회원 전용 바로가기 메뉴와 후기가 있는 웹사이트 제작을 요청하였다. 아래의 요구사항에 따라 메인 페이지를 제작하시오.

다. 제작 내용

01) 메인 페이지를 디자인하고 HTML, CSS, JavaScript 기반의 웹페이지를 제작한다. (이때 jQuery 오픈소스, 이미지, 텍스트 등의 제공된 리소스를 활용하여 제작할 수 있다.)

02) HTML, CSS의 charset은 utf-8로 해야 한다.

03) 컬러 가이드

주조색 (Main color)	보조색 (Sub color)	배경색 (Background color)	기본 텍스트의 색 (Text color)
자유롭게 지정	자유롭게 지정	#FAEBD7	#333333

04) 사이트 맵(Site map)

Index page / 메인(Main)					
메인 메뉴(Main menu)	과일/채소	축산	수산	유제품	할인상품
서브 메뉴(Sub menu)	감자/고구마 버섯 종류 나물 종류 냉장과일 냉동과일	돼지고기 소고기 닭/오리 계란	생선 조개 새우	우유/두유 버터/마가린 치즈	일회용품 과자류

05) 와이어프레임(Wireframe)

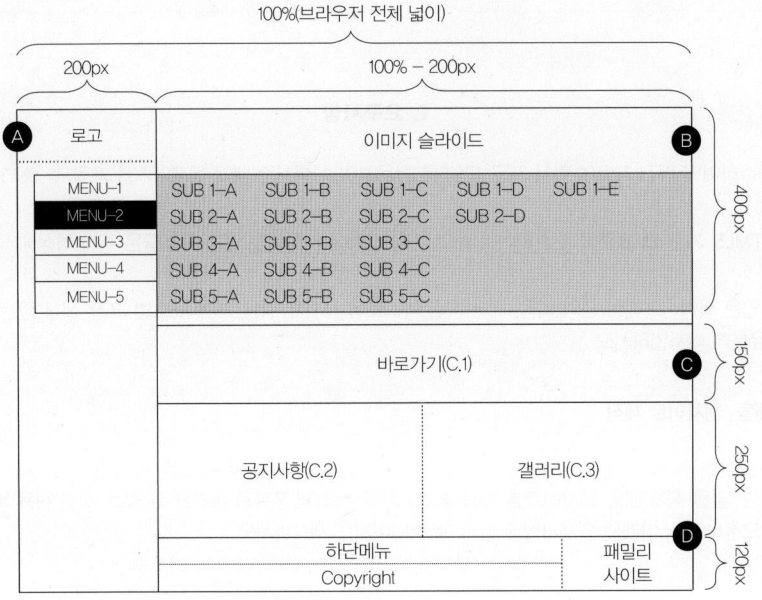

〈C영역 각각의 넓이는 수험자가 판단〉

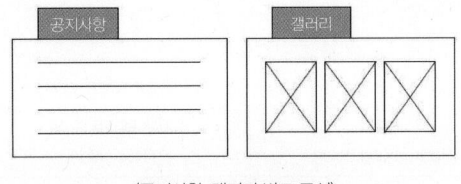

〈공지사항, 갤러리 별도 구성〉

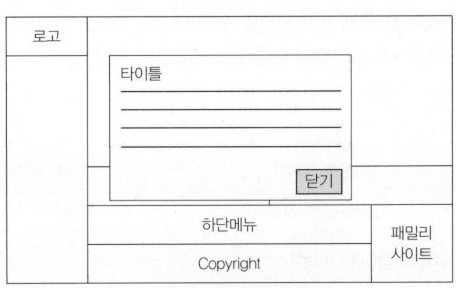

〈레이어 팝업창 구성〉

자격 종목	웹디자인개발기능사	과제명	알뜰 식자재몰

라. 세부 영역별 지시사항

영역 및 명칭	세부 지시사항
Ⓐ Header	**A.1. 로고** ㅇ 가로 세로 180픽셀×100픽셀 크기로 웹사이트의 이미지에 적합한 로고를 직접 디자인하여 삽입한다. ㅇ 로고명은 Header 폴더의 제공된 텍스트를 사용한다. **A.2. 메뉴 구성** ※ 사이트 구조도를 참고하여 메인 메뉴(Main menu)와 서브 메뉴(Sub menu)로 구성한다. **(1) 메인 메뉴(Main menu) 효과 [와이어프레임 참조]** ㅇ 메인 메뉴 중 하나에 마우스를 올리면(Mouse over) 하이라이트 되고, 벗어나면(Mouse out) 하이라이트를 해제한다. ㅇ 메인 메뉴를 마우스로 올리면(Mouse over) 서브 메뉴 영역이 부드럽게 나타나면서, 서브 메뉴가 보이도록 한다. ㅇ 메인 메뉴에서 마우스 커서가 벗어나면(Mouse out) 서브 메뉴 영역은 부드럽게 사라져야 한다. **(2) 서브 메뉴 영역 효과** ㅇ 서브 메뉴 영역은 메인 페이지 콘텐츠를 고려하여 배경 색상을 설정한다. ㅇ 서브 메뉴 중 하나에 마우스를 올리면(Mouse over) 하이라이트 되고 벗어나면(Mouse out) 하이라이트를 해제한다. ㅇ 마우스 커서가 메뉴 영역을 벗어나면(Mouse out) 서브 메뉴 영역은 부드럽게 사라져야 한다.
Ⓑ Slide	**B. Slide 이미지 제작** ㅇ [Slide] 폴더에 제공된 3개의 이미지로 제작한다. ㅇ [Slide] 폴더에 제공된 3개의 텍스트를 각 이미지에 적용하되, 텍스트의 글자체, 굵기, 색상, 크기를 적절하게 설정하여 　가독성을 높이고, 독창성이 드러나도록 제작한다. **B. Slide 애니메이션 작업** ※ 위에서 작업한 결과물을 이용하여 슬라이드 작업을 한다. ㅇ 이미지만 바뀌면 안 되고, 이미지가 위에서 아래 또는 아래에서 위로 이동하면서 전환되어야 한다. ㅇ 슬라이드는 매 3초 이내로 하나의 이미지에서 다른 이미지로 전환되어야 한다. ㅇ 웹사이트를 열었을 때 자동으로 시작되어 반복적으로(마지막 이미지가 사라지면 다시 첫 번째 이미지가 나타나는 방식) 　전환되어야 한다.
Ⓒ Contents	**C.1. 바로가기** ㅇ Contents 폴더의 제공된 파일을 활용하여 편집 또는 디자인하여 제작한다. **C.2. 공지사항** ㅇ 공지사항 타이틀 영역과 콘텐츠 영역을 구분하여 표현해야 한다.(단, 콘텐츠는 HTML 코딩으로 작성해야 하며, 이미지 　로 삽입하면 안 된다.) ㅇ 콘텐츠는 Contents 폴더의 제공된 텍스트를 적용하여 제작한다. ㅇ 공지사항의 첫 번째 콘텐츠를 클릭(Click)할 경우 레이어 팝업창(Layer Pop_up)이 나타나며 닫기 버튼을 누르면 해당 　팝업창이 닫혀야 한다. [와이어프레임 참조] ㅇ 레이어 팝업의 제목과 내용은 Contents 폴더의 제공된 텍스트 파일을 사용한다. **C.3. 갤러리** ㅇ Contents 폴더의 제공된 이미지 3개를 사용하여 가로 방향으로 배치한다. [와이어프레임 참조] ㅇ 갤러리의 이미지에 마우스 오버(Mouse over) 시 해당 객체의 투명도(Opacity)에 변화가 있어야 한다.
Ⓓ Footer	ㅇ Footer 폴더의 제공된 텍스트를 사용하여 하단메뉴, Copyright, 패밀리사이트를 제작한다.

자격 종목	웹디자인개발기능사	과제명	알뜰 식자재몰

마. 기술적 준수사항

01) 웹페이지 코딩은 HTML5 기준 웹 표준을 준수하여야 하며 HTML **유효성 검사(W3C validator)에서** 오류('ERROR')가 없어야 한다.
　　※ HTML 유효성 검사 서비스는 시험 시 제공하지 않는다(인터넷 사용 불가).

02) **CSS는 별도의 파일로 제작하여 링크**하여야 하며, CSS3 기준(W3C validator)에서 오류('ERROR')가 없도록 코딩되어야 한다.

03) JavaScript 코드는 별도의 파일로 제작하여 연결하여야 하며 브라우저(**Google Chrome**)에 내장된 개발도구의 Console 탭에서 오류('ERROR')가 표시되지 않아야 한다.

04) 별도로 지정하지 않은 상호작용이 필요한 모든 콘텐츠(로고, 메뉴, 버튼, 바로가기 등)는 임시 링크(예:#)를 적용하고 '**Tab**'(Tab) 키로 이동 선택할 수 있어야 한다.

05) 사이트는 다양한 화면 해상도에서 일관성 있는 페이지 레이아웃을 제공해야 한다.

06) 웹페이지 전체 레이아웃은 Table 태그 사용이 아닌 CSS를 통한 레이아웃 작업으로 해야 한다.

07) 브라우저에서 CSS를 "사용 안 함"으로 설정한 경우 콘텐츠가 세로로 나열된다.

08) 타이틀 텍스트(Title text), 바디 텍스트(Body text), 메뉴 텍스트(Menu text)의 각 글자체/굵기/색상/크기 등을 적절하게 설정하여 사용자가 텍스트 간의 위계질서(Hierarchy)를 직관적으로 알 수 있도록 한다.

09) 모든 이미지에는 이미지에 대한 대체 텍스트를 표현할 수 있는 alt 속성이 있어야 한다.

10) 제작된 사이트 메인 페이지의 레이아웃, 구성 요소의 크기 및 위치 등은 최신 버전의 **MS Edge와 Google Chrome**에서 동일하게 표시되어야 한다.

바. 제출 방법

01) 수험자는 비번호로 된 폴더명으로 완성된 작품 파일을 저장하여 제출한다.

02) 폴더 안에는 images, script, css 등의 자료를 분류하여 저장한 폴더도 포함되어 있어야 하며, 메인 페이지는 반드시 최상위 폴더에 index.html로 저장하여 제출해야 한다.

03) 수험자는 제출하는 폴더에 index.html을 열었을 때 연결되거나 표시되어야 할 모든 리소스들을 포함하여 제출해야 하며 수험자의 컴퓨터가 아닌 채점 위원의 컴퓨터에서 정상 작동해야 한다.

04) 전체 결과물의 용량은 5MB용량이 초과되지 않게 제출하며 ai, psd 등 웹서비스에 사용되지 않는 파일은 제출하지 않는다.

---

2. 수험자 유의사항

※ 다음의 유의사항을 고려하여 요구사항을 완성하시오.

01) 수험자 인적사항 및 답안작성은 반드시 검은색 필기구만 사용하여야 하며, 그 외 연필류, 유색 필기구, 지워지는 펜 등을 사용한 답안은 채점하지 않으며 0점 처리됩니다.

02) 수험에 필요한 소프트웨어 및 참고자료가 하드웨어에 설치되어 있는지 확인 후 작업하시오.

03) 참고자료의 내용 중 오자 및 탈자 등이 있을 때는 수정하여 작업하시오.

04) 지참공구[수험표, 신분증, 흑색 필기도구] 이외의 참고자료 및 외부장치(CD, USB, 키보드, 마우스, 이어폰) 등 **어떠한 물품도 시험 중에 지참할 수 없음**을 유의하시오(단, 시설목록 이외의 정품 소프트웨어(폰트 제외)를 설치하고자 할 때에는 감독위원의 입회하에 설치하여 사용하시오).

05) 수험자가 컴퓨터 활용 미숙 등으로 인해 시험의 진행이 어렵다고 판단되었을 때는 감독위원은 시험을 중지시키고 실격처리를 할 수 있음을 유의하시오.

06) **바탕 화면에 수험자 본인의 "비번호" 이름을 가진 폴더에 완성된 작품의 파일만을 저장하시오.**

자격 종목	웹디자인개발기능사	과제명	알뜰 식자재몰

07) 모든 작품을 감독위원 또는 채점위원이 검토하여 복사된 작품(동일 작품)이 있을 때에는 관련된 수험자 모두를 부정행위로 처리됨을 유의하시오.

08) 장시간 컴퓨터 작업으로 신체에 무리가 가지 않도록 적절한 몸풀기(스트레칭) 후 작업하시오.

09) **다음 사항에 대해서는 실격에 해당되어 채점 대상에서 제외됩니다.**

가) 수험자 본인이 수험 도중 시험에 대한 포기(기권) 의사를 표시하고 포기하는 경우

나) 작업 범위(용량, 시간)를 초과하거나, 요구사항과 현격히 다른 경우(채점위원이 판단)

다) <u>Slide가 JavaScript(jQuery포함), CSS 중 하나 이상의 방법을 이용하여 제작되지 않은 경우</u>
   <u>※ 움직이는 Slide를 제작하지 않고 이미지 하나만 배치한 경우도 실격처리 됨</u>

라) 수험자 미숙으로 비번호 폴더에 완성된 작품 파일을 저장하지 못했을 경우

마) 압축프로그램을 사용하여 작품을 압축 후 제출한 경우

바) 과제 기준 20% 이상 완성이 되지 않은 경우(채점위원이 판단)

3. 지급재료 목록

일련번호	재료명	규격	단위	수량	비고
1	수험자료 USB 메모리	32GB 이상	개	1	시험장당
2	USB 메모리	32GB 이상	개	1	시험장당 1개씩(채점위원용) ※ 수험자들의 작품 관리

※ 국가기술자격 실기 시험 지급재료는 시험종료 후(기권, 결시자 포함) 수험자에게 지급하지 않습니다.

1 STEP **HTML5 표준 문서 준비** 약 10분

① HTML5 버전 index.html 만들기

시험장에서는 문제를 풀기 전 컴퓨터 바탕 화면에 본인에게 부여된 '비번호' 이름의 폴더를 생성하고, 폴더 안에 주어진 제공 파일들을 미리 저장해둡니다. 시험장에서 모든 작업은 바탕 화면의 '비번호' 폴더에 저장해야 합니다. 본 교재에서는 바탕 화면에 생성한 작업 폴더명을 과제명인 '알뜰식자재몰'로 설정하고 작업을 진행합니다.

01 Visual Studio Code(VSC)를 실행합니다. [시작하기 화면]–[폴더 열기]를 선택하여 작업할 폴더를 지정합니다. 시작하기 화면이 보이지 않는 경우, 상단 메뉴 표시줄에서 [파일]–[폴더 열기]를 눌러 작업할 폴더를 지정합니다.

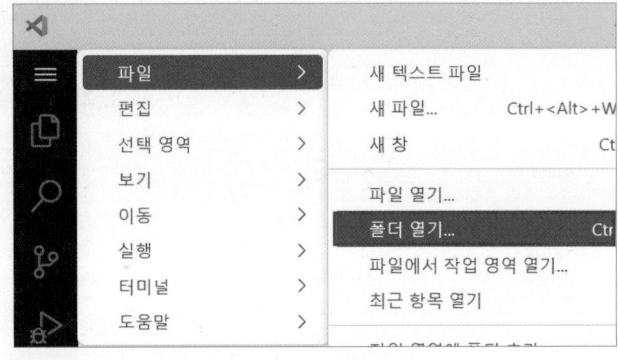

🅑 기적의 TIP

이 책에서는 웹 문서 편집 프로그램으로 Visual Studio Code를 사용하였습니다. 시험장에서는 Notepad++나 EditPlus도 제공하니 각 프로그램의 인터페이스나 특징을 살펴본 후 가장 편하고 익숙한 프로그램을 사용할 것을 권합니다.

02 바탕 화면에 생성해두었던 작업할 폴더를 선택합니다.

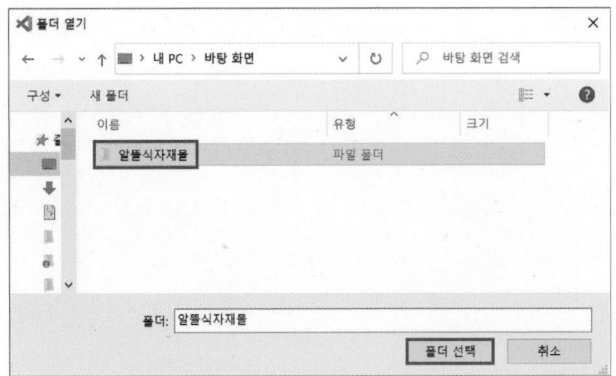

03 HTML5 버전의 문서를 만들기 위해 Visual Studio Code 왼쪽 화면의 '탐색기'에서 작업 중인 폴더에 마우스를 올립니다.
폴더의 오른쪽에 [새 파일] 아이콘이 생기면 클릭합니다.

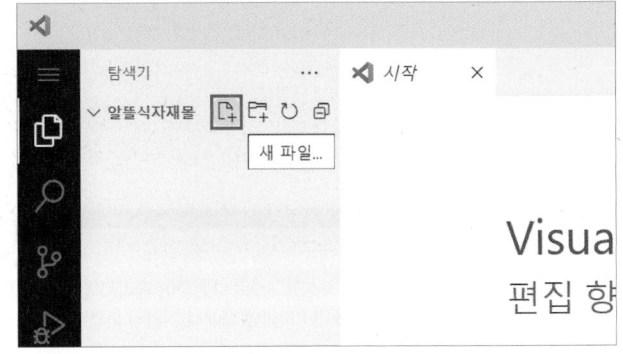

04 작업 폴더의 하위 리스트에 새로운 파일이 생성되면 파일명을 'index.html'로 입력한 후 Enter 를 누르거나 여백을 클릭합니다. 파일이 정상적으로 생성되면 오른쪽 코드 창에 'index.html' 문서가 열린 것을 확인할 수 있습니다. Visual Studio Code에서 생성한 파일은 윈도우 탐색기에서도 확인할 수 있습니다.

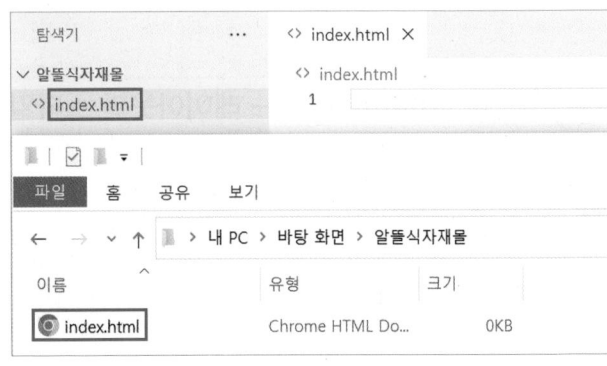

05 코드 창에서 'index.html' 문서에 HTML5 문서 형식에 맞추어 코드를 입력합니다.

```
<!DOCTYPE html>

<html>

<head>

  <meta charset="utf-8">

  <title>알뜰식자재몰</title>

</head>

<body>


</body>

</html>
```

[index.html]

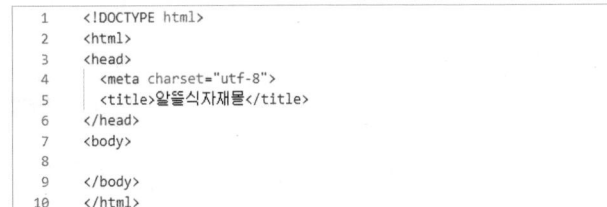

```
1   <!DOCTYPE html>
2   <html>
3   <head>
4     <meta charset="utf-8">
5     <title>알뜰식자재몰</title>
6   </head>
7   <body>
8
9   </body>
10  </html>
```

🅱 기적의 TIP

HTML5 문서는 문서의 시작과 끝, 본문의 시작과 끝을 알리는 태그를 사용하여 코딩을 시작합니다. 이때 HTML5 표준 문서의 선언부인 〈!DOC-TYPE HTML〉(대소문자 구분 없음)를 정확히 기입해야 합니다. 또 문자셋(charset)도 주어진 조건에 맞게 기입합니다.

🅱 기적의 TIP

• Visual Studio Code를 사용하고 있다면, html 기본 구조 자동완성 기능을 사용할 수 있습니다. index.html의 빈 파일에서 '!(느낌표)'를 입력하고, 느낌표 아래로 자동완성 기능이 활성화되면 키보드의 Tab 을 누릅니다. html 기본 구조 코드가 자동으로 작성된 것을 확인할 수 있습니다.

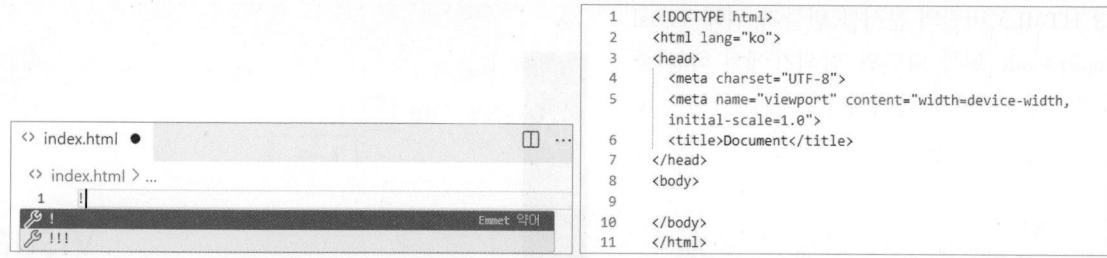

• 2번째 줄에서 html 태그의 lang 속성을 'ko'로 수정하여 페이지의 기본 언어를 한국어로 설정할 수도 있습니다.
• meta 태그 viewport : 반응형 웹이나 모바일 웹에서 기기의 화면 크기를 인식하고, 화면 확대/축소 수준을 설정합니다.

---

① 레이아웃 작성하기

웹 페이지를 제작할 때 가장 먼저 할 일은 와이어프레임에 맞게 레이아웃을 작성하는 것입니다. 문제에 주어진 구조와 값(수치) 등을 파악하여 레이아웃의 큰 틀을 지정한 후 각 영역의 내용을 채워갑니다.

01 먼저 시험지의 와이어프레임을 보면서 HTML로 영역을 구분하는 코드를 작성합니다. 여기에서는 다음과 같이 입력하고 저장합니다.

```
<!DOCTYPE html>
<html>
<head>
  <meta charset="utf-8">
  <title>알뜰식자재몰</title>
</head>
<body>

  <header>
    <div class="top">
      <div class="logo">
        로고 자리
      </div>
      <nav class="menu">
        메뉴 자리
      </nav>
    </div>
```

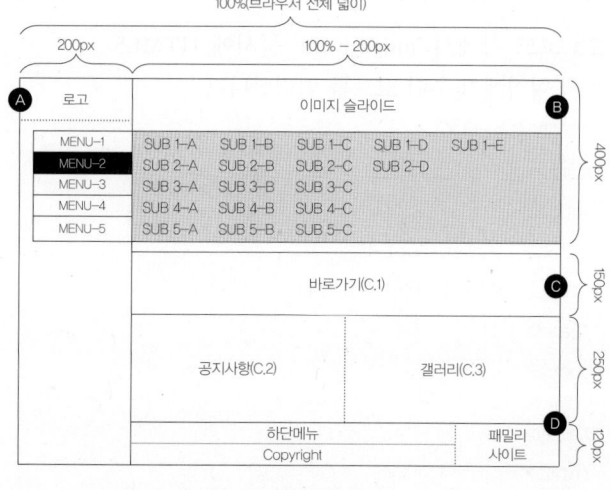

▲ 주어진 와이어프레임 조건

[index.html]

```
1   <!DOCTYPE html>
2   <html>
3   <head>
4     <meta charset="utf-8">
5     <title>알뜰식자재몰</title>
6   </head>
7   <body>
8   <!--와이어프레임 왼쪽 시작-->
9     <header>
10      <div class="top">
11        <div class="logo">
12          로고 자리
13        </div>
14        <nav class="menu">
15          메뉴 자리
16        </nav>
17      </div>
```

```
        </header>

        <div class="imgslide">
            이미지 슬라이드 자리
        </div>

        <div class="bodywrap">
            <div class="shortcut">
                바로가기 자리
            </div>
            <div class="contents">
                <div class="notice">
                    공지사항 자리
                </div>
                <div class="gallery">
                    갤러리 자리
                </div>
            </div>
        </div>
    </div>
    <footer>
        <div class="bottom">
            <div class="btmenu">
                하단메뉴 자리
            </div>
            <div class="copy">
                Copyright 자리
            </div>
        </div>
        <div class="familysite">
            패밀리사이트 자리
        </div>
    </footer>
</body>
</html>
```

18	`        </header>`
19	`        <!--와이어프레임 왼쪽 끝-->`
20	
21	`        <!--와이어프레임 오른쪽 시작-->`
22	`        <div class="imgslide">`
23	`            이미지 슬라이드 자리`
24	`        </div>`
25	
26	`        <!--bodywrap: shortcut, contents(notice, gallery) 묶어줌-->`
27	`        <div class="bodywrap">`
28	`            <div class="shortcut">`
29	`                바로가기 자리`
30	`            </div>`
31	`            <div class="contents"> <!--contents: 공지사항 + 갤러리-->`
32	`                <div class="notice">`
33	`                    공지사항 자리`
34	`                </div>`
35	`                <div class="gallery">`
36	`                    갤러리 자리`
37	`                </div>`
38	`            </div>`
39	`        </div>`
40	`        <!--bodywrap 끝-->`
41	`        <!--와이어프레임 오른쪽 끝-->`
42	
43	`        <!--와이어프레임 하단 시작-->`
44	`        <footer>`
45	`            <div class="bottom"> <!--bottom: 하단메뉴 + Copyright-->`
46	`                <div class="btmenu">`
47	`                    하단메뉴 자리`
48	`                </div>`
49	`                <div class="copy">`
50	`                    Copyright 자리`
51	`                </div>`
52	`            </div>`
53	`            <div class="familysite">`
54	`                패밀리사이트 자리`
55	`            </div>`
56	`        </footer>`
57	`        <!--와이어프레임 하단 끝-->`
58	`    </body>`
59	`</html>`

기적의 TIP

- 각 영역을 구분할 수 있는 글자나 주석을 입력해 두면 영역의 혼동 없이 코딩 작업을 할 수 있습니다.
- HTML 문서에서 주석은 '<!--'로 시작하고 '-->'로 끝나도록 합니다. 단, 하이픈(-)이 세 개 이상 사용되지 않도록 주의합니다. 예를 들어 <!---- 주석 내용 ---->과 같이 입력하지 않아야 합니다.
- 웹 페이지 영역은 〈div〉로 구분합니다. 각 영역에는 CSS 스타일 지정을 위해 미리 클래스(class) 이름을 지정합니다.
- class : 웹 페이지에 사용되는 요소의 이름을 명명하는 속성으로 스타일 시트(CSS) 파일에서 선언될 선택자 이름
- 〈header〉 : 헤더(머리글 섹션) 영역을 지정
- 〈div class="top"〉 : 로고와 메뉴 영역을 묶어주기 위한 영역 지정
- 〈nav〉 : 메뉴 탐색을 위한 내비게이션 영역 지정
- 〈div class="imgslide"〉 : 이미지 슬라이드 영역 지정
- 〈div class="contents"〉 : 콘텐츠(공지사항, 갤러리) 영역 지정

- 〈footer〉 : 푸터(바닥글 섹션) 영역 지정
- 〈div class="btwrap"〉 : 하단 텍스트(하단메뉴, Copyright) 영역 지정

02 파일 탐색기에서 작업 폴더를 찾아 'index. html' 문서를 '크롬(Chrome)' 브라우저에서 열어 작업 결과를 확인할 수 있습니다.

각 영역에 대한 스타일 지정이 되어있지 않기 때문에 글자들만 나타나는 것을 확인할 수 있습니다.

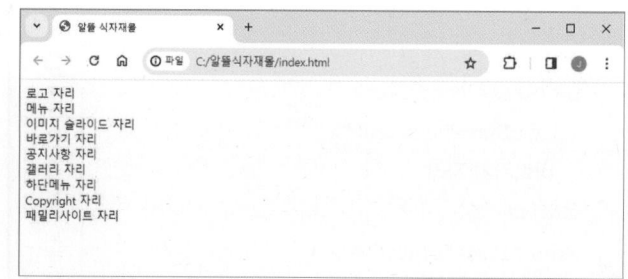

② 레이아웃 영역에 CSS 스타일 지정하기

다음으로 HTML로 작성한 레이아웃에 스타일을 지정하기 위해 CSS 작업을 합니다.

01 Visual Studio Code 왼쪽 화면의 탐색기에서 작업 중인 폴더에 마우스를 올립니다.

폴더 오른쪽에 [새 폴더] 아이콘이 생기면 클릭합니다.

02 작업 폴더의 하위 리스트에 새로운 폴더가 생성되면 폴더명을 'css'로 입력합니다. 새로 생성한 'css' 폴더에서 마우스 오른쪽 버튼을 클릭하고 [새 파일]을 선택합니다.

03 파일명을 'style.css'로 입력합니다. 파일이 정상적으로 생성되면 오른쪽 코드 창에 'style. css' 파일이 열린 것을 확인할 수 있습니다.

문제의 요구사항에 따라 'style.css' 코드 창에 문자 인코딩 방식을 지정하는 코드를 입력하고 저장합니다.

```
@charset "utf-8";
```

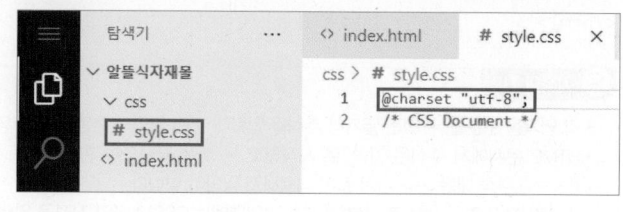

> **🅑 기적의 TIP**
>
> @(at) 규칙은 스타일 시트에 쓰이는 문자 인코딩을 지정할 때 사용합니다.

04 저장된 'style.css' 문서를 'index.html' 문서와 연결하기 위해 'index.html' 문서의 〈head〉 태그 안에 다음과 같이 입력합니다.

```
<link href="css/style.css" type="text/css"
rel="stylesheet">
```

[index.html]

```
1    <!DOCTYPE html>
2    <html>
3    <head>
4      <meta charset="utf-8">
5      <title>알뜰식자재몰</title>
6      <link href="css/style.css" type="text/css" rel="stylesheet">
7    </head>
```

05 문서 연결이 끝나면, 다시 스타일 시트 'style.css' 문서로 돌아와서 다음과 같이 스타일을 입력합니다.

스타일을 지정할 때는 와이어프레임에 제시된 기본 텍스트의 색(Text color) #333333 등을 고려하여 지정합니다.

입력이 끝나면 [파일(File)]-[저장(Save)] 또는 단축키 Ctrl+S 를 선택하여 변경된 내용을 저장합니다.

```
*{
    margin: 0 auto;
    padding: 0;
    list-style: none;
    font-family: "맑은 고딕";
    color: #333333;
}
body{
    min-width: 1200px;
    min-height: 900px;
    font-size: 20px;
}
a{
    text-decoration: none;
    display: block;
}
```

[style.css]

```
1    @charset "utf-8";
2    /* CSS Document */
3
4    * {
5        margin: 0 auto;
6        padding: 0;
7        list-style: none;
8        font-family: "맑은 고딕";
9        color: ■#333333;
10   }
11   body {
12       min-width: 1200px; /* 와이어프레임 최소 너비 */
13       min-height: 900px; /* 와이어프레임 최소 높이 */
14       font-size: 20px;
15   }
16   a {
17       text-decoration: none;
18       display: block;
19   }
```

기적의 TIP

- 스타일 시트에서 주석은 '/*'로 시작하고 '*/'로 끝납니다.
- * : 모든 엘리먼트에 적용되는 스타일 지정
- margin:0 auto : 좌우 바깥 여백을 없애고 자동 할당하여 중앙 정렬로 만듦
- padding:0 : 안쪽 여백을 없앰
  - CSS 박스 모델(Box Model)은 HTML 문서의 페이지 내에서 요소가 공간을 차지하는 규칙입니다.
  - 박스 요소는 직사각형 상자로 표시되며 상자는 내용(content), 패딩(padding), 테두리(border), 여백(margin)으로 공간을 차지하게 됩니다. 이 중 여백(margin)은 박스 요소의 가장 바깥쪽 여백에 해당하며, 패딩(padding)은 내용(content) 영역의 주변에 해당하는 영역입니다. 박스 요소가 차지하는 공간에 대한 자세한 사항은 다음을 참고하세요([참고하기] PART 02 - SECTION 02. CSS 익히기 - 'CSS 박스 모델(Box Model)').
- list-style: none : html 목록 태그(ul, ol, li)를 사용한 부분에 목록 스타일이 나타나지 않도록 지정
- text-decoration: none : 링크가 걸린 텍스트에 자동으로 나타나는 밑줄이 나타나지 않도록 지정

- display: block : 박스 요소를 block 속성으로 표시하며, 요소 앞뒤로 줄바꿈 되도록 함– block으로 지정하면 요소가 한 줄 전체(너비 100%)를 차지하게 되어 한 줄에 하나의 요소만 나타나게 됩니다.
- 〈a〉 요소나 〈img〉 요소 등은 한 줄을 차지하는 블록(block) 요소가 아닌 인라인(inline) 요소입니다. 인라인 요소는 줄바꿈이 되지 않고 나열한 요소가 한 줄에 가로로 나타납니다. 따라서 인라인 요소를 줄바꿈 되어 나타나는 블록 요소로 나타나도록 display:block을 지정합니다.
- color:#333333와 같이 색상 값이 #333333처럼 같은 값으로 반복될 경우 3자리 16진수 #333로 간단히 줄여서 사용할 수 있습니다(#333333 = #333, #FFFFFF = #FFF).
- 범용 선택자 '*'와 타입(type) 선택자 'body', 'a' 등은 문서의 가장 기본 스타일을 지정할 때 사용합니다. 예를 들어 문서 전체에 사용되는 조건 (주조색, 보조색, 배경색, 기본 텍스트의 색, 글꼴, 문서 전체 크기 등)을 지정할 때 사용합니다([참고하기] PART 02 – SECTION 02. CSS 익히기 – 'CSS 선택자 이해하기').
- 스타일 속성을 여러 개 나열하는 경우 한 줄에 작성해도 되지만, 가독성을 위해 한 줄씩 나누어 작성하는 것을 권장합니다.
- 이 예시에서는 되도록 클래스(Class) 선택자만 활용하여 스타일을 정의하였습니다. 그러나 조건에 따라 얼마든지 다른 선택자를 활용해도 됩니다. 예를 들어 〈nav〉 요소를 활용한 메뉴 영역과 같이 스타일이 한 영역에만 고유하게 적용되는 곳은 아이디(id) 선택자를 활용할 수 있습니다.

06 다음으로 주어진 조건에 맞게 레이아웃의 각 영역의 크기를 정하고 박스 요소들의 정렬 (플로팅)을 맞추기 위해 다음과 같이 입력합니다.

```
header {
    float: left;
}
.top {
    float: left;
    width: 200px;
}
.imgslide {
    width: calc(100% - 200px);
    height: 400px;
}
.bodywrap {
    float: right;
    width: calc(100% - 200px);
    height: 400px;
}
.shortcut {
    float: left;
    width: 100%;
    height: 150px;
}
.contents {
    float: left;
    width: 100%;
    height: 250px;
}
footer {
    float: right;
```

[style.css]

```
20    header {            /* A영역: 와이어프레임 왼쪽 영역 */
21      float: left;
22    }
23    .top {              /* 로고+메뉴 영역 */
24      float: left;
25      width: 200px;
26    }
27    .imgslide {         /* B영역: 이미지 슬라이드 영역 */
28      width: calc(100% - 200px); /* 100% 화면너비 - 왼쪽영역 200px */
29      height: 400px;
30    }
31    .bodywrap {         /* C영역: shortcut와 contents 묶어줌 */
32      float: right;
33      width: calc(100% - 200px); /* 100% 화면너비 - 왼쪽영역 200px */
34      height: 400px;
35    }
36    .shortcut{          /* 바로가기 영역 */
37      float: left;
38      width: 100%;
39      height: 150px;
40    }
41    .contents {         /* 공지사항+갤러리 영역 */
42      float: left;
43      width: 100%;
44      height: 250px;
45    }
46    footer {            /* D영역: 와이어프레임 하단영역 */
47      float: right;
48      width: calc(100% - 200px); /* 100% 화면너비 - 왼쪽영역 200px */
49      height: 120px;
50    }
51    .bottom {           /* 하단메뉴+Copyright 영역 */
52      float: left;
53      height: 120px;
54    }
```

```
    width: calc(100% - 200px);
    height: 120px;
}
.bottom {
    float: left;
    height: 120px;
}
```

- 스타일 시트 내에서 스타일 정의는 순서에 상관없이 입력이 가능합니다. 그러나 쉽게 찾고 수정할 수 있도록 HTML 문서의 태그 순서와 일치시키는 것이 좋습니다(가독성 유지).
- float : HTML5의 박스 요소는 공간을 차지하는 것에 대한 레이아웃 규칙으로, 박스 요소는 한 줄(라인)을 차지하게 됨. 즉, 두 문단이 왼쪽, 오른쪽으로 나란히 배치되지 않고, 위의 문단, 아래 문단으로 각각 다른 줄에 나타나게 됨. 이러한 요소의 배치 문제를 해결하기 위해서 플로트(float) 속성을 사용함
  - float:left : 박스 요소를 왼쪽으로 배치
  - float:right : 박스 요소를 다른 요소에 대해 오른쪽으로 배치
- header : 헤더 요소 영역에 대한 스타일 정의
- .top : <div class="top"> 영역의 스타일 정의. 이 영역은 헤더 영역 안에서 로고 영역과 메뉴 영역을 묶어주기 위한 영역
  - width:200px 와이어프레임에 제시된 너비를 지정
- .imgslide : <div class="imgslide"> 영역의 스타일 정의. .top에서 왼쪽 메뉴 영역의 크기를 width: 200px로 지정했으므로 이미지 슬라이드 영역은 와이어프레임에 제시된 것처럼 화면 넓이 100%에서 200px를 뺀 width: calc(100% − 200px)이 됨
- .contents : <div class="contents">의 스타일 정의. 이 영역에는 공지사항, 갤러리, 바로가기가 들어가는 곳으로 이 영역들을 묶어주기 위해 지정
- footer : 푸터 영역에 대한 스타일 정의. 헤더 영역을 기준으로 헤더의 오른쪽에 들어가므로 float:right를 지정
- .bottom : <div class="bottom"> 영역의 스타일 정의. 이 영역에는 하단메뉴 Copyright가 들어감. 푸터 영역 내에서 이 영역이 왼쪽에 배치되도록 float:left를 지정

반응형 레이아웃 작업하기

- 반응형 레이아웃을 작업할 때 브라우저의 창을 기준으로 요소의 너비와 높이가 변경되도록 합니다. CSS 스타일을 사용하여 요소의 크기를 조정할 수 있습니다.
- calc( ) : CSS 함수를 활용하여 간단한 코드를 작성할 수 있습니다. 괄호 안에 써주는 계산식에 의해서 계산된 값을 '속성 값'으로 돌려줍니다.
  - calc() 함수 사용 형식 : calc(100% (공백) 빼기 연산자 (공백) 200px)
  - 주의 사항 : 계산식을 작성할 때는 연산자(+와 −) 좌우에 공백이 반드시 있어야 합니다. calc(100% −200px)처럼 빼기 연산자 앞에만 공백이 있으면 100% 백분율 뒤에 음수 값인 −200px이 놓인 것으로 해석되며, 잘못된 표현으로서 오류로 인식합니다.
- vw, vh : 컴퓨터 또는 모바일 등의 기기의 화면인 뷰포트(Viewport)를 기준으로 하는 단위. vw(viewport width, 화면 너비), vh(viewport height, 화면 세로 길이)
- 가로 너비 지정 팁

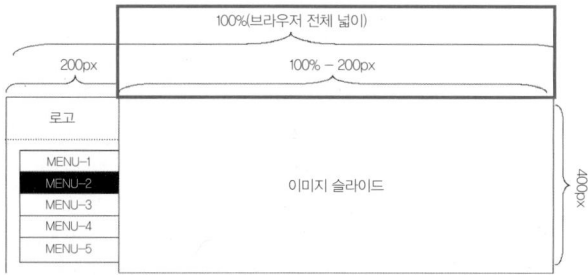

width: calc(100% / 4);	가로 너비를 창 너비의 1/4로 지정하기
width: calc(100vw −80px);	• 뷰 포인트(창) 화면의 너비에서 80px를 빼기 • vw(viewport width)는 너비 값의 '100분의 1' 단위, 즉, 100vw은 가로(너비) 100%에 해당 • 만일 width = 1200px인 경우 1vw = 12px

07 이어서 클래스 선택자 '.top' 스타일의 아래에 로고 〈div class="logo"〉와 메뉴 〈nav class="menu"〉가 들어갈 영역에 대한 자세한 스타일을 지정합니다.

```
.logo {
    float: left;
    width: 200px;
    height: 100px;
    margin-top: 30px;
    margin-bottom: 20px;
}
.menu {
    float: left;
    width: 200px;
    height: 250px;
}
```

[style.css]

```
16   a {
17      text-decoration: none;
18      display: block;
19   }
20   header {          /* A영역: 와이어프레임 왼쪽 영역 */
21      float: left;
22   }
23   .top {            /* 로고+메뉴 영역 */
24      float: left;
25      width: 200px;
26   }
27   .logo {
28      float: left;
29      width: 200px;   /* 로고 영역 너비 */
30      height: 100px;  /* 로고 영역 높이 */
31      margin-top: 30px;      /* 로고 영역 위쪽 여백 */
32      margin-bottom: 20px;   /* 로고 영역 아래쪽 여백 */
33   }
34   .menu {
35      float: left;
36      width: 200px;   /* 메뉴 영역 너비 */
37      height: 250px;  /* 메뉴 영역 높이 */
38   }
39   .imgslide {        /* B영역: 이미지 슬라이드 영역 */
40      width: calc(100% - 200px); /* 100% 화면너비 - 왼쪽영역 200px */
41      height: 400px;
42   }
```

> **기적의 TIP**
>
> 로고의 위, 아래로 여백을 주기 위해 margin-top과 margin-bottom 값을 미리 지정합니다.

08 콘텐츠 영역에 들어가는 공지사항 〈div class="notice"〉, 갤러리 〈div class="gallery"〉, 바로가기 〈div class="shortcut"〉에 대한 자세한 스타일을 지정합니다.

클래스 선택자 '.contents' 스타일을 찾아 그 아래에 다음의 내용을 지정해 줍니다.

```
.notice {
    float: left;
    width: 40%;
    margin-left: 7%;
    margin-right: 3%;
    height: 210px;
    margin-top: 20px;
}
.gallery {
    float: left;
    width: 40%;
    margin-left: 3%;
    margin-right: 7%;
    height: 210px;
    margin-top: 20px;
}
```

[style.css]

```
48   .shortcut{          /* 바로가기 영역 */
49      float: left;
50      width: 100%;
51      height: 150px;
52   }
53   .contents {         /* 공지사항+갤러리 영역 */
54      float: left;
55      width: 100%;
56      height: 250px;
57   }
58   .notice {
59      float: left;
60      width: 40%;
61      margin-left: 7%;   /* 공지사항 왼쪽 여백 */
62      margin-right: 3%;  /* 공지사항 오른쪽 여백 */
63      height: 210px;
64      margin-top: 20px;
65   }
66   .gallery {
67      float: left;
68      width: 40%;
69      margin-left: 3%;   /* 갤러리 왼쪽 여백 */
70      margin-right: 7%;  /* 갤러리 오른쪽 여백 */
71      height: 210px;
72      margin-top: 20px;
73   }
74   footer {            /* D영역: 와이어프레임 하단영역 */
75      float: right;
76      width: calc(100% - 200px); /* 100% 화면너비 - 왼쪽영역 200px */
77      height: 120px;
78   }
```

- 공지사항과 갤러리 영역을 반응형 웹 페이지로 만들기 위해 각각의 너비(width)를 40%로 설정하고, 합계가 100%가 되도록 여백을 지정합니다. 이때, 공지사항, 갤러리 내용의 바깥 영역(공지사항의 왼쪽, 갤러리의 오른쪽)에 각 7%의 여백, 안쪽 영역(공지사항의 오른쪽, 갤러리의 왼쪽)에 각 3%의 여백을 지정하여 적절히 배치합니다.
- 공지사항과 갤러리의 내용이 들어갈 영역의 높이 height는 210px로 지정하고, contents 영역의 중앙에 배치되도록 margin-top:20px을 지정합니다.

09 작업 중인 문서를 모두 저장합니다. 작업 폴더에서 'index.html' 문서를 '크롬(Chrome)' 브라우저에서 열어(이미 열려있다면 새로 고침하여) 확인하면, 스타일에 의해 각 영역이 구분된 것을 확인할 수 있습니다. 단, 브라우저에서 각 영역의 구분선은 나타나지 않습니다.

10 다음으로 푸터 영역에 들어가는 각 영역의 스타일을 지정합니다.

푸터 영역은 크게 하단 메뉴 〈div class="bt-menu"〉, Copyright〈div class="copy"〉, 패밀리사이트 〈div class="familysite"〉 영역으로 이루어져 있습니다.

와이어프레임 하단 영역이 창 크기에 반응할 수 있도록 너비 width를 비율로 지정합니다.

클래스 선택자 '.bottom' 스타일을 찾아 width: 80% 속성을 추가하고, 그 아래에 다음의 내용을 지정해 줍니다.

```
.bottom {
    float: left;
    height: 120px;
    width: 80%;
}
.btmenu {
    float: left;
    width: 100%;
    height: 50px;
    margin-top: 10px;
}
```

[style.css]

```
74   footer {              /* D영역: 와이어프레임 하단영역 */
75     float: right;
76     width: calc(100% - 200px); /* 100% 화면너비 - 왼쪽영역 200px */
77     height: 120px;
78   }
79   .bottom {             /* 하단메뉴+Copyright 영역 */
80     float: left;
81     height: 120px;
82     width: 80%;         /* btmenu+copy 영역을 너비의 80%로 지정 */
83   }
84   .btmenu {
85     float: left;
86     width: 100%;
87     height: 50px;
88     margin-top: 10px;
89   }
90   .copy {
91     float: left;
92     width: 100%;
93     height: 50px;
94     margin-bottom: 10px;
95   }
96   .familysite {
97     float: right;
98     width: 20%;        /* familysite 영역을 너비의 20%로 지정 */
99     height: 120px;
100  }
```

```
.copy {
    float: left;
    width: 100%;
    height: 50px;
    margin-bottom: 10px;
}
.familysite {
    float: right;
    width: 20%;
    height: 120px;
}
```

11 'style.css' 문서를 저장한 후 'index.html' 문서를 '크롬(Chrome)' 브라우저에서 열어 현재까지 작업된 사항을 확인합니다.

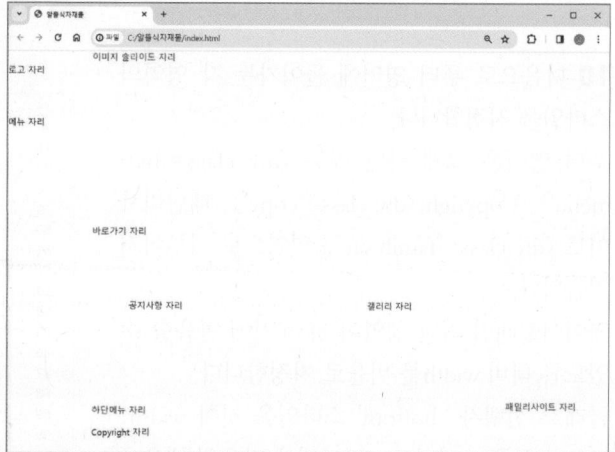

❶ 로고 만들기

세부 영역별 지시사항대로 Ⓐ Header 영역에 로고를 추가하도록 합니다.

이 문제에서는 로고를 직접 디자인하여 추가하도록 하고 있으므로 먼저 로고를 제작합니다. 예시로 보여드린 로고는 일러스트레이터로 작성할 수 있으며, 정해진 예시 디자인을 보고 작성하면 됩니다. 세부 지시사항에 따르면, 로고는 가로 180픽셀, 세로 100픽셀의 크기로 디자인해야 합니다. 로고에는 심벌이 포함되어야 하며, 나머지 디자인 요소는 자유롭게 창작할 수 있습니다.

01 로고를 제작하기 위하여 일러스트레이터를 실행합니다. 여기에서는 일러스트레이터 2023 버전을 사용하였습니다.

02 [새 파일(File)] 메뉴를 선택하고 [새로운 문서 만들기(New Document)] 대화상자에서 [웹 (Web)]을 선택합니다.

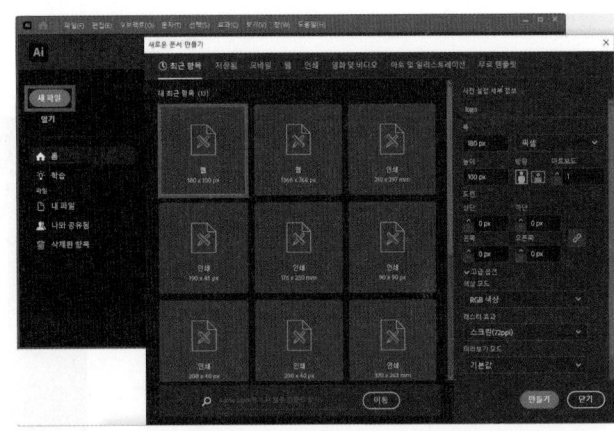

03 [새로운 문서 만들기(New Document)] 대화상자 오른편에 있는 [사전 설정 세부 정보 (Preset Details)]에서 다음과 같이 입력하고 [만들기(Create)]를 클릭합니다.

- 이름(Name) : logo
- 폭(Width) : 180px
- 높이(Height) : 100px
- 래스터 효과(Raster Effects) : 72ppi
- 색상 모드(Color Mode) : RGB 색상

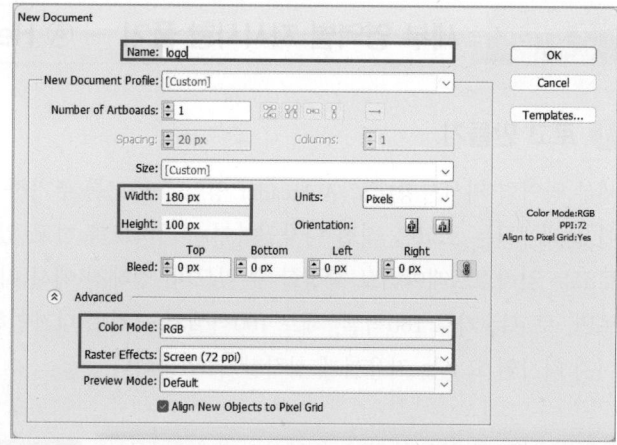

▲ 일러스트레이터 CS5

04 왼쪽 도구 패널에서 [사각형 도구(Rectangle Tool, ▣)]를 선택 후 작업화면을 클릭하면 나타나는 [직사각형(Rectangle)] 대화상자에서 다음과 같이 설정합니다.

- 폭(Width) : 40px
- 높이(Height) : 40px

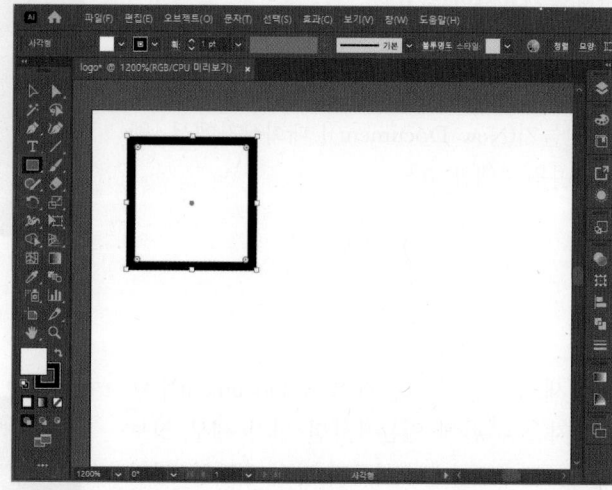

05 만들어진 사각형 모퉁이에 있는 원을 더블 클릭하면 [변형(Transform)] 대화상자가 나타납니다. [변형(Transform)] 대화상자에 [모퉁이 반경(Corner Radius)]을 3px로 변경합니다. 그리고 [회전(Rotate)]을 345°로 변경합니다.

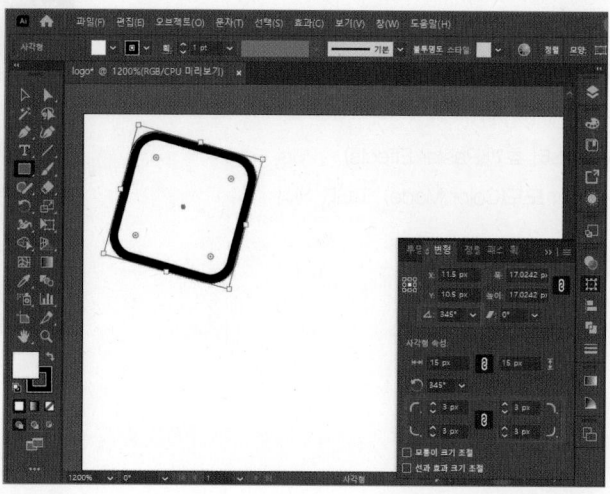

06 위에서 변경한 사각형의 색상을 변경합니다. 획(Stroke)은 색 없음으로 설정하고, 칠(Fill)은 클릭하여 다음과 같이 입력합니다.

R : 237, G : 28, B : 36

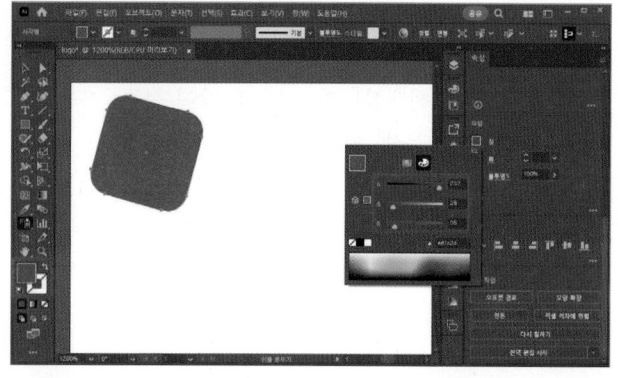

07 선택 도구(Selection Tool, ▷)를 선택하고 Alt + Shift 를 누른 채 사각형을 드래그하여 사각형을 다음 그림처럼 복사합니다.

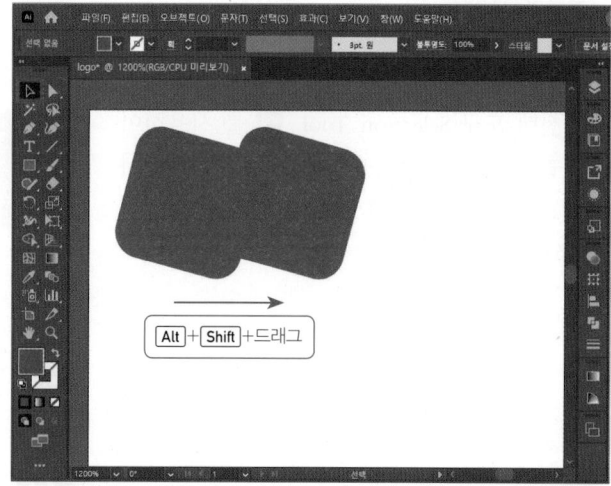

08 도구 패널에서 문자 도구(Type, T)를 선택한 후 문자를 작성합니다. 문자 작성 후 다음과 같이 글꼴, 문자 색, 문자 크기를 설정합니다.

– 문자 : 알뜰 식자재몰
– 글꼴 : HY헤드라인M(임의 선택 가능)
– 크기 : 22pt
– 색상 : 알뜰(R 255, G 255, B 255)
　　　　 식자재몰(R 251, G 176, B 59)

문자 작성 후 사각형의 크기를 조절하여 다음 이미지와 유사하게 만들어 줍니다.

09 작성한 문자를 선택 후 상단 메뉴에서 [효과(Effect)]-[스타일화(Stylize)]-[그림자 만들기(Drop Shadow)] 선택합니다. 다음과 같이 불투명도, X 옵셋, Y 옵셋, 흐림 효과, 색상을 설정합니다.

- 모드(Mode) : 곱하기(Multiply)

- 불투명도(Opacity) : 100%

- X 옵셋 : 2px

- Y 옵셋 : 1px

- 흐림 효과(Blur) : 0px

- 색상 : R 71, G 71, B 71

10 선택 도구(Selection Tool, ▷)를 사용하여 문자를 선택하고, Alt + Shift 를 누른 상태에서 아래로 드래그하여 복사한 뒤 그림과 같이 위치를 조정합니다.

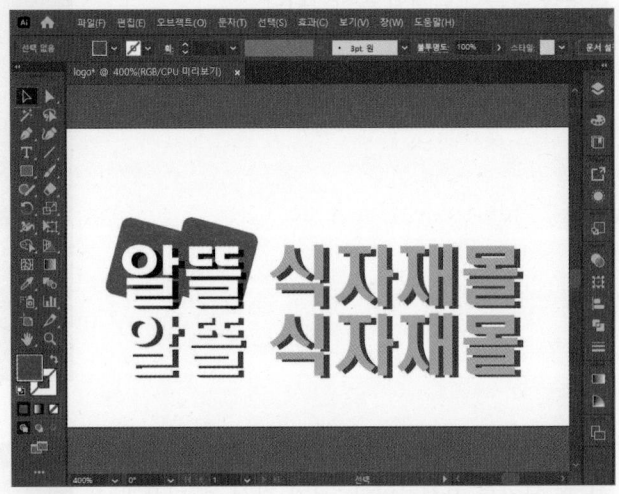

11 상단 문자에서 '식자재몰'을 삭제하고, 하단 문자에서 '알뜰'을 제거한 후 남은 하단 글자를 왼쪽으로 이동시킵니다.
수정된 로고를 선택 도구(Selection Tool, ▷)로 모두 선택하고 Ctrl + G 를 눌러 그룹으로 만듭니다. 그 후 화면에 맞게 크기를 조정합니다.

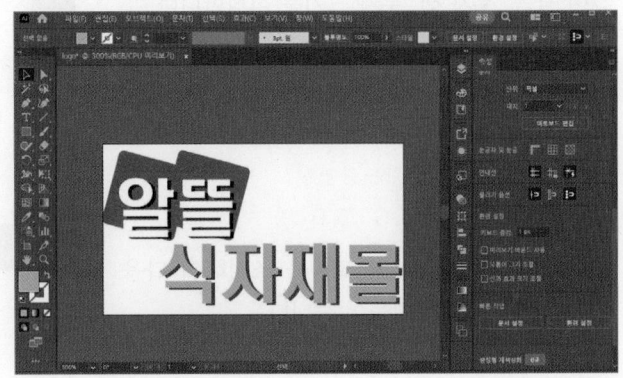

12 상단 메뉴에서 [파일(File)]-[내보내기 (Export)]-[화면에 맞게 내보내기(Export for Screen]를 선택하여서 원하는 크기에 맞는 파일을 내보낼 수 있습니다.

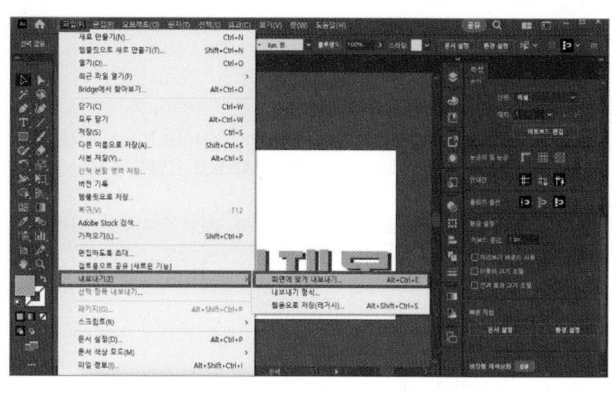

⑤ 기적의 TIP

일러스트레이터 2023 이전 버전에서는 [파일(File)]-[내보내기(Export)]를 선택합니다. 이때 [내보내기(Export)] 대화상자에서 파일 형식(Format)을 PNG로 선택하고 [저장(Save)]을 클릭합니다. [PNG 옵션(PNG Options)] 대화상자가 나타나면 '배경(Background)'의 '색상(Color)'을 '투명(Transparent)'로 설정하고 [OK]를 클릭합니다.

13 [화면에 맞게 내보내기(Export for Screen)] 대화상자에서 다음과 같이 내보낼 위치, 파일 포맷(PNG)을 확인하고 [대지 내보내기(Export Artboard)]를 클릭하여 로고 이미지를 저장합니다. 이때 작업 폴더('비번호' 폴더)에 'images' 폴더를 만들고 해당 폴더 내에 'logo.png'를 저장합니다.

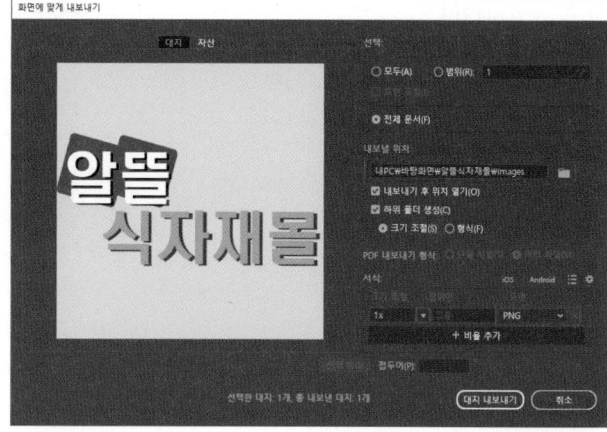

⑤ 기적의 TIP

내보낼 위치는 파일이 저장되는 위치를 의미합니다.

---

❷ HTML에 로고 추가하기

01 다음으로 만든 로고를 'index.html' 문서에 추가합니다.

'index.html' 문서로 돌아와서 헤더 영역 안에 로고 영역으로 구분해 놓았던 〈div class="logo"〉 로고 자리 〈/div〉 부분을 찾아, 그 안에 다음과 같이 입력합니다.

```
<div class="logo">
  <a href="#"><img src="images/logo.png"
  alt="로고"></a>
</div>
```

[index.html]

```
1   <!DOCTYPE html>
2   <html>
3   <head>
4       <meta charset="utf-8">
5       <title>알뜰식자재몰</title>
6       <link href="css/style.css" type="text/css" rel="stylesheet">
7   </head>
8   <body>
9   <!--와이어프레임 왼쪽 시작-->
10      <header>
11          <div class="top">
12              <div class="logo">
13                  <a href="#"><img src="images/logo.png" alt="로고"></a>
14              </div>
15              <nav class="menu">
16                  메뉴 자리
17              </nav>
18          </div>
```

- alt : 이미지의 속성
- 〈a href="#"〉 : 임시 링크 추가
- 콘텐츠를 추가할 때 시험에 주어진 기술적 준수사항을 반드시 지켜야 합니다.
  - '모든 이미지에는 이미지에 대한 대체 텍스트를 표현할 수 있는 alt 속성이 있어야 한다.'고 명시하고 있으므로 이미지를 추가할 때 alt 속성과 값을 기입합니다.
  - '상호작용이 필요한 모든 콘텐츠(로고, 메뉴 Slide, 공지사항, 갤러리 등)는 임시 링크(예:#) 되어야 한다.'고 명시하고 있으므로 추가되는 콘텐츠에 임시 링크를 추가하도록 합니다.
- 로고 이미지 자체에 스타일을 지정하려면 다음과 같이 클래스 선택자 .logo의 후손 선택자인 〈img〉를 사용하여 스타일을 지정할 수 있습니다.

02 로고 영역에 추가한 이미지 img 태그 스타일을 지정하기 위해 'style.css' 문서에서 클래스 (class) 선택자 '.logo'를 찾아 아래에 다음의 내용을 추가합니다.

```
.logo img {
    float: left;
    width: 180px;
    height: 100px;
    margin-left: 10px;
}
```

[style.css]

```
23    .top {                    /* 로고+메뉴 영역 */
24        float: left;
25        width: 200px;
26    }
27    .logo {
28        float: left;
29        width: 200px;        /* 로고 영역 너비 */
30        height: 100px;       /* 로고 영역 높이 */
31        margin-top: 30px;        /* 로고 영역 위쪽 여백 */
32        margin-bottom: 20px;  /* 로고 영역 아래쪽 여백 */
33    }
34    .logo img {              /* 로고 이미지 태그 */
35        float: left;
36        width: 180px;        /* 이미지 너비 */
37        height: 100px;       /* 이미지 높이 */
38        margin-left: 10px;   /* 이미지 왼쪽 여백 */
39    }
40    .menu {
41        float: left;
42        width: 200px;        /* 메뉴 영역 너비 */
43        height: 250px;       /* 메뉴 영역 높이 */
44    }
```

- 로고 이미지 자체에 스타일을 지정하려면 위의 코드와 같이 클래스 선택자 .logo의 후손 선택자인 〈img〉를 사용하여 스타일을 지정할 수 있습니다.
- 이미지 태그 스타일에 너비(width)와 높이(height)를 지정하여 원하는 크기로 지정할 수 있습니다. (단, 원본 이미지의 크기와 다를 경우 이미지 모양이 달라질 수 있습니다.)

03 'index.html' 문서와 'style.css' 문서를 모두 저장합니다. 작업 폴더에서 'index.html' 문서를 '크롬(Chrome)' 브라우저에서 열어(이미 열려있다면 새로고침을 하여), 로고가 추가된 결과를 확인합니다.

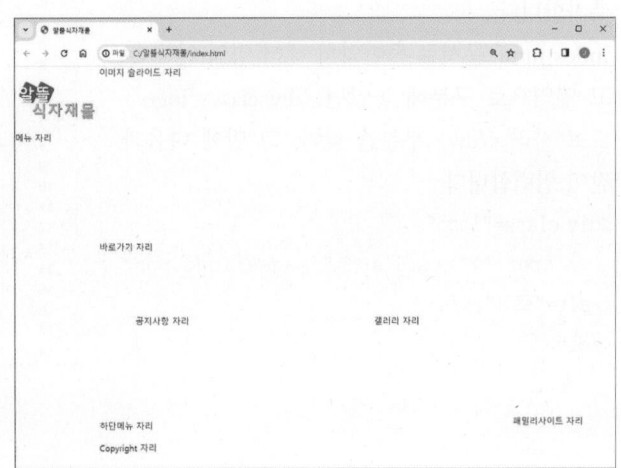

❸ HTML에 메뉴 추가하기

01 헤더 영역 안에 메뉴 영역으로 구분해 놓았던 〈nav class="menu"〉 메뉴 자리 〈/nav〉 부분 안에 다음과 같이 입력하여 메뉴를 추가합니다. 이때 시험에 주어진 '사이트 맵(Site map)'에 따라서 메인 메뉴(Main menu)와 서브 메뉴(Sub menu)를 구분하여 입력합니다.

```html
<nav class="menu">
  <ul class="navi">
    <li><a href="#">과일/채소</a>
      <ul class="submenu">
        <li><a href="#">감자/고구마</a></li>
        <li><a href="#">버섯 종류</a></li>
        <li><a href="#">나물 종류</a></li>
        <li><a href="#">냉장과일</a></li>
        <li><a href="#">냉동과일</a></li>
      </ul>
    </li>
    <li><a href="#">축산</a>
      <ul class="submenu">
        <li><a href="#">돼지고기</a></li>
        <li><a href="#">소고기</a></li>
        <li><a href="#">닭/오리고기</a></li>
        <li><a href="#">계란</a></li>
      </ul>
    </li>
    <li><a href="#">수산</a>
      <ul class="submenu">
        <li><a href="#">생선</a></li>
        <li><a href="#">조개</a></li>
        <li><a href="#">새우</a></li>
      </ul>
    </li>
    <li><a href="#">유제품</a>
      <ul class="submenu">
        <li><a href="#">우유/듀유</a></li>
        <li><a href="#">버터/마가린</a></li>
        <li><a href="#">치즈</a></li>
      </ul>
    </li>
    <li><a href="#">할인상품</a>
```

[index.html]

```html
12      <div class="logo">
13          <a href="#"><img src="images/logo.png" alt="로고"></a>
14      </div>
15      <nav class="menu">
16          <ul class="navi">
17              <li><a href="#">과일/채소</a>
18                  <ul class="submenu">
19                      <li><a href="#">감자/고구마</a></li>
20                      <li><a href="#">버섯 종류</a></li>
21                      <li><a href="#">나물 종류</a></li>
22                      <li><a href="#">냉장과일</a></li>
23                      <li><a href="#">냉동과일</a></li>
24                  </ul>
25              </li>
26              <li><a href="#">축산</a>
27                  <ul class="submenu">
28                      <li><a href="#">돼지고기</a></li>
29                      <li><a href="#">소고기</a></li>
30                      <li><a href="#">닭/오리고기</a></li>
31                      <li><a href="#">계란</a></li>
32                  </ul>
33              </li>
34              <li><a href="#">수산</a>
35                  <ul class="submenu">
36                      <li><a href="#">생선</a></li>
37                      <li><a href="#">조개</a></li>
38                      <li><a href="#">새우</a></li>
39                  </ul>
40              </li>
41              <li><a href="#">유제품</a>
42                  <ul class="submenu">
43                      <li><a href="#">우유/듀유</a></li>
44                      <li><a href="#">버터/마가린</a></li>
45                      <li><a href="#">치즈</a></li>
46                  </ul>
47              </li>
48              <li><a href="#">할인상품</a>
49                  <ul class="submenu">
50                      <li><a href="#">일회용품</a></li>
51                      <li><a href="#">과자류</a></li>
52                  </ul>
53              </li>
54          </ul>
55      </nav>
56      </div>
57  </header>
58  <!--와이어프레임 왼쪽 끝-->
```

```
    <ul class="submenu">
        <li><a href="#">일회용품</a></li>
        <li><a href="#">과자류</a></li>
    </ul>
    </li>
  </ul>
</nav>
```

> **기적의 TIP**
>
> • ul : unordered list, 순서가 필요 없는 목록 작성
> • li : definition list, 용어를 설명하는 목록 작성
> • 〈a href="#"〉 : 기술적 준수사항대로 메뉴에 임시 링크 추가

아직 스타일을 지정하지 않았기 때문에 입력 결과를 브라우저에서 확인해 보면 메뉴 글자들이 일렬로 나타납니다.

④ 메뉴에 스타일 지정하기

세부 영역별 지시사항을 살펴보면, 메뉴를 슬라이드 다운 메뉴(Slide-Down Menu)로 구성하도록 하고 있습니다. 슬라이드 다운 메뉴는 메인 메뉴에 마우스를 올렸을 때(Mouse over) 서브 메뉴를 슬라이드 다운(Slide-Down)으로 보여주고 마우스가 메뉴에서 벗어나면(Mouse out) 슬라이드 업(Slide-Up)되면서 서브 메뉴를 숨겨주는 기능입니다. 메뉴의 모양은 스타일 시트에서 지정하며, 움직이는 동작 기능은 자바스크립트와 제이쿼리(jQuery)를 이용하여 구성합니다.

01 먼저 메뉴에 스타일을 지정하기 전에 와이어프레임에 제시된 메뉴의 모양을 확인합니다.
이 문제에서는 메인 메뉴의 오른쪽으로 서브 메뉴가 펼쳐지게 되어있습니다.
이러한 사항을 고려하여 메뉴에 스타일을 지정합니다.

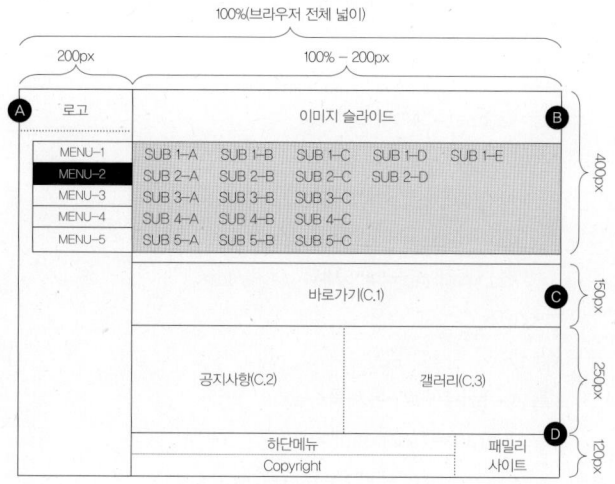

02 먼저 스타일 시트 'style.css' 문서에서 클래스 선택자 '.menu'를 찾아 그 안에 다음과 같이 z-index 속성을 추가하여 메뉴 요소가 화면상에서 가장 앞쪽으로 나타날 수 있도록 지정합니다.

```
.menu {
    float: left;
    width: 200px;
    height: 250px;
    z-index: 1;
}
```

[style.css]

```
27     .logo {
28       float: left;
29       width: 200px;    /* 로고 영역 너비 */
30       height: 100px;   /* 로고 영역 높이 */
31       margin-top: 30px;      /* 로고 영역 위쪽 여백 */
32       margin-bottom: 20px;   /* 로고 영역 아래쪽 여백 */
33     }
34     .logo img {        /* 로고 이미지 태그 */
35       float: left;
36       width: 180px;    /* 이미지 너비 */
37       height: 100px;   /* 이미지 높이 */
38       margin-left: 10px;  /* 이미지 왼쪽 여백 */
39     }
40     .menu {
41       float: left;
42       width: 200px;    /* 메뉴 영역 너비 */
43       height: 250px;   /* 메뉴 영역 높이 */
44       z-index: 1;      /* 화면상 가장 앞쪽에 배치 */
45     }
46     .imgslide {        /* B영역: 이미지 슬라이드 영역 */
47       width: calc(100% - 200px); /* 100% 화면너비 - 왼쪽영역 200px */
48       height: 400px;
49     }
```

기적의 TIP

- z-index : 요소의 쌓이는 순서를 결정하는 속성으로 여러 요소가 겹칠 때 어떤 요소가 화면상에서 앞쪽 또는 뒤쪽으로 보이게 할지 우선순위를 결정. 큰 값을 설정한 요소가 화면에서 더 앞쪽으로 보이게 됨
- 만일 어떤 요소에는 z-index 속성을 지정하고 어떤 요소에는 지정하지 않았다면 z-index 속성을 지정한 요소가 화면상에서 더 앞으로 보이게 됩니다. 이때 주의할 점은 z-index 속성은 position 속성이 설정된 요소에 대해서만 작용하므로 position 속성을 함께 사용해야 합니다.

---

03 각 메인 메뉴의 스타일을 지정하기 위해 '.menu' 스타일 아래에 다음의 내용을 추가합니다.

```
.navi{
    float: left;
    width: 190px;
    margin-left: 10px;
}
.navi>li {
    float: left;
    width: 190px;
    height: 50px;
}
.navi>li>a {
    line-height: 50px;
    font-size: 16px;
    font-weight: bold;
    text-align: center;
    background-color: #ffffff;
    color: #353535;
}
.navi>li>a:hover {
    background-color: #776d70;
    color: #ffffff;
}
```

[style.css]

```
40     .menu {
41       float: left;
42       width: 200px;    /* 메뉴 영역 너비 */
43       height: 250px;   /* 메뉴 영역 높이 */
44       z-index: 1;      /* 화면상 가장 앞쪽에 배치 */
45     }
46     .navi{             /* 전체 메뉴 스타일 */
47       float: left;
48       width: 190px;
49       margin-left: 10px;
50     }
51     .navi>li {         /* 각 메인 메뉴 요소 스타일(크기 지정) */
52       float: left;
53       width: 190px;
54       height: 50px;
55     }
56     .navi>li>a {       /* 각 메뉴 <a>의 요소 스타일(텍스트스타일 지정) */
57       line-height: 50px;
58       font-size: 16px;
59       font-weight: bold;
60       text-align: center;
61       background-color: □#ffffff;
62       color: ■#353535;
63     }
64     .navi>li>a:hover { /* 각 메뉴 <a>에 마우스를 올렸을 때 */
65       background-color: ■#776d70;
66       color: □#ffffff;
67     }
68     .imgslide {        /* B영역: 이미지 슬라이드 영역 */
69       width: calc(100% - 200px); /* 100% 화면너비 - 왼쪽영역 200px */
70       height: 400px;
71     }
```

- .navi : 메인 메뉴와 서브 메뉴의 목록인 〈ul class="navi"〉 영역의 스타일 정의
  - float:left : 메뉴 영역을 다른 요소에 대해 왼쪽으로 배치
  - width:190px : 메뉴 영역 너비를 190px로 지정
  - margin-left:10px : 메뉴 영역 왼쪽으로 10px의 여백 지정
- .navi〉li : .navi의 자식 요소 〈li〉 요소의 스타일 지정. 여기에서는 〈li〉 각 요소의 크기 스타일을 지정. 각 요소의 너비 width:190px와 높이 height:50px로 지정
  - float:left : 메뉴 영역을 다른 요소에 대해 왼쪽으로 배치
- .navi〉li〉a : .navi의 자식 요소 〈li〉의 자식 요소인 〈a〉 요소의 스타일 지정. 여기에서는 텍스트 스타일을 지정하기 위해 너비, 줄 간격(line-height), 글씨 속성, 배경색, 글자색 등의 속성 사용
  - 색상 값이 #ffffff처럼 같은 값으로 반복될 경우 16진수로 #fff처럼 간단히 줄여서 사용할 수 있습니다(#ffffff = #fff).
- .navi〉li〉a:hover : .navi의 자식 요소인 〈li〉의 자식 요소인 〈a〉 요소에 마우스를 올릴 때(hover) 변화되는 스타일을 지정. 마우스가 올라오면 메뉴의 배경색이 background-color:#776d70로 변경되게 함
- font-size:16px : 메뉴 글자 크기 지정
- font-weight:bold : 메뉴 글자 볼드체 지정
- 줄 간격 line-height를 높이 height와 같은 값을 주게 되면(height:50px, line-height:50px) 글자가 세로 가운데 정렬이 됩니다. 이때 글자 사이즈(font-size:18px)를 기준으로 한 줄 안에서 글자 위아래 여백이 같게 조정되어 글자가 가운데에 나타나게 됩니다. 즉, line-height:50px에서 font-size:16px을 뺀 값인 34px이 1/2으로 나뉘어 글자 위아래로 17px씩 여백이 생기게 됩니다.

04 작업 중인 'index.html' 문서와 'style.css' 문서를 모두 저장하고, 지금까지 작업된 결과를 확인합니다.
메인 메뉴 위에 마우스를 올리면 배경색과 글자색이 변경되는 것을 확인할 수 있습니다.

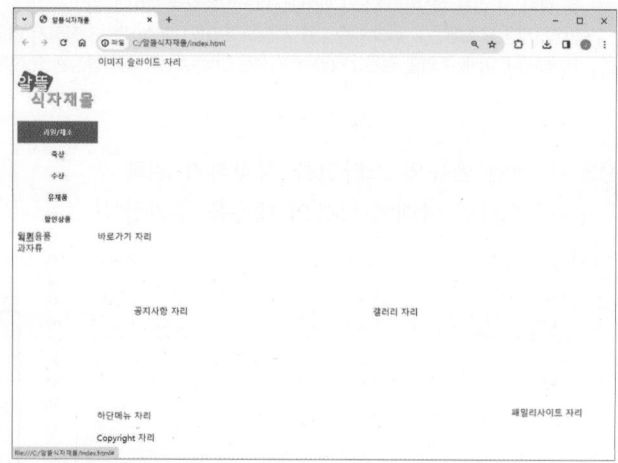

05 서브 메뉴의 스타일을 지정하기 위해 '.navi〉li〉a:hover' 스타일 아래에 다음의 내용을 추가합니다.

```
.submenu {
    width: 900px;
    height: 50px;
    position: relative;
    top: -50px;
    left: 190px;
    z-index: 3;
    display: none;
```

[style.css]

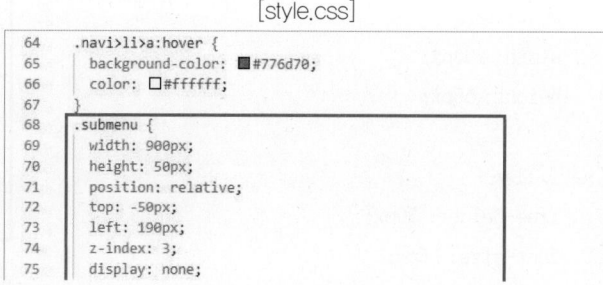

```
}
.submenu>li {

    float: left;

    width: 180px;

    height: 50px;

    display: inline;

}
.submenu>li>a {

    line-height: 50px;

    font-size: 14px;

    font-weight: bold;

    text-align: center;

    color: #000000;

}
.submenu>li>a:hover {

    background-color: #333333;

    color: #ffff00;

}
```

```
76   }
77   .submenu>li {
78     float: left;
79     width: 180px;
80     height: 50px;
81     display: inline;
82   }
83   .submenu>li>a {
84     line-height: 50px;
85     font-size: 14px;
86     font-weight: bold;
87     text-align: center;
88     color: ■#000000;
89   }
90   .submenu>li>a:hover {
91     background-color: ■#333333;
92     color: □#ffff00;
93   }
94   .imgslide {
95     width: calc(100% - 200px);
96     height: 400px;
97   }
```

Ⓕ 기적의 TIP

- .submenu : 서브 메뉴의 목록인 <ul class="submenu"> 영역의 스타일 정의
  - width: 900px : 서브 메뉴 5개의 너비 (180px×5=900px)
  - height: 50px : 서브 메뉴의 높이, 메인 메뉴 하나의 높이와 동일
- position:relative : 자기 자신을 기준으로 절대 좌표값을 가지도록 함
  - 좌표를 지정하지 않았을 때, 각 메인 메뉴의 아래쪽으로 서브 메뉴 모음이 나타납니다. 따라서 메인 메뉴의 오른쪽에 서브 메뉴를 한 줄로 나타내기 위해서 스타일 속성을 지정합니다.
  - top:-50px : 서브 메뉴 상단 시작 위치를 메인 메뉴와 동일하게 이동
  - left:190px : 서브 메뉴 왼쪽 시작 위치를 메인 메뉴 너비(190px)만큼 오른쪽 위치로 이동
- .submenu)li : .navi의 자식 요소 〈li〉 요소의 스타일 지정. 여기에서는 〈li〉 각 요소의 크기 스타일을 지정. 각 요소의 너비 width:180px와 높이 height:50px로 지정
  - display:inline : 서브 메뉴 목록이 한 줄에 가로로 배치되도록 지정
- display:none : 해당 요소에 대한 박스 공간을 생성하지 않기 때문에 요소가 보이지 않게 됨. 메인 메뉴만 나타나고 서브 메뉴는 처음에는 나타나지 않도록 하기 위해 설정. 이 속성을 지우면 서브 메뉴가 처음부터 보이게 됨
- z-index : 여러 요소가 겹칠 때 어떤 요소가 화면상에서 앞쪽 또는 뒤쪽으로 보이게 할지 우선순위를 결정하는 z-index 값은 큰 값을 가질수록 화면에서 (사용자 관점에서) 더 앞쪽으로 보이게 됨
  - z-index 속성은 position 속성이 설정된 요소에 대해서만 작용하므로 position 속성을 함께 사용해야 합니다.
  - 여기에서는 서브 메뉴의 z-index 값을 3으로 지정하였습니다. (이후 서브 메뉴 뒤로 펼쳐지는 메뉴 배경 영역은 z-index2로 지정할 것입니다.)
- 서브 메뉴의 스타일 지정
  - .submenu)li)a에서 서브 메뉴 한 개 높이를 height: 50px로 지정했습니다.
  - 따라서 서브 메뉴들이 모이면 그 최대 높이는 50px×5(서브 메뉴 5개)=250px이 됩니다. 이 높이를 서브 메뉴 영역의 전체 높이로 지정합니다.
  - 또 background-color는 지정하지 않고, 클래스 선택자 '.submenu)li)a:hover'에만 background-color:#333333을 지정하여 마우스를 올렸을 때만 배경색이 나타나도록 합니다.

06 작업 중인 'index.html' 문서와 'style.css' 문서를 모두 저장하고, 지금까지 작업된 결과를 '크롬(Chrome)' 브라우저에서 확인합니다.

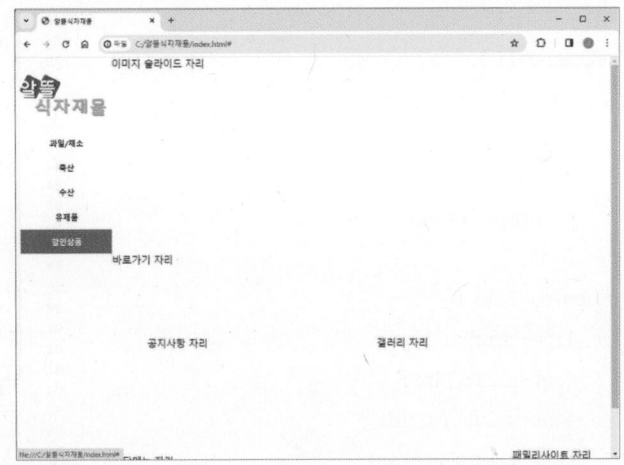

만일 서브 메뉴 영역 스타일 .submenu에서 설정한 'display:none' 속성을 지우고 살펴보면 다음과 같이 서브 메뉴가 나타나게 됩니다.

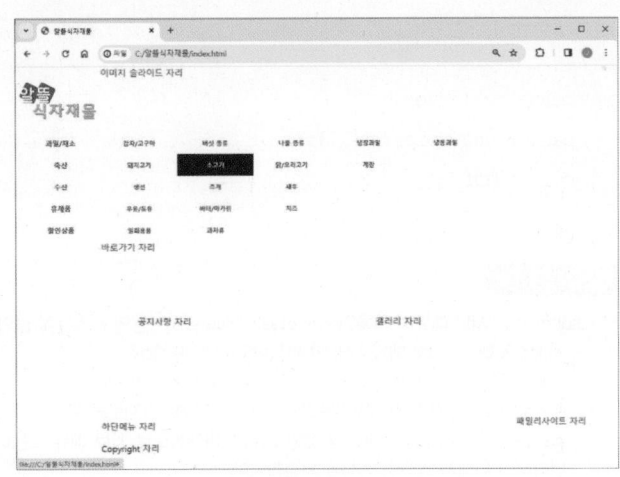

07 다음으로 와이어프레임에 제시된 것처럼 메인 메뉴 아래로 문서의 폭 크기인 1200px 배경이 열릴 수 있도록 메뉴 배경 영역을 작성합니다. 'index.html' 문서로 돌아와서 메뉴 영역인 〈nav class="menu"〉 부분을 찾아, 그 바로 위에 다음과 같이 입력합니다.

<div id="menu_bg"></div>

[index.html]

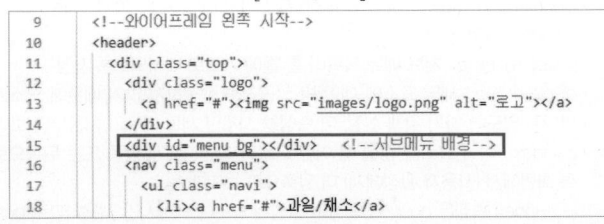

F 기적의 TIP

이 〈div〉 영역은 메뉴의 배경을 지정하기 위한 영역으로서 화면 창의 전체 너비를 채우도록 스타일을 지정합니다.

---

08 메뉴 배경 영역을 위해 스타일을 지정합니다. 스타일 시트 'style.css' 문서에서 클래스 선택자 '.menu'를 찾아 그 아래에 다음과 같이 스타일을 지정합니다.

```
#menu_bg {
    width: calc(100% - 200px);
    height: 250px;
    position: absolute;
    top: 150px;
    left: 200px;
    background-color: #353535;
    opacity: 0.5;
    z-index: 2;
    display: none;
}
```

[style.css]

```
40    .menu {
41      float: left;
42      width: 200px;    /* 메뉴 영역 너비 */
43      height: 250px;   /* 메뉴 영역 높이 */
44      z-index: 1;      /* 화면상 가장 앞쪽에 배치 */
45    }
46    #menu_bg {          /* 메뉴 슬라이드 배경 */
47      width: calc(100% - 200px); /* 배경 너비(브라우저 100%-200px) */
48      height: 250px;             /* 서브 메뉴 전체 높이 */
49      position: absolute;
50      top: 150px;
51      left: 200px;
52      background-color: ■#353535;
53      opacity: 0.5;
54      z-index: 2;
55      display: none;
56    }
57    .navi{              /* 전체 메뉴 스타일 */
58      float: left;
59      width: 190px;
60      margin-left: 10px;
61    }
```

09 배경 영역 스타일을 지정한 후, 서브 메뉴의 텍스트가 메뉴 배경 영역 위에서도 잘 보일 수 있도록 클래스 선택자 '.submenu>li>a'를 찾아 텍스트 색상 스타일을 수정합니다.

```
.submenu>li>a {
    line-height: 50px;
    font-size: 14px;
    font-weight: bold;
    text-align: center;
    color: #ffffff;
}
```

[style.css]

```
88    .submenu>li {      /* 서브 메뉴 항목 스타일(크기 지정)*/
89      float: left;
90      width: 180px;
91      height: 50px;
92      display: inline;
93    }
94    .submenu>li>a {    /* 각 메뉴 <a>의 요소 스타일(텍스트스타일 지정) */
95      line-height: 50px;
96      font-size: 14px;
97      font-weight: bold;
98      text-align: center;
99      color: □#ffffff;
100   }
101   .submenu>li>a:hover {  /* <a>요소에 마우스를 올릴 때 */
102     background-color: ■#333333;
103     color: □#ffff00;
104   }
```

🎯 기적의 TIP

- 스타일 시트 내에서 스타일 정의는 순서에 상관 없이 입력이 가능합니다. 그러나 쉽게 찾고 수정할 수 있도록 HTML 문서의 태그 순서와 일치시키는 것이 좋습니다.
- width: calc(100% − 200px) : 서브 메뉴의 배경 너비를 화면 창 너비 100%에서 메인 메뉴 너비 200px을 제외하도록 설정
- position: absolute : 서브 메뉴의 배경 영역은 상위 컨테이너를 기준으로 위치. 서브 메뉴의 시작점을 확인하여 top:150px, left:200px으로 위치 지정
- 메인 메뉴 z-index: 1, 서브 메뉴 z-index: 3으로 지정하였고, 메뉴 전체 배경에는 z-index: 2로 지정하여 메뉴 전체 배경이 메인 메뉴와 서브 메뉴 사이에 위치하도록 합니다.

10 작성된 메뉴의 배경이 잘 나타나는지 확인하기 위해 문서를 모두 저장하고 결과를 확인합니다. 이때 서브 메뉴 '.submenu'와 메뉴 전체 배경 '#menu_bg'에 지정한 'display:none' 부분을 주석 처리하거나 삭제한 후 확인해야 결과를 확인할 수 있습니다.

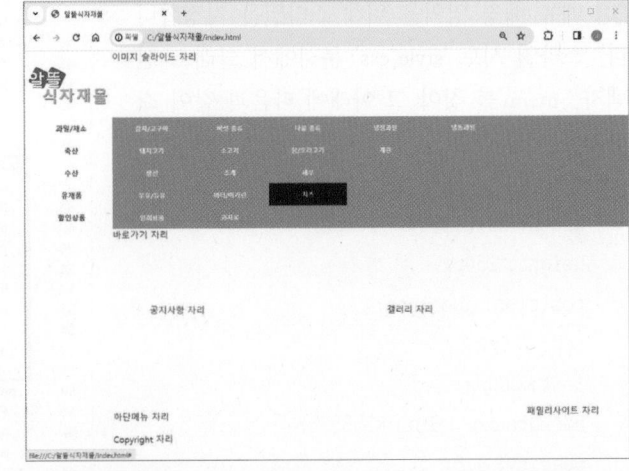

메뉴 전체의 배경은 '브라우저 전체 크기 100%에서 메뉴 영역을 제외한 부분'에 잘 채워지는지 확인하도록 합니다.

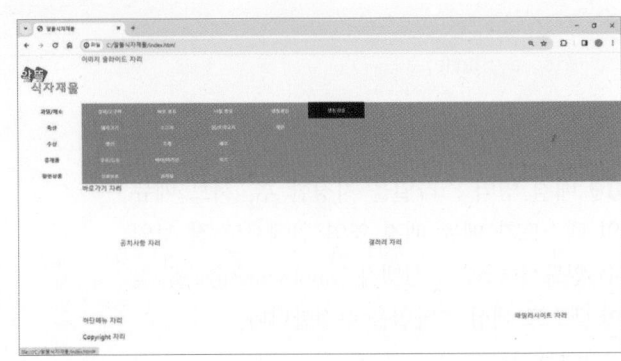

⑤ 메뉴에 슬라이드 다운 기능 구현하기

이번에는 메인 메뉴, 서브 메뉴에 슬라이드 다운(Slide-Down) 기능이 되도록 자바스크립트와 제이쿼리(jQuery)를 활용하여 동적 기능을 만들어줍니다.

01 작업 폴더('비번호' 폴더)에 'javascript' 폴더를 생성한 후 수험자 제공 파일로 주어진 jQuery 라이브러리 오픈소스 파일 'jquery-1.12.3.js'을 'javascript' 폴더로 복사 또는 이동시켜줍니다.

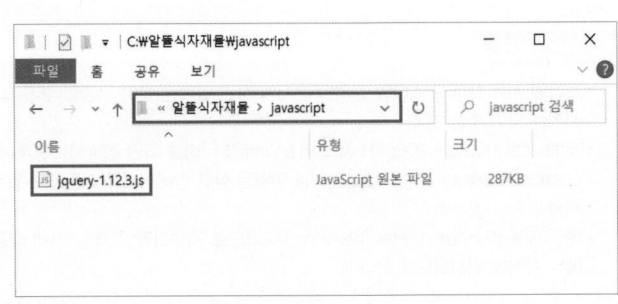

🅱 기적의 TIP

- jQuery 라이브러리는 자바스크립트 파일(*.js)로 저장되어 있으며, 모든 jQuery 메소드를 담고 있습니다.
- jQuery는 사용 전에 다운로드받은 후 연결(설치)해야 그 기능을 사용할 수 있습니다.

02 Visual Studio Code 탐색기에서도 'javas-cript' 폴더가 생성된 것을 확인할 수 있습니다. 자바스크립트 파일을 만들기 위해, 'javascript' 폴더에서 마우스 오른쪽 버튼을 클릭하고 [새 파일]을 선택합니다.

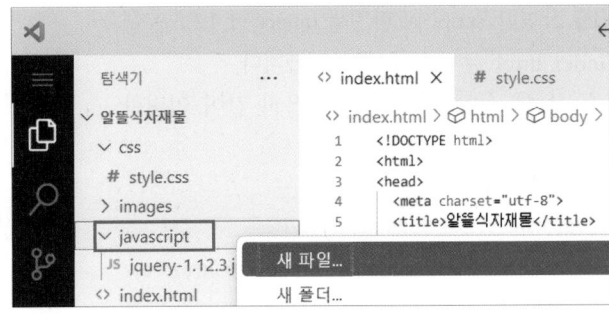

03 'javascript' 폴더의 하위 리스트에 새로운 파일이 생성되면 파일명을 'script.js'로 입력합니다. 파일이 정상적으로 생성되면 오른쪽 코드 입력창에 'script.js' 문서가 열린 것을 확인할 수 있습니다.

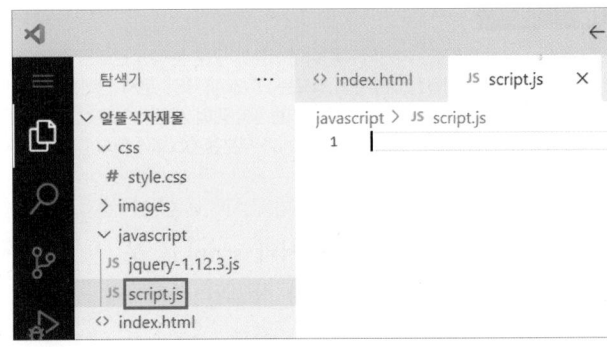

04 슬라이드 다운(Slide-Down) 기능이 동작하도록 하기 위해 'script.js' 문서에 다음과 같이 입력하고 문서를 저장합니다.

```
jQuery(document).ready(function(){

  $('.navi>li').mouseover(function(){
    $('.submenu').stop().slideDown(500);
    $('#menu_bg').stop().slideDown(500);
  }).mouseout(function(){
    $('.submenu').stop().slideUp(500);
    $('#menu_bg').stop().slideUp(500);
  });

});
```

[script.js]

```
1    // JavaScript Document
2
3    jQuery(document).ready(function(){
4
5      $('.navi>li').mouseover(function(){
6        $('.submenu').stop().slideDown(500);
7        $('#menu_bg').stop().slideDown(500);
8      }).mouseout(function(){
9        $('.submenu').stop().slideUp(500);
10       $('#menu_bg').stop().slideUp(500);
11     });
12
13   });
14
```

🅕 기적의 TIP

• jQuery 문법 : HTML 요소를 선택한 후 그 요소에 수행할 액션을 지정함
• $: jQuery() 함수의 별칭으로, 주어진 선택자와 일치하는 DOM 요소들을 배열 형태의 특수 객체로 반환함. 기본 형식은 $(선택자(selector)). action
• $('.navi>li') : .navi의 〈li〉 요소에 mouseover 와 mouseout 이벤트 설정
• $('#menu_bg') : menu_bg 요소에 mouseover 와 mouseout 이벤트 설정
• stop() : 현재 동작하고 있는 애니메이션 동작을 즉시 중단
• slideDown(), slideUp() : jQuery 라이브러리에서 제공하는 함수로 슬라이딩 애니메이션과 함께 보여주거나 숨김. 선택한 요소의 height 값을 낮추거나 높혀가며 사라지게 함. 숫자값 500은 0.5초를 의미

05 작성한 'script.js' 파일과 jquery−1.12.3.js'을 'index.html' 문서 본문에 연결합니다.

〈head〉와 〈/head〉 사이에 다음과 같이 입력합니다.

<script src="javascript/jquery-1.12.3.js"></script>

<script src="javascript/script.js" defer type="text/javascript"></script>

[index.html]

```
1   <!DOCTYPE html>
2   <html>
3   <head>
4     <meta charset="utf-8">
5     <title>알뜰식자재몰</title>
6     <link href="css/style.css" type="text/css" rel="stylesheet">
7     <script src="javascript/jquery-1.12.3.js"></script>
8     <script src="javascript/script.js" defer type="text/javascript"></script>
9   </head>
```

🅑 기적의 TIP

• defer : script가 잠깐 지연되도록 하여 HTML 구문 분석이 완료된 후 스크립트를 실행하도록 함
• 화면 렌더링과 관련된 대부분의 코드는 HTML과 CSS 문서 안에 포함되어 있습니다. 반면 대부분의 script는 사용자의 액션이 발생한 이후의 동작을 렌더링(rendering)합니다. 이러한 렌더링의 시간 차이로 script가 동작되지 않는 것을 예방하기 위해 defer 속성을 사용합니다.
• defer 속성을 사용하지 않는 경우 〈script〉 부분을 〈/body〉 태그 다음에 위치시킴으로써 렌더링을 지연시킬 수 있습니다.

06 작업 중인 'index.html' 문서와 'script.js' 문서를 모두 저장하고, 지금까지 작업된 결과를 확인합니다.

메인 메뉴와 서브 메뉴의 슬라이드 효과가 잘 동작하는지 확인합니다.

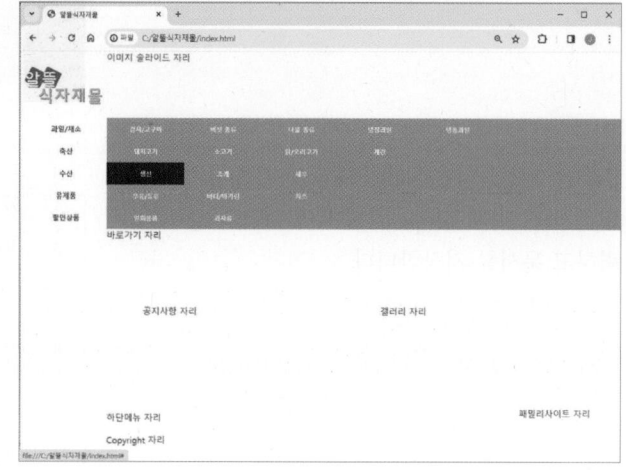

① 슬라이드 이미지 추가하기

세부 영역별 지시사항대로 ⓑ Slide 영역에 들어갈 이미지 슬라이드를 제작합니다.

세부 지시사항에서 3개의 이미지를 이용하여 위−아래, 아래−위 슬라이드 효과를 제작하도록 하고 있으므로 CSS 파일에서 이미지의 스타일을 지정한 후 자바스크립트에서 제이쿼리(jQuery)를 이용하여 해당 동작을 구현합니다.

01 앞서 만들었던 'images' 폴더에 수험자 제공 파일로 주어진 슬라이드 이미지 3개를 복사합니다. 이때, '수험자 제공 파일'로 주어진 다른 이미지들도 미리 복사해둡니다.

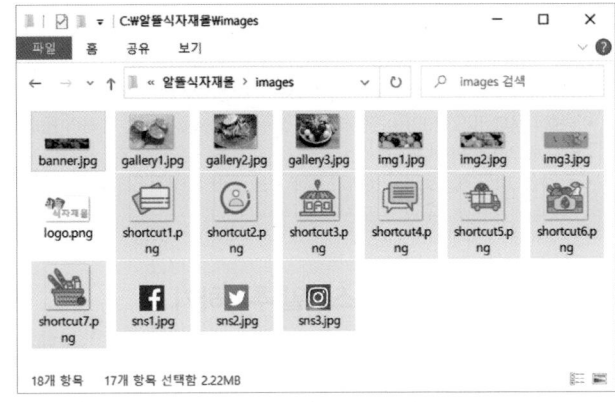

02 'index.html' 문서에서 ⟨div class="imgslide"⟩ 이미지 슬라이드 자리 ⟨/div⟩ 부분을 찾은 후 이미지들을 추가합니다.

이때 지시사항에 제공된 3개의 텍스트를 각 이미지에 적용하도록 하고 있으므로 ⟨span⟩ 요소를 이용하여 글자도 함께 추가합니다.

```
<div class="imgslide">
  <div class="slidelist">
    <ul>
      <li>
        <a href="#">
          <img src="images/img1.jpg" alt="이
          미지1">
          <span>여름맞이 과일 세일</span>
        </a>
      </li>
      <li>
        <a href="#">
          <img src="images/img2.jpg" alt="이미지2">
          <span>스낵류 균일가</span>
        </a>
      </li>
      <li>
        <a href="#">
          <img src="images/img3.jpg" alt="이미지3">
          <span>3만원 이상 구매시 전국 어디든 무료배송</span>
        </a>
      </li>
    </ul>
  </div>
</div>
```

[index.html]

```
63  <!--와이어프레임 오른쪽 시작-->
64  <div class="imgslide">
65    <div class="slidelist">
66      <ul>
67        <li>
68          <a href="#">
69            <img src="images/img1.jpg" alt="이미지1">
70            <span>여름맞이 과일 세일</span>
71          </a>
72        </li>
73        <li>
74          <a href="#">
75            <img src="images/img2.jpg" alt="이미지2">
76            <span>스낵류 균일가</span>
77          </a>
78        </li>
79        <li>
80          <a href="#">
81            <img src="images/img3.jpg" alt="이미지3">
82            <span>3만원 이상 구매시 전국 어디든 무료배송</span>
83          </a>
84        </li>
85      </ul>
86    </div>
87  </div>
88
```

- 'div' 영역의 class 이름을 'imgslide'으로 지정하였으므로 스타일 시트 파일에서 선택자로 '.imgslide'를 사용하게 됩니다.
- ⟨div class="slidelist"⟩ : 위–아래로 전환되는 슬라이드 이미지 효과를 위해 이미지들을 묶어줌
- '상호작용이 필요한 모든 콘텐츠(로고, 메뉴 Slide, 공지사항, 갤러리 등)는 임시 링크되어야 한다.'고 명시하고 있으므로 추가되는 이미지에도 임시 링크를 추가합니다.
- ⟨span⟩ : 다른 텍스트와 구분하기 위해 사용. 줄을 바꾸지 않고 글자색이나 배경색 등을 변경

② 슬라이드 이미지에 스타일 추가하기

01 지금까지 작업된 결과를 확인해 보면 다음과 같이 메인에 추가한 텍스트와 이미지들이 정렬 없이 나타납니다.

텍스트와 이미지가 아래로 줄지어 나타나고, 정해진 영역 안에서만 나타나도록(imgslide 영역 외에서는 나타나지 않도록) 스타일을 추가하도록 합니다.

02 스타일 시트 'style.css' 문서에서 클래스 선택자 '.imgslide'를 찾은 후 이미지와 텍스트에 대한 스타일을 추가합니다.

먼저 '.imgslide' 안에 'position:relative'와 'overflow:hidden' 속성을 추가합니다. 이어서 각 이미지와 이미지 위에 나타나는 텍스트에 대한 상세한 스타일을 입력합니다.

```
.imgslide {
    width: calc(100% - 200px);
    height: 400px;
    position: relative;
    overflow: hidden;
}
.slidelist {
    width: 100%;
    height: 1200px;
}
.slidelist ul li {
    width: 100%;
    height: 400px;
    margin: 0;
}
```

[style.css]

```
101  .submenu>li>a:hover { /* <a>요소에 마우스를 올릴 때 */
102      background-color: #333333;
103      color: #ffff00;
104  }
105  .imgslide {          /* B영역: 이미지 슬라이드 영역 */
106      width: calc(100% - 200px); /* 100% 화면너비 - 왼쪽영역 200px */
107      height: 400px;
108      position: relative;
109      overflow: hidden;
110  }
111  .slidelist {
112      width: 100%;        /* 부모요소 .imgslide 전체를 너비로 지정 */
113      height: 1200px;     /* 부모요소 .imgslide의 높이x3 지정 */
114  }
115  .slidelist ul li {
116      width: 100%;
117      height: 400px;
118      margin: 0;
119  }
120  .slidelist img {
121      width: 100%;
122      height: 400px;
123      object-fit: cover; /* 이미지 태그의 영역에 실제 이미지를 맞추기 */
124  }
125  .slidelist span {
126      width: 500px;
127      height: 50px;
128      position: absolute;
129      margin-top: 175px;
130      left: 33%;
131      text-align: center;
132      color: #ffffff;
133      font-weight: bold;
134      line-height: 50px;
135      background-color: rgba(40,40,40,0.5);
136  }
137  .bodywrap {          /* C영역: shortcut와 contents 묶어줌 */
138      float: right;
139      width: calc(100% - 200px); /* 100% 화면너비 - 왼쪽영역 200px */
140      height: 400px;
141  }
```

```
.slidelist img {
    width: 100%;
    height: 400px;
    object-fit: cover;
}
.slidelist span {
    width: 500px;
    height: 50px;
    position: absolute;
    margin-top: 175px;
    left: 33%;
    text-align: center;
    color: #ffffff;
    font-weight: bold;
    line-height: 50px;
    background-color: rgba(40,40,40,0.5);
}
```

🅑 기적의 TIP

- 시험 문제 중 '🅑 Slide의 세부 지시사항'에 '[Slide] 폴더에 제공된 3개의 텍스트를 각 이미지에 적용하되, 텍스트의 글자체, 굵기, 색상, 크기를 적절하게 설정하여 가독성을 높이고, 독창성이 드러나도록 제작한다.'라고 되어 있으므로 적절하게 스타일을 지정합니다. 스타일 지정에 대한 자세한 지시사항이나 주어진 값은 없으므로 수험자 임의로 자유롭게 지정하면 됩니다.
- .imgslide : <div class="imgslide"> 영역의 스타일 정의. 슬라이드 이미지와 이미지 위에 나타날 텍스트 영역을 담은 컨테이너
- overflow:hidden : 이미지가 지정된 영역 안에서만 보이고, 영역 밖으로 넘친 부분은 보이지 않도록 지정
- .slidelist : .imgslide의 하위 컨테이너인 <div class="slidelist"> 영역의 스타일 정의
- height: 1200px; : <div class="slidelist"> 영역의 높이를 1200px로 지정
  - 이 영역은 슬라이드 이미지와 텍스트 영역을 담은 컨테이너로서 이 컨테이너에 슬라이드 효과를 구현하여 이미지와 텍스트가 함께 슬라이딩 되도록 합니다.
  - 각 이미지의 높이가 400px일 때 세 개의 이미지를 세로로 나열하면 세로 높이의 총합은 1200px이 됩니다.
  - 세 개의 이미지를 일렬로 세로로 나열하여 1200px이 되게 한 후 400px씩 이동시키면 이미지가 위-아래 또는 아래-위 방향으로 슬라이딩 되는 효과를 구현할 수 있습니다.

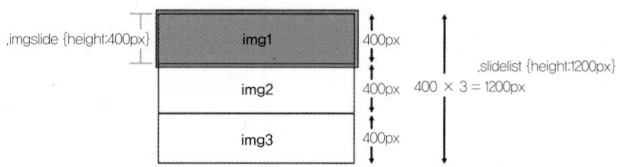

- .slidelist span : .slidelist의 후손 요소인 <span> 영역의 스타일 정의. 이미지 위에 나타나는 텍스트의 스타일
- 선택자 형식 중 'A 〉 B'은 A 요소의 1차 하위 요소인 B 요소에 스타일을 적용합니다. 'A B'와 같이 빈칸을 사용하는 경우 A 요소의 1차 또는 2차 이상(자손의 자손)의 하위 요소, 즉 후손 요소에 해당하는 모든 B 요소에 스타일을 적용합니다([참고하기] PART 02 - SECTION 02. CSS 익히기 - 'CSS 선택자 이해하기').
- width: 500px, height: 50px : 텍스트 영역의 너비와 높이
- position: absolute : 상위 컨테이너를 기준으로 절대 좌표값을 가짐
- margin-top: 175px : 텍스트 영역 위쪽으로 175px 여백 지정
  - 이미지 슬라이드 전체 영역의 크기가 너비 1200px, 높이 400px인 상태에서 이 영역 안쪽에 들어가는 텍스트 영역은 너비 width:500px, 높이 height:50px이고, 위쪽 여백 175px을 지정하였으므로 텍스트 영역은 세로 가운데에 위치하게 됩니다(400px-50px=350px, 350÷2=175px).
  - 텍스트 영역의 크기나 여백 값은 여기에서 입력한 것과 똑같이 사용하지 않아도 됩니다. 이러한 값은 수험자가 임의로 지정 가능합니다. 스타일의 속성 값은 웹 브라우저에서 결과를 확인하면서 값을 조금씩 조정하면서 지정합니다.

- left: 33% : 컨테이너의 시작점을 기준으로 33% 위치에 배치. 위치 값은 임의로 지정 가능
- background-color: rgba(40,40,40,0.5) : 색상 및 불투명도 지정. a 속성은 투명도를 의미하며, 0~1 사이의 값을 가짐. 반드시 설정해야 하는 것은 아니며 글자를 잘 보이게 하기 위해 설정한 것으로 삭제 및 임의로 지정 가능

03 지금까지 작업한 사항을 모두 저장하고 '크롬(Chrome)' 브라우저에서 결과를 확인해 보면 이미지들이 한 곳에 겹쳐서 모여 있고, 그 위에 글자가 나타나는 것을 확인할 수 있습니다.

③ 이미지 슬라이드 구현하기

01 이미지에 슬라이드 기능을 구현하기 위해 'script.js' 문서에 다음과 같이 입력합니다.
이때 처음에 입력했던 스크립트의 마지막 줄인 '});'의 안쪽에 입력하도록 합니다.

```
setInterval(function(){
  $('.slidelist').delay(1000);
  $('.slidelist').animate({marginTop:-400});
  $('.slidelist').delay(2000);
  $('.slidelist').animate({marginTop:-800});
  $('.slidelist').delay(2000);
  $('.slidelist').animate({marginTop:0});
  $('.slidelist').delay(2000);
});
```

[script.js]

```
1    // JavaScript Document
2
3    jQuery(document).ready(function(){
4
5      $('.navi>li').mouseover(function(){
6        $('.submenu').stop().slideDown(500);
7        $('#menu_bg').stop().slideDown(500);
8      }).mouseout(function(){
9        $('.submenu').stop().slideUp(500);
10       $('#menu_bg').stop().slideUp(500);
11     });
12
13     setInterval(function(){
14       $('.slidelist').delay(1000);
15       $('.slidelist').animate({marginTop:-400});
16       $('.slidelist').delay(2000);
17       $('.slidelist').animate({marginTop:-800});
18       $('.slidelist').delay(2000);
19       $('.slidelist').animate({marginTop:0});
20       $('.slidelist').delay(2000);
21     });
22
23   });
```

🅕 기적의 TIP

- setInterval(function(){} : 일정 시간마다 반복적으로 동작을 실행
- delay(2000) : delay(ms)와 같이 사용하며, 실행 중인 함수를 지정한 시간만큼 지연시킴. 2000은 2초에 해당됨
  - 슬라이드는 매 3초 이내로 다른 이미지로 슬라이드 전환되어야 하므로 delay() 사용 시 3000 이내의 값을 입력하여 다른 이미지가 3초 이내에 나타나도록 해야 합니다.
- animate() : 애니메이션 효과를 지정
  - animate() 문법은 '$(선택자).animate({properties(CSS 스타일)}, [duration(지속 시간)], [easing(여유 함수)], [complete](콜백 함수))'입니다. 이 중 {properties} 부분은 필수 매개변수로 CSS 속성과 값을 정의하며, 나머지는 선택적 매개변수입니다. {properties}의 형식은 '키:값'이 쌍으로 이루어지기 때문에 중괄호{ }를 사용하여 '{속성:값}'으로 작성해야 합니다.
- animate({marginTop : -400}) : 애니메이션 효과를 줄 속성으로 marginTop를 사용하고, 그 값을 -400으로 변경. 요소의 위쪽 여백을 '-400px'로 지정해 주기 때문에 요소가 위쪽으로 밀려서 이동하는 것처럼 동작함

– animate({marginTop: –800})에서 사용된 marginTop 속성은 자바스크립트에서의 표현입니다. CSS에서는 이를 margin-top으로 표현합니다. 하지만 자바스크립트 변수명에는 대시(–)를 사용할 수 없기 때문에, 만약 CSS의 margin-left 속성을 자바스크립트에서 사용하려면 다음과 같이 쌍따옴표를 사용하여 작성합니다.

```
animate({marginTop:-300})=animate({"margin-top":"-300"})
```

02 'script.js' 문서를 저장한 후 이미지가 아래–위, 위–아래로 슬라이딩 되는지 확인합니다.

좌–우, 우–좌 슬라이드 작성해 보기

• 이미지 슬라이드 기능은 위–아래, 아래–위 슬라이드 또는 좌–우, 우–좌 슬라이드 기능이 출제됩니다.

• 위–아래, 아래–위 슬라이드 코드를 이용하여 위–아래, 아래–위 슬라이드 기능을 만들 수 있습니다.

구분	위–아래 방향 이미지 슬라이드	좌–우 방향 이미지 슬라이드
CSS 변경	```.imgslide{ width: 1200px; height: 300px; position: relative; overflow: hidden;}.slidelist{ height: 900px;}.slidelist ul li{ height: 300px; float: left;}```	```.imgslide{ width: 1200px; height: 300px; position: relative; overflow: hidden;}.slidelist{ width: 3600px;}.slidelist ul li{ width: 1200px; float: left;}```
자바스크립트 변경	```setInterval(function(){ $('.slidelist').delay(2000); $('.slidelist').animate({marginTop:-300}); $('.slidelist').delay(2000); $('.slidelist').animate({marginTop:-600}); $('.slidelist').delay(2000); $('.slidelist').animate({marginTop:0}); $('.slidelist').delay(2000);});```	```setInterval(function(){ $('.slidelist').delay(2000); $('.slidelist').animate({marginLeft:-1200}); $('.slidelist').delay(2000); $('.slidelist').animate({marginLeft:-2400}); $('.slidelist').delay(2000); $('.slidelist').animate({marginLeft:0}); $('.slidelist').delay(2000);});```

• 위–아래 슬라이드 기능은 이미지의 높이 300px을 기준으로 세 개의 이미지를 일렬로 나열하여 900px이 되게 한 후 animate({marginTop: –300})로 300px씩 이동시킴으로써 슬라이딩되는 효과를 구현했습니다.

• 좌–우 슬라이드 기능은 이미지의 너비가 1200px인 세 개의 이미지를 일렬로 나열하여 3600px이 되게 한 후 animate({marginLeft:–1200})로 변경하여 사용합니다.

1 바로가기, 공지사항, 갤러리 내용 추가하기

세부 영역별 지시사항대로 ⓒ Contents 영역에 들어갈 바로가기, 공지사항, 갤러리 콘텐츠를 제작합니다.

01 'index.html' 문서에서 〈div class="shortcut"〉 바로가기 자리 〈/div〉를 찾고 해당 영역에 다음과 같이 입력하여 바로가기를 작성합니다.

```
<div class="bodywrap">
  <div class="shortcut">
    <a href="#">
      <img src="images/shortcut1.png" alt="바로가기1">
    </a>
    <a href="#">
      <img src="images/shortcut2.png" alt="바로가기2">
    </a>
    <a href="#">
      <img src="images/shortcut3.png" alt="바로가기3">
    </a>
    <a href="#">
      <img src="images/shortcut4.png" alt="바로가기4">
    </a>
    <a href="#">
      <img src="images/shortcut5.png" alt="바로가기5">
    </a>
    <a href="#">
      <img src="images/shortcut6.png" alt="바로가기6">
    </a>
    <a href="#">
      <img src="images/shortcut7.png" alt="바로가기7">
    </a>
  </div>
```

[index.html]

```
89   <!--bodywrap: shortcut, contents(notice, gallery) 묶어줌-->
90   <div class="bodywrap">
91     <div class="shortcut">
92       <a href="#">
93         <img src="images/shortcut1.png" alt="바로가기1">
94       </a>
95       <a href="#">
96         <img src="images/shortcut2.png" alt="바로가기2">
97       </a>
98       <a href="#">
99         <img src="images/shortcut3.png" alt="바로가기3">
100      </a>
101      <a href="#">
102        <img src="images/shortcut4.png" alt="바로가기4">
103      </a>
104      <a href="#">
105        <img src="images/shortcut5.png" alt="바로가기5">
106      </a>
107      <a href="#">
108        <img src="images/shortcut6.png" alt="바로가기6">
109      </a>
110      <a href="#">
111        <img src="images/shortcut7.png" alt="바로가기7">
112      </a>
113    </div>
114    <div class="contents"> <!--contents: 공지사항 + 갤러리-->
```

02 'index.html' 문서에서 공지사항과 갤러리 내용을 입력하기 위해서 〈div class="notice"〉 공지사항 자리 〈/div〉과 〈div class="gallery"〉 갤러리 자리 〈/div〉를 찾고 해당 영역에 다음과 같이 내용을 작성합니다.

```html
<div class="notice">
  <div class="tab"><h4>공지사항</h4></div>
  <ul>
    <li>
      <a href="#">공지사항 1<span>2024.03.01
      </span></a>
    </li>
    <li>
      <a href="#">공지사항 2<span>2024.03.01
      </span></a>
    </li>
    <li>
      <a href="#">공지사항 3<span>2024.03.01
      </span></a>
    </li>
    <li>
      <a href="#">공지사항 4<span>2024.03.01
      </span></a>
    </li>
  </ul>
</div>
<div class="gallery">
  <div class="tab"><h4>갤러리</h4></div>
  <ul>
    <li>
      <a href="#">
        <img src="images/gallery1.jpg" alt="갤러리1">
        <span>상품후기1</span>
      </a>
    </li>
    <li>
      <a href="#">
        <img src="images/gallery2.jpg" alt="갤러리2">
        <span>상품후기2</span>
      </a>
    </li>
    <li>
```

[index.html]

```
111          <img src="images/shortcut7.png" alt="바로가기7">
112        </a>
113      </div>
114      <div class="contents"> <!--contents: 공지사항 + 갤러리-->
115        <div class="notice">
116          <div class="tab"><h4>공지사항</h4></div>
117          <ul>
118            <li>
119              <a href="#">공지사항 1<span>2024.03.01</span></a>
120            </li>
121            <li>
122              <a href="#">공지사항 2<span>2024.03.01</span></a>
123            </li>
124            <li>
125              <a href="#">공지사항 3<span>2024.03.01</span></a>
126            </li>
127            <li>
128              <a href="#">공지사항 4<span>2024.03.01</span></a>
129            </li>
130          </ul>
131        </div> <!--notice 끝-->
132        <div class="gallery">
133          <div class="tab"><h4>갤러리</h4></div>
134          <ul>
135            <li>
136              <a href="#">
137                <img src="images/gallery1.jpg" alt="갤러리1">
138                <span>상품후기1</span>
139              </a>
140            </li>
141            <li>
142              <a href="#">
143                <img src="images/gallery2.jpg" alt="갤러리2">
144                <span>상품후기2</span>
145              </a>
146            </li>
147            <li>
148              <a href="#">
149                <img src="images/gallery3.jpg" alt="갤러리3">
150                <span>상품후기3</span>
151              </a>
152            </li>
153          </ul>
154        </div> <!--gallery 끝-->
155      </div> <!--contents 끝-->
156    </div>
157    <!--bodywrap 끝-->
```

```
    <a href="#">
        <img src="images/gallery3.jpg" alt="갤러리3">
        <span>상품후기3</span>
    </a>
    </li>
    </ul>
</div>
```

❷ 바로가기 스타일 추가하기

01 먼저 ⓒ Contents 영역에 컬러 가이드에서 제시한 배경색을 설정합니다. 'style.css' 문서에서 바로가기, 공지사항, 갤러리를 포함하고 있는 클래스 선택자 '.bodywrap'을 찾고 아래와 같이 속성을 작성합니다.

```
.bodywrap {
    float: right;
    width: calc(100% - 200px);
    height: 400px;
    background-color: #faebd7;
}
```

[style.css]

```
125    .slidelist span {
126        width: 500px;
127        height: 50px;
128        position: absolute;
129        margin-top: 175px;
130        left: 33%;
131        text-align: center;
132        color: ☐#ffffff;
133        font-weight: bold;
134        line-height: 50px;
135        background-color: ■rgba(40,40,40,0.5);
136    }
137    .bodywrap {        /* C영역: shortcut와 contents 묶어줌 */
138        float: right;
139        width: calc(100% - 200px); /* 100% 화면너비 - 왼쪽영역 200px */
140        height: 400px;
141        background-color: ☐#faebd7;
142    }
143    .shortcut{        /* 바로가기 영역 */
144        float: left;
145        width: 100%;
146        height: 150px;
147    }
```

02 'style.css' 문서에서 바로가기 영역의 스타일을 추가하기 위해 클래스 선택자 '.shortcut'을 찾습니다. 미리 입력해둔 스타일에서 아래와 같이 새로운 속성을 추가합니다. 이어서 바로가기 이미지에 대한 상세한 스타일을 입력하여 적절히 배치되도록 합니다.

```
.shortcut{
    float: left;
    width: 100%;
    height: 150px;
    display: flex;
}
.shortcut img {
    float: left;
    width: 100px;
    height: 100px;
    margin-top: 25px;
```

[style.css]

```
137    .bodywrap {        /* C영역: shortcut와 contents 묶어줌 */
138        float: right;
139        width: calc(100% - 200px); /* 100% 화면너비 - 왼쪽영역 200px */
140        height: 400px;
141        background-color: ☐#faebd7;
142    }
143    .shortcut{        /* 바로가기 영역 */
144        float: left;
145        width: 100%;
146        height: 150px;
147        display: flex;    /* 바로가기 이미지 배치 스타일 */
148    }
149    .shortcut img {    /* 바로가기 이미지 스타일 */
150        float: left;
151        width: 100px;
152        height: 100px;
153        margin-top: 25px;
154    }
155    .shortcut img:hover {    /* 바로가기 이미지에 마우스를 올렸을 때 */
156        opacity: 0.5;
157    }
158    .contents {        /* 공지사항+갤러리 영역 */
159        float: left;
160        width: 100%;
161        height: 250px;
162    }
```

```
}

.shortcut img:hover {
    opacity: 0.5;
}
```

03 작업 중인 문서를 모두 저장하고 '크롬(Chrome)' 브라우저에서 배너와 바로가기를 입력한 결과를 확인합니다.

③ 공지사항, 갤러리 스타일 추가하기

01 'style.css' 문서에서 〈h4〉 태그로 작성한 공지사항과 갤러리 탭 제목의 스타일을 추가하기 위해 클래스 선택자 '.contents'를 찾습니다. 미리 입력해둔 스타일에서 아래와 같이 새로운 속성을 추가합니다.

```
.tab {
    width: 100%;
    height: 40px;
    margin-bottom: 8px;
    border-bottom: 2px solid #999999;
}
.tab h4{
    float: left;
    line-height: 40px;
    font-weight: bold;
}
```

[style.css]

```
158    .contents {          /* 공지사항+갤러리 영역 */
159      float: left;
160      width: 100%;
161      height: 250px;
162    }
163    .tab {               /* 공지사항+갤러리 탭 제목(크기, 여백, 테두리) */
164      width: 100%;       /* 공지사항+갤러리 너비와 동일 */
165      height: 40px;      /* 탭 제목 높이 */
166      margin-bottom: 8px; /* 탭 제목 아래쪽 여백 */
167      border-bottom: 2px solid ■#999999;/* 탭 제목 아래 테두리 설정 */
168    }
169    .tab h4{             /* 공지사항+갤러리 탭 제목(텍스트 스타일) */
170      float: left;
171      line-height: 40px;    /* 탭 제목 높이와 동일 */
172      font-weight: bold;
173    }
174    .notice {
175      float: left;
176      width: 40%;
177      margin-left: 7%;   /* 공지사항 왼쪽 여백 */
178      margin-right: 3%;  /* 공지사항 오른쪽 여백 */
179      height: 210px;
180      margin-top: 20px;
181    }
```

기적의 TIP

width: 100% : <div class="tab"> 영역이 <div class="notice">와 <div class="gallery"> 영역 안에 있기 때문에 tab 영역의 너비 width를 100%로 설정하면 공지사항과 갤러리 영역의 너비와 동일하게 됩니다.

02 작업 중인 문서를 모두 저장하고 '크롬(Chrome)' 브라우저에서 탭 메뉴 스타일을 입력한 결과를 확인합니다.

03 다음으로 공지사항 영역의 스타일을 추가하기 위해 클래스 선택자 '.notice' 아래에 다음을 추가합니다.

```
.notice li {
    width: 100%;
    height: 40px;
    line-height: 40px;
    font-size: 16px;
}
.notice li a{
    padding: 0 10px;
}
.notice span {
    float: right;
}
.notice li:hover {
    font-weight: bold;
}
```

[style.css]

```
174  .notice {
175      float: left;
176      width: 40%;
177      margin-left: 7%;  /* 공지사항 왼쪽 여백 */
178      margin-right: 3%; /* 공지사항 오른쪽 여백 */
179      height: 210px;
180      margin-top: 20px;
181  }
182  .notice li {        /* 공지사항 리스트 영역 스타일 */
183      width: 100%;
184      height: 40px;
185      line-height: 40px;
186      font-size: 16px;
187  }
188  .notice li a{
189      padding: 0 10px;
190  }
191  .notice span {      /* <span> 요소로 구성한 날짜 영역 스타일 */
192      float: right;
193  }
194  .notice li:hover {  /* 공지사항 리스트에 마우스를 올릴 때 스타일 */
195      font-weight: bold;
196  }
197  .gallery {
198      float: left;
199      width: 40%;
200      margin-left: 3%;  /* 갤러리 왼쪽 여백 */
201      margin-right: 7%; /* 갤러리 오른쪽 여백 */
202      height: 210px;
203      margin-top: 20px;
204  }
```

04 이어서 갤러리 영역의 스타일을 추가하기 위해 클래스 선택자 '.gallery' 아래에 다음을 추가합니다.

```
.gallery ul {
    display: flex;
}

.gallery li {
    float: left;
    width: 160px;
    height: 150px;
    font-size: 16px;
    text-align: center;
    padding: 15px 10px;
}

.gallery img {
    max-width: 100%;
    height: auto;
}

.gallery li:hover {
    opacity: 0.5;
}
```

[style.css]

```
197    .gallery {
198        float: left;
199        width: 40%;
200        margin-left: 3%;    /* 갤러리 왼쪽 여백 */
201        margin-right: 7%;   /* 갤러리 오른쪽 여백 */
202        height: 210px;
203        margin-top: 20px;
204    }
205    .gallery ul {
206        display: flex;      /* 갤러리 이미지 배치 스타일 */
207    }
208    .gallery li {
209        float: left;
210        width: 160px;
211        height: 150px;
212        font-size: 16px;
213        text-align: center;
214        padding: 15px 10px;
215    }
216    .gallery img {          /* 갤러리 이미지 영역 스타일 */
217        max-width: 100%;    /* 최대 너비 100% = 160px */
218        height: auto;       /* 이미지 비율 고정 */
219    }
220    .gallery li:hover {   /* 갤러리 요소에 마우스를 올릴 때 스타일 */
221        opacity: 0.5;
222    }
223    footer {                /* D영역: 와이어프레임 하단영역 */
224        float: right;
225        width: calc(100% - 200px); /* 100% 화면너비 - 왼쪽영역 200px */
226        height: 120px;
227    }
```

🅑 **기적의 TIP**

- max-width: 100% : 갤러리 이미지의 최대 너비를 100%로 지정하여 gallery li에 지정된 너비인 160px까지 늘어날 수 있음
- height: auto : 원본 이미지의 비율을 유지하여 height가 자동으로 설정됨

05 작업 중인 문서를 모두 저장하고 '크롬(Chrome)' 브라우저에서 공지사항과 갤러리 영역에 스타일을 입력한 결과를 확인합니다.

④ 레이어 팝업창 작성하고 스타일 지정하기

01 세부 지시사항에 지시된 레이어 팝업창을 구성합니다. 공지사항의 첫 번째 콘텐츠를 클릭(Click)할 경우 레이어 팝업창(Layer Pop-up)이 나타나야 하며, 닫기 버튼을 누르면 해당 팝업창이 닫히도록 해야 합니다.

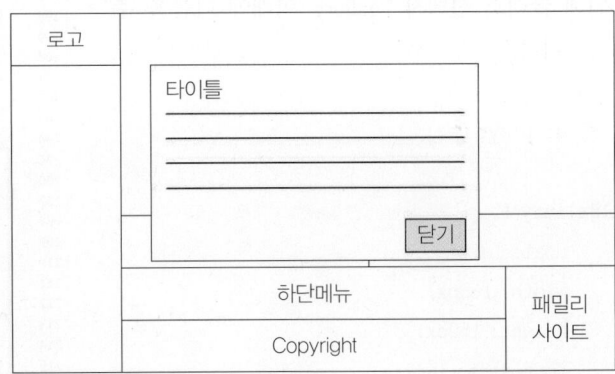

02 먼저 레이어 팝업창에 들어가는 콘텐츠 부분을 작성합니다. 'index.html' 문서에서 〈div class="bodywrap"〉 영역을 종료하는 〈/div〉 다음에 다음과 같이 입력합니다.

```
<div id="layer">
  <div class="layer_up">
    <div class="uptitle">
      연휴기간 배송 휴무일 안내
    </div>
    <div class="upbody">
      - Contents 폴더에 제공된 텍스트 입력 -
    </div>
    <div class="btn">닫기</div>
  </div>
</div>
```

[style.css]

```
155       </div> <!--contents 끝-->
156     </div>
157   <!--bodywrap 끝-->
158   <!--와이어프레임 오른쪽 끝-->
159
160   <div id="layer"> <!-- 레이어 팝업창 영역 -->
161     <div class="layer_up">
162       <div class="uptitle">
163         연휴기간 배송 휴무일 안내
164       </div>
165       <div class="upbody">
166         이번 연휴기간동안 배송 준비를 하지 않아 배송이 일정기간
              지연될 수 있음을 안내드립니다. 배송 휴무일은 공휴일을
              기준으로 합니다. 방문해주신 모든 고객 여러분 행복한 연휴
              보내시길 바랍니다.
167       </div>
168       <div class="btn">닫기</div>
169     </div>
170   </div> <!-- 레이어 팝업창 영역 끝 -->
171
172   <!--와이어프레임 하단 시작-->
173   <footer>
```

> **기적의 TIP**
>
> 레이어 팝업창 콘텐츠 영역을 〈div class="bodywrap"〉 영역의 밖에 입력합니다. 페이지 레이아웃의 요소들이 레이어 팝업창의 상위 속성이 되는 것을 방지하여 영향을 받지 않도록 별도의 영역에 입력하였습니다.

03 레이어 팝업창의 스타일을 지정하기 위해서 'style.css'에서 클래스 선택자 '.gallery li:hover'를 찾고 아래에 다음과 같이 입력합니다.

```
#layer {
    position: absolute;
    z-index: 1;
    display: none;
}
#layer.active {
    display: block;
}
```

[style.css]

```
220   .gallery li:hover { /* 갤러리 요소에 마우스를 올릴 때 스타일 */
221     opacity: 0.5;
222   }
223   #layer {              /* 레이어 팝업창 기준 배경 스타일 */
224     position: absolute;
225     z-index: 1;
226     display: none;
227   }
228   #layer.active {
229     display: block;
230   }
```

```css
.layer_up {
    width: 500px;
    height: 400px;
    position: fixed;
    left: 30%;
    top: 20%;
    background-color: #ffffff;
}
```

```
231   .layer_up {              /* 레이어 팝업창 스타일 */
232       width: 500px;
233       height: 400px;
234       position: fixed;
235       left: 30%;
236       top: 20%;
237       background-color: ☐#ffffff;
238   }
239   footer {                 /* D영역: 와이어프레임 하단영역 */
240       float: right;
241       width: calc(100% - 200px); /* 100% 화면너비 - 왼쪽영역 200px */
242       height: 120px;
243   }
```

기적의 TIP

• #layer : <div id="layer"> 요소로 화면 레이어 팝업창의 배경에 해당함. display:none를 지정하여 이 영역이 보이지 않도록 지정함
• #layer.active : #layer에 active 클래스가 추가되면 나타냄
• z-index : 요소가 화면상에서 앞쪽으로 보이도록 우선순위를 지정
• .layer_up : 레이어가 팝업될 때 나타나는 <div class="layer_up"> 영역의 스타일 지정. 팝업창의 크기, 위치 등을 지정
  – 너비 width: 500px, 높이 height: 400px 크기로 팝업창이 나타남
  – 화면을 기준으로 left: 30%, top: 20% 위치에 고정되어 나타남
  . – position: fixed : 화면상의 위치에 그대로 고정됨(스크롤을 이동해도 고정됨)
• 레이어 팝업창의 스타일 지정에 대한 자세한 지시사항이나 주어진 값은 없으므로 수험자 임의로 자유롭게 지정하면 됩니다.

---

04 계속해서 레이어 팝업창 안의 타이틀, 내용, 버튼에 대한 스타일을 추가합니다.

[style.css]

```css
.uptitle {
    margin-top: 30px;
    text-align: center;
    line-height: 16px;
    font-size: 20px;
    font-weight: bold;
}
.upbody {
    padding: 30px;
    text-align: center;
    font-size: 16px;
    line-height: 30px;
}
.btn {
    width: 80px;
    height: 20px;
    display: block;
    text-align: center;
    font-size: 15px;
    font-weight: bold;
    background: #cccccc;
    position: absolute;
    right: 10px;
    bottom: 10px;
}
```

```
231   .layer_up {              /* 레이어 팝업창 스타일 */
232       width: 500px;
233       height: 400px;
234       position: fixed;
235       left: 30%;
236       top: 20%;
237       background-color: ☐#ffffff;
238   }
239   .uptitle {
240       margin-top: 30px;
241       text-align: center;
242       line-height: 16px;
243       font-size: 20px;
244       font-weight: bold;
245   }
246   .upbody {
247       padding: 30px;
248       text-align: center;
249       font-size: 16px;
250       line-height: 30px;
251   }
252   .btn {
253       width: 80px;
254       height: 20px;
255       display: block;
256       text-align: center;
257       font-size: 15px;
258       font-weight: bold;
259       background: ☐#cccccc;
260       position: absolute;
261       right: 10px;
262       bottom: 10px;
263   }
264   footer {                 /* D영역: 와이어프레임 하단영역 */
265       float: right;
266       width: calc(100% - 200px); /* 100% 화면너비 - 왼쪽영역 200px */
267       height: 120px;
268   }
```

⑤ 레이어 팝업창 기능 구현하기

01 레이어 팝업창 모양은 팝업되는 영역의 스타일을 보면서 지정하기 위해서 먼저 팝업 기능부터 구현합니다. 공지사항의 첫 번째 콘텐츠를 클릭할 경우 레이어 팝업창이 나타나야 하므로 공지사항 클래스 선택자 '.notice'를 사용하여 지정합니다. 이때 마지막 줄인 '});' 안쪽에 입력하도록 합니다.

[script.js]

```
23    $(".notice li:first").click(function(){
24        $("#layer").addClass("active");
25    });
26    $(".btn").click(function(){
27        $("#layer").removeClass("active");
28    });
29
30    });
```

```
$(".notice li:first").click(function(){
  $("#layer").addClass("active");
});
$(".btn").click(function(){
  $("#layer").removeClass("active");
});
```

02 지금까지 작업한 문서를 모두 저장하고 '크롬(Chrome)' 브라우저에서 작업된 사항을 확인합니다.

지금까지의 작업 결과, 클래스 선택자 '.notice' 요소, 즉 `<div class="notice">`로 지정된 공지사항의 첫 번째 줄을 클릭하면 레이어 팝업창이 나타나는 것을 확인할 수 있습니다.

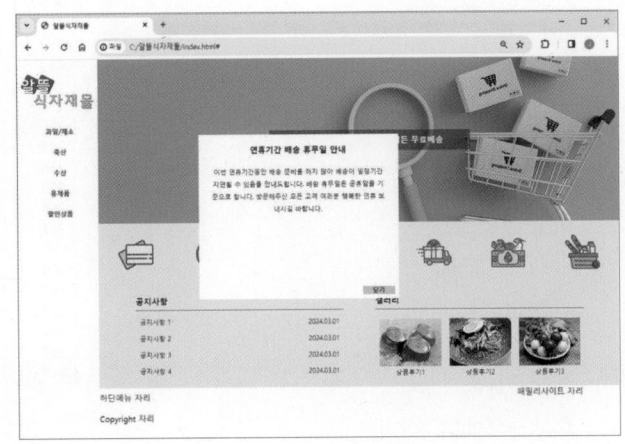

❶ Footer 영역 작성하기

세부 영역별 지시사항대로 Footer 영역을 제작합니다.

이 문제에서 제공된 텍스트와 이미지를 사용하여 하단 메뉴, Copyright, 패밀리사이트를 제작합니다.

01 'index.html' 문서에서 〈footer〉〈/footer〉 영역에서 미리 입력해 두었던 하단 메뉴, Copyright 자리, SNS 자리에 Footer 폴더에 제공된 텍스트를 사용하여 다음과 같이 입력합니다.

```html
<footer>
  <div class="bottom">
    <div class="btmenu">
      <ul>
        <li><a href="#">하단메뉴1</a></li>
        <li><a href="#">하단메뉴2</a></li>
        <li><a href="#">하단메뉴3</a></li>
        <li><a href="#">하단메뉴4</a></li>
        <li><a href="#">하단메뉴5</a></li>
        <li><a href="#">하단메뉴6</a></li>
      </ul>
    </div>
    <div class="copy">
      COPYRIGHT© by WEBDESIGN. ALL RIGHTS RESERVED
    </div>
  </div>
  <div class="familysite">
    <select name="sitelist">
      <option value="#">패밀리사이트1</option>
      <option value="#">패밀리사이트2</option>
      <option value="#">패밀리사이트3</option>
    </select>
  </div>
</footer>
```

[index.html]

```html
172    <!--와이어프레임 하단 시작-->
173    <footer>
174      <div class="bottom"> <!--bottom: 하단메뉴 + Copyright-->
175        <div class="btmenu">
176          <ul>
177            <li><a href="#">하단메뉴1</a></li>
178            <li><a href="#">하단메뉴2</a></li>
179            <li><a href="#">하단메뉴3</a></li>
180            <li><a href="#">하단메뉴4</a></li>
181            <li><a href="#">하단메뉴5</a></li>
182            <li><a href="#">하단메뉴6</a></li>
183          </ul>
184        </div>
185        <div class="copy">
186          COPYRIGHT© by WEBDESIGN. ALL RIGHTS RESERVED
187        </div>
188      </div>
189      <div class="familysite">
190        <select name="sitelist">
191          <option value="#">패밀리사이트1</option>
192          <option value="#">패밀리사이트2</option>
193          <option value="#">패밀리사이트3</option>
194        </select>
195      </div>
196    </footer>
197    <!--와이어프레임 하단 끝-->
198    </body>
199    </html>
```

② Footer 영역 스타일 지정하기

01 푸터 영역에 스타일을 지정하기 위해 'style. css'에서 클래스 선택자 '.footer' 영역을 찾아서 배경색 속성을 추가합니다.

```
footer {
    float: right;
    width: calc(100% - 200px);
    height: 120px;
    background-color:#e0d4c4;
}
```

[style.css]

```
264    footer {            /* D영역: 와이어프레임 하단영역 */
265        float: right;
266        width: calc(100% - 200px); /* 100% 화면너비 - 왼쪽영역 200px */
267        height: 120px;
268        background-color: #e0d4c4;
269    }
```

🅑 기적의 TIP

푸터의 배경색은 주어진 색상이 없으니 사용자가 임의로 지정합니다.

---

02 하단 메뉴 영역의 스타일을 지정합니다. '.btmenu' 영역을 찾은 후 다음과 같이 속성을 추가합니다.

```
.btmenu {
    float: left;
    width: 100%;
    height: 50px;
    margin-top: 10px;
    text-align: center;
    font-size: 16px;
    line-height: 50px;
}
.btmenu ul{
    text-align: center;
}
.btmenu li {
    display: inline-block;
}
.btmenu a {
    display: inline-block;
}
.btmenu li::after {
    content: " | ";
}
.btmenu li:last-child::after {
    content: "";
}
```

[style.css]

```
270    .bottom {           /* 하단메뉴+Copyright 영역 */
271        float: left;
272        height: 120px;
273        width: 80%;      /* btmenu+copy 영역을 너비의 80%로 지정 */
274    }
275    .btmenu {
276        float: left;
277        width: 100%;
278        height: 50px;
279        margin-top: 10px;
280        text-align: center;
281        font-size: 16px;
282        line-height: 50px;
283    }
284    .btmenu ul{          /* 하단메뉴 목록 리스트 */
285        text-align: center;
286    }
287    .btmenu li {         /* 하단메뉴 하위 목로 */
288        display: inline-block;
289    }
290    .btmenu a {          /* 하단메뉴 내 a 태그 리스트 */
291        display: inline-block;
292    }
293    .btmenu li::after {   /* 각 하위 목록 다음에 추가할 문자열 */
294        content: " | ";
295    }
296    .btmenu li:last-child::after {  /* 마지막 하위 목록 다음 */
297        content: "";
298    }
299    .copy {
300        float: left;
301        width: 100%;
302        height: 50px;
303        margin-bottom: 10px;
304    }
```

- display:inline : 요소들이 한 줄에 표현되도록 설정
  - .btmenu li : 〈li〉 태그들이 한 줄에 표현되도록 설정. 하위 목록 태그마다 이후에 '|' 문자열이 추가되기 때문에 설정해야 함
  - .btmenu a : 〈a〉 태그들이 한 줄에 표현되도록 설정. a 태그는 내용이 시작하고 끝날 때마다 줄이 바뀌기 때문에 설정해야 함
- .btmenu li::after : 하위 목록이 끝날 때마다 요소 마지막에 추가할 내용을 스타일로 지정
- .btmenu li:last-child::after : 맨 마지막 하위 목록이 끝날 때마다 요소 마지막에 추가할 내용을 스타일로 지정

03 Copyright 영역의 스타일을 지정합니다. '.copy' 영역을 찾은 후 다음과 같이 속성을 추가합니다.

```
.copy {
    float: left;
    width: 100%;
    height: 50px;
    margin-bottom: 10px;
    text-align: center;
    font-size: 16px;
    line-height: 50px;
}
```

[style.css]

```
296    .btmenu li:last-child::after {  /* 마지막 하위 목록 다음 */
297      content: "";
298    }
299    .copy {
300      float: left;
301      width: 100%;
302      height: 50px;
303      margin-bottom: 10px;
304      text-align: center;
305      font-size: 16px;
306      line-height: 50px;
307    }
```

04 패밀리사이트 영역의 스타일을 지정합니다. '.familysite' 영역을 찾은 후 아래에 다음과 같이 속성을 추가합니다.

```
.familysite select {
    width: 200px;
    height: 30px;
    top: 50%;
    font-size: 16px;
    float: right;
    margin-top: 45px;
    margin-right: 100px;
}
```

[style.css]

```
308    .familysite {
309      float: right;
310      width: 20%;      /* familysite 영역을 너비의 20%로 지정 */
311      height: 120px;
312    }
313    .familysite select {
314      width: 200px;
315      height: 30px;
316      top: 50%;
317      font-size: 16px;
318      float: right;
319      margin-top: 45px;
320      margin-right: 100px;
321    }
```

05 작업 중인 모든 문서를 저장하고 '크롬 (Chrome)' 브라우저에서 결과를 확인합니다. 이때 브라우저 크기를 축소하거나 '최대화' 한 후 상단 헤더 영역과 하단 푸터 영역이 제시된 와이어프레임처럼 브라우저 전체 크기 100%로 나타나는지를 확인합니다.

화면 창 크기가 바뀔 때마다 요소들의 배치와 정렬이 틀어지지 않는지 확인합니다.

최종 결과물 Checklist

최종 작업이 끝나면 다음과 같이 최종 문서를 확인합니다.

1. 모든 작업은 바탕 화면의 '비번호' 폴더에 저장되어 있어야 합니다.

2. 최종 본문 파일은 가장 상위 폴더에 'index.html'로 저장되어 있어야 합니다.

3. 제작한 자료들은 '비번호' 폴더 내에 'css', 'javascript', 'images' 폴더별로 분류되어 저장되어 있어야 합니다.

4. 최종 결과물인 '비번호' 폴더의 용량이 5MB을 초과되지 않아야 합니다. 최종 제출 폴더('비번호' 폴더)에 마우스 오른쪽을 클릭한 후 바로가기 메뉴에서 '속성'을 선택한 후 전체 용량을 확인하도록 합니다.

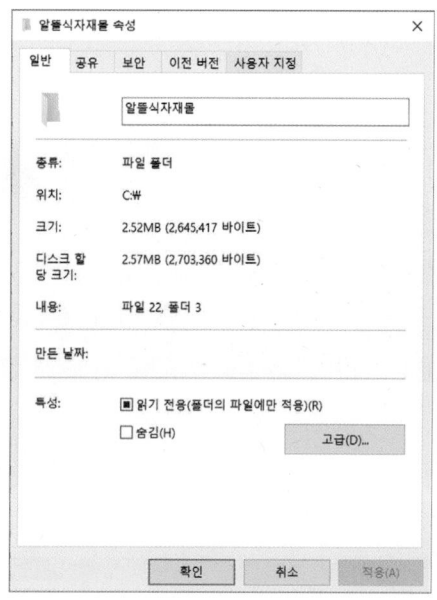

5. 웹페이지 코딩은 HTML5 기준 웹 표준을 준수하여야 합니다.
　　– HTML 유효성 검사(W3C validator)에서 오류('ERROR')가 없어야 합니다. 단, HTML 유효성 검사 서비스는 인터넷으로 이루어지기 때문에 시험 시 확인할 수 없습니다.
　　– 따라서 오류를 방지하기 위해서 다음과 같은 방법을 사용하여 확인합니다.
　　① 구글 크롬 브라우저나, 파이어폭스 브라우저를 이용하여 페이지 빈 공간에서 오른쪽 버튼을 누르고 '검사(Inspect)'를 실행합니다.
　　② 콘솔(Console) 창에서 오류가 나타나는지 확인합니다. 시험 최종 결과물에서 이 오류가 나타나서는 안됩니다.
　　③ 오류가 있을 경우 콘솔 창에 오류 메시지가 나타나게 됩니다.
　　④ 오류를 발견하면 오류가 있는 코드를 수정하여 오류를 바로 잡습니다.

최신 기출 유형 문제

▶ 합격 강의

작업파일 [PART04 〉 기출유형문제 09회 〉 수험자 제공 파일]을 열어서 작업하세요.

[공개 문제 유형 : D-1, D-2]

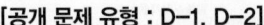

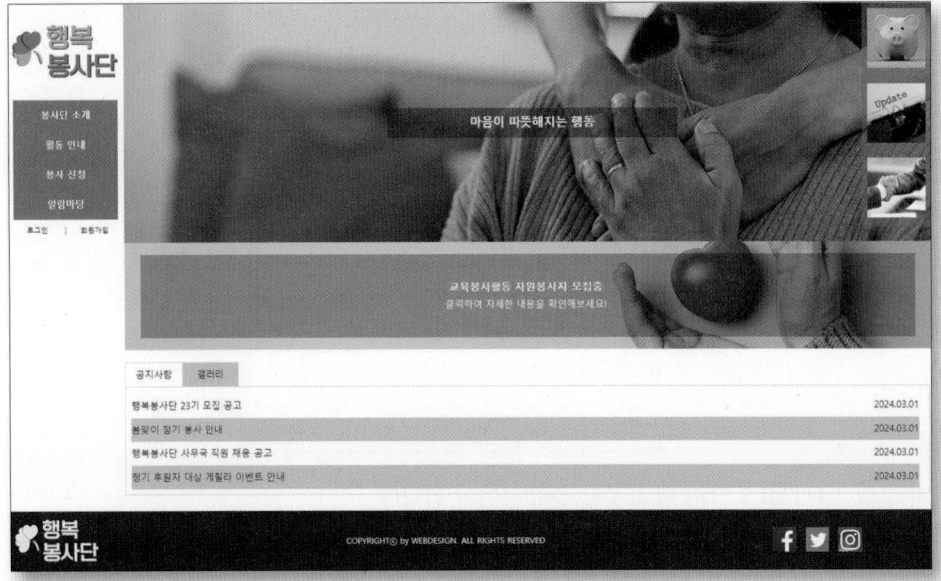

행복봉사단 웹사이트 제작

자격 종목	웹디자인개발기능사	과제명	행복봉사단

※ 시험시간 : 3시간

1. 요구사항

※ 다음 요구사항을 준수하여 주어진 자료(수험자 제공 파일)를 활용하여 시험시간 내에 웹페이지를 제작 후 5MB **용량이 초과되지 않게** 저장 후 제출하시오.

※ 웹페이지 코딩은 **HTML5 기준 웹 표준**을 준수하여야 하며, 요구사항에 지정되지 않는 요소들은 주제 특성에 맞게 자유롭게 디자인하시오.

※ 문제에서 지시하지 않은 와이어프레임 영역 비율, 레이아웃, 텍스트의 글자체/색상/크기, 요소별 크기, 색상 등은 수험자가 과제명(가.주제) 특성에 맞게 자유롭게 디자인하시오.

가. 주제 : 「행복봉사단」 웹사이트 제작

나. 개요

자원봉사자 모집을 위한 「행복봉사단」 웹사이트를 제작하고자 한다. 봉사단에서 진행하고 있는 활동을 확인할 수 있고, 회원 로그인 메뉴와 봉사 신청 메뉴가 있는 웹사이트 제작을 요청하였다. 아래의 요구사항에 따라 메인 페이지를 제작하시오.

다. 제작 내용

01) 메인 페이지를 디자인하고 HTML, CSS, JavaScript 기반의 웹페이지를 제작한다. (이때 jQuery 오픈소스, 이미지, 텍스트 등의 제공된 리소스를 활용하여 제작할 수 있다.)

02) HTML, CSS의 charset은 utf-8로 해야 한다.

03) 컬러 가이드

주조색 (Main color)	보조색 (Sub color)	배경색 (Background color)	기본 텍스트의 색 (Text color)
자유롭게 지정	자유롭게 지정	#788402	#333333

04) 사이트 맵(Site map)

Index page / 메인(Main)			
메인 메뉴(Main menu)	봉사단 소개	활동 안내	봉사 신청	알림마당
서브 메뉴(Sub menu)	설립목적 이사진	말벗봉사 연탄봉사 식사봉사	정기봉사자 지역별 활동별 봉사자등록	공지사항 문의하기

자격 종목	웹디자인개발기능사	과제명	행복봉사단

05) 와이어프레임(Wireframe)

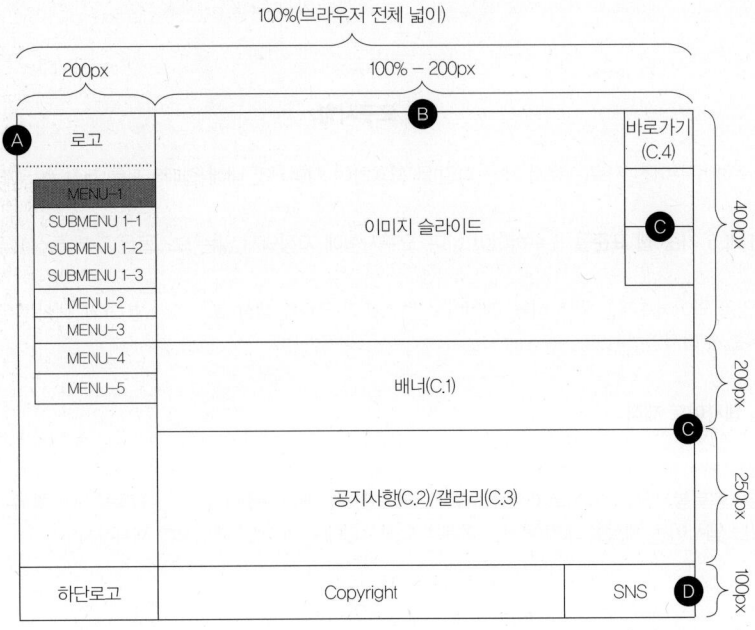

〈C영역 각각의 넓이는 수험자가 판단〉

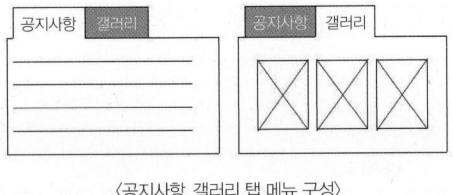

〈공지사항, 갤러리 탭 메뉴 구성〉

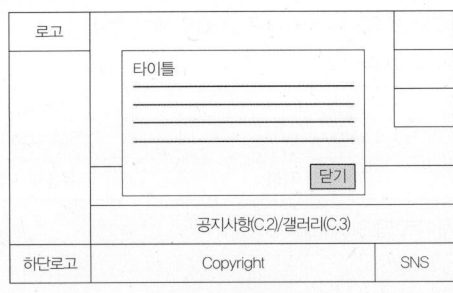

〈레이어 팝업창 구성〉

라. 세부 영역별 지시사항

영역 및 명칭	세부 지시사항
Ⓐ Header	**A.1. 로고** ○ 가로 세로 180픽셀×100픽셀 크기로 웹사이트의 이미지에 적합한 로고를 직접 디자인하여 삽입한다. ○ 로고명은 Header 폴더의 제공된 텍스트를 사용한다.

자격 종목	웹디자인개발기능사	과제명	행복봉사단

A.2. 메뉴 구성

※ 사이트 구조도를 참고하여 메인 메뉴(Main menu)와 서브 메뉴(Sub menu)로 구성하고, 별도의 스팟 메뉴(Spot menu)를 둔다. 스팟 메뉴 명칭은 「로그인」과 「회원가입」으로 각각 지정한다.

(1) 메인 메뉴(Main menu) 효과 [와이어프레임 참조]

ㅇ 메인 메뉴 중 하나에 마우스를 올리면(Mouse over) 하이라이트 되고, 벗어나면(Mouse out) 하이라이트를 해제한다.

ㅇ 메인 메뉴를 마우스로 올리면(Mouse over) 서브 메뉴 영역이 부드럽게 나타나면서, 서브 메뉴가 보이도록 한다.

ㅇ 메인 메뉴에서 마우스 커서가 벗어나면(Mouse out) 서브 메뉴 영역은 부드럽게 사라져야 한다.

(2) 서브 메뉴 영역 효과

ㅇ 서브 메뉴 영역은 메인 페이지 콘텐츠를 고려하여 배경 색상을 설정한다.

ㅇ 서브 메뉴 중 하나에 마우스를 올리면(Mouse over) 하이라이트 되고 벗어나면(Mouse out) 하이라이트를 해제한다.

ㅇ 마우스 커서가 메뉴 영역을 벗어나면(Mouse out) 서브 메뉴 영역은 부드럽게 사라져야 한다.

ⓑ Slide

B. Slide 이미지 제작

ㅇ [Slide] 폴더에 제공된 3개의 이미지로 제작한다.

ㅇ [Slide] 폴더에 제공된 3개의 텍스트를 각 이미지에 적용하되, 텍스트의 글자체, 굵기, 색상, 크기를 적절하게 설정하여 가독성을 높이고, 독창성이 드러나도록 제작한다.

B. Slide 애니메이션 작업

※ 위에서 작업한 결과물을 이용하여 슬라이드 작업을 한다.

ㅇ 이미지만 바뀌면 안 되고, 이미지가 위에서 아래 또는 아래에서 위로 이동하면서 전환되어야 한다.

ㅇ 슬라이드는 매 3초 이내로 하나의 이미지에서 다른 이미지로 전환되어야 한다.

ㅇ 웹사이트를 열었을 때 자동으로 시작되어 반복적으로(마지막 이미지가 사라지면 다시 첫 번째 이미지가 나타나는 방식) 전환되어야 한다.

ⓒ Contents

C.1. 배너

ㅇ Contents 폴더의 제공된 파일을 활용하여 편집 또는 디자인하여 제작한다.

C.2. 공지사항

ㅇ 공지사항 타이틀 영역과 콘텐츠 영역을 구분하여 표현해야 한다.(단, 콘텐츠는 HTML 코딩으로 작성해야 하며, 이미지로 삽입하면 안 된다.)

ㅇ 콘텐츠는 Contents 폴더의 제공된 텍스트를 적용하여 제작한다.

ㅇ 공지사항의 첫 번째 콘텐츠를 클릭(Click)할 경우 레이어 팝업창(Layer Pop_up)이 나타나며 닫기 버튼을 누르면 해당 팝업창이 닫혀야 한다. [와이어프레임 참조]

ㅇ 레이어 팝업의 제목과 내용은 Contents 폴더의 제공된 텍스트 파일을 사용한다.

C.3. 갤러리

ㅇ Contents 폴더의 제공된 이미지 3개를 사용하여 가로 방향으로 배치한다. [와이어프레임 참조]

ㅇ 갤러리의 이미지에 마우스 오버(Mouse over) 시 해당 객체의 투명도(Opacity)에 변화가 있어야 한다.

ㅇ 공지사항과 갤러리는 탭 기능을 이용하여 제작하여야 한다. [와이어프레임 참조]

ㅇ 각 탭을 클릭(Click) 시 해당 탭에 대한 내용이 보여야 한다. [와이어프레임 참조]

C.4. 바로가기

ㅇ Contents 폴더의 제공된 파일을 활용하여 편집 또는 디자인하여 제작한다.

※ 콘텐츠는 HTML 코딩으로 작성해야 하며, 이미지로 삽입하면 안 된다.

ⓓ Footer

ㅇ 로고를 무채색(Grayscale)으로 변경하고 사용자의 접근성을 고려하여 배치한다.

ㅇ Footer 폴더의 제공된 텍스트를 사용하여 하단로고, Copyright, SNS(3개)를 제작한다.

마. 기술적 준수사항

01) 웹페이지 코딩은 HTML5 기준 웹 표준을 준수하여야 하며 HTML **유효성 검사(W3C validator)에서** 오류('ERROR')가 없어야 한다.
※ HTML 유효성 검사 서비스는 시험 시 제공하지 않는다(인터넷 사용 불가).

02) **CSS는 별도의 파일로 제작하여 링크**하여야 하며, CSS3 기준(**W3C validator**)에서 오류('ERROR')가 없도록 코딩되어야 한다.

03) JavaScript 코드는 별도의 파일로 제작하여 연결하여야 하며 브라우저(**Google Chrome**)에 내장된 개발도구의 Console 탭에서 오류 ('ERROR')가 표시되지 않아야 한다.

04) 별도로 지정하지 않은 상호작용이 필요한 모든 콘텐츠(로고, 메뉴, 버튼, 바로가기 등)는 임시 링크(예:#)를 적용하고 'Tab'(⎯Tab⎯) 키로 이동 선택할 수 있어야 한다.

05) 사이트는 다양한 화면 해상도에서 일관성 있는 페이지 레이아웃을 제공해야 한다.

06) 웹페이지 전체 레이아웃은 Table 태그 사용이 아닌 CSS를 통한 레이아웃 작업으로 해야 한다.

07) 브라우저에서 CSS를 "사용 안 함"으로 설정한 경우 콘텐츠가 세로로 나열된다.

08) 타이틀 텍스트(Title text), 바디 텍스트(Body text), 메뉴 텍스트(Menu text)의 각 글자체/굵기/색상/크기 등을 적절하게 설정하여 사용 자가 텍스트 간의 위계질서(Hierarchy)를 직관적으로 알 수 있도록 한다.

09) 모든 이미지에는 이미지에 대한 대체 텍스트를 표현할 수 있는 alt 속성이 있어야 한다.

10) 제작된 사이트 메인 페이지의 레이아웃, 구성 요소의 크기 및 위치 등은 최신 버전의 **MS Edge와 Google Chrome**에서 동일하게 표 시되어야 한다.

바. 제출 방법

01) 수험자는 비번호로 된 폴더명으로 완성된 작품 파일을 저장하여 제출한다.

02) 폴더 안에는 images, script, css 등의 자료를 분류하여 저장한 폴더도 포함되어 있어야 하며, 메인 페이지는 반드시 최상위 폴더에 index.html로 저장하여 제출해야 한다.

03) 수험자는 제출하는 폴더에 index.html을 열었을 때 연결되거나 표시되어야 할 모든 리소스들을 포함하여 제출해야 하며 수험자의 컴 퓨터가 아닌 채점 위원의 컴퓨터에서 정상 작동해야 한다.

04) 전체 결과물의 용량은 5MB용량이 초과되지 않게 제출하며 ai, psd 등 웹서비스에 사용되지 않는 파일은 제출하지 않는다.

2. 수험자 유의사항

※ 다음의 유의사항을 고려하여 요구사항을 완성하시오.

01) 수험자 인적사항 및 답안작성은 반드시 검은색 필기구만 사용하여야 하며, 그 외 연필류, 유색 필기구, 지워지는 펜 등을 사용한 답안 은 채점하지 않으며 0점 처리됩니다.

02) 수험에 필요한 소프트웨어 및 참고자료가 하드웨어에 설치되어 있는지 확인 후 작업하시오.

03) 참고자료의 내용 중 오자 및 탈자 등이 있을 때는 수정하여 작업하시오.

04) 지참공구[수험표, 신분증, 흑색 필기도구] 이외의 참고자료 및 외부장치(CD, USB, 키보드, 마우스, 이어폰) 등 **어떠한 물품도 시험 중에 지참할 수 없음**을 유의하시오(단, 시설목록 이외의 정품 소프트웨어(폰트 제외)를 설치하고자 할 때에는 감독위원의 입회하에 설치하 여 사용하시오).

05) 수험자가 컴퓨터 활용 미숙 등으로 인해 시험의 진행이 어렵다고 판단되었을 때는 감독위원은 시험을 중지시키고 실격처리를 할 수 있음을 유의하시오.

06) **바탕 화면에 수험자 본인의 "비번호" 이름을 가진 폴더에 완성된 작품의 파일만을 저장하시오.**

자격 종목	웹디자인개발기능사	과제명	행복봉사단

07) 모든 작품을 감독위원 또는 채점위원이 검토하여 복사된 작품(동일 작품)이 있을 때에는 관련된 수험자 모두를 부정행위로 처리됨을 유의하시오.

08) 장시간 컴퓨터 작업으로 신체에 무리가 가지 않도록 적절한 몸풀기(스트레칭) 후 작업하시오.

09) **다음 사항에 대해서는 실격에 해당되어 채점 대상에서 제외됩니다.**

　　가) 수험자 본인이 수험 도중 시험에 대한 포기(기권) 의사를 표시하고 포기하는 경우

　　나) 작업 범위(용량, 시간)를 초과하거나, 요구사항과 현격히 다른 경우(채점위원이 판단)

　　다) <u>Slide가 JavaScript(jQuery포함), CSS 중 하나 이상의 방법을 이용하여 제작되지 않은 경우</u>
　　　　※ 움직이는 Slide를 제작하지 않고 이미지 하나만 배치한 경우도 실격처리 됨

　　라) 수험자 미숙으로 비번호 폴더에 완성된 작품 파일을 저장하지 못했을 경우

　　마) 압축프로그램을 사용하여 작품을 압축 후 제출한 경우

　　바) 과제 기준 20% 이상 완성이 되지 않은 경우(채점위원이 판단)

3. 지급재료 목록

일련번호	재료명	규격	단위	수량	비고
1	수험자료 USB 메모리	32GB 이상	개	1	시험장당
2	USB 메모리	32GB 이상	개	1	시험장당 1개씩(채점위원용) ※ 수험자들의 작품 관리

※ 국가기술자격 실기 시험 지급재료는 시험종료 후(기권, 결시자 포함) 수험자에게 지급하지 않습니다.

HTML5 표준 문서 준비 약 10분

① HTML5 버전 index.html 만들기

시험장에서는 문제를 풀기 전 컴퓨터 바탕 화면에 본인에게 부여된 '비번호' 이름의 폴더를 생성하고, 폴더 안에 주어진 제공 파일들을 미리 저장해둡니다. 시험장에서 모든 작업은 바탕 화면의 '비번호' 폴더에 저장해야 합니다. 본 교재에서는 바탕 화면에 생성한 작업 폴더명을 과제명인 '행복봉사단'으로 설정하고 작업을 진행합니다.

01 Visual Studio Code(VSC)를 실행합니다. [시작하기 화면]-[폴더 열기]를 선택하여 작업할 폴더를 지정합니다. 시작하기 화면이 보이지 않는 경우, 상단 메뉴 표시줄에서 [파일]-[폴더 열기]를 눌러 작업할 폴더를 지정합니다.

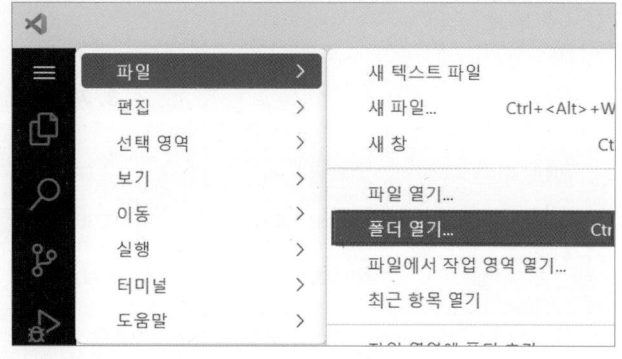

기적의 TIP

이 책에서는 웹 문서 편집 프로그램으로 Visual Studio Code를 사용하였습니다. 시험장에서는 Notepad++나 EditPlus도 제공하니 각 프로그램의 인터페이스나 특징을 살펴본 후 가장 편하고 익숙한 프로그램을 사용할 것을 권합니다.

02 바탕 화면에 생성해 두었던 작업할 폴더를 선택합니다.

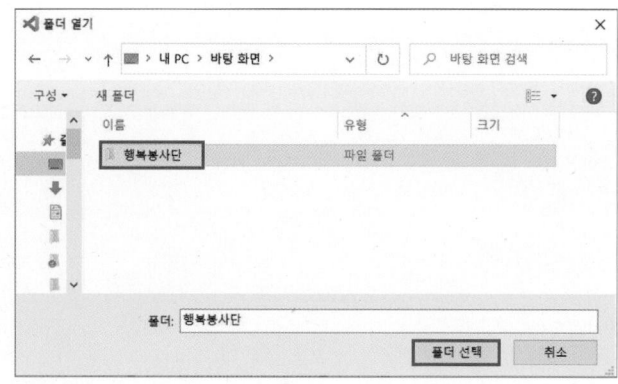

03 HTML5 버전의 문서를 만들기 위해 Visual Studio Code 왼쪽 화면의 '탐색기'에서 작업 중인 폴더에 마우스를 올립니다.
폴더의 오른쪽에 [새 파일] 아이콘이 생기면 클릭합니다.

04 작업 폴더의 하위 리스트에 새로운 파일이 생성되면 파일명을 'index.html'로 입력한 후 Enter 를 누르거나 여백을 클릭합니다. 파일이 정상적으로 생성되면 오른쪽 코드 창에 'index.html' 문서가 열린 것을 확인할 수 있습니다.
Visual Studio Code에서 생성한 파일은 윈도우 탐색기에서도 확인할 수 있습니다.

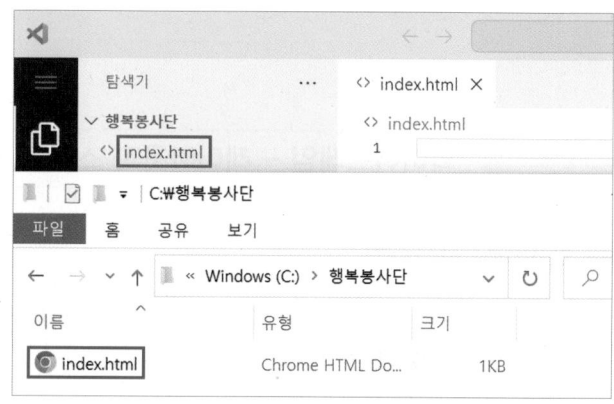

05 코드 창에서 'index.html' 문서에 HTML5 문서 형식에 맞추어 코드를 입력합니다.

```
<!DOCTYPE html>
<html>
<head>
  <meta charset="utf-8">
  <title>행복봉사단</title>
</head>
<body>

</body>
</html>
```

[index.html]

```
1   <!DOCTYPE html>
2   <html>
3   <head>
4     <meta charset="utf-8">
5     <title>행복봉사단</title>
6   </head>
7   <body>
8
9   </body>
10  </html>
```

🅑 **기적의 TIP**

HTML5 문서는 문서의 시작과 끝, 본문의 시작과 끝을 알리는 태그를 사용하여 코딩을 시작합니다. 이때 HTML5 표준 문서의 선언부인 〈!DOC-TYPE HTML〉(대소문자 구분 없음)를 정확히 기입해야 합니다. 또 문자셋(charset)도 주어진 조건에 맞게 기입합니다.

🅑 **기적의 TIP**

• Visual Studio Code를 사용하고 있다면, html 기본 구조 자동완성 기능을 사용할 수 있습니다. index.html의 빈 파일에서 '!(느낌표)'를 입력하고, 느낌표 아래로 자동완성 기능이 활성화되면 키보드의 Tab 을 누릅니다. html 기본 구조 코드가 자동으로 작성된 것을 확인할 수 있습니다.

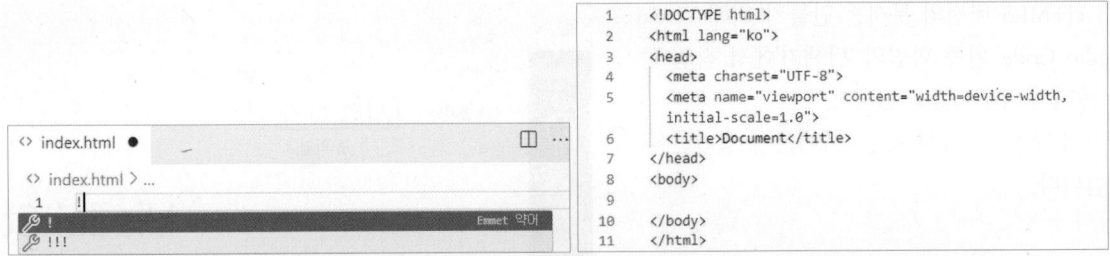

```
1    <!DOCTYPE html>
2    <html lang="ko">
3    <head>
4      <meta charset="UTF-8">
5      <meta name="viewport" content="width=device-width,
         initial-scale=1.0">
6      <title>Document</title>
7    </head>
8    <body>
9
10   </body>
11   </html>
```

- 2번째 줄에서 html 태그의 lang 속성을 'ko'로 수정하여 페이지의 기본 언어를 한국어로 설정할 수도 있습니다.
- meta 태그 viewport : 반응형 웹이나 모바일 웹에서 기기의 화면 크기를 인식하고, 화면 확대/축소 수준을 설정합니다.

2 STEP 와이어프레임 – 레이아웃과 스타일 지정하기 약 20분

❶ 레이아웃 작성하기

웹 페이지를 제작할 때 가장 먼저 할 일은 와이어프레임에 맞게 레이아웃을 작성하는 것입니다. 문제에 주어진 구조와 값(수치) 등을 파악하여 레이아웃의 큰 틀을 지정한 후 각 영역의 내용을 채워갑니다.

01 먼저 시험지의 와이어프레임을 보면서 HTML로 영역을 구분하는 코드를 작성합니다. 여기에서는 다음과 같이 입력하고 저장합니다.

```
<!DOCTYPE html>
<html>
<head>
  <meta charset="utf-8">
  <title>행복봉사단</title>
</head>
<body>
  <header>
    <div class="top">
      <div class="logo">
        로고 자리
      </div>
      <nav class="menu">
        메뉴 자리
```

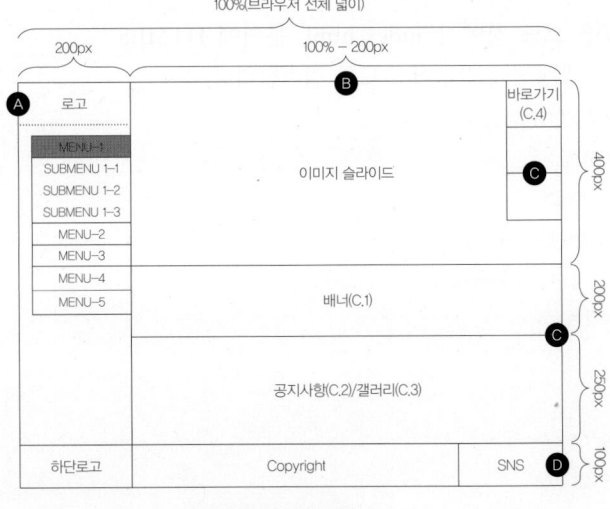

▲ 주어진 와이어프레임 조건

[index.html]

```
1    <!DOCTYPE html>
2    <html>
3    <head>
4      <meta charset="utf-8">
5      <title>행복봉사단</title>
6    </head>
7    <body>
8      <!--와이어프레임 왼쪽 영역 시작-->
9      <header> <!--A영역: Header-->
10       <div class="top">
11         <div class="logo">
12           로고 자리
13         </div>
14         <nav class="menu">
15           메뉴 자리
```

```
        </nav>
        <div class="spotmenu">
            스팟 메뉴 자리
        </div>
    </div>
</header>

<div class="imgslide">
    이미지 슬라이드 자리
</div>

<div class="contents">
    <div class="banner">
        배너 자리
    </div>
    <div class="tabmenu">
        <div class="notice">
            공지사항 자리
        </div>
        <div class="gallery">
            갤러리 자리
        </div>
    </div>
</div>
<footer>
    <div class="btlogo">
        하단 로고 자리
    </div>
    <div class="btwrap">
        <div class="copy">
            Copyright 자리
        </div>
        <div class="sns">
            SNS 자리
        </div>
    </div>
</footer>
</body>
</html>
```

```
16          </nav>
17          <div class="spotmenu">
18              스팟 메뉴 자리
19          </div>
20      </div>
21  </header>
22  <!--와이어프레임 왼쪽 영역 끝-->
23
24  <!--와이어프레임 오른쪽 영역 시작-->
25  <div class="imgslide"> <!--B영역: Slide-->
26      이미지 슬라이드 자리
27  </div>
28
29  <div class="contents">    <!--C영역: Contents-->
30      <div class="banner">
31          배너 자리
32      </div>
33      <div class="tabmenu"> <!-- tabmenu:notice와 gallery 묶어줌 -->
34          <div class="notice">
35              공지사항 자리
36          </div>
37          <div class="gallery">
38              갤러리 자리
39          </div>
40      </div> <!--tabmenu 끝-->
41  </div> <!--contents 끝-->
42  <!--와이어프레임 오른쪽 영역 끝-->
43
44  <!--와이어프레임 하단 영역 시작-->
45  <footer> <!--D영역: Footer-->
46      <div class="btlogo">
47          하단 로고 자리
48      </div>
49      <div class="btwrap"> <!--btwrap:copy와 sns 묶어줌-->
50          <div class="copy">
51              Copyright 자리
52          </div>
53          <div class="sns">
54              SNS 자리
55          </div>
56      </div>
57  </footer>
58  <!--와이어프레임 하단 영역 끝-->
59  </body>
60  </html>
61
```

기적의 TIP

- 각 영역을 구분할 수 있는 글자나 주석을 입력해 두면 영역의 혼동 없이 코딩 작업을 할 수 있습니다.
- HTML 문서에서 주석은 '<!--'로 시작하고 '-->'로 끝나도록 합니다. 단, 하이픈(-)이 세 개 이상 사용되지 않도록 주의합니다. 예를 들어 <!---- 주석 내용 ---->과 같이 입력하지 않아야 합니다.

- 웹 페이지 영역은 〈div〉로 구분합니다. 각 영역에는 CSS 스타일 지정을 위해 미리 클래스(class) 이름을 지정합니다.
- class : 웹 페이지에 사용되는 요소의 이름을 명명하는 속성으로 스타일 시트(CSS) 문서에서 선언될 선택자 이름
- 〈header〉 : 헤더(머리글 섹션) 영역을 지정
- 〈div class="top"〉 : 로고와 메뉴 영역을 묶어주기 위한 영역 지정
- 〈nav〉 : 메뉴 탐색을 위한 내비게이션 영역 지정
- 〈div class="imgslide"〉 : 이미지 슬라이드 영역 지정
- 〈div class="contents"〉 : 콘텐츠(배너, 탭 메뉴(공지사항, 갤러리)) 영역 지정
- 〈footer〉 : 푸터(바닥글 섹션) 영역 지정
- 〈div class="btwrap"〉 : 하단 텍스트(Copyright, SNS) 영역 지정

02 파일 탐색기에서 작업 폴더를 찾아 'index. html' 문서를 '크롬(Chrome)' 브라우저에서 열어 작업 결과를 확인할 수 있습니다.
각 영역에 대한 스타일 지정이 되어있지 않기 때문에 글자들만 나타나는 것을 확인할 수 있습니다.

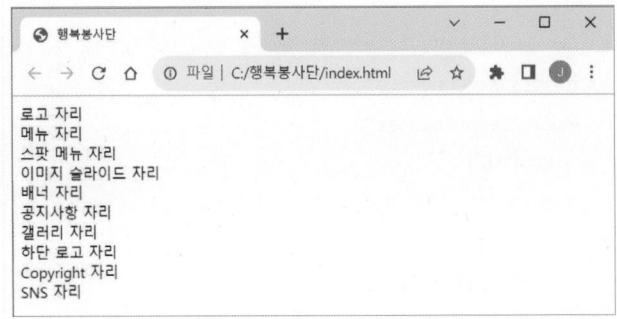

② 레이아웃 영역에 CSS 스타일 지정하기

다음으로 HTML로 작성한 레이아웃에 스타일을 지정하기 위해 CSS 작업을 합니다.

01 Visual Studio Code 왼쪽 화면의 탐색기에서 작업 중인 폴더에 마우스를 올립니다.
폴더 오른쪽에 [새 폴더] 아이콘이 생기면 클릭합니다.

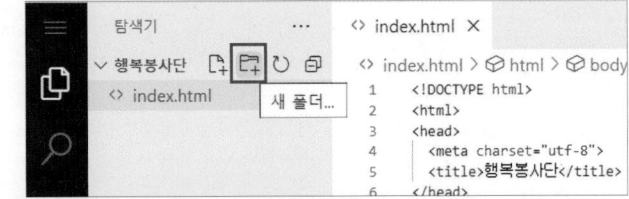

02 작업 폴더의 하위 리스트에 새로운 폴더가 생성되면 폴더명을 'css'로 입력합니다. 새로 생성한 'css' 폴더에서 마우스 오른쪽 버튼을 클릭하고 [새 파일]을 선택합니다.

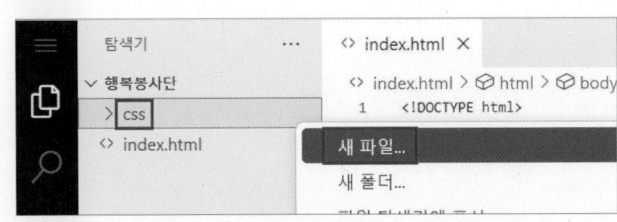

03 파일명을 'style.css'로 입력합니다. 파일이 정상적으로 생성되면 오른쪽 코드 창에 'style. css' 파일이 열린 것을 확인할 수 있습니다.
문제의 요구사항에 따라 'style.css' 코드 창에 문자 인코딩 방식을 지정하는 코드를 입력하고 저장합니다.

```
@charset "utf-8";
```

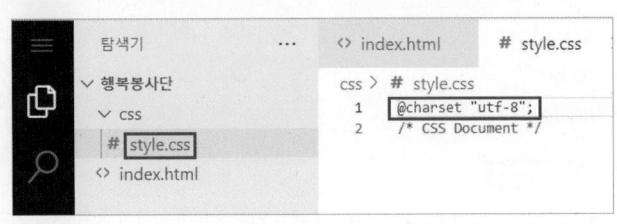

04 저장된 'style.css' 문서를 'index.html' 문서와 연결하기 위해 'index.html' 문서의 〈head〉 태그 안에 다음과 같이 입력합니다.

```
<link href="css/style.css" type="text/css"
rel="stylesheet">
```

[index.html]

```
1    <!DOCTYPE html>
2    <html>
3    <head>
4       <meta charset="utf-8">
5       <title>행복봉사단</title>
6       <link href="css/style.css" type="text/css" rel="stylesheet">
7    </head>
```

05 문서 연결이 끝나면, 다시 스타일 시트 'style.css' 문서로 돌아와서 다음과 같이 스타일을 입력합니다.

스타일을 지정할 때는 와이어프레임에 제시된 기본 텍스트의 색(Text color) #333333 등을 고려하여 지정합니다.

입력이 끝나면 [파일(File)]-[저장(Save)] 또는 단축키 [Ctrl]+[S]를 선택하여 변경된 내용을 저장합니다.

```
* {
    margin: 0 auto;
    padding: 0;
    list-style: none;
    font-family: "맑은 고딕";
    color: #333333;
}
body {
    min-width: 1200px;
    min-height: 950px;
    background-color: #ffffff;
    font-size: 20px;
}
a {
    text-decoration: none;
    display: block;
}
```

[style.css]

```
1    @charset "utf-8";
2    /* CSS Document */
3
4    * {
5        margin: 0 auto;
6        padding: 0;
7        list-style: none;
8        font-family: "맑은 고딕";
9        color: ■#333333;
10   }
11   body {
12       min-width: 1200px;      /* 와이어프레임 최소 너비 */
13       min-height: 950px;      /* 와이어프레임 최소 높이 */
14       background-color:□#ffffff;
15       font-size: 20px;
16   }
17   a {
18       text-decoration: none;
19       display: block;
20   }
21
```

- 박스 요소는 직사각형 상자로 표시되며 상자는 내용(content), 패딩(padding), 테두리(border), 여백(margin)으로 공간을 차지하게 됩니다. 이 중 여백(margin)은 박스 요소의 가장 바깥쪽 여백에 해당하며, 패딩(padding)은 내용(content) 영역의 주변에 해당하는 영역입니다. 박스 요소가 차지하는 공간에 대한 자세한 사항은 다음을 참고하세요([참고하기] PART 02 – SECTION 02. CSS 익히기 – 'CSS 박스 모델(Box Model)').
- list-style: none : html 목록 태그(ul, ol, li)를 사용한 부분에 목록 스타일이 나타나지 않도록 지정
- text-decoration: none : 링크가 걸린 텍스트에 자동으로 나타나는 밑줄이 나타나지 않도록 지정
- display: block : 박스 요소를 block 속성으로 표시하며, 요소 앞뒤로 줄바꿈 되도록 함
  - block으로 지정하면 요소가 한 줄 전체(너비 100%)를 차지하게 되어 한 줄에 하나의 요소만 나타나게 됩니다.
- 〈a〉 요소나 〈img〉 요소 등은 한 줄을 차지하는 블록(block) 요소가 아닌 인라인(inline) 요소입니다. 인라인 요소는 줄바꿈이 되지 않고 나열되는 요소가 한 줄에 가로로 나타납니다. 따라서 인라인 요소를 줄바꿈 되어 나타나는 블록 요소로 나타나도록 display:block을 지정합니다.
- color:#333333와 같이 색상 값이 #333333처럼 같은 값으로 반복될 경우 3자리 16진수 #333로 간단히 줄여서 사용할 수 있습니다(#333333 = #333, #FFFFFF = #FFF).
- 범용 선택자 '*'와 타입(type) 선택자 'body', 'a' 등은 문서의 가장 기본 스타일을 지정할 때 사용합니다. 예를 들어 문서 전체에 사용되는 조건(주조색, 보조색, 배경색, 기본 텍스트의 색, 글꼴, 문서 전체 크기 등)을 지정할 때 사용합니다([참고하기] PART 02 – SECTION 02. CSS 익히기 – 'CSS 선택자 이해하기').
- 스타일 속성을 여러 개 나열하는 경우 한 줄에 작성해도 되지만, 가독성을 위해 한 줄씩 나누어 작성하는 것을 권장합니다.
- 이 예시에서는 되도록 클래스(Class) 선택자만 활용하여 스타일을 정의하였습니다. 그러나 조건에 따라 얼마든지 다른 선택자를 활용해도 됩니다. 예를 들어 〈nav〉 요소를 활용한 메뉴 영역과 같이 스타일이 한 영역에만 고유하게 적용되는 곳은 아이디(id) 선택자를 활용할 수 있습니다.

---

06 다음으로 주어진 조건에 맞게 레이아웃의 각 영역의 크기를 정하고 박스 요소들의 정렬(플로팅)을 맞추기 위해 다음과 같이 입력합니다.

```
header {
    float: left;
    width: 200px;
}
.top {
    float: left;
    width: 200px;
    height: 850px;
}
.imgslide {
    float: right;
    width: calc(100% - 200px);
    height: 400px;
}
.contents {
    float: right;
    width: calc(100% - 200px);
    height: 450px;
}
.banner {
    float: left;
    width: 100%;
    height: 200px;
}
```

[style.css]

```
21    header {              /* A영역: 와이어프레임 왼쪽 영역 */
22      float:left;
23      width:200px;
24    }
25    .top {                /* 로고+메뉴 영역 */
26      float:left;
27      width:200px;
28      height: 850px;
29    }
30    .imgslide {           /* B영역: 이미지 슬라이드 영역 */
31      float: right;
32      width: calc(100% - 200px);   /* 이미지 슬라이드 너비 */
33      height: 400px;               /* 이미지 슬라이드 높이 */
34    }
35    .contents {           /* C영역: contents(배너+탭메뉴) */
36      float: right;
37      width: calc(100% - 200px);
38      height: 450px;      /* 배너 높이 200 + 탭메뉴 높이 250 */
39    }
40    .banner {
41      float: left;
42      width: 100%;        /* 배너 너비: contents영역 100%*/
43      height: 200px;
44    }
45    .tabmenu {            /* 탭메뉴(공지사항+갤러리) 영역 */
46      float: left;
47      width: 100%;        /* 탭메뉴 너비: contents영역 100%*/
48      height: 250px;
49    }
50    footer {              /* D영역: 하단 영역 */
51      float: right;
52      width: 100%;        /* 하단 너비(브라우저100%) */
53      height: 100px;      /* 하단 높이 */
54    }
55    .btlogo {
56      float: left;
57      width: 200px;       /* 하단 로고 영역 너비 */
58      height: 100px;      /* 하단 로고 영역 높이 */
59    }
60    .btwrap {             /* 하단 콘텐츠 영역: copy+sns */
61      float: right;
62      width: calc(100% - 200px); /* 로고 너비 200px을 제외 */
63      height: 100px;
64    }
65
```

```
.tabmenu {
    float: left;
    width: 100%;
    height: 250px;
}
footer {
    float: right;
    width: 100%;
    height: 100px;
}
.btlogo {
    float: left;
    width: 200px;
    height: 100px;
}
.btwrap {
    float: right;
    width: calc(100% - 200px);
    height: 100px;
}
```

B 기적의 TIP

- 스타일 시트 내에서 스타일 정의는 순서에 상관없이 입력이 가능합니다. 그러나 쉽게 찾고 수정할 수 있도록 HTML 문서의 태그 순서와 일치시키는 것이 좋습니다(가독성 유지).
- float : HTML5의 박스 요소는 공간을 차지하는 것에 대한 레이아웃 규칙으로, 박스 요소는 한 줄(라인)을 차지하게 됨. 즉, 두 문단이 왼쪽, 오른쪽으로 나란히 배치되지 않고, 위의 문단, 아래 문단으로 각각 다른 줄에 나타나게 됨. 이러한 요소의 배치 문제를 해결하기 위해서 플로트(float) 속성을 사용함
  - float:left : 박스 요소를 왼쪽으로 배치
  - float:right : 박스 요소를 다른 요소에 대해 오른쪽으로 배치
- header : 헤더 요소 영역에 대한 스타일 정의
- .top : <div class="top"> 영역의 스타일 정의. 이 영역은 헤더 영역 안에서 로고 영역과 메뉴 영역을 묶어주기 위한 영역
  - width:200px : 와이어프레임에 제시된 너비를 지정
- .imgslide : <div class="imgslide"> 영역의 스타일 정의. .top에서 왼쪽 메뉴 영역의 크기를 width:200px로 지정했으므로 이미지 슬라이드 영역은 와이어프레임에 제시된 것처럼 화면 넓이 100%에서 200px를 뺀 width: calc(100% − 200px)이 됨
- .contents : <div class="contents">의 스타일 정의. 이 영역에는 공지사항, 갤러리, 바로가기가 들어가는 것으로 이 영역들을 묶어주기 위해 지정
- footer : 푸터 영역에 대한 스타일 정의. 헤더 영역을 기준으로 헤더의 오른쪽에 들어가므로 float:right를 지정
- .bottom : <div class="bottom"> 영역의 스타일 정의. 이 영역에는 하단메뉴 Copyright가 들어감. 푸터 영역 내에서 이 영역이 왼쪽에 배치되도록 float:left를 지정

07 이어서 클래스 선택자 '.top' 스타일의 아래에 로고 〈div class="logo"〉와 메뉴 〈nav class="menu"〉가 들어갈 영역에 대한 자세한 스타일을 지정합니다.

```
.logo {
    float: left;
    width: 200px;
    height: 150px;
}

.menu {
    float:left;
    width:200px;
}
```

[style.css]

```
17    a {
18        text-decoration: none;
19        display: block;
20    }
21    header {                        /* A영역: 와이어프레임 왼쪽 영역 */
22        float:left;
23        width:200px;
24    }
25    .top {                          /* 로고+메뉴 영역 */
26        float:left;
27        width:200px;
28        height: 850px;
29    }
30    .logo {
31        float: left;
32        width: 200px;               /* 로고 영역 너비 */
33        height: 150px;              /* 로고 영역 높이 */
34    }
35    .menu {
36        float: left;
37        width: 200px;               /* 메뉴 영역 너비 지정 */
38    }
39    .imgslide {                     /* B영역: 이미지 슬라이드 영역 */
40        float: right;
41        width: calc(100% - 200px);  /* 이미지 슬라이드 너비 */
42        height: 400px;              /* 이미지 슬라이드 높이 */
43    }
```

⑤ 기적의 TIP

와이어프레임을 기준으로 나눈 div 태그에 class 속성을 확인하고, CSS에서 요소의 크기와 위치를 지정합니다.

08 작업 중인 문서를 모두 저장합니다. 작업 폴더에서 'index.html' 문서를 '크롬(Chrome)' 브라우저에서 열어(이미 열려있다면 새로 고침하여) 확인하면, 스타일에 의해 각 영역이 구분된 것을 확인할 수 있습니다. 단, 브라우저에서 각 영역의 구분선은 나타나지 않습니다.

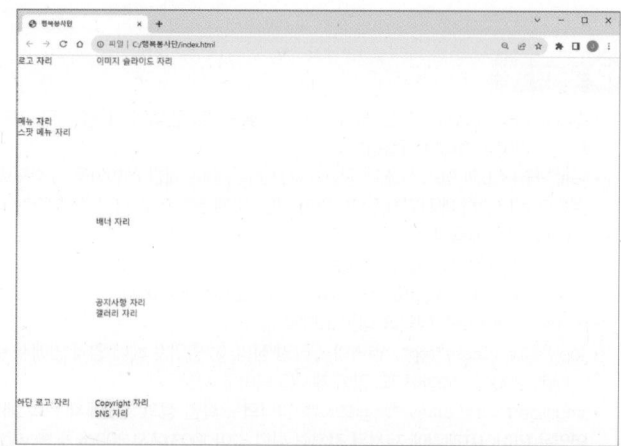

09 다음으로 푸터 영역에 들어가는 각 영역의 스타일을 지정합니다.

푸터 영역은 크게 하단 로고 〈div class="btlogo"〉와 하단 컨텐츠 영역 btwrap〈div class="btwrap"〉으로 이루어져 있습니다. 그리고 하단 컨텐츠 영역은 Copyright〈div class="copy"〉, SNS〈div class="sns"〉 영역을 포함하고 있습니다. 하단 로고를 제외한 와이어프레임 하단 영역이 창 크기에 반응할 수 있도록 너비(width)를 비율로 지정합니다. 클래스 선택자인 '.btwrap' 스타일을 찾아 그 아래에 다음의 내용을 지정해 줍니다.

```
.btwrap {
    float: right;
    width: calc(100% - 200px);
    height: 100px;
}
.copy {
    float: left;
    width: 80%;
    height: 100px;
}
.sns {
    float: right;
    width: 20%;
    height: 100px;
}
```

[style.css]

```
64    .btlogo {
65        float: left;
66        width: 200px;          /* 하단 로고 영역 너비 */
67        height: 100px;         /* 하단 로고 영역 높이 */
68    }
69    .btwrap {                  /* 하단 콘텐츠 영역: copy+sns */
70        float: right;
71        width: calc(100% - 200px); /* 로고 너비 200px을 제외 */
72        height: 100px;
73    }
74    .copy {
75        float: left;
76        width: 80%;            /* Copyright 너비: btwrap의 80% */
77        height: 100px;         /* Copyright 높이 */
78    }
79    .sns {
80        float: right;
81        width: 20%;            /* 하단 sns 너비: btwrap의 20%  */
82        height: 100px;         /* 하단 sns 높이 */
83    }
84
```

10 'style.css' 문서를 저장한 후 'index.html' 문서를 '크롬(Chrome)' 브라우저에서 열어 현재까지 작업된 사항을 확인합니다.

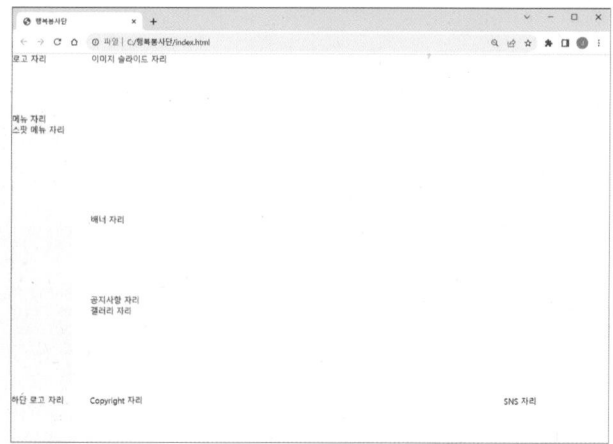

1 로고 만들기

세부 영역별 지시사항대로 Ⓐ Header 영역에 로고를 추가하도록 합니다.

이 문제에서는 로고를 직접 디자인하여 추가하도록 하고 있으므로 먼저 로고를 제작해둡니다. 예시로 보여드린 로고는 일러스트레이터로 작성할 수 있으며, 정해진 예시 디자인을 보고 작성하면 됩니다. 세부 지시사항에 따르면, 로고는 가로 180픽셀, 세로 100픽셀의 크기로 디자인해야 합니다. 로고에는 심벌이 포함되어야 하며, 나머지 디자인 요소는 자유롭게 창작할 수 있습니다.

01 로고를 제작하기 위하여 일러스트레이터를 실행합니다. 여기에서는 일러스트레이터 2023 버전을 사용하였습니다.

02 [새 파일(File)] 메뉴를 선택하고 [새로운 문서 만들기(New Document)] 대화상자에서 [웹(Web)]을 선택합니다

03 [새로운 문서 만들기(New Document)] 창 오른편에 있는 [사전 설정 세부 정보(Priset Details)]에서 다음과 같이 입력하고 [만들기(Create)]를 클릭합니다.

– 이름(Name) : logo
– 폭(Width) : 180px
– 높이(Height) : 100px
– 래스터 효과(Raster Effects) : 72ppi
– 색상 모드(Color Mode) : RGB 색상

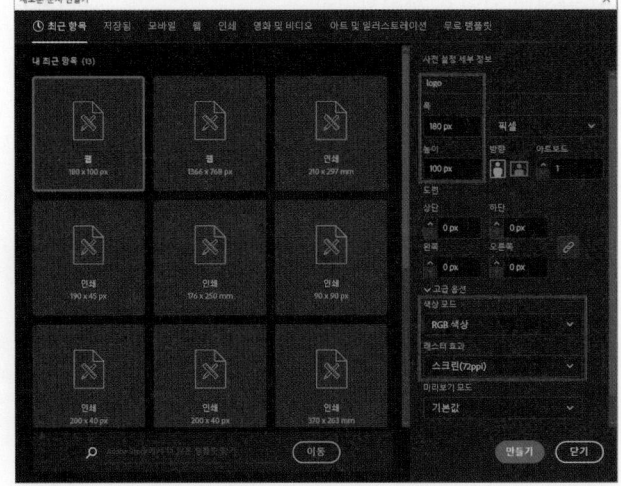

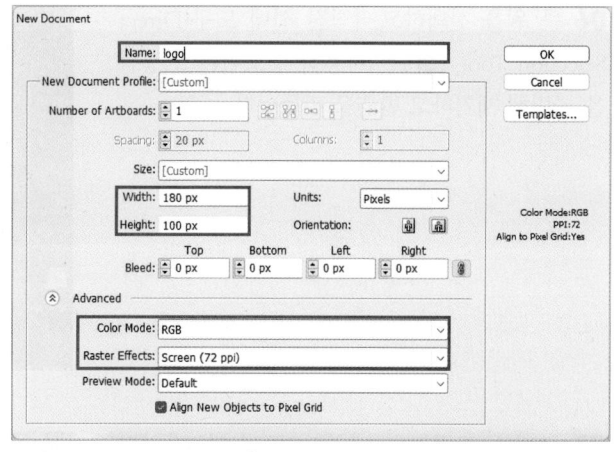

- 일러스트레이터 2023 이전 버전의 UI 차이를 확인하고 실무에 적용할 때 참고하세요!
- [새로운 문서 만들기(New Document)] 대화상자는 [파일(File)]−[새로 만들기(New)]를 선택하면 나타납니다.

▲ 일러스트레이터 CS5

04 왼쪽 도구 패널에서 [사각형 도구(Rectangle Tool,)]를 오른쪽 클릭하여 [원형 도구(Ellipse Tool,)]로 변경한 뒤 다음과 같이 원을 2개 그려줍니다.

– 폭(Width) : 16px
– 높이(Height) : 16px

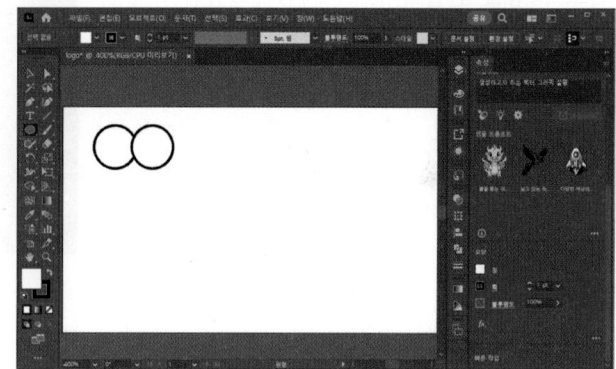

- 변경한 원형을 선택한 후 Alt 를 누른 채 드래그하면 자동으로 복사가 됩니다.
- 일러스트레이터 2023 이전 버전에서는 사각형 도구(Rectangle Tool)를 마우스 왼쪽 버튼으로 2초 정도 누르고 있으면 원형 도구(Ellipse Tool)를 선택할 수 있는 메뉴가 나타납니다.

05 [원형 도구(Ellipse,)]로 앞에서 그렸던 원 2개 위에 원을 다음과 같이 그려줍니다(2개의 원이 큰 원의 지름이 되도록 그려주면 됨).

– 폭(Width) : 31px
– 높이(Height) : 31px

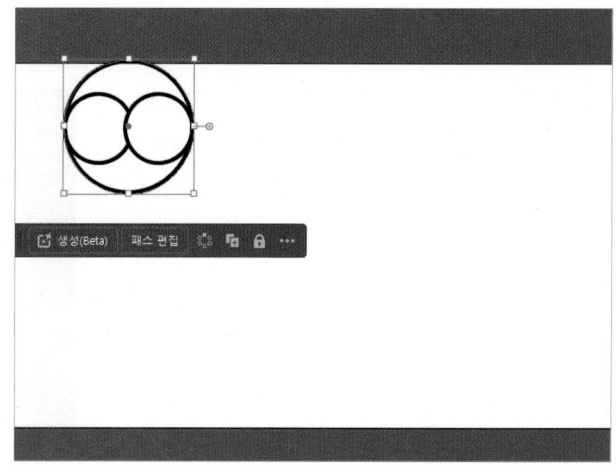

06 큰 원을 선택하고, [직접 선택 도구(Direct Selection Tool, ▶)]를 사용하여 보이는 고정점을 클릭해 제거하고 반원을 만듭니다.

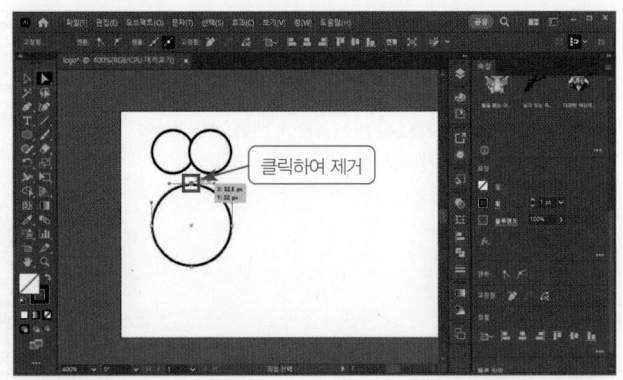

07 도형을 그림처럼 배치한 후, [패스파인더(Pathfinder)] 창에서 [합치기(Merge)]를 선택해 하트 모양을 만듭니다. 그 다음 [고정점 도구(Anchor Point Tool, ▶)]로 하트의 아래 꼭지점을 뾰족하게 조정합니다.

🅑 기적의 TIP

패스파인더 설정 창은 [창(Window)] 메뉴에서 [패스파인더 (Pathfinder)]를 선택하여 열 수 있습니다.

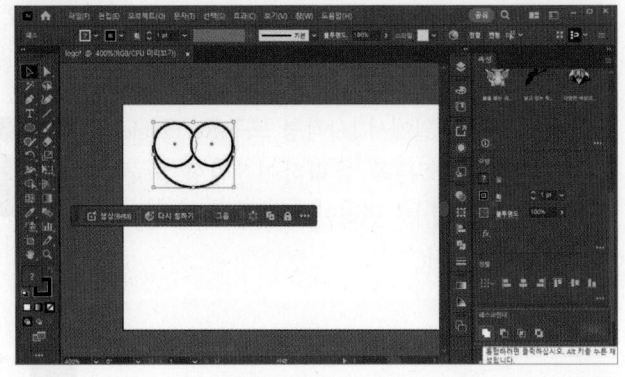

08 완성된 하트 모양을 클릭 후, 상단 메뉴에서 [효과(Effect)]-[왜곡과 변형(Distorts & Transform)]-[변형(Transform)]을 클릭합니다.

09 [변형 효과(Transform Effect)] 대화상자에서 다음과 같이 효과를 줍니다.

– 크기 조절(Scale) : 가로(Horizontal) 100% / 세로(Vertical) 100%

– 이동 : 가로(Horizontal) 0px / 세로(Vertical) 1px

– 회전(Rotate) : 50°

– 사본(Copies) : 2

– 중심축(아래와 같이 변경)

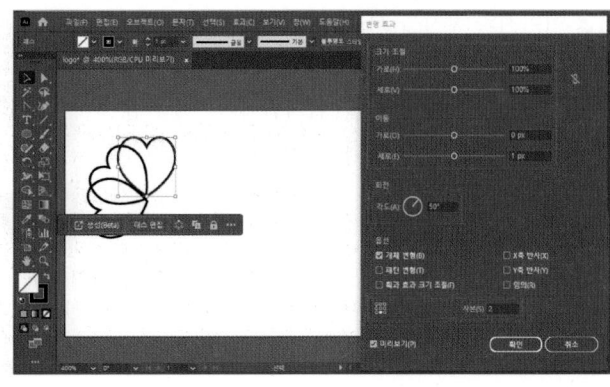

10 변형된 하트 모양을 클릭 후, 상단 메뉴 [오브젝트(Object)]−[모양 확장(Expand Appearance)]을 클릭합니다.

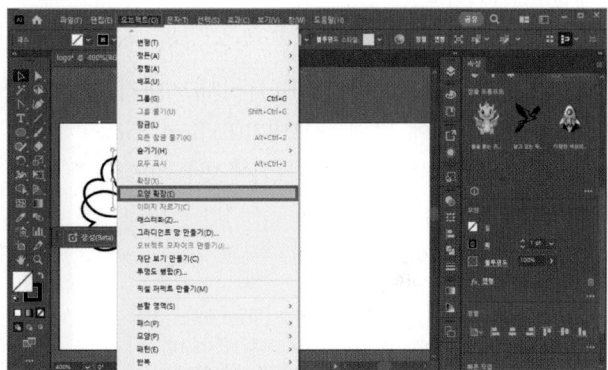

11 확장된 하트 모양을 선택한 후 Ctrl + Shift + G 를 사용하여 그룹을 해제하고, 색상을 변경합니다. 변경된 부분을 모두 다시 선택하고 Ctrl + G 를 사용해 그룹화합니다.

[초록색 하트]

– 획(Stroke) : 없음

– 채우기(Fill) : R 120, G 132, B 2

[노란색 하트]

– 획(Stroke) : 없음

–채우기(Fill) : R 254, G 170, B 0

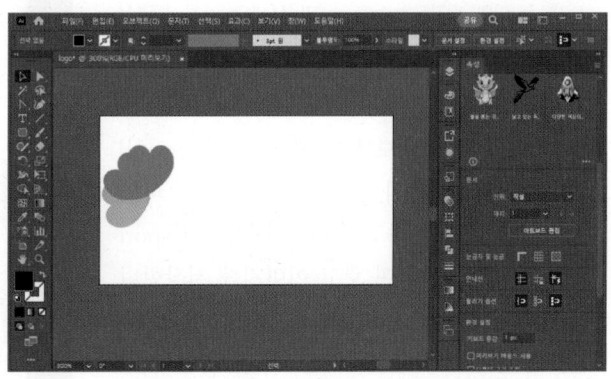

12 그룹화된 심벌의 크기를 조절하여 그림과 같이 상단에 위치시키고, [문자 도구(Type, T)]를 이용해 그림과 같이 아래에 글자를 입력합니다.

– 글꼴 : HY헤드라인M

– 크기 : 45pt

– 색상 : 행복(R 254, G 170, B 0)
　　　　봉사단(R 120, G 132, B 2)

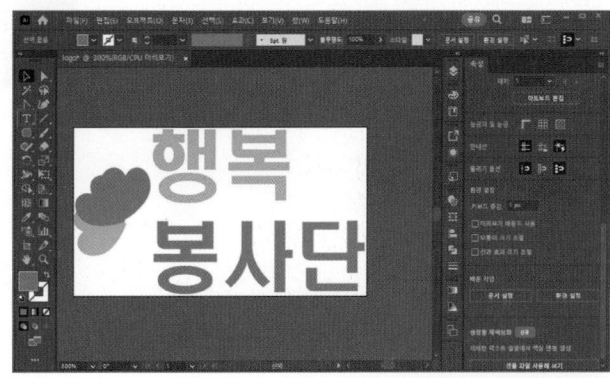

13 이미지와 문자를 모두 선택하고, 상단 메뉴에서 [효과(Effect)]−[스타일화(Stylize)]−그림자 만들기(Drop Shadow)]를 선택합니다. 불투명도, X 옵셋, Y 옵셋, 흐림 효과, 색상을 다음과 같이 설정합니다.

– 모드(Mode) : 곱하기(Multiply)

– 불투명도(Opacity) : 99%

– X 옵셋(X Offse) : 0px

– Y 옵셋((Y Offse) : 2px

– 흐림 효과(Blur) : 0px

– 색상 : R 0, G 0, B 0

14 상단 메뉴에서 [파일(File)]−[내보내기(Export)]−[화면에 맞게 내보내기(Export for Screen]를 선택하여서 원하는 크기에 맞는 파일을 내보낼 수 있습니다.

> **기적의 TIP**
>
> 일러스트레이터 2023 이전 버전에서는 [파일(File)]−[내보내기(Export)]를 선택합니다. 이때 [내보내기(Export)] 대화상자에서 파일 형식(Format)을 PNG로 선택하고 [저장(Save)]을 클릭합니다. [PNG 옵션(PNG Options)] 대화상자가 나타나면 '배경(Background)'의 '색상(Color)'을 '투명(Transparent)'으로 설정하고 [OK]를 클릭합니다.

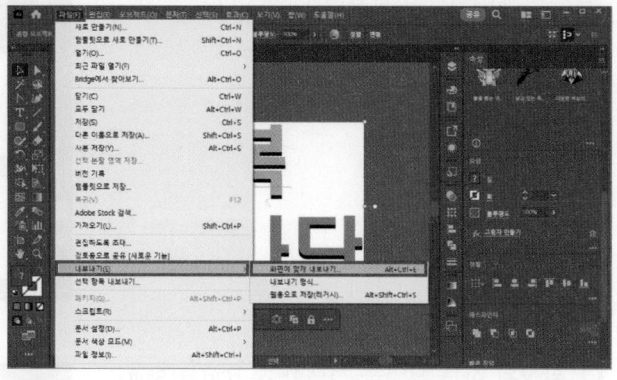

15 [화면에 맞게 내보내기(Export for Screen)] 대화상자에서 다음과 같이 내보낼 위치, 파일 포맷(PNG)을 확인하고 [대지 내보내기(Export Artboard)]를 클릭하여 로고 이미지를 저장합니다. 이때 작업 폴더('비번호' 폴더)에 'images' 폴더를 만들고 해당 폴더 내에 'logo.png'를 저장합니다.

> **기적의 TIP**
>
> 내보낼 위치는 파일이 저장되는 위치를 의미합니다.

② HTML에 로고 추가하기

01 'index.html' 문서로 돌아와서 헤더 영역 안에 로고 영역으로 구분해 놓았던 〈div class="logo"〉 로고 자리 〈/div〉 부분을 찾아, 그 안에 다음과 같이 입력합니다.

```
<div class="logo">
    <a href="#"><img src="images/logo.png"
    alt="로고"></a>
</div>
```

[index.html]

```
1   <!DOCTYPE html>
2   <html>
3   <head>
4     <meta charset="utf-8">
5     <title>행복봉사단</title>
6     <link href="css/style.css" type="text/css" rel="stylesheet">
7   </head>
8   <body>
9   <!--와이어프레임 왼쪽 영역 시작-->
10    <header> <!--A영역: Header-->
11      <div class="top">
12        <div class="logo">
13          <a href="#"><img src="images/logo.png" alt="로고"></a>
14        </div>
15        <nav class="menu">
16          메뉴 자리
17        </nav>
```

02 로고 영역에 추가한 이미지 img 태그 스타일을 지정하기 위해 'style.css' 문서에서 클래스 선택자 '.logo'를 찾아 아래에 다음의 내용을 추가합니다.

```
.logo img {
    float: left;
    width: 180px;
    height: 100px;
    margin-left: 10px;
    margin-top: 30px;
    margin-bottom: 20px;
}
```

[index.html]

```
25    .top {                    /* 로고+메뉴 영역 */
26      float:left;
27      width:200px;
28      height: 850px;
29    }
30    .logo {
31      float: left;
32      width: 200px;            /* 로고 영역 너비 */
33      height: 150px;           /* 로고 영역 높이 */
34    }
35    .logo img{
36      float: left;
37      width: 180px;            /* 로고 이미지 너비 */
38      height: 100px;           /* 로고 이미지 높이 */
39      margin-left: 10px;       /* 로고 이미지 왼쪽 여백 */
40      margin-top: 30px;        /* 로고 이미지 상단 여백 */
41      margin-bottom: 20px;     /* 로고 이미지 하단 여백 */
42    }
43    .menu {
44      float: left;
45      width: 200px;            /* 메뉴 영역 너비 지정 */
46    }
```

> 📖 **기적의 TIP**
>
> - 로고 이미지 자체에 스타일을 지정하려면 위의 코드와 같이 클래스 선택자 .logo의 후손 선택자인 〈img〉를 사용하여 스타일을 지정할 수 있습니다.
> - 이미지 태그 스타일에 너비 width와 높이 height를 지정하여 원하는 크기로 지정할 수 있습니다. 단, 원본 이미지의 크기와 다를 경우 이미지 모양이 달라질 수 있습니다.

03 'index.html' 문서와 'style.css' 문서를 모두 저장합니다. 작업 폴더에서 'index.html' 문서를 '크롬(Chrome)' 브라우저에서 열어(이미 열려있다면 새로고침하여), 로고가 추가된 결과를 확인합니다.

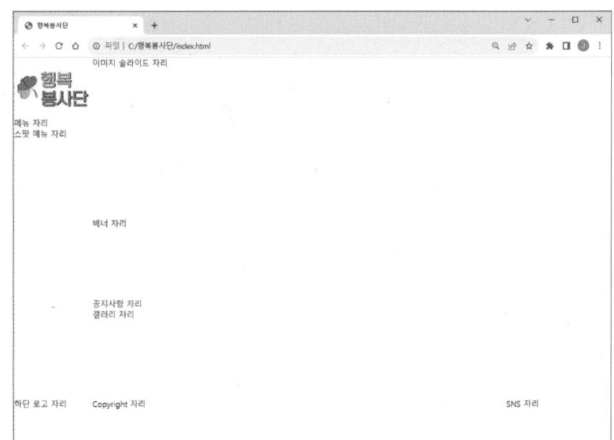

❸ HTML에 메뉴 추가하기

01 헤더 영역 안에 메뉴 영역으로 구분해 놓았던 〈nav class="menu"〉 메뉴 자리 〈/nav〉 부분 안에 다음과 같이 입력하여 메뉴를 추가합니다. 이때 시험에 주어진 '사이트 맵(Site map)'에 따라서 메인 메뉴(Main menu)와 서브 메뉴(Sub menu)를 구분하여 입력합니다.

```
<nav class="menu">
  <ul class="navi">
    <li><a href="#">봉사단 소개</a>
      <ul class="submenu">
        <li><a href="#">설립목적</a></li>
        <li><a href="#">이사진</a></li>
      </ul>
    </li>
    <li><a href="#">활동 안내</a>
      <ul class="submenu">
        <li><a href="#">말벗봉사</a></li>
        <li><a href="#">연탄봉사</a></li>
        <li><a href="#">식사봉사</a></li>
      </ul>
    </li>
    <li><a href="#">봉사 신청</a>
      <ul class="submenu">
        <li><a href="#">정기봉사자</a></li>
        <li><a href="#">지역별</a></li>
        <li><a href="#">활동별</a></li>
        <li><a href="#">봉사자등록</a></li>
      </ul>
    </li>
    <li><a href="#">알림마당</a>
      <ul class="submenu">
        <li><a href="#">공지사항</a></li>
        <li><a href="#">문의하기</a></li>
      </ul>
    </li>
  </ul>
</nav>
```

[index.html]

```
9   <!--와이어프레임 왼쪽 영역 시작-->
10  <header> <!--A영역: Header-->
11    <div class="top">
12      <div class="logo">
13        <a href="#"><img src="images/logo.png" alt="로고"></a>
14      </div>
15      <nav class="menu">
16        <ul class="navi">
17          <li><a href="#">봉사단 소개</a>
18            <ul class="submenu">
19              <li><a href="#">설립목적</a></li>
20              <li><a href="#">이사진</a></li>
21            </ul>
22          </li>
23          <li><a href="#">활동 안내</a>
24            <ul class="submenu">
25              <li><a href="#">말벗봉사</a></li>
26              <li><a href="#">연탄봉사</a></li>
27              <li><a href="#">식사봉사</a></li>
28            </ul>
29          </li>
30          <li><a href="#">봉사 신청</a>
31            <ul class="submenu">
32              <li><a href="#">정기봉사자</a></li>
33              <li><a href="#">지역별</a></li>
34              <li><a href="#">활동별</a></li>
35              <li><a href="#">봉사자등록</a></li>
36            </ul>
37          </li>
38          <li><a href="#">알림마당</a>
39            <ul class="submenu">
40              <li><a href="#">공지사항</a></li>
41              <li><a href="#">문의하기</a></li>
42            </ul>
43          </li>
44        </ul>
45      </nav>
46      <div class="spotmenu">
47        스팟 메뉴 자리
48      </div>
49    </div>
50  </header>
51  <!--와이어프레임 왼쪽 영역 끝-->
```

🅕 기적의 TIP

- ul : unordered list, 순서가 필요 없는 목록 작성
- li : definition list, 용어를 설명하는 목록 작성
- 〈a href="#"〉 : 기술적 준수사항대로 메뉴에 임시 링크 추가

아직 스타일이 지정되지 않았기 때문에, 브라우저에서 확인하면 메뉴 글자들이 한 줄로 나열되어 나타납니다.

❹ 메뉴에 스타일 지정하기

세부 영역별 지시사항을 살펴보면, 메뉴를 슬라이드 다운 메뉴(Slide-Down Menu)로 구성하도록 하고 있습니다. 슬라이드 다운 메뉴는 메인 메뉴에 마우스를 올렸을 때(Mouse over) 서브 메뉴를 슬라이드 다운(Slide-Down)으로 보여주고 마우스가 메뉴에서 벗어나면(Mouse out) 슬라이드 업(Slide-Up)되면서 서브 메뉴를 숨겨주는 기능입니다. 메뉴의 모양은 스타일 시트에서 지정하며, 움직이는 동작 기능은 자바스크립트와 제이쿼리(jQuery)를 이용하여 구성합니다.

01 먼저 메뉴에 스타일을 지정하기 전에 와이어프레임에 제시된 메뉴의 모양을 확인합니다. 이 문제에서는 메인 메뉴의 오른쪽으로 서브 메뉴가 펼쳐지게 되어있습니다. 이러한 사항을 고려하여 메뉴에 스타일을 지정합니다.
이 문제에서는 메뉴의 아래쪽으로 서브 메뉴가 펼쳐지게 되어 있습니다.

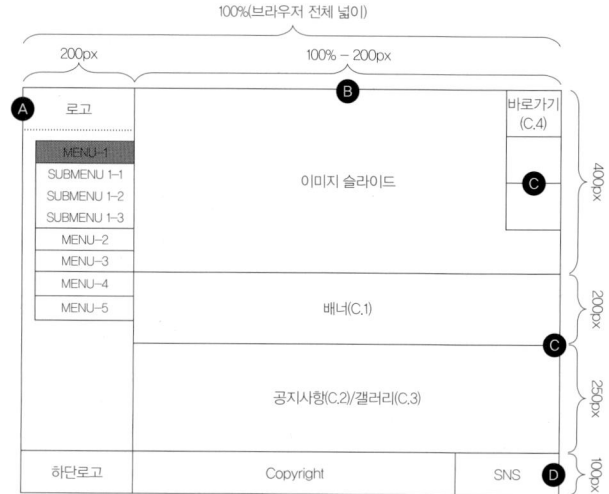

02 각 메인 메뉴의 스타일을 지정하기 위해 'style.css' 문서에서 클래스 선택자 '.menu' 아래에 다음의 내용을 추가합니다.

```
.navi {
    margin-top: 10px;
    margin-left: 10px;
    text-align: center;
}
.navi>li {
    float: left;
    width: 180px;
}
.navi>li>a {
    line-height: 50px;
    font-size: 16px;
    font-weight: bold;
    text-align: center;
```

[style.css]

```
42    }
43    .menu {
44      float: left;
45      width: 200px;          /* 메뉴 영역 너비 지정 */
46    }
47    .navi {                    /* 전체 메뉴 스타일(여백 지정) */
48      margin-top: 10px;
49      margin-left: 10px;
50      text-align: center;
51    }
52    .navi>li {                 /* 각 메인 메뉴 요소 스타일(크기 지정) */
53      float: left;
54      width: 180px;
55    }
56    .navi>li>a {       /* 각 메뉴 <a>의 요소 스타일(텍스트스타일 지정) */
57      line-height: 50px;
58      font-size: 16px;
59      font-weight: bold;
60      text-align: center;
61      background-color: #788402;
62      color: #ffffff;
63    }
64    .navi>li>a:hover {         /* 각 메뉴 <a>에 마우스를 올렸을 때 */
65      background-color: #342628;
66      color: #feaa00;
67    }
68    .imgslide {                /* B영역: 이미지 슬라이드 영역 */
69      float: right;
70      width: calc(100% - 200px);   /* 이미지 슬라이드 너비 */
71      height: 400px;               /* 이미지 슬라이드 높이 */
72    }
```

```
      background-color:#788402;

      color:#ffffff;

}

.navi>li>a:hover {

      background-color:#342628;

      color:#feaa00;

}
```

- .navi : 메인 메뉴와 서브 메뉴의 목록인 <ul class="navi"> 영역의 스타일 정의
  - margin-top:10px : 메뉴 영역 위쪽으로 10px의 여백 지정
  - margin-left:10px : 메뉴 영역 왼쪽으로 10px의 여백 지정
- .navi>li : .navi의 자식 요소 ⟨li⟩ 요소의 스타일 지정. 여기에서는 ⟨li⟩ 각 요소의 크기 스타일을 지정하고 각 요소의 너비를 width:190px로 지정합니다. 서브 메뉴가 아래로 나타나야 하기 때문에 height는 지정하지 않도록 합니다.
  - float:left : 메뉴 영역을 다른 요소에 대해 왼쪽으로 배치
- .navi>li>a : .navi의 자식 요소 ⟨li⟩의 자식 요소인 ⟨a⟩ 요소의 스타일 지정. 여기에서는 텍스트 스타일을 지정하기 위해 너비, 줄 간격(line-height), 글씨 속성, 배경색, 글자색 등의 속성 사용
  - 색상 값이 #ffffff처럼 같은 값으로 반복될 경우 16진수로 #fff처럼 간단히 줄여서 사용할 수 있습니다(#ffffff = #fff).
- .navi>li>a:hover : .navi의 자식 요소 ⟨li⟩의 자식 요소인 ⟨a⟩ 요소에 마우스를 올릴 때(hover) 변화되는 스타일을 지정. 마우스가 올라오면 메뉴의 배경색이 background-color:#342628로 변경되게 함
- font-size:16px : 메뉴 글자 크기 지정
- font-weight:bold : 메뉴 글자 볼드체 지정
- 줄 간격(line-height)을 높이(height)와 동일하게 설정하면(예: height: 50px, line-height: 50px), 글자가 세로 중앙에 위치합니다. 글자 크기 (font-size: 16px)를 고려하면, 남은 34px(50px - 16px)의 여백이 위아래로 균등하게 분배되어, 각각 17px의 여백이 생겨 글자가 중앙에 정렬됩니다.

03 작업 중인 'index.html' 문서와 'style.css' 문서를 모두 저장하고, 지금까지 작업된 결과를 확인합니다.
메인 메뉴 위에 마우스를 올리면 배경색과 글자색이 변경되는 것을 확인할 수 있습니다.

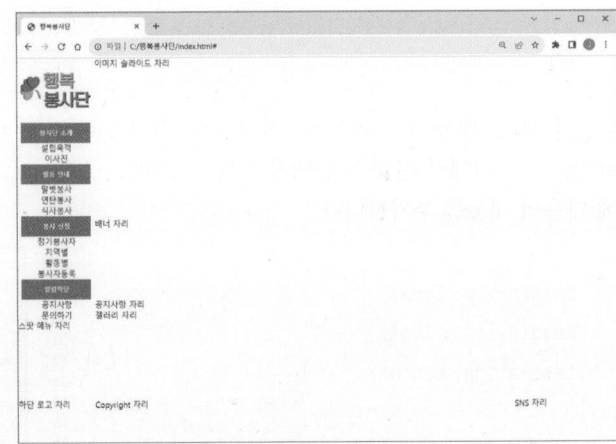

04 서브 메뉴의 스타일을 지정하기 위해 '.navi>li>a:hover' 스타일 아래에 다음의 내용을 추가합니다.

```
.submenu {
    float: left;
    width: 100%;
```

[style.css]

```
64    .navi>li>a:hover {        /* 각 메뉴 <a>에 마우스를 올렸을 때 */
65       background-color: ■#342628;
66       color: □#feaa00;
67    }
68    .submenu {
69      float: left;
70      width: 100%;
71      display: none;
72    }
73    .submenu>li {            /* 서브 메뉴 영역 스타일(크기, 위치 지정) */
```

```
        display: none;                              74       width: 180px;
    }                                               75       height: 50px;
    .submenu>li {                                   76    }
        width: 180px;                               77    .submenu>li>a {        /* 서브 메뉴 영역 스타일(텍스트스타일 지정) */
        height: 50px;                               78       line-height: 50px;
    }                                               79       font-size: 14px;
    .submenu>li>a {                                 80       font-weight: bold;
        line-height: 50px;                          81       background-color: #cccccc;
        font-size: 14px;                            82       color: #ffffff;
        font-weight: bold;                          83    }
        background-color: #cccccc;                  84    .submenu>li>a:hover {
        color: #ffffff;                             85       background-color: #999999;
    }                                               86       color: #feaa00;
    .submenu>li>a:hover {                           87    }
        background-color: #999999;                  88    .imgslide {               /* B영역: 이미지 슬라이드 영역 */
        color: #feaa00;                             89       float: right;
    }                                               90       width: calc(100% - 200px);   /* 이미지 슬라이드 너비 */
                                                    91       height: 400px;               /* 이미지 슬라이드 높이 */
                                                    92    }
```

🅑 기적의 TIP

- .submenu : 서브 메뉴의 목록인 <ul class="submenu"> 영역의 스타일 정의
  - width:100% : .menu에서 지정한 너비 200px와 동일
  - 서브 메뉴의 개수가 메뉴마다 다르기 때문에 height는 지정하지 않음
  - display:none : 해당 요소에 대한 박스 공간을 생성하지 않기 때문에 요소가 보이지 않게 됨. 메인 메뉴만 나타나고 서브 메뉴는 처음에는 나타나지 않도록 하기 위해 설정. 이 속성을 지우면 서브 메뉴가 처음부터 보이게 됨
- .submenu>li : .navi의 자식 요소 〈li〉 요소의 스타일 지정. 여기에서는 〈li〉 각 요소의 크기 스타일을 지정. 각 요소의 너비 width:180px와 높이 height:50px로 지정
- .submenu>li>a : 서브 메뉴의 텍스트 스타일 지정
  - .submenu>li에서 지정한 서브 메뉴 1개의 높이와 동일한 line-height를 설정하여 세로로 가운데에 위치하게 지정합니다.
  - 또 background-color는 지정하지 않고, 클래스 선택자 '.submenu>li>a:hover'에만 background-color:#999999을 지정하여 마우스를 올렸을 때만 배경색이 나타나도록 합니다.

05 작업 중인 'index.html' 문서와 'style.css' 문서를 모두 저장하고, 지금까지 작업된 결과를 '크롬(Chrome)' 브라우저에서 확인합니다.

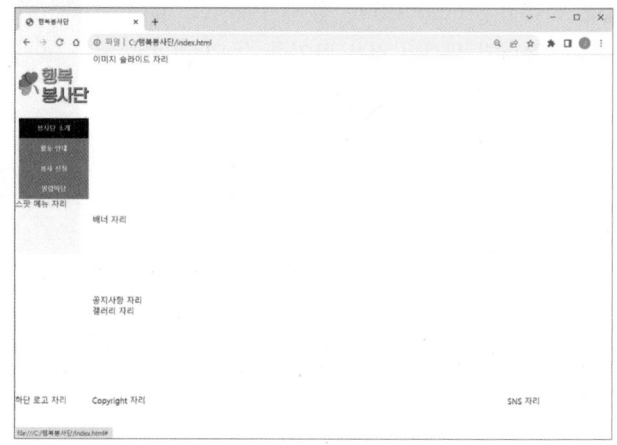

만일 서브 메뉴 영역 스타일 .submenu에서 설정한 'display:none' 속성을 지우고 살펴보면 다음과 같이 서브 메뉴가 나타나게 됩니다.

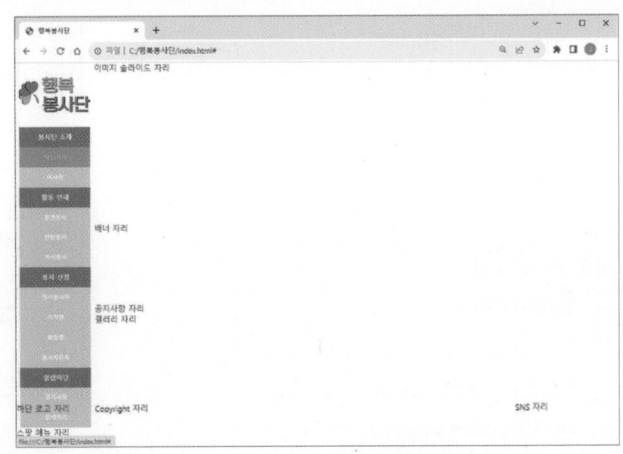

⑤ 메뉴에 슬라이드 다운 기능 구현하기

이번에는 메인 메뉴, 서브 메뉴에 슬라이드 다운(Slide−Down) 기능이 되도록 자바스크립트와 제이쿼리(jQuery)를 활용하여 동적 기능을 만들어줍니다.

01 작업 폴더('비번호' 폴더)에 'javascript' 폴더를 생성한 후 수험자 제공 파일로 주어진 jQuery 라이브러리 오픈소스 파일(jquery−1.12.3.js)을 'javascript' 폴더로 복사 또는 이동시켜 줍니다.

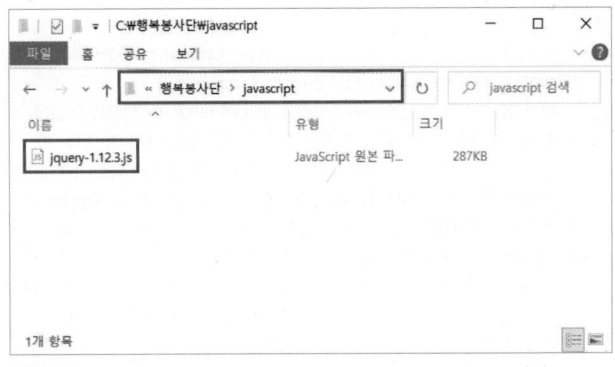

> **B** 기적의 TIP
>
> • jQuery 라이브러리는 자바스크립트 파일(*.js)로 저장되어 있으며, 모든 jQuery 메소드를 담고 있습니다.
> • jQuery는 사용 전에 다운로드한 후 연결(설치)해야 그 기능을 사용할 수 있습니다.

02 Visual Studio Code 탐색기에서도 'javascript' 폴더가 생성된 것을 확인할 수 있습니다. 자바스크립트 문서를 만들기 위해, 'javascript' 폴더에서 마우스 오른쪽 버튼을 클릭하고 [새 파일]을 선택합니다.

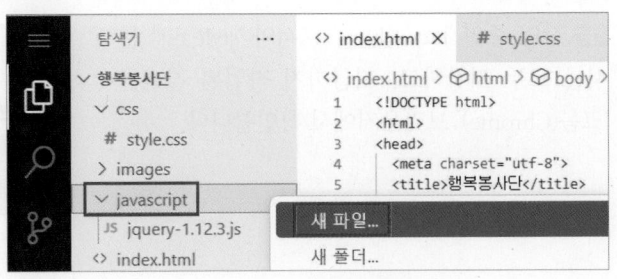

03 'javascript' 폴더의 하위 리스트에 새로운 파일이 생성되면 파일명을 'script.js'로 입력합니다. 파일이 정상적으로 생성되면 오른쪽 코드 입력창에 'script.js' 문서가 열린 것을 확인할 수 있습니다.

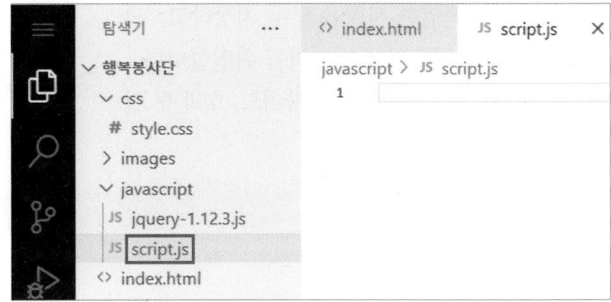

04 슬라이드 다운(Slide-Down) 기능이 동작하도록 하기 위해 'script.js' 문서에 다음과 같이 입력하고 문서를 저장합니다.

```
jQuery(document).ready(function(){

  $('.navi>li').mouseover(function(){
    $(this).find('.submenu').stop().slid-
    eDown(500);
  }).mouseout(function(){
    $(this).find('.submenu').stop().slideUp(500);
  });

});
```

[script.js]

```
1    // JavaScript Document
2
3    jQuery(document).ready(function(){
4
5      $('.navi>li').mouseover(function(){
6        $(this).find('.submenu').stop().slideDown(500);
7      }).mouseout(function(){
8        $(this).find('.submenu').stop().slideUp(500);
9      });
10
11   });
12
```

기적의 TIP

- jQuery 문법 : HTML 요소를 선택한 후 그 요소에 수행할 액션을 지정함
- $: jQuery() 함수의 별칭. 주어진 선택자와 일치하는 DOM 요소를 찾아 배열 형태의 특수 객체로 반환. 기본 형식 : $(선택자(selector)).action
- $('.navi)li') : .navi의 〈li〉 요소에 mouseover와 mouseout 이벤트 설정
- stop() : 현재 동작하고 있는 애니메이션 동작을 즉시 중단
- slideDown(), slideUp() : jQuery 라이브러리에서 제공하는 함수로 슬라이딩 애니메이션과 함께 보여주거나 숨김. 선택한 요소의 height 값을 낮추거나 높여가며 사라지게 함. 숫자값 500은 0.5초에 해당함

05 작성한 'script.js' 파일과 jquery-1.12.3.js'을 'index.html' 문서 본문에 연결합니다.
〈head〉와 〈/head〉 사이에 다음과 같이 입력합니다.

```
<script src="javascript/jquery-
1.12.3.js"></script>
<script src="javascript/script.js" defer
type="text/javascript"></script>
```

[index.html]

```
1    <!DOCTYPE html>
2    <html>
3    <head>
4      <meta charset="utf-8">
5      <title>행복봉사단</title>
6      <link href="css/style.css" type="text/css" rel="stylesheet">
7      <script src="javascript/jquery-1.12.3.js"></script>
8      <script src="javascript/script.js" defer type="text/
       javascript"></script>
9    </head>
10   <body>
```

기적의 TIP

- defer : script가 잠깐 지연되도록 하여 HTML 구문 분석이 완료된 후 스크립트를 실행하도록 함
- 화면 렌더링과 관련된 대부분의 코드는 HTML과 CSS 문서 안에 포함되어 있습니다. 반면 대부분의 script는 사용자의 액션이 발생한 이후의 동작을 렌더링(rendering)합니다. 이러한 렌더링의 시간 차이로 script가 동작되지 않는 것을 예방하기 위해 defer 속성을 사용합니다.
- defer 속성을 사용하지 않는 경우 〈script〉 부분을 〈/body〉 태그 다음에 위치시킴으로써 렌더링을 지연시킬 수 있습니다.

06 지금까지 작업한 사항을 모두 저장하고, '크롬(Chrome)' 브라우저에서 결과를 확인합니다. 메인 메뉴와 서브 메뉴의 슬라이드 효과가 잘 동작하는지 확인합니다.

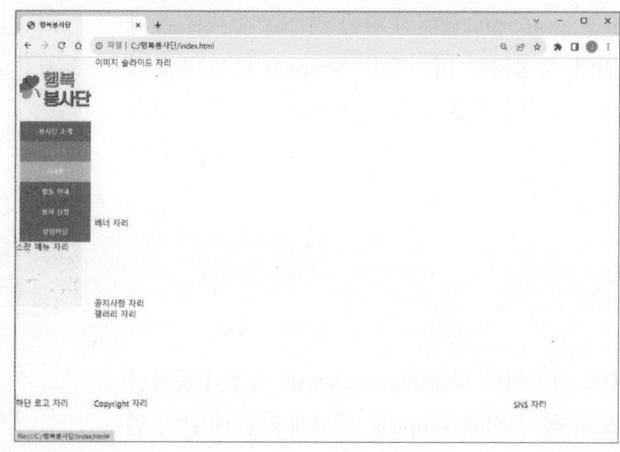

⑥ 스팟 메뉴 작성하고 스타일 추가하기

세부 영역별 지시사항대로 스팟 메뉴 영역에 로그인과 회원가입을 작성합니다.

01 'index.html' 문서에서 헤더 영역 안에 스팟 메뉴 영역으로 구분해 놓았던 〈div class="spotmenu"〉 스팟 메뉴 자리 〈/div〉 부분 안에 다음과 같이 입력하여 메뉴를 추가합니다.

```
<div class="spotmenu">
  <ul>
    <li class="spotmenu-btn">
      <a href="#">로그인</a>
    </li>
    <div> | </div>
    <li class="spotmenu-btn">
      <a href="#">회원가입</a>
    </li>
  </ul>
</div>
```

[index.html]

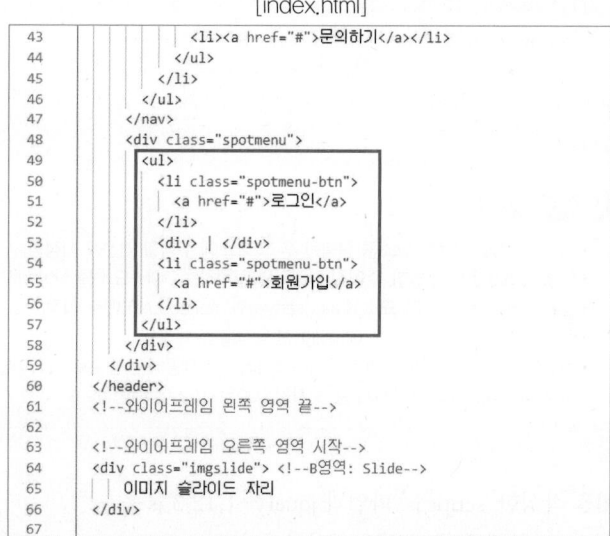

> **기적의 TIP**
>
> • li : '로그인'과 '회원가입' 메뉴를 ul 목록의 하위 태그로 지정
>   – class="spotmenu-btn" : li 태그에 버튼처럼 스타일을 지정할 수 있도록 클래스 속성을 추가함
> • 〈div〉 | 〈/div〉 : 스팟 메뉴에서 '로그인'과 '회원가입' 메뉴의 구분을 위해 '|(Pipe line) 특수문자를 추가했습니다. 〈div〉 태그를 사용하여 '|' 문자의 위치를 포함한 스타일을 지정하도록 합니다.

02 스팟 메뉴의 스타일을 지정하기 위해 'style. css' 파일에서 '.submenu〉li〉a:hover' 스타일 아래에 다음의 내용을 추가합니다.

```
.spotmenu {
    float: left;
    width: 180px;
    height: 10px;
    text-align: center;
    font-size: 12px;
    margin-top: 10px;
    margin-left: 10px;
}
.spotmenu li {
    width: 80px;
    display: inline-block;
    text-align: center;
}
.spotmenu li:hover {
    font-weight: bold;
}
.spotmenu div {
    width: 10px;
    display: inline-block;
}
```

[style.css]

```
84     .submenu>li>a:hover {
85         background-color: #999999;
86         color: #feaa00;
87     }
88     .spotmenu {
89         float: left;
90         width: 180px;
91         height: 10px;
92         text-align: center;
93         font-size: 12px;
94         margin-top: 10px;
95         margin-left: 10px;
96     }
97     .spotmenu li {
98         width: 80px;
99         display: inline-block;
100        text-align: center;
101    }
102    .spotmenu li:hover {
103        font-weight: bold;
104    }
105    .spotmenu div {
106        width: 10px;
107        display: inline-block;
108    }
109    .imgslide {              /* B영역: 이미지 슬라이드 영역 */
110        float: right;
111        width: calc(100% - 200px);    /* 이미지 슬라이드 너비 */
112        height: 400px;               /* 이미지 슬라이드 높이 */
113    }
```

기적의 TIP

- .spotmenu : <div class="spotmenu"> 영역의 스타일을 정의
  - width:180px : 메인 메뉴와 서브 메뉴의 너비와 동일하게 width:180px로 지정
  - height:10px : 스팟 메뉴의 높이를 height:10px로 지정
  - text—align:center : 내부의 텍스트를 포함하고 있는 요소들이 가운데로 정렬될 수 있도록 정렬 지정
- .spotmenu li : <div class="spotmenu"> 영역의 후손 요소 중 〈li〉 요소에 스타일을 적용
  - display:inline—block : 하단 메뉴(리스트)가 한 줄(행)에 표시되도록 inline과 block의 속성을 같이 가지고 있도록 변경
- .spotmenu li:hover : <div class="spotmenu"> 영역의 후손 요소인 〈li〉(하단 메뉴(리스트))에 마우스를 올리면 font—weight:bold 글자가 굵게 나타나도록 지정
- .spotmenu div : <div class="spotmenu"> 영역의 후손 요소 〈div〉에 대한 스타일 지정
  - width:10px : 메뉴를 구분하는 특수문자 '|' 가 있는 영역의 너비를 width:10px로 지정
  - display:inline—block : 하단 메뉴(리스트)가 한 줄(행)에 표시되도록 inline과 block의 속성을 같이 가지고 있도록 변경

---

03 작업 중인 'index.html' 문서와 'style.css' 문서를 모두 저장하고, 지금까지 작업된 결과를 확인합니다.

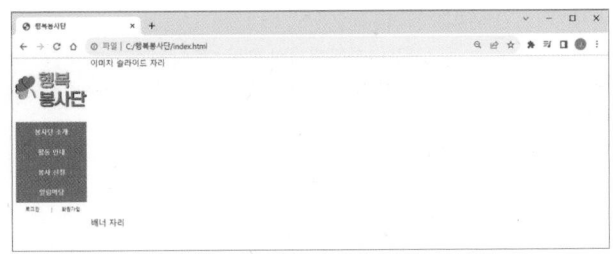

❶ 슬라이드 이미지 추가하기

세부 영역별 지시사항대로 Ⓑ Slide 영역에 들어갈 이미지 슬라이드를 제작합니다.
세부 지시사항에서 3개의 이미지를 이용하여 위-아래, 아래-위 슬라이드 효과를 제작하도록 하고 있으므로
'style.css' 문서에서 이미지의 스타일을 지정한 후, 자바스크립트에서 제이쿼리(jQuery)를 이용하여 해당 동작
을 구현합니다.

01 앞서 만들었던 'images' 폴더에 수험자 제공
파일로 주어진 슬라이드 이미지 3개를 복사합니
다. 이때, '수험자 제공 파일'로 주어진 다른 이
미지들도 미리 복사해둡니다.

02 'index.html' 문서에서 〈div class="imgslide"〉
이미지 슬라이드 자리 〈/div〉 부분을 찾은 후 이
미지들을 추가합니다.
지시사항에 제공된 3개의 텍스트를 각 이미지에
적용하도록 하고 있으므로 이때 〈span〉 요소를
이용하여 글자도 함께 추가합니다.

```
<div class="imgslide">
  <div class="slidelist">
    <ul>
      <li>
        <a href="#">
          <img src="images/img1.jpg" alt="이
          미지1">
          <span>마음이 따뜻해지는 행동</span>
        </a>
      </li>
      <li>
        <a href="#">
```

[index.html]

```
58        </div>
59      </div>
60    </header>
61    <!--와이어프레임 왼쪽 영역 끝-->
62
63    <!--와이어프레임 오른쪽 영역 시작-->
64    <div class="imgslide"> <!--B영역: Slide-->
65      <div class="slidelist">
66        <ul>
67          <li>
68            <a href="#">
69              <img src="images/img1.jpg" alt="이미지1">
70              <span>마음이 따뜻해지는 행동</span>
71            </a>
72          </li>
73          <li>
74            <a href="#">
75              <img src="images/img2.jpg" alt="이미지2">
76              <span>행복의 씨앗을 심는 일</span>
77            </a>
78          </li>
79          <li>
80            <a href="#">
81              <img src="images/img3.jpg" alt="이미지3">
82              <span>이웃과 함께하는 기쁨</span>
83            </a>
84          </li>
85        </ul>
86      </div>
87    </div> <!--B영역: Slide 끝-->
88
89    <div class="contents">   <!--C영역: Contents-->
```

```
        <img src="images/img2.jpg" alt="이미지2">
        <span>행복의 씨앗을 심는 일</span>
      </a>
    </li>
    <li>
      <a href="#">
        <img src="images/img3.jpg" alt="이미지3">
        <span>이웃과 함께하는 기쁨</span>
      </a>
    </li>
  </ul>
 </div>
</div>
```

기적의 TIP

• 'div' 영역의 class 이름을 'imgslide'으로 지정하였으므로 스타일 시트 파일에서 선택자로 '.imgslide'를 사용하게 됩니다.
• 〈div class="slidelist"〉 : 위–아래로 전환되는 슬라이드 이미지 효과를 위해 이미지들을 묶어줌
• 지시사항에 '상호작용이 필요한 모든 콘텐츠(로고, 메뉴 Slide, 공지사항, 갤러리 등)는 임시 링크되어야 한다.'고 명시하고 있으므로 추가되는 이미지에도 임시 링크를 추가합니다.
• 〈span〉 : 다른 텍스트와 구분하기 위해 사용. 줄을 바꾸지 않고 글자색이나 배경색 등을 변경

② 슬라이드 이미지에 스타일 추가하기

01 지금까지 작업된 결과를 확인해 보면 다음과 같이 메인에 추가한 텍스트와 이미지들이 정렬 없이 나타납니다.
텍스트와 이미지가 아래로 줄지어 나타나고, 정해진 영역 안에서만 나타나도록(imgslide 영역 외에서는 나타나지 않도록) 스타일을 추가하도록 합니다.

02 스타일 시트 'style.css' 문서에서 클래스 선택자 '.imgslide'를 찾은 후 이미지와 텍스트에 대한 스타일을 추가합니다. 먼저 '.imgslide' 안에 'position:relative'와 'overflow:hidden' 속성을 추가합니다. 이어서 각 이미지와 이미지 위에 나타나는 텍스트에 대한 상세한 스타일을 입력합니다.

```
.imgslide {
    float: right;
    width: calc(100% - 200px);
    height: 400px;
    position: relative;
    overflow: hidden;
}
.slidelist {
    width: 100%;
    height: 1200px;
}
.slidelist ul li {
    width: 100%;
    height: 400px;
    margin: 0;
}
.slidelist img {
    width: 100%;
    height: 400px;
    object-fit: cover;
}
.slidelist span {
    width: 500px;
    height: 50px;
    position: absolute;
    margin-top: 175px;
    left: 33%;
    text-align: center;
    color: #ffffff;
    font-weight: bold;
    line-height: 50px;
    background-color: rgba(40,40,40,0.5);
}
```

[style.css]

```
105    .spotmenu div {
106        width: 10px;              /* 구분선의 영역 너비 */
107        display: inline-block;
108    }
109    .imgslide {                   /* B영역: 이미지 슬라이드 영역 */
110        float: right;
111        width: calc(100% - 200px);   /* 이미지 슬라이드 너비 */
112        height: 400px;               /* 이미지 슬라이드 높이 */
113        position: relative;
114        overflow: hidden;
115    }
116    .slidelist {
117        width: 100%;        /* 부모요소 .imgslide 전체를 너비로 지정 */
118        height: 1200px;     /* 부모요소 .imgslide의 높이X3 지정 */
119    }
120    .slidelist ul li {
121        width: 100%;
122        height: 400px;
123        margin: 0;
124    }
125    .slidelist img {
126        width: 100%;
127        height: 400px;
128        object-fit: cover; /* 이미지 태그의 영역에 실제 이미지를 맞추기 */
129    }
130    .slidelist span {
131        width: 500px;
132        height: 50px;
133        position: absolute;
134        margin-top: 175px;
135        left: 33%;
136        text-align: center;
137        color: #ffffff;
138        font-weight: bold;
139        line-height: 50px;
140        background-color: rgba(40,40,40,0.5);
141    }
142    .contents {                   /* C영역: contents(배너+탑메뉴) */
143        float: right;
144        width: calc(100% - 200px);
145        height: 450px;            /* 배너 높이 200 + 탑메뉴 높이 250 */
146    }
```

- 시험 문제의 'ⓑ Slide 세부 지시사항' 부분에 따라, [Slide] 폴더에 제공된 세 개의 텍스트를 이미지에 적용해야 합니다. 텍스트는 글자체, 굵기, 색상, 크기를 적절히 조절하여 가독성과 독창성을 높이도록 합니다. 구체적인 스타일 지정 지시사항이 없기 때문에 수험자는 자유롭게 스타일을 결정할 수 있습니다.
- .imgslide : <div class="imgslide"> 영역의 스타일 정의. 슬라이드 이미지와 이미지 위에 나타날 텍스트 영역을 담은 컨테이너
- overflow:hidden : 이미지가 지정된 영역 안에서만 보이고, 영역 밖으로 넘친 부분은 보이지 않도록 지정
- .slidelist : .imgslide의 하위 컨테이너인 <div class="slidelist"> 영역의 스타일 정의
- height: 1200px; : <div class="slidelist"> 영역의 높이를 1200px로 지정
  - 이 영역은 슬라이드 이미지와 텍스트 영역을 담은 컨테이너로서 이 컨테이너에 슬라이드 효과를 구현하여 이미지와 텍스트가 함께 슬라이딩 되도록 합니다.
  - 각 이미지의 높비가 400px일 때 세 개의 이미지를 세로로 나열하면 세로 높이의 총합은 1200px이 됩니다.

– 세 개의 이미지를 일렬로 세로로 나열하여 1200px이 되게 한 후 400px씩 이동시키면 이미지가 위–아래 또는 아래–위 방향으로 슬라이딩 되는 효과를 구현할 수 있습니다.

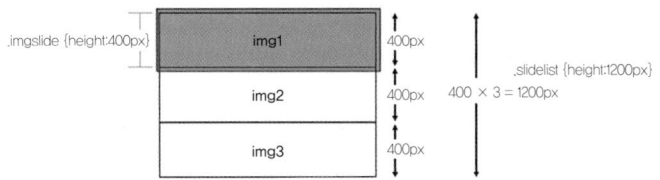

- .slidelist span : .slidelist의 후손 요소인 〈span〉 영역의 스타일 정의. 이미지 위에 나타나는 텍스트의 스타일
- 선택자 형식 중 'A 〉 B'은 A 요소의 1차 하위 요소인 B 요소에 스타일을 적용합니다. 'A B'와 같이 빈칸을 사용하는 경우 A 요소의 1차 또는 2차 이상(자손의 자손)의 하위 요소, 즉 후손 요소에 해당하는 모든 B 요소에 스타일을 적용합니다.
- width: 500px, height: 50px : 텍스트 영역의 너비와 높이
- position: absolute : 상위 컨테이너를 기준으로 절대 좌표값을 가짐
- margin-top: 175px : 텍스트 영역 위쪽으로 175px 여백 지정
  – 이미지 슬라이드 전체 영역의 크기가 너비 1200px, 높이 400px인 상태에서 안쪽에 들어가는 텍스트 영역은 너비 width:500px, 높이 height:50px이고, 위쪽 여백 125px을 지정하였으므로 텍스트 영역은 세로 가운데에 위치합니다(400px–50px=350px, 350÷2=175px).
  – 텍스트 영역의 크기나 여백 값은 여기에서 입력한 것과 똑같이 사용하지 않아도 됩니다. 이러한 값은 수험자가 임의로 지정 가능합니다. 스타일의 속성 값은 웹 브라우저에서 결과를 확인하면서 값을 조금씩 조정하면서 지정합니다.
- left: 33% : 컨테이너의 시작점을 기준으로 33% 위치에 배치. 위치 값은 임의로 지정 가능
- background-color: rgba(40,40,40,0.5) : 색상 및 불투명도 지정. a 속성은 투명도를 의미하며, 0~1 사이의 값을 가짐. 반드시 설정해야 하는 것은 아니며 글자를 잘 보이게 하기 위해 설정한 것으로 삭제 및 임의로 지정 가능

---

03 지금까지 작업한 사항을 모두 저장하고 '크롬(Chrome)' 브라우저에서 결과를 확인해 보면 이미지들이 한 곳에 겹쳐서 모여 있고, 그 위에 글자가 나타나는 것을 확인할 수 있습니다.

❸ 이미지 슬라이드 구현하기

01 이미지에 슬라이드 기능을 구현하기 위해 'script.js' 문서에 다음과 같이 입력합니다.
이때 처음에 입력했던 스크립트의 마지막 줄인 '});'의 안쪽에 입력하도록 합니다.

```
setInterval(function(){
  $('.slidelist').delay(1000);
  $('.slidelist').animate({marginTop:-400});
  $('.slidelist').delay(2000);
  $('.slidelist').animate({marginTop:-800});
  $('.slidelist').delay(2000);
  $('.slidelist').animate({marginTop:0});
  $('.slidelist').delay(2000);
});
```

```
1    // JavaScript Document
2
3    jQuery(document).ready(function(){
4
5        $('.navi>li').mouseover(function(){
6            $(this).find('.submenu').stop().slideDown(500);
7        }).mouseout(function(){
8            $(this).find('.submenu').stop().slideUp(500);
9        });
10
11       setInterval(function(){
12           $('.slidelist').delay(1000);
13           $('.slidelist').animate({marginTop:-400});
14           $('.slidelist').delay(2000);
15           $('.slidelist').animate({marginTop:-800});
16           $('.slidelist').delay(2000);
17           $('.slidelist').animate({marginTop:0});
18           $('.slidelist').delay(2000);
19       });
20
21   });
22
```

- setInterval(function(){} : 일정 시간마다 반복적으로 동작을 실행
- delay(2000) : delay(ms)와 같이 사용하며, 실행 중인 함수를 지정한 시간만큼 지연시킴, 2000은 2초에 해당됨
  - 슬라이드는 매 3초 이내로 다른 이미지로 슬라이드 전환되어야 하므로 delay() 사용 시 3000 이내의 값을 입력하여 다른 이미지가 3초 이내에 나타나도록 해야 합니다.
- animate() : 애니메이션 효과를 지정
  - animate() 문법은 '$(선택자).animate({properties(CSS 스타일)}, [duration(지속 시간)], [easing(여유 함수)], [complete](콜백 함수))'입니다. 이 중 {properties} 부분은 필수 매개변수로 CSS 속성과 값을 정의하며, 나머지는 선택적 매개변수입니다. {properties}의 형식은 '키:값'이 쌍으로 이루어지기 때문에 중괄호 { }를 사용하여 '{속성:값}'으로 작성해야 합니다.
- animate({marginTop : -400}) : 애니메이션 효과를 줄 속성으로 marginTop를 사용하고, 그 값을 -400으로 변경. 요소의 위쪽 여백을 '-400px'로 지정해 주기 때문에 요소가 위쪽으로 밀려서 이동하는 것처럼 동작함
  - animate({marginTop: -800})에서 사용된 marginTop 속성은 자바스크립트에서의 표현입니다. CSS에서는 이를 margin-top으로 표현합니다. 하지만 자바스크립트 번수명에는 대시(-)를 사용할 수 없기 때문에, 만약 CSS의 margin-left 속성을 자바스크립트에서 사용하려면 다음과 같이 쌍따옴표를 사용하여 작성합니다.

```
animate({marginTop:-300})=animate({"margin-top":"-300"})
```

02 'script.js' 문서를 저장한 후 이미지가 아래-위, 위-아래로 슬라이딩 되는지 확인합니다.

세부 영역별 지시사항대로 ⓒ Contents 영역에 들어갈 배너, 공지사항, 갤러리, 바로가기 콘텐츠를 제작합니다.

① 배너 내용 작성하고 스타일 지정하기

01 'index.html' 문서에서 ⟨div class="banner"⟩ 배너 자리 ⟨/div⟩를 찾고 해당 영역에 다음과 같이 입력하여 바로가기를 작성합니다.

```html
<div class="contents">
  <div class="banner">
    <a href="#">
      <img src="images/banner.png" alt="배너">
      <span>
        <h4>교육봉사활동 자원봉사자 모집중</h4>
        클릭하여 자세한 내용을 확인해보세요!
      </span>
    </a>
  </div>
```

[index.html]

```html
 85        </ul>
 86      </div>
 87   </div>
 88
 89   <div class="contents">   <!--C영역: Contents-->
 90      <div class="banner">
 91        <a href="#">
 92          <img src="images/banner.png" alt="배너">
 93          <span>
 94            <h4>교육봉사활동 자원봉사자 모집중</h4>
 95            클릭하여 자세한 내용을 확인해보세요!
 96          </span>
 97        </a>
 98      </div>
 99      <div class="tabmenu"> <!-- tabmenu:notice와 gallery 묶어줌 -->
100        <div class="notice">
101          공지사항 자리
102        </div>
103        <div class="gallery">
104          갤러리 자리
105        </div>
106      </div> <!--tabmenu 끝-->
107   </div> <!--contents 끝-->
108   <!--와이어프레임 오른쪽 영역 끝-->
```

02 'style.css'에서 바로가기 영역의 스타일을 추가하기 위해 클래스 선택자 '.banner'를 찾습니다. 미리 입력해둔 스타일에서 아래와 같이 새로운 속성을 추가합니다. 이어서 배너 이미지에 대한 상세한 스타일을 입력하여 적절히 배치되도록 합니다.

```css
.banner {
    float: left;
    width: 100%;
    height: 200px;
    position: relative;
}
.banner img {
    width: 100%;
    height: 180px;
    object-fit: cover;
}
.banner span {
    float: left;
    width: 96%;
    height: 100px;
    position: absolute;
    top: 20px;
    left: 2%;
    padding-top: 40px;
    font-size: 16px;
    color: #ffffff;
    text-align: center;
    line-height: 30px;
    background-color: rgba(0,0,0,0.3);
}
.banner span h4 {
    font-size: 18px;
    color: #ffffff;
}
.banner span:hover {
    background-color: rgba(0,0,0,0.5);
}
```

[index.html]

```css
142    .contents {                        /* C영역: contents(배너+탭메뉴) */
143      float: right;
144      width: calc(100% - 200px);
145      height: 450px;                   /* 배너 높이 200 + 탭메뉴 높이 250 */
146    }
147    .banner {
148      float: left;
149      width: 100%;                      /* 배너 너비: contents영역 100%*/
150      height: 200px;
151      position: relative;
152    }
153    .banner img {
154      width: 100%;
155      height: 180px;
156      object-fit: cover;
157    }
158    .banner span {
159      float: left;
160      width: 96%;
161      height: 100px;
162      position: absolute;
163      top: 20px;
164      left: 2%;
165      padding-top: 40px;
166      font-size: 16px;
167      color: ☐#ffffff;
168      text-align: center;
169      line-height: 30px;
170      background-color: ■rgba(0,0,0,0.3);
171    }
172    .banner span h4 {
173      font-size: 18px;
174      color: ☐#ffffff;
175    }
176    .banner span:hover {
177      background-color: ■rgba(0,0,0,0.5);
178    }
179    .tabmenu {                          /* 탭메뉴(공지사항+갤러리) 영역 */
180      float: left;
181      width: 100%;                      /* 탭메뉴 너비: contents영역 100% */
182      height: 250px;
183    }
```

- position:relative와 position:absolute의 관계 : .banner로 지정된 `<div class="banner">`에 position:relative를 지정하고 다시 이것의 내부에 있는 '.banner span'으로 지정한 `<span>`에 요소에 position:absolute로 지정했습니다. 이렇게 지정하게 되면 position:relative으로 지정한 컨테이너를 기준점으로 삼아 position:absolute가 절대 좌표값을 가지게 됩니다. 만일 기준점이 되는 컨테이너가 없으면 문서 화면 전체를 기준으로 절대 좌표값을 가지게 됩니다.
- .banner img : `<div class="banner">` 자식 요소 중 모든 〈img〉 요소에 대한 스타일을 지정
- width:100% : 배너 영역의 이미지가 부모요소인 `<div="banner">`를 채울 수 있도록 지정
- height:180px : 배너 영역의 높이를 200px로 지정한 뒤, 배너가 슬라이드 이미지 바로 아래에 위치하고, 아래쪽의 탭 메뉴와는 여백이 생기도록 20px 작게 지정함
- object-fit:cover : 이미지가 지정된 컨테이너의 너비와 높이에 맞도록 조정하는 CSS 속성. 'cover' 값을 사용하면, 원본 이미지의 가로 세로 비율을 유지하며 컨테이너를 가득 채울 때까지 이미지가 확대되고, 컨테이너를 벗어나는 부분은 보이지 않게 됨. 이는 이미지가 해당 영역 내에서만 표시되도록 보장하는 설정임.
- .banner span : `<div class="banner">` 자식 요소 중 모든 〈span〉 요소에 대한 스타일을 지정
- width:96%, left:2% : 배너의 글자 영역인 〈span〉 요소가 부모 요소인 `<div="banner">` 너비의 96%만 채우도록 지정. position:absolute를 지정했기 때문에 왼쪽에서 2%에 위치하도록 해서 오른쪽에서도 2%가 남아 총 너비가 100%(2%+96%+2%)가 됨
- height:100px, padding-top40px : 〈span〉 영역의 높이를 100px로 지정하고 padding-top을 40px로 지정하여 배경색이 채워지는 총 높이는 140px이 됨. 실제 글자가 세로 가운데에서 시작할 수 있도록 패딩값으로 시작위치(span영역의 위쪽에서 40px)를 지정함
- top:20px : 배너 이미지 영역의 세로 가운데에 span 영역이 위치할 수 있도록 위쪽 여백을 20px 지정하여 이미지 영역의 총 높이 180px(20px+140px+20px)이 됨
- line-height:30px : 줄 간격을 지정하여 〈h4〉 영역과 겹치지 않도록 적절히 지정
- .banner span h4 : 배너 영역의 제목을 〈h4〉태그로 감싸고, 크기와 색상 스타일을 지정
- .banner span:hover : 배경색이 설정된 〈span〉 태그 영역에 마우스를 올리면 배경색의 투명도가 더 낮아지도록 지정

03 작업 중인 문서를 모두 저장하고 '크롬(Chrome)' 브라우저에서 배너와 바로가기를 입력한 결과를 확인합니다.

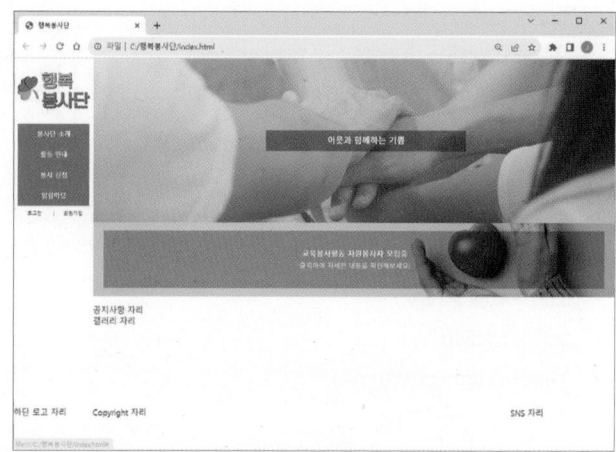

❷ 공지사항, 갤러리 내용 작성하기

01 'index.html' 문서에서 〈div class="tabmenu"〉 태그를 찾고 〈ul〉과 〈li〉태그를 다음과 같이 입력하여 공지사항과 갤러리 영역을 목록으로 작성합니다.

```html
<div class="tabmenu">
  <ul>
    <li>
      <div class="notice">
        공지사항 자리
      </div>
    </li>
    <li>
      <div class="gallery">
        갤러리 자리
      </div>
    </li>
  </ul>
</div>
```

[index.html]

```html
89  <div class="contents">   <!--C영역: Contents-->
90    <div class="banner">
91      <a href="#">
92        <img src="images/banner.png" alt="배너">
93        <span>
94          <h4>교육봉사활동 자원봉사자 모집중</h4>
95          클릭하여 자세한 내용을 확인해보세요!
96        </span>
97      </a>
98    </div>
99    <div class="tabmenu"> <!-- tabmenu:notice와 gallery 묶어줌 -->
100     <ul>
101       <li>
102         <div class="notice">
103           공지사항 자리
104         </div>
105       </li>
106       <li>
107         <div class="gallery">
108           갤러리 자리
109         </div>
110       </li>
111     </ul>
112   </div> <!--tabmenu 끝-->
113 </div> <!--contents 끝-->
114 <!--와이어프레임 오른쪽 영역 끝-->
115
```

02 〈div class="notice"〉 공지사항 자리 〈/div〉를 찾고 해당 영역에 다음과 같이 입력하여 공지사항을 작성합니다.

```html
<div class="notice">
  <ul>
    <li>
      <a href="#">
        행복봉사단 23기 모집 공고
        <span>2024.03.01</span>
      </a>
    </li>
    <li>
      <a href="#">
        봄맞이 정기 봉사 안내
        <span>2024.03.01</span>
      </a>
    </li>
    <li>
      <a href="#">
        행복봉사단 사무국 직원 채용 공고
        <span>2024.03.01</span>
```

[index.html]

```html
99  <div class="tabmenu"> <!-- tabmenu:notice와 gallery 묶어줌 -->
100   <ul>
101     <li>
102       <div class="notice">
103         <ul>
104           <li>
105             <a href="#">
106               행복봉사단 23기 모집 공고
107               <span>2024.03.01</span>
108             </a>
109           </li>
110           <li>
111             <a href="#">
112               봄맞이 정기 봉사 안내
113               <span>2024.03.01</span>
114             </a>
115           </li>
116           <li>
117             <a href="#">
118               행복봉사단 사무국 직원 채용 공고
119               <span>2024.03.01</span>
120             </a>
121           </li>
122           <li>
123             <a href="#">
124               정기 후원자 대상 게릴라 이벤트 안내
125               <span>2024.03.01</span>
126             </a>
127           </li>
128         </ul>
129       </div>
130     </li>
131     <li>
132       <div class="gallery">
133         갤러리 자리
134       </div>
135     </li>
136   </ul>
137 </div> <!--tabmenu 끝-->
138 </div> <!--contents 끝-->
139 <!--와이어프레임 오른쪽 영역 끝-->
```

```
            </a>
        </li>
        <li>
            <a href="#">
                정기 후원자 대상 게릴라 이벤트 안내
                <span>2024.03.01</span>
            </a>
        </li>
    </ul>
</div>
```

03 공지사항 타이틀 이름을 지정하기 위해 〈div class="tabmenu"〉 아래의 첫 번째 〈li〉을 찾고 다음과 같이 수정합니다.

```
<div class="tabmenu">
    <ul>
        <li class="active"><a href="#">공지사항</a>
```

[index.html]

```
 96  │         </span>
 97  │       </a>
 98  │     </div>
 99  │ <div class="tabmenu"> <!-- tabmenu:notice와 gallery 묶어줌 -->
100  │   <ul>
101  │     <li class="active"><a href="#">공지사항</a>
102  │       <div class="notice">
103  │         <ul>
104  │           <li>
105  │             <a href="#">
106  │               행복봉사단 23기 모집 공고
107  │               <span>2024.03.01</span>
```

> **📒 기적의 TIP**
>
> class="active"는 활성화된 탭 타이틀의 스타일을 지정하고, 자바스크립트에서 활성화할 탭 요소를 구분하는 데 사용됩니다.

04 다음으로 〈div class="gallery"〉 갤러리 자리 〈/div〉 영역에 다음과 같이 입력하여 갤러리 부분에 이미지를 추가합니다.

갤러리 이미지는 Contents 폴더에서 images 폴더로 미리 옮겨놓은 제공된 이미지 3개를 사용하여 가로 방향으로 배치합니다.

```
<div class="gallery">
    <ul>
        <li>
            <a href="#"><img src="images/gallery1.
            jpg" alt="갤러리1"></a>
        </li>
        <li>
            <a href="#"><img src="images/gallery2.jpg" alt="갤러리2"></a>
        </li>
        <li>
            <a href="#"><img src="images/gallery3.jpg" alt="갤러리3"></a>
        </li>
    </ul>
</div>
```

[index.html]

```
131  │         <li>
132  │           <div class="gallery">
133  │             <ul>
134  │               <li>
135  │                 <a href="#"><img src="images/gallery1.jpg"
     │                 alt="갤러리1"></a>
136  │               </li>
137  │               <li>
138  │                 <a href="#"><img src="images/gallery2.jpg"
     │                 alt="갤러리2"></a>
139  │               </li>
140  │               <li>
141  │                 <a href="#"><img src="images/gallery3.jpg"
     │                 alt="갤러리3"></a>
142  │               </li>
143  │             </ul>
144  │           </div>
145  │         </li>
146  │       </ul>
147  │     </div> <!--tabmenu 끝-->
148  │   </div> <!--contents 끝-->
149  │ <!--와이어프레임 오른쪽 영역 끝-->
```

05 갤러리 탭 타이틀을 지정하기 위해 ⟨div class="gallery"⟩ 바로 위의 ⟨li⟩을 찾고 다음과 같이 수정합니다.

⟨li⟩⟨a href="#"⟩갤러리⟨/a⟩

　　⟨div class="gallery"⟩

[index.html]

```
129              </div>
130            </li>
131    ┌──────────────────────────────────┐
       │ <li><a href="#">갤러리</a>        │
       └──────────────────────────────────┘
132            <div class="gallery">
133              <ul>
134                <li>
135                  <a href="#"><img src="images/gallery1.jpg"
                     alt="갤러리1"></a>
136                </li>
137                <li>
138                  <a href="#"><img src="images/gallery2.jpg"
                     alt="갤러리2"></a>
139                </li>
140                <li>
141                  <a href="#"><img src="images/gallery3.jpg"
                     alt="갤러리3"></a>
142                </li>
143              </ul>
144            </div>
145          </li>
146        </ul>
147      </div> <!--tabmenu 끝-->
148    </div> <!--contents 끝-->
149    <!--와이어프레임 오른쪽 영역 끝-->
```

06 'index.html' 문서를 저장한 후 '크롬(Chrome)' 브라우저에서 열어 현재까지 작업된 사항을 확인합니다.

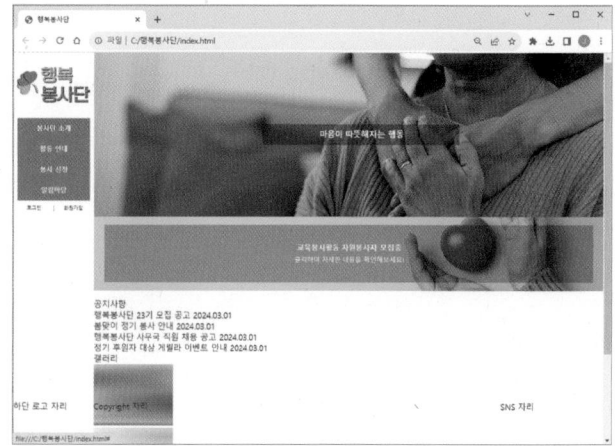

③ 공지사항, 갤러리 스타일 추가하기

01 와이어프레임을 확인하면, '공지사항'과 '갤러리' 타이틀이 나란히 있는 탭 메뉴 구조를 볼 수 있습니다. 활성화된 탭은 밝은 색으로, 비활성화된 탭은 어두운 색으로 구분되어 색상 변화로 탭의 활성 상태를 나타냅니다. 이 스타일을 적용하기 위해 'style.css' 문서에서 클래스 선택자 '.tabmenu'을 찾고 다음처럼 작성합니다.

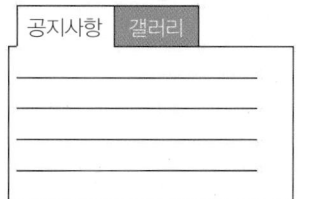

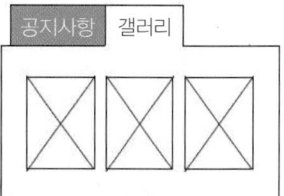

```css
.tabmenu>ul>li{

    float: left;

    width: 100px;

    line-height: 40px;

}

.tabmenu>ul>li>a{

    display: block;

    font-size: 16px;

    text-align: center;

    background-color: #cccccc;

    border: 1px solid #dddddd;

    border-bottom: none;

}

.tabmenu>ul>li>a:hover{

    background-color :#eeeeee;

}

.tabmenu>ul>li:first-child a{

    border-right: none;

}

.tabmenu>ul>li.active>a{

    background-color: #ffffff;

}
```

[style.css]

```
179    .tabmenu {                    /* 탭메뉴(공지사항+갤러리) 영역 */
180      float: left;
181      width: 100%;               /* 탭메뉴 너비: contents영역 100% */
182      height: 250px;
183    }
184    .tabmenu>ul>li{        /* 탭 타이틀 영역 스타일 */
185      float: left;
186      width: 100px;
187      line-height: 40px;
188    }
189    .tabmenu>ul>li>a{       /* 탭 타이틀 영역 <a> 요소 스타일 */
190      display: block;
191      font-size: 16px;
192      text-align: center;
193      background-color: ■#cccccc;
194      border: 1px solid ■#dddddd;
195      border-bottom: none;
196    }
197    .tabmenu>ul>li>a:hover{   /* <a> 요소에 마우스를 올릴 때 스타일 */
198      background-color :■#eeeeee;
199    }
200    .tabmenu>ul>li:first-child a{     /* 탭 타이틀 첫 번째 <a> 요소 */
201      border-right: none;
202    }
203    .tabmenu>ul>li.active>a{      /* active 클래스가 할당된 <a> 요소 */
204      background-color: □#ffffff;
205    }
```

📑 기적의 TIP

- .tabmenu>ul>li : .tabmenu 영역 내 〈ul〉 목록 태그의 자식 요소 〈li〉의 스타일 지정. 공지사항과 갤러리 '탭의 타이틀' 영역으로 이 영역의 높이와 너비 등을 지정
  - .tabmenu>li 스타일에서는 〈li〉 요소의 높이를 line-height 속성을 사용하여 설정했습니다. 이는 〈li〉 요소에 직접 높이를 지정하는 경우, 〈/li〉 태그로 닫힌 영역에는 height 속성을 사용할 수 있지만, 'index.html' 문서에서 .tabmenu 내부에 〈div〉를 통해 탭 콘텐츠를 구성하는 경우 height 속성만으로는 높이가 제대로 표시되지 않기 때문입니다. 따라서 line-height를 이용해 탭 타이틀의 높이를 효과적으로 조절했습니다.
  - height 속성을 사용하고자 한다면 〈li〉 요소의 하위 요소인 〈a〉 요소(.tabmenu〉li〉a)에 height 속성을 사용하여 높이를 지정할 수 있습니다.
- .tabmenu〉ul〉li〉a : '탭의 타이틀' 영역의 자식 요소인 〈a〉 요소에 대해 스타일 지정. 배경색, 폰트, 정렬, 테두리에 대한 스타일 지정
  - display:block : 박스 요소를 block 속성으로 표시하며, 요소 앞뒤로 줄바꿈 되도록 함
  - background-color:#cccccc : 〈li〉의 자식 요소인 〈a〉 요소 영역에 배경색 지정
  - border:1px solid #dddddd : .tabmenu의 자식 요소 〈li〉의 자식 요소인 〈a〉 요소 영역에 테두리를 지정. 테두리 굵기는 1px, 선의 종류는 실선 solid, 선의 색상은 #dddddd로 지정
  - border-bottom:none : .tabmenu〉li〉a에 테두리를 주게 되면, 이후 탭 타이틀의 아래 테두리와 탭 내용의 위쪽 테두리가 겹쳐보이게 됨. 따라서 탭 타이틀의 아래 테두리를 보이지 않게 지정하여 경계선에서 두 개의 테두리가 겹쳐 보이지 않도록 함
- .tabmenu〉ul〉li〉a:hover : '탭의 타이틀' 영역의 자식 요소 〈li〉의 자식 요소인 〈a〉 요소 영역에 마우스가 올라오면 나타날 스타일 지정
  - 배경색 background:#cccccc에서 마우스를 올리면 background-color:#eeeeee로 변경됨
- .tabmenu〉ul〉li:first-child a : .tabmenu〉ul〉li의 첫 번째 자식 요소인 〈a〉에 스타일을 지정하여, 공지사항 탭 타이틀 영역에서 오른쪽 테두리를 제거하도록 'border-right:none'을 설정합니다. 이는 공지사항과 갤러리 탭 타이틀 사이의 경계선이 겹쳐 보이는 것을 방지하기 위함입니다. 이를 통해 중간 경계선에서 테두리가 겹치지 않도록 처리합니다.
- .tabmenu〉ul〉li.active〉a : .tabmenu〉ul〉li 요소 중 active 클래스가 적용된 〈a〉 요소에 대한 스타일 지정. 현재 'index.html' 문서에서는 〈li class="active"〉〈a href="#"〉공지사항〈/a〉로 설정되어 있어, 공지사항 탭 타이틀의 배경 색상이 background-color:#ffffff로 지정됨. 자바스크립트를 통해 갤러리 탭 타이틀을 클릭하면, active 클래스가 할당되어 색상이 변경되는 구현이 이루어짐

02 다음으로 공지사항과 갤러리의 탭 콘텐츠가 들어갈 영역의 스타일을 추가하기 위해 다음을 추가합니다.

```
.tabmenu>ul>li div{
    position: absolute;
    left: 0px;
    height: 0px;
    overflow: hidden;
}
.tabmenu>ul>li.active div{
    height: 180px;
    width: calc(100% - 5px);
    border: 1px solid #dddddd;
    z-index: 1;
}
```

[style.css]

```
203    .tabmenu>ul>li.active>a{      /* active 클래스가 할당된 <a> 요소 */
204        background-color: ☐#ffffff;
205    }
206    .tabmenu>ul>li div{           /* 탭 콘텐츠 영역 스타일 */
207        position: absolute;
208        left: 0px;
209        height: 0px;
210        overflow: hidden;
211    }
212    .tabmenu>ul>li.active div{ /* active 클래스가 할당된 영역 스타일 */
213        height: 180px;
214        width: calc(100% - 5px);
215        border: 1px solid ☐#dddddd;
216        z-index: 1;
217    }
218    footer {                      /* D영역: 하단 영역 */
219        float: right;
220        width: 100%;              /* 하단 너비(브라우저100%) */
221        height: 100px;            /* 하단 높이 */
222    }
```

그리고 '.content' 클래스 선택자를 찾은 뒤, 다음의 속성을 추가합니다.

```
.contents {
    float: right;
    width: calc(100% - 200px);
    height: 450px;
    position: relative;
}
```

[style.css]

```
142    .contents {                  /* C영역: contents(배너+탭메뉴) */
143        float: right;
144        width: calc(100% - 200px);
145        height: 450px;           /* 배너 높이 200 + 탭메뉴 높이 250 */
146        position: relative;
147    }
148    .banner {
149        float: left;
150        width: 100%;             /* 배너 너비: contents영역 100%*/
151        height: 200px;
152        position: relative;
153    }
```

🅑 기적의 TIP

- .tabmenu>ul>li div : .tabmenu>ul의 자식 요소인 〈li〉의 후손 요소 〈div〉들에 대한 스타일 지정. 즉, 공지사항과 갤러리 탭 콘텐츠 영역의 스타일을 지정
  - position:absolute : 탭 콘텐츠 영역은 상위 컨테이너를 기준으로 한 절대 좌표를 사용하여 배치됨. 이 설정은 공지사항과 갤러리 탭의 콘텐츠 영역이 동일한 위치에 나타나도록 하기 위함. 이 속성을 적용하지 않을 경우, 갤러리 탭 콘텐츠 영역의 시작 위치가 변경됨
  - 따라서 상위 컨테이너인 .contents 클래스 선택자의 스타일 속성에 position:relative를 추가함
  - left:0px : 탭 콘텐츠 영역을 왼쪽 가장자리에 붙여서, 여백 없이 배치함. 이 속성은 position:absolute과 함께 사용되어 공지사항과 갤러리 탭의 콘텐츠 영역이 동일한 위치에 나타나도록 함. 둘 중 하나의 속성을 사용하지 않으면, 갤러리 탭 콘텐츠 영역이 밀려나게 됨
  - width:calc(100% − 5px) : div 영역의 너비를 상위컨테이너의 너비에서 테두리 2px을 포함해 5px을 제외하여 div 영역의 오른쪽 테두리가 화면에 보일 수 있도록 함
  - height:0px : 탭 콘텐츠 영역의 높이를 0으로 지정하여 보이지 않도록 함. 활성화될 때만 높이를 지정하여 콘텐츠가 보이도록 함
  - overflow:hidden : 다른 영역과 겹쳐 보이는 부분을 가림. 이 옵션을 사용하지 않을 경우 다음과 같이 탭 콘텐츠 영역이 서로 겹쳐서 보이게 됨
- .tabmenu>ul>li.acitve div : .tabmenu>ul>li 요소 중 active 클래스가 할당된 〈div〉 후손 요소 영역에 대한 스타일 지정. 현재 'index.html' 문서에서 <li class="active"><a href="#">공지사항</a><div class="notice">로 설정되어 있기 때문에 공지사항 탭 콘텐츠 영역에 먼저 스타일이 적용됨 이후 자바스크립트에서 갤러리 탭 타이틀 영역을 클릭하여 active 클래스가 할당되도록 구현하면 탭 콘텐츠 영역도 변경되어 나타나게 됨
  - height:180px : active 클래스가 할당된 〈div〉 탭 콘텐츠 영역의 높이를 180px로 지정. 이 값은 .tabmenu에 지정한 탭 영역의 크기 250px에서 적절히 높이를 조절한 값임
  - border:1px solid #dddddd : .tabmenu>ul>li 요소 중 active 클래스가 할당된 〈div〉 후손 요소의 영역에 테두리를 지정. 테두리 굵기는 1px, 선의 종류는 실선 solid, 선의 색상은 #dddddd로 지정. 이 테두리 값이 상하좌우로 1px씩 차지하므로 이를 고려하여 width와 height 값을 지정
  - z-index:1 : .tabmenu>li 요소 중 active 클래스가 할당된 〈div〉 후손 요소가 화면 상에서 더 앞쪽에 나타나도록 우선순위를 지정

03 'index.html' 문서와 'style.css' 문서를 저장
한 후 'index.html' 문서를 '크롬(Chrome)' 브라
우저에서 열어 현재까지 작업된 사항을 확인합
니다.

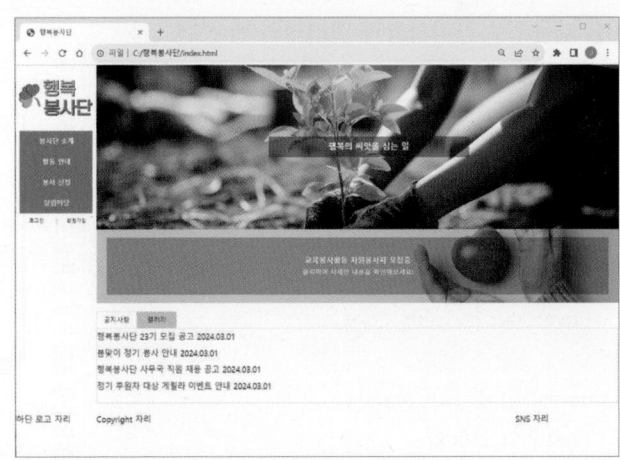

04 이어서 공지사항 탭 콘텐츠의 스타일을 추
가하기 위해 'style.css' 문서에서 '.tabmenu〉ul〉
li.active div' 영역 아래에 다음의 코드를 추가합
니다.

```
.notice ul{
    float: left;
    width: 98%;
    margin-top: 12px;
    margin-bottom: 12px;
}
.notice li{
    width: 100%;
    height: 40px;
    line-height: 40px;
    font-size: 16px;
    margin-left: 10px;
    margin-right: 10px;
}
.notice li:nth-child(2n){
    background-color: #cccccc;
}
.notice li span{
    float: right;
}
.notice li:hover{
    font-weight: bold;
}
```

[style.css]

```
213    .tabmenu>ul>li.active div{ /* active 클래스가 할당된 영역 스타일 */
214        height: 180px;
215        width: calc(100% - 5px);
216        border: 1px solid #dddddd;
217        z-index: 1;
218    }
219    .notice ul{                    /* 공지사항 콘텐츠 영역 스타일 */
220        float: left;
221        width: 98%;
222        margin-top: 12px;
223        margin-bottom: 12px;
224    }
225    .notice li{                    /* 공지사항 리스트 영역 스타일 */
226        width: 100%;
227        height: 40px;
228        line-height: 40px;
229        font-size: 16px;
230        margin-left: 10px;
231        margin-right: 10px;
232    }
233    .notice li:nth-child(2n){    /* 공지사항 중 2배수 리스트 스타일 */
234        background-color: #cccccc;
235    }
236    .notice li span{        /* <span>요소로 구성한 날짜 영역 스타일 */
237        float: right;
238    }
239    .notice li:hover{  /* 공지사항 리스트에 마우스를 올릴 때 스타일 */
240        font-weight: bold;
241    }
242    footer {                        /* D영역: 하단 영역 */
243        float: right;
244        width: 100%;              /* 하단 너비(브라우저100%) */
245        height: 100px;            /* 하단 높이 */
246    }
```

- .notice ul : <div class="notice"> 요소의 자식 요소 〈ul〉에 스타일 지정. 즉, 공지사항 콘텐츠 영역의 스타일을 지정
  - margin-top:12px, margin-bottom:12px : 공지사항 콘텐츠 영역에 위, 아래 12px 여백 지정
- .notice li : <div class="notice"> 요소의 자식 요소 〈li〉에 스타일 지정. 공지사항 콘텐츠 각 리스트의 스타일을 지정
  - height:40px, line-height:40px : 높이 height와 줄 간격(행간) line-height을 같은 값을 지정하여 글자가 세로 가운데 정렬되도록 함
  - margin-left:10px, margin-right:10px : 각 리스트에 좌,우 10px 여백 지정
- .notice li:nth-child(2n) : .notice 요소의 후손 요소 〈li〉의 2배수 요소(2, 4, 6.. 번째를 의미)의 스타일 지정
- .notice li span : .notice 요소의 후손(하위 요소에 해당하는 모든) 요소 〈li〉의 〈span〉에 스타일 지정
- .notice li:hover : .notice 요소의 후손 요소 〈li〉에 마우스를 올리면 font-weight:bold 글자가 굵게 나타나도록 지정

---

05 갤러리 영역의 스타일을 추가하기 위해 '.notice li:hover' 영역 아래에 다음을 추가합니다. 세부 지시사항에 갤러리의 이미지에 마우스 오버(Mouse over) 시 투명도(Opacity)에 변화가 있으므로 확인하여 스타일을 지정합니다.

```
.gallery ul{
    display: flex;
    justify-content: flex-start;
}
.gallery li{
    float: left;
    width: 160px;
    height: 160px;
    margin-top: 10px;
    margin-left: 20px;
}
.gallery img{
    width: 100%;
    height: auto;
    padding: 5px;
}
.gallery li:hover{
    opacity: 0.5;
}
```

[style.css]

```
239    .notice li:hover{  /* 공지사항 리스트에 마우스를 올릴 때 스타일 */
240        font-weight: bold;
241    }
242    .gallery ul{
243        display: flex;
244        justify-content: flex-start;
245    }
246    .gallery li{  /* 갤러리 콘텐츠 영역 스타일 */
247        float: left;
248        width: 160px;
249        height: 160px;
250        margin-top: 10px;
251        margin-left: 20px;
252    }
253    .gallery img{  /* 갤러리 콘텐츠 이미지 영역 스타일 */
254        width: 100%;
255        height: auto;
256        padding: 5px;
257    }
258    .gallery li:hover{  /* 갤러리 콘텐츠에 마우스를 올릴 때 스타일 */
259        opacity: 0.5;
260    }
261    footer {                    /* D영역: 하단 영역 */
262        float: right;
263        width: 100%;            /* 하단 너비(브라우저100%) */
264        height: 100px;          /* 하단 높이 */
265    }
```

- .gallery ul : .gallery 요소의 리스트 목록에 대한 스타일 지정
  - display:flex : 화면 너비가 유동적인 경우, 화면에 맞춰 요소가 1차원적(수평 혹은 수직)으로 자동 배치되도록 하는 레이아웃. 주축은 왼쪽에서 오른쪽(수평) 방향이 기본값
  - justify-content:flex-start : 주축 방향으로 아이템을 정렬하는 속성이며, flex-start로 속성 값을 지정함으로써 요소들이 화면 왼쪽에서부터 일정한 간격으로 배치됨
- .gallery li : .gallery 요소의 후손(하위 요소에 해당하는 모든) 요소 〈li〉에 스타일 지정. 갤러리 이미지에 스타일 적용됨
- .gallery img : .gallery 요소의 후손 요소 〈img〉의 스타일 크기를 지정
- .gallery li:hover : .gallery 요소의 후손 요소 〈li〉 요소에 마우스를 올리면 불투명도 50%(opacity:0.5)가 되어 약간 투명하게 보이도록 지정
- .gallery li는 갤러리 각 이미지가 들어있는 리스트로서 결국 갤러리 이미지들의 투명도가 조정됩니다. 마우스를 올릴 때 이미지의 투명도가 변화되는 조건은 세부 지시사항에 제시되어 있으므로 반드시 지정해야 합니다.
- 갤러리 이미지에 마우스를 올리면 투명도가 변화되도록 하는 스타일은 .gallery img:hover로 지정해도 됩니다.

06 작업 중인 문서를 모두 저장하고 '크롬 (Chrome)' 브라우저에서 결과를 확인합니다.

④ 공지사항, 갤러리 탭 전환 기능 구현하기

이번에는 공지사항과 갤러리 탭이 전환되도록 자바스크립트와 제이쿼리(jQuery)를 활용하여 동적 기능을 만들어줍니다.

01 공지사항 탭과 갤러리 탭이 전환되는 기능을 구현하기 위해 'script.js' 문서에 다음과 같이 입력합니다. 이때 마지막 줄인 '});' 안쪽에 입력하도록 합니다.

```
$(function(){
  $('.tabmenu>ul>li>a').click(function(){
    $(this).parent().addClass("active")
      .siblings()
      .removeClass("active");
      return false;
  });
});
```

[script.js]

```
11    setInterval(function(){
12      $('.slidelist').delay(1000);
13      $('.slidelist').animate({marginTop:-400});
14      $('.slidelist').delay(2000);
15      $('.slidelist').animate({marginTop:-800});
16      $('.slidelist').delay(2000);
17      $('.slidelist').animate({marginTop:0});
18      $('.slidelist').delay(2000);
19    });
20
21    $(function(){
22      $('.tabmenu>ul>li>a').click(function(){
23        $(this).parent().addClass("active")
24          .siblings()
25          .removeClass("active");
26          return false;
27      });
28    });
29
30    });
31
```

• $('.tabmenu>ul>li>a').click : .tabmenu 요소의 자식 요소 〈li〉의 자식 요소인 〈a〉 요소 영역을 클릭
• $(this).parent().addClass('active') : 현재 요소의 부모 요소를 찾아 'active' 클래스 추가. 〈a〉 요소의 부모 요소는 〈li〉이므로 클릭하면 〈li〉에 'active' 클래스를 추가
• .siblings().removeClass('active') : 다른 형제 요소를 찾은 후 'active' 클래스 삭제
• return false : 클릭 이벤트 처리를 중단하고 함수를 호출한 곳으로 즉시 돌아가도록 함
• HTML에서 요소들은 중첩되어 있습니다. 그래서 〈a〉 요소를 클릭하면 이 요소를 감싸고 있는 부모 요소들도 클릭한 것처럼 이벤트에 반응하게 됩니다. 이런 것을 이벤트 버블링(Bubbling)이라고 합니다. 따라서 현재 이벤트를 중지시키고 그 이벤트가 부모 요소에 전달되지 않도록 중지하기 위해서 return false를 사용합니다. 단, return false을 사용하면 자바스크립트 해석기가 이 구문을 만나는 즉시 코드 실행을 중지하기 때문에 return false 다음에 다른 문장을 쓰지 않도록 주의합니다.
• 요소(엘리먼트)를 찾아 계층을 이동하는 함수들

parent()	선택된 요소의 부모 요소
children()	선택된 요소의 자식 요소
sibligs()	선택된 요소의 형제 요소
find()	후손 요소 중 찾고자 하는 특정 요소

02 작업 중인 문서를 모두 저장하고 '크롬 (Chrome)' 브라우저에서 탭 전환 기능이 잘 동작하는지 결과를 확인합니다.

❺ 레이어 팝업창 작성하고 스타일 지정하기

01 세부 지시사항에 지시된 레이어 팝업창을 구성합니다. 공지사항의 첫 번째 콘텐츠를 클릭(Click)할 경우 레이어 팝업창(Modal Layer Pop_up)이 나타나야 하며, 닫기 버튼을 누르면 해당 팝업창이 닫히도록 해야 합니다.

로고		
	타이틀 닫기	
	공지사항(C.2)/갤러리(C.3)	
하단로고	Copyright	SNS

02 먼저 레이어 팝업창에 들어가는 콘텐츠 부분을 작성합니다. 'index.html' 문서에서 와이어프레임 오른쪽 영역이 끝나는 영역인 〈div class="content"〉를 종료하는 〈/div〉 다음에 다음과 같이 입력합니다.

```
<div id="layer">
  <div class="layer_up">
    <div class="uptitle">
        행복봉사단 23기 모집 공고 안내문
    </div>
    <div class="upbody">
        - Contents 폴더에 제공된 텍스트 입력 -
    </div>
    <div class="btn">닫기</div>
  </div>
</div>
```

[index.html]

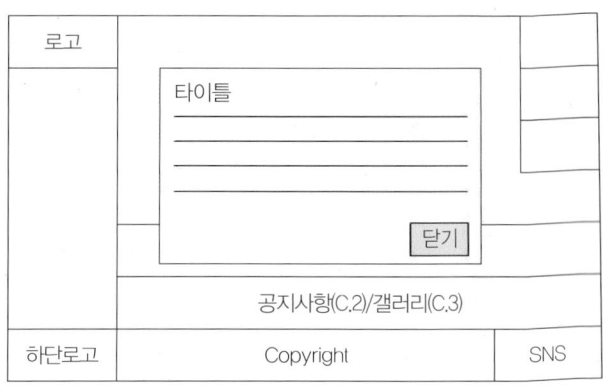

```
146        </ul>
147      </div> <!--tabmenu 끝-->
148    </div> <!--contents 끝-->
149  <!--와이어프레임 오른쪽 영역 끝-->
150
151  <div id="layer">
152    <div class="layer_up">
153      <div class="uptitle">
154        행복봉사단 23기 모집 공고 안내문
155      </div>
156      <div class="upbody">
157        우리는 봉사와 사회공헌을 통해 더 나은 세상을 만들고자 하는
             열정적인 멤버들을 모집합니다. 사회에 기여하고 나눔의 가치를
             실천하며, 동료들과 함께 성장하고, 소중한 순간을 함께 합니다.
158      </div>
159      <div class="btn">닫기</div>
160    </div>
161  </div>
162
163  <!--와이어프레임 하단 영역 시작-->
164  <footer> <!--D영역: Footer-->
165    <div class="btlogo">
```

레이어 팝업창 콘텐츠 영역을 `<div class="bodywrap">` 영역의 밖에 입력합니다. 페이지 레이아웃의 요소들이 레이어 팝업창의 상위 속성이 되는 것을 방지하여 영향을 받지 않도록 별도의 영역에 입력하였습니다.

03 레이어 팝업창의 스타일을 지정하기 위해서 'style.css'에 다음과 같이 입력합니다.

```
#layer{
    position: absolute;
    z-index:1 ;
    display: none;
}
#layer.active{
    display: block;
}
.layer_up{
    width: 500px;
    height: 400px;
    position: fixed;
    left: 30%;
    top: 20%;
    background-color: #ffffff;
}
```

[style.css]

```
258    .gallery li:hover{ /* 갤러리 콘텐츠에 마우스를 올릴 때 스타일 */
259        opacity: 0.5;
260    }
261    #layer{        /* 레이어 팝업창 기준 배경 스타일 */
262        position: absolute;
263        z-index: 1;
264        display: none;
265    }
266    #layer.active{
267        display: block;
268    }
269    .layer_up{    /* 레이어 팝업창 스타일 */
270        width: 500px;
271        height: 400px;
272        position: fixed;
273        left: 30%;
274        top: 20%;
275        background-color: □#ffffff;
276    }
277    footer {                        /* D영역: 하단 영역 */
278        float: right;
279        width: 100%;              /* 하단 너비(브라우저100%) */
280        height: 100px;            /* 하단 높이 */
281    }
```

04 계속해서 레이어 팝업창 안의 타이틀, 내용, 버튼에 대한 스타일을 추가합니다.

```
.uptitle{
    margin-top: 30px;
    text-align: center;
    line-height: 16px;
    font-size: 20px;
    font-weight: bold;
}
.upbody{
    padding: 30px;
    text-align: center;
    font-size: 16px;
    line-height: 30px;
}
.btn{
    width: 80px;
    height: 20px;
    display: block;
```

[style.css]

```
269    .layer_up{    /* 레이어 팝업창 스타일 */
270        width: 500px;
271        height: 400px;
272        position: fixed;
273        left: 30%;
274        top: 20%;
275        background-color: □#ffffff;
276    }
277    .uptitle{
278        margin-top: 30px;
279        text-align: center;
280        line-height: 16px;
281        font-size: 20px;
282        font-weight: bold;
283    }
284    .upbody{
285        padding: 30px;
286        text-align: center;
287        font-size: 16px;
288        line-height: 30px;
289    }
290    .btn{
291        width: 80px;
292        height: 20px;
293        display: block;
294        text-align: center;
295        font-size: 15px;
296        font-weight: bold;
297        background: ■#cccccc;
298        position: absolute;
299        right: 10px;
300        bottom: 10px;
301    }
302    footer {                        /* D영역: 하단 영역 */
303        float: right;
304        width: 100%;              /* 하단 너비(브라우저100%) */
305        height: 100px;            /* 하단 높이 */
```

```css
    text-align: center;
    font-size: 15px;
    font-weight: bold;
    background: #cccccc;
    position: absolute;
    right: 10px;
    bottom: 10px;
}
```

⑥ 레이어 팝업창 기능 구현하기

01 레이어 팝업창 모양은 팝업 되는 영역의 스타일을 보면서 지정하기 위해서 먼저 팝업 기능부터 구현합니다. 공지사항의 첫 번째 콘텐츠를 클릭할 경우 레이어 팝업창이 나타나야 하므로 공지사항 클래스 선택자 '.notice'를 사용하여 지정합니다. 이때 마지막 줄인 '});' 안쪽에 입력하도록 합니다.

```javascript
$(".notice li:first").click(function(){
  $("#layer").addClass("active");
});
$(".btn").click(function(){
  $("#layer").removeClass("active");
});
```

[script.js]

```javascript
20
21  $(function(){
22    $('.tabmenu>ul>li>a').click(function(){
23      $(this).parent().addClass("active")
24        .siblings()
25        .removeClass("active");
26      return false;
27    });
28  });
29
30  $(".notice li:first").click(function(){
31    $("#layer").addClass("active");
32  });
33  $(".btn").click(function(){
34    $("#layer").removeClass("active");
35  });
36
37  });
38
```

02 지금까지 작업한 문서를 모두 저장하고 '크롬(Chrome)' 브라우저에서 작업된 사항을 확인합니다.

지금까지의 작업 결과, 클래스 선택자 '.notice' 요소, 즉 〈div class="notice"〉로 지정된 공지사항의 첫 번째 줄을 클릭하면 레이어 팝업창이 나타나는 것을 확인할 수 있습니다.

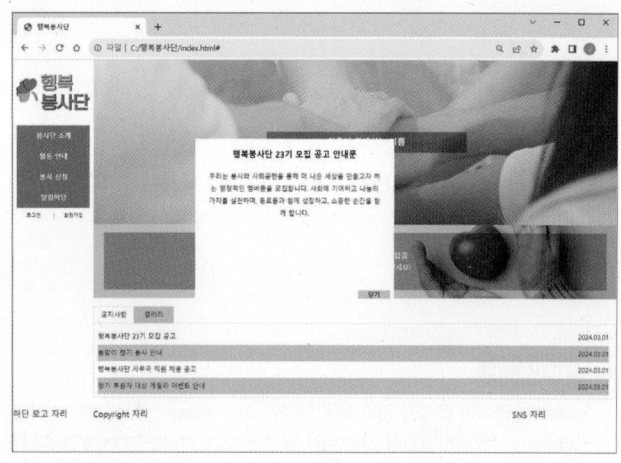

⑦ 바로가기 메뉴 작성하고 스타일 추가하기

01 'index.html' 문서에서 〈div class="layer"〉를 찾고, 그 영역 아래에 다음의 코드를 입력합니다.

```
<div id="shortcut">
  <a href="#">
    <img src="images/shortcut1.jpg" alt="바로가기">
  </a>
  <a href="#">
    <img src="images/shortcut2.jpg" alt="바로가기">
  </a>
  <a href="#">
    <img src="images/shortcut3.jpg" alt="바로가기">
  </a>
</div>
```

[index.html]

```
160        </div>
161      </div>
162
163    <div id="shortcut">
164      <a href="#">
165        <img src="images/shortcut1.jpg" alt="바로가기">
166      </a>
167      <a href="#">
168        <img src="images/shortcut2.jpg" alt="바로가기">
169      </a>
170      <a href="#">
171        <img src="images/shortcut3.jpg" alt="바로가기">
172      </a>
173    </div>
174
175    <!--와이어프레임 하단 영역 시작-->
176    <footer> <!--D영역: Footer-->
```

🅑 기적의 TIP

바로가기 메뉴가 다른 요소들의 영향을 받지 않고 브라우저의 오른쪽 상단에 고정되어 있을 수 있도록 〈div class="contents"〉 영역 바깥에 입력합니다.

02 'style.css'에서 배너 영역의 스타일을 추가하기 위해 클래스 선택자 '.btn'을 찾고 그 아래에 다음과 같이 입력합니다.

```
#shortcut {
    top: 0px;
    right: 0px;
    position: fixed;
    background-color: rgba(120, 120, 120, 0.5);
    z-index: 1;
}
#shortcut img {
    width: 100px;
    height: 100px;
    margin: 10px;
}
#shortcut img:hover {
    opacity: 0.5;
}
```

[style.css]

```
290    .btn{
291        width: 80px;
292        height: 20px;
293        display: block;
294        text-align: center;
295        font-size: 15px;
296        font-weight: bold;
297        background: #cccccc;
298        position: absolute;
299        right: 10px;
300        bottom: 10px;
301    }
302    #shortcut {
303        top: 0px;
304        right: 0px;
305        position: fixed;
306        background-color: rgba(120, 120, 120, 0.5);
307        z-index: 1;
308    }
309    #shortcut img{         /* 바로가기 이미지 스타일 */
310        width: 100px;
311        height: 100px;
312        margin: 10px;
313    }
314    #shortcut img:hover{        /* 바로가기 이미지 스타일 */
315        opacity: 0.5;
316    }
317    footer {                    /* D영역: 하단 영역 */
318        float: right;
319        width: 100%;            /* 하단 너비(브라우저100%) */
320        height: 100px;          /* 하단 높이 */
321    }
```

기적의 TIP

- #shortcut : <div id="shortcut"> 요소로 바로가기 영역의 배경에 해당함
  - top:0px, right:0px : 화면 상단의 오른쪽에 위치하도록 위치 속성을 지정
  - position:fixed : 화면상의 위치에 그대로 고정됨(스크롤을 이동해도 고정됨)
  - z-index:1 : 다른 요소들보다 화면상에서 앞쪽으로 보이도록 우선순위를 지정
- #shortcut img : 바로가기 영역의 이미지에 대한 크기와 여백에 대한 스타일을 지정
  - width:100px, height:100px : 너비와 높이를 100px로 지정하여 정사각형으로 지정
  - margin:10px : 이미지의 상하좌우에 10px씩 여백을 지정
- #shortcut img:hover : 바로가기 이미지에 마우스를 올렸을 때 투명도를 변경

---

03 작업 중인 문서를 모두 저장하고 '크롬(Chrome)' 브라우저에서 배너와 바로가기를 입력한 결과를 확인합니다.

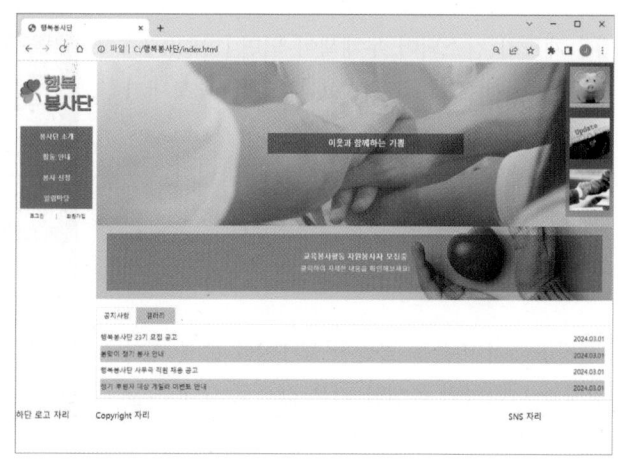

세부 영역별 지시사항대로 Footer 영역을 제작합니다.

이 문제에서 제공된 텍스트와 이미지를 사용하여 하단 로고, Copyright, SNS를 제작합니다.

1 Footer 영역 하단 로고 만들기

제공된 로고를 grayscale(무채색)으로 변경하여 Footer 영역에 추가하도록 하고 있으므로 먼저 로고를 무채색으로 조정해두도록 합니다. 여기에서는 포토샵을 이용하여 조정하였습니다.

01 포토샵을 실행한 후, [파일(File)]−[열기(Open)] 메뉴를 선택하여 위에서 만들었던 로고 이미지 'logo.png'를 엽니다.

02 로고를 무채색으로 변경하기 위해서 [이미지(Image)]−[조정(Adjustments)]−[채도 감소(Desaturate)]를 선택합니다.

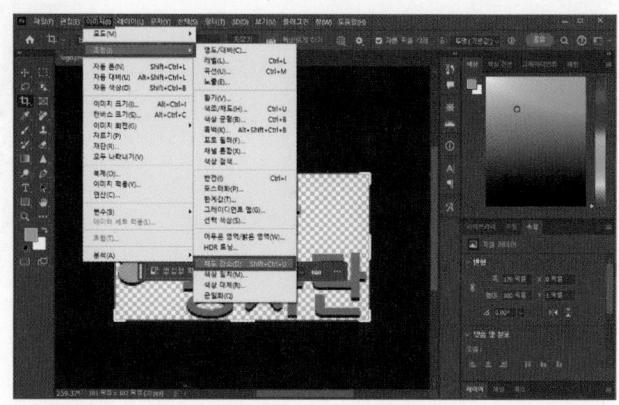

> **기적의 TIP**
> - 채도 감소의 단축키는 Shift + Ctrl + U 입니다.
> - 채도를 감소하기 위해 [이미지(Image)]−[조정(Adjustments)]−[색조/채도(Hue/Saturation)] 메뉴를 선택하여 채도(Hue/Saturation)에서 '−100'을 입력하여 변경해도 됩니다.
> - [색조/채도(Hue/Saturation)] 메뉴의 단축키는 Ctrl + U 입니다.
> - 로고의 색상 값이나 색상을 변경하는 방법이 지정되지 않은 경우 수험자 임의로 수정하면 됩니다.

03 채도가 감소되어 무채색이 되면 [파일(File)]−[내보내기(Export)]−[PNG로 빠른 내보내기(Quick Export as PNG)]를 선택하여 'images' 폴더 안에 'logo_bottom.png'로 저장합니다.

– 파일 이름(File name) : logo_bottom.png

– 형식(Format) : PNG

[저장(Save)] 버튼을 클릭한 후 PNG 옵션 대화상자가 나타나면 옵션을 기본 값으로 그대로 둔 채 [확인(OK)]를 클릭합니다.

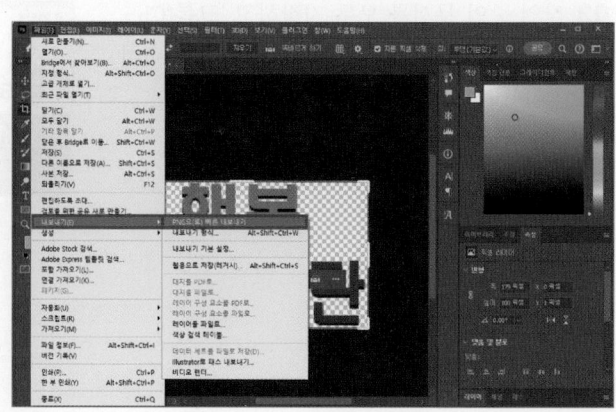

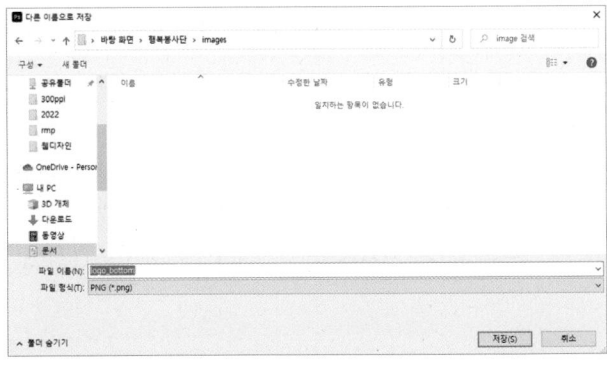

❷ Footer 영역 작성하기

제공된 텍스트와 이미지를 사용하여 하단 로고, Copyright, SNS를 제작합니다.

01 'index.html' 문서에서 〈footer〉 〈/footer〉 영역에서 미리 입력해 두었던 로고 자리, Copyright 자리, SNS 자리에 Footer 폴더에 제공된 텍스트를 사용하여 다음과 같이 입력합니다.

```
<footer>
  <div class="btlogo">
    <a href="#">
      <img src="images/logo_bottom.png"
      alt="하단로고">
    </a>
  </div>
  <div class="btwrap">
    <div class="copy">
      COPYRIGHT© by WEBDESIGN. ALL RIGHTS
      RESERVED
    </div>
    <div class="sns">
      <ul>
        <li>
          <a href="#">
            <img src="images/sns1.jpg"
            alt="sns이미지">
          </a>
        </li>
        <li>
          <a href="#">
            <img src="images/sns2.jpg" alt="sns이미지">
```

[index.html]

```
172          </a>
173        </div>
174
175        <!--와이어프레임 하단 영역 시작-->
176        <footer> <!--D영역: Footer-->
177          <div class="btlogo">
178            <a href="#">
179              <img src="images/logo_bottom.png" alt="하단로고">
180            </a>
181          </div>
182          <div class="btwrap"> <!--btwrap:copy와 sns 묶어줌-->
183            <div class="copy">
184              COPYRIGHT© by WEBDESIGN. ALL RIGHTS RESERVED
185            </div>
186            <div class="sns">
187              <ul>
188                <li>
189                  <a href="#">
190                    <img src="images/sns1.jpg" alt="sns이미지">
191                  </a>
192                </li>
193                <li>
194                  <a href="#">
195                    <img src="images/sns2.jpg" alt="sns이미지">
196                  </a>
197                </li>
198                <li>
199                  <a href="#">
200                    <img src="images/sns3.jpg" alt="sns이미지">
201                  </a>
202                </li>
203              </ul>
204            </div>
205          </div>
206        </footer>
207        <!--와이어프레임 하단 영역 끝-->
208      </body>
209    </html>
210
```

```
        </a>
      </li>
      <li>
        <a href="#">
          <img src="images/sns3.jpg" alt="sns이미지">
        </a>
      </li>
    </ul>
  </div>
  </div>
</footer>
```

③ Footer 영역 스타일 지정하기

01 푸터 영역에 스타일을 지정하기 위해 'style.
css'에서 클래스 선택자 '.footer' 영역을 찾아서
다음의 코드를 추가합니다.

```
footer {
    float: right;
    width: 100%;
    height: 100px;
    background-color: #342628;
}
```

[style.css]

```
314  #shortcut img:hover{        /* 바로가기 이미지 스타일 */
315      opacity: 0.5;
316  }
317  footer {                    /* D영역: 하단 영역 */
318      float: right;
319      width: 100%;            /* 하단 너비(브라우저100%) */
320      height: 100px;          /* 하단 높이 */
321      background-color: ■#342628;
322  }
323  .btlogo {
324      float: left;
325      width: 200px;           /* 하단 로고 영역 너비 */
326      height: 100px;          /* 하단 로고 영역 높이 */
327  }
```

02 푸터 영역에 스타일을 지정하기 위해 'style.
css'에서 클래스 선택자 '.btlogo' 영역을 찾아서
다음과 같이 아래에 로고 이미지 스타일을 추가
합니다.

```
.btlogo {
    float: left;
    width: 200px;
    height: 100px;
}
.btlogo img {
    float: left;
    height: 80px;
    margin-top: 10px;
    margin-left: 10px;
}
```

[style.css]

```
323  .btlogo {
324      float: left;
325      width: 200px;           /* 하단 로고 영역 너비 */
326      height: 100px;          /* 하단 로고 영역 높이 */
327  }
328  .btlogo img {
329      float: left;
330      height: 80px;
331      margin-top: 10px;
332      margin-left: 10px;
333  }
334  .btwrap {                   /* 하단 콘텐츠 영역: copy+sns */
335      float: right;
336      width: calc(100% - 200px); /* 로고 너비 200px를 제외 */
337      height: 100px;
338  }
```

btlogo img : <div class="btlogo"> 영역의 후손 요소 〈img〉 요소에 대한 스타일 지정
- height:80px : 이미지 크기의 종횡비가 달라지지 않도록 height:80px만 지정하여 너비가 자동으로 나타나게 함
- margin:10px : 높이가 80px인 이미지가 〈footer〉의 높이인 100px의 세로 중앙에 위치하도록 위쪽 여백으로 10px 지정

03 Copyright 영역의 스타일을 지정합니다. '.copy' 영역을 찾은 후 다음과 같이 속성을 추가합니다.

```
.copy {
    float: left;
    width: 80%;
    height: 100px;
    text-align:center;
    font-size:14px;
    line-height:100px;
    color: #ffffff;
}
```

[style.css]

```
334    .btwrap {                      /* 하단 콘텐츠 영역: copy+sns */
335      float: right;
336      width: calc(100% - 200px); /* 로고 너비 200px을 제외 */
337      height: 100px;
338    }
339    .copy {
340      float: left;
341      width: 80%;                 /* Copyright 너비: btwrap의 80% */
342      height: 100px;              /* Copyright 높이 */
343      text-align: center;
344      font-size: 14px;
345      line-height: 100px;
346      color: ☐#ffffff;
347    }
348    .sns {
349      float: right;
350      width: 20%;                 /* 하단 sns 너비: btwrap의 20% */
351      height: 100px;              /* 하단 sns 높이 */
352    }
```

04 SNS 영역의 스타일을 지정합니다. '.sns' 영역을 찾은 후 다음과 같이 속성을 추가합니다.

```
.sns {
    float: right;
    width: 20%;
    height: 100px;
}
.sns ul{
    margin-right: 20px;
    margin-top: 25px;
}
.sns li{
    display: inline-block;
}
.sns img{
    width: 40px;
    height: 40px;
    padding: 5px;
}
.sns img:hover{
    opacity: 0.5;
}
```

[style.css]

```
339    .copy {
340      float: left;
341      width: 80%;                 /* Copyright 너비: btwrap의 80% */
342      height: 100px;              /* Copyright 높이 */
343      text-align: center;
344      font-size: 14px;
345      line-height: 100px;
346      color: ☐#ffffff;
347    }
348    .sns {
349      float: right;
350      width: 20%;                 /* 하단 sns 너비: btwrap의 20% */
351      height: 100px;              /* 하단 sns 높이 */
352    }
353    .sns ul {
354      margin-right: 20px;
355      margin-top: 25px;
356    }
357    .sns li {
358      display: inline-block;
359    }
360    .sns img {
361      width: 40px;
362      height: 40px;
363      padding: 5px;
364    }
365    .sns img:hover {
366      opacity: 0.5;
367    }
368
```

05 작업 중인 모든 문서를 저장하고 '크롬(Chrome)' 브라우저에서 결과를 확인합니다.

화면 창 크기가 바뀔 때마다 요소들의 배치와 정렬이 틀어지지 않는지 확인합니다.

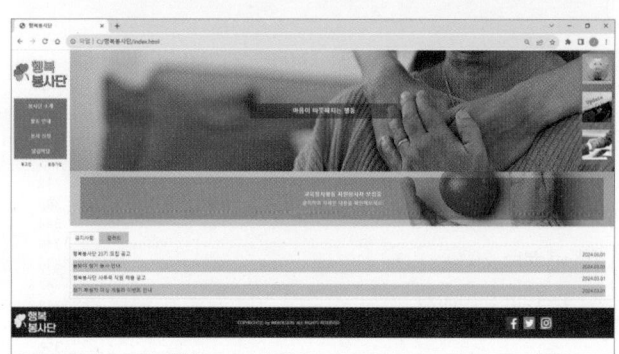

최종 결과물 Checklist

최종 작업이 끝나면 다음과 같이 최종 문서를 확인합니다.

1. 모든 작업은 바탕 화면의 '비번호' 폴더에 저장되어 있어야 합니다.

2. 최종 본문 파일은 가장 상위 폴더에 'index.html'로 저장되어 있어야 합니다.

3. 제작한 자료들은 '비번호' 폴더 내에 'css', 'javascript', 'images' 폴더별로 분류되어 저장되어 있어야 합니다.

4. 최종 결과물인 '비번호' 폴더의 용량이 5MB을 초과되지 않아야 합니다. 최종 제출 폴더('비번호' 폴더)에 마우스 오른쪽을 클릭한 후 바로가기 메뉴에서 '속성'을 선택한 후 전체 용량을 확인하도록 합니다.

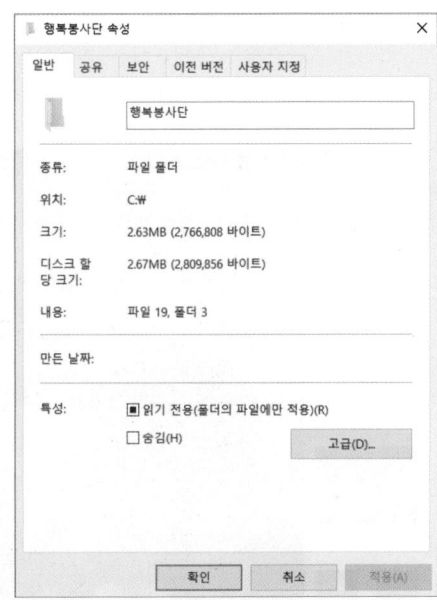

5. 웹페이지 코딩은 HTML5 기준 웹 표준을 준수하여야 합니다.
  - HTML 유효성 검사(W3C validator)에서 오류('ERROR')가 없어야 합니다. 단, HTML 유효성 검사 서비스는 인터넷으로 이루어지기 때문에 시험 시 확인할 수 없습니다.
  - 따라서 오류를 방지하기 위해서 다음과 같은 방법을 사용하여 확인합니다.
  ① 구글 크롬 브라우저나, 파이어폭스 브라우저를 이용하여 페이지 빈 공간에서 오른쪽 버튼을 누르고 '검사(Inspect)'를 실행합니다.
  ② 콘솔(Console) 창에서 오류가 나타나는지 확인합니다. 시험 최종 결과물에서 이 오류가 나타나서는 안됩니다.
  ③ 오류가 있을 경우 콘솔 창에 오류 메시지가 나타나게 됩니다.
  ④ 오류를 발견하면 오류가 있는 코드를 수정하여 오류를 바로 잡습니다.

▶ 합격 강의

[공개 문제 유형 : E-1, E-2, E-3, E-4]

별빛정원 웹사이트 제작

자격 종목	웹디자인개발기능사	과제명	별빛정원

※ 시험시간 : 3시간

1. 요구사항

※ 다음 요구사항을 준수하여 주어진 자료(수험자 제공 파일)를 활용하여 시험시간 내에 웹페이지를 제작 후 5MB **용량이 초과되지 않게** 저장 후 제출하시오.

※ 웹페이지 코딩은 **HTML5 기준 웹 표준**을 준수하여야 하며, 요구사항에 지정되지 않는 요소들은 주제 특성에 맞게 자유롭게 디자인하시오.

※ 문제에서 지시하지 않은 와이어프레임 영역 비율, 레이아웃, 텍스트의 글자체/색상/크기, 요소별 크기, 색상 등은 수험자가 과제명(가.주제) 특성에 맞게 자유롭게 디자인하시오.

가. 주제 : 별빛정원 웹사이트 제작

나. 개요

프로그램 안내를 위한 「별빛정원」 홈페이지를 제작하고자 한다. 프로그램에서 진행하고 있는 내용을 확인할 수 있고, 문의사항과 예약하기 메뉴가 있는 웹사이트 제작을 요청하였다. 아래의 요구사항에 따라 메인 페이지를 제작하시오.

다. 제작 내용

01) 메인 페이지를 디자인하고 HTML, CSS, JavaScript 기반의 웹페이지를 제작한다. (이때 jQuery 오픈소스, 이미지, 텍스트 등의 제공된 리소스를 활용하여 제작할 수 있다.)

02) HTML, CSS의 charset은 utf-8로 해야 한다.

03) 컬러 가이드

주조색 (Main color)	보조색 (Sub color)	배경색 (Background color)	기본 텍스트의 색 (Text color)
자유롭게 지정	자유롭게 지정	#171C61	#333333

04) 사이트 맵(Site map)

Index page / 메인(Main)			
메인 메뉴(Main menu)	별빛정원 소개	프로그램 안내	예약하기	문의사항
서브 메뉴(Sub menu)	별빛정원 역사 실내 소개 야외 시설 별빛 축제	별빛 관람 천문학 강연 천체 망원경 자연과학 교육	체험 가격 개인 예약 단체 예약 예약 확인	오시는 길 주차정보 FAQ 문의하기

05) 와이어프레임(Wireframe)

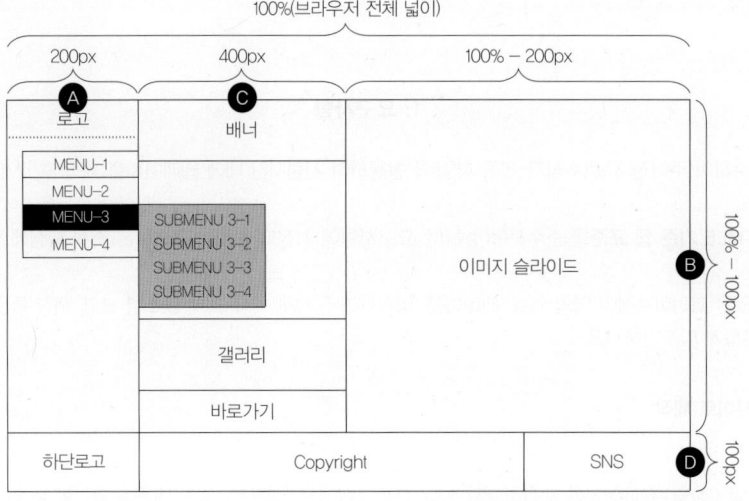

〈C영역 각각의 넓이는 수험자가 판단〉

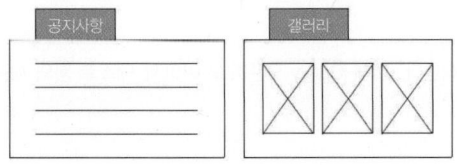

〈공지사항, 갤러리 별도 구성〉

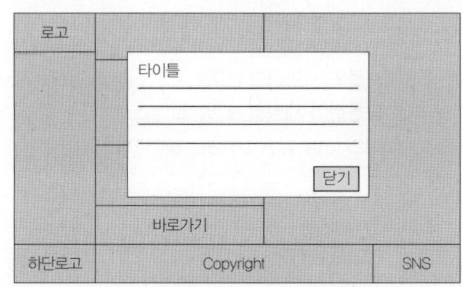

〈모달 레이어 팝업창 구성〉

자격 종목	웹디자인개발기능사	과제명	별빛정원

라. 세부 영역별 지시사항

영역 및 명칭	세부 지시사항
Ⓐ Header	**A.1. 로고** ○ 가로 세로 180픽셀×100픽셀 크기로 웹사이트의 이미지에 적합한 로고를 직접 디자인하여 삽입한다. ○ 로고명은 Header 폴더의 제공된 텍스트를 사용한다. **A.2. 메뉴 구성** ※ 사이트 구조도를 참고하여 메인 메뉴(Main menu)와 서브 메뉴(Sub menu)로 구성한다. **(1) 메인 메뉴(Main menu) 효과 [와이어프레임 참조]** ○ 메인 메뉴 중 하나에 마우스를 올리면(Mouse over) 하이라이트 되고, 벗어나면(Mouse out) 하이라이트를 해제한다. ○ 메인 메뉴를 마우스로 올리면(Mouse over) 서브 메뉴 영역이 부드럽게 나타나면서, 서브 메뉴가 보이도록 한다. ○ 메인 메뉴에서 마우스 커서가 벗어나면(Mouse out) 서브 메뉴 영역은 부드럽게 사라져야 한다. **(2) 서브 메뉴 영역 효과** ○ 서브 메뉴 영역은 메인 페이지 콘텐츠를 고려하여 배경색상을 설정한다. ○ 서브 메뉴 중 하나에 마우스를 올리면(Mouse over) 하이라이트 되고 벗어나면(Mouse out) 하이라이트를 해제한다. ○ 마우스 커서가 메뉴 영역을 벗어나면(Mouse out) 서브 메뉴 영역은 부드럽게 사라져야 한다.
Ⓑ Slide	**B. Slide 이미지 제작** ○ [Slide] 폴더에 제공된 3개의 이미지로 제작한다. ○ [Slide] 폴더에 제공된 3개의 텍스트를 각 이미지에 적용하되, 텍스트의 글자체, 굵기, 색상, 크기를 적절하게 설정하여 가독성을 높이고, 독창성이 드러나도록 제작한다. **B. Slide 애니메이션 작업** ※ 위에서 작업한 결과물을 이용하여 슬라이드 작업을 한다. ○ 이이미지만 바뀌면 안 되고, 이미지가 좌에서 우 또는 우에서 좌로 이동하면서 전환되어야 한다. ○ 슬라이드는 매 3초 이내로 하나의 이미지에서 다른 이미지로 전환되어야 한다. ○ 웹사이트를 열었을 때 자동으로 시작되어 반복적으로(마지막 이미지가 사라지면 다시 첫 번째 이미지가 나타나는 방식) 전환되어야 한다.
Ⓒ Contents	**C.1. 배너** ○ Contents 폴더의 제공된 파일을 활용하여 편집 또는 디자인하여 제작한다. **C.2. 공지사항** ○ 공지사항 타이틀 영역과 콘텐츠 영역을 구분하여 표현해야 한다.(단, 콘텐츠는 HTML 코딩으로 작성해야 하며, 이미지로 삽입하면 안 된다.) ○ 콘텐츠는 Contents 폴더의 제공된 텍스트를 적용하여 제작한다. ○ 공지사항의 첫 번째 콘텐츠를 클릭(Click)할 경우 레이어 팝업창(Layer Pop_up)이 나타나며 닫기 버튼을 누르면 해당 팝업창이 닫혀야 한다. [와이어프레임 참조] ○ 레이어 팝업의 제목과 내용은 Contents 폴더의 제공된 텍스트 파일을 사용한다. **C.3. 갤러리** ○ Contents 폴더의 제공된 이미지 3개를 사용하여 가로 방향으로 배치한다. [와이어프레임 참조] ○ 갤러리의 이미지에 마우스 오버(Mouse over) 시 해당 객체의 투명도(Opacity)에 변화가 있어야 한다. ○ 공지사항과 갤러리는 탭 기능을 이용하여 제작하여야 한다. [와이어프레임 참조] ○ 각 탭을 클릭(Click) 시 해당 탭에 대한 내용이 보여야 한다. [와이어프레임 참조] **C.4. 바로가기** ○ Contents 폴더의 제공된 파일을 활용하여 편집 또는 디자인하여 제작한다. ※ 콘텐츠는 HTML 코딩으로 작성해야 하며, 이미지로 삽입하면 안 된다.
Ⓓ Footer	○ 로고를 grayscale(무채색)로 변경하고 사용자의 접근성을 고려하여 배치한다. ○ Footer 폴더의 제공된 텍스트를 사용하여 하단로고, Copyright, SNS(3개)를 제작한다.

자격 종목	웹디자인개발기능사	과제명	별빛정원

마. 기술적 준수사항

01) 웹페이지 코딩은 HTML5 기준 웹 표준을 준수하여야 하며 HTML **유효성 검사(W3C validator)에서** 오류('ERROR')가 없어야 한다.
   ※ HTML 유효성 검사 서비스는 시험 시 제공하지 않는다(인터넷 사용 불가).

02) **CSS는 별도의 파일로 제작하여 링크**하여야 하며, CSS3 기준(**W3C validator**)에서 오류('ERROR')가 없도록 코딩되어야 한다.

03) JavaScript 코드는 별도의 파일로 제작하여 연결하여야 하며 브라우저(**Google Chrome**)에 내장된 개발도구의 Console 탭에서 오류 ('ERROR')가 표시되지 않아야 한다.

04) 별도로 지정하지 않은 상호작용이 필요한 모든 콘텐츠(로고, 메뉴, 버튼, 바로가기 등)는 임시 링크(예:#)를 적용하고 'Tab'(Tab) 키로 이동 선택할 수 있어야 한다.

05) 사이트는 다양한 화면 해상도에서 일관성 있는 페이지 레이아웃을 제공해야 한다.

06) 웹페이지 전체 레이아웃은 Table 태그 사용이 아닌 CSS를 통한 레이아웃 작업으로 해야 한다.

07) 브라우저에서 CSS를 "사용 안 함"으로 설정한 경우 콘텐츠가 세로로 나열된다.

08) 타이틀 텍스트(Title text), 바디 텍스트(Body text), 메뉴 텍스트(Menu text)의 각 글자체/굵기/색상/크기 등을 적절하게 설정하여 사용자가 텍스트 간의 위계질서(Hierarchy)를 직관적으로 알 수 있도록 한다.

09) 모든 이미지에는 이미지에 대한 대체 텍스트를 표현할 수 있는 alt 속성이 있어야 한다.

10) 제작된 사이트 메인 페이지의 레이아웃, 구성 요소의 크기 및 위치 등은 최신 버전의 **MS Edge와 Google Chrome**에서 동일하게 표시되어야 한다.

바. 제출 방법

01) 수험자는 비번호로 된 폴더명으로 완성된 작품 파일을 저장하여 제출한다.

02) 폴더 안에는 images, script, css 등의 자료를 분류하여 저장한 폴더도 포함되어 있어야 하며, 메인 페이지는 반드시 최상위 폴더에 index.html로 저장하여 제출해야 한다.

03) 수험자는 제출하는 폴더에 index.html을 열었을 때 연결되거나 표시되어야 할 모든 리소스들을 포함하여 제출해야 하며 수험자의 컴퓨터가 아닌 채점 위원의 컴퓨터에서 정상 작동해야 한다.

04) 전체 결과물의 용량은 5MB용량이 초과되지 않게 제출하며 ai, psd 등 웹서비스에 사용되지 않는 파일은 제출하지 않는다.

2. 수험자 유의사항

※ 다음의 유의사항을 고려하여 요구사항을 완성하시오.

01) 수험자 인적사항 및 답안작성은 반드시 검은색 필기구만 사용하여야 하며, 그 외 연필류, 유색 필기구, 지워지는 펜 등을 사용한 답안은 채점하지 않으며 0점 처리됩니다.

02) 수험에 필요한 소프트웨어 및 참고자료가 하드웨어에 설치되어 있는지 확인 후 작업하시오.

03) 참고자료의 내용 중 오자 및 탈자 등이 있을 때는 수정하여 작업하시오.

04) 지참공구[수험표, 신분증, 흑색 필기도구] 이외의 참고자료 및 외부장치(CD, USB, 키보드, 마우스, 이어폰) 등 **어떠한 물품도 시험 중에 지참할 수 없음**을 유의하시오(단, 시설목록 이외의 정품 소프트웨어(폰트 제외)를 설치하고자 할 때에는 감독위원의 입회하에 설치하여 사용하시오).

05) 수험자가 컴퓨터 활용 미숙 등으로 인해 시험의 진행이 어렵다고 판단되었을 때는 감독위원은 시험을 중지시키고 실격처리를 할 수 있음을 유의하시오.

06) **바탕 화면에 수험자 본인의 "비번호" 이름을 가진 폴더에 완성된 작품의 파일만을 저장하시오.**

자격 종목	웹디자인개발기능사	과제명	별빛정원

07) 모든 작품을 감독위원 또는 채점위원이 검토하여 복사된 작품(동일 작품)이 있을 때에는 관련된 수험자 모두를 부정행위로 처리됨을 유의하시오.

08) 장시간 컴퓨터 작업으로 신체에 무리가 가지 않도록 적절한 몸풀기(스트레칭) 후 작업하시오.

09) **다음 사항에 대해서는 실격에 해당되어 채점 대상에서 제외됩니다.**

　가) 수험자 본인이 수험 도중 시험에 대한 포기(기권) 의사를 표시하고 포기하는 경우

　나) 작업 범위(용량, 시간)를 초과하거나, 요구사항과 현격히 다른 경우(채점위원이 판단)

　다) <u>Slide가 JavaScript(jQuery포함), CSS 중 하나 이상의 방법을 이용하여 제작되지 않은 경우</u>
　　※ <u>움직이는 Slide를 제작하지 않고 이미지 하나만 배치한 경우도 실격처리 됨</u>

　라) 수험자 미숙으로 비번호 폴더에 완성된 작품 파일을 저장하지 못했을 경우

　마) 압축프로그램을 사용하여 작품을 압축 후 제출한 경우

　바) 과제 기준 20% 이상 완성이 되지 않은 경우(채점위원이 판단)

3. 지급재료 목록

일련번호	재료명	규격	단위	수량	비고
1	수험자료 USB 메모리	32GB 이상	개	1	시험장당
2	USB 메모리	32GB 이상	개	1	시험장당 1개씩(채점위원용) ※ 수험자들의 작품 관리

※ 국가기술자격 실기 시험 지급재료는 시험종료 후(기권, 결시자 포함) 수험자에게 지급하지 않습니다.

단계별 작업 / 따라하기

1 STEP HTML5 표준 문서 준비   약 10분

❶ HTML5 버전 index.html 만들기

시험장에서는 문제를 풀기 전 컴퓨터 바탕 화면에 본인에게 부여된 '비번호' 이름의 폴더를 생성하고, 폴더 안에 주어진 제공 파일들을 미리 저장해둡니다. 시험장에서 모든 작업은 바탕 화면의 '비번호' 폴더에 저장해야 합니다. 본 교재에서는 바탕 화면에 생성한 작업 폴더명을 과제명인 '별빛정원'으로 설정하고 작업을 진행합니다.

01 Visual Studio Code(VSC)를 실행합니다.
[시작하기 화면]–[폴더 열기]를 선택하여 작업할 폴더를 지정합니다. 시작하기 화면이 보이지 않는 경우, 상단 메뉴 표시줄에서 [파일]–[폴더 열기]를 눌러 작업할 폴더를 지정합니다.

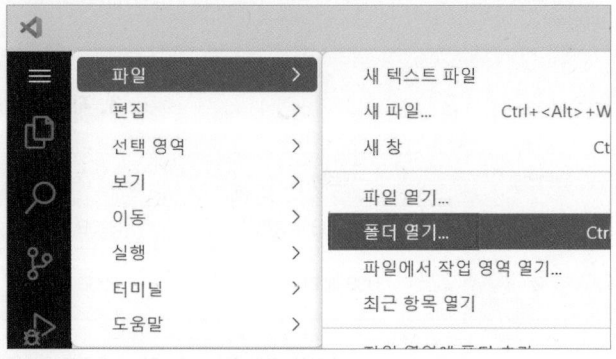

> **💡 기적의 TIP**
>
> 이 책에서는 웹 문서 편집 프로그램으로 Visual Studio Code를 사용하였습니다. 시험장에서는 Notepad++나 EditPlus도 제공하니 각 프로그램의 인터페이스나 특징을 살펴본 후 가장 편하고 익숙한 프로그램을 사용할 것을 권합니다.

02 바탕 화면에 생성해두었던 작업할 폴더를 선택합니다.

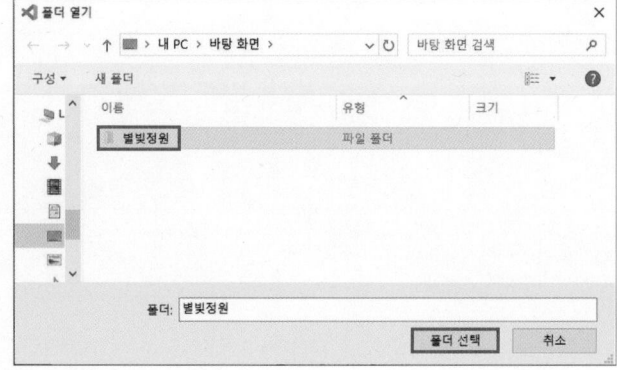

03 HTML5 버전의 문서를 만들기 위해 Visual Stduio Code 왼쪽 화면의 '탐색기'에서 작업 중인 폴더에 마우스를 올립니다.
폴더의 오른쪽에 [새 파일] 아이콘이 생기면 클릭합니다.

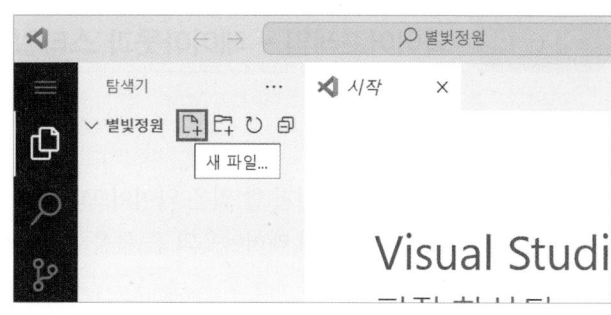

04 작업 폴더의 하위리스트에 새로운 파일이 생성되면 파일명을 'index.html'로 입력한 후 Enter 를 누르거나 여백을 클릭합니다. 파일이 정상적으로 생성되면 오른쪽 코드 창에 'index.html' 파일이 열린 것을 확인할 수 있습니다. Visual Studio Code에서 생성한 파일은 윈도우 탐색기에서도 확인할 수 있습니다.

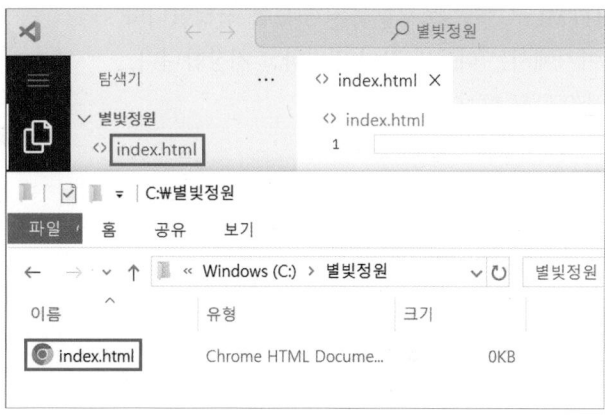

05 코드 창에서 'index.html' 문서에 HTML5 문서 형식에 맞추어 코드를 입력합니다.

```
<!DOCTYPE html>
<html>
<head>
  <meta charset="utf-8">
  <title>별빛정원</title>
</head>

<body>
</body>
</html>
```

[index.html]

```
1   <!DOCTYPE html>
2   <html>
3   <head>
4     <meta charset="utf-8">
5     <title>별빛정원</title>
6   </head>
7
8   <body>
9   </body>
10  </html>
11
```

🅑 **기적의 TIP**

HTML5 문서는 문서의 시작과 끝, 본문의 시작과 끝을 알리는 태그를 사용하여 코딩을 시작합니다. 이때 HTML5 표준 문서의 선언부인 〈!DOC-TYPE HTML〉(대소문자 구분 없음)을 정확히 기입해야 합니다. 또 문자셋(charset)도 주어진 조건에 맞게 기입합니다.

① 레이아웃 작성하기

웹 페이지를 제작할 때 가장 먼저 할 일은 와이어프레임에 맞게 레이아웃을 작성하는 것입니다. 문제에 주어진 구조와 값(수치) 등을 파악하여 레이아웃의 큰 틀을 지정한 후 각 영역의 내용을 채워갑니다.

01 먼저 시험지의 와이어프레임을 보면서 HTML로 영역을 구분하는 코드를 작성합니다. 여기에서는 다음과 같이 입력하고 저장합니다.

```
<!DOCTYPE html>
<html>
<head>
  <meta charset="utf-8">
  <title>별빛정원</title>
</head>

<body>
  <header>
    <div class="top">
      <div class="logo">
        로고 자리
      </div>
      <nav class="menu">
        메뉴 자리
      </nav>
    </div>
  </header>

<div class="bodywrap">
  <div class="contents">
    <div id="banner">
      배너자리
    </div>
    <div class="notice">
      공지사항 자리
    </div>
    <div class="gallery">
      갤러리 자리
    </div>
    <div id="shortcut">
      바로가기 자리
    </div>
```

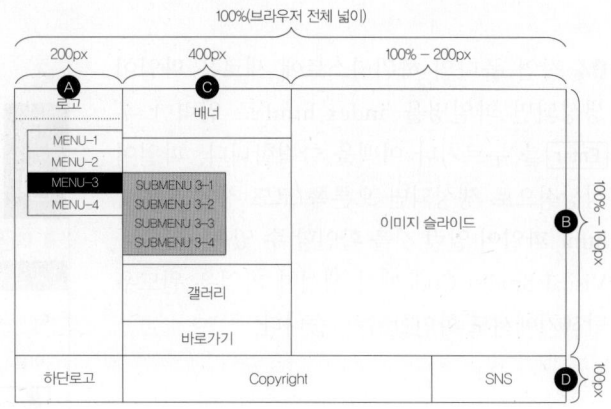

▲ 주어진 와이어프레임 조건

[index.html]

```
1   <!DOCTYPE html>
2   <html>
3   <head>
4     <meta charset="utf-8">
5     <title>별빛정원</title>
6   </head>
7
8   <body>
9     <!-- A영역:Header -->
10    <header>
11      <div class="top">
12        <div class="logo">
13          로고 자리
14        </div>
15        <nav class="menu">
16          메뉴 자리
17        </nav>
18      </div>
19    </header>
20
21    <div class="bodywrap"> <!-- bodywrap:contents+imgslide -->
22      <!-- C영역:contents -->
23      <div class="contents">
24        <div id="banner">
25          배너자리
26        </div>
27        <div class="notice">
28          공지사항 자리
29        </div>
30        <div class="gallery">
31          갤러리 자리
32        </div>
33        <div id="shortcut">
34          바로가기 자리
35        </div>
```

```
          </div>
          <div class="imgslide">
              이미지 슬라이드 자리
          </div>
      </div>
      <footer>
          <div class="btlogo">
              하단로고 자리
          </div>
          <div class="copy">
              Copyright 자리
          </div>
          <div class="sns">
              SNS 자리
          </div>
      </footer>
  </body>
  </html>
```

```
36          </div>  <!-- contents 영역 끝 -->
37
38          <!-- B영역:imgslide -->
39          <div class="imgslide">
40              이미지 슬라이드 자리
41          </div>
42      </div>  <!-- bodywrap 끝 :contents+imgslide -->
43
44      <!-- D영역:Footer -->
45      <footer>
46          <div class="btlogo">
47              하단로고 자리
48          </div>
49          <div class="copy">
50              Copyright 자리
51          </div>
52          <div class="sns">
53              SNS 자리
54          </div>
55      </footer>
56
57  </body>
58  </html>
59
```

기적의 TIP

- 각 영역을 구분할 수 있는 글자나 주석을 입력해두면 영역의 혼동없이 코딩 작업을 할 수 있습니다.
- HTML 문서에서 주석은 '〈!--'로 시작하고 '--〉'로 끝나도록 합니다. 단, 하이픈(-)이 세 개 이상 사용되지 않도록 주의합니다. 예를 들어 〈!---- 주석 내용 ----〉과 같이 입력하지 않아야 합니다.
- 웹 페이지 영역은 〈div〉로 구분합니다. 각 영역에는 CSS 스타일 지정을 위해 미리 클래스(class) 이름을 지정합니다.
- class : 웹 페이지에 사용되는 요소의 이름을 명명하는 속성으로 스타일 시트(CSS) 파일에서 선언될 선택자 이름
- 〈header〉: 헤더(머리글 섹션) 영역을 지정
- 〈div class="top"〉: 로고와 메뉴 영역을 묶어주기 위한 영역 지정
- 〈nav〉: 메뉴 탐색을 위한 내비게이션 영역 지정
- 〈div class="imgslide"〉: 이미지 슬라이드 영역 지정
- 〈div class="contents"〉: 콘텐츠(공지사항, 갤러리) 영역 지정
- 〈footer〉: 푸터(바닥글 섹션) 영역 지정

---

02 파일 탐색기에서 작업 폴더를 찾아 'index. html' 문서를 '크롬(Chrome)' 브라우저에서 열어 작업 결과를 확인할 수 있습니다.

각 영역에 대한 스타일 지정이 되어 있지 않기 때문에 글자들만 나타나는 것을 확인할 수 있습니다.

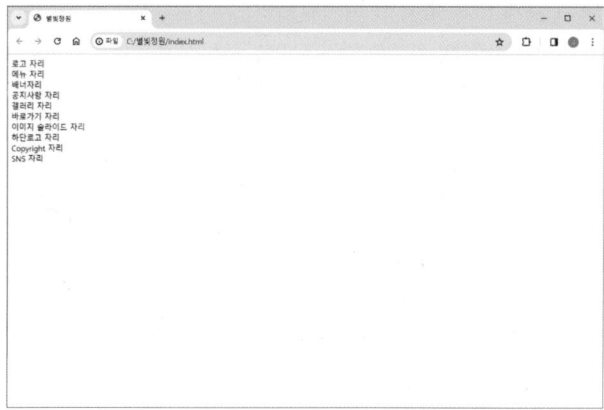

❷ 레이아웃 영역에 CSS 스타일 지정하기

다음으로 HTML로 작성한 레이아웃에 스타일을 지정하기 위해 CSS 작업을 합니다.

01 Visual Studio Code 왼쪽 화면의 탐색기에서 작업 중인 폴더에 마우스를 올립니다.
폴더 오른쪽에 [새 폴더] 아이콘이 생기면 클릭합니다.

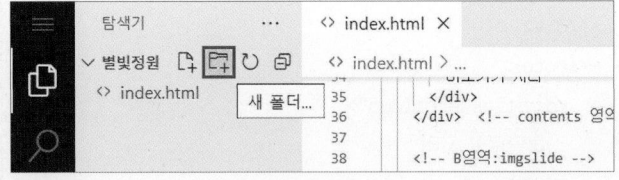

02 작업 폴더의 하위 리스트에 새로운 폴더가 생성되면 폴더명을 'css'로 입력합니다. 새로 생성한 'css' 폴더에서 마우스 오른쪽 단추를 눌러 나타난 목록에서 [새 파일] 버튼을 누릅니다.

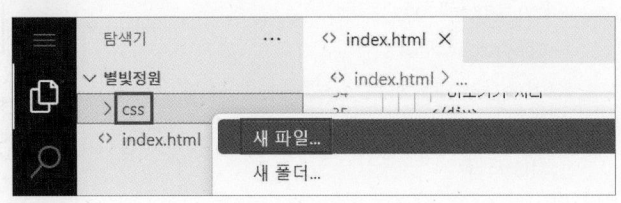

03 파일명을 'style.css'로 입력합니다. 파일이 정상적으로 생성되면 오른쪽 코드 입력창에 'style.css' 문서가 열린 것을 확인할 수 있습니다. 문제의 요구사항에 따라 'style.css' 코드 창에 문자 인코딩 방식을 지정하는 코드를 입력하고 저장합니다.

@charset "utf-8";

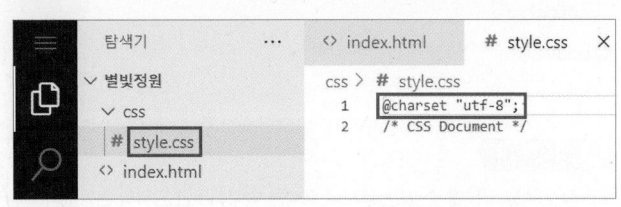

> **기적의 TIP**
>
> @(at) 규칙은 스타일 시트에 쓰이는 문자 인코딩을 지정할 때 사용합니다.

04 저장된 'style.css' 문서를 'index.html' 문서와 연결하기 위해 'index.html' 문서의 〈head〉 태그 안에 다음과 같이 입력합니다.

<link href="css/style.css" type="text/css" rel="stylesheet">

[index.html]

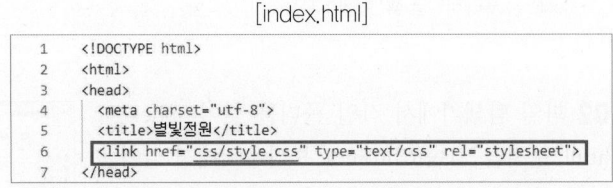

05 문서 연결이 끝나면, 다시 스타일 시트 'style.css' 문서로 돌아와서 다음과 같이 스타일을 입력합니다.
스타일을 지정할 때는 와이어프레임에 제시된 기본 텍스트의 색(Text color) #333333 등을 고려하여 지정합니다. 입력이 끝나면 [파일(File)]-[저장(Save)] 또는 단축키 Ctrl + S 를 선택하여 변경된 내용을 저장합니다.

```
* {
    margin: 0 auto;
    padding: 0;
    list-style: none;
    font-family: "맑은 고딕";
    color: #333333;
}
body {
    width: 100%;
    height: 100vh;
    min-width: 1000px;
    min-height: 820px;
    background-color: #ffffff;
    font-size: 20px;
}
a {
    text-decoration: none;
    display: block;
}
```

```
1    @charset "utf-8";
2    /* CSS Document */
3
4    * {
5        margin: 0 auto;
6        padding: 0;
7        list-style: none;
8        font-family: "맑은 고딕";
9        color: ■ #333333;
10   }
11   body {
12       width: 100%;
13       height: 100vh;
14       min-width: 1000px;
15       min-height: 820px;
16       background-color: □ #ffffff;
17       font-size: 20px;
18   }
19   a {
20       text-decoration: none;
21       display: block;
22   }
23
```

06 다음으로 주어진 조건에 맞게 레이아웃의 각 영역의 크기를 정하고 박스 요소들의 정렬 (플로팅)을 맞추기 위해 다음과 같이 입력합니다.

```
header {
    float: left;
}
.top {
    float: left;
    width: 200px;
    height: calc(100vh - 100px);
    min-height: 720px;
}
.bodywrap {
    float: right;
    width: calc(100% - 200px);
    height: calc(100vh - 100px);
    min-height: 720px;
}
.contents {
    float: left;
    width: 400px;
    height: 100%;
```

```
19   a {
20       text-decoration: none;
21       display: block;
22   }
23   header {
24       float: left;
25   }
26   .top {
27       float: left;
28       width: 200px;
29       height: calc(100vh - 100px);
30       min-height: 720px;
31   }
32   .bodywrap {  /* imgslide와 contents 묶어줌 */
33       float: right;
34       width: calc(100% - 200px);/* 창너비에서 200px(.top영역)을 제외 */
35       height: calc(100vh - 100px); /* 100%에서 footer높이 100px제외 */
36       min-height: 720px; /* 820px에서 footer 높이 100px제외 */
37   }
38   .contents {
39       float: left;
40       width: 400px;
41       height: 100%;
42   }
43   .imgslide {          /* B영역:이미지 슬라이드 영역 */
44       float: right;
45       width: calc(100% - 400px);  /* 이미지 슬라이드 너비 */
46       height: 100%;          /*이미지 슬라이드 높이 */
47   }
48   footer {             /* D영역:하단 영역 */
49       float: left;
50       width: 100%;         /* 하단 너비(브라우저100%) */
51       height: 100px;        /* 하단 높이 */
52   }
53
```

```
}
.imgslide {
    float: right;
    width: calc(100% - 400px);
    height: 100%;
}
footer {
    float: left;
    width: 100%;
    height: 100px;
}
```

➕ 더 알기 TIP

반응형 레이아웃 작업하기
- 반응형 레이아웃을 작업할 때 브라우저의 창을 기준으로 요소의 너비와 높이가 변경되도록 합니다. CSS 스타일을 사용하여 요소의 크기를 조정할 수 있습니다.
- calc( ) : CSS 함수를 활용하여 간단한 코드를 작성할 수 있습니다. 괄호 안에 써주는 계산식에 의해서 계산된 값을 '속성 값'으로 돌려줍니다.
  - calc() 함수 사용 형식 : calc(100% (공백) 빼기 연산자 (공백) 200px)
  - 주의사항 : 계산식을 작성할 때는 연산자(+와 -) 좌우에 공백이 반드시 있어야 합니다. calc(100% -200px)처럼 빼기 연산자 앞에만 공백이 있으면 100% 백분율 뒤에 음수 값인 -200px이 놓인 것으로 해석되며, 잘못된 표현으로서 오류로 인식합니다.
- vw, vh : 컴퓨터 또는 모바일 등의 기기의 화면인 뷰포트(Viewport)를 기준으로 하는 단위. vw(viewport width, 화면 너비), vh(viewport height, 화면 세로 길이)
- 가로 너비 지정 팁

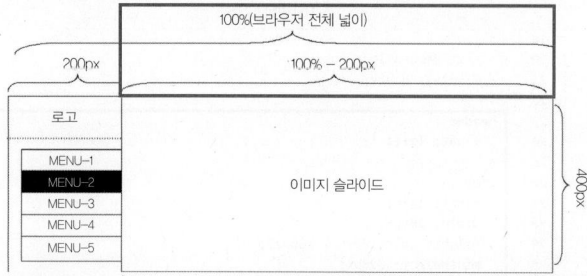

width: calc(100% / 4);	가로 너비를 창 너비의 1/4로 지정하기
width: calc(100vw −80px);	• 뷰 포인트(창) 화면의 너비에서 80px를 빼기 • vw(viewport width)는 너비 값의 '100분의 1' 단위. 즉, 100vw은 가로(너비) 100%에 해당 • 만일 width = 1200px인 경우 1vw = 12px

07 이어서 클래스 선택자 '.top' 스타일의 아래에 로고 〈div class="logo"〉와 메뉴 〈nav class="menu"〉가 들어갈 영역에 대한 자세한 스타일을 지정합니다.

```css
.logo {
    float: left;
    width: 200px;
    height: 120px;
}
.menu {
    float: left;
    width: 190px;
}
```

[style.css]

```css
26    .top {
27        float: left;
28        width: 200px;
29        height: calc(100vh - 100px);
30        min-height: 720px;
31    }
32    .logo {
33        float: left;
34        width: 200px;
35        height: 120px;
36    }
37    .menu {
38        float: left;
39        width: 190px;
40    }
41    .bodywrap {   /* imgslide와 contents 묶어줌 */
42        float: right;
43        width: calc(100% - 200px);/* 창너비에서 200px(.top영역)을 제외 */
44        height: calc(100vh - 100px); /* 100%에서 footer높이 100px제외 */
45        min-height: 720px; /* 820px에서 footer 높이 100px제외 */
46    }
```

---

⑤ 기적의 TIP

와이어프레임을 기준으로 나눈 div 태그에 class 속성을 확인하고, CSS에서 요소의 크기와 위치를 지정합니다.

---

08 클래스 선택자 '.contents' 스타일의 아래에 배너 〈div id="banner"〉와 공지사항 〈div class="notice"〉와 갤러리 〈div class="gallery"〉, 바로가기 〈div id="shortcut"〉가 들어갈 영역에 대한 자세한 스타일을 지정합니다.

```css
#banner {
    width: 100%;
    height: 130px;
}
.notice {
    float: left;
    width: 100%;
    height: 200px;
}
.gallery {
    float: left;
    width: 100%;
    height: 200px;
}
#shortcut {
    float: left;
    width: 100%;
    height: 90px;
}
```

[style.css]

```css
47    .contents {
48        float: left;
49        width: 400px;
50        height: 100%;
51    }
52    #banner {
53        width: 100%;        /* 배너 슬라이드 너비 */
54        height: 130px;      /* 배너 슬라이드 높이 */
55    }
56    .notice {               /* 공지사항 콘텐츠 영역 스타일 */
57        float: left;
58        width: 100%;
59        height: 200px;
60    }
61    .gallery {              /* 갤러리 콘텐츠 영역 스타일 */
62        float: left;
63        width: 100%;
64        height: 200px;
65    }
66    #shortcut {
67        float: left;
68        width: 100%;
69        height: 90px;
70    }
71    .imgslide {             /* B영역:이미지 슬라이드 영역 */
72        float: right;
73        width: calc(100% - 400px);  /* 이미지 슬라이드 너비 */
74        height: 100%;               /*이미지 슬라이드 높이 */
75    }
```

09 작업 중인 문서를 모두 저장합니다. 작업 폴더에서 'index.html' 문서를 '크롬(Chrome)' 브라우저에서 열어(이미 열려있다면 새로 고침하여) 확인하면, 스타일에 의해 각 영역이 구분된 것을 확인할 수 없습니다. 단, 브라우저에서 각 영역의 구분선은 나타나지 않습니다.

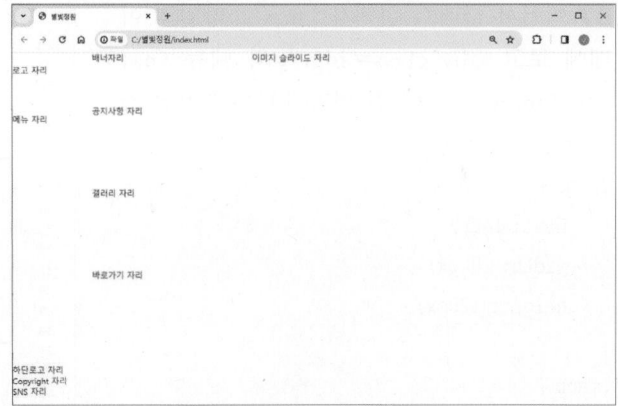

10 다음으로 푸터 영역에 들어가는 각 영역의 스타일을 지정합니다.
선택자 'footer' 스타일을 찾아 그 아래에 다음의 내용을 지정해 줍니다.

```
footer {
    float: left;
    width: 100%;
    height: 100px;
}
.btlogo {
    float: left;
    width: 200px;
    height: 100px;
}
.copy {
    float: left;
    width: calc(100% - 500px);
    height: 100px;
}
.sns {
    float: right;
    width: 270px;
}
```

[style.css]

```
76   footer {              /* D영역:하단 영역 */
77     float: left;
78     width: 100%;        /* 하단 너비(브라우저100%) */
79     height: 100px;      /* 하단 높이 */
80   }
81   .btlogo {
82     float: left;
83     width: 200px;
84     height: 100px;
85   }
86   .copy {
87     float: left;
88     width: calc(100% - 500px);    /* Copyright 너비 */
89     height: 100px;                /* Copyright 높이 */
90   }
91   .sns {
92     float: right;
93     width: 270px;
94   }
```

기적의 TIP

'footer' 영역 안에서 '.copy' 영역은 왼쪽에 배치되도록 플로팅을 float:left으로 지정하고, '.sns' 영역은 오른쪽에 배치되도록 플로팅을 float:right으로 지정합니다.

11 'style.css' 문서를 저장한 후 'index.html' 문서를 '크롬(Chrome)' 브라우저에서 열어 현재까지 작업된 사항을 확인합니다.

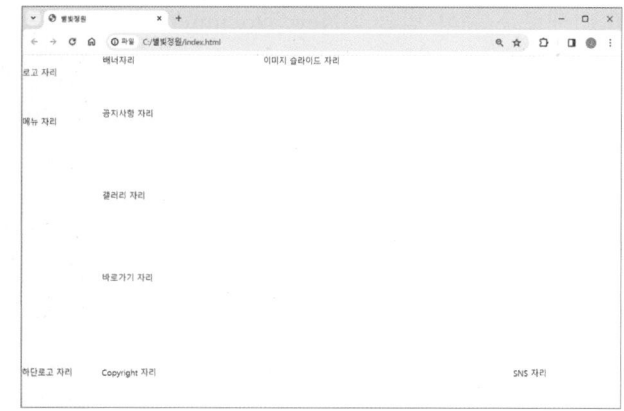

---

3 STEP 세부 영역별 지시사항 풀기 – Ⓐ Header   약 45분

❶ 로고 만들기

세부 영역별 지시사항대로 Ⓐ Header 영역에 로고를 추가하도록 합니다.

이 문제에서는 로고를 직접 디자인하여 추가하도록 하고 있으므로 먼저 로고를 제작해 둡니다. 예시로 보여드린 로고는 일러스트레이터로 작성할 수 있으며, 정해진 예시 디자인을 보고 작성하면 됩니다. 세부 지시사항에 따르면, 로고는 가로 180픽셀, 세로 100픽셀의 크기로 디자인해야 합니다. 로고에는 심벌이 포함되어야 하며, 나머지 디자인 요소는 자유롭게 창작할 수 있습니다.

01 로고를 제작하기 위하여 일러스트레이터를 실행합니다. 여기에서는 일러스트레이터 2023 버전을 사용하였습니다.

02 [새 파일(File)] 메뉴를 선택하고 [새로운 문서 만들기(New Document)] 대화상자에서 [웹(Web)]을 선택합니다.

03 [새로운 문서 만들기(New Document)] 창 오른편에 있는 [사전 설정 세부 정보(Priset Details)]에서 다음과 같이 입력하고 [만들기(Create)]를 클릭합니다.

– 이름(Name) : logo

– 폭(Width) : 180px

– 높이(Height) : 100px

– 래스터 효과(Raster Effects) : 72ppi

– 색상 모드(Color Mode) : RGB 색상

기적의 TIP

• 일러스트레이터 2023 이전 버전의 UI 차이를 확인하고 실무에 적용할 때 참고하세요!

• [새로운 문서 만들기(New Document)] 대화상자는 [파일(File)]–[새로 만들기(New)]를 선택하면 나타납니다.

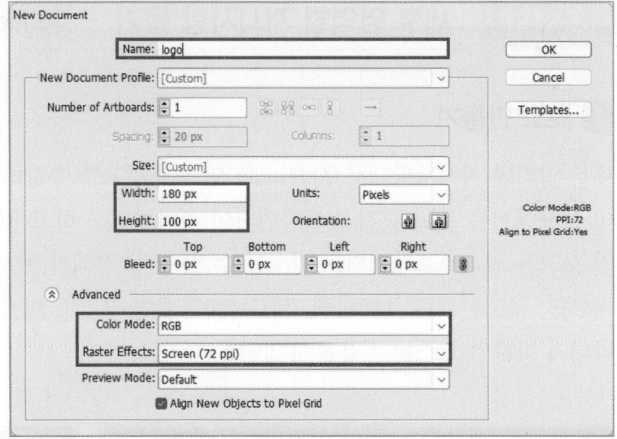

▲ 일러스트레이터 CS5

04 배경 색상을 입히기 위해 왼쪽 도구패널에 있는 [사각형 도구(Rectangle Tool, ■)]를 활용하여 페이지 크기와 동일한 사각형을 만듭니다.

– 폭(Width) : 180px

– 높이(Height) : 100px

– 색상(Color) : R 23, G 28, B 97

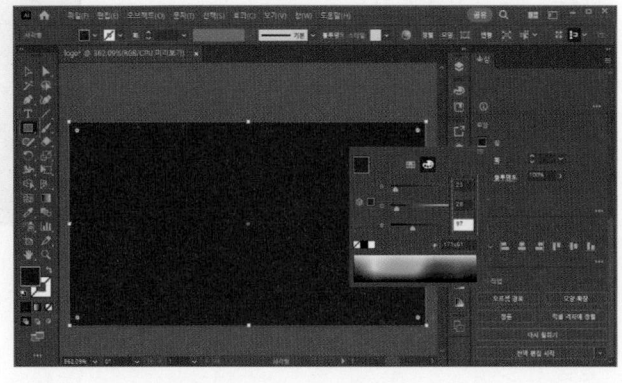

05 왼쪽 도구 패널에서 [사각형 도구(Rectangle Tool, ▮)]를 마우스 오른쪽 버튼으로 클릭을 하면 다음과 같이 소 메뉴가 나타납니다. [별모양 도구(Star Tool, ★)]를 클릭 후 별 모양을 그려줍니다.

– 반경 1(Radius 1) : 8px
– 반경 2(Radius 2) : 4px
– 포인트(Points) : 5

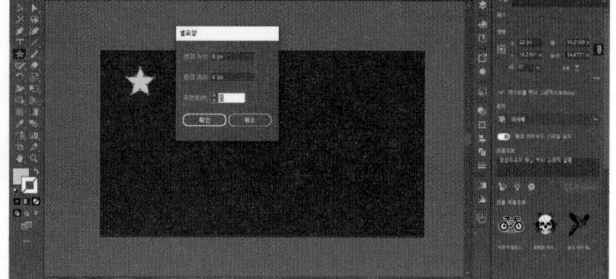

🅱 기적의 TIP
일러스트레이터 2023 이전 버전에서는 [사각형 도구(Rectangle Tool)]를 마우스 왼쪽 버튼으로 2초 정도 눌러주면 [별모양 도구(Star Tool)]를 선택할 수 있는 소 메뉴가 나타납니다.

06 만들어진 별 모양의 색상을 변경합니다. 획(Stroke)은 색 없음, 칠(Fill)은 다음과 같이 입력합니다.

– 획(Stroke) : 색 없음
– 칠(Fill) : R 255, G 255, B 0

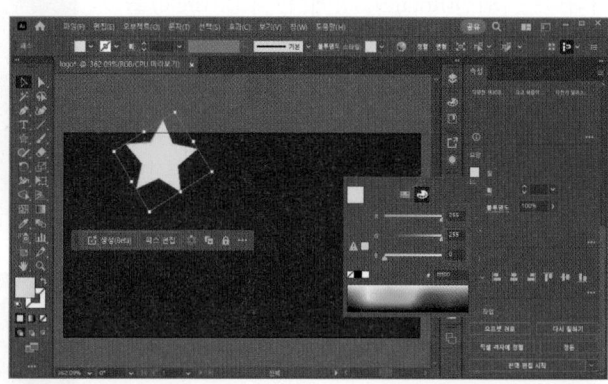

07 별 모양을 선택한 후 상단 메뉴 [효과(Effect)]–[왜곡과 변형(Distorts & Transform)]–[변형(Transform)]을 클릭합니다. [변형 효과(Transform Effect)]라는 창이 뜨게 되고 다음과 같이 설정값을 변경합니다.

– 크기 조절(Scale) : 가로(Horizontal) 80% /
　　　　　　　　　　세로(Vertical) 80%
– 이동 : 가로(Horizontal) 0px / 세로(Vertical) 20px
– 회전(Rotate) : 20°
– 개체 변형(Transform Objects)만 체크
– 사본(Copies) : 5
– 중심축 (아래와 같이 변경)

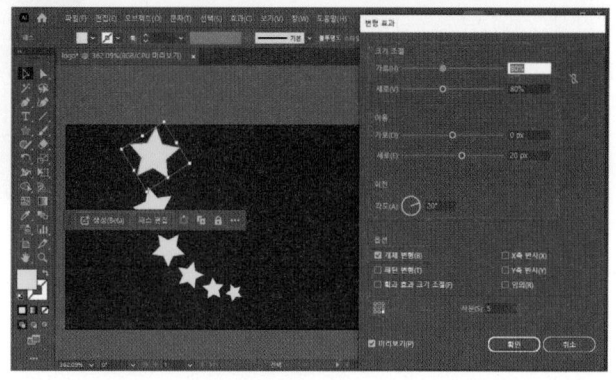

08 변형된 별 모양을 클릭 후, 상단 메뉴에서 [오브젝트(Object)]-[모양 확장(Expand Appearance)]을 클릭합니다.

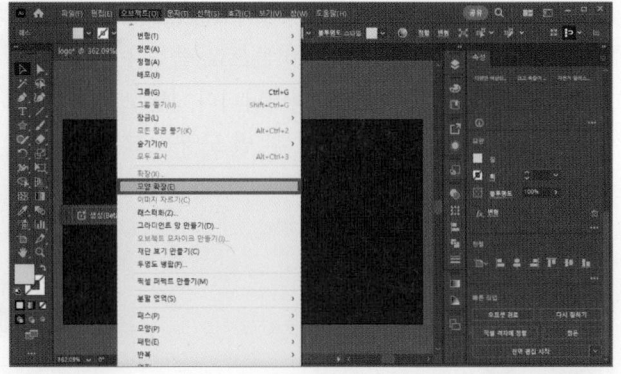

09 모양이 확장된 별 모양이 선택된 상태에서, [회전 도구(Rotate Tool, )]를 더블 클릭하면 나타나는 [회전(Rotate)] 창에서 '각도(Angle)'를 270°으로 적용합니다.

그 후 [회전 도구(Rotate Tool,)] 아이콘을 마우스 오른쪽 클릭 후 [반사 도구(Reflect Tool,)]로 변경하고, 더블 클릭하여 나타나는 [반사(Reflect)] 창에서 '세로(Vertical)'를 선택한 후 [확인(OK)]을 누릅니다.

10 위에서 만든 모양 아래 그림과 같은 글자를 입력합니다. 글자 조건은 다음과 같습니다.

- 글꼴(Type) : HY바다L
- 크기(Size) : 15PT
- 색상(Color) : R 255, G 255, B 255

Ⓑ 기적의 TIP

사용할 글꼴은 자유롭게 선택해도 괜찮습니다.

11 글자 후 아래 [사각형 도구(Rectangle Tool, ▣)]를 이용하여 그림과 같이 심벌을 만듭니다. 그 후 심벌을 선택하고 Ctrl + G 를 사용해 심벌을 그룹(Group)으로 묶습니다.

[사각형]
– 폭(width) : 70px
– 높이(height) : 2px
– 색상(Color) : R 166, G 124, B 82

12 그룹화된 심벌의 크기를 조절하여 그림과 같이 상단에 위치시키고, [문자 도구(Type Tool, T)]를 이용해 그림과 같이 아래에 글자를 입력합니다.

[별빛 정원]
– 글꼴(Type) : HY헤드라인M(임의 선택 가능)
– 크기(Size) : 40PT
– 색상(Color) : R 255, G 255, B 255

13 상단 메뉴에서 [파일(File)]–[내보내기(Export)]–[화면에 맞게 내보내기(Export for Screen]를 선택하여서 원하는 크기에 맞는 파일을 내보낼 수 있습니다.

⑮ 기적의 TIP

일러스트레이터 2023 이전 버전에서는 [파일(File)]–[내보내기(Export)]를 선택합니다. 이때 [내보내기(Export)] 화상자에서 파일 형식(Format)을 PNG로 선택하고 [저장(Save)]을 클릭합니다.

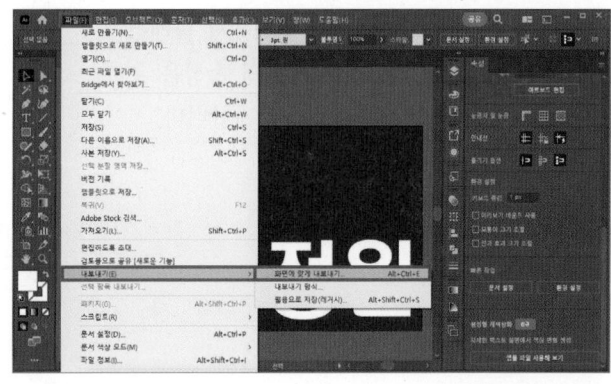

14 [화면에 맞게 내보내기(Export for Screen)] 대화상자에서 다음과 같이 내보낼 위치, 파일 포맷(PNG)을 확인하고 [대지 내보내기(Export Artboard)]를 클릭하여 로고 이미지를 저장합니다. 이때 작업 폴더('비번호' 폴더)에 'images' 폴더를 만들고 해당 폴더 내에 'logo.png'를 저장합니다.

⑮ 기적의 TIP

내보낼 위치는 파일이 저장되는 위치를 의미합니다.

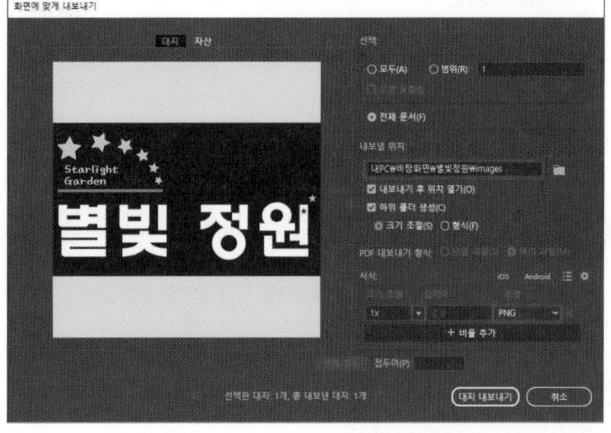

② HTML에 로고 추가하기

01 'index.html' 문서로 돌아와서 헤더 영역 안에 로고 영역으로 구분해 놓았던 ⟨div class="logo"⟩ 로고 자리 ⟨/div⟩ 부분을 찾아, 그 안에 다음과 같이 입력합니다.

```
<div class="logo">
  <a href="#"><img src="images/logo.png"
  alt="로고"></a>
</div>
```

[index.html]

```
 9  <body>
10    <!-- A영역:Header -->
11    <header>
12      <div class="top">
13        <div class="logo">
14          <a href="#"><img src="images/logo.png" alt="로고"></a>
15        </div>
16        <nav class="menu">
17          메뉴 자리
18        </nav>
19      </div>
20    </header>
21
```

02 로고 영역을 포함하고 있는 헤더 영역의 배경색을 지정하기 위해 'style.css' 문서에서 태그 선택자 'header'를 찾아 다음의 속성을 추가합니다.

```
header {
    float: left;
    background-color: #171c61;
}
```

[style.css]

```
19  a {
20    text-decoration: none;
21    display: block;
22  }
23  header {
24    float: left;
25    background-color: ■#171c61;
26  }
27  .top {
28    float: left;
29    width: 200px;
30    height: calc(100vh - 100px);
31    min-height: 720px;
32  }
```

03 로고 영역에 추가한 이미지 img 태그 스타일을 지정하기 위해 'style.css' 문서에서 클래스(class) 선택자 '.logo'를 찾아 다음의 속성을 추가하고 그 아래에 다음의 내용을 추가합니다.

```
.logo {
    float: left;
    width: 200px;
    height: 120px;
    margin-top: 30px;
}
.logo img {
    float: left;
    width: 180px;
    height: 100px;
    margin-left: 10px;
}
```

[style.css]

```
27  .top {
28    float: left;
29    width: 200px;
30    height: calc(100vh - 100px);
31    min-height: 720px;
32  }
33  .logo {
34    float: left;
35    width: 200px;
36    height: 120px;
37    margin-top: 30px;
38  }
39  .logo img {
40    float: left;
41    width: 180px;
42    height: 100px;
43    margin-left: 10px;
44  }
45  .menu {
46    float: left;
47    width: 190px;
48  }
```

B 기적의 TIP

- 로고 이미지 자체에 스타일을 지정하려면 위의 코드와 같이 클래스 선택자 .logo의 후손 선택자인 ⟨img⟩를 사용하여 스타일을 지정할 수 있습니다.
- 이미지 태그 스타일에 너비(width)와 높이(height)를 지정하여 원하는 크기로 지정할 수 있습니다.(단, 원본 이미지의 크기와 다를 경우 이미지 모양이 달라질 수 있습니다.)

---

04 'index.html' 문서와 'style.css' 문서 모두 저장합니다. 작업 폴더에서 'index.html' 문서를 '크롬(Chrome)' 브라우저에서 열어(이미 열려있다면 새로고침하여), 로고가 추가된 결과를 확인합니다.

③ HTML에 메뉴 추가하기

01 헤더 영역 안에 메뉴 영역으로 구분해 놓았던 〈nav class="menu"〉 메뉴 자리 〈/nav〉 부분 안에 다음과 같이 입력하여 메뉴를 추가합니다. 이때 시험에 주어진 '사이트 맵(Site map)'에 따라서 메인 메뉴(Main menu)와 서브 메뉴(Sub menu)를 구분하여 입력합니다.

```
<nav class="menu">
  <ul class="navi">
    <li><a href="#">별빛정원 소개</a>
      <ul class="submenu">
        <li><a href="#">별빛정원 역사</a></li>
        <li><a href="#">실내 시설</a></li>
        <li><a href="#">야외 시설</a></li>
        <li><a href="#">별빛 축제</a></li>
      </ul>
    </li>
    <li><a href="#">프로그램 안내</a>
      <ul class="submenu">
        <li><a href="#">별빛 관람</a></li>
        <li><a href="#">천문학 강연</a></li>
        <li><a href="#">천체 망원경</a></li>
        <li><a href="#">자연과학 교육</a></li>
      </ul>
    </li>
    <li><a href="#">예약하기</a>
      <ul class="submenu">
        <li><a href="#">체험 가격</a></li>
        <li><a href="#">개인 예약</a></li>
```

[index.html]

```
9   <body>
10    <!-- A영역:Header -->
11    <header>
12      <div class="top">
13        <div class="logo">
14          <a href="#"><img src="images/logo.png" alt="로고"></a>
15        </div>
16        <nav class="menu">
17          <ul class="navi">
18            <li><a href="#">별빛정원 소개</a>
19              <ul class="submenu">
20                <li><a href="#">별빛정원 역사</a></li>
21                <li><a href="#">실내 시설</a></li>
22                <li><a href="#">야외 시설</a></li>
23                <li><a href="#">별빛 축제</a></li>
24              </ul>
25            </li>
26            <li><a href="#">프로그램 안내</a>
27              <ul class="submenu">
28                <li><a href="#">별빛 관람</a></li>
29                <li><a href="#">천문학 강연</a></li>
30                <li><a href="#">천체 망원경</a></li>
31                <li><a href="#">자연과학 교육</a></li>
32              </ul>
33            </li>
34            <li><a href="#">예약하기</a>
35              <ul class="submenu">
36                <li><a href="#">체험 가격</a></li>
37                <li><a href="#">개인 예약</a></li>
38                <li><a href="#">단체 예약</a></li>
39                <li><a href="#">예약 확인</a></li>
40              </ul>
41            </li>
42            <li><a href="#">문의사항</a>
43              <ul class="submenu">
44                <li><a href="#">오시는 길</a></li>
45                <li><a href="#">주차정보</a></li>
46                <li><a href="#">FAQ</a></li>
47                <li><a href="#">문의하기</a></li>
48              </ul>
49            </li>
50          </ul>
51        </nav>
52      </div>
53    </header>
```

```
            <li><a href="#">단체 예약</a></li>
            <li><a href="#">예약 확인</a></li>
        </ul>
    </li>
    <li><a href="#">문의사항</a>
        <ul class="submenu">
            <li><a href="#">오시는 길</a></li>
            <li><a href="#">주차정보</a></li>
            <li><a href="#">FAQ</a></li>
            <li><a href="#">문의하기</a></li>
        </ul>
    </li>
    </ul>
</nav>
```

> **🅑 기적의 TIP**
>
> • ul : unordered list, 순서가 필요 없는 목록 작성
> • li : definition list, 용어를 설명하는 목록 작성
> • 〈a href="#"〉 : 기술적 준수사항대로 메뉴에 임시 링크 추가

아직 스타일을 지정하지 않았기 때문에 입력 결과를 브라우저에서 확인해 보면 메뉴 글자들이 일렬로 나타납니다.

④ 메뉴에 스타일 지정하기

세부 영역별 지시사항을 살펴보면, 메뉴를 슬라이드 다운 메뉴(Slide-Down Menu)로 구성하도록 하고 있습니다. 슬라이드 다운 메뉴는 메인 메뉴에 마우스를 올렸을 때(Mouse over) 서브 메뉴를 슬라이드 다운(Slide-Down)으로 보여주고 마우스가 메뉴에서 벗어나면(Mouse out) 슬라이드 업(Slide-Up)되면서 서브 메뉴를 숨겨주는 기능입니다. 메뉴의 모양은 스타일 시트에서 지정하며, 움직이는 동작 기능은 자바스크립트와 제이쿼리(jQuery)를 이용하여 구성합니다.

01 먼저 메뉴에 스타일을 지정하기 전에 와이어프레임에 제시된 메뉴의 모양을 확인합니다. 이 문제에서는 메인 메뉴의 오른쪽으로 서브 메뉴가 펼쳐지게 되어있습니다.
이러한 사항을 고려하여 메뉴에 스타일을 지정합니다.

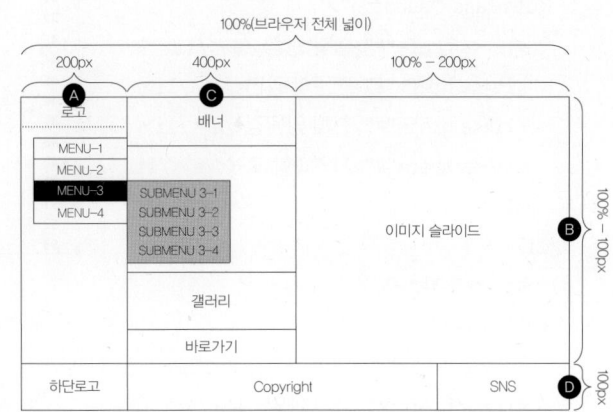

02 각 메인 메뉴의 스타일을 지정하기 위해 'style.css' 문서에서 클래스 선택자 '.menu' 아래에 속성을 추가하고 아래에 다음의 내용을 추가합니다.

```css
.menu {
    float: left;
    width: 190px;
    margin-left: 10px;
    text-align: center;
}
.navi>li {
    float: left;
    width: 190px;
    height: 50px;
}
.navi>li>a {
    height: 50px;
    line-height: 50px;
    font-size: 16px;
    font-weight: bold;
    color: #ffffff;
}
.navi>li>a:hover {
    background-color: #ffe200;
    color: #000000;
}
```

[style.css]

```css
39    .logo img {
40        float: left;
41        width: 180px;
42        height: 100px;
43        margin-left: 10px;
44    }
45    .menu {
46        float: left;
47        width: 190px;
48        margin-left: 10px;
49        text-align: center;
50    }
51    .navi>li {
52        float: left;
53        width: 190px;
54        height: 50px;
55    }
56    .navi>li>a {
57        height: 50px;
58        line-height: 50px;
59        font-size: 16px;
60        font-weight: bold;
61        color: ☐#ffffff;
62    }
63    .navi>li>a:hover {
64        background-color: ☐#ffe200;
65        color: ■#000000;
66    }
67    .bodywrap {   /* imgslide와 contents 묶어줌 */
68        float: right;
69        width: calc(100% - 200px);/* 참너비에서 200px(.top영역)을 제외 */
70        height: calc(100vh - 100px); /* 100%에서 footer높이 100px제외 */
71        min-height: 720px; /* 820px에서 footer 높이 100px제외 */
72    }
```

기적의 TIP

- .menu : 메인 메뉴와 서브 메뉴의 목록인 <div class="menu"> 영역의 스타일을 정의
  – margin-left:10px : 메뉴 영역 왼쪽으로 10px의 여백 지정
- .navi>li : .navi의 자식 요소 〈li〉 요소의 스타일 지정. 여기에서는 〈li〉 각 요소의 크기 스타일을 지정. 각 요소의 너비를 width:190px로 지정
  – float:left : 메뉴 영역을 다른 요소에 대해 왼쪽으로 배치
- .navi>li>a : .navi의 자식 요소 〈li〉의 자식 요소인 〈a〉 요소의 스타일 지정. 여기에서는 텍스트 스타일을 지정하기 위해 너비, 줄간격(line-height), 글씨 속성, 배경색, 글자색 등의 속성 사용
  – 색상 값이 #ffffff처럼 같은 값으로 반복될 경우 16진수로 #fff처럼 간단히 줄여서 사용할 수 있습니다(#ffffff = #fff).
- font-size:16px : 메뉴 글자 크기 지정
- font-weight:bold : 메뉴 글자 볼드체 지정
- 줄 간격(line-height)을 높이(height)와 동일하게 설정하면(예: height: 50px, line-height: 50px), 글자가 세로 중앙에 위치합니다. 글자 크기(font-size: 16px)를 고려하면, 남은 34px (50px − 16px)의 여백이 위아래로 균등하게 분배되어, 각각 17px의 여백이 생겨 글자가 중앙에 정렬됩니다.
- .navi>li>a:hover : .navi의 자식 요소인 〈li〉의 자식 요소인 〈a〉 요소에 마우스를 올릴 때(hover) 변화되는 스타일을 지정. 마우스가 올라오면 메뉴의 배경색이 background-color:#ffe200로 변경되게 함

03 작업 중인 'index.html' 문서와 'style.css' 문서를 모두 저장하고, '크롬(Chrome)' 브라우저에서 지금까지 작업된 결과를 확인합니다.
메인 메뉴 위에 마우스를 올리면 배경색과 글자색이 변경되는 것을 확인할 수 있습니다.

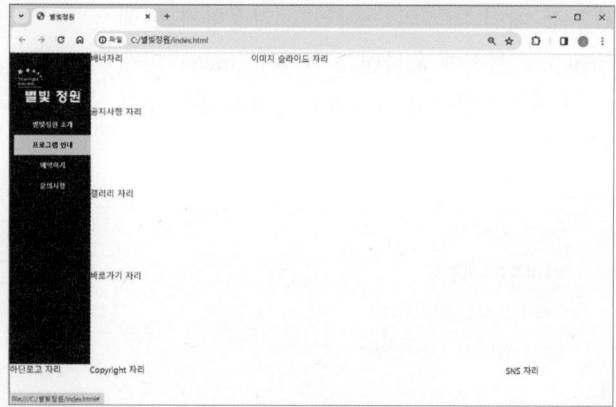

04 서브 메뉴의 스타일을 지정하기 위해 '.navi >li>a:hover' 스타일 아래에 다음의 내용을 추가합니다.

```
.submenu {
    width: 100%;
    position: relative;
    top: -50px;
    left: 190px;
    display: none;
    z-index: 1;
}
.submenu>li>a {
    float: left;
    width: 180px;
    height: 50px;
    line-height: 50px;
    font-size: 14px;
    font-weight: bold;
    background-color: rgba(0, 0, 0, 0.8);
    color: #ffffff;
}
.submenu>li>a:hover {
    background-color: #ffe200;
    color: #000000;
}
```

[style.css]

```
63   .navi>li>a:hover {
64       background-color: ☐#ffe200;
65       color: ■#000000;
66   }
67   .submenu {
68       width: 100%;
69       position: relative;
70       top: -50px;
71       left: 190px;
72       display: none;
73       z-index: 1;
74   }
75   .submenu>li>a {
76       float: left;
77       width: 180px;
78       height: 50px;
79       line-height: 50px;
80       font-size: 14px;
81       font-weight: bold;
82       background-color: ■rgba(0, 0, 0, 0.8);
83       color: ☐#ffffff;
84   }
85   .submenu>li>a:hover {
86       background-color: ☐#ffe200;
87       color: ■#000000;
88   }
89   .bodywrap {  /* imgslide와 contents 묶어줌 */
90       float: right;
91       width: calc(100% - 200px);/* 창너비에서 200px(.top영역)을 제외 */
92       height: calc(100vh - 100px); /* 100%에서 footer높이 100px제외 */
93       min-height: 720px; /* 820px에서 footer 높이 100px제외 */
94   }
```

기적의 TIP

- .submenu : 서브 메뉴의 목록인 〈ul class="submenu"〉 영역의 스타일을 정의
  - width:100% : .menu에서 지정한 너비 200px와 동일
  - 서브 메뉴의 개수가 메뉴마다 다르기 때문에 height는 지정하지 않습니다.
  - display:none : 해당 요소에 대한 박스 공간을 생성하지 않기 때문에 요소가 보이지 않게 됨. 메인 메뉴만 나타나고 서브 메뉴는 처음에는 나타나지 않도록 하기 위해 설정. 이 속성을 지우면 서브 메뉴가 처음부터 보이게 됨

- .submenu\li\a : 서브 메뉴의 텍스트 스타일 지정. 각 요소의 너비 width:180px와 높이 height:50px로 지정
  - .submenu\li에서 지정한 서브 메뉴 1개의 높이와 동일한 line-height를 설정하여 세로로 가운데에 위치하게 지정합니다.
  - background-color는 지정하지 않고, 클래스 선택자 '.submenu\li\a:hover'에만 background-color:#ffe200을 지정하여 마우스를 올렸을 때만 배경색이 나타나도록 합니다.

05 지금까지 작업한 문서를 모두 저장하고, 지금까지 작업된 결과를 확인합니다.

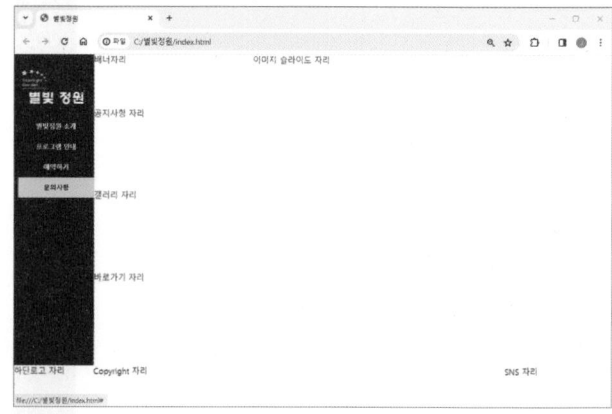

만일 서브 메뉴 영역 스타일 .submenu에서 설정한 'display:none' 속성을 지우고 살펴보면 서브 메뉴가 나타나게 됩니다.

⑤ 메뉴에 슬라이드 다운 기능 구현하기

이번에는 메인 메뉴, 서브 메뉴에 슬라이드 다운(Slide-Down) 기능이 되도록 자바스크립트와 제이쿼리(jQuery)를 활용하여 동적 기능을 만들어줍니다.

01 작업 폴더('비번호' 폴더)에 'javascript' 폴더를 생성한 후 수험자 제공 파일로 주어진 jQuery 라이브러리 오픈소스 파일 'jquery-1.12.3.js'을 'javascript' 폴더로 복사 또는 이동시켜줍니다.

⑬ 기적의 TIP
- jQuery 라이브러리는 자바스크립트 파일(*.js)로 저장되어 있으며, 모든 jQuery 메소드를 담고 있습니다.
- jQuery는 사용 전에 다운로드 받은 후 연결(설치)해야 그 기능을 사용할 수 있습니다.

02 Visual Studio Code 탐색기에서도 'javas-script' 폴더가 생성된 것을 확인할 수 있습니다. 자바스크립트 문서를 만들기 위해, 'javascript' 폴더에서 마우스 오른쪽 버튼을 클릭하고 [새 파일]을 선택합니다.

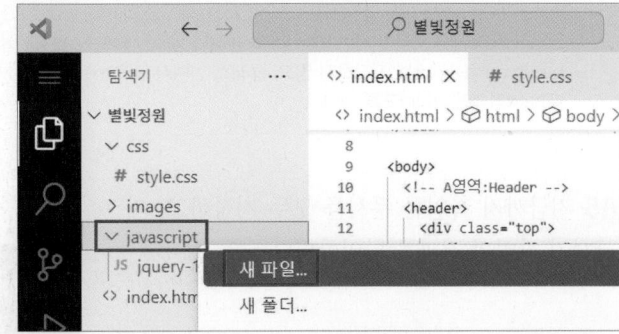

03 'javascript' 폴더의 하위 리스트에 새로운 파일이 생성되면 파일명을 'script.js'로 입력합니다. 파일이 정상적으로 생성되면 오른쪽 코드 입력창에 'script.js' 문서가 열린 것을 확인할 수 있습니다.

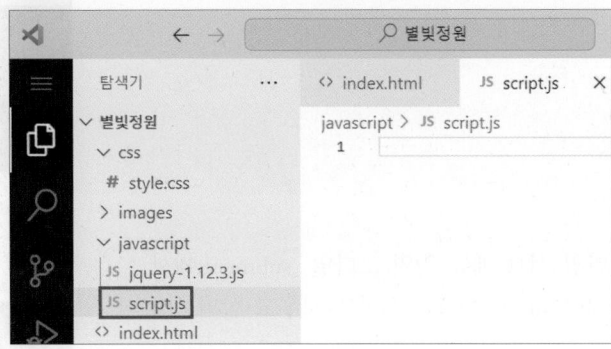

04 슬라이드 다운(Slide-Down) 기능이 동작하도록 하기 위해 'script.js' 문서에 다음과 같이 입력하고 문서를 저장합니다.

```
jQuery(document).ready(function(){

  $('.navi>li').mouseover(function(){
    $(this).find('.submenu').stop().slideDown
    (500);
  }).mouseout(function(){
    $(this).find('.submenu').stop().slideUp(500);
  });

});
```

[script.js]

```
1    // JavaScript Document
2
3    jQuery(document).ready(function(){
4
5      $('.navi>li').mouseover(function(){
6        $(this).find('.submenu').stop().slideDown(500);
7      }).mouseout(function(){
8        $(this).find('.submenu').stop().slideUp(500);
9      });
10
11   });
12
```

기적의 TIP

- jQuery 문법 : HTML 요소를 선택한 후 그 요소에 수행할 액션을 지정함
- $: jQuery() 함수의 별칭. 선택자와 일치하는 DOM 요소를 배열을 가진 특별한 객체를 반환. 기본 형식 : $(선택자(selector)).action
- $('.navi>li') : .navi의 〈li〉 요소에 mouseover 와 mouseout 이벤트 설정
- stop() : 현재 동작하고 있는 애니메이션 동작을 즉시 중단
- slideDown(), slideUp() : jQuery 라이브러리에서 제공하는 함수로 슬라이딩 애니메이션과 함께 보여주거나 숨김. 선택한 요소의 height 값을 낮추거나 높여가며 사라지게 함. 숫자값 500은 0.5초를 의미

05 작성한 'script.js' 파일과 jquery-1.12.3.js'을 'index.html' 문서 본문에 연결합니다.

⟨head⟩와 ⟨/head⟩ 사이에 다음과 같이 입력합니다.

```
<script src="javascript/jquery-1.12.3.js">
</script>

<script src="javascript/script.js" defer type="text/javascript"></script>
```

[index.html]

```
1   <!DOCTYPE html>
2   <html>
3   <head>
4     <meta charset="utf-8">
5     <title>별빛정원</title>
6     <link href="css/style.css" type="text/css" rel="stylesheet">
7     <script src="javascript/jquery-1.12.3.js"></script>
8     <script src="javascript/script.js" defer type="text/javascript"></script>
9   </head>
```

🅕 기적의 TIP

• defer : script가 잠깐 지연되도록 하여 HTML 구문 분석이 완료된 후 스크립트를 실행하도록 함
• 화면 렌더링과 관련된 대부분의 코드는 HTML과 CSS 문서 안에 포함되어 있습니다. 반면 대부분의 script는 사용자의 액션이 발생한 이후의 동작을 렌더링합니다. 이러한 렌더링의 시간 차이로 script가 동작되지 않는 것을 예방하기 위해 defer 속성을 사용합니다.
• defer 속성을 사용하지 않는 경우 ⟨script⟩ 부분을 ⟨/body⟩ 태그 다음에 위치시킴으로써 렌더링을 지연시킬 수 있습니다.

06 작업 중인 'index.html' 문서와 'style.css' 문서를 모두 저장하고, 지금까지 작업된 결과를 확인합니다.

메인 메뉴와 서브 메뉴의 슬라이드 효과가 잘 동작하는지 확인합니다.

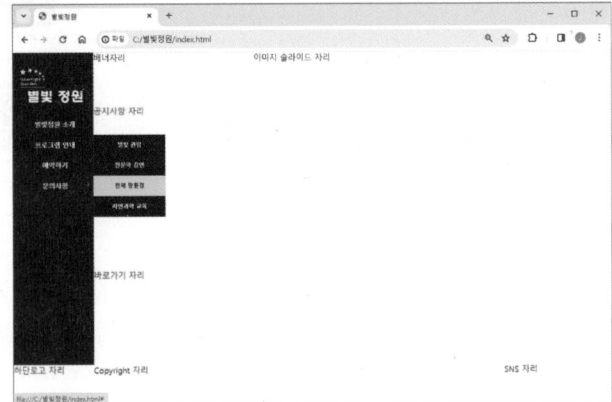

❶ 배너 내용 작성하고 스타일 지정하기

화면 왼쪽부터 영역의 내용을 채워가기 위해 Ⓒ Contents 영역부터 작업을 시작합니다. 세부 영역별 지시사항 대로 Ⓒ Contents 영역에 들어갈 배너, 공지사항, 갤러리, 바로가기 콘텐츠를 제작합니다.

01 앞서 만들었던 'images' 폴더에 수험자 제공 파일로 주어진 배너 이미지를 복사합니다. 이 때, '수험자 제공 파일'로 주어진 다른 이미지들도 미리 복사해둡니다.

02 'index.html' 문서에서 ⟨div class="banner"⟩ 배너 자리 ⟨/div⟩를 찾고 해당 영역에 다음과 같이 입력하여 바로가기를 작성합니다.

```
<div id="banner">
  <a href="#">
    <img src="images/banner.png" alt="배너">
    <div class="bntext">
       <h4>이 달의 이벤트</h4>
       모든 회원이 받을 수 있는 별빛정원의 이벤트를
       확인해보세요!
    </div>
  </a>
</div>
```

[index.html]

```
57   <div class="bodywrap"> <!-- bodywrap:contents+imgslide -->
58     <!-- C영역:contents -->
59     <div class="contents">
60       <div id="banner">
61         <a href="#">
62           <img src="images/banner.png" alt="배너">
63           <div class="bntext">
64             <h4>이 달의 이벤트</h4>
65             모든 회원이 받을 수 있는 별빛정원의 이벤트를
                 확인해보세요!
66           </div>
67         </a>
68       </div>
69       <div class="notice">
70         공지사항 자리
71       </div>
72       <div class="gallery">
73         갤러리 자리
74       </div>
```

03 'style.css'에서 바로가기 영역의 스타일을 추가하기 위해 아이디 선택자 '#banner'을 찾습니다. 미리 입력해 둔 스타일에서 아래와 같이 새로운 속성을 추가합니다. 이어서 배너 이미지에 대한 상세한 스타일을 입력하여 적절히 배치되도록 합니다.

```
#banner {
    width: 100%;
    height: 130px;
}
#banner img {
    float: left;
    width: 15%;
    height: auto;
    padding-top: 40px;
    padding-left: 5%;
    margin: 0px auto;
}
.bntext {
    float: left;
    width: 70%;
    height: auto;
    font-size: 16px;
    padding-top: 40px;
    padding-left: 5%;
}
.bntext:hover {
    font-weight: bold;
}
```

[style.css]

```
95    .contents {
96        float: left;
97        width: 400px;
98        height: 100%;
99    }
100   #banner {
101       width: 100%;        /* 배너 슬라이드 너비 */
102       height: 130px;      /* 배너 슬라이드 높이 */
103   }
104   #banner img {           /* 바로가기 이미지 스타일 */
105       float: left;
106       width: 15%;
107       height: auto;
108       padding-top: 40px;
109       padding-left: 5%;
110       margin: 0px auto;
111   }
112   .bntext {
113       float: left;
114       width: 70%;
115       height: auto;
116       font-size: 16px;
117       padding-top: 40px;
118       padding-left: 5%;
119   }
120   .bntext:hover {
121       font-weight: bold;
122   }
123   .notice {               /* 공지사항 콘텐츠 영역 스타일 */
124       float: left;
125       width: 100%;
126       height: 200px;
127   }
```

🅑 기적의 TIP

- #banner img : \<div id="banner"\> 자식 요소 중 모든 〈img〉 요소에 대한 스타일을 지정
  - width:15% : 배너 영역의 이미지가 부모 요소인 \<div id="banner"\> 너비의 15%를 채울 수 있도록 지정
  - height:auto : 이미지의 너비가 부모 요소에 의해 결정된 뒤 종횡비에 맞춰 높이가 자동으로 결정되도록 함
  - padding-left:5% : 배너 전체 영역의 양쪽에 5%의 여백을 주기 위해 img 태그의 왼쪽에 5%의 padding을 지정
  - margin:0px auto : 이미지 태그의 margin을 모두 제거하고 가운데 정렬
- .bntext : \<div class="bntext"\> 영역에 대한 너비와 높이, 폰트의 크기를 지정
  - width:70% : 배너 영역의 이미지가 부모 요소인 \<div id="banner"\> 너비의 15%를 채울 수 있도록 지정
  - padding-left:5% : 배너 이미지와 텍스트 사이에 5%의 여백을 주기 위해 img 태그의 왼쪽에 5%의 padding을 지정(전체 100% 중 남은 5% 는 .bntext의 오른쪽 패딩으로 지정됨, 5%+15%+5%+70%+5%=100%)
  - left:2% : 배너의 글자 영역인 〈span〉 요소가 부모 요소인 〈div="banner"〉 너비의 96%만 채우도록 지정. position:absolute를 지정했기 때문 에 왼쪽에서 2%에 위치하도록 해서 오른쪽에서도 2%가 남아 총 너비가 100%(2%+96%+2%)가 됨
- .bntext:hover : \<div class="bntext"\> 영역에 마우스를 올리면 글꼴을 더 굵어지도록 지정

04 작업 중인 문서를 모두 저장하고 '크롬 (Chrome)' 브라우저에서 배너와 바로가기를 입력한 결과를 확인합니다.

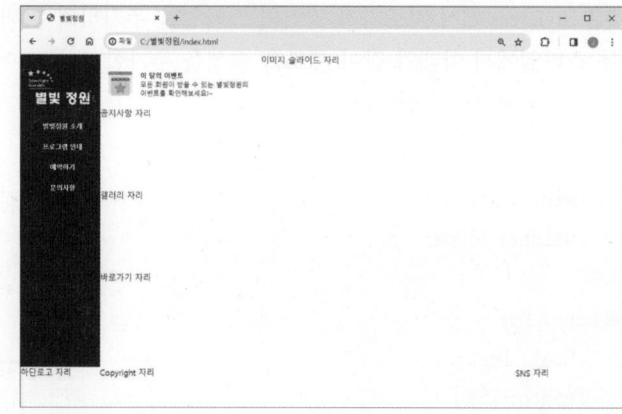

② 공지사항 내용 작성하고 스타일 추가하기

01 'index.html' 문서에서 ⟨div class="notice"⟩ 공지사항 자리⟨/div⟩ 태그를 찾고 다음과 같이 입력합니다.

```
<div class="notice">
  <div class="tab"><h4>공지사항</h4></div>
  <ul>
    <li>
      <a href="#">
        공지사항 1 <span>2022.03.01</span>
      </a>
    </li>
    <li>
      <a href="#">
        공지사항 2 <span>2022.03.01</span>
      </a>
    </li>
    <li>
      <a href="#">
        공지사항 3 <span>2022.03.01</span>
      </a>
    </li>
    <li>
      <a href="#">
        공지사항 4 <span>2022.03.01</span>
      </a>
    </li>
  </ul>
</div>
```

[index.html]

```
57    <div class="bodywrap"> <!-- bodywrap:contents+imgslide -->
58      <!-- C영역:contents -->
59      <div class="contents">
60        <div id="banner">
61          <a href="#">
62            <img src="images/banner.png" alt="배너">
63            <div class="bntext">
64              <h4>이 달의 이벤트</h4>
65              모든 회원이 받을 수 있는 별빛정원의 이벤트를
                 확인해보세요!~
66            </div>
67          </a>
68        </div>
69        <div class="notice">
70          <div class="tab"><h4>공지사항</h4></div>
71          <ul>
72            <li>
73              <a href="#">
74                공지사항 1 <span>2022.03.01</span>
75              </a>
76            </li>
77            <li>
78              <a href="#">
79                공지사항 2 <span>2022.03.01</span>
80              </a>
81            </li>
82            <li>
83              <a href="#">
84                공지사항 3 <span>2022.03.01</span>
85              </a>
86            </li>
87            <li>
88              <a href="#">
89                공지사항 4 <span>2022.03.01</span>
90              </a>
91            </li>
92          </ul>
93        </div>
94        <div class="gallery">
95          갤러리 자리
96        </div>
```

02 공지사항과 갤러리 탭을 구분하고 타이틀을 지정하기 위해 'style.css' 문서에서 클래스 선택자 '.bntext:hover'를 찾아 그 아래에 다음과 같이 입력합니다.

```
.tab {
    width: 380px;
    height: 50px;
    border-top: 2px solid #c2c2c2;
}
.tab h4 {
    float: left;
    width: 100px;
    height: 50px;
    line-height: 50px;
    text-align: center;
    font-weight: bold;
    color: #000000;
}
```

[style.css]

```
120     .bntext:hover {
121         font-weight: bold;
122     }
123     .tab {                  /* 공지사항, 갤러리 메뉴 탭(구분선) */
124         width: 380px;
125         height: 50px;
126         border-top: 2px solid ■#c2c2c2;
127     }
128     .tab h4 {               /* 공지사항, 갤러리 메뉴 탭(폰트) */
129         float: left;
130         width: 100px;
131         height: 50px;
132         line-height: 50px;
133         text-align: center;
134         font-weight: bold;
135         color: ■ #000000;
136     }
137     .notice {               /* 공지사항 콘텐츠 영역 스타일 */
138         float: left;
139         width: 100%;
140         height: 200px;
141     }
142     .gallery {              /* 갤러리 콘텐츠 영역 스타일 */
143         float: left;
144         width: 100%;
145         height: 200px;
146     }
```

03 'style.css' 문서에서 클래스 선택자 '.notice'를 찾아 속성을 추가하고 그 아래에 다음과 같이 입력합니다.

```
.notice {
    float: left;
    width: 100%;
    height: 200px;
    margin-top: 12px;
}
.notice li {
    width: 360px;
    height: 40px;
    line-height: 40px;
    font-size: 16px;
    padding-left: 10px;
    padding-right: 10px;
}
.notice span {
    float: right;
}
.notice li:hover {
    font-weight: bold;
}
```

[style.css]

```
128     .tab h4 {               /* 공지사항, 갤러리 메뉴 탭(폰트) */
129         float: left;
130         width: 100px;
131         height: 50px;
132         line-height: 50px;
133         text-align: center;
134         font-weight: bold;
135         color: ■ #000000;
136     }
137     .notice {               /* 공지사항 콘텐츠 영역 스타일 */
138         float: left;
139         width: 100%;
140         height: 200px;
141         margin-top: 12px;
142     }
143     .notice li {            /* 공지사항 리스트 영역 스타일 */
144         width: 360px;
145         height: 40px;
146         line-height: 40px;
147         font-size: 16px;
148         padding-left: 10px;
149         padding-right: 10px;
150     }
151     .notice span {          /* <span>요소로 구성한 날짜 영역 스타일 */
152         float: right;
153     }
154     .notice li:hover {      /* 공지사항 리스트에 마우스를 올릴 때 스타일 */
155         font-weight: bold;
156     }
157     .gallery {              /* 갤러리 콘텐츠 영역 스타일 */
158         float: left;
159         width: 100%;
160         height: 200px;
161     }
```

기적의 TIP

- .notice : <div class="notice"> 요소에 스타일 지정. 즉 공지사항 콘텐츠 영역의 스타일을 지정
  - margin-top:12px : 공지사항 콘텐츠 영역에 위 12px 여백 지정
- .notice li : <div class="notice"> 요소의 자식 요소 〈li〉에 스타일 지정. 공지사항 콘텐츠 각 리스트의 스타일을 지정
  - height:40px, line-height:40px : 높이 height와 줄간격(행간) line-height을 같은 값을 지정하여 글자가 세로 가운데 정렬이 되도록 함
  - padding-left:10px, padding-right:10px : 각 리스트에 좌,우 10px 여백 지정
- .notice span : .notice 요소의 후손(하위 요소에 해당하는 모든) 요소 〈li〉의 〈span〉에 스타일 지정
- .notice li:hover : .notice 요소의 후손 요소 〈li〉에 마우스를 올리면 font-weight:bold 글자가 굵게 나타나도록 지정

04 작업 중인 문서를 모두 저장하고 '크롬(Chrome)' 브라우저에서 배너와 바로가기를 입력한 결과를 확인합니다.

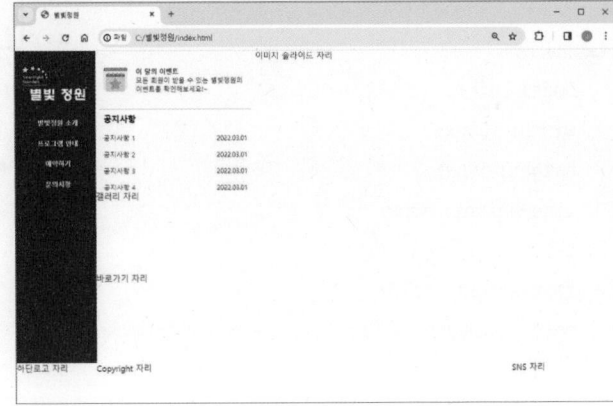

❸ 갤러리 내용 작성하고 스타일 추가하기

01 다음으로 〈div class="gallery"〉 갤러리 자리 〈/div〉 영역에 다음과 같이 입력하여 갤러리 부분에 이미지를 추가합니다.

갤러리 이미지는 Contents 폴더에서 images 폴더로 미리 옮겨놓은 제공된 이미지 3개를 사용하여 가로 방향으로 배치합니다.

```
<div class="gallery">
  <div class="tab"><h4>갤러리</h4></div>
  <ul>
    <li>
      <a href="#">
        <img src="images/gallery1.jpg" alt="
        갤러리1">
        <span>갤러리1</span>
      </a>
    </li>
    <li>
      <a href="#">
        <img src="images/gallery2.jpg" alt="갤러리2">
```

[index.html]

```
89                     공지사항 4 <span>2022.03.01</span>
90               </a>
91            </li>
92          </ul>
93        </div>
94        <div class="gallery">
95          <div class="tab"><h4>갤러리</h4></div>
96          <ul>
97            <li>
98              <a href="#">
99                <img src="images/gallery1.jpg" alt="갤러리1">
100               <span>갤러리1</span>
101             </a>
102           </li>
103           <li>
104             <a href="#">
105               <img src="images/gallery2.jpg" alt="갤러리2">
106               <span>갤러리2</span>
107             </a>
108           </li>
109         </ul>
110       </div>
111       <div id="shortcut">
112         바로가기 자리
113       </div>
114    </div>   <!-- contents 영역 끝 -->
```

```
        <span>갤러리2</span>
      </a>
    </li>
  </ul>
</div>
```

02 'style.css' 문서에서 클래스 선택자 '.gallery'를 찾고 속성을 추가하고 그 아래에 다음과 같이 입력합니다.

```
.gallery {
    float: left;
    width: 100%;
    height: 200px;
    margin-top: 10px;
}
.gallery ul {
    display: flex;
    justify-content: space-around;
}
.gallery li {
    float: left;
    width: 180px;
    height: 150px;
    font-size: 16px;
    text-align: center;
}
.gallery img {
    height: 125px;
}
.gallery li:hover {
    opacity: 0.5;
}
```

[style.css]

```
154    .notice li:hover { /* 공지사항 리스트에 마우스를 올릴 때 스타일 */
155        font-weight: bold;
156    }
157    .gallery {              /* 갤러리 콘텐츠 영역 스타일 */
158        float: left;
159        width: 100%;
160        height: 200px;
161        margin-top: 10px;
162    }
163    .gallery ul {
164        display: flex;
165        justify-content: space-around;
166    }
167    .gallery li {
168        float: left;
169        width: 180px;
170        height: 150px;
171        font-size: 16px;
172        text-align: center;
173    }
174    .gallery img {          /* 갤러리 콘텐츠 이미지 영역 스타일 */
175        height: 125px;
176    }
177    .gallery li:hover { /* 갤러리 콘텐츠에 마우스를 올릴 때 스타일 */
178        opacity: 0.5;
179    }
180    #shortcut {
181        float: left;
182        width: 100%;
183        height: 90px;
184    }
```

기적의 TIP

- .gallery ul : <div class="gallery"> 요소 내 <ul> 목록 태그에 대한 스타일 지정. 즉 갤러리 콘텐츠 영역의 스타일을 지정
  - display:flex : 화면 너비가 유동적인 경우, 화면에 맞춰 요소가 1차원적(수평 혹은 수직)으로 자동 배치되도록 하는 레이아웃. 주축은 왼쪽에서 오른쪽(수평) 방향이 기본값
  - justify-content:space-around : flex가 적용되는 요소(아이템)의 둘레(around)에 균일한 간격을 만들어줌
- .gallery li : <div class="gallery"> 요소의 자식 요소 <li>에 스타일 지정. 갤러리 콘텐츠 각 리스트의 스타일을 지정
- .gallery span : .gallery 요소의 후손(하위 요소에 해당하는 모든) 요소 <li>의 <span>에 스타일 지정
- .gallery li:hover : .gallery 요소의 후손 요소 <li>에 마우스를 올리면 opacity: 0.5로 변경되도록 지정

03 작업한 모든 문서를 저장한 후 '크롬(Ch-rome)' 브라우저에서 열어 현재까지 작업된 사항을 확인합니다.

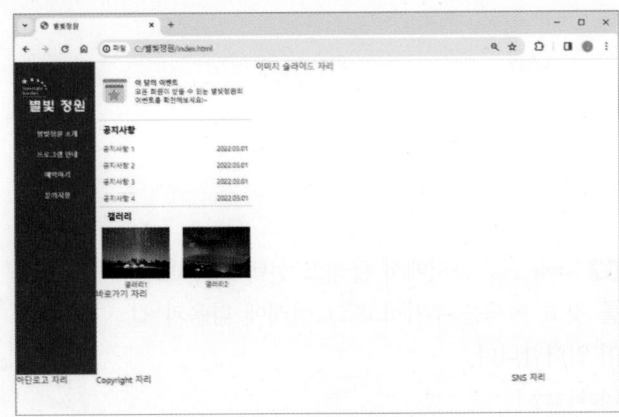

④ 바로가기 내용 작성하고 스타일 추가하기

01 'index.html' 문서에서 〈div id="shortcut"〉 바로가기 자리〈/div〉 태그를 찾고 다음과 같이 입력합니다.

```
<div id="shortcut">
  <a href="#">
    <img src="images/shortcut1.jpg" alt="바로가기">
  </a>
  <a href="#">
    <img src="images/shortcut2.jpg" alt="바로가기">
  </a>
  <a href="#">
    <img src="images/shortcut3.jpg" alt="바로가기">
  </a>
  <a href="#">
    <img src="images/shortcut1.jpg" alt="바로가기">
  </a>
</div>
```

[index.html]

```
104          <a href="#">
105            <img src="images/gallery2.jpg" alt="갤러리2">
106            <span>갤러리2</span>
107          </a>
108        </li>
109      </ul>
110    </div>
111    <div id="shortcut">
112      <a href="#">
113        <img src="images/shortcut1.jpg" alt="바로가기">
114      </a>
115      <a href="#">
116        <img src="images/shortcut2.jpg" alt="바로가기">
117      </a>
118      <a href="#">
119        <img src="images/shortcut3.jpg" alt="바로가기">
120      </a>
121      <a href="#">
122        <img src="images/shortcut1.jpg" alt="바로가기">
123      </a>
124    </div>
125  </div>  <!-- contents 영역 끝 -->
```

02 'style.css' 문서에서 클래스 선택자 .gallery 를 찾아 속성을 추가하고 그 아래에 다음과 같 이 입력합니다.

```
#shortcut {
    float: left;
    width: 100%;
    height: 90px;
    margin-top: 10px;
    border-top: 2px solid #c2c2c2;
    display: flex;
    position: relative;
}
#shortcut img {
    float: left;
    width: 70px;
    height: 70px;
    margin: 10px;
}
#shortcut img:hover {
    opacity: 0.5;
}
```

[style.css]

```
177    .gallery li:hover { /* 갤러리 콘텐츠에 마우스를 올릴 때 스타일 */
178        opacity: 0.5;
179    }
180    #shortcut {
181        float: left;
182        width: 100%;
183        height: 90px;
184        margin-top: 10px;
185        border-top: 2px solid ▣#c2c2c2;
186        display: flex;
187        position: relative;
188    }
189    #shortcut img {
190        float: left;
191        width: 70px;
192        height: 70px;
193        margin: 10px;
194    }
195    #shortcut img:hover { /* 갤러리 콘텐츠에 마우스를 올릴 때 스타일 */
196        opacity: 0.5;
197    }
198    .imgslide {          /* B영역:이미지 슬라이드 영역 */
199        float: right;
200        width: calc(100% - 400px);  /* 이미지 슬라이드 너비 */
201        height: 100%;               /*이미지 슬라이드 높이 */
202    }
203    footer {             /* D영역:하단 영역 */
204        float: left;
205        width: 100%;       /* 하단 너비(브라우저100%) */
206        height: 100px;     /* 하단 높이 */
207    }
```

기적의 TIP

- #shortcut : <div id="shortcut"> 요소의 스타일을 지정
  - margin-top:10px : 바로가기 영역에 대한 위쪽 여백을 10px로 지정
  - border-top:2px solid #c2c2c2 : 다른 영역들과 구분되도록 위쪽 모서리에 대한 스타일 지정
  - display:flex : 화면 너비가 유동적인 경우, 화면에 맞춰 하위 요소가 1차원적(수평 혹은 수직)으로 자동 배치되도록 하는 레이아웃. 주축은 왼 쪽에서 오른쪽(수평) 방향이 기본값
- #shortcut img : <div id="shortcut"> 요소의 자식 요소 〈img〉에 스타일 지정. 갤러리 콘텐츠 각 리스트의 스타일을 지정

---

03 작업한 모든 문서를 저장한 후 '크롬(Chrome)' 브라우저에서 열어 현재까지 작업된 사항을 확인합니다.

⑤ contents 영역 반응형으로 스타일 지정하기

01 〈div class="contents"〉 안에 있는 요소들이 세로로 위치가 고정되어 있기 때문에, 화면 높이에 맞춰 반응형으로 배치되도록 스타일을 지정합니다. 'style.css' 문서에서 클래스 선택자 .contents를 찾고 다음과 같이 입력합니다.

```
.contents {
    float: left;
    width: 400px;
    height: 100%;
    display: flex;
    flex-direction: column;
    justify-content: space-around;
}
```

[style.css]
```
 89    .bodywrap {  /* imgslide와 contents 묶어줌 */
 90       float: right;
 91       width: calc(100% - 200px);/* 창너비에서 200px(.top영역)을 제외 */
 92       height: calc(100vh - 100px); /* 100%에서 footer높이 100px제외 */
 93       min-height: 720px; /* 820px에서 footer 높이 100px제외 */
 94    }
 95    .contents {
 96       float: left;
 97       width: 400px;
 98       height: 100%;
 99       display: flex;
100       flex-direction: column;
101       justify-content: space-around;
102    }
103    #banner {
104       width: 100%;      /* 배너 슬라이드 너비 */
105       height: 130px;    /* 배너 슬라이드 높이 */
106    }
```

기적의 TIP

- display:flex : 화면 너비가 유동적인 경우, 화면에 맞춰 하위 요소가 1차원적(수평 혹은 수직)으로 자동 배치되도록 하는 레이아웃. 주축은 왼쪽에서 오른쪽(수평) 방향이 기본값
- flex-direction:column : flex의 주축을 수직으로 설정
- justify-content:space-around : flex가 적용되는 요소(아이템)의 둘레(around)에 균일한 간격을 만들어줌

02 작업한 모든 문서를 저장한 후 '크롬(Chrome)' 브라우저에서 열어 현재까지 작업된 사항을 확인합니다.

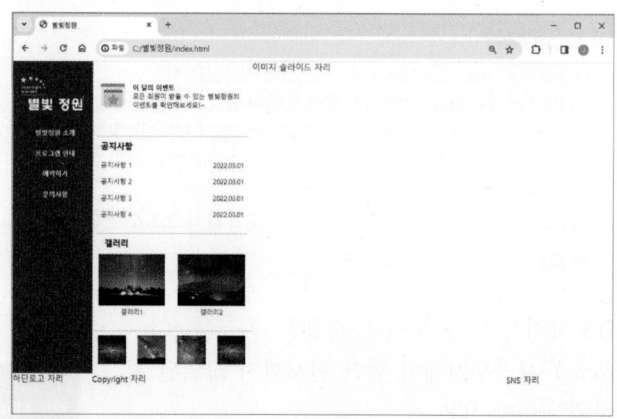

⑥ 바레이어 팝업창 작성하고 기능 구현과 스타일 지정하기

01 세부 지시사항에 지시된 레이어 팝업창을 구성합니다. 공지사항의 첫 번째 콘텐츠를 클릭할 경우 모달 레이어 팝업창(Modal Layer Pop_up)이 나타나야 하며, 닫기 버튼을 누르면 해당 팝업창이 닫히도록 해야 합니다.

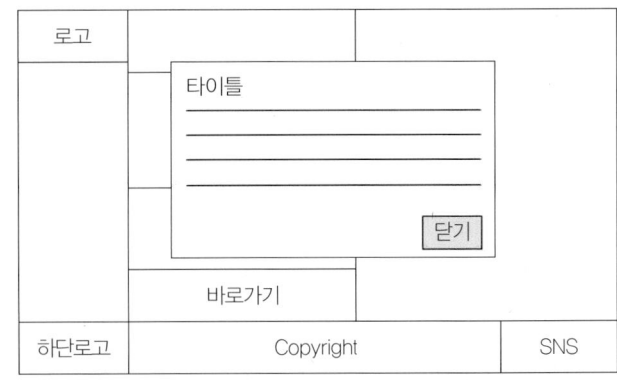

02 먼저 레이어 팝업창에 들어가는 콘텐츠 부분을 작성합니다. 'index.html' 문서에서 〈div class="bodywrap"〉 영역을 종료하는 〈/div〉 다음에 다음과 같이 입력합니다.

```
<div id="modal">
  <div class="modal_up">
    <div class="uptitle">올해의 별빛 축제</div>
    <div class="upbody">
      올해 별빛 축제에 많은 참여를 바랍니다.
    </div>
    <div class="btn">닫기</div>
  </div>
</div>
```

[index.html]

```
127        <!-- B영역:imgslide -->
128        <div class="imgslide">
129          이미지 슬라이드 자리
130        </div>
131      </div> <!-- bodywrap 끝 -->
132
133      <div id="modal"> <!-- 레이어 팝업창 영역 -->
134        <div class="modal_up">
135          <div class="uptitle">올해의 별빛 축제</div>
136          <div class="upbody">
137            올해 별빛 축제에 많은 참여를 바랍니다.
138          </div>
139          <div class="btn">닫기</div>
140        </div>
141      </div> <!-- 레이어 팝업창 영역 끝 -->
142
143      <!-- D영역:Footer -->
144      <footer>
145        <div class="btlogo">
```

> **기적의 TIP**
>
> 레이어 팝업창 콘텐츠 영역을 <div class="bodywrap"> 영역의 밖에 입력합니다. 페이지 레이아웃의 요소들이 레이어 팝업창의 상위 속성이 되는 것을 방지하여 영향을 받지 않도록 별도의 영역에 입력하였습니다.

03 레이어 팝업창의 스타일을 지정하기 위해서 'style.css' 문서에서 .imgslide 클래스 선택자를 찾고 그 아래에 다음과 같이 입력합니다.

```
#modal {
    width: 100%;
    height: 100%;
    position: absolute;
    left: 0;
    top: 0;
    background: rgba(0, 0, 0, 0.6);
    z-index: 1;
    display: none;
```

[style.css]

```
201    .imgslide {              /* B영역:이미지 슬라이드 영역 */
202      float: right;
203      width: calc(100% - 400px);  /* 이미지 슬라이드 너비 */
204      height: 100%;              /*이미지 슬라이드 높이 */
205    }
206    #modal {
207      width: 100%;
208      height: 100%;
209      position: absolute;
210      left: 0;
211      top: 0;
212      background: ■rgba(0, 0, 0, 0.6);
213      z-index: 1;
214      display: none;
215    }
216    #modal.active {
217      display: block;
218    }
219    footer {                 /* D영역:하단 영역 */
220      float: left;
221      width: 100%;           /* 하단 너비(브라우저100%) */
222      height: 100px;         /* 하단 높이 */
223    }
```

```
}
#modal.active {
    display: block;
}
```

- 스타일 정의는 순서에 상관없이 입력이 가능하지만, 가독성과 쉽게 찾고 수정할 수 있도록 HTML 문서의 태그 순서와 일치시키는 것이 좋습니다. 여기에서는 클래스 선택자 '.sctext'를 찾아 그 아래쪽에 스타일을 추가했습니다.
- #modal : <div id="modal"> 요소로 화면 전체(width:100%, height:100%)를 background:rgba(0,0,0,0.6) 색상으로 지정하여 채움. 처음엔 나타나지 않도록 display:none를 지정
- #modal.active : #modal에 active 클래스가 추가되면 나타냄
- z-index : 요소의 쌓이는 순서를 결정하는 속성으로 여러 요소가 겹칠 때 어떤 요소가 화면상에서 앞쪽 또는 뒤쪽으로 보이게 할지 우선순위를 결정. 큰 값을 설정한 요소가 화면에서 더 앞쪽으로 보이게 됨
- 만약 특정 요소에는 'z-index' 속성을 지정하고 다른 요소에는 지정하지 않은 경우, 'z-index'가 지정된 요소가 화면에서 앞쪽에 표시됩니다. 그러나 'z-index' 속성은 'position' 속성이 설정된 요소에만 영향을 미친다는 점을 유념해야 합니다. 따라서 'z-index'를 효과적으로 사용하기 위해서는 'position' 속성과 함께 적용해야 합니다.

04 모달 레이어 팝업창 모양은 팝업되는 영역의 스타일을 보면서 지정하기 위해서 먼저 팝업 기능부터 구현합니다.
'script.js' 문서에 다음과 같이 입력하여 팝업 기능을 추가합니다. 이때 마지막 줄인 '));' 안쪽에 입력하도록 합니다.

```
$(".notice li:first").click(function () {
  $("#modal").addClass("active");
});
$(".btn").click(function () {
  $("#modal").removeClass("active");
});
```

[style.css]

```
1    // JavaScript Document
2
3    jQuery(document).ready(function(){
4
5        $('.navi>li').mouseover(function(){
6            $(this).find('.submenu').stop().slideDown(500);
7        }).mouseout(function(){
8            $(this).find('.submenu').stop().slideUp(500);
9        });
10
11       $(".notice li:first").click(function () {
12           $("#modal").addClass("active");
13       });
14       $(".btn").click(function () {
15           $("#modal").removeClass("active");
16       });
17
18   });
```

- $(".notice li:first").click() : .notice 요소의 후손 요소 중에서 첫 번째 요소를 클릭
- $("#modal").addClass('active') : #modal과 일치하는 요소에 'active' 클래스 추가
- $(".btn").click(function) : .btn 요소를 클릭
- $("#modal").removeClass('active') : #modal의 'active' 클래스를 삭제

05 지금까지의 작업을 모두 저장한 후, '크롬(Chrome)' 브라우저에서 변경 사항을 검토합니다. 작업 결과를 확인하면, 클래스 선택자 '.notice', 즉 <div class="notice">에 해당하는 공지사항의 첫 줄을 클릭했을 때, 배경의 불투명도가 감소하며 화면이 변화하는 것을 볼 수 있습니다.

06 계속해서 레이어 팝업창과 팝업창 안의 타
이틀, 내용, 버튼에 대한 스타일을 추가합니다.

```
.modal_up {

    width: 400px;

    height: 300px;

    position: fixed;

    left: 40%;

    top: 30%;

    background-color: #ffffff;

}
.uptitle {

    margin-top: 30px;

    text-align: center;

    line-height: 16px;

    font-size: 20px;

    font-weight: bold;

}
.upbody {

    padding: 30px;

    text-align: center;

    font-size: 16px;

    line-height: 30px;

}
.btn {

    width: 80px;

    height: 20px;

    display: block;

    text-align: center;

    font-size: 15px;

    font-weight: bold;

    background: #cccccc;

    position: absolute;

    right: 10px;

    bottom: 10px;

}
```

[style.css]

```
216    #modal.active {
217        display: block;
218    }
219    .modal_up {           /*레이어 팝업창 스타일*/
220        width: 400px;
221        height: 300px;
222        position: fixed;
223        left: 40%;
224        top: 30%;
225        background-color: □#ffffff;
226    }
227    .uptitle {
228        margin-top: 30px;
229        text-align: center;
230        line-height: 16px;
231        font-size: 20px;
232        font-weight: bold;
233    }
234    .upbody {
235        padding: 30px;
236        text-align: center;
237        font-size: 16px;
238        line-height: 30px;
239    }
240    .btn {
241        width: 80px;
242        height: 20px;
243        display: block;
244        text-align: center;
245        font-size: 15px;
246        font-weight: bold;
247        background: ▨#cccccc;
248        position: absolute;
249        right: 10px;
250        bottom: 10px;
251    }
252    footer {              /* D영역:하단 영역 */
253        float: left;
254        width: 100%;       /* 하단 너비(브라우저100%) */
255        height: 100px;     /* 하단 높이 */
256    }
```

ⓑ 기적의 TIP

- .modal_up : 모달 레이어가 팝업될 때 나타나는 <div class="modal_up"> 영역의 스타일 지정
- .uptitle : 모달 레이어 팝업창의 제목 영역인 <div class="uptitle"> 스타일 지정
- .upbody : 모달 레이어 팝업창의 내용 영역인 <div class="upbody"> 스타일 지정
- .btn : 팝업창 안에 나타나는 버튼 영역의 스타일 지정

07 작업한 모든 문서를 저장하고, '크롬(Ch-rome)' 브라우저에서 모달 레이어 팝업창이 잘 나타나고 사라지는지 결과를 확인합니다.

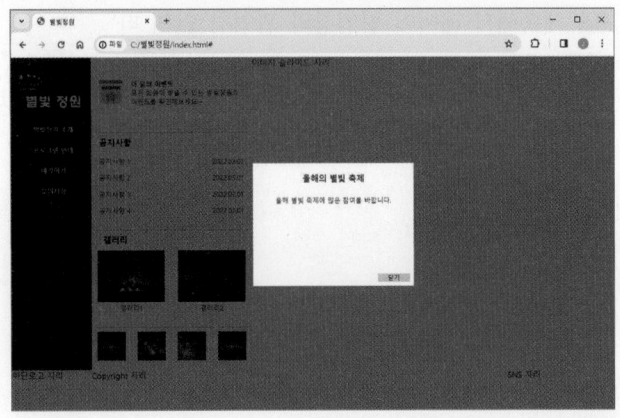

세부 영역별 지시사항 풀기 – ⓒ Contents   약 40분

❶ 슬라이드 이미지 작성하고 스타일 추가하기

세부 영역별 지시사항대로 ⓑ Slide 영역에 들어갈 이미지 슬라이드를 제작합니다.
세부 지시사항에서 3개의 이미지를 이용하여 좌–우, 우–좌 슬라이드 효과를 제작하도록 하고 있으므로 'style. css' 문서에서 이미지의 스타일을 지정한 후, 자바스크립트에서 제이쿼리(jQuery)를 이용하여 해당 동작을 구현합니다.

01 02 'index.html' 문서에서 〈div class= "imgslide"〉 이미지 슬라이드 자리 〈/div〉 부분을 찾은 후 이미지들을 추가합니다.
이때 지시사항에 제공된 3개의 텍스트를 각 이미지에 적용하도록 하고 있으므로 〈span〉 요소를 이용하여 글자도 함께 추가합니다.

```html
<div class="imgslide">
  <div class="slidelist">
    <ul>
      <li>
        <a href="#">
          <img src="images/img1.jpg" alt="이
          미지1">
          <span>올해의 별 관측 행사</span>
```

[index.html]

```html
122        <img src="images/shortcut1.jpg" alt="바로가기">
123      </a>
124    </div>
125  </div>  <!-- contents 영역 끝 -->
126
127  <!-- B영역:imgslide -->
128  <div class="imgslide">
129    <div class="slidelist">
130      <ul>
131        <li>
132          <a href="#">
133            <img src="images/img1.jpg" alt="이미지1">
134            <span>올해의 별 관측 행사</span>
135          </a>
136        </li>
137        <li>
138          <a href="#">
139            <img src="images/img2.jpg" alt="이미지2">
140            <span>별들과 함께 대화하는 시간</span>
141          </a>
142        </li>
143        <li>
144          <a href="#">
145            <img src="images/img3.jpg" alt="이미지3">
146            <span>아름다운 별빛의 향연</span>
147          </a>
148        </li>
149      </ul>
150    </div>
151  </div>
152  </div>  <!-- bodywrap 끝 -->
153
154  <div id="modal">  <!-- 레이어 팝업창 영역 -->
155    <div class="modal_up">
```

```
              </a>
          </li>
          <li>
            <a href="#">
              <img src="images/img2.jpg" alt="이미지2">
              <span>별들과 함께 대화하는 시간</span>
            </a>
          </li>
          <li>
            <a href="#">
              <img src="images/img3.jpg" alt="이미지3">
              <span>아름다운 별빛의 향연</span>
            </a>
          </li>
        </ul>
      </div>
  </div>
</div>
```

02 'index.html' 문서를 저장하고 결과를 확인해 보면, 메인에 추가된 텍스트와 이미지들이 정렬되지 않고 나열된 것을 볼 수 있습니다. 이로 인해 콘텐츠가 세로로 길게 나타나며, 화면 전체에 내용이 들어맞지 않아 화면 축소가 필요한 상태입니다. 이 문제를 해결하기 위해, 콘텐츠가 'imgslide' 지정 영역 내에서만 보이도록 스타일을 추가하도록 합니다.

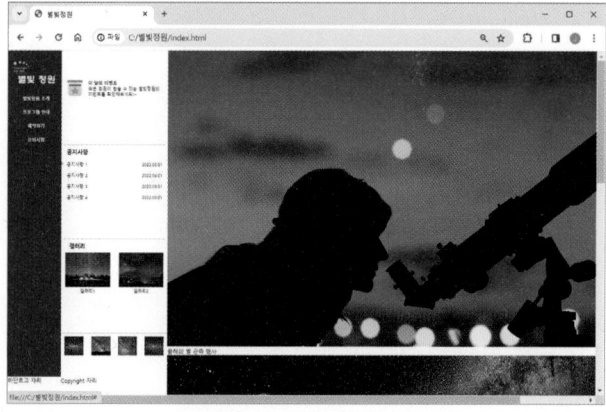

03 스타일 시트 'style.css' 문서에서 클래스 선택자 '.imgslide'를 찾은 후 이미지와 텍스트에 대한 스타일을 추가합니다.

먼저 '.imgslide' 안에 'position:relative'와 'overflow:hidden' 속성을 추가합니다. 이어서 각 이미지와 이미지 위에 나타나는 텍스트에 대한 상세한 스타일을 입력합니다.

```css
.imgslide {
    float: right;
    width: calc(100% - 400px);
    height: 100%;
    position: relative;
    overflow: hidden;
}
.slidelist {
    width: 300%;
    height: 100%;
}
.slidelist li {
    width: calc(100% / 3);
    padding: 0;
    float: left;
}
.slidelist img {
    width: 100%;
    height: calc(100vh - 100px);
    object-fit: cover;
}
.slidelist li span {
    width: 400px;
    height: 50px;
    position: absolute;
    text-align: center;
    color: #ffffff;
    font-weight: bold;
    line-height: 50px;
    background-color: rgba(40, 40, 40, 0.5);
    top: 50%;
    margin-left: -50%;
    transform: translate(-50%, -50%);
}
```

```css
201  .imgslide {            /* B영역:이미지 슬라이드 영역 */
202    float: right;
203    width: calc(100% - 400px);   /* 이미지 슬라이드 너비 */
204    height: 100%;                /*이미지 슬라이드 높이 */
205    position: relative;
206    overflow: hidden;
207  }
208  .slidelist {           /* 이미지 3개를 가로로 배치하는 영역 */
209    width: 300%;
210    height: 100%;
211  }
212  .slidelist li {
213    width: calc(100% / 3);
214    padding: 0;
215    float: left;
216  }
217  .slidelist img {
218    width: 100%;
219    height: calc(100vh - 100px);
220    object-fit: cover;
221  }
222  .slidelist li span {
223    width: 400px;
224    height: 50px;
225    position: absolute;
226    text-align: center;
227    color: #ffffff;
228    font-weight: bold;
229    line-height: 50px;
230    background-color: rgba(40, 40, 40, 0.5);
231    top: 50%;
232    margin-left: -50%;
233    transform: translate(-50%, -50%);
234  }
235  #modal {
236    width: 100%;
237    height: 100%;
238    position: absolute;
239    left: 0;
240    top: 0;
241    background: rgba(0, 0, 0, 0.6);
242    z-index: 1;
243    display: none;
244  }
```

🅑 기적의 TIP

- 시험의 '⑧ Slide 세부 지시사항'에서는 [Slide] 폴더에 포함된 세 개의 텍스트를 각각의 이미지에 맞게 적용하고, 텍스트의 글꼴, 스타일, 색상, 크기를 조절하여 가독성과 독창이 드러나도록 제작한다.'라고 되어 있습니다. 구체적인 스타일 지정 방법이나 값이 명시되지 않았기 때문에, 수험자는 이에 따라 스타일을 자유롭게 정할 수 있습니다.
- .imgslide : <div class="imgslide"> 영역의 스타일 정의. 슬라이드 이미지와 이미지 위에 나타날 텍스트 영역을 담은 컨테이너
- overflow:hidden : 이미지가 지정된 영역 안에서만 보이고, 영역 밖으로 넘친 부분은 보이지 않도록 지정
- .slidelist : .imgslide의 하위 컨테이너인 <div class="slidelist"> 영역의 스타일 정의
  - width:300% : 각 이미지의 너비가 100%일 때 세 개의 이미지를 세로로 나열하면 가로 너비의 총합은 300%가 됩니다.
  - 세 개의 이미지를 일렬로 가로로 나열하여 100%씩 이동시키면 이미지가 좌–우 또는 우–좌 방향으로 슬라이딩되는 효과를 구현할 수 있습니다.
- .slidelist li : 이미지와 텍스트가 들어있는 하나의 세부 목록 태그인 〈li〉의 크기 스타일 지정
  - width:calc(100% / 3) : <div class="slidelist"> 영역 전체를 3으로 나눈 값을 너비로 지정

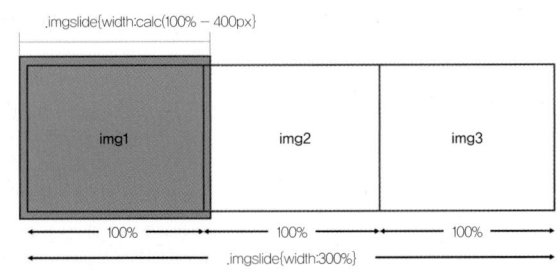

- .slidelist li span : .slidelist의 후손 요소인 〈span〉 영역의 스타일 정의. 이미지 위에 나타나는 텍스트의 스타일
  - 선택자 형식 중 'A 〉 B'은 A 요소의 1차 하위 요소인 B 요소에 스타일을 적용합니다. 'A B'와 같이 빈칸을 사용하는 경우 A 요소의 1차 또는 2차 이상(자손의 자손)의 하위 요소, 즉 후손 요소에 해당하는 모든 B 요소에 스타일을 적용합니다([참고하기] PART 02 – SECTION 02. CSS 익히기 – 'CSS 선택자 이해하기').
  - width:400px, height:50px : 텍스트 영역의 너비와 높이
  - position:absolute : 상위 컨테이너를 기준으로 절대 좌표값을 가짐
  - top:50% : 텍스트 영역 위치를 위쪽에서부터 50%으로 지정
  - margin–left:–50% : 텍스트 영역의 왼쪽 여백을 –50%으로 지정. 텍스트가 이미지보다 오른쪽에 있었기 때문에
  - transform:translate(–50%, –50%) : top, margin–left를 사용하여 이동한 텍스트 영역은 왼쪽 상단모서리가 기준이기 때문에, 텍스트 요소의 중앙으로 이동시킴
  - 텍스트 영역의 크기나 여백 값은 여기에서 입력한 것과 똑같이 사용하지 않아도 됩니다. 이러한 값은 수험자가 임의로 지정 가능합니다. 스타일의 속성 값은 웹 브라우저에서 결과를 확인하면서 값을 조금씩 조정하면서 지정합니다.
- background–color:rgba(40,40,40,0.5) : 색상 및 불투명도 지정. a 속성은 투명도를 의미하며, 0~1사이의 값을 가짐. 반드시 설정해야 하는 것은 아니며 글자를 잘 보이게 하기 위해 설정한 것으로 삭제 및 임의로 지정 가능

04 지금까지 작업한 스타일은 화면 높이에서 footer 영역인 100px을 뺀 만큼 이미지를 보이게 설정했습니다. 그래서 화면의 높이를 줄여서 footer 영역이 보이지 않게 되면 이미지 아래에 여백이 발생합니다. 이를 해결하기 위해 클래스 선택자 '.slidelist img'를 찾고 그 아래에 다음의 코드를 추가합니다.

```
@media (max-height: 820px) {
  .slidelist img {
    height: 720px;
  }
}
```

[style.css]

```
217    .slidelist img {
218        width: 100%;
219        height: calc(100vh - 100px);
220        object-fit: cover;
221    }
222    @media (max-height: 820px) {
223        .slidelist img {
224            height: 720px;
225        }
226    }
227    .slidelist li span {
228        width: 400px;
229        height: 50px;
230        position: absolute;
231        text-align: center;
```

🅑 **기적의 TIP**

- @media : CSS에서 제공하는 미디어 쿼리로, @media(조건){ 스타일 } 구조로 사용할 수 있다. 조건을 만족하면 스타일을 적용하고, 만족하지 않으면 무시한다.
- @media (max-height: 820px) : 화면의 높이가 820px보다 작으면 .slidelist img의 높이를 720px로 고정함(화면이 820px보다 작아지면 요소들의 위치가 변하지 않도록 고정).

---

05 지금까지 작업한 사항을 모두 저장하고 '크롬(Chrome)' 브라우저에서 결과를 확인해 보면 이미지들이 한 곳에 겹쳐서 모여 있고, 그 위에 글자가 나타나는 것을 확인할 수 있습니다.

❷ 슬라이드 이미지 기능 추가하기

01 이미지에 슬라이드 기능을 구현하기 위해 'script.js' 문서에 다음과 같이 입력합니다. 이때 처음에 입력했던 스크립트의 마지막 줄인 '});'의 안쪽에 입력하도록 합니다.

```
setInterval(function(){
    $('.slidelist').delay(1000);
    $('.slidelist').animate({marginLeft: 0});
    $('.slidelist').delay(2000);
    $('.slidelist').animate({marginLeft:
    '-100%'});
    $('.slidelist').delay(2000);
    $('.slidelist').animate({marginLeft: '-200%'});
    $('.slidelist').delay(2000);
});
```

[script.js]

```
11    $(".notice li:first").click(function () {
12        $("#modal").addClass("active");
13    });
14    $(".btn").click(function () {
15        $("#modal").removeClass("active");
16    });
17
18    setInterval(function(){
19        $('.slidelist').delay(1000);
20        $('.slidelist').animate({marginLeft: 0});
21        $('.slidelist').delay(2000);
22        $('.slidelist').animate({marginLeft: '-100%'});
23        $('.slidelist').delay(2000);
24        $('.slidelist').animate({marginLeft: '-200%'});
25        $('.slidelist').delay(2000);
26    });
27
28    });
```

🅑 기적의 TIP

- setInterval(function(){} : 일정 시간마다 반복적으로 동작을 실행
- delay(2000) : delay(ms)와 같이 사용하며, 실행 중인 함수를 지정한 시간만큼 지연시킴. 2000은 2초에 해당됨
  - 슬라이드는 매 3초 이내로 다른 이미지로 슬라이드 전환되어야 하므로 delay() 사용 시 3000 이내의 값을 입력하여 다른 이미지가 3초 이내에 나타나도록 해야 합니다.
- animate() : 애니메이션 효과를 지정
  - animate() 문법은 '$(선택자).animate({properties(CSS 스타일)}, [duration(지속 시간)], [easing(여유 함수)], [complete](콜백 함수))'입니다. 이 중 {properties} 부분은 필수 매개변수로 CSS 속성과 값을 정의하며, 나머지는 선택적 매개변수입니다. {properties}의 형식은 '키:값'이 쌍으로 이루어지기 때문에 중괄호 { }를 사용하여 '{속성:값}'으로 작성해야 합니다.
- animate({marginLeft: '-100%'}) : 애니메이션 효과를 줄 속성으로 marginLeft를 사용하고, 그 값을 -100%으로 변경. 요소의 위쪽 여백을 '-100%'로 지정해 주기 때문에 이미지의 크기만큼 요소가 왼쪽으로 밀려서 이동하는 것처럼 동작함
  - animate({marginLeft: '-200%'})에서 사용된 marginLeft 속성은 자바스크립트에 적용되는 속성입니다. CSS에서는 이와 동일한 속성을 margin-left로 표현합니다. 하지만 자바스크립트에서는 변수명에 대시(-)를 사용할 수 없기 때문에, 만약 CSS의 margin-left 속성을 자바스크립트에서 적용하려면 따옴표를 사용하여 다음과 같이 명시해야 합니다.

    animate({marginLeft:-300})=animate({"margin-left":"-300"})

---

02 문서를 저장한 후 이미지가 좌→우, 우→좌로 슬라이딩 되는지 확인합니다.

세부 영역별 지시사항대로 Footer 영역을 제작합니다.
이 문제에서 제공된 텍스트와 이미지를 사용하여 하단 로고, Copyright, SNS를 제작합니다.

❶ Footer 영역 하단 로고 만들기

제공된 로고를 grayscale(무채색)으로 변경하여 Footer 영역에 추가하도록 하고 있으므로 먼저 로고를 무채색으로 조정해두도록 합니다. 여기에서는 포토샵을 이용하여 조정하였습니다.

01 포토샵을 실행한 후, [파일(File)]–[열기(Open)] 메뉴를 선택하여 위에서 만들었던 로고 이미지 'logo.png'를 엽니다.

02 로고를 무채색으로 변경하기 위해서 [이미지(Image)]–[조정(Adjustments)]–[채도 감소(Desaturate)]를 선택합니다.

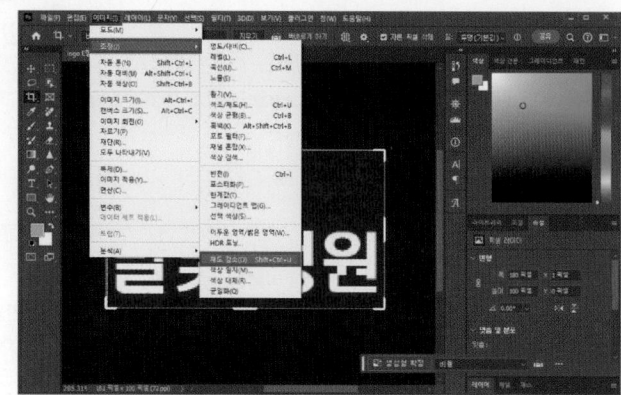

🅑 **기적의 TIP**

- 채도 감소의 단축키는 Shift + Ctrl + U 입니다.
- 채도를 감소하기 위해 [이미지(Image)]–[조정(Adjustments)]–[색조/채도(Hue/Saturation)] 메뉴를 선택하여 채도(Hue/Saturation)에서 '−100'을 입력하여 변경해도 됩니다.
- [색조/채도(Hue/Saturation)] 메뉴의 단축키는 Ctrl + U 입니다.
- 로고의 색상 값이나 색상을 변경하는 방법이 지정되지 않은 경우 수험자 임의로 수정하면 됩니다.

---

03 채도가 감소되어 무채색이 되면 [파일(File)]–[내보내기] – [PNG로 빠른 내보내기]를 선택하여 'images' 폴더 안에 'logo_bottom.png'로 저장합니다.

– 파일 이름(File name) : logo_bottom.png
– 형식(Format) : PNG

[저장(Save)] 버튼을 클릭한 후 PNG 옵션 대화상자가 나타나면 옵션을 기본 값으로 그대로 둔 채 [확인(OK)]를 클릭합니다.

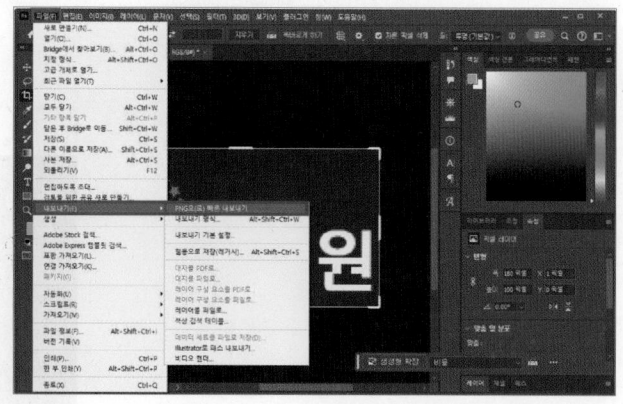

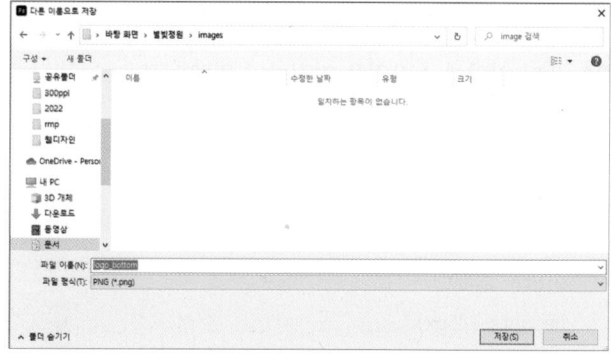

② Footer 영역 작성하기

제공된 텍스트와 이미지를 사용하여 하단 로고, Copyright, SNS를 제작합니다.

01 'index.html' 문서에서 〈footer〉 〈/footer〉 영역에서 미리 입력해 두었던 로고 자리, Copyright 자리, SNS 자리에 Footer 폴더에 제공된 텍스트를 사용하여 다음과 같이 입력합니다.

```
<footer>
  <div class="btlogo">
    <a href="#">
      <img src="images/logo_bottom.png" alt=
      "btlogo">
    </a>
  </div>
  <div class="copy">
    COPYRIGHT© by WEBDESIGN. ALL RIGHTS RE-
    SERVED
  </div>
  <div class="sns">
    <ul>
      <li>
        <a href="#"><img src="images/sns1.jpg" alt="sns1"></a>
      </li>
      <li>
        <a href="#"><img src="images/sns2.jpg" alt="sns2"></a>
      </li>
      <li>
        <a href="#"><img src="images/sns3.jpg" alt="sns3"></a>
      </li>
    </ul>
  </div>
</footer>
```

[index.html]

```
162    </div> <!-- 레이어 팝업창 영역 끝 -->
163
164    <!-- D영역:Footer -->
165    <footer>
166      <div class="btlogo">
167        <a href="#">
168          <img src="images/logo_bottom.png" alt="btlogo">
169        </a>
170      </div>
171      <div class="copy">
172        COPYRIGHT© by WEBDESIGN. ALL RIGHTS RESERVED
173      </div>
174      <div class="sns">
175        <ul>
176          <li>
177            <a href="#"><img src="images/sns1.jpg" alt="sns1"></a>
178          </li>
179          <li>
180            <a href="#"><img src="images/sns2.jpg" alt="sns2"></a>
181          </li>
182          <li>
183            <a href="#"><img src="images/sns3.jpg" alt="sns3"></a>
184          </li>
185        </ul>
186      </div>
187    </footer>
188
189  </body>
190  </html>
```

❸ Footer 영역 스타일 지정하기

01 푸터 영역에 스타일을 지정하기 위해 'style. css'에서 클래스 선택자 '.footer' 영역을 찾아서 다음의 코드를 추가하여 입력합니다.

```
footer {
    float: left;
    width: 100%;
    height: 100px;
    position: relative;
    background-color: #aeadad;
    z-index: 1;
}
```

```
                                              [style.css]
274    .btn {
275      width: 80px;
276      height: 20px;
277      display: block;
278      text-align: center;
279      font-size: 15px;
280      font-weight: bold;
281      background: #cccccc;
282      position: absolute;
283      right: 10px;
284      bottom: 10px;
285    }
286    footer {             /* D영역:하단 영역 */
287      float: left;
288      width: 100%;        /* 하단 너비(브라우저100%) */
289      height: 100px;      /* 하단 높이 */
290      position: relative;
291      background-color: #aeadad;
292      z-index: 1;
293    }
294    .btlogo {
295      float: left;
296      width: 200px;
297      height: 100px;
298    }
```

02 푸터 영역에 스타일을 지정하기 위해 'style. css'에서 클래스 선택자 '.btlogo' 영역을 찾아서 다음과 같이 아래에 로고 이미지 스타일을 추가 합니다.

```
.btlogo {
    float: left;
    width: 200px;
    height: 100px;
}
.btlogo img {
    float: left;
    width: 180px;
    height: 100px;
    margin-left: 10px;
}
```

```
                                              [style.css]
294    .btlogo {
295      float: left;
296      width: 200px;
297      height: 100px;
298    }
299    .btlogo img {
300      float: left;
301      width: 180px;
302      height: 100px;
303      margin-left: 10px;
304    }
305    .copy {
306      float: left;
307      width: calc(100% - 500px);    /* Copyright 너비 */
308      height: 100px;                /* Copyright 높이 */
309    }
```

🅱 기적의 TIP

• .btlogo img : 〈div class="btlogo"〉 영역의 후손 요소 〈img〉 요소에 대한 스타일 지정
  – width:180px, height:100px : 하단 로고의 크기를 지정함
  – margin–left:10px : 하단 로고 왼쪽에 10px의 여백 지정

---

03 Copyright 영역의 스타일을 지정합니다. '.copy' 영역을 찾은 후 다음과 같이 속성을 추가합니다.

```css
.copy {
    float: left;
    width: calc(100% - 500px);
    height: 100px;
    text-align: center;
    font-size: 16px;
    line-height: 100px;
}
```

[style.css]

```css
299    .btlogo img {
300        float: left;
301        width: 180px;
302        height: 100px;
303        margin-left: 10px;
304    }
305    .copy {
306        float: left;
307        width: calc(100% - 500px);    /* Copyright 너비 */
308        height: 100px;                /* Copyright 높이 */
309        text-align: center;
310        font-size: 16px;
311        line-height: 100px;
312    }
313    .sns {
314        float: right;
315        width: 270px;
316    }
```

04 SNS 영역의 스타일을 지정합니다. '.sns' 영역을 찾은 후 다음과 같이 속성을 추가합니다.

```css
.sns {
    float: right;
    width: 270px;
    height: 100px;
    margin-right: 30px;
    display: flex;
    justify-content: space-between;
    align-items: center;
}
.sns ul {
    float: right;
    margin-right: 10px;
}
.sns li {
    display: inline-block;
}
.sns img {
    width: 40px;
    height: 40px;
    padding: 5px;
}
.sns img:hover {
    opacity: 0.5;
}
```

[style.css]

```css
305    .copy {
306        float: left;
307        width: calc(100% - 500px);    /* Copyright 너비 */
308        height: 100px;                /* Copyright 높이 */
309        text-align: center;
310        font-size: 16px;
311        line-height: 100px;
312    }
313    .sns {
314        float: right;
315        width: 270px;
316        height: 100px;
317        margin-right: 30px;
318        display: flex;
319        justify-content: space-between;
320        align-items: center;
321    }
322    .sns ul {
323        float: right;
324        margin-right: 10px;
325    }
326    .sns li {
327        display: inline-block;
328    }
329    .sns img {
330        width: 40px;
331        height: 40px;
332        padding: 5px;
333    }
334    .sns img:hover {
335        opacity: 0.5;
336    }
```

> **기적의 TIP**
> • .display:inline-block : SNS 이미지들이 한 줄(행)에 표시되도록 inline과 block의 속성을 같이 가지고 있도록 변경
> • .sns img:hover : .sns 요소의 후손 요소 〈img〉에 마우스를 올리면 불투명도 50%(opacity:0.5)로 약간 투명하게 바뀌어 보이도록 지정

05 작업 중인 모든 문서를 저장하고 '크롬(Chrome)' 브라우저에서 결과를 확인합니다.

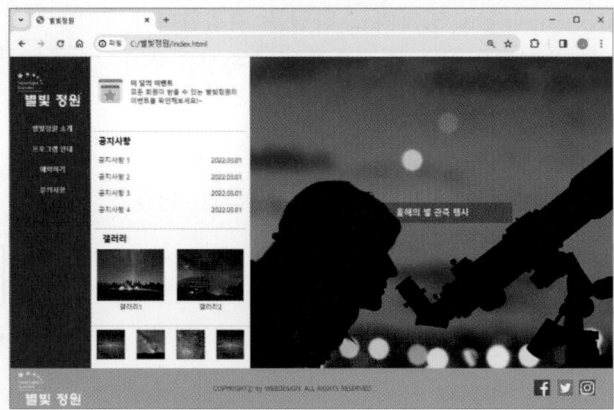

화면 창 크기가 바뀔 때마다 요소들의 배치와 정렬이 틀어지지 않는지 확인합니다.

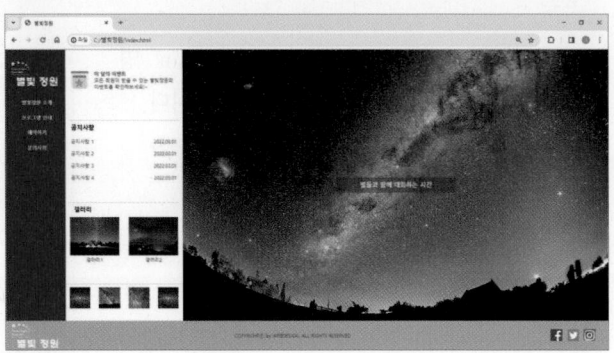

최종 결과물 Checklist

최종 작업이 끝나면 다음과 같이 최종 문서를 확인합니다.

1. 모든 작업은 바탕 화면의 '비번호' 폴더에 저장되어 있어야 합니다.

2. 최종 본문 파일은 가장 상위 폴더에 'index.html'로 저장되어 있어야 합니다.

3. 제작한 자료들은 '비번호' 폴더 내에 'css', 'javascript', 'images' 폴더별로 분류되어 저장되어 있어야 합니다.

4. 최종 결과물인 '비번호' 폴더의 용량이 5MB을 초과되지 않아야 합니다. 최종 제출 폴더('비번호' 폴더)에 마우스 오른쪽을 클릭한 후 바로가기 메뉴에서 '속성'을 선택한 후 전체 용량을 확인하도록 합니다.

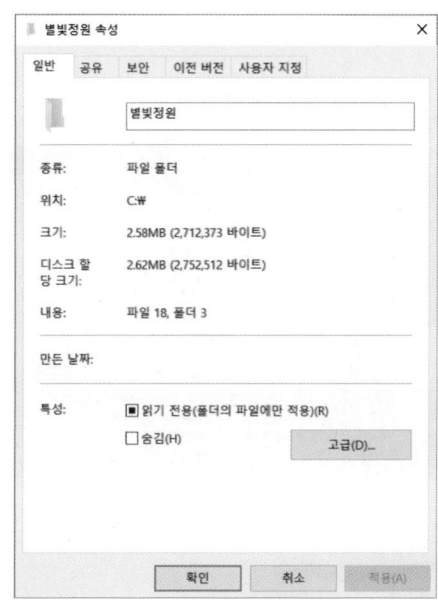

5. 웹페이지 코딩은 HTML5 기준 웹 표준을 준수하여야 합니다.

  – HTML 유효성 검사(W3C validator)에서 오류('ERROR')가 없어야 합니다. 단, HTML 유효성 검사 서비스는 인터넷으로 이루어지기 때문에 시험 시 확인할 수 없습니다.

  – 따라서 오류를 방지하기 위해서 다음과 같은 방법을 사용하여 확인합니다.

  ① 구글 크롬 브라우저나, 파이어폭스 브라우저를 이용하여 페이지 빈 공간에서 오른쪽 버튼을 누르고 '검사(Inspect)'를 실행합니다.

  ② 콘솔(Console) 창에서 오류가 나타나는지 확인합니다. 시험 최종 결과물에서 이 오류가 나타나서는 안됩니다.

  ③ 오류가 있을 경우 콘솔 창에 오류 메시지가 나타나게 됩니다.

  ④ 오류를 발견하면 오류가 있는 코드를 수정하여 오류를 바로 잡습니다.

SECTION

11회

최신 기출 유형 문제

반복학습 1 2 3

▶ 합격 강의

작업파일 [PART 04 〉 기출유형문제 11회 〉 수험자 제공 파일]을 열어서 작업하세요.

[공개 문제 유형 : F형]

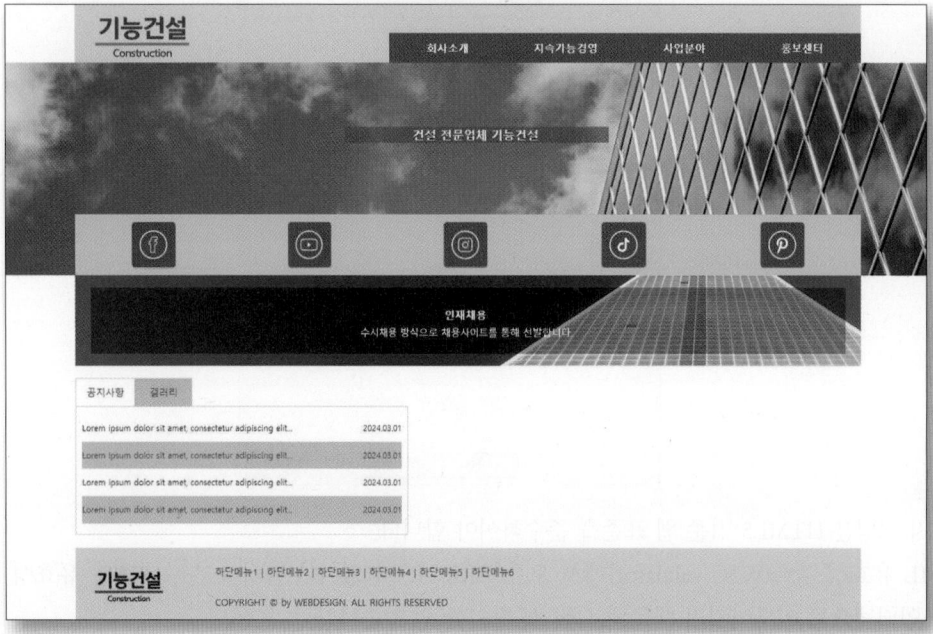

기능건설 웹사이트 제작

자격 종목	웹디자인개발기능사	과제명	기능건설

※ 시험시간 : 3시간

1. 요구사항

※ 다음 요구사항을 준수하여 주어진 자료(수험자 제공 파일)를 활용하여 시험시간 내에 웹페이지를 제작 후 5MB **용량이 초과되지 않게** 저장 후 제출하시오.

※ 웹페이지 코딩은 **HTML5 기준 웹 표준**을 준수하여야 하며, 요구사항에 지정되지 않는 요소들은 주제 특성에 맞게 자유롭게 디자인하시오.

※ 문제에서 지시하지 않은 와이어프레임 영역 비율, 레이아웃, 텍스트의 글자체/색상/크기, 요소별 크기, 색상 등은 수험자가 과제명(가.주제) 특성에 맞게 자유롭게 디자인하시오.

가. 주제 : 기능건설 홈페이지 제작

나. 개요

건설 전문업체에서 인재 채용을 위한 「기능건설」 웹사이트를 제작하고자 한다. 회사를 소개하는 내용과 인재 채용 및 공지사항이 있는 웹사이트 제작을 요청하였다. 아래의 요구사항에 따라 메인 페이지를 제작하시오.

다. 제작 내용

01) 메인 페이지를 디자인하고 HTML, CSS, JavaScript 기반의 웹페이지를 제작한다. (이때 jQuery 오픈소스, 이미지, 텍스트 등의 제공된 리소스를 활용하여 제작할 수 있다.)

02) HTML, CSS의 charset은 utf-8로 해야 한다.

03) 컬러 가이드

주조색 (Main color)	보조색 (Sub color)	배경색 (Background color)	기본 텍스트의 색 (Text color)
자유롭게 지정	자유롭게 지정	#FFFFFF	#666666

04) 사이트 맵(Site map)

Index page / 메인(Main)				
메인 메뉴(Main menu)	회사소개	지속가능경영	사업분야	홍보센터
서브 메뉴(Sub menu)	기업정보 CEO인사말 연혁 조직도	윤리경영 품질경영 안전경영 환경경영	건축사업 토목사업 주택사업 환경/플랜트	뉴스 분양뉴스 CI/BI

05) 와이어프레임(Wireframe)

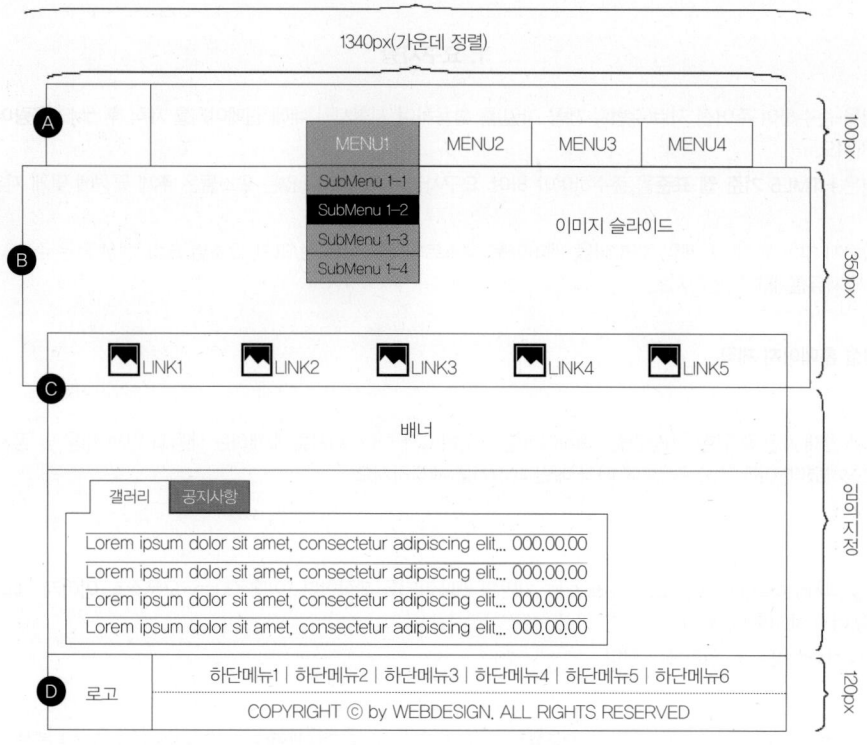

〈C영역 각각의 넓이는 수험자가 판단〉

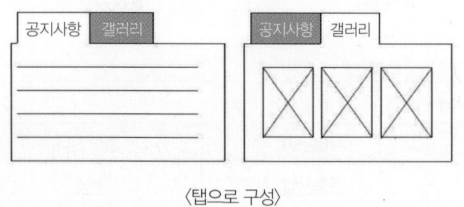

〈탭으로 구성〉

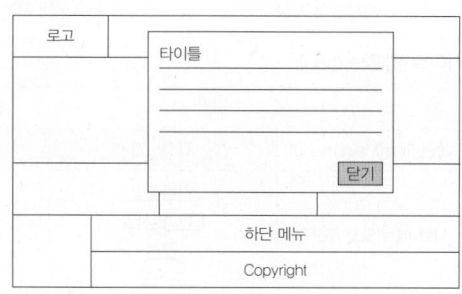

〈레이어 팝업창 구성〉

자격 종목	웹디자인개발기능사	과제명	기능건설

라. 세부 영역별 지시사항

영역 및 명칭	세부 지시사항
Ⓐ Header	**A.1. 로고** ○ Header 폴더에 제공된 로고를 삽입한다. ※ 로고의 크기 변경 시, 가로 세로 비율(종횡비, Aspect ratio)을 유지하여야 한다(가로 세로 비율을 유지하며 크기 변경 가능). **A.2. 메뉴 구성** ※ 사이트 구조도를 참고하여 메인 메뉴(Main menu)와 서브 메뉴(Sub menu)로 구성한다. **(1) 메인 메뉴(Main menu) 효과 [와이어프레임 참조]** ○ 메인 메뉴 중 하나에 마우스를 올리면(Mouse over) 하이라이트 되고, 벗어나면(Mouse out) 하이라이트를 해제한다. ○ 메인 메뉴를 마우스로 올리면(Mouse over) 서브 메뉴 영역이 부드럽게 나타나면서, 서브 메뉴가 보이도록 한다. ○ 메인 메뉴에서 마우스 커서가 벗어나면(Mouse out) 서브 메뉴 영역은 부드럽게 사라져야 한다. **(2) 서브 메뉴 영역 효과** ○ 서브 메뉴 영역은 메인 페이지 콘텐츠를 고려하여 배경 색상을 설정한다. ○ 서브 메뉴 중 하나에 마우스를 올리면(Mouse over) 하이라이트 되고 벗어나면(Mouse out) 하이라이트를 해제한다. ○ 마우스 커서가 메뉴 영역을 벗어나면(Mouse out) 서브 메뉴 영역은 부드럽게 사라져야 한다.
Ⓑ Slide	**B. Slide 이미지 제작** ○ [Slide] 폴더에 제공된 3개의 이미지로 제작한다. ○ [Slide] 폴더에 제공된 3개의 텍스트를 각 이미지에 적용하되, 텍스트의 글자체, 굵기, 색상, 크기를 적절하게 설정하여 가독성을 높이고, 독창성이 드러나도록 제작한다. **B. Slide 애니메이션 작업** ※ 위에서 작업한 결과물을 이용하여 슬라이드 작업한다. ○ 이미지 슬라이드는 Fade-in, Fade-out 효과를 이용하여 제작한다. (하나의 이미지가 서서히 사라지고, 다른 이미지가 서서히 나타나는 효과이다.) ○ 슬라이드는 매 3초 이내로 하나의 이미지에서 다른 이미지로 전환되어야 한다. ○ 웹사이트를 열었을 때 자동으로 시작되어 반복적으로(마지막 이미지가 사라지면 다시 첫 번째 이미지가 나타나는 방식) 전환되어야 한다.
Ⓒ Contents	**C.1. 바로가기** ○ Contents 폴더의 제공된 파일을 활용하여 편집 또는 디자인하여 제작한다. **C.2. 배너** ○ Contents 폴더의 제공된 파일을 활용하여 편집 또는 디자인하여 제작한다 **C.3. 공지사항** ○ 공지사항 타이틀 영역과 콘텐츠 영역을 구분하여 표현해야 한다. ○ 콘텐츠는 Contents 폴더의 제공된 텍스트를 적용하여 제작한다. ○ 공지사항의 첫 번째 콘텐츠를 클릭(Click)할 경우 레이어 팝업창(Layer Pop_up)이 나타나며 닫기 버튼을 누르면 해당 팝업창이 닫혀야 한다. [와이어프레임 참조] ○ 레이어 팝업의 제목과 내용은 Contents 폴더의 제공된 텍스트 파일을 사용한다. **C.4. 갤러리** ○ Contents 폴더의 제공된 이미지 3개를 사용하여 가로 방향으로 배치한다. [와이어프레임 참조] ○ 공지사항과 갤러리는 탭 기능을 이용하여 제작하여야 한다. ○ 각 탭을 클릭(Click) 시 해당 탭에 대한 내용이 보여야 한다. [와이어프레임 참조] ※ 콘텐츠는 HTML 코딩으로 작성해야 하며, 이미지로 삽입하면 안 된다.
Ⓒ Footer	○ 로고를 grayscale(무채색)로 변경하고 사용자의 접근성을 고려하여 배치한다. ○ Footer 폴더의 제공된 텍스트를 사용하여 Copyright, 하단 메뉴를 제작한다.

마. 기술적 준수사항

01) 웹페이지 코딩은 HTML5 기준 웹 표준을 준수하여야 하며 HTML **유효성 검사(W3C validator)에서** 오류('ERROR')가 없어야 한다.
※ HTML 유효성 검사 서비스는 시험 시 제공하지 않는다(인터넷 사용 불가).

02) **CSS는 별도의 파일로 제작하여 링크**하여야 하며, CSS3 기준(**W3C validator**)에서 오류('ERROR')가 없도록 코딩되어야 한다.

03) JavaScript 코드는 별도의 파일로 제작하여 연결하여야 하며 브라우저(**Google Chrome**)에 내장된 개발구의 Console 탭에서 오류('ERROR')가 표시되지 않아야 한다.

04) 별도로 지정하지 않은 상호작용이 필요한 모든 콘텐츠(로고, 메뉴, 버튼, 바로가기 등)는 임시 링크(예:#)를 적용하고 'Tab'(Tab) 키로 이동 선택할 수 있어야 한다.

05) 사이트는 다양한 화면 해상도에서 일관성 있는 페이지 레이아웃을 제공해야 한다.

06) 웹페이지 전체 레이아웃은 Table 태그 사용이 아닌 CSS를 통한 레이아웃 작업으로 해야 한다.

07) 브라우저에서 CSS를 "사용 안 함"으로 설정한 경우 콘텐츠가 세로로 나열된다.

08) 타이틀 텍스트(Title text), 바디 텍스트(Body text), 메뉴 텍스트(Menu text)의 각 글자체/굵기/색상/크기 등을 적절하게 설정하여 사용자가 텍스트 간의 위계질서(Hierarchy)를 직관적으로 알 수 있도록 한다.

09) 모든 이미지에는 이미지에 대한 대체 텍스트를 표현할 수 있는 alt 속성이 있어야 한다.

10) 제작된 사이트 메인 페이지의 레이아웃, 구성 요소의 크기 및 위치 등은 최신 버전의 **MS Edge와 Google Chrome**에서 동일하게 표시되어야 한다.

바. 제출 방법

01) 수험자는 비번호로 된 폴더명으로 완성된 작품 파일을 저장하여 제출한다.

02) 폴더 안에는 images, script, css 등의 자료를 분류하여 저장한 폴더도 포함되어 있어야 하며, 메인 페이지는 반드시 최상위 폴더에 index.html로 저장하여 제출해야 한다.

03) 수험자는 제출하는 폴더에 index.html을 열었을 때 연결되거나 표시되어야 할 모든 리소스들을 포함하여 제출해야 하며 수험자의 컴퓨터가 아닌 채점 위원의 컴퓨터에서 정상 작동해야 한다.

04) 전체 결과물의 용량은 5MB용량이 초과되지 않게 제출하며 ai, psd 등 웹서비스에 사용되지 않는 파일은 제출하지 않는다.

2. 수험자 유의사항

※ 다음의 유의사항을 고려하여 요구사항을 완성하시오.

01) 수험자 인적사항 및 답안작성은 반드시 검은색 필기구만 사용하여야 하며, 그 외 연필류, 유색 필기구, 지워지는 펜 등을 사용한 답안은 채점하지 않으며 0점 처리됩니다.

02) 수험에 필요한 소프트웨어 및 참고자료가 하드웨어에 설치되어 있는지 확인 후 작업하시오.

03) 참고자료의 내용 중 오자 및 탈자 등이 있을 때는 수정하여 작업하시오.

04) 지참공구[수험표, 신분증, 흑색 필기도구] 이외의 참고자료 및 외부장치(CD, USB, 키보드, 마우스, 이어폰) 등 **어떠한 물품도 시험 중에 지참할 수 없음**을 유의하시오(단, 시설목록 이외의 정품 소프트웨어(폰트 제외)를 설치하고자 할 때에는 감독위원의 입회하에 설치하여 사용하시오).

05) 수험자가 컴퓨터 활용 미숙 등으로 인해 시험의 진행이 어렵다고 판단되었을 때는 감독위원은 시험을 중지시키고 실격처리를 할 수 있음을 유의하시오.

06) **바탕 화면에 수험자 본인의 "비번호" 이름을 가진 폴더에 완성된 작품의 파일만을 저장하시오.**

자격 종목	웹디자인개발기능사	과제명	기능건설

07) 모든 작품을 감독위원 또는 채점위원이 검토하여 복사된 작품(동일 작품)이 있을 때에는 관련된 수험자 모두를 부정행위로 처리됨을 유의하시오.

08) 장시간 컴퓨터 작업으로 신체에 무리가 가지 않도록 적절한 몸풀기(스트레칭) 후 작업하시오.

09) **다음 사항에 대해서는 실격에 해당되어 채점 대상에서 제외됩니다.**

　가) 수험자 본인이 수험 도중 시험에 대한 포기(기권) 의사를 표시하고 포기하는 경우

　나) 작업 범위(용량, 시간)를 초과하거나, 요구사항과 현격히 다른 경우(채점위원이 판단)

　다) **Slide가 JavaScript(jQuery포함), CSS 중 하나 이상의 방법을 이용하여 제작되지 않은 경우**

　　※ 움직이는 Slide를 제작하지 않고 이미지 하나만 배치한 경우도 실격처리 됨

　라) 수험자 미숙으로 비번호 폴더에 완성된 작품 파일을 저장하지 못했을 경우

　마) 압축프로그램을 사용하여 작품을 압축 후 제출한 경우

　바) 과제 기준 20% 이상 완성이 되지 않은 경우(채점위원이 판단)

3. 지급재료 목록

일련번호	재료명	규격	단위	수량	비고
1	수험자료 USB 메모리	32GB 이상	개	1	시험장당
2	USB 메모리	32GB 이상	개	1	시험장당 1개씩(채점위원용) ※ 수험자들의 작품 관리

※ 국가기술자격 실기 시험 지급재료는 시험종료 후(기권, 결시자 포함) 수험자에게 지급하지 않습니다.

❶ HTML5 버전 index.html 만들기

시험장에서는 문제를 풀기 전 컴퓨터 바탕 화면에 본인에게 부여된 '비번호' 이름의 폴더를 생성하고, 폴더 안에 주어진 제공 파일들을 미리 저장해둡니다. 시험장에서 모든 작업은 바탕 화면의 '비번호' 폴더에 저장해야 합니다. 본 교재에서는 바탕 화면에 생성한 작업 폴더명을 과제명인 '기능건설'로 설정하고 작업을 진행합니다.

01 Visual Studio Code(VSC)를 실행합니다.
[시작하기 화면]–[폴더 열기]를 선택하여 작업할 폴더를 지정합니다. 시작하기 화면이 보이지 않는 경우, 상단 메뉴 표시줄에서 [파일]–[폴더 열기]를 눌러 작업할 폴더를 지정합니다.

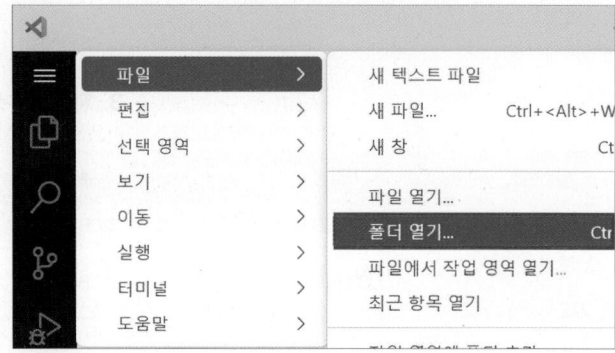

━━━━━━━━━━━━━━━━━━━━━━━━━━━━━━━━

🅱 기적의 TIP

이 책에서는 웹 문서 편집 프로그램으로 Visual Studio Code를 사용하였습니다. 시험장에서는 Notepad++나 EditPlus도 제공하니 각 프로그램의 인터페이스나 특징을 살펴본 후 가장 편하고 익숙한 프로그램을 사용할 것을 권합니다.

━━━━━━━━━━━━━━━━━━━━━━━━━━━━━━━━

02 바탕 화면에 생성해두었던 작업할 폴더를 선택합니다.

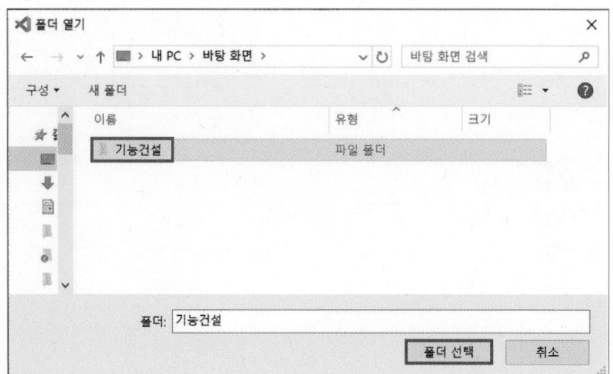

03 HTML5 버전의 문서를 만들기 위해 Visual Studio Code 왼쪽 화면의 '탐색기'에서 작업 중인 폴더에 마우스를 올립니다.
폴더의 오른쪽에 [새 파일] 아이콘이 생기면 클릭합니다.

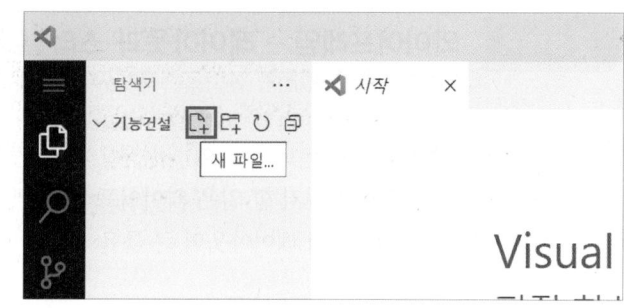

04 작업 폴더의 하위 리스트에 새로운 파일이 생성되면 파일명을 'index.html'로 입력한 후 [Enter]를 누르거나 여백을 클릭합니다. 파일이 정상적으로 생성되면 오른쪽 코드 창에 'index. html' 문서가 열린 것을 확인할 수 있습니다.
Visual Studio Code에서 생성한 파일은 윈도우 탐색기에서도 확인할 수 있습니다.

05 코드 창에서 'index.html' 문서에 HTML5 문서 형식에 맞추어 코드를 입력합니다.

```
<!DOCTYPE html>
<html>
<head>
  <meta charset="utf-8">
  <title>기능건설</title>
</head>
<body>

</body>
</html>
```

[index.html]

```
1   <!DOCTYPE html>
2   <html>
3   <head>
4     <meta charset="utf-8">
5     <title>기능건설</title>
6   </head>
7   <body>
8
9   </body>
10  </html>
```

> **기적의 TIP**
>
> HTML5 문서는 문서의 시작과 끝, 본문의 시작과 끝을 알리는 태그를 사용하여 코딩을 시작합니다. 이때 HTML5 표준 문서의 선언부인 〈!DOC-TYPE HTML〉(대소문자 구분 없음)를 정확히 기입해야 합니다. 또 문자셋(charset)도 주어진 조건에 맞게 기입합니다.

① 레이아웃 작성하기

웹 페이지를 제작할 때 가장 먼저 할 일은 와이어프레임에 맞게 레이아웃을 작성하는 것입니다. 문제에 주어진 구조와 값(수치) 등을 파악하여 레이아웃의 큰 틀을 지정한 후 각 영역의 내용을 채워갑니다.

01 먼저 시험지의 와이어프레임을 보면서 HTML로 영역을 구분하는 코드를 작성합니다. 여기에서는 다음과 같이 입력하고 저장합니다.

```
<!DOCTYPE html>
<html>
<head>
  <meta charset="utf-8">
  <title>기능건설</title>
</head>
<body>


<header>
  <div class="wrap">
    <div class="logo">
      로고 자리
    </div>
    <nav class="menu">
      메뉴 자리
    </nav>
  </div>
</header>

<div class="imgslide">
  이미지 슬라이드 자리
</div>

<div class="contents">
  <div class="shortcut">
    바로가기 자리
  </div>
  <div class="banner">
    배너 자리
  </div>
```

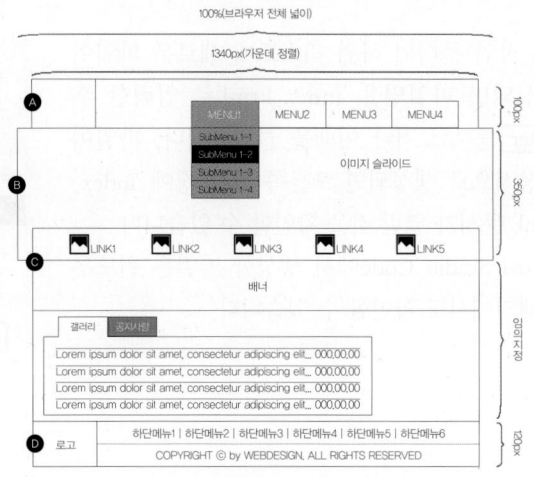

[index.html]

```
1   <!DOCTYPE html>
2   <html>
3   <head>
4     <meta charset="utf-8">
5     <title>기능건설</title>
6   </head>
7   <body>
8   <!-- A영역: 와이어프레임 상단 시작 -->
9   <header>
10    <div class="wrap">
11      <div class="logo">
12        로고 자리
13      </div>
14      <nav class="menu">
15        메뉴 자리
16      </nav>
17    </div>
18  </header>
19  <!-- A영역: 와이어프레임 상단 끝 -->
20
21  <!-- B영역: 슬라이드 이미지 영역 시작 -->
22  <div class="imgslide">
23    이미지 슬라이드 자리
24  </div>
25  <!-- B영역: 슬라이드 이미지 영역 끝 -->
26
27  <!-- C영역: 콘텐츠 영역 시작 -->
28  <div class="contents">
29    <div class="shortcut"><!-- C-1: 바로가기 영역 -->
30      바로가기 자리
31    </div>
32    <div class="banner"><!-- C-2: 배너 영역 -->
33      배너 자리
34    </div>
```

```
<div class="tabmenu">

  <div class="notice">

    공지사항 자리

  </div>

  <div class="gallery">

    갤러리 자리

  </div>

</div>

</div>

<footer>

  <div class="wrap">

    <div class="btlogo">

      하단 로고 자리

    </div>

    <div class="btwrap">

      <div class="btmenu">

        하단 메뉴 자리

      </div>

      <div class="copy">

        Copyright 자리

      </div>

    </div>

  </div>

</footer>


</body>

</html>
```

```
35        <div class="tabmenu">  <!-- C-3: 탭메뉴 영역(notice+gallery) -->
36          <div class="notice">
37            공지사항 자리
38          </div>
39          <div class="gallery">
40            갤러리 자리
41          </div>
42        </div> <!--tabmenu 끝-->
43      </div>
44   <!-- C영역: 콘텐츠 영역 끝 -->
45
46   <!-- D영역: 와이어프레임 하단 시작 -->
47   <footer>
48      <div class="wrap">   <!--`wrap:copy와 site 묶어줌 -->
49        <div class="btlogo">
50          하단 로고 자리
51        </div>
52        <div class="btwrap">
53          <div class="btmenu">
54            하단 메뉴 자리
55          </div>
56          <div class="copy">
57            Copyright 자리
58          </div>
59        </div>
60      </div> <!-- wrap 끝 -->
61   </footer>
62   <!-- D영역: 와이어프레임 하단 끝 -->
63
64   </body>
65   </html>
66
```

(F) **기적의 TIP**

- 각 영역을 구분할 수 있는 글자나 주석을 입력해두면 영역의 혼동 없이 코딩 작업을 할 수 있습니다.
- HTML 문서에서 주석은 '⟨!—'로 시작하고 '—⟩'로 끝나도록 합니다. 단, 하이픈(−)이 세 개 이상 사용되지 않도록 주의합니다. 예를 들어 ⟨!——— 주석 내용 ———⟩과 같이 입력하지 않아야 합니다.
- 웹 페이지 영역은 ⟨div⟩로 구분합니다. 각 영역에는 CSS 스타일 지정을 위해 미리 클래스(class) 이름을 지정합니다.
- class : 웹 페이지에 사용되는 요소의 이름을 명명하는 속성으로 스타일 시트(CSS) 파일에서 선언될 선택자 이름
- ⟨header⟩ : 헤더(머리글 섹션) 영역을 지정
- ⟨div class="top"⟩ : 로고와 메뉴 영역을 묶어주기 위한 영역 지정
- ⟨nav⟩ : 메뉴 탐색을 위한 내비게이션 영역 지정
- ⟨div class="imgslide"⟩ : 이미지 슬라이드 영역 지정
- ⟨div class="contents"⟩ : 콘텐츠(공지사항, 갤러리) 영역 지정
- ⟨footer⟩ : 푸터(바닥글 섹션) 영역 지정
- ⟨div class="btwrap"⟩ : 하단 텍스트(하단 메뉴, Copyright) 영역 지정

02 파일 탐색기에서 작업 폴더를 찾아 'index.html' 문서를 '크롬(Chrome)' 브라우저에서 열어 작업 결과를 확인할 수 있습니다.

각 영역에 대한 스타일 지정이 되어있지 않기 때문에 글자들만 나타나는 것을 확인할 수 있습니다.

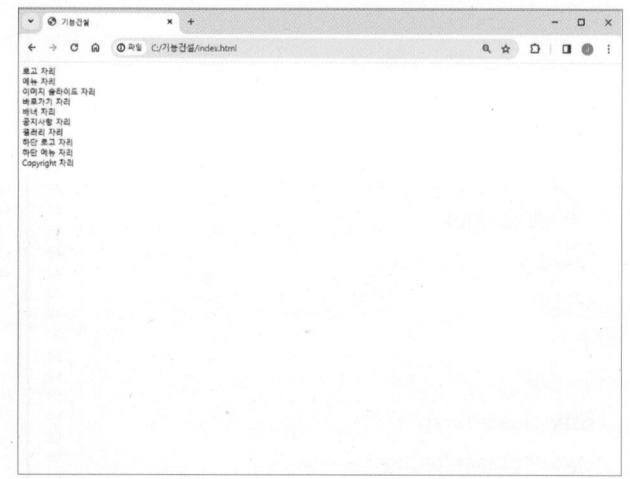

② 레이아웃 영역에 CSS 스타일 지정하기

다음으로 HTML로 작성한 레이아웃에 스타일을 지정하기 위해 CSS 작업을 합니다.

01 Visual Studio Code 왼쪽 화면의 탐색기에서 작업 중인 폴더에 마우스를 올립니다.

폴더 오른쪽에 [새 폴더] 아이콘이 생기면 클릭합니다.

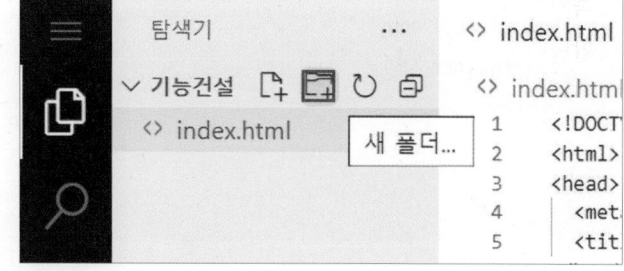

02 작업 폴더의 하위 리스트에 새로운 폴더가 생성되면 폴더명을 'css'로 입력합니다. 새로 생성한 'css' 폴더에서 마우스 오른쪽 버튼을 클릭하고 [새 파일]을 선택합니다.

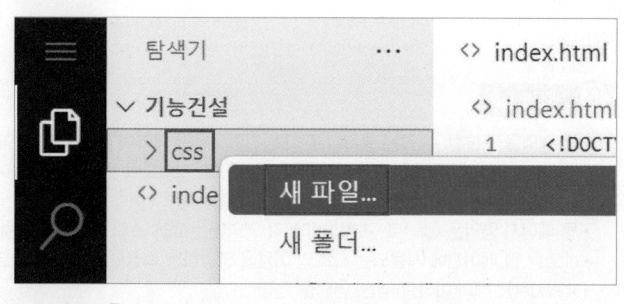

03 파일명을 'style.css'로 입력합니다. 파일이 정상적으로 생성되면 오른쪽 코드 입력창에 'style.css' 문서가 열린 것을 확인할 수 있습니다. 문제의 요구사항에 따라 'style.css' 코드 창에 문자 인코딩 방식을 지정하는 코드를 입력하고 저장합니다.

@charset "utf-8";

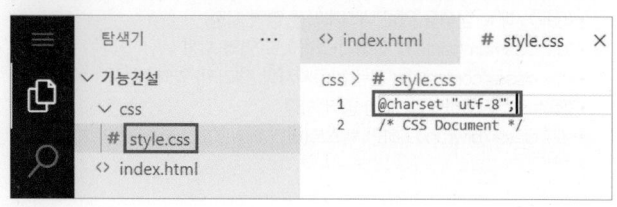

---

04 저장된 CSS 파일을 HTML과 연결하기 위해 'index.html' 문서의 〈head〉 태그 안에 다음과 같이 입력합니다.

```
<link href="css/style.css" type="text/css"
rel="stylesheet">
```

[index.html]

```
1   <!DOCTYPE html>
2   <html>
3   <head>
4     <meta charset="utf-8">
5     <title>기능건설</title>
6     <link href="css/style.css" type="text/css" rel="stylesheet">
7   </head>
```

05 문서 연결이 끝나면, 다시 스타일 시트 'style.css' 문서로 돌아와서 다음과 같이 스타일을 입력합니다.

스타일을 지정할 때는 와이어프레임에 제시된 기본 텍스트의 색(Text color) #666666 등을 고려하여 지정합니다.

입력이 끝나면 [파일(File)]−[저장(Save)] 또는 단축키 [Ctrl]+[S]를 선택하여 변경된 내용을 저장합니다.

```
*{
    margin:0 auto;
    padding:0;
    list-style:none;
    font-family:"맑은 고딕";
    color:#666666;
}
html, body{
    min-width:1340px;
    background-color:#ffffff;
    font-size:20px;
}
a{
    text-decoration:none;
    display:block;
}
```

[style.css]

```
1   @charset "utf-8";
2   /* CSS Document */
3
4   * {
5       margin: 0 auto;
6       padding: 0;
7       list-style: none;
8       font-family: "맑은 고딕";
9       color: ■#666666;
10  }
11  html, body {
12      min-width: 1340px;
13      background-color: □#ffffff;
14      font-size: 20px;
15  }
16  a {
17      text-decoration: none;
18      display: block;
19  }
20
```

– 박스 요소는 직사각형 상자로 표시되며 상자는 내용(content), 패딩(padding), 테두리(border), 여백(margin)으로 공간을 차지하게 됩니다. 이 중 여백(margin)은 박스 요소의 가장 바깥쪽의 여백에 해당하며, 패딩(padding)은 내용(content) 영역의 주변에 해당하는 영역입니다. 박스 요소가 차지하는 공간에 대한 자세한 사항은 다음을 참고하세요([참고하기] PART 02 – SECTION 02. CSS 익히기 – 'CSS 박스 모델(Box Model)').

- list–style:none : html 목록 태그(ul, ol, li)를 사용한 부분에 목록 스타일이 나타나지 않도록 지정
- text–decoration:none : 링크가 걸린 텍스트에 자동으로 나타나는 밑줄이 나타나지 않도록 지정
- display:block : 박스 요소를 block 속성으로 표시하며, 요소 앞뒤로 줄바꿈 되도록 함– block으로 지정하면 요소가 한 줄 전체(너비 100%)를 차지하게 되어 한 줄에 하나의 요소만 나타나게 됩니다.
- 〈a〉 요소나 〈img〉 요소 등은 한 줄을 차지하는 블록(block) 요소가 아닌 인라인(inline) 요소입니다. 인라인 요소는 줄바꿈이 되지 않고 나열된 요소가 한 줄에 가로로 나타납니다. 따라서 인라인 요소를 줄바꿈되어 나타나는 블록 요소로 나타나도록 display:block을 지정합니다.
- color:#666666와 같이 색상 값이 #666666처럼 같은 값으로 반복될 경우 3자리 16진수 #666로 간단히 줄여서 사용할 수 있습니다(#666666 = #666, #FFFFFF = #FFF).
- 범용 선택자 '*'와 타입(type) 선택자 'body', 'a' 등은 문서의 가장 기본 스타일을 지정할 때 사용합니다. 예를 들어 문서 전체에 사용되는 조건(주조색, 보조색, 배경색, 기본 텍스트의 색, 글꼴, 문서 전체 크기 등)을 지정할 때 사용합니다([참고하기] PART 02 – SECTION 02. CSS 익히기 – 'CSS 선택자 이해하기').
- 스타일 속성을 여러 개 나열하는 경우 한 줄에 작성해도 되지만, 가독성을 위해 한 줄씩 나누어 작성하는 것을 권장합니다.
- 이 예시에서는 되도록 클래스(Class) 선택자만 활용하여 스타일을 정의하였습니다. 그러나 조건에 따라 얼마든지 다른 선택자를 활용해도 됩니다. 예를 들어 〈nav〉 요소를 활용한 메뉴 영역과 같이 스타일이 한 영역에만 고유하게 적용되는 곳은 아이디(id) 선택자를 활용할 수 있습니다.

06 다음으로 주어진 조건에 맞게 레이아웃의 각 영역의 크기를 정하고 박스 요소들의 정렬(플로팅)을 맞추기 위해 다음과 같이 입력합니다.

```
header {
    width:1340px;
    height:100px;
}
.imgslide {
    width:100%;
    height:350px;
}
.contents {
    width:1340px;
    height:550px;
}
footer {
    width:1340px;
    height:120px;
}
```

[style.css]

```
16    a {
17        text-decoration: none;
18        display: block;
19    }
20    header {              /* A영역: 상단 영역 */
21        width: 1340px;        /* 상단 너비(브라우저100%) */
22        height: 100px;        /* 상단 높이 */
23    }
24    .imgslide {           /* B영역: 이미지 슬라이드 영역 */
25        width: 100%;          /* 이미지 슬라이드 너비 */
26        height: 350px;        /* 이미지 슬라이드 높이 */
27    }
28    .contents {           /* C영역: shortcut, banner, tabmenu 묶어줌 */
29        width: 1340px;        /* 콘텐츠(바로가기, 배너, 탭메뉴) 너비 */
30        height: 550px;        /* 콘텐츠(바로가기, 배너, 탭메뉴) 높이 */
31    }
32    footer {              /* D영역: 하단 영역 */
33        width: 1340px;        /* 하단 너비(브라우저100%) */
34        height: 120px;        /* 하단 높이 */
35    }
36
```

기적의 TIP

- 스타일 시트 내에서 스타일 정의는 순서에 상관없이 입력이 가능합니다. 그러나 쉽게 찾고 수정할 수 있도록 HTML 문서의 태그 순서와 일치시키는 것이 좋습니다(가독성 유지).
- float : HTML5의 박스 요소는 공간을 차지하는 것에 대한 레이아웃 규칙으로, 박스 요소는 한 줄(라인)을 차지하게 됨. 즉, 두 문단이 왼쪽, 오른쪽으로 나란히 배치되지 않고, 위의 문단, 아래 문단으로 각각 다른 줄에 나타나게 됨. 이러한 요소의 배치의 문제를 해결하기 위해서 플로트(Float) 속성을 사용함– float:left : 박스 요소를 왼쪽으로 배치– float:right : 박스 요소를 다른 요소에 대해 오른쪽으로 배치
- header : 헤더 요소 영역에 대한 스타일 정의
- .imgslide : 〈div class="imgslide"〉 영역의 스타일 정의

- .contents : ⟨div class="contents"⟩의 스타일 정의. 이 영역에는 공지사항, 갤러리, 바로가기가 들어가는 것으로 이 영역들을 묶어주기 위해 지정
- footer : 푸터 영역에 대한 스타일 정의. 헤더 영역을 기준으로 헤더의 오른쪽에 들어가므로 float:right를 지정
- width:1340px : 와이어프레임에 주어진 홈페이지 너비 1340px을 지정
- width:100% : 와이어프레임에서 이미지 영역이 브라우저 전체 넓이의 100%를 차지하므로 너비 100%를 지정

---

07 이어서 클래스 선택자 'header' 스타일 아래에 ⟨div class="wrap"⟩영역과 그 안에 포함되는 로고 ⟨div class="logo"⟩와 메뉴 ⟨nav class="menu"⟩가 들어갈 영역에 대한 자세한 스타일을 지정합니다.

```
.wrap {
    width:1340px;
    height:100%;
}
.logo{
    float:left;
    width:240px;
    height:100px;
}
.menu {
    float:right;
    width:800px;
    height:100x;
}
```

[style.css]

```
20   header {                          /* A영역: 상단 영역 */
21      width: 1340px;                 /* 상단 너비(브라우저100%) */
22      height: 100px;                 /* 상단 높이 */
23   }
24   .wrap {                           /* A, C, D 영역 콘텐츠 묶어줌 */
25      width: 1340px;                 /* A, C, D 영역 콘텐츠 너비 */
26      height: 100%;
27   }
28   .logo{                            /* 로고 영역 스타일 */
29      float:left;
30      width:240px;                   /* 로고 영역 너비 */
31      height:100px;                  /* 로고 영역 높이 */
32   }
33   .menu {                           /* 메뉴 영역 스타일 */
34      float: right;
35      width: 800px;                  /* 메뉴 영역 너비 */
36      height: 100x;                  /* 메뉴 영역 높비 */
37   }
38   .imgslide {                       /* B영역: 이미지 슬라이드 영역 */
39      width: 100%;                   /* 이미지 슬라이드 너비 */
40      height: 350px;                 /* 이미지 슬라이드 높이 */
41   }
```

08 다음으로 콘텐츠 영역에 들어가는 바로가기 이미지 ⟨div class="shortcut"⟩, 배너 ⟨div class="banner"⟩, 탭메뉴 ⟨div class="tabmenu"⟩에 대한 스타일을 지정합니다.
클래스 선택자 '.contents' 스타일을 찾아 그 아래에 다음의 내용을 지정해 줍니다.

```
.shortcut {
    float:left;
    width:100%;
    height:100px;
}
.banner {
    float:left;
    width:100%;
    height:150px;
}
```

[style.css]

```
42   .contents {                       /* C영역: shortcut, banner, tabmenu 묶어줌 */
43      width: 1340px;                 /* 콘텐츠(바로가기, 배너, 탭메뉴) 너비 */
44      height: 550px;                 /* 콘텐츠(바로가기, 배너, 탭메뉴) 높이 */
45   }
46   .shortcut {                       /* 바로가기 영역 */
47      float: left;
48      width: 100%;                   /* 너비: contents영역 100% */
49      height: 100px;
50   }
51   .banner {                         /* 배너 영역 */
52      float: left;
53      width: 100%;                   /* 너비: contents영역 100% */
54      height: 150px;
55   }
56   .tabmenu {                        /* 탭메뉴(공지사항+갤러리) 영역 */
57      float: left;
58      width: 100%;                   /* 너비: contents영역 100% */
59      height: 300px;
60   }
61   footer {                          /* D영역: 하단 영역 */
62      width: 1340px;                 /* 하단 너비(브라우저100%) */
63      height: 120px;                 /* 하단 높이 */
64   }
```

```
.tabmenu {
    float:left;
    width:100%;
    height:300px;
}
```

09 하단 영역의 스타일을 지정하기 위해 클래스 선택자 'footer' 스타일을 찾아 그 아래에 다음과 같이 입력합니다.

```
.btlogo {
    float:left;
    width:240px;
    height:120px;
}
.btwrap {
    float:right;
    width:1100px;
    height:100%;
}
```

[style.css]

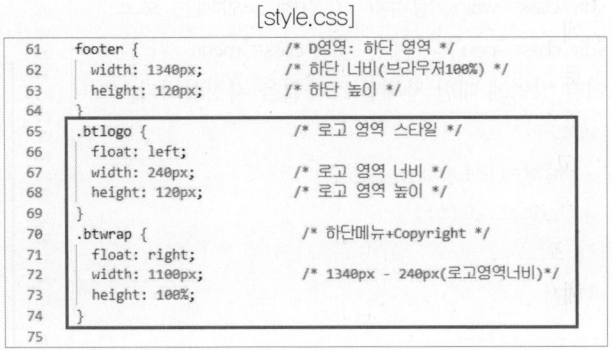

```
61    footer {                      /* D영역: 하단 영역 */
62      width: 1340px;              /* 하단 너비(브라우저100%) */
63      height: 120px;             /* 하단 높이 */
64
65    .btlogo {                     /* 로고 영역 스타일 */
66      float: left;
67      width: 240px;              /* 로고 영역 너비 */
68      height: 120px;             /* 로고 영역 높이 */
69    }
70    .btwrap {                     /* 하단메뉴+Copyright */
71      float: right;
72      width: 1100px;             /* 1340px - 240px(로고영역너비)*/
73      height: 100%;
74    }
75
```

10 작업 중인 문서를 모두 저장합니다. 작업 폴더에서 'index.html' 문서를 '크롬(Chrome)' 브라우저에서 열어(이미 열려있다면 새로 고침하여) 확인하면, 스타일에 의해 각 영역이 구분된 것을 확인할 수 있습니다. 단, 브라우저에서 각 영역의 구분선은 나타나지 않습니다.

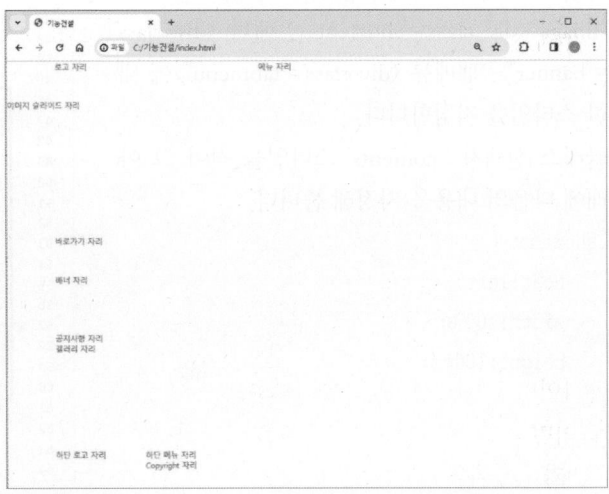

① 로고 추가하기

세부 영역별 지시사항대로 Ⓐ Header 영역에 로고를 추가하도록 합니다.

이 과제에서는 제공된 로고를 추가하는 것이 요구되며, 이는 간단하게 수행할 수 있습니다. 하지만, 각 세부 지침에 따라 로고의 크기를 조정할 때는 가로 세로 비율을 유지해야 합니다. 이를 위해, 포토샵을 활용하여 가로 세로 비율을 보존하면서 크기를 조정할 수 있습니다. 또한, CSS 스타일 시트를 통해 이미지 크기를 조정하는 것도 가능하지만, 비율을 정확히 유지하기 위해서는 계산이 필요합니다. 따라서, 이 예제에서는 사용의 용이성을 고려하여 포토샵으로 크기 조정을 진행했습니다.

01 포토샵을 이용하여 로고 크기를 조정하기 위해서 포토샵을 실행합니다.

02 [파일(File)]−[열기(Open)] 메뉴를 선택하고 주어진 수험자 제공파일 중에서 Header 폴더의 제공된 로고 이미지 'logo.png'를 엽니다.

03 주어진 로고 이미지의 크기를 확인하기 위해 포토샵에서 [이미지(Image)]−[이미지 크기 (Image Size)]를 선택합니다.

04 [이미지 크기(Image Size)] 대화상자가 열리면 이미지의 비율 제한 옵션(🔗)을 클릭하여 종횡비가 제한되도록 설정한 후 다음과 같이 이미지 크기를 조정합니다.

- 폭(Width) : 180px
- 높이(Height) : 90px

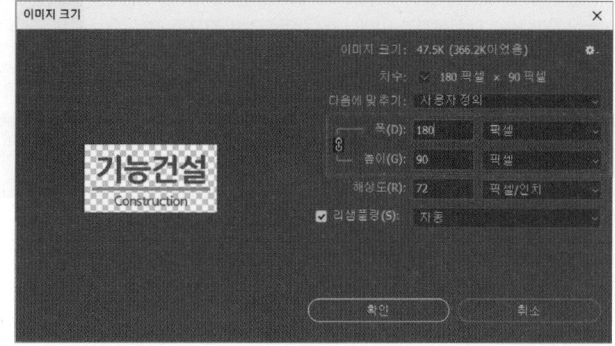

- 리샘플링(Resample Image) : 문서의 확대 또는 축소에 따른 리샘플링 방법을 선택. 쌍입방 자동(Bicubic Automatic) 방법은 주변 픽셀의 값을 검사하여 픽셀을 조정하는 방법으로, 속도는 느리지만 더 정밀하게 색조의 단계적 변화를 조정함
- 이미지 크기는 임의로 지정할 수 있습니다. 단, 스타일 시트에서 미리 지정해 둔 로고 영역 크기를 고려하여 이미지의 크기를 영역보다 작은 크기로 설정하도록 합니다.

```
.logo{
        float:left;
        width:240px;
        height:100px;
}
```

- 포토샵 CS6 이하 버전을 사용할 때 이미지의 가로 세로 비율을 유지하기 위해서는, '스타일 비율 조정(Scale Styles)' 옵션과 '비율 제한(Con-strain Proportions)' 옵션을 활성화(체크)한 상태에서 크기를 조정하면 됩니다.

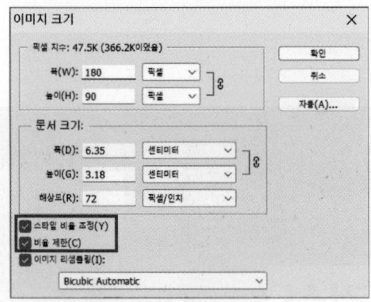

05 크기가 변경된 이미지를 PNG 파일 포맷으로 저장합니다.

[파일(File)]-[다른 이름으로 저장(Save as)]을 선택하여 'logo.png'로 저장합니다. 이때 작업 폴더('비번호' 폴더)에 'images' 폴더를 만들고 해당 폴더 내에 'logo.png'를 저장합니다.

- 파일 이름(File Name) : logo.png
- 형식(Format) : PNG

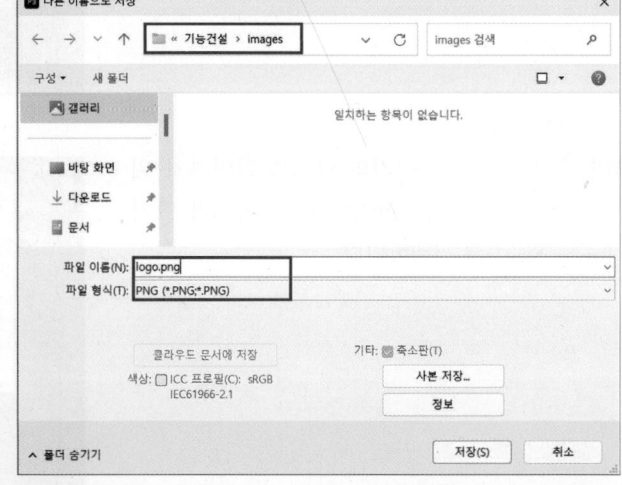

[저장(Save)] 버튼을 클릭한 후 [PNG 형식 옵션(PNG Format Options)] 대화상자가 나타나면 옵션을 기본 값으로 그대로 둔 채 [확인(OK)]을 클릭합니다.

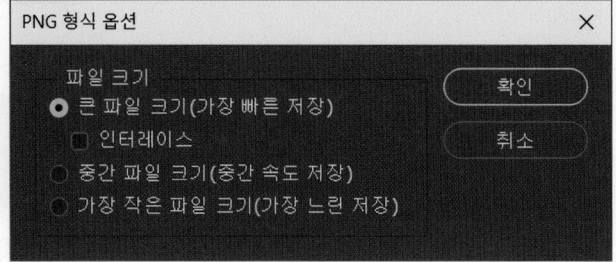

② HTML에 로고 추가하기

01 다음으로 만든 로고를 'index.html' 문서에 추가합니다.

'index.html' 문서로 돌아와서 헤더 영역 안에 로고 영역으로 구분해 놓았던 〈div class="logo"〉 로고 자리 〈/div〉 부분을 찾아, 그 안에 다음과 같이 입력합니다.

```
 9    <!-- A영역: 와이어프레임 상단 시작 -->
10    <header>
11      <div class="wrap">
12        <div class="logo">
13          <a href="#"><img src="images/logo.png" alt="로고"></a>
14        </div>
15        <nav class="menu">
16          메뉴 자리
17        </nav>
18      </div>
```

```
<div class="logo">
  <a href="#"><img src="images/logo.png" alt="로고"></a>
</div>
```

🅑 기적의 TIP

- alt : 이미지의 속성
- 〈a href="#"〉 : 임시 링크 추가
- 콘텐츠를 추가할 때 시험에 주어진 기술적 준수사항을 반드시 지켜야 합니다.
  - '모든 이미지에는 이미지에 대한 대체 텍스트를 표현할 수 있는 alt 속성이 있어야 한다.'고 명시하고 있으므로 이미지를 추가할 때 alt 속성과 값을 기입합니다.
  - '상호작용이 필요한 모든 콘텐츠(로고, 메뉴 Slide, 공지사항, 갤러리 등)는 임시 링크(예:#)되어야 한다.'고 명시하고 있으므로 추가되는 콘텐츠에 임시 링크를 추가하도록 합니다.

02 로고 영역에 추가한 이미지 img 태그 스타일을 지정하기 위해 'style.css' 문서에서 클래스(class) 선택자 '.logo'를 찾아 아래에 다음의 내용을 추가합니다.

```
.logo img{
    float:left;
    width:180px;
    margin-top:10px;
    margin-left:25px;
}
```

[style.css]

```
28    .logo {              /* 로고 영역 스타일 */
29      float: left;
30      width: 240px;       /* 로고 영역 너비 */
31      height: 100px;      /* 로고 영역 높이 */
32    }
33    .logo img {
34      float: left;
35      width: 180px;
36      margin-top: 10px;
37      margin-left: 25px;
38    }
39    .menu {              /* 메뉴 영역 스타일 */
40      float: right;
41      width: 800px;       /* 메뉴 영역 너비 */
42      height: 100x;       /* 메뉴 영역 높비 */
43    }
```

🅑 기적의 TIP

- 로고 이미지 자체에 스타일을 지정하려면 위의 코드와 같이 클래스 선택자 .logo의 후손 선택자인 〈img〉를 사용하여 스타일을 지정할 수 있습니다.
- 이미지 태그 스타일에 너비(Width)와 높이(Height)를 지정하여 원하는 크기로 지정할 수 있습니다(단, 원본 이미지의 크기와 다를 경우 이미지 모양이 달라질 수 있음).

03 'index.html' 문서와 'style.css' 문서 모두 저장합니다. 작업 폴더에서 'index.html' 문서를 '크롬(Chrome)' 브라우저에서 열어(이미 열려있다면 새로고침을 하여), 로고가 추가된 결과를 확인합니다.

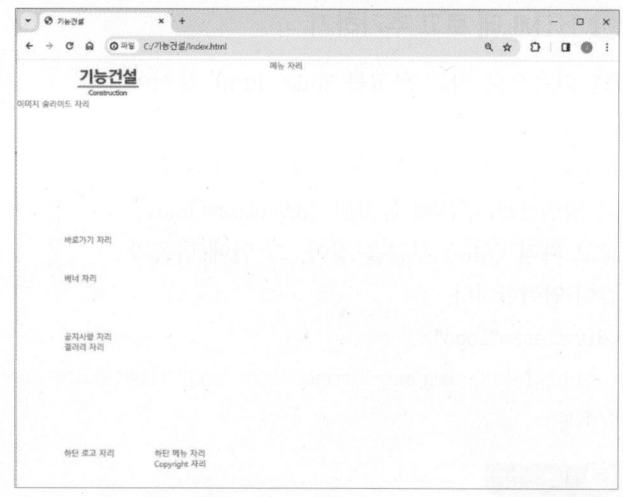

③ HTML에 메뉴 추가하기

01 헤더 영역 안에 메뉴 영역으로 구분해 놓았던 〈nav class="menu"〉 메뉴 자리 〈/nav〉 부분 안에 다음과 같이 입력하여 메뉴를 추가합니다. 이때 시험에 주어진 '사이트 맵(Site map)'에 따라서 메인 메뉴(Main menu)와 서브 메뉴(Sub menu)를 구분하여 입력합니다.

```
<nav class="menu">
  <ul class="navi">
    <li><a href="#">회사소개</a>
      <ul class="submenu">
        <li><a href="#">기업정보</a></li>
        <li><a href="#">CEO인사말</a></li>
        <li><a href="#">연혁</a></li>
        <li><a href="#">조직도</a></li>
      </ul>
    </li>
    <li><a href="#">지속가능경영</a>
      <ul class="submenu">
        <li><a href="#">윤리경영</a></li>
        <li><a href="#">품질경영</a></li>
        <li><a href="#">안전경영</a></li>
        <li><a href="#">환경경영</a></li>
      </ul>
    </li>
    <li><a href="#">사업분야</a>
      <ul class="submenu">
        <li><a href="#">건축사업</a></li>
        <li><a href="#">토목사업</a></li>
```

[index.html]

```
10    <header>
11      <div class="wrap">
12        <div class="logo">
13          <a href="#"><img src="images/logo.png" alt="로고"></a>
14        </div>
15        <nav class="menu">
16          <ul class="navi">
17            <li><a href="#">회사소개</a>
18              <ul class="submenu">
19                <li><a href="#">기업정보</a></li>
20                <li><a href="#">CEO인사말</a></li>
21                <li><a href="#">연혁</a></li>
22                <li><a href="#">조직도</a></li>
23              </ul>
24            </li>
25            <li><a href="#">지속가능경영</a>
26              <ul class="submenu">
27                <li><a href="#">윤리경영</a></li>
28                <li><a href="#">품질경영</a></li>
29                <li><a href="#">안전경영</a></li>
30                <li><a href="#">환경경영</a></li>
31              </ul>
32            </li>
33            <li><a href="#">사업분야</a>
34              <ul class="submenu">
35                <li><a href="#">건축사업</a></li>
36                <li><a href="#">토목사업</a></li>
37                <li><a href="#">주택사업</a></li>
38                <li><a href="#">환경/플랜트</a></li>
39              </ul>
40            </li>
41            <li><a href="#">홍보센터</a>
42              <ul class="submenu">
43                <li><a href="#">뉴스</a></li>
44                <li><a href="#">분양뉴스</a></li>
45                <li><a href="#">CI/BI</a></li>
46              </ul>
47            </li>
48          </ul>
49        </nav>
50      </div>
51    </header>
52    <!-- A영역: 와이어프레임 상단 끝 -->
```

```
            <li><a href="#">주택사업</a></li>
            <li><a href="#">환경/플랜트</a></li>
        </ul>
    </li>
    <li><a href="#">홍보센터</a>
        <ul class="submenu">
            <li><a href="#">뉴스</a></li>
            <li><a href="#">분양뉴스</a></li>
            <li><a href="#">CI/BI</a></li>
        </ul>
    </li>
  </ul>
</nav>
```

02 'index.html' 문서를 저장한 후, 브라우저에서 결과를 확인하면 스타일이 아직 적용되지 않았기 때문에 메뉴의 텍스트가 가로로 일렬로 표시됩니다.

④ 메뉴에 스타일 지정하기

세부 영역별 지시사항에 따르면 메뉴는 슬라이드 다운 메뉴(Slide-Down Menu)로 구성하도록 하고 있습니다. 이 메뉴 유형은 사용자가 메인 메뉴 항목 위로 마우스를 가져가면(Mouse over), 서브 메뉴가 아래로 펼쳐지며 (Slide-Down), 마우스를 메뉴 밖으로 이동할 때(Mouse out)는 서브 메뉴가 위로 접혀서(Slide-Up) 숨겨집니다. 메뉴의 스타일은 CSS를 통해 정의되며, 애니메이션 효과는 자바스크립트와 jQuery로 구현됩니다.

01 먼저 메뉴에 스타일을 지정하기 전에 와이어프레임에 제시된 메뉴의 모양을 확인합니다. 이 문제에서는 메인 메뉴의 아래쪽으로 서브 메뉴가 펼쳐지게 되어있습니다. 이러한 사항을 고려하여 메뉴에 스타일을 지정합니다.

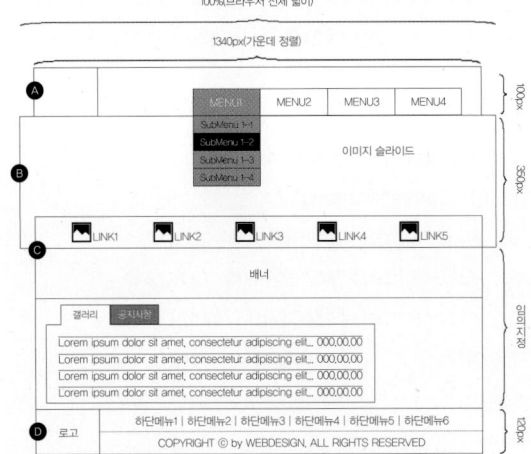

02 우선, 'style.css' 문서에서 '.menu' 클래스 선택자를 찾은 다음, 이에 z-index 속성을 추가함으로써 메뉴 요소가 페이지의 최전면에 표시되도록 설정합니다.

```
.menu {
    float:right;
    width:800px;
    height:100x;
    z-index:1;
}
```

[style.css]

```
33    .logo img {
34        float: left;
35        width: 180px;
36        margin-top: 10px;
37        margin-left: 25px;
38    }
39    .menu {                    /* 메뉴 영역 스타일 */
40        float: right;
41        width: 800px;          /* 메뉴 영역 너비 */
42        height: 100x;          /* 메뉴 영역 높비 */
43        z-index: 1;
44    }
45    .imgslide {                /* B영역: 이미지 슬라이드 영역 */
46        width: 100%;           /* 이미지 슬라이드 너비 */
47        height: 350px;         /* 이미지 슬라이드 높이 */
48    }
```

🅱 **기적의 TIP**

• z-index : 이 속성은 겹치는 여러 요소 사이에서 어떤 요소가 페이지 상에서 앞이나 뒤에 배치될지 결정하는 우선순위를 정함. 값이 높은 요소가 앞에 표시됨

• 만약 어떤 요소에 z-index가 지정되어 있고 다른 요소에는 지정되어 있지 않다면, z-index가 지정된 요소가 페이지 상에서 앞서게 됩니다. 중요한 것은, z-index는 position 속성이 지정된 요소에만 적용된다는 점입니다. 따라서, z-index를 효과적으로 사용하려면 position 속성과 함께 적용해야 합니다.

03 각 메인 메뉴의 스타일을 지정하기 위해 '.menu' 스타일 아래에 다음의 내용을 추가합니다.

```
.navi{
    float:right;
    margin-top:50px;
    margin-right:0px;
}
.navi>li{
    float:left;
}
.navi>li>a{
    width:200px;
    height:50px;
    line-height:50px;
    font-size:18px;
    font-weight:bold;
    text-align:center;
    background-color:#666666;
    color:#ffffff;
}
.navi>li>a:hover{
    background-color:#006478;
}
```

[style.css]

```
39    .menu {                          /* 메뉴 영역 스타일 */
40      float: right;
41      width: 800px;                  /* 메뉴 영역 너비 */
42      height: 100x;                  /* 메뉴 영역 높이 */
43      z-index: 1;
44    }
45    .navi {          /* 전체 메뉴 스타일 */
46      float: right;
47      margin-top: 50px;
48      margin-right: 0px;
49    }
50    .navi>li {       /* 각 메인 메뉴 스타일 */
51      float: left;
52    }
53    .navi>li>a {     /* 각 메인 메뉴의 <a> 요소 스타일 */
54      width: 200px;
55      height: 50px;
56      line-height: 50px;
57      font-size: 18px;
58      font-weight: bold;
59      text-align: center;
60      background-color: ■#666666;
61      color: □#ffffff;
62    }
63    .navi>li>a:hover {   /* <a> 요소에 마우스를 올릴 때 스타일 */
64      background-color: ■#006478;
65    }
66    .imgslide {                    /* B영역: 이미지 슬라이드 영역 */
67      width: 100%;                 /* 이미지 슬라이드 너비 */
68      height: 350px;               /* 이미지 슬라이드 높이 */
69    }
```

🅱 기적의 TIP

- .navi : 메인 메뉴와 서브 메뉴의 목록인 ⟨ul class="navi"⟩ 영역의 스타일 정의
  - float:right : 메뉴 영역을 다른 요소에 대해 오른쪽으로 배치
  - margin–top:50px : 메뉴 영역 위 쪽으로 50px의 여백 지정
  - margin–right:0px : 메뉴 영역 오른쪽으로 0px의 여백 지정
- .navi⟩li : .navi의 자식 요소 ⟨li⟩ 요소의 스타일 지정. 여기에서는 ⟨li⟩ 각 요소의 크기 스타일을 지정. 각 요소의 너비 width:200px와 높이 height:50px로 지정
- .navi⟩li⟩a : .navi의 자식 요소 ⟨li⟩의 자식 요소인 ⟨a⟩ 요소의 스타일 지정. 여기에서는 텍스트 스타일을 지정하기 위해 너비, 줄간격(line–height), 글씨 속성, 배경색, 글자색 등의 속성 사용
  - 색상 값이 #ffffff처럼 같은 값으로 반복될 경우 16진수로 #fff처럼 간단히 줄여서 사용할 수 있습니다(#ffffff = #fff).
  - font–size:18px : 메뉴 글자 크기 지정
  - font–weight:bold : 메뉴 글자 볼드체 지정
- .navi⟩li⟩a:hover : .navi 요소 내 ⟨li⟩의 자식 요소인 ⟨a⟩ 요소에 마우스를 올렸을 때(hover) 적용되는 스타일을 정의. 이 경우, 메뉴의 배경색이 #776d70로 바뀜
- 줄 간격(line–height)과 높이(height)를 같게 설정하면(height: 50px, line–height: 50px), 텍스트가 세로 중앙에 위치하게 됩니다. 특히, 글자 크기(font–size: 18px)를 고려하면, line–height에서 font–size를 뺀 나머지 32px가 상하로 균등하게 분배되어, 위아래로 16px의 여백이 생성되어 텍스트가 중앙에 정렬됩니다.

04 작업 중인 'index.html' 문서와 'style.css' 문서를 모두 저장하고, 지금까지 작업된 결과를 '크롬(Chrome)' 브라우저에서 확인합니다.
메인 메뉴 위에 마우스를 올리면 배경색과 글자색이 변경되는 것을 확인할 수 있습니다.

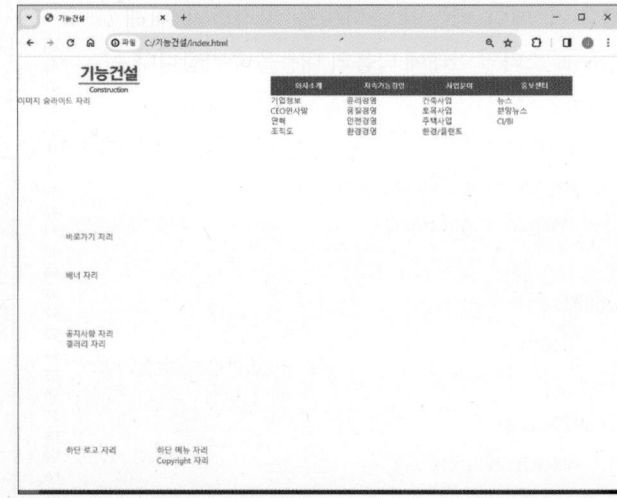

05 서브 메뉴의 스타일을 지정하기 위해 '.navi >li>a:hover' 스타일 아래에 다음의 내용을 추가합니다.

```
.submenu{

    width:200px;

    position:absolute;

    display:none;

    z-index:3;

    opacity:0.8;

}

.submenu>li>a{

    width:200px;

    height:40px;

    line-height:40px;

    font-size:16px;

    font-weight:bold;

    text-align:center;

    background-color:#bbbbbb;

    color:#333333;

}

.submenu>li>a:hover{

    background-color:#006478;

}
```

[style.css]

```
63    .navi>li>a:hover {   /* <a> 요소에 마우스를 올릴 때 스타일 */
64      background-color: #006478;
65    }
66    .submenu {          /* 서브 메뉴 영역 스타일 */
67      width: 200px;
68      position: absolute;
69      display: none;
70      z-index: 3;
71      opacity: 0.8;
72    }
73    .submenu>li>a {        /* 각 서브 메뉴의 <a> 요소 스타일 */
74      width: 200px;
75      height: 40px;
76      line-height: 40px;
77      font-size: 16px;
78      font-weight: bold;
79      text-align: center;
80      background-color: #bbbbbb;
81      color: #333333;
82    }
83    .submenu>li>a:hover {  /* <a> 요소에 마우스를 올릴 때 스타일 */
84      background-color: #006478;
85    }
86    .imgslide {              /* B영역: 이미지 슬라이드 영역 */
87      width: 100%;           /* 이미지 슬라이드 너비 */
88      height: 350px;         /* 이미지 슬라이드 높이 */
89    }
```

- .submenu : 서브 메뉴의 목록인 〈ul class="submenu"〉 영역의 스타일 정의
- width:200px : 서브 영역의 너비 및 서브 메뉴 너비 지정
- position:absolute : 상위 컨테이너를 기준으로 절대 좌표값을 가지도록 함. 즉, 서브 메뉴는 메인 메뉴의 〈a〉 요소를 시작점으로 하는 절대 좌표 내에서 위치하게 됨
- display:none : 해당 요소에 대한 박스 공간을 생성하지 않기 때문에 요소가 보이지 않게 됨. 메인 메뉴만 나타나고 서브 메뉴는 처음에는 나타나지 않도록 하기 위해 설정. 이 속성을 지우면 서브 메뉴가 처음부터 보이게 됨
- z-index : 이 속성은 겹치는 여러 요소 사이에서 어떤 요소가 페이지 상에서 앞이나 뒤에 배치될지 결정하는 우선순위를 정함. 값이 높은 요소가 앞에 표시됨
- 만약 어떤 요소에 z-index가 지정되어 있고 다른 요소에는 지정되어 있지 않다면, z-index가 지정된 요소가 페이지 상에서 앞서게 됩니다. 중요한 것은, z-index는 position 속성이 지정된 요소에만 적용된다는 점입니다. 따라서, z-index를 효과적으로 사용하려면 position 속성과 함께 적용해야 합니다.
- .submenu)li : .navi의 자식 요소인 〈li〉 요소의 스타일을 지정. 여기에서는 〈li〉 각 요소의 크기 스타일을 지정. .submenu)li)a에서 각 메뉴를 너비 width:200px, 높이 height:40px로 지정

06 'index.html' 문서와 'style.css' 문서를 모두 저장하고, '크롬(Chrome)' 브라우저에서 지금까지 작업된 결과를 확인합니다.

만일 서브 메뉴 영역 스타일(.submenu)에서 설정한 'display:none' 속성을 지우고 살펴보면 다음과 같이 서브 메뉴가 나타나게 됩니다.

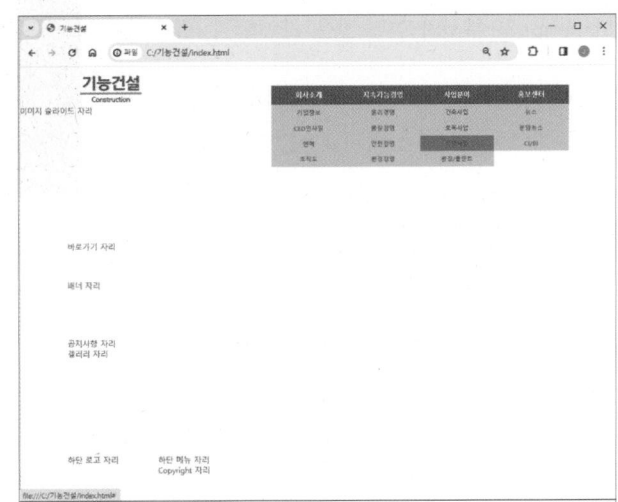

⑤ 메뉴에 슬라이드 다운 기능 구현하기

이번 단계에서는 자바스크립트와 jQuery를 사용하여 메인 메뉴와 서브 메뉴에 슬라이드 다운(Slide-Down) 효과를 구현합니다. 이를 통해 동적인 상호작용 기능을 추가합니다.

01 작업 폴더('비번호' 폴더)에 'javascript' 폴더를 생성한 후 수험자 제공 파일로 주어진 jQuery 라이브러리 오픈소스 파일 'jquery-1.12.3.js'을 'javascript' 폴더로 복사 또는 이동시켜 줍니다.

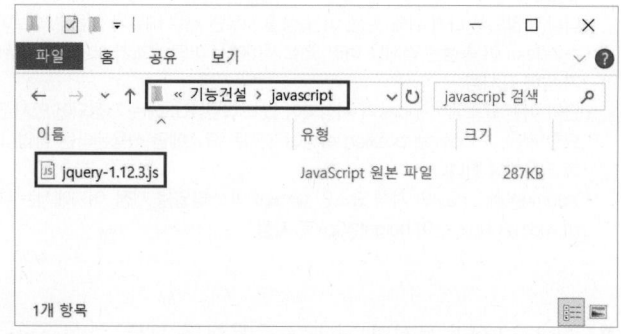

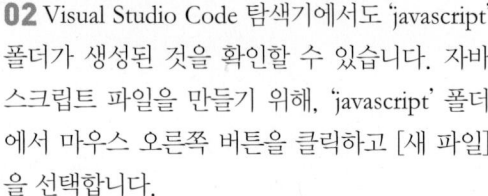

• jQuery 라이브러리는 자바스크립트 파일(*.js)로 저장되어 있으며, 모든 jQuery 메소드를 담고 있습니다.
• jQuery는 사용 전에 다운로드 받은 후 연결(설치)해야 그 기능을 사용할 수 있습니다.

02 Visual Studio Code 탐색기에서도 'javascript' 폴더가 생성된 것을 확인할 수 있습니다. 자바스크립트 파일을 만들기 위해, 'javascript' 폴더에서 마우스 오른쪽 버튼을 클릭하고 [새 파일]을 선택합니다.

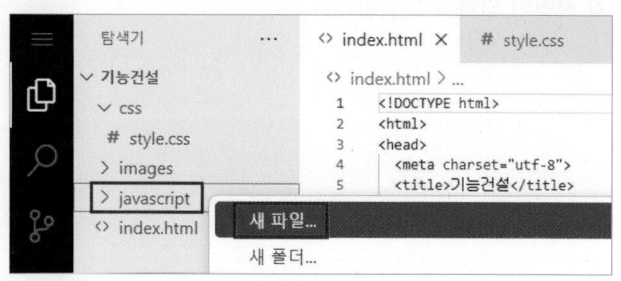

03 'javascript' 폴더의 하위 리스트에 새로운 파일이 생성되면 파일명을 'script.js'로 입력합니다. 파일이 정상적으로 생성되면 오른쪽 코드창에 'script.js' 문서가 열린 것을 확인할 수 있습니다.

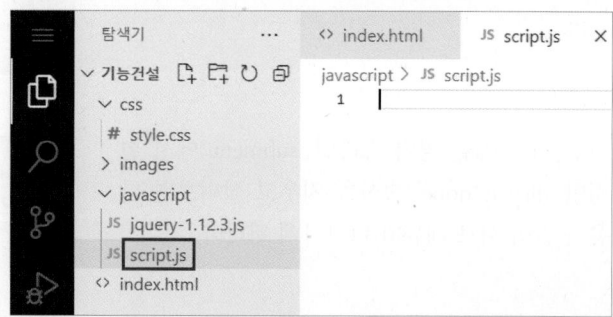

04 슬라이드 다운(Slide-Down) 기능이 동작하
도록 하기 위해 'script.js' 문서에 다음과 같이 입
력하고 파일을 저장합니다.

jQuery(document).ready(function(){

$('.navi>li').mouseover(function(){

$(this).find('.submenu').stop().slid-
eDown(500);

}).mouseout(function(){

$(this).find ('.submenu').stop().slide-
Up(500);

});

});

[script.js]

```
1    // Javascript Document
2
3    jQuery(document).ready(function () {
4
5      $('.navi>li').mouseover(function () {
6        $(this).find('.submenu').stop().slideDown(500);
7      }).mouseout(function () {
8        $(this).find('.submenu').stop().slideUp(500);
9      });
10
11   });
12
```

기적의 TIP

- jQuery 문법 : HTML 요소를 선택한 후 그 요소에 수행할 액션을 지정함
- $: jQuery() 함수의 별칭. 선택자와 일치하는 DOM 요소를 배열을 가진 특별한 객체를 반환. 기본 형식 : $(선택자(selector)).action
- $('.navi>li') : .navi의 〈li〉 요소에 mouseover 와 mouseout 이벤트 설정
- stop() : 현재 동작하고 있는 애니메이션 동작을 즉시 중단
- slideDown(), slideUp() : jQuery 라이브러리에서 제공하는 함수로 슬라이딩 애니메이션과 함께 보여주거나 숨김. 선택한 요소의 height 값을 낮추거나 높혀가며 사라지게 함. 숫자값 500은 0.5초를 의미

---

05 작성한 'script.js' 파일과 jquery-1.12.3.js'을
'index.html' 문서 본문에 연결합니다.
〈head〉와 〈/head〉 사이에 다음과 같이 입력합
니다.

<script src="javascript/jquery-1.12.3.js">
</script>

<script src="javascript/script.js" defer type="text/javascript"></script>

[index.html]

```
1    <!DOCTYPE html>
2    <html>
3    <head>
4      <meta charset="utf-8">
5      <title>기능건설</title>
6      <link href="css/style.css" type="text/css" rel="stylesheet">
7      <script src="javascript/jquery-1.12.3.js"></script>
8      <script src="javascript/script.js" defer type="text/
     javascript"></script>
9    </head>
```

기적의 TIP

- defer : script가 잠깐 지연되도록 하여 HTML 구문 분석이 완료된 후 스크립트를 실행하도록 함
- 화면 렌더링과 관련된 대부분의 코드는 HTML과 CSS 문서 안에 포함되어 있습니다. 반면 대부분의 script는 사용자의 액션이 발생한 이후의 동작을 렌더링합니다. 이러한 렌더링의 시간 차이로 script가 동작되지 않는 것을 예방하기 위해 defer 속성을 사용합니다.
- defer 속성을 사용하지 않는 경우 〈script〉 부분을 〈/body〉 태그 다음에 위치시킴으로써 렌더링을 지연시킬 수 있습니다.

---

06 지금까지 작업한 사항을 모두 저장하고, '크롬(Chrome)' 브라우저에서 결과를 확인합니다. 메인 메뉴와 서브 메뉴의 슬라이드 효과가 잘 동작하는지 확인합니다.

---

4 STEP **세부 영역별 지시사항 풀기 – Ⓑ Slide** 약 30분

❶ 슬라이드 이미지 추가하기

세부 영역별 지시사항대로 Ⓑ Slide 영역에 들어갈 이미지 슬라이드를 제작합니다.
세부 지시사항에서 3개의 이미지를 이용하여 페이드인(Fade-in), 페이드아웃(Fade-out) 효과를 제작하도록 하고 있으므로 CSS 파일에서 이미지의 스타일을 시정한 후 자바스크립트에서 제이쿼리(jQuery)를 이용하여 해당 동작을 구현합니다.

01 앞서 만들었던 'images' 폴더에 수험자 제공 파일로 주어진 슬라이드 이미지 3개를 복사합니다. 이때, '수험자 제공 파일'로 주어진 다른 이미지들도 미리 복사해 둡니다.

02 'index.html' 문서에서 〈div class="imgslide"〉 이미지 슬라이드 자리 〈/div〉 부분을 찾아 이미지들을 추가합니다.

이때 지시사항대로 각 이미지에 3개의 텍스트를 포함해야 하므로, 〈span〉 태그를 사용해 해당 텍스트도 함께 삽입합니다.

```html
<div class="imgslide">
  <a href="#">
    <img src="images/img1.jpg" alt="이미지1">
    <span class="imgtext">건설 전문업체 기능건설
    </span>
  </a>
  <a href="#">
    <img src="images/img2.jpg" alt="이미지2">
    <span class="imgtext">건설분야 최우수 성과
    </span>
  </a>
  <a href="#">
    <img src="images/img3.jpg" alt="이미지3">
    <span class="imgtext">미래 건축기술을 통한 랜드마크 건설</span>
  </a>
</div>
```

[index.html]

```html
53  </header>
54  <!-- A영역: 와이어프레임 상단 끝 -->
55
56  <!-- B영역: 슬라이드 이미지 영역 시작 -->
57  <div class="imgslide">
58    <a href="#">
59      <img src="images/img1.jpg" alt="이미지1">
60      <span class="imgtext">건설 전문업체 기능건설</span>
61    </a>
62    <a href="#">
63      <img src="images/img2.jpg" alt="이미지2">
64      <span class="imgtext">건설분야 최우수 성과</span>
65    </a>
66    <a href="#">
67      <img src="images/img3.jpg" alt="이미지3">
68      <span class="imgtext">미래 건축기술을 통한 랜드마크 건설</span>
69    </a>
70  </div>
71  <!-- B영역: 슬라이드 이미지 영역 끝 -->
72
73  <!-- C영역: 콘텐츠 영역 시작 -->
74  <div class="contents">
```

기적의 TIP

- 'div' 영역의 class 이름을 'imgslide'으로 지정하였으므로 스타일 시트 파일에서 선택자로 '.imgslide'을 사용하게 됩니다.
- 〈div class="slidelist"〉 : 위-아래로 전환되는 슬라이드 이미지 효과를 위해 이미지들을 묶어줌
- '상호작용이 필요한 모든 콘텐츠(로고, 메뉴 Slide, 공지사항, 갤러리 등)는 임시 링크되어야 한다.'고 명시하고 있으므로 추가되는 이미지에도 임시 링크를 추가합니다.
- 〈span〉 : 다른 텍스트와 구분하기 위해 사용. 줄을 바꾸지 않고 글자 색이나 배경색 등을 변경

② 슬라이드 이미지에 스타일 추가하기

01 지금까지 작업된 결과를 확인해 보면 다음과 같이 메인에 추가한 텍스트와 이미지들이 정렬 없이 나타납니다.

텍스트와 이미지가 아래로 줄지어 나타나고, 정해진 영역 안에서만 나타나도록(imgslide 영역 외에서는 나타나지 않도록) 스타일을 추가합니다.

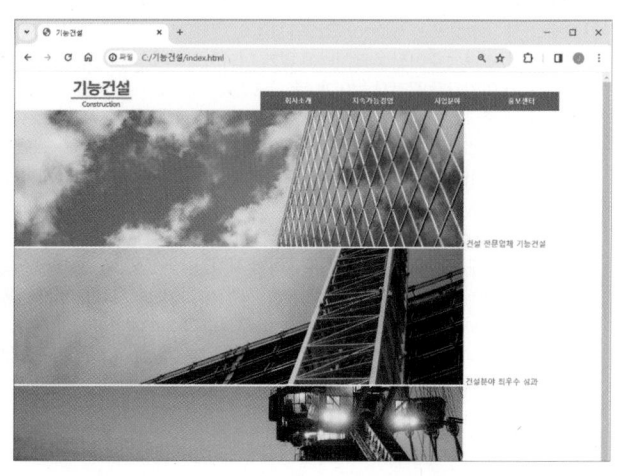

02 스타일 시트 'style.css' 문서에서 클래스 선택자 '.imgslide'를 찾은 후 이미지와 텍스트에 대한 스타일을 추가합니다.

먼저 '.imgslide' 안에 'position:relative' 속성을 추가합니다. 이어서 각 이미지와 이미지 위에 나타나는 텍스트에 대한 상세한 스타일을 입력합니다.

```
.imgslide {
    width: 100%;
    height: 350px;
    position: relative;
}
.imgslide img{
    display:block;
    position:absolute;
    width:100%;
    height:350px;
    object-fit:cover;
}
.imgslide span{
    width:450px;
    text-align:center;
    color:#ffffff;
    font-weight:bold;
    left:40%;
    top:30%;
    position:absolute;
    background-color:rgba(100,100,100,0.7);
}
```

[style.css]

```
83    .submenu>li>a:hover {    /* <a> 요소에 마우스를 올릴 때 스타일 */
84        background-color: ■#006478;
85    }
86    .imgslide {                /* B영역: 이미지 A슬라이드 영역 */
87        width: 100%;           /* 이미지 슬라이드 너비 */
88        height: 350px;         /* 이미지 슬라이드 높이 */
89        position: relative;
90    }
91    .imgslide img {
92        display: block;
93        position: absolute;
94        width: 100%;
95        height: 350px;
96        object-fit: cover;
97    }
98    .imgslide span {
99        width: 450px;
100       text-align: center;
101       color: □#ffffff;
102       font-weight: bold;
103       left: 40%;
104       top: 30%;
105       position: absolute;
106       background-color: ■rgba(100, 100, 100, 0.7);
107   }
108   .contents {              /* C영역: shortcut, banner, tabmenu 묶어줌 */
109       width: 1340px;        /* 콘텐츠(바로가기, 배너, 탭메뉴) 너비 */
110       height: 550px;        /* 콘텐츠(바로가기, 배너, 탭메뉴) 높이 */
111   }
```

B 기적의 TIP

- object-fit : ⟨img⟩ 또는 ⟨video⟩ 요소의 내용이 컨테이너에 맞게 크기가 채워지도록 함
- object-fit:cover : 주어진 컨테이너에 맞게 이미지의 가로, 세로 종횡비가 유지되면서 채워지게 함. 만일 컨테이너와 이미지의 종횡비가 일치하지 않으면 이미지가 잘려서 보이게 됨
- 시험 문제 중 'ⓑ Slide의 세부 지시사항'에 '[Slide] 폴더에 제공된 3개의 텍스트를 각 이미지에 적용하되, 텍스트의 글자체, 굵기, 색상, 크기를 적절하게 설정하여 가독성을 높이고, 독창성이 드러나도록 제작한다.'라고 되어있으므로 적절하게 스타일을 지정합니다. 스타일 지정에 대한 자세한 지시사항이나 주어진 값은 없으므로 수험자 임의로 자유롭게 지정하면 됩니다.
- .imgslide : ⟨div class="imgslide"⟩ 영역의 스타일 정의. 슬라이드 이미지와 이미지 위에 나타날 텍스트 영역을 담은 컨테이너
- position:relative : static(기본값) 위치에서 상대적으로 위치를 지정
  – 부모 요소에 position:relative를 지정하면 자식 및 후손 요소들은 부모 요소가 가진 공간 안에서 위치가 정해지게 됩니다.
- position:relative와 position:absolute의 관계 : .imgslide로 지정된 ⟨div class="imgslide"⟩에 position:relative을 지정하고 다시 이것의 내부에 있는 '.imgslide>a'로 지정한 ⟨a⟩ 요소에 position:absolute로 지정했습니다. 이렇게 지정하게 되면 position:relative로 지정한 컨테이너를 기준점으로 삼아 position:absolute가 절대 좌표값을 가지게 됩니다. 만일 기준점이 되는 컨테이너가 없으면 문서 화면 전체를 기준으로 절대 좌표값을 가지게 됩니다.

- display:block : 박스 요소를 block 속성으로 표시하며, 요소 앞뒤로 줄바꿈 되도록 함
- .imgslide〉a : .imgslide의 자식 요소인 〈a〉 영역의 스타일 정의
- .imgslide span : .imgslide의 후손 요소인 〈span class="imgtext"〉 영역의 스타일 정의
- 선택자 형식 중 'A 〉B'은 A 요소의 1차 하위 요소인 B 요소에 스타일을 적용합니다. 'A B'와 같이 빈칸을 사용하는 경우 A 요소의 1차 또는 2차 이상(자손의 자손)의 하위 요소, 즉 후손 요소에 해당하는 모든 B 요소에 스타일을 적용합니다([참고하기] PART 02 – SECTION 02, CSS 익히기 – 'CSS 선택자 이해하기').
- width:450px : span 영역의 너비를 450px로 지정
- left:40% : 컨테이너의 시작점을 기준으로 왼쪽에 40%의 여백 지정
- background-color:rgba(100,100,100,0.7); : 색상 및 불투명도 지정. r은 red, g는 green, b는 blue 값으로 0~255의 값을 가지며, a 속성은 투명도로 0~1 사이의 값을 가짐. a값이 커질수록(1에 가까워질수록) 불투명해짐
- font-weight:bold : 텍스트를 '굵게' 나타냄
- 모든 스타일은 수험자 임의로 자유롭게 지정할 수 있으며 예시에 나타난 것보다 더 간단하게 지정해도 됩니다. 다만 요소들이 잘 배치되는지를 웹 브라우저의 전체 화면 및 축소 화면에서 확인해 보도록 합니다.

---

03 지금까지 작업한 사항을 모두 저장하고 '크롬(Chrome)' 브라우저에서 결과를 확인해 보면 이미지들이 한 곳에 겹쳐서 모여 있고, 그 위에 글자가 나타나는 것을 확인할 수 있습니다.

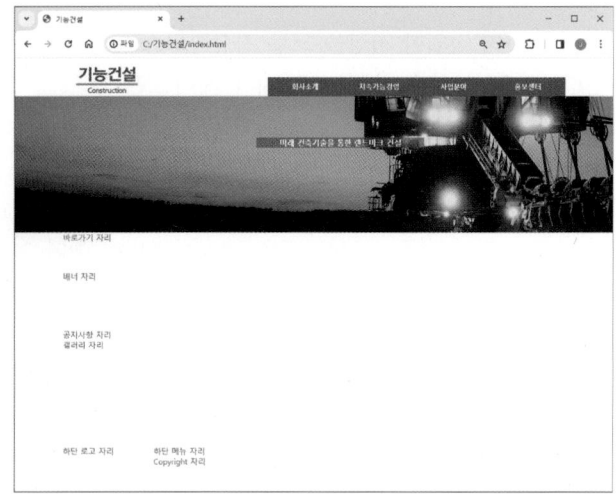

③ Fade-in, Fade-out 구현하기

01 이미지에 슬라이드 기능을 구현하기 위해 'script.js' 문서에 다음과 같이 입력합니다.
이때 처음에 입력했던 스크립트의 마지막 줄인 '});'의 안쪽에 입력하도록 합니다.

```
$('.imgslide a:gt(0)').hide();
setInterval(function () {
  $('.imgslide a:first-child')
    .fadeOut()
    .next('a')
    .fadeIn()
    .end()
    .appendTo('.imgslide');
}, 3000);
```

[script.js]

```
1    // Javascript Document
2
3    jQuery(document).ready(function () {
4
5      $('.navi>li').mouseover(function () {
6        $(this).find('.submenu').stop().slideDown(500);
7      }).mouseout(function () {
8        $(this).find('.submenu').stop().slideUp(500);
9      });
10
11     $('.imgslide a:gt(0)').hide();
12     setInterval(function () {
13       $('.imgslide a:first-child')
14         .fadeOut()
15         .next('a')
16         .fadeIn()
17         .end()
18         .appendTo('.imgslide');
19     }, 3000);
20
21   });
22
```

- .imgslide a:gt(0) : gt(index)는 index 값보다 더 큰 값(greater)을 가진 요소들을 모두 선택함
  - gt(index)는 0번째부터 계수하여 index 값보다 큰 값을 가져옴. 여기에서는 처음 값이 gt(0)이므로 0보다 큰 요소들인 1, 2, 3번째 요소들을 모두 선택함
- imgslide a:gt(0)').hide() : imgslide 요소 중 0보다 큰 1, 2,3 번째 요소를 모두 선택하여 숨김
- setInterval(function(){}, 3000 : 일정 시간마다 반복적으로 동작을 실행. 3000은 3000ms(3초)로 3초마다 실행
- ('.imgslide a:first-child').fadeOut : 'first-child'는 가상 클래스 선택자로서 부모 요소가 가지고 있는 자식 요소 중 첫 번째를 선택. .imgslide의 자식요소 〈a〉 요소 중에서 첫 번째를 선택하여 페이드아웃 실행
  - fadeOut() : 페이드아웃 효과를 나타냄. 만일 fadeOut(1000)과 같이 숫자 값을 기입하면 1초에 걸쳐 페이드아웃 효과가 진행됨
- .next('a').fadeIn() : 다음 요소를 선택하여 페이드인 실행
- end() : 이전 선택요소를 선택
- appendTo('.imgslide') : 선택한 요소를, .imgslide 선택자 요소의 자식 요소로 추가
- 자바스크립트 코드는 수험자 임의로 자유롭게 지정할 수 있으므로 여기에 제시된 코드를 얼마든지 변경해서 사용해도 됩니다.

02 지금까지 작업한 사항을 모두 저장하고 '크롬(Chrome)' 브라우저에서 이미지가 페이드인(Fade-in), 페이드아웃(Fade-out)되는지 확인합니다.

페이드인(Fade-in), 페이드아웃(Fade-out) 코드 다르게 작성해 보기
- 페이드인, 페이드아웃를 구현할 때 정해진 알고리즘은 없습니다. 수험자가 임의로 자유롭게 수정 및 변경해서 사용하시면 됩니다.
- 다음의 오른쪽과 코드를 작성하면 다른 페이드인, 페이드아웃 효과가 나타납니다.

```
$('.imgslide a:gt(0)').hide();
setInterval(function(){
    $('.imgslide a:first-child')
        .fadeOut()
        .next('a')
        .fadeIn()
        .end()
        .appendTo('.imgslide');
},3000);
```

```
$('.imgslide a:gt(0)').hide();
var i = 0;
function slidelist(){
    var list = $('.imgslide a');
    list.eq(i).fadeIn().delay(2000).
    fadeOut(function(){
        i++;
        if(i % list.length == 0){
            i = 0;
        }
        slidelist();
    });
}
slidelist();
```

- var i = 0 : 변수 i를 선언하고 그 변수에 0값을 담음
- function slidelist() : 함수 slidelist를 선언
- var list = $('.imgslide a') : 변수 list를 선언하고 그 변수에 .imgslide의 자식 요소 〈a〉를 담음
- list.eq(i).fadeln().delay(2000).fadeOut(function() : list 변수에 담긴 .imgslide의 자식 요소 a중에서 i 값을 index 값으로 넣음. delay(2000)을 설정하여 2초간 지연시킨 후 fadeOut을 실행함
  - list.eq(0)이면 list에 들어가 있는 것 중 첫 번째를 선택함.
  - eq(i) : i(index)에 해당하는 요소를 가져옴. eq(0)=1을 의미
  - (function() : 이와 같이 함수가 괄호로 둘러싸인 경우를 즉시 호출 함수(IIFE, Immediately Invoked Function Expression)라고 함. 즉시 호출 함수는 함수가 생성되자마자 즉시 실행됨
- i++; if(i % list.length == 0) { i = 0; } : list 변수로 들어가는 .imgslide의 자식 요소 〈a〉가 몇 번째 요소인지를 가리키기 위한 index i값을 하나씩 증가시킴. 이때 list 전체 길이가 0과 같아지면 i 값을 0으로 변경
  - .length : 문자열의 길이를 반환. 'abc'.length는 3이 됨
  - list.length : list에 담긴 .imgslide의 자식 요소 〈a〉 요소의 개수를 반환
- slidelist() : slidelist()를 호출

---

5 STEP ‖ 세부 영역별 지시사항 풀기 – ⓒ Contents   약 40분

❶ 바로가기 내용 추가하고 스타일 지정하기

세부 영역별 지시사항대로 ⓒ Contents 영역에 들어갈 바로가기, 공지사항, 갤러리 콘텐츠를 제작합니다.

01 'index.html' 문서에서 〈div class="shortcut"〉 바로가기 자리 〈/div〉를 찾고 해당 영역에 다음과 같이 입력하여 바로가기를 작성합니다.

```
<div class="shortcut">
  <a href="#">
    <img src="images/shortcut1.png" alt="바로가기1">
  </a>
  <a href="#">
    <img src="images/shortcut2.png" alt="바로가기2">
  </a>
  <a href="#">
    <img src="images/shortcut3.png" alt="바로가기3">
  </a>
  <a href="#">
    <img src="images/shortcut4.png" alt="바로가기4">
  </a>
  <a href="#">
    <img src="images/shortcut5.png" alt="바로가기5">
  </a>
</div>
```

[index.html]

```
73    <!-- C영역: 콘텐츠 영역 시작 -->
74    <div class="contents">
75      <div class="shortcut"><!-- C-1: 바로가기 영역 -->
76        <a href="#">
77          <img src="images/shortcut1.png" alt="바로가기1">
78        </a>
79        <a href="#">
80          <img src="images/shortcut2.png" alt="바로가기2">
81        </a>
82        <a href="#">
83          <img src="images/shortcut3.png" alt="바로가기3">
84        </a>
85        <a href="#">
86          <img src="images/shortcut4.png" alt="바로가기4">
87        </a>
88        <a href="#">
89          <img src="images/shortcut5.png" alt="바로가기5">
90        </a>
91      </div>
92      <div class="banner"><!-- C-2: 배너 영역 -->
93        배너 자리
94      </div>
95      <div class="tabmenu"> <!-- C-3: 탭메뉴 영역(notice+gallery) -->
96        <div class="notice">
97          공지사항 자리
98        </div>
99        <div class="gallery">
100         갤러리 자리
101       </div>
102     </div> <!--tabmenu 끝-->
```

02 'style.css' 문서에서 바로가기 영역의 스타일을 추가하기 위해 클래스 선택자 '.shortcut'을 찾습니다. 미리 입력해 둔 스타일에서 아래와 같이 새로운 속성을 추가합니다. 이어서 바로가기 이미지에 대한 상세한 스타일을 입력하여 적절히 배치되도록 합니다.

```
.shortcut{
    float:left;
    width:100%;
    height:100px;
    display:flex;
    background-color:#abdde6;
}
.shortcut img {
    float:left;
    width:80px;
    height:80px;
    margin-top:10px;
}
```

[style.css]

```
108    .contents {           /* C영역: shortcut, banner, tabmenu 묶어줌 */
109      width: 1340px;      /* 콘텐츠(바로가기, 배너, 탭메뉴) 너비 */
110      height: 550px;      /* 콘텐츠(바로가기, 배너, 탭메뉴) 높이 */
111    }
112    .shortcut {           /* 바로가기 영역 */
113      float: left;
114      width: 100%;        /* 너비: contents영역 100% */
115      height: 100px;
116      display: flex;      /* 바로가기 이미지 배치 스타일 */
117      background-color: #abdde6;
118
119    .shortcut img {       /* 바로가기 이미지 스타일 */
120      float: left;
121      width: 80px;
122      height: 80px;
123      margin-top: 10px;
124    }
125    .banner {             /* 배너 영역 */
126      float: left;
127      width: 100%;        /* 너비: contents영역 100% */
128      height: 150px;
129    }
```

🅕 기적의 TIP

- display:flex : 〈div class="shortcut"〉 영역 내부의 요소들 정렬을 설정
  - 해당 속성이 있는 유소는 플렉스 박스 레이아웃이 되어, 반응형 웹 페이지에서 효율적으로 요소를 배치하거나 정렬할 수 있습니다. 해당 속성을 선언하면 요소들이 한 줄에 정렬되고, 넘치면 아래 줄로 넘어가 배치됩니다.
  - 플렉스 박스 레이아웃에서 사용할 수 있는 기본 속성들로 배치와 정렬, 분산을 다양하게 활용할 수 있지만, 여기에서는 다른 속성은 추가하지 않고 기본값을 사용합니다. 기본값은 플렉스 박스 내부 요소마다 동일한 양쪽 여백을 지정합니다.
- .shortcut img : 〈div class="shortcut"〉 요소의 후손 요소 〈img〉의 스타일 크기를 지정
- .shortcut img:hover : 마우스가 이미지 위에 올라오면 불투명도 50%(opacity:0.5)가 되어 약간 투명하게 보이도록 지정

---

03 작업 중인 문서를 모두 저장하고 '크롬(Chrome)' 브라우저에서 배너와 바로가기를 입력한 결과를 확인합니다.

❷ 배너 내용 작성하고 스타일 지정하기

01 'index.html' 문서에서 〈div class="banner"〉 배너 자리 〈/div〉를 찾고 해당 영역에 다음과 같이 입력하여 바로가기를 작성합니다.

```
<div class="banner">
  <a href="#">
    <img src="images/banner.jpg" alt="배너">
    <span>
      <h4>인재채용</h4>
      수시채용 방식으로 채용사이트를 통해 선발합니다.
    </span>
  </a>
</div>
```

[index.html]

```
90        </a>
91      </div>
92      <div class="banner"><!-- C-2: 배너 영역 -->
93        <a href="#">
94          <img src="images/banner.jpg" alt="배너">
95          <span>
96            <h4>인재채용</h4>
97            수시채용 방식으로 채용사이트를 통해 선발합니다.
98          </span>
99        </a>
100     </div>
101     <div class="tabmenu"> <!-- C-3: 탭메뉴 영역(notice+gallery) -->
102       <div class="notice">
```

02 'style.css'에서 바로가기 영역의 스타일을 추가하기 위해 클래스 선택자 '.banner'을 찾습니다. 그리고 그 아래에 다음과 같이 속성을 추가하여 배너 이미지에 대한 상세한 스타일을 입력합니다.

```
.banner{
    float:left;
    width:100%;
    height:150px;
}
.banner img {
    width:1340px;
    height:150px;
    object-fit:cover;
}
.banner span {
    float:left;
    width:96%;
    height:80px;
    position:absolute;
    margin-top:20px;
    left:2%;
    padding-top:30px;
    font-size:16px;
    color:#ffffff;
    text-align:center;
    line-height:30px;
    background-color:rgba(0,0,0,0.3);
}
```

[style.css]

```
125   .banner {              /* 배너 영역 */
126     float: left;
127     width: 100%;          /* 너비: contents영역 100% */
128     height: 150px;
129   }
130   .banner img {
131     width: 1340px;
132     height: 150px;
133     object-fit: cover;
134   }
135   .banner span {
136     float: left;
137     width: 96%;
138     height: 80px;
139     position: absolute;
140     margin-top: 20px;
141     left: 2%;
142     padding-top: 30px;
143     font-size: 16px;
144     color: ⬜#ffffff;
145     text-align: center;
146     line-height: 30px;
147     background-color: ⬛rgba(0, 0, 0, 0.3);
148   }
149   .banner span h4 {
150     font-size: 18px;
151     color: ⬜#ffffff;
152   }
153   .banner span:hover {
154     background-color: ⬛rgba(0, 0, 0, 0.5);
155   }
156   .tabmenu {             /* 탭메뉴(공지사항+갤러리) 영역 */
157     float: left;
158     width: 100%;          /* 너비: contents영역 100% */
159     height: 300px;
160   }
```

```
.banner span h4 {
    font-size:18px;
    color:#ffffff;
}
.banner span:hover {
    background-color:rgba(0,0,0,0.5);
}
```

3 공지사항, 갤러리 내용 작성하기

01 'index.html' 문서에서 〈div class="tab
menu"〉 태그를 찾고 〈ul〉과 〈li〉 태그를 다음과
같이 입력하여 공지사항과 갤러리 영역을 목록
으로 작성합니다.

```
<div class="tabmenu">
  <ul>
    <li>
      <div class="notice">
        공지사항 자리
      </div>
    </li>
    <li>
      <div class="gallery">
        갤러리 자리
      </div>
    </li>
  </ul>
</div>
```

[index.html]

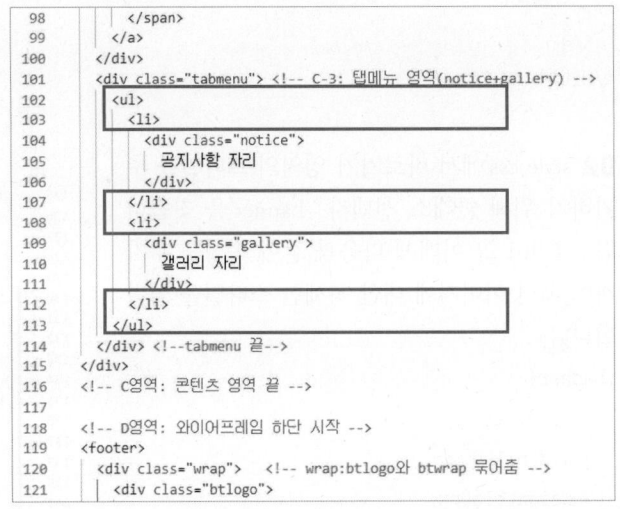

```
98        </span>
99      </a>
100    </div>
101    <div class="tabmenu"> <!-- C-3: 탭메뉴 영역(notice+gallery) -->
102      <ul>
103        <li>
104          <div class="notice">
105            공지사항 자리
106          </div>
107        </li>
108        <li>
109          <div class="gallery">
110            갤러리 자리
111          </div>
112        </li>
113      </ul>
114    </div> <!--tabmenu 끝-->
115  </div>
116  <!-- C영역: 콘텐츠 영역 끝 -->
117
118  <!-- D영역: 와이어프레임 하단 시작 -->
119  <footer>
120    <div class="wrap">  <!-- wrap:btlogo와 btwrap 묶어줌 -->
121      <div class="btlogo">
```

02 ⟨div class="notice"⟩ 공지사항 자리 ⟨/div⟩
를 찾고 해당 영역에 다음과 같이 입력하여 공
지사항을 작성합니다.

```
<div class="notice">
  <ul>
    <li>
      <a href="#">
        Lorem ipsum dolor sit amet, consecte
        tur adipiscing elit...
        <span>2024.03.01</span>
      </a>
    </li>
    <li>
      <a href="#">
        Lorem ipsum dolor sit amet, consecte
        tur adipiscing elit...
        <span>2024.03.01</span>
      </a>
    </li>
    <li>
      <a href="#">
        Lorem ipsum dolor sit amet, consecte
        tur adipiscing elit...
        <span>2024.03.01</span>
      </a>
    </li>
    <li>
      <a href="#">
        Lorem ipsum dolor sit amet, consectetur adipiscing elit...
        <span>2024.03.01</span>
      </a>
    </li>
  </ul>
</div>
```

[index.html]

```
101   <div class="tabmenu"> <!-- C-3: 탭메뉴 영역(notice+gallery) -->
102     <ul>
103       <li>
104         <div class="notice">
105           <ul>
106             <li>
107               <a href="#">
108                 Lorem ipsum dolor sit amet, consectetur
                     adipiscing elit...
109                 <span>2024.03.01</span>
110               </a>
111             </li>
112             <li>
113               <a href="#">
114                 Lorem ipsum dolor sit amet, consectetur
                     adipiscing elit...
115                 <span>2024.03.01</span>
116               </a>
117             </li>
118             <li>
119               <a href="#">
120                 Lorem ipsum dolor sit amet, consectetur
                     adipiscing elit...
121                 <span>2024.03.01</span>
122               </a>
123             </li>
124             <li>
125               <a href="#">
126                 Lorem ipsum dolor sit amet, consectetur
                     adipiscing elit...
127                 <span>2024.03.01</span>
128               </a>
129             </li>
130           </ul>
131         </div>
132       </li>
133       <li>
134         <div class="gallery">
```

03 공지사항 타이틀 이름을 지정하기 위해 ⟨div
class="tabmenu"⟩ 아래의 첫 번째 ⟨li⟩을 찾고
다음과 같이 수정합니다.

```
<div class="tabmenu">
  <ul>
    <li class="active"><a href="#">공지사항</a>
```

[index.html]

```
100   </div>
101   <div class="tabmenu"> <!-- C-3: 탭메뉴 영역(notice+gallery) -->
102     <ul>
103       <li class="active"><a href="#">공지사항</a>
104         <div class="notice">
105           <ul>
106             <li>
107               <a href="#">
108                 Lorem ipsum dolor sit amet, consectetur
                     adipiscing elit...
109                 <span>2024.03.01</span>
110               </a>
111             </li>
```

class="active"는 활성화된 탭 타이틀의 스타일을 지정하고, 자바스크립트에서 활성화할 탭 요소를 구분하는 데 사용됩니다.

04 다음으로 〈div class="gallery"〉 갤러리 자리 〈/div〉 영역에 다음과 같이 입력하여 갤러리 부분에 이미지를 추가합니다.

갤러리 이미지는 Contents 폴더에서 images 폴더로 미리 옮겨놓은 제공된 이미지 3개를 사용하여 가로 방향으로 배치합니다.

```html
<div class="gallery">
  <ul>
    <li>
      <a href="#">
        <img src="images/gallery1.jpg" alt="갤러리1">
        <span>갤러리1</span>
      </a>
    </li>
    <li>
      <a href="#">
        <img src="images/gallery2.jpg" alt="갤러리2">
        <span>갤러리2</span>
      </a>
    </li>
    <li>
      <a href="#">
        <img src="images/gallery3.jpg" alt="갤러리3">
        <span>갤러리3</span>
      </a>
    </li>
  </ul>
</div>
```

[index.html]

```html
130        </ul>
131      </div>
132    </li>
133    <li><a href="#">갤러리</a>
134      <div class="gallery">
135        <ul>
136          <li>
137            <a href="#">
138              <img src="images/gallery1.jpg" alt="갤러리1">
139              <span>갤러리1</span>
140            </a>
141          </li>
142          <li>
143            <a href="#">
144              <img src="images/gallery2.jpg" alt="갤러리2">
145              <span>갤러리2</span>
146            </a>
147          </li>
148          <li>
149            <a href="#">
150              <img src="images/gallery3.jpg" alt="갤러리3">
151              <span>갤러리3</span>
152            </a>
153          </li>
154        </ul>
155      </div>
156    </li>
157  </ul>
158  </div> <!--tabmenu 끝-->
159 </div>
160 <!-- C영역: 콘텐츠 영역 끝 -->
```

05 갤러리 탭 타이틀을 지정하기 위해 〈div class="gallery"〉 바로 위의 〈li〉을 찾고 다음과 같이 수정합니다.

```html
<li><a href="#">갤러리</a>
  <div class="gallery">
```

[index.html]

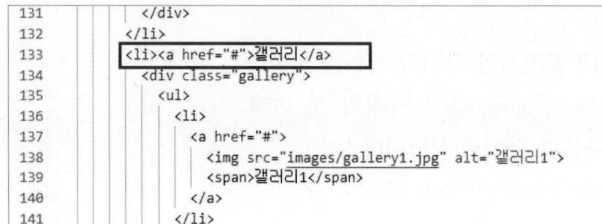

```html
131        </div>
132      </li>
133      <li><a href="#">갤러리</a>
134        <div class="gallery">
135          <ul>
136            <li>
137              <a href="#">
138                <img src="images/gallery1.jpg" alt="갤러리1">
139                <span>갤러리1</span>
140              </a>
141            </li>
```

06 'index.html' 문서를 저장한 후 '크롬(Ch-rome)' 브라우저에서 열어 현재까지 작업된 사항을 확인합니다.

📗 **기적의 TIP**

배너 영역(⟨div class="banner"⟩의 ⟨span⟩ 영역)이 콘텐츠 범위를 초과하지 않도록, 이후 배너를 포함하는 ⟨div class="contents"⟩에 position:relative 스타일을 적용합니다.

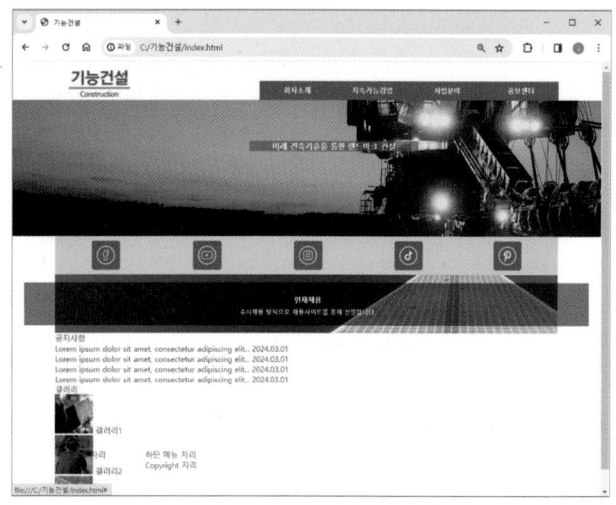

④ 공지사항, 갤러리 스타일 추가하기

01 와이어프레임을 통해 '공지사항'과 '갤러리' 타이틀이 나란히 배열된 탭 메뉴의 구조가 확인됩니다. 활성화된 탭은 밝은 색상으로 표시되며, 비활성화된 탭은 어두운 색상으로 구분됩니다. 이를 통해 탭의 활성 상태가 색상 변화로 명확히 드러납니다. 이러한 스타일을 적용하려면, 'style.css' 문서 내에서 '.tabmenu' 클래스 선택자를 찾아 그 아래에 다음과 같이 스타일을 정의합니다.

```
.tabmenu {
    float:left;
    width:100%;
    height:300px;
}
.tabmenu>ul{
    padding-top:20px;
}
.tabmenu>ul>li{
    float:left;
    width:100px;
    line-height:45px;
}
```

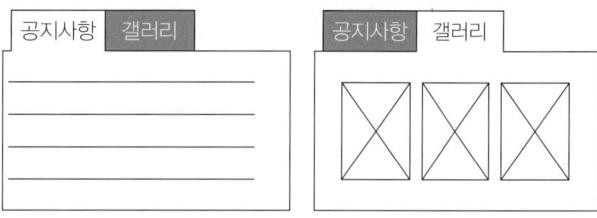

[style.css]

```
156    .tabmenu {              /* 탭메뉴(공지사항+갤러리) 영역 */
157        float: left;
158        width: 100%;        /* 너비: contents영역 100% */
159        height: 300px;
160    }
161    .tabmenu>ul {
162        padding-top: 20px;
163    }
164    .tabmenu>ul>li {        /* 탭 타이틀 영역 스타일 */
165        float: left;
166        width: 100px;
167        line-height: 45px;
168    }
169    .tabmenu>ul>li>a {      /* 탭 타이틀 영역 <a> 요소 스타일 */
170        display: block;
171        font-size:16px;
172        text-align: center;
173        background-color: ■#cccccc;
174        border:1px solid ■#dddddd;
175        border-bottom:none;
176    }
177    .tabmenu>ul>li>a:hover {  /* <a> 요소에 마우스를 올릴 때 스타일 */
178        background-color : ■#eeeeee;
179    }
180    .tabmenu>ul>li:first-child a {    /* 탭 타이틀 첫 번째 <a> 요소 */
181        border-right:none;
182    }
183    .tabmenu>ul>li.active>a{    /* active 클래스가 할당된 <a> 요소 */
184        background-color:□#ffffff;
185    }
186    footer {                   /* D영역: 하단 영역 */
187        width: 1340px;         /* 하단 너비(브라우저100%) */
188        height: 120px;         /* 하단 높이 */
189    }
```

```
.tabmenu>ul>li>a{
    display:block;
    font-size:16px;
    text-align:center;
    background-color:#cccccc;
    border:1px solid #dddddd;
    border-bottom:none;
}
.tabmenu>ul>li>a:hover{
    background-color :#eeeeee;
}
.tabmenu>ul>li:first-child a{
    border-right:none;
}
.tabmenu>ul>li.active>a{
    background-color:#ffffff;
}
footer{
  width:1340px;
  height:120px;
}
```

기적의 TIP

- .tabmenu>ul : .tabmenu 영역 내 〈ul〉 목록 태그의 스타일 지정
- padding-top:20px : .tabmenu 영역 내 〈ul〉 목록 위쪽에 여백을 주기 위해 20px의 padding을 지정
- .tabmenu>ul>li : .tabmenu 영역 내 〈ul〉 목록 태그의 자식 요소 〈li〉의 스타일 지정. 공지 사항과 갤러리 '탭의 타이틀' 영역으로 이 영역의 높이와 너비 등을 지정
  - .tabmenu>li 스타일에서는 〈li〉 요소의 높이를 line-height 속성을 사용하여 설정했습니다. 이는 〈li〉 요소에 직접 높이를 지정할 경우, 〈/li〉 태그로 닫힌 영역에는 height 속성을 사용할 수 있지만, 'index.html' 문서에서 .tabmenu 내부에 〈div〉를 통해 탭 콘텐츠를 구성하는 경우 height 속성만으로는 높이가 제대로 표시되지 않기 때문입니다. 따라서 line-height를 이용해 탭 타이틀의 높이를 효과적으로 조절했습니다.
  - 만일 height 속성을 사용하고자 한다면 〈li〉 요소의 하위 요소인 〈a〉 요소(.tabmenu>li)a)에 height 속성을 사용하여 높이를 지정할 수 있습니다.
- .tabmenu>ul>li>a : '탭의 타이틀' 영역의 자식 요소인 〈a〉 요소에 대해 스타일 지정. 배경색, 폰트, 정렬, 테두리에 대한 스타일 지정
  - display:block : 박스 요소를 block 속성으로 표시하며, 요소 앞뒤로 줄바꿈 되도록 함
  - background-color::#cccccc : 〈li〉의 자식 요소인 〈a〉 요소 영역에 배경색 지정
  - border:1px solid #dddddd : .tabmenu의 자식 요소 〈li〉의 자식 요소인 〈a〉 요소 영역에 테두리를 지정. 테두리 굵기는 1px, 선의 종류는 실선 solid, 선의 색상은 #dddddd로 지정-border-bottom:none : .tabmenu>li)a에 테두리를 주게 되면, 이후 탭 타이틀의 아래 테두리와 탭 내용의 위쪽 테두리가 겹쳐보이게 됨. 따라서 탭 타이틀의 아래 테두리를 보이지 않게 지정하여 경계선에서 두 개의 테두리가 겹쳐 보이지 않도록 함
- .tabmenu>ul>li>a:hover : '탭의 타이틀' 영역의 자식 요소 〈li〉의 자식 요소인 〈a〉 요소 영역에 마우스가 올라오면 나타날 스타일 지정
  - 배경색 background:#cccccc에서 마우스를 올리면 background-color:#eeeeee로 변경됨
- .tabmenu>ul>li:first-child a : .tabmenu>ul>li의 첫 번째 자녀 요소인 〈a〉에 스타일을 지정하여, 공지사항 탭 타이틀 영역에서 오른쪽 테두리를 제거하도록 'border-right:none'을 설정함. 이는 공지사항과 갤러리 탭 타이틀 사이의 경계선이 겹쳐 보이는 것을 방지하기 위함임. 이를 통해 중간 경계선에서 테두리가 겹치지 않도록 처리함
- .tabmenu>ul>li.active>a : .tabmenu>ul>li 요소 중 active 클래스가 할당된 〈a〉 요소에 대한 스타일 지정. 현재 'index.html' 문서에서는 〈li class="active"〉〈a href="#"〉공지사항〈/a〉로 설정되어 있어, 공지사항 탭 타이틀의 배경 색상이 background-color:#ffffff로 지정됨. 자바스크립트를 통해 갤러리 탭 타이틀을 클릭하면 active 클래스가 할당되어 색상이 변경되는 구현이 이루어짐

02 다음으로 공지사항과 갤러리의 탭 콘텐츠가 들어갈 영역의 스타일을 추가하기 위해 다음을 추가합니다.

```css
.tabmenu>ul>li div{
    position:absolute;
    left:0px;
    height:0px;
    overflow:hidden;
}
.tabmenu>ul>li.active div{
    height:210px;
    width:570px;
    border:1px solid #dddddd;
    z-index:1;
}
```

[style.css]

```css
183    .tabmenu>ul>li.active>a{    /* active 클래스가 할당된 <a> 요소 */
184        background-color:□#ffffff;
185    }
186    .tabmenu>ul>li div {
187        position: absolute;
188        left: 0px;
189        height: 0px;
190        overflow: hidden;
191    }
192    .tabmenu>ul>li.active div {
193        height: 210px;
194        width: 570px;
195        border: 1px solid □#dddddd;
196        z-index: 1;
197    }
198    footer {                     /* D영역: 하단 영역 */
199        width: 1340px;           /* 하단 너비(브라우저100%) */
200        height: 120px;           /* 하단 높이 */
201    }
```

그리고 .contents 클래스 선택자를 찾은 뒤, 다음의 속성을 추가합니다.

```css
.contents {
    width: 1340px;
    height: 550px;
    position:relative;
    margin-top:-100px;
}
```

[style.css]

```css
98     .imgslide span {
99         width: 450px;
100        text-align: center;
101        color: □#ffffff;
102        font-weight: bold;
103        left: 40%;
104        top: 30%;
105        position: absolute;
106        background-color: ■rgba(100, 100, 100, 0.7);
107    }
108    .contents {              /* C영역: shortcut, banner, tabmenu 묶어줌 */
109        width: 1340px;       /* 콘텐츠(바로가기, 배너, 탭메뉴) 너비 */
110        height: 550px;       /* 콘텐츠(바로가기, 배너, 탭메뉴) 높이 */
111        position: relative;
112        margin-top: -100px;
113    }
114    .shortcut {              /* 바로가기 영역 */
115        float: left;
116        width: 100%;         /* 너비: contents영역 100% */
117        height: 100px;
118        display: flex;       /* 바로가기 이미지 배치 스타일 */
119        background-color: □#abdde6;
120    }
```

🅑 기적의 TIP

- .tabmenu>ul>li div : .tabmenu>ul의 자식 요소인 〈li〉의 후손 요소 〈div〉들에 대한 스타일 지정. 즉, 공지사항과 갤러리 탭 콘텐츠 영역의 스타일을 지정
- position:absolute : 탭 콘텐츠 영역은 상위 컨테이너를 기준으로 한 절대 좌표를 사용하여 배치됨. 이 설정은 공지사항과 갤러리 탭의 콘텐츠 영역이 동일한 위치에 나타나도록 하기 위함. 이 속성을 적용하지 않을 경우, 갤러리 탭 콘텐츠 영역의 시작 위치가 변경됨. 따라서 상위 컨테이너인 .contents 클래스 선택자의 스타일 속성에 position:relative를 추가함
  - 콘텐츠 영역에 position:relative를 지정하는 것은 〈div class="banner"〉의 〈span〉 영역이 콘텐츠 영역을 벗어나지 않도록 해줌
  - left:0px : 탭 콘텐츠 영역을 왼쪽 가장자리에 붙여서, 즉 여백 없이 배치함. 이 속성은 position:absolute과 함께 사용되어 공지사항과 갤러리 탭의 콘텐츠 영역이 동일한 위치에 나타나도록 함. 둘 중 하나의 속성을 사용하지 않으면, 갤러리 탭 콘텐츠 영역이 밀려나게 됨
  - width:calc(100% − 5px) : div 영역의 너비를 상위컨테이너의 너비에서 테두리 2px를 포함해 5px를 제외하여 div영역의 오른쪽 테두리가 화면에 보일 수 있도록 함
  - height:0px : 탭 콘텐츠 영역의 높이를 0으로 지정하여 보이지 않도록 함. 활성화될 때만 높이를 지정하여 콘텐츠가 보이도록 함
  - overflow:hidden : 다른 영역과 겹쳐 보이는 부분을 가림. 이 옵션을 사용하지 않을 경우 다음과 같이 탭 콘텐츠 영역이 서로 겹쳐서 보이게 됨

- .tabmenu〉ul〉li.acitve div : .tabmenu〉ul〉li 요소 중 active 클래스가 할당된 〈div〉 후손 요소 영역에 대한 스타일 지정. 현재 'index.html' 문서에서 〈li class="active"〉〈a href="#"〉공지사항〈/a〉〈div class="notice"〉로 설정되어 있기 때문에 공지사항 탭 콘텐츠 영역에 먼저 스타일이 적용됨. 이후 자바스크립트에서 갤러리 탭 타이틀 영역을 클릭하면 active 클래스가 할당되도록 구현하면 탭 콘텐츠 영역도 변경되어 나타나게 됨
  - height:210px : active 클래스가 할당된 〈div〉 탭 콘텐츠 영역의 높이를 210px로 지정
  - border:1px solid #dddddd : .tabmenu〉ul〉li 요소 중 active 클래스가 할당된 〈div〉 후손 요소의 영역에 테두리를 지정. 테두리 굵기는 1px, 선의 종류는 실선 solid, 선의 색상은 #dddddd로 지정. 이 테두리 값이 상하좌우로 1px씩 차지하므로 이를 고려하여 width와 height 값을 지정
  - z-index:1 : .tabmenu〉li 요소 중 active 클래스가 할당된 〈div〉 후손 요소가 화면 상에서 더 앞쪽에 나타나도록 우선순위를 지정
- position:relative와position:absolute의관계 : .contents로 지정된 〈div class="contents"〉에 position:relative를 지정하고, 내부의 요소에는 position:absolute를 지정하면 position:relative로 지정한 컨테이너를 기준점으로 삼아 position:absolute가 절대 좌표값을 가지게 됨

---

03 'index.html' 문서와 'style.css' 문서를 저장한 후 'index.html' 문서를 '크롬(Chrome)' 브라우저에서 열어 현재까지 작업된 사항을 확인합니다.

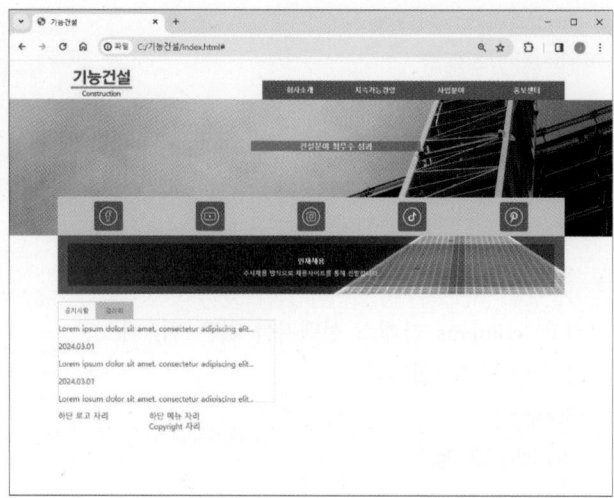

04 이어서 공지사항 탭 콘텐츠의 스타일을 추가하기 위해 위에서 추가했던 'style.css' 문서 아래에 다음의 코드를 추가합니다.

```
.notice ul{
    float:left;
    width:550px;
    margin-top:12px;
    margin-bottom:12px;
}
.notice li{
    width:100%;
    height:45px;
    line-height:45px;
    font-size:14px;
    margin-left:10px;
    margin-right:10px;
}
```

[style.css]

```
194    .tabmenu>ul>li.active div {
195        height: 210px;
196        width: 570px;
197        border: 1px solid ■#dddddd;
198        z-index: 1;
199    }
200    .notice ul {              /* 공지사항 콘텐츠 영역 스타일 */
201        float: left;
202        width: 550px;
203        margin-top: 12px;
204        margin-bottom: 12px;
205    }
206    .notice li {              /* 공지사항 리스트 영역 스타일 */
207        width: 100%;
208        height: 45px;
209        line-height: 45px;
210        font-size: 14px;
211        margin-left: 10px;
212        margin-right: 10px;
213    }
214    .notice li:nth-child(2n) {   /* 공지사항 중 2배수 리스트 스타일 */
215        background-color: ■#cccccc;
216    }
217    .notice li span {         /* <span>요소로 구성한 날짜 영역 스타일 */
218        float: right;
219    }
220    .notice li:hover {   /* 공지사항 리스트에 마우스를 올릴 때 스타일 */
221        font-weight: bold;
222    }
223    footer {                  /* D영역: 하단 영역 */
224        width: 1340px;        /* 하단 너비(브라우저100%) */
225        height: 120px;        /* 하단 높이 */
226    }
```

```
.notice li:nth-child(2n){
    background-color:#cccccc;
}
.notice li span{
    float:right;
}
.notice li:hover{
    font-weight:bold;
}
```

- .notice ul : 〈div class="notice"〉 요소의 자식 요소 〈ul〉에 스타일 지정. 즉 공지사항 콘텐츠 영역의 스타일을 지정
  - margin-top:12px, margin-bottom:12px : 공지사항 콘텐츠 영역에 위, 아래 12px 여백 지정
- .notice li : 〈div class="notice"〉 요소의 자식 요소 〈li〉에 스타일 지정. 공지사항 콘텐츠 각 리스트의 스타일을 지정
  - height:40px, line-height:40px : 높이 height와 줄 간격(행간) line
  - height을 같은 값을 지정하여 글자가 세로 가운데 정렬이 되도록 함
  - margin-left:10px, margin-right:10px : 각 리스트에 좌,우 10px 여백 지정
- .notice li:nth-child(2n) : .notice 요소의 후손 요소 〈li〉의 2배수 요소(2, 4, 6,. 번째를 의미)의 스타일 지정
- .notice li span : .notice 요소의 후손(하위 요소에 해당하는 모든) 요소 〈li〉의 〈span〉에 스타일 지정
- .notice li:hover : .notice 요소의 후손 요소 〈li〉에 마우스를 올리면 font-weight:bold 글자가 굵게 나타나도록 지정

---

05 갤러리 영역의 스타일을 추가하기 위해 '.notice li:hover' 영역 아래에 다음을 추가합니다. 세부 지시사항에서 갤러리의 이미지에 마우스 오버(Mouse over) 시 투명도(Opacity)에 변화가 있도록 하고 있으므로 이 점에 유의하여 스타일을 지정합니다.

```
.gallery ul{
    display:flex;
    justify-content:flex-start;
}
.gallery li{
    float:left;
    width:150px;
    height:200px;
    margin-top:20px;
    margin-left:20px;
    text-align:center;
    line-height:25px;
}
```

[style.css]

```
220  .notice li:hover {  /* 공지사항 리스트에 마우스를 올릴 때 스타일 */
221      font-weight: bold;
222  }
223  .gallery ul {
224      display: flex;
225      justify-content: flex-start;
226  }
227  .gallery li {        /* 갤러리 콘텐츠 영역 스타일 */
228      float: left;
229      width: 150px;
230      height: 200px;
231      margin-top: 20px;
232      margin-left: 20px;
233      text-align: center;
234      line-height: 25px;
235  }
236  .gallery img {       /* 갤러리 콘텐츠 이미지 영역 스타일 */
237      width: 140px;
238      height: 140px;
239      padding: 5px;
240  }
241  .gallery li:hover {  /* 갤러리 콘텐츠에 마우스를 올릴 때 스타일 */
242      opacity: 0.5;
243  }
244  .gallery span {
245      font-size: 16px;
246  }
247  footer {             /* D영역: 하단 영역 */
248      width: 1340px;   /* 하단 너비(브라우저100%) */
249      height: 120px;   /* 하단 높이 */
250  }
```

```
.gallery img{
    width:140px;
    height:140px;
    padding:5px;
}
.gallery li:hover{
    opacity:0.5;
}
.gallery span{
    font-size:16px;
}
```

- .gallery ul : .gallery 요소의 리스트 목록에 대한 스타일 지정
  - display:flex : 화면 너비가 유동적인 경우, 화면에 맞춰 요소가 1차원적(수평 혹은 수직)으로 자동 배치되도록 하는 레이아웃. 주축은 왼쪽에서 오른쪽(수평) 방향이 기본값
  - justify-content:flex-start : 주축 방향으로 아이템을 정렬하는 속성이며, flex-start로 속성 값을 지정함으로써 요소들이 화면 왼쪽에서부터 일정한 간격으로 배치됨
- .gallery li : .gallery 요소의 후손(하위 요소에 해당하는 모든) 요소 〈li〉에 스타일 지정. 갤러리 이미지에 스타일 적용됨
- .gallery img : .gallery 요소의 후손 요소 〈img〉의 스타일 크기를 지정
- .gallery li:hover : .gallery 요소의 후손 요소 〈li〉 요소에 마우스를 올리면 불투명도 50%(opacity:0.5)가 되어 약간 투명하게 보이도록 지정
- .gallery li는 갤러리 각 이미지가 들어있는 리스트로서 결국 갤러리 이미지들의 투명도가 조정됩니다. 마우스를 올릴 때 이미지의 투명도가 변화되는 조건은 세부 지시사항에 제시되어 있으므로 반드시 지정해야 합니다.
- 갤러리 이미지에 마우스를 올리면 투명도가 변화되도록 하는 스타일은 .gallery img:hover로 지정해도 됩니다.

06 작업 중인 문서를 모두 저장하고 '크롬(Ch-rome)' 브라우저에서 결과를 확인합니다.

⑤ 공지사항, 갤러리 탭 전환 기능 구현하기

공지사항과 갤러리 탭이 전환되도록 자바스크립트와 제이쿼리(jQuery)를 활용하여 동적 기능을 만들어줍니다.

01 공지사항 탭과 갤러리 탭이 전환되는 기능을 구현하기 위해 'script.js' 문서에 다음과 같이 입력합니다. 이때 마지막 줄인 '});' 안쪽에 입력하도록 합니다.

```
$(function(){
  $('.tabmenu>ul>li>a').click(function(){
    $(this).parent().addClass("active")
      .siblings()
      .removeClass("active");
    return false;
  });
});
```

[script.js]

```
1    // Javascript Document
2
3    jQuery(document).ready(function () {
4
5      $('.navi>li').mouseover(function () {
6        $(this).find('.submenu').stop().slideDown(500);
7      }).mouseout(function () {
8        $(this).find('.submenu').stop().slideUp(500);
9      });
10
11     $('.imgslide a:gt(0)').hide();
12     setInterval(function () {
13       $('.imgslide a:first-child')
14         .fadeOut()
15         .next('a')
16         .fadeIn()
17         .end()
18         .appendTo('.imgslide');
19     }, 3000);
20
21     $(function(){
22       $('.tabmenu>ul>li>a').click(function(){
23         $(this).parent().addClass("active")
24           .siblings()
25           .removeClass("active");
26         return false;
27       });
28     });
29
30   });
31
```

기적의 TIP

- $('.tabmenu>ul>li>a').click : .tabmenu 요소의 자식 요소 〈li〉의 자식 요소인 〈a〉 요소 영역을 클릭
- $(this).parent().addClass('active') : 현재 요소의 부모 요소를 찾아 'active' 클래스 추가. 〈a〉 요소의 부모 요소는 〈li〉이므로 클릭하면 〈li〉에 'active' 클래스를 추가
- .siblings().removeClass('active') : 다른 형제 요소를 찾은 후 'active' 클래스 삭제
- return false : 클릭 이벤트 처리를 중단하고 함수를 호출한 곳으로 즉시 돌아가도록 함
- HTML에서 요소들은 중첩되어 있습니다. 그래서 〈a〉 요소를 클릭하면 이 요소를 감싸고 있는 부모 요소들도 클릭한 것처럼 이벤트에 반응하게 됩니다. 이런 것을 이벤트 버블링(Bubbling)이라고 합니다. 따라서 현재 이벤트를 중지시키고 그 이벤트가 부모 요소에 전달되지 않도록 중지하기 위해서 return false를 사용합니다. 단, return false를 사용하면 자바스크립트 해석기가 이 구문을 만나는 즉시 코드 실행을 중지하기 때문에 return false 다음에 다른 문장을 쓰지 않도록 주의합니다.

---

02 작업 중인 문서를 모두 저장하고 '크롬(Chrome)' 브라우저에서 탭 전환 기능이 잘 동작하는지 결과를 확인합니다.

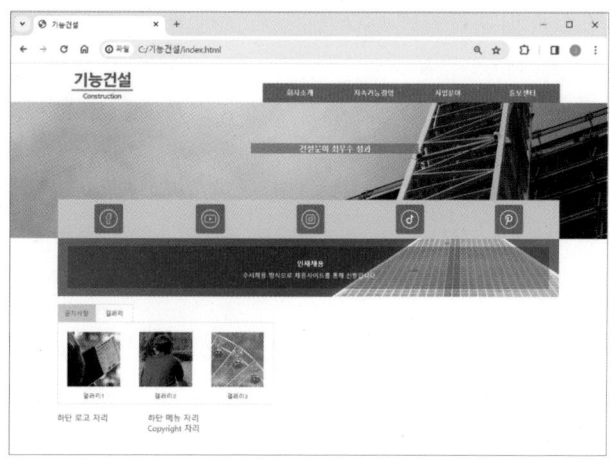

⑥ 레이어 팝업창 작성하고 스타일 지정하기

01 세부 지시사항에 지시된 레이어 팝업창을 구성합니다. 공지사항의 첫 번째 콘텐츠를 클릭(Click)할 경우 레이어 팝업창(Layer Pop_up)이 나타나야 하며, 닫기 버튼을 누르면 해당 팝업창이 닫히도록 해야 합니다.

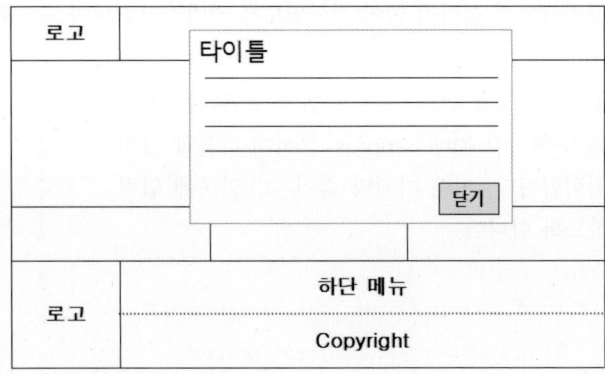

02 먼저 레이어 팝업창에 들어가는 콘텐츠 부분을 작성합니다. 'index.html' 문서에서 〈div class="bodywrap"〉 영역을 종료하는 〈/div〉 다음에 다음과 같이 입력합니다.

```
<div id="layer">
 <div class="layer_up">
  <div class="uptitle">
    기능건설 안내
  </div>
  <div class="upbody">
    - Contents 폴더에 제공된 텍스트 입력 -
  </div>
  <div class="btn">닫기</div>
 </div>
</div>
```

```
158      </div> <!--tabmenu 끝-->
159    </div>
160    <!-- C영역: 콘텐츠 영역 끝 -->
161
162  <div id="layer"> <!-- 레이어 팝업창 영역 시작 -->
163    <div class="layer_up">
164      <div class="uptitle">
165        기능건설 안내
166      </div>
167      <div class="upbody">
168        Lorem ipsum dolor sit amet, consectetur adipiscing elit,
             sed do eiusmod tempor incididunt ut labore et doloremagna
             aliqua. Ut enim ad minim veniam, quis nostrud exercitation
             ullamco laboris nisi ut aliquip ex ea commodo consequat.
169      </div>
170      <div class="btn">닫기</div>
171    </div>
172  </div> <!-- 레이어 팝업창 영역 끝 -->
173
174  <!-- D영역: 와이어프레임 하단 시작 -->
175  <footer>
176    <div class="wrap">   <!-- wrap:btlogo와 btwrap 묶어줌 -->
```

🅱 기적의 TIP

레이어 팝업창 콘텐츠 영역을 〈div class="bodywrap"〉 영역의 밖에 입력합니다. 페이지 레이아웃의 요소들이 레이어 팝업창의 상위 속성이 되는 것을 방지하여 영향을 받지 않도록 별도의 영역에 입력하였습니다.

---

03 레이어 팝업창의 스타일을 지정하기 위해서 'style.css'에서 클래스 선택자 '.gallery span'을 찾고 아래에 다음과 같이 입력합니다.

```
#layer {
    position:absolute;
    z-index:1;
    display:none;
}
#layer.active {
    display:block;
}
.layer_up {
    width:600px;
    height:400px;
    position:fixed;
    left:30%;
    top:30%;
    background-color:#ffffff;
    border:1px solid #cccccc;
}
```

[style.css]

```
244    .gallery span {
245        font-size: 16px;
246    }
247    #layer {                    /* 레이어 팝업창 기준 배경 스타일 */
248        position: absolute;
249        z-index: 1;
250        display: none;
251    }
252    #layer.active {
253        display: block;
254    }
255    .layer_up {                 /* 레이어 팝업창 스타일 */
256        width: 600px;
257        height: 400px;
258        position: fixed;
259        left: 30%;
260        top: 30%;
261        background-color: □#ffffff;
262        border: 1px solid ■#cccccc;
263    }
264    footer {                    /* D영역: 하단 영역 */
265        width: 1340px;          /* 하단 너비(브라우저100%) */
266        height: 120px;          /* 하단 높이 */
267    }
```

(F) 기적의 TIP

- #layer : 〈div id="layer"〉 요소로 화면 레이어 팝업창의 배경에 해당함. display:none를 지정하여 이 영역이 보이지 않도록 지정
- #layer.active : #layer에 active 클래스가 추가되면 나타냄
- z-index : 요소가 화면상에서 앞쪽으로 보이도록 우선순위를 지정
- .layer_up : 레이어가 팝업될 때 나타나는 〈div class="layer_up"〉 영역의 스타일 지정. 팝업창의 크기, 위치 등을 지정
    - 너비 width:600px, 높이 height:400px 크기로 팝업창이 나타남
    - 화면을 기준으로 left:30%, top:30% 위치에 고정되어 나타남
    - position:fixed : 화면상의 위치에 그대로 고정됨(스크롤을 이동해도 고정됨)
- 레이어 팝업창의 스타일 지정에 대한 자세한 지시사항이나 주어진 값은 없으므로 수험자 임의로 자유롭게 지정하면 됩니다.

04 계속해서 레이어 팝업창 안의 타이틀, 내용, 버튼에 대한 스타일을 추가합니다.

```css
.uptitle {
    margin-top:30px;
    text-align:center;
    line-height:16px;
    font-size:20px;
    font-weight:bold;
}
.upbody {
    padding:30px;
    text-align:center;
    font-size:16px;
    line-height:30px;
}
.btn {
    width:80px;
    height:20px;
    display:block;
    text-align:center;
    font-size:15px;
    font-weight:bold;
    background:#cccccc;
    position:absolute;
    right:10px;
    bottom:10px;
}
```

[style.css]

```css
255   .layer_up {                    /* 레이어 팝업창 스타일 */
256       width: 600px;
257       height: 400px;
258       position: fixed;
259       left: 30%;
260       top: 30%;
261       background-color: ☐#ffffff;
262       border: 1px solid ☐#cccccc;
263   }
264   .uptitle {
265       margin-top: 30px;
266       text-align: center;
267       line-height: 16px;
268       font-size: 20px;
269       font-weight: bold;
270   }
271   .upbody {
272       padding: 30px;
273       text-align: center;
274       font-size: 16px;
275       line-height: 30px;
276   }
277   .btn {
278       width: 80px;
279       height: 20px;
280       display: block;
281       text-align: center;
282       font-size: 15px;
283       font-weight: bold;
284       background: ☐#cccccc;
285       position: absolute;
286       right: 10px;
287       bottom: 10px;
288   }
289   footer {                       /* D영역: 하단 영역 */
290       width: 1340px;             /* 하단 너비(브라우저100%) */
291       height: 120px;             /* 하단 높이 */
292   }
```

🅑 기적의 TIP

- .uptitle : 레이어 팝업창 안의 제목 영역인 〈div class="uptitle"〉 스타일 지정
- .upbody : 레이어 팝업창 안의 내용 영역인 〈div class="upbody"〉 스타일 지정
- .btn : 레이어 팝업창 안에 나타나는 버튼 영역의 스타일 지정. 버튼의 모양은 임의로 지정
- 레이어 팝업창의 스타일 지정에 대한 자세한 지시사항이나 주어진 값은 없으므로 수험자 임의로 자유롭게 지정하면 됩니다.

❼ 레이어 팝업창 기능 구현하기

01 레이어 팝업창 모양은 팝업되는 영역의 스타일을 보면서 지정하기 위해서 먼저 팝업 기능부터 구현합니다. 공지사항의 첫 번째 콘텐츠를 클릭할 경우 레이어 팝업창이 나타나야 하므로 공지사항 클래스 선택자 '.notice'를 사용하여 지정합니다. 이때 마지막 줄인 '});' 안쪽에 입력하도록 합니다.

```
$(".notice li:first").click(function(){
  $("#layer").addClass("active");
});
$(".btn").click(function(){
  $("#layer").removeClass("active");
});
```

[script.js]

```
21    $(function(){
22      $('.tabmenu>ul>li>a').click(function(){
23        $(this).parent().addClass("active")
24          .siblings()
25          .removeClass("active");
26        return false;
27      });
28    });
29
30    $(".notice li:first").click(function(){
31      $("#layer").addClass("active");
32    });
33    $(".btn").click(function(){
34      $("#layer").removeClass("active");
35    });
36
37    });
38
```

기적의 TIP

- ("".notice li:first").click() : .notice 요소의 후손 요소 중에서 첫 번째 요소를 클릭
- ("#layer").addClass("active") : #layer과 일치하는 요소에 'active' 클래스 추가
- ("".btn").click(function() : .btn 요소를 클릭
- ("#layer").removeClass("active") : #layer의 'active' 클래스를 삭제

02 지금까지 작업한 문서를 모두 저장하고 '크롬(Chrome)' 브라우저에서 작업된 사항을 확인합니다. 클래스 선택자 '.notice' 요소, 즉 〈div class="notice"〉로 지정된 공지사항의 첫 번째 줄을 클릭하면 레이어 팝업창이 나타나는 것을 확인할 수 있습니다.

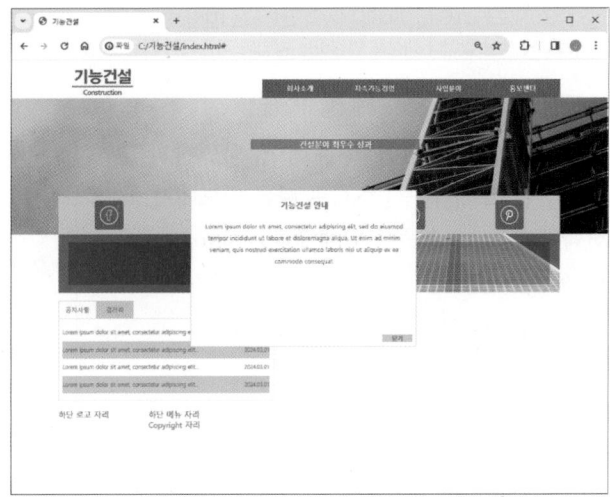

세부 영역별 지시사항 풀기 − ⒟ Footer   약 25분

❶ Footer 영역 하단 로고 만들기

제공된 로고를 grayscale(무채색)으로 변경하여 Footer 영역에 추가하도록 하고 있으므로 먼저 로고를 무채색으로 조정해 두도록 합니다. 여기에서는 포토샵을 이용하여 조정하였습니다.

01 포토샵을 실행한 후, [파일(File)]−[열기(Open)] 메뉴를 선택하여 위에서 만들었던 로고 이미지 'logo.png'를 엽니다.

02 로고를 무채색으로 변경하기 위해서 [이미지(Image)]−[조정(Adjustments)]−[채도 감소(Desaturate)]를 선택합니다.

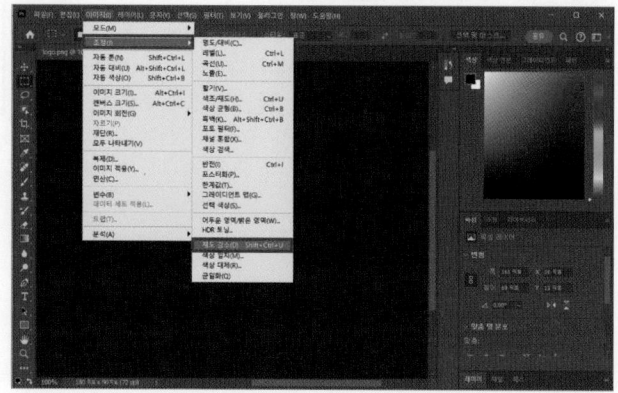

🅑 기적의 TIP

- 채도 감소의 단축키는 [Shift]+[Ctrl]+[U]입니다.
- 채도를 감소하기 위해 [이미지(Image)]−[조정(Adjustments)]−[색조/채도(Hue/Saturation)] 메뉴를 선택하여 채도(Hue/Saturation)에서 '−100'을 입력하여 변경해도 됩니다.
- [색조/채도(Hue/Saturation)] 메뉴의 단축키는 [Ctrl]+[U]입니다.
- 로고의 색상 값이나 색상을 변경하는 방법이 지정되지 않은 경우 수험자 임의로 수정하면 됩니다.

---

03 채도가 감소되어 무채색이 되면 [파일(File)]−[내보내기] − [PNG로 빠른 내보내기]를 선택하여 'images' 폴더 안에 'logo_bottom.png'로 저장합니다.

− 파일 이름(File name) : logo_bottom.png
− 형식(Format) : PNG

[저장(Save)] 버튼을 클릭한 후 PNG 옵션 대화상자가 나타나면 옵션을 기본 값으로 그대로 둔 채 [확인(OK)]를 클릭합니다.

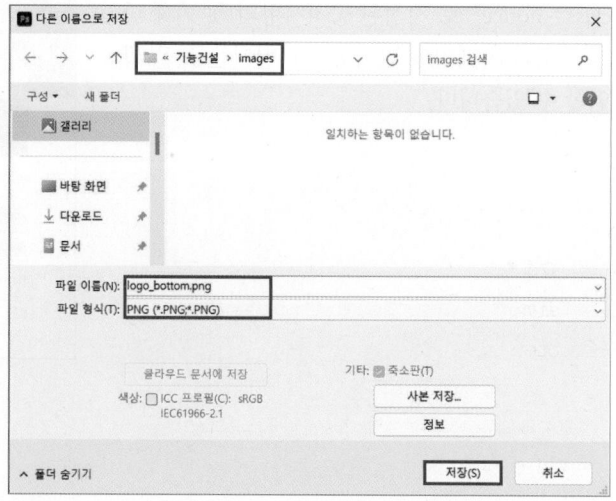

🅑 기적의 TIP

포토샵에서 편집 원본 파일은 *.psd 파일 형식으로 저장합니다. 단, 포토샵 원본 파일은 시험 결과물 제출 시 포함되지 않도록 해야 합니다. 시험에서는 웹서비스에 사용되지 않는 파일은 제출하지 않도록 하고 있습니다.

❷ Footer 영역 작성하기

세부 영역별 지시사항대로 Footer 영역을 제작합니다. 이 문제에서 제공된 텍스트와 이미지를 사용하여 하단 메뉴, Copyright, 패밀리사이트를 제작합니다.

01 'index.html' 문서에서 〈footer〉 〈/footer〉 영역에서 미리 입력해 두었던 하단 로고, 하단 메뉴, Copyright 자리에 Footer 폴더에 제공된 텍스트를 사용하여 다음과 같이 입력합니다.

```
<footer>
  <div class="wrap">
    <div class="btlogo">
      <a href="#">
        <img src="images/logo_bottom.png" alt="
        로고">
      </a>
    </div>
    <div class="btwrap">
      <div class="btmenu">
        <ul>
          <li><a href="#">하단메뉴1</a></li>
          <li><a href="#">하단메뉴2</a></li>
          <li><a href="#">하단메뉴3</a></li>
          <li><a href="#">하단메뉴4</a></li>
          <li><a href="#">하단메뉴5</a></li>
          <li><a href="#">하단메뉴6</a></li>
        </ul>
      </div>
      <div class="copy">
        COPYRIGHT© by WEBDESIGN. ALL RIGHTS RESERVED
      </div>
    </div>
  </div>
</footer>
```

[index.html]

```
174  <!-- D영역: 와이어프레임 하단 시작 -->
175  <footer>
176    <div class="wrap">   <!-- wrap:btlogo와 btwrap 묶어줌 -->
177      <div class="btlogo">
178        <a href="#">
179          <img src="images/logo_bottom.png" alt="로고">
180        </a>
181      </div>
182      <div class="btwrap">
183        <div class="btmenu">
184          <ul>
185            <li><a href="#">하단메뉴1</a></li>
186            <li><a href="#">하단메뉴2</a></li>
187            <li><a href="#">하단메뉴3</a></li>
188            <li><a href="#">하단메뉴4</a></li>
189            <li><a href="#">하단메뉴5</a></li>
190            <li><a href="#">하단메뉴6</a></li>
191          </ul>
192        </div>
193        <div class="copy">
194          COPYRIGHT © by WEBDESIGN. ALL RIGHTS RESERVED
195        </div>
196      </div>
197    </div>   <!-- wrap 끝 -->
198  </footer>
199  <!-- D영역: 와이어프레임 하단 끝 -->
200
201  </body>
202  </html>
203
```

③ Footer 영역 스타일 지정하기

01 푸터 영역에 스타일을 지정하기 위해 'style.css'에서 클래스 선택자 '.footer' 영역을 찾아 배경색 속성을 추가합니다.

```
footer {
    width:1340px;
    height:120px;
    background-color:#dddddd;
}
```

[style.css]

```
289    footer {                        /* D영역: 하단 영역 */
290        width: 1340px;              /* 하단 너비(브라우저100%) */
291        height: 120px;             /* 하단 높이 */
292        background-color: ■#dddddd;
293    }
```

> **기적의 TIP**
>
> 푸터의 배경색은 주어진 색상이 없으므로 사용자가 임의로 지정합니다.

02 하단 로고 이미지의 스타일을 지정합니다. '.btlogo' 영역을 찾은 후 그 아래에 다음과 같이 속성을 추가합니다.

```
.btlogo img{
    float:left;
    width:130px;
    margin-top:30px;
    margin-left:25px;
}
```

[style.css]

```
294    .btlogo {                       /* 로고 영역 스타일 */
295        float: left;
296        width: 240px;              /* 로고 영역 너비 */
297        height: 120px;            /* 로고 영역 높이 */
298    }
299    .btlogo img {
300        float: left;
301        width: 130px;
302        margin-top: 30px;
303        margin-left: 25px;
304    }
305    .btwrap {                       /* 하단메뉴+Copyright */
306        float: right;
307        width: 1100px;             /* 1340px - 240px(로고영역너비)*/
308        height: 100%;
309    }
```

> **기적의 TIP**
>
> • btlogo img : 〈div class="btlogo"〉 영역의 후손 요소 〈img〉 요소에 대한 스타일 지정
> • width:130px : 이미지 크기의 종횡비가 달라지지 않도록 width:130px만 지정하여 높이는 자동으로 나타나게 함

03 하단 메뉴 영역의 스타일을 지정합니다. '.btmenu' 영역을 찾은 후 다음과 같이 속성을 추가합니다.

```
.btmenu {
    float:right;
    width:1100px;
    height:50px;
    margin-top:10px;
}
.btmenu li {
    display:inline;
}
.btmenu li:hover {
    opacity: 0.5;
}
.btmenu a {
    display:inline;
}
.btmenu li::after {
    content:" | ";
}
.btmenu li:last-child::after {
    content:"";
}
```

[style.css]

```
305   .btwrap {                       /* 하단메뉴+Copyright */
306       float: right;
307       width: 1100px;              /* 1340px - 240px(로고영역너비)*/
308       height: 100%;
309       font-size: 16px;
310       line-height: 60px;
311   }
312   .btmenu {
313       float: right;
314       width: 1100px;
315       height: 50px;
316       margin-top: 10px;
317   }
318   .btmenu li {          /* 하단메뉴 하위 목록  */
319       display: inline;
320   }
321   .btmenu li:hover {      /* 하단메뉴에 마우스를 올릴 때 스타일 */
322       opacity: 0.5;
323   }
324   .btmenu a {            /* 하단메뉴 내 a 태그 리스트 */
325       display: inline;
326   }
327   .btmenu li::after {    /* 각 하위 목록 다음에 추가할 문자열 */
328       content: " | ";
329   }
330   .btmenu li:last-child::after {  /* 마지막 하위 목록 다음 */
331       content: "";
332   }
333
```

기적의 TIP

• display:inline :요소들이 한 줄에 표현되도록 설정
  – .btmenu li : 〈li〉 태그들이 한 줄에 표현되도록 설정. 하위 목록 태그마다 이후에 '|' 문자열이 추가되기 때문에 설정해야 함
  – .btmenu a : 〈a〉 태그들이 한 줄에 표현되도록 설정. a 태그는 내용이 시작하고 끝날 때마다 줄이 바뀌기 때문에 설정해야 함
• .btmenu li::after : 하위 목록이 끝날 때마다 요소 마지막에 추가할 내용을 스타일로 지정
• .btmenu li:last-child::after : 맨 마지막 하위 목록이 끝날 때마다 요소 마지막에 추가할 내용을 스타일로 지정

---

04 Copyright 영역의 스타일을 지정합니다. '.btmenu' 영역을 찾은 후 그 아래에 다음과 같이 속성을 추가합니다.

```
.copy{
    float:left;
    width:1100px;
    height:50px;
    margin-bottom:10px;
}
```

[style.css]

```
330   .btmenu li:last-child::after {  /* 마지막 하위 목록 다음 */
331       content: "";
332   }
333   .copy {
334       float: left;
335       width: 1100px;              /* Copyright 너비 */
336       height: 50px;              /* Copyright 높이 */
337       margin-bottom: 10px;
338   }
339
```

05 작업 중인 모든 문서를 저장하고 '크롬(Chrome)' 브라우저에서 결과를 확인합니다.
이때 브라우저 크기를 축소하거나 최대화한 후 상단 헤더 영역과 하단 푸터 영역이 제시된 와이어프레임처럼 브라우저 전체 크기 100%로 나타나는지를 확인합니다.

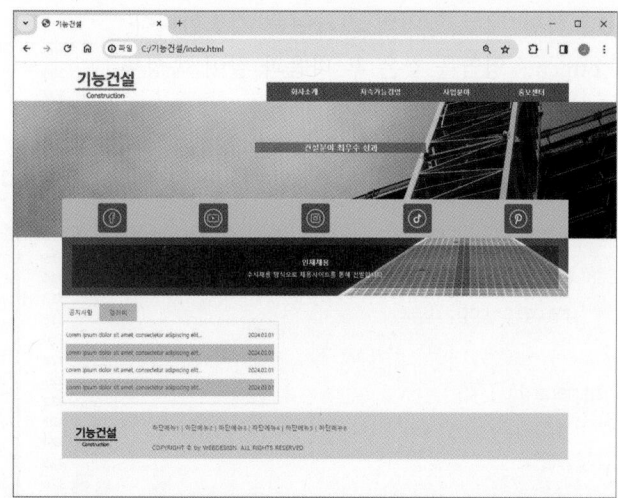

화면 창 크기가 바뀔 때마다 요소들의 배치와 정렬이 틀어지지 않는지도 확인합니다.

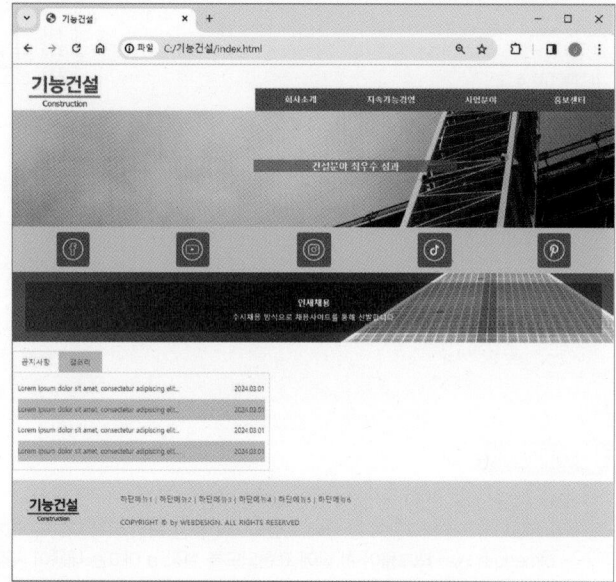

최종 결과물 Checklist

최종 작업이 끝나면 다음과 같이 최종 문서를 확인합니다.

1. 모든 작업은 바탕 화면의 '비번호' 폴더에 저장되어 있어야 합니다.

2. 최종 본문 파일은 가장 상위 폴더에 'index.html'로 저장되어 있어야 합니다.

3. 제작한 자료들은 '비번호' 폴더 내에 'css', 'javascript', 'images' 폴더별로 분류되어 저장되어 있어야 합니다.

4. 최종 결과물인 '비번호' 폴더의 용량이 5MB을 초과되지 않아야 합니다. 최종 제출 폴더('비번호' 폴더)에 마우스 오른쪽을 클릭한 후 바로가기 메뉴에서 '속성'을 선택한 후 전체 용량을 확인하도록 합니다.

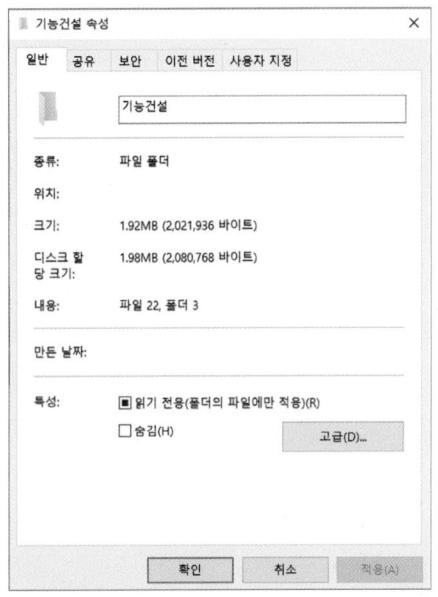

5. 웹페이지 코딩은 HTML5 기준 웹 표준을 준수하여야 합니다.
- HTML 유효성 검사(W3C validator)에서 오류('ERROR')가 없어야 합니다. 단, HTML 유효성 검사 서비스는 인터넷으로 이루어지기 때문에 시험 시 확인할 수 없습니다.
- 따라서 오류를 방지하기 위해서 다음과 같은 방법을 사용하여 확인합니다.
① 구글 크롬 브라우저나, 파이어폭스 브라우저를 이용하여 페이지 빈 공간에서 오른쪽 버튼을 누르고 '검사(Inspect)'를 실행합니다.
② 콘솔(Console) 창에서 오류가 나타나는지 확인합니다. 시험 최종 결과물에서 이 오류가 나타나서는 안됩니다.
③ 오류가 있을 경우 콘솔 창에 오류 메시지가 나타나게 됩니다.
④ 오류를 발견하면 오류가 있는 코드를 수정하여 오류를 바로 잡습니다.

MEMO